譯註 禮記集說大全

曲禮上 ①

編　陳澔(元)

附　『正義』·『訓纂』·『集解』

譯註 禮記集說大全

曲禮上 ①

編　陳澔 (元)

附　『正義』·『訓纂』·『集解』

鄭秉燮 譯

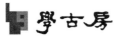
學古房

역자서문

　'곡례(曲禮)'라는 말뜻에 대해서는 여러 주장들이 있다. 『예기(禮記)』이전에 존재했던 『고례(古禮)』의 한 편명이었다는 주장, 그리고 경례(經禮)와 대비시키고, 또 이것을 『의례(儀禮)』 및 『주례(周禮)』와 연관시켜서 각 문헌들의 관계를 정립하는 주장, 『예기』에 기록된 예법의 특성을 나타낸다는 주장 등이 있는데, 이와 관련된 내용은 본 역서의 첫 도입부에 기재된 공영달(孔穎達)의 소(疏)에 자세히 기록되어 있다. 역대 주석들에는 다양한 주장들이 나오지만, 청대(淸代) 학자들의 주장이 그 중 가장 객관적이라고 할 수 있다.

　『예기』의 첫 번째 편이 「곡례」이고, '곡례왈(曲禮曰)'로 시작되는 첫 마디에 "공경스럽지 못하게 행동하는 경우가 없도록 하라[毋不敬]."라는 구문이 나오기 때문에, '곡례'의 뜻에 대한 온갖 주석들이 생겨나게 되었다. 또한 「곡례」편의 내용은 오례(五禮)에 대한 내용이 두루 기술되어 있기 때문에, 이러한 관점에서 「곡례」편이 『예기』의 정수인 것처럼 기술되기도 하는데, 실제로 그 내용들을 살펴보면, 억지에 가까운 주장들이다. '곡례'라는 것이 『고례』의 한 편명이었는지는 정확히 알 수 없지만, 『예기』가 편집되기 이전에 존재했던 문헌임에는 틀림없다. 『예기』 기록 내에도 가끔 인용문들이 기록되어 있고, 그 편명에 해당하는 서적들이 현재 남아있지 않다는 사실, 그리고 『예기』에 기재된 내용들이 『춘추좌씨전』을 비롯한 다른 문헌 등에서도 비슷하게 언급되고 있다는 사실을 보면, 『예기』 편집 이전에는 예(禮)와 관련된 수많은 단편적 문헌들이 존재했었다고 추정이 된다. 다만 그것이 어떠한 과정을 거쳐 현재의 『예기』로 결집이 되었는지는 추정하기 어려운데, 「곡례」편 또한 마찬가지이다.

역자가 판단하기에, 「곡례」편이 『예기』의 첫 번째 편으로 오게 된 것에는 특별한 의미가 있는 것 같지는 않다. '무불경(毋不敬)' 등으로 시작되는 구문이 예(禮)의 본질을 나타내고 있기 때문에, 「곡례」편을 첫 번째 편으로 배열했다는 주장도 있지만, 이것은 「곡례」라는 편을 완결된 편으로 보는 관점에서 비롯된 잘못이다. 실제적으로 「곡례」편의 내용들을 개괄해보면, 그 내용이 매우 잡다하며, 통일성이 없다. 따라서 이 「곡례」라는 편은 단편적인 여러 내용들을 단순히 하나의 편으로 엮은 것에 불과하고, 또 「곡례」라는 편명을 정한 이유도 청대 학자들의 주장처럼, 단순히 편의 첫머리에 '곡례왈'이라는 기록이 있기 때문이다. '곡례왈'로 시작되는 구문이 「곡례」편의 첫머리에 기재된 이유에 대해서는 추정할 수 없지만, 그 배열에 큰 의미가 내포되어 있다고 보기는 어렵다.

『예기』에 대한 주석들 가운데, 현재 남아있는 가장 오래된 주석은 정현(鄭玄)의 주(注)이다. 정현 이전에도 『예기』에 대한 주석서가 있었고, 정현 또한 자신의 주 속에서 그 내용들을 일부 인용하기도 하지만, 현재로서는 『예기』의 결집과 가장 가까운 시대의 주석은 정현의 주이다. 정현의 주를 살펴보면, '곡례왈'로 시작되는 구문에 대해서 별다른 의미를 부여하지 않는다. 후대의 주석들에서 온갖 의미를 부여하는 것과 달리, 정현은 단순히 제왕(帝王)이 갖춰야 하는 수신(修身)의 덕목이자, 방법 등으로 풀이하고 있다. 이것은 정현 본인이 예(禮)를 통해 제왕(帝王)을 중심으로 한 국가 경영의 질서를 세우고자 했기 때문에, 이러한 해석이 나왔다고 볼 수 있지만, 정현 당시에는 「곡례」편에 특별한 의미를 부여하지 않았다고도 볼 수 있다.

따라서 「곡례」라는 편명은 단순히 '곡례왈'이라는 첫 문장의 기록 때문에 붙여진 이름이며, 「곡례상(曲禮上)」편과 「곡례하(曲禮下)」편으로 구분된 것 또한 분량이 다른 편들에 비해 많기 때문에, 단순히 상하(上下)로 구분한 것에 지나지 않는다. 그리고 「곡례상」편과 「곡례하」편의 구분에 있어서도, 내용상 확연한 차이를 보이기 때문이 아니라, 단순히 분량상의 문제로 인해 중간을 나눠두었을 뿐이다. 후대 주석들에서는 이 부분에 대해 잡다한 해설을 하고 있지만, 경전(經典)에 대한 존숭의식에서 비롯된 자의적 해석에 지나지 않는다. 그러므로 역자가 당부하고 싶은 것은 「곡례」편의 내용이 예(禮)의 본질이라는 등의 자의적 해석에 빠져서, 몇몇 문장들만 배열하여, 예(禮)를 규명하려고 해서는 안 된다는 것이다.

예(禮)는 당시의 사회질서이자 제도이며, 문화였다. 또한 후대로 내려오면서 수신(修身)의 방침이 되기도 하였고, 법(法)과의 융합을 통해 일종의 규율로 작용하기도 하였다. 의례절차에 나타난 복잡한 행동방식들은 인간의 행동에 형식[文]을 부여함으로써, 삶을 다채롭게 변화시켰다고 할 수 있고, 베풂[施]과 답례[報]라는 예(禮)의 특성에 따라, 사회의 안정을 꾀하기도 하였다. 뿐만 아니라 예(禮)에는 우리가 흔히 말하는 예의범절에 대한 내용도 있지만, 군대의 규율, 군대를 운용하는 방법, 장수의 행동지침 등 군사(軍事)에 대한 내용도 포함하고 있으며, 국가의 각 부서를 어떻게 구성하고, 각 지역의 관리를 등용하거나 서열을 정하는 등의 제도(制度)적 측면까지도 포함하고 있다. 이 외에도 예(禮)에는 다양한 내용과 특성이 포함되어 있다. 따라서 독자들은 「곡례」라는 것은 『예기』라는 문헌의 일부에 지나지 않는다는 사실과 「곡례」편의 내용 또한 예(禮)의 다양한 특성과 면모 중 일부를 나타낼 뿐이라는 사실을 인지하고, 본 역서를 읽어주길 바란다.

『예기(禮記)』「왕제(王制)」편, 「월령(月令)」편, 「증자문(曾子問)」편, 「문왕세자(文王世子)」편을 출판한 이후, 다섯 번째 번역서를 출판하게 되었다. 「곡례상(曲禮上)」편은 『예기』의 첫 편이 되는데, 다섯 번째 편인 「왕제」편부터 출판을 하게 되어, 첫 편이 이제야 나오게 되었다. 그 자세한 사정은 「왕제」편 서문에 이미 밝힌 바 있다.

역자가 학부생일 때, '은공춘추(隱公春秋)', '곡례예기(曲禮禮記)'라는 말을 들은 적이 있다. '은공'은 『춘추』 기록의 첫 번째 편에 기술된 노(魯)나라의 제후이고, '곡례'는 『예기』의 첫 번째 편이다. 이 말의 속뜻은 『춘추좌씨전』과 『예기』라는 책은 그 양도 방대하고, 또 이해하기도 힘들기 때문에, 대부분 '은공'에 대한 기록과 「곡례」편만 읽고, 두 책에 대한 완독을 포기한다는 뜻이다. 한갓 우스갯소리에 지나지 않는 말이지만, 실제로 이 두 서적을 접해보면, 왜 이러한 말들이 나왔는지 알 수 있다. 역자 또한 당시 흘려넘겼던 이 말들을 『예기』를 번역하면서 재차 떠올리게 되었다.

『예기』를 번역하기 위해서는 『의례(儀禮)』와 『주례(周禮)』를 읽어야만 한다. 또한 오경(五經)을 비롯한 선진(先秦) 및 진한(秦漢) 때의 서적들도 두루 이해해야만 하고, 당시의 의복(衣服)·건축(建築)·조수(鳥獸)·초목(草木)·농경(農耕)·음식(飮食) 등의 구체적 사물 및 제도를 비롯해서, 당시의 습관과 풍속에 대해서도 해박해야만 한다. 그리고 『예기』의 역대 주석들을 이해하기 위해서는 부수적으로 파악해야 할 것들이 많다. 이러한 관점에서 봤을 때, 역자는 실격이다. 지식도 일천하며, 오역의 가능성마저도 항상 떠안고 있기 때문이다.

역자 스스로 많은 시간을 투자했다고 생각하지만, 한순간에 무너질 수 있는 모래성을 쌓는 기분이다. 이제는 제법 번역에 속도가 붙을 때도 되었는데, 관련 자료들을 찾다보면, 매번 새로운 내용들이 등장하여, 손을 멈출수밖에 없다. 예를 들어, 장조림을 만드는 방법, 예복(禮服)을 입을 때 속옷부터 순서대로 착용하는 방법, 누에를 치는 방법, 선박의 이상 유무를 살피는 방법, 수레를 움직이는 방법, 단위를 환산하는 방법, 음률을 맞추는 방법, 별자리의 운행, 태양 및 달의 궤도 계산법, 점을 치는 방법, 희생물을 해부하는 순서 등 어떻게 보면 자질구레하다 못해 현재의 생활에 전혀 도움이 안 될 것 같은 내용들이다. 역자 스스로도 이런 내용들을 번역하다보면, 내가 왜 이런 것을 번역하고 있을까, 또는 내가 왜 이 책을 완역하겠다고 마음먹게 되었을까 등등 잡념과 후회로 생각이 헝클어질 때가 많다. 그럼에도 불구하고, 나는 다시 번역에 착수한다. 이러한 내용들이 많은 사람들에게 필요한 것은 아니겠지만, 사람의 정감과 이성을 혼탁하게 만드는 것도 아니고, 누군가에게는 작은 도움이 될 것이라고 생각하기 때문이다. 그리고 달리 생각해보면, 모르는 것이 많다는 것은 행복한 일인지도 모른다. 매일 그리고 매 순간 새로운 내용을 접하고, 그것을 알아가는 과정은 돌이켜보면 꽤 유쾌한 시간이었던 것 같고, 또 지금 이 순간에도 새로운 것들을 접하며, 하나 둘씩 알아가는 즐거움을 느끼고 있기 때문이다.

다만 역자의 부족한 실력으로 인해 오역된 부분도 있겠지만, 다른 연구자들에게 작은 도움이 되었으면 하는 바람이며, 이 책을 발판으로 더 좋은 번역서와 연구서들이 나왔으면 하는 심정이다. 누군가에게 도움을 주기 위해 번역작업을 시작했는데, 누가 되지는 않을까라는 생각이 항상 겹친다. 그러나 역자는 앞으로도 1차 목표인『예기』완역을 위해 매진할 생각이다. 역자가 매번의 번역서마다 다짐에 가까운 말을 남기는 것은『예기』완역이라는 길고도 지루한 여행에 작은 활력소를 주기 위해서일지도 모르겠다.

매번 역서의 서문에서도 밝혔듯이, 역자는 성균관 대학교에서 유교철학(儒敎哲學)을 전공하고 있다. 역자가 속한 학회는 경서연구회(經書硏究會)이다. 올해로 20년째 지속되고 있는 모임이다. 오경(五經) 완독을 목표로 창설된 연구회이며, 이제는 오경 중『예기』완독만 남아 있는 상태이다. 현재는『예기』「교특생(郊特牲)」편을 공부하고 있다.

이 자리를 통해, 대학원에 진학하여 경학사상(經學思想)을 전공할 수 있도록 지도해주신 서경요 선생님, 경서연구회를 만들어 후배들에게 경전에 대한 이해를 넓혀주신 임옥균 선생님과 김동민, 원용준 선배님께도 감사드린다. 또한 번역에 있어서 많은 부분을 도와주신 길훈섭 고문님과 안상현, 김선창, 김회숙 회원님들께도 감사드린다. 끝으로「곡례상」편을 출판할 수 있도록 허락해주신 학고방의 하운근 사장님께도 감사를 전한다.

일러두기 ≫

1. 본 책은 역주서(譯註書)로써, 『예기집설대전(禮記集說大全)』의 「곡례상(曲禮上)」편을 완역하고, 자세한 주석을 첨부했다. 송대(宋代) 이전의 주석을 포함하고자 하여, 『예기정의(禮記正義)』를 함께 수록하였다. 그리고 송대 이후의 주석인 청대(淸代)의 주석을 포함하고자 하여 『예기훈찬(禮記訓纂)』과 『예기집해(禮記集解)』를 함께 수록하였다.

2. 『예기』 경문(經文)의 경우, 의역으로만 번역하면 문장을 번역한 방식을 확인하기 어렵고, 보충 설명 없이 직역으로만 번역하면 내용을 이해하기 힘들다. 따라서 경문에 한하여 직역과 의역을 함께 수록하였다. 나머지 주석들에 대해서는 의역을 위주로 번역하였다.

3. 『예기』 경문에 대한 해석은 진호의 『예기집설』 주석에 근거하였다. 경문 해석에 있어서, 『예기정의』, 『예기훈찬』, 『예기집해』마다 이견(異見)이 많다. 『예기집섭대전』의 소주(小註) 또한 진호의 주장과 이견을 보이는 곳이 있고, 소주 사이에도 이견이 많다. 따라서 『예기』 경문 해석의 표준은 진호의 『예기집설』 주석에 근거했으며, 진호가 설명하지 않은 부분들은 『대전』의 소주를 참고하였다. 또한 경문 해석에 있어서 『예기정의』, 『예기훈찬』, 『예기집해』에 나타나는 이견들은 특별한 경우를 제외하고는 각각의 문장을 읽어보면, 경문에 대한 이견을 알 수 있기 때문에, 이러한 경우에는 주석 처리를 하지 않았다.

4. 본 역서가 저본으로 삼은 책은 다음과 같다.

- 『禮記』, 서울 : 保景文化社, 초판 1984 (5판 1995)
- 『禮記正義』1~4(전4권, 『十三經注疏 整理本』12~15), 北京 : 北京大學出版社, 초판 2000
- 朱彬 撰, 『禮記訓纂』上·下(전2권), 北京 : 中華書局, 초판 1996 (2쇄 1998)
- 孫希旦 撰, 『禮記集解』上·中·下(전3권), 北京 : 中華書局, 초판 1989 (4쇄 2007)

5. 본 책은 『예기』의 경문, 진호의 『집설』, 호광 등이 찬정한 『대전』의 세주, 정현의 주, 육덕명의 『경전석문』, 공영달의 소, 주빈(朱彬)의 『훈찬』, 손희단(孫希旦)의 『집해』 순으로 번역하였다.

6. 본 책의 뒷부분에는 《禮記 曲禮上篇 人名 및 用語 辭典》을 수록하였다. 본문에 처음으로 등장하는 용어 및 인명에 대해서는 주석처리를 하였다. 이후에 같은 용어가 등장할 때마다 동일한 주석처리를 할 수 없어서, 뒷부분에 사전으로 수록한 것이다. 가나다순으로 기록하여, 번역문을 읽는 도중 앞부분에서 설명했던 고유명사나 인명 등에 대해서 쉽게 찾아볼 수 있도록 하였다.

【7a】

曲禮曰: 毋不敬, 儼若思, 安定辭, 安民哉.

　　【7a】 등과 같이 【　】 안에 숫자가 기입되어 있는 것은 『예기』의 '경문'을 뜻한다. '7'은 보경문화사(保景文化社)판본의 페이지를 말한다. "a"는 a단에 위치한다는 표시이다. 밑의 그림은 보경문화사판본의 한 페이지 단락을 구분한 표시이다.

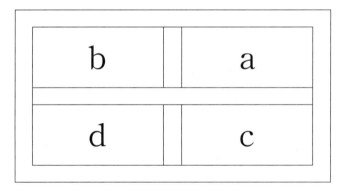

◆ 集説　　毋, 禁止辭.

　　集説 로 표시된 것은 진호(陳澔)의 『예기집설(禮記集説)』 주석을 뜻한다.

◆ 大全　　西山眞氏曰: 曲禮一篇, 爲禮記之首, 而毋不敬一言, 爲曲禮之首.

　　大全 으로 표시된 것은 호광(胡廣) 등이 찬정(撰定)한 『예기집설대전』의 세주(細註)를 뜻한다.

◆ **鄭注** 禮主於敬. 儼, 矜莊貌, 人之坐思, 貌必儼然.

　鄭注 로 표시된 것은 『예기정의(禮記正義)』에 수록된 정현(鄭玄) 의 주(注)를 뜻한다.

◆ **釋文** 毋音無. 說文云, 止之詞, 其字從女, 內有一畫, 象有姦之形, 禁 止之勿令姦.

　釋文 으로 표시된 것은 『예기정의』에 수록된 육덕명(陸德明)의 『경전석문(經典釋文)』을 뜻한다. 『경전석문』의 내용은 글자들의 음 을 설명하고, 간략한 풀이를 한 것인데, 육덕명 당시의 음가로 기록 이 되었기 때문에, 현재의 음과는 맞지 않는 부분이 많다. 단순히 참 고만 하기 바란다.

◆ **孔疏** ●"敖不"至"可極". ○正義曰: 此一節承上人君敬愼之道.

　孔疏 로 표시된 것은 『예기정의』에 수록된 공영달(孔穎達)의 소 (疏)를 뜻한다. 공영달의 주석은 경문과 정현의 주에 대해서 세분화 하여 기록되어 있다. 따라서 '●'으로 표시된 부분은 공영달이 경문에 대해 주석을 한 부분이고, '◎'으로 표시된 부분은 정현의 주에 대해 주석을 한 부분이다. 한편 '○'으로 표시된 부분은 공영달의 주석 부 분이다.

◆ **訓纂** 朱子曰: 毋不敬, 是統言主宰處.

　訓纂 으로 표시된 것은 『예기훈찬(禮記訓纂)』에 수록된 주석이다. 『예기훈찬』 또한 기존 주석들을 종합한 책이므로, 『예기집설대전』 및 『예기정의』와 중복되는 부분은 생략하였다.

◆ 集解 愚謂: 人之治其身心, 莫切乎敬.

　　集解 로 표시된 것은 『예기집해(禮記集解)』에 수록된 주석이다.
『예기집해』 또한 기존 주석들을 종합한 책이므로, 『예기집설대전』 및
『예기정의』와 중복되는 부분은 생략하였다.

1권 목차

그림목차

경문목차

2권 목차

그림목차

경문목차

【7a】

禮記集說大全卷之一 / 『예기집설대전』 제1권

孔疏 陸德明音義曰: "此記二禮之遺闕, 故名禮記."

번역 육덕명(陸德明)1)의 『경전석문(經典釋文)』2)에서는 "이 책은 이례 (二禮)3) 중에서 누락하고 있는 문장들을 기록하고 있기 때문에, 책 이름을 『예기(禮記)』라고 하였다."라고 했다.

孔疏 正義曰4): 夫禮者, 經天地, 理人倫, 本其所起, 在天地未分之前. 故禮運云: "夫禮必本於大5)一." 是天地未分之前已有禮也. 禮者, 理也. 其用以治,

---

1) 육덕명(陸德明, A.D.550 ~ A.D.630): =육원랑(陸元朗). 당대(唐代)의 경학자 이다. 이름은 원랑(元朗)이고, 자(字)는 덕명(德明)이다. 훈고학에 뛰어났으며, 『경전석문(經典釋文)』 등을 남겼다.

2) 『경전석문(經典釋文)』은 석문(釋文)이라고도 부른다. 당(唐)나라 때의 학자인 육덕명(陸德明)이 지은 책이다. 문자(文字)의 동이(同異) 및 음과 뜻에 대해서 풀이한 서적이다. 전체 30권으로 구성되어 있으며, 『역(易)』, 『서(書)』, 『시(詩) 』, 『주례(周禮)』, 『의례(儀禮)』, 『예기(禮記)』 등 주요 유가경전(儒家經典)들에 대해 풀이하고 있다. 한편 노장사상(老莊思想)이 유행했던 당시의 영향으로, 『노자(老子)』와 『장자(莊子)』에 대한 내용 또한 수록되어 있다.

3) 이례(二禮)는 『주례(周禮)』와 『의례(儀禮)』를 가리킨다.

4) '정의왈(正義曰)'에 대하여. 『십삼경주소(十三經注疏)』 북경대 출판본에서는 "『민본(閩本)』·『감본(監本)』·『모본(毛本)』에서는 동일하게, '정의왈'로 기 록하고 있지만, 『고문(考文)』에서는 송(宋)나라 때 판본을 인용하면서, 이 세 글자를 기록하고 있지 않다."라고 했다.

5) '대(大)'자에 대하여. 『십삼경주소(十三經注疏)』 북경대 출판본에서는 "혜동 (惠棟)의 『교송본(校宋本)』에서는 동일하게 '대'자로 기록하고 있는데, 『민본 (閩本)』·『감본(監本)』·『모본(毛本)』에는 '태(太)'자로 기록되어 있다. 완원 (阮元)의 『교감기(校勘記)』를 살펴보면, '『예기』「예운(禮運)」편을 살펴보면, 대자로 기록되어 있다. 경전에서는 태자를 대부분 대자로 기록한다. 『순자(荀 子)』「예론(禮論)」편에서도 이귀대일(以歸大一)이라고 기록하고 있으며, 이 문 장에 대한 양경(楊倞)의 주에서도 대자는 태자로 읽는다고 했다.'"라고 했다.

則與天地俱興, 故昭二十六年左傳稱晏子云: "禮之可以爲國也久矣, 與天地
並." 但于時質略, 物生則自然而有尊卑, 若羊羔跪乳, 鴻鴈飛有行列, 豈由敎
之者哉! 是三才旣判, 尊卑自然而有. 但天地初分之後, 卽應有君臣治國. 但年
代縣遠, 無文以言. 按易緯・通卦驗云: "天皇[6]之先, 與乾曜合元[7], 君有五期,
輔有三名." 注云: "君[8]之用事五行, 王[9]亦有五期. 輔有三名, 公・卿・大夫
也." 又云"遂皇始出握機矩", 注云: "遂皇謂遂人[10], 在伏犧前, 始王天下也.

---

6) '천황(天皇)'에 대하여.『십삼경주소(十三經注疏)』북경대 출판본에서는 "포당
   (浦鏜)은 '『역사(繹史)』에는 천황이라는 글자 아래에 씨(氏)자를 덧붙이고 있
   다.'라고 했다. 완원(阮元)의『교감기(校勘記)』에서는 '현행본『통괘험(通卦
   驗)』을 살펴보니, 천황을 태황(太皇)으로 기록하고 있다.'"라고 했다.

7) '원(元)'자에 대하여.『십삼경주소(十三經注疏)』북경대 출판본에서는 "『민본
   (閩本)』・『감본(監本)』・『모본(毛本)』에서는 동일하게 '원'자로 기록하고 있
   다. 포당(浦鏜)은 '원자를『역사(繹史)』에서는 덕(德)자로 기록하고 있다.'라고
   했다. 완원(阮元)의『교감기(校勘記)』에서는 '현행본『통괘험(通卦驗)』을 살
   펴보니, 원자는 글자 그대로 기록되어 있고, 정현의 주에서도 황(皇)자는 군
   (君)이라는 뜻이며, 원(元)자는 천(天)이 시작됨을 뜻한다고 했으니,『역사』를
   인용하여 덕자로 읽는 것은 잘못된 것이다.'"라고 했다.

8) '군(君)'자에 대하여.『십삼경주소(十三經注疏)』북경대 출판본에서는 "『민본
   (閩本)』・『감본(監本)』・『모본(毛本)』에서는 동일하게 '군'자로 기록하고 있
   다. 포당(浦鏜)은 '군자는 아마도 천(天)자의 오자일 것이다.'라고 했다. 완원
   (阮元)의『교감기(校勘記)』에서는 '현행본『통괘험(通卦驗)』과 정현의 주에서
   도 여기의 기록과 마찬가지로 군자로 기록하고 있다.'"라고 했다.

9) '왕(王)'자에 대하여.『십삼경주소(十三經注疏)』북경대 출판본에서는 "『민본
   (閩本)』・『감본(監本)』・『모본(毛本)』에서는 동일하게 '왕'자로 기록하고 있
   다. 포당(浦鏜)은 '왕자는 황(皇)자의 오자이다.'라고 했다. 완원(阮元)의『교감
   기(校勘記)』에서는 '현행본『통괘험(通卦驗)』과 정현의 주에는 왕자 앞에 대
   (代)자가 삽입되어 있다. 그러므로 왕자는 마땅히 생왕(生王)이라고 할 때의
   왕자로 읽어야 하는 것으로, 포당의 주장은 잘못된 것이다.'"라고 했다.

10) '수인(遂人)'에 대하여.『십삼경주소(十三經注疏)』북경대 출판본에서는 "『민
    본(閩本)』・『감본(監本)』・『모본(毛本)』에서는 동일하게 '수인'이라고 기록하
    고 있다. 포당(浦鏜)은『주례서(周禮序)』의 기록을 근거로, '인황(人皇)'으로
    글자를 고쳤다. 완원(阮元)의『교감기(校勘記)』에서는 '현행본『통괘험(通卦
    驗)』을 살펴보면, 수인(燧人)이라는 천제(天帝)는 수황(遂皇)이라고도 부를
    수 있고, 수인(遂人)이라고도 부를 수 있으며, 인황(人皇)이라고도 부를 수 있
    는데, 모두 동일인물이라고 했다. 그런데 소(疏)의 문장 중 아래에서 자인황초
    기인황즉수황야(自人皇初起. 人皇卽遂皇也.)라고 하였는데, 이러한 문헌들에

矩, 法也. 言燧皇持斗機運轉之法, 指天以施政敎." 旣云"始王天下", 是尊卑
之禮起於燧皇也. 持斗星以施政敎者, 卽禮緯・斗威儀云"宮主君, 商主臣, 角
主父, 徵主子, 羽主夫, 少宮主婦, 少商主政", 是法北斗而爲七政. 七政之立,
是禮迹所興也. 鄭康成六藝論云: "易者, 陰陽之象, 天地之所變化, 政敎之所
生, 自人皇初起." 人皇卽燧皇也. 旣政敎所生初起於燧皇, 則七政是也. 六藝
論又云: "燧皇之後, 歷六紀九十一代, 至伏犧始作十11)言之敎." 然則伏犧之
時, 易道旣彰, 則禮事彌薯. 按譙周古史考云: "有聖人以火德王, 造作鑽燧出
火, 敎民熟食, 人民大悅, 號曰燧人. 次有三姓, 乃至伏犧, 制嫁娶, 以儷皮爲
禮, 作琴瑟以爲樂." 又帝王世紀云: "燧人氏沒, 包犧氏代之." 以此言之, 則嫁
娶嘉禮始於伏犧也. 但古史考燧皇至于伏犧, 唯經三姓; 六藝論云"歷六紀九
十一代", 其文不同, 未知孰是. 或於三姓而爲九十一代也. 按廣雅云: "一紀二
十六萬七千年12)." 方叔機注六藝論云: "六紀者, 九頭紀・五龍紀・攝提紀・
合洛紀・連通紀・序命紀, 凡六紀也. 九十一代者, 九頭一, 五龍五, 攝提七十
二, 含洛三, 連通六, 序命四, 凡九十一代也." 但伏犧之前及伏犧之後, 年代參
差, 所說不一, 緯候紛紜, 各相乖背, 且復煩而無用, 今並略之, 唯據六藝論之
文及帝王世紀以爲說也. 按易・繫辭云: "包犧氏沒, 神農氏作." 按帝王世紀
云, 伏犧之後女媧氏, 亦風姓也. 女媧氏沒, "次有大庭氏・柏皇氏・中央氏・

서 이미 수황(燧皇)은 인황(人皇)을 뜻한다라고 기록하고 있는데도, 소(疏)에
서 어찌하여 번잡하게 인황(人皇)이 곧 수황(燧皇)이 된다고 반복해서 말하고
있는가?'"라고 했다.

11) '십(十)'자에 대하여. 본래 '십'자 뒤에는 '이(二)'자가 기록되어 있었는데, 완원
(阮元)의 『교감기(校勘記)』에서는 "『좌전(左傳)』을 살펴보면 정공(定公) 4년
의 전문(傳文)에 대한 『정의(正義)』에서 복희(庖義)를 인용하며, '십언(十言)
의 가르침은 건(乾), 곤(坤), 진(震), 손(巽), 감(坎), 리(離), 간(艮), 태(兌), 소
(消), 식(息)이다.'라고 했다. 그러므로 이곳 소(疏)에서 '이'자를 덧붙이는 것은
잘못된 기록이다. 단옥재(段玉裁)의 『교본(校本)』에서는 '이(二)라는 글자는
연문(衍文)이다.'라고 했는데, 이 말이 옳다."라고 했다.

12) '이십육만칠천년(二十六萬七千年)'에 대하여. 이 문구는 본래 '이십칠만육천년
(二十七萬六千年)'이라고 기록되어 있었는데, 완원(阮元)의 『교감기(校勘記)』
에서는 "'칠(七)'자와 '육(六)'자는 서로 뒤바뀌어 있는 것으로, 단옥재(段玉裁)
는 『예기』「예운(禮運)」편에 대한 『정의(正義)』의 기록이 글자가 바뀌었다는
증거가 된다고 했다."라고 했다.

栗陸氏·驪連氏·赫胥氏·尊盧氏·渾沌氏·昊英氏·有巢氏·朱襄氏·葛天氏·陰康氏·無懷氏, 凡十五代, 皆襲伏犧之號". 然鄭玄以大庭氏是神農之別號. 按封禪書[13]無懷氏在伏犧之前, 今在伏犧之後, 則世紀之文未可信用. 世紀又云: "神農始敎天下種穀, 故人號曰神農." 按禮運云: "夫禮之初, 始諸飮食, 燔黍捭豚, 蕢桴而土鼓." 又明堂位云: "土鼓蕢籥, 伊耆氏之樂." 又郊特牲云: "伊耆氏始爲蜡." 蜡卽田祭, 與種穀相協, 土鼓蕢籥又與蕢桴土鼓相當, 故熊氏云: 伊耆氏卽神農也. 旣云始諸飮食, 致敬鬼神, 則祭祀吉禮起於神農也. 又史記云"黃帝與蚩尤戰於涿鹿", 則有軍禮也. 易·繫辭黃帝九事章云"古者葬諸中野", 則有凶禮也. 又論語撰考云: "軒知地利, 九牧倡敎." 旣有九州之牧, 當有朝聘, 是賓禮也. 若然, 自伏犧以後至黃帝, 吉·凶·賓·軍·嘉五禮始具. 皇氏云: "禮有三起, 禮理起於大[14]一, 禮事起於遂皇, 禮名起於黃帝." 其"禮理起於大一", 其義通也; 其"禮事起於遂皇, 禮名起於黃帝", 其義乖也. 且遂皇在伏犧之前, 禮運"燔黍捭豚", 在伏犧之後, 何得以祭祀在遂皇之時? 其唐堯, 則舜典云"修五禮", 鄭康成以爲公·侯·伯·子·男之禮. 又云命伯夷"典朕三禮". 五禮其文, 亦見經也. 按舜典云"類于上帝", 則吉禮也; "百姓如喪考妣", 則凶禮也; "群后四朝", 則賓禮也; "舜征有苗", 則軍禮也; "嬪于虞", 則嘉禮也. 是舜時五禮具備. 直云"典朕三禮"者, 據事天·地與人爲三禮. 其實事天地唯吉禮也, 其餘四禮並人事兼之也. 按論語云"殷因於夏禮", "周因於殷禮", 則禮記總陳虞·夏·商·周, 則是虞·夏·商·周各有當代之禮, 則夏·商亦有五禮. 鄭康成注大宗伯, 唯云唐虞有三禮, 至周分爲五禮[15]. 不言夏·商者, 但書篇散亡, 夏·商之禮絶滅, 無文以言, 故據周禮有

---

13) '서(書)'자에 대하여. '서'자는 본래 '운(云)'자로 기록되어 있었는데, 완원(阮元)의 『교감기(校勘記)』에서는 "혜동(惠棟)의 『교송본(校宋本)』에서는 '운'자를 '서'자로 기록하고 있다."라고 했다.

14) '대(大)'자에 대하여. '대'자는 본래 '태(太)'자로 기록되어 있었는데, 완원(阮元)의 『교감기(校勘記)』에서는 "혜동(惠棟)의 『교송본(校宋本)』에는 '태'자를 '대'자로 기록하고 있고, 그 아래에 '기례리기어태일(其禮理起於太一)'이라는 문장에 대해서도 '태'자를 '대'자로 기록하고 있다. 살펴보니, '대'자로 기록하는 것이 옳다."라고 했다.

15) "정강성주위오례(鄭康成注 …… 爲五禮)"에 대하여. 손이양(孫詒讓)의 『교기

文者而言耳. 武王沒後, 成王幼弱, 周公代之攝政, 六年致太平, 述文武之德而制禮也. 故洛誥云: "考朕昭子刑, 及單文祖德." 又禮記·明堂位云, 周公攝政六年, 制禮作樂, 頒度量於天下. 但所制之禮, 則周官·儀禮也. 鄭作序云: "禮者, 體也, 履也. 統之於心曰體, 踐而行之曰履." 鄭知然者, 禮器云: "禮者, 體也." 祭義云: "禮者, 履此者也." 禮記旣有此釋, 故鄭依而用之. 禮雖合訓體·履, 則周官爲體, 儀禮爲履, 故鄭序又云: "然則三百三千雖混同爲禮, 至於並立俱陳, 則曰此經禮也, 此曲禮也. 或云此經文也, 此威儀也." 是周禮·儀禮有體·履之別也. 所以周禮爲體者, 周禮是立治之本, 統之心體, 以齊正於物, 故爲體. 賀瑒云: "其體有二. 一是物體, 言萬物貴賤高下小大文質各有其體. 二曰禮體, 言聖人制法, 體此萬物, 使高下貴賤各得其宜也." 其儀禮但明體之所行踐履之事, 物唯萬體, 皆同一履, 履無兩義也. 于周之禮, 其文大備, 故論語云"周監於二代, 郁郁乎文哉! 吾從周"也. 然周旣禮道大用, 何以老子云"失道而後德, 失德而後仁, 失仁而後義, 失義而後禮. 禮者, 忠信之薄, 道德之華, 爭愚之始". 故先師準緯候之文, 以爲三皇行道, 五帝行德, 三王行仁, 五霸行義. 若失義而後禮, 豈周之成康在五霸之後? 所以不同者, 老子盛言道德質素之事·無爲靜默之敎, 故云此也. 禮爲浮薄而施, 所以抑浮薄, 故云"忠信之薄". 且聖人之王天下, 道·德·仁·義及禮, 並蘊于心, 但量時設敎, 道·德·仁·義及禮, 須用則行, 豈可三皇五帝之時, 全無仁·義·禮也? 殷周之時, 全無道·德也? 老子意有所主, 不可據之以難經也. 旣周禮爲體, 其周禮見於經籍, 其名異者, 見有七處. 按孝經說云"經禮三百", 一也; 禮器云"經禮三百", 二也; 中庸云"禮儀三百", 三也; 春秋說云"禮經三百", 四也; 禮說云"有正經三百", 五也; 周官外題謂'爲周禮', 六也; 漢書·藝文志云"周官經六

『校記』에서는 "『주례(周禮)』의 주에는 이러한 문장이 없고, 「춘관서관(春官敍官)」에 대한 가공언(賈公彦)의 소(疏)에서 정현의 『예론(禮論)』을 인용하는 구문에, 이 기록이 나온다. 공영달(孔穎達)이 실제의 기록을 찾아보지 않고 잘못 기록한 것이다."라고 했다. 또 "「대종백(大宗伯)」에 대한 주에는 '당우유삼례(唐虞有三禮)'라는 기록이 없고, 오직 「춘관서관」의 소(疏)에서 『예론』을 인용한 문장에, 이것과 동일한 기록이 나타난다. 아마도 공영달은 『예론』을 『주례』의 주라고 잘못 기록한 것 같다."라고 했다.

篇", 七也. 七者皆云三百, 故知俱是周官. 周官三百六十, 舉其大數而云三百
也. 其儀禮之別, 亦有七處, 而有五名. 一則孝經說·春秋及中庸並云"威儀三
千", 二則禮器云"曲禮三千", 三則禮說云"動儀三千", 四則謂"爲儀禮", 五則
漢書·藝文志謂儀禮爲"古禮經". 凡此七處五名, 稱謂並承三百之下, 故知卽
儀禮也. 所以三千者, 其履行周官五禮之別, 其事委曲, 條數繁廣, 故有三千
也. 非謂篇有三千, 但事之殊別有三千條耳. 或一篇一卷, 則有數條之事. 今行
於世者, 唯十七篇而已. 故漢書·藝文志云"漢初, 高堂生傳禮十七篇", 是也.
至武帝時, 河間獻王得古禮五十六篇, 獻王獻之. 又六藝論云: "後得孔子壁中
古文禮, 凡五十六篇. 其十七篇與高堂生所傳同而字多異, 其十七篇外則逸禮
是也." 周禮爲本, 則聖人體之; 儀禮爲末, 賢人履之. 故鄭序云"體之謂聖, 履
之爲賢", 是也. 旣周禮爲本, 則重者在前, 故宗伯序五禮, 以吉禮爲上; 儀禮爲
末, 故輕者在前, 故儀禮先冠·昏, 後喪·祭. 故鄭序云: "二者或施而上, 或循
而下." 其周禮, 六藝論云: "周官壁中所得六篇." 漢書說河間獻王開獻書之路,
得周官有五篇, 失其冬官一篇, 乃購千金不得, 取考工記以補其闕. 漢書云得
五篇, 六藝論云得其六篇, 其文不同, 未知孰是[16]. 其禮記之作, 出自孔氏. 但
正禮殘缺, 無復能明, 故范武子不識殽烝, 趙鞅及魯君謂儀爲禮. 至孔子沒後,
七十二子[17]之徒共撰所聞, 以爲此記. 或錄舊禮之義, 或錄變禮所由, 或兼記
體履, 或雜序得失, 故編而錄之, 以爲記也. 中庸是子思伋所作, 緇衣公孫尼子
所撰. 鄭康成云: 月令, 呂不韋所修. 盧植云: 王制, 謂漢文時博士所錄. 其餘衆
篇, 皆如此例, 但未能盡知所記之人也. 其周禮·儀禮, 是禮記[18]之書, 自漢以

---

16) '미지숙시(未知孰是)'에 대하여. 손이양(孫詒讓)의 『교기(校記)』에서는 "『육예
　　론(六藝論)』에서는 대략적인 수치를 거론한 것일 뿐이니, 본래부터 『한서(漢
　　書)』「예문지(藝文志)」의 주장과 다르지 않은 것이다. 공영달(孔穎達)은 누구
　　의 주장이 옳은지 모르겠다고 했는데, 이 말은 잘못된 주장이다."라고 했다.
17) '자(子)'자에 대하여. '자'자는 본래 없던 글자인데, 완원(阮元)의 『교감기(校勘
　　記)』에서는 "혜동(惠棟)의 『교송본(校宋本)』에는 '자'라는 글자가 보충되어 있
　　다. 그러므로 이곳 판본에는 '자'자가 누락된 것이다. 『민본(閩本)』·『감본(監
　　本)』·『모본(毛本)』에도 동일하게 '자'자가 누락되어 있다. 위씨(衛氏)의 『집
　　설(集說)』에도 또한 '칠십이자지도(七十二子之徒)'라고 기록되어 있다."라고
　　했다.
18) '시예기(是禮記)'에 대하여. 『십삼경주소(十三經注疏)』 북경대 출판본에서는

後各有傳授. 鄭君六藝論云: "按漢書·藝文志·儒林傳云, 傳禮者十三家, 唯
高堂生及五傳弟子戴德·戴聖名在也." 又按儒林傳云: "漢興, 高堂生傳禮十
七篇, 而魯徐生善爲容. 孝文時, 徐生以容爲禮官大夫. 瑕丘蕭奮以禮至淮陽
太守. 孟卿, 東海人, 事蕭奮, 以授戴德·戴聖." 六藝論云"五傳弟子"者, 熊氏
云: "則高堂生·蕭奮·孟卿·后倉及戴德·戴聖爲五也." 此所傳皆儀禮也.
六藝論云: "今禮行於世者, 戴德·戴聖之學也." 又云"戴德傳記八十五篇",
則大戴禮是也; "戴聖傳禮四十九篇", 則此禮記是也. 儒林傳云: "大戴授琅邪
徐氏, 小戴授梁人橋仁字季卿·楊榮字子孫. 仁19)爲大鴻臚, 家世傳業." 其周
官者, 始皇深惡之. 至孝武帝時, 始開獻書之路, 旣出於山巖屋壁, 復入秘府,
五家之儒莫得見焉. 至孝成時, 通人劉歆校理秘書, 始得列序, 著于錄略. 爲衆
儒排棄, 歆獨識之, 知是周公致太平之道. 河南緱氏杜子春, 永平之20)初能通
其讀, 鄭衆·賈逵往受21)業焉. 其後馬融·鄭玄之等, 各有傳授, 不復繁言也.

"『민본(閩本)』·『감본(監本)』·『모본(毛本)』에서는 동일하게 '시예기'라고 기
록하고 있다. 완원(阮元)의 『교감기(校勘記)』에서는 '시예기(是禮記)'라고 할
때의 시(是)자는 아래문장에서 말한 칙차예기시야(則此禮記是也)라고 할 때
의 차(此)자와 같은 뜻이다. 그러므로 이 말은 『주례(周禮)』와 『의례(儀禮)』가
모두 『예기(禮記)』가 된다는 뜻이 아니다. 포당(浦鏜)은 위씨(衛氏)의 『집설
(集說)』에 따라서, 시(是)자 앞에 역(亦)자를 보충해 넣었는데, 이것은 크게 잘
못된 주장이다.'"라고 했다.

19) '손인(孫仁)'에 대하여. 『십삼경주소(十三經注疏)』 북경대 출판본에서는 "『민
본(閩本)』·『감본(監本)』·『모본(毛本)』에도 동일하게 '손인'으로 기록되어
있다. 혜동(惠棟)의 『교송본(校宋本)』에는 이 두 글자가 뒤바뀌어 있다. 산정
정(山井鼎)은 『한서(漢書)』「유림전(儒林傳)」의 주에서는 자손(子孫)은 양영
(楊榮)의 자(字)라고 했으니, 송(宋)나라 때의 판본이 잘못된 것이다. 인(仁)자
는 곧 교인(橋仁)을 가리킨다.'라고 했다. 완원(阮元)의 『교감기(校勘記)』에서
는 '송나라 때의 『한서』 판본에는 양자영자손(楊子榮, 子孫)이라고 기록되어
있는데, 이 문장에 대한 안사고(顏師古)의 주에서는 자손(子孫)은 자영(子榮)
의 자(字)라고 했다.'"라고 했다.

20) '지(之)'자에 대하여. '지'자는 본래 '시(時)'자로 기록되어 있었는데, 손이양(孫
詒讓)의 『교기(校記)』에서는 "'시'자는 마땅히 가규(賈逵)에 대한 문장에 따라
서, '지'자가 되어야 한다."라고 했다.

21) '수(受)'자에 대하여. '수'자는 본래 '수(授)'자로 기록되어 있었는데, 완원(阮
元)의 『교감기(校勘記)』에서는 "위씨(衛氏)의 『집설(集說)』에서는 '수(授)'자
를 '수(受)'자로 수정하였는데, 두우(杜佑)의 『통전(通典)』에서도 또한 '정중

번역 『예기정의(禮記正義)』에서 말하길, 무릇 예(禮)라는 것은 천지(天地)를 올바르게 경영하며, 인륜(人倫)을 다스리는 것으로, 예의 근본이 성립된 기원은 천지가 아직 갈라지기 이전이 된다. 그러므로 『예기』「예운(禮運)」편에서 "무릇 예는 태일(太一)[22]에 근본하였다."[23]라고 하였는데, 이 말은 곧 천지가 분화되기 이전에, 이미 예가 존재하고 있었다는 뜻이다. '예'라는 것은 "다스린다[理]."는 뜻이다. 예를 이용하여 다스린다면, 천지와 더불어서 함께 흥성하게 될 것이다. 그렇기 때문에 소공(昭公) 26년에 대한 『좌전(左傳)』의 기록에서, 안자(晏子)의 대답 내용을 기술하며, "예가 나라를 다스릴 수 있다는 것은 이미 오래된 사실입니다. 예는 천지와 더불어서 함께 흥성하였습니다."[24]라고 한 것이다. 다만 태고(太古) 때에는 모든 것이 질박하고 소략하여, 만물(萬物)이 태어나게 되면, 곧 자연적으로 존비(尊卑)의 질서를 가지게 되었으니, 마치 새끼 양들이 무릎을 꿇고 어미의 젖을 먹고,[25] 기러기들이 날아갈 때에 서열에 따른 비행대열이 있는 모습

(鄭衆)과 가규(賈逵)가 모두 찾아가서 수업(受業)하였다.'라고 기록하였다."라고 했다. 또한 손이양(孫詒讓)의 『교기(校記)』에서는 "공영달(孔穎達)은 『주례(周禮)』에 대해 설명하면서, 대부분 마융(馬融)의 『주관전서(周官傳序)』에 근거하였고, 가공언(賈公彦)의 『주례폐흥(周禮廢興)』을 살펴보더라도, '수업(授業)'이라는 글자를 '수업(受業)'으로 기록하고 있다. 그러므로 마땅히 수정해야 한다."라고 했다.

22) 태일(太一)은 원기(元氣)라고도 부른다. 천지가 분화되기 이전의 혼돈 또는 그 기운을 가리킨다. 『공자가어(孔子家語)』「예운(禮運)」편에는 "夫禮必本於太一."이라는 기록이 있는데, 이 문장에 대한 왕숙(王肅)의 주에서는 "太一者, 元氣也."라고 풀이하였다.

23) 『예기』「예운(禮運)」【286b】: 是故夫禮必本於大一, 分而爲天地, 轉而爲陰陽, 變而爲四時, 列而爲鬼神. 其降曰命, 其官於天也.

24) 『춘추좌씨전』「소공(昭公) 26년」: 禮之可以爲國也久矣, 與天地並. 君令・臣共, 父慈・子孝, 兄愛・弟敬, 夫和・妻柔, 姑慈・婦德, 禮也.

25) 궤유(跪乳)는 무릎을 꿇고 어미의 젖을 먹는다는 뜻이다. 새끼 양이 어미의 젖을 먹는 모습을 설명하는 단어인데, 후대에는 이러한 뜻에서 착안하여 효의(孝義)를 뜻하는 용어로 사용하였다. 『춘추공양전』「장공(莊公) 24년」편에는 "服脩云乎?"라는 기록이 있는데, 이에 대한 하휴(何休)의 주에서는 "羔取其執之不鳴, 殺之不號, 乳必跪而受之, 類死義知禮者也."라고 풀이했다. 또한 『백호통(白虎通)』「의상(衣裳)」편에도 또한 "羔者, 取跪乳遜順也."라는 기록이 있다.

과 같은 것들이 어찌 인위적인 가르침을 통해서 그렇게 된 것이겠는가! 그
러므로 삼재(三才)26)가 이미 나눠지게 되었다면, 그 이후에는 존비(尊卑)
의 질서가 자연적으로 생기는 것이다. 그러나 천지가 처음으로 분화된 이
후에는 곧 군주와 신하를 두어서 나라를 다스려야만 했다. 다만 시대가 너
무 오래되어서, 그것에 대해 정확한 기록을 가지고 말을 할 수 없을 뿐이다.
역위(易緯) 중 하나인 『통괘험(通卦驗)』27)을 살펴보면, "천황(天皇)28)의
선조는 태양29)과 하늘의 시작을 함께 하여, 군왕에게는 오기(五期)를 두었
고, 보필하는 신하에게는 삼명(三名)을 두었다."라고 하였는데, 이 문장에

---

26) 삼재(三才)는 하늘[天], 땅[地], 사람[人]을 뜻한다. 한편『역』에서는 '삼재'를
거론하며, 하늘의 도(道)를 세운 것은 음(陰)과 양(陽)이고, 땅의 도를 세운 것
은 유(柔)와 강(剛)이며, 사람의 도를 세운 것은 인(仁)과 의(義)라고 설명한
다.『역』「설괘전(說卦傳)」편에는 "是以立天之道曰陰與陽, 立地之道曰柔與剛,
立人之道曰仁與義. 兼三才而兩之, 故易六畫而成卦."라는 기록이 있다. 또한 하
늘은 양기(陽氣)에 근본을 두고 있고, 땅은 음기(陰氣)에 근본을 두고 있으며,
사람은 중화(中和)의 기운에 근본을 두고 있다는 설명도 있다. 왕부(王符)의
『잠부론(潛夫論)』「본훈(本訓)」편에는 "是故天本諸陽, 地本諸陰, 人本中和. 三
才異務, 相待而成."이라는 기록이 있다.
27) 『통괘험(通卦驗)』은『역(易)』에 대한 위서(緯書)의 한 종류이다. '위서'는 경서
(經書)의 부족한 내용을 보충하기 위해 위작된 것으로, 서한(西漢) 말기에 유
행하기 시작하여, 동한(東漢) 시기에 크게 성행하였으며, 남조(南朝) 송나라
때가 되어서야 비로소 금지되기 시작하였다.
28) 천황(天皇)은 하늘을 주관하는 신(神)인 천제(天帝)를 뜻한다. 상제(上帝)라고
도 부른다.『후한서(後漢書)』「장형전(張衡傳)」편에는 "叫帝閽使闢扉兮, 覿天
皇於瓊宮."이라는 기록이 있는데, 이에 대한 이현(李賢)의 주에서는 "天皇, 天
帝也."라고 풀이했다. 또한 '천황'은 상고시대(上古時代) 때 존재했던 고대의
제왕(帝王)을 뜻하기도 한다. 고대에는 삼황(三皇)이라는 통치자들이 존재했
다고 전해지는데, 그 중 가장 오래된 제왕을 '천황'이라고 부른다. 참고적으로
'삼황'은 '천황', 지황(地皇), 인황(人皇)을 가리킨다. 또한 '인황'은 태황(泰皇)
이라고도 부른다.『사기(史記)』「진시황본기(秦始皇本紀)」편에는 "古有天皇,
有地皇, 有泰皇."이라는 기록이 있다. 이곳 문장에서는 후자의 뜻으로 사용되
었다.
29) 건요(乾曜)는 태양(太陽)이라는 뜻이다. 건(乾)자는 하늘[天]을 뜻하고, 요(曜)
자는 빛난다는 뜻이다. 따라서 '건요'는 하늘에서 빛나고 있는 '태양'을 뜻하는
것이다.『원사(元史)』「후비전일(后妃傳一)」·순제후답납실리(順帝后答納失
里)」편에는 "月之道循右行, 明同貞於乾曜."라는 기록이 있다.

대한 정현의 주에서는 "군왕이 오행(五行)을 다스리듯이, 군주에게는 또한 '오기'가 있는 것이다. 보필하는 신하에 '삼명'이 있다는 것은 공(公), 경(卿), 대부(大夫)를 뜻한다."라고 했다. 또『통괘험』에서는 "수황(遂皇)30)이 처음으로 세상에 나타나서, 하늘의 운행원리를 가지고 세상을 다스렸다."라고 하였는데, 이 문장에 대한 정현의 주에서는 "'수황'은 수인(遂人)을 뜻하니, 복희(伏義)31) 이전에 존재했던 인물로, 처음으로 천하를 다스렸던 자이다. 구(矩)자는 법(法)이라는 뜻이다. 즉 이 문장의 내용은 '수황'이 북두칠성32)이 운행하는 법칙을 가지고서, 하늘의 뜻을 헤아려서 정치와 교화를 펼쳤다는 뜻이다."라고 했다. 그런데 이 문장에서는 이미 "처음으로 천하를 다스렸다[始王天下]."라고 말하고 있으니, 이것은 곧 존비의 질서를 규정하는 예법이 '수황'에게서 비롯되었다는 뜻이 된다. 그리고 북두칠성의 운행 법칙을 가지고서 정치와 교화를 펼쳤다는 말은 곧『예기』의 위서(緯書) 중 하나인『두위의(斗威儀)』33)에서 말한 "궁(宮)음은 군주를 위주로 하고, 상(商)음은 신하를 위주로 하며, 각(角)음은 부친을 위주로 하고, 치(徵)음은

---

30) 수황(遂皇)은 곧 삼황(三皇) 중 하나인 수인씨(燧人氏)를 뜻한다. 수(遂)자는 수(燧)자와 통용된다. 참고적으로 '삼황'은 수인(遂人), 복희(伏義), 신농(神農)을 가리킨다. '복희'는 희황(戲皇)이라고 부르며, '신농'은 농황(農皇)이라고 부른다.

31) 복희(伏義)는 곧 복희씨(宓戲氏)・복희씨(伏義氏)를 가리킨다. 전설시대에 존재했다고 전해지는 고대 제왕 중 한 명이다. 복(伏)자와 복(宓)자, 그리고 희(義)자와 희(戲)자는 음이 같아서 통용되었다.『한서(漢書)』「고금인표(古今人表)」편에는 "太昊帝宓戲氏."라는 기록이 있는데, 이에 대한 안사고(顏師古)의 주에서는 "宓, 音伏, 字本作戲, 其音同."이라고 풀이했다.

32) 두기(斗機)는 본래 북두칠성(北斗七星)의 세 번째 별을 뜻하는 말이다. 이 별은 천기(天璣)라고도 부르는데, 기(璣)자를 또한 기(機)자로 기록하기도 한다. 한편 '두기'는 북두칠성 전체를 가리키는 용어로도 사용된다. 채옹(蔡邕)의 「청의부(靑衣賦)」편에는 "南瞻井柳, 仰察斗機, 非彼牛女, 隔於河維."라는 기록이 있다.

33)『두위의(斗威儀)』는『예기(禮記)』에 대한 위서(緯書) 중 하나이다.『예기』에 대한 위서는 '두위의' 외에도『함문가(含文嘉)』,『계명징(稽命徵)』등이 있다. '위서'는 경서(經書)의 부족한 내용을 보충하기 위해 위작된 것으로, 서한(西漢) 말기에 유행하기 시작하여, 동한(東漢) 시기에 크게 성행하였으며, 남조(南朝) 송나라 때가 되어서야 비로소 금지되기 시작하였다.

자식을 위주로 하며, 우(羽)음은 지아비를 위주로 하고, 소궁(少宮)음은 지어미를 위주로 하며, 소상(少商)음은 정치를 위주로 한다."라는 내용에 해당하니, 북두칠성을 법칙으로 삼아서, 칠정(七政)[34]을 시행한다는 뜻이다. '칠정'이 확립되었다는 것은 예(禮)와 관련된 제도들이 흥성하였다는 뜻이다. 정현[35]은 『육예론(六藝論)』[36]에서 "『역(易)』은 음양(陰陽)의 형상을 본뜬 것이며, 천지가 변화되는 모습을 나타내고, 정치와 교화가 생겨나게 된 근거이니, 이것은 인황(人皇)[37] 때 처음으로 생겨났다."라고 했다. 여기에서 말하는 '인황'은 곧 '수황'을 뜻한다. 즉 정치와 교화가 생겨난 것은

---

34) 칠정(七政)은 천문(天文)과 관련된 용어이다. 그러나 '칠정'이 가리키는 것에 대해서는 그 해석이 다양하다. 첫 번째는 해[日], 달[月]과 금(金), 목(木), 수(水), 화(火), 토(土)의 오성(五星)을 가리킨다. 『서』「우서(虞書)・순전(舜典)」 편에는 "在璿璣玉衡, 以齊七政."이란 기록이 있는데, 이에 대한 공안국(孔安國)의 전(傳)에서는 "七政, 日月五星各異政."이라고 풀이하였으며, 공영달(孔穎達)의 소(疏)에서도 "七政, 謂日月與五星也."라고 풀이했다. 두 번째는 천(天), 지(地), 인(人)과 춘(春), 하(夏), 추(秋), 동(冬)을 가리킨다. 『상서대전(尙書大傳)』에는 "七政者, 謂春, 秋, 冬, 夏, 天文, 地理, 人道, 所以爲政也."라는 기록이 있다. 세 번째는 북두칠성(北斗七星)을 가리킨다. 북두칠성은 일곱 개의 별들로 구성되어 있는데, 이 별들이 해[日], 달[月], 오성(五星)을 각각 주관한다고 여겼기 때문에, 북두칠성을 '칠정'으로 불렀다. 『사기(史記)』「천관서(天官書)」편에는 "北斗七星, 所謂旋璣玉衡以齊七政."이라는 기록이 있는데, 이에 대한 배인(裴駰)의 집해(集解)에서는 마융(馬融)의 『상서(尙書)』에 대한 주를 인용하여, "七政者, 北斗七星, 各有所主. 第一曰正日. 第二曰主月. 第三曰命火, 謂熒惑也, 第四曰煞土, 謂塡星也. 第五曰伐水, 謂辰星也. 第六曰危木, 謂歲星也. 第七曰剽金, 謂太白也. 日月五星各異, 故曰七政也."라고 풀이한다.
35) 정현(鄭玄, A.D.127 ~ A.D.200) : =정강성(鄭康成)・정씨(鄭氏). 한대(漢代)의 유학자이다. 자(字)는 강성(康成)이다. 『주역(周易)』, 『상서(尙書)』, 『모시(毛詩)』, 『주례(周禮)』, 『의례(儀禮)』, 『예기(禮記)』, 『논어(論語)』, 『효경(孝經)』 등에 주석을 하였다.
36) 『육예론(六藝論)』은 정현(鄭玄)이 찬(撰)한 서적이다. 1권으로 되어 있다. 육예(六藝)에 대한 기원 및 변천 등을 설명하고, 공자(孔子)가 '육예'를 집대성한 의미에 대해서도 기술하고 있다. 그러나 이 서적은 이미 망실되어, 현재는 전해지지 않는다. 다만 공영달(孔穎達) 등이 주석한 소(疏) 부분에 일부 기록이 남아 있을 뿐이다.
37) 인황(人皇)은 태황(泰皇)이라고도 부른다. 삼황(三皇) 중 하나이다. '삼황'은 천황(天皇), 지황(地皇), '인황'을 가리킨다.

애초에 '수황'에게서 비롯되었다고 하였으니, 정치와 교화라는 것은 곧 '칠정'을 뜻한다. 『육예론』에서는 또한 "수황 이후 육기(六紀)[38]인 91대(代)를 거쳐서, 복희 때에 이르러, 처음으로 열 마디로 된 교화지침을 만들었다."라고 했다. 그렇다고 한다면, 복희가 통치하던 당시에는 『역』의 도리가 이미 영향력을 발휘하고 있었으므로, 예와 관련된 일들도 더욱 발달되었을 것이다. 초주[39]의 『고사고(古史考)』[40]를 살펴보면, "성인(聖人) 중 오행(五行)의 하나인 화덕(火德)[41]으로 융성해진 자가 있어서, 처음으로 나무를 마찰시켜 불을 일으키는 방법을 고안해내고, 백성들에게 음식을 익혀먹도록 가르쳤으니, 백성들은 크게 기뻐하게 되었으며, 그를 '수인'이라고 불렀다. 육기(六紀) 다음 시기에는 세 개의 성(姓)이 다른 군왕들이 통치하던 시기가 있었는데, 복희 때에 이르러서는 혼인 제도를 만들게 되어서, 암수 한 쌍의 사슴 가죽으로 예물(禮物)을 삼고, 금슬(琴瑟)을 만들어서 음악을 연주하였다."라고 했다. 또 『제왕세기(帝王世紀)』[42]에서도 "수인씨(燧人氏: =遂人

---

38) 육기(六紀)는 수인씨(遂人氏)로부터 복희씨(伏羲氏)에 이르는 기간을 뜻한다. 기(紀)자는 본래 기간을 뜻하는 단위인데, 그 기간의 길이에 대해서는 이설(異說)이 많다.

39) 초주(譙周, A.D.201? ~ A.D.270) : 삼국시대(三國時代) 때의 학자이다. 자(字)는 윤남(允南)이다. 『논어주(論語注)』, 『삼파기(三巴記)』, 『초자법훈(譙子法訓)』, 『고사고(古史考)』, 『오경연부론(五更然否論)』 등의 저술을 남겼다.

40) 『고사고(古史考)』는 초주(譙周)가 편찬한 서적이다. 본래 이 책은 25권으로 구성되어 있었으나, 송(宋)나라와 원(元)나라 시기에 산일되어 없어진 것으로 추정된다. 현재는 청(淸)나라 때의 학자인 장종원(章宗源)이 일부 남아있던 기록을 보존해둔 것이 전해질 뿐이다. 이 책은 주로 주(周)나라와 진(秦)나라 이전의 역사인 상고사(上古史)를 기록하고 있으며, 사마천(司馬遷)의 『사기(史記)』 기록에 대한 오류를 지적하고 있다. 그렇기 때문에 책 제목을 『고사고』로 지은 것이다.

41) 화덕(火德)은 오덕(五德) 중 하나인 화(火)의 덕(德)을 뜻한다. '오덕'은 고대 음양가(陰陽家)들이 만들어낸 개념으로, 오행(五行)에 착안하여, 각각에 덕성을 부여했고, 역대 왕조들은 자신에게 해당하는 덕성을 부여받아서 천하를 통치하였다고 여겼다. 또한 오행이 상극(相克)과 상생(相生)을 하듯이, 각 왕조의 교체 역시 '오덕'의 상극 및 상생으로 이루어진다고 여겼다. '화덕'은 바로 이러한 '오덕'의 하나로써, 피상적 개념이기는 하지만, 각 왕조의 정통성을 뒷받침하는 주요 관념으로 작용하였다.

氏)가 죽자, 포희씨(包犧氏: =伏義氏)가 그의 뒤를 이었다.”라고 했다. 이것
을 근거로 말해보자면, 혼인 제도와 같은 가례(嘉禮)는 복희 시대부터 시작
된 것이다. 그러나 『고사고』에서는 ‘수황’으로부터 ‘복희’에 이르는 시기를
단지 삼성기(三姓紀)[43]만을 거친 기간이라고 여겼는데, 『육예론』에서는
“육기(六紀)인 91대(代)를 거쳤다.”라고 하여, 기록이 서로 다른데, 어느 것
이 옳은 지는 정확하게 모르겠다. 어떤 자들은 삼성기(三姓紀)에 대해서,
‘삼성기’가 곧 91대(代)가 된다고 주장한다. 『광아(廣雅)』[44]를 살펴보면, “1
기(紀)는 267,000년이다.”라고 했고, 방숙기(方叔機)는 『육예론』에 대해 주
를 달면서, “육기(六紀)라는 것은 구두기(九頭紀)[45], 오룡기(五龍紀)[46], 섭
제기(攝提紀)[47], 합락기(合洛紀)[48], 연통기(連通紀)[49], 서명기(序命紀)[50]

---

42) 『제왕세기(帝王世紀)』는 서진(西晉) 때의 학자인 황보밀(皇甫謐)이 지은 서적
이다. 이 서적은 역대 제왕(帝王)들의 가계도와 연대에 따른 사적들을 기록하
고 있다. 삼황(三皇)들이 통치했다고 전해지는 시대로부터 한(漢)나라 및 위
(魏)나라의 역사를 기록하고 있는데, 현재 남아있는 『제왕세기』는 10권으로
구성되어 있다.

43) 삼성기(三姓紀)는 합락기(合洛紀)와 같은 뜻이다.

44) 『광아(廣雅)』는 위(後)나라 때 장읍(張揖)이 지은 자전(字典)이다. 『박아(博
雅)』라고도 부른다. 『이아』의 체제를 계승하고, 새로운 내용을 보충하여, 경전
(經典)에 기록된 글자들을 해석한 서적이다. 본래 상·중·하 3권으로 구성되
어 있었지만, 수(隋)나라 조헌(曹憲)이 재차 10권으로 편집하였다. 한편 ‘광
(廣)’자가 수나라 양제(煬帝)의 시호였기 때문에, 피휘를 하여, 『박아』라고 부
르게 되었다.

45) 구두기(九頭紀)는 인황씨(人皇氏)를 비롯한 그의 형제 9명이 함께 통치했던
시기를 뜻한다. 구두(九頭)는 인황씨를 포함한 9명의 형제들을 가리킨다. 그
기간에 대해서 일설에는 151세대의 기간으로, 총 45,600년이었다고 설명한다.
『춘추명력서(春秋命歷序)』에는 “人皇九頭乘雲車, 駕六羽, 山谷口, 分長九州,
各立域邑, 凡一百五十一世, 合四萬五千六百年.”이라는 기록이 있고, 이에 대한
송균(宋均)의 주에서는 “九頭, 兄弟九人.”이라고 풀이했다.

46) 오룡기(五龍紀)는 상고시대(上古時代) 때 오룡(五龍)이 통치했던 시기를 뜻한
다. ‘오룡’은 고대에 존재했다고 전해지는 다섯 명의 통치자를 뜻한다. 즉 황백
(皇伯), 황중(皇仲), 황숙(皇叔), 황계(皇季), 황소(皇少)를 가리키는데, 용(龍)
자를 붙인 이유는 이들이 모두 용을 타고 다녔기 때문이다. 『춘추명력서(春秋
命歷序)』에는 “皇伯, 皇仲, 皇叔, 皇季, 皇少, 五姓同期, 俱駕龍, 號曰五龍.”이라
는 기록이 있다.

를 뜻하니, 이것들이 모두 여섯 개의 기(紀)가 된다. 91대(代)라는 것은 '구 두기'가 1대(代)가 되고, '오룡기'가 5대가 되며, '섭제기'가 72대가 되고, '합 락기'가 3대가 되며, '연통기'가 6대가 되고, '서명기'가 4대가 되니, 이들을 합치면 91대가 된다."라고 했다. 그러나 복희 이전과 복희 이후의 연대가 차이가 나며, 그것에 대한 설명들도 일치하지 않고, 위서(緯書)[51]들이 잡다 하게 나타났지만, 각각의 내용들이 일치하지 않으며, 또한 번잡해져서 참고 할 수 없으므로, 여기에서는 잡다한 위서들의 내용을 생략하고, 오직『육예 론』의 기록과『제왕세기』의 기록들에 근거해서 설명을 한 것이다.『역』「계 사전(繫辭傳)」을 살펴보면, "포희씨(包犧氏)가 죽자, 신농씨(神農氏)[52]가

---

47) 섭제기(攝提紀)는 상고시대(上古時代) 때 59개의 각기 다른 성(姓)을 가진 부 족장들이 통치하던 시기를 뜻한다.

48) 합락기(合洛紀)는 합락기(合雒紀)라고도 부르며, 삼성기(三姓紀)라고도 부른 다. 상고시대(上古時代) 때 3개의 각기 다른 성(姓)을 가진 부족장들이 통치하 던 시기를 뜻한다. 이들은 사람들에게 혈거(穴居)하는 방법과 짐승들을 다루 는 방법을 가르쳤다고 전해진다.『노사(路史)』「전기이(前記二)·태황씨(泰皇 氏)」편에는 "合雒四, 是謂三姓紀, 敎人穴居, 乘蜚鹿以理."라는 기록이 있다.

49) 연통기(連通紀)는 육성기(六姓紀)라고도 부른다. 상고시대(上古時代) 때 6개 의 각기 다른 성(姓)을 가진 부족장들이 통치하던 시기를 뜻한다. 이들은 사람 들에게 짐승들을 다루는 방법을 가르쳤다고 전해진다.『노사(路史)』「전기이 (前記二)·서십기(敍十紀)」편에는 "連通五, 是謂六姓紀, 乘蜚麟以理."라는 기 록이 있다.

50) 서명기(序命紀)는 서명기(敍命紀)라고도 부른다. 상고시대(上古時代) 때 4개 의 각기 다른 성(姓)을 가진 부족장들이 통치하던 시기를 뜻한다.

51) 위후(緯候)는 본래 칠경(七經)에 대한 위서(緯書)와『상서중후(尙書中候)』를 합쳐 부르는 말인데, '위서'를 통칭하는 용어로 사용된다.『후한서(後漢書)』 「方述傳序」편에는 "至乃河洛之文, 龜龍之圖, 箕子之術, 師曠之書, 緯候之部, 鈐決之符, 皆所以探抽冥賾, 參驗人區, 時有可聞者焉."이라는 기록이 있는데, 이에 대한 이현(李賢)의 주에서는 "緯, 七經緯也. 候, 尙書中候也."라고 풀이했 다. 또한 '위후'는 참위(讖緯)에 대한 학문을 가리키는 용어로도 사용된다.

52) 신농씨(神農氏)는 신농(神農)이라고도 부른다. 전설시대에 존재했다고 전해 지는 고대 제왕(帝王)의 이름이다. 처음으로 백성들에게 농사짓는 방법을 가 르쳤다는 뜻에서, '신농'이라고 부르게 되었다. 또한 약초를 발견하고 재배하 여 사람들의 병을 치료했었다고 전해진다. 또한 '신농'은 염제(炎帝)라고도 부 르는데, 그 이유는 오행(五行) 중 하나인 화(火)의 덕(德)을 통해서 제왕이 되 었다고 믿었기 때문이다.『회남자(淮南子)』「주술훈(主述訓)」편에는 "昔者, 神

일어났다."53)라고 하였고, 『제왕세기』를 살펴보면, 복희의 후손 여왜씨(女
媧氏)54) 또한 풍성(風姓)이라고 했다. 그리고 '여왜씨'가 죽자, "그 다음으
로 대정씨(大庭氏)55), 백황씨(柏皇氏)56), 중앙씨(中央氏), 율륙씨(栗陸氏),
여련씨(驪連氏), 혁서씨(赫胥氏)57), 존로씨(尊盧氏), 혼돈씨(渾沌氏)58), 호

農之治天下也, 神不馳於胸中, 智不出於四域, 懷其仁誠之心, 甘雨時降, 五穀蕃
植."이라는 기록이 있다. 한편 '신농'은 토신(土神)을 뜻하는 용어로도 사용되
었다. 이것은 농사와 땅과의 관계가 밀접하기 때문이며, 이러한 뜻에서 농사
를 주관했던 관리를 또한 '신농'으로 칭하기도 하였다. 이 문장에서는 전자의
뜻으로 사용되었다.

53) 『역』「계사하(繫辭下)」: 包犧氏沒, 神農氏作, 斲木爲耜, 揉木爲耒, 耒耨之利,
以敎天下, 蓋取諸益.

54) 여왜씨(女媧氏)는 전설시대에 존재했다고 전해지는 고대 제왕(帝王)의 이름
이다. 인류의 시조(始祖)라고도 전해진다. 복희(伏犧)와 혼인하여 인류를 낳았
다고 하며, 또한 흙으로 인간을 빚어서 인류를 만들었다고도 전해진다. 또한
'여왜씨'는 하(夏)나라 우(禹)임금의 부인이자, 도산씨(塗山氏)의 딸을 가리킨
다. '여왜'를 우임금의 부인을 뜻하는 용어로 사용할 때에는 '여왜'를 또한
여교(女嬌), 여교(女趫)라고도 지칭한다. 이 문장에서는 전자의 뜻으로 사용되
었다.

55) 대정씨(大庭氏)는 대정씨(大廷氏)라고도 부른다. 전설시대에 존재했다고 전
해지는 고대 제왕(帝王)의 이름이다. '대정씨'는 염제(炎帝)인 신농씨(神農氏)
를 뜻하기도 한다. 혹은 고대 국가의 명칭을 뜻하는 용어로도 사용된다. 고국
(故國) '대정씨'의 터는 노(魯)나라의 국성(國城) 안에 위치했었다고 전해지며,
노나라는 그 터에 창고를 지었다고 전해진다. 『춘추좌씨전』「소공(昭公) 18년」
편에는 "宋・衛・陳・鄭皆火, 梓愼登大庭氏之庫以望之."라는 기록이 있는데,
이에 대한 두예(杜預)의 주에서는 "大庭氏, 古國名, 在魯城內, 魯於其處作庫."
라고 풀이했고, 공영달(孔穎達)의 소(疏)에서는 "先儒舊說皆云炎帝號神農氏,
一曰大庭氏."라고 풀이했다. 또 『장자(莊子)』 외편(外篇)・거협(胠篋)편에는
"昔者, 容成氏・大庭氏・伯皇氏・中央氏・栗陸氏・驪畜氏・軒轅氏・赫胥
氏・尊盧氏・祝融氏・伏羲氏・神農氏, 當是時也, 民結繩而用之."라는 기록이
있는데, 이에 대한 성현영(成玄英)의 소(疏)에서는 "已上十二氏, 並上古帝王
也."라고 풀이했다. 『한서(漢書)』「고금인표(古今人表)」편에는 대정씨(大廷氏)
로 기록되어 있는데, 이에 대한 안사고(顔師古)의 주에서는 "廷, 讀曰庭."이라
고 풀이했다.

56) 백황씨(柏皇氏)는 백황(柏黃), 백황(栢篁)이라고도 부른다. 전설시대에 존재
했다고 전해지는 고대 제왕(帝王)의 이름이다.

57) 혁서씨(赫胥氏)는 혁소씨(赫蘇氏)라고도 부른다. 전설시대에 존재했다고 전
해지는 고대 제왕(帝王)의 이름이다. '성대하고 혁혁한[赫然]' 덕(德)을 가지고

영씨(昊英氏), 유소씨(有巢氏)59), 주양씨(朱襄氏)60), 갈천씨(葛天氏), 음강
씨(陰康氏), 무회씨(無懷氏)가 차례대로 나타났으니, 총 15대(代)이며, 이들
은 모두 복희(伏羲)라는 호칭을 계승하여 사용했었다."라고 했다. 그러므로
정현은 '대정씨'라는 명칭이 '신농'의 다른 호칭이라고 여긴 것이다. 『사기』
「봉선서(封禪書)」를 살펴보면, '무회씨'가 존재했던 기간은 복희 이전이 되
는데, 지금 이곳에서는 복희 이후라고 설명을 하고 있으니, 『제왕세기』의

있어서, 백성들로 하여금 '친근하고 친애하도록[胥附]' 하였기 때문에, '혁서'라
는 명칭이 생겼다고 설명하기도 한다. 또한 고대에는 서(胥)자와 소(蘇)자가
통용되었기 때문에, '혁서씨'를 '혁소씨'라고도 부르는 것이다. 『장자(莊子)』
「마제(馬蹄)」편에는 "夫赫胥氏之時, 民居不知所爲, 行不知所之, 含哺而熙, 鼓
腹而遊."라는 기록이 있는데, 이에 대한 성현영(成玄英)의 소(疏)에서는 "赫胥,
上古帝王也. 亦言有赫然之德, 使民胥附, 故曰赫胥. 蓋炎帝也."라고 풀이했다.
한편 『노사(路史)』「전기칠(前紀七)·혁소씨(赫蘇氏)」편에서는 "赫蘇氏, 是爲
赫胥."라는 기록이 있고, 장훤(張萱)의 『의요(疑耀)』에서는 "古有赫胥氏, 一曰
赫蘇氏, 古蘇·胥通."이라고 기록했다.

58) 혼돈씨(渾沌氏)는 혼돈씨(渾敦氏)라고도 부른다. 전설시대에 존재했다고 전
해지는 고대 제왕(帝王)의 이름이다.

59) 유소씨(有巢氏)는 전설시대에 존재했다고 전해지는 고대 제왕(帝王)의 이름
이다. 상고시대(上古時代) 때에는 백성들의 수가 적고, 짐승들의 수가 많았기
때문에, 백성들은 짐승들을 당해낼 수가 없었다. '유소씨'는 새의 둥지에서 착
안하여, 나무를 얽어서, '새의 둥지[巢]'와 같은 사람들의 보금자리를 만들었
다. 백성들은 이러한 주거지 때문에 피해를 줄였다. 그렇기 때문에, 그를 제왕
(帝王)으로 추대했고, 그를 '유소씨'라고 불렀다고 설명하기도 한다. 『한비자
(韓非子)』「오두(五蠹)」편에는 "上古之世, 人民少而禽獸衆, 人民不勝禽獸蟲蛇,
有聖人作, 構木爲巢以避群害, 而民悅之, 使王天下, 號曰有巢氏."라는 기록이
있다.

60) 주양씨(朱襄氏)는 전설시대에 존재했다고 전해지는 고대 제왕(帝王)의 이름
이다. 또한 염제(炎帝)의 별호(別號)로도 사용된다. '주양씨'가 통치를 할 때에
는 바람이 많이 불었고, 양기(陽氣)가 축적되어, 만물(萬物)이 흩어지게 되었
고, 과실들이 익지 않게 되었다. 그렇기 때문에 '주양씨'는 사달(士達)을 시켜
서 오현슬(五弦瑟)을 만들고, 이것을 연주하여 음기(陰氣)를 머금은 바람이 불
어오도록 했고, 이를 통해 만물의 성장을 안정시켜다고 전해지기도 한다. 『여
씨춘추(呂氏春秋)』「고악(古樂)」편에는 "昔古朱襄氏之治天下也, 多風而陽氣
畜積, 萬物散解, 果實不成, 故士達作爲五弦瑟, 以來陰風, 以定群生."이라는 기
록이 있는데, 이에 대한 고유(高誘)의 주에서는 "朱襄氏, 古天子炎帝之別號."
라고 풀이했다.

문장들은 모두 신뢰할 수 없는 것이다. 『제왕세기』에서는 또한 "신농이 처음으로 천하의 모든 백성들에게 곡식 파종하는 방법을 가르쳤으므로, 사람들이 그를 '신농'이라고 부르게 된 것이다."라고 하였다. 그런데 『예기』「예운(禮運)」편을 살펴보면, "무릇 예(禮)의 시초는 음식과 관련된 일에서 시작되었으니, 기장과 돼지고기를 익히고, '흙과 풀을 섞어서 빚은 북채[蕢桴]'를 만들고, 흙을 쌓아서 북을 만들었다."[61]라고 하였고, 또 『예기』「명당위(明堂位)」편에서는 "'흙으로 만든 북[土鼓]'과 '갈대로 만든 피리[葦籥]'는 이기씨(伊耆氏)[62]가 만든 악기이다."[63]라고 하였으며, 또 『예기』「교특생(郊特牲)」편에서는 "'이기씨'가 처음으로 사(蜡)제사[64]를 지냈다."[65]라고 하였는데, '사'는 곧 전제(田祭)[66]를 뜻하니, 곡식을 파종하는 것과 서로 연관이 되고, 토고(土鼓)와 위약(葦籥)은 또한 괴부(蕢桴) 및 '토고'에 해당하므로, 웅안생[67]은 '이기씨'가 곧 '신농'을 뜻한다고 한 것이다. 그리고 『예기』

---

61) 『예기』「예운(禮運)」【268c】: 夫禮之初, 始諸飲食. 其燔黍捭豚, 汙尊而抔飲, 蕢桴而土鼓.

62) 이기씨(伊耆氏)는 신농(神農)을 가리킨다. 일설에는 요(堯)임금을 뜻한다고 주장하기도 한다.

63) 『예기』「명당위(明堂位)」【403c】: 土鼓·蕢桴·葦籥, 伊耆氏之樂也.

64) 사(蜡)는 연말에 지내는 큰 제사를 뜻한다. 제사 대상은 천제(天帝) 등의 주요 신들을 제외한 나머지 하위 신들에 해당한다. 하위 신들은 그 수가 많아서, 일일이 제사를 지낼 수 없기 때문에, 연말에 합당으로 제사를 지냈던 것이다. 『예기』「잡기하(雜記下)」편에는 "子貢觀於蜡."라는 기록이 있는데, 이에 대한 정현의 주에서는 "蜡也者, 索也. 歲十二月, 合聚萬物而索饗之祭也."라고 풀이했다. 또 『예기』「교특생(郊特牲)」편에는 "蜡之祭也, 主先嗇而祭司嗇也, 祭百種, 以報嗇也."라는 기록이 있다.

65) 『예기』「교특생(郊特牲)」【330b】: 伊耆氏始爲蜡. 蜡也者索也, 歲十二月, 合聚萬物而索饗之也.

66) 전제(田祭)는 연말에 지내는 큰 제사를 뜻하며, 내년 곡식의 풍년을 기원하고, 올해 작황에 대해 보답하는 제사이다.

67) 웅안생(熊安生, ? ~ A.D.578): =웅씨(熊氏). 북조(北朝) 때의 경학자이다. 자(字)는 식지(植之)이다. 『주례(周禮)』, 『예기(禮記)』, 『효경(孝經)』 등 많은 전적에 의소(義疏)를 남겼지만, 모두 산일되어 남아 있지 않다. 현재 마국한(馬國翰)의 『옥함산방집일서(玉函山房輯佚書)』에 『예기웅씨의소(禮記熊氏義疏)』 4권이 남아 있다.

에서는 이미 예(禮)가 음식과 관련된 일에서 기원하였으며, 이것을 통해 귀신에게 공경을 다했다고 하였으니, 제사(祭祀)를 비롯한 길례(吉禮)68)는 '신농'에게서 비롯되었다는 뜻이 된다. 또한 『사기(史記)』에서는 "황제(黃帝)69)가 치우(蚩尤)70)와 함께 탁록(涿鹿)이라는 땅에서 전투를 하였다."71)라고 했으니, 당시에는 이미 군례(軍禮)72)가 존재하고 있었던 것이다. 그리

---

68) 길례(吉禮)는 오례(五禮) 중 하나로, 제사에 대한 예제(禮制)를 뜻한다. 고대에는 제사 자체를 길(吉)한 일로 여겼기 때문에, 제례(祭禮)를 '길례'로 여겼다.

69) 황제(黃帝)는 헌원씨(軒轅氏), 유웅씨(有熊氏)이라고도 부른다. 전설시대에 존재했다고 전해지는 고대 제왕(帝王)이다. 소전(少典)의 아들이고, 성(姓)은 공손(公孫)이다. 헌원(軒轅)이라는 땅의 구릉 지역에 거주하였기 때문에, 그를 '헌원씨'라고도 부르는 것이다. 또한 '황제'는 희수(姬水) 지역에도 거주를 하였기 때문에, 이 지역의 이름을 따서 성(姓)을 희(姬)로 고치기도 하였다. 그리고 수도를 유웅(有熊) 땅에 마련하였기 때문에, 그를 '유웅씨'라고도 부르는 것이다. 한편 오행(五行) 관념에 따라서, 그는 토덕(土德)을 바탕으로 제왕이 되었다고 여겼는데, 흙[土]이 상징하는 색깔은 황(黃)이므로, 그를 '황제'라고 부르는 것이다. 『역』「계사하(繫辭下)」편에는 "神農氏沒, 黃帝·堯·舜氏作, 通其變, 使民不倦."이라는 기록이 있는데, 이에 대한 공영달(孔穎達)의 소(疏)에서는 "黃帝, 有熊氏少典之子, 姬姓也."라고 풀이했다. 한편 '황제'는 오제(五帝) 중 하나를 뜻한다. 오행(五行)으로 구분했을 때 토(土)를 주관하며, 계절로 따지면 중앙 계절을 주관하고, 방위로 따지면 중앙을 주관하는 신(神)이다. 『여씨춘추(呂氏春秋)』「계하기(季夏紀)」편에는 "其帝黃帝, 其神后土."라는 기록이 있고, 이에 대한 고유(高誘)의 주에서는 "黃帝, 少典之子, 以土德王天下, 號軒轅氏, 死託祀爲中央之帝."라고 풀이했다. 이 문장에서는 전자의 뜻으로 사용되었다.

70) 치우(蚩尤)는 전설시대에 존재했다고 전해지는 구려족(九黎族)의 수장을 뜻한다. 청동기로 병장기를 만들었으며, 황제(黃帝)와 탁록(涿鹿) 땅에서 전쟁을 벌였지만, 패전하여 피살되었다고 전해진다. 다만 각 문헌들에서 설명하는 '치우'의 신분에 대해서는 이견이 많다. 염제(炎帝)의 신하였다고도 전해지고, '황제'의 신하라고도 설명한다. 한편 '구려족'의 군주라고도 설명하고, 천하를 통치했던 자라고도 설명한다. 또한 '황제'에게 반기를 들었기 때문에, 악인(惡人)을 대표하는 명칭으로도 사용된다.

71) 『사기(史記)』「오제본기(五帝本紀)」: 於是黃帝乃徵師諸侯, 與蚩尤戰於涿鹿之野, 遂禽殺蚩尤.

72) 군례(軍禮)는 오례(五禮) 중 하나로, 군대와 관련된 예제(禮制)를 뜻한다. 참고적으로 고대 중국에서는 각 계절마다 군대와 관련된 의식을 시행하였는데, 봄에 하는 것을 진려(振旅)라고 불렀고, 여름에 하는 것을 발사(拔舍)라고 불

고 『역』「계사전」의 '황제구사장(黃帝九事章)'에서는 "옛날에는 들판에서 장례(葬禮)를 치렀다."[73]라고 하였으니, 당시에는 이미 흉례(凶禮)[74]가 있었던 것이다. 또 『논어찬고(論語撰考)』에서는 "헌원씨(軒轅氏: =黃帝)는 농사에 적합한 토질에 대해 알고 있었으며, 구주(九州)[75]의 목(牧)[76]들은 교화를 더욱 번창시켰다."라고 하였는데, 이 시대에 이미 '구주'의 수장들이

렀으며, 가을에 하는 것을 치병(治兵)이라고 불렀고, 겨울에 하는 것을 대열(大閱)이라고 불렀다. 이러한 의식들이 모두 '군례'에 포함된다.

73) 『역』「계사하(繫辭下)」 : 古之葬者, 厚衣之以薪, 葬之中野.

74) 흉례(凶禮)는 재앙 등의 일에 봉착했을 때, 애도를 표시하거나 구휼하는 예제(禮制)를 뜻한다. 또한 '흉례'는 상례(喪禮)를 지칭하는 용어로도 사용되었다.

75) 구주(九州)는 9개의 주(州)를 뜻한다. 고대 중국에서는 중원 지역을 9개의 주로 구분하여, 다스렸다. 따라서 '구주'는 오랑캐 지역과 대비되는 중국 땅을 지칭하는 용어로 사용되었다. '구주'의 포함되는 '주'의 이름들은 각 기록마다 차이를 보인다. 『서』「우서(虞書)・우공(禹貢)」편에는 "禹敷土, 隨山刊木, 奠高山大川. 冀州旣載. …… 濟河惟兗州. 九河旣道. …… 海岱惟青州. 嵎夷旣略, 濰淄其道. …… 海岱及淮惟徐州, 淮沂其乂, 蒙羽其藝. …… 淮海惟揚州, 彭蠡其豬, 陽鳥攸居. …… 荊及衡陽惟荊州. 江漢朝宗于海. …… 荊河惟豫州, 伊洛瀍澗, 旣入于河. …… 華陽黑水惟梁州. 岷嶓旣藝, 沱潛旣道. …… 黑水西河惟雍州. 弱水旣西."라는 기록이 있다. 즉 『서』에 기록된 '구주'는 기주(冀州)・연주(兗州)・청주(青州)・서주(徐州)・양주(揚州)・형주(荊州)・예주(豫州)・양주(梁州)・옹주(雍州)이다. 한편 『이아』「석지(釋地)」편에는 " 兩河間曰冀州. 河南曰豫州. 河西曰雝州. 漢南曰荊州. 江南曰楊州. 濟河間曰兗州. 濟東曰徐州. 燕曰幽州. 齊曰營州."라는 기록이 있다. 즉 『이아』에 기록된 '구주'는 『서』의 기록과 달리, '서주'와 '양'주에 대한 기록이 없고, 대신 유주(幽州)와 영주(營州)가 기록되어 있다. 또 『주례』「하관(夏官)・직방씨(職方氏)」편에는 "乃辨九州之國使同貫利. 東南曰揚州. …… 正南曰荊州. …… 河南曰豫州. …… 正東曰青州. …… 河東曰兗州. …… 正西曰雍州. …… 東北曰幽州. …… 河內曰冀州. …… 正北曰幷州."라는 기록이 있다. 즉 『주례』에 기록된 '구주'는 『서』의 기록과 달리, '서주'와 '양주'에 대한 기록이 없고, 대신 '유주'와 병주(幷州)에 대한 기록이 있다. 이외에도 일부 차이를 보이는 기록들이 있다.

76) 구목(九牧)은 구주(九州)의 목(牧)들을 뜻한다. 고대 중국은 천하를 '구주'로 구분하였는데, 각각의 주(州)에는 여러 제후들이 속해 있었다. 그 중에서 가장 뛰어난 자를 그 '주'에 속해있었던 제후들의 수장으로 삼았는데, 그를 '목'이라고 부르는 것이다. 『예기』「곡례하(曲禮下)」편에는 "九州之長, 入天子之國曰牧"이라는 기록이 있는데, 이에 대한 정현의 주에서는 "每一州之中, 天子選諸侯之賢者以爲之牧也."라고 풀이했다.

있었다고 하니, 당연히 조빙(朝聘)[77]하는 예법(禮法)도 있었을 것이며, 이것은 곧 당시에 빈례(賓禮)[78]가 있었다는 사실을 뜻한다. 만약 이러한 기록대로라면, '복희'로부터 그 이후 '황제'에 이르게 되면, 길례(吉禮), 흉례(凶禮), 빈례(賓禮), 군례(軍禮), 가례(嘉禮) 등의 오례(五禮)[79]가 비로소 모두 갖추어지게 된다. 황간[80]은 "예(禮)에는 3가지 기원이 있으니, '예'의 이치

---

77) 조빙(朝聘)은 본래 제후가 주기적으로 천자를 찾아뵙는 것을 뜻한다. 고대에는 제후가 천자에 대해서 매년 1번씩 소빙(小聘)을 했고, 3년에 1번씩 대빙(大聘)을 했으며, 5년에 1번씩 조(朝)를 했다. '소빙'은 제후가 직접 찾아가지 않았고, 대부(大夫)를 대신 파견하였으며, '대빙' 때에는 경(卿)을 파견하였다. '조'에서만 제후가 직접 찾아갔는데, 이것을 합쳐서 '조빙'이라고 부른다. 춘추시대(春秋時代) 때에는 진(晉)나라 문공(文公)과 같은 패주(霸主)에게 '조빙'을 하기도 하였다. 『예기』「왕제(王制)」편에는 "諸侯之於天子也, 比年一小聘, 三年一大聘, 五年一朝."라는 기록이 있고, 이에 대한 정현의 주에서는 "比年, 每歲也. 小聘, 使大夫, 大聘, 使卿, 朝, 則君自行. 然此大聘與朝, 晉文霸時所制也."라고 풀이했다.

78) 빈례(賓禮)는 오례(五禮) 중 하나로, 천자를 찾아뵙거나 천자가 제후들을 만나보거나, 아니면 제후들끼리 회동하는 조빙(朝聘)의 예법(禮法)을 뜻한다. 또한 '빈례'는 손님을 접대하는 예제(禮制)를 뜻하기도 한다. 참고적으로 봄에 천자를 찾아뵙는 것을 조(朝)라고 하였으며, 여름에 찾아뵙는 것을 종(宗)이라고 하였고, 가을에 찾아뵙는 것을 근(覲)이라고 하였으며, 겨울에 찾아뵙는 것을 우(遇)라고 하였다. 또한 제후들이 천자를 찾아뵐 때에는 본래 각각의 제후들마다 정해진 기간이 있었는데, 정해진 기간 외에 찾아뵙는 것을 회(會)라고 하였고, 정해진 기간에 찾아뵙는 것을 동(同)이라고 하였다. 또 천자가 순수(巡守)를 할 때에도 정해진 기간이 있었는데, 정해진 기간이 아닌 때에 제후를 찾아가 보는 것을 문(問)이라고 하였고, 정해진 기간에 찾아가 보는 것을 시(視)라고 하였다.

79) 오례(五禮)는 고대부터 전해져 온 다섯 종류의 예제(禮制)를 뜻한다. 즉 길례(吉禮), 흉례(凶禮), 군례(軍禮), 빈례(賓禮), 가례(嘉禮)를 가리킨다. 『주례』「춘관(春官)・소종백(小宗伯)」편에는 "掌五禮之禁令與其用等."이라는 기록이 있는데, 이에 대한 정현의 주에서는 정사농(鄭司農)의 주장을 인용하여, "五禮, 吉・凶・軍・賓・嘉."라고 풀이했다.

80) 황간(皇侃, A.D.488 ~ A.D.545): =황씨(皇氏). 남조(南朝) 때 양(梁)나라의 경학자이다. 『주례(周禮)』, 『의례(儀禮)』, 『예기(禮記)』 등에 해박하여, 『상복문구의소(喪服文句義疏)』, 『예기의소(禮記義疏)』, 『예기강소(禮記講疏)』 등을 지었지만, 현재는 전해지지 않는다. 그 일부가 마국한(馬國翰)의 『옥함산방집일서(玉函山房輯佚書)』에 수록되어 있다.

는 태일(太一)에게서 기원하였고, '예'를 시행하는 일들은 수황(遂皇)에게서 기원하였으며, '예'의 명칭은 황제(黃帝)에게서 기원하였다."라고 했는데, 그가 "예의 이치는 '태일'에게서 기원하였다."라고 한 말은 그 의미가 맞지만, "예를 시행하는 일들은 '수황'에게서 기원하였으며, 예의 명칭은 '황제'에게서 기원하였다."라고 한 말은 그 의미가 잘못되었다. 또한 '수황'은 복희 이전에 존재했던 인물이고, 『예기』「예운(禮運)」편에서 "기장과 돼지고기를 익힌다."라고 한 내용은 그것이 발생했던 시기가 복희 이후의 시기가 되는데, 어떻게 제사(祭祀)가 '수황' 시기에 존재했었다고 할 수 있겠는가? 그리고 요(堯)임금[81] 때에 대해서는『서』「순전(堯典)」편에서 "오례(五禮)를 정비하라."[82]라고 하였는데, 정현은 이 문장에서의 '오례'[83]를 공작[公], 후작[侯], 백작[伯], 자작[子], 남작[男]에 대한 각각의 예법(禮法)이라고 여겼다. 또한 『서』에서는 백이(伯夷)[84]에게 명령하면서, "나의 삼례(三禮)[85]를 맡아라."[86]라고 하였다. 그리고 '오례'에 대한 기록들 또한 이미

---

81) 당요(唐堯)는 도당씨(陶唐氏)라고도 부른다. 고대 제왕의 이름이다. 요(堯)임금은 제곡(帝嚳)의 아들이었다고 전해지며, 성(姓)은 이기(伊祁)・이기(伊耆)이고, 이름은 방훈(放勛)이다. 최초 봉지를 세운 곳은 도(陶)이고, 재차 당(唐)에 봉지를 정했기 때문에, '도당씨'라고도 부르는 것이다.

82) 『서』「우서(虞書)・순전(舜典)」: 修五禮, 五玉, 三帛, 二生, 一死, 贄, 如五器, 卒乃復.

83) 오례(五禮)는 공작[公]・후작[侯]・백작[伯]・자작[子]・남작[男] 등 다섯 등급에 속한 제후들이 천자를 조빙(朝聘)하는 예법(禮法) 등을 뜻한다. 『서』「우서(虞書)・고요모(皐陶謨)」편에는 "天秩有禮, 自我五禮, 有庸哉."라는 기록이 있는데, 이에 대한 공안국(孔安國)의 전(傳)에서는 "天次秩有禮, 當用我公・侯・伯・子・男五等之禮以接之, 使有常."이라고 풀이하였다.

84) 백이(伯夷, ? ~ ?) : 요순(堯舜) 때의 인물로, 성(姓)은 강(姜)이며, 공공(共工)의 종손(從孫)으로 알려져 있다. 우(禹)임금을 도와 치수 사업에 참여했다고 하며, 『서』「우서(虞書)・순전(舜典)」편에는 "帝曰, 咨四岳, 有能典朕三禮. 僉曰, 伯夷. 帝曰, 兪. 咨伯, 汝作秩宗. 夙夜惟寅, 直哉惟清. 伯拜稽首, 讓于夔龍."이라고 하여, 삼례(三禮)에 뛰어난 자를 찾자, 모두들 '백이'를 추천하였다고 전해진다.

85) 삼례(三禮)는 천(天), 지(地), 종묘(宗廟)에서 지내는 제례(祭禮)를 뜻한다. 『서』「우서(虞書)・순전(舜典)」편에는 "帝曰, 咨! 四岳, 有能典朕三禮."라는 기록이 있는데, 이에 대한 공안국(孔安國)의 전(傳)에서는 "三禮, 天・地・人之禮."라

경전에 나타나고 있다. 『서』「순전」편을 살펴보면, "상제(上帝)에게 유
(類)[87]제사를 지냈다."[88]라고 하였으니, 이것은 곧 길례(吉禮)에 해당하고,
"백성들이 부모나 시부모의 상(喪)을 당한 것처럼 하였다."[89]라고 하였으
니, 이것은 곧 흉례(凶禮)에 해당하며, "여러 제후들이 사방(四方)에서 찾아
와 조회를 하였다."[90]라고 하였으니, 이것은 곧 빈례(賓禮)에 해당하고, "순
(舜)임금이 묘족[苗]을 정벌하였다."[91]라고 하였으니, 이것은 곧 군례(軍
禮)에 해당하며, "순(舜)임금에게 시집을 가거라."[92]라고 하였으니, 이것은
곧 가례(嘉禮)에 해당한다. 따라서 이 기록들은 곧 순(舜)임금 때에 이미
'오례'가 모두 갖추어져 있었다는 사실을 뜻한다. 다만 "나의 삼례(三禮)를
맡아라."라고 말한 것은 하늘과 땅을 섬기고, 사람을 섬기는 것을 '삼례'라
고 여긴 것이다. 실제적으로 천지(天地)를 섬긴다는 것은 오직 길례(吉禮)
에만 해당한다. 따라서 '오례' 중 길례(吉禮)를 뺀 나머지 네 가지 예법들은
모두 '사람에 대한 사안[人事]'을 포함하고 있는 것이다. 『논어』를 살펴보
면, "은(殷)나라는 하(夏)나라의 예(禮)를 계승하였다."라고 했고, "주(周)
나라는 은나라의 예(禮)를 계승하였다."라고 했으니,[93] 『예기』에서는 우

고 풀이했다.
86) 『서』「우서(虞書)・순전(舜典)」: 帝曰, 咨四岳, 有能典朕三禮. 僉曰, 伯夷. 帝
曰, 兪. 咨伯, 汝作秩宗. 夙夜惟寅, 直哉惟清. 伯拜稽首, 讓于夔龍.
87) 유(類)는 천신(天神)에게 지내는 제사의 일종이다. 『서』「우서(虞書)・순전(舜
典)」편에는 "肆類于上帝."라는 기록이 있다. '유'제사와 관련된 예법들은 망실
되어 전해지지 않지만, 군대를 출병하게 될 때 상제(上帝)에게 '유'제사를 지냈
다는 기록이 있다. 『예기』「왕제(王制)」편에는 "天子將出, 類乎上帝, 宜乎社,
造乎禰."라는 기록이 있고, 이 문장에 대한 정현의 주에서는 "類・宜・造, 皆
祭名, 其禮亡."이라고 풀이했다.
88) 『서』「우서(虞書)・순전(舜典)」: 正月上日, 受終于文祖, 在璿璣玉衡, 以齊七
政, 肆類于上帝.
89) 『서』「우서(虞書)・순전(舜典)」: 二十有八載, 帝乃殂落, 百姓如喪考妣.
90) 『서』「우서(虞書)・순전(舜典)」: 五載一巡守, 群后四朝.
91) 『서』「우서(虞書)・대우모(大禹謨)」: 帝曰, 咨禹, 惟時有苗弗率, 汝徂征.
92) 『서』「우서(虞書)・요전(堯典)」: 帝曰, 我其試哉, 女于時, 觀厥刑于二女, 釐降
二女于嬀汭, 嬪于虞.
93) 『논어』「위정(爲政)」: 子曰, "殷因於夏禮, 所損益, 可知也, 周因於殷禮, 所損益,

(虞), 하(夏), 은(殷), 주(周) 때의 예법에 대해서 총괄적으로 진술하고 있는
것이며, 이 말은 곧 우(虞), 하(夏), 은(殷), 주(周) 때에 각각 그 당시의 예법
을 갖추고 있었다는 사실을 나타내고, 또한 이 말은 하나라와 은나라에도
'오례'가 있었다는 사실을 뜻한다. 정현은『주례』「대종백(大宗伯)」편에 대
한 주에서, 다만 당우(唐虞)94) 때에는 '삼례'만 있었고, 주(周)나라 때에 이
르러서야 '삼례'가 분화되어, '오례'가 되었다고 하였다. 정현이 하(夏)나라
와 은(殷)나라에 대해서 언급하지 않은 이유는 단만『서』의 여러 편들이
없어져서, 하나라와 은나라의 예(禮)에 대한 기록들이 없어졌으므로, 이 두
나라에 대해서 언급한다는 것은 곧 근거 없이 말을 하는 것이 된다. 그렇기
때문에 정현은『주례』에 나온 기록에 근거해서, 확인될 수 있는 사실만을
언급한 것일 뿐이다. 또한 무왕(武王)이 죽은 이후, 성왕(成王)은 나이가
너무 어려서, 주공(周公)이 그를 대신하여 섭정(攝政)을 하였으며, 섭정 6
년 만에 천하가 태평하게 다스려졌다고 했다. 그리고 이 시기에 주공(周公)
은 문왕(文王)과 무왕의 덕(德)을 기술하며 예제(禮制)를 만든 것이다. 그
렇기 때문에『서』「낙고(洛誥)」편에서 "우리 소자(昭子)의 법(法)을 고찰하
여, 문왕의 덕(德)을 다할 것이다."95)라고 한 것이며, 또『예기』「명당위(明
堂位)」편에서, 주공이 섭정을 한 후 6년이 지나서 예(禮)를 제정하고, 음악
을 만들었으며, 천하에 도량형 등을 반포하였다고 했던 것이다.96) 다만 당
시에 주공이 제정하였다는 예제는 곧『주례』와『의례(儀禮)』에 해당한다.
정현은 서문을 지으면서, "예(禮)라는 것은 체(體)가 되며, 리(履)가 된다.
마음에서 통괄하게 되므로, 틀[體]이라고 부르는 것이며, 그것을 직접 실천
하므로, '밟아 나간다[履].'라고 부르는 것이다."라고 했다. 정현이 그러한

可知也. 其或繼周者, 雖百世, 可知也."
94) 당우(唐虞)는 당요(唐堯)와 우순(虞舜)을 병칭하는 용어이다. 요순(堯舜)시대
를 가리키며, 의미상으로는 태평성세(太平盛世)를 뜻한다.『논어』「태백(泰伯)」
편에는 "唐虞之際, 於斯爲盛."이라는 용례가 있다.
95)『서』「주서(周書)·낙고(洛誥)」: 考朕昭子刑, 乃單文祖德.
96)『예기』「명당위(明堂位)」【398d】: 武王崩, 成王幼弱, 周公踐天子之位以治天
下. 六年, 朝諸侯於明堂, 制禮作樂, 頒度量, 而天下大服.

까닭을 알고 있었던 이유는 『예기』「예기(禮器)」편에서 "예(禮)는 체(體)이다."[97]라고 하고, 『예기』「제의(祭義)」편에서 "예(禮)라는 것은 이것을 실천하는 것이다."[98]라고 하였으니, 『예기』에 이미 이러한 해석이 있었기 때문에, 정현이 이러한 기록들에 근거해서, 그 말을 인용하였던 것이다. 예(禮)에 대해서는 비록 체(體)가 된다고 하고, 또 리(履)가 된다고 하여, 이 두 말을 합쳐서 풀이를 하고 있지만, 구분을 해보자면, 『주례』는 체(體)가 되며, 『의례』는 리(履)가 되는 것이다. 그렇기 때문에 정현의 서문에서도 또한 "그러므로 삼백 가지나 되는 것들과 삼천 가지나 되는 것들을 비록 혼용하여 예(禮)라고 하지만, 그것들을 구분하여 함께 기술하게 된다면, 삼백 가지가 되는 것은 경례(經禮)가 되고, 삼천 가지가 되는 것은 곡례(曲禮)가 된다고 말할 수 있다. 또 어떤 자들은 삼백 가지가 되는 것은 경문(經文)이 되고, 삼천 가지가 되는 것은 위의(威儀)가 된다고 말하기도 한다."라고 하였으니, 이 말은 곧 『주례』와 『의례』에도 체(體)와 리(履)의 구별이 있다는 뜻이다. 『주례』가 체(體)가 되는 까닭은 『주례』가 바로 정치를 확립하는 근본이며, 마음과 몸을 통괄하여, 만물(萬物)을 바르게 만들기 때문에, 체(體)가 되는 것이다. 하창[99]은 "체(體)에는 두 가지가 있다. 하나는 물(物)의 체(體)로, 만물(萬物)에게 있는 귀천(貴賤), 고하(高下), 소대(小大), 문질(文質) 등은 각각 그 체(體)를 가지고 있으니, 이것이 바로 체(體)의 첫 번째 경우이다. 다른 하나는 예(禮)의 체(體)로, 성인(聖人)이 예법(禮法)을 제정하며, 이러한 만물의 이치를 근본으로 삼아서, 예법에 나타나는 고하(高下), 귀천(貴賤)의 규정이 각각 그 합당함을 얻도록 한 것이니, 이것이 바로 체(體)의 두 번째 경우이다."라고 했다. 그리고 『의례』는 다만 체(體) 중에서도 실천해야 하는 일들에 대해서만 기술한 것이고, 만물에는 온갖 체(體)가 존재하지만, 이들 모두는 실천해야 한다는 점에서는 같은 것이므

---

97) 『예기』「예기(禮器)」 【305c】 : 禮也者, 猶體也.

98) 『예기』「제의(祭義)」 【566a】 : 禮者, 履此者也.

99) 하창(賀瑒, A.D.452 ~ A.D.510) : 남조(南朝) 때의 학자이다. 남조의 제(齊)나라와 양(梁)나라에서 각각 활동하였다. 자(字)는 덕연(德璉)이다. 『예기신의소(禮記新義疏)』 등을 찬술하였다.

로, 실천[履]에는 두 가지 뜻이 있을 수 없다. 또한 주(周)나라의 예(禮)는 그 문채[文]가 성대하게 갖추어졌다. 그렇기 때문에『논어』에서 "주나라는 하(夏)나라와 은(殷)나라를 본받았으니, 성대하구나, 그 문채남이여! 나는 주나라의 예법을 따르겠다."[100]라고 한 것이다. 그러므로 주나라 때에는 이미 예(禮)의 도리가 널리 사용되고 있었던 것인데, 어찌하여『노자(老子)』에서는 "도(道)를 잃어버린 이후에 덕(德)이 생기고, 덕을 잃어버린 이후에 인(仁)이 생기며, 인을 잃어버린 이후에 의(義)가 생기고, 의를 잃어버린 이후에 예(禮)가 생긴다. '예'라는 것은 충(忠)과 신(信)이 옅어진 것이고, 도(道)와 덕(德)의 허실 좋은 꽃이며, 분쟁과 어리석음의 시작이 된다."[101]라고 한단 말인가? 이 문제를 해결하기 위해, 선대(先代) 학자들은 위서(緯書)의 문장에 근거를 두고서, 삼황(三皇)[102]은 도(道)를 시행하였고, 오제(五帝)[103]는 덕(德)을 시행하였으며, 삼왕(三王)[104]은 인(仁)을 시행하였

---

100) 『논어』「팔일(八佾)」 : 子曰, "周監於二代, 郁郁乎文哉! 吾從周."

101) 『노자(老子)』「38장」 : 故失道而後德, 失德而後仁, 失仁而後義, 失義而後禮. 夫禮者, 忠信之薄, 而亂之首. 前識者, 道之華, 而愚之始.

102) 삼황(三皇)은 전설시대에 존재했다고 전해지는 세 명의 제왕을 뜻한다. 그러나 세 명이 누구였는지에 대해서는 이설(異說)이 많다. 첫 번째 주장은 복희(伏羲), 신농(神農), 황제(黃帝)를 '삼황'으로 보는 견해이다.『장자(莊子)』「천운(天運)」편에는 "余語汝三皇五帝之治天下."라는 기록이 있는데, 이에 대한 성현영(成玄英)의 주에서는 "三皇者, 伏羲·神農·黃帝也."라고 풀이했다. 두 번째 주장은 복희(伏羲), 신농(神農), 여왜(女媧)로 보는 견해이다.『여씨춘추(呂氏春秋)』「용중(用衆)」편에는 "此三皇五帝之所以大立功名也."라는 기록이 있는데, 이에 대한 고유(高誘)의 주에서는 "三皇, 伏羲·神農·女媧也."라고 풀이했다. 세 번째 주장은 복희(伏羲), 신농(神農), 수인(燧人)으로 보는 견해이다.『백호통(白虎通)』「호(號)」편에는 "三皇者, 何謂也? 謂伏羲·神農·燧人也."라는 기록이 있다. 네 번째 주장은 복희(伏羲), 신농(神農), 축융(祝融)으로 보는 견해이다.『백호통』「호」편에는 "禮曰, 伏羲·神農·祝融, 三皇也."라는 기록이 있다. 다섯 번째 주장은 천황(天皇), 지황(地皇), 태황(泰皇)으로 보는 견해이다.『사기(史記)』「진시황본기(秦始皇本紀)」편에는 "古有天皇, 有地皇, 有泰皇. 泰皇最貴."라는 기록이 있다. 여섯 번째 주장은 천황(天皇), 지황(地皇), 인황(人皇)으로 보는 견해이다.『예문유취(藝文類聚)』에서는『춘추위(春秋緯)』를 인용하며, "天皇, 地皇, 人皇, 兄弟九人, 分九州, 長天下也."라고 기록하였다.

103) 오제(五帝)는 전설시대에 존재했다고 전해지는 다섯 명의 제왕(帝王)을 뜻한

고, 오패(五霸)105)는 의(義)를 시행하였다는 의견으로 그 해석을 끼워 맞춘

다. 그러나 다섯 명이 누구였는지에 대해서는 이설(異說)이 많다. 첫 번째 주
장은 황제(黃帝: =軒轅), 전욱(顓頊: =高陽), 제곡(帝嚳: =高辛), 당요(唐堯),
우순(虞舜)으로 보는 견해이다. 『사기정의(史記正義)』「오제본기(五帝本紀)」
편에는 "太史公依世本·大戴禮, 以黃帝·顓頊·帝嚳·唐堯·虞舜爲五帝. 譙
周·應劭·宋均皆同."이라는 기록이 있고, 『백호통(白虎通)』「호(號)」편에도
"五帝者, 何謂也? 禮曰, 黃帝·顓頊·帝嚳·帝堯·帝舜也."라는 기록이 있다.
두 번째 주장은 태호(太昊: =伏羲), 염제(炎帝: =神農), 황제(黃帝), 소호(少昊:
=摯), 전욱(顓頊)으로 보는 견해이다. 이 주장은 『예기』「월령(月令)」편에 나
타난 각 계절별 수호신들의 내용을 종합한 것이다. 세 번째 주장은 소호(少
昊), 전욱(顓頊), 고신(高辛), 당요(唐堯), 우순(虞舜)으로 보는 견해이다. 『서
서(書序)』에는 "少昊·顓頊·高辛·唐·虞之書, 謂之五典, 言常道也."라는
기록이 있다. 또 『제왕세기(帝王世紀)』에는 "伏羲·神農·黃帝爲三皇, 少
昊·高陽·高辛·唐·虞爲五帝."라는 기록이 있다. 네 번째 주장은 복희(伏
羲), 신농(神農), 황제(黃帝), 당요(唐堯), 우순(虞舜)으로 보는 견해이다. 이
주장은 『역』「계사하(繫辭下)」편의 내용에 근거한 주장이다.

104) 삼왕(三王)은 하(夏), 은(殷), 주(周) 삼대(三代)의 왕을 뜻한다. 『춘추곡량전』
「은공(隱公) 8年」편에는 "盟詛不及三王."이라는 기록이 있고, 이에 대한 범녕
(範寧)의 주에서는 '삼왕'을 하나라의 우(禹), 은나라의 탕(湯), 주나라의 무왕
(武王)을 지칭한다고 풀이했다. 그리고 『맹자』「고자하(告子下)」편에는 "五霸
者, 三王之罪人也."이라는 기록이 있고, 이에 대한 조기(趙岐)의 주에서는 '삼
왕'을 범녕의 주장과 달리, 주나라의 무왕 대신 문왕(文王)을 지칭한다고 풀
이했다.

105) 오패(五霸)는 오백(五伯)이라고도 부른다. 다섯 명의 패주(霸主)를 뜻한다.
주로 춘추시대(春秋時代)의 패주들을 뜻하는 용어로도 사용되지만, 다섯 명
이 누구였는지에 대해서는 이견이 있고, 또한 주(周)나라 이전의 패주들까지
도 포함시키는 용례들이 있다. 첫 번째 주장은 하(夏)나라의 곤오(昆吾), 은
(殷)나라의 대팽(大彭)과 시위(豕韋), 춘추시대 때의 제환공(齊桓公)과 진문
공(晉文公)을 뜻한다고 보는 견해이다. 『장자(莊子)』「대종사(大宗師)」편에는
彭祖得之, 上及有虞, 下及五伯."이라는 기록이 있는데, 이에 대한 성현영(成
玄英)의 소(疏)에서는 "五伯者, 昆吾爲夏伯, 大彭·豕韋爲殷伯, 齊桓·晉文爲
周伯, 合爲五伯."이라고 풀이했다. 두 번째 주장은 춘추시대의 군주들만을 지
칭하는 견해로, 제환공(齊桓公), 진문공(晉文公), 송양공(宋襄公), 초장공(楚
莊公), 진무공(秦繆公)을 가리킨다. 『여씨춘추(呂氏春秋)』「당무(當務)」편에
는 "備說非六王五伯."이라는 기록이 있는데, 이에 대한 고유(高誘)의 주에서
는 "五伯, 齊桓·晉文·宋襄·楚莊·秦繆也."라고 풀이했다. 세 번째 주장 또
한 춘추시대의 군주들만을 지칭하는 견해로, 제환공(齊桓公), 진문공(晉文
公), 초장왕(楚莊王), 오왕(吳王) 합려(闔閭), 월왕(越王) 구천(句踐)을 가리킨

것이다. 만약 '의'를 잃어버린 이후에 '예'가 나타난 것이라면, 주(周)나라에서 '예'가 부흥된 것은 오패가 나타난 것보다 이후가 되는데, 어찌 주나라의 성왕(成王)과 강왕(康王)의 시기가 오패가 출현한 시기보다 뒤라고 할 수 있겠는가? 이러한 차이가 발생한 이유는 『노자』에서는 도덕(道德)과 질박하고 소박한 일들에 대해서 미화하여 언급을 하고, 무위(無爲)와 정묵(靜默)의 가르침을 미화하여 언급을 했기 때문에, 위와 같이 말한 것이다. 그리고 『노자』에서는 '예' 자체를 세상이 경박하게 되었기 때문에, 시행되는 것이라고 보아서, 경박하고 옅은 것들을 물리치기 위해서, "충(忠)과 신(信)의 옅음이다."라고 말한 것이다. 그러나 성인(聖人)이 천하를 다스릴 때에는 도(道), 덕(德), 인(仁), 의(義) 및 예(禮)들을 모두 마음속에 온축하고 있었고, 단지 시기를 헤아려서, 시의(時宜)에 맞는 가르침을 베풀었으므로, 도, 덕, 인, 의 및 예에 대해서도 또한 쓰임에 맞게 실천하였던 것인데, 어찌 삼황(三皇)과 오제(五帝) 시기에 인(仁), 의(義), 예(禮)가 전혀 없었다고 할 수 있는가? 그리고 은(殷)나라와 주나라 때에도 도(道)와 덕(德)이라는 것이 전혀 없었다고 할 수 있는가? 『노자』의 기록에 나타나는 의미는 다른 것에 주안점을 두고 있는 것이므로, 그것에 근거해서 경전의 뜻을 어지럽혀서는 안 된다. 앞서 『주례』가 체(體)가 된다고 하였는데, '주례(周禮)'라는 말은 이미 경전 기록들에 나타나고 있으며, 그 중에서도 다른 명칭으로 사용된 곳이 7군데가 있다. 『효경설(孝經說)』[106]을 살펴보면, "경례(經禮)

다. 『순자(荀子)』「왕패(王霸)」편에는 "雖在僻陋之國, 威動天下, 五伯是也. …… 故齊桓·晉文·楚莊·吳闔閭·越句踐, 是皆僻陋之國也, 威動天下, 彊殆中國."이라는 기록이 있다. 네 번째 주장 또한 춘추시대의 군주들만을 지칭하는 견해로, 제환공(齊桓公), 송양공(宋襄公), 진문공(晉文公), 진목공(秦穆公), 오왕(吳王) 부차(夫差)를 가리킨다. 『한서(漢書)』「제후왕표(諸侯王表)」편에는 "故盛則周·邵相其治, 致刑錯; 衰則五伯扶其弱, 與其守."라는 기록이 있는데, 이에 대한 안사고(顏師古)의 주에서는 "伯讀曰霸. 此五霸謂齊桓·宋襄·晉文·秦穆·吳夫差也."라고 풀이했다.

106) 『효경설(孝經說)』은 『효경(孝經)』에 대한 위서(緯書) 중 하나이다. '위서'는 경서(經書)의 부족한 내용을 보충하기 위해 위작된 것으로, 서한(西漢) 말기에 유행하기 시작하여, 동한(東漢) 시기에 크게 성행하였으며, 남조(南朝) 송나라 때가 되어서야 비로소 금지되기 시작하였다.

가 삼백 가지이다."라고 말한 것이 첫 번째이고, 『예기』「예기(禮器)」편에서 "경례(經禮)가 삼백 가지이다."[107]라고 말한 것이 두 번째이며, 『중용』에서 "예의(禮儀)가 삼백 가지이다."[108]라고 말한 것이 세 번째이고, 『춘추설(春秋說)』[109]에서 "예경(禮經)이 삼백 가지이다."라고 말한 것이 네 번째이며, 『예설(禮說)』[110]에서 "정경(正經) 삼백 가지가 있다."라고 말한 것이 다섯 번째이고, 『주관외제(周官外題)』에서 "주례(周禮)로 삼다."라고 말한 것이 여섯 번째이며, 『한서(漢書)』「예문지(藝文志)」에서 "『주관(周官)』 경문(經文) 6편이 있다."[111]라고 말한 것이 일곱 번째이다. 이러한 일곱 가지 기록들에서는 모두 '삼백 가지[三百]'라고 말하고 있으므로, 이것들이 모두 『주례』를 뜻하고 있다는 사실을 알 수 있다. 『주례』는 총 360조목으로 구성되어 있는데, 그 중에서도 큰 수만 말하여, '삼백(三百)'이라고 한 것이다. 『의례(儀禮)』에 대해서도, 그 명칭을 다르게 말한 곳이 또한 일곱 군데가 있고, 이명(異名)은 다섯 가지가 된다. 첫 번째는 『효경설(孝經說)』, 『춘추(春秋)』 및 『중용(中庸)』[112]에서 "위의(威儀)는 삼천 가지이다."라고 한 것이고, 두 번째는 『예기』「예기(禮器)」편에서 "곡례(曲禮)는 삼천 가지이다."[113]라고 한 것이며, 세 번째는 『예설(禮說)』에서 "동의(動儀)는 삼천 가지이다."라고 한 것이고, 네 번째는 "의례(儀禮)로 삼다."라고 한 것이며, 다섯 번째는 『한서(漢書)』「예문지(藝文志)」편에서 『의례』를 '고례경(古禮經)'이라고 한

---

107) 『예기』「예기(禮器)」【305d】: 故經禮三百, 曲禮三千, 其致一也.

108) 『중용』「27장」: 優優大哉, 禮儀三百, 威儀三千.

109) 『춘추설(春秋說)』은 『춘추(春秋)』에 대한 위서(緯書) 중 하나이다. '위서'는 경서(經書)의 부족한 내용을 보충하기 위해 위작된 것으로, 서한(西漢) 말기에 유행하기 시작하여, 동한(東漢) 시기에 크게 성행하였으며, 남조(南朝) 송나라 때가 되어서야 비로소 금지되기 시작하였다.

110) 『예설(禮說)』은 『예(禮)』에 대한 위서(緯書) 중 하나이다. '위서'는 경서(經書)의 부족한 내용을 보충하기 위해 위작된 것으로, 서한(西漢) 말기에 유행하기 시작하여, 동한(東漢) 시기에 크게 성행하였으며, 남조(南朝) 송나라 때가 되어서야 비로소 금지되기 시작하였다.

111) 『한서(漢書)』「예문지(藝文志)」: 周官經六篇.

112) 『중용』「27장」: 優優大哉, 禮儀三百, 威儀三千.

113) 『예기』「예기(禮器)」【305d】: 故經禮三百, 曲禮三千, 其致一也.

것이다.[114] 무릇 이 일곱 군데 기록에서 다섯 가지 이명(異名)이 나타나는 문장들은 모두 '삼백(三百)'이라는 문구 아래에 서술되고 있으므로, 이것이 『의례』를 뜻한다는 사실을 알 수 있는 것이다. 그런데 『의례』가 삼천 가지나 되는 이유는 『의례』 자체는 『주례』에 나타나는 오례(五禮)의 각 조목들을 실천하는 것이므로, 그 사안이 자세하고, 조목의 수도 매우 많기 때문에, 삼천 가지나 되는 것이다. 그러나 '삼천(三千)'이라는 말은 편의 수가 삼천 편이나 된다는 뜻이 아니며, 단지 각 사항들의 세부 항목들이 총 삼천 가지가 된다는 뜻일 뿐이다. 아마도 한 편이나 한 권에 대해서 각각 세부 항목들이 있었을 것이다. 그러나 현재 세간에 통행되고 있는 것들은 단지 17편만이 남아있을 뿐이다. 그렇기 때문에 『한서』「예문지」편에서 "한(漢)나라 초기에, 고당생(高堂生)[115]이 『예(禮)』 17편을 전수하였다."[116]라고 말한 것이 바로 이러한 사실을 가리킨다. 그리고 한나라 무제(武帝) 시기[117]에 이르러서, 하간헌왕(河間獻王)[118]이 『고례(古禮)』 56편을 얻었는데, 하간헌왕은 이것을 무제에게 바쳤다고 했다. 또 『육예론』에서는 "후대에 공자(孔

---

114) 『한서(漢書)』「예문지(藝文志)」: 禮古經五十六卷.

115) 고당생(高堂生, ? ~ ?) : 전한(前漢) 때의 학자이다. 춘추시대(春秋時代) 제(齊)나라의 경(卿)이었던 고혜(高傒)의 후손으로 알려져 있으며, 고혜가 채읍으로 받은 지명을 따서, 후손들의 성(姓)을 고당(高堂)으로 삼게 되었다고 전해진다. 진시황의 분서갱유 이후, 예학(禮學)의 최초 전수자로 알려져 있다. 『사기(史記)』「유림열전(儒林列傳)」의 기록에 따르면, '고당생'이 『사례(士禮)』 17편을 소분(蕭奮)에게 전수하였고, 소분은 맹경(孟卿)에게 전수하였으며, 맹경은 다시 후창(后蒼)에게 전수하여, 이후 대덕(戴德)과 대성(戴聖)에게 전수되었다.

116) 『한서(漢書)』「예문지(藝文志)」: 漢興, 魯高堂生傳士禮十七篇.

117) 한(漢)나라 무제(武帝)가 통치한 시기는 B.C.140년으로부터 B.C.87년까지이다.

118) 하간헌왕(河間獻王, ? ~ B.C. 130) : =유덕(劉德). 전한(前漢) 때의 인물이다. 성(姓)은 유(劉)이고, 이름은 덕(德)이다. 경제(景帝)의 아들이다. B.C.155년에 하간(河間) 지역의 왕으로 분봉을 받았기 때문에, '하간헌왕'이라고 부르는 것이다. 학문을 좋아하였고, 유학(儒學) 뿐만 아니라, 다른 학문에 대해서도 박학하였다. 민간으로부터 많은 서적들을 수집하였고, 학자들을 불러 모아서 많은 서적들을 편찬하였다.

子)의 가택에 있던 벽 속에서, 고문(古文)으로 된 『예(禮)』를 얻었는데, 모두 56편에 이르렀다. 그 중 17개의 편은 고당생이 전수해준 것과 동일하였지만, 글자상에 많은 차이가 있었고, 17개 편 이외의 내용들은 '없어져서 전해지지 않았던 예[逸禮]'들이었다."라고 했다. 『주례』는 근본이 되므로, 성인이 그것을 체(體)로 삼았던 것이며, 『의례』는 세부적인 것이 되므로, 현인(賢人)들이 그것을 실천하였던 것이다. 그렇기 때문에 정현의 서문에서 "체(體)로 삼는 것을 성(聖)이라고 부르고, 실천하는 것은 현(賢)이 된다."라고 말한 것이 바로 이러한 내용을 가리킨다. 이미 『주례』는 근본이 된다고 하였으니, 『주례』의 체제 안에서는 더 중요한 것이 앞에 놓이게 된다. 그렇기 때문에 『주례』「대종백(大宗伯)」편에서는 오례(五禮)를 차례대로 열거하며, 길례(吉禮)를 가장 앞에 둔 것이다. 그리고 『의례』는 말단이 된다고 하였으니, 『의례』의 체제 안에서는 보다 덜 중요한 것이 앞에 놓이게 된다. 그렇기 때문에 『의례』에서는 먼저 관례(冠禮) 및 혼례(婚禮)에 대해서 언급하고, 이후에 상례(喪禮)와 제례(祭禮)에 대해서 언급한 것이다.119) 그러므로 정현의 서문에서 "『주례』와 『의례』 중에서 어떤 것은 널리 전하되 위로부터 하였고, 어떤 것은 그대로 따르되 아래로부터 하였다."라고 한 것이다. 『주례』에 대해서, 『육예론』에서는 "『주례』를 공자의 가택 벽 속에서 얻었는데, 총 6편이었다."라고 했고, 『한서(漢書)』에서는 하간헌왕이 자신이 바친 서적들을 얻은 경로에 대해 설명하면서, 『주례』 5편을 얻었다고 하였는데, 그 중에서 「동관(冬官)」 1편이 누락되어 있어서, 천금을 주고 사려고 했지만 얻지 못하여, 마침내 『고공기(考工記)』120)를 기준

---

119) 이것은 현존하는 『의례(儀禮)』의 편차를 지적하는 말이다. 현재의 『의례』에서는 「사관례(士冠禮)」편과 「사혼례(士昏禮)」편이 첫 번째와 두 번째 편으로 되어 있고, 「상복(喪服)」편, 「사상례(士喪禮)」편 등이 열 번째 편부터 기록되어 있다.

120) 『고공기(考工記)』는 『동관고공기(冬官考工記)』라고도 부른다. 공인(工人)들에 대한 공예기술(工藝技術) 서적이다. 작자는 미상이다. 강영(江永)은 『고공기』의 작자를 제(齊)나라 사람으로 추정하였고, 곽말약(郭沫若)은 춘추시대(春秋時代) 말기에 제나라에서 제작된 관서(官書)와 관련이 깊다고 추정하였다. 『주례(周禮)』는 천관(天官), 지관(地官), 춘관(春官), 하관(夏官), 추관(秋

으로 누락된 부분을 보충하게 되었다고 했다. 『한서』에서는 총 5편을 얻었다고 했고, 『육예론』에서는 총 6편을 얻었다고 하여, 문장이 서로 다른데, 어느 것이 옳은 말인지는 잘 모르겠다. 『예기(禮記)』를 작성한 것은 공씨(孔氏)에게서 비롯되었다. 그러나 그는 단지 『예(禮)』 중에서 누락되고 빠진 부분을 바로잡았을 뿐이며, 그 의미에 대해서는 조명할 수 없었다. 그렇기 때문에 옛날에 범무자(范武子)가 효증(殽烝)[121]에 대해서 알지 못하였던 것이며,[122] 조앙(趙鞅)과 노(魯)나라 군주도 잘 알지 못하여, 그 의례(儀禮)를 예(禮)에 맞는 것이라고 했던 것이다. 공자(孔子)가 죽은 이후에 그의 문도 72명이 전해 들었던 내용들을 함께 찬술하여, 『예기(禮記)』를 지었다. 어떤 것들은 옛 예법(禮法)의 의미에 대해서 기록하고 있고, 또 어떤 것들은 변화된 예법의 유래에 대해서 기록하고 있으며, 또 어떤 것들은 체(體)와 리(履)에 대해서 함께 기록하고 있고, 또 어떤 것들은 득(得)과 실(失)에 대해서 뒤죽박죽으로 열거하고 있다. 그렇기 때문에 이것들을 한데 엮고 제목을 지으면서, 예(禮)에 대한 기(記)라는 뜻에서, 『예기(禮記)』라고 했던 것이다. 그 중에서 「중용(中庸)」편은 자사(子思)가 지은 것이며, 「치의(緇衣)」편은 공손니자(公孫尼子)[123]가 찬술한 것이다. 그리고 정현은 「월

官), 동관(冬官) 등 육관(六官)의 체제로 구성되어 있는데, 그 중 '동관'에 대한 기록이 누락되어 있어서, 한(漢)나라 무제(武帝) 때, 『고공기』를 가지고 누락된 부분을 보충하게 되었다. 그렇기 때문에 『고공기』를 또한 『동관고공기』라고도 부르는 것이다. 각종 공인들의 직책과 직무들이 기록되어 있다.

121) 효증(殽烝)은 또한 효향(殽香)이라고도 부른다. 효(殽)자는 뼈에 살점이 붙어 있는 고기를 뜻하고, 증(烝)자는 도마에 올려서 바친다는 뜻이다. 즉 '효증'은 희생물을 삶은 후, 몸체를 가르게 되는데, 뼈에 살점이 붙은 것을 도마[俎]에 올려서, 빈객(賓客)들에게 베푸는 것을 뜻한다. 『의례』「특생궤식례(特牲饋食禮)」편에는 "衆賓及衆兄弟・內賓宗婦・若有公有司私臣, 皆殽香."이라는 기록이 있다. 또한 『춘추(春秋)』「선공(宣公) 16년」편에는 "晉侯使士會平王室, 定王享之, 原襄公相禮, 殽烝."이라는 기록이 있는데, 이에 대한 두예(杜預)의 주에서는 "烝, 升也, 升殽於俎."라고 풀이했다.

122) 『춘추좌씨전』「선공(宣公) 16년」: 原襄公相禮. 殽烝. 武季私問其故. 王聞之, 召武子曰, "季氏而弗聞乎? 王享有體薦, 宴有折俎. 公當享, 卿當宴. 王室之禮也." 武子歸而講求典禮, 以修晉國之法.

123) 공손니자(公孫尼子, ? ~ ?) : 전국시대(戰國時代) 때의 학자이다. 공자(孔子)

령(月令)」편에 대해서 여불위(呂不韋)가 편집한 것이라고 했다. 또 노식(盧
植)124)은 「왕제(王制)」편은 한(漢)나라 문제(文帝) 시기에 박사(博士)들이
기록한 것이라고 했다. 그 나머지 여러 편들도 모두 이와 같이 기록된 것이
지만, 다만 그것들을 기록한 사람에 대해서는 알 수 없을 뿐이다. 『주례』와
『의례』, 그리고 『예기』라는 책은 한나라 이후에 각각의 책들에 대해서 전
수가 이루어졌다. 정현은 『육예론』에서 "『한서』「예문지」와 「유림전(儒林
傳)」편들을 살펴보면, 『예(禮)』를 전수한 학파는 13개 학파나 되었는데, 그
중에서도 오직 고당생(高堂生)과 그의 오전제자(五傳弟子)인 대덕(戴
德)125)과 대성(戴聖)126)만이 명성이 높았다."라고 했다. 또한 『한서』「유림

의 재전제자(再傳弟子)라고 알려져 있다. 남조(南朝)의 양(梁)나라 때 학자인
심약(沈約)은 『예기(禮記)』「악기(樂記)」편이 '공손니자'의 저작이라고 주장
하였다. 한편 『한서(漢書)』「예문지(藝文志)」편에는 『공손니자(公孫尼子)』28
편과 『공손니(公孫尼)』1편이 기록되어 있는데, 전자는 유가(儒家) 계열에 포
함시키고, 후자는 잡가(雜家) 계열에 포함시키고 있지만, 해당 편들에 대한
자세한 설명이 없어서, 이 서적들이 공자의 재전제자인 '공손니자'의 저작인
지는 확인할 수가 없다.

124) 노식(盧植, A.D.159? ~ A.D.192) : =노씨(盧氏). 후한(後漢) 때의 유학자이
다. 자(字)는 자간(子幹)이다. 어려서 마융(馬融)을 스승으로 섬겼다. 영제(靈
帝)의 건녕(建寧) 연간(A.D.168 ~ A.D.172)에 박사(博士)가 되었다. 채옹(蔡
邕) 등과 함께 동관(東觀)에서 오경(五經)을 교정했다. 후에 동탁(董卓)이 소
제(少帝)를 폐위시키자, 은거하며 『상서장구(尙書章句)』, 『삼례해고(三禮解
詁)』를 저술했지만, 남아 있지 않다.

125) 대덕(戴德, ? ~ ?) : 전한(前漢) 때의 학자이다. 자(字)는 연군(延君)이다. 금
문예학(今文禮學)인 대대학(大戴學)의 창시자로 일컬어진다. 조카 대성(戴
聖), 경보(慶普) 등과 후창(后蒼)에게서 수학하여, 예(禮)를 익혔다. 선제(宣
帝) 때에는 박사(博士)에 임명되기도 하였다. 그의 학문은 서량(徐良)과 유경
(斿卿) 등에게 전수되었다. 『대대례기(大戴禮記)』를 편찬하였지만, 『소대례
기(小戴禮記)』에 비해 성행되지 못하였으며, 현재는 많은 부분이 없어지고,
단지 삼십여 편만이 남아 있다.

126) 대성(戴聖, ? ~ ?) : 전한(前漢) 때의 학자이다. 자(字)는 차군(次君)이다. 금
문예학(今文禮學)인 소대학(小戴學)의 창시자로 일컬어진다. 대덕(戴德)의
조카이다. '대덕', 경보(慶普) 등과 후창(后蒼)에게서 수학하여, 예(禮)를 익혔
다. 그의 학문은 교인(橋仁)과 양영(楊榮) 등에게 전수되었다. 『소대례기(小
戴禮記)』를 편찬하였는데, 이 서적은 현재 통행되고 있는 『예기(禮記)』의 전
신이다.

전」편을 살펴보면, "한나라가 흥성한 이후에, 고당생은 『예(禮)』 17편을 전수하였고, 노(魯)나라 서생(徐生)이라는 자는 용모를 잘 갖추었다. 효문제(孝文帝)가 통치하던 시기에,[127] 서생은 용모를 예법에 맞게 하였으므로, 관직은 대부(大夫)에 이르렀다. 소분(蕭奮)은 예(禮)에 뛰어나서, 회양태수(淮陽太守)에 올랐다. 맹경(孟卿)은 동해(東海) 지역 출신으로, 소분을 스승으로 섬겼으며, 학문을 대덕(戴德)과 대성(戴聖)에게 전수하였다."[128]라고했다. 그리고 『육예론』에서 '오전제자(五傳弟子)'라고 말한 부분에 대해서, 웅안생은 "고당생(高堂生), 소분(蕭奮), 맹경(孟卿), 후창(后倉)과 대덕(戴德), 대성(戴聖)이 오대(五代)가 된다."라고 했다. 그런데 이들이 전수한 것들은 모두 『의례(儀禮)』이다. 『육예론』에서 "지금 세간에서 시행되는 예(禮)는 대덕(戴德)과 대성(戴聖)의 학문이다."라고 하였고, 또 "대덕은 『기(記)』 85편을 전수하였다."라고 하였으니, 이것은 곧 『대대례기(大戴禮記)』[129]를 뜻한다. 또 "대성은 『예(禮)』 49편을 전수하였다."라고 하였으니, 이것이 곧 『예기(禮記)』를 뜻한다. 『한서』「유림전」에서는 "대대(大戴)는 낭사(琅邪)와 서씨(徐氏)에게 학문을 전수하였고, 소대(小戴)는 양(梁)지역 출신의 교인(橋仁, 자(字)는 계경(季卿)이다.)과 양영(楊榮, 자(字)는 자손(子孫)이

---

127) 한(漢)나라 문제(文帝)가 통치하던 시기는 B.C.179년부터 B.C.157년까지이다.

128) 『한서(漢書)』「유림전(儒林傳)」: 漢興, 魯高堂生傳士禮十七篇, 而魯徐生善爲頌. 孝文時, 徐生以頌爲禮官大夫. …… 而瑕丘蕭奮以禮至淮陽太守. 諸言禮爲頌者由徐氏. 孟卿, 東海人也. 事蕭奮, 以授后倉·魯閭丘卿. 倉說禮數萬言, 號曰后氏曲臺記, 授沛聞人通漢子方·梁戴德延君·戴聖次君·沛慶普孝公.

129) 『대대례기(大戴禮記)』는 『대대례(大戴禮)』·『대대기(大戴記)』라고도 부른다. 대덕(戴德)이 편찬한 예(禮)에 대한 서적이다. 당시 사람들은 그를 대대(大戴)라고 불렀고, 그의 조카 대성(戴聖)을 소대(小戴)라고 불렀기 때문에, 이러한 명칭이 생겨났다. '대성'이 편찬한 『소대례기(小戴禮記)』는 성행을 하였지만, 『대대례기』는 성행하지 못하여, 많은 편들이 없어졌다. 현재는 단지 삼십여 편만이 남아 있다. 정현(鄭玄)의 『육예론(六藝論)』에서는 그가 85편을 전수하였다고 기록하고 있는데, 현재 남아 있는 기록 중에는 1편부터 38편까지의 내용이 모두 없어져서 남아 있지 않다. 남아 있는 편들은 39번 째 「주언(主言)」편부터 81번 째 「역본명(易本命)」편까지인데, 그 중에서도 43~35편, 61편이 없어졌으며, 73편은 특이하게도 2편으로 구성되어 있다.

다.)에게 학문을 전수하였다. '교인'은 대홍려(大鴻臚)라는 관리가 되었으며, 집안 대대로 학업을 전수하였다."130)라고 했다.『주례』는 진시황(秦始皇)이 매우 싫어하였기 때문에, 한(漢)나라 무제(武帝) 때에 이르러서야, 비로소 조정에 바쳐지게 되었는데, 산양(山巖) 지역의 가옥 벽속에서 출토되었지만, 다시금 비부(秘府)131)에 보관되어, 다섯 학파의 유학자들은 그 책을 확인할 수 없게 되었다. 한나라 효성제(孝成帝) 시기에132) 이르러서, 박학다식하였던 유흠(劉歆)133)이 교리비서(校理秘書)가 되어, 처음으로 '비부'에 보관되어 있던 책들을 나열해서 살펴볼 수 있게 되었고, 이를 통해 『칠략(七略)』134)을 저술하였다. 그러나『주례』는 대부분의 유학자들에 의해 배척을 당하였는데, 유흠만은『주례』가 바로 주공(周公)이 천하를 태평하게 다스릴 수 있었던 이치가 담겨 있는 책임을 알아보았다. 하남구씨(河南緱氏) 출신인 두자춘(杜子春)135)은 영평(永平) 연간136)에, 처음으로『주례』에 능통하게 되어, 정중(鄭衆)137)과 가규(賈逵)138)가 그를 찾아가서 수

---

130)『한서(漢書)』「유림전(儒林傳)」: 大戴授琅邪徐良斿卿, 爲博士·州牧·郡守, 家世傳業. 小戴授梁人橋仁季卿·楊榮子孫. 仁爲大鴻臚, 家世傳業, 榮琅邪太守.

131) 비부(秘府)는 고대 왕실의 도서관이다. 일종의 금서(禁書)로 분류되었던 책들을 보관해둔 곳이다. 그러나 금서만 보관되었던 것은 아니다.

132) 한(漢)나라 성제(成帝)가 통치하던 시기는 B.C.32년부터 B.C.7년까지이다.

133) 유흠(劉歆, B.C.53 ~ A.D.23): 전한(前漢) 때의 경학자이다. 자(字)는 자준(子駿)이다. 후에 이름을 수(秀), 자(字)를 영숙(頴叔)으로 고쳤다. 유향(劉向)의 아들이다. 저서에는『삼통력보(三統曆譜)』등이 있다.

134)『칠략(七略)』은 유흠(劉歆)이 저술한 서적이다. 유흠은 그의 부친 유향(劉向)의 영향으로, 부친의 서적인『목록(目錄)』을 본떠서,『칠략』을 저술하였다.『칠략』은『목록』과 마찬가지로, 각 서적들을 7개의 분야로 구분한 서지학 서적이라고 할 수 있다. 7개의 분야는 집략(輯略), 육예략(六藝略), 시부략(詩賦略), 병서략(兵書略), 제자략(諸子略), 술수략(術數略), 방기략(方技略) 등으로 분류된다.

135) 두자춘(杜子春, B.C.30? ~ A.D.58?): 후한(後漢) 때의 학자이다. 유흠(劉歆)에게서 수학하였다. 정중(鄭衆)과 가규(賈逵)에게 학문을 전수하였다.

136) 영평(永平)은 후한(後漢) 명제(明帝)가 사용했던 연호(年號)이다. 기간은 A.D.58년부터 A.D.75년까지이다.

137) 정중(鄭衆, ? ~ A.D.83): =정사농(鄭司農). 후한(後漢) 때의 경학자이다. 자

업을 받게 되었다. 그 이후에 마융(馬融),139) 정현 등이 각각 『주례』에 대한 학문을 전수하게 되자, 『주례』에 대한 번잡스러운 이견들이 나오지 않게 되었다.

(字)는 중사(仲師)이다. 부친은 정흥(鄭興)이다. 부친에게 『춘추좌씨전(春秋左氏傳)』의 학문을 전수받았다. 또한 그는 대사농(大司農) 등의 관직을 역임하였기 때문에, '정사농'이라고도 불렸다. 한편 정흥과 그의 학문은 정현(鄭玄)에게 많은 영향을 주었기 때문에, 후대에서는 정현을 후정(後鄭)이라고 불렀고, 정흥과 그를 선정(先鄭)이라고도 불렀다. 저서로는 『춘추조례(春秋條例)』, 『주례해고(周禮解詁)』 등을 지었다고 하지만, 현재는 전해지지 않았다.

138) 가규(賈逵, A.D.30 ~ A.D.101) : 후한(後漢) 때의 경학자이다. 자(字)는 경백(景伯)이다. 『춘추좌씨전해고(春秋左氏傳解詁)』를 지었지만, 현재 일실되어 존재하지 않는다. 청대(淸代) 마국한(馬國翰)의 『옥함산방집일서(玉函山房輯佚書)』와 황석(黃奭)의 『한학당총서(漢學堂叢書)』에 일집본(佚輯本)이 남아 있다.

139) 마융(馬融, A.D.79 ~ A.D.166) : =마계장(馬季長). 후한대(後漢代)의 경학자(經學者)이다. 자(字)는 계장(季長)이며, 마속(馬續)의 동생이다. 고문경학(古文經學)을 연구하였으며, 『주역(周易)』, 『상서(尙書)』, 『모시(毛詩)』, 『논어(論語)』, 『효경(孝經)』 등을 두루 주석하고, 『노자(老子)』, 『회남자(淮南子)』 등도 주석하였지만 현재 전해지지 않는다.

그림 0-1   천황씨(天皇氏)

氏　皇　天

▸ **출처:** 『삼재도회(三才圖會)』「인물(人物)」 1권

그림 0-2 지황씨(地皇氏)

▸ 출처: 『삼재도회(三才圖會)』「인물(人物)」 1권

그림 0-3   인황씨(人皇氏)

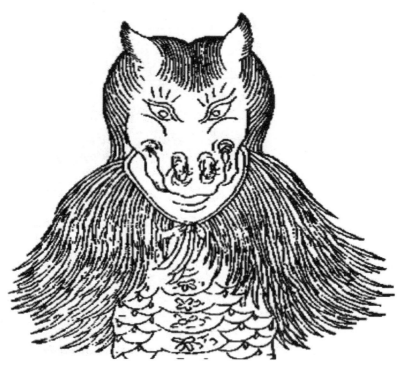

▶출처: 『삼재도회(三才圖會)』「인물(人物)」 1권

그림 0-4 태호(太昊) 복희씨(伏羲氏)

氏　羲　伏　昊　太

▸출처: 『삼재도회(三才圖會)』「인물(人物)」1권

그림 0-5   염제(炎帝) 신농씨(神農氏)

▶ 출처:『삼재도회(三才圖會)』「인물(人物)」 1권

● 그림 0-6 황제(黃帝) 헌원씨(軒轅氏)

▸ 출처: 『삼재도회(三才圖會)』「인물(人物)」 1권

● 그림 0-7 소호(少昊) 금천씨(金天氏)

▸ 출처: 『삼재도회(三才圖會)』「인물(人物)」1권

● 그림 0-8   전욱(顓頊) 고양씨(高陽氏)

▶ 출처: 『삼재도회(三才圖會)』 「인물(人物)」 1권

● 그림 0-9   제곡(帝嚳) 고신씨(高辛氏)

▶ 출처: 『삼재도회(三才圖會)』「인물(人物)」 1권

● 그림 0-10 제요(帝堯) 도당씨(陶唐氏)

氏 唐 陶 堯 帝

▸ 출처: 『삼재도회(三才圖會)』「인물(人物)」 1권

그림 0-11 제순(帝舜) 유우씨(有虞氏)

▶ 출처: 『삼재도회(三才圖會)』 「인물(人物)」 1권

● 그림 0-12 하(夏)나라 우왕(禹王)

▸ 출처: 『삼재도회(三才圖會)』「인물(人物)」 1권

그림 0-13 은(殷)나라 탕왕(湯王)

▶ **출처:** 『삼재도회(三才圖會)』「인물(人物)」1권

● 그림 0-14 주(周)나라 문왕(文王)

周 文 王

▶ 출처: 『삼재도회(三才圖會)』 「인물(人物)」 1권

그림 0-15 주(周)나라 무왕(武王)

周 武 王

▶ **출처:** 『삼재도회(三才圖會)』「인물(人物)」 1권

그림 0-16 주공(周公)

▶출처: 『삼재도회(三才圖會)』「인물(人物)」 4권

【7a】

曲禮上 第一 / 「곡례상」 제1편

集說 經曰: "曲禮三千", 言節目之委曲, 其多如是也. 此卽古禮經之篇名, 後人以編簡多, 故分爲上下.

번역 경문에서는 "곡례(曲禮)는 삼천 가지이다."[1]라고 하였는데, 이것은 곧 예(禮)가 세분화되어, 그 항목들의 양이 이처럼 많다는 뜻이다. 그리고 「곡례(曲禮)」는 곧 고대에 존재했었던 『예경(禮經)』의 한 편명이었는데, 후대 사람들은 그 내용이 너무 많다고 판단하였기 때문에, 분절하여 상편(上篇)과 하편(下篇)으로 나눈 것이다.

集說 張子曰: 物我兩盡, 自曲禮入.

번역 장자(張子)[2]가 말하길, 만물(萬物)과 나 자신이 그 도리와 이치를 다 발휘하기 위해서는 곡례(曲禮)를 통해서 입문해야만 한다.

孔疏 陸曰: 本或作曲禮, 上者, 後人加也, 檀弓・雜記放此. 曲禮者, 是儀禮之舊名, 委曲說禮之事.

번역 육덕명이 말하길, 판본에 따라서 간혹 「곡례(曲禮)」라고만 기록되어 있기도 하는데, 「곡례상(曲禮上)」에서의 '상(上)'자는 후대 사람들이 첨가한 글자이다. 「단궁(檀弓)」편과 「잡기(雜記)」편도 상하(上下) 두 편으로

---

1) 『예기』「예기(禮器)」【305d】: 故經禮三百, 曲禮三千, 其致一也.
2) 장재(張載, A.D.1020 ~ A.D.1077): =장자(張子)・장횡거(張橫渠). 북송(北宋) 때의 유학자이다. 북송오자(北宋五子) 중 한 사람으로 칭해진다. 자(字)는 자후(子厚)이다. 횡거진(橫渠鎭) 출신으로, 이곳에서 장기간 강학을 했기 때문에 횡거선생(橫渠先生)으로 일컬어지기도 한다.

나눠서, 각각 「단궁상(檀弓上)」, 「잡기하(雜記下)」편으로 부르는 것도 이와 같은 경우이다. '곡례(曲禮)'라는 말은 『의례(儀禮)』의 옛 명칭으로, 예(禮)에 대한 일들을 자세하고 상세하게 설명하고 있다는 뜻이다.

孔疏 正義曰: 按鄭目錄云: "名曰曲禮者, 以其篇記五禮之事. 祭祀之說, 吉禮也. 喪荒去國之說, 凶禮也. 致貢朝會之說, 賓禮也. 兵車旌鴻之說, 軍禮也. 事長敬老・執贄納女之說, 嘉禮也. 此於別錄屬制度." 按鄭此說, 則此曲禮篇中有含五禮之義. 是以經云"禱祠祭祀"之說, 當吉禮也. "送喪不由徑", "歲凶, 年穀不登", 又云"大夫士去國", 如此之類, 是喪荒去國之說, 當凶禮也. "五官致貢曰享", "天子當宁而立曰朝", "相見於郤地曰會", 如此之類, 是致貢朝會之說, 當賓禮也. "兵車不式", "前有水, 則載靑旌", 如此之類, 是兵車旌鴻之說, 當軍禮也. "侍坐於長者", "故君子式黃髮", "婦人之贄, 椇榛棗栗", "納女於天子", 如此之類, 是事長敬老・執贄納女之說, 當嘉禮也. 必知執贄當婦人之贄者, 以其士相見, 鄭目錄以士執贄爲賓禮故也. 此篇旣含五禮, 故其篇名爲曲禮. 曲禮之與儀禮, 其事是一. 以其屈曲行事, 則曰曲禮; 見於威儀, 則曰儀禮. 但曲之與儀相對. 周禮統心爲號若, 若總而言之, 則周禮亦有曲名, 故藝文志云: "帝王爲政, 世有損益, 至周曲爲之防, 事爲之制, 故曰, 經禮三百, 威儀三千." 是二禮互而相通, 皆有曲稱也. 云"上"者, 對下生名. 本以語多, 簡策重大, 分爲上下, 更無義也. "第一"者, 小爾雅云: "第, 次也." 呂靖云: "一者, 數之始." 禮記者, 一部之大名. 曲禮者, 當篇之小目. 旣題曲禮於上, 故著禮記於下, 以配注耳. 鄭氏者, 姓鄭名玄, 字康成, 北海高密縣人, 前漢僕射鄭崇八世之孫也. 後漢徵爲大司農, 年七十四乃卒. 然鄭[3]亦附盧・馬之本而爲之注. 注者, 卽解書之名. 但釋義之人, 多稱爲傳. 傳謂傳述爲義, 或親承聖

---

3) '정(鄭)'자에 대하여. 『십삼경주소(十三經注疏)』 북경대 출판본에서는 "『민본(閩本)』・『감본(監本)』에는 동일하게 '정'자로 기록하고 있고, 『모본(毛本)』에서는 '후(後)'자로 기록하고 있는데, 『모본(毛本)』이 잘못된 것이다. 완원(阮元)의 『교감기(校勘記)』에서는 '『고문(考文)』을 살펴보면, 송(宋)나라 때의 판본을 인용하면서, 또한 정자로 기록하고 있다.'"라고 했다.

旨, 或師儒相傳, 故云傳. 今謂之注者, 謙也, 不敢傳授, 直注己意而已. 若然, 則傳之與注, 各出己情. 皇氏以爲自漢以前爲傳, 自漢以後爲注. 然王肅在鄭之後, 何以亦謂之傳? 其義非也.

번역 정현의 『목록(目錄)』[4]을 살펴보면, "「곡례(曲禮)」라고 편명을 정한 것은 이곳 편에서 오례(五禮)[5]에 해당하는 구체적인 일들을 기록하고 있기 때문이다. 제사(祭祀)에 대한 설명은 '오례' 중에서도 길례(吉禮)에 해당한다. 상황(喪荒)[6]과 거국(去國)[7]에 대한 설명은 흉례(凶禮)에 해당한다. 치공(致貢)[8]과 조회(朝會)[9]에 대한 일들은 빈례(賓禮)에 해당한다. 병거(兵車)와 정홍(旌鴻)[10]에 대한 설명은 군례(軍禮)에 해당한다. '웃어른을

---

4) 『목록(目錄)』은 정현이 찬술했다고 전해지는 『삼례목록(三禮目錄)』을 가리킨다. 『십삼경주소(十三經注疏)』에서 인용되고 있지만, 이 책은 『수서(隋書)』가 편찬될 당시에 이미 일실되어 존재하지 않았다. 『수서』「경적지(經籍志)」편에는 "三禮目錄一卷, 鄭玄撰, 梁有陶弘景注一卷, 亡."이라는 기록이 있다.

5) 오례(五禮)에 대해서는 대체로 두 가지 뜻이 있다. 첫 번째 뜻은 공작[公]・후작[侯]・백작[伯]・자작[子]・남작[男] 등 다섯 등급에 속한 제후들이 천자를 조빙(朝聘)하는 예법(禮法)을 뜻한다. 『서』「우서(虞書)・고요모(皐陶謨)」편에는 "天秩有禮, 自我五禮, 有庸哉."라는 기록이 있는데, 이에 대한 공안국(孔安國)의 전(傳)에서는 "天次秩有禮, 當用我公・侯・伯・子・男五等之禮以接之, 使有常."이라고 풀이하였다. 두 번째 뜻은 고대부터 전해져 온 다섯 종류의 예제(禮制)를 뜻한다. 즉 길례(吉禮), 흉례(凶禮), 군례(軍禮), 빈례(賓禮), 가례(嘉禮)를 가리킨다. 『주례』「춘관(春官)・소종백(小宗伯)」편에는 "掌五禮之禁令與其用等."이라는 기록이 있는데, 이에 대한 정현의 주에서는 정사농(鄭司農)의 주장을 인용하여, "五禮, 吉・凶・軍・賓・嘉."라고 풀이했다. 이 문장에서의 '오례'는 두 번째 뜻에 해당한다.

6) 상황(喪荒)은 신하에게 발생한 상사(喪事)와 관련된 일들과 흉년과 관련된 일들을 뜻한다. 『주례』「천관(天官)・대재(大宰)」편에는 "三曰喪荒之式."이라는 기록이 있는데, 이에 대한 정현의 주에서는 "荒, 凶年也."라고 풀이했으며, 가공언(賈公彦)의 소(疏)에서는 "喪謂若諸侯諸臣之喪, 含襚, 贈奠, 賻賵之類."라고 풀이했다.

7) 거국(去國)은 국가 및 고향을 떠난다는 뜻이다.

8) 치공(致貢)은 한 해 동안 이룬 공적(功績)을 보고하거나, 그 결과물을 바친다는 뜻이다.

9) 조회(朝會)는 제후 및 신하들이 천자를 찾아가 알현하는 것을 뜻한다.

10) 정홍(旌鴻)은 기러기가 그려진 깃발을 뜻한다.

공경하는 것[事長]'과 '노인을 공경하는 것[敬老]' 및 집지(執贄)[11]와 납녀
(納女)[12]에 대한 설명은 가례(嘉禮)[13]에 해당한다. 이곳 「곡례」편은『별록
(別錄)』[14]에서는 '제도(制度)' 항목에 속해 있다."라고 했다. 정현의 설명에
따른다면, 이곳 「곡례」편 속에는 '오례'의 의미가 포함되어 있는 것이다.
그러므로 경문에서 "기도를 하며 제사를 지낸다."[15]라고 말한 부분은 '길
례'에 해당한다. 그리고 "영구를 전송할 때에는 지름길로 가지 않는다."[16]
라고 말한 부분, "흉년이 들어서, 그 해의 농사가 잘 되지 않는다."[17]라고
말한 부분, 또 "대부(大夫)와 사(士)가 자신의 나라를 버리고 떠난다."[18]라
고 말한 부분 등의 내용들은 모두 '상황'과 '거국'에 대한 설명이므로, '흉례'
에 해당한다. "오관(五官)[19]이 '치공'하는 것을 '향(享)'이라고 부른다."[20]라
고 말한 부분, "천자가 궁실(宮室)과 문병(門屏)[21]의 사이에 서서 제후들을

---

11) 집지(執贄)는 예물(禮物)을 가지고 찾아가서 경의를 표한다는 뜻이다.

12) 납녀(納女)는 천자 및 제후 등에게 여자를 바치는 것을 뜻한다.

13) 가례(嘉禮)는 오례(五禮) 중 하나로, 결혼식을 치르거나, 잔치 등을 베풀 때의
    예제(禮制)를 뜻한다. 경사스러운 일이라는 뜻에서 가(嘉)자를 붙여서 '가례'
    라고 부르는 것이다.

14) 『별록(別錄)』은 후한(後漢) 때 유향(劉向)이 찬(撰)했다고 전해지는 책이다.
    현재는 일실되어 존재하지 않으며, 『한서(漢書)』「예문지(藝文志)」편을 통해
    서 대략적인 내용만을 추측해볼 수 있다.

15) 『예기』「곡례상」【10d】: <u>禱祠祭祀</u>, 供給鬼神, 非禮不誠不莊.

16) 『예기』「곡례상」【37b】: <u>送喪不由徑</u>, 送葬不辟塗潦, 臨喪則必有哀色, 執紼不
    笑.

17) 『예기』「곡례하(曲禮下)」【53a】: 歲凶, 年穀不登.

18) 『예기』「곡례하(曲禮下)」【51b】: <u>大夫士去國</u>, 祭器不踰竟.

19) 오관(五官)의 의미에 대해서는 여러 가지 설명들이 있다. 그 중 은대(殷代)와
    주대(周代)에 있었던 다섯 개의 고위 관직을 뜻하는 용어로도 사용되었다. 다
    섯 개의 고위 관직은 사도(司徒), 사마(司馬), 사공(司空), 사사(司士), 사구(司
    寇)를 뜻한다. 『예기』「곡례하(曲禮下)」편에는 "天子之五官, 曰司徒·司馬·
    司空·司士·司寇, 典司五衆."이라는 기록이 있다. 또한 하늘[天], 땅[地], 귀신
    [神], 백성[民], 기물[器物]에 대해 담당하였던 다섯 개의 관직을 뜻하기도 하
    는데, 구체적 관직명에 대해서는 확인할 수 없다. 『국어(國語)』「초어하(楚語
    下)」편에는 "於是乎有天·地·神·民·類物之官, 是謂五官, 各司其序, 不相亂
    也."라는 기록이 있다. 이 문장에서는 첫 번째의 의미로 사용되었다.

20) 『예기』「곡례하(曲禮下)」【56a】: 五官致貢曰享.

만나보는 것을 '조(朝)'라고 부른다."22)라고 말한 부분, "제후들이 국경이 인접한 곳에서 서로 만나보는 것을 '회(會)'라고 부른다."23)라고 말한 부분 등의 내용들은 모두 '치공'과 '조회'에 대한 설명이므로, '빈례'에 해당한다. "전쟁용 수레를 탔을 때에는 수레 앞의 가로대를 잡고 머리를 숙이는 예(禮)를 시행하지 않는다."24)라고 말한 부분과 "길 앞에 물이 있으면, 수레에 청정(靑旌)25)을 건다."26)라고 말한 부분 등의 내용들은 모두 '병거'와 '정홍'에 대한 설명이므로, '군례'에 해당한다. "연장자를 모시고 앉는다."27) 라고 말한 부분, "그러므로 군자(君子)가 '누런 빛깔의 머리[黃髮]'를 한 노인을 보게 되면, 수레의 가로대를 잡고서 머리를 숙여 경의를 표한다."28)라고 말한 부분, "부인의 예물은 구(梂: 호깨나무 열매), 진(榛: 개암나무 열매), 조(棗: 대추), 율(栗: 밤)이다."29)라고 말한 부분, "천자에게 여식을 바친다."30)라고 말한 부분 등의 내용들은 모두 '사장'과 '경로' 및 '집지'와 '납

---

21) 문병(門屛)은 문(門)과 병(屛)을 부르는 말인데, 일반적으로 문과 병 사이의 공간을 지칭한다. 또한 문과 병 사이의 공간을 저(宁)라고도 부른다. 이곳은 군주가 조회에 참여할 때 위치하던 장소이다. 『이아』「석궁(釋宮)」편에는 "門屛之間謂之宁."라는 기록이 있는데, 이에 대한 곽박(郭璞)의 주에서는 "人君視朝所宁立處."라고 풀이했다.

22) 『예기』「곡례하(曲禮下)」【57b~c】: 天子當依而立, 諸侯北面而見天子曰覲. 天子當宁而立, 諸公東面, 諸侯西面曰朝.

23) 『예기』「곡례하(曲禮下)」【58a】: 諸侯未及期相見曰遇, 相見於郤地曰會.

24) 『예기』「곡례상」【38c】: 兵車不式, 武車綏旌, 德車結旌.

25) 청정(靑旌)은 청작정(靑雀旌)이라고도 부른다. 청색의 참새를 그린 군대용 깃발이다. 청색 참새는 물가에 사는 조류이기 때문에, 군대를 이동시킬 때 전방에 물이 있게 되면, 이 깃발을 내걸어서 전방에 물이 있다는 표시를 하였다. 『예기』「곡례상(曲禮上)」편에는 "前有水, 則載靑旌."이라는 기록이 있는데, 이에 대한 공영달(孔穎達)의 소(疏)에서는 "靑旌者, 靑雀旌, 謂旌旗. 軍行若前値水, 則畫爲靑雀旌旗幡, 上擧示之. 所以然者, 靑雀是水鳥, 軍士望見則咸知前必値水而各防也."라고 풀이했다.

26) 『예기』「곡례상」【39a】: 前有水, 則載靑旌.

27) 『예기』「곡례상」【23b】: 侍坐於長者, 屨不上於堂, 解屨不敢當階.

28) 『예기』「곡례상」【44d】: 故君子, 式黃髮, 下卿位, 入國不馳, 入里必式.

29) 『예기』「곡례하(曲禮下)」【66d】: 婦人之摯, 梂·榛·脯·脩·棗·栗.

30) 『예기』「곡례하(曲禮下)」【67a】: 納女於天子曰備百姓, 於國君曰備酒漿, 於大夫曰備埽灑.

녀'에 대한 설명이므로, '가례'에 해당한다. 정현이 말한 '집지'라는 것이 「곡례」편에 나오는 부인의 예물에 해당한다는 사실을 분명히 알 수 있는데, 그 이유는 그 문장이 『의례』「사상견례(士相見禮)」편의 기록에 나오기 때문이니,31) 정현이 『목록』에서 '사집지(士執贄)'를 '빈례'로 여긴 것도 이러한 이유 때문이다. 따라서 이곳 편에서는 '오례'에 대한 내용을 포함하고 있기 때문에, 편명을 '곡례(曲禮)'라고 한 것이다. 「곡례」와 『의례(儀禮)』는 해당 문헌에서 설명하는 내용들이 일치한다. 일을 시행하는 것에 대해서 자세하게 설명하였기 때문에, '곡례'라고 한 것이며, 의식을 시행할 때 나타나는 동작 및 절차들에 대해서 설명하였기 때문에, '의례'라고 한 것이다. 다만 '곡(曲)'이라는 글자와 '의(儀)'라는 글자는 서로 대비가 되는 점이 있다. '두루 포섭하는 예법[周禮]'은 사람의 마음을 통괄한다는 의미에서 붙여진 칭호인데, 만약 총괄적으로 언급을 한다면, '주례(周禮)'라는 용어에도 또한 '곡례'라고 이름 붙일 수 있는 요소가 포함되어 있다. 그렇기 때문에 『한서(漢書)』「예문지(藝文志)」편에서 "제왕이 정치를 시행할 때에 대대로 장점과 단점이 있어왔으므로, 전반적인 것과 세부적인 것들에 대해서 방비하고자 하여, 모든 사안에 대해서 제도를 만들었다. 그렇기 때문에 경례(經禮)는 삼백 가지나 되고, 위의(威儀)는 삼천 가지나 된다고 말한 것이다."32) 라고 했다. 이것은 곧 '주례'라는 것과 '의례'라는 것이 상호 관련이 되어, 이 둘 모두에 대해서 '곡례'라고 부를 수 있는 요소가 있음을 나타낸다. 그리고 「곡례상(曲禮上)」편이라고 하여, '곡례'라는 글자 뒤에 '상(上)'자를 붙이고 있는데, 이것은 '하(下)'자에 대비시키기 위해 생겨난 명칭이다. 본래 「곡례」편은 그 글자가 많고, 분량도 많아서, 상하(上下)로 나누게 된 것이니, '상'자와 '하'자를 붙인 것에는 별다른 의미가 없다. 또한 '제일(第一)'이라는 말을 덧붙이고 있는데, 『소이아(小爾雅)』33)에서는 "'제(第)'자는 차례

---

31) 『의례』「사상견례(士相見禮)」 : 始見于君, 執摯至下, 容彌蹙.

32) 『한서(漢書)』「예문지(藝文志)」 : 而帝王質文世有損益, 至周曲爲之防, 事爲之制, 故曰 "禮經三百, 威儀三千."

33) 『소이아(小爾雅)』는 고대에 편찬되었던 자전 중 하나이다. 찬자(撰者)에 대해서는 알려진 것이 없다. 『한서(漢書)』「예문지(藝文志)」편에는 "小爾雅一篇,

[次]이다."라고 하였고, 여정(呂靖)은 "'일(一)'자는 수의 시작이다."라고 하였다. '예기(禮記)'라는 것은 이 책의 큰 제목이다. '곡례(曲禮)'라는 것은 『예기』에 속한 편들의 소제목 중 하나이다. 앞에서 이미 '곡례'라고 제목을 제시하였기 때문에, 그 아래에 '예기'라는 글자를 명시하여, 주(注)에 부합되도록 한 것일 뿐이다. '정씨(鄭氏)'라고 하였는데, 그의 성(姓)은 정(鄭)이고, 이름은 현(玄)이며, 자(字)는 강성(康成)으로, 북해(北海)의 고밀현(高密縣) 출신이고, 전한시대(前漢時代)의 복사(僕射)를 지낸 정숭(鄭崇)의 8세손이다. 후한시대(後漢時代) 때 정현은 초빙되어 대사농(大司農)을 지냈으며, 74세의 나이로 죽었다. 그리고 정현은 또한 노식(盧植)과 마융(馬融) 등의 학설을 참고하여, 『예기』의 주(注)를 지었다. 그러므로 '주(注)'라는 것은 책에 대해 해석을 했다는 명칭이다. 그런데 그 의미를 풀이한 사람들은 대부분 자신의 저서를 '전(傳)'이라고 부른다. '전'이라는 것은 '전해들은 내용을 기술하여[傳述]', 경전의 뜻으로 삼았다는 것인데, 어떤 것들은 성현(聖賢)의 뜻을 직접 계승한 것이고, 또 어떤 것들은 선배 유학자들이 전승해준 것이다. 그렇기 때문에 '전'이라고 부르는 것이다. 정현이 『예기』에 대한 자신의 풀이를 '주'라고 불렀던 것은 겸양의 뜻으로, 감히 전수할만한 것이 못되어, 단지 자신의 의견을 주(注)로 개진했을 뿐임을 나타낸다. 만약 그렇다고 한다면, '전'과 '주'라는 것은 각각 자기가 처한 사정에 따라서 붙인 명칭이 된다. 황간(皇侃)은 한(漢)나라 이전에는 해석서를 '전'이라고 하였고, 한나라 이후에는 '주'라고 하였다고 했다. 그런데 왕숙[34]은 정현

古今字一卷."이라고 하여, 찬자 미상의 『소이아』 1권이 존재했었다고 기록되어 있다. 또한 『수서(隋書)』「경적지(經籍志)」 및 『당서(唐書)』「예문지(藝文志)」편에도 이궤(李軌)의 주가 달린 『소이아』 1권이 있었다고 기록되어 있지만, 현재는 모두 전해지지 않는다. 다만 현재 전해지는 『소이아』는 『공총자(孔叢子)』에 기록된 일부 내용들을 편집하여, 편찬한 것이다.

34) 왕숙(王肅, A.D.195 ~ A.D.256) : 위진남북조(魏晉南北朝) 때의 위(魏)나라 경학자이다. 자(字)는 자옹(子雍)이다. 출신지는 동해(東海)이다. 부친 왕랑(王朗)으로부터 금문학(今文學)을 공부했으나, 고문학(古文學)의 고증적인 해석을 따랐다. 『상서(尚書)』, 『시경(詩經)』, 『좌전(左傳)』, 『논어(論語)』 및 삼례(三禮)에 대한 주석을 남겼다.

이후에 존재했던 인물임에도, 어찌하여 자신의 저작을 '전'이라고 하였단 말인가? 그러므로 황간의 주장은 잘못된 것이다.

訓纂 呂與叔曰: 曲禮者, 禮之細也. 禮器云, "經禮三百, 曲禮三千." 中庸云, "禮儀三百, 威儀三千." 曲禮者, 威儀之謂, 儀禮是經禮, 篇末稱記者, 是曲禮. 高堂生所傳, 是儀禮, 戴聖所傳是禮記.

번역 여여숙[35]이 말하길, '곡례(曲禮)'라는 것은 예(禮) 중에서도 세밀한 것들을 가리킨다. 『예기』「예기(禮器)」편에서는 "경례(經禮)는 삼백 가지이고, 곡례(曲禮)는 삼천 가지이다."라고 했고, 『중용』에서는 "예의(禮儀)는 삼백 가지이고, 위의(威儀)는 삼천 가지이다."라고 했다. 그러므로 '곡례'라는 것은 곧 '위의'를 가리키는 것이고, 『의례(儀禮)』는 곧 '경례'를 가리키는 것이다. 다만 『의례』의 각 편들 중 편 끝에 기(記)자를 붙인 것들은 '곡례'에 해당한다. 고당생(高堂生)이 전수한 것은 『의례』이며, 대성(戴聖)이 전수한 것이 바로 『예기(禮記)』이다.

訓纂 朱子曰: 經禮固今之儀禮. 其存者十七篇, 而其逸見於他書者, 猶有投壺·奔喪·遷廟·釁廟·中霤等篇. 又有古經增多三十九篇, 而明堂陰陽·王史氏記數十篇, 及河間獻王所輯禮樂古事, 多至五百餘篇. 所謂曲禮, 則皆禮之微文小節, 如今曲禮·少儀·內則·玉藻·弟子職篇所記事親·事長·起居·飮食·容貌·辭氣之法,　制器·備物·宗廟·宮室·衣冠·車旗之等. 凡所以行乎經禮之中者, 條而析之, 亦應不下三千有餘矣.

번역 주자가 말하길, 경례(經禮)는 현재까지 전해져온 『의례(儀禮)』에 해당한다. 현재 남아 있는 것은 17개의 편이지만, 소실된 편들 중 다른 책에 일부 기록되어 있는 것들이 있으니, 예를 들어 「투호(投壺)」, 「분상(奔喪)」,

---

35) 남전여씨(藍田呂氏, A.D.1040 ~ A.D.1092): =여대림(呂大臨)·여씨(呂氏)·여여숙(呂與叔). 북송(北宋) 때의 학자이다. 이름은 대림(大臨)이고, 자(字)는 여숙(與叔)이며, 호(號)는 남전(藍田)이다. 장재(張載) 및 이정(二程)형제에게서 수학하였다. 저서로는 『남전문집(藍田文集)』 등이 있다.

「천묘(遷廟)」, 「흔묘(釁廟)」, 「중류(中霤)」 등의 편들이다. 또 『예(禮)』에 대한 고경(古經)은 『의례』의 17편보다 39편이 더 많아서, 총 56편이 있었다고 하는데, 『명당음양(明堂陰陽)』, 『왕사씨기(王史氏記)』 등의 수십 편[36]과 하건헌왕(河間獻王)이 수집한 예악(禮樂)과 관련된 고사(古事)들은 많게는 오백 여 편에 이른다.[37] 이른바 '곡례(曲禮)'라는 것은 그 내용이 모두 예(禮) 중에서도 세세한 규정 및 예절들에 대한 것들이다. 예를 들어 현재 남아 있는 「곡례(曲禮)」, 「소의(少儀)」, 「내칙(內則)」, 「옥조(玉藻)」, 「제자직(弟子職)」 등의 편들에 기록된 내용들은 부모를 섬기는 법도, 어른을 섬기는 법도, 음식을 먹을 때의 법도, 용모와 행동거지에 대한 법도, 말하는 것에 대한 법도 등이고, 또한 기물(器物) 등을 제작하고, 제수(祭需) 등을 갖추며, 종묘(宗廟) 및 궁실(宮室), 의관(衣冠) 및 수레와 깃발 등에 대한 규정 등이다. 무릇 '경례'를 시행하는 방법들을 모두 세밀하게 나눠서 기술을 했다고 한다면, 또한 삼천여 편보다 적을 수가 없을 것이다.

訓纂 吳幼清曰: 曲者, 一偏一曲之謂. 中庸言致曲, 易大傳言曲成·曲而中, 老子言曲則全, 莊子言一偏一曲, 不該不徧. 蓋謂禮之小節雜事, 而非大體全文, 故曰曲.

번역 오유청[38]이 말하길, '곡(曲)'이라는 말은 일부분 또는 하나의 단서 등을 가리키는 말이다. 『중용』에서는 "사소한 것들에 대해서 지극하게 한다[致曲]."[39]라고 하였고, 『역』에서는 "곡진하게 이룬다[致曲]."[40]라고 하

---

36) 『한서(漢書)』「예문지(藝文志)」: 漢興, 魯高堂生傳士禮十七篇. 訖孝宣世, 后倉最明. 戴德·戴聖·慶普皆其弟子, 三家立於學官. 禮古經者, 出於魯淹中及孔氏, 與十七篇文相似, 多三十九篇. 及明堂陰陽·王史氏記所見, 多天子諸侯卿大夫之制, 雖不能備, 猶瘉倉等推士禮而致於天子之說.

37) 『한서(漢書)』「예악지(禮樂志)」: 又通沒之後, 河間獻王采禮樂古事, 稍稍增輯, 至五百餘篇.

38) 오징(吳澄, A.D.1249 ~ A.D.1333): =임천오씨(臨川吳氏)·오유청(吳幼淸). 송원대(宋元代)의 유학자이다. 이름은 징(澄)이다. 자(字)는 유청(幼淸)이다. 저서로 『예기해(禮記解)』가 있다.

고, 또 "곡진하면서도 알맞다[曲而中]."[41]라고 하였으며, 『노자(老子)』에서
는 "굽은 것이 온전하다[曲則全]."[42]라고 하였고, 『장자(莊子)』에서는 '곡'
자를 쓰며 일부분, 사소한 것 등에 대해서 언급하고 있는데, 이러한 기록들
에서 말하는 '곡'자는 다 갖추지 못하거나 또는 두루 통용되지 못한다는
뜻이다. 무릇 이곳 내용들은 예(禮) 중에서도 사소한 규범 및 잡다하고 세
세한 사항들을 가리키는 것으로, 예의 전체적인 체계 및 전반적인 내용에
해당하지 않는다. 그렇기 때문에 '곡'이라는 말을 붙여서, '곡례(曲禮)'라고
부르는 것이다.

集解 曲禮者, 古禮篇之名. 禮記多以簡端之語名篇, 此篇名曲禮者, 以篇
首引之也. 鄭氏謂篇中記五禮之事, 故名曲禮, 非是. 此篇所記, 多禮文之細微
曲折, 而上篇尤致詳於言語·飮食·灑埽·應對·進退之法, 蓋將使學者謹
乎其外, 以致養乎其內; 循乎其末, 以漸及乎其本. 故朱子謂爲小學之支與流
裔. 而首篇"毋不敬"之一言, 則尤貫徹乎精粗內外, 而小學·大學皆當以此爲
本者也. 篇分上下者, 以簡策重大故也. 後凡分上下篇者放此.

번역 '곡례(曲禮)'라는 것은 고례(古禮)에 속한 하나의 편명이다. 『예기』
라는 책에서는 대부분 간단한 명칭으로 각각의 편들에 이름을 붙였는데,
이곳 「곡례(曲禮)」편의 이름을 '곡례'라고 정한 이유도, 편의 첫머리에서
고례에 속한 '곡례'의 내용을 인용하고 있기 때문이다. 정현은 이곳 편에서
오례(五禮)에 대한 사안을 기록하고 있기 때문에, 편명을 '곡례'로 지었다고
하였는데, 이것은 잘못된 주장이다. 이곳 편에서 기록하고 있는 내용들은

---

39) 『중용』「23장」: 其次, <u>致曲</u>. 曲能有誠, 誠則形, 形則著, 著則明, 明則動, 動則變,
　　變則化, 唯天下至誠, 爲能化.

40) 『역』「계사상(繫辭上)」: 範圍天地之化而不過, <u>曲成萬物而不遺</u>, 通乎晝夜之道
　　而知, 故神无方而易无體.

41) 『역』「계사하(繫辭下)」: 其稱名也小, 其取類也大, 其旨遠, 其辭文, 其言<u>曲而中</u>,
　　其事肆而隱. 因貳以濟民行, 以明失得之報.

42) 『노자(老子)』「22장」: <u>曲則全</u>, 枉則直, 窪則盈, 幣則新, 少則得, 多則惑.

대부분 예(禮) 중에서도 세세한 것들이며, 「곡례상(曲禮上)」편에서는 더더욱 언어(言語), 음식(飮食), 청소[灑掃], '사람을 대함[應對]', '나아가고 물러남[進退]'과 관련된 법도에 대해서 자세히 기술하고 있으니, 아마도 학생들로 하여금 외적인 면모에 대해서 조심하고 삼가게 하여, 자신의 내면을 수양하는 경지까지 도달하게 만들고, 또 지엽적인 것부터 힘쓰게 하여, 점진적으로 근본적인 경지까지 도달하게끔 했던 것이다. 그렇기 때문에 주자가 이곳 편의 내용들을 『소학(小學)』의 지류이자 지엽적인 것에 해당한다고 여겼던 것이다. 그런데 편의 첫머리에 있는 "공경하지 않는 경우가 없다[毋不敬]."라는 한 마디의 말은 세세함과 대략적인 것, 내면 및 외면을 두루 관철하고 있는 것으로, 『소학』이나 『대학(大學)』 모두 마땅히 이것을 근본으로 삼고 있는 것이다. 「곡례」편을 상편과 하편으로 구분한 것은 분량이 많기 때문이다. 이후에 나오는 편들 중 상편과 하편으로 분절한 편들 또한 모두 이러한 이유 때문에 나눈 것이다.

集解 朱子曰: 禮器作經禮·曲禮, 而中庸以經禮爲禮儀. 鄭玄等皆曰, "經禮卽周禮三百六十官, 曲禮卽今儀禮冠·昏·吉·凶. 其中書儀三千, 以其有委曲威儀, 故有二名." 獨臣瓚曰, "周禮三百, 特官名耳. 經禮爲冠·昏·吉·凶." 蓋以儀禮爲經禮也. 而近世栝蒼葉夢得曰, "經禮, 制之凡也; 曲禮, 文之目也. 先王之世, 二者蓋皆有書藏於有司. 祭祀·朝覲·會同, 則大史執之以涖事, 小史讀之以喩衆, 而鄕大夫受之以敎萬民. 保氏掌之以敎國子者, 亦此書也." 愚意禮篇三名, (儀禮一, 經禮二, 禮儀三.) 禮器爲勝; 諸儒之說, 瓚·葉爲長. 蓋周禮乃制治·立法·設官·分職之書, 於天下事無不該攝, 禮典固在其中, 而非專爲禮設也. 其中或以一官兼掌衆禮, 或以數官通行一事, 亦難計其官數以充禮篇之數. 至於儀禮, 則其冠·昏·喪·祭·燕·射·朝·聘自爲經禮大目, 亦不容專以曲禮名之也. 今儀禮十七篇, 而其逸見於他書者, 猶有投壺·奔喪·遷廟·釁廟·中霤等篇, 其不可見者, 又有古經增多三十九篇, 而明堂陰陽·王史氏記數十篇, 及河間獻王所輯禮樂古事多至五百餘

篇, 儻或猶有逸在其間者, 大率且以春官所領五禮之目約之, 則其初固當有三
百餘篇亡疑矣. 所謂曲禮, 則皆禮之微文小節, 如今曲禮・少儀・內則・玉
藻・弟子職篇所記事親・事長・起居・飮食・容貌・辭氣之法,   制器・備
物・宗廟・宮室・衣冠・車旗之等, 凡所以行乎經禮之中者, 其篇之全數雖
不可知, 然條而析之, 亦應不下三千有餘矣. 或者專以經禮爲常禮, 曲禮爲變
禮, (藍田呂氏之說. 石林葉氏雖言"經禮制之凡, 曲禮文之目", 而亦云"經禮其
常, 曲禮其變.") 則如冠禮之"不醴而醮用酒", 殺牲而有折俎, 若"孤子冠, 母不
在"之類, 皆禮之變, 而未嘗不在經禮篇中; "坐如尸, 立如齊", "毋放飯, 毋流
歠"之類, 雖在曲禮之中, 而不得謂之變禮. 其說誤也.

번역 주자가 말하길, 『예기』「예기(禮器)」편에는 '경례(經禮)', '곡례(曲
禮)'라는 단어가 기록되어 있고, 『중용』에서는 '경례(經禮)'를 '예의(禮儀)'
로 기술하고 있다. 정현 등의 학자들은 모두 "'경례'는 곧 『주례(周禮)』에
기록된 360개의 관직에 해당하며, '곡례'는 오늘날의 『의례(儀禮)』에 나타
난 관례(冠禮), 혼례(婚禮), 길례(吉禮), 흉례(凶禮)에 해당한다. 그 중 '의례'
에 대해서 기록하고 있는 것은 삼천 가지나 되는데, 그 내용 속에는 상세한
예의범절들이 기록되어 있기 때문에, '의례'와 '곡례'라는 두 가지 명칭이
생기게 되었다."라고 했다. 그런데 유독 신찬(臣瓚)[43]만은 "『주례』에 나타
난 삼백여 가지 것들은 단지 관직명일 따름이다. '경례'는 관례, 혼례, 길례,
흉례를 뜻한다."라고 했다. 아마도 그는 『의례』를 '경례'로 여겼던 것 같다.
그리고 근세 학자인 섭몽득[44]은 "'경례'는 제도의 총칭이고, '곡례'는 기록
의 세목이다. 선왕(先王)들이 통치하던 때에는 이 두 가지에 대해서 유사
(有司)를 두어서, 해당 서적들을 관리하도록 했었다. 제사(祭祀)・조근(朝

---

43) 신찬(臣瓚, ? ~ ?): 서진(西晉) 때의 학자이다. 성씨(姓氏) 및 행적에 대해서
는 자세히 전해지지 않는다. 『집해음의(集解音義)』를 저술하였다고 전해지며,
책은 이미 소실되었지만, 안사고(顔師古) 등이 『한서(漢書)』의 주석을 달 때
이 책에 근거했다고 전해진다.
44) 석림섭씨(石林葉氏, ? ~ A.D.1148): =섭몽득(葉夢得)・섭소온(葉少薀). 남송
(南宋) 때의 유학자이다. 자(字)는 소온(少薀)이고, 호(號)는 몽득(夢得)이다.
박학다식했다고 전해지며, 『춘추(春秋)』에 대한 조예가 깊었다.

觀)45)・회동(會同)46)의 경우에 있어서, 대사(大史)47)는 그 서적들에 기록된 내용을 가지고 공무를 처리하였을 것이고,48) 소사(小史)49)는 그것을 읽어주며, 여러 사람들이 깨우치도록 도왔을 것이며,50) 향대부(鄉大夫)51)는 그 서적을 가져다가 백성들을 가르쳤을 것이다.52) 보씨(保氏)53)가 국자(國子)54)들을 교육하였던 것55) 또한 바로 이러한 책들을 가지고 했었을 것이

---

45) 조근(朝覲)은 군주가 신하를 만나보는 예법(禮法)을 뜻한다. 군주가 신하를 만나보는 예법에는 조(朝), 근(覲), 종(宗), 우(遇), 회(會), 동(同) 등이 있었는데, 이것을 총칭하여 '조근'으로 부르기도 한다. 한편 '조근'은 신하가 군주를 찾아뵙는 예법을 뜻하기도 한다. 고대에는 제후가 천자를 찾아뵐 때, 각 계절별로 그 명칭을 다르게 불렀다. 봄에 찾아뵙는 것을 조(朝)라고 부르며, 여름에 찾아뵙는 것을 종(宗)이라고 부르고, 가을에 찾아뵙는 것을 근(覲)이라고 부르며, 겨울에 찾아뵙는 것을 우(遇)라고 부른다. '조근'은 이러한 예법들을 총칭하는 말이다.

46) 회동(會同)은 제후들이 천자를 찾아뵙는 예법을 통칭하는 용어이다. 또한 각 계절마다 정기적으로 찾아뵙는 것을 회(會)라고 부르고, 제후들이 대규모로 찾아뵙는 것을 동(同)이라고 불러서, 구분을 짓기도 한다. 각종 회견 등을 가리키는 용어로도 사용된다. 『시』「소아(小雅)・거공(車攻)」편에는 "赤芾金舄, 會同有繹."이라는 기록이 있는데, 이에 대한 모전(毛傳)에서는 "時見曰會, 殷見曰同. 繹, 陳也."라고 풀이했다.

47) 대사(大史)는 국가의 법전(法典)이나, 예전(禮典) 등을 담당하는 관리를 가리킨다. 그가 담당했던 일에는 예전에 따라 제사의 진행을 돕는 것 또한 포함되어 있었다.

48) 『주례』「춘관(春官)・대사(大史)」: 大史, 掌建邦之六典, 以逆邦國之治, 掌法以逆官府之治, 掌則以逆都鄙之治.

49) 소사(小史)는 국가의 기록문서와 주요 귀족들의 세계(世系) 및 예의(禮儀) 등에 대해서 담당했던 관리이다.

50) 『주례』「춘관(春官)・소사(小史)」: 大祭祀, 讀禮法, 史以書敘昭穆之俎簋.

51) 향대부(鄉大夫)는 주대(周代)의 행정단위였던 향(鄉)을 담당하는 관리이다.

52) 『주례』「지관(地官)・향대부(鄉大夫)」: 正月之吉, 受敎法于司徒, 退而頒之于其鄉吏, 使各以敎其所治, 以攷其德行, 察其道藝.

53) 보씨(保氏)는 예의(禮義)의 뜻에 따라 군주를 올바른 방향으로 이끌고, 왕족 및 귀족의 자제들을 교육하였던 관리이다.

54) 국자(國子)는 천자 및 공(公), 경(卿), 대부(大夫)의 자제들을 말한다. 때론 상황에 따라 천자의 태자(太子) 및 왕자(王子)를 포함시키지 않는 경우도 있다. 『주례』「지관(地官)・사씨(師氏)」편에는 "以三德敎國子"라는 기록이 있고, 이에 대한 정현의 주에서 "國子, 公卿大夫之子弟."라고 풀이한 용례와 『한서(漢

다."라고 했다. 내가 생각하기에, 예(禮)의 편들에 대해서 부르는 명칭에는 세 가지가 있는데, (첫 번째는 의례(儀禮)라고 부르는 기록이고, 두 번째는 경례(經禮)라고 부르는 기록이며, 세 번째는 예의(禮儀)라고 부르는 기록이다.) 그 중에서『예기』「예기(禮器)」편에 기록된 것이 여러 기록들 중 가장 낮고, 여러 학자들의 주장 중에서는 신찬(臣瓚)과 석림섭씨(石林葉氏)의 주장이 가장 낮다. 무릇『주례(周禮)』라고 하는 것은 곧 통치에 대한 제도를 마련하고, 법률을 세우며, 관직을 분담하여 임무를 설정하는 일에 대한 서적으로, 천하의 모든 일들에 대해서 두루 포괄하고 있다. 따라서 예(禮)와 관련된 전적(典籍)들도 그 가운데 포함되어 있는 것으로, 예(禮)만을 위해서 만들어진 책이 아니다. 또『주례』에 기록된 내용들을 살펴보면, 어떤 기록에서는 한 명의 관리가 여러 예법(禮法)들을 함께 담당하고 있고, 또 어떤 경우에는 여러 명의 관리들이 한 가지 사안에 대해서 함께 집행을 하고 있으니, 이러한 것들만 보아도『주례』에 기록된 360여 개의 관직 수를 계산해서, 예(禮)의 편수를 맞추기는 어렵다. 또한『의례(儀禮)』에 있어서도, 그 안에 포함되어 있는 관례(冠禮), 혼례(昏禮), 상례(喪禮), 제례(祭禮), 연례(燕禮)56), 사례(射禮)57), 조례(朝禮)58), 빙례(聘禮)59)의 내용들은 각각

書)』「예악지(禮樂志)」편에서 "朝夕習業, 以敎國子. 國子者, 卿大夫之子弟也." 라고 풀이한 용례가 바로 여기에 해당한다. 그러나 이것은 천자에 대한 언급을 가급적 회피했기 때문에, 생략하여 기술하지 않은 것이다. 청대(淸代) 유서년(劉書年)의 『유귀양설경잔고(劉貴陽說經殘稿)』「국자증오(國子證誤)」편에서 "國子者, 王大子, 王子, 諸侯公卿大夫士之子弟, 皆是, 亦曰國子弟."라고 풀이하고 있는 것처럼, '국자'에는 천자의 태자와 왕자들까지도 포함된다.

55) 『주례』「지관(地官)·보씨(保氏)」: 保氏, 掌諫王惡. 而養國子以道, 乃敎之六藝. 一曰五禮, 二曰六樂, 三曰五射, 四曰五馭, 五曰六書, 六曰九數.

56) 연례(燕禮)는 본래 빈객(賓客)을 접대하는 연회의 한 종류를 뜻한다. 각종 연회들을 두루 지칭하기도 하며, 연회에서 사용되는 의례절차들을 두루 지칭하기도 한다. 본래의 '연례'는 연회를 시작할 때, 첫잔을 따라 바치는 절차 끝나면, 모두 자리에 앉아서 술을 마시는데, 취할 때까지 마시는 연회의 한 종류를 뜻한다. '연례' 때에는 희생물로 개[狗]를 사용했으며, 유우씨(有虞氏) 때 시행되었던 제도라고 설명되기도 한다. 『예기』「왕제(王制)」편에는 "有虞氏以燕禮."라는 기록이 있고, 이에 대한 진호(陳澔)의 『집설(集說)』에서는 "燕禮者, 一獻之禮旣畢, 皆坐而飮酒, 以至於醉, 其牲用狗."라고 풀이했다.

'경례'의 큰 범주가 되므로, 또한 전적으로 '곡례'라는 말로 이것들을 포섭하
는 명칭으로 삼을 수 없다. 그리고 현행본『의례』는 총 17개의 편으로 구성
되어 있고, 소실된 편들 중 다른 서적들에 남아 있는 것들에는 「투호(投壺)」,
「분상(奔喪)」, 「천묘(遷廟)」, 「흔묘(釁廟)」, 「중류(中霤)」 등의 편들이 있으
며, 또한 다른 서적들에 기록조차 남아 있지 않는 것들도 있다. 그리고 고경
(古經)은 현행본『의례』보다 39편이 더 많았으며, 『명당음양(明堂陰陽)』,
『왕사씨기(王史氏記)』 등의 수십 편이 있었고, 하간헌왕(河間獻王)이 수집
한 예악(禮樂)에 대한 고사(古事)들은 많게는 오백여 편에 달했다고 하였
는데, 만일 본래『의례』에 속한 편이지만, 『의례』에서 일실된 편들이 위에
서 열거한 여타의 문헌들 속에 포함되어 있었다고 하더라도, 대략적으로
『주례』의 춘관(春官) 부서가 담당했던 오례(五禮)의 조목으로 간추려보자
면, 애초에 삼백여 편이 있었다고 말하는 것은 근거 없는 추정에 불과하다.
이른바 '곡례'라고 하는 것은 그 내용들이 모두 예(禮) 중에서도 세세한 규
정 및 예절들에 대한 것이니, 예를 들어 현재 남아 있는 「곡례(曲禮)」, 「소
의(少儀)」, 「내칙(內則)」, 「옥조(玉藻)」, 「제자직(弟子職)」 등의 편들에 기
록된 내용들은 부모를 섬기는 법도, 어른을 섬기는 법도, 음식을 먹을 때의
법도, 용모와 행동거지에 대한 법도, 말하는 것에 대한 법도 등이며, 또한

---

57) 사례(射禮)는 활 쏘는 예법을 가리킨다. 고대에는 활쏘기가 문무(文武)에 두
루 관련이 있다고 생각하여서 중시하였다. 따라서 행사를 거행할 때에는 이러
한 '사례'를 실시하였다. '사례'에는 대략 4종류가 있다. 즉 대사례(大射禮), 빈
사례(賓射禮), 연사례(燕射禮), 향사례(鄉射禮)를 가리키는데, '대사례'는 제사
를 지내고자 할 때, 제사에 참가하는 사(士)들을 선발하기 위해 실시하는 '사
례'이다. '빈사례'는 제후들이 천자를 찾아뵙거나, 또는 제후들끼리 서로 회동
을 할 때에, 활쏘기를 하며 연회를 베푸는 것이다. '연사례'는 연회를 즐기며
실시하는 '사례'를 뜻한다. '향사례'는 향(鄉)을 담당하는 향대부(鄉大夫)가 자
신의 행정구역에서 관리로 등용될 사(士)들을 선발한 뒤에, 그들에게 연회를
베풀며 시행하는 '사례'이다.
58) 조례(朝禮)는 조근(朝覲) 및 회동(會同) 등의 예법을 뜻한다.
59) 빙례(聘禮)는 제후들이 서로 찾아가서 만나보는 예법을 뜻한다. 또한 제후 이
외에도 각 계층에서 상대방에게 찾아가서 안부를 여쭙는 예법을 빙문(聘問)이
라고 부르는데, '빙례'는 이러한 '빙문' 등의 예법을 총칭하는 용어이다.

기물 등을 제작하고, 제수(祭需) 등을 갖추며, 종묘(宗廟) 및 궁실(宮室), 의관(衣冠) 및 수레와 깃발 등에 대한 규정 등이다. 따라서 '경례'를 시행하는 모든 방법들에 대해서, 비록 그 편들의 전체 수는 알 수 없지만, 세밀하게 나눠서 기술을 했다고 한다면, 또한 삼천여 편보다 적을 수가 없었을 것이다. 어떤 자들은 '경례'는 상례(常禮: 규정이 되는 예법)를 뜻하고, 곡례(曲禮)는 변례(變禮: 상황에 따라 달라지는 예법)를 뜻한다고 주장하였는데, (이것은 남전여씨(藍田呂氏)의 주장이다. 석림섭씨(石林葉氏)는 비록 "'경례'는 제도의 총칭이고, '곡례'는 기록의 세목이다."라고 하였지만, 그또한 "'경례'는 예(禮) 중에서도 고정된 예법이고, '곡례'는 예 중에서도 상황에 따른 변법(變法)이다."라고 했다.) 예를 들어 관례(冠禮)에 대한 기술중에서는 "'관례'를 치른 아들에게 단술을 주지 않으면, 향연을 베풀 때 술을 사용한다."60)라고 하였고, 희생물을 잡게 되면, 희생물을 올려둘 도마를마련한다고 하였으며,61) 또한 '고아인 자가 관례를 치르는 경우'62)와 '모친이 이미 돌아가신 상황에서, 관례를 치르는 경우'63) 등의 내용들이 포함되어 있다. 이러한 것들은 모두 예 중에서도 '변례'에 해당하는 것인데, 이내용들은 '경례'인 『의례』에 포함되어 있다. 또한 "앉을 때에는 제사 때 시동이 앉는 것처럼 앉고, 서 있을 때에는 재계(齋戒)를 하고 서 있듯이 한다."64)라는 내용, "밥을 먹을 때에는 밥숟갈을 크게 뜨지 말고, 물이나 국에말아서 마시듯이 먹지 말아야 한다."65)라는 등의 내용들은 비록 「곡례」편의 기술 중에 포함되어 있지만, 그것을 '변례'라고 부를 수 없다. 그러므로

---

60) 『의례』「사관례(士冠禮)」: 若不醴則醮, 用酒. 尊于房戶之間, 兩甒, 有禁, 玄酒在西, 加勺, 南枋.
61) 『의례』「사관례(士冠禮)」: 若殺, 則特豚, 載合升, 離肺實于鼎. 設扃鼎. 始醮如初. 再醮, 兩豆, 葵菹·蠃醢, 兩籩, 栗·脯. 三醮, 攝酒如再醮, 加俎, 嚌之皆如初, 嚌肺. 卒醮, 取籩脯以降, 如初.
62) 『의례』「사관례(士冠禮)」: 若孤子, 則父兄戒·宿. 冠之日, 主人紒而迎賓, 拜, 揖, 讓, 立于序端, 皆如冠主.
63) 『의례』「사관례(士冠禮)」: 冠者母不在, 則使人受脯于西階下.
64) 『예기』「곡례상」【8c】: 若夫坐如尸, 立如齊.
65) 『예기』「곡례상」【28a】: 毋摶飯, 毋放飯, 毋流歠.

위의 주장은 잘못된 것이다.

集解 愚謂: 經禮·曲禮之說, 朱子之所辨論者至矣. 蓋經禮卽儀禮也, 曲禮則經禮中之儀文曲折, 如冠禮之三加, 昏禮之六禮, 士相見之授贄·反見·還贄, 鄉飮酒禮之獻賓·獻介·獻衆賓之類皆是. 曲禮之合, 卽爲經禮; 經禮之分, 卽爲曲禮. 曲禮之所以爲三千者, 蓋據經禮三百而以相十之數言之, 而非別有曲禮之書至於三千篇之多也. 至禮記中所載曲禮·少儀·內則·玉藻, 與夫管子書之弟子職, 或詳其儀文, 或記其名物, 則又皆周末儒者各以其所傳習者記之, 而可補禮經之所未詳者也. 若此篇所引之曲禮, 則別爲古禮篇之名, 非禮器所言之曲禮. 蓋曲禮三千, 卽儀禮中之曲折, 而此所引"毋不敬"以下, 其文與儀禮不類也. 而此篇之爲曲禮, 則特以篇首引曲禮而名之, 不可謂此篇皆曲禮之言, 猶檀弓首章載檀弓事而名爲檀弓, 不可以檀弓一篇皆爲檀弓一人之事也. 蓋此篇所言, 多雜見於他書, 如"坐如尸, 立如齊", 見於大戴禮曾子事父母篇, "不登高, 不苟訾, 不苟笑", 見於大戴禮曾子本孝篇; "天子曰崩", 至"庶人曰死", 見大戴禮四代篇; "道德仁義, 非禮不成", 至"撙節退讓以明禮", 見賈誼新書禮篇; "將上堂, 聲必揚, 將入戶, 視必下", 見列女傳及韓詩外傳. 雖其與諸書所出未知孰爲先後, 然其言"君子抱孫不抱子", 別引"禮曰", 而"前有車騎"又爲戰國時語, "事君三諫不從則去", "天子未除喪稱名", "諸侯失地名"之類, 又皆春秋公羊之說, 知此非曲禮之完篇明矣. 然則曲禮有三: 一爲儀禮中之曲折, 一則古禮篇之曲禮, 一則禮記中之曲禮也.

번역 내가 생각하기에, '경례(經禮)'와 '곡례(曲禮)'라는 명칭에 대한 여러 주장들 중 주자(朱子)가 논변한 것이 가장 정답에 근접해 있다. 무릇 '경례'라는 말은 곧 『의례(儀禮)』를 뜻하고, '곡례'라는 말은 '경례' 중에서도 세세한 예의범절들을 뜻하니, 마치 『의례』「사관례(士冠禮)」편에서 관례(冠禮)에 대한 기술을 하며 언급하고 있는 삼가(三加)[66], 『의례』「사혼례(士

---

66) 삼가(三加)는 세 개의 관(冠)을 준다는 뜻이다. 관례(冠禮)를 시행할 때, 처음에 치포관(緇布冠)을 주고, 그 다음에 피변(皮弁)을 주며, 마지막으로 작변(爵

昏禮)」편에서 혼례(婚禮)에 대한 기술을 하며 언급하고 있는 육례(六禮)67),
『의례』「사상견례(士相見禮)」편에서 상견례(相見禮)에 대한 기술을 하며
언급하고 있는 손님으로 찾아갈 때 주인에게 예물을 전달하는 일, 집안으
로 모셔서 손님을 마주하는 일, 손님이 돌아간 뒤 손님이 가져온 예물과
비견되는 예물을 준비하여 종자를 통해 전달하는 일, 『의례』「향음주례(鄕
飮酒禮)」편에서 빈객에게 술잔을 따라주고, 개(介)68)에게 술잔을 따라주
며, 빈객 무리에게 술잔을 따라주는 등의 일들은 모두 '곡례'에 해당한다.
따라서 '곡례'들을 합한 것이 '경례'가 되고, '경례'를 세분화한 것이 '곡례'가
된다. '곡례'가 삼천여 가지가 되는 이유는 아마도 '경례'가 삼백여 가지인
것에 근거해서, 상대적으로 열배를 한 수치로 언급을 한 것이지, '곡례'를
기록한 편이 삼천여 편에 이른다는 말이 아니다. 그리고『예기(禮記)』중에
수록된「곡례(曲禮)」,「소의(少儀)」,「내칙(內則)」,「옥조(玉藻)」등의 편들
과『관자(管子)』라는 책에 수록된「제자직(弟子職)」이라는 편에서는 어떤
곳에서는 그 의례 절차에 대해서 자세하게 기록하고 있고, 또 어떤 곳에서
는 해당하는 명칭과 기물(器物)들에 대해서만 기록하고 있는데, 이것들은
모두 주(周)나라 말기의 유학자들이 각각 자신들이 전수받아 익힌 것들을
기록해둔 것으로, 예경(禮經) 중에서 상세하지 못한 부분을 보완할 수 있는
내용들이다. 따라서 이곳 『예기』「곡례(曲禮)」에서 인용하고 있는 '곡례'라

弁)을 주기 때문에, '삼가'라고 부른다.

67) 육례(六禮)는 혼인 과정 중에 시행되는 여섯 종류의 의례 절차를 뜻한다. 청원
  을 하며 여자 집안에 예물을 보내는 납채(納采), 여자의 이름 및 출생일 등에
  대해서 묻는 문명(問名), 혼인이 어떠한가를 종묘에서 점을 치고, 길한 징조를
  얻게 되면, 여자집안에 알리는 납길(納吉), 혼인 약속을 증명하기 위해 여자
  집안에 폐백을 보내는 납징(納徵: =納幣), 결혼날짜를 정하여 여자 집안에 가
  부(可否)를 묻는 청기(請期), 남자가 여자 집안에 가서 아내를 맞이하는 친영
  (親迎)을 가리킨다.

68) 개(介)는 부관을 뜻한다. 빈객(賓客)이 방문했을 때 주인(主人)과 빈객 사이에
  서 진행되는 절차들을 보좌했던 자들이다. 계급에 따라서 '개'를 두는 숫자에
  도 차이가 났다. 가령 상공(上公)은 7명의 '개'를 두었고, 후작이나 백작은 5명
  을 두었으며, 자작과 남작은 3명의 개를 두었다. 『예기』「빙의(聘義)」편에는
  "上公七介, 侯伯五介, 子男三介."라는 기록이 있다.

는 것도 별개로 존재했던 고례(古禮)의 한 편명이지, 『예기』「예기(禮器)」
편에서 언급하고 있는 '곡례'와는 상관없는 것이다. 무릇 삼천여 가지의 '곡
례'라는 것은 곧 『의례』 안에 포함된 세부적인 의례절차들에 해당하지만,
이곳 『예기』「곡례」편에서 인용하고 있는 '무불경(毋不敬)' 이하의 문장들
은 그 문맥이 『의례』에 기록된 내용과는 완전히 다른 성격을 가지고 있다.
그리고 이곳 편명을 「곡례」라고 정한 것은 단지 편의 첫머리에서 '곡례'를
인용하였기 때문인데, 이러한 점에 착안해서 이곳 「곡례」편의 모든 내용들
이 옛 고례(古禮)에 속해 있었던 '곡례'의 내용들이라고는 할 수 없다. 이것
은 마치 『예기』「단궁(檀弓)」편의 첫 머리에 단궁(檀弓)과 관련된 일화가
기록되어 있어서, 그 편의 이름을 '단궁(檀弓)'이라고 정한 경우와 같고, 또
한 「단궁」이라는 편에 기록된 모든 내용이 '단궁' 한 사람에 대한 일화라고
할 수 없는 것과 같다. 무릇 이곳 『예기』「곡례」편에서 언급하는 내용들은
여러 서적들에서 동일한 기록들이 나타나고 있는데, 예를 들어 "앉을 때에
는 제사 때 시동이 앉는 것처럼 앉고, 서 있을 때에는 재계(齋戒)를 하고
서 있듯이 한다."69)라는 말은 『대대례기(大戴禮記)』「증자사부모(曾子事父
母)」편에 보이고,70) "높은 곳에 오르지 않고, 구차하게 남을 헐뜯지 않으며,
구차하게 남을 비웃지 않는다."71)라는 말은 『대대예기』「증자본효(曾子本
孝)」편에 보이며,72) "천자가 죽었을 때에는 붕(崩)이라고 부른다."라는 구
문부터 "서인(庶人)이 죽었을 때에는 사(死)라고 부른다."라는 구문73)까지
는 『대대예기』「사대(四代)」편에 보인다.74) 그리고 "도덕(道德)과 인의(仁

---

69) 『예기』「곡례상」【8c】: 若夫坐如尸, 立如齊.
70) 『대대례기(大戴禮記)』「증자사부모(曾子事父母)」: 若夫坐如尸, 立如齊, 弗訊
不言, 言必齊色, 此成人之善者也, 未得爲人子之道也.
71) 『예기』「곡례상」【15d】: <u>不登高</u>, 不臨深, <u>不苟訾</u>, <u>不苟笑</u>. 孝子不服闇, 不登危,
懼辱親也
72) 『대대례기(大戴禮記)』「증자본효(曾子本孝)」: 孝子<u>不登高</u>, 不履危, 痺亦弗憑;
<u>不苟笑</u>, <u>不苟訾</u>, 隱不命, 臨不指. 故不在尤之中也.
73) 『예기』「곡례하(曲禮下)」【64d】: <u>天子死曰崩, 諸侯曰薨, 大夫曰卒, 士曰不祿,</u>
<u>庶人曰死.</u> 在牀曰尸, 在棺曰柩, 羽鳥曰降, 四足曰漬, 死寇曰兵.
74) 『대대례기(大戴禮記)』「사대(四代)」: <u>天子曰崩, 諸侯曰薨, 大夫曰卒, 士曰不</u>
<u>祿, 庶人曰死</u>, 昭哀.

義)는 예(禮)가 아니면 이룰 수 없다."[75]라는 문장부터 "억제와 절제, 자신을 낮추고 겸양함을 실천함으로써, 예(禮)의 본뜻을 밝히는 것이다."[76]라는 문장까지는 가의(賈誼)[77]의 『신서(新書)』「예(禮)」편에 보이며,[78] "당(堂) 위에 오를 때에는 반드시 목소리를 높이고, 문으로 들어갈 때에는 시선을 밑으로 내린다."[79]라는 문장들은 『열녀전(列女傳)』[80] 및 『한시외전(韓詩外傳)』[81]에 보인다. 비록 이곳 『예기』「곡례」편의 기록과 여러 서적들에 기록된 내용들 중 어느 것이 먼저 기록된 것인지는 정확히 알 수 없지만, 『예기』「곡례」편의 내용 중 "군자(君子)는 손자를 안지만, 아들은 앉지 않는다."라고 말한 기록에서 별도로 '예왈(禮曰)'이라는 말을 인용하고 있고,[82] "행차하는 길 앞에 수레와 말들이 있다[前有車騎]."[83]라는 말은 또한 전국시대(戰國時代)가 되어서야 사용했던 말이며, "군주를 섬길 때 세 번 간언을 올렸는데도 군주가 따르지 않으면 떠난다."[84]라는 내용이나, "천자가 아직 제상(除喪)[85]을 하지 않았을 때에는 그를 부를 때 이름으로 부른

---

75) 『예기』「곡례상」【10a】: 道德仁義, 非禮不成.

76) 『예기』「곡례상」【11a】: 是以, 君子, 恭敬撙節退讓, 以明禮.

77) 가의(賈誼, B.C.200 ~ B.C.168): =가생(賈生)・가장사(賈長沙)・가태부(賈太傅). 전한(前漢) 때의 유학자이다. 23세 때 박사(博士)가 되었고, 이후 태중대부(太中大夫)에 올랐다. 오행설(五行說)을 유학에 가미하여, 국가 및 예악(禮樂) 등에 대한 제도를 제정하였다. 저서로는 『신서(新書)』 등이 있다.

78) 『신서(新書)』「예(禮)」: 故道德仁義, 非禮不成; 教訓正俗, 非禮不備; 分爭辨訟, 非禮不決; 君臣上下父子兄弟, 非禮不定; 宦學事師, 非禮不親; 班朝治軍, 涖官行法, 非禮威嚴不行; 禱祠祭祀, 供給鬼神, 非禮不誠不莊. 是以君子恭敬撙節退讓以明禮.

79) 『예기』「곡례상」【17d】 將上堂, 聲必揚. 戶外有二屨, 言聞則入, 言不聞則不入. / 『예기』「곡례상」【17d】: 將入戶, 視必下. 入戶奉扃, 視瞻毋回, 戶開亦開, 戶闔亦闔, 有後入者, 闔而勿遂.

80) 『열녀전(列女傳)』「추맹가모(鄒孟軻母)」: 將上堂, 聲必揚, 所以戒人也. 將入戶, 視必下, 恐見人過也.

81) 『한시외전(韓詩外傳)』「9권」: 將入門, 問孰存; 將上堂, 聲必揚; 將入戶, 視必下.

82) 『예기』「곡례상」【35a】: 禮曰: "君子抱孫, 不抱子"

83) 『예기』「곡례상」【39b】: 前有車騎, 則載飛鴻.

84) 『예기』「곡례하(曲禮下)」【60b】: 爲人臣之禮, 不顯諫, 三諫而不聽, 則逃之.

85) 제상(除喪)은 상(喪)을 끝낸다는 뜻이다. 상을 치르는 일정한 기간을 끝내게

다."[86]라는 내용, 또 "제후가 자신이 받은 봉지(封地)를 잃게 되면, 그를 부를 때 이름으로 부른다."[87]라는 등의 내용들은 모두『춘추공양전』에서 주장하는 것들이니, 이곳『예기』「곡례」편의 내용들이 옛 고례(古禮)의 '곡례'를 완전하게 기록한 편이 아니라는 사실을 명백하게 알 수 있다. 그러므로 '곡례'라는 말에는 세 가지 뜻이 있다. 첫 번째는『의례』중에 나오는 세밀한 의례절차들이고, 두 번째는 고례의 편인 '곡례'이고, 마지막 하나는『예기』에 수록된「곡례」편이다.

되면, 상중에 입고 있었던 상복(喪服)을 벗고, 평소에 입던 길복(吉服)으로 복장을 바꾸게 된다. 따라서 상복을 제거한다는 뜻에서, 상을 끝내는 것을 '제상'이라고 부르는 것이다. 또한 '제상'은 상복의 수위가 변화되는 것을 가리키는 용어로도 사용된다. 상복은 일정한 기간마다 그 수위가 낮아지게 되는데, 그 수위를 덜어낸다는 뜻에서 이러한 일련의 변화를 '제상'이라고 부르는 것이다.

86)『예기』「곡례하(曲禮下)」【55b】: 天子未除喪曰予小子, 生名之, 死亦名之.

87)『예기』「곡례하(曲禮下)」【59d】: 天子不言出, 諸侯不生名, 君子不親惡, 諸侯<u>失地名</u>, 滅同姓名.

예(禮)와 수신(修身)의 방법

【7a】

曲禮曰: 毋不敬, 儼1) 若思, 安定辭, 安民哉.

직역 曲禮에서 曰, 不敬을 毋하고, 儼하여 若思하며, 定辭를 安하면, 民을 安할 것이다.

의역 옛 고례(古禮)의 「곡례(曲禮)」편에서 말하길, 공경스럽지 못하게 행동하는 경우가 없도록 하고, 엄숙하게 행동하여, 마치 신중하게 생각해서 행동하는 듯이 하며, 심사숙고 하여, 바르고 정확한 말들을 한다면, 백성들을 편안하게 할 수 있을 것이다.

集說 毋, 禁止辭.

번역 '무(毋)'자는 금지하는 말이다.

---

1) '엄(儼)'자에 대하여. 『십삼경주소(十三經注疏)』북경대 출판본에서는 "『민본(閩本)』·『감본(監本)』·『모본(毛本)』·『석경(石經)』·『악본(岳本)』·『가정본(嘉靖本)』에서도 동일하게 '엄'자로 기록하고 있다. 『경전석문(經典釋文)』에서는 '엄(嚴)자는 판본에 따라 엄(儼)자로도 쓴다.'라고 했다. 『정의본(正義本)』에도 '엄(儼)'자로 기록하고 있다. 완원(阮元)의 『교감기(校勘記)』에서는 '살펴보니, 엄(儼)자가 정자(正字)이며, 엄(嚴)자는 가차자(假借字)이다.'"라고 했다.

集說 朱子曰: 首章言君子修身, 其要在此三者, 而其效足以安民, 乃禮之本, 故以冠篇.

번역 주자가 말하길, 첫 장에서는 군자(君子)의 수신(修身)에 대해서 언급하고 있으니, 수신의 요점이 바로 위의 세 가지 항목에 있는 것이며, 그 효과는 백성들을 편안하게 만들기에 충분하므로, 곧 이 세 가지가 예(禮)의 근본이 되는 것이다. 그렇기 때문에 이 말을 편의 첫머리에서 언급하고 있는 것이다.

集說 范氏曰: 經禮三百, 曲禮三千, 可以一言蔽之曰, "毋不敬".

번역 범씨[2]가 말하길, 경례(經禮)는 삼백 가지이고, 곡례(曲禮)는 삼천 가지인데, 한 마디 말로 그것들을 총괄할 수 있으니, 그것은 바로 "불경하지 말라[毋不敬]."이다.

集說 程子曰: 心定者, 其言安以舒; 不定者, 其辭輕以疾.

번역 정자가 말하길, 마음이 안정된 사람은 그 말이 편안하여, 느긋해지는 것이며, 마음이 안정되지 못한 사람은 그 말이 경박스러워서, 빨라지는 것이다.

集說 劉氏曰: 篇首三句, 如曾子所謂"君子所貴乎道者三, 而籩豆之事, 則有司存之"意, 蓋先立乎其大者也. 毋不敬, 則動容貌, 斯遠暴慢矣; 儼若思, 則正顏色, 斯近信矣; 安定辭, 則出辭氣, 斯遠鄙倍矣. 三者修身之要, 爲政之本.

---

2) 범조우(范祖禹, A.D.1041 ~ A.D.1098): =범씨(范氏)·성도범씨(成都范氏)·화양범씨(華陽范氏). 북송(北宋) 때의 학자이다. 자(字)는 순보(淳甫)·몽득(夢得)이다. 이정(二程) 형제에게서 수학하였다. 『중용(中庸)』을 중시하였으며, 저서로는 『논어설(論語說)』, 『중용론(中庸論)』 등이 있다.

제1절 예(禮)와 수신(修身)의 방법 **75**

此君子修己以敬, 而其效至於安人, 安百姓也.

번역　유씨3)가 말하길, 편의 첫머리에 있는 "불경하지 말라[毋不敬]."·
"신중하게 생각한 듯이 엄숙하게 행동하라[儼若思]."·"심사숙고하여 안정
된 말을 하라[安定辭]."라는 세 구문은 마치 증자(曾子)가 "군자(君子)가
귀중하게 여기는 도(道)에는 세 가지가 있고, 변두(籩豆)와 같은 제기(祭
器)를 다루는 사소한 일들에 대해서는 그것을 담당하는 유사(有司)4)가 있
다."5)라고 말한 뜻과 같으니, 무릇 무엇이든지 우선적으로 그것의 대의(大
義)를 확립해야만 하는 것이다. 그래서 편의 첫머리에 '무불경(毋不敬)'·
'엄약사(儼若思)'·'안정사(安定辭)'라는 세 구문을 언급한 것이다. '무불경'
을 하게 되면, 행동거지와 용모가 바르게 되어, 포악하고 거만한 것과는
거리가 멀어지게 된다. '엄약사'를 하게 되면, 얼굴빛이 온화하고 단정하게
되어, 신의(信義)와 가까워진다. '안정사'를 하게 되면, 말이 바르게 되어,
비루하고 의리(義理)에 상반되는 말들과는 거리가 멀어지게 된다. 그러므
로 이 세 가지는 바로 '수신(修身)'의 요점이며, 정치의 근본이 된다. 이것은
곧 군자가 경(敬)으로 자기 자신을 수양하여, 그 효과가 다른 사람들까지도
편안하게 만들고, 또한 더 나아가 백성들까지도 편안하게 만드는 경지까지
이르는 것이다.6)

---

3) 유씨(劉氏 ? ~ ?) : =유맹야(劉孟冶). 자세한 이력이 남아 있지 않다.
4) 유사(有司)는 관리를 뜻하는 용어이다. '사(司)'자는 담당한다는 뜻이다. 관리
　들은 각자 담당하고 있는 업무가 있었으므로, 관리를 '유사'라고 불렀던 것이
　다. 일반적으로 하위관료들을 지칭하여, 실무자를 뜻하는 용어로 많이 사용된
　다. 그러나 때로는 고위관료까지도 지칭하는 용어로 사용되기도 한다.
5) 『논어』「태백(泰伯)」: 曾子言曰, "鳥之將死, 其鳴也哀, 人之將死, 其言也善. <u>君
　子所貴乎道者三</u>, 動容貌, 斯遠暴慢矣, 正顔色, 斯近信矣, 出辭氣, 斯遠鄙倍矣.
　<u>籩豆之事, 則有司存</u>."
6) 『논어』「헌문(憲問)」: 子路問君子. 子曰, "<u>脩己以敬</u>." 曰, "如斯而已乎?" 曰,
　"<u>脩己以安人</u>." 曰, "如斯而已乎?" 曰, "<u>脩己以安百姓</u>. 脩己以安百姓, 堯舜其猶
　病諸?"

大全 西山眞氏曰: 曲禮一篇, 爲禮記之首, 而毋不敬一言, 爲曲禮之首. 蓋敬者, 禮之綱領也. 曰毋不敬者, 謂身心內外不可使有一毫之不敬也. 其容貌, 必端嚴而若思, 其言辭, 必安定而不遽. 以此臨民, 民有不安者乎? 此章凡四言, 而修身治國之道略備, 其必聖賢之遺言歟.

번역 서산진씨7)가 말하길, 「곡례(曲禮)」라는 한 편은 『예기(禮記)』의 첫 번째 편이고, "불경하게 하지 말라[毋不敬]."라는 한 구문은 「곡례」편의 첫 번째 문장이다. 무릇 공경[敬]이라는 것은 예(禮)의 강령이 된다. '무불경(毋不敬)'이라고 한 말은 곧 몸과 마음, 즉 내적인 부분과 외적인 부분 모두에 있어서, 조금의 불경함도 있게 해서는 안 된다는 뜻이다. 이러한 가르침에 따르게 된다면, 그 사람의 용모는 반드시 단정하고 엄숙하게 되어, 마치 신중하게 생각하고 행동하는 듯이 되고, 그리고 그의 말은 반드시 편안하고 안정되어, 급급하지 않게 된다. 이러한 자세로써 백성들을 다스리게 된다면, 백성들 중에 불안함을 느끼는 자가 생길 수 있겠는가? 이 장에서 말하고 있는 '무불경'·'엄약사(儼若思)'·'안정사(安定辭)'·'안민재(安民哉)'라는 네 개의 구문에는 수신(修身)과 치국(治國)의 도리가 집약되어 있으니, 이 말들은 분명 성현(聖賢)이 남겨준 가르침일 것이다.

鄭注 禮主於敬. 儼, 矜莊貌, 人之坐思, 貌必儼然. 審言語也. 易曰: "言語者, 君子之樞機." 此上三句可以安民, 說曲禮者, 美之云耳.

번역 예(禮)라는 것은 공경[敬]을 위주로 한다. 엄(儼)은 엄숙하고 공경스러운 모습으로, 사람이 앉아서 심사숙고를 하게 되면, 그 모습은 반드시 엄숙하고 공경스럽게 되는 것이다. '안정사(安定辭)'는 말을 자세히 살펴보고 한다는 뜻이다. 『역』에서는 "언어라는 것은 군자(君子)를 판가름하는

---

7) 서산진씨(西山眞氏, A.D.1178 ~ A.D.1235) : =건안진씨(建安眞氏)·진덕수(眞德秀). 남송(南宋) 때의 성리학자이다. 자(字)는 경원(景元)이고, 호(號)는 서산(西山)이다. 저서로는 『독서기(讀書記)』, 『사서집론(四書集論)』, 『경연강의(經筵講義)』 등이 있다.

관건이 된다."[8]라고 하였다. 여기에서 말하는 '무불경(毋不敬)'·'엄약사(儼若思)'·'안정사(安定辭)'라는 세 개의 구문을 실천하게 되면, 백성들을 편안하게 만들어 줄 수 있는 것이니, 이것은 곧 옛 「곡례(曲禮)」편의 말을 설명하며, 그 뜻을 찬미하여 말한 것일 뿐이다.

釋文 毋音無. 說文云, "止之詞, 其字從女, 內有一畫, 象有姦之形, 禁止之勿令姦. 古人云毋, 猶今人言莫也." 按'毋'字與父母字不同, 俗本多亂, 讀者皆朱點'毋'字以作'無'音, 非也. 後放此. 疑者, 特復音之. 嚴, 魚檢反, 本亦作儼, 同, 矜莊貌. 思如字, 徐息嗣反. 矜, 君冰反. 樞, 昌朱反.

번역 '毋'자의 음은 '無(무)'이다. 『설문해자(說文解字)』[9]에서는 "금지하는 말이니, 이 글자는 '女'자를 구성요소로 하고 있으며, 그 안에 일획이 있어서, 간특함을 품고 있는 형상을 상징하니, 그러한 것들을 금지해서 간특하게 행동하지 못하게 하는 것이다. 옛 사람들이 '毋'라고 부르는 것은 오늘날 사람들이 '莫(막)'이라고 부르는 것과 같다."라고 했다. 내가 살펴보니, '毋'자는 '父母'라고 할 때의 '母(모)'자와는 전혀 다른 글자인데, 세속에서 유통되는 판본들에서는 이 두 글자가 뒤바뀌어 기록된 것이 많은데, 독자들이 모두 '母'자에다가 주필을 하여, '無'자의 음을 내는 '毋'자로 고치는 것은 잘못된 것이다. 뒤에 나오는 '毋'자도 모두 그 음은 '無'라고 읽는다. 의심스러운 부분에 대해서는 다시 그 음을 기록해 두었다. '嚴'자의 음은 '魚(어)'자와 '檢(검)'자의 반절음이며, 판본에 따라서는 또한 '儼'이라고도 쓰는데, '嚴'자와 '儼'자는 그 음이 동일하며, 엄숙하고 장경(莊敬)한 모습을 뜻한다. '思'자는 글자 그대로 읽는데, 서음(徐音)은 '息(식)'자와 '嗣(사)'자의 반절음이 된다. '矜'자의 음은 '君(군)'자와 '冰(빙)'자의 반절음이다. '樞'자의 음은 '昌(창)'자와 '朱(주)'자의 반절음이다.

---

8) 『역』「계사상(繫辭上)」 : 言行, 君子之樞機.

9) 『설문해자(說文解字)』는 후한(後漢) 때의 학자인 허신(許慎, ? ~ ?)이 찬(撰)했다고 전해지는 자서(字書)이다. 『설문(說文)』이라고도 칭해진다. A.D.100년경에 완성되었다고 전해진다. 글자의 형태, 뜻, 음운(音韻)을 수록하고 있다.

孔疏 ○正義曰: 此一節明人君立治之本, 先當肅心謹身, 愼口之事.

번역 ○이 단락은 군주가 정치를 확립하는 근본에 대해서 언급하고 있는데, 즉 그 근본은 우선적으로 자신의 마음을 엄숙하게 가다듬고, 또한 자기 자신을 삼가며, 말을 신중하게 해야 한다는 일에 해당한다는 사실을 나타내고 있다.

孔疏 ●"曲禮曰"者, 按下文"安民哉", 是爲君上所行, 故記人引儀禮正經 "毋不敬"以下三句而爲實驗也.

번역 ●經文: "曲禮曰". ○이 구문 뒤에 "백성들을 편안하게 할 수 있을 것이다[安民哉]."라고 기록하고 있는 것을 살펴보면, 이 내용은 바로 군주가 시행해야 하는 것들임을 알 수 있다. 그렇기 때문에 『예기(禮記)』를 기록한 자가 옛 『의례(儀禮)』의 경문(經文)에 나오는 '무불경(毋不敬)'이하의 세 개의 구문을 인용하였던 것이니, 이것들은 곧 '무불경' 등을 실천하였을 때 나타나는 실질적인 효과가 된다.

孔疏 ●"毋不敬"者, 人君行禮無有不敬, 行五禮皆須敬也.

번역 ●經文: "毋不敬". ○군주가 예(禮)를 시행할 때에는 불경(不敬)하게 행동하는 일이 없으니, 즉 오례(五禮)를 시행할 때에는 모두 공경[敬]에 따라야 하는 것이다.

孔疏 ●"儼若思"者, 儼, 矜莊貌也. 若, 如也. 思, 計慮也. 夫人計慮, 狀必端愨. 今明人君矜莊之貌, 如人之思也.

번역 ●經文: "儼若思". ○'엄(儼)'자는 엄숙하고 공경스러운 모습을 뜻한다. '약(若)'자는 "~와 같다[如]."라는 뜻이다. '사(思)'자는 심사숙고한다는 뜻이다. 무릇 사람이 심사숙고를 하게 되면, 그 모습은 반드시 단정하고 성실하게 된다. 지금 이 문장에서는 군주가 엄숙하고 공경스럽게 행동하는 모습이 마치 사람들이 심사숙고해서 행동할 때의 모습과 같다고 말하고 있는 것이다.

孔疏 ●"安定辭"者, 安定, 審也. 辭, 言語也. 人君出言, 必當慮之於心, 然後宣之於口, 是詳審於言語也.

번역 ●經文: "安定辭". ○'안정(安定)'은 자세히 살핀다는 뜻이다. '사(辭)'자는 언어를 뜻한다. 군주가 말을 할 때에는 반드시 마음속으로 고려를 해보고, 그런 뒤에야 입으로 내뱉는 것이니, 이것이 바로 언어를 자세히 살핀다는 뜻이다.

孔疏 ●"安民哉"者, 但人君發擧, 不離口與身心, 旣心能肅敬, 身乃矜莊, 口復審愼, 三者依於德義, 則政敎可以安民也. 云"哉"者, 記人美此三句者也.

번역 ●經文: "安民哉". ○군주가 시행하는 모든 일들은 자신의 입, 그리고 몸과 마음에 결부되어 있으니, 마음을 엄숙하고 공손하게 할 수 있다면, 몸도 곧 엄숙하고 공경스럽게 되며, 말을 할 때에도 심사숙고를 하게 되는데, 이 세 가지 일들을 도덕(道德)과 신의(信義)에 의거해서 한다면, 정치와 교화가 백성들을 편안하게 만들 수 있게 되는 것이다. '재(哉)'자를 붙여서 말한 이유는 『예기』를 기록한 자가 이 세 개의 구문에서 나타내는 뜻을 찬미하였기 때문이다.

孔疏 ◎注"禮主於敬". ○正義曰: 孝經云: "禮者敬而已矣", 是也. 又按鄭目錄云"曲禮之中, 體含五禮", 今云"曲禮曰: 毋不敬", 則五禮皆須敬, 故鄭云: "禮主於敬." 然五禮皆以拜爲敬禮, 則祭極敬·主人拜尸之類, 是吉禮須敬也. 拜而後稽顙之類, 是凶禮須敬也. 主人拜迎賓之類, 是賓禮須敬也. 軍中之拜肅拜之類, 是軍禮須敬也. 冠昏飮酒, 皆有賓主拜答之類, 是嘉禮須敬也. 兵車不式, 乘玉路不式, 鄭云"大事不崇曲敬者", 謂敬天神及軍之大事, 故不崇曲小之敬. 熊氏以爲唯此不敬者, 恐義不然也. 旣云"曲禮曰", 是引儀禮正經, 若引"春秋曰"·"詩曰"之類. 所引者若冠禮戒辭云"壽考惟祺, 介爾景福"之等, 今不見者, 或在三千散亡之中也.

번역 ◎鄭注: "禮主於敬". ○『효경』에서 "예(禮)라는 것은 그 본질이 공경[敬]일 따름이다."10)라고 한 말이 바로 경문에서 언급하고 있는 뜻을 나타낸다. 또한 정현의 『목록(目錄)』을 살펴보면, "「곡례(曲禮)」의 내용들은 오례(五禮)를 요체로 삼아서 기재하고 있다."라고 했고, 지금 이곳 문장에서는 "'곡례(曲禮)'에서는 '불경하게 행동하지 말라.'라고 했다."라고 했으니, 이 말은 곧 '오례'를 실행할 때에는 모든 경우에 있어서 공경에 따라야 한다는 뜻이 된다. 그렇기 때문에 정현이 "예(禮)는 경(敬)을 위주로 한다."라고 말한 것이다. 그러므로 '오례'에서는 모두 절을 하는 것을 공경스러운 예법(禮法)으로 삼고 있으니, 제사를 지내며 공경함을 지극히 하고,11) 제주(祭主)12)가 시동에게 절을 하는 등의 일들이 바로 길례(吉禮)에서 경(敬)을 따르는 것이다. 절을 한 이후에 머리를 조아려서 이마를 땅에 닿도록 엎드리는 등의 일13)들이 바로 흉례(凶禮)에서 '경'을 따르는 것이다. 주인(主人)이 절을 하며 빈객(賓客)들을 맞이하는 등의 일14)들이 바로 빈례(賓禮)에서 '경'을 따르는 것이다. 군대 내에서 절을 할 때 숙배(肅拜)15)를 하는 등의

10) 『효경』「광요도장(廣要道章)」: 禮者, 敬而已矣.
11) 『예기』「표기(表記)」【623a】: 子曰, "祭極敬, 不繼之以樂. 朝極辨, 不繼之以倦."
12) 제주(祭主)는 제사를 주관하는 자이다. 본래 '제주'는 종법제(宗法制)에 따라서, 종주(宗主)가 담당을 하였다. 그런데 만약 '제주'에게 사정이 생겨서, 제사를 주관할 수 없을 때에는 섭주(攝主)가 그 일을 대신하였다. 군주의 경우에는 재상이 '섭주'를 맡았으며, 나머지 경우에는 본래의 '제주'와 항렬이 같은 자들 중에서 선발을 하였다.
13) 『예기』「단궁상(檀弓上)」【70c】: 孔子曰, "拜而后稽顙, 頹乎其順也. 稽顙而后拜, 頎乎其至也. 三年之喪, 吾從其至者."
14) 『예기』「향음주의(鄕飮酒義)」【696b】: 鄕飮酒之義, 主人拜迎賓于庠門之外, 入三揖而后至階, 三讓而后升, 所以致尊讓也, 盥洗揚觶, 所以致絜也. 拜至拜洗拜受拜送拜旣, 所以致敬也.

일들이 바로 군례(軍禮)에서 '경'을 따르는 것이다. 관례(冠禮)나 혼례(婚禮)를 치를 때, 또는 향음주례(鄕飮酒禮)를 할 때, 모든 경우에 있어서 빈객(賓客)과 주인(主人)은 상대방이 절을 하면, 다시 답배(答拜)를 하는 등의 일들이 바로 가례(嘉禮)에서 '경'을 따르는 것이다. 전쟁용 수레에 타면, 수레의 가로대를 잡고 머리를 숙이는 의식을 하지 않고,16) 옥로(玉路)에 타서도 그러한 의식을 하지 않는다는 것17)에 대해서, 정현은 "중대사를 치를 때에는 자질구레한 공경의식을 존숭한 예법으로 높이지 않기 때문이다."18)라고 했는데, 이 말은 곧 천신(天神)이나 군대와 관련된 중대사에 대해서 공경을 다하게 되기 때문에, 자질구레한 공경의식을 높이지 않는다는 뜻이다. 웅안생은 이러한 기록들에 대해서, 오직 이러한 경우에만 공경을 표하지 않는다고 하였는데, 아마도 그 의미가 그렇지 않을 것이다. 경문에서는 이미 '곡례왈(曲禮曰)'이라고 기록하고 있는데, 이것은 곧 옛 『의례(儀禮)』의 경문을 인용했다는 표시이니, 마치 다른 경전(經典)들을 인용하며, '춘추왈(春秋曰)'이나 '시왈(詩曰)' 등으로 기록하는 것과 같은 부류이다. 「곡례」편에서 인용하고 있는 말들은 곧 『의례』「사관례(士冠禮)」편에서 훈계를 하는 말들 중 "이러한 가르침을 잘 따라서 장수를 누리고 길조가 함께 하며, 하늘이 큰 복을 내려주시도다."19)라고 했던 말들과 같은 것인데, 현행본 『의례』에 위의 경문이 보이지 않는 것은 아마도 그 편들이 삼천 가지 조목 중 없어진 기록들에 포함되어 있어서일 것이다.

孔疏 ◎注"儼矜"至"儼然". ○正義曰: 經唯云"儼若思", 不云"坐", 鄭必知 "坐思"者, 按大學云: "定而後能靜, 靜而後能安, 安而後能慮." 慮卽思, 故知

---

15) 숙배(肅拜)는 구배(九拜) 중의 하나이다. 절을 하는 방법 중 하나로, 무릎을 가지런히 모으고, 단지 손을 아래로만 내리며, 머리는 숙이지 않는 방법이다.
16) 『예기』「곡례상」【38c】: 兵車不式, 武車綏旌, 德車結旌.
17) 『예기』「옥조(玉藻)」【392b】: 禮不盛, 服不充, 故大裘不裼, 乘路車不式.
18) 이 문장은 『예기』「옥조(玉藻)」편의 "禮不盛, 服不充."에 대한 정현의 주이다.
19) 『의례』「사관례(士冠禮)」: 始加, 祝曰, "令月吉日, 始加元服. 棄爾幼志, 順爾成德. 壽考惟祺, 介爾景福."

思必當坐也.

번역　◎鄭注: "儼矜"~"儼然". ○경문에서는 단지 '엄약사(儼若思)'라고만 말하고, '좌(坐)'라는 말을 하지 않았는데, 정현은 '사(思)'라는 글자가 "앉아서 생각하다[坐思]."라는 뜻이라고 확신하였다. 그 이유는『대학』을 살펴보면, "뜻이 안정된 이후에 고요해질 수 있고, 고요해진 이후에 편안할 수 있으며, 편안해진 이후에 심사숙고할 수 있다."[20]라고 했으니, 여기에서 '려(慮)'자는 곧 '사'자를 뜻하기 때문에, '사'자가 반드시 '좌(坐)'자에 해당할 수밖에 없다는 사실을 알 수 있었던 것이다.

孔疏　◎注"審言"至"樞機". ○正義曰: 論語云: "駟不及舌." 故審言語也. "易曰"者, 易・繫辭之文也, 故彼云: "君子出其言善, 則千里之外應之, 況其邇者乎! 出其言不善, 則千里之外違之, 況其邇者乎! 言行者, 君子之樞機." 鄭注: "樞謂戶樞, 機謂弩牙, 戶樞之發, 或明或闇; 弩牙之發, 或中或否, 以喩君子之言, 或榮或辱." 引之者, 證審言語之事. 彼爲"言行", 鄭云"言語"者, 旣證經辭, 無取於行, 故變文爲語也.

번역　◎鄭注: "審言"~"樞機". ○『논어』에서는 "네 마리의 말이 끄는 빠른 수레도 사람의 세치 혀를 따라잡지 못한다."[21]라고 하였다. 그렇기 때문에 말은 신중하게 살펴야 하는 것이다. '역왈(易曰)'이라고 말한 부분은 곧『역』「계사전(繫辭傳)」에서 인용한 문장이다. 그러므로『역』에서 "군자가 말한 것이 선(善)하다면, 천리나 떨어진 먼 곳에서도 호응을 하게 되는데, 하물며 가까운 데에 있어서는 어떠하겠는가! 말한 것이 불선(不善)하다면, 천리나 떨어진 먼 곳에서도 그것을 거스르게 되는데, 하물며 가까운 데에 있어서는 어떠하겠는가! 그러므로 언행(言行)이라는 것은 군자를 판가름

---

20)『대학』「경(經) 1장」: 知止而后有定, 定而后能靜, 靜而后能安, 安而后能慮, 慮而后能得.
21)『논어』「안연(顔淵)」: 子貢曰, "惜乎, 夫子之說君子也! 駟不及舌. 文猶質也, 質猶文也. 虎豹之鞟猶犬羊之鞟."

하는 관건이 된다."²²⁾라고 한 것이다. 이 문장에 대한 정현의 주에서는 "'추
(樞)'는 외짝문의 지도리이고, '기(機)'는 쇠뇌의 시위를 걸어 매는 곳으로,
외짝문 지도리의 움직임에 따라서 밝아지기도 하고 어두워지기도 하며, 쇠
뇌의 움직임에 따라서 명중되기도 하고 그렇지 못하기도 하니, 이러한 사
실을 통해서 군주의 말에 따라 영화롭게 되기도 하고 욕을 보게 되기도
한다는 사실을 비유한 것이다."라고 했다. 정현은 바로 이러한 기록을 인용
하여서, 언어를 자세히 살피는 일에 대해 증거를 댄 것이다. 그런데 『역』에
'언행(言行)'이라고 기록되어 있는 말을 정현은 '언어(言語)'로 바꿔서 기록
하고 있다. 그 이유는 주석의 본래 목적이 경문에서 언급하고 있는 '사(辭)'
자에 대해 증거를 대는 것이었으므로, '행(行)'에 대한 풀이를 채택할 필요
가 없다. 그렇기 때문에 『역』의 문장을 고쳐서, '행(行)'자를 '어(語)'자로
표기한 것이다.

訓纂 朱子曰: 毋不敬, 是統言主宰處. 儼若思, 敬者之貌. 安定辭, 敬者之
言. 安民, 敬者之效.

번역 주자가 말하길, '무불경(毋不敬)'은 주재처(主宰處)를 통시적으로
언급한 것이다. '엄약사(儼若思)'는 경(敬)한 상태가 모습으로 드러난 것이
다. '안정사(安定辭)'는 '경'한 상태가 말로 나타난 것이다. '안민(安民)'은
'경'이 가져올 수 있는 효과이다.

集解 程子曰: 主一之謂敬, 無適之謂一. 又曰: 但整齊嚴肅, 則心自一, 一
則自無非僻之干矣.

번역 정자가 말하길, 마음을 한 곳에 집중하는 것을 '경(敬)'이라고 부르
고, 잡념이 없는 것을 '일(一)'이라고 부른다. 또 말하길, 정돈하여 가지런히

---

22) 『역』「계사상(繫辭上)」: 君子居其室, 出其言善, 則千里之外應之, 況其邇者乎?
居其室, 出其言不善, 則千里之外違之, 況其邇者乎? 言出乎身, 加乎民, 行發乎
邇, 見乎遠, 言行, 君子之樞機.

하고 엄숙하게 된다면, 마음이 제 스스로 한 곳에 집중이 되고, 한 곳에 집중이 된다면, 사악하고 간특한 마음의 훼방이 저절로 없어지게 된다.

集解 愚謂: 人之治其身心, 莫切乎敬. 自不睹不聞以至於應事接物, 無一時一事之可以不主乎此也. 儼若思, 謂容貌端嚴, 儼然若有所思也. 安者氣之和, 定者理之確, 人能事無不敬, 而謹於言貌如此, 則其效至於安民也. 論語言修己以敬而能安人・安百姓, 卽此意也.

번역 내가 생각하기에, 사람이 자신의 몸과 마음을 다스릴 때에는 경(敬)보다 절실한 것이 없다. 제 스스로 예(禮)가 아닌 것들을 보지도 않고, 듣지도 않는 자세로, 모든 일에 대응하고, 만물(萬物)을 대한다면, 어느 때나 어느 일에서나 '경'이 중심이 되지 않는 경우가 없게 된다. '엄약사(儼若思)'라는 말은 행동거지와 용모가 단정하고 엄숙하게 되어, 마치 심사숙고한 점이 있는 것처럼 엄숙하고 장중하게 된다는 뜻이다. '안(安)'이라는 것은 기(氣)를 조화롭게 하는 것이며, '정(定)'이라는 것은 이치를 확고하게 한다는 뜻이다. 따라서 사람이 일을 처리할 때 불경(不敬)함이 없고, 말을 할 때에도 조심스러워 하는 모습이 이와 같다면, 그 효과가 백성들을 조화롭게 만드는 경지까지 도달하게 된다. 『논어』에서 자신을 경(敬)으로 다스리면, 타인을 편안하게 할 수 있고, 더 나아가 백성들까지도 편안하게 할 수 있다고 언급한 것23)도 바로 이러한 뜻이다.

---

23) 『논어』「헌문(憲問)」: 子路問君子. 子曰, "修己以敬." 曰, "如斯而已乎?" 曰, "修己以安人." 曰, "如斯而已乎?" 曰, "修己以安百姓. 修己以安百姓, 堯舜其猶病諸?"

【7c】

敖不可長, 欲不可從24), 志不可滿, 樂不可極.

직역 敖를 長해서는 不可하며, 欲을 從해서는 不可하고, 志를 滿해서는 不可하며, 樂을 極해서는 不可하다.

의역 자신의 오만함을 키워서는 안 되며, 욕망을 쫓아서는 안 되고, 뜻을 가득 차게 해서는 안 되며, 즐거움을 극도로 누려서는 안 된다.

集說 朱子曰: 此篇雜取諸書精要之語, 集以成篇, 雖大意相似, 而文不連屬. 如首章四句, 乃曲禮古經之言. "敖不可長"以下四句, 不知何書語, 又自爲一節, 皆禁戒之辭.

번역 주자가 말하길, 「곡례(曲禮)」편은 여러 서적들의 핵심적인 말들을 여러모로 발췌하고, 그것을 편집해서 하나의 편으로 만든 것이니, 비록 대체적인 요점이 서로 비슷하다고 할지라도, 문맥이 연결되는 것은 아니다. 예를 들어 앞의 '무불경(毋不敬)'·'엄약사(儼若思)'·'안정사(安定辭)'·'안민재(安民哉)'라는 네 개의 구문은 곧 예전부터 전해져 온 「곡례(曲禮)」의 옛 경문들에 기록되어 있던 말들이다. 그런데 이곳 문장에 기록된 '오불가

---

24) "오불가장욕불가종(敖不可長欲不可從)"에 대하여. 『십삼경주소(十三經注疏)』 북경대 출판본에서는 "『민본(閩本)』·『감본(監本)』·『모본(毛本)』·『석경(石經)』·『악본(岳本)』·『가정본(嘉靖本)』에서는 동일하게 기록하고 있다. 『고문(考文)』에는 『고문본(古文本)』을 인용하며, '오(敖)'자를 '오(傲)'자로 기록하고, '종(從)'자를 '종(縱)'자로 기록하고 있다. 완원(阮元)의 『교감기(校勘記)』에서는 '고대 문헌들을 살펴보니, 오(傲)자와 종(縱)자를 대부분 오(敖)자와 종(從)자로 기록하였다. 『경전석문(經典釋文)』에도 오(敖)자라고 나오고, 또 왕숙오유(王肅遨遊)라는 말을 거론하고 있는데, 이때에도 오유(遨遊)라는 말로 뜻풀이를 하였지, 결코 오(傲)자로 기록하지 않았다. 그리고 가종(可從)이라는 말이 나오고, 그것에 대해 방종(放縱)이라고 풀이하였는데, 이때에도 종(縱)자로 종(從)자를 풀이하였으므로, 본래 경문에서는 종(縱)자를 기록하지 않았음을 알 수 있다.'"라고 했다.

장(敖不可長)' 등의 네 구문은 어떤 책에 기록되어 있었던 말인지는 모르겠
지만, 또한 이 네 구문은 스스로가 하나의 단락이 되며, 그 내용들은 모두
경계하며 금지한다는 말들이다.

集說 應氏曰: 敬之反爲敖, 情之動爲欲, 志滿則溢, 樂極則反.

번역 응씨25)가 말하길, '공경[敬]'의 반대말은 '오만[敖]'이 되고, '정(情)'
이 제멋대로 날뛰면 '욕망[欲]'이 되며, '뜻[志]'이 가득 차면, 넘치게 되고,
'즐거움[樂]'이 극한대로 되면, 반대급부가 생겨난다.

大全 馬氏曰: 敖不可長者, 欲消而絶之也. 欲不可從者, 欲克而止之也. 志
不可滿者, 欲損而抑之也. 樂不可極者, 欲約而歸於禮也. 有周公之才之美, 使
驕且吝, 其餘不足觀, 則驕敖之喪德也, 甚矣. 此所以不可長也. 孟子曰: "其爲
人也, 多欲, 雖有存焉者, 寡矣." 蓋欲者出於人爲, 遂之而不克以義, 則無所不
至矣. 此所以不可從也. 夫聰明聖智守之以愚, 功被天下守之以謙, 有高世之
行過人之功, 而侈然有自大之心, 則失其所以爲善, 此所以不可滿也. 樂者, 人
情之所不免也. 蕩而無節, 則悖天理而窮人欲矣. 聖人知其不可絶也, 故立中
禮以防之. 蓋酒者所以合歡, 必使之賓主百拜而不敢醉, 樂者所以導和, 必使
之正以雅止以敬而不敢流. 凡人情之所樂者, 皆有禮以制之而不得放焉, 此所
以不可極也.

번역 마씨26)가 말하길, "자신의 오만함을 키워서는 안 된다."라는 말은
오만함을 누그러트려서 없애고자 하는 것이다. "욕망을 쫓아서는 안 된다."
라는 말은 자신의 욕심을 의지로 이겨내서, 욕심을 멈추게 하고자 함이다.
"뜻을 가득 차게 해서는 안 된다."라는 말은 뜻을 줄여서, 억제하고자 함이

---

25) 금화응씨(金華應氏, ? ~ ?): =응용(應鏞) · 응씨(應氏) · 응자화(應子和). 이
    름은 용(鏞)이다. 자(字)는 자화(子和)이다. 『예기찬의(禮記纂義)』를 지었다.
26) 마희맹(馬晞孟, ? ~ ?): =마씨(馬氏) · 마언순(馬彦醇). 자(字)는 언순(彦醇)
    이다. 『예기해(禮記解)』를 찬술했다.

다. "즐거움을 극도로 누려서는 안 된다."라는 말은 절제를 해서, 예(禮)로
귀의시키고자 함이다. 주공(周公)처럼 훌륭한 재주를 가지고 있는 자라고
하더라도, 교만하고 탐닉하게 만든다면, 그 나머지 부분에 대해서는 볼 것
도 없다고 하였으니,[27] 교만함과 오만함은 덕(德)을 해치는 정도가 매우
심한 것이다. 이것이 바로 오만함을 키워서는 안 된다는 이유이다. 맹자는
"그 사람됨이 욕심이 많으면, 비록 그런 사람들 중에 선(善)한 마음을 기르
는 자가 더러 있더라도, 그 수는 얼마 안 될 것이다."[28]라고 했다. 무릇 욕심
이라는 것은 후천적으로 발생하는 것으로, 그것에 따르기만 하고, 의(義)로
써 극복하지 못한다면, 그 어떤 불선(不善)한 일이라도 하지 못할 일이 없
게 된다.[29] 이것이 바로 욕심에만 따라서는 안 되는 이유이다. 무릇 총명하
고 성현(聖賢)과도 같은 지혜를 지닌 자라고 하더라도, 어리석은 듯이 행동
하며, 자신의 지혜를 지키는 것이고, 천하의 모든 사람들에게 은덕을 베푼
자라고 하더라도, 겸손한 자세로 처신하며, 자신의 본성을 지키는 것이다.
따라서 세속을 초월한 훌륭한 행실과 남과 비교될 수 없을 만큼의 뛰어난
업적을 세운 자라고 하더라도, 거만하게 스스로를 위대하다고 여기는 마음
이 있다면, 그가 해왔던 모든 선(善)한 것들을 잃게 될 것이니, 이것이 바로
뜻을 가득 차게 해서는 안 된다는 이유이다. 즐거워하는 마음은 사람의 감
정에서 떼어놓을 수 없는 것이다. 그러나 방탕하게 즐기고, 무절제하게 된
다면, 천리(天理)를 어그러트리고, 욕심만을 극한대로 추구하게 될 것이다.
성인(聖人)은 즐거워하는 마음을 근절할 수 없다는 사실을 알고 있었기 때
문에, 합당한 예법(禮法)을 확립해서, 사람이 방탕한 곳으로 흐르는 것을
방지하고자 한 것이다.[30] 무릇 술이라는 것은 서로 화합하며 즐거움을 함
께 나누는 수단이므로, 술을 마실 때에는 빈객(賓客)과 주인(主人)으로 하

---

27) 『논어』「태백(泰伯)」: 子曰, "如有周公之才之美, 使驕且吝, 其餘不足觀也已."
28) 『맹자』「진심하(盡心下)」: 孟子曰, "養心莫善於寡欲. 其爲人也寡欲, 雖有不存
　　焉者, 寡矣, 其爲人也多欲, 雖有存焉者, 寡矣."
29) 『대학』「전(傳) 6장」: 小人閒居爲不善, 無所不至.
30) 『주례』「춘관(春官)·대종백(大宗伯)」: 以天産作陰德, 以中禮防之, 以地産作
　　陽德, 以和樂防之.

여금 반드시 백번 절하게 하여, 감히 취할 수가 없게 만든 것이며,31) 음악이
라는 것은 서로를 인도하여 화합하게 만드는 수단이므로, 음악을 연주할
때에는 반드시 박자를 조절하는 아(雅)라는 악기로 연주를 바르게 하고,32)
끝맺음을 알리는 어(敔)라는 악기로 모든 악기가 동시에 연주를 멈추게 하
여,33) 감히 제멋대로 하지 못하게 한 것이다. 무릇 사람의 정감상 즐거워하
는 것들에 대해서는 모두 예법을 제정하여, 그것들을 조절해서, 방탕한 곳
으로 흐르지 못하게 한 것이니, 이것이 바로 즐거움을 극도로 누려서는 안
된다는 이유이다.

---

31) 『예기』「악기(樂記)」【468c】: 是故先生因爲酒禮. 壹獻之禮, 賓主百拜, 終日飲
酒而不得醉焉. 此先王之所以備酒禍也. 故酒食者, 所以合歡也.
32) 『예기』「악기(樂記)」【478a】: 始奏以文, 復亂以武, 治亂以相, 訊疾以雅.
33) 『서』「우서(虞書)·익직(益稷)」: 下管鼗鼓, 合止柷敔.

그림 1-1 아(雅)

▶ **출처:** 『삼례도집주(三禮圖集注)』 5권

그림 1-2   어(敔)

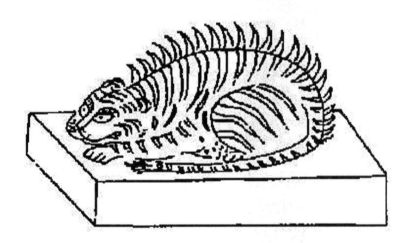

▸ 출처: 『삼례도집주(三禮圖集注)』 5권

鄭注 四者慢遊之道, 桀·紂所以自禍.

번역 오만하고, 욕심대로 따르며, 뜻을 가득 채우고, 즐거움을 끝까지 누리는 등의 네 가지 것들은 방탕하게 되는 방법으로, 걸(桀)임금과 주(紂)임금이 스스로 화를 자초했던 원인이었다.

釋文 敖, 五報反, 慢也; 王肅五高反, 遨遊也. 長, 丁丈反, 盧植·馬融·王肅並直良反. 欲如字, 一音喩. 從, 足用反, 放縱也. 樂音洛, 皇侃音岳. 極如字, 皇紀力反. 桀, 其列反, 夏之末主, 名癸. 紂, 直丑反, 殷之末主, 名辛.

번역 '敖'자는 '五(오)'자와 '報(보)'자의 반절음으로, 오만하다는 뜻인데, 왕숙은 '五(오)'자와 '高(고)'자의 반절음이 된다고 주장하며, 재미있고 즐겁게 논다는 뜻이라고 설명했다. '長'자는 '丁(정)'자와 '丈(장)'자의 반절음인데, 노식, 마융, 왕숙은 모두 '直(직)'자와 '良(양)'자의 반절음이라고 설명했다. '欲'자는 글자대로 읽는데, 다른 음은 '喩(유)'이다. '從'자는 '足(족)'자와 '用(용)'자의 반절음이며, 방종하다는 뜻이다. '樂'자의 음은 '洛(낙)'인데, 황간은 그 음이 '岳(악)'이라고 했다. '極'자는 글자대로 읽는데, 황간은 '紀(기)'자와 '力(력)'자의 반절음이라고 했다. '桀'자는 '其(기)'자와 '列(렬)'자의 반절음으로, 하(夏)나라 때의 마지막 군주이며, 이름은 계(癸)이다. '紂'자는 '直(직)'자와 '丑(축)'자의 반절음으로, 은(殷)나라 때의 마지막 군주이며, 이름은 신(辛)이다.

● 그림 1-3 하(夏)나라 세계도(世系圖)-대우(大禹)부터 걸(桀)까지

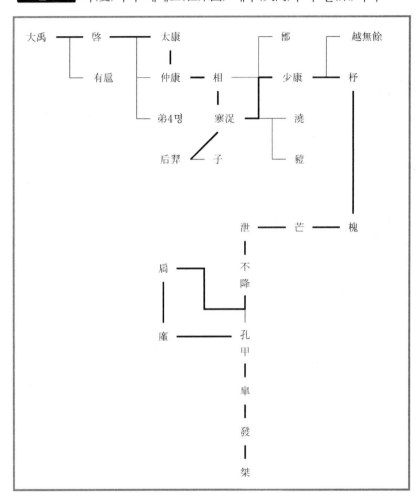

▸ **출처**: 『역사(繹史)』 1권 「역사세계도(繹史世系圖)」

● 그림 1-4 은(殷)나라 세계도(世系圖)-설(契)부터 무경(武庚)까지

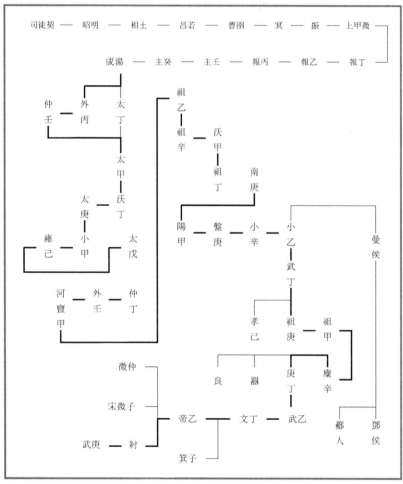

▸ **출처:** 『역사(繹史)』 1권 「역사세계도(繹史世系圖)」

孔疏 ●"敖不"至"可極". ○正義曰: 此一節承上人君敬愼之道, 此亦據人君恭謹節儉之事, 故鄭引桀·紂以證之.

번역 ●經文: "敖不"~"可極". ○이곳 단락은 위에서 말한 '군주는 공경하고 신중해야 한다는 도리'에 대한 내용을 이어받고 있으니, 이곳 문장의 내용은 또한 군주가 공손해야 하고, 조심해야 하며, 절약해야 하고, 검소해야 한다는 일들을 거론하고 있는 것이다. 그렇기 때문에 정현이 걸(桀)임금과 주(紂)임금의 일화를 들어서, 그 중요성에 대해서 증거를 댄 것이다.

孔疏 ●"敖不可長"者, 敖者矜慢在心之名, 長者行敖著迹之稱. 夫矜我慢物, 中人不免, 若有心而無迹, 則於物無傷; 若迹著而行用, 則侵虐爲甚. 傾國亡家, 必由乎此, 故戒不可長.

번역 ●經文: "敖不可長". ○오만함[敖]이라는 것은 마음속에 거만하고 태만함이 내재해 있다는 명칭이며, "그것을 키운다[長]."는 말은 거만하고 태만함이 행동을 통해 겉으로 드러난 것을 지칭한다. 무릇 자신만을 아끼고, 자기 이외의 모든 대상들에 대해서 거만하게 구는 것은 일반인이라면 벗어나올 수 없는 행태이다. 그런데 만약 그러한 것들이 마음에만 존재하고, 행동으로 드러나지 않게 된다면, 다른 대상들에 대해서는 피해를 주지 않게 된다. 그러나 그러한 것들이 겉으로 드러나고, 또한 실제로 그렇게 행동한다면, 매우 큰 피해를 주게 된다. 나라를 망하게 하고, 집안을 기울게 만드는 것은 반드시 여기에서부터 비롯된다. 그렇기 때문에 그러한 것들을 키워서는 안 된다고 말한 것이다.

孔疏 ●"欲不可從"者, 心所貪愛爲欲, 則"飮食男女, 人之大欲存焉", 是也. 人皆有欲, 但不得從之也.

번역 ●經文: "欲不可從". ○마음이 탐하고 아까워하는 것들이 바로 욕망[欲]이 되니, "의식주와 남녀에 대한 사랑은 사람이라면 누구나 가지고 있는 기본적인 욕망이다."34)라고 말한 것이 바로 이러한 것들을 가리킨다. 사람이라면 누구나 욕망을 가지고 있지만, 그것에만 따라서는 안 되는 것이다.

孔疏 ●"志不可滿"者, 六情徧覩在心未見爲志. 凡人各有志意, 但不得自滿, 故六韜云: "器滿則傾, 志滿則覆."

번역 ●經文: "志不可滿". ○육정(六情)35)은 마음속에 두루 내재되어 있는데, 그것이 밖으로 표출되지 않은 상태를 의지[志]라고 한다. 무릇 사람이라면 각각의 의지를 가지고 있지만, 그것이 제 스스로 가득 차게 만들어서는 안 된다. 그렇기 때문에 『육도(六韜)』36)에서 "그릇이 가득차면 기울어지고, 뜻이 가득차면 무너지게 된다."라고 한 것이다.

孔疏 ●"樂不可極"者, 樂者天子宮縣以下, 皆得有樂, 但主歡心, 人情所不能已, 當自抑止, 不可極爲, 故樂記云: "樂盈而反, 以反爲文37)."

번역 ●經文: "樂不可極". ○음악[樂]38)이라는 것은 천자의 궁성(宮城)

---

34) 『예기』「예운(禮運)」【279d】: <u>飮食男女, 人之大欲存焉</u>, 死亡貧苦, 人之大惡存焉.
35) 육정(六情)은 인간이 가지고 있는 기본적인 여섯 가지 감정을 뜻한다. 즉 기쁘고, 화나고, 슬퍼하고, 즐거워하고, 사랑하고, 싫어하는 희(喜), 노(怒), 애(哀), 낙(樂), 애(愛), 오(惡)를 뜻한다. 『백호통(白虎通)』「성정(性情)」편에는 "六情者, 何謂也? 喜·怒·哀·樂·愛·惡, 謂六情."이라는 기록이 있다.
36) 『육도(六韜)』는 고대 병법서 중 하나이다. 주(周)나라 때의 태공망(太公望)이 저술했다고 전해지지만, 현존하는 『육도』는 후한(後漢) 때 지어진 것이다. '도(韜)'자는 일반적으로 주머니를 뜻하는 글자인데, 무언가를 감싸서 감춘다는 의미에서 병법(兵法)의 비기를 뜻하게 되었다. 「문도(文韜)」, 「무도(武韜)」, 「용도(龍韜)」, 「호도(虎韜)」, 「표도(豹韜)」, 「견도(犬韜)」 편으로 구성되어 있다.
37) "락불가극 …… 이반위문(樂不可極 …… 以反爲文)"에 대하여. 손이양(孫詒讓)의 『교기(校記)』에서는 "공영달(孔穎達)의 해석에서는 '樂'자를 '즐긴다.'라는 뜻의 '락'자가 아닌, '음악'을 뜻하는 '악(岳)'자로 읽고 있는데, 이것은 황간(皇侃)의 주장에 따르는 것으로, 육덕명(陸德明)의 『경전석문(經典釋文)』에 나오는 음과는 다르다."라고 했다.

으로부터 그 이하의 모든 곳에서 연주를 할 수 있는 것이다. 그렇지만 환락을 즐기는 마음이 위주가 된다면, 사람의 정감상 절제할 수가 없게 되니, 마땅히 제 스스로 억제를 해야 하는 것이지, 극한까지 즐겨서는 안 된다. 그렇기 때문에 『예기』「악기(樂記)」편에서 "음악이 너무 지나치게 되면, 스스로 절제를 해야 하니, 절제를 통해서 더욱 아름다워지는 것이다."39)라고 말한 것이다.

孔疏 ◎注"四者"至"自禍". ○正義曰: 按尙書·史記說紂惡甚多, 不可具載. 皇氏云: "斮朝涉之脛, 剖賢人之心, 是長敖也. 糟丘酒池之等, 是從欲也. 玉杯象箸之等, 是志滿也. 靡靡之樂, 是樂極也. 桀之爲惡, 唯有民隊塗炭, 淫於妹嬉之事, 雖史傳不言四事, 亦應俱有四者之惡, 故紂焚宣室, 桀放南巢, 但'天作孽, 猶可違, 自作孽, 不可逭', 桀·紂皆自身爲惡, 以致滅亡, 故云'自禍'也."

번역 ◎鄭注: "四者"~"自禍". ○『서』와 『사기(史記)』를 살펴보면, 주(紂)임금의 악행은 너무 많아서, 모두 기록할 수가 없을 정도라고 했다. 황간은 "아침에 물가를 건너는 자의 정강이를 베고, 현자의 심장을 도려내는 것40)이 바로 오만함을 키운다는 뜻이다. 술지게미로 산을 쌓고, 술로 못을 이루는 등의 일41)들이 바로 욕망에 따르는 것이다. 옥으로 만든 술잔을 쓰고, 상아로 만든 젓가락을 사용하는 등의 일42)들이 바로 뜻을 넘치게 하는 것이다. 관능적인 음악43)이 바로 음악을 극한까지 즐기는 것이다. 걸(桀)임

---

38) 공영달(孔穎達)은 '樂'자를 '음악'으로 풀이하고 있다.
39) 『예기』「악기(樂記)」【486c】: 樂盈而反, 以反爲文.
40) 『서』「주서(周書)·태서하(泰誓下)」: 斮朝涉之脛, 剖賢人之心.
41) 『사기(史記)』「은본기(殷本紀)」: 大聚樂戲於沙丘, 以酒爲池, 縣肉爲林, 使男女裸, 相逐其閒, 爲長夜之飮.
42) 『사기(史記)』「송미자세가(宋微子世家)」: 紂始爲象箸, 箕子歎曰: "彼爲象箸, 必爲玉桮. 爲桮, 則必思遠方珍怪之物而御之矣. 輿馬宮室之漸自此始, 不可振也."
43) 『사기(史記)』「은본기(殷本紀)」: 於是使師涓作新淫聲, 北里之舞, 靡靡之樂.

금이 저지른 악행에 대해서는 다만 백성들이 도탄에 빠졌고,44) 걸임금이
매희(妹嬉: =末喜)에게 빠졌다는 일화만 기록되어 있다.45) 비록 역사 기록
에서는 걸임금에 대해 위에서 말한 네 가지 사안에 대해서는 언급하고 있
지 않지만, 걸임금이 행한 두 가지 일들에는 모두 이 네 가지 악덕이 갖춰져
있는 것이다. 그렇기 때문에 주(紂)임금은 자신의 궁성(宮城)인 선실(宣室)
에서 자살한 것이며,46) 걸임금은 남소(南巢) 땅으로 추방된 것이다.47) '하
늘이 내린 재앙은 오히려 피할 수가 있지만, 제 스스로 만든 재앙은 피할
수가 없다.'48)라고 한 말은 걸임금과 주임금 모두 제 자신이 악행을 저질러
서, 폐망하는 지경에 도달했다는 것을 가리킨다. 그렇기 때문에 '스스로 화
를 자초했다.'고 말하는 것이다."라고 했다.

---

44) 『서』「상서(商書)·중훼지고(仲虺之誥)」: 有夏昏德, 民墜塗炭.
45) 『사기(史記)』「외척세가(外戚世家)」: 而桀之放也以末喜.
46) 『사기(史記)』「구책열전(龜策列傳)」: 紂不勝敗而還走, 圍之象郎. 自殺宣室.
47) 『서』「상서(商書)·중훼지고(仲虺之誥)」: 成湯放桀于南巢, 惟有慙德.
48) 『서』「상서(商書)·태갑중(太甲中)」: 天作孽, 猶可違, 自作孽, 不可逭.

그림 1-5 주(紂)의 악행: 다리를 자르고, 심장을 가르는 형벌

▶ 출처: 『흠정서경도설(欽定書經圖說)』 31권 「착경부심도(斫脛剖心圖)」

그림 1-6 걸(桀)의 악행: 매희(妹嬉)에게 빠져서 정사를 그르치는 모습

▸ **출처:** 『흠정서경도설(欽定書經圖說)』 11권 「유하혼덕도(有夏昏德圖)」

● 그림 1-7 걸(桀)이 남소(南巢)로 추방되는 모습

▶출처: 『흠정서경도설(欽定書經圖說)』 11권 「방걸남소도(放桀南巢圖)」

集解 矜己凌物謂之敖. 敖者德之凶, 欲者情之私, 志滿則招損, 樂極則必淫, 四者皆害於性情學問之大者, 克己者之所 當力戒也.

번역 자신을 과시하고 남을 깔보는 것을 오만[敖]이라고 부른다. 오만함은 덕(德)이 삐뚤어져서 나타난 흉악함이고, 욕망[欲]이라는 것은 정(情) 중에서도 사사로운 것이며, 뜻[志]이 가득 차게 되면, 덜어내는 일을 초래하고, 즐거움이 지극해지면, 반드시 음란하게 되니, 이 네 가지 것들은 모두 성정(性情)과 학문(學問)을 해치는 것들 중에서도 가장 큰 것들이므로, 자신을 극복하는 일에 있어서, 마땅히 힘써 경계해야 할 대상들이다.

【7d】

賢者, 狎而敬之, 畏而愛之, 愛而知其惡, 憎而知其善, 積而能散, 安安而能遷.

직역 賢者는 狎하면서도 敬하고, 畏하면서도 愛하며, 愛하면서도 그 惡을 知하고, 憎하면서도 그 善을 知하며, 積하면서도 能散하고, 安을 安하면서도 能遷한다.

의역 현명한 자는 친하게 지내면서도 공경함을 잃지 않고, 외경(畏敬)하면서도 그 사람을 진심으로 사랑하며, 사랑하면서도 그 사람의 나쁜 점을 식별하고, 미워하면서도 그 사람의 좋은 점을 식별하며, 재물을 축적하면서도 사람들에게 잘 쓸 줄 알고, 편안한 곳에서 편안하게 지내면서도 옮겨야 할 때가 되면 안주하지 않고 옮길 줄 안다.

集說 朱子曰: 此言賢者, 於其所狎能敬之, 於其所畏能愛之, 於其所愛能知其惡, 於其所憎能知其善. 雖積財而能散施, 雖安安而能徙義. 可以爲法, 與上下文禁戒之辭, 不同.

번역 주자가 말하길, 이 문장의 뜻은 다음과 같다. 현명한 사람은 친하게 지내고 있는 사람에 대해서도 공경할 수 있고, 외경(畏敬)하고 있는 사람에 대해서도 사랑할 수 있으며, 사랑하는 사람에 대해서도 그 사람의 나쁜 점을 식별할 수 있고, 미워하는 사람에 대해서도 그 사람의 좋은 점을 식별할 수 있다. 그리고 비록 재물을 축적하더라도 사람들에게 잘 베풀 수 있고, 비록 편안한 곳에서 편안하게 지내더라도 자신의 뜻에 따라서 다른 곳으로 옮길 수 있다는 의미이다. 이러한 내용들은 모범으로 삼을 수 있는 내용들에 해당하므로, 바로 앞 문장에서 말한 내용이나 다음 문장에서 말한 내용들처럼 경계하며 금지하는 내용들과는 다른 것이다.

集說 應氏曰: 安安者, 隨所安而安也. 安者, 仁之順, 遷者, 義之決.

번역 응씨가 말하길, '안안(安安)'이라는 것은 편안하게 여기는 것에 따라서 편안하게 지낸다는 뜻이다. '편안하게 여기는 것[安者]'은 인(仁)에 따르는 것이며, '옮기는 것[遷者]'은 의(義)에 따른 결단이다.

鄭注 狎, 習也, 近也, 謂附而近之, 習其所行也. 月令曰: "雖有貴戚近習." 心服曰畏. 曾子曰: "吾先子之所畏." 謂凡與人交, 不可以己心之愛憎, 誣人之善惡. 謂己有蓄積, 見貧窮者, 則當能散以賙救之, 若宋樂氏. 謂己今安此之安, 圖後有害, 則當能遷. 晉咎49)犯與姜氏醉重耳而行, 近之.

---

49) '구(咎)'자에 대하여. 『십삼경주소(十三經注疏)』 북경대 출판본에서는 "『민본(閩本)』·『감본(監本)』·『모본(毛本)』과 혜동(惠棟)의 『교송본(校宋本)』에서는 '구(舅)'자로 기록하고 있고, 『가정본(嘉靖本)』·『송감본(宋監本)』에서는 동일하게 '구(咎)'자로 기록하고 있다. 완원(阮元)의 『교감기(校勘記)』에서는 '살펴보니, 구(咎)자로 기록하고 있는 것은 『경전석문(經典釋文)』이고, 구(舅)자로 기록하고 있는 것은 『정의본(正義本)』이다. 그런데 현행본 『정의본(正義本)』에는 구(咎)자로 기록되어 있는 것은 후대 사람들이 『경전석문(經典釋文)』에 근거해서 글자를 수정한 것이다. 소(疏) 중에서 나오는 구(舅)자는 옛 판본을 그대로 따른 것이다. 위씨(衛氏)의 『집설(集說)』에도 또한 진구범(晉舅犯)이라고 기록되어 있다.'라고 했다. 그리고 손이양(孫詒讓)의 『교기(校記)』에서

번역　'압(狎)'자는 "익숙하게 하다[習]." 또는 "가까이한다[近]."라는 뜻
으로, 친근하게 지내며 가까이 대하여, 행동하는 것들을 익힌다는 뜻이다.
『예기』「월령(月令)」편에서 '비록 천자에게 인척들과 총애하는 자가 있다고
하더라도'[50]라고 말한 것이 바로 '근습(近習)'의 용례가 된다. 마음으로 복
종하여 따르는 것을 외(畏)라고 부른다. 증자(曾子)가 "자로(子路)는 나의
돌아가신 부친께서도 외경(畏敬)하셨던 분이다."[51]라고 한 것이 그 용례가
된다. 그 사람을 사랑하거나 미워하더라도 선악(善惡)을 알 수 있다는 말은
무릇 사람들과 교우를 할 때에는 자신의 마음에 있는 사랑하거나 미워하는
감정대로 행동하여, 남에게 있는 선악(善惡)의 면모를 왜곡시켜서는 안 된
다는 뜻이다. 재물을 축적하더라도 잘 쓴다는 말은 본인이 재물을 축적하
게 되더라도, 가난하고 궁핍한 자들을 보게 되면, 마땅히 재물을 써서 그들
을 도와줄 수 있다는 뜻으로, 마치 송(宋)나라 사성(司城)인 악희(樂喜)와
같은 자들을 가리킨다.[52] 안주하면서도 옮길 수 있다는 말은 본인이 현재
이곳의 편안한 장소에서 안주를 하더라도, 훗날에 해가 있게 될 것임을 깨
닫게 된다면, 옮겨갈 수 있어야 하는 것을 뜻한다. 진(晉)나라 구범(咎犯)이
강씨(姜氏)와 함께 중이(重耳)를 취하게 하여 내보냈던 일화[53]가 그 용례
에 가깝다.

釋文　狎, 戶甲反. 近, 附近之近, 下注內不出者皆同. 僛音戚, 本亦作戚. 誣
音無, 後並同. 蓄, 敕六反. 賙音周. 樂音岳, 謂宋司城樂喜. 害如字, 本亦作難,
乃旦反. 咎, 其九反. 重, 直龍反.

는 '『무주본(撫州本)』에는 구(舅)자로 기록되어 있다.'"라고 했다.

50) 『예기』「월령(月令)」【220d】: 是月也, 命奄尹, 申宮令, 審門閭, 謹房室, 必重
閉. 省婦事, 毋得淫, <u>雖有貴戚近習</u>, 毋有不禁.

51) 『맹자』「공손추상(公孫丑上)」: 或問乎曾西曰, "吾子與子路孰賢?" <u>曾西蹵然曰,
"吾先子之所畏也."</u>

52) 송악씨(宋樂氏)에 대한 일화는 『춘추좌씨전』「양공(襄公) 29년」 기사에 나온
다.

53) 이 일화는 『춘추좌씨전』「희공(僖公) 23년」 기사에 나온다.

번역 '狎'자는 '戸(호)'자와 '甲(갑)'자의 반절음이다. '近'자의 음은 '부근(附近)'이라고 할 때의 '近'자인데, 아래문장에 대한 정현 주에 있어서도, 별도로 설명하지 않은 경우에는 그 음이 모두 이와 같다. '傺'자의 음은 '戚(척)'이며, 판본에 따라서는 '戚'이라고도 쓴다. '誣'자의 음은 '無(무)'인데, 뒤에 나오는 글자들도 모두 그 음이 이와 같다. '蓄'자는 '敕(칙)'자와 '六(륙)'자의 반절음이다. '賙'자의 음은 '周(주)'이다. '樂'자의 음은 '岳(악)'이니, 송(宋)나라의 사성(司城)이었던 '악희(樂喜)'를 가리킨다. '害'자는 글자대로 읽는데, 판본에 따라서는 '難'이라고도 쓰며, 이때의 '難'자는 '乃(내)'자와 '旦(단)'자의 반절음이다. '咎'자는 '其(기)'자와 '九(구)'자의 반절음이다. '重'자는 '直(직)'자와 '尨(방)'자의 반절음이다.

孔疏 ●"賢者"至"勿有". ○正義曰: 此一節總明愛敬安危忠信之事, 各隨文解之.

번역 ●經文: "賢者"~"勿有". ○이 단락은 사랑과 공경, 안존과 위태로움, 충(忠)과 신(信)에 대한 일들을 총괄적으로 언급하고 있으니, 각각의 문장에 따라서 풀이하겠다.

孔疏 ●"賢者狎而敬之"者, 賢是有德成之稱, 狎謂近也, 習也. 賢者身有道藝, 朋類見賢思齊焉, 必須附而近之, 習其德藝, 儕倫易相褻慢, 故戒令相敬也.

번역 ●經文: "賢者狎而敬之". ○'현(賢)'이라는 말은 덕(德)을 완성한 자에게 붙이는 칭호이며, '압(狎)'자는 "가까이하다[近]." 또는 "익힌다[習]."는 뜻이다. 현명한 사람들은 본인 스스로 도덕과 재예(才藝)를 갖추고 있으므로, 벗들이 그의 현명함을 알아보게 되면, 다시금 자기 자신을 바로잡아야 하겠다고 생각하게 된다. 그러므로 반드시 현자(賢者)를 친근하게 대하며 가까이해서, 그가 지니고 있는 도덕과 재예를 익히고, 동년배 무리들과 함께 서로 도와가며, 추하고 오만한 것들을 바꿔나가야만 하는 것이다. 그렇기 때문에 서로 공경하도록 훈계를 하는 것이다.

孔疏　◎注"狎習"至"近習". ○正義曰: 引月令者, 按月令仲冬之月, 禁戒婦功, 不得奢慢. 貴戚謂王之姑姊妹. 近習謂王之所親幸嬪御之屬. 言近習者, 王附而近之, 習其色. 引之者, 證賢者附而近之, 習其道藝. 連引貴戚, 於義無所當也.

번역　◎鄭注: "狎習"~"近習". ○정현은 『예기』「월령(月令)」편을 인용하고 있는데, 「월령」편의 내용 중 중동(仲冬)에 해당하는 음력 11월의 기록을 살펴보면, 궁중(宮中)에 사는 부녀자들에 대해서, 직조물 짜는 일에 대한 금지령을 내려서, 사치스럽거나 화려하게 치장하는 일을 못하도록 한다는 내용이 있다. 그리고 이 문장에서 말하는 귀척(貴戚)들은 천자의 고모 및 자매들을 일컫는 말이다. 그리고 근습(近習)이라는 것은 천자의 총애를 받는 첩이나 궁녀 등의 부류들이다. 그러므로 '근습'이라는 말은 천자가 친근히 여기며 가까이 지내서, 그와 안면을 익힌다는 뜻이다. 정현이 이 문장을 인용한 이유는 현자(賢者)에 대해서 친근하게 대하며 가까이 지내서, 그의 도덕과 재예를 익힌다는 것을 증명하기 위함이다. 따라서 그 연장선에서 귀척(貴戚)에 대한 내용까지 인용한 것이지만, '귀척'에 대한 것은 의미상으로는 본 내용에 해당하는 것이 없다.

孔疏　●"畏而愛之". ○正義曰: 賢者有其德行, 人皆心服畏之. 旣有所畏, 必當愛其德義, 不可疏之.

번역　●經文: "畏而愛之". ○현자(賢者)들은 덕행(德行)을 실천하고 있으므로, 모든 사람들이 마음속으로 그를 따르며 외경(畏敬)하게 된다. 이미 그에 대해 외경하는 마음을 가지고 있다면, 반드시 그의 도덕과 의리(義理)를 사랑하게 될 것이니, 소원하게 대할 수가 없는 것이다.

孔疏 ◎注“心服”至“所畏”. ○正義曰: 引“曾子曰: 吾先子之所畏”者, 孟子
云: “或問曾西曰: ‘吾子與子路孰賢?’ 曾西蹵然曰: ‘吾先子之所畏也.’” 先子
謂祖曾參, 不在四科, 而54)子路入四科, 故曾參心服子路. 引之者, 證經“畏”,
是心服之義.

번역 ◎鄭注: “心服”~“所畏”. ○정현은 “증자(曾子)가 ‘자로(子路)는
나의 돌아가신 부친께서도 외경(畏敬)하셨던 분이다.’”라는 말을 인용하였
는데, 『맹자』에 나타난 본 문장에서는 “어떤 사람이 증서(曾西)55)에게 묻
기를, ‘그대와 자로 중에 누가 더 현명한가?’라고 하자, 증서가 조심스럽게
말하길, ‘자로는 나의 돌아가신 부친께서도 외경하셨던 분이다.’”라고 하였
다. 이 문장에서 ‘선자(先子)’는 증서의 조부인 증삼(曾參: =曾子)을 뜻하는
데, 증자는 사과(四科)56)에도 들지 못하였지만, 자로는 ‘사과’에 든 인물이
다. 그렇기 때문에 증자가 마음속으로 자로를 따랐던 것이다. 이 문장을
인용한 것은 경문에 나온 ‘외(畏)’라는 글자의 뜻을 증명하기 위함이니, ‘외’
자는 곧 마음으로 따른다는 뜻이다.

---

54) ‘이(而)’자에 대하여. ‘이’자 앞에는 본래 ‘○’라는 표시가 있었는데, 완원(阮元)
의 『교감기(校勘記)』에서는 “『민본(閩本)』에는 이 글자 앞에 ‘○’라는 표시가
있지만, 잘못된 표시이다.”라고 했다.

55) 증서(曾西)에 대해서, ‘증서’는 증자(曾子)의 아들이었다는 주장도 있고, 손자
라는 주장도 있다. 공영달(孔穎達)은 증자의 손자로 보고 있다.

56) 사과(四科)는 공자(孔子)의 제자들 중 가장 뛰어났던 10명의 제자들을 분류하
였던 네 가지 과목을 뜻한다. 즉 덕행(德行), 언어(言語), 정사(政事), 문학(文
學)이라는 네 분야를 가리킨다. 『논어』「선진(先進)」편에는 “德行, 顏淵・閔子
騫・冉伯牛・仲弓. 言語, 宰我・子貢. 政事, 冉有・季路. 文學, 子游・子夏.”라
는 기록이 있다. 즉 공자의 제자들 중에서 ‘덕행’에 뛰어났던 인물은 안연(顏
淵), 민자건(閔子騫), 염백우(冉伯牛), 중궁(仲弓) 등 네 사람이며, ‘언어’에 뛰
어났던 인물은 재아(宰我), 자공(子貢) 등 두 사람이고, ‘정사’에 뛰어났던 인물
은 염유(冉有), 계로(季路) 등 두 사람이며, ‘문학’에 뛰어났던 인물은 자유(子
游), 자하(子夏) 등 두 사람이었다.

孔疏 ●"愛而知其惡, 憎而知其善". ○正義曰: 愛謂己所親幸, 憎謂己所嫌慢. 人多愛而不知其惡, 憎而不知其善, 故記人戒之云, 凡人雖愛, 必當知其心懷惡行. 崔氏云: "若石碏知子厚是也. 心雖憎疾, 亦當知其善能. 若祁奚知其解狐是也. 若然, 乃可審知人之賢愚."

번역 ●經文: "愛而知其惡, 憎而知其善". ○'애(愛)'자는 본인이 좋아하고 바라는 것을 뜻한다. '증(憎)'자는 본인이 혐오하고 업신여기는 것을 뜻한다. 사람들은 대부분 좋아하기만 하고, 좋아하는 대상의 나쁜 점을 알아보지 못한다. 또한 그 반대로 증오하기만 하고, 증오하는 대상의 좋은 점을 알아보지 못한다. 그렇기 때문에 『예기』를 기록한 자가 그러한 잘못을 경계시키기 위해 이처럼 말한 것이니, 무릇 사람은 비록 어떤 대상을 좋아하더라도, 반드시 그의 마음속에 품고 있는 악행들을 알아보아야만 한다는 뜻이다. 최영은57)이 말하길, "마치 석작(石碏)이 자신의 아들인 석후(石厚)의 됨됨이를 알아보았던 것58)이 바로 여기에 해당한다. 마음으로는 비록 증오하고 싫어하더라도, 또한 그의 좋은 점과 능력을 알아보아야만 하는 것이다. 이것은 마치 기해(祁奚)가 해호(解狐)를 알아보았던 것59)이 바로 여기에 해당한다. 만약 이들처럼 한다면, 곧 그 사람의 현명한 점과 어리석은 점을 자세히 알 수 있게 된다."라고 했다.

---

57) 최영은(崔靈恩, ? ~ ?) : =최씨(崔氏). 남북조(南北朝) 때의 학자이다. 오경(五經)에 능통하였고, 다른 경전에도 두루 해박하였다고 전해진다. 『모시(毛詩)』, 『주례(周禮)』 등에 주석을 달았고, 『삼례의종(三禮義宗)』, 『좌씨경전의(左氏經傳義)』 등을 지었다.

58) 이 고사는 『춘추좌씨전』「은공(隱公) 4년」 기사에 나온다. 위(衛)나라 장공(莊公)에게는 주우(州吁)라는 서자(庶子)가 있었는데, 온갖 악행을 저지르고 다녔다. 석작(石碏)은 당시 위나라의 신하였기 때문에, 장공에게 주우의 잘못을 간언하였지만, 받아들여지지 않았다. 한편 석작의 아들은 석후(石厚)였는데, 석후 또한 부친 석작의 말을 듣지 않고, 주우와 어울렸다. 이후 주우가 자신의 형을 죽이자, 석작은 계책을 꾸며서, 주우와 석후를 붙잡았고, 대의(大義)를 위해 둘 모두를 사형에 처하게 된다.

59) 이 고사는 『춘추좌씨전』「양공(襄公) 3년」 기사에 나온다. 기해(祁奚)는 진(晉)나라의 신하였다. 나이가 연로하여 퇴임하게 되자, 기해는 자신과 원수였던 해호(解狐)를 후임으로 추천했던 일화를 가리킨다.

孔疏 ●"積而能散". ○正義曰: 凡人貪嗇, 皆好積而不好散. 今謂己有畜[60]積, 能賑乏賙無, 則是仁惠也.

번역 ●經文: "積而能散". ○무릇 사람들은 탐욕스럽고 인색하여, 모두들 재물을 축적하는 것만 좋아하고, 쓰는 것은 싫어한다. 지금 이곳 문장에서는 자신에게 축적된 재물이 있는데, 궁핍한 자들을 구휼하고, 없는 자들을 도와줄 수 있다면, 이것은 곧 인자함과 은혜에 해당한다고 말하고 있다.

孔疏 ◎注"謂己"至"樂氏". ○正義曰: 引宋樂氏者, 按襄二十九年左傳云, 鄭國飢, 子皮貸民粟戶一鐘. 樂氏者, 宋司城官, 姓樂, 名喜, 字子罕. 宋亦飢, 樂喜請於平公云: "鄰於善, 民之望." 請貸民粟, 幷使諸大夫亦貸之. 今不引鄭罕氏而引宋樂氏者, 鄭罕氏施而斂之, 宋樂氏施而不斂, 故晉叔向聞之曰: "鄭之罕, 宋之樂, 施而不德, 樂氏加焉." 熊氏云: "禮, 家施不及國, 大夫不收公利, 二家皆非也." 今鄭爲能散者, 直取一邊能散之義是同, 不據家施非禮之事. 鄭不言"是", 而言"若"者, 但禮與諸經事實是一, 惟文字不同, 鄭則言"是". 若檀弓云: "諸侯伐秦, 曹桓公卒於會." 鄭注引春秋傳云: "曹伯廬卒於師是也." 以其一事, 故云"是"也. 此禮本不爲樂氏而作, 但事類相似, 引以爲證, 故云"若"也.

번역 ◎鄭注: "謂己"~"樂氏". ○정현이 '송악씨(宋樂氏)'에 대해서 인용을 하였는데, 양공(襄公) 29년에 대한『춘추좌씨전』의 내용을 살펴보면, 정(鄭)나라에 기근이 들어서, '공자 피[子皮]'가 백성들에게 곡식을 대부하며, 가호(家戶)마다 1종(鐘)[61]씩 주었던 일이 있었다. 당시 악씨(樂氏)라는

---

60) '축(畜)'자에 대하여.『십삼경주소(十三經注疏)』북경대 출판본에서는 "혜동(惠棟)의『교송본(校宋本)』에서는 동일하게 '축(畜)'자로 기록하고 있는데,『민본(閩本)』・『감본(監本)』・『모본(毛本)』에서는 '축(蓄)'자로 기록하고 있다. 완원(阮元)의『교감기(校勘記)』에서는 '살펴보니, 옛날에는 축(蓄)자를 대부분 축(畜)자로 기록하였다.'라고 했다.

61) 종(鐘)은 부피를 잴 때 사용하는 단위이다. 1'종'은 10곡(斛) 만큼이었는데, 1'곡'은 10두(斗)가 된다. 한편 1'종'을 한(漢)나라 때에는 6'곡' 4'두' 만큼의 단위

자는 송(宋)나라에서 사성(司城)의 직책을 맡은 관리로, 성(姓)은 악(樂)이
고, 이름은 희(喜)이며, 자(字)는 자한(子罕)이다. 송나라도 정나라와 마찬
가지로 기근이 들었는데, 악희(樂喜)가 송나라 평공(平公)에게 "선(善)을
이웃하며 따르는 것은 백성들의 소망입니다."라고 청원하며, 백성들에게
곡식을 대부해주기를 부탁했으며, 아울러 여러 대부(大夫)들로 하여금 백
성들에게 곡식을 대부해주도록 하였다.62) 그런데 지금 이곳 주석에서 정현
은 정나라 한씨(罕氏: =子皮)에 대한 일화를 인용하지 않고, 송나라 악씨
(樂氏)를 인용하고 있다. 그 이유는 정나라 한씨는 곡식을 대부해주고 다시
돌려받았으며, 송나라 악씨는 대부해주었으나, 다시 받아내지 않았기 때문
이다. 그래서 진(晉)나라 숙향(叔向)은 이러한 소문을 듣고서, "정나라의
한씨와 송나라의 악씨 중에서, 은덕(恩德)을 베풀고도 그것을 은덕이라고
드러내지 않았으니, 악씨가 더 훌륭하다."라고 한 것이다.63) 웅안생은 "예
법(禮法)에 따르면, 대부(大夫)는 자신이 맡고 있는 가(家)에서 은덕을 베
푸는 것이지, 나라 전체에 베풀 수 없는 것이며, 대부는 공공의 이익을 거둬
들이지 않는 것이니,64) 정나라의 한씨나 송나라의 악씨 모두 잘못한 것이
다."라고 했다. 지금 이곳 문장에서는 정현이 재물을 베풀 수 있다는 측면
에 초점을 맞춰서, 다만 한 측면에서 보면, 그들이 재물을 베푼다는 점에서

로 사용하기도 했다. 『회남자(淮南子)』「요략(要略)」편에는 "一朝用三千鐘贛."
이라는 기록이 있는데, 이에 대한 고유(高誘)의 주에서는 "鐘, 十斛也."라고 풀
이했다. 또한 『후한서(後漢書)』「낭의전(郎顗傳)」편에는 "今之在位, 競託高虛,
納累鐘之奉, 忘天下之憂."라는 기록이 있는데, 이에 대한 이현(李賢)의 주에서
는 "六斛四斗曰鐘."이라고 풀이했다.

62) 『춘추좌씨전』「양공(襄公) 29년」: 鄭子展卒, 子皮卽位. 於是鄭饑, 而未及麥, 民
病. 子皮以子展之命餼國人粟, 戶一鍾, 是以得鄭國之民, 故罕氏常掌國政, 以爲
上卿. 宋司城子罕聞之, 曰, "鄰於善, 民之望也." 宋亦饑, 請於平公, 出公粟以貸;
使大夫皆貸.

63) 『춘추좌씨전』「양공(襄公) 29년」: 司城氏貸而不書; 爲大夫之無者貸. 宋無飢
人. 叔向聞之, 曰, "鄭之罕, 宋之樂, 其後亡者也, 二者其皆得國乎! 民之歸也. 施
而不德, 樂氏加焉, 其以宋升降乎!"

64) 『춘추좌씨전』「소공(昭公) 26년」: 唯禮可以已之. 在禮, 家施不及國, 民不遷, 農
不移, 工賈不變, 士不濫, 官不滔, 大夫不收公利.

이곳에서 언급하고자하는 내용과 일치하므로, 그 일화를 인용했던 것이지, 가(家)가 아닌 나라 전체에 은덕을 베푸는 등 예법에 맞지 않는 일들에 초점을 둔 것이 아니다. 그렇기 때문에 정현은 "바로 여기에 해당한다[是]."라고 말하지 않고, "마치 ~와 같다[若]."라고만 말한 것이다. 예법의 내용과 여러 경전에 나타난 사실들이 완전히 일치하는데, 다만 문자상 차이가 있을 때에는 정현은 이러한 경우에 '시(是)'자를 쓴다. 예를 들어 『예기』「단궁(檀弓)」편에는 "제후들이 진(秦)나라를 치려고 하였는데, 조(曹)나라 환공(桓公)이 회(會)에서 죽었다."65)라는 기록이 있는데, 이 문장에 대한 정현의 주에서는 『춘추전(春秋傳)』을 인용하여, "조백려(曹伯廬)가 사(師)에서 죽었다66)는 기록이 바로 이러한 경우에 해당한다."라고 했다. 이 두 사안이 일치하기 때문에, 정현이 '시(是)'라고 말한 것이다. 여기에서 말하는 예법은 근본적으로 악씨처럼 행동해야 하는 것이 아니다. 다만 그 사안이 유사하므로, 이 일을 인용하여 증명한 것이다. 그렇기 때문에 정현이 '약(若)'이라고 말한 것이다.

孔疏 ●"安安而能遷". ○正義曰: 上安據心, 下安據處. 凡人多居危如安, 故記人戒之云, 謂己心安於此所處之安, 當圖謀於後有害以67)否. 若後當有

---

65) 『예기』「단궁하(檀弓下)」【129b】: 諸侯伐秦, 曹桓公卒于會, 諸侯請含, 使之襲.
66) 『춘추좌씨전』「소공(昭公) 20년」: 曹伯廬卒于師.
67) '이(以)'자에 대하여. 『십삼경주소(十三經注疏)』 북경대 출판본에서는 "혜동(惠棟)의 『교송본(校宋本)』에서는 동일하게 '이'자로 기록하고 있다. 그런데 『민본(閩本)』·『감본(監本)』에서는 '여(與)'자로 기록하고, 『모본(毛本)』에서는 '어(於)'자로 기록하고 있다. 완원(阮元)의 『교감기(校勘記)』에서는 '살펴보니, 이(以)자, 여(與)자, 어(於)자는 소리가 같아서 바꿔 쓸 수가 있으니, 『시』「격고(擊鼓)」편에서 불아이귀(不我以歸)라고 기록한 문장에 대해, 정현의 전문(箋文)에서는 이(以)자는 여(與)자와 같다고 했고, 『의례』「향사(鄕射)」편에서 각이기우진(各以其耦進)이라고 기록한 문장에 대해서, 정현의 주에서는 금문(今文)의 이(以)자는 여(與)자라고 했다. 이(以)자를 『고문(考文)』에서 여(與)자라고 하고, 금문(今文)에서 어(於)자라고 한 것은 오자(誤字)이다. 살펴보니, 당(唐)나라 때 편찬된 『정의(正義)』에서는 대부분 이부(以否)라고 기록하고 있다.'"라고 했다.

害, 必須早遷, 則離害也.

번역 ●經文: "安安而能遷". ○'안안(安安)'에서 앞의 '안(安)'자는 마음에 기준을 두고 말하는 것으로, "편안하게 여기다."라는 뜻이고, 뒤의 '안'자는 장소에 기준을 두고 말하는 것으로, '편안한 장소'라는 뜻이다. 무릇 사람들은 대부분 위태로운 지경에 처해서도 편안하다고 여긴다. 그렇기 때문에 『예기』를 기록한 자가 그것에 대해 경계를 하며 말한 것이니, 이 말은 곧 자신의 마음이 현재 안락하게 거처하는 곳에서 편안함을 느끼고 있더라도, 마땅히 훗날에 해가 생기게 될지를 헤아려보아야만 한다. 만약 훗날에 해를 입을 만한 곳이라면, 반드시 조기에 옮겨가야 하는 것으로, 이렇게 하면 재앙과 멀어지게 된다는 뜻이다.

孔疏 ◎注"謂已"至"近之". ○正義曰: 晉舅犯者, 按左傳僖二十三年, 晉重耳自翟之齊, 齊桓公妻之, 有馬二十乘, 重耳心安於齊, 不欲歸晉. 從者重耳之舅, 字子犯, "謀於桑下. 蠶妾在其上, 以告姜氏. 姜氏殺之, 而謂公子曰: '子有四方之志, 其聞之者, 吾殺之矣.' 公子曰: '無之.' 姜氏曰: '行也, 懷與安, 實敗名.' 公子不可, 姜氏與子犯謀, 醉而遣之. 醒, 以戈逐子犯." 至秦, 秦伯納之, 卒爲霸主. 是"安安而能遷"之事. 鄭不云"是", 又不云"若", 而言"近之"者, 安安能遷, 亦不爲重耳而作, 不得云"是", 遷又非重耳之意, 不得云"若", 故云"近之"也.

번역 ◎鄭注: "謂已"~"近之". ○진(晉)나라 구범(舅犯)에 대해서, 『춘추좌씨전』 희공(僖公) 23년의 기록을 살펴보면, 진나라 중이(重耳)가 적(翟) 땅으로부터 제(齊)나라로 갔는데, 제나라 환공(桓公)은 자신의 딸을 그에게 시집보내고, 말 20승(乘)을 주어서, 중이는 제나라에서 편안함을 느껴 안주하고, 다시금 진나라로 돌아가려고 하지 않았다. 그를 따랐던 자는 중이의 외삼촌으로, 자(字)는 자범(子犯)인데, "뽕나무 아래에서 떠날 것에 대해 모의를 하였다. 누에치는 일을 하고 있던 첩이 뽕나무 위에 있다가 그 이야기를 듣고서, 중이의 아내인 강씨(姜氏)에게 알렸다. 강씨는 그 첩을 죽이고서 중이에게 말하길, '당신은 천하를 소유하고자 하는 뜻을 품고 있는데, 그 기밀을 엿들은 자를 제가 죽였습니다.'라고 하자, 중이는 '그런 사실이 없소.'라고 했다. 그러자 강씨가 다시 말하길, '떠나십시오. 작은 정을 품고서 안주하는 것은 진실로 공명(功名) 세우는 일을 실패하게 만듭니다.'라고 했다. 중이는 안 된다고 하였다. 그러자 강씨는 자범과 모의하여, 중이를 취하게 만든 뒤에 그를 떠나보냈다. 중이가 술에서 깨어나자, 뒤늦게 그 사실을 깨닫고 창을 들고 자범을 내쫓고자 하였다."68)라고 했다. 중이가 진(秦)나라에 도착하자, 진나라 백작은 그를 받아들였고, 중이는 끝내 패주(霸主)가 되었다. 이것이 바로 경문에서 말한 "편안한 곳에서 편안하게 안주하더라도, 떠날 수가 있다[安安而能遷]."라는 고사에 해당한다. 정현은 '시(是)'자를 붙이지 않았고, 또 '약(若)'자도 붙이지 않았으며, 단지 "~가깝다[近之]."라고만 기록하였다. 그 이유는 편안한 곳에서 편안하게 느끼면서도 옮길 수 있다는 말이 또한 중이처럼 행동하는 것이 아니므로, '시'자를 붙일 수도 없었고, 옮겨간 것이 또한 중이의 의지도 아니었으므로, '약'자를 붙일 수도 없었다. 그래서 "그 용례에 가깝다."라고 말한 것이다.

訓纂　朱子曰: 人之常情, 與人親狎則敬弛, 有所畏敬則愛衰. 賢者乃能狎而敬之, 是以雖褻而不慢, 畏而愛之, 是以貌恭而情親也. 己之愛憎, 或出私心. 人之善惡, 自有公論. 唯賢者存心中正, 乃能不以此而廢彼也.

번역　주자가 말하길, 사람의 일반적인 정감에 따르면, 타인에 대해서 매우 친해지면, 상대방에 대한 공경함이 느슨해지고, 또한 상대방에 대해 외경하는 마음을 가지게 되면, 친애하는 마음이 줄어든다. 현명한 자는 곧 친하게 지내면서도 공경할 수 있으니, 이러한 까닭으로 비록 허물없는 사이라고 할지라도 오만하게 굴지 않고, 외경을 하면서도 친애할 수 있는 것

---

68) 『춘추좌씨전』「희공(僖公) 23년」: 及齊, 齊桓公妻之, 有馬二十乘. 公子安之. 從者以爲不可. 將行, 謀於桑下. 蠶妾在其上, 以告姜氏. 姜氏殺之, 而謂公子曰, "子有四方之志, 其聞之者, 吾殺之矣." 公子曰, "無之." 姜曰, "行也!懷與安, 實敗名." 公子不可. 姜與子犯謀, 醉而遣之. 醒, 以戈逐子犯.

이다. 그러므로 공손한 태도를 취하면서도, 따뜻한 마음으로 친근하게 대하는 것이다. 자신의 주관적인 애증(愛憎)은 간혹 사심(私心)에서 나타나기도 한다. 그러나 사람들이 공통적으로 느끼는 선악(善惡)은 그것 자체에 공론(公論)이 포함되어 있다. 오직 현명한 자만이 마음속에 어느 것에도 치우치지 않은 바른 기준을 가질 수 있어서, 자신의 주관적인 애증의 감정으로 선악에 대한 판단을 흐리게 하지 않을 수 있다.

訓纂 朱子曰: 六句皆蒙"賢者"二字爲文.

번역 주자가 말하길, '압이경지(狎而敬之)'·'외이애지(畏而愛之)'·'애이지기악(愛而知其惡)'·'증이지기선(憎而知其善)'·'적이능산(積而能散)'·'안안이능천(安安而能遷)'이라는 여섯 개의 구문은 모두 '현자(賢者)'라는 두 글자에 해당되는 문장이다.

集解 愚謂: 狎, 謂所親習之人. 畏, 謂德位之可嚴憚者. 安安, 謂心安於所安, 凡身之所習, 事之所便者, 皆是也. 狎而敬之, 則無玩人喪德之失; 畏而愛之, 則有事賢友仁之益; 財物之積聚而能散以與人, 則不至於專利而害義; 心安於所安而能遷以從善, 則不至於懷安而溺志. 六者皆脩身進德之事, 惟賢者爲能行此, 而學者之所當自勉也.

번역 내가 생각하기에, '압(狎)'자는 매우 친하여 가깝게 지내는 사람을 가리킨다. '외(畏)'자는 덕(德)과 지위가 높아서, 두려워할만한 자를 가리킨다. '안안(安安)'은 편안하게 여기는 것에 대해서, 마음이 편안함을 느낀다는 뜻이니, 무릇 몸에 익숙한 것, 일 중에서도 편한 것 등이 모두 여기에 해당한다. 아무리 친하게 지내는 자라고 하더라도 그를 공경한다면, 사람을 희롱하여 자신의 덕을 잃게 되는 과오가 없게 될 것이며, 아무리 외경하는 자라고 하더라도 그를 친애한다면, 현자를 섬기고 인(仁)한 자와 벗하는데 보탬이 될 것이고, 재물을 축적하면서도 그것을 베풀어서 남에게 쓸 수 있

다면, 이익을 독점하여 의(義)를 해치게 되는 지경까지는 도달하지 않게
되며, 편안하게 여기는 것에 대해서 마음이 편안함을 느끼더라도, 다른 곳
으로 옮겨서 선(善)을 따를 수 있다면, 안이한 마음을 먹게 되어, 뜻[志]을
잃게 되는 지경까지는 도달하지 않게 된다. 이 여섯 가지 일들은 모두 자신
을 수양하여, 덕을 진작시키는 사안들이며, 오직 현자(賢者)만이 이러한 것
들을 잘 시행할 수 있고, 학자들은 당연히 노력을 기울여야 할 것들이다.

【8a】

臨財, 毋苟得, 臨難, 毋苟免, 狠69)毋求勝, 分毋求多.

직역 財에 臨해서는 苟得을 毋하고, 難에 臨해서는 苟免을 毋하며, 狠에는 求
勝을 毋하고, 分에는 求多를 毋한다.

의역 재물에 대해서는 구차하게 얻으려고 해서는 안 되고, 곤경에 처하게 되어
서는 구차하게 모면하려고 해서는 안 되며, 싸움에서는 반드시 이기려고 해서는
안 되고, 분배를 할 때에는 많이 가지려고 해서는 안 된다.

集說 毋苟得, 見利思義也; 毋苟免, 守死善道也. 狠毋求勝, 忿思難也; 分
毋求多, 不患寡而患不均也. 況求勝者, 未必能勝, 求多者, 未必能多, 徒爲失
己也.

번역 "구차하게 얻지 말아라[毋苟得]."라는 말은 이익을 보면 의로움을
생각해야 한다는 뜻이고,70) "구차하게 모면하지 말아라[毋苟免]."라는 말
은 목숨을 바쳐서라도 좋은 도리를 지켜야 한다는 뜻이다.71) "싸움에서는

---

69) 『예기정의(禮記正義)』에서는 '한(狠)'자를 '흔(很)'자로 기록하고 있다.
70) 『논어』「헌문(憲問)」 : 見利思義, 見危授命.

반드시 이기려고 하지 말아라[狠毋求勝].”라는 말은 분개할 때에는 어려울 때를 생각해야 한다는 뜻이고,72) “분배를 할 때에는 많이 가지려고 하지 말아라[分毋求多].”라는 말은 적은 것을 걱정하지 않고, 균등하지 못함을 걱정한다는 뜻이다.73) 하물며 이기기만을 바라는 자들은 기필코 이길 수 없을 것이고, 많이 가지려고 하는 자들은 기필코 많이 얻을 수 없을 것이며, 그러한 자들은 결국 자기 자신을 잃어버리게 될 것이다.

大全 永嘉周氏曰: 累於物者, 則臨財必求苟得. 累於身者, 則臨難必求苟免. 惟君子忘物, 所以立我, 故不累於物, 忘我, 所以立道, 故不累乎身. 內外無累, 故可以得而得, 無心於得, 非所謂苟得也. 可以免而免, 無心於免, 非所謂苟免也. 君子之所以自立, 有如此者. 今天下之所以好勝者, 爲其不能忘我也. 天下之所以多得者, 爲其不能遺物也. 苟能忘我而常處其弱, 則人之狠者不求勝, 而天下莫能勝矣. 苟能遺物而常處其不足, 則人之分者不求多, 而天下莫能損矣. 苟持是於天下, 雖之蠻貊而必行, 入麋鹿而不亂矣.

번역 영가주씨74)가 말하길, 재물에 얽매이는 사람은 재물에 대해서 반드시 구차하게라도 얻고자 할 것이다. 자신만을 아끼는데 얽매이는 사람은 곤경에 처하게 되면 반드시 구차하게라도 모면하고자 할 것이다. 오직 군자(君子)만이 재물에 대한 집착을 버릴 수 있어서, 자신을 올바르게 확립할 수 있는 것이다. 그렇기 때문에 재물에 얽매이지 않는 것이다. 또한 오직 군자만이 자신에 대한 집착을 버릴 수 있어서, 올바른 도리를 확립할 수 있는 것이다. 그렇기 때문에 자기 자신에게 얽매이지 않는 것이다. 이처럼

---

71) 『논어』「태백(泰伯)」: 篤信好學, 守死善道.
72) 『논어』「계씨(季氏)」: 孔子曰, “君子有九思, 視思明, 聽思聰, 色思溫, 貌思恭, 言思忠, 事思敬, 疑思問, 忿思難, 見得思義.”
73) 『논어』「계씨(季氏)」: 丘也聞有國有家者, 不患寡而患不均, 不患貧而患不安.
74) 영가주씨(永嘉周氏, A.D.1067 ~ A.D.1129): =부지선생(浮沚先生)·주행기(周行己). 북송(北宋) 때의 학자이다. 자(字)는 공숙(恭叔)이고, 세간에서는 부지선생(浮沚先生)으로 칭해졌다. 정이(程頤)의 문인이었으며, 저서로는 『부지문집(浮沚文集)』 등이 있다.

군자는 안팎으로 얽매이는 일이 없기 때문에, 정당하게 얻을 수 있는 것들에 대해서만 얻는 것이고, 또한 얻는 것 자체에 대해 집착하는 마음이 없으므로, 군자가 취득하는 행위는 이른바 구차하게 얻는다고 말하는 경우에 해당하지 않는 것이다. 그리고 군자는 정당하게 피할 수 있는 것들에 대해서만 피하는 것이고, 또한 모면하는 일 자체에 대해 집착하는 마음이 없기 때문에, 군자가 피하는 행위는 이른바 구차하게 모면한다고 말하는 경우에 해당하지 않는 것이다. 따라서 군자가 자기 자신을 확립하고, 더 나아가 도(道)를 확립할 수 있는 이유는 바로 이러한 것들이 있기 때문이다. 오늘날 천하의 모든 사람들은 이기는 것만을 좋아하게 되었는데, 그 이유는 자기 자신에 대한 집착을 버릴 수 없기 때문이다. 그리고 천하의 모든 사람들은 많이 얻으려고만 하는데, 그 이유는 재물에 대한 집착을 버릴 수 없기 때문이다. 진실로 자기 자신에 대한 집착을 버릴 수 있고, 항상 유약한 자세로 겸손하게 처신하게 된다면, 사람들과의 다툼에 있어서도 이기는 것만을 고집하지 않게 되므로, 천하의 모든 사람들이 그를 이길 수가 없게 되는 것이다. 그리고 진실로 재물에 대한 미련을 버릴 수 있고, 항상 부족한 상황에서도 만족하며 처신하게 된다면, 사람들과의 분배에 있어서도 많이 얻는 것만을 고집하지 않게 되므로, 천하의 모든 사람들이 그의 몫을 덜어낼 수 없게 되는 것이다. 따라서 진실로 이러한 것들을 견지하고 세상을 살아가게 된다면, 비록 오랑캐 나라에 가게 되더라도, 그의 도리는 반드시 통용될 것이며,[75] 금수(禽獸)의 세계에 가게 되더라도, 혼란을 일으키지 않을 것이다.

鄭注 爲傷廉也. 爲傷義也. 爲傷平也. 很, 鬪也, 謂爭訟也. 詩云: "兄弟鬩於牆."

---

75) 『논어』「위령공(衛靈公)」: 子張問行. 子曰, "言忠信, 行篤敬, 雖蠻貊之邦, 行矣. 言不忠信, 行不篤敬, 雖州里, 行乎哉? 立則見其參於前也, 在輿則見其倚於衡也, 夫然後行." 子張書諸紳.

번역 재물을 구차하게 얻으려고 한다면, 겸양의 미덕을 잃게 된다. 위기에 처해서 구차하게 모면하려고 한다면, 의리를 잃게 된다. 이기기만을 구한다면, 평정심을 잃게 된다. '흔(很)'자는 다툰다는 뜻으로, 소송을 하며 다투는 등의 일들을 가리킨다. 『시』에서 "형제들이 집안에서 서로 다툰다."[76]라고 말한 것이 바로 그 용례이다.

釋文 爲, 于僞反, 下"爲傷"・"爲近"皆同. 難, 乃旦反. 很, 胡懇反. 勝, 舒證反. 分, 扶問反. 鬩, 呼歷反, 猶鬪也. 爭, 爭鬪之爭, 下文皆同.

번역 '爲'자는 '于(우)'자와 '僞(위)'자의 반절음이며, 아래문장에 나오는 '爲傷'과 '爲近'이라고 할 때의 '爲'자도 모두 그 음이 이와 같다. '難'자는 '乃(내)'자와 '旦(단)'자의 반절음이다. '很'자는 '胡(호)'자와 '懇(간)'자의 반절음이다. '勝'자는 '舒(서)'자와 '證(증)'자의 반절음이다. '分'자는 '扶(부)'자와 '問(문)'자의 반절음이다. '鬩'자는 '呼(호)'자와 '歷(력)'자의 반절음이니, 싸움을 뜻하는 '鬪(투)'자와 같다. '爭'자는 '쟁투(爭鬪)'라고 할 때의 '爭'자로, 아래문장에 나오는 '爭'자들도 모두 그 음이 이와 같다.

孔疏 ●"臨財毋苟得". ○正義曰: 財利, 人之所貪, 非義而取謂之苟得, 故記人戒之. 今有財利, 元非兩人之物, 兩人俱臨而求之, 若苟得入己, 則傷廉隅, 故鄭云: "爲傷廉也."

번역 ●經文: "臨財毋苟得". ○재물이나 재화 등은 사람이라면 누구나 탐내는 것들이다. 그런데 의롭지 못한 것임에도 취하게 된다면, 그러한 행위를 구차하게 얻는다고 하는 것이다. 그렇기 때문에 『예기』를 기록한 자가 그것에 대해 경계를 하고 있는 것이다. 가정을 해보자면, 지금 이 자리에 재물이나 재화가 떨어져 있는데, 본래부터 이것은 어느 사람의 것도 아니었다. 이것을 지켜본 두 사람이 모두 그것을 가지려고 하였는데, 만약 어느

---

76) 『시』「소아(小雅)・상체(常棣)」: <u>兄弟鬩于牆</u>, 外禦其務. 每有良朋, 烝也無戎.

한쪽이 구차하게 그것을 얻어서, 자신의 수중에 놓게 된다면, 재물이 늘어 난다고 하더라도, 자신의 염치를 잃어버리게 된다. 그렇기 때문에 정현이 "겸양의 미덕을 잃게 된다."라고 말한 것이다.

孔疏 ●"臨難毋苟免". ○正義曰: 難謂有寇仇謀害君父, 爲人臣子, 當致 身授命以救之. 故記人戒之云, 若君父有難, 臣子若苟且免身而不鬪, 則陷君 父於危亡, 故云"毋苟免". 見義不爲, 無勇也, 故鄭云: "爲傷義也."

번역 ●經文: "臨難毋苟免". ○'난(難)'이라는 것은 도적들이 군주나 부 친을 시해하고자 도모하는 등의 일들을 뜻하니, 신하나 자식된 자들은 마 땅히 자신의 생명을 바쳐서라도 그들을 구해야 하는 것이다. 그러므로 『예 기』를 기록한 자가 그것에 대해 경계를 하며 언급을 한 것이니, 만약 군주 나 부친에게 재난이 발생하였는데, 신하나 자식된 사람이 구차하게 자신의 목숨을 부지하고자 싸움에 끼어들지 않는다면, 군주와 부친을 위험 속에 빠트리는 꼴이 된다. 그렇기 때문에 경문에서 "구차하게 모면하지 말아야 한다[毋苟免]."라고 말한 것이다. 의로움을 보고도 시행하지 않는 것은 용 기가 없는 것이다.[77] 그렇기 때문에 정현이 "의리를 잃게 된다."라고 말한 것이다.

孔疏 ●"很毋求勝, 分毋求多". ○正義曰: 很謂小小鬪很. 凡人所爭, 皆欲 求勝. 故記人戒之云, 而[78]有小小鬪很, 當引過歸己, 不可求勝.

번역 ●經文: "很毋求勝, 分毋求多". ○'흔(很)'자는 사소한 분쟁을 뜻한

---

77) 『논어』「위정(爲政)」: 子曰, "非其鬼而祭之, 諂也. <u>見義不爲, 無勇也.</u>"

78) '이(而)'자에 대하여. 『십삼경주소(十三經注疏)』 북경대 출판본에서는 "'이'자 를 『민본(閩本)』과 혜동(惠棟)의 『교송본(校宋本)』에서는 동일하게 '이'자로 기록하고 있는데, 『감본(監本)』・『모본(毛本)』에서는 '여(如)'자로 기록하고 있다. 완원(阮元)의 『교감기(校勘記)』에서는 '이(而)'자와 여(如)자에 대해서 살펴보니, 소리가 같아서 전이된 글자로, 고대에는 서로 통용해서 사용하였 다.'"라고 했다.

다. 무릇 사람들은 다툼이 발생하면, 모두들 이기려고만 한다. 그렇기 때문에 『예기』를 기록한 자가 그것에 대해 경계를 하며 언급을 한 것이니, 사소한 분쟁이 있다면, 마땅히 그 잘못을 자신의 탓으로 돌리고, 남을 이기려고만 해서는 안 되는 것이다.

孔疏 ●"分毋求多"者, 此元是衆人之物, 當共分之, 人皆貪欲, 望多入己. 故記人戒之云, 所分之物毋得求多也.

번역 ●經文: "分毋求多". ○이 문장의 내용은 다음과 같다. 본래부터 여러 사람들이 함께 쓰는 재물은 마땅히 함께 나눠가져야 하는 것이다. 그런데도 사람들은 모두들 탐욕스러워서, 자신에게 많은 것이 돌아오기를 바라게 된다. 그렇기 때문에 『예기』를 기록한 자가 그것에 대해 경계를 하며 언급을 한 것이니, 함께 나눠야 하는 재물에 대해서는 많이 얻고자 해서는 안 된다는 뜻이다.

孔疏 ◎注"爲傷"至"於牆". ○正義曰: 所引詩者, 是小雅·常棣, 閔管蔡失道之詩也. 彼云: "兄弟鬩於牆, 外禦其侮." 引之者, 證經很亦是小小鬩很之事, 若大很則當報之, 故論語孔子云"以直報怨", 是也.

번역 ◎鄭注: "爲傷"~"於牆". ○정현이 인용한 『시』는 「소아(小雅)·상체(常棣)」편으로, 관숙(管叔)과 채숙(蔡叔)이 도(道)를 잃어버림에 대해서 민망한 감정을 나타내는 시이다. 『시』에서는 "형제들이 집안에서 싸우면서, 밖으로는 남의 업신여김을 막는다."라고 하였는데, 정현은 이 시를 인용하여, 경문의 '흔(很)'자가 또한 사소한 분쟁의 사안들을 뜻하고 있다는 사실을 증명하고 있는 것이다. 만약 정당하고 사안이 막중한 다툼이라면, 마땅히 그에 대응하는 보복을 해야 한다. 그렇기 때문에 『논어』에서 공자(孔子)는 "정직함으로 원한을 갚는다."[79]라고 말한 것이다.

---

79) 『논어』「헌문(憲問)」: 子曰, "何以報德? <u>以直報怨</u>, 以德報德."

集解 愚謂: 很者, 血氣之爭. 毋求勝, 爲其傷和, 而且將有忘身及親之禍也.

번역 내가 생각하기에, '흔(很)'이라는 것은 혈기로 인해 다툰다는 뜻이다. "이기는 것만을 구하지 말라[毋求勝].”는 말은 그 행위가 조화로운 상황을 해치기 때문이며, 또한 장차 자신의 본분을 잊고 제멋대로 행동하여, 부모에게 그 여파가 미치게 되는 화근이 발생하기 때문이다.

【8b】

疑事毋質, 直而勿有.

직역 疑事에는 質을 毋하며, 直하되 有를 勿한다.

의역 의심스러운 일에 대해서는 근거도 없는 말을 지어내서는 안 되며, 강직하게 대처를 하되, 자기 의견을 고집해서는 안 된다.

集說 朱子曰: 兩句連說爲是. 疑事毋質, 卽少儀所謂“毋身質言語”也. 直而勿有, 謂陳我所見, 聽彼決擇, 不可據而有之, 專務强辨. 不然, 則是以身質言語矣.

번역 주자가 말하길, '의사무질(疑事毋質)'과 '직이물유(直而勿有)'라는 두 구문은 연속해서 풀이하는 것이 옳다. "의심스러운 일에 대해서는 근거 없는 말을 하지 말라[疑事毋質].”는 말은 곧 『예기』「소의(少儀)」편에서 "자신의 생각대로 말을 만들어내지 말라.”[80]라고 한 말에 해당한다. "강직하게 하되, 의견을 고집하지 말라[直而勿有].”는 말은 자신의 소견을 진술하되, 다른 사람의 의견도 참고하여 결정을 내리는 것으로, 자기 생각에만 근거

---

80) 『예기』「소의(少儀)」【436c】: 毋訾衣服成器, 毋身質言語.

해서 그것을 고집하며, 자기 마음대로 판가름해서는 안 된다는 뜻이다. 그렇게 하지 않는다면, 이것은 곧 자신의 생각대로 말을 지어내는 것이 된다.

鄭注 質, 成也. 彼己俱疑, 而己成言之, 終不然, 則傷知. 直, 正也. 己若不疑, 則當稱師友而正之, 謙也.

번역 '질(質)'자는 "만든다[成]."는 뜻이다. 다른 사람이나 자기 자신 모두 의문을 품고 있는 상황에서, 자신이 말을 만들어냈는데, 결국 자신의 말과 사실이 다르다면, 자신의 지혜로움을 손상시키게 된다. '직(直)'자는 "정직하다[正]."는 뜻이다. 만약 자신이 의혹되지 않았다면, 마땅히 스승이나 친구들의 의견을 헤아려보고, 그것을 올바르게 바로잡아야 하는 것이니, 이것은 겸손한 행동이다.

釋文 知音智.

번역 '知'자의 음은 '智(지)'이다.

孔疏 ●"疑事毋質". ○正義曰: 人多專固, 未知而爲已知. 故戒之云, 彼己俱疑, 而來問己. 質, 成也. 若己亦疑, 則無得成言之; 若成言疑事, 後爲賢人所譏, 則傷己智也. 故孔子戒子路云"不知爲不知"也.

번역 ●經文: "疑事毋質". ○사람들은 대부분 자신의 주장을 고집하며, 잘 알지도 못하면서, 이미 알고 있는 것처럼 여긴다. 그렇기 때문에 그것에 대해 경계를 한 말이다. 이 문장에서 언급하는 상황은 상대방이나 본인 모두 의혹스러워하고 있는 상태인데, 상대방이 의문점을 해결하기 위해, 자신에게 찾아와서 물어보는 상황이다. '질(質)'자는 "만든다[成]."는 뜻이다. 만약 자신 또한 의혹스럽다면, 마치 사실인 것처럼 말을 만들어내서, 상대방에게 말해주어서는 안 된다. 만약 의심스러운 사안에 대해서 말을 만들어

내서 사실인 것처럼 말을 하게 된다면, 훗날 현명한 자들에 의해서 기롱을
당하게 될 것이니, 자신의 지혜로움을 손상시키는 꼴이 된다. 그렇기 때문
에 공자(孔子)는 자로(子路)에게 주의를 주면서, "알지 못하는 것을 모른다
고 해라."[81]라고 말한 것이다.

孔疏 ●"直而勿有". ○正義曰: 此謂彼疑己不疑者, 仍須謙退. 直, 正也.
彼有疑事而來問己, 己若不疑而答之, 則當稱師友所說以正之, 勿爲己有此義
也.

번역 ●經文: "直而勿有". ○이 문장의 내용은 상대방이 의혹스러워하
고 있는데, 자신이 의혹되지 않고, 확실히 알고 있는 경우라고 하더라도,
겸손하게 한발 물러나야 한다는 뜻이다. '직(直)'자는 "정직하다[正]."는 뜻
이다. 이 문장에서 언급하는 상황은 상대방에게 의혹스러워하는 사안이 있
는데, 이러한 의문점을 해결하기 위해, 자신에게 찾아와서 물어보는 상황이
다. 만약 자신이 그 일에 대해서 의혹스럽지 않아서, 알고 있는 사실대로
대답을 해주게 된다면, 마땅히 스승이나 벗들이 말한 것들을 헤아려보고서,
그 일을 바로잡아야 하는 것이지, 자신이 본래부터 그러한 혜안이 있었다
고 여겨서는 안 된다는 뜻이다.

訓纂 胡邦衡曰: 質, 正也. 事有可疑, 勿以臆決正之, 所謂闕疑. 直而勿有,
不以己直彰彼曲.

번역 호방형[82]이 말하길, '질(質)'자는 "결정한다[正]."는 뜻이다. 어떠
한 사안에 의심스러워할만한 점이 있다면, 자신의 억측으로 결정을 내려서

---

81) 『논어』「위정(爲政)」: 子曰, "由! 誨女知之乎! 知之爲知之, <u>不知爲不知</u>, 是知
也."
82) 호전(胡銓, A.D.1102 ~ A.D.1180) : =여릉호씨(廬陵胡氏)·호방형(胡邦衡).
남송(南宋) 때의 정치가이자 문학가이다. 자(字)는 방형(邦衡)이고, 호(號)는
담암(澹庵)이다. 충신으로 명성이 높았다.

는 안 되니, 이것은 이른바 "많은 것을 조사하여 의심스러운 점을 없앤다
[闕疑]."83)는 뜻에 해당한다. "강직하되 고집을 부리지 말라[直而勿有]."라
고 한 이유는 자신이 강직하다고 해서, 다른 사람의 잘못된 점까지 드러내
서는 안 되기 때문이다.

集解 愚謂: 據而有之, 若子游以禮許人, 是也.

번역 내가 생각하기에, 근거를 지니고 있으면, 의견을 내세울 수 있으
니, 마치 자유(子游)가 예(禮)를 근거로 사사분(司士賁)의 의견을 허락한
것이 바로 이러한 뜻에 해당한다.84)

【8c】

若夫坐如尸, 立如齊.

직역 坐인 경우에는 如尸하고, 立에는 如齊한다.

의역 앉을 경우에는 제사 때 시동이 정숙하게 앉는 모습처럼 앉고, 서 있는
경우에는 제사를 지내게 전에 재계(齋戒)를 하고 서 있는 모습처럼 정숙하게 선다.

集說 疏曰: 尸居神位, 坐必矜莊, 坐法必當如尸之坐. 人之倚立, 多慢不恭,
雖不齊, 亦當如祭前之齊.

---

83) 『논어』「위정(爲政)」: 子張學干祿. 子曰, "多聞闕疑, 愼言其餘, 則寡尤, 多見闕
殆, 愼行其餘, 則寡悔. 言寡尤, 行寡悔, 祿在其中矣."
84) 『예기』「단궁상(檀弓上)」【99b】: 司士賁告於子游曰, "請襲於牀." 子游曰,
"諾." 縣子聞之, 曰, "汰哉叔氏! 專以禮許人."

번역 공영달의 소(疏)에서 말하길, 시동이 신위(神位)에 위치할 때, 앉을 때에는 반드시 엄숙하고 공경스러운 자세를 취한다. 따라서 앉을 때의 법도는 반드시 시동이 앉은 것처럼 해야 하는 것이다. 그리고 어딘가에 의지하여 서 있으면, 대부분 오만하고 불손하게 된다. 따라서 비록 실제로 재계(齋戒)를 한 것은 아니지만, 또한 제사를 지내기 전에 재계를 한 듯이 서 있어야 하는 것이다.

集說 朱子曰: 劉原父云, "此乃大戴禮曾子事父母篇之辭. 曰, '孝子惟巧變, 故父母安之. 若夫坐如尸, 立如齊, 弗訊不言, 言必齊色, 此成人之善者也, 未得爲人子之道也.' 此篇蓋取彼文, 而'若夫'二字失於刪去." 鄭氏不知其然, 乃謂此二句爲丈夫之事, 誤矣.

번역 주자가 말하길, 유원보(劉原父)[85]는 "이 문장은『대대례기(大戴禮記)』「증자사부모(曾子事父母)」편에 나오는 말이다.『대대례기』에서는 '효자(孝子)는 부모를 따르면서도, 부모가 좋은 쪽으로 변화되는 일에 온힘을 기울인다. 그렇기 때문에 부모들이 편안하게 여기는 것이다. 만약 앉는 경우라면, 시동처럼 정숙하게 앉아야 하고, 서 있는 경우라면, 재계(齋戒)를 한 것처럼 정숙하게 서야 하며, 부모가 물어보지 않으면 말을 하지 않고, 말을 할 때에는 반드시 정숙하고 단정한 낯빛으로 해야 하는데, 이러한 행동들은 성인(成人)으로써 잘하는 행동이라고 할 수는 있지만, 자식된 도리를 다한 것이라고는 할 수 없다.'[86]라고 했다. 따라서 위의 경문은 바로『대대례기』의 문장들을 취합한 것인데, '약부(若夫)'라는 두 글자를 실수로 삭제하지 않고 기록한 것이다."라고 했다. 그런데 정현은 이러한 사정을 알지

---

85) 유창(劉敞, A.D.1019 ~ A.D.1068) : =공시선생(公是先生)·유원보(劉原父)·청강유씨(淸江劉氏). 북송(北宋) 때의 경학자이다. 자(字)는 원보(原父)이다. 유학 뿐만 아니라 불교와 도교에 대해서도 연구하였고, 천문(天文), 지리(地理) 등의 방면에도 조예가 깊었다.

86)『대대례기(大戴禮記)』「증자사부모(曾子事父母)」 : 孝子唯巧變, 故父母安之. 若夫坐如尸, 立如齊, 弗訊不言, 言必齊色, 此成人之善者也, 未得爲人子之道也.

못하고, '약부'를 '대장부가 되고자 한다면'이라는 뜻으로 해석하고, '좌여시(坐如尸)'·'입여제(立如齊)'라는 두 구문을 '대장부가 해야 할 일'이라고 해석하였으니, 이것은 잘못된 풀이이다.

大全 永嘉周氏曰: 君子之所以必莊必敬者, 非以飾外貌, 所以養中也. 蓋其心肅者, 其貌必莊, 其意誠者, 其體必敬. 必莊必敬然後, 可以爲尸, 故君子之坐如之, 必莊必敬然後, 可以爲齊, 故君子之立如之. 當是時也, 其心寂然而無一物, 有孚顒若而無他慮, 是心也, 聖人之心也. 顔子三月不違仁, 不違此心也, 其餘日月至焉, 至此心也. 聖人從心所欲不踰矩, 不踰此心也. 聖人常, 顔子久, 其餘暫, 百姓日用而不知也. 古之人, 何獨坐立然後如此? 無須臾之離, 終食之違, 造次必於是, 顚沛必於是, 此學者入德之要, 不可不思也.

번역 영가주씨가 말하길, 군자(君子)가 반드시 장엄하고 공손한 태도를 취해야 하는 이유는 외형을 꾸미기 위함이 아니며, 자신의 심성을 기르기 위해서이다. 무릇 마음이 정숙한 자들은 그 모습 또한 반드시 장엄하게 되고, 그 뜻이 진실한 자들은 그 모습 또한 반드시 공손하게 된다. 반드시 장엄하고 공손하게 된 이후에야, 시동처럼 앉을 수가 있는 것이다. 그렇기 때문에 군자가 앉는 방법은 이와 같았던 것이다. 또한 반드시 장엄하고 공손하게 된 이후에야, 재계(齋戒)를 한 것처럼 서 있을 수 있는 것이다. 그렇기 때문에 군자가 서 있는 방법은 이와 같았던 것이다. 어떠한 시기를 맞닥뜨리더라도 그 마음이 숙연하게 되어, 잡된 것이 없으며, 진실하고 공손하여, 잡념이 없다면, 이러한 마음이야말로 성인(聖人)의 마음에 해당할 것이다. 안연(顏淵)이 3개월 동안 인(仁)에서 벗어나지 않았다고 하는 것은 이러한 마음가짐에서 흐트러지지 않았다는 뜻이며, 나머지 제자들은 하루나 한 달 만에 가끔 도달했다고 하는 것[87]도 바로 이러한 마음가짐을 이루었다는 뜻이다. 그리고 공자(孔子)가 마음이 하고자 하는 대로 따르더라도, 법도에서 벗어나지 않았다는 것[88]도 바로 이러한 마음가짐에서 벗어나지

---

87) 『논어』「옹야(雍也)」: 子曰, "回也, 其心三月不違仁, 其餘則日月至焉而已矣."

않았다는 뜻이다. 굳이 차이점을 든다고 한다면, 공자는 항상 이러한 마음
가짐을 유지하였던 것이고, 안연은 오랜 기간 동안 유지하였던 것이며, 나
머지 제자들은 잠시 동안 유지하였던 것이고, 일반 백성들은 일생을 살아
가면서도, 이러한 것들에 대해서 무지했던 것이다. 옛 사람들이 어찌 유독
앉고 서는 것이 시동처럼 되고 재계를 한 것처럼 된 이후에야, 이러한 마음
가짐을 가졌겠는가? 잠시도 벗어남이 없었던 것이며,[89] 밥을 먹을 때에도
위배됨이 없었던 것이고, 다급할 때에도 반드시 이러한 마음가짐에 근거하
였고, 위급한 때에도 반드시 이러한 마음가짐에 근거하였던 것이다.[90] 따
라서 이것이야말로 학문을 배우는 자에게 있어서는 덕(德)으로 들어가는
요체가 되므로, 명심하지 않을 수가 없는 것이다.

鄭注 言若欲爲丈夫也. 春秋傳曰: "是謂我非夫." 視貌正. 磬且聽也. 齊謂
祭祀時[91].

번역 경문의 '약부(若夫)'라는 말은 '만약 대장부가 되고자 한다면'이라
는 뜻이다. 『춘추전(春秋傳)』에서는 "이것은 곧 내가 대장부답지 못하다는
뜻이다."라고 했다. "앉을 때에는 시동처럼 앉는다[坐如尸]."라는 말은 바라
볼 때의 모습이 단정한 것이다. "서 있을 때에는 재계(齋戒)를 한 것처럼
선다[立如齊]."라는 말은 몸을 굽혀서 경청하는 것이다. 제(齊)자는 제사를
지내는 때를 뜻한다.

---

88) 『논어』「위정(爲政)」: 子曰, "吾十有五而志于學, 三十而立, 四十而不惑, 五十
而知天命, 六十而耳順, 七十而從心所欲, 不踰矩."

89) 『중용』「1장」: 天命之謂性, 率性之謂道, 修道之謂教. 道也者, 不可須臾離也, 可
離非道也.

90) 『논어』「이인(里仁)」: 子曰, "富與貴, 是人之所欲也, 不以其道得之, 不處也. 貧
與賤, 是人之所惡也, 不以其道得之, 不去也. 君子去仁, 惡乎成名? 君子無終食
之間違仁, 造次必於是, 顚沛必於是."

91) "경차청야제위제사시(磬且聽也齊謂祭祀時)"에 대하여. 손이양(孫詒讓)의 『교
기(校記)』에서는 "가의(賈誼)의 『신서(新書)』「입용(立容)」편에서는 '이러한
이유 때문에 신체를 앞으로 조금 굽히는 것을 공립(共立)이라고 부르고, 몸을
많이 굽히는 것을 숙립(肅立)이라고 부른다.'"라고 했다.

釋文 夫, 方于反, 丈夫也. 齊, 側皆反, 本亦作齋, 音同, 注同.

번역 '夫'자는 '方(방)'자와 '于(우)'자의 반절음으로, 사내[丈夫]를 뜻한다. '齊'자는 '側(측)'자와 '皆(개)'자의 반절음인데, 판본에 따라서는 '齋'자로도 쓰며, 두 글자의 음은 같고, 정현의 주에 나오는 글자도 그 음이 동일하다.

孔疏 ●"若夫"至"從俗". ○正義曰: 此一節論爲丈夫之法, 當"坐如尸"以下四行並備, 乃可立身, 各依文解之.

번역 ●經文: "若夫"~"從俗". ○이 단락은 사내로써 따라야 할 법도에 대해서 논의하고 있으니, 마땅히 "앉을 때에는 시동처럼 앉는다[坐如尸]."라는 등으로부터 그 이하의 네 가지 행동 규범들을 모두 갖추어야만, 곧 사회에 진출할 수 있다는 뜻이다. 각각의 문장에 따라서 해석을 하겠다.

孔疏 ●"若夫"者, 凡人若爲丈夫之法, 必當如下所陳, 故目丈夫於上, 下乃論其行以結之.

번역 ●經文: "若夫". ○무릇 사람들이 만약 대장부로써 지켜야 하는 법도를 따르고자 한다면, 반드시 아래에서 서술하는 것처럼 행동해야만 한다. 그렇기 때문에 대장부라는 말을 처음에 제시하고, 그 다음에 그들의 행동에 대해 논의하며, 결론을 맺고 있는 것이다.

孔疏 ◎注"言若"至"非夫". ○正義曰: 按左傳宣十二年邲之戰, 楚侵鄭, 晉救之. 及河, 聞鄭旣及楚平, 中軍將荀林父欲還, 不濟. 上軍將士會曰: "善." 中軍佐先縠曰: "不可, 成師以出, 聞敵强而退, 非夫也." 又哀十一年, 齊伐魯, 魯武叔初不欲戰, 爲冉求所非. 武叔曰: "是謂我不成丈夫也." 退而蒐乘. 二傳之言, 當是先縠之辭也. 彼無"是謂我", 鄭君足之也.

번역 ◎鄭注: "言若"~"非夫". ○『춘추좌씨전』 선공(宣公) 12년에 기록된 필(邲)땅에서의 전투를 살펴보면, 초(楚)나라가 정(鄭)나라를 습격하자, 진(晉)나라가 정나라를 구원하게 되었다. 그리하여 진나라 군대가 황하에 도착하게 되었는데, 때마침 정나라가 이미 초나라와 화평을 맺었다는 소식을 전해 듣게 되었고, 진나라 중군장(中軍將)이었던 순림보(荀林父)는 군사를 되돌려 본국으로 돌아가고자 하여, 황하를 건너지 않았다. 이러한 결단을 보고 상군장(上軍將)이었던 사회(士會)는 "좋은 생각입니다."라고 했다. 그러나 중군좌(中軍佐)였던 선곡(先穀)은 "안 됩니다. 군대를 편성하여 출동을 하였는데, 적군이 강하다는 소식을 듣고 물러나는 것은 대장부가 아닙니다."[92]라고 했다. 또 애공(哀公) 11년 기록에는 제(齊)나라가 노(魯)나라를 쳤던 내용이 나오는데, 당시 노나라 무숙(武叔)은 애초에 전투에 참가하지 않고자 하여, 염구(冉求)에게 비난을 당하였다. 그러자 무숙은 "이 사람은 내가 대장부가 되지 못한다고 생각하는구나."[93]라고 했다. 그리하여 조정에서 물러난 뒤에 전차들을 소집시켰다. 이러한『춘추좌씨전』의 두 가지 기록 중에서 정현이 인용한 것은 선공 12년 기록에 있는 선곡의 말에 해당한다. 그런데『춘추좌씨전』의 기록 중에는 '시위아(是謂我)'라는 말이 없는데도, 정현의 주에서 '시위아비부(是謂我非夫)'라고 기록한 것은 의미를 분명히 나타내기 위해, 정현이 글자를 채워 넣은 것이다.

孔疏 ●"坐如尸"者, 尸居神位, 坐必矜莊. 言人雖不爲尸, 若所在坐法, 必當如尸之坐, 故鄭云"視貌正"也.

번역 ●經文: "坐如尸". ○시동이 신위(神位)에 위치할 경우에는 앉을 때 반드시 엄숙하고 공경스러운 자세를 취하게 된다. 즉 이 말은 사람이 비록 실제로 시동의 임무를 수행하게 된 것이 아니더라도, 어떠한 곳에서

---

92) 『춘추좌씨전』「선공(宣公) 12년」: 彘子曰, "不可. 晉所以霸, 師武·臣力也. 今失諸侯, 不可謂力; 有敵而不從, 不可謂武. 由我失霸, 不如死. 且成師以出, 聞敵強而退, 非夫也.

93) 『춘추좌씨전』「애공(哀公) 11년」: 武叔曰, "是謂我不成丈夫也." 退而蒐乘.

든 앉을 때의 법도를 반드시 시동이 앉는 것처럼 해야 한다는 뜻이다. 그렇기 때문에 정현이 "바라볼 때의 모습이 단정한 것이다."라고 말한 것이다.

孔疏 ●"立如齊"者, 人之倚立, 多慢不恭, 故戒之云, 倚立之時雖不齊, 亦當如祭前之齊, 必須磬折屈身.

번역 ●經文: "立如齊". ○어딘가에 의지하여 서 있으면, 대부분 오만하고 불손하게 된다. 그렇기 때문에 그것에 대해 경계하여 말한 것이니, 의지하여 서 있을 때라도 비록 실제로 재계(齋戒)를 한 것은 아니지만, 또한 제사를 지내기 전에 재계를 한 것처럼 서 있어야 하며, 반드시 몸을 굽혀서 경청하는 자세를 취해야 하는 것이다.

孔疏 ◎注"磬且"至"祀時". ○正義曰: "磬且聽", 按士虞禮云: "無尸者, 主人哭, 出復位, 祝闔牖戶, 如食間." 是祭時主人有聽法. 云"磬"者, 謂屈身如磬之折殺. 按考工記云: "磬氏爲磬, 倨句一矩有半." 鄭云: "必先度一矩爲句, 一矩爲股, 而求其弦. 旣而以一矩有半觸其弦, 則磬之倨句也." 是磬之折殺, 其形必曲. 人之倚立, 亦當然也. 又云"齊謂祭祀時"者, 凡齊皆在祭前, 自整齊之名, 並於適寢之中, 坐而無立. 今云"立如齊"者, 齊有立者, 但祭前有齊, 所以自整齊也, 則祭日神前亦當齊, 則齋者是先後通稱. 此言"立如齋", 非祭前坐齋, 故鄭云: "齋謂祭祀時也." 若然, 此立謂侍尊者之時, 故玉藻云"凡侍於君, 紳垂, 足如履齋, 視下聽上", 是也.

번역 ◎鄭注: "磬且"~"祀時". ○정현이 "몸을 굽혀서 경청하는 것이다."라고 하였는데, 『의례』「사우례(士虞禮)」편을 살펴보면, "시동이 없는 경우에 주인(主人)이 곡(哭)을 하고 나면, 다시 나와서 처음의 자리로 돌아가 위치한다. 축(祝)[94]이 들창[牖]과 외짝문[戶]을 닫으며, 마치 시동이 한

---

94) 축(祝)은 축관(祝官)을 뜻한다. 제사에서의 축도(祝禱) 등을 담당했던 관리이다.

차례 식사를 하며 아홉 번 수저를 뜨는 시간95)만큼 한다.”96)라고 했다. 이
것은 곧 제사를 지낼 때에는 제주(祭主)가 따라야 하는 경청하는 법도가
있었음을 뜻한다. 또 정현이 ‘경(磬)’이라고 하였는데, 이것은 몸을 굽히는
것을 마치 ‘ㄱ’자 모양으로 깎아서 만든 ‘경’이라는 악기처럼 한다는 뜻이다.
『주례』「고공기(考工記)」편을 살펴보면, “담당 관리인 경씨(磬氏)가 ‘경’을
만들 때 굽히는 부분은 90도에 또 그 반만큼을 더 더한 각도인 135도로
한다.”97)라고 했고, 이 문장에 대해 정현은 “반드시 먼저 90도를 재서 구부
리고, 90도로 굽혀진 부분은 악기의 끝단이 되며, 줄을 매달게 된다. 135도
로 굽혀서 줄에 매달게 되니, 이것이 ‘경’이라는 악기의 굽혀진 부분이다.”
라고 했다. 이것이 바로 ‘경’이라는 악기의 깎여진 부분이며, 그 형상은 굽
혀진 모습이 된다. 사람이 어딘가에 의지해서 서 있을 때에도 또한 이 악기
의 모습처럼 몸을 굽혀야 하는 것이다. 또한 정현이 “제(齊)자는 제사를
지내는 시기를 뜻한다.”라고 하였는데, 무릇 재계(齋戒)라는 것은 모두 제
사를 지내기 이전에 하는 것으로, 제 스스로 가지런히 단속하는 것을 뜻하
는 용어이며, 아울러 적침(適寢)98)에 머무를 때에는 정숙하게 앉아 있는
것이며, 서 있는 경우는 없게 된다. 그런데 지금 이곳 경문에서 “서 있을

---

95) 식간(食間)은 식사를 하는데 걸리는 시간을 뜻한다. 구체적으로 말하자면, 제
사 때 시동이 한 차례 식사를 하면서 수저를 뜨는 횟수를 뜻하는데, 수저를
뜨는 횟수는 각 계급에 따라 차이가 있었다. 그 중 사(士) 계급에 해당하는
예법에서는 시동이 한 차례 식사를 하면서 아홉 번 수저를 뜨게 되는데, ‘사’
계급에 대한 내용을 대표적인 기준으로 삼아서, 이러한 예법을 진행하면서 걸
리는 시간을 ‘식간’이라고 부르게 되었다.

96) 『의례』「사우례(士虞禮)」 : 無尸, 則禮及薦饌皆如初. 既饗·祭于茊·祝祝卒,
不綏祭, 無泰羹湆·胾·從獻. 主人哭, 出復位. 祝闔牖戶, 降, 復位于門西. 男女
拾踊三. 如食間.

97) 『주례』「동관고공기(冬官考工記)·경씨(磬氏)」 : 磬氏爲磬, 倨句一矩有半.

98) 적침(適寢)은 정침(正寢)을 뜻한다. 가택에 있는 정옥(正屋)에 해당하며, 집무
를 처리하던 곳이다. 군주의 경우에는 노침(路寢)이라고 불렀고, 대부(大夫)의
경우는 ‘적침’이라고 불렀으며, 사(士)에 대해서는 간혹 적실(適室)로 부르기
도 했다. 『예기』「상대기(喪大記)」편에는 “君夫人卒於路寢, 大夫世婦卒於適
寢.”이라는 기록이 있는데, 이에 대한 정현의 주에서는 “君謂之路寢, 大夫謂之
適寢, 士或謂之適室.”이라고 풀이했다.

때에는 재계를 한 것처럼 선다[立如齊].”라고 하였으니, 재계를 하고 서 있
는 경우를 뜻한다. 다만 제사를 지내기 이전에 재계를 하는 것은 제 스스로
를 가지런하게 단속하기 위함이니, 제사를 지내는 당일, 신위(神位)를 대하
기 이전에도 또한 재계를 하는 것으로, 재계를 한다는 것은 제사를 지내기
이전과 지낼 때의 재계를 통칭하는 말이다. 그런데 이곳 경문에서 ‘입여제
(立如齊)’라고 말한 것은 제사를 지내기 이전에, 재계를 하고 적침에 머물
며, 정숙하게 앉아서 자신을 가다듬는 것을 뜻하는 것이 아니다. 그렇기
때문에 정현이 “‘제’자는 제사를 지내는 시기를 뜻한다.”라고 말한 것이다.
만약 정현의 말대로라면, 여기에서 말하는 서 있게 되는 상황은 존귀한 자
를 모실 때를 뜻한다. 그러므로 『예기』「옥조(玉藻)」편에서 “무릇 군주를
모실 때에는 몸을 앞으로 숙이기 때문에, 예복(禮服)에 매다는 끈인 신(紳)
이 앞으로 늘어지게 되고, 발은 치맛자락을 밟듯이 하며, 시선은 땅을 향하
지만, 귀는 위로 향하여 군주의 말씀을 기다린다.”[99]라고 말한 것이 바로
경문에서 말하고 있는 모습에 해당한다.

---

99) 『예기』「옥조(玉藻)」【387a】: <u>凡侍於君, 紳垂, 足如履齊</u>, 頤霤, 垂拱, <u>視下而聽
上</u>, 視帶以及袷, 聽鄉任左.

● 그림 1-8 경(磬)

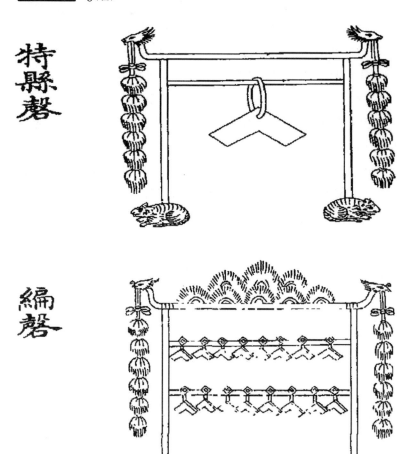

▸ 출처: 『삼례도집주(三禮圖集注)』 5권

訓纂 江氏永曰: 齊, 嚴敬貌. 如齊者, 正立自定, 不跛不倚, 儀禮所謂疑立, 是也.

번역 강영100)이 말하길, '제(齊)'자는 엄숙하고 공경스러운 모습이다. '여제(如齊)'라는 말은 똑바로 서 있으면서 쓸데없이 움직이지 않는 것으로, 기우뚱하게 서거나, 어디에 의지해서 서 있는 것이 아니니, 『의례』에서 여러 번 언급하고 있는 '의립(疑立)'101)이 바로 '여제'의 뜻이다.102)

集解 今按: 夫當音扶, 發語辭. 舊讀爲"丈夫"之夫, 非是.

번역 내가 살펴보니, '부(夫)'자는 마땅히 그 음이 '扶(부)'자가 되며, 발어사에 해당한다. 옛 주석에서 이 글자를 장부(丈夫)라고 할 때의 '부(夫)'자로 읽었던 것은 잘못된 주장이다.

集解 吳氏澄曰: 祭之日, 爲尸者有坐而無立, 故坐以尸爲法; 祭者有立而無坐, 故立以齊爲法.

번역 오징이 말하길, 제사를 지내는 당일에 시동이 된 자는 앉자만 있지 서 있는 법이 없다. 그렇기 때문에 앉을 때에는 시동이 앉는 자세로 모범을 삼는 것이며, 제사를 지낼 때에는 서 있기만 하지 않는 법이 없다. 그렇기

---

100) 강영(江永, A.D.1681 ~ A.D.1762) : 청대(淸代)의 경학자이다. 자(字)는 신수(愼修)이다. 『십삼경주소(十三經注疏)』에 대한 연구를 했으며, 특히 삼례(三禮)에 대해 해박했다.

101) 의립(疑立)은 본래 응립(凝立)을 뜻한다. '의(疑)'자와 '응(凝)'자가 통용되기 때문에, '응립'을 '의립'이라고도 부르는 것이다. 똑바로 서서 움직이지 않는 모습을 뜻한다. 『의례』「사혼례(士昏禮)」편에는 側尊甒醴于房中, 婦疑立于席西."라는 기록이 있는데, 이에 대한 정현의 주에서는 "疑, 正立自定之貌."라고 풀이했다.

102) 『의례』「사혼례(士昏禮)」: 婦疑立于席西. / 『의례』「향음주례(鄕飮酒禮)」: 賓西階上疑立. …… 主人阼階東疑立. / 『의례』「공사대부례(公食大夫禮)」: 賓立于階西, 疑立.

때문에 서 있을 때에는 재계(齋戒)를 한 자가 서 있는 자세로 모범을 삼는 것이다.

集解 愚謂: 齊, 鄭氏以祭時言, 孔氏以祭前言. 祭時有立無坐, 故立言如齊, 註說爲長. 又註以磬且聽言如齊, 蓋謂祭祀之時, 主人磬折致恭, 而優見・愾聞, 如將受命然也. 疏引士虞禮, "祝闔戶, 如食間", 以釋註義, 亦非是. 尸之坐, 齊之立, 因事而致其敬者也. 君子之坐立常如此, 則整齊・嚴肅而惰慢・邪僻之氣無自而入矣.

번역 내가 생각하기에, '제(齊)'자에 대해서, 정현은 '제사를 지낼 때[祭時]'라고 언급하고, 공영달(孔穎達)은 '제사를 지내기 이전[祭前]'이라고 언급하였다. 제사를 지낼 때에는 서 있는 것이지 앉는 법이 없다. 그렇기 때문에 서 있을 때에는 재계(齋戒)를 한 것처럼 선다고 말한 것이니, 정현의 주장이 옳다. 또 정현의 주에서는 몸을 굽혀서 경청하듯이 한다는 것으로, '여제(如齊)'에 대한 풀이를 하였다. 아마도 정현의 주장은 다음과 같을 것이다. 제사를 지낼 때, 제주(祭主)는 몸을 굽혀서 공손함을 극진히 나타내고, 선조의 영혼이 그 자리에 있는 것처럼 여기고, 선조의 음성을 직접 듣는 것처럼 여기니,[103] 마치 선조의 명령을 받게 될 것을 기다리는 것처럼 하는 것이다.[104] 그런데 공영달의 소(疏)에서는 『의례』「사우례(士虞禮)」편을 인용하여, "축관(祝官)이 들창과 외짝문을 닫으며, 마치 시동이 한 차례의 식사를 하며 아홉 번 수저를 뜨는 시간만큼 한다."[105]라는 말로 정현의 주를 풀이하였다. 그러나 이러한 설명 또한 잘못된 주장이다. 시동처럼 앉고, 재

---

103) 『예기』「제의(祭義)」【554a~b】: 祭之日, 入室, <u>優然必有見乎其位</u>. 周還出戶, 肅然必有聞乎其容聲. 出戶而聽, <u>愾然必有聞乎其嘆息之聲</u>.

104) 『예기』「제의(祭義)」【557b】: 孝子之祭可知也, 其立之也敬以詘, 其進之也敬以愉, 其薦之也敬以欲. 退而立, <u>如將受命</u>, 已徹而退, 敬齊之色不絶於面, 孝子之祭也立而不詘, 固也.

105) 『의례』「사우례(士虞禮)」: 無尸, 則禮及薦饌皆如初. 既饗・祭于苴・祝祝卒, 不綏祭, 無泰羹涪・胾・從獻. 主人哭, 出復位. <u>祝闔牖戶</u>, 降, 復位于門西. 男女拾踊三. <u>如食間</u>.

계를 한 것처럼 서 있는 것은 각각의 사안에 따라서 공경함을 극진히 한다
는 뜻이다. 군자(君子)의 앉고 서는 태도가 항상 이와 같다면, 정숙하고 가
지런하며 엄숙하여서, 나태한 기운과 사악하고 편벽된 기운이 침입하는 일
이 없게 된다.

• 제 2 절 •

예(禮)의 기본 방침

【8d】

禮從宜, 使從俗.

직역 禮에는 宜를 從하고, 使에는 俗을 從한다.

의역 예(禮)를 따를 때에는 합당함에 따라야 하고, 사신으로 가서는 그곳의
풍속에 따라야 한다.

集說 鄭氏曰: 事不可常也.

번역 정현이 말하길, 사안은 항상 똑같을 수 없기 때문이다.

集說 呂氏曰: 敬者, 禮之常. 禮, 時爲大, 時者, 禮之變. 體常盡變, 則達之
天下, 周旋無窮.

번역 여씨가 말하길, 공경[敬]이라는 것은 예(禮)의 '항상된 도리[常道]'
이다. 그런데 예에서는 시시로 변화하는 상황에 맞게 대처하는 것을 가장
높게 여기며,[1] 시기에 맞게 하는 것은 예 중에서도 변례(變禮)에 해당한다.

---

1) 『예기』「예기(禮器)」, 【296a】: 禮, 時爲大, 順次之, 體次之, 宜次之, 稱次之. 堯
授舜, 舜授禹, 湯放桀, 武王伐紂, 時也. 詩云, 匪革其猶, 聿追來孝.

예의 상도(常道)에 근본을 두면서도, 변례에 따라 잘 대처하게 된다면, 천하에 두루 통용되어, 대처함에 막힘이 없게 된다.

集說 應氏曰: 大而百王百世質文損益之時, 小而一事一物泛應酬酢之節. 又曰: 五方皆有性, 千里不同風, 所以入國而必問俗也.

번역 응씨가 말하길, '의(宜)'라는 것은 크게는 모든 세대에 걸쳐서 질박함과 화려함이 덜고 더해지는 시의(時宜)를 뜻하고, 작게는 한 가지 사안 또는 한 가지 사물에 대해서 물을 뿌리거나 응대하거나 술을 따라 권하는 등의 세세한 규범[節度]을 뜻한다. 또 말하기를, 동·서·남·북·중앙의 다섯 방위에 살고 있는 모든 백성들은 각자의 성향을 가지고 있으니, 천하의 모든 나라에 대해서 풍속을 똑같이 할 수는 없는 것이다.[2] 그래서 그 나라에 들어서면, 반드시 그 나라의 풍속에 대해서 물어보는 것이다.[3]

鄭注 事不可常也. 晉士匄[4]帥師侵齊, 聞齊侯卒, 乃還, 春秋善之. 亦事不可常也. 牲幣之屬, 則當從俗所出. 禮器曰: "天不生, 地不養, 君子不以爲禮, 鬼神不饗."

번역 합당함을 따르는 이유는 어떠한 사안이든 항상 똑같을 수 없기 때문이다. 진(晉)나라 사개(士匄)가 군대를 이끌고 가서 제(齊)나라를 공격했는데, 제나라 후작이 죽었다는 소식을 듣고는 곧 군대의 진격을 돌려서,

---

2) 『예기』「왕제(王制)」【165a】: 中國戎夷五方之民, 皆有性也, 不可推移.
3) 『예기』「곡례상」【41d】: 入竟而問禁, 入國而問俗, 入門而問諱.
4) '개(匄)'자에 대하여. 『십삼경주소(十三經注疏)』 북경대 출판본에서는 "'개(匄)'자를 『민본(閩本)』·『감본(監本)』·『모본(毛本)』·『악본(岳本)』·『가정본(嘉靖本)』에서는 동일하게 '개(匄)'자로 기록하고 있다. 『경전석문(經典釋文)』에서는 '개(丐)자는 판본에 따라 개(匄)자로도 기록한다.'라고 했다. 완원(阮元)의 『교감기(校勘記)』에서는 "『정의본(正義本)』에도 개(匄)자로 기록되어 있는데, 이 기록이 옳다. 개(丐)자는 별개의 글자이며, 그 글자의 음은 미(彌)자와 곤(袞)자의 반절음이다."라고 했다.

되돌아온 일이 있었다. 『춘추』에서는 사개의 행동을 칭찬하였다.[5] 그러므로 어떠한 사안이든 항상 똑같을 수 없는 것이다. 희생물이나 폐백 등의 부류에 대해서는 마땅히 해당 나라의 풍속에 따라서, 그 나라에서 생산되는 것을 사용해야 하는 것이다. 그러므로 『예기』「예기(禮器)」편에서 "하늘이 낳아주지 않고, 땅이 길러주지 않는 것에 대해서, 군자는 그것을 예(禮)라고 여기지 않고, 귀신들도 그것을 흠향하지 않는다."[6]라고 한 것이다.

釋文 丐本亦作匄, 音蓋. 還音旋, 後放此. 使, 色吏反. 幣, 徐扶世反. 饗, 許兩反.

번역 '丐'자는 판본에 따라서 '匄'자로도 기록하는데, 두 글자의 음은 모두 '蓋(개)'이다. '還'자의 음은 '旋(선)'이고, 뒤에 나타나는 '還'자들은 모두 그 음이 이와 같다. '使'자는 '色(색)'자와 '吏(리)'자의 반절음이다. '幣'자의 서음(徐音)은 '扶(부)'자와 '世(세)'자의 반절음이다. '饗'자는 '許(허)'자와 '兩(량)'자의 반절음이다.

孔疏 ●"禮從宜"者, 皇氏云: "上二事, 丈夫爲儼恪之儀. 此下二事, 丈夫爲君出使之法." 義或然也. "禮從宜"者, 謂人臣奉命出使征伐之禮, 雖奉命出征, 梱外之事, 將軍裁之, 知可而進, 知難而退, 前事不可準定, 貴從當時之宜也.

번역 ●經文: "禮從宜". ○황간은 "위에서 말한 '앉을 때에는 시동처럼 앉는다[坐如尸].'라는 사안과 '서 있을 때에는 재계(齊戒)를 한 것처럼 선다[立如齊].'라는 사안은 대장부에게 해당하는 사안으로, 대장부가 의젓하고 공손하게 행동하는 의례(儀禮)에 해당한다. 그리고 이곳에서 말한 '예법에 있어서는 마땅함을 따른다[禮從宜].'라는 사안과 '사신으로 가서는 그 나라

---

5) 이 일화는 『춘추공양전』「양공(襄公) 19년」 기사에 나온다.
6) 『예기』「예기(禮器)」【295a】: 故天不生, 地不養, 君子不以爲禮, 鬼神弗饗也.

의 풍속을 따른다[使從俗].'라는 사안은 대장부가 군주를 대신하여, 사신으로 갔을 때 따라야 하는 법도에 해당한다."라고 했다. 자세히 살펴보니 그 의미가 맞는 것 같기도 하다. '예종의(禮從宜)'라는 말은 신하가 군주의 명을 받들어 사신으로 가거나 정벌을 떠날 때 지켜야 하는 예법을 뜻한다. 비록 군주의 명을 받들어서 정벌을 떠났다고 하더라도, 나라 밖의 일들에 대해서는 장군이 직접 판단을 해서, 가능하다고 판단되면 나아가는 것이고, 힘들다고 판단되면 물러나는 것이니, 닥쳐올 일들에 대해서 미리 확정할 수 없는 것이다. 그래서 직접 당면했을 때의 합당함에 따르는 행위를 존중하는 것이다.

孔疏 ◎注"事不"至"善之". ○正義曰: 按春秋襄十九年, "齊侯環7)卒, 晉士匄帥師侵齊, 至穀, 聞齊侯卒, 乃還." 公羊云: "還者何? 善辭也. 何善爾? 大其不伐喪也. 此受命於君而伐齊, 則何大其不伐喪也? 大夫以君命出使, 進退在大夫也."

번역 ◎鄭注: "事不"~"善之". ○『춘추』 양공(襄公) 19년에 대한 경문 기록을 살펴보면, "제(齊)나라 후작인 환(環)이 죽었는데, 진(晉)나라 사개(士匄)가 군대를 이끌고 제나라를 치기 위해 떠났다가, 곡(穀) 땅에 도착하여 제나라 후작이 죽었다는 소식을 접하고, 곧 되돌아왔다."8)라고 했다. 이 기록에 대해서 『공양전(公羊傳)』에서는 "'환(還)'이라고 기록한 것은 어째서인가? 칭찬하는 말이다. 어째서 칭찬을 하는가? 상(喪)을 당한 나라를 정벌하지 않은 행위를 옳게 여기는 것이다. 군주에게서 명령을 받아서, 제나라를 정벌하기 위해 떠났는데, 어찌해서 상을 당한 나라를 정벌하지 않은 일을 옳다고 여기는가? 대부(大夫)는 군주의 명령을 받아서 사신으로

---

7) '환(環)'자에 대하여. '환'자는 본래 '환(還)'자로 기록되어 있었는데, 완원(阮元)의 『교감기(校勘記)』에서는 "『감본(監本)』・『모본(毛本)』에서는 '환(還)'자를 '환(環)'자로 기록하고 있는데, 이 기록이 옳다."라고 했다.
8) 『춘추』「양공(襄公) 19년」: 秋七月辛卯, 齊侯環卒. 晉士匄帥師侵齊, 至穀, 聞齊侯卒, 乃還.

가더라도, 그곳에 가서 나아가거나 물러나는 것을 판단하는 일은 대부 자신에게 달려 있기 때문이다."9)라고 했다.

孔疏 ●"使從俗"者, 使謂臣爲君出聘之法, 皆出土俗牲幣以爲享禮, 土俗若無, 不可境外求物, 故云"使從俗"也. 皇氏云: "上'禮從宜', 與此'使從俗', 互而相通, 皆是以禮而使." 義或然也.

번역 ●經文: "使從俗". ○'사(使)'자는 신하가 군주를 위해 조빙(朝聘)의 의례를 시행하는 법도를 뜻하니, 이러한 경우에는 모두 그곳에서 생산되는 희생물과 폐백을 사용하여, 향례(享禮)10)를 해야 하는 것이다. 만약 그 땅에서 생산되는 물건들 중에 예물(禮物)로 써야 할 것이 딱히 없다고 하더라도, 다른 나라에서 예물을 구해서는 안 된다. 그렇기 때문에 "사신으로 가서는 그 나라의 풍속에 따라야 한다."라고 말한 것이다. 황간은 "앞의 '예종의(禮從宜)'라는 말과 뒤의 '사종속(使從俗)'이라는 말은 서로 호완이 되는 문장이니, 예법에 따라서 사신으로 가는 경우를 뜻한다."라고 했는데, 그 의미가 맞은 것 같기도 하다.

孔疏 ◎注"亦事"至"不饗". ○正義曰: "牲幣之屬, 當從俗所出"者, 謂若郊特牲及聘禮, 朝聘皆有皮馬龜金竹箭璧帛之等, 有則致之, 無則已, 故云"不可常也". "禮器曰: 天不生"者, 謂天不以四時而生, 若李梅冬實. "地不養"者, 謂居山以魚鱉, 居澤以鹿豕. "君子不以爲禮"者, 謂天不生地不養之等, 君子不

---

9) 『춘추공양전』「양공(襄公) 19년」: 晉士匄帥師侵齊, 至穀, 聞齊侯卒, 乃還. 還者何? 善辭也, 何善爾, 大其不伐喪也, 此受命乎君而伐齊, 則何大乎其不伐喪. 大夫以君命出, 進退在大夫也.

10) 향례(享禮)는 본래 조빙(朝聘)을 하기 위해 사신을 간 신하가 그 나라의 군주에게 예물(禮物)을 바치는 의식을 뜻한다. 또한 향례(享禮)는 연례(宴禮)보다 높은 의식으로, 초대한 손님을 접대하는 잔치를 뜻하기도 한다. 만약 천자가 제후를 초대하게 되면 '향례'를 베풀었고, 제후의 신하인 경(卿)을 초대하면 '연례'를 베풀었다. 그리고 '향례'에서는 희생물을 통째로 올렸지만, '연례'에서는 잘게 썰어서 올렸다.

將爲饗禮. "鬼神不饗"者, 言君子不以爲禮者, 祇由鬼神不歆饗此非常之物, 明鬼神依人也.

번역 ◎鄭注: "亦事"~"不饗". ○정현이 "희생물이나 폐백 등의 부류에 대해서는 마땅히 해당 나라의 풍속에 따라서, 그 나라에서 생산되는 것을 사용해야 한다."라고 하였는데, 이 말은 곧 『예기』「교특생(郊特牲)」편이나 『의례』「빙례(聘禮)」편에서 말하는 것처럼, 조빙(朝聘)을 할 때에는 어느 경우든 가죽[皮]·말[馬]·거북[龜]·쇠[金]·큰 대나무[竹]·가는 대나무[箭]·옥[璧]·비단[帛] 등의 예물(禮物)을 사용하게 된다. 그런데 그 지역에 이러한 것들이 생산되면, 이러한 물건들을 그 나라의 군주에게 바치는 것이고, 만약 생산되는 것이 없다면, 그만 두는 것이다. 그렇기 때문에 정현이 "어떠한 사안이든 항상 똑같을 수 없는 것이다."라고 말한 것이다. 정현이 "『예기』「예기(禮器)」편에서 '하늘이 낳아주지 않았다.'라고 했다."고 하였는데, 이 말의 뜻은 하늘이 사계절의 변화에 맞게끔 생산해준 것이 아니라는 의미로, 마치 자두나 매화 등에 대해서, 겨울에 그 과실을 구하는 경우와 같은 것이다. 그리고 "땅이 길러주지 않았다."라고 하였는데, 이 말의 뜻은 마치 산악 지역에 거주하면서 물고기나 자라 등을 예물로 사용하고, 연못 지역에 거주하면서 사슴이나 돼지를 예물로 사용하는 것11) 등을 가리킨다. 또한 "군자(君子)는 그것을 예(禮)라고 여기지 않는다."라고 하였는데, 이 말의 뜻은 하늘이 낳아주지 않고, 땅이 길러주지 않은 것들에 대해서, 군자는 그것들을 사용하여 향례(饗禮)12)를 시행하지 않는다는 뜻이다. 그리고 "귀신들도 그것을 흠향하지 않는다."라고 하였는데, 이 말의 뜻은

---

11) 『예기』「예기(禮器)」【295a】: 居山以魚鱉爲禮, 居澤以鹿豕爲禮, 君子謂之不知禮.

12) 향례(饗禮)는 연회의 한 종류이다. 또한 연회를 범칭하는 용어로도 사용된다. 본래 '향례'를 시행할 때에는 희생물을 통째로 바치지만, 그것을 먹지는 않는다. 또 술잔을 가득 채우지만, 마시지는 않으며, 자리에 서 있기만 하고, 앉지는 않는다. 또한 신분의 존비(尊卑)에 의거해서 술잔을 바치게 되는데, 정해진 술잔 바치는 회수가 끝나면, 의식을 끝낸다. 다만 숙위(宿衛)들과 기로(耆老) 및 고아들에게 향례를 할 때에는 술을 취할 때까지 마시게 하는 것을 법도로 삼았다.

다음과 같다. 군자도 이러한 것들을 예라고 여기지 않는다. 따라서 이처럼
예법에 맞지 않는 비정상적인 예물들을 귀신에게 바친다고 하더라도, 귀신
들 또한 흠향을 하지 않을 것이니, 이것은 곧 귀신은 사람의 뜻에 의지한
다13)는 사실을 나타낸다.

集解 朱子曰: 宜, 謂事之所宜, 若男女授受不親, 而祭與喪則相授受之類.
俗謂彼國之俗, 若魏李彪以吉服弔齊, 齊裴昭明以凶服弔魏, 蓋得此意.

번역 주자가 말하길, '의(宜)'자는 일의 합당한 점을 뜻하니, 마치 남자
와 여자는 본래 물건을 직접 주고받지 않지만,14) 제사나 상(喪)을 치르는
경우에서는 서로 주고받을 수도 있다는 법도15) 등을 가리킨다. '속(俗)'자
는 그 나라의 풍속을 뜻하니, 마치 위(魏)나라 이표(李彪)가 길복(吉服)16)
을 입고서 제(齊)나라에 조문을 가고,17) 제나라 배소명(裴昭明)이 흉복(凶
服)18)을 입고서 위나라에 조문을 갔던 일화19) 등이 아마도 여기에서 말하
는 뜻에 부합되는 것 같다.

---

13) 『춘추좌씨전』「장공(莊公) 32년」: 神, 聰明正直而壹者也, 依人而行.
14) 『맹자』「이루상(離婁上)」: 嫂溺不援, 是豺狼也. 男女授受不親, 禮也, 嫂溺, 援
之以手者, 權也.
15) 『예기』「제통(祭統)」【582d】: 夫婦相授受不相襲處, 酢必易爵, 明夫婦之別也.
16) 길복(吉服)에는 두 가지 뜻이 있다. 첫 번째는 제사 때 입는 복장인 제복(祭服)
을 뜻한다. 제사(祭祀)는 길례(吉禮)에 해당하므로, 그때 착용하는 복장을 '길
복'이라고 부르는 것이다. 두 번째는 예의를 갖출 때 입는 예복(禮服)을 범칭
하는 말이다.
17) 이 일화는 『북사(北史)』의 이표(李彪)에 관한 「열전(列傳)」 부분에 기록되어
있다.
18) 흉복(凶服)은 상복(喪服)과 같은 말이다. 상(喪)을 당한 것은 흉사(凶事)에 해
당하므로, 상을 치르며 입는 복장을 '흉복'이라고도 부르는 것이다. 『논어』「향
당(鄕黨)」편에는 "凶服者式之."라는 기록이 있고, 이에 대한 하안(何晏)의 『집
해(集解)』에서는 공안국(孔安國)의 주장을 인용하여, "凶服, 送死之衣物."이라
고 풀이했다.
19) 이 일화는 『남제서(南齊書)』의 배소명(裴昭明)에 관한 「열전(列傳)」 부분에
기록되어 있다.

集解 愚謂: 禮之爲體固有一定, 然事變不一, 禮俗不同, 故或權乎一時之宜, 或隨乎他國之俗, 又有貴乎變而通之者也.

번역 내가 생각하기에, 예(禮)의 본체가 되는 것은 진실로 일정하게 고정되어 있지만, 일의 변화는 일정하지 않으며, 예와 풍속 또한 동일하지 않은 것이다. 그렇기 때문에 어떠한 경우에는 그 당시의 합당한 기준에 따라야만 하는 때가 있고, 또 어떠한 경우에는 다른 나라의 풍속에 따라야만 하는 때가 있으니, 또한 예에서는 변화된 상황에 따라서, 두루 통용시키는 것을 귀하게 여기는 점도 있는 것이다.

【9a】

夫禮者, 所以定親疏, 決嫌疑, 別同異, 明是非也.

직역 무릇 禮者는 親疏를 定하고, 嫌疑를 決하며, 同異를 別하고, 是非를 明하는 所以이다.

의역 무릇 예(禮)라는 것은 친하고 소원한 관계를 확정하고, 불미스럽고 의심스러운 부분을 해결하며, 같고 다른 것을 분별하고, 옳고 그른 것을 명확하게 해주는 것이다.

集說 疏曰: 五服之內, 大功以上, 服麤者爲親; 小功以下, 服精者爲疏. 若妾爲女君期. 女君爲妾, 若服之則太重, 降之則有舅姑爲婦之嫌, 故全不服, 是決嫌也. 孔子之喪, 門人疑所服, 子貢請若喪父而無服, 是決疑也. 本同今異, 姑姊妹是也; 本異今同, 世母叔母及子婦是也. 得禮爲是, 失禮爲非. 若主人未小斂, 子游裼裘而弔, 得禮, 是也; 曾子襲裘而弔, 失禮, 非也.

번역 공영달(孔穎達)의 소(疏)에서 말하길, 오복(五服)[20] 중에 대공복(大功服) 이상인 참최복(斬衰服)[21]·자최복(齊衰服)[22]·대공복[23]은 매우 거친 옷감으로 만든 상복(喪服)으로, 이 복장들을 입는 것은 죽은 자와의 관계가 가까운 경우이다. 또한 소공복(小功服) 이하인 소공복[24]·시마복

---

[20] 오복(五服)은 죽은 자와 친하고 소원한 관계에 따라 입게 되는 다섯 가지 상복(喪服)을 뜻한다. 참최복(斬衰服), 자최복(齊衰服), 대공복(大功服), 소공복(小功服), 시마복(緦麻服)을 가리킨다. 『예기』「학기(學記)」편에는 "師無當於五服, 五服弗得不親."이라는 기록이 있는데, 이에 대한 공영달(孔穎達)의 소(疏)에서는 "五服, 斬衰也, 齊衰也, 大功也, 小功也, 緦麻也."라고 풀이했다. 또한 '오복'에 있어서는 죽은 자와 가까운 관계일수록 중대한 상복을 입고, 복상(服喪) 기간도 늘어난다. 위의 '오복' 중 참최복이 가장 중대한 상복에 속하며, 그 다음은 자최복이고, 대공복, 소공복, 시마복 순으로 내려간다.

[21] 참최복(斬衰服)은 상복(喪服) 중 하나로, 오복(五服)에 속한다. 상복 중에서도 가장 수위가 높은 상복이다. 거친 삼베를 사용해서 만들며, 자른 부위를 꿰매지 않기 때문에 참최(斬衰)라고 부른다. 이 복장을 입게 되는 기간은 일반적으로 3년에 해당하며, 죽은 부모를 위해 입거나, 처 또는 첩이 죽은 남편을 위해 입는다.

[22] 자최복(齊衰服)은 상복(喪服) 중 하나로, 오복(五服)에 속한다. 거친 삼베를 사용해서 만들며, 자른 부위를 꿰매어 가지런하게 정리하기 때문에, '자최복'이라고 부른다. 이 복장을 입게 되는 기간에도 여러 종류가 있는데, 3년 동안 입는 경우는 죽은 계모(繼母)나 자모(慈母)를 위한 경우이고, 1년 동안 입는 경우는 손자가 죽은 조부모를 위해 입는 경우와 남편이 죽은 아내를 입는 경우 등이다. 그리고 1년 동안 '자최복'을 입는 경우, 그 기간을 자최기(齊衰期)라고도 부른다. 또 5개월 동안 입는 경우는 죽은 증조부나 증조모를 위한 경우이며, 3개월 동안 입는 경우는 죽은 고조부나 고조모를 위한 경우 등이다.

[23] 대공복(大功服)은 상복(喪服) 중 하나로, 오복(五服)에 속한다. 조밀한 삼베를 사용해서 만들지만, 소공복(小功服)에 비해서는 삼베의 재질이 거칠기 때문에, '대공복'이라고 부른다. 이 복장을 입게 되는 기간은 상황에 따라 차이가 생기지만, 일반적으로 9개월이다. 당형제(堂兄弟) 및 미혼인 당자매(堂姊妹), 또는 혼인을 한 자매(姊妹) 등을 위해서 입는다.

[24] 소공복(小功服)은 상복(喪服) 중 하나로, 오복(五服)에 속한다. 조밀한 삼베를 사용해서 만들며, 대공복(大功服)에 비해서 삼베의 재질이 조밀하기 때문에, '소공복'이라고 부른다. 이 복장을 입게 되는 기간은 상황에 따라 차이가 생기지만, 일반적으로 5개월이 된다. 백숙(伯叔)의 조부모나 당백숙(堂伯叔)의 조부모, 혼인하지 않은 당(堂)의 자매(姊妹), 형제(兄弟)의 처 등을 위해서 입는다.

(緦麻服)[25]은 조밀한 옷감으로 만든 상복으로, 이 복장을 입는 것은 죽은 자와의 관계가 먼 경우이다. 예를 들어 첩은 본부인이 죽었을 때, 그녀를 위해 1년 동안 상복을 입는다. 그런데 본부인이 죽은 첩을 위해서, 첩과 마찬가지로 1년 동안 상복을 입게 된다면, 너무 지나치게 대우하는 꼴이 되고, 또한 그것보다 기간을 낮추게 되면, 시부모가 죽은 며느리를 위해서 입게 되는 상복 기간과 겹치게 되는 불미스러운 일이 생긴다. 그렇기 때문에 아예 상복을 입지 않는 것이니, 이것이 바로 예(禮)가 불미스러운 일을 해결해준다는 뜻이다. 그리고 공자(孔子)가 죽었을 때, 공자의 문인들은 어떤 복장을 입고 상(喪)을 치러야 하는지에 대해서 의문이 들었다. 그래서 자공(子貢)은 의견을 개진하며, 부친에 대한 상처럼 지내되, 실제 부자(父子)관계가 아니므로, 상복은 입지 말도록 하였다. 이것이 바로 예가 의심스러운 점을 해결해준다는 뜻이다. 본래는 같은 것인데, 오늘날 달라진 것은 고모 및 자매에 대한 상복과 복상(服喪)기간이 이러한 경우에 해당하고, 본래는 다른 것인데, 오늘날 같아진 것은 백모(伯母), 숙모(叔母) 및 자식의 부인에 대한 상복과 복상기간이 이러한 경우에 해당한다. 예에 따르면 옳은 것이고, 예를 어기면 잘못된 것이다. 예를 들어 상주(喪主)가 아직 소렴(小斂)을 하지 않았는데, 자유(子游)가 석구(裼裘)[26]를 입고 조문(弔問)한 것은 예법에 맞으므로 옳은 것이고, 증자(曾子)가 습구(襲裘)[27]를 입고 조문한 것은 예법을 어긴 일이므로 잘못된 것이다.[28]

---

25) 시마복(緦麻服)은 상복(喪服) 중 하나로, 오복(五服)에 속한다. 가장 조밀한 삼베를 사용해서 만든다. 이 복장을 입게 되는 기간은 상황에 따라서 차이가 있지만, 일반적으로 3개월이 된다. 친족의 백숙부모(伯叔父母)나 친족의 형제(兄弟)들 및 혼인하지 않은 친족의 자매(姊妹) 등을 위해서 입는다.

26) 석구(裼裘)는 예식(禮式)을 치를 때, 복장을 착용하는 방식 중 하나이다. 겉옷의 소매를 걷어 올려서, 안에 입고 있는 갓옷을 겉으로 드러내되, 다 드러내는 것은 아니다. 성대한 예식을 치를 때가 아니라면, 이러한 복식으로 복장을 착용하는 것이 공손함을 나타내는 방법이 된다.

27) 습구(襲裘)는 성대한 예식(禮式)을 치를 때, 복장을 착용하는 방식을 뜻한다. 겉옷으로 안에 입고 있던 갓옷을 완전하게 가리기 때문에, '습구'라고 부른다.

28) 『예기』「단궁상(檀弓上)」【88c】: 曾子襲裘而弔, 子游裼裘而弔. 曾子指子游而示人, 曰, "夫夫也, 爲習於禮者, 如之何其裼裘而弔也?" 主人旣小斂, 袒, 括髮,

그림 2-1 참최복(斬衰服) 착용 모습

圖 衰 斬

▶ 출처: 『삼재도회(三才圖會)』「의복(衣服)」 3권

子游趨而出, 襲裘帶経而入. 曾子曰, "我過矣, 我過矣. 夫夫是也."

▶ 그림 2-2   자최복(齊衰服) 착용 모습

▶ **출처:** 『삼재도회(三才圖會)』「의복(衣服)」3권

그림 2-3   대공복(大功服) 착용 모습

▸ 출처: 『삼재도회(三才圖會)』「의복(衣服)」 3권

그림 2-4 소공복(小功服) 착용 모습

▸ **출처:** 『삼재도회(三才圖會)』「의복(衣服)」3권

▎그림 2-5 ▎시마복(緦麻服) 착용 모습

▸출처: 『삼재도회(三才圖會)』「의복(衣服)」3권

大全　藍田呂氏曰: 伯母·叔母疏衰, 踊不絶地, 姑·姊妹之大功, 踊絶於
地, 爲祖父母齊衰期, 爲曾祖父母齊衰三月, 此所以定親疏也. 嫂叔不通問, 嫂
叔無服, 君沐粱, 大夫沐稷, 士沐粱, 燕不以公卿爲賓, 以大夫爲賓, 此所以決
嫌疑也. 己之子與兄弟之子, 異矣. 引而進之, 同服齊衰期. 天子至於庶人, 其
貴賤異矣, 而父母之喪·齊衰之服·饘粥之食, 無貴賤一也. 大夫爲世父母·
叔父母·衆子昆弟·昆弟之子, 降服大功, 尊同則不降, 此所以別同異也. 禮
之所尊, 尊其義也. 其文是也, 其義非也, 君子不行也. 其義是也, 其文非也, 君
子行也. 故麻冕禮也, 今也純儉, 吾從衆, 男女不授受禮也, 嫂溺援之以手, 此
所以明是非也.

번역　남전여씨가 말하길, 죽은 백모(伯母)나 숙모(叔母)에 대해서는 소
최복(疏衰服)[29]을 입고, 발 구르기를 하되, 발을 땅에서 떼지 않는다. 죽은
고모나 자매에 대해서는 대공복(大功服)을 입고, 발 구르기를 하되, 발을
땅에서 뗀다.[30] 죽은 조부모(祖父母)를 위해서는 자최복(齊衰服)을 입되,
1년 동안 입고,[31] 죽은 증조부(曾祖父)나 증조모(曾祖母)를 위해서는 자최
복을 입되, 3개월 동안 입는다.[32] 이러한 것들이 바로 예(禮)가 친하고 소원
한 관계를 확정해준다는 뜻이다. 형제의 아내들과 남편의 형제들은 서로
인사를 주고받지 않고,[33] 서로를 위해서 상복(喪服)도 입지 않는다.[34] 또
죽은 군주의 시신에는 목량(沐粱)[35]을 하고, 대부(大夫)에 대해서는 목직
(沐稷)[36]을 하며, 사(士)에 대해서는 목량을 한다.[37] 또 연회를 시행할 때에

---

29) 소최복(疏衰服)은 자최복(齊衰服)을 가리킨다.
30) 『예기』「잡기하(雜記下)」【517c】: 孔子曰, "伯母叔母疏衰, 踊不絶地. 姑姊妹
之大功, 踊絶於地. 如知此者, 由文矣哉! 由文矣哉!"
31) 『의례』「상복(喪服)」: 祖父母. 傳曰, 何以期也? 至尊也.
32) 『의례』「상복(喪服)」: 曾祖父母. 傳曰, 何以齊衰三月也? 小功者, 兄弟之服也,
不敢以兄弟之服服至尊也.
33) 『예기』「곡례상」【23d】: 嫂叔不通問, 諸母不漱裳.
34) 『예기』「단궁상(檀弓上)」【93d】: 喪服, 兄弟之子猶子也, 蓋引而進之也. 嫂叔
之無服也, 蓋推而遠之也. 姑姊妹之薄也, 蓋有受我而厚之者也.
35) 목량(沐粱)은 기장의 한 종류인 량(粱)을 씻고서, 그 물로 시신의 머리를 감기
는 것을 뜻한다.

는 지위가 높은 공(公)과 경(卿)들을 빈객(賓客)으로 삼아서 지위를 더 높게 만들지 않고, 그들보다 낮은 대부를 빈객으로 삼는다.38) 이러한 것들이 바로 예가 불미스럽고 의심스러운 것들을 해결해준다는 뜻이다. 자신의 죽은 아들과 형제의 죽은 아들에 대한 예법은 다르다. 그런데도 형제의 아들에 대한 예법을 끌어 올려서, 자신의 아들에 대한 예법과 동일하게 적용하여, 자최복을 입고 1년 동안 지내게 된다.39) 천자로부터 서인(庶人)에 이르기까지, 그들 개개인의 신분에는 귀천(貴賤)의 차이가 있지만, 부모상을 치르는 것과 자최복을 입고 치르는 상(喪) 및 상중(喪中)에 죽을 먹는 방법 등은 귀천의 차별이 없이 모두가 동일하다.40) 대부는 죽은 백부(伯父) 및 백모, 숙부(叔父) 및 숙모, 여러 곤제(昆弟)들과 곤제의 아들들을 위해서, 상복의 수위를 낮춰서 대공복(大功服)을 입지만, 신분의 존귀함이 동일하다면, 상복을 낮춰서 입지 않는다.41) 이러한 것들이 바로 예가 같고 다른 것을 분별시켜준다는 뜻이다. 예(禮)가 존귀하게 여겨지는 이유는 그 안에 내포된 도의를 존귀하게 여기기 때문이다. 따라서 예의 형식적인 측면만 규정에 맞고, 시행하는 의의가 잘못되었다면, 군자는 이러한 예법을 시행하지 않는다. 또한 이와는 반대로 시행하는 의의가 옳다면, 그 형식적인 측면에 다소 맞지 않는 것이 있더라도, 군자는 이러한 예법을 시행한다.42) 그렇

---

36) 목직(沐稷)은 기장의 한 종류인 직(稷)을 씻고서, 그 물로 시신의 머리를 감기는 것을 뜻한다.

37) 『예기』「상대기(喪大記)」【532d】: 管人汲, 授御者, 御者差沐于堂上. <u>君沐粱, 大夫沐稷, 士沐粱.</u>

38) 『예기』「연의(燕義)」【712d】: 設賓主, 飮酒之禮也. 使宰夫爲獻主臣, 莫敢與君亢禮也. <u>不以公卿爲賓, 而以大夫爲賓, 爲疑也, 明嫌之義也.</u>

39) 『예기』「단궁상(檀弓上)」【93d】: 喪服, <u>兄弟之子猶子也, 蓋引而進之也.</u> 嫂叔之無服也, 蓋推而遠之也. 姑姉妹之薄也, 蓋有受我而厚之者也.

40) 『예기』「단궁상(檀弓上)」【73c】: 穆公之母卒, 使人問於曾子, 曰, "如之何?" 對曰, "申也聞諸申之父, 曰, "哭泣之哀, <u>齊斬之情, 饘粥之食, 自天子達.</u> 布幕, 衛也. 縿幕, 魯也."

41) 『의례』「상복(喪服)」: 大夫爲世父母·叔父母·子昆弟·昆弟之子爲士者. 傳曰, 何以大功也? 尊不同也. 尊同則得服其親服.

42) 『예기』「교특생(郊特牲)」【337a】: 禮之所尊, 尊其義也, 失其義, 陳其數, 祝史之事也. 故其數可陳也, 其義難知也. 知其義而敬守之, 天子之所以治天下也.

기 때문에 마면(麻冕)을 쓰는 것이 본래의 예법이지만, 현재 생사를 사용해서 만든 관(冠)을 쓰는 것이 더 검소하므로, 공자(孔子)는 대중들의 뜻에 따르겠다고 한 것이고,[43] 남녀 간에는 직접 물건을 주고받지 않는 것이 본래의 예법이지만, 형수가 물에 빠졌을 때에는 직접 손을 잡고 구해준다고 한 것이다.[44] 이러한 것들이 바로 예가 옳고 그른 것을 명확하게 해준다는 뜻이다.

釋文 夫音扶, 凡發語之端皆然, 後放此. 疏, 所居反, 或作疎. 決, 徐古穴反. 嫌, 戶恬反. 別, 彼列反, 下注·下文同.

번역 '夫'자는 음은 '扶(부)'인데, 발어사로 사용될 때에는 모두 그 음이 이와 같으니, 이후에 발어사로 사용된 '夫'자의 음도 모두 이와 같다. '疏'자는 '所(소)'자와 '居(거)'자의 반절음이며, 혹은 '疎'자로도 기록한다. '決'자의 서음(徐音)은 '古(고)'자와 '穴(혈)'자의 반절음이다. '嫌'자는 '戶(호)'자와 '恬(념)'자의 반절음이다. '別'자는 '彼(피)'자와 '列(렬)'자의 반절음으로, 아래의 정현 주 및 아래의 경문에 나오는 '別'자도 모두 그 음이 이와 같다.

孔疏 ●"夫禮"至"往敎". ○正義曰: 此一節總明治身立行, 交接得否, 皆由於禮, 故以禮爲目, 各隨文解之.

번역 ●經文: "夫禮"~"往敎". ○이 문장은 자신을 다스리는 행위와 교우할 때의 옳고 그름이 모두 예(禮)에서 비롯되었음을 총괄적으로 언급하고 있다. 그렇기 때문에 각 문단에서 '예'자를 먼저 거론해둔 것이다. 각각의 문장에 따라서 풀이하겠다.

---

43) 『논어』「자한(子罕)」: 子曰, "麻冕, 禮也, 今也純, 儉, 吾從衆. 拜下, 禮也, 今拜乎上, 泰也. 雖違衆, 吾從下."
44) 『맹자』「이루상(離婁上)」: 嫂溺不援, 是豺狼也. 男女授受不親, 禮也, 嫂溺, 援之以手者, 權也.

孔疏 ●"夫禮者, 所以定親疏"者, 五服之內, 大功已上服麤者爲親, 小功已下服精者爲疏, 故周禮小史掌定繫世, 辨昭穆也.

번역 ●經文: "夫禮者, 所以定親疏". ○오복(五服) 중 대공복(大功服) 이상인 참최복(斬衰服)·자최복(齊衰服)·대공복은 매우 거친 옷감으로 만든 상복(喪服)으로, 이 복장들을 입는 것은 죽은 자와의 관계가 가까운 경우이며, 소공복(小功服) 이하인 소공복·시마복(緦麻服)은 조밀한 옷감으로 만든 상복으로, 이 복장을 입는 것은 죽은 자와의 관계가 먼 경우이다. 그렇기 때문에『주례』에 기록된 소사(小史)라는 관리는 이러한 예법을 돕기 위해서, 왕가의 세계(世系)를 정리하고, 소목(昭穆)의 질서를 바로잡는 일을 담당했던 것이다.[45]

孔疏 ●"決嫌疑"者, 若妾爲女君期, 女君爲妾若報[46]之則太重, 降之則有舅姑爲婦之嫌, 故全不服, 是決嫌也[47]. 孔子之喪, 門人疑所服. 子貢曰: "昔者

---

45) 『주례』「춘관(春官)·소사(小史)」: 小史, 掌邦國之志, <u>奠繫世, 辨昭穆</u>. 若有事, 則詔王之忌諱.

46) '보(報)'자에 대하여. 『십삼경주소(十三經注疏)』 북경대 출판본에서는 "혜동(惠棟)의『교송본(校宋本)』에서는 동일하게 '보'자로 기록하고 있다. 『민본(閩本)』·『감본(監本)』·『모본(毛本)』에서 '복(服)'자로 기록하고 있는 것은 잘못된 기록이다. 완원(阮元)의『교감기(校勘記)』에서는 "「상복(喪服)」편에는 유보(有報)라는 기록이 있고, 정요전(程瑤田)은 보(報)는 복장을 같게 하여 서로 돕는다는 뜻이라고 했으며, 또한 이러한 까닭으로 기년복(期年服)을 입어야 하는 대상에게는 기년복을 입는 것이고, 대공복(大功服)이나 소공복(小功服)을 입어야 하는 대상에게는 대공복이나 소공복을 입는 것이며, 시마복(緦麻服)을 입어야 하는 대상에게는 시마복을 입는 것이니, 한쪽을 중시하거나 경시하는 등의 차별이 없는 것이기 때문에, 보(報)라고 부르는 것이다. 그리고 천지(天地), 선조(先祖), 군사(君師) 등의 삼본(三本)에 대해서, 그들의 뜻에 보답해야 한다는 사실을 모르고, 망령되게 복장을 고쳐서 입는 것은 매우 잘못된 일이라고 했다."라고 했다.

47) '야(也)'자에 대하여. '야'자는 본래 '의자(疑者)'로 기록되어 있었는데, 완원(阮元)의『교감기(校勘記)』에서는 "혜동(惠棟)의『교송본(校宋本)』에는 '혐(嫌)'자 뒤에 '야'자가 있고, '의자'라는 두 글자는 기록되어 있지 않은데, 이 기록이 옳다. 위씨(衛氏)의『집설(集說)』에도 동일하게 '의자'라는 글자 대신 '야'자로

夫子喪顏回, 若喪子而無服. 喪子路亦然, 請喪夫子, 若喪父而無服", 是決疑
也.

번역 ●經文: "決嫌疑". ○예를 들어 첩은 죽은 본부인을 위해서 기년복
(期年服)48)을 입는데, 만약 본부인도 죽은 첩을 위해서 기년복을 입게 된다
면, 너무 지나치게 대우하는 꼴이 되고, 그것보다 낮추게 되면, 시부모가
죽은 며느리를 위해서 입게 되는 상복(喪服)의 수위와 겹치게 되는 불미스
러운 일이 생긴다. 그렇기 때문에 아예 상복을 입지 않는 것이니, 이것이
바로 예(禮)가 불미스러운 일을 해소시켜 준다는 뜻이다. 공자(孔子)가 죽
었을 때, 공자의 문인들은 어떤 복장을 입고 상(喪)을 치러야 하는지에 대
해서 의문이 들었다. 자공(子貢)이 말하길, "옛날에 공자께서 안연(顏淵)에
대한 상을 치르며, 자식에 대한 상처럼 지내되, 상복은 입지 않으셨다. 자로
(子路)에 대한 상에서도 또한 그처럼 하셨으니, 청컨대, 선생님에 대한 상
에서도, 부친에 대한 상처럼 지내되, 상복을 입지 않는 것이 어떠한가."라고
했다.49) 이것이 바로 예가 의심스러운 부분을 해결해준다는 뜻이다.

孔疏 ●"別同異"者, 賀瑒云: "本同今異, 姑·姊妹是也. 本異今同, 世
母·叔母及子婦是也."

번역 ●經文: "別同異". ○하창50)이 말하길, "본래는 같은 것인데, 오늘
날 달라진 것은 고모 및 자매에 대한 상복(喪服)과 복상(服喪)기간 등이다.

기록되어 있다."라고 했다.
48) 기년복(期年服)은 1년 동안 상복(喪服)을 입는다는 뜻이다. 또는 그 기간 동안
   입게 되는 상복을 뜻하기도 하는데, 일반적으로 자최복(齊衰服)을 가리키는
   용어로 사용된다. '기년복'이라고 할 때의 '기년(期年)'은 1년을 뜻하는데, '자
   최복'은 일반적으로 1년 동안 입게 되는 상복이 되기 때문이다.
49) 『예기』「단궁상(檀弓上)」【85c】: 孔子之喪, 門人疑所服. 子貢曰, "昔者夫子之
   喪顏淵, 若喪子而無服, 喪子路亦然, 請喪夫子若喪父而無服."
50) 하창(賀瑒, A.D.452 ~ A.D.510): 남조(南朝) 때의 학자이다. 남조의 제(齊)나
   라와 양(梁)나라에서 각각 활동하였다. 자(字)는 덕련(德璉)이다. 『예기신의소
   (禮記新義疏)』 등을 찬술하였다.

한편 본래는 다른 것인데, 오늘날 같아진 것은 백모(伯母), 숙모(叔母) 및 자식의 부인에 대한 상복과 복상기간 등이다."라고 했다.

孔疏 ●"明是非也"者, 得禮爲是, 失禮爲非. 若主人未斂[51], 子游裼裘而弔, 得禮, 是也. 曾子襲裘而弔, 失禮, 非也. 但嫌疑同異是非之屬, 在禮甚衆, 各擧一事爲證. 而皇氏具引, 今亦略之.

번역 ●經文: "明是非也". ○예(禮)에 따르면 옳은 것이고, 예를 어기면 잘못된 것이다. 예를 들어 상주(喪主)가 아직 소렴(小斂)을 하지 않았는데, 자유(子游)가 석구(裼裘)를 입고 조문한 것은 예법에 맞으므로, 옳은 것이고, 증자(曾子)가 습구(襲裘)를 입고 조문한 것은 예법을 어긴 일이므로, 잘못된 것이다. 다만 혐의(嫌疑)・동이(同異)・시비(是非)를 가려야 하는 부류들은 예제(禮制)에 너무나도 많이 나타나므로, 각각에 해당하는 한 가지 사례만을 들어서 증명을 한 것이다. 황간은 이러한 사안에 해당하는 모든 내용들을 전부 열거하고 있는데, 지금 이곳에서는 수많은 예시들을 생략하고, 간략하게만 기록하였다.

訓纂 馬彦醇曰: 喪期有遠近之數, 宗廟有遷毁之制, 定親疏也. 宗廟之儀, 迎牲而不迎尸, 燕飮之禮, 宰夫爲獻主, 而以大夫爲賓, 所以斷君臣之疑. 男女非有行媒, 不相知名, 非受幣不交不親, 所以別男女之嫌.

번역 마언순이 말하길, 상복(喪服)을 입는 기간에는 상대와의 관계에 따른 길고 짧은 수치가 정해져 있고, 종묘(宗廟)에는 신주(神主)를 옮기며

---

51) '렴(斂)'자에 대하여. 『십삼경주소(十三經注疏)』 북경대 출판본에서는 "『민본(閩本)』・『감본(監本)』・『모본(毛本)』에서는 동일하게 '斂'자로 기록하고 있다. 『고문(考文)』에서는 송(宋)나라 때의 판본을 인용하여, '렴'자 앞에 '소(小)'자를 덧붙여서 기록하고 있다. 완원(阮元)의 『교감기(校勘記)』에서는 '『예기』 「단궁(檀弓)」편을 살펴보면, 렴(斂)자 앞에 소(小)자가 기록되어 있다.'라고 했다. 『예기훈찬(禮記訓纂)』에도 '소'자가 기록되어 있다."라고 했다.

대수(代數)가 끝난 묘(廟)를 허무는 제도가 있으니, 이것이 바로 예(禮)가 가깝고 소원한 관계를 정해주는 것이다. 종묘(宗廟)에서 의례(儀禮)를 시행할 때에는 희생물은 맞이하되, 시동은 맞이하지 않는다. 또 연회를 시행할 때의 예법에서는 재부(宰夫)52)를 헌주(獻主)53)로 삼고, 대부(大夫)를 빈객(賓客)으로 삼는다. 이러한 것들은 군주와 신하 사이에서 시행되는 예법 중 의심스러운 부분을 판정해주는 것이다.54) 남자와 여자 사이에서는 중매를 서는 자가 없다면, 서로의 이름조차 알 수 없었으며, 혼인이 약속되어 예물(禮物)을 주고받은 관계가 아니라면, 교제도 하지 않고, 친하게 지내지도 않는다.55) 이것이 바로 예가 남녀 사이에서 생길 수 있는 불미스러운 일을 사전에 방지해주는 것이다.

集解 愚謂: 彼此相淆謂之嫌, 是非相似謂之疑. 四者所該甚廣, 孔氏各擧喪禮一端以言之, 其餘亦可以類推矣.

번역 내가 생각하기에, 저것과 이것이 서로 뒤섞여 있어서 의심스러운 것을 '혐(嫌)'이라고 부르고, 시비(是非)가 서로 유사한 것을 '의(疑)'라고 부른다. "친소 관계를 분명히 한다[定親疏].”라는 사안, "혐의스러운 것을 해결한다[決嫌疑].”라는 사안, "같고 다른 것을 변별한다[別同異].”라는 사안, "시비를 밝힌다[明是非].”라는 사안 등 이 네 가지 사안에 해당되는 일들은 매우 많다. 공영달(孔穎達)은 각각의 사안에 대해서, 상례(喪禮)에 나

---

52) 재부(宰夫)는 음식을 담당하거나, 제사 때 희생물의 도살을 담당했던 하위 관리이다.
53) 헌주(獻主)는 연회 자리에서 사람들에게 술을 따라주는 자이다. 일반적으로 연회를 마련한 주인(主人)이 담당하였다. 그러나 군주가 주인인 경우, 그 예법을 낮출 필요가 있을 때, 재부(宰夫)를 시켜서 '헌주'로 삼고, 그를 시켜서 빈객(賓客)들에게 술을 따르게 했다.
54) 신하가 시행하는 예법(禮法)은 군주가 시행하는 예법과 대등할 수 없기 때문에, 각각의 의례절차에 의문이 들게 된다. 따라서 종묘 및 연회와 관련된 예법에서 차등적인 절차를 정해주는 것은 바로 군주에게 무례를 범하게 되는 잘못을 미연에 방지해준다는 뜻이다.
55) 『예기』「곡례상」【24b】: 男女非有行媒, 不相知名, 非受幣, 不交不親.

타나는 한 가지 단서들을 제시하여 설명을 하였는데, 그 나머지 부분에 대해서도 또한 유추를 해볼 수 있다.

【9b】

禮, 不妄說人, 不辭費.

직역 禮는 人을 妄說하지 않고, 辭費하지 않는다.

의역 예법에 따라 행동한다는 것은 망령되게 남을 기쁘게 만들지 않고, 쓸데없이 말을 많이 하지 않는 것이다.

集說 求以悅人, 已失處心之正, 況妄乎? 不妄悅人, 則知禮矣. 躁人之辭多, 君子之辭達意則止. 言者煩, 聽者必厭.

번역 남을 기쁘게 하는 것을 추구한다면, 이미 마음을 보존시키는 올바른 도리를 잃어버린 것인데, 하물며 망령되게 남을 기쁘게 만드는 경우는 어떠하겠는가? 망령되이 남을 기쁘게 만드는 것을 추구하지 않는다면, 이것은 곧 예(禮)를 제대로 아는 것이다. 성급한 사람들은 쓸데없이 말이 많지만, 군자(君子)가 말을 할 때에는 뜻을 전달하게 되면, 더 이상 말을 하지 않는다. 말하는 것이 쓸데없이 많아서 번잡스러우면, 듣는 자가 반드시 싫어하게 된다.

鄭注 爲近佞媚也. 君子說之不以其道, 則不說也. 爲傷信, 君子先行其言而後從之.

번역 망령스럽게 남을 기쁘게 만드는 것은 아첨에 가깝기 때문이다. 군자(君子)를 기쁘게 만들 때, 올바른 도리로써 하지 않는다면, 기뻐하지 않는다.56) 쓸데없이 말을 많이 하면, 신의(信義)를 잃게 되니, 군자는 먼저 자신이 말할 것에 대해서 실천을 하고, 그 이후에 그 말이 뒤따라 나오게 된다.57)

釋文 說音悅, 又始悅反, 注同. 佞, 乃定反, 口才曰佞. 媚, 眉忌反, 意向曰媚. 辭, 本又作詞, 同; 說文以詞爲言詞之字; 辭, 不受也, 後皆放此. 費, 芳味反, 言而不行爲辭費.

번역 '說'자는 음이 '悅(열)'이며, 또한 '始(시)'자와 '悅(열)'자의 반절음도 된다. 정현의 주에 나오는 '說'자도 그 음이 이와 같다. '佞'자는 '乃(내)'자와 '定(정)'자의 반절음으로, 말재간이 있는 것을 '佞'이라고 한다. '媚'자는 '眉(미)'자와 '忌(기)'자의 반절음으로, 의도적으로 계획하는 것을 '媚'라고 한다. '辭'자는 판본에 따라서 '詞'라고도 쓰는데, 두 글자의 음은 같고, 『설문해자(說文解字)』에서는 '詞'자를 '言詞'라고 할 때의 '詞'자로 설명하고 있다. 그리고 '辭'자는 사양하며 받지 않는다는 뜻으로, 뒤에 나오는 '辭'자도 모두 이와 같다. '費'자는 '芳(방)'자와 '味(미)'자의 반절음으로, 말만 하고 행동으로 옮기지 않는 것이 바로 '辭費'가 된다.

孔疏 ●"禮不妄說人"者, 禮動不虛, 若說人之德, 則爵之. 問人之寒, 則衣之. 若無爵無衣, 則爲妄說, 近於佞媚也.

번역 ●經文: "禮不妄說人". ○예(禮)에 따른 행위는 허황되지 않다. 예를 들어 남의 미덕(美德)에 대해서 칭찬을 하게 되면, 그에게 벼슬을 내려주는 것이고, 남이 춥게 지낸다는 이야기를 들으면, 그에게 옷을 내려주는

---

56) 『논어』「이인(里仁)」 : 子曰, "富與貴, 是人之所欲也, 不以其道得之, 不處也. 貧與賤, 是人之所惡也, 不以其道得之, 不去也. 君子去仁, 惡乎成名? 君子無終食之間違仁, 造次必於是, 顚沛必於是."
57) 『논어』「위정(爲政)」 : 子貢問君子. 子曰, "先行其言而後從之."

것이다.[58] 만약 벼슬도 주지 않고, 옷도 내려주지 않는다면, 이것은 망령되게 남을 기쁘게만 만드는 것으로, 아첨에 가까운 행위가 된다.

孔疏 ◎注"君子"至"說也". ○正義曰: 此論語文. 孔子曰: "君子說之不以其道, 則不說也." 不以其道說之, 是妄說, 故君子不說也, 引證經禮不妄說人之事.

번역 ◎鄭注: "君子"~"說也". ○이 문장은 『논어』에 나오는 말이다. 공자(孔子)는 "군자(君子)를 기쁘게 만들 때, 올바른 도리로써 하지 않는다면, 기뻐하지 않는다."라고 하였다. 따라서 올바른 도리로써 상대방을 기쁘게 하는 것이 아니라면, 이것은 망령되게 상대방을 기쁘게만 만드는 행위가 된다. 그렇기 때문에 군자가 기뻐하지 않는 것이니, 정현은 이러한 말을 인용하여, 경문에 나온 '예불망열인(禮不妄說人)'에 대한 구체적 사례를 대고 있는 것이다.

孔疏 ●"不辭費者". ○正義曰: 凡爲人之道, 當言行相副, 今直有言而無行, 爲辭費.

번역 ●經文: "不辭費者". ○사람으로서 시행해야 하는 도리는 마땅히 언행(言行)이 서로 일치해야 하는 것이니, 단지 말만 하고, 그에 따른 실천이 없다면, 이것은 쓸데없이 말만 많이 하는 것에 지나지 않는다.

訓纂 王氏懋竑曰: 禮必有辭, 如冠・昏・上相見皆有辭, 數語而已, 不多也.

번역 왕무횡[59]이 말하길, 예법을 시행하다보면, 반드시 말을 하게 된다.

---

58) 『예기』「표기(表記)」【638c】: 子曰, "君子不以口譽人, 則民作忠. 故君子問人之寒則衣之, 問人之飢則食之, 稱人之美則爵之. 國風曰, "心之憂矣, 於我歸說."

59) 왕무횡(王懋竑, A.D.1668 ~ A.D.1741): 청대(淸代)의 경학자이다. 자(字)는

예를 들어 관례(冠禮), 혼례(婚禮), 상견례(相見禮)와 같은 의례에서도 모두 말을 하게 되지만, 그것은 몇 마디의 말에 불과할 뿐이지, 말을 많이 하는 것은 아니다.

【集解】 朱子曰: 禮有常度, 不爲佞媚以求說於人也. 辭達則止, 不貴於多.

【번역】 주자가 말하길, 예(禮)에는 일정한 법도가 있어서, 아첨을 하며 남을 기쁘게 만드는 것을 추구하지 않는다. 그리고 말을 통해 자신의 의사가 전달되면 그만 두는 것이니, 예법에 있어서는 말을 많이 하는 것을 귀하게 여기지 않는다.

【9c】

禮, 不踰節, 不侵侮, 不好狎.

【직역】 禮는 踰節하지 않고, 侵侮하지 않으며, 好狎하지 않는다.

【의역】 예법에 따라 행동한다는 것은 절도를 넘지 않는 것이고, 남을 침해하거나 업신여기지 않는 것이며, 너무 친근하게 대하며 무례하게 굴지 않는 것이다.

【集說】 踰節則招辱, 侵侮則忘讓, 好狎則忘敬. 三者皆叛禮之事, 不如是, 則有以持其莊敬純實之誠, 而遠於恥辱矣.

【번역】 절도를 넘기게 되면, 욕을 보게 되고, 침해하거나 업신여기게 되면, 겸손한 마음을 잊게 되며, 너무 친근하게 대하며 무례하게 굴면, 공경하

___
여중(予中)·여중(與中)이며, 호(號)는 백전(白田)이다.

는 마음을 잊게 된다. 이 세 가지는 모두 예(禮)를 위반하는 일들이니, 이처럼 행동하지 않는다면, 장엄하고 공경스러운 태도와 순수하고 진실된 성심(誠心)을 지니게 되어, 치욕을 당하지 않게 된다.

大全 朱子曰: 禮有常度, 不爲佞媚以求悅於人也. 不辭費, 辭達則止, 不貴於多. 不好狎, 狎謂親褻.

번역 주자가 말하길, 예(禮)에는 일정한 법도가 있어서, 아첨을 하며 남을 기쁘게 만드는 것을 추구하지 않는다. 그리고 말은 쓸데없이 많이 하지 않으니, 말을 통해 의사가 전달되면, 말을 그만하는 것이다. 따라서 예법에서는 말을 많이 하는 것을 좋은 것이라고 여기지 않는다. 아무리 가까운 사이라고 하더라도, 너무 친하게 지내며 무례하게 굴지 않는 것이니, '압(狎)'자는 친근하게 대하며 버릇없이 구는 것을 뜻한다.

大全 金華應氏曰: 不妄悅人, 不辭費, 所以養其正大簡易之心也. 不踰節, 所以致其審謹密察之功也. 不侵侮, 不好狎, 所以持其莊敬純實之誠也.

번역 금화응씨가 말하길, 망령스럽게 남을 기쁘게 만들지 않고, 쓸데없이 말을 많이 하지 않는 것은 공명정대함과 간단하고 평이함을 추구하는 마음을 기르는 방법이다. 절도를 넘지 않는 것은 공손하게 삼가며 자세히 분별할 수 있는 공덕을 이루는 방법이다. 침해하거나 업신여기지 않고, 너무 친근하게 대하며 무례하게 굴지 않는 것은 장엄하고 공경스러운 태도와 순수하고 진실된 성심(誠心)을 보존하는 방법이다.

鄭注 爲傷敬也. 人則習近爲好狎.

번역 이러한 행동을 하면, 공경함을 잃게 된다. 일반적으로 사람은 익숙해지고 가까워지면, 상대방에 대해 무례하게 굴기 쉽다.

釋文 侮, 徐亡撫反, 輕慢也. 好, 呼報反, 注同.

번역 '侮'자의 서음(徐音)은 '亡(망)'자와 '撫(무)'자의 반절음으로, 경시하고 오만하게 군다는 뜻이다. '好'자는 '呼(호)'자와 '報(보)'자의 반절음이며, 정현의 주에 나오는 글자도 그 음이 이와 같다.

孔疏 ●"禮不"至"好狎". ○禮者所以辨尊卑, 別等級, 使上不逼下, 下不僭上, 故云禮不踰越節度也.

번역 ●經文: "禮不"~"好狎". ○예(禮)라는 것은 신분에 따른 존비(尊卑)의 계급을 분별하고, 등급의 차등을 변별하여, 윗사람으로 하여금 아랫사람을 핍박하지 못하게 하고, 아랫사람으로 하여금 윗사람에게 함부로 대하지 못하게 하는 것이다. 그렇기 때문에 예(禮)는 절도를 벗어나지 않는 것이라고 말한 것이다.

孔疏 ●"不侵侮"者, 禮主於敬, 自卑而尊人, 故戒之不得侵犯侮慢於人也.

번역 ●經文: "不侵侮". ○예(禮)는 공경[敬]을 위주로 하여, 스스로를 낮추고 남을 높이는 것이다. 그렇기 때문에 사람들을 주의시키며, 남을 침범하거나 업신여기지 못하게 한 것이다.

孔疏 ●"不好狎"者, 賢者當狎而敬之, 若直近而習之, 不加於敬, 則是好狎, 故鄭云"習近爲好狎"也.

번역 ●經文: "不好狎". ○현명한 자는 상대방에 대해 친근하게 지내면서도 공경함을 잃지 않으니,[60] 만약 가깝게 지내서 친숙하게 되었는데, 공경하는 마음을 보태지 않는다면, 이것은 상대방에게 무례하게 구는 것이다.

---

60) 『예기』「곡례상」【7d】: 賢者, 狎而敬之, 畏而愛之, 愛而知其惡, 憎而知其善, 積而能散, 安安而能遷.

그렇기 때문에 정현이 "익숙해지고 가까워지면, 무례하게 굴기 쉽다."라고 말한 것이다.

集解 朱子曰: 狎, 謂親褻.

번역 주자가 말하길, '압(狎)'자는 너무 친하게 대하며 무례하게 군다는 뜻이다.

集解 愚謂: 禮主於恭敬退讓, 踰節則上僭, 侵侮則不讓, 好狎則不敬.

번역 내가 생각하기에, 예(禮)는 공손함과 공경함, 물러나며 사양하는 것을 위주로 하니, 절도를 넘게 되면, 윗사람에게 참람하게 되고, 남을 침해하고 업신여기게 되면, 사양하지 않는 것이 되며, 너무 친근하게 지내며 무례하게 되면, 공경하지 않는 것이 된다.

【9d】

修身踐言, 謂之善行, 行修言道, 禮之質也.

직역 修身과 踐言을 善行이라 謂하니, 行修와 言道는 禮의 質이다.

의역 자신을 수양하고 자신의 말을 실천하는 것을 선행(善行)이라고 부르니, 수양을 실천하고 도리에 맞게 말하는 것이 예(禮)의 바탕이 된다.

集說 人之所以爲人, 言行而已, 忠信之人, 可以學禮, 故曰禮之質也.

번역 사람이 사람일 수 있는 까닭은 말과 행동에 달려 있을 따름이니,

충신(忠信)을 갖춘 사람만이 예(禮)를 배울 수 있는 것이다. 그렇기 때문에 수양을 하고, 도리에 합당한 말을 하는 것이 "예의 바탕이다."라고 말한 것이다.

集說 鄭氏曰: 言道, 言合於道也.

번역 정현이 말하길, '언도(言道)'라는 말은 자신의 말을 도리에 합당하게 한다는 뜻이다.

大全 嚴陵方氏曰: 禮之文, 則見乎事, 禮之質, 則存乎人, 言行存乎人者也, 故曰禮之質也. 樂記又以中正無邪, 爲禮之質者, 蓋惟行修言道, 乃能中正無邪. 曲禮言其始, 樂記言其終, 所以爲質則一也.

번역 엄릉방씨[61]가 말하길, 예(禮)의 형식[文]은 구체적 일을 통해서 나타나고, 예의 본질[質]은 사람에게 내재해 있는 것인데, 말과 행실도 사람에게 있는 것이다. 그렇기 때문에 언행(言行)이 예의 본질이 된다고 말한 것이다. 『예기』「악기(樂記)」편에서는 또한 치우치지 않고 중도(中道)를 지키는 것과 사벽(邪辟)함이 없는 것을 예의 본질이라고 여겼는데,[62] 무릇 수양을 실천하고 도리에 맞게 말을 해야만, 곧 치우치지 않고 중도를 지킬 수 있는 것이고, 사벽함을 없앨 수 있는 것이다. 그러므로 「곡례」편에서는 언행에 대한 노력의 시초를 언급한 것이고, 「악기」편에서는 그것의 완성을 언급한 것이니, 이러한 것들이 예의 본질이 된다는 점에서는 동일한 것이다.

---

61) 엄릉방씨(嚴陵方氏, ? ~ ?) : =방각(方慤)·방씨(方氏)·방성부(方性夫). 송대(宋代)의 유학자이다. 이름은 각(慤)이다. 자(字)는 성부(性夫)이다. 『예기집해(禮記集解)』를 지었고, 『예기집설대전(禮記集說大全)』에는 그의 주장이 많이 인용되고 있다.

62) 『예기』「악기(樂記)」【464a】: 中正無邪, 禮之質也. 莊敬恭順, 禮之制也.

鄭注 踐, 履也, 言履而行之. 言道, 言合於道. 質猶本也, 禮爲之文飾耳.

번역 ‘천(踐)’자는 “실천한다[履].”는 뜻으로, 자신이 말한 것을 실천하여, 행동으로 옮긴다는 뜻이다. ‘언도(言道)’는 자신의 말을 도리에 합당하게 한다는 뜻이다. ‘질(質)’자는 ‘근본[本]’이라는 뜻이니, 겉으로 드러나는 예(禮)는 언행(言行)의 형식이나 꾸밈에 지나지 않을 따름이다.

釋文 行, 下孟反, 下“行脩”同.

번역 ‘行’자는 ‘下(하)’자와 ‘孟(맹)’자의 반절음으로, 아래문장에 나오는 ‘行脩’에서의 ‘行’자도 그 음이 이와 같다.

孔疏 ●“行脩”至“質也”. ○凡爲禮之法, 皆以忠信仁義爲本, 禮以文[63]飾. “行脩”者, 忠信之行脩. “言道”者, 言合於仁義之道. “質”, 本也, 則可與禮爲本也.

번역 ●經文: “行脩”~“質也”. ○무릇 예(禮)를 시행하는 법도(法度)는 모든 경우에 있어서 충신(忠信)과 인의(仁義)를 근본으로 삼고, 예를 통해서 그것을 적절한 형식에 맞게끔 꾸미게 된다. ‘행수(行脩)’라는 말은 충신에 따라서 행실을 연마한다는 뜻이다. ‘언도(言道)’라는 것은 말을 인의(仁義)라는 도리에 합치시킨다는 뜻이다. ‘질(質)’자는 근본[本]을 뜻하므로, 언행(言行)이 곧 예법에 따를 수 있는 근본이 된다는 의미이다.

---

63) ‘문(文)’자에 대하여. 『십삼경주소(十三經注疏)』 북경대 출판본에서는 “『민본(閩本)』・『감본(監本)』・『모본(毛本)』에서는 동일하게 ‘문’자로 기록하고 있다. 『고문(考文)』에서는 송(宋)나라 때의 판본을 인용하여, ‘문’자 앞에 ‘위(爲)’자를 덧붙여서 기록하였다. 완원(阮元)의 『교감기(校勘記)』에서는 ‘살펴보니, 문(文)자 뒤에 위(爲)자가 있어야 한다. 『고문(考文)』이 잘못 기록한 것이다.’”라고 했다.

集解 愚謂: 脩身踐言, 脩身以踐其所言也. 行顧言則行無不脩矣, 言顧行則言皆合道矣. 人之言行篤實, 乃行禮之本, 所謂"忠信之人可以學禮"也.

번역 내가 생각하기에, '수신천언(脩身踐言)'이라는 말은 자신을 수양하여, 자신이 한 말을 실천한다는 뜻이다. 행동을 할 때 자신이 한 말을 헤아려보면, 수양되지 않은 행동을 하게 될 일이 없고, 말을 할 때에 자신의 행동을 헤아려보면, 말들이 모두 도리에 합치된다.[64] 사람의 말과 행동이 독실하다면, 이것은 곧 예(禮)의 근본을 실천하는 것이니, 이른바 "충(忠)과 신(信)을 갖춘 사람은 예(禮)를 배울 수 있다."[65]라고 한 말에 해당한다.

【9d】

禮, 聞取於人, 不聞取人, 禮, 聞來學, 不聞往敎.

직역 禮는 取於人은 聞하되, 取人은 不聞하며, 禮는 來學은 聞하되, 往敎는 不聞하다.

의역 예(禮)에 있어서는 남이 나의 행동을 모범으로 삼아 채택한다는 말은 들어 봤어도, 내가 직접 나의 행동을 본받도록 억지로 강요한다는 말은 들어보지 못했다. 또한 예에 있어서는 남이 나의 행동을 본받기 위해 찾아와서 배운다는 말은 들어 봤어도, 내가 남을 찾아가서 직접 내 행동을 본받도록 가르친다는 말은 들어보지 못했다.

集說 朱子曰: 此與孟子"治人, 治於人, 食人, 食於人", 語意相類. 取於人

---

64) 『중용』「13장」: <u>言顧行, 行顧言</u>, 君子胡不慥慥爾.
65) 『예기』「예기(禮器)」【315c】: 君子曰, "甘受和, 白受采. <u>忠信之人可以學禮</u>, 苟無忠信之人則禮不虛道, 是以得其人之爲貴也."

者, 爲人所取法也; 取人者, 人不來而我引取之也. 來學往敎, 卽其事也.

번역 주자가 말하길, 여기에 나온 문장과 『맹자』에서 말한 "남을 다스리다, 남에게 다스려지다, 남을 먹여 살리다, 남에게서 빌어먹다."[66]라고 한 문장은 그 말의 의미가 서로 비슷하다. '취어인(取於人)'이라는 말은 남이 채택하여 본받는다는 뜻이며, '취인(取人)'은 남이 찾아오지 않는데도, 내가 직접 그 사람을 억지로 데려다가 채택하도록 한다는 뜻이다. 와서 배우거나 가서 가르친다는 것은 곧 '취어인'과 '취인'의 구체적인 사례에 해당한다.

鄭注 謂君人者. 取於人, 謂高尙其道. 取人, 謂制服其身. 尊道藝.

번역 이 문장은 백성들을 다스리는 군주에 대한 내용이다. '취어인(取於人)'은 그의 도(道)를 높이 평가하여 숭상한다는 뜻이다. '취인(取人)'은 자신을 본받도록 강제로 복종시킨다는 뜻이다. 스승을 찾아가서 배우는 이유는 그의 도덕과 재예를 존숭하기 때문이다.

釋文 取於, 舊七樹反, 謂趣就師求道也; 皇如字, 謂取師之道. 取人如字, 謂制師使從己.

번역 '取於'라고 할 때의 '取'자는 구음(舊音)에서는 '七(칠)'자와 '樹(수)'자의 반절음이 된다. 이 문장은 스승을 찾아가서 도(道)를 구한다는 뜻이 되는데, 황간은 글자 그대로 읽어서, 스승을 선택하는 도(道)라고 하였다. '取人'이라고 할 때의 '取'자는 글자대로 읽으며, 스승이 되어, 사람들로 하여금 자신을 따르게끔 한다는 뜻이다.

---

66) 『맹자』「등문공상(滕文公上)」: 故曰, 或勞心, 或勞力, 勞心者治人, 勞力者治於人, 治於人者食人, 治人者食於人, 天下之通義也.

孔疏 ●"禮聞取於人, 不聞取人"者, 熊氏以爲此謂人君在上招賢之禮, 當用賢人德行, 不得虛致其身. "禮聞取於人"者, 謂禮之所聞, 旣招致有賢之人, 當於身上取於德行, 用爲政敎, 不聞直取賢人, 授之以位, 制服而已, 故鄭云 "謂君人者". 皇氏以爲人君取師受學之法, "取於人", 謂自到師門, 取其道藝.

번역 ●經文: "禮聞取於人, 不聞取人". ○웅안생은 이 문장의 뜻을 군주가 높은 지위에 있으면서, 현자(賢者)들을 초빙하는 예법(禮法)에 해당한다고 생각하여, 현자들의 덕행(德行)은 본받아야만 하는 것이지, 허황된 것들로 자신을 수식해서는 안 된다고 하였다. 경문의 "禮聞取於人"에 대하여. 이 문장의 뜻은 다음과 같다. 예법에 대해서 들어본 바로는 현명한 사람을 초빙하여 찾아오게끔 하였다면, 마땅히 자기 자신은 그의 덕행을 본받아서, 정치와 교화를 펼치는데 적용해야만 하는 것이니, 현명한 자들을 데려다가, 그에게 지위를 내리고서, 복종만 하게끔 한다는 말은 들어보지 못했다는 의미이다. 그렇기 때문에 정현은 "이 문장은 군주에 대한 내용이다."라고 말한 것이다. 황간은 이 문장의 내용이 군주가 스승을 택하여 학문을 배우는 법도에 대한 것이라고 여겨서, 경문의 '취어인(取於人)'을 직접 스승의 문하에 가서, 그의 도덕과 재예를 배운다는 뜻이라고 하였다.

孔疏 ●"禮聞來學, 不聞往敎". ○"禮聞來學"者, 凡學之法, 當就其師, 處北面伏膺. "不聞往敎"者, 不可以屈師親來就己, 故鄭云"尊道藝"也.

번역 ●經文: "禮聞來學, 不聞往敎". ○경문의 "禮聞來學"에 대하여. 무릇 학문의 법도에 있어서는 마땅히 스승에게 찾아가야 하는 것이니, 제아무리 군주라고 할지라도, 제자의 입장에 서서[67] 스승의 말씀을 가슴 깊이 새겨야 하는 것이다. 경문의 "不聞往敎"에 대하여. 이 말은 스승을 굴복시켜서, 직접 자신에게로 찾아오게 해서는 안 된다는 뜻이다. 그렇기 때문에

---

67) 북면(北面)은 특정 공간에서 남쪽에 위치하여 북쪽을 바라보며 있다는 뜻이다. 일반적으로 군주 및 주인 등은 남면(南面)을 하게 되므로, '북면'은 신하가 군주를 알현할 때나, 낮은 자가 높은 자를 찾아뵐 때를 가리킨다.

정현이 "도덕과 재예를 존숭하기 때문이다."라고 말한 것이다.

訓纂 胡邦衡曰: 取於人, 以身下人也. 舜取於人以爲善, 是也. 取人, 謂屈人從己. 齊王欲見孟子, 而使之朝, 是也. 禮聞來學, 不聞往敎. 漢孫寶答張忠云, "君男欲學文, 而移寶自近. 禮有來學, 義無往敎, 道不可詘", 是也.

번역 호방형이 말하길, '취어인(取於人)'은 자신을 상대방보다 낮춰서, 부족한 자로 여기는 것이다. 순(舜)임금은 남에게서 장점을 취하여, 그것으로써 선(善)을 시행하였다고 했는데,[68] 이 말이 바로 이러한 뜻을 가리킨다. '취인(取人)'은 남을 굴복시켜서 자신을 따르게 한다는 뜻이다. 제선왕(齊宣王)이 맹자(孟子)를 만나보기 위해, 사람을 시켜서 찾아오도록 하였던 것이 바로 이것을 가리킨다. 경문에서는 "예에서는 찾아가서 배운다는 말은 들어봤어도, 찾아오게 해서 가르치도록 한다는 말은 들어보지 못했다."라고 하였는데, 한(漢)나라 때 손보(孫寶)라는 인물은 장충(張忠)이 보내온 자에게 대답을 해주며, "그대가 그대의 아들에게 학문을 가르치기 위해서, 나를 데려다가 가까운 곳에 두려고 합니다만, 예법에 따르면 찾아와서 배우는 것이며, 의리에 따르면 가서 가르치는 법은 없고, 도리에 따르면, 이러한 점은 굽힐 수가 없는 것이다."[69]라고 하였는데, 이 말이 바로 이러한 뜻을 가리킨다.

集解 今按: 二取字並如字.

번역 내가 살펴보니, 이 문장에 나오는 두 개의 '취(取)'자는 모두 글자대로 읽어야 한다.

---

68) 『맹자』「공손추상(公孫丑上)」: 子路, 人告之以有過, 則喜. 禹聞善言, 則拜. 大舜有大焉, 善與人同, 捨己從人, 樂取於人以爲善.

69) 『한서(漢書)』「개제갈류정손관장하전(蓋諸葛劉鄭孫毌將何傳)」: 高士不爲主簿, 而大夫君以寶爲可, 一府莫言非, 士安得獨自高? 前日君男欲學文, 而移寶自近. 禮有來學, 義無往敎; 道不可詘, 身詘何傷? 且不遭者可無不爲, 況主簿乎?

集解 朱子曰: 取於人者, 爲人所取法也. 取人者, 人不來而我引取之也. 禮
聞取於人, 故有來學; 不聞取人, 故無往教.

번역 주자가 말하길, '취어인(取於人)'이라는 말은 남이 자신의 것을 본
받는다는 뜻이며, '취인(取人)'은 남이 찾아오지 않는데도, 내가 직접 그 사
람을 억지로 데려다가 본받도록 한다는 뜻이다. 예(禮)에 있어서는 남이
나의 행동을 모범으로 삼아 본받는다는 말은 들어 봤기 때문에, 남이 나의
행동을 본받기 위해 찾아와서 배우는 것이며, 나의 행동을 본받도록 억지
로 강요한다는 말은 들어보지 못했기 때문에, 직접 찾아가서 가르치지 않
는 것이다.

集解 愚謂: 君子有敎無類, 然必彼有求道之心, 而後我之敎有所施, 若往
而敎之, 則道不尊而敎不行矣.

번역 내가 생각하기에, 군자(君子)는 가르침에 차별을 두지 않지만,[70]
반드시 그 사람 자신에게 도(道)를 갈구하는 마음이 있어야만, 그런 이후에
야 나의 가르침이 시행되는 것이니, 만약 무턱대고 가서, 그에게 도를 갈구
하는 마음이 없는데도, 가르치기만 한다면, 도는 높아지지 않고, 가르침도
시행되지 않게 된다.

---

70) 『논어』「위령공(衛靈公)」: 子曰, "有敎無類."

• 제 3 절 •

예(禮)의 중요성

【10a】

> 道德仁義, 非禮不成.

직역 道德과 仁義는 非禮면 不成이다.

의역 도덕(道德)과 인의(仁義)는 예(禮)를 통하지 않으면, 이룰 수가 없다.

集說 道, 猶路也, 事物當然之理, 人所共由, 故謂之道. 行道而有得於心, 故謂之德. 仁者, 心之德, 愛之理. 義者, 心之制, 事之宜. 四者皆由禮而入, 以禮而成. 蓋禮以敬爲本, 敬者, 德之聚也.

번역 '도(道)'라는 것은 길[路]과 같으니, 모든 사물이 '당연히 따라야 하는 이치[當然之理]'이며, 사람이라면 누구나 따르는 것이다. 그렇기 때문에 '도'라고 부르는 것이다. '도'를 시행하면, 마음속에 얻게 되는 것이 생긴다. 그렇기 때문에 '득(得)'자와 '심(心)'자를 합쳐서, '덕(德)'이라고 부르는 것이다. '인(仁)'은 마음의 '덕'이며, 사랑의 이치[理]이다. '의(義)'라는 것은 마음을 통제하는 법제[制]이며, 사물에 있어서는 마땅함[宜]이 된다. '도'·'덕'·'인'·'의' 이 네 가지에 대해서는 모두 예(禮)를 통해서 입문하는 것이며, 또한 예를 통해서 완성하는 것이다. 무릇 예라는 것은 공경[敬]을 근본으로 삼고 있는데, '경(敬)'은 곧 '덕'의 집합체가 된다.

孔疏 ●"道德"至"禽獸". ○正義曰: 此一節明禮爲諸事之本. 言人能有禮, 然可異於禽獸也.

번역 ●經文: "道德"~"禽獸". ○이 문장은 예(禮)가 모든 일들의 근본이 된다는 사실을 밝히고 있다. 즉 사람은 예를 잘 갖출 수 있어야만, 금수(禽獸)와 구별이 될 수 있다는 뜻이다.[1]

孔疏 ●"道德仁義, 非禮不成"者, 道者通物之名, 德者得理之稱, 仁是施恩及物, 義是裁斷合宜, 言人欲行四, 事不用禮無由得成, 故云"非禮不成"也. 道德爲萬事之本, 仁義爲群行之大, 故擧此四者爲用禮之主, 則餘行須禮可知也. 道是通物, 德是理物, 理物由於開通, 是德從道生, 故道在德上. 此經道謂才藝, 德謂善行, 故鄭注周禮云: "道多才藝, 德能躬行, 非是老子之道德也." 熊氏云: "此是老子'失道而後德, 失德而後仁, 失仁而後義'. 今謂道德, 大而言之則包羅萬事, 小而言之則人之才藝善行. 無問大小, 皆須禮以行之, 是禮爲道德之具, 故云'非禮不成'. 然人之才藝善行得爲道德者, 以身有才藝, 事得開通, 身有美善, 於理爲得, 故稱道德也."

번역 ●經文: "道德仁義, 非禮不成". ○'도(道)'라는 것은 만물(萬物)의 이치에 두루 통용되는 것을 뜻하는 이름이고, '덕(德)'이라는 것은 이치를 얻었다는 것을 나타내는 칭호이며, '인(仁)'은 은혜를 베푸는 것이 만물에까지 미치는 것이고, '의(義)'는 판단하고 결정함이 올바름에 합치되는 것을 뜻한다. 따라서 이 문장의 뜻은 사람이 이러한 네 가지 덕목을 시행하고자 한다면, 매사에 예(禮)를 따르지 않고서는 얻지도 못하고, 이룰 수도 없다는 의미이다. 그렇기 때문에 "예가 아니면 완성할 수 없다."고 말한 것이다. 도덕(道德)은 모든 일들의 근본이 되고, 인의(仁義)는 모든 행실 중에서도 가장 위대한 것이다. 그렇기 때문에 이 네 가지를 제시해서, 예에 따르는 것 중에서도 주된 것으로 삼은 것이니, 나머지 행동에 대해서도 예에 따라

---

1) 『예기』「곡례상」【11b】: 是故, 聖人作, 爲禮以敎人, 使人以<u>有禮</u>, 知自<u>別於禽獸</u>.

야 함을 알 수 있다. '도'는 만물의 이치에 두루 통용되는 것이고, '덕'은 만물을 다스리는 것이니, 만물을 다스리는 것은 두루 통용된 것에서 비롯된다. 따라서 이것은 곧 '덕'이 '도'에서 생겨났다는 뜻이 된다. 그렇기 때문에 '도'자를 '덕'자 앞에 기록해둔 것이다. 이곳 경문에서 언급하고 있는 '도'는 재주[才]와 기예[藝]를 뜻하고, '덕'은 선행(善行)을 뜻한다. 그렇기 때문에 『주례』에 대한 정현의 주에서는 "'도'는 재주와 기예가 많은 것이며, '덕'은 몸소 실천하는 일을 잘하는 것이니, 노자(老子)가 말하는 도덕(道德)이 아니다."[2]라고 한 것이다. 웅안생은 "이곳 문장은 곧 『노자(老子)』에서 '도(道)를 잃은 이후에 덕(德)이 생겨났고, 덕(德)을 잃은 이후에 인(仁)이 생겨났으며, 인(仁)을 잃은 이후에 의(義)가 생겨났다.'[3]라고 한 문장과 관련이 깊다. 이곳 문장에서 말하는 도덕(道德)은 크게 보자면 모든 일을 포괄하는 것을 뜻하고, 작게 보자면 사람의 재주와 기예, 그리고 선행들을 뜻한다. 큰 것이든 또는 작은 것이든 상관없이, 이들 모두에 대해서는 예(禮)에 따라서 시행해야만 하는 것이니, 이것은 곧 예가 '도'와 '덕'의 그릇이 된다는 뜻이다. 그렇기 때문에 '예가 아니면 이룰 수 없다.'고 말한 것이다. 그런데 사람의 재주와 기예, 선행들이 도덕을 이루게 되는 이유는 제 스스로 재주와 기예를 지니고 있어서, 매사에 두루 달통하게 되고, 또한 제 스스로 아름다움과 선(善)함을 지니고 있어서, 이치에 따라 터득을 하기 때문이다. 그렇기 때문에 '도덕'을 일컫고 있는 것이다."라고 했다.

訓纂 劉氏台拱曰: 禮者, 道德之品節, 仁義之等殺. 循禮, 則斯四者無過不及之偏. 成, 猶裁成.

번역 유태공[4]이 말하길, 예(禮)라는 것은 도(道)와 덕(德)에 따라 등차

2) 이 문장은 『주례』「춘관(春官)·대사악(大司樂)」편의 "凡有道者有德者, 使教焉, 死則以爲樂祖, 祭於瞽宗."이라는 문장에 대한 정현의 주이다.
3) 『노자(老子)』「38장」: 故失道而後德, 失德而後仁, 失仁而後義.
4) 유태공(劉台拱, A.D.1751 ~ A.D.1805): 청대(淸代)의 경학자이다. 천문학(天文學), 율려학(律呂學), 문자학(文字學) 등에 조예가 깊었다.

등을 제정한 법도이고, 인(仁)과 의(義)에 따라 등급을 제정한 법도이다. 따라서 예에 따르게 되면, '도'와 '덕', '인'과 '의'에 대해서 지나치거나 미치지 못하게 되는 치우침이 없게 된다. '성(成)'자는 재단하여 완성한다는 뜻이다.

集解 劉氏彝曰: 仁也, 義也, 知也, 信也, 雖有其理而無定形, 附於行事而後著者也. 惟禮, 事爲之物, 物爲之名, 有數有度, 有文有質, 咸有等降上下之制, 以載乎五常之道. 然則五常之道同本乎性, 待禮之行, 然後四者附之以行, 此禮之所以爲大, 而百行資之以成其德焉.

번역 유이5)가 말하길, '인(仁)'이라는 것, '의(義)'라는 것, '지(知)'라는 것, '신(信)'이라는 것은 비록 그것에 대한 각각의 이치가 있지만, 정형화된 틀이 없으며, 직접 해당하는 일을 시행할 때를 통해서 드러나게 된다. '오상(五常)'6) 중에서 오직 '예(禮)'만이 구체적인 일들을 그 내용으로 삼고, 구체적 사물들을 항목으로 삼으니, 광범위한 개별 사례를 갖추고 있으면서도 법도를 내포하고 있고, 화려하면서도 질박하여, 모든 것들에 대해서 등급에 따른 상하(上下)의 법도를 제정하여, 이것을 통해 '오상'의 도(道)를 표출하게 하였다. 그러므로 '오상'의 도는 누구나 똑같이 자신의 본성 속에 근본으로 두고 있는 것이다. 그렇지만 '예'를 통해 시행한 이후에야, 나머지 네 가지 '도'가 '예'에 기인하여 시행이 된다. 이것이 바로 '예'가 위대한 까닭이

---

5) 장락유씨(長樂劉氏, A.D.1017 ~ A.D.1086): =유이(劉彝). 북송(北宋) 때의 성리학자이다. 자(字)는 집중(執中)이다. 복주(福州) 출신이며, 어려서 호원(胡瑗)에게서 학문을 배웠다. 『정속방(正俗方)』, 『주역주(周易注)』를 지었으나 현존하지 않는다. 『칠경중의(七經中議)』, 『명선집(明善集)』, 『거이집(居易集)』 등이 남아 있다.

6) 오상(五常)은 인(仁), 의(義), 예(禮), 지(智), 신(信) 등의 다섯 가지 덕목을 뜻한다. 항상된 도리로써 어느 시대이건 변함없이 시행할만한 것들이므로, '상(常)'자를 붙여서 '오상'이라고 부르는 것이다. 당(唐)나라 유종원(柳宗元)의 「시령논하(時令論下)」에는 "聖人之爲敎, 立中道以示于後, 曰仁·曰義·曰禮·曰智·曰信, 謂之五常, 言可以常行之也."라는 기록이 있다.

며, 모든 행실이 '예'를 발판으로 삼아서, 덕성을 완성하게 되는 것이다.

集解 愚謂: 仁義禮知之爲人所由謂之道, 仁義禮知之有得於身謂之德. 仁義與禮, 雖同出於性, 然惟禮者天理之節文, 人事之儀則, 而細微曲折之間, 參差等級之度, 莫不有一定之矩矱, 故道非禮則無以爲率由之準, 德非禮則無以爲持守之實, 仁非禮則無以酌施恩厚薄之等, 義非禮則無以得因事裁制之宜. 是四者非禮則不能成也.

번역 내가 생각하기에, 인(仁), 의(義), 예(禮), 지(知)는 사람이 모든 행위에 있어서 따르게 되는 것이므로, 이것을 '도(道)'라고 부른다. 또한 인, 의, 예, 지는 사람에게 본래부터 갖추어져 있는 것이므로, 이것을 '덕(德)'이라고도 부른다. 인과 의, 그리고 예는 비록 사람의 본성에서 똑같이 나오는 것이라고 하지만, 그 중에서도 오직 '예'만이 천리(天理)에 따라 제정한 법도가 되고, 사람과 관련된 모든 일에 있어서 따라야만 하는 합당한 법칙이 되는데, 세세하고 자세한 의례절차 및 차이와 등급을 나눈 법도에 있어서는 일정한 기준과 규범이 없을 수가 없다. 그렇기 때문에 '도'는 '예'가 아니면, 통솔하고 따라야 하는 기준이 없게 되고, '덕'은 '예'가 아니면, 준수하고 지켜야 하는 실질이 없게 된다. 그리고 '인'은 '예'가 아니면, 은혜를 베풀 때에도 두텁고 엷게 하는 차이를 둘 수 없게 되고, '의'는 '예'가 아니면, 해당하는 사안에 따라서 적절히 규제해야 하는 합당함을 얻을 수 없게 된다. 이러한 까닭으로 도·덕·인·의라는 네 가지 덕목들은 '예'를 통하지 않으면, 이룰 수가 없는 것이다.

【10a】

教訓正俗, 非禮不備.

직역 教訓과 正俗은 非禮면 不備라.

의역 교화 및 훈도, 풍속을 바르게 만드는 것은 예(禮)를 통하지 않으면, 완전해지지 못한다.

集說 立教於上, 示訓於下, 皆所以正民俗. 然非齊之以禮, 則或有教訓所不及者, 故非禮不備.

번역 교화는 위정자들이 만드는 것이고, 훈도는 백성들에게 시행하는 것인데, 이 둘 모두는 백성들의 풍속을 바르게 만드는 방법이다. 그러나 예(禮)를 통해서 그것들을 정비하지 못한다면, 간혹 교화와 훈도가 미치지 못하는 곳도 발생하게 된다. 그렇기 때문에 '예'를 통하지 않으면, 완전하게 될 수 없는 것이다.

孔疏 ●"教訓正俗, 非禮不備"者, 熊氏云: "教謂教人師法, 訓謂訓說義理, 以此教訓, 正其風俗, 非得其禮, 不能備具, 故云'非禮不備'. 但教之與訓, 小異大同."

번역 ●經文: "教訓正俗, 非禮不備". ○웅안생이 말하길, "'교(教)'라는 것은 사람을 가르치는 기술과 방법을 뜻하고, '훈(訓)'이라는 것은 뜻과 이치를 설명한다는 뜻이다. 따라서 이러한 '교'와 '훈'으로써 풍속을 올바르게 하는 것이지만, 예(禮)를 갖추지 못한다면, 완전하게 갖출 수가 없게 된다. 그렇기 때문에 '예'가 아니면 완비할 수 없다고 말한 것이다. 다만 이 문장에서의 '교'자와 '훈'자의 뜻은 대동소이하다."라고 했다.

訓纂 劉氏台拱曰: 事爲之制, 曲爲之防, 故備.

번역 유태공이 말하길, 일은 예(禮)를 통해서 조절이 되고, 세세한 것들 또한 '예'를 통해서 대비가 된다. 그렇기 때문에 '예'를 통해서 "갖춘다[備]." 고 말한 것이다.

集解 黃氏炎曰: 率之以身而使傚之謂敎, 諭之以言而使循之謂訓.

번역 황염[7]이 말하길, 사람들을 통솔할 때 자신이 직접 솔선수범하여, 그들로 하여금 자신의 행동을 본받게 만드는 것을 '교(敎)'라고 부른다. 한편 자세한 설명을 통해 깨우쳐주어서, 그들로 하여금 순순히 따르도록 하는 것을 '훈(訓)'이라고 부른다.

集解 愚謂: 禮者經緯萬端, 事爲之制, 曲爲之坊, 故敎訓以正民俗. 而苟不以禮, 則闕略而不備也.

번역 내가 생각하기에, 예(禮)라는 것은 모든 일의 단서를 재단하여 질서를 정하니, 구체적인 일들은 '예'를 통해서 조절이 되고, 세세한 것들 또한 '예'를 통해서 대비가 된다. 그렇기 때문에 교화와 훈도를 통해서 백성들의 풍속을 바로잡는 것이다. 그러나 이러한 것들을 시행할 때, '예'를 통해서 하지 않는다면, 교화와 훈도를 시행하는 일들에 틈이 생기고 간략하게만 되어, 완전히 구비되지 못하게 된다.

---

7) 황염(黃炎, A.D.1044 ~ ?) : 북송(北宋) 때의 학자이다. 자(字)는 회지(晦之)이다. 저서로는 『안방론(安邦論)』 등이 있다.

【10a】

分爭辨8)訟, 非禮不決.

직역 分爭과 辨訟은 非禮면 不決하다.

의역 다툼을 해결하고, 송사를 판별하는 것은 예(禮)를 통하지 않으면, 결단을 내릴 수 없다.

集說 朱氏曰: 爭見於事而有曲直, 分爭則曲直不相交; 訟形於言而有是非, 辨訟則是非不相敵. 禮所以正曲直, 明是非, 故此二者, 非禮則不能決.

번역 주씨9)가 말하길, 다툼[爭]은 구체적인 사건 속에서 나타나며, 옳고 그름이 존재하는데, 다툼을 해결하게 된다면, 옳고 그름이 서로 뒤섞이지 않게 된다. 송사[訟]는 언변을 통해 구체화되며, 시비(是非)가 존재하는데, 송사를 판별하게 되면, 시비가 서로 맞서지 않게 된다. 예(禮)는 옳고 그름을 바르게 판가름하고, 시비를 명확하게 해주는 것이다. 그렇기 때문에 분

---

8) '변(辨)'자에 대하여. 『십삼경주소(十三經注疏)』 북경대 출판본에서는 "『석경(石經)』・『가정본(嘉靖本)』에서는 동일하게 '변(辨)'자로 기록하고 있는데, 『민본(閩本)』・『감본(監本)』・『모본(毛本)』에서는 '변(辯)'자로 기록하고 있고, 『악본(岳本)』에서도 '변(辯)'자로 기록하고 있다. 『경전석문(經典釋文)』에도 '변송(辯訟)'으로 나타나고, 위씨(衛氏)의 『집설(集說)』에서도 동일하게, '변송(辯訟)'으로 기록하고 있다. 완원(阮元)의 『교감기(校勘記)』에서는 "『오경문자(五經文字)』를 살펴보면, 변(辯)은 다스린다는 리(理)자의 뜻이고, 변(辨)은 분별한다는 별(別)자의 뜻이라고 했다. 경전(經典)의 기록에서는 간혹 이 두 글자를 통용해서 쓰고 있는 경우도 있다. 이 문장에 대한 정현의 주에서 변(辨)자를 별(別)자의 뜻으로 풀이하고 있으니, 변(辨)자를 본래의 글자로 여겨야 한다.'라고 했다. 그런데 다른 자료를 찾아보니, 『예기훈찬(禮記訓纂)』에도 '변(辯)'자로 기록하고 있다."라고 했다.

9) 주씨(朱氏, ? ~ ?) : 『예기』의 주석에 표시된 '주씨'는 자세히 알려진 사실이 없지만, 주주한(朱周翰)을 가리키는 것 같으며, 그의 저서인 『주주한절해(朱周翰節解)』의 기록인 듯하다. 그러나 이곳 문장의 '주씨'는 주자(朱子)를 잘못 표기한 것이다.

쟁(分爭)과 변송(辨訟)은 '예'가 아니면, 정확하게 결정할 수 없는 것이다.

鄭注 分·辨, 皆別也.

번역 '분(分)'자와 '변(辨)'자는 모두 구별한다는 뜻이다.

釋文 辨, 皮勉反, 徐方勉反.

번역 '辨'자는 '皮(피)'자와 '勉(면)'자의 반절음이며, 서음(徐音)은 '方 (방)'자와 '勉(면)'자의 반절음이 된다.

孔疏 ●"分爭辨訟, 非禮不決"者, 周禮·司寇"以兩造禁民訟", 又云"以兩 劑禁民獄", 故鄭云: "爭罪曰獄, 爭財曰訟." 爭10)則萬事通名. 故左傳云"凡有 血氣, 皆有爭心", 又云"錐刀之末, 將盡爭之", 是也. 此"爭財曰訟", 對文異耳, 散則通名. 故左傳云"衛侯與元咺訟", 是爭罪亦曰訟也.

번역 ●經文: "分爭辨訟, 非禮不決". ○『주례』「사구(司寇)」편에서는 "소송을 건 두 사람을 오게 해서, 한 묶음의 화살을 제출하도록 하여, 백성 들이 쓸데없이 송사(訟事)를 하지 못하도록 금지한다."라고 했고, 또 "죄목 을 기록한 두 사람의 명부를 가져와서, 30근의 금(金)을 제출하도록 하여, 백성들이 쓸데없이 옥사(獄事)를 하지 못하도록 금지한다."라고 했다.11) 그 리고 이 문장에 대해서 정현은 "죗값을 다투는 것을 '옥(獄)'이라고 부르고, 재물에 대해 다투는 것을 '송(訟)'이라고 부른다."라고 했다. 그러므로 '쟁

---

10) '쟁(爭)'자에 대하여. '쟁'자는 본래 없던 글자인데, 완원(阮元)의 『교감기(校勘 記)』에서는 "혜동(惠棟)의 『교송본(校宋本)』에는 '쟁'자가 첨가되어 있으니, 이곳 판본에 이 글자가 없는 것은 원래 없던 글자가 아니라, 단순히 누락된 것이다. 『민본(閩本)』·『감본(監本)』·『모본(毛本)』에도 동일하게 '쟁'자가 누락되어 있다."라고 했다.

11) 『주례』「추관(秋官)·대사구(大司寇)」: <u>以兩造禁民訟</u>, 入束矢於朝, 然後聽之. <u>以兩劑禁民獄</u>, 入鈞金三日, 乃致于朝, 然後聽之.

(爭)'이라는 말은 모든 일에 적용해서 사용할 수 있는 단어이다. 『춘추좌씨전』에서는 "무릇 혈기(血氣)를 가지고 있는 생물들은 모두 다투고 싶어 하는 마음을 가지고 있다."[12]라고 했으며, 또한 "뾰족한 칼끝과도 같은 얼마 안 되는 이익에 대해서도 장차 모든 것을 다 동원하여 다투게 된다."[13]라고 했는데, 이 기록들이 바로 '쟁'자가 통용해서 쓸 수 있는 글자임을 나타낸다. 정현은 『주례』에 대한 주에서, "재물에 대해 다투는 것을 '송'이라고 부른다."라고 하였는데, 이 문장은 다른 구문과 대비해서 썼기 때문에, 글자상의 차이가 생겼을 뿐이다. 따라서 넓게 보자면, '송'자 또한 죗값에 대한 옥사에도 통용해서 쓸 수 있는 글자이다. 그렇기 때문에 『춘추좌씨전』에서 "위(衛)나라 후작과 원훤(元咺)이 죄를 따지며 송사를 벌였다."[14]라고 한 것이니, 이 말이 곧 죗값에 대해 다투는 일 또한 '송'이라고 부른다는 사실을 나타낸다.

【10b】

> 君臣·上下·父子兄弟, 非禮不定.

직역 君臣 및 上下와 父子 및 兄弟는 非禮면 不定하다.

의역 군주와 신하의 관계, 윗사람과 아랫사람의 관계, 부모와 자식의 관계, 형제들 간의 관계는 예(禮)가 아니면, 안정시키지 못한다.

---

12) 『춘추좌씨전』「소공(昭公) 10년」: 凡有血氣, 皆有爭心, 故利不可强, 思義爲愈.
13) 『춘추좌씨전』「소공(昭公) 6년」: 民知爭端矣, 將棄禮而徵於書, 錐刀之末, 將盡爭之.
14) 『춘추좌씨전』「희공(僖公) 28년」: 衛侯與元咺訟, 甯武子爲輔, 鍼莊子爲坐, 士榮爲大士.

集說 一主於義, 一主於恩, 恩義非禮, 則不能定.

번역 한쪽은 의리(義理)에 주안점을 두는 관계이고, 한쪽은 은혜에 주안점을 두는 관계인데, 은혜와 의리는 서로 상충하는 점이 있으므로, 예(禮)가 아니면 안정시킬 수 없는 것이다.

大全 藍田呂氏曰: 道德仁義, 所以成己也; 教訓正俗, 所以成人也; 分爭辨訟, 所以決疑事也; 君臣上下父子兄弟, 所以正大倫也, 皆有待於禮者也. 兼天下而體之之謂仁, 理之所當然之謂義, 由仁義而之焉之謂道, 有仁義於己之謂德, 節文乎仁義之謂禮. 仁義道德, 皆其性之所固有, 本於是而行之, 雖不中不遠矣. 然無節無文, 則過不及害之以至于道之不明且不行, 此所以非禮不成也. 先王制禮, 教民之中而已. 教不本於禮, 則設之不當, 設之不當, 則所以教者不備矣. 教訓正俗, 其義皆教也. 立教之謂教, 訓說理義之謂訓, 皆所以正俗之不正, 故曰非禮不備也. 理有可否則爭, 情有曲直則訟, 惟禮爲能決之. 蓋分爭者合於禮則可, 不合於禮則不可. 辨訟者有禮則直, 無禮則不直, 故曰非禮不決. 君臣上下父子兄弟, 人之大倫, 由禮而後定也, 故冠昏喪祭射鄕朝聘, 所以明者人倫而已, 故曰非禮不定.

번역 남전여씨가 말하길, 도덕(道德)과 인의(仁義)는 자신을 완성시켜주는 것이고, 교훈(敎訓)과 정속(正俗)은 사람들을 완성시켜주는 것이며, 분쟁(分爭)과 변송(辨訟)은 의심스러운 사안을 판결해주는 것이고, 군신(君臣)・상하(上下)・부자(父子)・형제(兄弟)의 관계를 잘 정립하는 것은 인간세상의 큰 인륜을 바로잡는 것이다. 그런데 이러한 것들 모두에는 예(禮)를 필요로 하는 측면이 있다. 천하의 모든 사물들을 포섭하며, 그것들을 자신처럼 보듬을 수 있는 것을 '인(仁)'이라고 부르고, 이치[理]상 당연한 것을 '의(義)'라고 부르며, '인'과 '의'에 따라서, 그대로 실천해 가는 것을 '도(道)'라고 부르고, 자신에게 간직된 '인'과 '의'를 '덕(德)'이라고 부르며, '인'과 '의'에 따라 절도와 법식을 맞게 한 것을 '예(禮)'라고 부른다. 따라서 '인'・'의'・'도'・'덕'은 모두 자신의 본성 속에 고유하게 갖추고 있는 것들이니, 여기에 근본을 두고서 실천을 해간다면, 비록 법도에 완전히 들어맞지 않는다고 하더라도, 큰 잘못을 저지르지는 않을 것이다.15) 그러나 절도와 적절한 표현이 갖춰지지 않는다면, 너무 지나치거나 또는 미치지 못한 것이 되어, 결국 그것들이 해를 끼쳐서 '도'를 나타내지 못하거나, 혹은 시행하지 못하는 지경에 이르게 될 것이니, 이것이 바로 '예'가 아니면, '인'·'의'·'도'·'덕'을 완성시킬 수 없는 이유이다. 선왕(先王)이 '예'를 제정한 이유는 백성들을 가르쳐서, 중도(中道)에 맞게끔 행동시키기 위해서일 뿐이다. 따라서 교화[敎]가 '예'에 근본을 두지 않는다면, 설파[設]한 것이 부당하게 되며, 설파한 것이 부당하다면, 교화를 펼치는 것들 또한 완전히 갖춰지지 못하게 된다. 교훈(敎訓)과 정속(正俗)이라는 것 또한 그 의미는 모두 "가르친다[敎]."는 뜻이다. 가르침의 근본을 확립하는 것을 '교화[敎]'라고 부르고, 그것의 이치[理]와 도의[義]를 자세히 설명해주는 것을 '훈도[訓]'라고 부르는데, 이것들은 모두 올바르지 못한 풍속을 바르게 만드는 방법이 된다. 그렇기 때문에 '예'가 아니라면, 이러한 것들 또한 완전하게 갖출 수 없다고 말한 것이다. 리(理)에 따르면, 옳은 것과 그렇지 못한 것이 나뉘게 되니, 분쟁이 발생하는 것이고, 정(情)에 따르면, 잘못된 것과 바른 것이 나뉘게 되니, 송사가 발생하는 것인데, 오직 '예'만이 그것들을 올바르게 판결해줄 수 있다. 무릇 분쟁을 해결한다는 것은 '예'에 합치되면 옳은 것으로 간주하고, '예'에 합치되지 않으면 옳지 않은 것으로 간주해서 해결하는 것이다. 그리고 송사를 변별한다는 것은 그 사안이 '예'에 따라서 한 것이라면 옳은 것이고, 그렇지 못하면 옳지 않은 것으로 간주한다. 그렇기 때문에 '예'가 아니면 판결할 수 없다고 말한 것이다. 군신·상하·부자·형제의 관계에서 지켜야 하는 것들은 인간세상의 큰 인륜으로, '예'로부터 비롯된 이후에야 관계가 올바르게 확정된다. 그렇기 때문에 관례[冠]·혼례[昏]·상례[喪]·제례[祭]·사례[射]·향례[鄕]·조례[朝]·빙례[聘]의 예법에서 나타내고 있는 것들은 인륜일 따름이다. 그러므로 '예'가 아니면 안정시킬 수 없다고 말한 것이다.

---

15) 『대학』「전(傳) 8장」: 心誠求之, <u>雖不中不遠矣</u>.

釋文 上下, 上謂公卿, 下謂大夫·士.

번역 '上下'에서의 '上'자는 공(公)이나 경(卿)과 같은 상위계급을 뜻하고, 하(下)자는 대부(大夫)나 사(士)와 같은 하위계급을 뜻한다.

孔疏 ●"君臣·上下·父子·兄弟, 非禮不定"者, 上謂公卿大夫也. 君父南面, 臣子北面, 公卿大夫則列位於上, 士則列位於下, 兄前弟後, 唯禮能定也. 白虎通云: "君, 群也, 群下之所歸心也. 臣, 堅也, 厲志自堅也. 父, 矩也, 以法度敎子也. 子, 孳也, 孳孳無已也. 兄, 況也, 況父法也. 弟, 悌也, 心順行篤也."

번역 ●經文: "君臣·上下·父子·兄弟, 非禮不定". ○'상(上)'자는 공(公)·경(卿)·대부(大夫) 등의 계급을 뜻하고, 하(下)자는 사(士) 계급을 뜻한다. 일반적으로 군주와 부친은 남면(南面)[16]을 하고, 신하와 자식은 북면(北面)[17]을 한다. 그리고 공·경·대부 등은 상석에서 서열별로 위치하고, 사는 하석에서 서열별로 위치한다. 또한 형은 앞줄에 서고, 동생은 뒤에 서게 된다. 이러한 것들은 오직 예(禮)만이 정해줄 수 있는 것이다. 『백호통(白虎通)』[18]에서는 "'군(君)'은 무리[群]라는 뜻을 가지고 있으니, 여러 무리들이 마음을 귀의하는 곳이다. '신(臣)'은 '견지한다[堅].'는 뜻을 가지고 있으니, 항상 노력하려는 의지를 제 스스로 견지하는 자이다. '부(父)'는 법도[矩]라는 뜻을 가지고 있으니, 자식들을 법도에 따라 가르치는 자이다. '자(子)'는 '자식을 낳는다[孳].'는 뜻을 가지고 있으니, 자식을 낳고 낳아서

---

16) 남면(南面)은 특정 공간에서 북쪽에 위치하여 남쪽을 바라보며 있다는 뜻이다. 특정 모임에서 가장 존귀한 자가 '남면'을 하게 된다.

17) 북면(北面)은 특정 공간에서 남쪽에 위치하여 북쪽을 바라보며 있다는 뜻이다. 일반적으로 군주 및 주인 등은 남면(南面)을 하게 되므로, '북면'은 신하가 군주를 알현할 때나, 낮은 자가 높은 자를 찾아뵐 때를 가리킨다.

18) 『백호통(白虎通)』은 후한(後漢) 때 편찬된 서적이다. 『백호통의(白虎通義)』라고도 부른다. 후한의 장제(章帝)가 학자들을 불러 모아서, 백호관(白虎觀)에서 토론을 시키고, 각 경전 해석의 차이점을 기록한 서적이다.

대가 끊어지지 않게 하는 자이다. '형(兄)'은 '돕는다[況].'는 뜻을 가지고
있으니, 부친의 법도를 도와서 시행하는 자이다. '제(弟)'는 '공경한다[悌].'
는 뜻을 가지고 있으니, 마음으로 순종하며 행실을 독실하게 하는 자이다."
라고 했다.

集解 吳氏澄曰: 國之倫, 君臣爲大, 上下次之; 家之倫, 父子爲大, 兄弟次
之. 有分有義, 有恩有情, 其尊卑厚薄, 非禮有一定之制, 不能定之.

번역 오징이 말하길, 국가 윤리에 있어서는 군신(君臣)관계가 가장 중
요하며, 상위계층과 하위계층에 대한 것은 그 다음이 된다. 한편 가정 윤리
에 있어서는 부자(父子)관계가 가장 중요하며, 형제(兄弟)관계는 그 다음이
된다. 이러한 관계들 속에는 각자 따라야 하는 본분[分]과 의리[義]가 포함
되어 있으며, 또한 서로 간에 베풀게 되는 은혜[恩]와 정감[情]도 포함되어
있는데, 계급 및 계층의 차이에 따라 시행되는 각 항목의 수위들은 예(禮)
에 따라 편성된 일정한 제도가 아니라면, 각 관계들을 안정시킬 수가 없게
된다.

集解 愚謂: 大功以上謂之昆弟, 小功以下謂之兄弟. 不言昆弟而言兄弟者,
擧疏以包親也.

번역 내가 생각하기에, 인척 관계에 있어서, 상대방에 대해서 본인이
참최복(斬衰服), 자최복(齊衰服), 대공복(大功服) 등 대공복 이상의 상복
(喪服)을 입어야 하는 경우라면, 상대방을 곤제(昆弟)라고 부르는 것이고,
소공복(小功服), 시마복(緦麻服) 등 소공복 이하의 상복을 입어야 하는 경
우라면, 상대방을 형제(兄弟)라고 부르는 것이다. 그런데 이곳 경문에서는
'곤제'라고 언급하지 않고, 다만 '형제'라고만 하였는데, 그 이유는 보다 소
원한 관계에 해당하는 단어를 제시하여, 그 안에 친밀한 관계까지도 포함
시키고자 했기 때문이다.

【10c】

宦學事師, 非禮不親.

직역 宦學의 事師는 非禮면 不親하다.

의역 벼슬살이를 하거나 학문을 하는 데에는 스승이 필요한데, 스승을 섬기는 것은 예(禮)가 아니면, 서로 친애할 수 없다.

集說 宦, 仕也. 仕與學皆有師, 事師所以明道也. 而非禮則不相親愛.

번역 '환(宦)'자는 "벼슬살이를 한다[仕]."는 뜻이다. 벼슬살이를 하고, 학문을 하는 데에는 모두 스승이 필요한데, 스승을 섬기는 것은 곧 도(道)를 밝히기 위해서이다. 그러나 예(禮)에 따라서 하지 않는다면, 서로 친애(親愛)할 수 없게 된다.

鄭注 宦19), 仕也. 學或爲御.

번역 '환(宦)'자는 "벼슬살이를 한다[仕]."는 뜻이다. '학(學)'자를 다른 판본에서는 '어(御)'자로 기록하기도 한다.

釋文 宦音患.

번역 '宦'자의 음은 '患(환)'이다.

---

19) '환(宦)'자에 대하여. 『십삼경주소(十三經注疏)』 북경대 출판본에서는 "'환'자는 본래 '관(官)'자로 기록되어 있었는데, 『예기훈찬(禮記訓纂)』의 기록에 근거해서 글자를 수정하였다."라고 했다.

孔疏 ●"官學事師, 非禮不親"者, 熊氏云: "宦謂學仕官之事, 學謂習學六藝, 此二者俱是事師, 非禮不親." 左傳宣二年, 趙盾見靈輒餓, 問之, 云: "宦三年矣." 服虔云: "宦, 學也." 是學職事爲宦[20]也.

번역 ●經文: "官學事師, 非禮不親". ○웅안생이 말하길, "'환(宦)'자는 학문을 성취하여 벼슬에 나아가는 일을 가리키고, '학(學)'자는 육예(六藝)[21]를 익히고 배운다는 뜻이다. 그런데 이 두 가지 일들은 모두 스승을 섬겨야만 가능한 것이므로, 예(禮)에 따르지 않는다면, 서로 친애할 수 없게 되는 것이다."라고 했다. 『좌전』선공(宣公) 2년 기록에서, 조순(趙盾)은 영첩(靈輒)이 굶주리는 것을 보고 질문을 했는데, "벼슬살이를 한 것이 3년이 되었다."[22]라고 대답을 했다. 이 문장에 대해 복건(服虔)은 "'환(宦)'자는 '배운다[學].'는 뜻이다."라고 했다. 이 말은 곧 직무와 정사를 배운다는 것이 '환'자의 뜻임을 나타낸다.

---

20) '환(宦)'자에 대하여. '환'자는 본래 '관(官)'자로 기록되어 있었는데, 완원(阮元)의 『교감기(校勘記)』에서는 "혜동(惠棟)의 『교송본(校宋本)』에는 '환'자로 기록되어 있다. 살펴보니, 이곳 판본의 주소(注疏) 기록에서는 '환'자를 모두 '관'자로 기록하고 있다. 따라서 경문에 있는 '환'자는 '관'자를 수정하여 기록한 것이다. 아마도 처음에는 '관'자로 기록되어 있던 것을 후대에 '환'자로 고친 것으로 추정되는데, 『민본(閩本)』・『감본(監本)』・『모본(毛本)』에 이 글자들을 모두 '환'자로 기록하고 있는 것이 그 증거가 된다. 그런데 오직 이곳의 한 글자만은 아직도 '관'자로 기록하고 있다."라고 했다. 또한 손이양(孫詒讓)의 『교기(校記)』에서는 "『무주본(撫州本)』의 경문과 주(注)에서도 모두 '환'자로 기록하고 있으니, 이곳에 '관'자로 기록된 것은 오자(誤字)가 된다. 마땅히 고쳐야 한다."라고 했다.

21) 육예(六藝)는 기본적으로 갖춰야 하는 여섯 가지 과목을 뜻한다. 여섯 가지 과목은 예(禮), 음악[樂], 활쏘기[射], 수레몰기[御], 글쓰기[書], 셈하기[數]이며, 구체적으로 말하자면 오례(五禮), 육악(六樂), 오사(五射), 오어(五馭: =五御), 육서(六書), 구수(九數)를 가리킨다.

22) 『춘추좌씨전』「선공(宣公) 2년」: 初, 宣子田于首山, 舍于翳桑, 見靈輒餓, 問其病. 曰, "不食三日矣." 食之, 舍其半. 問之. 曰, "宦三年矣, 未知母之存否, 今近焉, 請以遺之."

集解 愚謂: 宦, 謂已仕而學者; 學, 謂未仕而學者. 故學記云, "凡學, 官先事, 士先志." 王制云, "六十不親學." 明未六十, 雖已仕, 猶親學也. 宦·學皆有師, 然非事之以禮, 則學者怠, 教者倦, 而師弟之情不親矣.

번역 내가 생각하기에, '환(宦)'자는 이미 벼슬살이를 하고 있으면서 학문을 익히는 자를 뜻하고, '학(學)'자는 아직 벼슬살이를 하지 않은 상태에서 학문을 익히는 자를 뜻한다. 그렇기 때문에 『예기』「학기(學記)」편에서 "무릇 학문을 하는데 있어서, 관직에 있는 자는 직무를 익히는 것을 우선적으로 하고, 관직에 있지 않은 자들은 뜻을 세우는 것을 우선으로 한다."[23]라고 한 것이고, 『예기』「왕제(王制)」편에서 "60세가 되면, 직접 제자의 예(禮)를 갖춰서 배우는 것을 하지 않는다."[24]라고 한 것이니, 이 말은 곧 아직 60세가 되지 않았다면, 비록 관직에 몸담고 있다고 하더라도, 오히려 직접 찾아가서 배운다는 사실을 나타내고 있다. 그리고 '환'이나 '학'을 하는 일에는 모두 스승이 필요하다. 그러나 예(禮)로써 스승을 섬기지 못한다면, 배우는 자는 나태해지고, 가르치는 자도 또한 게을러지게 되어, 사제지간의 정이 돈독해지지 못하게 된다.

【10c】

班朝治軍, 涖官行法, 非禮, 威嚴不行.

직역 班朝와 治軍, 涖官과 行法은 非禮면 威嚴이 不行이다.

의역 조정에서의 서열을 정하는 일 및 군대를 다스리는 일, 관직에 임명하고 법령을 시행하는 일들은 예(禮)가 아니면, 위엄이 확립되지 않는다.

---

23) 『예기』「학기(學記)」【447a】: 記曰, "凡學, 官先事, 士先志."
24) 『예기』「왕제(王制)」【178c】: 五十而爵, 六十不親學, 七十致政, 唯衰麻爲喪.

集說 班朝廷上下之位, 治軍旅左右之局, 分職以涖官, 謹守以行法, 威則人不敢犯, 嚴則人不敢違, 四者非禮, 則威嚴不行.

번역 조정에서는 상하(上下) 서열에 따른 위치를 정하게 되고, 군대에서는 좌군(左軍) 및 우군(右軍) 등으로 나눠서 부대들을 다스리게 된다. 또한 직무를 나눠서 관리들을 임명하고, 임무를 성실하게 준수하며 법령을 시행하게 된다. 이러한 일들을 시행할 때 위엄을 갖추게 되면, 사람들이 감히 그를 침범하지 못하게 되고, 또한 감히 그 일들을 어기지 못하게 된다. 그런데 이러한 네 가지 사안들은 '예(禮)'에 따르지 않는다면, 위엄이 확립되지 않게 된다.

鄭注 班, 次也. 涖, 臨也.

번역 '반(班)'자는 차등에 따라 "순서를 정한다[次]."는 뜻이다. '리(涖)'자는 "~임한다[臨]."는 뜻이다.

釋文 朝, 直遙反. 涖, 本亦作莅, 徐音利, 沈力二反, 又力位反.

번역 '朝'자는 '直(직)'자와 '遙(요)'자의 반절음이다. '涖'자는 판본에 따라서 '莅'자로도 기록하는데, 서음(徐音)은 '利(리)'이고, 심음(沈音)은 '力(력)'자와 '二(이)'자의 반절음이며, 또한 '力(력)'자와 '位(위)'자의 반절음도 된다.

孔疏 ●"班朝治軍, 涖官行法, 非禮威嚴不行"者, 班, 次也; 朝, 朝廷也; 次, 謂司士正朝儀之位次也; 治軍, 謂師旅卒伍各正其部分也. 涖, 臨也; 官, 謂卿·大夫·士各有職掌. 行法, 謂司寇士師明刑法也. 皆用禮, 威嚴乃行也.

번역 ●經文: "班朝治軍, 涖官行法, 非禮威嚴不行". ○'반(班)'자는 서열대로 "차례를 정한다[次]."는 뜻이고, '조(朝)'자는 조정(朝廷)을 뜻한다. '차

(次)'라는 것은 곧 사사(司士)[25]가 조정의 의례에 따라서 위치와 서열을 바로잡는다는 뜻이고,[26] '치군(治軍)'은 군대 내부의 각 편제[27]에 따라서 휘하 부서들을 바로잡는다는 뜻이다. '리(涖)'자는 "～임한다[臨]."는 뜻이고, '관(官)'자는 경(卿)・대부(大夫)・사(士)가 각자 담당하고 있는 해당 직무들을 뜻한다. '행법(行法)'은 사구(司寇)[28] 및 사사(士師) 등이 형법(刑法)을 명확하게 하여 시행한다는 뜻이다.[29] 이들 모두에 대해서는 예(禮)에 의거해서 시행해야만, 위엄이 확립된다.

---

25) 사사(司士)는 주대(周代) 때의 관직명이다. 『주례』의 체제에 따르면, 하대부 (下大夫) 2명이 담당을 하였고, 그 휘하에는 중사(中士) 6명과 하사(下士) 12명이 배속되어 있었으며, 잡무를 맡아보던 말단 관리로는 부(府) 2명, 사(史) 4명, 서(胥) 4명, 도(徒) 40명이 있었다. 『주례』「하관사마(夏官司馬)」편에는 "司士, 下大夫二人, 中士六人, 下士十有二人, 府二人, 史四人, 胥四人, 徒四十人."이라는 기록이 있다. 한편 '사사'가 담당했던 일들은 그 종류가 다양한데, 주로 관리들의 호적 장부 및 작록 등을 기록한 문서를 관리하였으며, 그들에 대한 공적과 품성을 판단하여 천자에게 작위와 봉록을 내려주도록 보고를 하였고, 조정에서 서열에 따른 자리 배치 등을 담당하였다. 『주례』「하관(夏官)・사사(司士)」편에는 "以德詔爵, 以功詔祿, 以能詔事, 以久奠食. 惟賜無常. 正朝儀之位, 辨其貴賤之等."이라는 기록이 있다.

26) 『주례』「하관(夏官)・사사(司士)」: 正朝儀之位, 辨其貴賤之等.

27) 사려졸오(師旅卒伍)는 군대의 편제를 뜻한다. 군대의 편제에 따르면, 2500명은 1사(師)가 되고, 500명은 1려(旅)가 되며, 100명은 1졸(卒)이 되고, 5명은 1오(伍)가 된다.

28) 사구(司寇)는 주(周)나라 때 설치되었던 관직이다. 하(夏)나라와 은(殷)나라 때에도 이미 존재했었다고 주장하기도 한다. 주나라 때에는 육경(六卿) 중 하나였으며, 대사구(大司寇)라고도 불렀다. 형벌이나 옥사에 관련된 일을 담당하였고, 감찰 임무를 맡기도 하였다. 춘추시대(春秋時代)에는 여러 제후국들에 이 관직이 설치되었으며, 공자(孔子) 또한 노(魯)나라에서 '사구'를 지냈다고 전해지기도 한다. 청(淸)나라 때에는 형부상서(刑部尚書)를 '대사구'로 불렀으며, 시랑(侍郎)을 소사구(少司寇)로 불렀다.

29) 『주례』「추관(秋官)・대사구(大司寇)」: 大司寇之職, 掌建邦之三典, 以佐王刑邦國, 詰四方. 一曰刑新國用輕典. 二曰刑平國用中典. 三曰刑亂國用重典. /『주례』「추관(秋官)・사사(士師)」: 士師之職, 掌國之五禁之法, 以左右刑罰, 一曰宮禁, 二曰官禁, 三曰國禁, 四曰野禁, 五曰軍禁. 皆以木鐸徇之于朝, 書而縣于門閭.

集解　愚謂: 四者之事必以禮肅之, 不然則上慢下怠而徒爲文具矣.

번역　내가 생각하기에, '반조(班朝)'·'치군(治軍)'·'리관(涖官)'·'행법(行法)' 등 네 가지 일들에 대해서는 반드시 예(禮)에 따라서 엄숙하게 시행해야 한다. 만약 그렇게 하지 않는다면, 윗사람은 오만해지고, 아랫사람은 게을러져서, 모두가 겉만 그럴싸하게 된다.

【10d】

禱祠祭祀, 供30)給鬼神, 非禮, 不誠不莊.

직역　禱祠하고 祭祀하여 鬼神에게 供給함은 非禮면 不誠하고 不莊하다.

의역　기도를 올리고 제사를 지내서, 귀신에게 제물(祭物)을 흠향하도록 하는 일은 예(禮)가 아니면, 정성스럽게 할 수 없고, 엄숙하게 할 수도 없다.

集說　禱以求爲意, 祠以文爲主, 祭以養爲事, 祀以安爲道. 四者皆以供給鬼神, 誠出於心, 莊形於貌. 四者非禮, 則不誠不莊.

번역　'도(禱)'는 구원하는 것에 의미를 두고, '사(祠)'는 축문 올리는 것

---

30) '공(供)'자에 대하여. 『십삼경주소(十三經注疏)』 북경대 출판본에서는 "『민본(閩本)』·『감본(監本)』·『모본(毛本)』·『석경(石經)』·『악본(岳本)』·『가정본(嘉靖本)』에서는 동일하게 '공(供)'자로 기록하고 있다. 『경전석문(經典釋文)』에서는 '공급(共給)에서의 공(共)자는 판본에 따라서 간혹 공(供)자로 기록하기도 한다.'라고 했다. 『정의본(正義本)』에서도 공(供)자로 기록하고 있고, 가의(賈誼)의 『신서(新書)』「예편(禮篇)」에서도 동일하게 공(供)자로 기록하고 있다. 완원(阮元)의 『교감기(校勘記)』에서는 '살펴보니, 공급(供給)에서의 공(供)이라는 글자는 또한 가차하여 공(共)자로 바꿔 쓰기도 한다.'"라고 했다.

을 위주로 하며, '제(祭)'는 귀신 봉양하는 일을 주된 일로 삼고, '사(祀)'는 귀신을 편안하게 하는 것을 도리로 삼는다. 이 네 가지는 모두 귀신을 흠향시키는 방법인데, 정성스러움은 이러한 일들을 집행하는 자의 마음속으로부터 나타나고, 장엄함은 집행하는 자의 행동거지를 통해 형상화된다. 따라서 이러한 네 가지 일들을 예(禮)에 따라서 시행하지 않는다면, 정성스럽지 못하게 되고, 엄숙하지도 못하게 된다.

集說 今按供給者, 謂奉薦牲幣器皿之類也.

번역 고찰해보니, '공급(供給)'이라는 말은 제사에서 희생물이나 폐백을 바치고, 또는 제기(祭器)들을 진설하는 등의 행동을 뜻한다.

大全 藍田呂氏曰: 宦學事師, 學者之事也; 班朝治軍, 涖官行法, 仕者之事也; 禱祠祭祀, 供給鬼神, 交神明之事也, 皆有待於禮者也. 宦, 家臣也, 雜記云: "宦於大夫者之爲之服也." 蓋仕爲家臣而未升諸公, 蓋亦學爲仕者也. 故宦者, 學爲仕之稱也. 學者, 學道藝者也. 二者之學, 皆有師, 師弟子之分不正, 則學之意不誠, 學之意不誠, 則師弟子之情不親, 而敎不行, 故曰非禮不親. 班朝者, 正朝位也; 治軍者, 齊軍政也; 涖官行法者, 臨官府以行法令也, 三者皆仕者所以治衆也. 禮明乎尊卑上下之別, 則分無不守令無不從, 此所以非禮威嚴不行也. 禱祠祭祀, 則郊社宗廟之常祀也. 內則盡志, 外則盡物, 所以供給鬼神. 鬼神無常享, 享于克誠. 禮者, 敬而已, 無敬則不誠, 故曰非禮不誠不莊.

번역 남전여씨가 말하길, '환학사사(宦學事師)'는 학자들에게 해당하는 일이고, '반조치군(班朝治軍)'·'리관행법(涖官行法)'은 관리들에게 해당하는 일이다. 한편 '도사제사(禱祠祭祀)'와 '공급귀신(供給鬼神)'은 신명(神明)과 소통하는 일들이다. 그런데 이러한 모든 일들은 예(禮)를 필요로 하는 점이 있다. '환(宦)'자는 본래 국가의 신하들이 아닌 가신(家臣)들을 뜻하는 말이다. 그래서『예기』「잡기(雜記)」편에서는 "대부(大夫)의 가신이었

던 자는 옛 주인을 위해서 상복(喪服)을 입는다."31)라고 했던 것이다. 무릇
이러한 자들은 벼슬살이를 시작하였으나 가신이 된 자들로, 아직 공(公)이
나 경(卿)과 같은 고위 관리가 못된 자들이며, 또한 학문이 뛰어나서 벼슬
살이를 하는 자들이다. 그렇기 때문에 '환'이라는 것은 곧 배움을 통해 벼슬
살이를 하는 자들을 가리키는 칭호가 된다. 한편 '학(學)'자는 도덕(道德)과
기예(技藝)를 배우는 자들을 뜻한다. 벼슬살이를 하기 위해 학문을 하거나,
도덕과 기예를 익히기 위해 학문을 하는 데에는 모두 스승이 필요한데, 스
승과 제자가 각자의 본분을 지키는 것이 바르지 못하다면, 학문에 임하는
뜻 또한 정성스럽지 못하고, 학문에 임하는 뜻이 정성스럽지 못하면, 스승
과 제자 사이의 정감 또한 서로 친애하지 못하게 되어, 가르침이 제대로
시행되지 못하게 된다. 그렇기 때문에 예(禮)가 아니면, 친애하지 못하게
된다고 말한 것이다. '반조(班朝)'라는 말은 조정에서의 지위를 바르게 한다
는 뜻이고, '치군(治軍)'이라는 말은 군대와 관련된 일들을 올바르게 한다는
뜻이며, '리관행법'이라는 말은 자신이 소속된 관직에서 해당 법령들을 시
행한다는 뜻인데, 이러한 세 가지 일들은 모두 벼슬살이를 하는 자가 백성
들을 다스리는 방법이다. '예'를 통해서 존비(尊卑) 및 상하(上下)의 구별을
명확하게 한다면, 자신의 본분을 지키지 않는 자가 없게 되고, 명령을 따르
지 않는 자도 없게 되니, 이것이 바로 '예'가 아니면, 위엄이 확립되지 못한
다는 이유이다. '도사제사'는 곧 교사(郊社)32) 및 종묘(宗廟)에서 지내는 상
사(常祀)33)들을 뜻한다. 내적으로 정성스러운 뜻을 다하고, 외적으로 제물
(祭物)을 잘 갖추는 것은 귀신을 흠향시키는 방법이다. 그런데 귀신들은
항상 흠향하는 법이 없고, 제사가 매우 정성스럽게 지내질 때에만 흠향을
한다.34) '예'라는 것은 그 핵심이 공경[敬]일 따름인데, 공경함을 갖추지 못

---

31) 『예기』「잡기하(雜記下)」【522a】 : <u>宦於大夫者之爲之服也</u>, 自管仲始也, 有君
　命焉爾也.

32) 교사(郊社)는 천지(天地)에 대한 제사를 뜻한다. 교(郊)는 천(天)에 대한 제사
　를 뜻하고, 사(社)는 지(地)에 대한 제사를 뜻한다. '교사(郊祀)'라고도 부르고,
　'교제(郊祭)'라고도 부른다.

33) 상사(常祀)는 정해진 시기마다 지내게 되는 정규 제사들을 뜻한다.

한다면, 정성스럽지도 못한 것이다. 그렇기 때문에, '예'에 따르지 않는다면, 정성스럽지 못하고, 또한 엄숙하지도 못하다고 말한 것이다.

鄭注 莊, 敬也.

번역 '장(莊)'자는 "공경스럽다[敬]."는 뜻이다.

釋文 禱, 丁老反, 鄭云, "求福曰禱." 祠音詞, 求得曰祠. 共音恭, 本或作供. 莊, 側良反, 徐側亮反. 學或爲御, 鄭此注爲御見他本也, 後放此.

번역 '禱'자는 '丁(정)'자와 '老(로)'자의 반절음인데, 정현은 "복을 기원하는 제사를 '禱'라고 부른다."[35]라고 하였다. '祠'자의 음은 '詞(사)'이고, 기원했던 것을 얻었을 때, 보답하는 뜻에서 지내는 제사를 '祠'라고 부른다.[36] '共'자의 음은 '恭(공)'이며, 판본에 따라서는 '供'자로도 기록한다. '莊'자는 '側(측)'자와 '良(량)'자의 반절음이며, 서음(徐音)은 '側(측)'자와 '亮(량)'자의 반절음이다. '學'자는 판본에 따라서 간혹 '御'자로도 기록하는데, 이곳 문장에 대한 정현의 주는 다른 판본을 확인해서 이처럼 기록한 것이며, 뒤에 나오는 기록들도 모두 마찬가지이다.

孔疏 ●"禱祠祭祀, 供給鬼神, 非禮不誠不莊"者, 周禮・都宗人[37]云: "國

---

34) 『서』「상서(商書)・태갑하(太甲下)」 : 惟天無親, 克敬惟親. 民罔常懷, 懷于有仁, 鬼神無常享, 享于克誠, 天位艱哉.

35) 이 문장은 『주례』「춘관(春官)・소종백(小宗伯)」편의 "大災, 及執事禱祠于上下神示."라는 문장에 대한 정현의 주이다.

36) 본문에는 '구득왈사(求得曰祠)'로 기록되어 있지만, 『주례』「춘관(春官)・소종백(小宗伯)」편의 "大災, 及執事禱祠于上下神示."라는 문장에 대한 정현 주에서는 '득구왈사(得求曰祠)'라고 기록되어 있다. 문맥상 '득구(得求)'로 풀이하는 것이 옳다.

37) '주례도종인(周禮都宗人)'에 대하여. 손이양(孫詒讓)의 『교기(校記)』에서는 "『주례』「도종인(都宗人)」편의 주에서는 '제위도사(祭謂禱祠)'로 기록되어 있으니, 이

有大故, 則令禱祠." 鄭注云: "祠謂報塞[38]." 又小宗伯注云: "求福曰禱, 得求曰祠." 熊氏云: "祭祀者, 國家常禮. 牲幣之屬, 以供給鬼神, 唯有禮乃能誠敬."

번역 ●經文: "禱祠祭祀, 供給鬼神, 非禮不誠不莊". ○『주례』「도종인(都宗人)」편에는 "나라에 큰 변고가 발생하면, 관리들을 시켜서 기도를 올린다."[39]라고 했는데, 이 문장에 대한 정현의 주에서는 "'사(祠)'자는 보답하는 제사를 뜻한다."라고 했다. 또한 『주례』「소종백(小宗伯)」편에 대한 정현의 주에서는 "복을 기원할 때의 제사를 '도(禱)'라고 부르고, 기원한 것을 얻은 뒤에 보답하는 제사를 '사'라고 부른다."[40]라고 했다. 웅안생은 "'제사(祭祀)'라는 것은 국가나 집안에서 일정한 시기마다 지내는 정규 제사를 뜻한다. 이러한 제사에서는 희생물이나 폐백 등의 제수(祭需)들을 바쳐서 귀신들을 흠향시키는 것이니, 오직 예(禮)를 갖춰야만, 정성스럽고 공경스러운 뜻을 잘 나타낼 수 있는 것이다."라고 했다.

集解 吳氏澄曰: 禱祠者, 因事之祭; 祭祀者, 常事之祭. 皆有牲幣以供給鬼神, 必依於禮, 然後其心誠實, 其容莊肅.

곳 기록은 잘못된 판본을 근거로 삼고 있다."라고 했다.
38) '색(塞)'자에 대하여. 『십삼경주소(十三經注疏)』 북경대 출판본에서는 "혜동(惠棟)의 『교송본(校宋本)』에서는 동일하게 '색'자로 기록하고 있다. 『민본(閩本)』・『감본(監本)』・『모본(毛本)』에서는 '새(賽)'자로 기록하고 있다. 완원(阮元)의 『교감기(校勘記)』에서는 "『문선(文選)』「권진왕전(勸晉王牋)」편에는 서색강원(西塞江源)이라는 기록이 있고, 이 문장에 대한 이선(李善)의 주에서는 색(塞)은 귀신의 은덕에 보답한다는 뜻이라고 했다. 또한 『후한서(後漢書)』「조절전(曹節傳)」편에는 조대관급색구(詔大官給塞具)라는 기록이 있고, 이 문장에 대한 이현(李賢)의 주에서는 색(塞)은 보답하는 제사라고 했다. 그러므로 고대에는 보새(報賽)라는 말을 변색(邊塞)이라는 말로 통용해서 기록했던 것이다. 『주례』의 주를 살펴보면, 색(塞)자로 기록하고 있으니, 색(塞)자와 새(賽)자는 고문(古文)과 금문(今文)의 차이가 있을 뿐, 같은 뜻이다.'"라고 했다.
39) 『주례』「춘관(春官)・도종인(都宗人)」: <u>國有大故, 則令禱祠</u>, 旣祭, 反命于國.
40) 이 문장은 『주례』「춘관(春官)・소종백(小宗伯)」편의 "大災, 及執事禱祠于上下神示."라는 기록에 대한 정현의 주이다.

번역 　오징이 말하길, '도사(禱祠)'라는 것은 특정 사안이 발생했을 때 지내는 제사이고, '제사(祭祀)'라는 것은 정해진 시기마다 지내는 일상적인 제사이다. 이 둘 모두에는 희생물과 폐백을 사용하여, 귀신을 흠향시키니, 반드시 '예(禮)'에 의거해야만, 그 마음이 성실하게 되며, 그 모습이 장엄하고 엄숙하게 된다.

【11a】

是以, 君子, 恭敬撙41)節退讓, 以明禮.

직역 　是以로 君子는 恭敬・撙節・退讓하여 禮를 明한다.

의역 　이러한 까닭으로, 군자(君子)는 공손과 공경, 억제와 절제, 자신을 낮추고 겸양함을 실천함으로써, 예(禮)의 본뜻을 밝히는 것이다.

集說 　是以, 承上文而言. 撙, 裁抑也. 禮, 主其減.

번역 　'시이(是以)'는 앞 문장에 연이어서 말할 때 쓰는 단어이다. '준(撙)'자는 절제하고 억제한다는 뜻이다. 예(禮)의 작용은 쓸데없는 것들을

---

41) '준(撙)'자에 대하여. 『십삼경주소(十三經注疏)』 북경대 출판본에서는 "'준'자를 각각의 판본에서도 동일하게 '준'자로 기록하고 있다. 완원(阮元)의 『교감기(校勘記)』에서는 "『설문해자(說文解字)』를 살펴보니, 준(撙)이라는 글자는 기록되어 있지 않다. 전대흔(錢大昕)은 준(撙)자는 마땅히 준(▼(尊+刂))자가 되어야 한다고 했다. 그런데 『설문해자』에서는 준(▼(尊+刂))자를 줄인다는 감(減)자의 뜻으로 설명했고, 또한 『순자(荀子)』 「불구(不苟)」편에는 공경준굴(恭敬繜屈)이라는 기록이 나오고, 「중니(仲尼)」편에는 존귀지칙공경이준(尊貴之則恭敬而僔)이라는 기록이 나온다. 이 문장들에 나오는 준(繜)자나 준(僔)자의 뜻은 모두 준(撙)자의 뜻과 동일하다.'"라고 했다.

덜어내는 것을 위주로 한다.

大全 藍田呂氏曰: 禮者, 敬而已矣, 君子恭敬, 所以明禮之實也. 禮, 節文乎仁義者也, 君子撙節, 所以明禮之文也. 辭遜之心, 禮之端也, 君子退遜, 所以明禮之用也.

번역 남전여씨가 말하길, '예(禮)'라는 것은 그 핵심이 공경[敬]일 따름이니, 군자(君子)가 공손과 공경을 시행하는 것은 '예'의 본질을 밝히는 방법이다. 또한 '예'는 인의(仁義)에 근본하면서도, 그것들을 절도 있고 적절하게 나타내는 것이니, 군자가 억제하고 절제하는 것은 '예'의 아름다움을 나타내는 방법이다. 사양하고 겸손하게 자신을 낮추는 마음은 '예'의 단서가 되니, 군자가 자신을 낮추고 겸손하게 행동하는 것은 '예'의 작용을 나타내는 방법이다.

鄭注 撙, 猶趣[42]也.

번역 '준(撙)'자는 "추종한다[趣]."는 뜻이다.

釋文 撙, 祖本反. 趣, 士俱反, 就也, 向也.

번역 '撙'자는 '祖(조)'자와 '本(본)'자의 반절음이다. '趣'자는 '士(사)'자와 '俱(구)'자의 반절음으로, "나아간다[就]." 또는 "지향한다[向]."는 뜻이다.

---

42) '추(趣)'자에 대하여. 『십삼경주소(十三經注疏)』 북경대 출판본에서는 "단옥재(段玉裁)는 '추(趣)'자는 취(趣)자와 같으며, 민첩하다는 뜻으로, 그 음은 促(촉)이니, 추주(趣走)라고 쓸 때의 추(趣)자가 아니다.'"라고 했다.

孔疏 ●“是以君子恭敬撙節退讓以明禮”者, 君子是有德有爵之通稱. 王肅云: “君上位, 子下民.” 又康成注少儀云: “君子, 卿大夫若有異德者.” 凡禮有深疑, 則擧君子以正之. 恭敬者, 何胤云: “在貌爲恭, 在心爲敬.” 何之所說, 從多擧也. 夫貌多心少爲恭, 心多貌少爲敬, 所以知者, 書云“奉先思孝, 接下思恭”, 又云“貌曰恭”, 又少儀云“賓客主恭, 祭祀主敬”, 論語云“巧言令色足恭”, 又云“至於犬馬, 皆能有養, 不敬何以別乎”, 又孝經說“君父同敬, 爲母不同敬”. 以此諸文言之, 凡稱敬多爲尊, 故知貌多爲恭, 心多爲敬也. 又通而言之, 則恭敬是一. 左傳云: “敬恭父命.” 士昏禮云: “敬恭聽宗父母之言.” 孝經云: “恭敬安親.” 此並恭敬連言, 明是一也. 撙者, 趨也. 節, 法度也. 言恒趨於法度.

번역 ●經文: “是以君子恭敬撙節退讓以明禮”. ○군자(君子)는 덕(德)과 작위를 갖추고 있는 자들을 통칭하는 말이다. 왕숙은 “‘군자’라고 할 때의 ‘군(君)’자는 높은 지위에 있다는 뜻이고, ‘자(子)’자는 백성들을 자식처럼 대한다는 뜻이다.”라고 했다. 또한 정현은 『예기』「소의(少儀)」편에 대한 주에서, “‘군자’는 마치 경(卿)이나 대부(大夫)들 중에서 훌륭한 덕(德)을 갖추고 있는 자들을 뜻한다.”[43]라고 했다. 무릇 세부적인 예법들 중에 매우 의심스러운 부분이 있다면, 군자의 행동이나 뜻에 근거해서 바로잡아야 하는 것이다. ‘공경(恭敬)’에 대해서, 하윤(何胤)은 “겉으로 나타나는 공경스러운 모습을 ‘공(恭)’이라고 하며, 마음속에 존재하는 공경스러움을 ‘경(敬)’이라고 한다.”라고 했다. 하윤의 주장은 여러 가지 근거에 따른 것이다. 무릇 마음보다는 겉모습에 초점을 둔 것을 ‘공(恭)’이라고 하고, 겉모습보다는 마음에 초점을 둔 것을 ‘경(敬)’이라고 한다. 이러한 사실을 알 수 있는 이유는 『서』에서 “선조를 받들 때에는 효(孝)를 생각하고, 아랫사람을 대할 때는 공(恭)을 생각한다.”[44]라고 했고, “모습은 공손[恭]하게 한다.”[45]라고 했

---

43) 이 문장은 『예기』「소의(少儀)」편의 “聞始見君子者, 辭曰, ‘某固願聞名於將命者.’”라는 기록에 대한 정현의 주이다.
44) 『서』「상서(商書)・태갑중(太甲中)」: 奉先思孝, 接下思恭.
45) 『서』「주서(周書)・홍범(洪範)」: 二, 五事, 一曰貌, 二曰言, 三曰視, 四曰聽, 五

기 때문이며, 또한 『예기』「소의(少儀)」편에서도 "빈객을 접대할 때는 공(恭)을 위주로 하고, 제사를 지낼 때는 경(敬)을 위주로 한다."[46]라고 했고, 『논어』에서도 "말을 교묘하게 잘하고, 얼굴빛을 잘 꾸미며, 지나치게 공손[恭]하다."[47]라고 했으며, "개나 말들도 모두 봉양함이 있는데, '공경하는 마음[敬]'을 갖추지 못한다면, 어떻게 구별할 수 있겠는가?"[48]라고 했기 때문이고, 위서(緯書)인 『효경설(孝經說)』에서도 "군주와 부친에 대한 '공경하는 마음[敬]'은 같지만, 모친을 위한 경(敬)은 다르다."라고 했기 때문이다. 이러한 문장들을 근거로 말을 해보자면, 무릇 '경(敬)'을 대부분 더 높은 것으로 여기고 있다. 그렇기 때문에 모습에 초점을 맞춘 것이 '공(恭)'이 되고, 마음에 초점을 맞춘 것이 '경(敬)'이 됨을 알 수 있다. 또한 이 둘을 통괄적으로 말해본다면, '공(恭)'과 '경(敬)'은 같은 뜻이다. 『좌전』에서는 "부친의 명령을 공경(恭敬)한다."[49]라고 했고, 『의례』「사혼례(士昏禮)」편에서는 "공경(敬恭)스러운 태도로 듣고, 너의 부모 말씀을 존숭하라."[50]라고 했으며, 『효경』에서도 "공경(敬恭)하고 부모를 편안하게 모신다."[51]라고 하였다. 이러한 기록들에서는 모두 '공(恭)'자와 '경(敬)'자를 함께 열거하고 있으니, 이것은 곧 두 글자의 의미가 같다는 뜻을 나타낸다. '준(撙)'자는 "지향한다[趨]."는 뜻이다. '절(節)'자는 법도(法度)를 뜻한다. 따라서 '준

曰思, <u>貌曰恭</u>, 言曰從, 視曰明, 聽曰聰, 思曰睿, 恭作肅, 從作乂, 明作哲, 聰作謀, 睿作聖.

46) 『예기』「소의(少儀)」【439d】: <u>賓客主恭, 祭祀主敬</u>, 喪事主哀, 會同主詡. 軍旅思險, 隱情以虞.

47) 『논어』「공야장(公冶長)」: 子曰, "<u>巧言令色足恭</u>, 左丘明恥之, 丘亦恥之. 匿怨而友其人, 左丘明恥之, 丘亦恥之."

48) 『논어』「위정(爲政)」: 子游問孝. 子曰, "今之孝者, 是謂能養. <u>至於犬馬, 皆能有養, 不敬, 何以別乎?</u>"

49) 『춘추좌씨전』「양공(襄公) 23년」: 子無然. 禍福無門, 唯人所召. 爲人子者, 患不孝, 不患無所. <u>敬共父命</u>, 何常之有?

50) 『의례』「사혼례(士昏禮)」: 命之曰, "<u>敬恭聽, 宗爾父母之言</u>, 夙夜無愆, 視諸衿鞶."

51) 『효경』「간쟁장(諫諍章)」: 曾子曰: "若夫慈愛<u>恭敬</u>, 安親揚名, 則聞命矣. 敢問子從父之令, 可謂孝乎?"

절(撙節)'은 법도를 항상 추종한다는 뜻이다.

孔疏 ●"退讓以明禮"者, 應進而遷曰退, 應受而推曰讓. "以明禮"者, 旣道德仁義已下, 並須禮以成, 故君子之身行恭敬, 趨法度, 及退讓之事, 以明禮也.

번역 ●經文: "退讓以明禮". ○나아갈 만한 상황인데도 물러나는 것을 '퇴(退)'라고 부르고, 받아도 될 만한 상황인데도 사양하는 것을 '양(讓)'이라고 부른다. 경문의 "以明禮"에 대하여. 앞 문장에서 진술하였던 도덕(道德)과 인의(仁義) 등 그 이하의 내용들은 모두 예(禮)에 따라야만 이룰 수가 있다. 그렇기 때문에 군자(君子)가 직접 공경(恭敬)을 시행하고, 법도를 추종하며, 퇴양(退讓)하는 일들을 통해서, '예'의 참다운 뜻을 밝히는 것이다.

訓纂 錢氏大昕曰: 說文, "▼(尊+刂), 減也." 荀子不苟篇, "恭敬繜屈", 仲尼篇, "尊貴之, 則恭敬而僔", 其義皆與撙同.

번역 전대흔52)이 말하길, 『설문해자(說文解字)』에서는 "'▼(尊+刂)'자는 줄인다는 뜻이다."라고 했고, 『순자(荀子)』「불구(不苟)」편에는 "공경(恭敬)하고 준굴(繜屈)한다."53)라는 기록이 있으며, 또 『순자』「중니(仲尼)」편에는 "존귀하게 대하는 것에 주안점을 둔다면, 공경(恭敬)하고 준(僔)해야 한다."54)라고 했는데, '▼(尊+刂)'·'준(繜)'·'준(僔)'자의 의미는 모두 '준(撙)'자의 뜻과 동일하다.

---

52) 전대흔(錢大昕, A.D.1728 ~ A.D.1804): 청(淸)나라 때의 학자이다. 자(字)는 신미(辛楣)·효징(曉徵)이고, 호(號)는 죽정(竹汀)이다. 사학(史學)에 정통하였고, 음운학(音韻學), 지리학(地理學) 등에도 조예가 깊었다.
53) 『순자(荀子)』「불구(不苟)」: 君子能則寬容易直以開道人, 不能則恭敬繜絀以畏事人.
54) 『순자(荀子)』「중니(仲尼)」: 持寵處位, 終身不厭之術. 主尊貴之, 則恭敬而僔; 主信愛之, 則謹愼而嗛; 主專任之, 則拘守而詳.

訓纂 王氏念孫曰: 恭·敬·撙·節·退·讓, 六字平列. 恭與敬, 撙與節, 退與讓, 義並相因. 撙, 猶趨也者. 趨讀局促之促, 謂自抑損也. 撙之言損也. 管子五輔篇曰, "整齊撙詘, 以辟刑僇." 尹知章注, "撙, 節也. 言自節而卑詘." 是撙節與退讓, 義亦相因也.

번역 왕념손[55]이 말하길, 공(恭)·경(敬)·준(撙)·절(節)·퇴(退)·양(讓)이라는 여섯 글자들은 그 덕목을 평등하게 늘어놓은 것이다. 공손함[恭]과 공경함[敬], 줄임[撙]과 절제[節], 물러남[退]과 사양함[讓]은 의미가 서로 연관된다. 정현은 "'준(撙)'자는 '추(趨)'자의 뜻과 같다."라고 하였다. 이때의 '추'자는 '움츠리다[局促].'라고 할 때의 '촉(促)'자로 읽으며, 스스로를 억누르고 덜어낸다는 뜻이다. 그러므로 '준'자는 절제한다는 뜻이 된다. 『관자(管子)』「오보(五輔)」편에서는 "가지런히 정돈하고 가다듬으며, '절제하고 굽혀서[撙詘]' 형벌을 피한다."[56]라고 했고, 이 문장에 대한 윤지장[57]의 주에서는 "'준(撙)'자는 절제한다는 뜻이니, 즉 이 문장은 스스로 절제하고, 겸손하게 낮추고 굽힌다는 뜻이다."라고 했다. 그렇게 때문에 '준'과 '절', '퇴'와 '양'자 등의 의미가 또한 서로 연관되는 것이다.

訓纂 彬謂: 撙·▼(尊+刂)·繜·僔, 並同.

번역 내가 생각하기에, '준(撙)', '준(▼(尊+刂))', '준(繜)', '준(僔)'이라는 네 글자들은 그 의미가 같다.

---

55) 왕념손(王念孫, A.D.1744 ~ A.D.1832) : 청(淸)나라 때의 학자이다. 자(字)는 회조(懷租)이고, 호(號)는 석구(石臞)이다. 부친은 왕안국(王安國)이고, 아들은 왕인지(王引之)이다. 대진(戴震)에게 학문을 배웠다. 저서로는 『독서잡지(讀書雜志)』 등이 있다.

56) 『관자(管子)』「오보(五輔)」 : 孝悌慈惠, 以養親戚. 恭敬忠信, 以事君上. 中正比宜, 以行禮節. 整齊撙詘, 以辟刑僇.

57) 윤지장(尹知章, ? ~ ?) : 당(唐)나라 때의 학자이자 대신(大臣)이다. 성품이 온화하였고, 학문 연구에 종사하여, 육경(六經)에 통달하였다. 이러한 이유로 당대 학자들의 존경을 받았다.

集解 何氏胤曰: 在貌爲恭, 在心爲敬.

번역 하윤58)이 말하길, 공손함 또는 공경함이 행동으로 나타난 것을 '공(恭)'이라고 하며, 마음속에 내재되어 있는 것을 '경(敬)'이라고 한다.

集解 愚謂: 君子, 以德言之. 恭·敬·撙·節·退·讓六字平列. 荀子"不恤是非·然不然之情, 以相薦撙", 楊倞註曰, "撙, 抑也." 漢書王吉傳, "伏軾撙銜", 臣瓚曰, "撙, 促也." 師古曰, "撙, 挫也." 楊雄賦曰, "齊總總撙撙, 其相膠葛", 亦是相迫促之意. 鄭氏訓爲趨, 當讀爲"趨數煩志"之趨, 疏以趨向之義解之, 非矣. 有所抑而不敢肆, 謂之撙; 有所制而不敢過, 謂之節. 恭·敬所以盡禮之實, 撙·節所以約禮之用, 退·讓所以達禮之文. 凡事不可以無禮, 故君子必恭·敬·撙·節·退·讓以明之, 禮主其減故也.

번역 내가 생각하기에, '군자(君子)'는 덕(德)을 기준으로 언급한 말이다. 공(恭), 경(敬), 준(撙), 절(節), 퇴(退), 양(讓)이라는 여섯 글자들은 나란히 나열되어 있다. 『순자(荀子)』에는 "옳고 그름과 그렇거나 또는 그렇지 못한 실정을 동정하지 않고서, 강압적으로만 한다."59)라는 기록이 있는데, 이 문장에 대한 양경60)의 주에서는 "'준(撙)'자는 억누른다는 뜻이다."라고 했다. 『한서(漢書)』「왕길전(王吉傳)」에는 "수레 앞의 가로대로 말을 억제한다."61)라는 기록이 있는데, 이 문장에 대해서 신찬은 "'준(撙)'자는 재촉

---

58) 하윤(何胤, A.D.446 ~ A.D.531) : =하평숙(何平叔)·하씨(何氏). 양(梁)나라 때의 학자이다. 자(字)는 자계(子季)이다. 유환(劉瓛)에게 수학하였다. 저서에는 『예기은의(禮記隱義)』, 『예문답(禮問答)』 등이 있다.

59) 『순자(荀子)』「유효(儒效)」 : 不卹是非然不然之情, 以相薦撙, 以相恥怍, 君子不若惠施·鄧析.

60) 양경(楊倞, ? ~ ?) : 당(唐)나라 때의 학자이다. 백거이(白居易) 및 원진(元稹)과 동시대 인물이지만, 생몰년에 대해서는 알려져 있지 않다. 형부상서(刑部尙書) 등의 관직을 역임하였으며, 『순자주(荀子注)』를 저술하였다. 이 서적은 『순자』에 대한 가장 오래된 주석서로 평가받고 있다.

61) 『한서(漢書)』「왕공량공포전(王貢兩龔鮑傳)」 : 大王不好書術而樂逸游, 馮式撙銜, 馳騁不止, 口倦乎叱吒, 手苦於箠轡, 身勞乎車輿.

한다는 뜻이다."라고 하였고, 안사고[62]는 "'준(撙)'자는 꺾는다는 뜻이다."
라고 하였다. 양웅[63]의 부(賦)에는 "제총총준준(齊總總撙撙), 기상교갈(其
相膠葛)"[64]이라는 기록이 있는데, 이 문장에 기록된 '준준(撙撙)'이라는 말
또한 재촉한다는 뜻이다. 정현은 '준(撙)'자를 '추(趨)'자의 뜻으로 풀이했는
데, 이것은 마땅히 "긴박하고 촉박하여 뜻을 어지럽힌다."[65]라고 할 때의
'추'자로 풀이해야 하니, 공영달의 소(疏)에서 정현이 풀이한 글에 대해, 지
향한다는 뜻으로 해석한 것은 잘못된 설명이다. 억제하는 점이 있어서 감
히 방자하게 굴지 않는 것을 '준(撙)'이라고 부르는 것이며, 제약하는 점이
있어서 감히 정도에서 벗어나지 않는 것을 '절(節)'이라고 부르는 것이다.
공손함[恭]과 공경함[敬]은 예(禮)의 본질을 다하는 것이며, 억제함[撙]과
절제함[節]은 '예'의 작용을 집약하는 것이고, 물러남[退]과 사양함[讓]은
'예'의 아름다움을 이루는 것이다. 모든 일들에는 '예'가 없을 수가 없다.
그렇기 때문에 군자는 반드시 공손함, 공경함, 억제함, 절제함, 물러남, 사양
함을 실천하여, 그 뜻을 밝히는 것이니, '예'라는 것은 덜어내고 절제하는
것을 위주로 하기 때문이다.

---

62) 안사고(顏師古, A.D.581 ~ A.D.645) : 당(唐)나라 때의 학자이다. 자(字)는 주
(籒)이다. 안지추(顏之推)의 손자이다. 훈고학(訓詁學)에 뛰어났다. 오경(五
經)의 문자를 교정하여, 『오경정본(五經定本)』을 찬술하기도 하였다.

63) 양웅(楊雄, B.C.53 ~ A.D.18) : 전한(前漢) 때의 학자이다. 자(字)는 자운(子
雲)이다. 사부작가(辭賦作家)로도 명성이 높았다. 왕망(王莽)에게 동조했다는
이유로 송(宋)나라 이후부터는 배척을 당하였다. 만년에는 경학(經學)에 전념
하여, 자신을 성현(聖賢)이라고 자처하였다. 참위설(讖緯說) 등을 배척하고,
유가(儒家)와 도가(道家)의 사상을 절충하였다. 저서로는 『법언(法言)』, 『태현
경(太玄經)』 등이 있다.

64) 『문선(文選)』「감천부(甘泉賦)」 : 飛蒙茸而走陸梁, 齊總總以撙撙, 其相膠轕兮,
猋駭雲迅.

65) 『예기』「악기(樂記)」【479d】 : 鄭音好濫淫志, 宋音燕女溺志, 衛音趨數煩志, 齊
音敖辟喬志.

【集解】 凡君子, 有專以德言者. 鄭註鄉飲酒禮云, “君子, 國中有德者.” 此篇 “君子恭·敬·撙·節·退·讓以明禮”, “博聞強識而讓, 敦善行而不怠, 謂 之君子”, “君子不盡人之歡”, 皆此義也. 有兼德與位言之者. 鄭註少儀云, “君 子, 卿大夫若有異德者.” 又註士相見禮云, “君子, 謂卿大夫及國中賢者.” 此 篇屢言“侍坐於君子”, 皆此義也. 又有專以人君言者. “君子式黃髮, 下卿位”, “君子將營宮室, 宗廟爲先”, 是也.

【번역】 무릇 군자(君子)는 전적으로 덕(德)을 가지고 있는 자들을 가리킨 다.『의례』「향음주례(鄉飲酒禮)」편에 대해 정현의 주에서는 “‘군자’는 나라 사람들 중에서 덕을 갖추고 있는 자를 뜻한다.”[66]라고 했고, 이곳 경문에서 는 “‘군자’는 공손함[恭], 공경함[敬], 억제함[撙], 절제함[節], 물러남[退], 사 양함[讓]을 통해서 예(禮)를 밝힌다.”라고 했고, 또 “널리 지식을 익히고 잘 기억하되, 겸손하며, 선행(善行)을 독실하게 실천하며, 게을리 하지 않는 자를 ‘군자’라고 부른다.”[67]라고 했으며, “‘군자’는 남이 나에게 호의를 다하 기를 바라지 않는다.”[68]라고 했는데, 이러한 기록들에 나타난 ‘군자’는 모두 ‘덕’을 갖춘 인물을 가리킨다. 한편 ‘군자’라는 단어는 덕 뿐만 아니라 지위 까지도 갖춘 인물을 가리킬 때 사용하기도 한다.『예기』「소의(少儀)」편에 대한 정현의 주에서는 “‘군자’는 경(卿)과 대부(大夫)들 중에서 남다른 덕을 갖춘 자이다.”[69]라고 했고,『의례』「사상견례(士相見禮)」편에 대한 주에서 는 “‘군자’는 경(卿)과 대부(大夫) 및 나라 사람들 중 현명한 자들을 가리킨 다.”[70]라고 했으며, 또 이곳 경문에는 여러 차례 ‘군자를 모시고 앉을 경우’ 라는 기록이 나오는데,[71] 이러한 기록들에 나타난 ‘군자’는 모두 덕과 지위

66) 이 문장은『의례』「향음주례(鄉飲酒禮)」편의 “以告於先生·君子可也”라는 기 록에 대한 정현의 주이다. 그런데 본문에는 “君子, 國中有盛德者.”로 기록되어 있다.
67)『예기』「곡례상」【34b】: 博聞強識而讓, 敦善行而不怠, 謂之君子.
68)『예기』「곡례상」【34c】: 君子不盡人之歡, 不竭人之忠, 以全交也.
69) 이 문장은『예기』「소의(少儀)」편의 “聞始見君子者辭曰, ‘某固願聞名於將命 者.’”라는 기록에 대한 정현의 주이다.
70) 이 문장은『의례』「사상견례(士相見禮)」편의 “凡侍坐於君子, 君子欠伸, 問日之 早晏, 以食具告. 改居, 則請退可也.”라는 기록에 대한 정현의 주이다.

를 겸비한 인물을 가리킨다. 또한 '군자'는 전적으로 군주를 지칭하는 용어
로도 사용된다. "'군자'는 머리가 황발(黃髮)이 된 노인을 보게 되면, 수레의
가로대를 잡고 머리를 숙이며 예(禮)를 표하고, 경(卿)의 지위를 지닌 자를
만나면, 수레에서 내린다."72)라고 했고, "'군자'가 궁실(宮室)을 세우려고
할 때에는 우선적으로 종묘(宗廟)부터 짓는다."73)라고 하였는데, 이 기록들
에 나타난 '군자'라는 말은 모두 군주를 가리킨다.

【11a~b】

> 鸚鵡74)能言, 不離飛鳥; 猩猩能言, 不離禽獸75); 今人而無
> 禮, 雖能言, 不亦禽獸之心乎? 夫惟禽獸無禮, 故父子聚麀.

---

71) 『예기』「곡례상」【22b】: 侍坐於君子, 君子欠伸, 撰杖屨, 視日蚤莫, 侍坐者請
出矣. / 『예기』「곡례상」【22b】: 侍坐於君子, 君子問更端, 則起而對. / 『예기』
「곡례상」【22b】: 侍坐於君子, 若有告者曰, "少間, 願有復也, 則左右屛而待."

72) 『예기』「곡례상」【44d】: 故君子式黃髮, 下卿位, 入國不馳, 入里必式.

73) 『예기』「곡례하(曲禮下)」【50d】: 君子將營宮室, 宗廟爲先, 廐庫爲次, 居室爲
後.

74) '앵무(鸚鵡)'에 대하여. 『십삼경주소(十三經注疏)』 북경대 출판본에서는 "『민
본(閩本)』·『감본(監本)』·『모본(毛本)』·『악본(岳本)』·『석경(石經)』·『가
정본(嘉靖本)』에서는 동일하게 '앵무(鸚鵡)'로 기록하고 있다. 『경전석문(經典
釋文)』에서는 '영모(嬰母)라는 단어는 판본에 따라서 간혹 앵무(鸚鵡)로 쓰기
도 한다.'라고 했다. 『정의본(正義本)』에서는 '앵무(鸚鵡)'로 기록하고 있다. 완
원(阮元)의 『교감기(校勘記)』에서는 "『설문해자(說文解字)』를 살펴보니, 거기
에는 앵무(鸚䳇)로 기록되어 있다.'"라고 했다.

75) '금수(禽獸)'에 대하여. 『십삼경주소(十三經注疏)』 북경대 출판본에서는 "『민
본(閩本)』·『감본(監本)』·『모본(毛本)』·『석경(石經)』·『악본(岳本)』에서
는 동일하게 '금수(禽獸)'로 기록하고 있다. 『경전석문(經典釋文)』에서는 '금
수(禽獸)라는 글자를 『노본(盧本)』에서는 주수(走獸)로 기록하고 있다.'라고
했다. 완원(阮元)의 『교감기(校勘記)』에서는 "『정의(正義)』을 살펴보니, 앵무
(鸚鵡)는 수(獸)라고 부르지 않고, 성성(猩猩)까지도 통칭하여 금(禽)이라고
부른다고 했으니, 이 말은 곧 『정의본(正義本)』에서도 금수(禽獸)로 기록했음
을 뜻한다.'"라고 했다.

직역 鸚鵡가 能言하나, 飛鳥를 不離하고, 猩猩이 能言하나, 禽獸를 不離하니, 今人이 無禮면, 비록 能言이나, 또한 禽獸之心이 아니겠는가? 무릇 오직 禽獸만이 無禮라, 故로 父子가 聚麀라.

의역 앵무새가 비록 말을 할 수 있다고 하지만, 그 본질은 새에 지나지 않고, 성성(猩猩)이가 비록 말을 할 수 있다고 하지만, 그 본질은 금수(禽獸)에 지나지 않는다. 오늘날 사람들은 누구나 다 인간이라는 존재에 해당하지만, 예(禮)가 없다면 비록 말은 할 수 있다고 하더라도, 껍데기만 사람이지, 또한 금수의 마음을 지니고 있는 것이 아니겠는가? 무릇 오직 짐승들만이 '예'가 없기 때문에, 부친과 자식이 암컷을 공유하는 것이다.

集說 鸚鵡, 鳥之慧者, 隴蜀嶺南皆有之. 猩猩, 人面豕身, 出交趾封谿等處. 禽者, 鳥獸之總名. 鳥不可曰獸, 獸亦可曰禽, 故鸚鵡不曰獸, 而猩猩則通曰禽也. 聚, 猶共也. 獸之牝者曰麀.

번역 앵무새는 새 중에서도 지혜로운 새이며, 롱(隴)76)과 촉(蜀)77), 그리고 영남(嶺南)78) 지역 등에 이 새들이 서식하고 있다. 성성(猩猩)은 사람의 얼굴에 돼지의 몸뚱이를 하고 있는 동물로, 교지(交趾)79) 봉계(封谿)80) 등의 지역에서 출몰한다. 금(禽)자는 날짐승[鳥]이나 뭍짐승[獸]까지도 포함하는 명칭이다. 날짐승에 대해서는 '수(獸)'라고 부르지 못하지만, 뭍짐승에 대해서는 또한 '금'이라고 부를 수 있다. 그렇기 때문에 앵무새에 대해서는 '수'라고 부르지 못하지만, 성성이는 통칭하여 '금'이라고 부르는 것이다. '취(聚)'자는 "공유한다[共]."는 뜻이다. 뭍짐승의 암컷은 '우(麀)'라고 부른다.

---

76) 롱(隴)은 오늘날의 감숙성(甘肅省) 일대의 지역에 해당한다.
77) 촉(蜀)은 오늘날의 사천성(四川省) 일대의 지역에 해당한다.
78) 영남(嶺南)은 오령(五嶺)의 남쪽 지역을 지칭하는 용어로, 광동(廣東) 및 광서(廣西) 일대의 지역에 해당한다.
79) 교지(交趾)는 오령(五嶺)의 남쪽 지역을 범칭하는 말이다. 또한 한(漢)나라 무제(武帝)가 남월(南越)을 멸망시킨 이후 설치했던 13개의 자사부(刺史部) 중 하나를 가리킨다. 오늘날의 베트남 북부 지역에 해당한다.
80) 봉계(封谿)는 교지(交趾)에 속해있었던 지역 중 하나이다.

그림 3-1 앵무(鸚鵡)

▸ 출처: 『삼재도회(三才圖會)』「조수(鳥獸)」 1권

● 그림 3-2 성성(猩猩)

▸출처: 『삼재도회(三才圖會)』「조수(鳥獸)」 4권

鄭注　聚猶共也. 鹿牝曰麀.

번역　‘취(聚)’자는 “공유한다[共].”는 뜻이다. 사슴의 암컷을 ‘우(麀)’라
고 부른다.

釋文　嬰, 本或作鸚, 厄耕反. 母, 本或作鵡, 同, 音武, 諸葛恪茂后反. 離,
力智反, 下同. 狌, 本又作猩, 音生. 禽獸, 盧本作走獸. 麀音憂, 牝鹿也. 牝,
頻忍反, 徐扶盡反, 舊扶允反.

번역　‘嬰’자는 판본에 따라서 간혹 ‘鸚’자로 쓰기도 하며, 그 음은 ‘厄
(액)’자와 ‘耕(경)’자의 반절음이다. ‘母’자는 판본에 따라서 간혹 ‘鵡’자로
쓰기도 하며, 두 글자 모두 음은 ‘武(무)’인데, 제갈각[81]은 이 글자의 음을
‘茂(무)’자와 ‘后(후)’자의 반절음이라고 하였다. ‘離’자는 ‘力(력)’자와 ‘智
(지)’자의 반절음이며, 그 아래문장에 나오는 글자도 그 음이 모두 이와 같
다. ‘狌’자는 판본에 따라서 또한 ‘猩’자로 쓰기도 하는데, 그 음은 ‘生(생)’이
다. ‘禽獸’라는 글자를 『노본(盧本)』에서는 ‘走獸’라고 기록하고 있다. ‘麀’자
의 음은 ‘憂(우)’인데, 암컷 사슴을 뜻한다. ‘牝’자는 ‘頻(빈)’자와 ‘忍(인)’자
의 반절음이며, 서음(徐音)은 ‘扶(부)’자와 ‘盡(진)’자의 반절음이 되고, 구음
(舊音)은 ‘扶(부)’자와 ‘允(윤)’자의 반절음이 된다.

孔疏　●“猩猩”至“禽獸”. ○正義曰: 爾雅云: “猩猩小而好啼.” 郭注山海經
云: “人面豕身, 能言語, 今交阯[82]封谿縣出猩猩, 狀如獾狚, 聲似小兒啼.” 今

---

81) 제갈각(諸葛恪, A.D.203 ~ A.D.253) : 삼국시대(三國時代) 때의 인물이다. 자
(字)는 원손(元遜)이다.

82) ‘지(阯)’자에 대하여. 『십삼경주소(十三經注疏)』 북경대 출판본에서는 “『민본
(閩本)』·『감본(監本)』에서는 동일하게 ‘지(阯)’자로 기록하고 있는데, 『모본
(毛本)』에서는 ‘지(趾)’자로 기록하고 있다. 완원(阮元)의 『교감기(校勘記)』에
서는 ‘고대에는 교지(交阯)라는 단어를 교지(交趾)로 통용하여 썼는데, 『설문
해자(說文解字)』에는 지(趾)자에 대한 기록이 없다. 『이아』「석목(釋木)」편의

按, 禽獸之名, 經記不同. 爾雅云: "二足而羽謂之禽, 四足而毛謂之獸." 今鸚 鵡是羽曰禽, 猩猩四足而毛, 正可是獸. 今並云禽獸者, 凡語有通別, 別而言 之, 羽則曰禽, 毛則曰獸. 所以然者, 禽者, 擒也, 言鳥力小可擒捉而取之; 獸 者, 守也, 言其力多, 不易可擒, 先須圍守, 然後乃獲, 故曰獸也. 通而爲說, 鳥 不可曰獸, 獸亦可曰禽, 故鸚鵡不曰獸, 而猩猩通曰禽也. 故易云: "王用三驅, 失前禽." 則驅走者亦曰禽也. 又周禮·司馬職云: "大獸公之, 小禽私之." 以 此而言, 則禽未必皆鳥也. 又康成注周禮云: "凡鳥獸未孕曰禽." 周禮又云: "以禽作六摯[83], 卿羔, 大夫鴈." 白虎通云: "禽[84]者, 鳥獸之總名." 以此諸經 證禽名通獸者, 以其小獸可擒, 故得通名禽也.

번역 ●經文: "猩猩"~"禽獸". ○『이아』에서는 "성성(猩猩)은 몸집이 작고 잘 울부짖는다."[85]라고 했고, 『산해경(山海經)』[86]에 대한 곽박[87]의 주에서는 "사람의 얼굴에 돼지의 몸을 하고 있으며, 말을 할 수 있고, 지금

　　주에서도 교지(交阯)로 기록하고 있고, 『경전석문(經典釋文)』에서는 지(阯)자
　　를 판본에 따라서 지(趾)자로도 기록한다고 했다.'"라고 했다.

83) '지(摯)'자에 대하여. 『십삼경주소(十三經注疏)』 북경대 출판본에서는 "『민본
　　(閩本)』·『감본(監本)』·『모본(毛本)』에서는 동일하게 '지(摯)'자로 기록하고
　　있다. 『고문(考文)』에서는 송(宋)나라 판본을 인용하여, '지(贄)'자로 기록하고
　　있다. 『오경문자(五經文字)』에서는 '지(摯)'자는 꽉 쥔다는 뜻이다. 경전에서는
　　집지(執摯)라고 할 때의 지(摯)자를 지(贄)자와 통용해서 사용했다.'라고 했다.
　　완원(阮元)의 『교감기(校勘記)』에서는 '살펴보니, 『설문해자(說文解字)』에 근
　　거한다면, 마땅히 ▼(執/女)자로 기록해야 하는데, 가차하여 지(摯)자로 기록
　　한 것이다.'"라고 했다.

84) '금(禽)'자에 대하여. 완원(阮元)의 『교감기(校勘記)』에서는 "『백호통(白虎通)』
　　을 살펴보면, '금'자로 기록하는 것이 옳다. '王用三驅, 失前禽'이라는 기록이
　　있으니, 수레를 몰 때 사용하는 짐승들 또한 '금'이라고 부른다."라고 했다.

85) 『이아』「석수(釋獸)」: 猩猩, 小而好啼.

86) 『산해경(山海經)』은 중국 고대의 지리서(地理書) 중 하나이다. 작자는 미상이
　　다. 총 18권으로 구성되어 있다. 본래는 32권으로 구성되어 있었는데, 유흠(劉
　　歆)이 정리를 하며, 재차 18권으로 편집했다고 전해지기도 한다. 각 지역의 지
　　형을 설명하고, 그곳의 풍속 및 전설 등의 내용들까지도 수록하고 있다.

87) 곽박(郭璞, A.D.276 ~ A.D.324) : 진(晉)나라 때의 학자이다. 자(字)는 경순
　　(景純)이다. 저서로는 『이아주(爾雅注)』, 『방언주(方言注)』, 『산해경주(山海經
　　注)』 등이 있다.

의 교지(交阯) 봉계현(封谿縣) 지역에서 '성성'이 출몰한다. '성성'의 모습은
오소리 등과 비슷하고, 울음소리는 어린아이가 우는 소리와 흡사하다."라
고 했다. 내가 살펴보니, '금수(禽獸)'라는 명칭은 경전 기록마다 차이가 있
다. 『이아』에서는 "두 개의 다리가 있고 날개가 있는 것을 '금(禽)'이라고
부르며, 네 개의 다리가 있고, 털이 난 것을 '수(獸)'라고 부른다."[88]라고
했다. 지금 이곳 문장에 나온 앵무(鸚鵡)라는 짐승은 날개가 있으니, '금'에
해당되며, 성성(猩猩)은 네 개의 다리가 있고, 또한 털이 났으므로, 이것이
바로 '수'에 해당한다고 할 수 있다. 그런데 이곳 문장에서는 이 두 짐승들
에 대해서 '금수'라는 말로 기록하고 있는데, 무릇 단어를 사용할 때에는
통괄해서 쓸 때도 있고, 구분해서 쓸 때도 있다. 만약 구분을 해서 말을
한다면, 날개가 달린 짐승은 '금'이라고 부르게 되고, 털이 덮여 있는 짐승
은 '수'라고 부르게 된다. 그 이유는 '금'이라는 말은 "사로잡다[擒]."는 뜻으
로, 즉 이 말은 조류들은 힘이 약하여 직접 사로잡을 수 있다는 뜻이 된다.
한편 '수'라는 말은 "포획한다[守]."는 뜻으로, 즉 이 말은 뭍짐승들은 그
힘이 매우 강하여, 조류들처럼 직접 사로잡기가 쉽지 않다. 따라서 먼저
에워싼 다음에야, 포획할 수가 있는 것이다. 그렇기 때문에 이러한 짐승들
을 '수'라고 부르는 것이다. 한편 통괄적으로 말해보자면, 날짐승에 대해서
는 '수'라고 부를 수 없지만, 뭍짐승에 대해서는 또한 '금'이라고 부를 수
있다. 그렇기 때문에 '앵무'에 대해서는 '수'라고 할 수 없지만, '성성'에 대해
서는 통칭하여 '금'이라고 부를 수 있는 것이다. 그러므로 『역』에서 "왕이
세 방면에서 짐승들을 몰지만, 앞에 있는 짐승[禽]들을 잃는다."[89]라고 한
것이니, 이 말은 곧 네 발로 달린 짐승들 또한 '금'으로 부를 수 있다는 사실
을 나타낸다. 또한 『주례』「사마(司馬)」편의 직무 기록에서는 "'큰 짐승들
[大獸]'은 바치고, '작은 짐승들[小禽]'은 남에게 베풀어준다."[90]라고 하였
으니, 이러한 기록들에 근거해서 말해본다면, '금'이라는 말은 반드시 조류

---

88) 『이아』「석조(釋鳥)」 : 二足而羽謂之禽. 四足而毛謂之獸.
89) 『역』「비괘(比卦)」 : 九五, 顯比, 王用三驅, 失前禽, 邑人不誡, 吉.
90) 『주례』「하관(夏官)·대사마(大司馬)」 : 大獸公之, 小禽私之, 獲者取左耳.

만을 뜻하는 단어가 아니다. 또『주례』에 대한 정현의 주에서는 "무릇 조수 (鳥獸)들 중에 아직 새끼를 잉태하지 않은 것을 '금'이라고 부른다."[91]라고 했다. 『주례』에서도 "'금'을 사용하여 여섯 가지 예물(禮物)을 정하니, 경 (卿)은 '새끼 양[羔]'을 쓰고, 대부(大夫)는 기러기[鴈]를 쓴다."[92]라고 했고, 『백호통(白虎通)』에서는 "'금'이라는 것은 '조수'를 총칭하는 말이다."라고 했다. 이러한 여러 경전의 기록들은 '금'자를 '수'자의 의미까지도 포함하는 용어로 사용한다는 사실을 증명해주는데, 그 이유는 작은 뭍짐승들은 날짐 승들처럼 직접 사로잡을 수 있기 때문이다. 따라서 이러한 뜻에서 '금'자로 통용해서 쓸 수 있었던 것이다.

訓纂 鸚鵡, 說文作"鸚䳎", 能言鳥也. 釋文, "禽獸, 盧本作走獸."

번역 '앵무(鸚鵡)'를 『설문해자(說文解字)』에서는 '앵무(鸚䳎)'로 기록 하고 있는데, 말을 할 수 있는 새를 뜻한다. 『경전석문(經典釋文)』에서는 "'금수(禽獸)'라는 글자를 『노본(盧本)』에서는 '주수(走獸)'로 기록하고 있 다."라고 했다.

集解 今經文係孔疏本, 陸氏本經文與孔間有不同, 故此經鸚鵡字, 釋文作 嬰母, 後放此.

번역 현행본 『예기정의(禮記正義)』 경문(經文)은 공영달(孔穎達)의 『주소본(注疏本)』 문자기록을 따르고 있어서, 육덕명(陸德明)의『경전석문 (經典釋文)』 문장과는 다른 부분들이 있다. 그렇기 때문에 이곳 경문에 '앵 무(鸚鵡)'라고 기록된 글자를 『경전석문(經典釋文)』에서는 '영모(嬰母)'라

---

91) 이 문장은 『주례』「천관(天官)・포인(庖人)」편의 "庖人, 掌共六畜・六獸・六 禽, 辨其名物."이라는 기록에 대한 정현의 주이다.
92) 『주례』「춘관(春官)・대종백(大宗伯)」: 以禽作六摯, 以等諸臣. 孤執皮帛, 卿執 羔, 大夫執鴈, 士執雉, 庶人執鶩, 工商執雞.

고 기록하고 있는 것이다. 이후에도 서로 차이를 보이는 기록들은 모두 이러한 이유 때문이다.

集解 愚謂: 鸚鵡猩猩能言而不離乎禽獸者, 以其無禮故也. 人而無禮, 則與禽獸無以別矣. 聚, 共也. 麀, 牝獸也. 父子共麀, 言其無別之甚.

번역 내가 생각하기에, 앵무새와 성성(猩猩)이는 말을 할 줄 알지만, '금수(禽獸)'라는 범주를 벗어날 수 없다. 그 이유는 이러한 짐승들에게는 '예(禮)'가 없기 때문이다. 따라서 사람으로 태어났음에도 '예'를 갖추지 못한다면, 이것은 곧 '금수'와 구별할 것이 없게 되는 것이다. '취(聚)'자는 "공유한다[共]."는 뜻이다. '우(麀)'자는 짐승들 중 암컷을 뜻한다. 아비와 자식이 암컷을 공유한다는 말은 곧 남녀 간에 구별이 없다는 말을 매우 심하게 표현한 것이다.

【11b】

是故93), 聖人作, 爲禮以敎人, 使人以有禮, 知自別於禽獸.

직역 是故로 聖人이 作하여, 爲禮하여 敎人하고, 人으로 有禮하여, 禽獸에 自別을 知하게 하였다.

---

93) '고(故)'자에 대하여. 『십삼경주소(十三經注疏)』 북경대 출판본에서는 "『민본(閩本)』·『감본(監本)』·『모본(毛本)』·『악본(岳本)』·『가정본(嘉靖本)』, 위씨(衛氏)의 『집설(集說)』에서는 동일하게 '고'자로 기록하고 있다. 『석경(石經)』에서는 '이(以)'자로 기록하고 있고, 『고문(考文)』에서는 『고본(古本)』과 『족리본(足利本)』을 인용하며, '이'자로 기록하고 있다."라고 했다.

의역　이러한 까닭으로, 성인(聖人)이 출현하여, 예(禮)를 만들어서 사람들을 교화하고, 사람들로 하여금 '예'를 지니게 하여, 인간이 금수(禽獸)와 구별되어야 함을 알도록 하였다.

集說　朱子曰: 聖人作, 絶句.

번역　주자가 말하길, '성인작(聖人作)'에서 구문을 한번 끊는다.

大全　藍田呂氏曰: 人之血氣·嗜慾·視聽·食息, 與禽獸異者, 幾希, 特禽獸之言與人異爾. 然猩猩鸚鵡, 亦或能之, 是則所以貴於萬物者, 蓋有理義存焉. 聖人因理義之同然, 而制爲之禮然後, 父子有親, 君臣有義, 男女有別, 人道所以立而與天地參也. 縱恣怠敖, 滅天理而窮人欲, 將與馬牛犬彘之無辨, 是果於自棄而不欲齒於人類者乎.

번역　남전여씨가 말하길, 사람은 혈기를 가지고 있고, 좋아하고 욕망하며, 보고 듣고, 또 음식을 먹고 숨을 쉰다는 점에서 금수(禽獸)와 별반 다를 것이 없다. 다만 금수에 비해서 말을 할 줄 안다는 것이 사람과 금수가 서로 다른 차이점이다. 그러나 성성(猩猩)이나 앵무새들도 또한 간혹 어떤 것들은 말을 할 줄 안다. 이것은 곧 사람이 만물 중에서도 가장 존귀한 존재가 되는 까닭이 말을 할 수 있다는 점에 있는 것이 아니라, 의리(義理)를 지니고 있는 존재라는 점에 있다는 사실을 나타낸다. 성인(聖人)은 모든 사람들이 동일하게 지니고 있는 '의리'에 기준을 두고서, 그것을 제단하여 예(禮)를 만들어 주었는데, 이처럼 '예'가 생긴 연후에야, 부자 관계에 친애함이 생겼고, 군신 관계에 의리[義]가 생겼으며, 남녀 사이에 구별이 생기게 되었으니,94) 이것이 바로 인도(人道)가 확립되어 천지의 운행에 참여할 수 있게 된 원인이다.95) 방종하고 내키는 대로 하며, 태만하고 오만하게 굴어서, 천

---

94)『맹자』「등문공상(滕文公上)」: 人之有道也, 飽食　煖衣　逸居而無敎, 則近於禽獸. 聖人有憂之, 使契爲司徒, 敎以人倫, 父子有親, 君臣有義, 夫婦有別, 長幼有序, 朋友有信.

리(天理)를 없애고, 인욕(人欲)을 끝까지 추구한다면,[96) 그러한 사람들은 장차 말, 소, 개, 돼지 등과 구별이 되지 않게 되니, 이러한 자들은 스스로를 포기해버리고 사람들과 함께 어울리기를 바라지 않는 자들일 것이다.

訓纂 江氏永曰: 此與樂記"聖人作爲父子君臣以爲紀綱", 文勢正相似, 宜作一句讀, 至"敎人"絶句.

번역 강영이 말하길, 이곳 문장과 『예기』「악기(樂記)」편에서 "성인(聖人)이 부자(父子) 및 군신(君臣) 사이에서 지켜야 하는 법도를 만들어서, 기강(紀綱)으로 삼았다."[97)라고 한 문장은 그 문맥이 서로 유사하다. 따라서 "聖人作爲禮以敎人"이라는 문장은 하나의 구문으로 해석해야 하며,[98) "聖人作爲禮以敎人, 使人以有禮, 知自別於禽獸"처럼, '교인(敎人)'이라는 글자에서 구문이 끊어진다.

【11c】

太[99)上貴德, 其次務施報. 禮尚往來, 往而不來, 非禮也; 來而不往, 亦非禮也.

---

95) 『중용』「22장」: 唯天下至誠爲能盡其性. 能盡其性, 則能盡人之性. 能盡人之性, 則能盡物之性. 能盡物之性, 則可以贊天地之化育. 可以贊天地之化育, 則可以與天地參矣.

96) 『예기』「악기(樂記)」【459c~d】: 然後好惡形焉. 好惡無節於內, 知誘於外, 不能反躬, 天理滅矣. …… 人和物也者, 滅天理而窮人欲者也.

97) 『예기』「악기(樂記)」【478d~479a】: 然後聖人作爲父子君臣以爲紀綱, 紀綱旣正, 天下大定.

98) 강영의 주장대로 위의 경문을 해석하면, "성인(聖人)이 예(禮)를 만들어서 사람들을 교화시켰다."라는 뜻이 된다.

99) '태(太)'자에 대하여. 『십삼경주소(十三經注疏)』북경대 출판본에서는 "위씨(衛氏)의 『집설(集說)』에서는 동일하게 '태'자로 기록하고 있다. 『민본(閩本)』·『감본(監本)』·『모본(毛本)』에서는 '대(大)'자로 기록하고 있으며, 『석경

직역 太上에는 德을 貴하고, 其次에 施報에 務하였다. 禮는 往來를 尙하니, 往하고 不來함은 非禮이며, 來하고 不往함도 또한 非禮이다.

의역 삼황(三皇)[100]과 오제(五帝)[101] 시대에는 덕(德)을 가장 귀중하게 여겼

(石經)』·『악본(岳本)』·『가정본(嘉靖本)』에서도 '대'자로 기록하고 있다. 완원(阮元)의 『교감기(校勘記)』에서는 '『경전석문(經典釋文)』을 살펴보면, 대(大)자로 기록되어 있는데, 그 음에 대해서는 태(泰)라고 하였다. 『오경문자(五經文字)』에는 대(大)자는 태(泰)자의 가차자(假借字)이며, 경전에서는 이 두 글자를 통용해서 사용했다.'라고 했다. 손이양(孫詒讓)의 『교기(校記)』에서는 '『무주본(撫州本)』에는 대(大)자로 기록되어 있고, 주(注)에서도 동일하게 대(大)자로 기록하고 있다."라고 했다.

100) 삼황(三皇)은 전설시대에 존재했다고 전해지는 세 명의 제왕을 뜻한다. 그러나 세 명이 누구였는지에 대해서는 이설(異說)이 많다. 첫 번째 주장은 복희(伏羲), 신농(神農), 황제(黃帝)를 '삼황'으로 보는 견해이다. 『장자(莊子)』「천운(天運)」편에는 "余語汝三皇五帝之治天下."라는 기록이 있는데, 이에 대한 성현영(成玄英)의 주에서는 "三皇者, 伏羲·神農·黃帝也."라고 풀이했다. 두 번째 주장은 복희(伏羲), 신농(神農), 여왜(女媧)로 보는 견해이다. 『여씨춘추(呂氏春秋)』「용중(用衆)」편에는 "此三皇五帝之所以大立功名也."라는 기록이 있는데, 이에 대한 고유(高誘)의 주에서는 "三皇, 伏羲·神農·女媧也."라고 풀이했다. 세 번째 주장은 복희(伏羲), 신농(神農), 수인(燧人)으로 보는 견해이다. 『백호통(白虎通)』「호(號)」편에는 "三皇者, 何謂也? 謂伏羲·神農·燧人也."라는 기록이 있다. 네 번째 주장은 복희(伏羲), 신농(神農), 축융(祝融)으로 보는 견해이다. 『백호통(白虎通)』「호」편에는 "禮曰, 伏羲·神農·祝融, 三皇也."라는 기록이 있다. 다섯 번째 주장은 천황(天皇), 지황(地皇), 태황(泰皇)으로 보는 견해이다. 『사기(史記)』「진시황본기(秦始皇本紀)」편에는 "古有天皇, 有地皇, 有泰皇. 泰皇最貴."라는 기록이 있다. 여섯 번째 주장은 천황(天皇), 지황(地皇), 인황(人皇)으로 보는 견해이다. 『예문유취(藝文類聚)』에서는 『춘추위(春秋緯)』를 인용하며, "天皇, 地皇, 人皇, 兄弟九人, 分九州, 長天下也."라고 기록하였다.

101) 오제(五帝)는 전설시대에 존재했다고 전해지는 다섯 명의 제왕(帝王)을 뜻한다. 그러나 다섯 명이 누구였는지에 대해서는 이설(異說)이 많다. 첫 번째 주장은 황제(黃帝: =軒轅), 전욱(顓頊: =高陽), 제곡(帝嚳: =高辛), 당요(唐堯), 우순(虞舜)으로 보는 견해이다. 『사기정의(史記正義)』「오제본기(五帝本紀)」편에는 "太史公依世本·大戴禮, 以黃帝·顓頊·帝嚳·唐堯·虞舜爲五帝. 譙周·應劭·宋均皆同."이라는 기록이 있고, 『백호통(白虎通)』「호(號)」편에도 "五帝者, 何謂也? 禮曰, 黃帝·顓頊·帝嚳·帝堯·帝舜也."라는 기록이 있다. 두 번째 주장은 태호(太昊: =伏羲), 염제(炎帝: =神農), 황제(黃帝), 소호(少昊:

고, 그 다음 시대에는 은덕(恩德)을 베풀고 보답하는 것에 힘썼다. 예(禮)에 있어서 는 서로 주고받는 것을 숭상하니, 가기만 하고 오지 않는 것은 '예'가 아니며, 또한 오기만 하고 가지 않는 것도 '예'가 아니다.

集說 太上, 帝皇之世, 但貴其德足以及人, 不貴其報. 其次, 三王之世, 禮 至三王而備, 故以施報爲尙.

번역 '태상(太上)'은 삼황(三皇)과 오제(五帝)가 통치했던 시대를 뜻하 니, 이 시기에는 단지 자신의 덕(德)을 다른 사람들에게까지 미치도록 하는 것을 귀하게 여겼고, 그러한 '덕'에 대해서 보답하는 것은 귀하게 여기지 않았다. '기차(其次)'는 삼왕(三王)[102]이 통치했던 시대를 뜻하는데, '예 (禮)'라는 것은 삼왕의 시대에 이르러서야 제대로 갖추어지게 되었다. 그렇 기 때문에 베풀고 보답하는 것을 숭상한 것이다.

大全 馬氏曰: 禮之設, 所以緣人情也, 故曰: "報者, 天下之利也." 又曰: "禮得其報則樂", 聖人因人情之所樂, 制爲往來之禮, 所以使天下之人, 賮賮

=摯), 전욱(顓頊)으로 보는 견해이다. 이 주장은『예기』「월령(月令)」편에 나 타난 각 계절별 수호신들의 내용을 종합한 것이다. 세 번째 주장은 소호(少 昊), 전욱(顓頊), 고신(高辛), 당요(唐堯), 우순(虞舜)으로 보는 견해이다.『서 서(書序)』에는 "少昊・顓頊・高辛・唐・虞之書, 謂之五典, 言常道也."라는 기록이 있다. 또『제왕세기(帝王世紀)』에는 "伏羲・神農・黃帝爲三皇, 少 昊・高陽・高辛・唐・虞爲五帝."라는 기록이 있다. 네 번째 주장은 복희(伏 羲), 신농(神農), 황제(黃帝), 당요(唐堯), 우순(虞舜)으로 보는 견해이다. 이 주장은『역』「계사하(繫辭下)」편의 내용에 근거한 주장이다.

102) 삼왕(三王)은 하(夏), 은(殷), 주(周) 삼대(三代)의 왕을 뜻한다.『춘추곡량전』 「은공(隱公) 8年」편에는 "盟詛不及三王."이라는 기록이 있고, 이에 대한 범녕 (範寧)의 주에서는 '삼왕'을 하나라의 우(禹), 은나라의 탕(湯), 주나라의 무왕 (武王)을 지칭한다고 풀이했다. 그리고『맹자』「고자하(告子下)」편에는 "五霸 者, 三王之罪人也."이라는 기록이 있고, 이에 대한 조기(趙岐)의 주에서는 '삼 왕'을 범녕의 주장과 달리, 주나라의 무왕 대신 문왕(文王)을 지칭한다고 풀 이했다.

而不倦也. 夫獻而必有酬, 酬而必有酢, 此往來之禮, 見於燕飮也. 主人出迎則
客固辭, 客就東階則主人固辭, 此往來之禮, 見於際接也. 服之三年者, 其報必
期, 服之期者, 報亦如之, 此往來之禮, 見於喪紀也. 其往而不來, 來而不往, 則
禮失其報, 而爲禮者, 有時而怠矣.

번역 마씨가 말하길, 예(禮)를 세운 것은 사람의 정감에 연원한 것이다.
그렇기 때문에 "보답하는 것은 천하를 이롭게 하는 것이다."[103]라고 말한
것이다. 또 말하길, "'예'에 있어서 그 보답함이 실행된다면, 모두가 즐겁게
된다."[104]라고 하였으니, 성인(聖人)은 사람의 정감상 즐거워하는 것들에
근본을 두고서, 이것을 제단하여 서로 주고받는 예법을 만들었던 것이니,
이것은 곧 천하의 모든 사람들로 하여금 근면성실하게 실천하며, 게으름을
피우지 못하도록 만들었던 방법이었다. 무릇 연회에서 주인이 손님에게 술
을 따라주면, 반드시 손님도 술잔을 따라서 건네고, 손님이 술잔을 주인에
게 건네게 되면, 반드시 주인도 손님에게 술잔을 건네게 되니, 이것은 바로
주고받는 예법이 연회 때 나타난 것이다. 또한 주인이 문밖으로 나아가 손
님을 맞이하게 되면, 주인은 손님에게 먼저 들어가라고 권하게 되는데, 손
님은 완강하게 사양을 하게 된다. 그리고 손님이 동쪽 계단에 나아가게 되
면, 손님은 주인에게 먼저 계단에 오르라고 권하게 되는데, 주인은 완강하
게 사양을 하게 된다. 이것은 바로 주고받는 예법이 손님을 접대할 때 나타
난 것이다. 3년 동안 상복(喪服)을 입어야 하는 관계에 있어서는 그 상대도
자신을 위해서 반드시 그 기간을 똑같이 3년으로 하고, 1년 동안 입어야
하는 관계에 있어서는 그 상대도 자신을 위해서 그 기간을 똑같이 하니,
이것은 바로 주고받는 예법이 상례(喪禮)를 치르는 기간에 나타난 것이다.
만약 가기만 하고 오지 않거나, 또는 오기만 하고 가지 않는다면, 그 '예'는
보답함을 잃어버린 것이니, 그러한 예법을 시행하게 될 경우에는 때때로

---

103) 『예기』「표기(表記)」【624b】: 子言之, "仁者, 天下之表也. 義者, 天下之制也.
<u>報者, 天下之利也.</u>"
104) 『예기』「악기(樂記)」【486c】: 故禮有報而樂有反. <u>禮得其報則樂,</u> 樂得其反則
安. 禮之報, 樂之反, 其義一也.

태만하게 된다.

鄭注 太上, 帝皇之世, 其民施而不惟報. 三王之世, 禮始興焉.

번역 '태상(太上)'은 삼황(三皇)과 오제(五帝) 때이니, 그 당시의 백성들은 베풀기만 하고, 보답에 대해서는 염두에 두지 않았다. 삼왕(三王)의 시대가 되어서야 예(禮)가 비로소 흥성하게 되었다.

釋文 大音泰, 注同; 大上謂三皇五帝之世. 施, 始豉反, 下同.

번역 '大'자의 음은 '泰(태)'이며, 정현의 주에 기록된 글자도 그 음이 동일하다. '大上'은 삼황(三皇)과 오제(五帝)가 통치하던 시대를 뜻한다. '施'자는 '始(시)'자와 '豉(시)'자의 반절음으로, 아래문장에 나오는 글자들도 그 음이 이와 같다.

孔疏 ●"太上"至"不慴". ○正義曰: 此一節明世變道殊, 所貴有異, 雖負販者, 必須有禮, 各隨文解之.

번역 ●經文: "太上"~"不慴". ○이 단락은 세상이 변하면 도(道)도 따라서 변화하고, 존귀하게 여기는 것에도 차이가 생기며, 비록 노동자나 장사치처럼 미천한 사람들이라 할지라도, 반드시 예(禮)를 지니고 있다는 사실을 밝히고 있다. 각각의 문장에 따라서 해석하겠다.

孔疏 ●"太上貴德"者, 大上謂三皇五帝之世也. 其時猶淳厚其德, 不尙往來之禮, 所貴者在於有德, 故曰"貴德"也. 德主務施其事, 但施而不希其反也. 皇是三皇, 帝是五帝, 不云皇帝者, 恐是一事不分, 故鄭升"帝"於"皇"上, 以殊異代矣. 然五帝雖有三禮五玉陟方朝會, 而猶是揖讓, 故上同三皇, 是以禮運注謂五帝爲大道之時也. 熊氏云: "三皇稱皇者, 皆行合天皇之星." 故詩緯·

含神霧105)宋均注云: "北極天皇大帝, 其精生人." 然則稱皇者, 皆得天皇之氣也. 鄭玄意則以伏犧・女媧・神農爲三皇, 故注中候・勑省圖引運斗樞: "伏犧・女媧・神農爲三皇也." 然宋均注援神契引甄耀度數燧人・伏犧・神農爲三皇, 譙周古史考亦然. 白虎通取伏犧・神農・祝融爲三皇, 孔安國則以伏犧・神農・黃帝爲三皇, 並與鄭不同. 此皆無所據, 其言非也. 鄭數伏犧・女媧・神農, 非謂其人身自相接, 其間代之王多矣. 六藝論云: "燧人至伏犧一百八十七代." 宋均注文耀鈎云: "女媧以下至神農七十二姓." 譙周以爲伏犧以次有三姓始至女媧, 女媧之後五十姓至神農, 神農至炎帝一百三十三姓. 是不當身相接. 譙周以神農炎帝爲別人, 又以神農爲木德, 女媧爲水德, 皆非鄭義也. 其五帝者, 鄭注中候・勑省圖云: "德合五帝坐星者稱帝, 則黃帝・金天氏・高陽氏・高辛氏・陶唐氏・有虞氏", 是也. 實六人而稱五者, 以其俱合五帝坐星也. 五帝所以稱帝者, 坤靈圖云: "德配天地, 在正不在私, 稱之曰帝." 三王稱王者, 莊三年穀梁傳曰: "其曰王者, 人所歸往也." 散而言之, 則三皇亦稱帝, 則月令云"其帝太昊", 是也. 五帝亦稱皇, 則呂刑云"皇帝淸問下民", 是也. 至三王德劣, 不得上同於天, 唯稱王而已. 此云"太上貴德", 鄭云"帝皇之世", 則帝皇以上皆行德也. 所以中候・握河紀云: "皇道帝德, 非朕所事." 是三皇行道, 五帝行德, 不同者但德由道生, 道爲其本, 故道優於德. 散而言之, 德亦是道, 故總云"貴德". 旣三皇行道, 五帝行德, 以次推之, 則三王行仁, 五霸行義. 五帝雖行德, 亦能有仁, 故大學云"堯舜率天下以仁", 是也. 按老子云: "道常無名." 河上公云: "能生天地人, 則當大易之氣也." 道德經云: "上德不德." 其德稍劣於常道, 則三皇之世, 法大易之道行之也. 然則可行之道, 則伏犧畫八卦之屬是也, 三皇所行者也. "下德不失德", 河上公云: "下德謂號謚之君." 則五帝所行者也. 但三皇則道多德少, 五帝則道少德多, 此皆熊氏之說也. 今謂道者開通濟物之名, 萬物由之而有, 生之不爲功, 有之不自伐, 虛無寂莫, 隨物推移, 則天地所生, 微妙不測. 聖人能同天地之性, 其愛養如此, 謂之爲

---

105) '무(霧)'자에 대하여. '무(霧)'자는 본래 '무(務)'자로 기록되어 있었는데, 완원(阮元)의 『교감기(校勘記)』에서는 "혜동(惠棟)의 『교송본(校宋本)』에서는 '무(務)'자를 '무(霧)'자로 기록하고 있는데, 잘못된 기록이 아니다."라고 했다.

道. 此則常道, 人行大道也. 其如此善行爲心, 於己爲得, 雖不矜伐, 意恒爲善,
謂之爲德, 此則劣於道也. 旣能推恩濟養, 惻隱矜恤於物, 謂之爲仁, 又劣於
德. 若其以仁招物, 物不從己, 征伐刑戮, 使人服從, 謂之爲義, 又劣於仁. 以義
服從, 恐其叛散, 以禮制約, 苟相羈縻, 是之謂禮, 又劣於義. 此是人情小禮, 非
大禮也. 聖人之身, 俱包五事, 遇可道行道, 可德行德, 可仁行仁, 可義行義, 皆
隨時應物, 其實諸事並有, 非是有道德之時無仁義, 有仁義之時無道德也. 此
道德以大言之, 則天地聖人之功也. 以小言之, 則凡人之行也. 故鄭注周禮云:
"道, 多才藝, 德, 能躬行." 謂於一人之上, 亦能開通, 亦於己爲德. 以此言之,
則周禮三德六德及皐陶九德, 及洪範三德, 諸經傳道德皆有分域, 小大殊名,
不足怪也.

번역 ●經文: "太上貴德". ○'태상(太上)'은 삼황(三皇)과 오제(五帝)가
통치하던 시기를 뜻한다. 당시에는 여전히 덕(德)을 두텁게 하는데 치중하
였고, 아직까지는 주고받는 법을 기본으로 하는 '예(禮)'를 숭상하지는 않았
으니, 존귀하게 여기는 것이 '덕'을 갖추는데 있었던 것이다. 그렇기 때문에
"'덕'을 귀중하게 여겼다."라고 말한 것이다. '덕'은 해당하는 사안들을 시행
하며, 은혜로움을 베푸는 일에 힘쓰는 것을 위주로 하여서, 단지 베풀기만
하였지, 준만큼 되돌려 받는 것을 바라지는 않았다. '황(皇)'자는 '삼황'을
뜻하고, '제(帝)'자는 '오제'를 뜻하는데, 정현이 '황제(皇帝)'라고 기록하지
않은 이유는 아마도 한 가지 사안으로 여겨져서, 시대가 구분되지 않는 위
험성이 있었기 때문일 것이다. 그래서 정현은 '황'자 앞에 '제'자를 기록하
여, 서로 시대가 다르다는 것을 나타낸 것이다. 그런데 '오제'가 통치하던
시대에도 비록 삼례(三禮)106), 오옥(五玉)107), 척방(陟方)108), 조회(朝會)

---

106) 삼례(三禮)는 천(天), 지(地), 종묘(宗廟)에서 지내는 제례(祭禮)를 뜻한다.
『서』「우서(虞書)·순전(舜典)」편에는 "帝曰, 咨! 四岳, 有能典朕三禮."라는
기록이 있는데, 이에 대한 공안국(孔安國)의 전(傳)에서는 "三禮, 天·地·人
之禮."라고 풀이했다.
107) 오옥(五玉)은 고대에 제후들이 분봉을 받을 때 신표로 지급받았던 다섯 가지
옥들을 뜻한다. 구체적으로 황(璜), 벽(璧), 장(璋), 규(珪), 종(琮)을 가리킨다.
108) 척방(陟方)은 천자의 순수(巡守)를 뜻한다. '척방'에서의 척(陟)자는 여정을

등의 '예'가 존재했었다고 하더라도, 이러한 '예'는 여전히 자신을 겸손하게 낮추데 주안점을 둔 것들이었다. 그러므로 이전 시대인 '삼황'이 통치하던 시대의 것들과 동일한 것이다. 이러한 까닭으로『예기』「예운(禮運)」편에 대한 정현의 주에서는 '오제'가 통치하던 시기까지도 대도(大道)가 시행되었던 시대로 규정하였던 것이다.109) 웅안생은 "'삼황'이라고 할 때 '황(皇)' 자를 붙이는 이유는 이들 모두가 천황(天皇)이라는 별들의 운행에 따라서 정령(政令)을 시행했기 때문이다."라고 했다. 그러므로『시』의 위서(緯書) 인『함신무(含神霧)』의 기록에 대해서, 송균(宋均)110)의 주에서는 "북극성은 천황대제(天皇大帝)이니, 그 정기가 사람을 태어나게 한다."라고 했던 것이다. 따라서 '황'이라고 칭해지는 자들은 모두 '천황'의 기운을 얻은 자들이다. 정현은 은연중 복희(伏羲), 여왜(女媧), 신농(神農)을 '삼황'으로 여기고 있다. 그렇기 때문에『상서중후(尚書中候)』111)「수성도(數省圖)」에 대한 주에서『운두추(運斗樞)』112)를 인용하여, "복희, 여왜, 신농이 '삼황'이다." 라고 한 것이다. 그러나 송균은『원신계(援神契)』113)에 대한 주에서, 「견요도(甄耀度)」를 인용하여, 수인(燧人), 복희(伏犧), 신농(神農)을 가리켜 '삼황'이라고 하였고, 초주(譙周)의『고사고(古史考)』에서도 또한 송균처럼 주장하였다. 한편『백호통(白虎通)』에서는 복희(伏犧), 신농(神農), 축융(祝

떠난다는 뜻이고, 방(方)자는 길을 뜻한다.『서』「우서(虞書)・순전(舜典)」편에는 "舜生三十徵庸, 三十在位. 五十載, 陟方乃死."라는 기록이 있는데, 이에 대한 공안국(孔安國)의 전(傳)에서는 "方, 道也. 舜即位五十年, 升道南方巡守, 死于蒼梧之野而葬焉."이라고 풀이했다.

109) 이 문장은『예기』「예운(禮運)」편의 "大道之行也, 與三代之英丘未之逮也, 而有志焉."이라는 기록에 대한 정현의 주이다.

110) 송균(宋均, ? ~ ?) : 후한(後漢) 초기 때의 학자이다. 자(字)는 숙양(叔庠)이다. 부친은 송백(宋伯)이다.『시(詩)』와『예(禮)』에 조예가 깊었다고 전해진다.

111)『상서중후(尚書中候)』는 위서(緯書) 중 하나이다. '위서'는 경서(經書)의 부족한 내용을 보충하기 위해 위작된 것으로, 서한(西漢) 말기에 유행하기 시작하여, 동한(東漢) 시기에 크게 성행하였으며, 남조(南朝) 송나라 때가 되어서야 비로소 금지되기 시작하였다.

112)『운두추(運斗樞)』는『춘추(春秋)』에 대한 위서(緯書) 중 하나이다.

113)『원신계(援神契)』는『효경(孝經)』에 대한 위서(緯書) 중 하나이다.

融)114)을 '삼황'이라고 하였고, 공안국(孔安國)115)은 복희(伏犧), 신농(神農), 황제(黃帝)를 '삼황'이라고 하였다. 이러한 해설들은 정현의 주장과는 다르다. 또한 이러한 주장들은 모두 근거가 없는 말들이므로, 그 주장은 잘못된 말이다. 정현은 복희, 여왜, 신농을 '삼황'이라고 하였는데, 이 사람들이 서로 연이어서 제왕의 지위에 올랐다는 뜻은 아니니, 그들 사이에는 수많은 제왕들이 있었다. 『육예론(六藝論)』에서는 "'수인'으로부터 '복희'에 이르기까지 그 기간은 187대(代)에 이른다."라고 하였고, 『문요구(文耀

---

114) 축융(祝融)은 전설시대에 존재했다고 전해지는 고대 제왕 중 한 명이다. 삼황(三皇) 중 한 명이다. '삼황'에 속한 인물들에 대해서 대부분 복희(伏羲)와 신농(神農)이 포함된다고 주장한다. 그러나 나머지 1명에 대해서는 이견(異見)이 많은데, 어떤 자들은 수인(燧人)을 포함시키기도 하고, 또 어떤 자들은 여왜(女媧)를 포함시키기도 하며, 또 어떤 자들은 '축융'을 포함시키기도 한다. 『잠부론(潛夫論)』「오덕지(五德志)」편에는 "世傳三皇五帝, 多以爲伏羲・神農爲二皇, 其一者或曰燧人, 或曰祝融, 或曰女媧, 其是與非未可知也."라는 기록이 있다. 한편 '축융'은 신(神)을 뜻하기도 한다. 고대인들은 '축융'을 전욱씨(顓頊氏)의 후손이며, 노동(老童)의 아들인 오회(吳回)로 여겼다. 또한 생전에는 고신씨(高辛氏)의 화정(火正)이 되었으며, 죽어서는 화관(火官)의 신이 되었다고 생각했다. 즉 고대에는 오행설(五行說)이 유행하여, 오행마다 주관하는 신들이 있었다고 여겨졌다. 그중 신농(神農)은 화(火)를 주관한다고 여겨졌고, '축융'은 신농의 휘하에서 '화'의 운행을 돕는 신으로 여겨졌다. 『예기』「월령(月令)」편에는 "其日丙丁, 其帝炎帝, 其神祝融."이라는 기록이 있고, 『여씨춘추(呂氏春秋)』「맹하기(孟夏紀)」편에는 "其神祝融."이라는 기록이 있는데, 이에 대한 고유(高誘)의 주에서는 "祝融, 顓頊氏後, 老童之子吳回也, 爲高辛氏火正, 死爲火官之神."이라고 풀이했다. 또한 '축융'은 오방(五方) 중 남쪽을 다스리는 신으로 여겨졌다. 이러한 사유 또한 오행설에 근거한 것으로, 고대인들은 '오방'마다 각각의 방위를 주관하는 신들이 있었다고 여겼다. 그러나 해당하는 신들에 대해서는 이견(異見)이 존재한다. 이러한 기록들 중 『관자(管子)』「오행(五行)」편에는 "得奢龍而辯於東方, 得祝融而辯於南方."이라는 기록이 있고, 『한서(漢書)』「양웅전상(揚雄傳上)」편에는 "麗鉤芒與驂蓐收兮, 服玄冥及祝融."이라는 기록이 있는데, 이에 대한 안사고(顏師古)의 주에서는 "祝融, 南方神."이라고 풀이했다.

115) 공안국(孔安國, ? ~ ?) : 전한(前漢) 때의 학자이다. 자(字)는 자국(子國)이다. 고문상서학(古文尚書學)의 개조(開祖)로 알려져 있다. 『십삼경주소(十三經注疏)』의 『상서정의(尚書正義)』에는 공안국의 전(傳)이 수록되어 있는데, 통상적으로 이 주석은 후대인들이 공안국의 이름에 가탁하여 붙인 문장으로 인식되고 있다.

鉤)』116)에 대한 송균의 주에서도 "'여왜' 이후로 '신농'에 이르기까지 그 기간에는 72개의 각기 다른 성(姓)을 가진 왕들이 있었다."라고 하였으며, 초주는 '복희' 이후로 3개의 성(姓)이 다른 왕들이 있었고, 그 기간이 지난 이후에야 비로소 '여왜'에 이르렀으며, '여왜' 이후에는 50개의 성(姓)이 다른 왕들이 있었고, 그 기간이 지난 이후에야 '신농'에 이르렀으며, '신농'에서 염제(炎帝)117)까지는 그 사이에 133개의 성(姓)이 다른 왕들이 있었다고 하였다. 그러므로 이들은 서로 연접해서 제위에 올랐던 제왕들이 아니다. 한편 초주는 '신농'과 '염제'를 각기 다른 사람이라고 여겼고, 또한 '신농'을 오행(五行) 중 목덕(木德)을 주관하는 자로 여겼으며, '여왜'를 수덕(水德)을 주관하는 왕이라고 여겼는데, 이러한 주장은 모두 정현의 주장과는 다르다. '오제'에 대해서 정현은 『상서중후』「칙성도(敕省圖)」에 대한 주에서, "그들의 덕(德)이 하늘의 오제좌성(五帝坐星)과 합치되기 때문에, '제(帝)'라고 부르는 것이니, 황제(黃帝), 금천씨(金天氏)118), 고양씨(高陽

---

116) 『문요구(文耀鉤)』는 『춘추(春秋)』에 대한 위서(緯書) 중 하나이다.

117) 염제(炎帝)는 신농(神農)이다. 소전(少典)의 아들이고, 오행(五行)으로 구분했을 때 화(火)를 주관하며, 계절로 따지면 여름을 주관하고, 방위로 따지면 남쪽을 주관하는 자이다. 『여씨춘추(呂氏春秋)』「맹하기(孟夏紀)」편에는 "其日丙丁, 其帝<u>炎帝</u>."이라는 기록이 있고, 이에 대한 고유(高誘)의 주에서는 "炎帝, 少典之子, 姓姜氏, 以火德王天下, 是爲炎帝, 號曰神農, 死託祀於南方, 爲火德之帝."라고 풀이했다.

118) 금천씨(金天氏)는 소호(少皞: =少昊)의 별칭이다. 『춘추좌씨전』「소공(昭公) 1년」편에는 "昔<u>金天氏</u>有裔子曰昧, 爲玄冥師."라는 기록이 있는데, 이에 대한 두예(杜預)의 주에서는 "金天氏, 帝少昊."라고 풀이했다. '소호'는 오행(五行) 중 금덕(金德)을 통해 제왕에 올랐기 때문에, '금천(金天)'이라는 칭호가 붙게 되었다. 『한서(漢書)』「고금인표(古今人表)」편에는 "上上聖人, 少昊帝, <u>金天氏</u>."라는 기록이 있는데, 이에 대한 안사고(顏師古)의 주에서는 장안(張晏)의 주장을 인용하여, "以金德王, 故號曰金天."이라고 풀이했다. '소호'는 고대 동이족의 제왕으로, 황제(黃帝)의 아들이었다고도 전해진다. 이름은 지(摯)인데, 질(質)이었다고도 한다. 새의 이름으로 관직명을 지었다고 전해지며, 사후에는 서방(西方)의 신(神)이 되었다고 전해진다. 『춘추좌씨전』「소공(昭公) 17년」편에는 "郯子曰 我高祖<u>少皞摯</u>之立也, 鳳鳥適至, 故紀於鳥, 爲鳥師而鳥名."이라는 기록이 있는데, 이에 대한 두예(杜預)의 주에서는 "少皞, 金天氏, 黃帝之子, 己姓之祖也."라고 풀이했다.

氏)119), 고신씨(高辛氏)120), 도당씨(陶唐氏), 유우씨(有虞氏)가 그들이다."
라고 하였는데, 이 말이 바로 '오제'에 대한 풀이이다. 그런데 실제로 여섯
명인데도 '다섯 명의 제왕[五帝]'라고 부르는 이유는 이들의 덕성이 모두
'오제좌성'과 합치되기 때문이다. '오제(五帝)'에 '제(帝)'자를 붙이는 이유
에 대해서, 『곤령도(坤靈圖)』121)에서는 "덕(德)이 천지(天地)와 합치되고,
공명정대한 상태에 있으며, 사적인 감정에 빠지지 않으므로, '제'라고 부른
다."라고 했다. '삼왕(三王)'에 '왕(王)'자를 붙이는 이유에 대해서, 장공(莊
公) 3년에 대한 『곡량전』의 기록에서는 "그들을 '왕'이라고 부르는 이유는
백성들이 귀의하는 곳이기 때문이다."122)라고 했다. 참고적으로, '삼황'에
대해서도 '제(帝)'라고 부르는데, 『예기』「월령(月令)」편에서 "이번 달에 해
당하는 '제'는 태호(太昊)123)이다."124)라고 말한 것이 바로 이러한 용례이

---

119) 고양씨(高陽氏)는 전욱(顓頊)을 가리킨다. '고양(高陽)'은 '전욱'이 천하를 통
　　치할 당시의 칭호이다. '전욱'은 고대 오제(五帝) 중 하나이다. 『산해경(山海
　　經)』「해내경(海內經)」편에는 "黃帝妻雷祖, 生昌意, 昌意降處若水, 生韓流. 韓
　　流, …… 取淖子曰阿女, 生帝顓頊."이라는 기록이 있다. 즉 황제(黃帝)의 처인
　　뇌조(雷祖)가 창의(昌意)를 낳았는데, 창의가 약수(若水)에 강림하여 거처하
　　다가, 한류(韓流)를 낳았다. 다시 한류는 아녀(阿女)를 부인으로 맞이하여 '전
　　욱'을 낳았다. 또한 『회남자(淮南子)』「천문훈(天文訓)」편에는 "北方, 水也, 其
　　帝顓頊, 其佐玄冥, 執權而治冬."이라는 기록이 있다. 즉 북방(北方)은 오행(五
　　行)으로 배열하면 수(水)에 속하는데, 이곳의 상제(上帝)는 '전욱'이고, 상제
　　를 보좌하는 신(神)은 현명(玄冥)이다. 이들은 겨울을 다스린다. 또한 '전욱'
　　과 관련하여 『수경주(水經注)』「호자하(瓠子河)」편에는 "河水舊東決, 逕濮陽
　　城東北, 故衛也, 帝顓頊之墟. 昔顓頊自窮桑徙此, 號曰商丘, 或謂之帝丘."라는
　　기록이 있다. 즉 황하의 물길은 옛날에 동쪽으로 흘러서, 복양성(濮陽城)의
　　동북쪽을 경유하였는데, 이곳은 옛 위(衛) 지역으로, '전욱'이 거처하던 터이
　　며, 예전에 '전욱'이 궁상(窮桑) 땅으로부터 이곳으로 옮겨왔기 때문에, 이곳
　　을 상구(商丘) 또는 제구(帝丘)라고도 부른다.
120) 고신씨(高辛氏)는 곧 제곡(帝嚳)을 가리킨다. 제곡은 최초 신(辛)이라는 땅을
　　분봉 받았다가, 이후에 제(帝)가 되었으므로, 제곡을 '고신씨'라고도 부르는
　　것이다.
121) 『곤령도(坤靈圖)』는 『역(易)』에 대한 위서(緯書) 중 하나이다.
122) 『춘추곡량전』「장공(莊公) 3년」 : 其曰王者, 民之所歸往也.
123) 태호(太皞)는 태호(太昊)라고도 부른다. '태호'는 복희(伏犧)를 가리킨다. 오
　　행(五行)으로 구분했을 때 목(木)을 주관하며, 계절로 따지면 봄을 주관하고,

다. 그리고 '오제'에 대해서도 또한 '황(皇)'이라고 부르는데,『서』「여형(呂
刑)」편에서 "황제(皇帝)가 허심탄회한 마음으로 백성들에게 물었다."[125]
라고 말한 것이 바로 이러한 용례이다. 삼왕(三王) 때에 이르게 되면, 그들
의 덕(德)이 '삼황'이나 '오제'에 비해 작아지게 되어, 하늘[天]에 부합될 수
가 없었으므로, 단지 '왕(王)'이라고만 부르는 것일 따름이다. 이곳 경문에
서는 "태상(太上) 때에는 덕(德)을 귀하게 여겼다."라고 하였고, 정현은
"'태상'은 '오제'와 '삼황'의 시대이다."라고 하였으니, '오제'와 '삼황' 이전의
제왕들은 모두 덕(德)을 통해 정사(政事)를 시행했던 것이다. 그러므로『상
서중후』「악하기(握河紀)」편에서 "'삼황'의 도(道)와 '오제'의 덕(德)은 내가
감히 자임할 수 없는 것이다."라고 한 것이다. 즉 이 말은 '삼황'은 '도'를
시행했고, '오제'는 '덕'을 시행했다는 뜻이다. 다만 이 둘 사이의 차이점은
단지 '덕'이 '도'에서 생겨나온 것이므로, '도'가 '덕'의 근본이 된다는 점이
다. 그렇기 때문에 '도'가 '덕'보다 더 뛰어난 것이다. 참고적으로, '덕(德)'은
또한 '도(道)'를 가리키기도 한다. 그렇기 때문에 위의 경문에서 총괄적으로
"'덕'을 귀하게 여겼다."라고 말한 것이다. 그리고 '삼황'은 '도'를 시행했고,
'오제'는 '덕'을 시행했다고 하였으니, 이러한 순서로 추측해보면, '삼왕'은
인(仁)을 시행한 것이 되고, 오패(五覇)는 의(義)를 시행한 것이 된다. 그리
고 '오제'가 비록 '덕'을 시행했다고 하더라도, 또한 그 가운데에는 '인'이
있었던 것이다. 그렇기 때문에『대학』에서 "요(堯)임금과 순(舜)임금은 인
(仁)으로써 천하를 통솔하였다."[126]라고 한 말이 바로 그 증거가 된다. 『노

방위로 따지면 동쪽을 주관하는 자이다.『여씨춘추(呂氏春秋)』「맹춘기(孟春
紀)」편에는 "其帝, 太皞, 其神, 句芒."이라는 기록이 있고, 이에 대한 고유(高
誘)의 주에서는 "太皞, 伏羲氏, 以木德王天下之號, 死祀於東方, 爲木德之帝."
라고 풀이했다.
124)『예기』「월령(月令)」【186d】: 其帝太皞, 其神句芒. /『예기』「월령」【193a】:
　　其日甲乙, 其帝太皞, 其神句芒, 其蟲鱗, 其音角, 律中夾鍾, 其數八, 其味酸, 其
　　臭羶, 其祀戶, 祭先脾. /『예기』「월령」【196a】: 其日甲乙, 其帝太皞, 其神句
　　芒, 其蟲鱗, 其音角, 律中姑洗, 其數八, 其味酸, 其臭羶, 其祀戶, 祭先脾.
125)『서』「주서(周書)·여형(呂刑)」: 乃命重黎, 絶地天通, 罔有降格. 群后之逮在
　　下, 明明棐常, 鰥寡無蓋. 皇帝淸問下民, 鰥寡有辭于苗, 德威惟畏, 德明惟明
126)『대학』「전(傳) 9장」: 堯舜帥天下以仁, 而民從之.

자(老子)』를 살펴보면, "도(道)는 고정된 명칭이 없다."[127]라고 하였는데, 이 문장에 대한 하상공(河上公)[128]의 주에서는 "'도'는 하늘[天]·땅[地]·사람[人]을 낳을 수 있으니, 『주역(周易)』의 기(氣)에 해당한다."라고 했다. 『도덕경(道德經)』에서는 "상덕(上德)은 덕(德)으로 여기지 않는다."[129]라고 하였는데, 그 덕(德)이 상도(常道)보다 작기 때문이니, '삼황' 시대에는 『주역』의 '도'를 본받아서 시행했던 것이다. 그러므로 시행할 수 있는 '도'에 대해서, '복희'는 팔괘(八卦) 등을 만든 것이며, 이것이 바로 '삼황'이 시행했던 것들이다. 또 『노자』에서는 "하덕(下德)은 덕(德)을 잃지 않는다."[130]라고 하였는데, 이 문장에 대한 하상공의 주에서는 "'하덕'은 시호(諡號)를 쓰는 군주들을 뜻한다."라고 하였으니, 바로 '오제'가 시행했던 것들이다. 다만 '삼황'이 다스리던 시기에는 '도'라고 부를 만한 것들이 많았고, 그에 반해 '덕'이라고 부를 만한 것들이 적었으며, 이와는 반대로 '오제'가 다스리던 시기에는 '도'라고 부를 만한 것들이 적었고, 그에 반해 '덕'이라고 부를 만한 것들이 많았다. 이러한 주장들은 모두 웅안생의 해설이다. 앞서 언급했던 주장들을 다시 정리하자면, '도'라는 것은 만물(萬物)에 두루 통해 있고, 만물을 제각각 평등하게 이루어준다는 뜻이다. 따라서 만물은 '도'로부터 생겨나는데, '도'는 만물을 태어나게 하면서도, 그것을 자신의 공으로 여기지 않고, 또한 모든 것을 가지고 있으면서도, 제 스스로 그것을 과시하지 않으니, 허무(虛無)하고 적막(寂莫)한 것 같으면서도, 사물에 따라 변화

---

127) 『노자(老子)』「32장」: 道常無名, 樸, 雖小, 天下莫能臣也.

128) 하상공(河上公, ? ~ ?) : 전한(前漢) 때의 도가(道家) 인물이라고 전해진다. 성(姓)과 이름에 대해서는 알려진 것이 없다. 문제(文帝) 때 하수(河水) 가에서 은거하며 살았기 때문에, '하상공'이라는 명칭이 생겼다. 문제는 『노자(老子)』를 좋아하여 자주 애독하였는데, 그 가운데 해석이 어려운 몇 구절들이 있었다. 그래서 여러 학자 및 대신들에게 그 뜻을 물어보았으나, 아무도 해석할 수 없어서, 결국 '하상공'에게 그 뜻을 물어보았다는 일화가 전해진다. '하상공'은 『노자주(老子注)』를 저술하였는데, 이 서적은 『한서(漢書)』「예문지(藝文志)」에 나타나지 않는다. 따라서 『노자주』는 육조(六朝)시대 때 '하상공'이라는 인물에 위탁하여 지어진 저술로 여겨지기도 한다.

129) 『노자(老子)』「38장」: 上德不德, 是以有德, 下德不失德, 是以無德.

130) 『노자(老子)』「38장」: 上德不德, 是以有德, 下德不失德, 是以無德.

를 하니, 천지(天地)가 생성시키는 것은 오묘하고 미묘하여 헤아릴 수 없는 것이다. 성인(聖人)은 이러한 천지의 작용에 합치될 수 있었으므로, 그가 백성들을 사랑하고 길러줌이 마치 천지의 작용과도 같았던 것이다. 따라서 이러한 것들을 '도'라고 한 것이다. 그리고 이러한 것이 바로 '상도'에 해당하며, '성인'은 사람으로서 대도(大道)를 시행한 것이다. 그리고 이처럼 선행(善行)을 자신의 마음으로 삼아서, 자신에게 얻음이 있더라도, 그것을 과시하지 않았으므로, 뜻이 항상 선(善)하게 되니, 그것을 '덕(德)'이라고 부르는 것이다. 다만 이러한 '덕'은 '도'보다는 작은 것이다. 은덕(恩德)을 베풀고 두루 길러줄 수 있다면, 만물에 대해서도 측은하게 여기고, 긍휼하게 생각하게 되므로, 이것을 '인(仁)'이라고 부르는 것이다. 그러나 '인'은 또한 '덕'보다도 작은 것이다. 만약 '인'으로 만물을 이끄는데도, 만물이 자신을 따르지 않는다면, 정벌을 하고 형벌을 내려서, 사람들을 복종시키니, 그것을 '의(義)'라고 부른다. '의'는 또한 '인'보다도 작은 것이다. '의'로 복종을 시킨다면, 아마도 자신에게 등을 돌리고 흩어져 떠나가게 될 것이다. 따라서 '예(禮)'로 제약을 시키는 것이니, 만약 서로 결속이 된다면, 이것을 '예'라고 부르는 것이다. '예'는 '의'보다도 더 작은 것이다. 그러나 이러한 '예'는 인정(人情)에 따르는 작은 '예'를 뜻하는 것이지, '큰 예법[大禮]'을 가리키는 것이 아니다. 성인 자신은 이러한 다섯 가지들을 모두 포섭하고 있어서, '도'를 행할 때를 만나면 '도'를 행하고, '덕'을 행할 때를 만나면 '덕'을 행하며, '인'을 행할 때를 만나면 '인'을 행하고, '의'를 행할 때를 만나면 '의'를 행하였는데, 이것들은 모두 시의(時宜)에 맞춰서 만물에 대응하는 것이다. 따라서 실제로는 모든 것들을 갖추고 있는 것이지, '도'와 '덕'이 시행될 때 '인'과 '의'가 없었다는 뜻이 아니며, 또한 '인'과 '의'가 시행될 때 '도'와 '덕'이 없었다는 뜻이 아니다. 여기에서 말하는 '도덕(道德)'을 거시적 관점에서 언급한다면, 천지와 성인의 공덕(功德)에 해당하고, 미시적 관점에서 언급한다면, 모든 사람들이 따르게 되는 행위에 해당한다. 그렇기 때문에 『주례』에 대한 정현의 주에서는 "'도'는 재주와 기예가 많은 것이고, '덕'은 직접 실천하는 일을 잘하는 것이다."[131]라고 한 것이다. 즉 '덕'이라는 것은 개개인에 대해서, 또한 열어주고 소통시킬 수 있으며, 자신의 입장에서는 이것을 '덕'으로 삼게 된다는 뜻이다. 이러한 관점에서 말해보자면, 『주례』에 나온 삼덕(三德)132)과 육덕(六德)133) 및 『서』「고요모(皐陶謨)」편에 나온 구덕(九德)134), 「홍범(洪範)」편에서 나온 삼덕(三德)135), 그리고 경전의 여러 기록들에서 나온 '도'와 '덕'에는 모두 구분이 되는 점들도 있으니, 미시적 관점 및 거시적 관점에서 언급했을 때 차이가 생기는 점은 괴이하게 여길 것이 못 된다.

---

131) 이 문장은 『주례』「춘관(春官)·대사악(大司樂)」편의 "凡有道者有德者, 使教焉, 死則以爲樂祖, 祭於瞽宗."이라는 문장에 대한 정현의 주이다.

132) 『주례』「지관(地官)·사씨(師氏)」: 以三德教國子. / 『주례』「지관·사씨」편에 기록된 '삼덕'을 지덕(至德), 민덕(敏德), 효덕(孝德)이다. '지덕'은 도(道)의 근본이 되는 것이며, '민덕'은 행실의 근본이 되는 것이고, '효덕'은 나쁘고 흉악한 것들을 알아내는 능력을 뜻한다.

133) 『주례』「춘관(春官)·대사(大師)」: 以六德爲之本. / 『주례』「지관(地官)·대사도(大司徒)」: 以鄕三物敎萬民而賓興之, 一曰六德, 知·仁·聖·義·忠·和. / 『주례』「춘관·대사」편과 「지관·대사도」편에 기록된 '육덕'은 모두 지(知), 인(仁), 성(聖), 의(義), 충(忠), 화(和)이다.

134) 『서』「우서(虞書)·고요모(皐陶謨)」: 皐陶曰, 都, 亦行有九德, 亦言其人有德. / 『서』「우서·고요모」편에 기록된 '구덕'은 관대하면서도 엄숙하고, 유순하면서도 꼿꼿하며, 조심스러우면서도 공손하고, 혼란을 다잡으면서도 공경스러우며, 유순하면서도 굳세고, 강직하면서도 온화하고, 요점을 잘 지키면서도 의로움을 지키며, 굳건하면서도 독실하고, 용맹하면서도 의로움을 쫓는 것이다.

135) 『서』「주서(周書)·홍범(洪範)」: 初一曰五行, 次二曰敬用五事, 次三曰農用八政, 次四曰協用五紀, 次五曰建用皇極, 次六曰乂用三德, 次七曰明用稽疑, 次八曰念用庶徵, 次九曰嚮用五福威用六極. …… 六, 三德, 一曰正直, 二曰剛克, 三曰柔克. / 『서』「주서·홍범」편에 기록된 '삼덕'은 정직(正直), 강극(剛克), 유극(柔克)이다. '정직'은 사람들의 바르지 못한 점을 바로잡아서, 정직하게 만드는 능력을 뜻한다. '강극'은 강건한 자세로 사업을 수립하고, 그런 일들을 추진할 수 있는 능력을 뜻한다. '유극'은 화락하고 유순한 태도로 다스릴 수 있는 능력을 뜻한다.

그림 3-3 오옥(五玉) : 황(璜)·벽(璧)·장(璋)·규(珪)·종(琮)

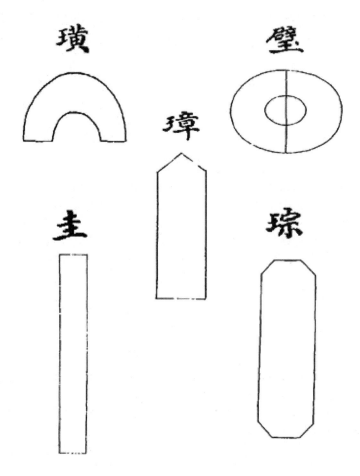

▶ 출처: 『주례도설(周禮圖說)』 하권

孔疏 ◎注“其民施而不惟報”. ○正義曰: 惟, 思也. 世旣貴德, 但有施惠而不思求報也.

번역 ◎鄭注: “其民施而不惟報”. ○‘유(惟)’자는 “생각한다[思].”는 뜻이다. 세상 사람들이 모두 덕(德)을 귀중하게 여기고 있었지만, 단지 은혜를 베풀기만 하고, 보답을 바라는 것에 대해서는 생각하지 않았다.

孔疏 ●“其次務施報”. ○正義曰: “其次” 謂三王之世也. “務”猶事也. 三王之世, 獨親其親, 獨子其子, 貨力爲己, 施則望報, 以爲恒事, 故云“務施報”.

번역 ●經文: “其次務施報”. ○‘기차(其次)’는 삼왕(三王)이 다스리던 시대를 뜻한다. ‘무(務)’자는 “일삼다[事].”는 뜻이다. 삼왕의 시대에는 유독 자신의 부모만을 친애하였고, 또한 자신의 자식만을 자식으로 대하여, 재물과 힘을 자신을 위해서만 사용했으니,[136] 남에게 무언가를 베풀게 되면, 보답을 바라게 되었고, 이러한 행위를 일반적인 행동으로 여겼다. 그렇기 때문에 “베풀고 보답하는데 힘썼다.”라고 말한 것이다.

孔疏 ●“禮尙往來”者, 言三王之世, 其禮主尙往來.

번역 ●經文: “禮尙往來”. ○이 문장의 내용은 삼왕(三王)이 다스리던 시대에는 예법상 서로 주고받는 것을 숭상했다는 뜻이다.

訓纂 魏志博士馬照云: 大上立德, 謂三皇五帝之世, 以德化民. 其次報施, 謂三王之世, 以禮爲治也.

번역 『위지(魏志)』에 나오는 박사(博士) 마조(馬照)가 말하길, ‘대상입덕(大上立德)’은 삼황(三皇)과 오제(五帝) 시기에는 덕(德)으로 백성들을

---

136) 『예기』「예운(禮運)」【266c】: 今大道旣隱, 天下爲家, 各親其親, 各子其子, 貨力爲己.

교화했다는 뜻이다. '기차보시(其次報施)'는 삼왕(三王)의 시기에는 예(禮)를 다스림의 근본으로 삼았다는 뜻이다.[137)

訓纂 江氏永曰: 古初人心淳厚, 渾忘施報之名. 後王制禮, 則因人情之常, 施報務其相稱, 是以有交際往來之禮. 有施而無報, 非禮也. 孔疏得之. 但不當以三皇五帝爲限耳.

번역 강영이 말하길, 먼 옛날에는 인심이 순박하고 후덕하여, 베풀고 보답한다는 '시(施)'자와 '보(報)'자의 명칭이 구분되어 있지 않았다. 후대에 와서 제왕이 예(禮)를 제정한 것은 인정(人情)의 상도(常道)에 근본해서, 베풀고 보답하는 것이 각각 대등하게 되도록 힘쓰고자 했기 때문이었다. 이러한 까닭으로 교제하고 왕래하는 예법이 생겨나게 되었던 것이다. 베풀기만 하고 보답함이 없다면, 이것은 '예'가 아니다. 그러므로 공영달(孔穎達)의 소(疏)에서 주장한 내용은 옳은 말이다. 하지만 삼황(三皇)과 오제(五帝)의 시기로 구분을 지은 점은 타당하지 못할 따름이다.

集解 愚謂: 大上, 上古之時, 其次, 謂後王也. 施德於人謂之施, 答人之施謂之報. 禮之從來遠矣, 與天地並, 但上古之時, 人心淳樸, 而禮制未備, 惟貴施德於人, 而不必相報. 然施之有報, 乃理之當然, 而情之不可以已者, 故後王有作, 制爲交際往來之禮, 稱情立文, 而禮制於是大備矣.

번역 내가 생각하기에, '대상(大上)'은 상고(上古)시대를 뜻하고, '기차(其次)'는 후대의 제왕들이 통치하던 시기를 뜻한다. 사람들에게 덕(德)을 베푸는 것을 '시(施)'라고 부르며, 남이 베풀어준 것에 답례하는 것을 '보(報)'라고 부른다. 예(禮)의 유래는 매우 오래되어서, 천지(天地)가 만들어

---

137) 『삼국지(三國志)』「위서(魏書)·삼소제기(三少帝紀)」: 帝問曰, "'太上立德, 其次務施報.' 爲治何由而敎化各異; 皆脩何政而能致于立德, 施而不報乎?" 博士馬照對曰, "太上立德, 謂三皇五帝之世以德化民, 其次報施, 謂三王之世以禮爲治也."

질 때 함께 생겨났다. 다만 상고시대에는 사람들의 마음이 순박하였고, 예제(禮制)가 완비되지 못하여, 오직 남들에게 덕을 베푸는 것을 귀중하게 여겼으니, 반드시 서로 보답을 했던 것은 아니다. 그러나 베풀게 되면 보답함이 있어야 하는 것이 당연한 이치이며, 정감상 그만 둘 수도 없는 것이다. 그렇기 때문에 후대에는 제왕들이 출현하여, 서로 교류하며 주고받는 '예'를 제정하고, 사람의 감정을 헤아려서, 그것에 걸맞은 제도를 만들었으니, '예제'는 이 시기에 이르러서야 완비되었던 것이다.

【11d】

人有禮則安, 無禮則危, 故曰禮者不可不學也.

직역   人은 有禮면, 安하고, 無禮면, 危하니, 故로 曰, 禮者는 不學이 不可하다.

의역   사람에게 있어서 예(禮)가 있다면 편안하게 되고, '예'가 없다면 위태롭게 된다. 그렇기 때문에 "'예'라는 것은 배우지 않을 수가 없는 것이다."라고 말하는 것이다.

集說   禮者, 安危之所係, 自天子至於庶人, 未有無禮而安者也.

번역   '예(禮)'라는 것은 '안존과 위태로움[安危]'과 결부되어 있으니, 천자로부터 서인(庶人)에 이르기까지, '예' 없이도 편안하게 지낼 수 있는 자는 없다.

訓纂   朱氏軾曰: 禮以固人肌膚之會·筋骸之束. 無禮則耳目無所屬, 手足無所措, 故不安而危.

번역　주식[138]이 말하길, 사람의 살과 피부가 결부되어 있고, 근육과 뼈가 결속되어 있는 것처럼, '예(禮)'라는 것을 통해서 굳건하게 결속시키는 것이다.[139] 따라서 '예'가 없다면, 마치 눈과 귀를 둘 곳이 없게 되고, 또 손과 발을 둘 곳이 없게 되는 것과 같다. 그렇기 때문에 '예'가 없는 사람들은 불안하게 되고, 또 위태롭게 되는 것이다.

集解　禮所以治人情, 脩仁義, 尙辭讓, 去爭奪. 故人必有禮, 然後身安而國家可保也. 自天子至於庶人, 未有無禮而不危者.

번역　'예(禮)'는 사람의 정감을 다스리는 것으로,[140] 인의(仁義)를 수양하게 하며, 사양함을 숭상하게 하고, 분쟁과 다툼을 없애준다.[141] 그렇기 때문에 사람에게는 반드시 '예'가 있어야 하며, 또한 '예'를 갖춘 이후에야, 비로소 본인도 편안해지고, 국가도 보존할 수 있게 된다. 천자로부터 서인(庶人)에 이르기까지, '예'를 갖추지 않고서 위태롭게 되지 않은 자는 없었다.

【11d】

夫禮者, 自卑而尊人, 雖負販者, 必有尊也, 而況富貴乎?

---

138) 주식(朱軾, A.D.1665 ～ A.D.1735): 청(淸)나라 때의 명신(名臣)이다. 자(字)는 약섬(若贍)・백소(伯蘇)이고, 호(號)는 가정(可亭)이다.

139) 『예기』「예운(禮運)」【287b～c】: 故禮義也者, 人之大端也. 所以講信修睦, 而 <u>固人肌膚之會・筋骸之束也.</u>

140) 『예기』「예운(禮運)」【288a】: 故聖王修義之柄・<u>禮之序, 以治人情.</u> 故人情者, 聖王之田也, 修禮以耕之.

141) 『예기』「예운(禮運)」【278d～279a】: 故聖人耐以天下爲一家, …… 故聖人之所以治人七情, 修十義, 講信修睦, 尙慈讓, 去爭奪, 舍禮何以治之?

직역 무릇 禮者는 自卑하고 尊人하니, 비록 負販者라도 必히 有尊한데, 하물며 富貴에 있어서랴?

의역 무릇 예(禮)에 따른다는 것은 자신을 낮추고 남을 높이는 것이니, 비록 노동자[負]나 장사치[販]와 같이 신분이 비천하고 가난한 자라고 할지라도, 반드시 '예'에 따라서 존귀하게 대하는 행동을 하는데, 하물며 부유하고 존귀한 자에 있어서는 어찌해야겠는가?

集說 負者, 事於力; 販者, 事於利. 雖卑賤, 不可以無禮也.

번역 '부(負)'하는 자는 직접 힘을 써서 생활을 꾸려나가는 노동자들을 뜻하고, '판(販)'하는 자는 이득을 취하는 일에 종사하는 장사치들을 뜻한다. 비록 신분이 낮고 가난한 자라고 하더라도, 무례하게 행동해서는 안 되는 것이다.

鄭注 負販者, 尤輕佻142)志利, 宜若無禮然.

번역 노동자와 장사치들은 일반인들보다도 더욱 경박하고, 또한 이익에만 뜻을 두고 있어서, 응당 무례(無禮)할 것만 같이 보인다.

釋文 販, 方萬反. 佻, 吐彫反.

번역 '販'자는 '方(방)'자와 '萬(만)'자의 반절음이다. '佻'자는 '吐(토)'자와 '彫(조)'자의 반절음이다.

---

142) '조(佻)'자에 대하여. 『십삼경주소(十三經注疏)』 북경대 출판본에서는 "'조(佻)'자를 『경전석문(經典釋文)』에서는 '조(佻)'자로 기록하고 있으며, 『예기훈찬(禮記訓纂)』에서 인용하고 있는 문장 또한 '조(佻)'자로 기록하고 있다."라고 했다.

訓纂 彬謂: 負販, 當如鄕黨"式負版者"之版, 雖至賤者亦不可忽. 鄭注"負販者, 尤輕佻志利, 宜若無禮", 非也.

번역 내가 생각하기에, '부판(負販)'에서의 '판(販)'자는 곧 『논어』 「향당(鄕黨)」편에서 "나라의 지도와 호적을 '짊어진 자[版者]'에게도 공경스러운 태도를 취하였다."[143]라고 할 때의 '판(版)'자에 해당한다. 따라서 이 문장의 뜻은 "비록 매우 미천한 신분을 가진 자라고 할지라도, 또한 소홀히 대할 수 없다."는 말이다. 정현의 주에서 "노동자와 장사치는 더욱 경박하고 이익에만 뜻을 두고 있어서, 무례할 것만 같이 보인다."라고 풀이한 것은 잘못된 주장이다.

集解 愚謂: 恭敬辭讓之心, 人皆有之, 故雖負販者, 必有所尊, 而況於富貴乎!

번역 내가 생각하기에, 공경하고 사양하는 마음은 사람이라면 누구나 다 가지고 있는 것이다. 그렇기 때문에 비록 노동자나 장사치라고 하더라도, 반드시 존중 받을만한 점을 가지고 있는데, 하물며 부귀한 자에게 있어서는 어떠하겠는가!

【11d~12a】

富貴而知好禮, 則不驕不淫; 貧賤而知好禮, 則志不懾.

직역 富貴하고도 好禮를 知하면, 不驕하고 不淫하며, 貧賤하고도 好禮를 知하면, 志가 不懾한다.

---

143) 『논어』 「향당(鄕黨)」 : 見齊衰者, 雖狎, 必變. 見冕者與瞽者, 雖褻, 必以貌. 凶服者式之. 式負版者. 有盛饌, 必變色而作. 迅雷風烈必變.

의역　부유하고 신분이 존귀한데도, 예(禮)를 좋아할 줄 알면, 교만하거나 방탕하게 되지 않으며, 가난하고 신분이 낮더라도, '예'를 좋아할 줄 알면, 그 뜻에 두려움이 없게 된다.[144]

集說　馬氏曰: 富貴之所以驕淫, 貧賤之所以愊怯, 以內無素定之分, 而與物爲輕重也. 好禮, 則有得於內, 而在外者, 莫能奪矣.

번역　마씨가 말하길, 부유하고 존귀한 자가 교만하고 방탕하게 되고, 가난하고 미천한 자가 두려움에 사로잡히게 되는 이유는 자신의 내면에 확실하게 고정된 입장이 없어서, 외부의 사물에 따라서 경중(輕重)을 판단하기 때문이다. 예(禮)를 좋아하게 되면, 자신의 내면에 확고한 입장을 가지게 되어, 외부에 있는 사물이 그의 뜻을 빼앗을 수 없게 된다.[145]

大全　永嘉戴氏曰: 安危之幾, 生死之本也, 有禮則安, 安則生矣, 無禮則危, 危不足言也, 死將至矣. 聖人制禮之意, 所以生斯人也. 一日無禮, 則民有不得其死者矣. 禮以卑爲主, 以恭爲本, 有自是之心者, 不可以語禮, 有自大之心者, 不能以行禮, 故禮者所以柔伏其侈大之意, 而習爲退遜謙下之道, 故有禮之人, 其容肅然以正, 其氣粹然以和, 望其顔色而知其人之可親也. 其容狠, 其氣暴, 望其顔色而生慢易之心者, 必其無禮之人也. 富貴之失禮以驕, 貧賤之失禮以諂, 驕者失於亢, 諂者失於卑, 其爲失禮一也.

번역　영가대씨[146]가 말하길, 안존과 위태로움의 기미는 삶과 죽음을 가

<hr/>

144) 『논어』「학이(學而)」: 子貢曰, "貧而無諂, 富而無驕, 何如?" 子曰, "可也, 未若貧而樂, 富而好禮者也." 子貢曰, "詩云, '如切如磋, 如琢如磨', 其斯之謂與?" 子曰, "賜也, 始可與言詩已矣, 告諸往而知來者."

145) 『맹자』「고자상(告子上)」: 先立乎其大者, 則其小者不能奪也. 此爲大人而已矣.

146) 영가대씨(永嘉戴氏, A.D.1141 ~ A.D.1215): =대계(戴溪)·대씨(戴氏)·대초망(戴肖望)·대소망(戴少望)·대민은(戴岷隱)·민은선생(岷隱先生). 남송(南宋) 때의 학자이다. 자(字)는 초망(肖望)·소망(少望)이고, 호(號)는 민은

르는 기준이 되니, 예(禮)를 지니게 되면 안존하게 되고, 안존하게 되면 삶을 영위하게 된다. 이와는 반대로 '예'가 없으면 위태롭게 되는데, 위태로움에 대해서는 족히 다 말을 할 수 없지만, 결국 죽음이 닥쳐오게 될 것이다. 성인(聖人)이 '예'를 제정한 뜻은 사람들을 생장토록 하기 위함이다. 하루라도 '예'가 없게 된다면, 백성들 중에는 제명에 죽지 못하는 자들이 발생할 것이다. '예'에서는 낮추는 것을 위주로 하고, 공손함을 근본으로 삼고 있으니, 스스로를 옳다고 여기는 마음을 가지고 있는 자는 '예'에 대해서 말할 수 없는 것이고, 스스로를 위대하다고 여기는 마음을 가지고 있는 자는 '예'를 시행할 수 없는 것이다. 그렇기 때문에 '예'라는 것은 거만한 마음을 억눌러서, 겸손하게 물러서며 자신을 낮추는 도리를 익히는 것이다. 그러므로 '예'를 갖춘 자는 그 용모가 엄숙하면서도 바르고, 그 기운이 순수하면서도 조화로우니, 그의 안색을 보게 되면, 그가 친애할 만한 사람임을 단번에 알아볼 수 있게 된다. 한편 그 용모가 사납고, 또한 그 기운이 포악한 자에 대해서는 그의 안색만 보고도 거만한 마음이 생겨나게 되니, 그러한 사람은 반드시 무례(無禮)한 사람일 것이다. 일반적으로 부유하고 존귀한 자들은 교만함 때문에 '예'를 잃게 되고, 가난하고 미천한 자들은 아첨 때문에 '예'를 잃게 된다. 또한 교만한 자들은 자신을 너무 높이는 데에서 '예'를 잃게 되고, 아첨하는 자들은 자신을 너무 낮추는 데에서 '예'를 잃게 되는데, 이들 모두는 '예'를 잃었다는 측면에서 동일한 것이다.

鄭注 懾, 猶怯惑.

번역 '섭(懾)'자는 두려워하고 의혹된다는 뜻이다.

釋文 好, 呼報反, 下同. 懾, 之涉反. 怯, 丘劫反, 何胤云 : "憚所行爲怯."

_____

(岷隱)이다. 저서로는 『춘추강의(春秋講義)』, 『예기구의(禮記口義)』 등이 있다.

번역 '好'자는 '呼(호)'자와 '報(보)'자의 반절음이며, 아래문장에 나오는 '好'자도 모두 그 음이 이와 같다. '懾'자는 '之(지)'자와 '涉(섭)'자의 반절음이다. '怯'자는 '丘(구)'자와 '劫(겁)'자의 반절음인데, 하윤(何胤)은 "시행하는데 꺼려하는 것을 '怯'이라고 한다."라고 했다.

孔疏 ●"貧賤而知好禮, 則志不懾"者, 懾, 怯也, 惑也. 貧者之容, 好怯惑畏人, 使心志不逵, 若知禮者, 則持禮而行之, 故志不懾怯, 是以於負販之中, 必有所尊也.

번역 ●經文: "貧賤而知好禮, 則志不懾". ○'섭(懾)'은 "겁낸다[怯]."는 뜻이며, 또는 "의혹된다[惑]."는 뜻이다. 일반적으로 가난한 자들의 모습은 두려운 자에 대해서 겁먹거나 의혹 품기를 잘해서, 본래부터 가지고 있었던 착한 마음과 선한 뜻이 드러나지 못하게 한다. 그러나 만약 그러한 자들이라고 하더라도, 그 중에 예(禮)를 알고 있는 자라고 한다면, '예'에 따라서 행동을 하기 때문에, 뜻에 겁을 먹거나 의혹을 품지 않게 된다. 이러한 까닭으로 노동자나 장사치라고 하더라도, 반드시 존귀하게 대할 점이 있는 것이다.

孔疏 ◎注"懾猶怯惑". ○正義曰: 何胤云: "憚所行爲怯, 迷於事爲惑." 義或當然.

번역 ◎鄭注: "懾猶怯惑". ○하윤은 "행동한 것에 대해서 자신이 없기 때문에, 겁을 먹게 되는 것이며, 일에 미혹되므로, 의혹을 품는 것이다."라고 했는데, 그 의미가 혹여 맞는 것 같기도 하다.

• 제 4 절 •

나이[年] 관련 규정

【12b】

人生十年曰幼, 學. 二十曰弱, 冠. 三十曰壯, 有室. 四十曰
强, 而仕. 五十曰艾, 服官政. 六十曰耆, 指使. 七十曰老,
而傳. 八十九十曰耄, 七年曰悼, 悼與耄[1], 雖有罪, 不加刑
焉. 百年曰期, 頤.

---

1) '모(耄)'자에 대하여.『십삼경주소(十三經注疏)』북경대 출판본에서는 "『민본
(閩本)』·『감본(監本)』·『모본(毛本)』·『악본(岳本)』·『가정본(嘉靖本)』에
서는 동일하게 '모'자로 기록한다.『석경(石經)』에는 '▼(耂/毛)'자로 기록되어
있고, 위씨(衛氏)의 『집설(集說)』에서도 동일하게 '▼(耂/毛)'자로 기록하고
있다.『경전석문(經典釋文)』에서는 '모(旄)자는 판본에 따라서 또한 모(耄)자
로도 기록한다.'라고 했다. 완원(阮元)의 『교감기(校勘記)』에서는 '살펴보니,
▼(耂/毛)자가 정자(正字)이며, 모(耄)자는 속자(俗字)이고, 모(旄)자는 가차자
(假借字)이다.『정의본(正義本)』에서는 ▼(耂/毛)자로 기록해야 한다.『경전석
문(經典釋文)』에도 또한 판본에 따라서 간혹 80세를 질(耋)이라고 부르고, 90
세를 모(旄)라고 부른다고 기록하는데, 이 말은 후대인들이 잘못하여 첨가한
말이라고 했다. 전대흔(錢大昕)은 『예기』「곡례(曲禮)」편에는 왈질(曰耋)이라
는 두 글자가 있으니, 질(耋)자라고 기록한 것은『고본(古本)』에 해당하는데,
육덕명(陸德明)이 이 글자를 후대인들이 잘못해서 첨가한 것으로 여긴 것은
잘못된 생각이다. 장림(臧琳)의 『경의잡기(經義雜記)』에서는『정주본(鄭注
本)』에는 왈질(曰耋)이라는 두 글자가 기록되어 있지 않으므로,「곡례」편에
대한 정현의 주에서 질(耋)자에 대해 풀이하지 않은 것인데, 어떤 판본에서는
또한 이 글자가 덧붙여져 있으니, 육덕명이『정주본』에 대해서 잘못하여 첨가
한 것이라고 비판한 것이다. 살펴보니 소(疏)에서는 사람에 대해 간혹 80세가
되면 질(耋)이라고 부르고, 혹은 90세에 대해서 모(耄)라고도 부른다. 그렇기
때문에 이 두 글자는 각각 80세나 90세를 동시에 나타내는 글자가 된다고 했
다. 이것은 곧『정의본(正義本)』에 왈질(曰耋)이라는 두 글자가 없었다는 것

직역　人生하여 十年을 曰, 幼하니, 學한다. 二十을 曰, 弱하니, 冠한다. 三十을 曰, 壯하니, 有室한다. 四十을 曰, 强하니, 仕한다. 五十을 曰, 艾하니, 官政에 服한다. 六十을 曰, 耆하니, 指使한다. 七十을 曰, 老하니, 傳한다. 八十과 九十을 曰, 耄하고, 七年을 曰, 悼하니, 悼와 耄는 비록 有罪라도 刑을 不加한다. 百年을 曰, 期하니, 頤한다.

의역　사람이 태어나서 10세가 되면, 그런 사람을 어리다는 뜻에서 유(幼)라고 부르고, 학문에 입문하도록 한다. 20세가 되면, 아직 장성한 것이 아니기 때문에 약(弱)이라고 부르고, 관례(冠禮)를 해준다. 30세가 되면, 장성하였기 때문에 장(壯)이라고 부르고, 혼인을 시켜서 가정을 이루게 한다. 40세가 되면, 지기(志氣)가 강성해졌기 때문에 강(强)이라고 부르고, 하위관료에 임명한다. 50세가 되면 머리가 희끗희끗해져서 마치 쑥잎처럼 되기 때문에 애(艾)라고 부르고, 고위관료에 임명하여 국정(國政)에 참여하도록 한다. 60세가 되면, 노인에 가까워지기 때문에 기(耆)라고 부르고, 제 스스로 일을 처리하기보다는 남에게 지시를 하며 시키게 된다. 70세가 되면, 나이가 들었기 때문에 노(老)라고 부르고, 가사(家事)를 아들에게 전수한다. 80세나 90세가 되면, 정신이 흐려지고 잘 잊어버리기 때문에 모(耄)라고 부르고, 한편 7세가 된 아이들은 가엾기 때문에 도(悼)라고 부르는데, 이 두 부류의 사람들은 비록 죄를 지었다고 하더라도, 그것은 실수로 죄를 범한 것이지 고의로 한 것이 아니기 때문에, 형벌을 내리지 않는다. 100세가 되면, 수명이 거의 다 되어가기 때문에, 기(期)라고 부르고, 남의 도움 없이는 아무 것도 할 수 없으니, 모든 일들에 대해서 봉양을 해주어야 한다.

集說　朱子曰: "十年曰幼"爲句絶, '學'字自爲一句, 下至"百年曰期"皆然.

번역　주자가 말하길, '십년왈유(十年曰幼)'에서 구문을 끊어야 하며, '학

을 가리킨다. 『송감본(宋監本)』을 살펴보니, ▼(耂/毛)자로 기록하고 있고, 그 이후의 판본들도 동일하게 기록하고 있다. 『설문해자(說文解字)』에 근거한다면 마땅히 ▼(蒿/老)자로 기록해야 하니, 이 글자는 노(老)자를 부수로 삼고 있고, 호(蒿)자가 소리부가 된다.'라고 했다. 손이양(孫詒讓)의 『교기(校記)』에서는 '『무주본(撫州本)』에서는 모(耄)자로 기록되어 있다.'"라고 했다.

(學)'자 자체가 하나의 구문이 된다. 그리고 '백년왈기(百年曰期)'라는 구문
까지 모두 이처럼 구문이 끊어진다.

集說 呂氏曰: 五十曰艾, 髮之蒼白者, 如艾之色也. 古者四十始命之仕, 五
十始命之服官政. 仕者, 爲士以事人, 治官府之小事也; 服官政者, 爲大夫以長
人, 與聞邦國之大事者也. 才可用則使之仕, 德成乃命爲大夫也. 耆者, 稽久之
稱, 不自用力, 惟以指意使令人, 故曰"指使". 傳, 謂傳家事於子也. 耄, 惛忘也.
悼, 憐愛也. 耄者, 老而知已衰; 悼者, 幼而知未及. 雖或有罪, 情不出於故, 故
不加刑. 人壽以百年爲期, 故曰期. 飮食居處動作, 無不待於養, 故曰頤.

번역 여씨가 말하길, "50세가 된 사람을 애(艾)라고 부른다."라고 하였
는데, 그 이유는 모발이 창백한 색깔이 되어, 마치 쑥잎의 색깔처럼 되었기
때문이다. 고대에는 남자의 나이가 40세가 되어야만, 비로소 관리에 임명되
어, 벼슬살이를 시작하였고, 50세가 되어야만, 비로소 더 높은 관리에 임명
되어, 국가의 정사에 복무하였다. '사(仕)'한다는 말은 하위관료2)인 사(士)
가 되어서, 관부의 작은 업무들을 처리한다는 뜻이고, 관정(官政)에 복무한
다는 말은 고위관료3)인 대부(大夫)가 되어서, 국가의 대사(大事)를 처리하
는 일에 참여한다는 뜻이다. 그 사람의 재주가 등용할만한 수준이라면, 그
를 '사'로 임명하여 벼슬살이를 시키는 것이고, 덕(德)을 이루게 되면, 곧
'대부'로 임명하는 것이다. '기(耆)'라는 말은 오랜 기간 동안 살아왔다는
칭호로, 제 스스로 힘을 쓰지 않고, 다만 지시를 하여 사람들을 시키게 된
다. 그렇기 때문에 "가리켜서 시킨다[指使]."라고 한 것이다. '전(傳)'자는
아들에게 가사(家事)를 전수한다는 뜻이다. '모(耄)'자는 정신이 흐릿해지
고 잘 잊게 된다는 뜻이다. '도(悼)'자는 가엾게 여기며 애착을 갖는다는
뜻이다. 80세나 90세가 된 사람들은 너무 늙어서 지력이 이미 쇠퇴하였고,

---

2) 사인(事人)은 하위관료에 임명된 사람들을 뜻한다.
3) 장인(長人)은 어떤 집단의 수장이 된다는 뜻으로, 고위관료에 임명된 사람을
   뜻한다.

7세가 된 아이는 너무 어려서 아직까지 지력이 성장하지 못한 상태이다. 따라서 비록 이들에게 죄가 있다고 하더라도, 죄를 짓게 된 정황이 고의에서 나온 것이 아니다. 그렇기 때문에 형벌을 내리지 않는 것이다. 사람의 수명에 있어서는 100세를 사람이 살 수 있는 최대의 기한으로 여긴다. 그렇기 때문에 100세가 된 사람을 '기(期)'라고 부르는 것이다. 그리고 100세가 된 사람들은 의식주 및 모든 행동들이 남의 도움 없이는 불가능하다. 그렇기 때문에 봉양한다는 뜻에서, '이(頤)'라고 한 것이다.

大全 永嘉戴氏曰: 聖人制禮, 以律天下, 以節人心, 使人, 血氣充實, 志意堅强, 壯者服其勞, 老者安其逸, 未用者無躁進之心, 當退者無不知足之戒. 每十年爲一節, 而人心有定向矣. 二十血氣猶未定, 然趨向善惡, 判於此矣, 故責以成人之禮焉. 三十有室, 不至於過而失節, 亦不至於曠而失時, 此古人所以筋力之盛壽命之長也. 四十志氣堅定, 强立不反, 不奪於利害, 不怵於禍福, 可以出仕矣. 自此以往三十年, 宣勞於國, 非若後世强者, 有時不用, 少與老者並用, 至於怠惰廢弛而莫之振也. 人至於五十, 更歷世變, 諳知人情, 亦旣熟矣. 若此而服官政, 則明習故事, 詳審和緩, 不至於擾民生事矣. 年至於六十, 幾於老矣, 于斯時也, 有指畫之勞, 無奔走服役之事. 七十謂之老, 而猶與事接, 是不知止也. 然人方其血氣之盛, 猶有所棄也, 及其旣衰, 則顧戀不忍去, 雖家事亦然, 而況於國事乎? 此聖人所以戒之在得也. 耄與悼者, 解后有罪, 非其故也. 禮經, 養老之禮, 鄕飮酒之義, 至九十而止, 獨曲禮曰, "百年曰期頤", 壽至百年, 此亦絕無而僅有也. 自養之外, 無他望焉. 三代之老, 上而天子諸侯養之, 下而其家能養之, 孝弟之風, 安得不行於天下, 此天下所以易治也.

번역 영가대씨가 말하길, 성인(聖人)은 예(禮)를 제정하여, 이것을 통해서 천하를 조율하고, 사람의 마음을 조절하여, 사람들로 하여금 혈기를 충실하게 만들고, 지의(志意)를 굳건하고 강성하게 만들었다. 따라서 장성한 사람들은 힘든 일에 복무하였고, 나이가 든 사람들은 뒤로 물러나서 편히 쉬었으며, 아직 등용되지 않은 자들에게는 조급해하는 마음이 없었고, 물러날 시기에 도달한 사람들은 자기 분수에 만족해야 한다는 교훈을 모르는 자가 없었다. 그리고 10년이라는 기간을 하나의 마디로 삼아서, 사람들의 마음에는 지향해야 할 것들이 생기게 되었다. 사람의 나이가 20세가 되면, 혈기가 아직 안정된 것은 아니지만, 선악(善惡)을 추구하는 방향성은 이 시기에 판가름된다. 그렇기 때문에 관례(冠禮)를 치러서, 성인(成人)으로서 시행해야 할 예법들을 따르도록 책임을 지운 것이다. 30세가 되면, 가정을 이루게 해서, 결혼을 너무 빨리해서 혈기를 주체 못하는 지경에 이르지 않도록 하고, 또한 너무 늦게 해서 시기를 놓치는 지경에 이르지 않도록 한 것이니, 이것이 바로 옛 사람들이 혈기가 왕성하였고 장수하였던 이유이다. 40세가 되면, 지혜와 기상이 굳건하게 안정되어, 올바른 주관을 굳건하게 확립하여 도리를 어기지 않게 되고,4) 이해관계에 마음을 빼앗기지 않으며, 화를 당하게 될지 아니면 복을 받게 될지에 대해서 걱정하지 않으니, 벼슬살이를 시작할 수 있는 것이다. 이러한 시기로부터 30년이 지난 시점까지는 나라를 위해 힘쓰게 된다. 따라서 이러한 고대의 제도는 마치 후대에서 40세가 넘었는데도 등용되지 못하고, 너무 젊은 사람과 너무 늙은 사람이 함께 등용되어, 국정(國政)이 태만해지고 해이해져서, 국정을 진작시킬 수 없는 지경에 도달하게 되는 경우와는 다른 것이다. 50세가 되면, 세상의 변화에 대해 두루 겪게 되고, 사람의 감정에 대해서도 두루 깨닫게 되어, 노련하게 된다. 만약 이처럼 노련해진 자들을 보다 큰 국가의 정사(政事)에 복무하게 한다면, 옛 일들을 해박하게 익히고, 평화롭게 만들고 안정시키는 정책들에 대해서 자세히 살피게 되어, 백성들의 삶을 뒤흔들어 도탄에 빠지게 하는 지경에는 이르지 않게 된다. 60세가 되면, 거의 노년에 가까워진 것으로, 이러한 시기에는 사람들을 지시하는 일만 하게 되며, 자신이 직접 분주하게 돌아다니며 처리하는 일은 없게 된다. 70세가 된 사람을 '노(老)'라고 부르는데, 이러한 자들이 아직도 일선에 나아가 일을 한다면, 이것은 그만둘 때를 모르는 것이다. 사람은 혈기가 왕성할 때에도, 오히려 버려야 할 것들이 있는 것인데, 혈기가 이미 쇠약해진 나이가 되어서도, 미련이

---

4) 『예기』「학기(學記)」【445b】：九年知類通達, <u>强立而不反</u>, 謂之大成.

남아서 차마 떠나지 못하는 것은 비록 가정에서도 그렇게 해서는 안 되는 것인데, 하물며 국정에 대해서 그렇게 행동한다면 어떻겠는가? 이것이 바로 성인(聖人)이 탐욕에 마음 두는 것을 경계한 이유이다.5) 80세나 90세가 된 사람과 7세 정도 되는 어린아이는 우연하게6) 죄를 짓게 되는 것이지, 고의로 한 것이 아니다. 예경(禮經)7)에 기록된 노인 봉양하는 예법과 향음주례(鄕飮酒禮)의 의의에 대한 기록에서는 90세가 된 사람들까지만 언급을 하고 있는데, 유독 이곳 「곡례」편에서만 "100세가 된 사람은 '기(期)'라 부르고, '이(頤)'를 한다."라고 하였다. 그 이유는 수명이 100세에 도달하는 것은 매우 희박한 일이므로, 거의 없는 경우이기 때문이다. 그래서 봉양을 받는 것 이외에는 달리 바랄 것이 없는 것이다. 삼대(三代)8) 때 살았던 노인들의 경우, 위로는 천자나 제후가 직접 그들을 봉양해주었고, 아래로는 그의 집안에서 그를 잘 봉양해주었으니, 효와 우애에 대한 풍속이 어찌 온 세상에 시행되지 않을 수 있었겠는가? 그리고 이것이야말로 천하가 쉽게 다스려졌던 이유이기도 하다.

大全 嚴陵方氏曰: 數起於一, 止於十. 天地奇偶之數, 陰陽生成之理, 每至於是, 則必更焉. 人者, 受天地之形, 孕陰陽之氣者也, 孰能逃其數而逆其理哉? 故其生每於十年, 則必異其名, 至其時, 則必異其事也.

번역 엄릉방씨가 말하길, 숫자는 '1'에서 시작하여 '10'에서 끝난다. 천지의 운행(運行)과 관련된 홀수와 짝수, 음양(陰陽)이 생성되는 이치도 매

---

5) 『논어』「계씨(季氏)」: 孔子曰, "君子有三戒, 少之時, 血氣未定, 戒之在色, 及其壯也, 血氣方剛, 戒之在鬪, 及其老也, 血氣既衰, 戒之在得."
6) 해후(解后)는 해후(邂逅) 또는 해후(解逅)라고도 부른다. 뜻하지 않게 조우한다는 의미로, 즉 우연이라는 뜻이다.
7) 예경(禮經)은 일반적으로 『의례(儀禮)』를 가리키는 용어인데, 고대부터 전해져온 예(禮)와 관련된 기록들을 총칭하는 말로도 사용된다.
8) 삼대(三代)는 하(夏), 은(殷), 주(周)의 세 왕조를 말한다. 『논어』「위령공(衛靈公)」편에는 "斯民也, 三代 之所以直道而行也."라는 기록이 있고, 이에 대한 형병(邢昺)의 소(疏)에서는 "三代, 夏殷周也."로 풀이했다.

번 '10'에 도달하게 되면, 반드시 다시 시작된다. 사람은 천지자연의 형체를 받고, 음양의 기운을 품은 존재이니,[9] 그 누가 이러한 자연의 수치에서 벗어날 수 있고, 또 그 이치를 거스를 수 있겠는가? 그러므로 인간의 수명에 대해서도 10년마다 그 명칭을 다르게 부르는 것이며, 또한 그 시기에 도달하게 되면, 반드시 맡아서 해야 할 일도 달리했던 것이다.

大全 馬氏曰: 自幼弱壯强, 至于艾者, 言血氣智慮之變也. 自耆老, 至於耄期者, 言齒之逾久也. 自學, 至于傳者, 言其事也. 蓋人血氣智慮, 率十年而加益, 血氣智慮, 旣加益矣, 則所學者, 宜愈深, 所仕者, 宜愈大矣.

번역 마씨가 말하길, 유(幼: 10세), 약(弱: 20세), 장(壯: 30세), 강(强: 40세)이라는 말로부터, 애(艾: 50세)라는 말까지는 혈기와 지혜가 변화됨을 뜻한다. 기(耆: 60세), 노(老: 70세)라는 말로부터, 모(耄: 80~90세), 기(期: 100세)라는 말까지는 나이가 점점 많아진다는 뜻이다. 학(學: 10세)이라는 말부터, 전(傳: 70세)이라는 말까지는 해당하는 나이에 각각 해야 할 일들을 뜻한다. 무릇 사람의 혈기와 지혜는 10년을 단위로 증강이 되고, 혈기와 지혜가 증강이 되었다면, 배운 것도 더욱 깊어져야 하고, 맡은 일도 더욱 커져야 하는 것이다.

鄭注 名曰幼, 時始可學也. 內則曰: "十年出就外傅, 居宿於外, 學書計." 有室, 有妻也. 妻稱室. 艾, 老也. 指事使人也. 六十不與服戎, 不親學. 傳家事, 任子孫, 是謂宗子之父. 耄, 惛[10]忘也. 春秋傳曰: "謂老將知, 耄又及之." 悼,

---

9) 『예기』「예운(禮運)」【280b】: 故人者, 其天地之德・陰陽之交・鬼神之會・五行之秀氣也.

10) '혼(惛)'자에 대하여. 『십삼경주소(十三經注疏)』 북경대 출판본에서는 "『가정본(嘉靖本)』에서는 동일하게 '혼'자로 기록하고 있는데, 『감본(監本)』・『모본(毛本)』・『岳本』에서는 '혼(惛)'자로 기록하고 있으며, 『민본(閩本)』에서는 '혼(昏)'자로 기록하고 있다. 완원(阮元)의 『교감기(校勘記)』에서는 '살펴보니, 위씨(衛氏)의 『집설(集說)』에서도 또한 ▼(耂/毛)자는 혼망(惛忘)이라는 뜻이

憐愛也. 愛幼而尊老. 期猶要也. 頤, 養也. 不知衣服食味, 孝子要盡養道而已.

번역 10세가 된 사람을 '유(幼)'라고 부르니, 이 시기에 비로소 학문을 익힐 수 있는 것이다. 『예기』「내칙(內則)」편에서는 "10살이 되면 집을 벗어나서 외부에 있는 스승을 찾아가며, 집밖에 거주하면서 스승에게서 육서(六書)11)와 구수(九數)12)를 익혔다."13)라고 했다. '유실(有室)'은 아내를 맞아들인다는 뜻이다. 아내를 '실(室)'이라고 부른다. '애(艾)'자는 "늙었다[老]."는 뜻이다. '지사(指使)'는 일을 지시하여 사람을 시킨다는 뜻이다. 60세가 되면, 병역에 복무하지 않으며,14) 제자의 예를 갖춰서 배움을 구하는 일을 하지 않는다.15) '전(傳)'자는 가사(家事)를 전수하여, 자손들에게 맡긴다는 뜻이니, 이 내용은 종자(宗子)의 부친에게 해당하는 말이다. '모(耄)'자는 정신이 흐릿해지고 잘 잊어버린다는 뜻이다. 『춘추전(春秋傳)』에서 말하길, "속담에서는 나이가 들어 지혜롭게 되자, 곧 망령기가 든다."16)라고 했다. '도(悼)'자는 가엽게 여겨서 애착을 가진다는 뜻이다. 형벌을 내리지 않는 이유는 나이가 너무 어린 자를 가엽게 여기고, 나이가 많은 자를 존중

라고 했다.'"라고 했다.

11) 육서(六書)는 한자의 구성과 형성에 대한 여섯 가지 이론으로, 상형(象形), 지사(指事: =處事), 회의(會意), 형성(形聲: =諧聲), 전주(轉注), 가차(假借)를 뜻한다. 『주례』「지관(地官)·보씨(保氏)」편에는 "五曰六書."라는 기록이 있는데, 이에 대한 정현의 주에서는 정사농(鄭司農)의 주장을 인용하여, "六書, 象形·會意·轉注·處事·假借·諧聲也."라고 풀이했다.

12) 구수(九數)는 고대의 아홉 가지 계산 방법이다. 방전(方田), 속미(粟米), 차분(差分), 소광(少廣), 상공(商功), 균수(均輸), 방정(方程), 영부족(贏不足), 방요(旁要)를 뜻한다. 『주례』「지관(地官)·보씨(保氏)」편에는 "六曰九數."라는 기록이 있는데, 이에 대한 정현의 주에서는 정중(鄭衆)의 주장을 인용하여, "九數, 方田·粟米·差分·少廣·商功·均輸·方程·贏不足·旁要."라고 풀이했다.

13) 『예기』「내칙(內則)」【368a】: 九年, 敎之數日. 十年, 出就外傅, 居宿於外, 學書計.

14) 『예기』「왕제(王制)」【178b】: 五十不從力政, 六十不與服戎, 七十不與賓客之事, 八十齊喪之事, 弗及也.

15) 『예기』「왕제(王制)」【178c】: 五十而爵, 六十不親學, 七十致政, 唯衰麻爲喪.

16) 『춘추좌씨전』「소공(昭公) 1년」: 諺所謂老將知而耄及之者, 其趙孟之謂乎!

하기 때문이다. '기(期)'자는 "요구한다[要]."는 뜻이다. '이(頤)'자는 "봉양한다[養]."는 뜻이다. 100세가 된 사람들은 의복을 입고 음식을 먹는 것 등에 대해서 분별할 수 없으므로, 자식은 봉양의 도리를 다할 수 있도록 기약할 따름이다.

釋文 冠, 古亂反. 艾, 五蓋反, 謂蒼艾色也; 一音刈, 治也. 耆, 渠夷反, 賀瑒云: "至也, 至老境也." 與音預. 傳, 直專反, 沈直戀反. 旄, 本又作耄, 同, 亡報反, 注同. 本或作"八十曰耋, 九十曰旄", 後人妄加之. 惛音昏, 一音呼困反. 忘, 亡亮反, 又如字. 知音智. 悼, 徒報反. 頤, 羊時反. 要, 於遙反, 又如字, 下同. 養道, 羊尙反, 又如字.

번역 '冠'자는 '古(고)'자와 '亂(란)'자의 반절음이다. '艾'자는 '五(오)'자와 '蓋(개)'자의 반절음으로, 쑥잎의 창백한 색깔을 뜻하며, 다른 음은 '刈(예)'인데, 이처럼 읽게 되면, "다스린다[治]."는 뜻이 된다. '耆'자는 '渠(거)'자와 '夷(이)'자의 반절음으로, 하창(賀瑒)은 "도달한다는 뜻으로, 노인의 경계에 도달했다는 말이다."라고 했다. '與'자의 음은 '預(예)'이다. '傳'자는 '直(직)'자와 '專(전)'자의 반절음으로, 심음(沈音)은 '直(직)'자와 '戀(련)'자의 반절음이 된다. '旄'자는 판본에 따라서 '耄'라고도 기록하는데, 두 글자의 음은 동일하니, '亡(망)'자와 '報(보)'자의 반절음이 된다. 정현의 주에 나오는 글자도 그 음이 이와 같다. 판본에 따라서 간혹 "八十曰耋, 九十曰旄"라고도 기록하는데, 이것은 후대인들이 잘못 가필한 것이다. '惛'자의 음은 '昏(혼)'이며, 다른 음은 '呼(호)'자와 '困(곤)'자의 반절음이 된다. '忘'자는 '亡(망)'자와 '亮(량)'자의 반절음이며, 또한 글자대로 읽기도 한다. '知'자의 음은 '智(지)'이다. '悼'자는 '徒(도)'자와 '報(보)'자의 반절음이다. '頤(이)'자는 '羊(양)'자와 '時(시)'자의 반절음이다. '要'자는 '於(어)'자와 '遙(요)'자의 반절음이며, 또한 글자대로 읽기도 하고, 아래에 나온 글자들도 그 음이 이와 같다. '養道'라고 할 때의 '養'자는 '羊(양)'자와 '尙(상)'자의 반절음이며, 또한 글자대로 읽기도 한다.

孔疏 ●"人生"至"其制". ○正義曰: 此一節明人幼而從學, 至於成德, 終始
之行, 皆遵禮制, 各隨文解之.

번역 ●經文: "人生"~"其制". ○이 단락의 내용은 사람은 10세가 되면
학문에 종사하는 것으로부터, 덕(德)을 이루는 단계에 도달할 때까지의 모
든 행실들을 예제(禮制)에 따라야 한다는 사실을 밝히고 있다. 각각의 문장
에 따라서 해석하겠다.

孔疏 ●"人生十年曰幼, 學"者, 謂初生之時至十歲. 依內則, 子生八年"始
教之讓, 九年教之數日[17], 十年出就外傅, 居宿於外, 學書計", 故以十年爲節
也. 幼者, 自始生至十九時, 故檀弓云: "幼名"者, 三月爲名稱幼. 冠禮[18]云:
"棄爾幼志." 是十九以前爲幼. 喪服傳云: "子幼." 鄭康成云: "十五已[19]下",
皆別有義. 今云"十年曰幼, 學", 是十歲而就業也.

번역 ●經文: "人生十年曰幼, 學". ○이 문장은 사람이 처음 태어났을
때부터 10세가 될 때까지의 기간에 대한 내용이다. 『예기』「내칙(內則)」편

---

17) '일(日)'자에 대하여. '일'는 본래 '목(目)'자로 기록되어 있었는데, 완원(阮元)
의 『교감기(校勘記)』에서는 "혜동(惠棟)의 『교송본(校宋本)』에서는 '일'자로
기록되어 있으니, 이곳 판본은 '일'자를 '목'자로 잘못 기록한 것이며, 『민본(閩
本)』·『감본(監本)』·『모본(毛本)』에서도 잘못 기록하고 있다."라고 했다.
18) '예(禮)'자에 대하여. 『십삼경주소(十三經注疏)』 북경대 출판본에서는 "『민본
(閩本)』·『감본(監本)』·『모본(毛本)』에서는 동일하게 '예'자로 기록하고 있
고, 위씨(衛氏)의 『집설(集說)』에서도 동일하게 '예'자로 기록하고 있다. 혜동
(惠棟)의 『교송본(校宋本)』에서는 '의(義)'자로 기록하고 있다. 완원(阮元)의
『교감기(校勘記)』에서는 "살펴보니, '기이유지(棄爾幼志)'라는 네 글자는 『의
례』「사관례(士冠禮)」 및 『예기』「관의(冠義)」편에 보이지 않으므로, 『송본(宋
本)』이 잘못된 것이다."라고 했다.
19) '이(已)'자에 대하여. 『십삼경주소(十三經注疏)』 북경대 출판본에서는 "『민본
(閩本)』·『감본(監本)』·『모본(毛本)』에서는 동일하게 '이'자로 기록하고 있
다. 혜동(惠棟)의 『교송본(校宋本)』에서는 '이(以)'자로 기록하고 있다. 완원
(阮元)의 『교감기(校勘記)』에서는 '살펴보니, 이(以)자와 이(已)자는 본래 같
은 글자이다.'"라고 했다.

에 따르면, 아들이 태어나서 8세가 되면, "처음으로 염치[讓]에 대해 가르치고, 9세가 되면 삭망(朔望) 및 육십갑자(六十甲子) 등에 대해 가르치며, 10세가 되면 집을 벗어나서 외부에 있는 스승을 찾아가게 하며, 집밖에 거주하면서 스승에게서 육서(六書)와 구수(九數)를 익히게 했다."[20]라고 했다. 그렇기 때문에 10살을 하나의 마디로 삼은 것이다. '유(幼)'라는 말은 처음 태어난 때부터 19세까지를 뜻한다. 그렇기 때문에『예기』「단궁(檀弓)」편에서 "'어릴 때[幼]'에는 이름을 부른다."[21]라고 했던 것인데, 이 말은 곧 아이가 태어난 후 3개월이 지나면 이름을 지어주게 되고,[22] 이로부터 관례(冠禮)를 치르기 전까지의 기간이 '유'에 해당하며, 그 기간에는 이름을 부르게 되는 것이다.『의례』「관례(冠禮)」편에서도 관(冠)을 씌워주며, "너의 '유약한 뜻[幼志]'을 버려라."[23]라고 하였으니, 이 기록 또한 '관례'를 치르기 이전인 19세 미만에는 '유'라고 했다는 사실을 나타낸다.『의례』「상복(喪服)」편의 전문(傳文)에는 "자식이 '유(幼)'하다."[24]라는 기록이 있는데, 이 문장에 대해서 정현은 "'유'는 15세 이하의 나이를 뜻한다."라고 했다. 이처럼 각 기록마다 차이를 보이는 이유는 기록마다 특정 상황에 맞는 별도의 의미가 내포되어 있기 때문이다. 지금 이곳 문장에서는 "10세를 '유(幼)'라고 부르며, 학(學)을 한다."라고 했는데, 이 말은 10세가 되면 학업을 시작한다는 뜻에서, '유'라고 표현한 것이다.

---

20)『예기』「내칙(內則)」【368a】: 八年, 出入門戶, 及卽席飮食, 必後長者, 始敎之讓. 九年, 敎之數日. 十年, 出就外傅, 居宿於外, 學書計.

21)『예기』「단궁상(檀弓上)」【90b】: 幼名, 冠字, 五十以伯仲, 死謚, 周道也.

22)『예기』「증자문(曾子問)」【227a】: 曾子問曰 如已葬而世子生, 則如之何. 孔子曰 大宰・大宗, 從大祝而告于禰, 三月, 乃名于禰, 以名徧告, 及社稷・宗廟・山川.

23)『의례』「사관례(士冠禮)」: 始加, 祝曰, "令月吉日, 始加元服. 棄爾幼志, 順爾成德. 壽考惟祺, 介爾景福."

24)『의례』「상복(喪服)」: 傳曰, 何以期也? 傳曰, 夫死, 妻稚, 子幼, 子無大功之親, 與之適人.

孔疏 ●"二十日弱, 冠"者, 二十成人, 初加冠, 體猶未壯, 故曰弱也. 至二十九, 通得名弱冠, 以其血氣未定故也. 不曰"人生", 並承上可知也. 今謂庶人及士之子, 若卿大夫十五以上則冠, 故喪服云"大夫爲昆弟之長殤", 是也. 其冠儀與士同, 故郊特牲云"無大夫冠禮", 是也. 其大夫之子亦二十而冠, 其諸侯之子亦二十而冠, 天子之子則十二而冠. 若天子諸侯之身, 則皆十二而冠. 具釋在冠義.

번역 ●經文: "二十日弱, 冠". ○20세가 되면 성인(成人)이 되어, 처음으로 관(冠)을 쓰게 된다. 그러나 체구는 아직도 장성하지 못한 상태이다. 그렇기 때문에 '약(弱)'이라고 부르는 것이다. 20세로부터 29세가 될 때까지, 일반적으로 이 기간에 해당하는 나이를 '약관(弱冠)'이라고 부르는데, 그들의 혈기(血氣)가 아직 안정되지 않았기 때문이다. 그런데 이 구문에 대해서는 앞의 '인생십년왈유(人生十年曰幼)'라는 구문처럼 '인생(人生)'이라는 말을 언급하지 않았으니, '인생십년왈유' 뒤의 구문들이 모두 앞의 구문과 연이어진 문장이 된다는 사실을 알 수 있다. 그리고 이 구문의 내용은 오늘날에는 서인(庶人) 및 사(士)의 자식들에게 해당하는 내용이 되는데, 경(卿)이나 대부(大夫) 이상의 계급을 가진 자의 경우, 그들의 자식들은 15세가 되면 '관'을 쓰게 된다. 그렇기 때문에 『의례』「상복(喪服)」편에서, '대부의 경우, 곤제(昆弟) 중에 장상(長殤)[25]인 자들을 위해서'[26]라고 언급한 말이 바로 경과 대부의 자식들은 15세 이상이 되면, 곧바로 '관'을 쓰게 된다는 사실을 나타낸다.[27] 또한 경과 대부의 자식들이 치르는 관례(冠禮) 의식은 '사'의 경우와 동일하다. 그렇기 때문에 『예기』「교특생(郊特牲)」편에서 "대부에게는 별도의 '관례'가 없다."[28]라고 한 말이 바로 이러한 사실을 나타낸다. 따라서 대부의 자식들은 20세가 되기 이전에 이미 '관'을 쓰게 되지

---

25) 장상(長殤)은 16~19세 사이에 요절한 자를 뜻한다. 『의례』「상복(喪服)」편에 "年十九至十六爲長殤."이라는 기록이 있다.
26) 『의례』「상복(喪服)」: 大夫之庶子爲適昆弟之長殤·中殤.
27) 아직 20세가 안 되었다고 하더라도, 장상(長殤)을 당한 친인척을 위해서, 관(冠)을 쓰고 상(喪)에 임하게 된다는 뜻이다.
28) 『예기』「교특생(郊特牲)」【336c】: 無大夫冠禮, 而有其昏禮.

만, 그들 또한 20세가 되어서야 정식 '관례'를 치르는 것이고, 제후의 자식들 또한 20세가 되어서야 정식 '관례'를 치르는 것이다. 그러나 천자의 자식들인 경우라면, 12세가 되면 곧 '관례'를 치른다. 그리고 천자나 제후 본인인 경우라도, 이러한 계층들은 모두 12세 때 '관례'를 치른다. 자세한 풀이는『예기』「관의(冠義)」편에서 서술하였다.

孔疏 ●"三十曰壯, 有室"者, 三十而立, 血氣已定, 故曰壯也. 壯有妻, 妻居室中, 故呼妻爲室. 若通而言之, 則宮室通名, 故爾雅云: "宮謂之室, 室謂之宮." 別而言之, 論其四面穹隆則曰29)宮, 因其貯物充實則曰室, 室之言實也. 今不云"有妻"而云"有室"者, 妻者, 齊也, 齊爲狹局, 云室者, 含妾媵, 事類爲廣. 按媒氏云: "男三十, 女二十." 鄭康成云: "二三者, 天地相承覆之數也." 易曰: "參天兩地而奇數焉30)." 白虎通云: "男三十筋骨堅强, 任爲人父. 女二十肌膚充盛, 任爲人母, 合爲五十, 應大衍之數, 生萬物也."

번역 ●經文: "三十曰壯, 有室". ○30세가 되면 자립을 하고,31) 혈기도

---

29) '왈(曰)'자에 대하여. '왈'자는 본래 없던 글자인데, 완원(阮元)의『교감기(校勘記)』에서는 "살펴보니, '즉(則)'자 아래에 '왈(曰)'자가 빠져 있는 것이다."라고 했다.

30) '참천량지이기수언(參天兩地而奇數焉)'에 대하여. 이 문장은 본래 '참천량지이지이기수언(參天兩地而地而奇數焉)'으로 기록되어 있었는데, 완원(阮元)의『교감기(校勘記)』에서는 '참천량지이의수언(參天兩地而倚數焉)'으로 기록된 부분을 지적하며, "『민본(閩本)』·『감본(監本)』·『모본(毛本)』에서는 '참천량지이의수언(參天兩地而奇數焉)'으로 기록하고 있다. 이곳 판본에 있는 '지(地)'자 뒤의 '이지(而地)'라는 두 글자는 잘못 기록된 연문(衍文)이며, '의(倚)'자는 '기(奇)'자의 오자(誤字)이다.『역』「설괘전(說卦傳)」편에 대한『경전석문(經典釋文)』의 기록을 살펴보니,『촉재본(蜀才本)』에는 '기(奇)'자로 기록되어 있다. 따라서 '기(奇)'자로 기록한 것은 별본(別本)에 따른 것이 아니며, 단지 '인(亻)'변이 생략된 것일 뿐이다."라고 했다. 손이양(孫詒讓)의『교기(校記)』에서는 "『주례』「매씨(媒氏)」편에 대한 주에서는『역』을 인용하며, '기(奇)'자로 기록하고 있고,『십행본(十行本)』도 이것과 비슷하게 기록하였다."라고 했다.

31) 『논어』「위정(爲政)」: 子曰, "吾十有五而志于學, 三十而立, 四十而不惑, 五十而知天命, 六十而耳順, 七十而從心所欲, 不踰矩."

이미 안정되었기 때문에, '장(壯)'이라고 부르는 것이다. 남자가 장성하게
되면 부인을 두는데, 부인은 평상시 집안에 머물기 때문에, 부인을 '실(室)'
이라고도 부르는 것이다. 통괄적으로 말해보자면, '궁(宮)'자와 '실(室)'자는
서로 통용이 되는 명칭이다. 그렇기 때문에 『이아』에서 "'궁'을 '실'이라고
부르고, 또한 '실'을 '궁'이라고도 부른다."32)라고 한 것이다. 또한 세분하여
말해보자면, 그 건물의 네 벽면이 길게 곡선을 그리며 두르고 있는 경우에
는 '궁'이라고 부르는 것이며, 또한 그곳에 재물을 축적하는 등 그 안을 가
득 채우게 된다면, 그곳을 '실'이라고 부르는 것이니, '실'자는 "채운다[實]."
는 뜻이 된다. 그런데 지금 이곳 문장에서는 "처를 두다[有妻]."라고 말하지
않고, '유실(有室)'이라고 언급하였다. 그 이유는 '처(妻)'라고 기록한다면,
이 글자는 본처만을 뜻하게 되니, 본처로 한정을 시키면, 그 의미가 너무
협소하게 되며, '실(室)'이라고 기록한다면, 그 속에는 첩[妾]이나 시녀[媵]
들까지도 포함되므로, 포함하는 범위가 넓어지기 때문이다. 『주례』「매씨
(媒氏)」편을 살펴보면, "남자는 30세에 장가를 보내고, 여자는 20세에 시집
을 보낸다."33)라는 기록이 있는데, 이 문장에 대해 정현은 "2와 3이라는
숫자는 천지(天地)가 서로를 받아들이는 숫자이다."라고 하였다. 『역』에서
도 "3은 하늘이 취하고, 2는 땅이 취하여, 그 수를 서로 의지한다."34)라고
하였고, 『백호통(白虎通)』에서도 "남자는 30세가 되면 뼈와 근육이 강성해
져서, 부친의 자격을 떠맡을 수 있다. 여자는 20세가 되면 살과 피부가 한껏
오르게 되어, 모친의 자격을 떠맡을 수 있는데, 두 나이를 합치면 50이 되
니, 대연(大衍)의 수(數)에 해당하여,35) 만물을 낳게 된다."라고 했다.

孔疏 ●"四十曰强, 而仕"者, 三十九以前通曰壯, 壯久則强, 故"四十曰
强". 强有二義, 一則四十不惑, 是智慮强; 二則氣力强也.

---

32) 『이아』「석궁(釋宮)」: 宮謂之室, 室謂之宮.
33) 『주례』「지관(地官)·매씨(媒氏)」: 令男三十而娶, 女二十而嫁.
34) 『역』「설괘전(說卦傳)」: 參天兩地而倚數.
35) 『역』「계사상(繫辭上)」: <u>大衍之數五十</u>, 其用四十有九.

【**번역**】 ●經文: "四十曰强, 而仕". ○39세 이전을 통괄적으로 '장(壯)'이라고 부르는데, 장성함이 오래도록 축적되면 강성하게 된다. 그렇기 때문에 "40세를 '강(强)'이라고 부른다."라고 한 것이다. '강'에는 두 가지 뜻이 있다. 첫 번째는 40세가 되면 의혹되지 않는다는 뜻으로,[36] 지혜가 강성하게 된다는 의미이다. 두 번째는 기력이 강성해진다는 뜻이다.

【**孔疏**】 ●"五十曰艾, 服官政"者, 四十九以前通曰强, 年至五十, 氣力已衰, 髮蒼白, 色如艾也. 五十是知天命之年, 堪爲大夫服事也. 大夫得專事其官政, 故曰"服官政"也. 鄭康成注孝經云: "張官設府謂之卿大夫." 卽此之謂也. 熊氏云: "按中候·運衡云'年耆旣艾', 注云: '七十曰艾.' 言七十者, 以時堯年七十, 故以七十言之. 又中候·準讖哲云: '仲父年艾, 誰將逮政.' 注云'七十曰艾'者, 云誰將逮政, 是告老致政, 致政當七十之時, 故以七十曰艾."

【**번역**】 ●經文: "五十曰艾, 服官政". ○49세 이전을 통괄적으로 '강(强)'이라고 부르는데, 나이가 50세에 이르게 되면, 기력이 쇠퇴하게 되므로, 모발이 창백해져서, 그 색깔이 마치 쑥잎의 색처럼 된다. 50세는 하늘이 부여해 준 수명을 아는 나이가 되고,[37] 대부(大夫)가 되어 임무를 감당할 수 있게 된다.[38] 한편 '대부'는 해당 관청의 업무를 전담하여 관리할 수 있기 때문에, "관정(官政)에 복무한다."라고 말한 것이다. 『효경』에 대한 정현의 주를 살펴보면, "관원을 임명하고 관부를 설치하는 일은 경(卿)과 대부가 하는 일들을 가리킨다."라고 하였으니, 이 말은 곧 '관정'에 복무한다는 뜻이다. 웅안생은 "『상서중후(尙書中候)』「운형(運衡)」편을 살펴보면, '나이가 기(耆)에 이르러, 머리가 창백하게 되었다.'라고 했는데, 이 문장에 대한 주에서 '70세를 애(艾)라고 부른다.'라고 했다. 이처럼 애(艾)에 해당하는 나이를

---

36) 『논어』「위정(爲政)」: 子曰, "吾十有五而志于學, 三十而立, <u>四十而不惑</u>, 五十而知天命, 六十而耳順, 七十而從心所欲, 不踰矩."
37) 『논어』「위정(爲政)」: 子曰, "吾十有五而志于學, 三十而立, 四十而不惑, <u>五十而知天命</u>, 六十而耳順, 七十而從心所欲, 不踰矩."
38) 『예기』「왕제(王制)」【178c】: <u>五十而爵</u>, 六十不親學, 七十致政, 唯衰麻爲喪.

70세라고 언급한 이유는 당시에는 장수했다고 여긴 나이가 70세였기 때문에, 70세를 '애'에 해당한다고 기록한 것이다. 또한 『상서중후』「준참철(準讖哲)」편에서는 '중보(仲父)의 나이가 애(艾)에 이르렀으니, 그 누가 정사에 나아가겠는가.'라고 했고, 해당하는 주에서는 '70세를 애(艾)라고 부른다.'라고 했다. 이 문장에서 '수장체정(誰將逮政)'이라는 말은 곧 나이가 들어 임무수행이 어렵다고 아뢰고, 일선에서 물러난다는 뜻이니, 정치에서 물러나는 나이는 70세에 해당한다.39) 그렇기 때문에 70세를 '애'라고 부른 것이다."라고 했다.

孔疏 ●"六十曰耆, 指使"者, 賀瑒云: "耆, 至也, 至老之境也. 六十耳順, 不得執事, 但指事使人也." 鄭注射義云: "耆耄皆老也."

번역 ●經文: "六十曰耆, 指使". ○하창은 "'기(耆)'자는 '도달한다[至].'는 뜻으로, 노인의 경계에 도달했음을 의미한다. 60세에는 말만 듣고도 본지를 파악한다고 하니,40) 단지 일을 지시하며 사람을 부리게 될 따름이다."라고 했다. 『예기』「사의(射義)」편에 대한 정현의 주에서는 "'기'자와 '질(耄)'자는 모두 늙었다는 뜻이다."41)라고 했다.

孔疏 ◎注"六十"至"不親學". ○正義曰: 此王制文. 引之者, 證不自使也.

번역 ◎鄭注: "六十"~"不親學". ○이 문장은 『예기』「왕제(王制)」편에 나오는 문장이다. 정현은 이러한 기록을 인용해서, 직접 일선에 나아가서 일을 하지 않는다는 사실을 증명한 것이다.

---

39) 『예기』「왕제(王制)」【178c】: 五十而爵, 六十不親學, 七十致政, 唯衰麻爲喪.
40) 『논어』「위정(爲政)」: 子曰, "吾十有五而志于學, 三十而立, 四十而不惑, 五十而知天命, 六十而耳順, 七十而從心所欲, 不踰矩."
41) 이 문장은 『예기』「사의(射義)」편의 "幼壯孝弟, 耆耄好禮, 不從流俗, 修身以俟死, 耆不? 在此位也."라는 기록에 대한 정현의 주이다.

孔疏 ●“七十曰老, 而傳”者, 六十至老境而未全老, 七十其老已至, 故言老也. 旣年已老, 則傳徙家事, 付委子孫, 不復指使也.

번역 ●經文: “七十曰老, 而傳”. ○60세가 되면, 노인이 되는 시점에 도달하지만, 완전히 노인이 된 것은 아니고, 70세가 되어야만, 노인의 경계에 완전히 들어서게 된다. 그렇기 때문에 70세를 ‘노(老)’라고 말한 것이다. 나이가 이미 ‘노’의 단계에 접어들었다면, 가사(家事)를 전수하여 자손들에게 위임하고, 일을 지시하며 시키는 일 또한 다시는 하지 않는 것이다.

孔疏 ◎注“傳家”至“之父”. ○正義曰: 然庶子年老, 亦得傳付子孫, 而鄭唯云“謂宗子”者, 爲喪服有“宗子孤爲殤”, 鄭云: “言孤, 有不孤者, 謂父有廢疾, 若七十而老, 子代主宗事者也.” 鄭今欲會成喪服義, 故引“宗子之父”也. 又一云“宗子”並謂五宗也. 五宗之子並是傳祭之身, 故指之也. 庶子乃授家事於子, 非相傳之事, 此旣云“傳”, 故鄭知非庶子也. 必爲宗子父者, 以經言“傳”, 傳者, 上受父祖之事, 下傳子孫, 子孫之所傳家事, 祭事爲重, 若非宗子, 無由傳之. 但七十之時, 祭祀之事猶親爲之, 其視濯漑則子孫, 故序卦注云“謂父退居田里, 不能備祭宗廟, 長子當親視滌濯鼎爼”, 是也. 若至八十, 祭亦不爲, 故王制云: “八十齊喪之事不及也.” 注云: “不齊, 則不祭也.”

번역 ◎鄭注: “傳家”~“之父”. ○그런데 서자(庶子)의 신분이라고 하더라도, 그들 또한 노년의 나이가 되면, 자손들에게 가사(家事)를 전수할 수 있다. 그렇지만 정현은 이 문장의 내용이 단지 “종자(宗子)에 대한 내용이다.”라고 말하고 있다. 그 이유는 『의례』「상복(喪服)」편에 “종자가 고아인데 요절하였다.”[42]라는 기록이 있기 때문이다. 정현은 「상복」편에 대한 주에서, “고아라고 언급하였으니, 고아가 아닌 경우도 있는 것으로, 부친에게 심각한 질병이 있거나, 70세가 된 노인인 경우에는 자식이 부친을 대신해서 종가(宗家)의 일을 주관하게 된다.”라고 했다. 즉 정현은 이곳 문장과

---

42) 『의례』「상복(喪服)」 : <u>宗子孤爲殤</u>, 大功衰··功衰, 皆三月.

『의례』「상복」편의 뜻을 결부시키고자 했기 때문에, "종자의 부친에게 해당하는 내용이다."라는 말을 도입한 것이다. 한편 '종자'라고 한 말들은 모두 오종(五宗)[43]을 뜻한다. '오종'의 자식들 또한 모두 제사를 주관하는 자들이기 때문에, 이들을 가리키게 된다. 그리고 '서자'의 신분이라면, 자신의 아들에게 가사를 전수하게 되지만, 대를 거듭하며 전승되는 일은 아니다. 따라서 이곳 문장에서 이미 "대대로 전승한다[傳]."라는 말을 하고 있기 때문에, 정현은 이곳 문장의 내용이 '서자'에 대한 내용이 아니라는 사실을 알았던 것이다. 이곳 문장의 내용이 정현의 말처럼 '종자'의 부친에 해당한다는 사실을 분명히 알 수 있는 이유는 경문에서 '전(傳)'이라고 언급했기 때문이다. '전'이라는 말은 위로는 부친 및 조부로부터 가사를 전수받고, 아래로는 자손들에게 그 일들을 재차 전수해준다는 뜻인데, 자손들이 전수받게 되는 '가사'에서는 제사(祭祀)에 대한 일들이 가장 중요하다. 따라서 만약 '종자'가 아닌 경우라면, 제사에 대한 일들을 전수받거나, 후손들에게 전수해줄 수가 없게 된다. 다만 70세 때에는 제사를 지내는 일에 대해서 여전히 그 일들에 대한 총괄적인 감독은 직접 하게 되지만, 청소하는 등등의 잡무를 감독하는 일은 자손들이 한다. 그렇기 때문에 『역』「서괘전(序卦傳)」에 대한 정현의 주에서 "부친이 물러나서 집안에 머물며, 종묘에 대한 제사를 준비할 수 없으면, 장자가 직접 청소를 하거나 제기(祭器)를 닦는 일들을 주관해야만 한다."라고 한 것이니, 이 주석이 바로 위에서 언급한 뜻을 나타낸다. 만약 80세에 이르게 되면, 제사 자체에도 참여하지 않는다. 그렇기 때문에 『예기』「왕제(王制)」편에서 "80세가 되면, 재계(齋戒)를 하거나 상(喪)을 치르는 일 등이 그에게 적용되지 않는다."[44]라고 한 것이며,

---

43) 오종(五宗)은 종법제(宗法制)와 관련된 용어이다. 시조(始祖)의 적통을 이어받은 자는 대종(大宗)이 되며, 고조부, 증조부, 조부, 부친의 대(代)에서 각각 파생된 집안을 소종(小宗)이라고 부른다. 따라서 대종은 적통을 이은 한 사람 내지는 그 사람의 집만이 해당하며, 고조부가 같은 삼종형제, 증조부가 같은 재종형제, 조부가 같은 종형제, 그리고 부친이 같은 친형제 등은 4개의 소종 집단을 형성하게 된다. 따라서 '오종'은 대종인 1개의 집안과 소종인 4개의 집단을 포함하여 부르는 명칭이다.

44) 『예기』「왕제(王制)」【178b】: 五十不從力政, 六十不與服戎, 七十不與賓客之

또한 이 문장에 대한 정현의 주에서 "재계를 하지 않는다는 말은 곧 제사를 지내지 않는다는 뜻이다."라고 한 것이다.

孔疏　●"八十・九十曰耄", 耄者, 僻謬也. 人或八十而耄, 或九十而耄, 故並言二時也.

번역　●經文: "八十・九十曰耄". ○'모(耄)'라는 말은 어느 쪽으로 치우쳐서, 상식에서 벗어난 괴이한 행동을 한다는 뜻이다. 사람들은 대부분 80세 때 노망이 들거나, 혹은 90세 때 노망이 들기 때문에, 이 두 시기를 아울러서 '모'라고 말한 것이다.

孔疏　◎注"耄惛"至"及之". ○正義曰: "耄, 惛忘也"者, "惛忘"即"僻謬"也. 所引春秋, 按左傳昭元年, 周景王使劉定公勞晉趙孟, 定公勸趙孟纂禹之績廣樹之功. 趙孟對云: "老夫罪戾, 朝不謀夕." 劉子歸語王曰: "諺所謂老將知而耄及之者, 其趙孟之謂乎" 引之者, 證老爲耄.

번역　◎鄭注: "耄惛"~"及之". ○정현이 "'모(耄)'자는 정신이 흐릿해지고 잘 잊어버린다는 뜻이다."라고 하였는데, '혼망(惛忘)'이라는 말은 곧 '노망[僻謬]'을 뜻한다. 한편 정현은 『춘추』를 인용하고 있는데, 『좌전』 소공(昭公) 1년의 기록을 살펴보면, 주(周)나라 경왕(景王)이 유(劉)나라 정공(定公)을 시켜서 진(晉)나라 조맹(趙孟)을 위로하게 한 일이 있었다. 당시 정공은 조맹에게 우(禹)임금의 업적을 거론하며, 그처럼 백성들을 보호하는 위대한 공적을 세우라고 권유하였다. 그러자 조맹은 "노부(老夫)는 고작 죄를 범하게 될까를 걱정하는 형편으로, 아침에 그날 저녁 때의 일도 도모할 수 없는 지경입니다."라고 대답했다. 정공은 주나라 수도로 되돌아와서 경왕에게 말하길, "속담에 나이가 들어 지혜롭게 되자, 곧 망령기가 든다고 한 말이 있는데, 이 말은 아마도 조맹을 두고 한 말인 것 같습니다."라고

事, 八十齊喪之事, 弗及也.

했다.45) 정현은 이러한 고사를 인용하여, 늙게 되면 정신이 흐릿해지게 된
다는 사실을 증명하고 있는 것이다.

孔疏 ●"七年曰悼"者, 悼, 憐愛也. 未有識慮, 甚可憐愛也. 年七歲而在九
十後者, 以其同不加刑, 故退而次之也.

번역 ●經文: "七年曰悼". ○'도(悼)'자는 가엽게 여겨서 애착을 가진다
는 뜻이다. 즉 지능이 온전히 갖춰진 상태가 아니라서, 가엽게 여기고 애착
을 두텁게 느끼게 되는 것이다. 그런데 경문에는 7세에 대한 내용이 90세에
대한 내용 뒤에 기록되어 있다. 그 이유는 7세에 해당하는 아이들에게는
80세나 90세가 된 자와 마찬가지로 형벌을 내릴 수 없기 때문이다. 그렇기
때문에 그 순서를 뒤로 물려서, 90세에 대한 내용 다음에 기록해둔 것이다.

孔疏 ●"悼與耄, 雖有罪, 不加刑焉"者, 幼無識慮, 則可憐愛, 老已耄而可
尊敬, 雖有罪, 而同不加其刑辟也. 周禮・司刺有三赦, 一曰幼弱, 二曰老耄,
三曰惷愚. 鄭注云: "若今時律令, 未滿八歲, 八十以上, 非手殺人, 他皆不坐."
故司刺有三赦, 皆放免不坐也.

번역 ●經文: "悼與耄, 雖有罪, 不加刑焉". ○나이가 너무 어려서 지능과
판단력이 없다면, 가엽게 여기고 애착을 갖게 될 수 있다. 또한 이와는 반대
로 나이가 너무 많아서, 이미 정신이 흐릿해진 경우라도, 그 동안의 공적
등을 생각하여 존경할 수가 있다. 그렇기 때문에 이러한 자들이 비록 죄를
범하게 되더라도, 이 둘에 대해서는 형벌을 내리지 않는 것이다. 『주례』「사
자(司刺)」편에는 3가지 경우에 대한 사면 원칙이 기록되어 있으니, 첫 번째

---

45) 『춘추좌씨전』「소공(昭公) 1년」: 天王使劉定公勞趙孟於潁, 館於雒汭. 劉子曰,
"美哉禹功! 明德遠矣. 微禹, 吾其魚乎! 吾與子弁冕・端委, 以治民・臨諸侯, 禹
之力也. 子盍亦遠績禹功而大庇民乎!" 對曰, "老夫罪戾是懼, 焉能恤遠? 吾儕偸
食, 朝不謀夕, 何其長也? 劉子歸, 以語王曰, "諺所謂老將知而耄及之者, 其趙孟
之謂乎!"

는 나이가 너무 어린 경우이며, 두 번째는 노망이 들 정도로 나이가 많은 경우이고, 세 번째는 지능이 모자란 경우이다.46) 이 문장에 대한 정현의 주에서는 "지금의 형법에서는 만 8세가 되지 않았거나, 80세가 넘은 자에 한해서, 직접 사람을 죽인 경우가 아니라면, 이러한 경우에 속하는 모든 자들에 대해서 잡아들이지 않는 것과 같은 이치이다."라고 했다. 그러므로 「사자」편에 기록된 세 가지 사면 조건에 해당하는 자들에 대해서는 그들 모두를 방면해주고, 잡아들이지 않는 것이다.

孔疏 ●"百年曰期頤"者, 期, 要也; 頤, 養也. 人年百歲, 不復知衣服飮食寒暖氣味, 故人子用心, 要求親之意而盡養道也. "頤, 養也", 易・序卦文.

번역 ●經文: "百年曰期頤". ○'기(期)'자는 "바란다[要]."는 뜻이고, '이(頤)'자는 "봉양한다[養]."는 뜻이다. 사람의 나이가 100세가 되면, 옷을 입거나 음식을 먹을 때, 추위나 더위, 맛 등을 느끼지 못하게 된다. 그렇기 때문에 자식은 성심(誠心)을 다하여, 부모의 의중을 헤아려서, 봉양의 도리를 다하는 것이다. 정현은 "'이'자는 봉양한다는 뜻이다."라고 하였는데, 이 말은 『역』「서괘전(序卦傳)」편에 나오는 문장이다.47)

訓纂 何休注公羊宣十二年傳曰: 七十稱老.

번역 『공양전』선공(宣公) 12년 전문(傳文)에 대한 하휴의 주에서는 70세가 된 자를 '노(老)'라고 부른다고 했다.48)

---

46) 『주례』「추관(秋官)・사자(司刺)」: 壹赦曰幼弱, 再赦曰老旄, 三赦曰憃愚.

47) 『역』「서괘전(序卦傳)」: 物畜然後可養, 故受之以頤, 頤者養也.

48) 이 문장은 『춘추공양전』「선공(宣公) 12년」편의 "使帥一二耋老而綏焉."에 대한 하휴(何休)의 주이다.

訓纂 劉熙釋名曰: 二十曰弱, 言柔弱也. 三十曰壯, 言丁壯也. 四十曰强,
言堅强也. 五十曰艾, 艾, 乂也, 乂, 治也, 治事能斷割, 無所疑. 六十曰耆, 耆,
指也, 不從力役, 指事 · 使人也. 七十曰旄, 頭髮白, 旄旄然也. 八十曰耋, 耋,
鐵也, 皮膚變黑色如鐵也. 百年曰期頤, 頤, 養也. 老昏不復知服味善惡, 孝子
期於盡養道而已也.

번역 유희49)의 『석명(釋名)』에서 말하길, "20세를 '약(弱)'이라고 부르
는 것은 유약(柔弱)하다는 뜻에서 부르는 것이다. 30세를 '장(壯)'이라고 부
르는 것은 씩씩하다는 뜻에서 부르는 것이다. 40세를 '강(强)'이라고 부르는
것은 굳세고 튼튼하다는 뜻에서 부르는 것이다. 50세를 '애(艾)'라고 부르는
데, '애'자는 '예(乂)'자와 같은 뜻이고, '예'자는 다스린다는 뜻이니, 일을
처리함에 확실한 결단을 내릴 수 있고, 의혹됨이 없다는 의미이다. 60세를
'기(耆)'라고 부르는데, '기'자는 지시한다는 뜻으로, 힘든 일에 종사하지 않
고, 일을 지시하고 사람을 부린다는 뜻이다. 70세를 '모(旄)'라고 부르는데,
두발이 하얗게 되어, 들소의 흰 털과 비슷하게 된다는 뜻이다. 80세를 '질
(耋)'이라고 부르는데, '질'은 쇠를 뜻하니, 피부가 검은 색으로 변색되어,
마치 쇠처럼 검게 된다는 뜻이다. 100세를 '기이(期頤)'라고 부르는데, '이
(頤)'자는 봉양한다는 뜻이다. 너무 노쇠하여 의복 및 음식이 좋은지 또는
나쁜지를 분별할 수 없으므로, 자식은 봉양의 도리를 다할 수 있도록 기약
할 따름이다.

訓纂 王氏念孫曰: 期之言極也. 詩言"思無期", "萬壽無期", 左傳"忿纇無
期", 皆究極之義. 百年爲年數之極, 故曰百年曰期. 當此之時, 事事皆待於養,
故曰頤.

---

49) 유희(劉熙, A.D.160? ~ ?): =유희(劉喜). 후한(後漢) 때의 학자이다. 경학과
   훈고학(訓詁學) 분야에 뛰어났다. 저서로는 『석명(釋名)』, 『맹자주(孟子注)』
   등이 있는데, 『맹자주』는 소실되어 전해지지 않는다. 『석명』은 오래된 훈고학
   저작으로, 높은 평가를 받고 있다.

번역　왕념손이 말하길, '기(期)'자는 한계[極]라는 뜻이다. 『시』에서는 "생각에 한이 없다."[50]라고 했고, "만수(萬壽)함에 기한이 없도다."[51]라고 했으며, 『좌전』에서는 "탐욕을 부림에 한이 없다."[52]라고 하였으니, 이들 문장에 기록된 '기'자는 모두 한계까지 다했다는 뜻이다. 일반적으로 사람에게 있어서는 백년이 수명의 한계가 된다. 그렇기 때문에 100세가 된 자를 '기'라고 부르는 것이다. 그리고 이러한 시기에 도달하게 되면, 매사에 타인의 보살핌을 받아야만 한다. 그렇기 때문에 "봉양하다[頤]."라고 말한 것이다.

集解　'期', 朱子讀居宜反. 朱子曰: 陸農師點"人生十年曰幼"爲句, '學'字作一句, 下至"百年曰期", 皆然. 愚謂: 鄭氏解"幼學"云, "名曰幼, 時始可學也", 則本於'幼'字讀斷, 孔疏始以"幼學"・"弱冠"等相連解之, 失鄭氏之意矣.

번역　'기(期)'자에 대해, 주자는 이 글자를 '居(거)'자와 '宜(의)'자의 반절음으로 읽었다. 주자는 "육농사는 '인생십년왈유(人生十年曰幼)'에서 표점을 찍어서 구문을 끊고, '학(學)'자를 하나의 구문으로 삼았으며, 그 아래 '백년왈기(百年曰期)'라는 문장까지 모두 이러한 형식으로 구문을 끊었다."라고 했다. 내가 생각하기에, 정현은 '유학(幼學)'에 대해 풀이하며, "명칭을 '유(幼)'라고 부르며, 이 시기에는 비로소 학문을 익힐 수 있다."라고 했으니, '유'자에서 구문을 끊는 방식에 근거해서 읽은 것이다. 그런데 공영달(孔穎達)의 소(疏)에서는 애초에 '유학(幼學)', '약관(弱冠)' 등으로 두 글자를 연속해서 풀이를 하고 있으니, 정현의 본지를 놓친 것이다.

---

50) 『시』「노송(魯頌)・경(駉)」 : 駉駉牡馬, 在坰之野. 薄言駉者, 有驈有皇, 有驪有黃, 以車彭彭. 思無期, 思馬斯才.

51) 『시』「소아(小雅)・남산유대(南山有臺)」 : 南山有臺, 北山有萊. 樂只君子, 邦家之基. 樂只君子, 萬壽無期.

52) 『춘추좌씨전』「소공(昭公) 28년」 : 樂正后夔取之, 生伯封, 實有豕心, 貪惏無饜, 忿纇無期, 謂之封豕.

集解 方氏慤曰: 人生以百年爲期, 故百年以期名之.

번역 방각이 말하길, 일반적으로 사람의 수명은 백 년을 기한[期]으로 삼는다. 그렇기 때문에 100세가 된 자를 '기(期)'라고 부르는 것이다.

集解 朱子曰: 期, 與朞字同. 論語"期可已矣", 周匝之義. 期, 謂百年已周. 頤, 謂當養而已. 期如上句幼弱耄悼等字, 頤如上句學冠不刑等字.

번역 주자가 말하길, '기(期)'자는 '기(朞)'자와 같은 뜻이다. 『논어』에서 "한 해가 순회하면, 그칠만하다."53)라고 하였는데, 이때의 '기(期)'자는 한 바퀴를 돈다는 뜻이다. 따라서 이 문장의 '기(期)'자는 100년이라는 기한을 채웠다는 뜻이다. 그리고 '이(頤)'자는 마땅히 봉양할 따름이라는 의미이다. '기(期)'자는 그 앞의 구문에서 각각의 연령을 가리키는 뜻으로 사용된 '유(幼)'·'약(弱)'·'모(耄)'·'도(悼)'라는 글자들과 같은 것이며, '이(頤)'자는 앞 구문에서 각각의 연령에 해당하는 일들을 가리키는 뜻으로 사용된 '학(學)'·'관(冠)'·'불형(不刑)'이라는 글자들과 같은 것이다.

集解 愚謂: 傳者, 喪服傳所謂"傳重"也. 曾子問曰"宗子雖七十, 無無主婦", 則宗子七十主祭. 故鄭氏謂七十使子孫視滌濯, 而祭猶親之也.

번역 내가 생각하기에, '전(傳)'이라는 말은 『의례』「상복(喪服)」편의 전문(傳文)에서 말한, "중책을 전수한다."54)라고 할 때의 '전'자의 뜻이다. 『예기』「증자문(曾子問)」편에서 "종자(宗子)는 비록 나이가 70세라 하더라도, 부인이 없어서는 안 된다."55)라고 하였으니, '종자'는 나이가 70세가 되더라도, 제사를 주관하게 된다. 그렇기 때문에 정현이 70세가 된 자는 자손들을

---

53) 『논어』「양화(陽貨)」: 舊穀旣沒, 新穀旣升, 鑽燧改火, <u>期可已矣</u>.
54) 『의례』「상복(喪服)」: 傳曰, 何以三年也? 正體於上, 又乃將所傳重也.
55) 『예기』「증자문(曾子問)」【228b~c】: 孔子曰 <u>宗子, 雖七十, 無無主婦</u>, 非宗子, 雖無主婦, 可也.

시켜서, 종묘(宗廟)를 청소하거나 제기(祭器) 닦는 일들을 감독하게 한다고 풀이한 것이니, 제사에 대해서는 여전히 직접 지내는 것이다.

集解 愚謂: 二十而冠, 三十有室, 四十而仕, 五十服官政, 亦制爲大限如此耳. 喪服有"爲夫姊之長殤", 又有"大夫爲昆弟之長殤", 則大夫士之冠昏未必皆至於二十三十, 而材德秀異者, 其爲士大夫亦有不待乎四十五十者矣.

번역 내가 생각하기에, 20세가 되면 관례(冠禮)를 치르고, 30세가 되면 혼례(婚禮)를 치르며, 40세가 되면 벼슬살이를 시작하고, 50세가 되면 고위 관료가 되어 국정(國政)에 참여한다고 하였다. 그런데 이러한 말들은 단지 대략적인 기한이 이와 같다는 뜻일 따름이다. 『의례』「상복(喪服)」편에는 '남편의 여자 형제들 중 장상(長殤)한 자들을 위해서'라는 기록이 있고, 또 '대부(大夫)는 곤제(昆弟) 중 장상한 자들을 위해서'라는 기록이 있다.[56] 따라서 대부와 사(士)의 관례 및 혼례는 반드시 20세나 30세가 되어서야 비로소 시행되었던 것은 아니다. 또한 재주 및 덕성이 남다르게 뛰어난 자라면, 사 및 대부의 작위에 오르는 것도 굳이 40세나 50세가 될 때까지 기다리지 않았다.

---

56) 『의례』「상복(喪服)」: 夫之昆弟之子·女子子之長殤·中殤, 適孫之長殤·中殤, 大夫之庶子爲適昆弟之長殤·中殤.

• 제 5 절 •

노신(老臣) 관련 규정

【13a】

大夫, 七十而致事.

직역 大夫는 七十이면, 事를 致한다.

의역 대부(大夫)의 경우 70세가 되면, 자신이 맡았던 임무를 군주에게 돌려주고, 관직에서 물러난다.

集說 致, 還其職事於君也.

번역 '치(致)'자는 자신이 부여받았던 임무를 군주에게 되돌려준다는 뜻이다.

鄭注 致其所掌之事於君而告老.

번역 자신이 맡았던 임무를 군주에게 돌려주며, 나이가 들어서 임무를 수행할 수 없다고 아뢴다.

孔疏 ●"大夫七十而致事"者, 七十曰老, 在家則傳家事於子孫, 在官致所掌職事還君, 退還田里也. 不云置而云致者, 置是廢絶, 致是與人, 明朝廷必有

賢代己也. 白虎通云: "臣年七十懸車致仕者, 臣以執事趨走爲職, 七十耳目不
聰明, 是以退老去避賢也, 所以長廉遠恥. 懸車, 示不用也. 致事, 致職於君. 君
不使退而自去者, 尊賢也."

번역 ●經文: "大夫七十而致事". ○70세가 된 자를 '노(老)'라고 부르는
데, 집에 있어서는 가사(家事)를 자손들에게 전수해주고, 관직에 있어서는
담당하고 있던 일들을 군주에게 되돌려주고, 일선에서 물러나 집에 거처하
게 된다. 그런데 관직에서 물러나는 일을 두고, '치(置)'라고 말하지 않고,
'치(致)'라고 기록하고 있다. 그 이유는 '치(置)'자는 완전히 폐지한다는 뜻
이고, '치(致)'자는 다른 사람에게 준다는 뜻이다. 따라서 '치(致)'자로 기록
함으로써 조정에는 반드시 현명한 자가 있어서 자신을 대신하게 된다는
뜻을 나타내고 있는 것이다. 『백호통(白虎通)』에서는 "신하의 나이가 70세
가 되면, 수레는 말에서 풀어서 묶어두고, 부여받았던 임무는 군주에게 되
돌려준다. 그 이유는 신하가 임무를 처리할 때에는 신속하게 처리하는 것
을 본분으로 삼는다. 그런데 70세가 되면 눈과 귀가 총명치 못하게 된다.
이러한 까닭으로 나이가 들었다는 이유를 대고 일선에서 물러나며, 현명한
자들에게 자리를 내어주는 것이니, 이것은 곧 자신의 염치를 키우고, 치욕
을 멀리하는 방법이다. 그리고 수레를 묶어두는 이유는 사용하지 않는다는
뜻을 내보이기 위해서이다. '치사(致事)'는 군주에게 직무를 되돌려준다는
뜻이다. 군주가 신하에 대해서 물러나도록 강요하지 않고, 신하 스스로 물
러나도록 하는 것은 그의 현명함을 존중하기 때문이다."라고 했다.

集解 劉氏敞曰: 古者大夫七十而致事. 君曰, "是猶足以佐國家社稷也. 留
之, 不可失也." 君雖留之, 臣曰, "不可貪人之榮, 不可曠人之朝, 不可塞人之
路." 再拜稽首, 反其室, 君亦不强焉, 義也. 毋奪其爵, 毋除其祿, 毋去其采邑,
終其身而已矣. 此古者致事之義也. 古之仕者, 爲道也, 非爲食也; 爲君也, 非
爲己也; 爲國也, 非爲家也. 是以時進則進, 時止則止.

번역 유창이 말하길, 고대에는 대부(大夫)의 경우 70세가 되면, 관직에

서 물러났다.[1] 대부가 사직할 경우, 군주는 "그대는 아직도 국가와 사직(社稷)을 돕기에 충분하니, 그대로 머물러 주오. 그대를 잃을 수 없소."라고 한다. 군주가 비록 그를 관직에 머물게 하려고 해도, 신하는 "다른 사람의 영화를 탐할 수가 없으며, 다른 사람이 조정에 진출하는 것을 욕되게 할 수 없으며, 다른 사람의 출세를 막을 수 없습니다."라고 대답한다. 그리고 곧 두 번 절하며, 이마를 땅에 조아리고, 자신의 집으로 되돌아가는데, 군주 또한 강하게 만류하지 않는 것이 도리에 맞는 행동이다. 그러나 그의 작위는 빼앗지 않고, 그의 녹봉도 삭제하지 않으며, 그가 받은 채읍(采邑) 또한 빼앗지 않는데, 이러한 조치는 신하가 죽을 때까지 지속된다. 이것이 바로 고대에 시행되었던 관직을 사직할 때의 도리이다. 고대에 벼슬살이를 하는 것은 도(道)를 위해서 했던 것이지, 녹봉을 받기 위해서 했던 것이 아니다. 또한 군주를 위해서 벼슬살이를 했던 것이지, 자신을 위해서 했던 것이 아니며, 국가를 위해서 했던 것이지, 자신의 가정을 위해서 했던 것이 아니다. 이러한 까닭으로 관직에 나아갈 때가 되면 나아갔던 것이고, 그만 둘 때가 되면 그만 두었던 것이다.[2]

---

1) 『예기』「왕제(王制)」【178c】: 五十而爵, 六十不親學, <u>七十致政</u>, 唯衰麻爲喪.
2) 『역』「간괘(艮卦)」: 象曰, 艮, <u>止也</u>. <u>時止則止, 時行則行</u>, 動靜不失其時, 其道光明.

【13a】

若不得謝, 則必賜之几杖.

직역 만약 謝를 不得하면, 必히 几杖을 賜한다.

의역 만약 사직을 청원했던 노신(老臣)이 허락을 받지 못한다면, 군주는 반드시 그에게 안석과 지팡이를 하사해야 한다.

集說 不得謝, 謂君不許其致事也. 如辭謝·代謝, 亦皆却而退去之義. 几, 所以馮. 杖, 所以倚. 賜之使自安適也.

번역 '부득사(不得謝)'는 군주가 그의 사직을 허락하지 않았다는 뜻이다. 사퇴할 때 쓰는 '사사(辭謝)'와 교체될 때 쓰는 '대사(代謝)'와 같은 말들은 모두 물러난다는 뜻으로, '사(謝)'자에는 사직한다는 뜻이 있는 것이다. 안석[几]은 기대어 앉을 때 쓰는 도구이다. 지팡이[杖]는 의지해서 서 있을 때 쓰는 도구이다. 이 둘을 하사해서, 그로 하여금 편안하게 지내도록 하는 것이다.

그림 5-1 궤(几)

▶ 출처:『삼재도회(三才圖會)』「기용(器用)」 2권

◉ 그림 5-2 │ 장(杖)

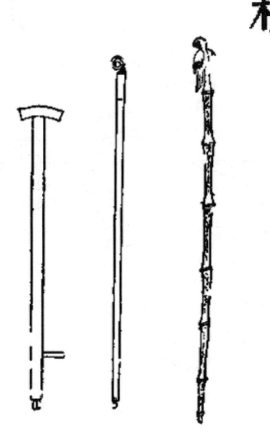

▸ 출처: 『삼재도회(三才圖會)』「기용(器用)」12권

鄭注 謝猶聽也. 君必有命, 勞苦辭謝之, 其有德尚壯, 則不聽耳.

번역 '사(謝)'자는 "허락한다[聽]."는 뜻이다. 군주는 반드시 명령을 내려서, 그의 노고를 위로하며, 사직을 허락해주어야 한다. 다만 그의 인품이 훌륭하고, 또한 여전히 정정하다면, 이러한 경우에 한해서, 사직을 허락하지 않을 수 있을 뿐이다.

釋文 聽, 吐丁反, 後可以意求, 皆不音. 勞如字, 又力報反.

번역 '聽'자는 '吐(토)'자와 '丁(정)'자의 반절음으로, 이후에 나오는 '聽'자들 중 문맥에 따라 그 음을 확인할 수 있는 기록들은 별도의 설명을 하지 않았다. '勞'자는 글자대로 읽는데, 한편 '力(력)'자와 '報(보)'자의 반절음이 되기도 한다.

孔疏 ●"若不得謝"者, 謝猶聽許也. 君若許其罷職, 必辭謝云: "在朝日久, 劬勞歲積", 是許其致事也. 今不得聽, 是其有德尚壯, 猶堪掌事, 不聽去也.

번역 ●經文: "若不得謝". ○'사(謝)'자는 "허락한다[聽許]."는 뜻이다. 군주가 만약 신하의 사직을 허락해야만 하는 상황이라면, 반드시 허락해주며, "그대는 조정에 몸담은 오랜 기간 동안, 고생하며 많은 업적을 쌓았소."라고 말해줘야 한다. 이 말은 곧 그의 사직을 허락한다는 뜻이다. 지금 이곳 문장에서는 허락을 얻지 못했다고 언급하였는데, 이러한 경우는 그의 인품이 훌륭하고, 또한 여전히 정정한 경우로, 아직도 집무를 감당할 수 있으므로, 퇴임을 허락하지 않은 것이다.

孔疏 ●"則必賜之几杖"者, 熊氏云: "旣不聽致事, 則祭義云'七十杖於朝', 是也. 聽致事, 則王制'七十杖於國, 八十杖於朝', 是也." 按書傳云: "七十杖於朝." 鄭注云: "朝當爲國者, 以其下有'八十杖於朝', 故以朝當爲國也. 與王制同, 並謂聽致事也."

번역 ●經文: "則必賜之几杖". ○웅안생이 말하길, "사직을 허락하지 않았다고 하였으니, 이 말은 곧 『예기』「제의(祭義)」편에서 '70세가 되면 조정에서도 지팡이를 짚는다.'3)라고 한 경우에 해당한다. 반대로 사직을 허락한 경우는 곧 『예기』「왕제(王制)」편에서 '70세가 되면 나라 안에서 지팡이를 짚을 수 있고, 80세가 되면 조정에서도 지팡이를 짚을 수 있다.'4)라고 한 경우에 해당한다."라고 했다. 『서전(書傳)』을 살펴보면, "70세가 되면 조정[朝]에서 지팡이를 짚는다."라고 하였는데, 정현의 주에서는 "'조(朝)'자는 마땅히 '나라[國]'가 되어야 한다. 그 이유는 다음 문장에 '80세가 되면 조정[朝]에서 지팡이를 짚는다.'라는 기록이 있기 때문이다. 그러므로 '조'자는 마땅히 '국(國)'자가 되어야 한다. 또한 이 기록은 「왕제」편의 기록과 동일하니, 이 두 상황은 모두 사직을 허락한 경우를 가리킨다."라고 했다.

訓纂 惠氏棟曰: 謝, 猶去位也. 說文, "謝, 辭去也."

번역 혜동5)이 말하길, '사(謝)'자는 "지위에서 물러난다[去位]."는 뜻이다. 『설문해자(說文解字)』에서는 "'사'자는 '사직하여 물러난다[辭去].'는 뜻이다."라고 했다.

---

3) 『예기』「제의(祭義)」【569a】: 是故朝廷同爵則尚齒. 七十杖於朝, 君問則席, 八十不俟朝, 君問則就之, 而弟達乎朝廷矣.

4) 『예기』「왕제(王制)」【177d】: 五十始衰, 六十非肉不飽, 七十非帛不煖, 八十非人不煖, 九十雖得人不煖矣. 五十杖於家, 六十杖於鄉, 七十杖於國, 八十杖於朝, 九十者, 天子欲有問焉, 則就其室, 以珍從. / 『예기』「내칙(內則)」【359c~360a】: 凡養老, 有虞氏以燕禮, …… 五十杖於家, 六十杖於鄉, 七十杖於國, 八十杖於朝.

5) 혜동(惠棟, A.D.1697 ~ A.D.1758): 청(淸)나라 때의 학자이다. 자(字)는 송애(松崖)·정우(定宇)이다. 조부는 혜주척(惠周惕)이고, 부친은 혜사기(惠士奇)이다. 가학(家學)을 전승하여, 한대(漢代) 경학(經學)을 부흥시키는 데 주력하였다. 역학(易學)에도 조예가 깊었다. 『구경고의(九經古義)』 등의 저서가 있다.

訓纂 王氏念孫曰: 謝, 請也, 告也. 襄三年左傳, "祁奚請老." 請之而見許, 則得所請而去, 故曰得謝. 漢書張耳陳餘傳, "有廝養卒謝其舍." 晉灼曰, "以辭相告曰謝."

번역 왕념손이 말하길, '사(謝)'자는 "청원한다[請]." 또는 "아뢴다[告]."는 뜻이다. 양공(襄公) 3년에 대한 『좌전』의 기록에서는 "진(晉)나라 대부(大夫)인 기해(祁奚)가 노년을 이유로 사직하길 청원하였다."[6]라고 했다. 청원을 하여 허락을 얻게 되면, 청원한 내용대로 물러날 수 있다. 그렇기 때문에 "청원한 것을 얻다[得謝]."라고 말한 것이다. 『한서(漢書)』「장이진여전(張耳陳餘傳)」에서도 "땔감을 마련하고 말을 기르는 등의 잡역을 하던 자가 끝내 그의 주인에게 일을 그만두겠다고 하였다."[7]라고 했는데, 이 문장에 대한 진작[8]의 주에서는 "사직한다는 내용을 아뢰는 것을 '사(謝)'라고 한다."라고 했다.

---

6) 『춘추좌씨전』「양공(襄公) 3년」: 祁奚請老, 晉侯問嗣焉. 稱解狐, 其讎也, 將立之而卒.

7) 『한서(漢書)』「장이진여전(張耳陳餘傳)」: 有廝養卒謝其舍曰, 吾爲二公說燕, 與趙王載歸.

8) 진작(晉灼, ? ~ ?): 진(晉)나라 때의 학자이다. 상서랑(尙書郎)을 역임하였으며, 저서로는 『한서음의(漢書音義)』 등이 있다.

【13a】

行役以婦人. 適四方, 乘安車.

직역 行役에는 婦人으로써 한다. 四方에 適함에는 安車에 乘한다.

의역 70세가 넘은 대부(大夫)가 사직을 허락받지 못하고, 다시 공무를 집행하기 위해 외지로 나가게 되면, 부인을 대동하게 하여, 봉양을 잘 받도록 한다. 또한 각 지역으로 파견될 때에는 안거(安車)에 타도록 한다.

集說 疏曰: 婦人能養人, 故許自隨. 古者四馬之車, 立乘, 安車者, 一馬小車, 坐乘也.

번역 공영달(孔穎達)의 소(疏)에서 말하길, 부인이 그를 잘 봉양할 수 있기 때문에, 데려갈 수 있도록 허락하는 것이다. 고대에는 네 마리의 말이 끄는 수레를 탈 때는 서서 탔으니, '안거(安車)'라는 것은 한 마리의 말이 끄는 작은 수레로, 앉아서 타는 것이다.

● 그림 5-3 후대의 안거(安車)

▶ **출처:**『삼재도회(三才圖會)』「기용(器用)」5권

大全 嚴陵方氏曰: 几則憑之以安其體, 杖則持之以助其力也. 行役, 外事也, 而以婦人焉, 欲其雖在外, 而猶在內也. 適四方, 勞事也, 而乘安車焉, 欲其雖服勞, 而不失其逸也. 言行役, 則主在公言之耳, 言適四方, 則主在遠言之耳. 在公, 猶得以婦人, 況在私之事乎? 在遠, 猶得乘安車, 況在國之時乎? 是皆待之以非常之禮故也.

번역 엄릉방씨가 말하길, 안석[几]은 그를 기대게 하여, 그 몸을 편안하게 하는 것이고, 지팡이[杖]는 의지하도록 하여, 힘이 부치는 것을 돕는 것이다. '행역(行役)'은 외사(外事)9)를 뜻하는데, 부인을 데려가도록 한 이유는 그가 비록 타지에 나가 있더라도, 집안에 있는 것처럼 지내게 하기 위해서이다. "사방으로 간다[適四方]."는 말은 수고스러운 일을 뜻하는데, '안거(安車)'에 태우는 이유는 비록 힘겨운 일에 복무를 하고 있지만, 그가 안락하게 지낼 수 있는 여건을 마련해주기 위함이다. 한편 '행역'이라고 말을 했는데, 이 말은 공적인 업무에 초점을 두어 언급한 것일 뿐이며, 사방으로 간다고 한 것은 타지로 나간다는 것에 초점을 두어 말한 것일 뿐이다. 공적인 업무에서도 오히려 부인을 데려갈 수 있는데, 하물며 사적인 일에 있어서는 어떠했겠는가? 그리고 타지로 나갈 때에도 오히려 '안거'에 탈 수 있었는데, 하물며 나라에 머물고 있을 때에는 어떠했겠는가? 이러한 편의들은 모두 그를 이례적인 예법으로 대우하기 때문에 시행하는 것들이다.

鄭注 几杖·婦人·安車, 所以養其身體也. 安車, 坐乘, 若今小車也.

번역 안석 및 지팡이, 부인을 데려가는 것, 그리고 안거(安車)에 태우는

---

9) 외사(外事)는 내사(內事)와 상대되는 말이다. 교외(郊外)에서 제사를 지내거나, 사냥하는 일 등을 총칭하는 말이다. 또는 외국과의 외교관계에서 연합을 하거나, 군대를 출동시키는 일 등도 가리킨다. 『예기』「곡례상(曲禮上)」편에는 "外事以剛日, 內事以柔日."이라는 기록이 있는데, 이에 대한 정현의 주에서는 "出郊爲外事."라고 풀이했고, 공영달(孔穎達)의 소에(疏)서는 "外事, 郊外之事也. …… 崔靈恩云, 外事, 指用兵之事."라고 풀이했다. 또한 손희단(孫希旦)의 집해(集解)에서는 "愚謂外事, 謂祭外神. 田獵出兵, 亦爲外事."라고 풀이했다.

것은 그의 몸을 보살피는 방법이다. '안거'는 앉아서 타는 수레이니, 지금의 '소거(小車)'와 같은 것이다.

孔疏 ●"行役以婦人"者, 行役, 謂本國巡行役事. 婦人能養人, 故許自隨也.

번역 ●經文: "行役以婦人". ○'행역(行役)'은 자신의 나라 안에서 돌아다니며 업무에 종사한다는 뜻이다. 부인은 남편을 잘 봉양할 수 있기 때문에, 데려가는 것을 허락하는 것이다.

孔疏 ●"適四方, 乘安車"者, "適四方", 謂遠聘異國時. 乘安車, 安車, 小車也, 亦老人所宜. 然此養老之具, 在國及出, 皆得用之. 今言行役婦人, 四方安車, 則相互也, 從語便, 故離言之耳.

번역 ●經文: "適四方, 乘安車". ○"사방으로 간다[適四方]."라는 말은 멀리 길을 떠나서 다른 나라를 방문하는 경우를 가리킨다. 안거(安車)에 탄다고 하였는데, '안거'는 '소거(小車)'를 뜻하니, 앞서 기술했던 편의들과 마찬가지로, 이 수레 또한 노인이 타기에 적합한 것이다. 이처럼 노인을 봉양할 때 사용하는 기구들은 나라 안에서나 외국에 나갈 경우에도 모두 사용할 수 있다. 그리고 이곳 문장에서는 '행역(行役)'에는 부인을 데려간다고 했고, 외국으로 갈 때에는 '안거'를 탄다고 했는데, 이 두 구문은 서로 호완이 되는 문장으로, '행역'을 할 때에도 '안거'에 타는 것이고, 외국으로 갈 때에도 부인을 데려간다는 뜻이다. 다만 문장을 간략하게 기록하기 위해, 각각의 구문에 하나씩만 분리시켜서 기록했을 뿐이다.

孔疏 ◎注"几杖"至"耄矣". ○正義曰: "安車, 坐乘, 若今小車"者, 古者乘四馬之車立乘. 此臣旣老, 故乘一馬小車坐乘也. 庾蔚云: "漢世駕一馬而坐乘也." 熊氏云: "按書傳略說云: '致仕者以朝, 乘車輜輪.' 鄭云: '乘車, 安車. 言輲輪, 明其小也.'"

번역 ◎鄭注: "几杖"~"耄矣". ○정현이 "'안거(安車)'는 앉아서 타는 수레이니, 지금의 '소거(小車)'와 같은 것이다."라고 하였는데, 고대의 수레 제도에서는 네 마리의 말이 끄는 수레를 탈 때에는 서서 탔다. 이곳 문장에서 언급하고 있는 신하는 이미 노년에 든 사람이기 때문에, 한 마리의 말이 끄는 작은 수레에 타는 것이며, 또한 수레에 탈 때에도 앉아서 타는 것이다. 유울지는 "한(漢)나라 때에는 한 마리의 말에 멍에를 메고, 앉아서 탔다."라고 했다. 웅안생은 "『서전약설(書傳略說)』을 살펴보면, '관직에서 퇴임한 자가 조정에 갈 때에는 승거(乘車)를 탔는데, 네 바퀴 중 후면에는 두 개의 작은 바퀴가 붙어 있었다.'라고 했고, 이 문장에 대해 정현은 '승거(乘車)는 안거(安車)를 뜻한다. 후면에 두 개의 작은 바퀴가 있다는 말은 곧 그 수레가 작은 수레임을 나타낸다.'"라고 했다.

集解 愚謂: 賜之几, 使於朝中治事之所憑之以爲安也. 賜之杖, 使於入朝之時持之以自扶也. 几杖不入君門, 君賜之, 則得以入朝.

번역 내가 생각하기에, 안석을 하사하는 이유는 그로 하여금 조정에서 정무를 처리할 때, 안석에 의지해서 몸을 편히 할 수 있도록 해주기 위해서이다. 지팡이를 하사하는 이유는 그로 하여금 입조(入朝)할 때, 지팡이를 소지하게 하여, 제 스스로 지탱할 수 있게끔 해주기 위해서이다.[10] 그런데 원칙적으로 안석과 지팡이를 지닌 상태로 주군의 궁성 문으로 들어갈 수가 없다.[11] 다만 군주가 그것들을 하사했다면, 곧 이러한 물건들을 하사받은 사람만이 이것들을 가지고서 조정으로 들어갈 수 있게 되는 것이다.

---

10) 『예기』「왕제(王制)」【177d】: 五十始衰, 六十非肉不飽, 七十非帛不煖, 八十非人不煖, 九十雖得人不煖矣. 五十杖於家, 六十杖於鄕, 七十杖於國, 八十杖於朝, 九十者, 天子欲有問焉, 則就其室, 以珍從.

11) 『예기』「곡례하(曲禮下)」【50b】: 龜・筴・几・杖・席・蓋・重素・袗・絺綌, 不入公門.

【13b】

自稱曰老夫, 於其國, 則稱名.

직역 自稱하여 曰, 老夫라 하고, 그 國에서는 名을 稱한다.

의역 스스로를 일컫게 될 때에는 '노부(老夫)'라고 부르고, 모국에서 공식적인 석상에 참가하게 되면, 자신을 일컫게 될 때 이름을 댄다.

集說 呂氏曰: 老夫, 長老者之稱. 己國稱名者, 父母之邦, 不敢以尊者, 自居也.

번역 여씨가 말하길, '노부(老夫)'는 연장자를 호칭하는 말이다. 자신의 나라에서 이름을 대는 이유는 대대로 살아왔던 자신의 나라에서는 감히 스스로를 존귀한 자로 자처할 수 없기 때문이다.

鄭注 老夫, 老人稱也. 亦明君尊12)賢. 春秋傳曰: "老夫耄矣." 君雖尊異之, 自稱猶若臣.

번역 '노부(老夫)'는 노인을 지칭하는 말이다. 이러한 규정은 또한 군주

---

12) '존(尊)'자에 대하여. 『십삼경주소(十三經注疏)』 북경대 출판본에서는 "'존'자는 본래 '탐(貪)'자로 기록되어 있는데, 『감본(監本)』·『모본(毛本)』·『악본(岳本)』에는 '혼(惛)'자로 기록되어 있고, 『민본(閩本)』에는 '혼(昏)'자로 기록하고 있으며, 『가정본(嘉靖本)』에서도 '혼(昏)'자로 기록하고 있고, 『의례경전통해(儀禮經傳通解)』에도 '혼(昏)'자로 기록되어 있다. 완원(阮元)의 『교감기(校勘記)』에서는 '살펴보니, 『고문(考文)』에서는 『고본(古本)』·『족리본(足利本)』을 인용하며, 존(尊)자로 기록하고 있다.'라고 했다. 손이양(孫詒讓)의 『교기(校記)』에서는 '『무주본(撫州本)』에서는 탐(貪)자로 기록하고 있다.'라고 했다. 살펴보니, 『예기훈찬(禮記訓纂)』에는 존(尊)자로 기록되어 있는데, 문맥에 따르면 존(尊)자로 기록하는 것이 마땅하므로, 글자를 수정하였다."라고 했다.

가 현명한 자들을 존중한다는 뜻을 나타낸다. 『춘추전(春秋傳)』에서 "'노부 (老夫)'는 이미 늙었습니다."[13]라고 하였는데, 이것이 바로 본인을 '노부'라 고 지칭하는 용례가 된다. 군주가 비록 그를 존중하여 남다르게 대한다고 할지라도, 군주 앞에서 자신을 부를 때에는 여타의 신하들처럼 여전히 자 신의 이름을 대야 하는 것이다.

孔疏 ●"自稱曰老夫"者, 若此老臣行役及適四方, 應與人語, 其自稱爲老 夫, 言己是老大夫也. 必稱老者, 明君貪[14]賢之故, 而臣老猶在其朝也.

번역 ●經文: "自稱曰老夫". ○만약 위에서 언급한 것처럼, 이미 정년이 지난 노신(老臣)이 자신의 나라 안에서 정무를 처리하게 되거나, 혹은 외국 으로 나갈 때에는 다른 사람과 함께 대화를 하게 된다. 이러한 대화에서 노신은 자신을 지칭하여 '노부(老夫)'라고 부르는 것이니, 이 말은 본인이 '나이가 많은 대부[老大夫]'임을 나타낸다. 그런데 반드시 '노(老)'자를 붙여 서 부르는 이유는 군주는 현명한 인재들을 갈구하는 까닭에, 신하가 이미 나이가 많이 들었음에도 여전히 조정에 몸담고 있다는 사실을 나타내는 것이다.

孔疏 ◎"春秋傳曰: 老夫耄矣"者, 引左傳, 證老臣對他國人自稱老夫也. 此是春秋隱四年衛石碏辭也. 石碏子厚與衛州吁遊, 吁弑其異母兄完而自立, 未能和民, 欲結強援, 時陳侯有寵於周桓王, 州吁與石厚往陳, 欲因陳自達於 周, 而石碏遣人告陳曰: "衛國褊小, 老夫耄矣, 無能爲也, 此二人者, 實弑寡 君, 敢卽圖之."

번역 ◎鄭注: "春秋傳曰: 老夫耄矣". ○정현은 『좌전』을 인용하여, 노신

---

13) 『춘추좌씨전』「은공(隱公) 4년」: 石碏使告于陳曰, "衛國褊小, <u>老夫耄矣</u>, 無能 爲也. 此二人者, 實弑寡君, 敢卽圖之."

14) '탐(貪)'자에 대하여. 손이양(孫詒讓)의 『교기(校記)』에서는 "'탐'자는 또한 '존 (尊)'자에 해당한다."라고 했다.

(老臣)이 다른 나라의 사람들과 대화를 할 때에는 자신을 '노부(老夫)'라고
부른다는 사실을 증명한 것이다. 정현이 인용한 문장은『춘추』은공(隱公)
4년에 기록된 위(衛)나라 석작(石碏)의 말이다. 석작의 아들 석후(石厚)는
위나라 주우(州吁)와 친했다. 그런데 주우는 애초에 그의 이복형제인 완
(完)을 죽이고서, 스스로 제위에 올랐던 인물로, 백성들을 평화롭게 통치할
수 없었으므로, 원조를 구하고자 했다. 그런데 당시에 진(陳)나라 후작이
주(周)나라 환왕(桓王)의 총애를 받고 있었으므로, 주우와 석후는 진나라에
가서, 주의 환왕에게 연락을 취하고자 하였다. 이러한 사실을 알고 있었던
석작은 진나라에 사람을 파견하여, "위나라는 협소한 소국(小國)이고, '노
부'는 이미 늙었습니다. 그래서 일을 처리할 만한 능력이 없는데, 이 두 사
람은 실로 우리나라의 군주를 죽인 자들이니, 그들을 사로잡아 죽여주기를
감히 청합니다."라고 했다.

孔疏 ●"於其國則稱名"者, "於其國", 謂自與其君言也, 雖老, 猶自稱名
也.

번역 ●經文: "於其國則稱名". ○'어기국(於其國)'은 신하 본인이 자신
의 군주와 대화를 하는 경우를 뜻한다. 따라서 신하가 비록 나이가 연로하
더라도, 존귀한 군주 앞이므로, 여전히 본인 스스로를 가리킬 때 이름을
대는 것이다.

孔疏 ◎注"君雖尊異之, 自稱猶若臣"者, 按玉藻云"上大夫曰下臣", 士相
見禮云"士大夫於他邦之君曰外臣", 是上大夫於己君自稱爲下臣, 於他國君
自稱爲外臣. 又玉藻云"下大夫自名", 又鄭注玉藻云"下大夫自名, 於他國則
曰外臣某", 其是下大夫於己君稱名, 於他國曰外臣某. 此旣自稱老夫, 宜是上
大夫, 而稱名從下大夫者, 旣被君尊異, 故臣亦謙退, 從下大夫之例而稱名也.
且玉藻所云, 是其從下大夫例, 然臣於君, 單稱名無嫌也.

번역　◎鄭注: “君雖尊異之, 自稱猶若臣”. ○『예기』「옥조(玉藻)」편을 살펴보면, “상대부(上大夫)15)는 제후에 대해서, 자신을 ‘하신(下臣)’이라고 부른다.”16)라고 했고, 『의례』「사상견례(士相見禮)」편에서는 “사(士)와 대부는 다른 나라의 군주에 대해서, 자신을 ‘외신(外臣)’이라고 부른다.”17)라고 하였는데, 이 말은 곧 상대부는 자신의 군주에 대해서, 스스로를 부를 때 ‘하신’이라고 하는 것이고, 다른 나라의 군주에 대해서 스스로를 부를 때 ‘외신’이라고 한다는 뜻이다. 또한 「옥조」편에서는 “‘하대부(下大夫)’는 자신의 이름을 댄다.”18)라고 하였고, 또 「옥조」편에 대한 정현의 주에서는 “‘하대부’가 자신의 이름을 댄다는 말은 다른 나라에 갔을 때, 자신을 ‘외신 아무개[外臣某]’라고 말한다는 뜻이다.”라고 했다. 즉 이 말은 ‘하대부’는 자신의 군주에 대해서 스스로를 부를 때 자신의 이름을 대는 것이고, 다른 나라에 가서는 ‘외신인 아무개’라고 부른다는 뜻이다. 이곳 문장에서는 스스로 ‘노부(老夫)’라고 부른다고 했으니, 이러한 규정은 ‘상대부’에 해당하고, 이름을 부르는 것은 ‘하대부’부터 해당되는 사안이다. 그런데 ‘상대부’는 이미 군주로부터 남다른 존중을 받고 있는 상태이다. 그렇기 때문에 신하 본인 또한 스스로를 겸손하게 낮추게 되어, ‘하대부’에게 적용되는 예법에 따라서, 자신의 군주 앞에서는 이름을 대는 것이다. 또한 「옥조」편에서 말한 내용은 ‘하대부’에게 적용되는 예법에 따른 것이다. 그러나 신하는 자신의 군주에 대해서, 단지 자신의 이름만 칭하는 것 또한 무방하다.

---

15) 상대부(上大夫)는 대부(大夫)의 등급 중 하나이다. 대부는 상(上)·중(中)·하(下)로 재차 분류되는데, ‘상대부’는 대부들 중에서도 가장 높은 작위이다. 한편 제후국에 있어서 ‘상대부’는 경(卿)으로 분류되기도 하였다.

16) 『예기』「옥조(玉藻)」【396b】: 上大夫曰下臣, 擯者曰寡君之老. 下大夫自名, 擯者曰寡大夫. 世子自名, 擯者曰寡君之適.

17) 『의례』「사상견례(士相見禮)」: 士·大夫則曰下臣, 宅者在邦則曰市井之臣, 在野則曰草茅之臣, 庶人則曰刺草之臣, 他國之人則曰外臣.

18) 『예기』「옥조(玉藻)」【396b】: 上大夫曰下臣, 擯者曰寡君之老. 下大夫自名, 擯者曰寡大夫. 世子自名, 擯者曰寡君之適.

訓纂 朱氏軾曰: 於他國曰老夫, 不自有其貴也. 本國稱名, 幷不自言老也.

번역 주식이 말하길, 다른 나라 사람들에 대해서, 자신을 '노부(老夫)'라고 부르는 이유는 스스로를 존귀하게 여기는 마음을 두지 않기 위해서이다. 자신의 나라에서 사람들과 대화할 때에는 자신의 이름을 대는 것이지, 결코 '노(老)'자를 붙여서 스스로를 존귀하게 높여 부르지 않는 것이다.

集解 愚謂: 臣於君, 無不稱名者. 玉藻"上大夫曰下臣, 下大夫自名"者, 謂上大夫自稱曰下臣某, 下大夫直稱名而已. 此老臣稱於他國曰老夫, 而於其國尙稱名, 與平日同, 不敢自尊異也. 疏說非是.

번역 내가 생각하기에, 신하는 군주에 대해서, 본인의 이름을 대지 않는 경우가 없다. 『예기』「옥조(玉藻)」편에서 "상대부(上大夫)는 '하신(下臣)'이라고 부르고, 하대부(下大夫)는 자신의 이름을 댄다."[19]라고 한 말은 '상대부'는 본인을 가리켜서, '하신인 아무개[下臣某]'라고 하는 것이며, '하대부'는 다만 자신의 이름만을 댈 뿐이라는 뜻이다. 이곳「곡례」편에서 노신(老臣)은 다른 나라 사람들에게 자신을 '노부(老夫)'라고 부르고, 본인의 나라에서는 여전히 이름을 댄다고 하였다. 그런데 이것은 평상시의 예법과 동일한 것으로, 감히 자신을 높이며 남다른 존재로 자처할 수 없기 때문이다. 그러므로 공영달(孔穎達)의 소(疏)에 기술된 주장은 잘못된 말이다.

---

19) 『예기』「옥조(玉藻)」【396b】: 上大夫曰下臣, 擯者曰寡君之老. 下大夫自名, 擯者曰寡大夫. 世子自名, 擯者曰寡君之適.

【13b】

越國而問焉, 必告之以其制.

직역 國을 越하여, 問하면, 必히, 告하길 그 制로써 한다.

의역 다른 나라에서 찾아와서 자문을 구하게 되면, 반드시 옛 고사를 들어서 일러준다.

集說 應氏曰: 一國有賢, 衆國所仰, 故越國而來問. 文獻不足, 則言禮無證, 故必告之以其制, 言擧國之故事以答之也.

번역 응씨가 말하길, 어느 한 나라에 현명한 자가 있으면, 여러 나라에서 그를 흠모하게 된다. 그렇기 때문에 국경을 넘어와서 그에게 찾아가 자문을 구하는 것이다. 문헌이 부족하다면, 예법(禮法)을 일러줄 때 증거로 댈 것이 없기 때문에, 반드시 그 나라의 '제(制)'로써 대답을 해주게 되는데, 즉 이 말은 자신의 나라에 있었던 옛 고사를 인용하여 대답해준다는 뜻이다.

大全 馬氏曰: 七十而致事, 順天理也. 位至大夫, 君之所賢也. 天下之達尊三, 大夫兼而有之者也, 爲君者得不致其愛敬乎? 於其致事而去, 必有以勞之, 於其留而自輔, 必有以養之. 几杖婦人安車者, 所以養安其氣體, 不敢勞以事也, 所以見尚齒貴爵尊德之義, 不嫌其爲倨也. 然於其國, 猶曰自名者, 所以尊居也. 夫天子巡守, 先見百年者九十者, 天子欲有問焉, 則就其室. 古之人, 咨於元老, 如此其敬, 以其賢而多聞也, 則宜有越國而問之矣. 必告之以其制者, 蓋制出於先王, 而非先王者無法, 故告之以其制也.

번역 마씨가 말하길, 70세가 되어서 사직하는 것은 천리(天理)에 따르

만 한다. 이처럼 나이가 많은 현자에게 자문을 구하게 된다면, 그는 그 나라
에 전해져오던 고대의 제도를 일컬으며, 다른 나라 사람이 자문을 구한 내
용에 대해 대답을 해주게 된다는 뜻이다.

集解 愚謂: 明習於國家之舊典故事, 而使四方之國有所取正焉, 此老成人
之所以可貴也.

번역 내가 생각하기에, 나이가 많은 현자들은 국가에서 대대로 전수되
던 옛 전적들과 고사(故事)들에 해박하여, 다른 나라에서 자문을 구하기
위해 찾아온 자들로 하여금 그를 통해 올바른 해답을 찾을 수 있게끔 하는
것이다. 이것이 바로 나이가 많으면서도 덕성을 이룬 자들이 존귀하게 대
접을 받을 수 있었던 이유이다.

• 제 6 절 •

연장자에 대한 예절 Ⅰ

【13c】

> 謀於長者, 必操几杖以從之. 長者問, 不辭讓而對, 非禮也.

직역 長者에게 謀함에는 必히 几杖을 操하여 從한다. 長者가 問한데, 辭讓을 不하고 對함은 非禮이다.

의역 어른에게 찾아가서 의논을 할 때에는 반드시 안석과 지팡이를 가지고서 찾아간다. 어른이 본인의 생각이 어떠냐고 물어보았는데, 먼저 사양하지도 않고 즉각 대답을 하는 것은 예(禮)가 아니다.

集說 謀於長者, 謂往就長者而謀議所爲也. 長者之前, 當執謙虛, 不辭讓, 非事長之禮.

번역 '모어장(謀於長)'은 어른한테 찾아가서, 시행해야 할 일들을 의논한다는 뜻이다. 어른 앞에서는 마땅히 겸허한 자세를 유지해야 하니, 사양하지 않는 것은 어른을 대하는 예법이 아니다.

集說 應氏曰: 操几杖以從, 非謂長者所無也. 執弟子之役, 其禮然耳.

번역 응씨가 말하길, 안석과 지팡이를 가지고 찾아가는 것은 그 어른에

게 안석과 지팡이가 없어서 가져간다는 뜻이 아니다. 제자(弟子)의 임무를
수행할 때, 해당 예법이 그러할 따름이다.

大全　藍田呂氏曰: 二者, 皆敬長之義也. 坐有几, 所以憑之也; 行有杖, 所
以策之也, 皆優老之具也. 操几杖以從之, 敬之至也. 長者問, 不辭讓而對, 則
敬不足也. 孔子問曾子, 曾子曰: "參不敏, 何足以知之?" 公西赤曰: "非曰能
之, 願學焉." 皆是辭讓之言.

번역　남전여씨가 말하길, 안석과 지팡이에는 모두 어른을 공경한다는
뜻이 있다. 앉을 때 안석이 필요한 이유는 기대게 하기 위함이며, 움직일
때 지팡이가 필요한 이유는 땅을 짚기 위함이니, 이 둘 모두는 노인을 대우
하는 도구들이다. 안석과 지팡이를 가지고 찾아가는 이유는 공경하는 마음
을 지극하게 표현하기 위해서이다. 어른이 물어보았는데, 사양하지도 않고
즉각 대답한다면, 공경함이 부족한 것이다. 공자(孔子)가 증자(曾子)에게
물었는데, 증자가 "저는 영민하지 못한데, 어찌 그것에 대해 알겠습니까?"[1]
라고 했고, 공서적(公西赤)은 "제가 잘 한다는 말이 아닙니다. 원컨대 배우
고자 합니다."[2]라고 했으니, 이 두 기록은 모두 사양하는 말들에 해당한다.

鄭注　從, 猶就也. 當謝不敏, 若曾子之爲.

번역　'종(從)'자은 "찾아간다[就]."는 뜻이다. 마땅히 영민하지 못하다고
얘기하며 사양해야 하는 것이니, 증자(曾子)가 행동했던 것처럼 해야 하는
것이다.

---

1) 『효경』「개종명의장(開宗明義章)」: 仲尼居. 曾子侍. 子曰, 先王有至德要道, 以
　順天下, 民用和睦, 上下無怨. 汝知之乎? 曾子避席曰, 參不敏, 何足以知之.
2) 『논어』「선진(先進)」: "赤! 爾何如?" 對曰, "非曰能之, 願學焉. 宗廟之事, 如會
　同, 端章甫, 願爲小相焉."

釋文 長, 丁丈反, 下皆同. 操, 七刀反.

번역 '長'자는 '丁(정)'자와 '丈(장)'자의 반절음으로, 아래에 나오는 글자들도 모두 그 음이 이와 같다. '操'자는 '七(칠)'자와 '刀(도)'자의 반절음이다.

孔疏 ●"謀於"至"從之". ○正義曰: 此一節明有事取謀議於長者, 各依文解之.

번역 ●經文: "謀於"~"從之". ○이 단락은 어떤 사안이 발생하여, 어른을 찾아가 의논하는 경우를 언급한 것이니, 각각의 문장에 따라서 해석하겠다.

孔疏 ●"操几杖以從之"者, 操, 執持也. 杖可以策身, 几可以扶3)己, 俱是養尊者之物, 故於謀議之時將就也.

번역 ●經文: "操几杖以從之". ○'조(操)'자는 "손에 지닌다[執持]."는 뜻이다. 지팡이로는 몸을 지탱할 수 있고, 안석으로는 몸을 의지할 수 있으니, 이 둘 모두는 존귀한 자를 편안하게 모시는 도구들이다. 그렇기 때문에 논의를 할 때 이것들을 가져가는 것이다.

訓纂 郝仲輿曰: 謀, 謂就長者諮問也.

번역 학중여4)가 말하길, '모(謀)'자는 어른에게 찾아가서 자문을 구한다

---

3) '부(扶)'자에 대하여. 『십삼경주소(十三經注疏)』 북경대 출판본에서는 "'부'자는 본래 '장(杖)'자로 기록되어 있었는데, 『민본(閩本)』에서도 동일하게 '장'자로 기록되어 있다. 『감본(監本)』・『모본(毛本)』에는 '부'자로 기록되어 있고, 위씨(衛氏)의 『집설(集說)』에도 동일하게 '부'자로 기록되어 있다. 살펴보니, 『예기훈찬(禮記訓纂)』에도 '부'자로 기록되어 있다. 문맥에 따르면 '부'자로 기록하는 것이 옳다. 그래서 글자를 수정하였다."라고 했다.

는 뜻이다.

集解 陳氏祥道曰: 辭者, 無所受於己; 讓者, 有所推於人. 曾子之謝不敏, 所謂辭也. 子路之率爾而對, 非所謂讓也.

번역 진상도5)가 말하길, "사양한다[辭]."는 것은 자신에게는 받아들일 만한 점이 없다는 뜻이고, "양보한다[讓]."는 것은 자신보다 뛰어난 자에게 미룬다는 뜻이다. 증자(曾子)가 영민하지 못하다는 이유로 자리를 피한 것6)은 이른바 '사(辭)'에 해당한다. 자로(子路)가 경솔하게 대답한 것7)은 이른바 '양(讓)'에 위배되는 것이다.

集解 呂氏祖謙曰: 古者弟子見長者, 不敢以賓客之禮見. 長者處未必無几杖, 所以操而從之者, 蓋存養其弟讓之心也. 與長者語, 須是虛心而受, 若率爾而對, 自以爲能, 便是實了此心, 雖有法語之言, 精微之理, 亦不能入.

번역 여조겸8)이 말하길, 고대에는 제자들이 어른을 찾아뵙게 될 경우, 감히 빈객(賓客)에 해당하는 예법을 적용하여 찾아뵙지 않았다. 어른의 거처에 안석과 지팡이가 반드시 없던 것이 아님에도, 그것들을 가지고서 찾

---

4) 학경(郝敬, A.D.1558 ~ A.D.1639) : =학중여(郝仲輿). 명(明)나라 때의 학자이다. 자(字)는 중여(仲輿)이고, 호(號)는 초망(楚望)이다. 경학에 능통하여, 수많은 저서를 남겼다.
5) 진상도(陳祥道, A.D.1159 ~ A.D.1223) : =장락진씨(長樂陳氏)·진씨(陳氏)·진용지(陳用之). 북송대(北宋代)의 유학자이다. 자(字)는 용지(用之)이다. 장락(長樂) 지역 출신으로, 1067년에 과거에 급제하여 태상박사(太常博士) 등을 지냈다. 왕안석(王安石)의 제자로, 그의 학문을 전파하는데 공헌하였다. 저서에는 『예서(禮書)』, 『논어전해(論語全解)』 등이 있다.
6) 『효경』「개종명의장(開宗明義章)」: 曾子避席曰, 參不敏, 何足以知之.
7) 『논어』「선진(先進)」: 子路率爾而對曰, "千乘之國, 攝乎大國之間, 加之以師旅, 因之以饑饉, 由也爲之, 比及三年, 可使有勇, 且知方也."
8) 여조겸(呂祖謙, A.D.1137 ~ A.D.1181) : =동래여씨(東萊呂氏). 남송(南宋) 때의 학자이다. 자(字)는 백공(伯恭)이고, 호(號)는 동래(東萊)이다. 주자(朱子)와 함께 『근사록(近思錄)』을 편찬하였다.

아뢰는 이유는 아마도 아랫사람이 지녀야 할 겸손한 마음을 보존하고 키우
기 위해서일 것이다. 어른과 함께 대화를 할 때에도 모름지기 마음을 비우
고 겸허하게 받아들여야 하는 것이니, 만약 경솔하게 대답을 한다면, 스스
로를 유능하다고 여기는 것이다. 따라서 자신의 마음을 이러한 자만심으로
가득 채우게 되어, 비록 예법에 맞는 말씀과 정밀하고도 미묘한 이치에 대
해서 일러준 말씀을 듣게 된다고 하더라도, 결코 받아들이지 못하게 되는
것이다.

● 제 7 절 ●

부모에 대한 예절 Ⅰ

【13d】

凡爲人子之禮, 冬溫而夏凊, 昏定而晨省, 在醜夷不爭.

직역 무릇 爲人子의 禮는 冬에는 溫하고 夏에는 凊하며, 昏에는 定하고 晨에는 省하며, 醜夷에 在해서는 不爭한다.

의역 무릇 자식된 자들이 지켜야 하는 예법은 겨울에는 부모를 따뜻하게 해드리고, 여름에는 시원하게 해드리며, 저녁에는 잠자리를 살피고, 새벽에는 문안인사를 드리며, 동료들과 있을 때에는 다투지 않는 것이다.

集說 溫以禦其寒, 凊以致其凉, 定其衽席, 省其安否. 醜, 同類也. 夷, 平等也. 一朝之忿, 忘其身, 則害及其親, 故在群衆儕輩之中, 壹於遜讓.

번역 따뜻하게 해서 부모가 추위를 타지 않도록 하는 것이며, 차갑게 해서 시원함을 느낄 수 있도록 하는 것이다. 또한 부모의 잠자리를 살피고, 부모의 안부를 묻는 것이다. '추(醜)'자는 동년배들[同類]을 뜻한다. '이(夷)'자는 '같은 무리들[平等]'을 뜻한다. 잠깐의 분노로 자신의 본분을 잊고서 행동한다면, 그 해악이 부모에게까지 미친다.[1] 그렇기 때문에 여러 무리들

---

1) 『논어』 「안연(顔淵)」: 樊遲從遊於舞雩之下, 曰, "敢問崇德, 脩慝, 辨惑." 子曰, "善哉問! 先事後得, 非崇德與? 攻其惡, 無攻人之惡, 非脩慝與? <u>一朝之忿, 忘其</u>

과 함께 있을 때에는 겸손함으로 일관하는 것이다.

大全 藍田呂氏曰: 溫凊定省, 所以養體也; 醜夷不爭, 所以養志也. 一歲則有冬夏寒暑之適, 一日則有晨昏興寢之適, 人子不可不知也. 內則: "父母將衽, 長者奉席, 請何趾, 少者執牀, 與坐", 昏定之事也. 子事父母, "雞鳴, 適父母之所, 下氣怡聲, 問衣燠寒", 男女未冠笄, 及命士以上父子異宮, 則昧爽而朝, 文王之爲世子, 雞初鳴, 衣服, 至于寢門外, 問安否何如, 此晨省之事也. 醜夷, 同等之稱也. "事親者, 居上不驕, 爲下不亂, 在醜不爭, 三者不除, 雖日用三牲之養, 猶爲不孝也." 孝經引三者, 此獨云在醜夷不爭者, 上下驕亂之禍爲少, 而醜夷之爭多也. 孝子一出言擧足, 不敢忘父母, 苟好勇鬪狠, 以危父母, 一朝之忿, 忘其身, 以及其親, 則所以養親者, 果安在哉.

번역 남전여씨가 말하길, 따뜻하게 해드리고, 시원하게 해드리며, 잠자리를 살피고, 문안인사를 드리는 것은 부모의 몸을 보살피는 방법이고, 동년배들과 다투지 않는 것은 부모의 뜻을 보살피는 방법이다. 한 해 동안에는 겨울과 여름의 춥고 더움에 따른 알맞은 대처가 있게 되고, 하루 동안에는 새벽과 저녁에 일어나시고 주무실 때에 따른 알맞은 대처가 있게 되니, 자식된 자들은 그것들에 대해 알지 않을 수가 없는 것이다. 『예기』「내칙(內則)」편에서 "부모나 시부모가 잠자리에 들려고 하실 때에는 아들이나 며느리들 중 맏이는 이부자리를 들고서 어떤 쪽으로 누우시겠느냐고 묻는다. 아들이나 며느리들 중 맏이가 아닌 자들은 침상과 이부자리를 들고서 돕는다."[2]라고 했는데, 이것이 바로 저녁에 부모의 잠자리를 살피는 일이다. 또한 자식이 부모를 섬길 때에 대해서, "닭이 처음 울게 되면, 부모 및 시부모가 계신 곳에 가서, 기운을 차분히 하고 목소리를 낮추어 부드럽게 하고, 입고 계신 옷이 따뜻한지 아니면 추운지를 묻는다."[3]라고 했고, 남자나 여

身以及其親, 非惑與?"

2) 『예기』「내칙(內則)」【348c】 : 將衽, 長者奉席請何趾. 少者執牀與坐, 御者擧几, 斂席與簟, 縣衾, 篋枕, 斂簟而襡之.

3) 『예기』「내칙(內則)」【346c~d】 : 婦事舅姑, 如事父母. 雞初鳴. …… 以適父母

자들 중 관례(冠禮)나 계례(笄禮)를 아직 하지 않은 자, 그리고 명사(命士)[4]
이상의 신분을 가져서, 부모와 자식이 서로 다른 건물에 사는 경우에는 동
틀 무렵에 아침 문안인사를 드린다고 했다.[5] 그리고 문왕(文王)도 세자(世
子)였을 때 닭이 처음 울게 되면, 의복을 갖춰 입고서 부친인 왕계(王季)가
주무시는 침소의 문밖에 가서, 시중을 드는 관리에게 부친의 안부는 어떠
하시느냐고 물었으니,[6] 이러한 행동들이 바로 새벽녘에 문안인사를 드리
는 일이다. '추이(醜夷)'는 동년배들을 지칭하는 말이다. "부모를 잘 섬기는
자는 높은 지위에 있어도 교만하지 않고, 낮은 지위에 있어도 말썽을 피우
지 않으며, 동년배들과 다투지 않는데, 이 세 가지 잘못된 행실에서 자신이
벗어나지 못한다면, 비록 날마다 소·양·돼지 등과 같은 귀한 고기들을
사용하여 봉양을 한다고 하더라도, 이것은 오히려 불효가 된다."[7]라고 하
여, 『효경』에서는 잘못된 행실 중 세 가지를 거론하고 있다. 그런데 이곳
경문에서는 유독 동년배들과 다투지 말라고만 언급하고 있다. 그 이유는
높은 지위에 있으면서 교만하게 굴거나, 낮은 지위에 있으면서 말썽을 피
우는 일은 비교적 드문 사례에 해당되지만, 동년배들과 다투는 경우는 다
반사이기 때문이다. 그러므로 자식은 한 마디 말을 하거나, 한 발짝을 옮길
때에도 감히 부모에 대한 생각을 잊지 않는 것이니,[8] 진실로 용맹만을 좋

___

舅姑之所, 及所, 不氣怡聲, 問衣燠寒, 疾痛苛癢而敬抑搔之.

4) 명사(命士)는 사(士) 중에서도 작명(爵命)을 받은 자를 뜻한다. 『예기』「내칙
(內則)」편에는 "由命士以上, 父子皆異官, 昧爽而朝, 慈以旨甘."이라는 용례가
나온다.

5) 『예기』「내칙(內則)」【347d】: 男女未冠笄者, 鷄初鳴, 咸盥, 漱, 櫛, 縱, 拂髦, 總
角, 衿纓, 皆佩容臭. 昧爽而朝, 問"何食飮矣?" 若已食, 則退, 若未食, 則佐長者
視具. / 『예기』「내칙」【348b】: 由命士以上, 父子皆異官, 昧爽而朝, 慈以旨甘.
日出而退, 各從其事. 日入而夕, 慈以旨甘.

6) 『예기』「문왕세자(文王世子)」【247a】: 文王之爲世子, 朝於王季, 日三, 鷄初鳴
而衣服, 至於寢門外, 問內豎之御者曰, 今日安否, 何如. 內豎曰, 安. 文王乃喜.
及日中, 又至, 亦如之, 及莫, 又至, 亦如之.

7) 『효경』「기효행장(紀孝行章)」: 事親者, 居上不驕. 爲下不亂. 在醜不爭. 居上而
驕則亡爲, 下而亂則刑, 在醜而爭則兵. 三者不除, 雖日用三牲之養, 猶爲不孝也.

8) 『예기』「제의(祭義)」【567d~568a】: 樂正子春下堂而傷其足, 數月不出, 猶有
憂色. …… 壹擧足而不敢忘父母, 壹出言而不敢忘父母.

아하고 싸움을 잘하여, 부모를 위태롭게 만들거나,9) 한 순간의 분노로 자신의 본분을 잊고 행동하여, 그 여파가 부모에게까지 미치게 한다면, 부모를 봉양하는 것이 과연 어디에 있다는 말인가?

鄭注 定, 安10)其牀衽也, 省, 問其安否何如. 醜, 衆也. 夷猶儕也. 四皓曰: "陛下之等夷."

번역 '정(定)'자은 침상을 편안하게 만드는 것이며, '성(省)'자는 안부가 어떠한지 묻는 것이다. '추(醜)'자는 무리들[衆]이라는 뜻이다. '이(夷)'자도 무리들[儕]이라는 뜻이다. 사호(四皓)11)는 "폐하의 옛 동료들입니다."12)라고 했다.

釋文 夏, 遐嫁反. 淸, 七性反; 字從冫, 冰, 冷也; 本或作水旁, 非也. 衽,

---

9) 『맹자』「이루하(離婁下)」: 從耳目之欲, 以爲父母戮, 四不孝也, <u>好勇鬪很, 以危父母</u>, 五不孝也. 章子有一於是乎?

10) '정안(定安)'에 대하여. '정안'은 본래 '안정(安定)'으로 기록되어 있었는데, 완원(阮元)의 『교감기(校勘記)』에서는 "『악본(岳本)』에서는 '정안'으로 기록하고 있으며, 『가정본(嘉靖本)』에서도 동일하게 '정안'으로 기록하고 있고, 『고문(考文)』에서 송(宋)나라 판본을 인용한 기록도 동일하게 '정안'으로 기록하고 있으며, 『경전석문(經典釋文)』의 기록 또한 마찬가지이다. 살펴보니, '안기상임(安其牀衽)'이라는 말은 '정(定)'자에 대한 뜻풀이이고, '문기안부하여(問其安否何如)'라는 말도 '성(省)'자에 대한 뜻풀이이니, 문법이 서로 동일하다. 그러므로 『악본(岳本)』의 기록이 옳다. 『정의(正義)』에서도 또한 '정(定)'자는 안(安)자의 뜻이다.'"라고 했다. 손이양(孫詒讓)의 『교기(校記)』에서는 "『무주본(撫州本)』에는 '안정'으로 기록되어 있다."라고 했다.

11) 사호(四皓)는 상산사호(商山四皓)라고도 부른다. 진(秦)나라 말기에 상산(商山)에 은거했던 네 명의 은자(隱者)들을 뜻한다. 네 명의 은자는 동원공(東園公), 기리계(綺里季), 하황공(夏黃公), 각리선생(角里先生: =甪里先生)이다. 네 명은 모두 눈썹이 흰색이었기 때문에, '사호'라는 용어가 생겼다. 일설에는 머리가 백발이었기 때문에, '사호'라는 용어가 생겼다고 설명한다.

12) 『사기(史記)』「유후세가(留侯世家)」: 黥布, 天下猛將也, 善用兵, 今諸將皆<u>陛下故等夷</u>, 乃令太子將此屬, 無異使羊將狼, 莫肯爲用, 且使布聞之, 則鼓行而西耳. 上雖病, 彊載輜車, 臥而護之, 諸將不敢不盡力. 上雖苦, 爲妻子自彊.

而審反, 徐而鴆反, 席也. 儕, 仕皆反, 等也, 沈才詣反. 皓, 元老反; 四皓, 園公・綺季・夏黃公・角里先生.

번역 ‘夏’자는 ‘遐(하)’자와 ‘嫁(가)’자의 반절음이다. ‘清’자는 ‘七(칠)’자와 ‘性(성)’자의 반절음이며, ‘冫’자를 부수로 삼는다. ‘冫’자는 ‘冰(빙)’자의 뜻이니, 이 글자는 시원하다는 뜻이다. 또한 판본에 따라서는 간혹 ‘冫’자 대신 ‘氵’자로 기록하기도 하지만, 이것은 잘못된 기록이다. ‘衽’자는 ‘而(이)’자와 ‘審(심)’자의 반절음이며, 서음(徐音)은 ‘而(이)’자와 ‘鴆(짐)’자의 반절음이 되니, 잠자리를 뜻한다. ‘儕’자는 ‘仕(사)’자와 ‘皆(개)’자의 반절음으로, 무리들을 뜻하며, 심음(沈音)은 ‘才(재)’자와 ‘詣(예)’자의 반절음이 된다. ‘皓’자는 ‘元(원)’자와 ‘老(로)’자의 반절음이며, 사호(四皓)는 원공(園公), 기계(綺季), 하황공(夏黃公), 각리선생(角里先生)을 가리킨다.

孔疏 ●“凡爲”至“不爭”. ○正義曰: 此一節明人子事親奉養之禮, 又去爭訟, 今各隨文解之.

번역 ●經文: “凡爲”~“不爭”. ○이 문장은 자식된 자가 부모를 섬기며 봉양하는 예법과 다툼을 피하는 일에 대해서 언급하고 있으니, 각각의 문장에 따라서 풀이하겠다.

孔疏 ●“昏定而晨省”者, 上云冬溫夏清, 是四時之法, 今說一日之法. 定, 安也. 晨, 旦也. 應臥, 當齊整牀衽, 使親體安定之後, 退. 至明旦, 旣隔夜, 早來視親之安否何如. 先昏後晨, 兼示經宿之禮. 熊氏云: “晨省者, 按內則云, 同宮則雞初鳴, 異宮則昧爽而朝.”

번역 ●經文: “昏定而晨省”. ○앞 문장에서는 겨울에는 따뜻하게 해드리고, 여름에는 시원하게 해드린다고 하였는데, 이것은 사계절마다 따르게 되는 봉양의 예법이다. 지금 이곳 문장에서는 하루 동안 따르게 되는 봉양의 예법을 설명하고 있다. ‘정(定)’자는 “편안하게 해드린다[安].”는 뜻이다.

'신(晨)'자는 '이른 아침[旦]'을 뜻한다. 부모가 누우려고 한다면, 마땅히 침상을 정돈하고 잘 살펴서, 부모의 신체가 편안하도록 조치를 취한 이후에야 물러가는 것이다. 다음날 아침이 되면, 밤부터 아침까지의 간격이 있었으므로, 일찍 찾아뵙고서, 부모의 안부가 어떠한지를 살피는 것이다. 그런데 이곳 문장에서는 저녁에 대한 내용을 먼저 기술하고, 그 이후에 새벽에 대한 내용을 기술하고 있다. 그 이유는 하룻밤을 지새울 때의 예법까지도 포함해서 나타냈기 때문이다. 웅안생은 "새벽녘에 문안인사를 드린다고 하였는데, 『예기』「내칙(內則)」편에서 언급한 내용들을 살펴보면, 부모와 같은 건물에 거주하는 경우라면, 닭이 처음 울었을 때 문안인사를 드리는 것이고, 부모와 다른 건물을 거주하는 경우라면, 동틀 무렵에 문안인사를 드리는 것이다.[13]"라고 했다.

孔疏 ●"在醜夷不爭"者, 此一句明朋儕禮也. 醜, 衆也; 夷猶儕也, 皆等類之名. 風俗語不同, 故兼言之. 夫貴賤相臨, 則存畏憚, 朋儕等輩, 喜爭勝負, 亡身及親, 故宜誡之以不爭.

번역 ●經文: "在醜夷不爭". ○이 구문은 친구들에 대한 예법을 언급한 것이다. '추(醜)'자는 무리들[衆]이라는 뜻이고, '이(夷)'자도 무리들[儕]이라는 뜻이니, 이 두 글자는 모두 동년배들을 부르는 명칭이다. 풍속에 따라 부르는 명칭이 다르기 때문에, 두 글자를 함께 기록한 것이다. 무릇 신분이 차이나는 사람끼리 서로 대면하게 된다면, 외경하고 꺼려하는 마음을 항상 가지게 되지만, 동년배들끼리는 다투길 좋아하고, 승부를 내려고 하여, 자신과 부모를 망칠 수 있다. 그렇기 때문에 마땅히 다투지 않아야 한다고 경계를 하는 것이다.

孔疏 ◎注"醜衆"至"等夷". ○正義曰: "醜, 衆也", 釋詁文, 謂在衆不忿爭

---

13) 『예기』「내칙(內則)」【348b】: 由命士以上, 父子皆異官, 昧爽而朝, 慈以旨甘. 日出而退, 各從其事. 日入而夕, 慈以旨甘.

也. 云"四皓曰: 陛下之等夷"者, 證夷是等類也. 四皓, 漢時隱人高士也. 其四
人, 一東園公, 二綺里季, 三夏黃公, 四角14)里先生, 皆老, 髮白皓素, 因呼爲四
皓. 隱商山不仕, 高祖數召不出. 後爲高祖欲廢呂后之子盈, 而立戚夫人之子
趙王如意爲大子, 張良使太子卑辭安車遣辨士以請四皓, 四皓果來, 舍建成15)
侯所. 至漢十一年, 黥布反, 高祖令太子將兵擊之. 四皓自相謂曰: "凡來欲以
安太子, 太子將兵, 事危矣." 乃說建成侯曰: "太子將兵有功則位不益, 無功則
從此受禍. 且太子所與諸將, 皆嘗與上定天下驍將也. 今使太子將之, 此無異
使羊將狼, 皆不肯爲用, 其無功必矣. 臣聞母愛者子抱之, 今戚夫人日夜侍御,
趙王常居前, 上終不使不肖子居愛子之上, 明乎其代大子之位必矣. 君何不急
請呂后承間爲上泣言: "黥布天下猛將, 善用兵, 諸將皆陛下之等夷, 今令大子
將此屬, 莫肯爲用.'" 於是呂后如四皓計以請高祖. 高祖時疾, 自行, 十二年破
黥布還而疾益甚, 愈欲易太子. 及燕置酒, 太子侍, 四皓從太子, 高祖驚曰: "吾
召公數歲, 公逃我, 今反從我兒乎!" 四皓曰: "陛下輕士善罵, 臣等義不受辱,
故恐而亡匿."

---

14) '각(角)'자에 대하여. 『십삼경주소(十三經注疏)』 북경대 출판본에서는 "'각'자
를 『민본(閩本)』에서는 동일하게 '각'자로 기록하고 있다. 『감본(監本)』·『모
본(毛本)』에서는 '록(甪)'자로 기록하고 있다. 노문초(盧文弨)의 『예기음의고
증(禮記音義攷證)』에서는 '록(甪)자는 속자(俗字)에 따른 것이고, 『송본(宋本)』
에는 각(角)자로 기록되어 있다.'라고 했다. 이광예(李匡乂)의 『자가록(資暇
錄)』에서는 '한(漢)나라 때의 사호(四皓) 중에는 일각리선생(一角里先生)이
있었는데, 각(角)자는 그 음이 록(祿)으로, 지금 대부분의 사람들이 각(覺)자로
그 음을 부르는 것은 잘못된 것이다. 각리(角里)를 록리(甪里)로 수정하게 되
면서, 오해가 더 늘어났다.'라고 했다. 완원(阮元)의 『교감기(校勘記)』에서는
'살펴보니, 현재 판각된 『예석(隷釋)』에는 네 명의 신선(神仙)이 안석에 기대
어 앉아 있고, 록리(甪里)로 기록하고 있다. 이것은 세속의 말에 따라 잘못 기
록한 것이다. 본래부터 록리(甪里)라는 이름으로 전해졌던 것이 아니다.'"라고
했다.
15) '성(成)'자에 대하여. '성(成)'자는 본래 '성(城)'자로 기록되어 있었는데, 완원
(阮元)의 『교감기(校勘記)』에서는 "『감본(監本)』·『모본(毛本)』에서는 '성
(城)'자를 '성(成)'자로 기록하고 있고, 그 뒤에 나오는 '내설건성후(乃說建城
侯)'에서의 '성(城)'자 또한 '성(成)'자로 기록하고 있다. 살펴보니, 건성후(建成
侯)는 여택(呂澤)이다. 현재의 『사기(史記)』와 『한서(漢書)』에도 '성(成)'자로
기록되어 있으며, '성(城)'자로 기록하지 않았다."라고 했다.

번역 ◎鄭注: "醜衆"~"等夷". ○정현이 "'추'자는 무리들이라는 뜻이
다."라고 하였는데, 이 말은 『이아』「석고(釋詁)」편에 나오는 기록이다.16)
따라서 이 문장의 뜻은 무리들 속에서 분쟁을 일으키지 않는다는 의미이다.
정현이 "사호(四皓)가 말하길, '폐하의 옛 동료들입니다.'"라고 하였는데,
이 인용문은 '이(夷)'자가 동년배들을 뜻한다는 사실을 증명하고 있다. '사
호'는 한(漢)나라 때 숨어 지내던 은자(隱者)들이다. 네 사람은 동원공(東園
公), 기리계(綺里季), 하황공(夏黃公), 각리선생(角里先生)을 가리키는데,
모두 나이가 많았고, 하얀 눈처럼 머리가 백발이었기 때문에, '사호'라고
부르게 되었다. 상산(商山)에 숨어 살며 벼슬길에 오르지 않았으며, 한고조
(漢高祖)가 여러 차례 초빙을 하였지만, 세상에 나오지 않았다. 이후 한고
조는 여후(呂后)에게서 태어난 아들 영(盈)을 폐위하고, 척부인(戚夫人)에
게서 태어난 아들 조왕(趙王) 여의(如意)를 태자(太子)로 책봉하고자 했던
일이 있었다. 당시 장량(張良)은 태자로 하여금 자신을 겸손하게 낮추도록
하고, 수레와 사람을 보내서 '사호'를 모셔오도록 하였다. 그 결과 '사호'는
결국 내방하여, 건성후(建成侯)의 집에 머물게 되었다. 한고조 11년
(B.C.196)에 이르러, 경포(黥布)가 반란을 일으켰는데, 한고조는 태자에게
군대를 통솔하게 하여, 경포의 군대를 공격하게 시켰다. 그러자 '사호'가
서로 상의하며, "무릇 우리가 여기 찾아온 것은 태자의 자리를 지키기 위해
서인데, 태자가 군대를 이끌고 나간다면, 사안이 위태롭게 됩니다."라고 말
하고, 곧 건성후에게 "태자가 군대를 이끌고 나가서 공을 세우더라도, 태자
의 지위를 확고히 하는 일에는 보탬이 안 되고, 반대로 공을 세우지 못한다
면, 이 일을 계기로 화를 당하게 될 것입니다. 또한 태자가 함께 이끌고
가는 여러 장수들은 모두 예전에 고조와 함께 천하를 호령하였던 명장들입
니다. 지금 태자로 하여금 그들을 이끌게 한다면, 이것은 양을 시켜서 이리
들을 이끌게 하는 것과 다름이 없습니다. 따라서 장수들은 모두 태자를 위
해 노력하지 않을 것이니, 반드시 공적을 세우지 못할 것입니다. 저희들이
듣기로는 어미가 총애를 받으면, 그의 자식 또한 품게 된다고 하였는데,

16) 『이아』「석고(釋詁)」 : 黎・庶・烝・多・醜・師・旅, 衆也.

지금 척부인이 밤낮으로 고조의 곁에서 시중을 들고, 척부인이 낳은 아들 조왕도 항상 고조의 앞에 머물고 있습니다. 따라서 고조도 끝내 태자를 사랑하는 조왕 위에 앉히지는 않을 것이니, 조왕이 태자의 지위를 대신하게 될 것은 자명한 사실입니다. 그런데 그대는 어찌하여 여후가 고조에게 눈물을 흘리며, '경포는 천하의 맹장이라서, 군사를 잘 부리고, 또 여러 장수들도 모두 폐하의 옛 동료들인데, 지금 만약 태자로 하여금 이들을 통솔하게 한다면, 그들은 힘을 발휘하지 않을 것입니다.'라고 호소하도록 재촉하지 않는 것입니까?"라고 했다. 이에 여후는 '사호'의 말대로 고조에게 청원을 하였다. 고조는 당시 질병에 시달리고 있었지만, 직접 군대를 통솔하였고, 고조 12년(B.C.195)에 경포의 군대를 격파하고 되돌아왔다. 그러나 병이 더욱 위중해져서, 이전보다도 더욱 강경한 자세로 태자를 조왕으로 바꾸고자 하였다. 연회를 베풀게 되었을 때, 태자는 고조의 시중을 들게 되었다. 그때 '사호'가 태자를 따라 나타나자, 고조가 매우 놀라며, "내가 그대들을 초빙한 것이 수년째인데, 그대들은 나를 회피했으면서도, 이제는 반대로 내 아들을 따르고 있구나!"라고 했다. 그러자 '사호'는 "폐하께서는 선비들을 경시하여 꾸짖기를 잘 하셨으니, 저희들은 욕을 보게 되지는 않을까 걱정했습니다. 그래서 두려운 마음에 숨어 있었던 것입니다."라고 했다.

集解 方氏愨曰: 冬則溫之以禦其寒, 夏則凊之以辟其暑, 昏則定之以奠其居, 晨則省之以問其安也.

번역 방각이 말하길, 겨울이 되면 따뜻하게 해드려서, 추위를 타시지 않도록 하며, 여름이 되면 시원하게 해드려서, 더위를 타시지 않도록 하고, 저녁때가 되면 잠자리를 살펴서, 침상에 편히 누우실 수 있도록 하며, 새벽이 되면 문안인사를 드려서, 안부를 살피는 것이다.

集解 朱子曰: 溫·凊·定·省, 雖有四時一日之異, 然一日之間, 正當隨時隨處省察其或溫或凊之宜也.

번역 주자가 말하길, 따뜻하게 하고, 시원하게 하고, 잠자리를 살피고, 문안인사를 하는 것 중에서 비록 두 가지는 계절마다 하는 것이고, 나머지 두 가지는 하루 동안 시행한다는 차이점이 있지만, 하루 동안에도 마땅히 때와 장소에 따라서 따뜻한 정도와 시원한 정도가 알맞은가를 살펴야 하는 것이다.

集解 愚謂: 此爲少者設戒, 故但言"在醜夷不爭".

번역 내가 생각하기에, 이곳 문장은 나이가 매우 어린 자들에게 훈계를 한 내용이다. 그렇기 때문에 "동년배들과 다투지 않는다[在醜夷不爭]."라고만 말한 것이다.

【14a~b】

夫爲人子者, 三賜不及車馬. 故州閭鄉黨稱其孝也, 兄弟親戚稱其慈也, 僚友稱其弟也, 執友稱其仁也, 交遊稱其信也.

직역 무릇 爲人子者는 三賜라도 車馬는 不及한다. 故로 州閭鄉黨은 그 孝를 稱하고, 兄弟親戚은 그 慈를 稱하며, 僚友는 그 弟를 稱하고, 執友는 그 仁을 稱하며, 交遊는 그 信을 稱한다.

의역 무릇 자식된 자들은 관직생활을 하더라도, 부친이 생존해 계시다면, 삼명(三命)의 관리 등급을 받아도, 말과 수레는 받지 않는다. 말과 수레를 받게 되면, 자신의 신분이 존귀해져서 부친과 같아지기 때문이다. 이처럼 자신을 부친보다 낮추기 때문에, 마을사람들은 그의 효성[孝]을 칭송하게 되는 것이고, 형제와 친척들은 그의 자애로움[慈]을 칭송하게 되는 것이며, 동료 관리들은 그의 공손함[弟]을 칭송하게 되는 것이고, 함께 수학한 동문들은 그의 인자함[仁]을 칭송하게 되는 것이며, 주위의 친우들은 그의 신의[信]를 칭송하게 되는 것이다.

集說 言爲人子, 謂父在時也. 古之仕者, 一命而受爵, 再命而受衣服, 三命
而受車馬. 有車馬, 則尊貴之體貌備矣. 今但受三賜之命, 而不與車馬同受, 故
言不及車馬也. 君之有賜, 所以禮其臣, 子之不受, 不敢並於親也. 二十五家爲
閭, 四閭爲族, 五百家爲黨, 二千五百家爲州, 一萬二千五百家爲鄉. 孝之所該
者大, 故其稱最廣, 曰慈, 曰弟, 曰仁, 曰信, 皆孝之事也. 僚友, 官同者. 執友,
志同者. 同師之友, 其執志同, 故曰執友. 交遊, 則泛言遠近之往來者.

번역 '사람의 자식된 자[爲人子]'라고 한 말은 곧 부친이 생존해 계실
때를 가리킨다. 고대에 벼슬살이를 했던 자들은 일명(一命)에 작위를 하사
받았고, 이명(二命)에 의복을 하사받았으며, 삼명(三命)에 '수레와 말[車
馬]'을 하사받았다.17) '거마(車馬)'를 갖추게 되면, 존귀한 신분을 가진 사람
으로써의 풍모를 갖추게 된다. 이곳 문장의 뜻은 '삼명'의 등급을 하사받게
되더라도, 일반적인 '삼명'의 관리들과는 달리 '거마'는 받지 않는다는 뜻이
다. 그렇기 때문에 "'거마'까지는 받지 않는다."라고 말한 것이다. 군주가
하사품을 내려주는 것은 자신의 신하를 예(禮)로 대접하는 방법이다. 그러

---

17) 주대(周代)의 관직등급은 1명(命)부터 9'명'까지 있었는데, 1'명'이 가장 낮은
등급의 관리이며, 9'명'이 가장 높은 등급의 관리이다. 등급이 높아지게 되면
각 등급에 따른 하사품 또한 달라졌다. 한편 1'명' 밑에는 무명(無命)의 단계도
있었다. 『주례』「춘관(春官)·대종백(大宗伯)」편에는 "以九儀之命, 正邦國之
位. 壹命受職. 再命受服. 三命受位. 四命受器. 五命賜則. 六命賜官. 七命賜國.
八命作牧. 九命作伯."이라는 기록이 있는데, 각 등급에 따른 하사품이 위의 기
록과 다소 차이를 보인다. 즉 『주례』의 기록에 따르면, 1'명'에는 작위를 부여
받고, 2'명'에는 의복을 하사받으며, 3'명'에는 상대부(上大夫)에 해당하는 높
은 지위를 하사받게 된다. 참고적으로 4'명'에는 제사 때 사용하는 제기(祭器)
를 하사받고, 5'명'에는 작은 봉지(封地)를 하사받으며, 6'명'에는 가신(家臣)을
두어 채읍(采邑)을 관리할 수 있는 권한을 부여받고, 7'명'에는 비교적 큰 봉지
를 부여받아 후작[侯]과 백작[伯]의 반열에 오르게 되며, 8'명'에는 1개의 주
(州)를 대표하는 제후의 반열에 올라서, 휘하의 제후들을 다스릴 수 있는 권한
을 부여받고, 9'명'에는 전체 제후들을 양분하여 담당하게 되는 이백(二伯)의
반열에 오르게 된다.

나 자식이 그것들을 받지 않는 것은 감히 부친과 대등한 신분이 될 수 없기 때문이다. 주대(周代)의 행정제도에서는 25개의 가(家)를 1개의 여(閭)로 삼았고, 4개의 여(閭)를 1개의 족(族)으로 삼았으며, 500개의 가(家)는 1개의 당(黨)으로 삼았고, 2500개의 가(家)를 1개의 주(州)로 삼았으며, 12,500개의 가(家)를 1개의 향(鄕)으로 삼았다.18) 효(孝)가 차지하는 비중이 크기 때문에, 그의 효성을 칭찬하는 것이 이처럼 가장 널리 퍼져나간 것이며, 자애로움[慈], 공손함[弟], 인자함[仁], 신의[信]라는 덕목들은 모두 '효'를 시행하는 일들이다. '요우(僚友)'는 동료 관리들이다. '집우(執友)'는 뜻을 함께 하는 동문들이다. 같은 스승 밑에서 배운 벗들은 '지니고 있는 뜻[執志]'이 같다. 그렇기 때문에 '집우'라고 부르는 것이다. '교유(交遊)'는 거리에 상관없이 교우하고 있는 사람들을 범칭하는 말이다.

---

18) 『주례』「지관(地官)・대사도(大司徒)」: 令五家爲比, 使之相保. 五比爲閭, 使之相受. 四閭爲族, 使之相葬. 五族爲黨, 使之相救. 五黨爲州, 使之相賙. 五州爲鄕, 使之相賓. / 주대의 행정단위에서, 향(鄕) 밑에는 주(州), 당(黨), 족(族), 여(閭), 비(比), 가(家)가 순차적으로 있었다. '향'을 기준으로 봤을 때, 1'향'은 5주(州)=25당(黨)=125족(族)=500여(閭)=2500비(比)=12500가(家)의 규모와 같다.

그림 7-1 주(周)나라 때의 왕성(王城)과 육향(六鄕) 및 육수(六遂)

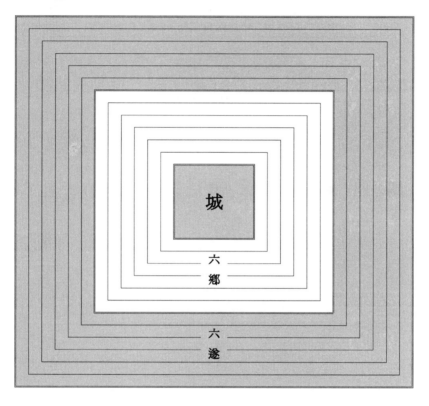

● 그림 7-2   향(鄕)의 행정구역 및 담당자

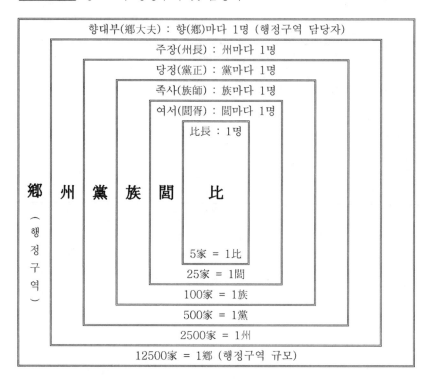

大全 藍田呂氏曰: 五者之稱不同, 各以其所見言之也. 州閭鄉黨, 觀其行者也, 見其所以敬親, 故稱其孝. 兄弟親戚, 責其恩者也, 順於父母者, 親親之愛必隆, 故稱其慈. 僚友見其有所讓者也, 有孫弟之心, 故稱其弟. 執友者, 友其德, 德莫盛於孝, 孝者仁之本, 故稱其仁. 交遊主於信, 知其誠心於孝也, 故稱其信.

번역 남전여씨가 말하길, 다섯 부류의 사람들이 칭송하는 내용이 서로 다른데, 그 이유는 각자 그들이 본 것을 기준으로 칭송하기 때문이다. 주(州)·여(閭)·향(鄉)·당(黨)에서는 그의 행실을 관찰하게 되는데, 사람들은 그가 부모에게 공경을 다하는 태도를 보았기 때문에, 그의 효(孝)를 칭송하는 것이다. 형제와 친척들은 그가 은혜롭게 행동하기를 바라게 되는데, 부모에게 순종하는 자는 친한 사람을 친근하게 대하는 사랑이 매우 융성하기 때문에, 그의 자애로움을 칭송하는 것이다. 동료 관리들은 그가 겸손하게 행동하는가를 관찰하게 되는데, 그가 겸손하고 공경하는 마음을 가지고 있기 때문에, 그의 공손함을 칭송하는 것이다. 동문들은 그의 덕(德)을 보고 교우를 하는데, 덕 중에는 '효'보다 큰 것이 없고, '효'는 또한 인(仁)의 근본이 된다.[19] 그렇기 때문에 그의 인자함을 칭송하는 것이다. 교우관계에서는 신의를 중시하는데, 그가 '효'에 대해서 진실된 마음으로 실천하고 있다는 사실을 친우들이 알아보았기 때문에, 그의 신의를 칭송하는 것이다.

鄭注 三賜, 三命也. 凡仕者, 一命而受爵, 再命而受衣服, 三命而受車馬. 車馬[20), 而身所以尊者備矣. 卿·大夫·士之子不受, 不敢以成尊比踰於父.

---

19) 『논어』「학이(學而)」: 有子曰, "其爲人也孝弟, 而好犯上者, 鮮矣, 不好犯上, 而好作亂者, 未之有也. 君子務本, 本立而道生. <u>孝弟也者, 其爲仁之本與!</u>"

20) '거마(車馬)'에 대하여. 『십삼경주소(十三經注疏)』 북경대 출판본에서는 "『민본(閩本)』·『감본(監本)』·『모본(毛本)』·『악본(岳本)』·『가정본(嘉靖本)』에서는 동일하게 '거마(車馬)'로 기록하고 있다. 『고문(考文)』에서는 『고본(古本)』·『족리본(足利本)』을 인용하며, '거(車)'자 앞에 '수(受)'자를 삽입해서 기록하고 있고, 위씨(衛氏)의 『집설(集說)』에서도 마찬가지로 '수(受)'자를 보충해 넣고 있다."라고 했다.

天子諸侯之子不受, 自卑遠於君. 不敢受重21)賜者, 心也. 如此而五者備有焉.
周禮二十五家爲閭, 四閭爲族, 五族爲黨, 五黨爲州, 五州爲鄕. 僚友, 官同者.
執友, 志22)同者.

번역 '삼사(三賜)'는 '삼명(三命)'을 뜻한다. 모든 관직자들은 일명(一命)
에 작위를 하사받고, 이명(二命)에 의복을 하사받으며, '삼명'에 거마(車馬)
를 하사받는다. '거마'를 받는다는 것은 본인을 존귀하게 만드는 조건을 갖
추는 것이다. 따라서 경(卿)·대부(大夫)·사(士)의 아들들이 '거마'를 받지
않는 이유는 감히 자신을 존귀한 신분으로 만들어서, 부친과 대등하거나
또는 부친보다 존귀한 신분이 될 수 없기 때문이다. 천자와 제후의 아들이
'거마'를 받지 않는 이유는 스스로를 군주보다 낮추기 때문이다. 귀중한 하
사품을 감히 받지 않는 것은 그의 마음 때문이다. 즉 마음으로도 이러한
하사품을 받아야겠다는 생각을 두고 있지 않은 것이다. 이처럼 행동한다면,
다섯 가지 덕목들을 이미 완비하고 있는 것이다.『주례』에서는 25개의 가
(家)가 1개의 여(閭)가 되고, 4개의 여(閭)가 1개의 족(族)이 되며, 5개의
족(族)이 1개의 당(黨)이 되고, 5개의 당(黨)이 1개의 주(州)가 되며, 5개의
주(州)가 1개의 향(鄕)이 된다고 했다.23) '요우(僚友)'는 동료 관리들이다.

---

21) '수중(受重)'에 대하여. '수중'은 본래 '중수(重受)'로 기록되어 있었는데, 완원
(阮元)의 『교감기(校勘記)』에서는 "『민본(閩本)』·『감본(監本)』·『모본(毛
本)』에서도 또한 '중수'라고 잘못 기록하고 있다.『고문(考文)』에서는 송(宋)
나라 때의 판본과『고본(古本)』·『족리본(足利本)』을 인용하며, '수중'이라고
기록하고,『악본(岳本)』·『가정본(嘉靖本)』에서도 '수중'으로 기록하고 있다.
살펴보니, '수중'이라는 말이 소(疏)의 내용과 합치된다."라고 했다.

22) '지(志)'자에 대하여.『십삼경주소(十三經注疏)』북경대 출판본에서는 "『민본
(閩本)』·『감본(監本)』·『모본(毛本)』·『악본(岳本)』·『가정본(嘉靖本)』에
서는 동일하게 '지'자로 기록하고 있다.『고문(考文)』에서는『고본(古本)』·
『족리본(足利本)』을 인용하여, 이 글자 앞에 '집(執)'자를 보충해 넣고 있다.
완원(阮元)의 『교감기(校勘記)』에서는 '살펴보니, 집지동자(執志同者)라고 기
록하는 것이 소(疏)의 내용과 합치된다.'"라고 했다.

23) 『주례』「지관(地官)·대사도(大司徒)」: 令五家爲比, 使之相保. 五比爲閭, 使之
相受. 四閭爲族, 使之相葬. 五族爲黨, 使之相救. 五黨爲州, 使之相賙. 五州爲鄕,
使之相賓.

'집우(執友)'는 뜻을 함께 하는 자들이다.

釋文 遠, 于萬反. 僚, 本又作寮, 了彫反, 同官者. 弟, 大計反, 下注同.

번역 '遠'자는 '于(우)'자와 '萬(만)'자의 반절음이다. '僚'자는 판본에 따라서 또한 '寮'자로도 기록하는데, 이 글자들은 '了(료)'자와 '彫(조)'자의 반절음이며, 동료 관리들을 뜻한다. '弟'자는 '大(대)'자와 '計(계)'자의 반절음이며, 아래 정현의 주에 나오는 글자도 그 음이 이와 같다.

孔疏 ●"夫爲"至"行也". ○正義曰: 此一節明人子謙卑, 行著於外, 所敬又廣. 今各隨文解之. 言"夫"者, 貴賤悉然也. "三賜", 三命也. 言爲人子, 雖受三命之尊, 終不敢受車馬, 車馬則身有成尊, 便比蹹於父, 故不受. 所以許受三命, 而不許受車馬者, 命是榮美, 光顯祖父, 故受也; 車馬是安身, 身安不關先祖, 故不受也. 不云"不受", 而云"不及"者, 受是已到之日, 明人子非唯外迹不受, 抑亦心所不及於此賜也.

번역 ●經文: "夫爲"~"行也". ○이 단락은 자식된 자는 마땅히 겸손하게 자신을 낮춰야 하며, 또한 그 행실이 밖으로 표출되면, 존경을 받는 범위 또한 넓어지게 된다는 사실을 밝히고 있다. 이제 각각의 문장에 따라서 풀이하겠다. '부(夫)'자를 언급하고 있으니, 신분의 귀천에 상관없이 모두에게 해당된다는 뜻이다. '삼사(三賜)'라는 것은 '삼명(三命)'을 뜻한다. 즉 자식된 자는 비록 '삼명'에 해당하는 존귀한 작위를 하사받게 되더라도, 끝내 '거마(車馬)'만은 받지 않는다는 뜻으로, '거마'를 받게 된다면, 본인에게 존귀함이 생겨서, 부친과 대등하게 되거나, 또는 부친보다도 더 높아질 수 있게 된다. 그렇기 때문에 받지 않는 것이다. '삼명'을 내려준 군주의 명령 자체는 수락하되, 함께 주어지는 '거마'만은 받아들이지 않는데, 그 이유는 '명(命)'을 받는 것은 명예스러운 것이니, 선조 및 부친의 이름을 영광스럽게 하는 것이다. 그렇기 때문에 수락하는 것이다. 그러나 '거마' 자체는 자신을 편안하게 만드는 도구들이고, 본인이 편안하게 되는 것과 선조의 명예를 높이는 것과는 상관이 없기 때문에, 받아들이지 않는 것이다. 그런데 경문에서는 "받지 않는다[不受]."라고 말하지 않고, '불급(不及)'이라고 기록하였다. 그 이유는 "받다[受]."라는 말은 이미 자신 앞에 당도해 있는 것을 받아들일 때 쓰는 말이다. 따라서 '불급'이라는 말은 단지 겉으로만 받아들이지 않는다는 것이 아니라, 또한 마음으로도 이러한 하사품에 뜻을 두고 있지 않다는 사실을 나타내고 있는 것이다.

孔疏 ◎注"三賜"至"於君". ○正義曰: 云"三賜不及"者, 受命卽受賜, 故三賜三命, 故公羊云: "命者何? 加我服", "錫者何? 賜也", 是其命賜將相也. 云"凡仕者, 一命受爵, 再命受衣服, 三命受車馬"者, 皆約周禮·大宗伯之文. 按大宗伯"一命受職", 職則爵也. 又宗伯"三命受位", 鄭康成云: "始有列位於王朝." 今言"受車馬"者, 但三命受位, 卽受車馬. 以經云"車馬", 故以"車馬"言之. 云"卿·大夫·士之子不受, 不敢以成尊比踰於父"者, 以公侯伯卿三命, 其子不受, 不敢比於父; 公侯伯大夫·子男卿再命, 公侯伯士一命, 子男之士不命, 其子三命不受車馬者, 皆是不敢踰於父. 不言天子諸侯之子不敢受者, 以其父位旣尊, 不得言不敢比踰, 故云"自卑遠於君". 按周禮九儀, "一命受職, 再命受服, 三命受位, 四命受器, 五命賜則, 六命賜官, 七命賜國, 八命作牧, 九命作伯". 按含文嘉: "九賜: 一曰車馬, 二曰衣服, 三曰樂則, 四曰朱戶, 五曰納陛, 六曰虎賁, 七曰斧鉞, 八曰弓矢, 九曰秬鬯." 宋均注云: "進退有節, 行步有度, 賜以車馬, 以代其步[24]. 言成文章, 行成法則, 賜以衣服, 以表其德. 動作有禮, 賜以納陛, 以安其體. 長於敎誨, 內懷至仁, 賜以樂則, 以化其民. 居處修

---

24) '보(步)'자에 대하여. '보'자는 본래 '노(勞)'자로 기록되어 있었는데, 완원(阮元)의 『교감기(校勘記)』에서는 "『공양전』 장공(莊公) 1년에 대한 소(疏) 기록에서는 이 문장을 인용하며, '이대기보(以代其步)'로 기록하고 있다."라고 했다. 손이양(孫詒讓)의 『교기(校記)』에서는 "'노'자는 마땅히 『공양전』의 소(疏)에 따라서 '보'자로 기록해야 하니, 이치상으로도 그것이 옳다. 『시』「대아(大雅)·한록(旱麓)」편에 대한 소(疏)에서도 '보'자로 기록하고 있다."라고 했다.

理, 房內不泄²⁵⁾, 賜以朱戶, 以明其別. 勇猛勁疾, 執義堅强, 賜之虎賁, 以備非
常. 抗揚威武, 志在宿衛, 賜以斧鉞, 使得專殺. 內懷仁德²⁶⁾, 執義不傾, 賜以弓
矢, 使其專征²⁷⁾. 慈孝父母, 賜以秬鬯, 以歸祭祀²⁸⁾." 鄭司農以周禮九命與九
賜是一也. 然則此"三賜", 鄭康成知非"九賜"之第三, 而云"三命之賜"者, 康成
以九命與九賜不同, 九賜謂"八命作牧, 九命作伯"之後, 始加九賜. 知者, 王制
云"三公一命卷, 若有加, 則賜." 二曰衣服之屬, 是也. 又宗伯"八命作牧." 注
云: "侯伯有功德, 加命得專征伐." 王制云: "賜弓矢, 然後征." 詩云: "瑟彼玉
瓚, 黃流在中." 傳曰: "九命然後賜以圭瓚." 又尙書·文侯, 仇受弓矢秬鬯. 左
傳, 晉文公受大路·戎路·弓矢·秬鬯·虎賁. 此皆九命之外, 始有衣服·弓
矢·秬鬯等之賜, 故知九賜不與九命同也. 且此云"三賜不及車馬", 其九賜
"一曰車馬", 何由三賜不及車馬乎? 故知此三賜非九賜之三賜也. 若是九賜之
三賜, 卽是身八命九命之尊, 禮絶凡庶, 何得下文云州閭·鄕黨·僚友·交遊
也? 故康成以爲諸侯及卿大夫之子三命者. 其公羊說九賜之次, 與含文嘉不
同, 一曰加服, 二曰朱戶, 三曰納陛, 四曰輿馬, 五曰樂則, 六曰虎賁, 七曰斧

---

25) '설(泄)'자에 대하여. 손이양(孫詒讓)의 『교기(校記)』에서는 "『시』의 소(疏)에
서는 '설(渫)'자로 기록하고 있는데, 이 두 글자 모두 '설(藝)'자와 통용된다."라
고 했다.

26) '내회인덕(內懷仁德)'에 대하여. 『십삼경주소(十三經注疏)』 북경대 출판본에
서는 "『공양전(公羊傳)』의 소(疏)에서는 이 문장을 인용하며, '내회지인(內懷
至仁)'으로 기록하고 있다."라고 했다.

27) '정(征)'자에 대하여. 『십삼경주소(十三經注疏)』 북경대 출판본에서는 "'정'자
는 본래 '行'자로 기록되어 있었는데, 『민본(閩本)』·『감본(監本)』·『모본(毛
本)』에서는 '사기전정(使其專征)'으로 기록하고, 『공양전(公羊傳)』의 소(疏)에
서는 이 문장을 인용하며, '사득전정(使得專征)'으로 기록하고 있다. 손이양
(孫詒讓)의 『교기(校記)』를 살펴보면, 『시』「한록(旱麓)」편의 소(疏)에서는 이
문장을 인용하며, 정(征)자로 기록하고 있으니, 마땅히 이 기록에 의거해서 글
자를 정(征)자로 수정해야 한다.'"라고 했다.

28) '이귀제사(以歸祭祀)'에 대하여. 『십삼경주소(十三經注疏)』 북경대 출판본에
서는 "『공양전(公羊傳)』의 소(疏)에서는 이 문장을 인용하며, '사지제사(使之
祭祀)'로 기록하고 있다. 손이양(孫詒讓)의 『교기(校記)』에서는 "『시』「한록(旱
麓)」편의 소(疏)에서는 이사선조(以祀先祖)로 기록하고 있는데, 어느 기록이
옳은지는 잘 모르겠다.'"라고 했다.

鉞, 八曰弓矢, 九曰秬鬯29). 異人之說, 故文有參差, 大略同也. 異義許愼說九賜九命, 鄭康成以爲不同30), 具如前說, 其大夫賜樂, 鄕飮酒注云“大夫若君賜樂”, 及左傳“魏絳有金石之樂”, 非九賜之正法也. 車馬之賜, 進退由於君命, 今言不受者, 君子仕, 辭位不辭祿, 其物終必受之, 故鄭注下文“不敢受重賜者, 心也.”

번역　◎鄭注: “三賜”~“於君”. ○경문에서는 “삼사를 받지 않는다[三賜不及].”라고 하였는데, 명(命)을 받아들인다는 것은 곧 하사품을 받아들인다는 뜻이다. 그렇기 때문에 정현이 ‘삼사(三賜)’는 ‘삼명(三命)’이 된다고 한 것이다. 그리고 이러한 뜻에서 『공양전(公羊傳)』에서도 “‘명’이란 것은 무엇인가? 나에게 의복을 준다는 뜻이다.”라고 하고, 또 “‘석(錫)’이란 것은 무엇인가? ‘하사한다[賜].’는 뜻이다.”라고 한 것이니,31) 이 말은 곧 ‘명’자와 ‘사’자의 뜻이 서로 호응된다는 사실을 나타내고 있다. 정현이 “모든 관작자들은 일명(一命)에 작위를 하사받고, 이명(二命)에 의복을 하사받으며, 삼명(三命)에 거마(車馬)를 하사받는다.”라고 하였는데, 이것은 모두 『주례』「대종백(大宗伯)」편의 기록을 요약한 것이다. 「대종백」편을 살펴보면, “‘일명’에 ‘직(職)’을 하사받는다.”라고 하였는데, ‘직’자는 곧 작위[爵]를 뜻한다. 또한 「대종백」편에서는 “‘삼명’에 위(位)를 하사받는다.”라고 하였는데, 이 문장에 대해 정현은 “비로소 천자의 조정에 입조하여, 자신의 자리에 설 수 있는 권리를 갖게 된다.”라고 했다. 그런데 이곳 문장에서는 ‘삼명’에 대해 “‘거마’를 받는다.”라고 하여, 차이를 보이고 있다. 그러나 ‘삼명’에 ‘위’

---

29) “기공양설(其公羊說) …… 구백거창(九曰秬鬯)”에 대하여. 손이양(孫詒讓)의 『교기(校記)』에서는 “『공양전(公羊傳)』장공(莊公) 1년 기록에 대한 하휴(何休)의 주(注)에서는 구사(九賜)에 대해 설명하며, 『함문가(含文嘉)』의 주장을 따랐는데, 이곳에서 인용하고 있는 『공양전』의 ‘구사’에 대한 열거 순서와는 차이가 있다.”라고 했다.

30) ‘정강성이위부동(鄭康成以爲不同)’에 대하여. 손이양(孫詒讓)의 『교기(校記)』에서는 “이것은 정현이 허신(許愼)의 주장을 반박할 때 나왔던 주장이니, 대략적인 설명은 『시』「한록(旱麓)」편에 대한 소(疏)에 보인다.”라고 했다.

31) 『춘추공양전』「장공(莊公) 1년」: 王使榮叔來錫桓公命, 錫者何? 賜也. 命者何? 加我服也. 其言桓公何? 追命也.

를 받는다는 말은 곧 '거마'를 받는다는 뜻을 내포하고 있을 따름이다. 그리고 경문에서는 '거마'를 언급하였기 때문에, 정현 또한 문장을 바꿔서, '거마'를 받는다고 말을 한 것이다. 정현은 "경(卿)·대부(大夫)·사(士)의 아들들이 '거마'를 받지 않는 것은 감히 자신을 존귀한 신분으로 만들어서, 부친과 대등하거나 또는 더 높은 신분이 될 수 없기 때문이다."라고 하였는데, 공작[公]·후작[侯]·백작[伯]에게 소속된 '경'은 '삼명'의 신분이다. 그의 아들들이 '거마'를 받아들이지 않는 것은 감히 부친과 대등한 신분으로 자처할 수 없기 때문이다. 한편 공작·후작·백작에게 소속된 '대부'와 자작[子]·남작[男]에게 소속된 '경'들은 이명(二命: =再命)의 신분이고, 공작·후작·백작에게 소속된 '사'는 일명(一命)의 신분이며, 자작·남작에게 소속된 '사'들은 별도의 명(命) 등급을 받지 않는 무명(無命)의 신분이다. 따라서 그들의 자식이 '삼명'의 관직 등급을 받더라도, '거마'를 받지 않는데, 이러한 경우들이 모두 자신의 부친보다 더 높은 신분으로 감히 자처할 수 없는 경우가 된다. 그런데 정현은 천자나 제후의 아들들이 '거마'를 감히 받아들이지 않는다는 언급을 하지 않고 있다. 그 이유는 그들의 부친은 천자나 제후이므로, 이미 그 지위가 매우 존귀하다. 따라서 감히 대등하게 할 수 없다거나, 또는 감히 뛰어넘을 수가 없다는 등등의 말을 할 수 조차 없기 때문이다. 그래서 "스스로를 군주보다 낮추기 때문이다."라고만 말한 것이다. 『주례』에 기록된 '구의(九儀)'를 살펴보면, "'일명(一命)'에는 작위[職]를 하사받고, '이명(二命: =再命)'에는 의복[服]을 하사받으며, '삼명(三命)'에는 '위(位)'를 하사받고, '사명(四命)'에는 제기[器]를 하사받으며, '오명(五命)'에는 '작은 봉지(封地)[則]'를 하사받고, '육명(六命)'에는 '가신(家臣)을 둘 수 있는 권한[官]'을 하사받으며, '칠명(七命)'에는 제후국[國]을 하사받고, '팔명(八命)'에는 '하나의 주(州)를 대표하는 목(牧)의 지위[牧]'에 오르며, '구명(九命)'에는 제후들을 통솔하는 백(伯)이 된다."[32]라고 했

---

32) 『주례』「춘관(春官)·대종백(大宗伯)」: 以九儀之命, 正邦國之位. 壹命受職. 再命受服. 三命受位. 四命受器. 五命賜則. 六命賜官. 七命賜國. 八命作牧. 九命作伯.

다. 한편 위서(緯書)인『함문가(含文嘉)』[33]를 살펴보면, "'구사(九賜)'에 대
해 말해보자면, 첫 번째는 '거마(車馬)'이고, 두 번째는 '의복(衣服)'이며, 세
번째는 '악칙(樂則)'이고, 네 번째는 '주호(朱戶)'이며, 다섯 번째는 '납폐(納
陛)'이고, 여섯 번째는 '호분(虎賁)'이며, 일곱 번째는 '부월(斧鉞)'이고, 여덟
번째는 '궁시(弓矢)'이며, 아홉 번째는 '거창(秬鬯)'이다."라고 했다.『함문
가』에 대한 송균의 주에서는 "나아가고 물러남에 절도가 있고, 행보에 법도
가 있다면, 그에게 '수레와 말[車馬]'을 하사하여, 그가 수고롭게 걷는 것을
대신하게 한다. 말하는 것이 예법에 맞아 아름답고, 행동거지가 법도에 맞
아 올바르다면, 그에게 '의복'을 하사하여, 그의 덕성이 드러나게 한다. 그의
모든 행위들이 예법에 맞는다면, 옷이 비에 젖지 않도록, '섬돌을 설치할
수 있는 권한[納陛]'을 부여하여, 그의 신체를 편안하게 해준다. 교육시키는
일에 뛰어나고, 자신의 내면에 '지극한 인자함[至仁]'을 품고 있다면, '악기
와 악곡[樂則]'을 하사하여, 그의 백성들을 교화시킬 수 있도록 한다. 거처
할 때에도 이치에 따라 자신을 수양하여, 집안에서도 올바르게 행동한다면,
그에게 '붉은 색의 대문[朱戶]'을 하사하여, 그의 뛰어난 점을 드러낸다. 용
맹하고 재빠르며, 의(義)를 지키고 지조가 굳으면, 그에게 '군주의 근위대
직위[虎賁]'을 주어서, 비상시를 대비토록 한다. 위엄과 무용이 뛰어나고,
국가를 수호하는데 뜻이 있다면, 그에게 도끼[斧鉞]를 하사하여, 그로 하여
금 죄인 참살하는 일을 전담토록 한다. 자신의 내면에 인(仁)과 덕(德)을
모두 갖추고 있으며, 의(義)를 지키는 일에 소홀함이 없다면, 그에게 '활과
화살[弓矢]'을 주어서, 그로 하여금 정벌하는 일을 전담토록 한다. 부모를
친애하며 효도를 다한다면, '찰기장으로 빚은 향기로운 술[秬鬯]'을 하사하
여, 그가 제사 때 사용하도록 해준다."라고 했다. 정사농은『주례』에 나온
'구명(九命)'을 '구사(九賜)'와 동일한 것이라고 여겼다. 그런데 이곳 경문에

33)『함문가(含文嘉)』는『예기(禮記)』에 대한 위서(緯書) 중 하나이다.『예기』에
대한 위서는 '함문가' 외에도『계명징(稽命徵)』,『두위의(斗威儀)』등이 있다.
'위서'는 경서(經書)의 부족한 내용을 보충하기 위해 위작된 것으로, 서한(西
漢) 말기에 유행하기 시작하여, 동한(東漢) 시기에 크게 성행하였으며, 남조
(南朝) 송나라 때가 되어서야 비로소 금지되기 시작하였다.

기록된 '삼사(三賜)'에 대해, 정현은 '삼사'가 『함문가』에 나오는 '구사' 중
세 번째 하사품을 뜻하는 것이 아니라는 사실을 알고 있었다. 그래서 '삼명
에 따른 하사품[三命之賜]'이라고 하였는데, 그 이유는 정현은 '구명'과 '구
사'가 서로 다른 것이라고 여기고 있었기 때문이다. 따라서 '구사'라는 것은
곧 『주례』에서 언급하고 있듯이, "'팔명'에 목(牧)이 되고, '구명'에 백(伯)이
된다[八命作牧, 九命作伯]."라고 했을 때, '팔명'과 '구명'의 등급에 오른 사
람들에 한해서, '구사'라는 것이 부여되는 것이다. 정현이 이러한 사실을
알 수 있었던 이유는 『예기』「왕제(王制)」편에서 "삼공(三公)[34]에 대한 제
도에서, '삼공'은 '일명(一命)'이 더 더해지면, 곤면(袞冕)을 착용한다. 만약
'삼공'의 신분인데도 '곤면'을 착용하는 자가 있다면, 이것은 곧 천자가 특별
히 하사한 것이다."[35]라고 했는데, 이것은 곧 『함문가』에 기록된 '구사' 중
"두 번째는 의복이다."라고 했던 말에 해당한다. 또한 『주례』「대종백(大宗
伯)」편에서 "'팔명'은 구주(九州) 중 하나의 주(州)를 대표하는 목(牧)이 된
다."라고 하였는데, 이 문장에 대한 정현의 주에서는 "후작[侯]과 백작[伯]
에게 공덕(功德)이 있다면, '명(命)'을 더해주어, 정벌을 전담할 수 있도록
한다."라고 했다. 그리고 「왕제」편에서는 "'활과 화살[弓矢]'을 하사받은 이
후에야, 정벌을 한다."[36]라고 했고, 『시』에서는 "깨끗하고 아름다운 저 옥
잔에, 황금으로 된 주둥이가 그 가운데 붙어 있네."[37]라고 했는데, 이 문장
에 대한 전문(傳文)에서는 "'구명'이 된 연후에야, 그 자에게 규찬(圭瓚)과

---

34) 삼공(三公)은 중앙정부의 가장 높은 관직자 3명을 합쳐서 부르는 말이다. '삼
공'에 속한 관직명에 대해서는 각 시대별로 차이가 있다. 『사기(史記)』「은본기
(殷本紀)」편에는 "以西伯昌, 九侯, 鄂侯, 爲三公."이라는 기록이 있다. 즉 은나
라 때에는 서백(西伯)인 창(昌), 구후(九侯), 악후(鄂侯)들이 '삼공'으로 삼았
다. 또한 주(周)나라 때에는 태사(太師), 태부(太傅), 태보(太保)를 '삼공'으로
삼았다. 『서』「주서(周書)·주관(周官)」편에는 "立太師·太傅·太保, 玆惟三
公, 論道經邦, 燮理陰陽."이라는 기록이 있다. 한편 『한서(漢書)』「백관공경표
서(百官公卿表序)」에 따르면 사마(司馬), 사도(司徒), 사공(司空)을 '삼공'으로
삼았다는 기록이 있다.
35) 『예기』「왕제(王制)」【149d】: 制三公, 一命卷. 若有加, 則賜也. 不過九命.
36) 『예기』「왕제(王制)」【154b】: 諸侯賜弓矢然後, 征, 賜鈇鉞然後, 殺.
37) 『시』「대아(大雅)·한록(旱麓)」: 瑟彼玉瓚, 黃流在中. 豈弟君子, 福祿攸降.

도 같은 옥잔들을 하사한다."라고 했다. 또한『서』「문후(文侯)」편에는 진(晉)나라 문후(文侯) 구(仇)가 활과 화살 및 '찰기장으로 빚은 향기로운 술[秬鬯]'을 하사받았다고 하였다.[38]『좌전』에서도 진나라 문공(文公)이 대로(大路)[39]·융로(戎路)[40]·궁시(弓矢)·거창(秬鬯)·호분(虎賁) 등을 하사받았다고 했다.[41] 이러한 기록들은 모두 '구명'의 체계와 별도로 제후의 등급에 오른 이후에야, 비로소 의복, 활과 화살, 찰기장으로 빚은 향기로운

---

38)『서』「주서(周書)·문후지명(文侯之命)」: 王曰, 父義和. 其歸視爾師, 寧爾邦. 用賚爾秬鬯一卣, 彤弓一, 彤矢百, 盧弓一, 盧矢百, 馬四匹. 父往哉. 柔遠能邇, 惠康小民. 無荒寧, 簡恤爾都, 用成爾顯德.

39) 대로(大路)는 대로(大輅)라고도 부른다. 천자가 타던 옥로(玉路: =玉輅)를 가리킨다. '대로'라는 말은 수레들 중에 가장 크다는 뜻에서 붙여진 명칭이다. 고대에는 천자가 타던 수레에 5종류가 있었다. 옥로(玉輅)·금로(金輅)·상로(象輅)·혁로(革輅)·목로(木輅)가 바로 천자가 타던 5종류의 수레인데, '옥로'가 수레들 중 가장 컸기 때문에, '대로'라고도 불렸던 것이다.『서』「주서(周書)·고명(顧命)」편에는 "大輅在賓階面."이라는 기록이 있는데, 이에 대한 공안국(孔安國)의 전(傳)에서는 "大輅, 玉."이라고 풀이했고, 공영달(孔穎達)의 소(疏)에서는 "周禮巾車掌王之五輅, 玉輅·金輅·象輅·革輅·木輅, 是爲五輅也. …… 大輅, 輅之最大, 故知大輅玉輅也."라고 풀이했다. 한편 '옥로'는 옥(玉)으로 치장을 했기 때문에, '옥로'라는 명칭이 생기게 된 것인데, '옥로'에는 대상(大常)이라는 깃발을 세웠고, 깃발에는 12개의 치술을 달았으며, 주로 제사 때 사용하였다.『주례』「춘관(春官)·건거(巾車)」편에는 "王之五路, 一曰玉路, 錫, 樊纓, 十有再就, 建大常, 十有二斿, 以祀."라는 기록이 있고, 이에 대한 정현의 주에서는 "玉路, 以玉飾諸末."이라고 풀이했다.

40) 융로(戎路)는 군주가 군중(軍中)에 있을 때 타던 수레이다. 전쟁용 수레를 범칭하는 용어로도 사용된다.『주례』「춘관(春官)·거복(車僕)」편에는 "車僕, 掌戎路之萃."라는 기록이 있는데, 이에 대한 정현의 주에서는 "戎路, 王在軍所乘也."라고 풀이했다. 한편 고대의 천자가 사용하던 5종류의 수레 중에는 혁로(革輅)라는 것이 있었다. '혁로'는 전쟁용으로 사용했던 수레인데, 간혹 제후의 나라에 순수(巡守)를 갈 때 사용하기도 하였다. 가죽으로 겉을 단단하게 동여매서 고정시키고, 옻칠만 하고, 다른 장식을 하지 않았기 때문에, '혁로'라고 부르는 것이다.『주례』「춘관(春官)·건거(巾車)」편에는 "革路, 龍勒, 條纓五就, 建大白, 以卽戎, 以封四衛."라는 기록이 있고, 이에 대한 정현의 주에서는 "革路, 鞔之以革而漆之, 無他飾."이라고 풀이했다.

41)『춘추좌씨전』「희공(僖公) 28년」: 王命尹氏及王子虎·內史叔興父策命晉侯爲侯伯, 賜之大輅之服·戎輅之服·彤弓一·彤矢百, 旅弓矢千, 秬鬯一卣, 虎賁三百人, 曰, "王謂叔父, '敬服王命, 以綏四國, 糾逖王慝.'"

술 등이 하사되었음을 나타낸다. 그렇기 때문에 '구사'가 '구명'과는 다른
것임을 알 수 있다. 또한 이곳 경문에서는 '삼사불급거마(三賜不及車馬)'라
고 하였고, 『함문가』에서 말한 '구사' 중에는 "첫 번째는 '거마'이다."라고
하였으니, 어떻게 '삼사불급거마'라는 말을 할 수 있겠는가? 그러므로 여기
에서 말하는 '삼사'는 '구사'라고 할 때의 '삼사'에 해당하지 않는다는 사실
을 알 수 있다. 만약 여기에서 말하는 '삼사'가 '구사' 중의 '삼사'에 해당한
다면, 위의 경문에서 언급하는 대상은 '팔명(八命)'이나 '구명(九命)'에 해당
하는 존귀한 신분이 되고, 또한 그에 따른 예법은 일반인들과는 상관이 없
는데, 어떻게 그 다음 문장에서 주여(州閭)·향당(鄕黨)·요우(僚友)·교
유(交遊) 등에 대해서 언급할 수 있겠는가? 이러한 이유 때문에 정현은 제
후 및 경(卿)·대부(大夫)의 아들들을 '삼명'에 해당하는 자라고 여긴 것이
다. 그런데 『공양전』의 주석에 나오는 '구사'의 순서는 『함문가』에 나온 순
서와 서로 다르다. 즉 『공양전』의 주석에서는 "첫 번째는 '의복을 하사함
[加服]'이고, 두 번째는 '주호'이며, 세 번째는 '납폐'이고, 네 번째는 '수레와
말[輿馬]'이며, 다섯 번째는 '악칙'이고, 여섯 번째는 '호분'이며, 일곱 번째
는 '부월'이고, 여덟 번째는 '궁시'이며, 아홉 번째는 '거창'이다."라고 되어
있다. 서로 다른 학파의 주장이기 때문에, 문장에 다소 차이가 있지만, 대략
적으로 같은 내용이다. 『오경이의(五經異義)』에서 허신은 '구사'와 '구명'을
연관시켜 설명하였는데, 정현은 그것들이 서로 다른 것이라고 여겼다. 그
이유에 대한 설명은 앞에서 이미 기술하였다. 한편 "대부들에게 악기를 하
사한다[大夫賜樂]."는 기록에 대해, 『의례』「향음주례(鄕飮酒禮)」편에 대한
정현의 주에서는 '대부가 만약 군주에게 악기를 하사받게 되면'[42]이라는
상황을 설명하였으며, 『좌전』에서도 "위강(魏絳)이 쇠와 돌로 된 악기를
가지게 되었다."[43]라는 기록이 나온다. 그러나 이 기록들은 '구사'의 정식
규정에는 해당되지 않는다. 또한 '거마'를 하사받는 사안에 대해서 설명하

42) 이 문장은 『의례』「향음주례(鄕飮酒禮)」편의 "大師, 則爲之洗, 賓·介降·主人
辭降. 工不辭洗."라는 기록에 대한 정현의 주이다.
43) 『춘추좌씨전』「양공(襄公) 11년」 : 魏絳於是乎始有金石之樂, 禮也.

자면, 신하는 나아가고 물러나는 것 또한 군주의 명령에 따르는 것이다. 그런데 이곳 문장에서는 군주가 하사한 '거마'에 대해서 받아들이지 않는다고 하였다. 군자가 관직에 진출하게 되면, 하사되는 작위는 사양할 수 있어도, 녹봉마저 사양하지는 않는 것이며, 또한 실제로는 하사되는 물건도 끝내 받게 된다. 그렇기 때문에 다음 문장에 대한 정현의 주에서, "귀중한 하사품을 감히 받지 않는 것은 그의 마음 때문이다. 즉 마음으로도 이러한 하사품을 받아야겠다는 생각을 두고 있지 않은 것이다."라고 말한 것이다.

● 그림 7-3 상공의 곤면[上公袞冕]

▶ 출처: 『삼례도집주(三禮圖集注)』 1권

규찬(圭瓚)

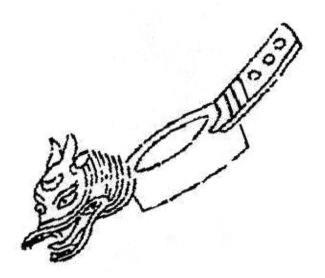

圭瓚

▶출처: 『삼례도집주(三禮圖集注)』14권

그림 7-5   대로(大路)

大輅圖

▸ 출처: 『삼재도회(三才圖會)』「기용(器用)」 5권

그림 7-6 후대의 융로(戎路: =革路)

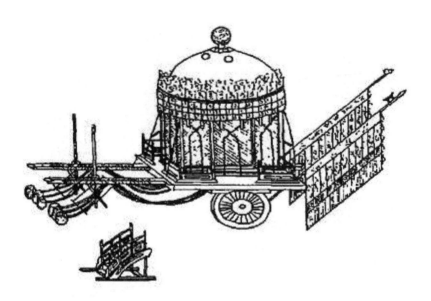

▶ **출처**: 『황조예기도식(皇朝禮器圖式)』 11권

孔疏 ●“故州閭”至“稱其信也”. 周禮·司徒去王城百里, 置[44]遠郊, 遠郊
之內爲六鄕, 六鄕之民, “五家爲比, 使之相保. 五比爲閭, 使之相受. 四閭爲族,
使之相葬. 五族爲黨, 使之相救. 五黨爲州, 使之相賙. 五州爲鄕, 使之相賓”.
又遂人職主六遂, 六遂之民在遠郊之外, “五家爲鄰, 五鄰爲里, 四里爲酇, 五
酇爲鄙, 五鄙爲縣, 五縣爲遂”. 今不言六遂者, 擧近耳. 若六遂之中有此孝者,
則亦稱之也.

번역 ●經文: “故州閭”~“稱其信也”. ○『주례』「대사도(大司徒)」편에서
는 왕성(王城)으로부터 100리(里) 떨어진 곳에 원교(遠郊)를 설치하고, 원
교 안에는 육향(六鄕)을 설치한다고 하였다. 또한 ‘육향’에 속한 백성들을
편제하면서, “5개의 가(家)를 1개의 비(比)로 삼아서, 서로를 보호하도록
하였다. 5개의 비(比)를 1개의 려(旅)로 삼아서, 서로 의지하도록 하였다.
4개의 려(旅)를 1개의 족(族)으로 삼아서, 서로 장례(葬禮)를 돕도록 하였
다. 5개의 족(族)을 1개의 당(黨)으로 삼아서, 서로 구휼하도록 하였다. 5개
의 당(黨)을 1개의 주(州)로 삼아서, 행사를 치를 때 부족한 것들을 서로
도와주도록 하였다. 5개의 주(州)를 1개의 향(鄕)으로 삼아서, 서로 향음주
례(鄕飮酒禮)와 같은 예법(禮法)을 시행하도록 하였다.”[45]라고 했다. 또
『주례』「수인(遂人)」편에 기록된 직무에서는 ‘육수(六遂)’를 담당한다고 하
였는데, ‘육수’에 속한 백성들은 원교(遠郊) 밖에 거처하며, 그들에 대한 편
제에 대해서는 “5개의 가(家)를 1개의 린(鄰)으로 삼고, 5개의 린(鄰)을 1개
의 리(里)로 삼으며, 4개의 리(里)를 1개의 찬(酇)으로 삼고, 5개의 찬(酇)을

---

44) ‘거왕성백리치(去王城百里置)’에 대하여. 『십삼경주소(十三經注疏)』 북경대
출판본에서는 “이 구문의 ‘리(里)’자는 본래 없던 글자인데, 완원(阮元)의 『교
감기(校勘記)』에서는 ‘리’자가 있어야 한다고 주장하며, ‘혜동(惠棟)의 『교송
본(校宋本)』에서도 백리치(百里置)로 기록하고 있으니, 이곳 판본은 리(里)자
가 누락된 것이다. 『민본(閩本)』·『감본(監本)』·『모본(毛本)』에는 치(置)자
가 누락되어 있고, 『모본(毛本)』에서는 거(去)자를 운(云)자로 잘못 기록하고
있다.’”라고 했다.
45) 『주례』「지관(地官)·대사도(大司徒)」: 令五家爲比, 使之相保. 五比爲閭, 使之
相受. 四閭爲族, 使之相葬. 五族爲黨, 使之相救. 五黨爲州, 使之相賙. 五州爲鄕,
使之相賓.

1개의 비(鄙)로 삼으며, 5개의 비(鄙)를 1개의 현(縣)으로 삼고, 5개의 현(縣)을 1개의 수(遂)로 삼는다."[46]라고 했다. 그런데 이곳 문장에서는 '육향'에 대한 언급만 하고, '육수'에 대한 언급을 하고 있지 않다. 그 이유는 단지 '육수'와 '육향' 중 왕성과 가까운 곳만을 제시했기 때문일 뿐이다. 따라서 만약 '육수' 안에서도 이처럼 효행을 실천하는 자가 있다면, 이러한 자들에 대해서도 또한 '육향'에서 했던 것처럼 칭송을 하게 된다.

孔疏 ●"兄弟親戚稱其慈也", 親指族內, 戚言族外. 慈者, 篤愛之名. 兄弟, 外內通稱. 親疏交接, 並見其慈而稱之.

번역 ●經文: "兄弟親戚稱其慈也". ○'친(親)'자는 가까운 친척을 뜻하고, '척(戚)'자는 먼 친척을 뜻한다. '자(慈)'자는 독실한 사랑을 뜻한다. '형제(兄弟)'는 친형제와 인척 형제들을 통칭하는 말이다. 관계가 가까운 자이건 먼 자이건 서로 왕래를 하며, 모두들 그의 자애로움을 보게 되어, 칭송을 하는 것이다.

孔疏 ●"僚友稱其弟也", 僚友, 同官者也. 弟者, 事長次弟[47]之名. 孝子能接同官, 有所次序, 不敢踰越等級, 故同官之友稱之.

번역 ●經文: "僚友稱其弟也". ○'요우(僚友)'는 동료 관리들이다. '제(弟)'라는 것은 어른을 섬기고 아랫사람들을 다독인다는 뜻이다. 효자들은 동료 관원들과도 잘 교제하여, 선후의 질서를 잘 지켜서, 감히 질서를 어지럽히지 않기 때문에, 동료 관원들 중 친분이 있는 자들은 그를 칭송하게

---

46) 『주례』「지관(地官)·수인(遂人)」: 五家爲鄰, 五鄰爲里, 四里爲酇, 五酇爲鄙, 五鄙爲縣, 五縣爲遂.

47) '제(弟)'자에 대하여. 『십삼경주소(十三經注疏)』 북경대 출판본에서는 "'제'자를 『민본(閩本)』·『감본(監本)』·『모본(毛本)』에서는 '제(第)'자로 기록하고 있는데, 완원(阮元)의 『교감기(校勘記)』에서는 "『설문해자(說文解字)』를 살펴보니, 차제(次弟)가 본래의 단어이며, 이 두 글자를 제(弟)자로 줄여서 쓰기도 한다."라고 했다.

되는 것이다.

孔疏 ●"執友稱其仁也", 執友, 執志同者也. 同師之友, 意趣相得, 綢繆切瑳48), 故其見仁恩之心而稱之.

번역 ●經文: "執友稱其仁也". ○'집우(執友)'는 같은 뜻을 지닌 자들을 뜻한다. 같은 스승을 모셨던 벗들은 지향하는 뜻이 서로 비슷하여, 서로 감싸주며 노력하기 때문에, 그의 인(仁)하고 은혜로운 마음을 보게 되어, 칭송을 하는 것이다.

孔疏 ●"交遊稱其信也", 交遊, 汎交也. 結交遊往, 本資信合, 故稱信也. 熊氏云: "然此五句, 上始州閭, 下及交遊, 亦其次也. 前孝後信, 又爲差序, 略擧五者, 餘行可知. 不敢受賜者, 心也. 不受由心, 故有五稱也."

번역 ●經文: "交遊稱其信也". ○'교유(交遊)'는 교우관계를 맺고 있는 자들을 두루 가리키는 말이다. 교우관계를 맺어서 왕래하는 것은 신의가 서로 맞는 것을 전제로 한다. 그렇기 때문에 신의에 대해서 칭송하는 것이다. 웅안생은 "그런데 이곳 문장에 기록된 다섯 구문은 맨 처음으로 '주려(州閭)'를 언급하고, 가장 마지막에 '교유(交遊)'에 대해서 언급하고 있는데, 이것은 또한 칭송의 단계가 된다. 그리고 가장 앞에서는 '효(孝)'에 대해서 언급하고, 가장 마지막에는 '신(信)'에 대해서 언급하고 있는데, 이 또한 덕목의 순서가 된다. 이곳 문장에서는 대략적으로 다섯 가지 덕목만을 제시

---

48) '차(瑳)'자에 대하여. 『십삼경주소(十三經注疏)』 북경대 출판본에서는 "『민본(閩本)』・『감본(監本)』・『모본(毛本)』에서는 '차(磋)'자로 기록하고 있다. 완원(阮元)의 『교감기(校勘記)』에서는 '『설문해자(說文解字)』를 살펴보니, 차(磋)자에 대한 기록이 없다. 『대학(大學)』에 대한 육덕명(陸德明)의 『경전석문(經典釋文)』 기록을 살펴보면, 또한 여차(如瑳)로 기록하고 있다. 그런데 『대학』의 경문(經文)에 대한 소(疏)에서는 차(磋)자로 기록하고 있고, 이곳 『정의(正義)』에서는 간혹 차(瑳)자로 기록하고 있으니, 이 두 글자는 서로 통용이 된다.'"라고 했다.

하고 있지만, 나머지 덕행들에 대해서도 충분히 이러한 내용을 토대로 유추해볼 수 있다. 한편 감히 하사품을 받지 않는다고 하였는데, 그 이유는 그의 마음가짐 때문이다. 받지 않는 행위는 마음에서 우러나오는 것이기 때문에, 다섯 종류의 칭송을 얻게 되는 것이다."라고 했다.

訓纂 王氏引之曰: 鄭言三命不受車馬之賜, 非也. 賜, 猶予也. 謂爲人子者, 不敢以車馬予人也. 言三賜者, 約言之爲三耳. 猶論語言"三仕"・"三已"・"三以天下讓"也. 逸周書太子晉篇"王子賜之乘車四馬", 孔晁注曰, "禮, 爲人子三賜不及車馬, 此賜則白王然後行可知也." 蓋禮記舊注有如此解者, 故晁本之爲說.

번역 왕인지[49]가 말하길, 정현이 "'삼명(三命)'의 관리가 되었으나, '거마(車馬)'라는 하사품은 받지 않는다."라고 풀이한 말은 잘못된 주장이다. '사(賜)'자는 "준다[予]."는 뜻이다. 즉 이 문장의 뜻은 자식된 자들은 감히 '거마'를 남에게 줄 수 없다는 의미이다. '삼사(三賜)'라고 언급한 이유는 대략적으로 기록하였기 때문에, '삼(三)'자를 붙인 것일 뿐이다. 즉 『논어』에서 "세 번 벼슬하다." 또는 "세 번 그만두다."[50]라고 하고, "천하를 준다는 것을 세 번 사양하였다."[51]라고 말한 것과 같은 용례이다. 『일주서(逸周書)』「태자진(太子晉)」편에는 "왕자(王子)가 수레와 네 필의 말을 주었다."라는 기록이 있는데, 이 문장에 대한 공조[52]의 주에서는 "예법(禮法)에 따

---

49) 왕인지(王引之, A.D.1766 ~ A.D.1834) : 청(淸)나라 때의 훈고학자이다. 자(字)는 백신(伯申)이고, 호(號)는 만경(曼卿)이며, 시호(諡號)는 문간(文簡)이다. 왕념손(王念孫)의 아들이다. 대진(戴震), 단옥재(段玉裁), 부친과 함께 대단이왕(戴段二王)이라고 일컬어졌다. 『경전석사(經傳釋詞)』, 『경의술문(經義述聞)』 등의 저술이 있다.

50) 『논어』「공야장(公冶長)」 : 令尹子文三仕爲令尹, 無喜色, 三已之, 無慍色.

51) 『논어』「태백(泰伯)」 : 子曰, "泰伯, 其可謂至德也已矣. 三以天下讓, 民無得而稱焉."

52) 공조(孔晁, ? ~ ?) : 생몰년에 대해서는 자세히 알려져 있지 않다. 진(秦)나라 때 오경박사(五經博士)가 되었다고 전해지며, 『일주서주(逸周書注)』를 저술하였다고 전해진다.

르면, 자식된 자들은 타인에게 물건을 줄 수는 있지만, '거마'까지는 주지 않는다고 하였다. 그런데 이곳 문장에서는 '거마'를 주었다고 하였으니, 천자가 된 이후에야 '거마'까지 줄 수 있다는 사실을 알 수 있다."라고 했다. 아마도 『예기』에 대한 옛 주석들 중에는 이처럼 해석한 자가 있었을 것이다. 그래서 공조가 그러한 해석에 근거해서, 이처럼 주장을 했던 것이다.

訓纂 彬案: 坊記曰, "父母在, 饋獻不及車馬", 是其明證.

번역 내가 살펴보니, 『예기』「방기(坊記)」편에서 "부모가 생존해 계시다면, 예물(禮物)을 보낼 때, 거마(車馬)까지는 보내지 않는다."[53]라고 하였으니, 이것이 바로 왕인지(王引之)의 주장을 증명해준다.

集解 呂氏大臨曰: 事宗子者, 不敢以富貴入宗子之家, 雖衆車徒, 舍於外, 以寡約入, 則事親者, 車馬之盛, 宜在所不受也.

번역 여대림이 말하길, 종자(宗子)를 섬기는 경우에도, 감히 자신의 부귀함을 과시하며 종자의 집으로 들어가지 않는 것이니, 비록 수레나 하인들을 많이 거느리고 왔더라도, 모두 종자의 집밖에 머물게 하고, 약소하고 검소한 차림으로 들어간다고 하였으니,[54] 부모를 섬기는 경우에 있어서도, '거마(車馬)'와 같은 매우 융성한 하사품들은 마땅히 받지 못하는 대상이 되는 것이다.

集解 朱子曰: 按左氏傳, 魯叔孫豹聘於王, 王賜之大路, 豹以上卿無路而不敢乘. 疑此不及車馬, 亦謂受之而不敢用耳. 若天子之賜, 又爵秩所當得, 豈容獨辭而不受耶?

---

53) 『예기』「방기(坊記)」, 【618a】: 父母在, <u>饋獻不及車馬</u>, 示民不敢專也.
54) 『예기』「내칙(內則)」, 【353d】: 適子庶子祇事宗子宗婦, 雖貴富, <u>不敢以貴富入宗子之家. 雖衆車徒, 舍于外, 以寡約入</u>.

번역 주자가 말하길, 『좌전』을 살펴보면, 노(魯)나라 숙손표(叔孫豹)가 천자를 빙문(聘問)하게 되자, 천자는 그에게 대로(大路)를 하사한 일이 있었다. 그런데 숙손표는 상경(上卿)의 신분으로, 본래의 규정에 따르면 '대로'를 소유할 수가 없었으니, 그 수레를 감히 타지 않았다.55) 아마도 이곳 문장에서 말한 '불급거마(不及車馬)'라는 기록도, '거마'는 받되, 감히 사용하지는 않을 뿐이라는 뜻인 것 같다. 만약 천자가 그에게 하사를 해준 것이고, 또한 그것은 작위의 등급에 따라, 마땅히 받아야 하는 것들이라면, 어찌 사양만 하며 받아들이지 않을 수 있겠는가?

集解 愚謂: 車馬衣服, 所以賜有功也. 三賜不及車馬者, 賜物車馬爲重, 雖有三命之尊, 猶不敢及於此也. 不及, 以心言, 非以事言. 註疏之說已得之, 而呂氏得其比例之確, 朱子盡其情事之詳, 三說參觀之其義乃備.

번역 내가 생각하기에, '거마(車馬)'와 '의복(衣服)' 등은 공적(功績)이 있는 자에게 하사하는 것들이다. "'삼사(三賜)'에 '거마'는 불급(不及)한다."라고 하였는데, 하사품들 중에서 '거마'는 매우 귀중한 물건이 된다. 따라서 비록 삼명(三命)에 해당하는 존귀한 신분을 가지고 있더라도, 여전히 이러한 귀중한 하사품까지는 감히 바라지 않는다는 뜻이다. 그러므로 '불급(不及)'이라는 말은 마음[心]에 기준을 두고 한 말이지, 실제적인 일을 가지고 언급한 말이 아니다. 정현(鄭玄)의 주(注)와 공영달(孔穎達)의 소(疏)에서 이미 옳은 설명을 했으며, 여대림(呂大臨)은 그것과 관련된 정확한 사례들을 열거하였고, 주자(朱子)는 또한 해당 사안의 정황을 상세하게 설명하였으니, 이러한 세 가지 설명들을 참고해서 살펴본다면, 그 의미가 분명해진다.

55) 이 고사는 『춘추좌씨전』「소공(昭公) 4년」 기사에 나온다.

【14c】

見父之執56), 不謂之進不敢進, 不謂之退不敢退, 不問不敢
對, 此孝子之行也.

직역 父의 執을 見에는, 不謂之進하면 不敢進하고, 不謂之退면 不敢退하며, 不
問하면 不敢對하니, 此는 孝子의 行이다.

의역 부친의 친우들을 뵐 때에는 부친이 자신에게 가까이 오라고 명령하지 않
으면, 감히 가까이 가지 않고, 이제 그만 물러가라고 명령하지 않으면, 감히 물러나
지 않으며, 친우분이 직접 하문하지 않았다면, 감히 대답을 하지 않으니, 이것이
바로 효자가 시행해야 할 행동들이다.

集說 父之執, 父同志之友也. 謂之, 命之也. 敬之同於父.

번역 '부지집(父之執)'은 부친과 동문수학하여 뜻을 함께 하는 부친의
친우들이다. '위지(謂之)'는 "아들에게 명령한다[命之]."는 뜻이다. 부친의
친우들에 대해서도, 부친을 대하듯 공경하는 것이다.

大全 嚴陵方氏曰: 孔子曰, "愛親者, 不敢惡於人, 敬親者, 不敢慢於人."
見父之執, 於進退之節, 有所不敢, 則一擧足, 不敢忘親, 可知. 於對問之節, 有
所不敢, 則一出言, 不敢忘親, 可知. 孝子之行, 孰過乎是?

---

56) '집(執)'자에 대하여.『십삼경주소(十三經注疏)』북경대 출판본에서는 "『민본
(閩本)』·『감본(監本)』·『모본(毛本)』·『석경(石經)』·『악본(岳本)』에서는
동일하게 '집'자로 기록하고 있다.『고문(考文)』에서는『고본(古本)』·『족리
본(足利本)』등을 인용하며, 이 글자 뒤에 '우(友)'자를 보충해 넣었다. 완원(阮
元)의『교감기(校勘記)』에서는 '살펴보니, 소(疏)에는 부지집위집우(父之執謂
執友)라는 기록이 있는데, 이곳『정의본(正義本)』에는 집(執)자 뒤에 우(友)자
가 기록되어 있지 않다.'"라고 했다.

번역 엄릉방씨가 말하길, 공자(孔子)는 "부모를 사랑하는 자는 감히 남에게 나쁘게 행동하지 않으며, 부모를 공경하는 자는 감히 남에게 오만하게 행동하지 않는다."[57]라고 했다. 부친의 친우들을 뵐 때, 나아가고 물러나는 법도에 있어서, 함부로 행동하지 않는다면, 한 발짝을 떼며 걷는 순간에도 감히 부모에 대한 생각을 잊지 않고 있음을 알 수 있다. 또한 질문에 대답하는 법도에 있어서, 함부로 행동하지 않는다면, 한 마디 말을 내뱉는 순간에도 부모에 대한 생각을 잊지 않고 있음을 알 수 있다.[58] 효자가 실천해야 하는 행실 중 그 어느 것이 이것보다 뛰어나겠는가?

鄭注 敬父同志, 如事父.

번역 부친의 친우를 공경하는 것을 마치 부친을 섬기듯 하는 것이다.

釋文 行音下孟反.

번역 '行'자의 음은 '下(하)'자와 '孟(맹)'자의 반절음이다.

孔疏 ●"見父之執"者, 此亦承爲人子之事也. 明非惟見交遊爲善, 乃徧至父友也. 自上詣下曰見, 自下朝上曰見. 父之執謂執友, 與父同志者也. 或故往見, 或路中相見也.

번역 ●經文: "見父之執". ○이 문장 또한 앞 문장의 자식된 자들이 지켜야 하는 일들을 연이어 설명하고 있다. 즉 단지 본인과 교우관계에 있는 자들에 대해서만 선(善)하게 행동하는 것이 아니라, 부친의 친우들에게까지도 선하게 행동해야 한다는 사실을 나타내고 있다. 윗사람이 아랫사람을 만나보는 것을 '견(見)'이라고 부르고, 아랫사람이 윗사람을 찾아뵙는 것을

---

57) 『효경』「천자장(天子章)」: 子曰, 愛親者, 不敢惡於人. 敬親者, 不敢慢於人.
58) 『예기』「제의(祭義)」【567d~568a】: 樂正子春下堂而傷其足, 數月不出, 猶有憂色. …… 壹舉足而不敢忘父母, 壹出言而不敢忘父母.

'현(見)'이라고 부른다. '부지집(父之執)'은 부친의 '집우(執友)'들을 뜻하니, 부친과 뜻을 함께 하는 벗들이다. 이곳 문장에서 언급하는 상황은 간혹 사정이 생겨서 부친의 친우에게 찾아가 만나 뵙는 상황이거나, 혹은 길에서 우연히 만났을 때를 가리킨다.

【14d】

> 夫爲人子者, 出必告, 反必面, 所遊必有常, 所習必有業.

직역 무릇 爲人子者는 出에 必히 告하고, 反에 必히 面하며, 所遊에는 必히 有常하고, 所習에는 必히 有業한다.

의역 무릇 자식된 자들은 집밖을 나설 때에는 반드시 부모에게 그 사실을 아뢰고, 집으로 되돌아와서는 반드시 부모를 뵈며, 가는 곳에는 반드시 일정한 범위가 있어야 하고, 학습하는 것에는 반드시 과업이 있어야 한다.

集說 出則告違, 反則告歸. 又以自外來, 欲省顔色, 故言面. 遊有常, 身不他往也; 習有業, 心不他用也.

번역 집을 나설 경우에는 외출한다는 사실을 아뢰고, 돌아와서는 돌아온 사실을 아뢴다. 또한 밖에서부터 집으로 돌아왔을 때에는 부모에게 별일이 없는지 안색을 확인하고자 하여, "뵙는다[面]."라고 말한 것이다. "가는 곳에 일정한 범위가 있다."는 말은 몸이 바르지 못한 곳으로 가지 않는다는 뜻이고, "학습하는 것에 과업이 있다."는 말은 마음이 바르지 못한 곳에 힘을 쏟지 않는다는 뜻이다.

鄭注 告・面同耳, 反言面者, 從外來, 宜知親之顏色安否. 緣親之意, 欲知之.

번역 아뢰고 뵙는 것은 동일한 뜻일 뿐이다.[59] 그런데 경문에서 '되돌아온 경우[反]'에 한해서 "뵙는다[面]."라고 명시한 이유는 밖에서 집으로 되돌아오면, 자식은 마땅히 부모의 안색이 어떠한가를 알아야 한다는 뜻을 나타내기 위해서이다. 일정한 장소에만 가고, 과업을 익히는 것은 부모의 뜻에 따르는 것으로, 부모는 자식이 어디를 돌아다니고, 또 무엇을 익히는지를 알고자 하기 때문이다.

釋文 告, 古毒反.

번역 '告'자는 '古(고)'자와 '毒(독)'자의 반절음이다.

孔疏 ●"夫爲"至"異席". ○正義曰: 此一節亦明人子事親之法, 遊方習業, 及汎交之禮, 亦各隨文解之.

번역 ●經文: "夫爲"~"異席". ○이 문장 또한 자식된 자들이 부모를 섬기는 법도를 언급하고 있는데, 그 내용은 돌아다니는 일과 학업을 익히는 일, 그리고 교우관계를 맺는 일 등의 예법이다. 이곳 기록에 대해서도 또한 각각의 문장에 따라서 해석하겠다.

訓纂 陳定宇曰: 有常, 游必有方也. 有業, 所學必有正業.

번역 진정우[60]가 말하길, '유상(有常)'은 가는 장소에 반드시 일정한 범

---

59) 외출을 할 때에도 직접 뵙고 출타하게 된다는 사실을 아뢰는 것이며, 돌아와서도 직접 뵙고 돌아왔다는 사실을 아뢴다는 뜻이다.
60) 진력(陳櫟, A.D.1252 ~ A.D.1334)：=진정우(陳定宇). 원(元)나라 때의 학자이다. 자(字)는 수옹(壽翁)이고, 호(號)는 정우(定宇)이다. 송(宋)나라가 망하자, 과거에 대한 뜻을 접고, 학문 연구에만 매진하였다. 저서로는『사서발명(四書

위가 있어야 한다는 뜻이다. '유업(有業)'은 배우는 것이 반드시 바른 학문
이어야 하다는 뜻이다.

【14d】

> 恒言不稱老.

직역 恒言에는 不稱老한다.

의역 또한 자식된 자들은 평상시 쓰는 말에서, 자신을 지칭하며, 늙었다거나
노인이라는 말을 쓰지 않는다.

集說 恒言, 平常言語之間也. 自以老稱, 則尊同於父母, 而父母爲過於老
矣. 古人所以斑衣娛戲者, 欲安父母之心也.

번역 '항언(恒言)'은 평상시에 쓰는 말들을 뜻한다. 자식이 본인을 노인
이라고 부르게 되면, 존귀함이 부모와 같아지게 되거나, 부모를 매우 늙은
것으로 여긴 것이 된다. 고대인들이 나이가 들었음에도, 부모 앞에서 색동
옷을 입고 재롱을 피웠던 까닭은 부모의 마음을 편안하게 해드리기 위해서
였다.

大全 藍田呂氏曰: 出必告, 反必面, 受命於親, 而不敢專也. 所遊必有常,
所習必有業, 體親之愛, 而不敢貽其憂也. 恒言不稱老, 極子之慕, 而不忍忘
也. 父母在而不敢有其身, 如之何聞斯行諸? 出入而無所受命, 是遺親也. 親
之愛子至矣, 所遊必欲其安, 所習必欲其正, 苟輕身而不自愛, 則非所以養其
志也. 君子之事親, 親雖老而不失乎孺子慕者, 愛親之至也. 孟子曰: "五十而

發明)』,『서전찬소(書傳纂疏)』,『예기집의(禮記集義)』 등이 있다.

慕, 吾於大舜, 見之矣." 故髡彼兩髦, 爲孺子之飾, 親見然後說之. 苟常言而稱
老, 則忘親而非慕也.

번역 남전여씨가 말하길, 외출할 때 그 사실을 반드시 아뢰고, 되돌아왔
을 때 반드시 뵙는 것은 부모에게 분부를 받는 것으로, 감히 자기 마음대로
행동할 수 없기 때문이다. 가는 곳에 반드시 일정한 범위가 있어야 하고,
익히는 것에 반드시 과업이 있어야 하는 이유는 부모의 자식에 대한 사랑
을 체득하여, 감히 부모에게 근심을 끼칠 수 없기 때문이다. 평상시 쓰는
말에서 '노인[老]'이라고 지칭하지 않는 이유는 자식이 부모를 사모하는 마
음을 극진히 하여, 부모의 연로함에 대한 걱정을 차마 잊을 수가 없기 때문
이다. 부모가 생존해 계시면, 감히 자기 마음대로 할 수 없는데,61) 어찌 경
문에서 말하고 있는 행실들이 있을 수 있겠는가? 출타하거나 다시 집으로
되돌아왔을 때 부모에게 분부를 받지 않는 것은 부모를 염두에 두지 않는
행위이다. 부모의 자식에 대한 사랑은 지극하니, 자식이 밖에서 돌아다닐
때에도 반드시 자식이 안전하기를 기원하며, 자식이 익히는 것에 있어서도
그것이 반드시 올바른 것들이기를 기원하게 된다. 그런데도 자신을 가벼이
여기어, 스스로를 사랑하지 않는다면, 이것은 부모의 뜻을 잘 살펴서 정성
껏 봉양하는 방법62)이 아니다. 군자(君子)가 부모를 섬길 때, 부모가 아무
리 연로하더라도, 본인이 어린아이였을 때 부모를 사모했던 마음을 잃지
않는 것은 부모를 사랑하는 마음이 지극하기 때문이다. 맹자는 "50세가 되
어서도 부모를 사모하는 것을 나는 순(舜)임금에게서 그 행동을 보았다."63)
라고 했다. 그러므로 양 갈래로 머리를 땋아 늘어트리는 것은 어린아이나
하는 머리모양에 해당하지만, 연로해진 부모는 그런 모습을 본 이후에야
안심이 되어 기뻐하게 된다. 만약 평상시에 말을 하면서 자신을 노인이라

---

61) 『예기』「방기(坊記)」【618a】: 父母在, 不敢有其身, 不敢私其財, 示民有上下也.

62) 『맹자』「이루상(離婁上)」: 曾子養曾晳, 必有酒肉, 將徹, 必請所與, 問有餘.
…… 若曾子, 則可謂養志也. 事親若曾子者, 可也.

63) 『맹자』「만장상(萬章上)」: 人少, 則慕父母, 知好色, 則慕少艾, 有妻子, 則慕妻
子, 仕則慕君, 不得於君則熱中. 大孝終身慕父母. 五十而慕者, 予於大舜見之矣.

고 부른다면, 이것은 부모에 대한 마음을 잊은 것이며, 부모를 사모하는 것이 아니다.

鄭注 廣敬.

번역 공경함을 확장하는 것이다.

孔疏 ●"恒言不稱老"者, 老是尊稱, 若其稱老, 乃是己自尊大, 非是孝子卑退之情, 故注云: "廣敬." 言廣者, 非但敬親, 因敬親廣敬他人. 或云子若自稱老, 父母則甚老, 則感動其親, 故舜年五十而慕是也.

번역 ●經文: "恒言不稱老". ○'노(老)'자는 존귀한 자를 부르는 호칭인데, 만약 자신을 '노'라고 지칭하게 된다면, 이것은 곧 자신을 존귀한 자로 여기는 것이니, 자식은 겸손하게 자신을 낮춰야 된다는 정감에 맞지 않는다. 그렇기 때문에 정현의 주에서 "공경함을 확장하는 것이다."라고 말한 것이다. '광(廣)'이라고 말은 단지 부모를 공경하는 것만이 아니라, 부모를 공경하는 마음에서 비롯하여, 다른 사람들까지도 널리 공경한다는 뜻이다. 혹자는 이 문장의 의미를 다음과 같이 풀이하기도 한다. 자식이 만약 자신을 '노인[老]'으로 부르게 된다면, 부모는 당연히 자식보다 나이가 많으므로, 부모를 매우 연로하게 여기는 꼴이 되니, 이러한 말들이 부모의 마음을 동요시키게 된다. 그러므로 순(舜)임금은 나이가 50세가 되었음에도, 어린 아이의 마음으로 부모를 극진히 사모하였던 것이다.

集解 黃氏幹曰: 人子對父母, 常言須避老字, 一則傷父母之心, 一則孝子不忍斥言, 非謂人子身自稱老也.

번역 황간[64]이 말하길, 자식된 자들은 부모를 대면할 때, 일상적인 말을

---

64) 황간(黃幹, A.D.1152 ～ A.D.1221): =면재황씨(勉齋黃氏)·삼산황씨(三山黃

하며 '노(老)'자를 사용하는 것을 피해야한다. 그 이유는 부모의 마음을 아프게 만들기 때문이며, 다른 한편으로는 자식은 차마 부모가 늙었다는 것을 직접적으로 말할 수 없기 때문이다. 따라서 이 문장은 자식들이 자신을 '노'라고 자칭한다는 뜻이 아니다.

氏)·황직경(黃直卿). 남송(南宋) 때의 학자이다. 자(字)는 직경(直卿)이고, 호(號)는 면재(勉齋)이다. 주자(朱子)에게서 수학하였으며, 주자의 사위였다. 저서로는 『오경통의(五經通義)』 등이 있다.

• 제 8 절 •

연장자에 대한 예절 Ⅱ

【15a】

年長以倍, 則父事之, 十年以長, 則兄事之, 五年以長, 則肩隨之.

직역 年이 長하길 倍한다면, 父로 事하고, 十年이 長하면, 兄으로 事하며, 五年이 長하면, 肩隨한다.

의역 상대방의 나이가 본인보다 두 배나 많으면, 부친을 대하듯 섬기고, 본인보다 10살이 많으면, 형을 대하듯 섬기며, 본인보다 5살이 많으면, 나란히 걷되, 조금 뒤로 물러서서 따라간다.

集說 肩隨, 並行而差退也. 此泛言長少之序, 非謂親者.

번역 '견수(肩隨)'는 나란히 걸어가되, 조금 뒤로 물러나서 따라간다는 뜻이다. 이 문장의 내용은 나이에 따른 예절에 대해서 포괄적으로 언급한 것으로, 친인척에 한정된 내용이 아니다.

鄭注 謂年二十於四十者. 人年二十, 弱冠成人, 有爲人父之端. 今四十於二十者有子道. 內則曰: "年二十, 惇行孝弟." 肩隨者, 與之並行差退.

번역 이 문장의 내용은 나이가 20세인 사람이 40세인 사람을 대할 때를 뜻한다. 사람은 20세가 되면 관례(冠禮)를 치러서[1] 성인(聖人)이 되므로, 부모가 되는 실마리를 얻게 된다. 또한 40세인 사람이 20세인 사람을 대할 때, 20세인 사람은 자식으로써 지켜야 하는 도리를 갖게 한다. 『예기』「내칙(內則)」편에서는 "나이가 20살이 되면, 효와 우애를 돈독하게 시행한다."[2]라고 했다. '견수(肩隨)'라는 말은 상대방과 나란히 걷되, 조금 뒤로 물러나서 걷는다는 뜻이다.

釋文 冠, 工喚反. 惇, 都溫反. 差, 初佳反, 徐初宜反.

번역 '冠'자는 '工(공)'자와 '喚(환)'자의 반절음이다. '惇'자는 '都(도)'자와 '溫(온)'자의 반절음이다. '差'자는 '初(초)'자와 '佳(가)'자의 반절음이며, 서음(徐音)은 '初(초)'자와 '宜(의)'자의 반절음이 된다.

孔疏 ●"年長以倍, 則父事之"者, 此謂鄉里之中, 非親非友, 但二十以後, 年長倍己, 則以父道事之, 卽父黨隨行也.

번역 ●經文: "年長以倍, 則父事之". ○이 문장은 마을 안에서 행동할 때의 예법에 대한 내용이다. 친인척 관계도 아니고, 교우관계도 아니지만, 20세 이상이 된 자들은 자신의 나이보다 두 배 이상이 되는 자를 만나게 된다면, 부모를 대하는 도리로써 그들을 섬기게 되니, 부친 또래의 사람과 길을 갈 때에는 멀찌감치 떨어져서 그 사람의 뒤를 따라가야 한다는 내용 등을 가리킨다.[3]

---

1) 『예기』「곡례상」【12b】: 人生十年曰幼, 學. <u>二十曰弱, 冠</u>. 三十曰壯, 有室. 四十曰强, 而仕.
2) 『예기』「내칙(內則)」【368d】: <u>二十而冠</u>, 始學禮, 可以衣裘帛, 舞大夏, <u>惇行孝弟</u>, 博學不敎, 內而不出.
3) 『예기』「왕제(王制)」【181a】: <u>父之齒, 隨行</u>, 兄之齒, 鴈行, 朋友, 不相踰.

孔疏 ◎注"謂年"至"孝弟". ○正義曰: 人年三十而娶, 於後乃有子, 則三十於六十, 乃是倍年. 今鄭言二十於四十者, 但二十加冠成人, 責以爲人父爲人子之禮, 雖未有妻子, 有爲人父之端. 又內則云"二十乃能敦行孝弟", 可責以孝子之行, 故二十於四十, 約之爲倍年也. 以二十未合有子, 故鄭云爲人父之端·有子道也.

번역 ◎鄭注: "謂年"~"孝弟". ○사람은 30세가 되어서야 장가를 가니,[4] 그 이후에야 자식을 갖게 된다면, 60세가 된 자는 30세가 된 자에 비해서, 그 나이가 두 배가 되어, 자신의 부모 연배가 되는 것이다. 그런데 정현은 이곳 문장에 대한 주에서, 20세가 된 자가 40세가 된 자를 대하는 경우라고 하였다. 20세가 되면 단지 관례(冠禮)를 치러서 성인(聖人)이 될 뿐이지만, 이 시기부터 부모로써 시행해야 할 예법 및 자식으로써 시행해야 할 예법에 대해서 책임을 지우게 된다. 따라서 비록 그에게 아직 처자식이 있는 것은 아니지만, 부모가 되는 실마리를 얻게 된다. 또한 『예기』「내칙(內則)」편에서는 "나이가 20살이 되면, 효와 우애를 돈독하게 시행한다."라고 하였는데, 이 말은 곧 효자(孝子)로써 따라야 할 시행규범을 그에게 책임지울 수 있다는 뜻이다. 그렇기 때문에 20세가 된 자는 40세가 된 자에 대해서, 대략적으로 두 배의 나이차가 되는 것이며, 그 나이가 2배차가 된다면, 또한 부모의 연배가 되는 것이다. 그리고 20세가 된 자들은 자녀가 있는 것이 아니기 때문에, 정현은 부모가 되는 실마리를 지님과 동시에 자식으로써 지켜야 하는 도리를 지닌다고 말한 것이다.

孔疏 ●"十年以長, 則兄事之"者, 謂年二十於三十者, 全倍者父事之, 半倍, 故兄事之也. 凡事之, 則正差退而雁[5]行也.

---

4) 『예기』「곡례상」【12b】: 人生十年曰幼, 學. 二十曰弱, 冠. 三十曰壯, 有室. 四十曰强, 而仕.

5) '안(雁)'자에 대하여. '안'자는 본래 '안(鴈)'자로 기록되어 있었는데, 완원(阮元)의 『교감기(校勘記)』에서는 "『모본(毛本)』에는 '안(鴈)'자를 '안(雁)'자로 기록하고 있고, 밑에 있는 '안행(鴈行)'이라는 기록도 역시 '안행(雁行)'으로 기

번역 ●經文: "十年以長, 則兄事之". ○이 문장의 내용은 나이가 20세인 사람이 30세인 사람을 대할 때를 뜻한다. 자신의 나이보다 상대방의 나이가 두 배가 되는 자에 대해서는 부친을 대하듯이 섬겨야 하는데, 반절이 되기 때문에, 형을 대하듯 섬기는 것이다. 무릇 이러한 자들을 섬기게 된다면, 바로 뒤로 물러서서, 기러기가 대형을 짜서 날아가듯이 걷게 되는 것이다.

孔疏 ●"五年以長, 則肩隨之"者, 謂並行而差退. 若未二十童子則無此禮, 以其不能惇行孝弟. 論語云"與先生並行", 王制云"父之齒隨行, 兄之齒雁行"者, 舉成人有此禮也, 童子禮則無也. 此謂二十於二十五者, 肩隨則齊於鴈行也. 然則以此肩隨而推之, 上云父兄事之, 豈是溫凊如親, 正言其或行來坐席, 推前相類耳.

번역 ●經文: "五年以長, 則肩隨之". ○나란히 걷되, 조금 물러나서 걷는다는 뜻이다. 만약 아직 20세가 되지 않은 어린아이[童子]라면, 이러한 예법(禮法)이 적용되지 않으니, 그들은 효도와 우애의 도리를 돈독하게 실행할 수 없기 때문이다. 『논어』에서는 "선생과 나란히 걷는다."[6]라고 하였고, 『예기』「왕제(王制)」편에서는 "아버지 연배의 사람과 길을 갈 때에는 그 사람의 뒤를 따라가고, 형 연배의 사람과 길을 갈 때에는 나란히 가되, 조금 뒤쳐져서 간다."[7]라고 하였으니, 성인(成人)에게만 이러한 예법이 적용된다고 말하고 있는 것으로, 동자(童子)들이 따라야 하는 예법에서는 이러한 규정들이 없다. 그리고 이 문장의 내용은 나이가 20세인 사람이 25세인 사

록하고 있다. 살펴보니, 『설문해자(說文解字)』에 따른다면 마땅히 '안(雁)'자로 기록해야 한다. 단옥재(段玉裁)는 '허신(許愼)은 추부(隹部)의 안(雁)자는 홍안(鴻雁: 기러기)의 뜻이고, 조부(鳥部)의 안(鷹)자는 아(䳘: 거위)를 뜻한다.'라고 했다.

6) 『논어』「헌문(憲問)」: 闕黨童子將命. 或問之曰, "益者與?" 子曰, "吾見其居於位也, 見其與先生並行也. 非求益者也, 欲速成者也."

7) 『예기』「왕제(王制)」【181a】: 父之齒, 隨行, 兄之齒, 鴈行, 朋友, 不相踰.

람을 대할 때를 뜻하는 것으로, '견수(肩隨)'라는 말은 곧 기러기가 대오를
짜서 날아가듯이 행렬을 맞춰서 조금 뒤로 물러나서 간다는 뜻이다. 그런
데 이곳 문장에서 '견수'라고 언급한 것을 통해서 유추해보면, 앞 문장에서
부모나 형을 대하듯 섬긴다고 했을 때, 어찌 이것이 부모에게 따뜻하게 해
드리고 또는 시원하게 해드리는 등의 예법8)에 해당하겠는가? 단지 이 말은
간혹 길을 가거나 함께 자리를 하게 될 경우에, 이전에 언급했던 비슷한
예법들을 유추해보아서, 비슷하게 할 따름이라는 의미이다.

集解 吳氏澄曰: 此謂道路長幼同行之節. "父事", 王制所謂"父之齒隨行"
也. "兄事", 王制所謂"兄之齒雁行"也. "肩隨", 王制所謂"朋友不相踰"也.

번역 오징이 말하길, 이곳 경문의 내용은 도로에서 연장자와 젊은이가
함께 걸어가게 될 때의 법도에 해당한다. "부친처럼 섬긴다[父事]."는 말은
곧 『예기』「왕제(王制)」편에서 말한 "아버지 연배의 사람과 길을 갈 때에는
그 사람의 뒤를 따라간다."라는 것에 해당한다. "형처럼 섬긴다[兄事]."는
말은 곧 「왕제」편에서 말한 "형 연배의 사람과 길을 갈 때에는 나란히 가되
조금 뒤쳐져서 간다."라는 것에 해당한다. "어깨를 나란히 해서 걷는다[肩
隨]."는 말은 「왕제」편에서 말한 "친구들과 길을 갈 때에는 서로 앞서거나
뒤서거나 하지 않는다."라는 것에 해당한다.

集解 愚謂: 鄭氏謂"年長以倍, 謂年二十於四十者", 此略擧以見例可也.
至其引內則"年二十, 惇行孝弟", 則似謂二十方有此禮, 孔氏遂謂"未二十童
子無此禮", 誤矣. 此篇所言灑埽·應對·進退·辭讓之節, 乃內則所謂"幼
儀", 正所以敎童子, 若二十惇行孝弟, 則其事不止於此矣. 孔子言闕黨童子
"與先生並行", 正謂其不知隨行後長之禮, 非謂禮當如是也.

---

8) 『예기』「곡례상」【13d】: 凡爲人子之禮, <u>冬溫而夏凊</u>, 昏定而晨省, 在醜夷不爭.

번역 내가 생각하기에, 정현은 "경문의 '나이가 두 배이다[年長以倍].'라는 말은 나이가 20세인 자가 40세인 자를 대할 때를 뜻한다."라고 하였다. 이 말은 많은 예시들 중에서도 간략히 한 예시만을 추려서 보여준 것으로 해석하는 것이 타당하다. 또한 정현은 설명을 이어가면서, 『예기』「내칙(內則)」편에 기록된 "나이가 20살이 되면, 효와 우애를 돈독하게 시행한다."[9]라는 말을 인용하였다. 이 말은 곧 20세가 된 자들에게는 이러한 예법을 지킬 의무가 생긴다는 뜻으로 풀이한 것 같다. 따라서 공영달(孔穎達)이 "아직 20세가 되지 않은 동자(童子)들에게는 이러한 예법이 적용되지 않는다."라고 단정해서 말한 것은 잘못된 풀이이다. 이곳 「곡례」편에서 말하고 있는 청소하고[灑埽], 대답하며[應對], 나아가고 물러나며[進退], 사양하는[辭讓] 예절 등은 곧 「내칙」편에서 말한 '어린아이가 지켜야 할 예절[幼儀]'[10]에 해당하니, 이것은 바로 동자들을 가르치는 방법들이다. 그리고 20세가 된 자들이 효와 우애를 돈독하게 시행한다는 말의 경우에는 해당하는 일들이 단순히 위의 문장에서 언급하는 규정에만 그치는 것이 아니다. 따라서 공자(孔子)가 궐당(闕黨)의 동자를 가리켜서, "선생과 나란히 걸어가는 자이다."[11]라고 언급하였는데, 이 말은 궐당의 동자가 연장자의 뒤에 서서 따라가는 예법을 알지 못했다는 것을 뜻하지, 공영달의 설명처럼, 동자의 예법은 마땅히 이처럼 나란히 걷는다는 의미가 아니다.

---

9) 『예기』「내칙(內則)」【368d】: <u>二十而冠</u>, 始學禮, 可以衣裘帛, 舞大夏, <u>惇行孝弟</u>, 博學不敎, 內而不出.

10) 『예기』「내칙(內則)」【368b】: 衣不帛襦袴. 禮帥初, 朝夕學<u>幼儀</u>, 請肄簡諒.

11) 『논어』「헌문(憲問)」: 闕黨童子將命. 或問之曰, "益者與?" 子曰, "吾見其居於位也, 見其<u>與先生並行</u>也. 非求益者也, 欲速成者也."

【15b】

群居五人, 則長者必異席.

직역 群居함이 五人이면, 長者는 必히 席을 異한다.

의역 모여 앉은 사람이 다섯 사람이 된다면, 그들 중 가장 연장자가 되는 자는 반드시 무리들과 자리를 따로 해서 앉는다.

集說 古者地敷橫席, 而容四人, 長者居席端. 若五人會, 則長者一人異席也.

번역 고대에는 땅에 넓은 자리를 깔게 되면, 네 사람이 앉게 되는데, 네 사람 중 가장 연장자가 되는 자는 자리의 끝단 쪽에 앉는다. 만약 다섯 사람이 모인 경우라면, 그들 중 가장 연장자 한 명은 다른 곳에 자리를 펴고 앉는다.

大全 馬氏曰: 徐行後長, 謂之弟, 疾行先長, 謂之不弟. 堯舜之道, 孝弟而已矣. 夫孝弟於步趨疾徐之間, 而聖人之道, 乃始於此者, 蓋達事長之禮, 無所往而不爲順也. 推其齒而以父兄事之者, 謂其愈長而愈加敬也. 長之五年, 則肩隨者, 不敢與先生並行也. 其出也, 不敢與之並行, 則其居也, 可以同席乎? 蓋五人之群, 當有所長, 推其長者, 必異席以敬之. 古人敬長如此, 則民之犯上而踰禮者, 宜鮮矣.

번역 마씨가 말하길, 천천히 걸어서 어른보다 뒤에 서서 가는 것을 "공손하다[弟]."라고 부르고,[12] 빨리 걸어서 어른을 앞질러 가는 것을 "공손하

---

12) 『예기』 「방기(坊記)」 【617c】 : 子云, 孝以事君, 弟以事長, 示民不貳也. / 『대학』 「전(傳) 9장』 : 孝者, 所以事君也. 弟者, 所以事長也. 慈者, 所以使衆也.

지 못하다[不弟]."라고 부른다. 요순(堯舜)의 도리는 효(孝)와 제(弟)가 그 핵심이다. 무릇 '효'와 '제'라는 것은 걷는 것을 빨리하고 느리게 하는 사이에 나타나고, 성인(聖人)의 도리도 또한 여기에서 시작되는 것이니, 어른을 섬기는 예법이 세상에 두루 통행된다면, 어디를 가든 순종하지 않는 자가 없게 될 것이다.13) 상대방의 나이를 따져보고서, 자신보다 나이가 많은 자를 부모나 형을 대하듯 섬긴다는 말은 그의 나이가 많을수록 더더욱 공경하게 대한다는 뜻이다. 상대방이 자신보다 다섯 살이 많다면, 어깨를 나란히 해서 걷되, 조금 뒤로 물러서서 걷는다고 하였는데, 그 이유는 자신보다 먼저 태어난 자와는 감히 나란히 걸어갈 수 없기 때문이다. 길을 나설 때, 나이가 많은 상대방과 감히 나란히 걷지 않는다면, 머물 때에도 같은 자리에 앉을 수가 있겠는가? 무릇 다섯 사람이 모이게 되면, 그 중에는 마땅히 연배가 높은 자가 있게 된다. 따라서 이러한 경우에는 연장자를 추대하여, 반드시 자리를 다르게 만들어 주어서, 그에게 공경을 표시해야만 하는 것이다. 고대인들이 연장자를 공경했던 모습이 이와 같았으니, 백성들 중에 위정자에게 무례하게 굴며, 예법을 어기는 자도 당연히 적었던 것이다.14)

大全 金華邵氏曰: 愛親者, 不敢惡於人, 敬親者, 不敢慢於人, 知愛敬其親而於人加忽焉, 則愛敬之道虧矣, 故年倍於我, 事以父禮, 長我十年, 事以兄禮, 長我五年, 差肩隨之. 至於群居五人, 則又異長者之席焉, 其於人也, 庸敢慢乎? 以此事親, 愛敬之道盡矣.

번역 금화소씨15)가 말하길, 부모를 사랑하는 자는 남에 대해서 감히 나

13) 『효경』「사장(士章)」: 故以孝事君則忠. 以敬事長則順. /『춘추좌씨전』「문공(文公) 6년」: 置善則固, 事長則順, 立愛則孝, 結舊則安.
14) 『논어』「학이(學而)」: 有子曰, "其爲人也孝弟, 而好犯上者, 鮮矣, 不好犯上, 而好作亂者, 未之有也. 君子務本, 本立而道生. 孝弟也者, 其爲仁之本與!"
15) 금화소씨(金華邵氏, ? ~ ?): =소연(邵淵)・소만종(邵萬宗). 남송(南宋) 때의 유학자이다. 이름은 연(淵)이고, 자(字)는 만종(萬宗)이다. 『주자문집(朱子文集)』에는 장사박사(長沙博士)로 기록되어 있다. 『예기』의 「곡례(曲禮)」, 「왕제(王制)」, 「악기(樂記)」, 「대학(大學)」, 「중용(中庸)」에 대해 해설하였다.

쁘게 굴지 않고, 부모를 공경하는 자는 남에 대해서 감히 오만하게 대하지
않는다. 따라서 자신의 부모에 대해서만 사랑하고 공경해야 할 줄 알고,
남에 대해서는 소홀하게 대한다면, 이것은 참다운 사랑과 공경의 도리를
훼손시키는 행위이다. 그렇기 때문에 자신보다 나이가 두 배 이상 많은 자
에 대해서는 부친을 섬기는 예법으로써 그를 섬기는 것이고, 자신보다 나
이가 10살 정도 많은 자에 대해서는 형을 섬기는 예법으로써 그를 섬기는
것이며, 자신보다 나이가 5살 정도 많은 자에 대해서는 나란히 걷되 조금
뒤로 물러서서 걷게 되는 것이다. 그리고 다섯 명 이상이 모인 경우에 있어
서도, 또한 가장 연배가 높은 자의 자리를 별도로 마련해야 하는 것이니,
타인에 대해서 어리석게도 감히 태만하게 굴 수 있겠는가? 이러한 태도로
부모를 섬긴다면, 사랑과 공경의 도리를 다하게 된다.

鄭注 席以四人爲節, 因宜有所尊.

번역 자리는 네 명을 기준으로 하며, 자리를 따로 마련하는 것은 마땅히
존귀하게 대우해줘야 하는 점에 따르는 것이다.

孔疏 ●"群居五人, 則長者必異席"者, 謂朋友居處法也. 群, 朋友也. 子夏
曰"吾離群", 是也. 古者地敷橫席而容四人, 四人則推長者居席端. 若有五人
會, 應一人別席, 因推長者一人於異席也.

번역 ●經文: "群居五人, 則長者必異席". ○이 문장은 친우들끼리 한 장
소에 있을 때의 예법에 대한 내용이다. '군(群)'자는 친우들을 뜻한다. 자하
(子夏)가 "나는 벗들을 떠났다."16)라고 한 말이 '군'자의 용례이다. 고대에
는 땅에 펼쳐서 까는 넓은 자리가 있었는데, 그 자리에는 총 4명이 앉을
수 있었다. 따라서 4명이 모인 경우라면, 그 중 가장 연장자를 추대하여,

___
16) 『예기』「단궁상(檀弓上)」【82c~d】: 子夏投其杖而拜曰, 吾過矣, 吾過矣, 吾離
群而索居, 亦已久矣.

자리의 끝단에 앉도록 권하게 된다. 만약 다섯 명이 모인 경우라면, 자리에 수용할 수 있는 인원을 넘게 되므로, 마땅히 한 사람의 자리를 별도로 마련해야 되는데, 이러한 상황에 연유하여, 연장자 한 사람을 별도의 자리에 앉도록 권하는 것이다.

孔疏 ◎注"席以"至"所尊". ○正義曰: 熊氏云, "知四人爲節者, 以此云'群居五人, 則長者必異席', 旣長者一人異席, 餘則四人矣." 按公食大夫禮云: "蒲筵常, 加萑席尋." 此以蒲席者, 故得容四人, 此群居之法. 若賓主禮席, 皆無同坐之法, 故『鄕飮酒』賓介異席, 又云: "衆賓之席, 皆不屬焉", 不相連屬也. 鄕射"衆賓之席繼而西", 謂相連屬也. 燕禮及大射公三重, 大夫再重, 是皆異席也.

번역 ◎鄭注: "席以"~"所尊". ○웅안생이 말하길, "자리의 크기가 네 사람을 기준으로 삼았다는 사실을 알 수 있는 이유는 이곳 경문에서 '다섯 사람이 앉게 된다면, 그 중 가장 연장자에 대해서는 반드시 자리를 따로 해서 앉게 한다.'라고 했기 때문이니, 이미 연장자 한 사람에게 자리를 별도로 설치해준다면, 그 나머지 인원들은 곧 네 명이 된다."라고 했다.『의례』「공사대부례(公食大夫禮)」편을 살펴보면, "6척(尺)으로 된 포연(蒲筵: =蒲席, 부들로 짠 자리)을 깔고, 3척으로 된 추석(萑席, 익모초로 짠 자리)을 덧붙인다."[17]라고 하였다. 즉 '포석(蒲席)'을 간다고 하였기 때문에, 자리는 일반적으로 네 사람을 수용할 수 있는 것이며, 이 내용들은 여러 명이 함께 앉을 때의 예법에 해당한다. 만약 빈객(賓客)과 주인(主人)이 의례절차를 시행하며 앉게 된다면, 모든 경우에 있어서 빈객과 주인이 같은 자리에 앉는 예법이 없게 된다. 그렇기 때문에『의례』「향음주례(鄕飮酒禮)」편에서 빈객과 개(介)는 자리를 달리 해서 앉는다고 한 것이며, 또 "여러 빈객들의 좌석들도 모두 붙여 두지 않고 각각 떨어트린다."[18]라고 하였으니, 자리가

---

17)『의례』「공사대부례(公食大夫禮)」: 司宮具几與蒲筵常, 緇布純. 加萑席尋, 玄帛純. 皆卷自末. 宰夫筵出自東房.

서로 붙어있지 않다는 뜻이다. 『의례』「향사례(鄕射禮)」편에서 "여러 빈객들의 좌석을 연이어 붙여서 서쪽에 설치한다."[19]라고 하였는데, 이 내용은 자리를 서로 붙여두는 경우를 뜻한다. 그리고 『의례』「연례(燕禮)」 및 「대사례(大射禮)」편에서, 자리를 깔 때 제후[公]는 삼중(三重)으로 하고, 대부(大夫)는 이중(二重: =再重)으로 한다는 말도 모두 자리를 별도로 설치하는 경우를 뜻이다.

---

18) 『의례』「향음주례(鄕飮酒禮)」: 乃席賓·主人·介. 衆賓之席皆不屬焉.

19) 『의례』「향사례(鄕射禮)」: 乃席, 賓南面, 東上, <u>衆賓之席繼而西</u>, 席主人於阼階上, 西面.

그림 8-1　연(筵)

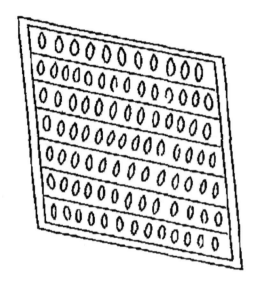

▶ 출처: 『삼례도집주(三禮圖集注)』 8권

集解　愚謂: 席之度九尺, 足以容四人也.

번역　내가 생각하기에, 자리의 너비가 9척(尺) 정도는 되어야, 충분히
네 사람을 수용할 수 있다.

• 제 9 절 •

부모에 대한 예절 Ⅱ

【15c】

爲人子者, 居不主奧, 坐不中席, 行不中道, 立不中門.

직역 爲人子者는 居에 不主奧하고, 坐에 不中席하며, 行에 不中道하고, 立에 不中門한다.

의역 자식된 자들은 집에 머무를 때 방의 아랫목에 머물지 않고, 앉을 때에는 자리의 중앙에 앉지 않으며, 길을 갈 때에는 도로의 중앙으로 걷지 않고, 서 있을 때에는 문 가운데 서 있지 않는다.

集說 室西南隅, 爲奧. 主奧·中席, 皆尊者之道也. 行道, 則或左或右, 立門, 則避棖闑之中, 皆不敢迹尊者之所行也. 古者男女異路, 路各有中, 門中央有闑, 闑之兩旁有棖也.

번역 방[室]의 서남쪽 모퉁이를 '오(奧)'라고 부른다. 아랫목에 앉고, 자리의 중앙에 앉는 것은 모두 '신분이 존귀하고 나이가 많은 자[尊長者]'가 따르는 법도이다. 길을 갈 때 좌측으로 걷거나 우측으로 걷고, 문에 설 때 문설주와 중앙 말뚝 사이를 피하는 이유는 모두 존장자(尊長者)가 다니는 곳을 감히 지나갈 수 없기 때문이다. 고대에는 남자와 여자가 다른 길로 걸었고,[1] 도로에는 각각 중앙에 길이 따로 있었으며, 문 중앙에는 말뚝[闑]

이 있었고, 말뚝의 양쪽 가에는 문설주[根]가 있었다.

■ 그림 9-1 사(士)의 침(寢)과 오(奧)

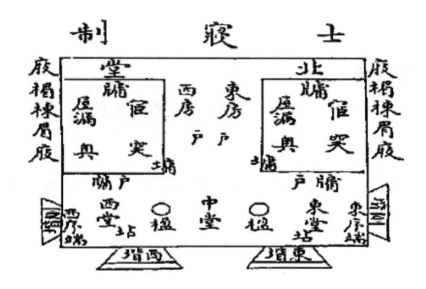

▸ 출처: 『삼례도(三禮圖)』 2권

---

1) 『예기』「왕제(王制)」【181a】: 道路, 男子由右, 婦人由左, 車從中央.

그림 9-2 말뚝[闑]과 문설주[棖]

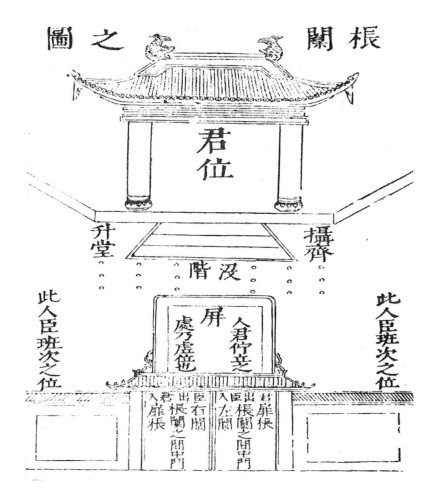

▶ 출처: 『삼재도회(三才圖會)』「궁실(宮室)」 3권

鄭注 謂與父同宮者也, 不敢當其尊處. 室中西南隅謂之奧. 道有左右. 中門, 謂根闑之中央. 內則曰: "由命士以上, 父子皆異宮."

번역 이 문장은 부친과 같은 건물에 거주하는 자들에 대한 내용으로, 감히 존장자(尊長者)인 부친의 자리를 차지할 수 없다는 뜻이다. 방안의 서남쪽 모퉁이를 '오(奧)'라고 부른다. 도로에는 좌측길과 우측길이 있다. 문(門)의 중앙에 있다는 말은 문설주와 말뚝의 중앙에 위치한다는 뜻이다. 『예기』「내칙(內則)」편에서는 "명사(命士) 이상의 신분을 가진 자는 부모와 자식이 서로 다른 건물에 산다."2)라고 했다.

釋文 奧, 烏報反, 沈於六反. 處, 昌慮反, 下同. 根, 宜衡反, 闑也. 闑, 魚列・五結二反. 上, 時掌反, 凡言"以上", 皆放此.

번역 '奧'자는 '烏(오)'자와 '報(보)'자의 반절음이며, 심음(沈音)은 '於(어)'자와 '六(육)'자의 반절음이 된다. '處'자는 '昌(창)'자와 '慮(려)'자의 반절음이며, 아래문장에 나온 '處'자도 그 음이 동일하다. '根'자는 '宜(의)'자와 '衡(형)'자의 반절음으로, 문에 세운 말뚝을 뜻한다. '闑'자는 '魚(어)'자와 '列(렬)'자의 반절음이며, 또는 '五(오)'자와 '結(결)'자의 반절음도 된다. '上'자는 '時(시)'자와 '掌(장)'자의 반절음이며, '以上'이라고 할 때의 '上'자는 그 음이 모두 이와 같다.

孔疏 ●"爲人"至"苟笑". ○正義曰: 此一節明孝子居處及行立待賓祭祀敬愼之事, 各隨文解之.

번역 ●經文: "爲人"~"苟笑". ○이 단락은 효자(孝子)가 거처할 때, 길을 가거나 서 있을 때, 빈객(賓客)을 접대하거나 제사를 지낼 때에는 공경스러운 태도와 조심스러운 태도로 행동해야 한다는 사안을 언급하고 있으

---

2) 『예기』「내칙(內則)」【348b】: 由命士以上, 父子皆異宮, 昧爽而朝, 慈以旨甘. 日出而退, 各從其事. 日入而夕, 慈以旨甘.

니, 각각의 문장에 따라서 해석하겠다.

孔疏 ○此明孝子居處閨門之內. 不言凡者, 或異居禮則不然.

번역 ○이 문장은 효자(孝子)가 집안에 거처할 때의 행동에 대해서 언급하고 있다. 그런데 이곳 문장은 앞에서의 용례와는 다르게 자식된 도리를 언급하면서, '모든[凡]'이라는 말을 기록하지 않았다. 그 이유는 부모와 자식이 다른 건물에 거주하는 경우의 예법에서는 위의 내용처럼 행동하지 않기 때문이다.

孔疏 ●"居不主奧"者, 主猶坐也. 奧者, 室內西南隅也. 室嚮南戶, 近東南角, 則西南隅隱奧無事, 故呼其名爲奧. 常推尊者于閑3)樂無事之處, 故尊者居必主4)奧也. 旣是尊者所居, 則人子不宜處之也.

번역 ●經文: "居不主奧". ○'주(主)'자는 "앉는다[坐]."는 뜻이다. '오(奧)'자는 방안의 서남쪽 모퉁이를 가리킨다. 방안에서는 남쪽 방문으로 갈수록 동남쪽 모퉁이에 가까워지게 된다. 따라서 그와는 반대로 서남쪽 모퉁이는 깊숙하고 조용한 곳이 된다. 그렇기 때문에 그 부근을 '안쪽[奧]'이

---

3) '한(閑)'자에 대하여. 『십삼경주소(十三經注疏)』 북경대 출판본에서는 "『민본(閩本)』・『감본(監本)』에서는 동일하게 '한'자로 기록하고 있다. 『모본(毛本)』에서는 '한(間)'자로 기록하고 있다. 완원(阮元)의 『교감기(校勘記)』에서는 '살펴보니, 한(閑)자와 한(間)자는 고대에는 통용해서 사용했다. 『안씨가훈(顏氏家訓)』「서증(書證)」편에서는 고대에는 이 두 글자 간의 차이가 없었고, 대부분 가차해서 사용했다고 언급한다. 그리고 중(中)자를 중(仲)자로 하거나, 한(間)자를 한(閑)자로 쓰는 등의 부류들은 애써 고치지 않았었다고 했는데, 이 말이 옳다.'"라고 했다.

4) '주(主)'자에 대하여. 『십삼경주소(十三經注疏)』 북경대 출판본에서는 "『민본(閩本)』・『감본(監本)』・『모본(毛本)』에서는 동일하게 '주'자로 기록하고 있다. 『고문(考文)』에서는 송(宋)나라 때 판본을 인용하며, '지(至)'자로 기록하고 있는데, 완원(阮元)의 『교감기(校勘記)』에서는 '살펴보니, 지(至)자는 잘못 기록한 것이다.'"라고 했다.

라고 부르는 것이다. 존장자(尊長者)에게는 가로막혀 있어서 안락하고 조용한 장소를 항상 권한다. 그렇기 때문에 존장자가 머물 때에는 반드시 아랫목에 앉는 것이다. 아랫목은 존장자만이 앉는 곳이니, 자식된 자들은 마땅히 그곳에 위치해서는 안 되는 것이다.

孔疏 ●"坐不中席"者, 一席四人, 則席端爲上. 今不云上席而言中者, 舊通有二, 一云敬無餘席, 非唯不可上, 亦不可中也; 一云共坐則席端爲上, 獨坐則席中爲尊. 尊者宜獨, 不與人共, 則坐常居中, 故卑者坐不得居中也.

번역 ●經文: "坐不中席". ○하나의 자리에는 네 명이 앉게 되니, 자리의 끝단이 상석이 된다. 그런데 지금 이곳 문장에서는 '상석(上席)'이라고 언급하지 않고, '가운데[中]'라고만 하였는데, 그 이유에 대해서는 예전부터 두 가지 설명이 있었다. 첫 번째는 공경스러운 태도로 행동한다는 것은 남은 자리가 없다고 하더라도, '상석'에 앉을 수 없다는 것 뿐만 아니라, 중앙에도 앉을 수 없다는 설명이다. 두 번째는 함께 앉을 때에는 자리의 끝단이 '상석'이 되고, 홀로 앉을 때에는 자리의 중앙이 가장 존귀한 자리가 된다. 존귀한 자는 마땅히 홀로 앉게 되어, 다른 사람들과 함께 앉지 않으니, 자리에 앉을 때에는 항상 자리의 중앙에 앉게 된다. 그렇기 때문에 신분이 낮은 자는 자리의 중앙에 앉을 수 없다는 설명이다.

孔疏 ●"行不中道"者, 尊者常正路而行, 卑者故不得也. 男女各路, 路各有中也.

번역 ●經文: "行不中道". ○존귀한 자는 항상 길의 정중앙으로 다니므로, 신분이 낮은 자들은 이러한 이유 때문에 그 길로 다닐 수 없는 것이다. 남녀는 길을 갈 때, 각각 길을 달리해서 걷는데, 각각의 길에도 중앙길이 있다.

孔疏 ●“立不中門”者, 中央有闑, 闑傍有棖, 棖謂之門5)橜. 今云“不中門”者, 謂棖闑之中, 是尊者所行, 故人子不得當之而行也.

번역 ●經文: “立不中門”. ○문의 중앙에는 말뚝[闑]이 있고, 말뚝 양측에는 문설주[棖]가 있으니, ‘정(棖)’이라는 것은 곧 문에 붙어 있는 담을 뜻한다. 지금 이곳 문장에서는 “문의 중앙에 서지 않는다[不中門].”라고 하였는데, 말뚝과 담 사이의 중앙길은 존장자가 지나다니는 곳이므로, 자식된 자들은 이곳을 통해서 다닐 수 없다는 의미이다.

孔疏 ◎注“謂與”至“異宮”. ○正義曰: 凡上四事, 皆謂與父同宮者爾. 若命士以上, 則父子異宮則不禁. 所以爾者, 有命旣尊, 各有臣僕, 子孫應敬己故也. 云“不敢當其尊處”者, 四事皆尊者之處. “室中西南隅謂之奧”者, 爾雅・釋宮文. 郭璞注云: “隱奧之處.”・“西北隅謂之屋漏”, 孫氏云: “日光所漏入.”・“東北隅謂之宧”, 孫氏云: “日側之明”, 是宧, 明也. “東南6)謂之窔”, 郭氏云: “隱闇也.” 云“內則曰: 由命士以上, 父子皆異宮”者, 證有異居之道也.

번역 ◎鄭注: “謂與”~“異宮”. ○무릇 위에서 말한 네 가지 사안들은 모두 부모와 같은 건물에 살고 있는 자들에게 해당하는 내용일 뿐이다. 만약 신분이 명사(命士) 이상인 경우라면, 부모와 자식은 건물을 달리해서 살게 되므로, 이러한 금지사항을 적용하지 않는다. 그 까닭은 ‘명사’ 이상인 자들은 관직의 ‘명(命)’ 등급을 받은 자들로, 이미 존귀한 신분을 갖추고 있으며, 각각 가신[臣]들이나 종[僕]들을 소유하고 있어서, 자손들은 마땅히 그를

---

5) ‘정위지문폐(棖謂之門橜)’에 대하여. 손이양(孫詒讓)의 『교기(校記)』에서는 “정(棖)이 문폐(門橜)가 된다는 내용은 옛 서적들에서 찾아볼 수 없으니, 아마도 ‘폐(橜)’자는 ‘설(楔)’자의 오자인 것 같다. 『이아』「석궁(釋宮)」편에서도 ‘정(棖)은 설(楔)이라고 부른다.’”라고 했다.

6) ‘남(南)’자에 대하여. ‘남’자는 본래 없던 글자인데, 완원(阮元)의 『교감기(校勘記)』에서는 “혜동(惠棟)의 『교송본(校宋本)』에는 본래부터 ‘남’자가 기록되어 있었다. 이 판본에는 ‘남’자가 누락된 것이며, 『민본(閩本)』・『감본(監本)』・『모본(毛本)』에도 동일하게 ‘남’자가 누락되어 있다.”라고 했다.

공경하게 대우하기 때문이다. 정현이 "감히 존장자인 부친의 자리를 차지할 수 없다."라고 하였는데, 위에서 언급하는 네 가지 사안들이 적용되는 곳은 모두 존장자가 이용하거나 머무는 장소에 해당하기 때문이다. 정현이 "방안의 서남쪽 모퉁이를 '오(奧)'라고 부른다."라고 하였는데, 이 말은 『이아』「석궁(釋宮)」편에 기록된 문장이다.7) 『이아』에 대한 곽박의 주에서는 "은미하고 조용한 곳이다."라고 했고, "서북쪽 모퉁이는 '옥이(屋窳)'라고 부른다."라고 했다. 손염8)은 "햇볕이 들어오는 곳이다."라고 했고, "동북쪽 모퉁이를 '이(窳)'라고 부른다."라고 했으며, 또한 "해가 저물 때에도 밝은 곳이다."라고 했으니, 이 말은 곧 '이'라는 곳이 밝은 장소를 뜻한다는 사실을 나타낸다. 그리고 「석궁」편에서는 "동남쪽 모퉁이를 '요(窔)'라고 부른다."9)라고 했는데, 곽박의 주에서는 "어두운 곳이다."라고 했다. 정현이 "『예기』「내칙(內則)」편에서는 '명사 이상의 신분을 가진 자는 부모와 자식이 서로 다른 건물에 산다.'"라고 하였는데, 이 말은 곧 부모와 자식이 다른 건물에 사는 법도가 있었다는 사실을 증명하고 있다.

【15c】

食饗, 不爲槩.

직역 食饗에는 槩를 不爲한다.

---

7) 『이아』「석궁(釋宮)」: <u>西南隅謂之奧</u>, 西北隅謂之屋漏, 東北隅謂之窳, 東南隅謂之窔.

8) 손염(孫炎, ? ~ ?): 삼국시대(三國時代) 때의 학자이다. 자(字)는 숙연(叔然)이다. 정현의 문도였으며, 『이아음의(爾雅音義)』를 저술하여 반절음을 유행시켰다.

9) 『이아』「석궁(釋宮)」: 西南隅謂之奧, 西北隅謂之屋漏, 東北隅謂之窳, <u>東南隅謂之窔</u>.

의역 손님을 대접하거나 제사를 지내기 위해 음식을 준비할 때에는 자기 마음대로 음식 수량을 정해서는 안 된다.

集說 食饗, 如奉親延客及祭祀之類皆是. 不爲槩, 量順親之心, 而不敢自爲限節也.

번역 '사향(食饗)'에 대해 설명해보자면, 예를 들어 부친의 뜻을 받들어 손님들을 대접하는 음식을 준비하거나, 제사 때 음식을 준비하는 것 등이 모두 여기에 해당한다. '불위개(不爲槩)'라는 말은 부친의 마음을 헤아려서 따라야 하며, 감히 자기 마음대로 음식 수량을 정해서는 안 된다는 뜻이다.

鄭注 槩, 量也. 不制待賓客饌具之所有.

번역 '개(槩)'자는 수량[量]을 뜻한다. 즉 이 문장은 손님들을 접대할 때 내놓는 음식의 수를 마음대로 정하지 않는다는 뜻이다.

釋文 食音嗣. 饗, 本又作享, 香兩反. 槩, 古愛反. 饌, 士戀反.

번역 '食'자의 음은 '嗣(사)'이다. '饗'자는 판본에 따라서 '享'으로도 기록하며, 이 두 글자의 음은 '香(향)'자와 '兩(량)'자의 반절음이다. '槩'자는 '古(고)'자와 '愛(애)'자의 반절음이다. '饌'자는 '士(사)'자와 '戀(련)'자의 반절음이다.

孔疏 ●"食饗不爲槩"者, 熊氏云: "謂傳家事任子孫, 若不傳家事, 則子孫無待賓之事. 大夫士或相往來, 設於饗食槩量也. 不制設待賓饌, 其事由尊者所裁, 而子不得輒豫限量多少也."

번역 ●經文: "食饗不爲槩". ○웅안생은 "이 문장은 가사(家事)를 전수하여, 자손들에게 맡긴 경우에 해당하는 내용이니, 만약 가사를 전수하지 않았다면, 자손들이 빈객(賓客)을 접대하는 일 자체가 없게 된다. 대부(大夫)와 사(士) 계급은 간혹 서로 왕래하는 경우가 있게 되는데, 이러한 경우에는 음식들을 내놓을 때 이미 정해진 수량대로 내놓게 된다.[10) 그런데 이곳 문장에서는 빈객들을 접대할 때의 음식 가짓수에 대해서 제한을 두지 않고 있으니, 그 일들은 존귀한 자가 결정하는 수치에 따르는 것으로, 자식들은 미리 그 수량을 예상하여, 제한을 둘 수 없는 것이다."라고 했다.

【15c】

祭祀, 不爲尸.

직역 祭祀에는 尸를 不爲한다.

의역 제사를 지낼 때, 본인은 시동의 역할을 맡지 않는다.

集說 呂氏曰: 尸取主人之子行而已. 若主人之子, 是使父北面而事之, 人子所不安, 故不爲也.

번역 여씨가 말하길, 시동은 제주(祭主: 부친)의 자식 항렬에 있는 친인척 중에서 뽑을 따름이다. 만약 제주의 아들(본인)을 시동으로 삼는다면, 이것은 부친으로 하여금 북면(北面)을 하게 만들어서, 자신을 섬기게 하는 꼴이 되니, 자식된 자는 편안하게 여길 수가 없게 된다. 그렇기 때문에 제주

---

10) 『예기』「예기(禮器)」【297b】: 天子之豆二十有六, 諸公十有六, 諸侯十有二, 上大夫八, 下大夫六. / 『예기』「예기」편에 따르면, '상대부(上大夫)'와 '하대부(下大夫)'가 음식을 먹을 때 사용하는 두(豆)의 수는 8개와 6개이다. 사(士)의 경우 정해진 수치가 없었다고 보는 의견도 있다. 그러나 '사' 계급은 대부(大夫)들에 비해 신분이 낮고, 녹봉이 적으므로, 일반적으로 대부보다 차려내는 음식의 수가 적었다.

의 아들을 시동으로 삼지 않는 것이다.

鄭注 尊者之處, 爲其失子之11)道. 然則尸卜筮無父者.

번역 제사 때 시동이 앉는 자리는 선조의 혼령을 대신하는 자리이므로, 시동을 맡게 되면, 존귀한 자의 자리를 차지하게 되어, 자식된 도리를 잃게 된다. 그러므로 시동은 아비가 없는 자들 중에서 점을 쳐서 뽑는 것이다.12)

釋文 爲其, 音于僞反, 下注除“不爲孤”, 皆同.

번역 ‘爲其’에서의 ‘爲’자는 그 음이 ‘于(우)’자와 ‘僞(위)’자의 반절음이며, 아래 정현의 주에 나온 ‘不爲孤’라고 할 때의 ‘爲’자를 제외하고는 모두 그 음이 이와 같다.

孔疏 ●“祭祀不爲尸”者, 尸代尊者之處, 故人子不爲也.

번역 ●經文: “祭祀不爲尸”. ○시동은 존귀한 자를 대신하는 자리이다. 그렇기 때문에 자식된 자는 그 일을 할 수 없는 것이다.

---

11) ‘지(之)’자에 대하여. 『십삼경주소(十三經注疏)』 북경대 출판본에서는 “『민본(閩本)』·『감본(監本)』·『모본(毛本)』·『악본(岳本)』에서는 동일하게 ‘지’자로 기록하고 있다. 그런데 위씨(衛氏)의 『집설(集說)』에는 이 글자가 없고, 『가정본(嘉靖本)』·『송감본(宋監本)』에도 동일하게 이 글자가 없다. 손이양(孫詒讓)의 『교기(校記)』에서는 ‘『무주본(撫州本)』에도 또한 지(之)자가 없다.’”라고 했다.

12) 『예기』「증자문(曾子問)」【242b】에는 “孔子曰, 祭成喪者心有尸, 尸必以孫, 孫幼則使人抱之, 無孫則取於同姓可也.”라는 기록이 있다. 즉 「증자문」편에서는 시동을 손자나 손자 항렬에서 뽑는다고 설명한다. 죽은 자의 손자라고 설명하는 주장도 있는데, 그렇게 되면 시동은 제주(祭主)의 자식이나 자식의 항렬이 된다.

訓纂 陳定宇曰: 尸取主人之子行, 而己父將北面事之, 子所不安, 故不爲也.

번역 진정우가 말하길, 시동은 제주(祭主)의 자식 항렬에서 뽑는 것이다. 그러나 자식이 시동이 되면, 부친이 북면(北面)을 하고 자식을 섬기는 꼴이 되어, 자식은 안절부절 못하게 된다. 그렇기 때문에 시동을 맡지 않는 것이다.

集解 愚謂: 宗廟之尸, 用所祭者之孫爲之. 父在而爲尸, 其父必與於祭, 將以尊臨其父, 爲人子者所不可安也.

번역 내가 생각하기에, 종묘(宗廟) 제사에서의 시동 역할은 제사를 받는 선조(先祖)의 손자에게 그 임무를 맡긴다. 부친이 생존해 계신데, 자식이 조부(祖父)의 손자가 된다고 하여 시동을 맡게 된다면, 그의 부친은 반드시 제사에 참여하게 되므로, 자식은 존엄한 자리에서 그의 부친을 대하게 된다. 이것이 바로 자식된 자가 편안하게 느낄 수 없는 이유이다.

【15d】

聽於無聲, 視於無形.

직역 無聲을 聽하고, 無形을 視한다.

의역 자식된 자들은 부모가 말씀을 하기도 전에 그 의중을 헤아려서 마음의 소리를 들어야 하고, 부모가 행동하기도 전에 그 의중을 헤아려서 드러나지 않은 것들을 살펴보아야 한다.

集說 先意承志也.

번역 부모의 뜻을 먼저 헤아려서, 그 뜻을 받든다는 의미이다.[13]

集說 疏曰: 雖聽而不聞父母之聲, 雖視而不見父母之形. 然常於心想像, 似見形聞聲, 謂父母將有敎, 使己然.

번역 공영달(孔穎達)의 소(疏)에서 말하길, 비록 듣는다고 표현했지만, 실제로 부모가 하지도 않은 말을 듣는 것이 아니며, 비록 본다고 표현했지만, 실제로 부모가 행동하지도 않은 모습들을 보는 것이 아니다. 그러나 항상 마음속에 부모에 대한 생각을 품고 있다면, 마치 그 모습을 보고, 그 음성을 듣는 것처럼 된다. 따라서 이 문장의 본의는 부모가 장차 하교를 내리게 될 때, 그렇게 행동할 수 있도록 자신을 미리 대비시킨다는 뜻이다.

鄭注 恒若親之將有敎使然.

번역 항상 부모가 하교를 내리게 될 것이라고 생각하여, 자신으로 하여금 미리 대비하도록 한다는 뜻이다.

孔疏 ●"聽於無聲"者, 謂聽而不聞父母之聲, 此明人子常禮也.

번역 ●經文: "聽於無聲". ○경청을 하지만, 실제로는 부모의 음성을 듣지 못하게 되는데, 이 말은 곧 자신된 자가 항상 따라야 하는 예법을 나타내고 있다.

孔疏 ●"視於無形"者, 謂視而不見父母之形, 雖無聲無形, 恒常於心想像,

---

13) 『예기』「제의(祭義)」【565c】: 曾子曰, 孝有三. 大孝尊親, …… 君子之所爲孝者, 先意承志, 諭父母於道. 參直養者也. 安能爲孝乎?

似見形聞聲, 謂父母將有敎, 使己然也.

[번역] ●經文: "視於無形". ○주시하지만, 실제로는 부모의 모습을 볼 수 없게 되는데, 비록 그 음성이 들리지 않고, 그 모습이 보이지 않는다고 하여도, 항상 자신의 마음속에 부모에 대한 생각을 품고 있다면, 마치 그 모습을 보는 것처럼 되고, 그 음성을 듣는 것처럼 된다. 따라서 이 말은 부모가 장차 하교를 내리게 될 때, 그렇게 행동할 수 있도록 자신을 미리 대비시킨다는 뜻이다.

【15d】

不登高, 不臨深14), 不苟訾, 不苟笑. 孝子不服闇, 不登危, 懼辱親也.

[직역] 高에 不登하고, 深에 不臨하며, 苟訾를 不하고, 苟笑를 不한다. 孝子는 闇에 不服하고, 危에 不登하니, 辱親을 懼한다.

[의역] 자식된 자들은 높은 곳에 오르지 않고, 깊은 곳에 가지 않으며, 구차하게 남을 헐뜯지 않고, 구차하게 웃지 않아야 한다. 또한 자식된 자들은 어두운 장소에서 일하지 않고, 위험한 곳에 오르지 않아야 하니, 이러한 행동들이 부친을 욕되게

---

14) '심(深)'자에 대하여. 『십삼경주소(十三經注疏)』 북경대 출판본에서는 "『민본(閩本)』·『감본(監本)』·『석경(石經)』·『악본(岳本)』에서는 동일하게 '심'자로 기록하고 있다. 『모본(毛本)』에서는 '심(㴱)'자로 기록되어 있다. 『오경문자(五經文字)』에서는 '심(㴱)'자는 『설문해자(說文解字)』의 심(深)자에 해당하니, 경전의 기록에서는 대부분 획수나 자형을 간략히 하여 기록한다.'라고 했다. 완원(阮元)의 『교감기(校勘記)』에서는 '살펴보니, 『설문해자』에 따른다면 마땅히 심(▼(㴱-氵))자로 기록해야 하는데, 심(▼(㴱-氵))와 심(㴱)자는 고문과 금문의 차이이며, 자세한 설명은 단옥재(段玉裁)의 주(注)에 기록되어 있다.'"라고 했다.

제9절 부모에 대한 예절 Ⅱ **363**

할까 걱정되기 때문이다.

集說 疏曰: 不服闇者, 不行事於暗中. 一則爲卒有非常, 二則生物嫌, 故孝子戒之.

번역 공영달(孔穎達)의 소(疏)에서 말하길, '불복암(不服闇)'이라는 말은 어두운 곳에서 일을 하지 않는다는 뜻이다. 그 이유는 첫 번째로 별안간 비상사태가 생기게 될지도 몰라서이며, 두 번째는 남들의 의심을 사기 쉽기 때문이다. 그래서 효자(孝子)들은 그러한 것들을 주의하는 것이다.

集說 呂氏曰: 苟訾近於讒, 苟笑近於諂. 服闇者欺人所不見, 登危者行險以徼幸, 是忘親也, 非特忘之, 不令之名, 且將加之, 皆辱道也.

번역 여씨가 말하길, 구차하게 남을 헐뜯는 것은 참소[讒]에 가깝고, 구차하게 웃는 것은 아첨[諂]에 가깝다. "어두운 곳에서 일한다."는 말은 사람들이 보지 못하는 곳에서 거짓되게 행동한다는 뜻이며, "위험한 곳에 오른다."는 말은 위험한 행동을 하며, 요행을 바란다는 뜻이니, 이러한 행동들은 부모의 존재를 잊고, 자기 마음대로 행동하는 것이며, 또한 비단 부모를 잊는 것뿐만 아니라, 영예롭지 못한 이름이 장차 그에게 덧붙여지게 될 터이니, 이것들은 모두 부모를 욕되게 하는 방법들이다.

大全 金華邵氏曰: 事親之道, 當自卑以尊其親, 尤當自重以愛其身. 主奥中席, 皆尊者所居, 中道中門, 皆尊者所由, 爲槃爲尸, 皆尊者之事, 人子皆不敢當, 旣不嫌於逼其親矣. 聽於無聲, 常若親有命, 視於無形, 常若親在前, 又不至於違其親, 其尊之者, 爲如何? 不登高而下, 皆愛其身也.

번역 금화소씨[15]가 말하길, 부모를 섬기는 도리는 마땅히 스스로를 낮

---

15) 금화소씨(金華邵氏, ? ~ ?) : =소연(邵淵)·소만종(邵萬宗). 남송(南宋) 때의

춰서 자신의 부모를 높이는 것이니,16) 더더욱 스스로를 신중하게 행동하여, 부모가 물려준 몸을 애지중지해야 하는 것이다. 아랫목과 자리의 중앙은 모두 존귀한 자가 머무는 곳이며, 가운데 길과 문 가운데는 모두 존귀한 자가 다니는 곳이다. 또한 음식의 수량을 정하고, 시동을 정하는 일들은 모두 존귀한 자가 담당하는 일이다. 따라서 자식된 자들은 이러한 일들을 감당할 수 없는 것이다. 따라서 그 일들을 담당하지 않더라도, 부모에게 일을 맡김으로써 부모를 핍박한다는 혐의는 받지 않게 된다. "소리가 없는 데에서 듣는다."는 말은 항상 부모의 명령이 있을 것처럼 대비한다는 뜻이고, "형체가 없는 데에서 본다."는 말은 항상 부모가 목전에 있는 것처럼 조심스럽게 행동한다는 뜻이니, 이처럼 행동한다면, 또한 부모의 뜻을 어기는 지경에는 이르지 않게 되는데, 자식이 부모를 존귀하게 떠받든다면, 그 행동들은 어떠하겠는가? "높은 곳에 오르지 않는다."는 말로부터 그 이하의 내용들은 모두 부모로부터 물려받은 자신의 몸을 아끼는 행동들이다.

大全 長樂陳氏曰: "戒愼乎其所不覩, 恐懼乎其所不聞", 不服闇也. "道而不徑, 舟而不遊", 不登危也. "父母全而生之, 子全而歸之", 則不苟訾·不苟笑·不服闇, 所以全其行, 不登高·不臨深·不登危, 所以全其體.

번역 장락진씨가 말하길, "남이 보지 못하는 곳에서도 삼가고 조심하며, 남이 듣지 못하는 곳에서도 조심하고 두려워한다."17)라는 말이 곧 "어두운 곳에서 일하지 않는다."는 뜻에 해당한다. "길을 갈 때에는 바른 길로 가고 지름길로 가지 않으며, 물을 건널 때에는 배를 타며 헤엄치지 않는다."18)라

유학자이다. 이름은 연(淵)이고, 자(字)는 만종(萬宗)이다. 『주자문집(朱子文集)』에는 장사박사(長沙博士)로 기록되어 있다. 『예기』의 「곡례(曲禮)」, 「왕제(王制)」, 「악기(樂記)」, 「대학(大學)」, 「중용(中庸)」에 대해 해설하였다.

16) 『예기』「곡례상」【11d】: 夫禮者, <u>自卑而尊人</u>, 雖負販者, 必有尊也, 而況富貴乎? / 『예기』「관의(冠義)」【690c】: 成人之者, 將責成人禮焉也. …… 不敢擅重事, <u>所以自卑而尊先祖也</u>.

17) 『중용』「1장」: 道也者, 不可須臾離也, 可離非道也. 是故君子<u>戒愼乎其所不睹, 恐懼乎其所不聞</u>.

는 말이 곧 "위험한 곳에 가지 않는다."는 뜻에 해당한다. "부모가 온존하게 낳아주셨으니, 자식은 온전하게 보존하여 천지(天地)에 되돌려준다."[19]라고 하였으니, "구차하게 헐뜯지 않고, 구차하게 웃지 않으며, 어두운 곳에서 일하지 않는다."는 행동들은 자신의 행실을 온존하게 보호하는 방법이고, "높은 곳에 오르지 않고, 깊은 곳에 가지 않으며, 위험한 곳에 오르지 않는다."는 행동들은 자신의 신체를 온존하게 보호하는 방법이다.

鄭注 爲其近危辱也. 人之性, 不欲見毁訾, 不欲見笑. 君子樂然後笑. 服, 事也. 闇, 冥也. 不於闇冥之中從事, 爲卒有非常, 且嫌失禮也. 男女夜行以燭.

번역 높은 곳에 오르고, 구차하게 웃는 행동들은 부모를 위태롭게 하고 욕되게 만드는 짓에 가깝기 때문이다. 사람의 본성은 헐뜯음을 당하기 싫어하고, 비웃음을 당하기 싫어한다. 군자는 즐거운 뒤에야 웃는다.[20] '복(服)'자는 "종사한다[事]."는 뜻이다. '암(闇)'자는 어둠[冥]을 뜻한다. 어두운 가운데 일을 처리하지 않는 것은 별안간 비상사태가 발생하게 되면, 실례(失禮)를 하게 될까 꺼려되기 때문이다. 남녀가 함께 야밤에 길을 가게 되면, 등불을 켜고 간다.[21]

釋文 訾音紫, 毁也, 沈又將知反. 樂音洛. 瞑, 本亦作冥, 莫定反. 下同. 卒, 才忽反.

번역 '訾'자의 음은 '紫(자)'이니, 헐뜯는다는 뜻이며, 심음(沈音)은 또한

---

18) 『예기』「제의(祭義)」【568a】: 是故道而不徑, 舟而不游, 不敢以先父母之遺體行殆.

19) 『예기』「제의(祭義)」【567d~568a】: '天之所生, 地之所養, 無人爲大. 父母全而生之, 子全而歸之, 可謂孝矣.

20) 『논어』「헌문(憲問)」: 以告者過也. 夫子時然後言, 人不厭其言, 樂然後笑, 人不厭其笑, 義然後取, 人不厭其取.

21) 『예기』「내칙(內則)」【350c】: 外內不共井, 不共湢浴, …… 男子入內, 不嘯不指, 夜行以燭, 無燭則止.

'將(장)'자와 '知(지)'자의 반절음이 된다. '樂'자의 음은 '洛(낙)'이다. '瞑'자
는 판본에 따라 '冥'으로도 기록하니, 이 두 글자의 음은 '莫(막)'자와 '定
(정)'자의 반절음이다. 아래문장에 나오는 글자들도 모두 그 음이 이와 같
다. '卒'자는 '才(재)'자와 '忽(홀)'자의 반절음이다.

孔疏 ●"不苟訾, 不苟笑"者, 苟, 且也. 相毀曰訾. 不樂而笑爲苟笑. 彼雖
有是非, 而己苟譏毀訾笑之, 皆非彼所欲, 必反見毀辱, 故孝子不爲也.

번역 ●經文: "不苟訾, 不苟笑". ○'구(苟)'자는 "구차하다[且]."는 뜻이
다. 서로 헐뜯는 것을 '자(訾)'라고 부른다. 즐겁지 않은데 웃는 것을 '구소
(苟笑)'라고 한다. 상대방에게 비록 시비(是非)를 따질 일이 있어도, 본인이
구차하게 그를 기롱하거나 헐뜯고 비웃게 된다면, 이러한 행동들은 모두
그가 바라던 바가 아니므로, 반대로 자신도 욕을 보게 된다. 그렇기 때문에
효자(孝子)는 그러한 행동을 하지 않는 것이다.

孔疏 ◎注"爲其"至"後笑". ○正義曰: "危", 解"不登高, 不臨深", "辱",
釋不訾不笑也. 云"君子樂然後笑"者, 引論語證不苟笑之事也. 此是公明賈答孔
子云: "夫子樂然後笑, 人不厭其笑也."

번역 ◎鄭注: "爲其"~"後笑". ○'위(危)'자는 경문의 "높은 곳에 오르지
않고[不登高], 깊은 곳에 가지 않는다[不臨深]."라고 한 말을 함축하고 있
고, '욕(辱)'자는 "구차하게 헐뜯지 않고[不苟訾], 구차하게 웃지 않는다[不
苟笑]."라고 한 말을 함축하고 있다. 정현이 "군자는 즐거운 뒤에야 웃는
다."라고 한 말은 『논어』의 문장을 인용하여, 구차하게 웃지 않는다는 사안
에 대해 증명을 하고 있는 것이다. 『논어』의 문장은 공명가(公明賈)가 공자
(孔子)에게 대답하며, "공숙문자(公叔文子)께서는 즐거운 뒤에야 웃으시
니, 사람들이 그의 웃음을 싫어하지 않습니다."라고 한 문장이다.

孔疏 ●"不服闇"者, 服, 事也, 謂不行事於闇中也. 一則爲卒有非常, 一則闇中行事, 好生物嫌, 故孝子深戒之.

번역 ●經文: "不服闇". ○'복(服)'자는 "종사한다[事]."는 뜻이니, 어둠 속에서는 일을 하지 않는다는 의미이다. 그 이유는 갑작스럽게 비상사태가 발생할 수도 있기 때문이며, 한편으로는 어두운 가운데 일을 하다보면, 남들의 의심을 사기 쉽기 때문이다. 그렇기 때문에 효자(孝子)는 이러한 일들을 매우 경계했던 것이다.

訓纂 說文: 危, 在高而懼也.

번역 『설문해자(說文解字)』에서 말하길, '위(危)'라는 말은 높은 곳에 위치하여 두려워한다는 뜻이다.

集解 愚謂: 登高恐墜, 臨深恐溺, 二者皆近於危. 苟訾似讒, 苟笑似諂, 二者皆近於辱. 少儀曰, "毋訾重器", 又曰, "毋訾衣服成器." 是非但於人不苟訾, 於物亦然.

번역 내가 생각하기에, 높은 곳에 오르면, 떨어지게 될까봐 걱정하게 되고, 깊은 곳에 가까이 가면, 빠지게 될까봐 염려하게 되니, 이러한 두 종류의 행동들은 모두 자신을 위태롭게 만드는 행동에 가깝다. 구차하게 헐뜯는 것은 참소하는 것과 유사하고, 구차하게 웃는 것은 아첨하는 것과 유사하니, 이러한 두 종류의 행동들은 모두 자신을 욕되게 만드는 행동에 가깝다. 『예기』「소의(少儀)」편에서는 "남의 집에 소장된 진귀한 물건들에 대해서 헐뜯지 않는다."[22]라고 하였고, 또 "남의 좋은 옷과 좋은 물건들에 대해서 헐뜯지 않는다."[23]라고 했다. 이 말은 곧 남에 대해서 구차하게 헐

---

22) 『예기』「소의(少儀)」【433a】: 不疑在躬, 不度民械, 不願於大家, <u>不訾重器</u>. / 이 문장에 대한 정현의 주에서는 '자(訾)'자를 '사(思)'자로 풀이하며, "헤아려 본다."는 뜻으로 해석했다.

뜻을 뿐만이 아니라, 남의 물건에 대해서도 또한 헐뜯지 말아야 한다는 의미이다.

【16a】

父母存, 不許友以死, 不有私財.

직역 父母가 存하면, 友에게 死로써 許하지 않고, 私財를 不有한다.

의역 자식된 자들은 부모가 생존해 계신다면, 친구를 위해서 목숨을 버리지 않으며, 사사롭게 재물을 축적하지 않는다.

集說 不許友以死, 謂不爲其友報仇也. 親在而以身許人, 是有忘親之心; 親在而以財專己, 是有離親之志.

번역 "친구를 위해서 목숨을 버리지 않는다."는 말은 친구를 위해 원수를 갚는 일 등을 하지 않는다는 뜻이다. 부모가 생존해 계신데도, 자신의 생명을 담보로 남의 일을 들어준다면, 이러한 행위의 이면에는 부모에 대한 생각을 잊고 제멋대로 행동하려는 마음이 있는 것이다. 또한 부모가 생존해 계신데도, 사사롭게 재물을 독차지한다면, 이러한 행위의 이면에는 부모의 가르침을 어기려는 뜻이 있는 것이다.

---

23) 『예기』「소의(少儀)」【436c】: 母訾衣服成器, 母身質言語. / 이 문장에 대한 정현의 주에서는 '자(訾)'자를 '사(思)'자로 풀이하며, "탐낸다."는 뜻으로 해석했다.

大全   永嘉戴氏曰: 髮膚以上, 皆親之體, 豈敢許友以死? 粒粟縷絲以上, 皆親之物, 豈敢私有其財? 高者輕死, 卑者重財, 皆非孝也.

번역   영가대씨가 말하길, 신체발부(身體髮膚)는 모두 부모로부터 물려받은 몸인데,[24] 어찌 감히 제멋대로 친구를 위해 죽을 수가 있겠는가? 또한 쌀 한 톨, 실오라기 한 가닥 등 이 모든 것들은 부모로부터 물려받은 재산인데, 어찌 감히 사사롭게 그 재물들을 독차지하겠는가? 기상만 높은 자들은 생명을 소홀히 다루고, 기상이 없는 자들은 재물만을 중시하니, 이러한 것들은 모두 효(孝)가 아니다.

鄭注   爲忘親也, 死爲報仇讎.

번역   이것들은 부모를 잊고 제멋대로 행동하는 일들이 되는데, 죽는다는 말은 곧 친구의 원수를 갚는다는 의미이다.

孔疏   ●"孝子"至"私財". ○正義曰: 此一節明孝子自謹愼其身, 不許友以死, 及不得有私財之事, 各隨文解之.

번역   ●經文: "孝子"~"私財". ○이 문장은 효자(孝子)가 제 스스로 자신을 조심스럽게 단속하여, 친구를 위해 목숨을 던지는 일을 하지 않고, 사사롭게 재산을 축적하지 않는다는 등의 사안을 언급하고 있으니, 각각의 문장에 따라서 해석하겠다.

---

24) 『효경』「개종명의장(開宗明義章)」: 身體髮膚, 受之父母, 不敢毁傷, 孝之始也.

孔疏 ●"父母存, 不許友以死"者, 謂不許爲其友報仇讎也, 親存25)須供養, 則孝子不可死也. 若父母存, 許友報仇怨而死, 是忘親也. 親亡則得許友報仇, 故周禮有"主友之讎, 視從父兄弟", 白虎通云: "朋26)友之道親存不得行者, 不得許友以其身27), 亦不許友以死耳."

번역 ●經文: "父母存, 不許友以死". ○이 문장은 친구를 위해서 원수를 갚는 등의 일들을 하지 않는다는 뜻이니, 부모가 생존해 계신다면, 마땅히 공양을 해드려야 한다. 따라서 효자(孝子)는 자기 마음대로 죽을 수가 없는 것이다. 만약 부모가 생존해 계신데도, 친구를 위해 원수 갚는 일을 하다가 죽게 된다면, 이것은 부모에 대한 마음을 잊은 것이다. 그러나 반대로 부모가 이미 돌아가신 경우라면, 친구를 위해서 원수를 갚을 수도 있다. 그렇기 때문에 『주례』에서 "친우의 원수는 종부(從父)의 형제(兄弟)에 대한 원수로 간주한다."28)라고 한 것이며, 『백호통(白虎通)』에서도 "친우에 대한 도리 중 부모가 생존해 계실 때 제대로 시행할 수 없는 부분은 친구에게 자신의 몸을 맡기는 것을 할 수 없고, 또한 친구를 위해 죽는 것을 할 수 없을 따름이다."라고 했던 것이다.

---

25) '구수야친존(仇讎也親存)'에 대하여. 이 구문에서 '야(也)'자는 본래 없던 글자이며, '존(存)'자는 중첩되어, '존존(存存)'으로 기록되어 있었는데, 완원(阮元)의 『교감기(校勘記)』에서는 "『민본(閩本)』·『감본(監本)』·『모본(毛本)』에서는 '친(親)'자 앞에 '야'자가 있고, '존'자가 중첩되어 있지 않은데, 이 기록이 옳다."라고 했다.

26) '붕(朋)'자에 대하여. 『십삼경주소(十三經注疏)』 북경대 출판본에서는 "'붕'자는 본래 '친(親)'자로 기록되어 있었는데, 『민본(閩本)』·『감본(監本)』·『모본(毛本)』에서도 동일하게 '친'자로 기록하고 있다. 포당(浦鏜)은 '친(親)'자는 붕(朋)자의 오자이며, 도(道)자 뒤에 친재(親在)라는 두 글자가 빠져 있다.'라고 했다. 손이양(孫詒讓)이 『교기(校記)』에서는 『백호통(白虎通)』「삼강육기(三綱六紀)」편에 근거해서 글자를 수정하였다."라고 했다.

27) "친존부득행자부득허우이기신(親存不得行者不得許友以其身)"에 대하여. 『십삼경주소(十三經注疏)』 북경대 출판본에서는 "이 문장은 본래 '부득행자(不得行者)'라고만 기록되어 있었는데, 손이양(孫詒讓)이 『백호통(白虎通)』「삼강육기(三綱六紀)」편에 근거해서 교정한 것에 따라 글자를 보충해 넣었다."라고 했다.

28) 『주례』「지관(地官)·조인(調人)」: 主友之讎, 視從父兄弟.

孔疏 ●"不有私財"者, 家事統於尊, 財關尊者, 故無私財.

번역 ●經文: "不有私財". ○집안일은 모두 집안의 존장자인 부모가 통괄하고 있으니, 재물과 관련된 일 또한 그 결정권은 부모에게 달려있는 것이다. 그렇기 때문에 자기 마음대로 재물을 쓸 수 없는 것이다.

訓纂 江氏永曰: 不許友以死, 坊記所謂"父母在, 不敢有其身也." 朋友亦有患難相死之道, 非謂若聶政之爲. 謂友有危難, 忘身救之, 或冒險脫友於厄, 如李篤之匿張儉. 或犯顔雪友之冤, 如左儒之爭杜伯. 固有激於義而爲之者矣.

번역 강영이 말하길, "친구를 위해 죽지 않는다."는 말은 『예기』「방기(坊記)」편에서 "부모가 생존해 계시면, 감히 자기 마음대로 할 수 없다."29)라고 한 말에 해당한다. 친구에 대해서도 또한 어려움을 당하면, 서로 목숨을 바쳐서 도와야 하는 도리가 있는데,30) 이 말은 섭정(聶政)과도 같은 행위31)를 뜻하는 것이 아니다. 즉 친구에게 위급한 상황이 발생하였다면, 제 자신의 안존을 버리고, 그를 구원해야 한다는 뜻이니, 위험을 무릅쓰더라도, 위기로부터 친구를 탈출시켜야 하니, 마치 이독(李篤)이 장검(張儉)을 숨겨주었던 일32)과 같은 경우이다. 또는 군주에 대한 무례를 범하게 되더

---

29) 『예기』「방기(坊記)」【618a】: <u>父母在, 不敢有其身</u>, 不敢私其財, 示民有上下也.
30) 『예기』「유행(儒行)」【685d】: 儒有聞善以相告也, 見善以相示也. 爵位相先也, <u>患難相死也</u>. 久相待也, 遠相致也. 其任擧有如此者.
31) 전국시대(戰國時代) 때 협루(俠累)라는 인물이 있었는데, 협루는 자신에게 도움을 주었던 엄수(嚴遂)를 배신하게 되었다. 이 일이 화근이 되어 엄수는 복수를 계획하고 섭정(聶政)에게 부탁을 했다. '섭정'은 부탁을 받아들여 협루를 죽였으나, 빠져나오지 못하고 끝내 자결을 하였다. 이 일화는 『사기(史記)』「자객열전(刺客列傳)」편에 나온다.
32) 후한시대(後漢時代) 때 당쟁(黨爭)이 심해지자, 장검(張儉)이란 인물은 당쟁에 휘말려서, 모함을 받고 수배를 당하였다. 당시 '장검'은 도주를 하며, 여러 지역을 거쳐 갔는데, 그곳의 관리들은 '장검'을 숨겨주었던 사실이 발각되어 모두 죽임을 당하였다. '장검'은 도주를 하던 중 이독(李篤)의 집에 숨게 되었는데, '이독'은 그를 숨겨주는 것이 매우 위험한 일이 된다는 사실을 알고 있었음에도, '장검'을 숨겨주었다. 이 일화는 『후한서(後漢書)』「당고열전(黨錮列

라도 친우의 원통함을 씻어야 하니, 마치 좌유(左儒)가 두백(杜伯)을 위해 간언을 했던 일[33]과 같은 경우이다. 따라서 진실로 '의(義)'에 관련된 경우라면, 친구를 위해 목숨을 던질 수도 있는 것이다.

集解 愚謂: 白虎通義云, "朋友之道, 親在不得行者二: 不得許友以其身, 不得專通財之恩." 不許友以死, 卽不許友以身也; 不有私財, 卽不得專通財之恩也.

번역 내가 생각하기에,『백호통의(白虎通義)』에서는 "붕우에 대한 도리 중에 부모가 생존해 계실 때 시행할 수 없는 것이 두 가지가 있으니, 첫 번째는 친우에게 자신의 몸을 맡기는 것을 할 수 없고, 두 번째는 재산을 자기 마음대로 하여 은정 베푸는 것을 할 수 없다."라고 했다. 따라서 "친구를 위해 죽지 않는다."는 말은 곧 "친우에게 자신의 몸을 맡기는 것을 할 수 없다."는 말에 해당하고, 또한 "사사롭게 재물을 두지 않는다."는 말은 곧 "재산을 자기 마음대로 하여 은정 베푸는 것을 할 수 없다."는 말에 해당한다.

傳)」편에 나온다.

33) 이 사건은 주(周)나라 선왕(宣王)이 두백(杜伯)을 무고하게 죽이려고 할 때, 좌유(左儒)가 변호하였던 일화로, 여러 서적들에 단편적으로 기록되어 있다.

【16b】

爲人子者, 父母存, 冠衣, 不純素.

직역 爲人子者는 父母가 存하면, 冠衣는 不純素한다.

의역 자식된 자들은 부모가 생존해 계신다면, 관(冠)의 경우 순백색이나 치장한 것을 착용하지 않고, 의복의 경우 심의(深衣)[34]에 순백색이나 가장자리를 꾸민 것을 착용하지 않는다.

集說 疏曰: 冠純, 冠飾也. 衣純, 深衣領緣也.

번역 공영달(孔穎達)의 소(疏)에서 말하길, '관순(冠純)'은 관을 치장한 것이다. '의순(衣純)'은 심의(深衣)의 가장자리를 꾸민 것이다.

---

34) 심의(深衣)는 일반적으로 상의와 하의가 서로 연결된 옷을 뜻한다. 제후, 대부(大夫), 사(士)들이 평상시 집안에 거처할 때 착용하던 복장이기도 하며, 서인(庶人)에게는 길복(吉服)에 해당하기도 한다. 순색에 채색을 가미하기도 했다.

● 그림 9-3   심의(深衣)-전면

▶ 출처: 『삼재도회(三才圖會)』 「의복(衣服)」 1권

그림 9-4 심의(深衣)-후면

▶ 출처: 『삼재도회(三才圖會)』「의복(衣服)」 1권

鄭注 爲其有喪象也. 純, 緣也. 玉藻曰: "縞冠玄武, 子姓之冠也. 縞冠素紕, 旣祥之冠也." 深衣曰: "具父母, 衣純以靑."

번역 이러한 복장들에는 상사(喪事)를 상징하는 점이 있기 때문이다. '순(純)'자는 가장자리를 꾸민다는 뜻이다. 『예기』「옥조(玉藻)」편에서는 "호관(縞冠)35)에 검은색 띠를 두른 것은 부친이 아직 상사(喪事)를 치르고 있지만, 자신의 아들이 태어났을 때 쓰는 관(冠)이다. '호관'에 백색의 띠를 두른 것은 상제(祥祭)36)를 치르고 난 뒤에 쓰는 관이다."37)라고 했고, 『예기』「심의(深衣)」편에서는 "부모가 생존해 계시면, 옷은 순색으로 하되 청색으로 단을 댄다."38)라고 했다.

釋文 純, 諸允反, 又之閏反, 下及注皆同. 緣, 悅絹反. 縞, 古老反, 沈又古到反. 紕, 婢支反, 徐補移反.

번역 '純'자는 '諸(제)'자와 '允(윤)'자의 반절음이며, 또는 '之(지)'자와 '閏(윤)'자의 반절음도 되는데, 아래문장 및 정현의 주에 나오는 글자들도 모두 그 음이 이와 같다. '緣'자는 '悅(열)'자와 '絹(견)'자의 반절음이다. '縞'자는 '古(고)'자와 '老(로)'자의 반절음이며, 심음(沈音)은 '古(고)'자와 '到(도)'자의 반절음이 된다. '紕'자는 '婢(비)'자와 '支(지)'자의 반절음이며, 서음(徐音)은 '補(보)'자와 '移(이)'자의 반절음이다.

---

35) 호관(縞冠)은 백색의 명주로 만든 관(冠)이다. 상제(祥祭)나 흉사(凶事) 때 착용했다.
36) 상제(祥祭)는 대상(大祥)과 소상(小祥) 때의 제사를 뜻한다. '소상'에서의 제사는 부모가 죽은 지 만 1년 만에 지내는 제사이고, 대상(大祥)에서의 제사는 만 2년 만에 지내는 제사이다.
37) 『예기』「옥조(玉藻)」【379a】: 縞冠玄武, 子姓之冠也. 縞冠素紕, 旣祥之冠也.
38) 『예기』「심의(深衣)」【674d】: 具父母大父母, 衣純以繢. 具父母, 衣純以靑. 如孤子, 衣純以素. 純袂緣純邊, 廣各寸半.

孔疏 ●“爲人”至“純素”. ○正義曰: 此一節明爲人子父母存及孤子衣冠純飾不同之事, 各隨文解之. 不言凡者, 若仕者或遇凶荒, 雖親存亦須素服, 非要在親沒, 故不言凡.

번역 ●經文: “爲人”~“純素”. ○이 문장은 자식된 자들에게 있어서, 부모가 생존해 계실 때 착용하는 의관(衣冠)은 고아가 되었을 때 착용하는 의관과 그 색깔 및 치장이 다르다는 점을 언급하고 있으니, 각각의 문장에 따라서 해석하겠다. 그런데 이곳 문장에서도 ‘자식된 자[爲人子者]’라고만 기록하고, ‘모든[凡]’이라는 말을 언급하지 않았다. 그 이유는 만약 벼슬살이를 하고 있는 경우라면, 간혹 국상(國喪)이나 국가의 재앙을 당하게 될 수도 있다. 이러한 경우에는 비록 부모가 생존해 계신다고 하더라도, 또한 상의와 하의를 모두 흰색으로 할 필요성이 생기기 때문이니, 반드시 부모가 돌아가신 경우에만 그렇게 하는 것이 아니다. 그러므로 ‘범(凡)’자를 언급하지 않은 것이다.

孔疏 ●“父母存, 冠衣不純素”者, 冠純謂冠飾也, 衣純謂深衣領緣也. 禮, 具父母, 大父母[39], 冠衣純以繢; 若有父母, 無太父母, 則純以靑; 若少而幷無, 則乃純素也. 故親存者不得純素也.

번역 ●經文: “父母存, 冠衣不純素”. ○‘관순(冠純)’은 관(冠)을 치장한 것을 뜻하며, ‘의순(衣純)’은 심의(深衣)에 가장자리를 꾸민 것을 뜻한다. 예법(禮法)에 따르면, 부모 및 조부모가 모두 생존해 계신 경우라면, ‘관’과 의복은 순색으로 하며, 단을 댄다고 하였고, 만약 부모만 생존해 계시고, 조부모가 이미 돌아가신 경우라면, ‘관’과 의복은 순색으로 하되 청색의 단을 댄다고 하였으며, 만약 어린 나이에 고아가 되어, 부모 및 조부모가 모두

---

39) ‘모(母)’자에 대하여. ‘모’자 뒤에는 본래 ‘존(存)’자가 기록되어 있었는데, 완원(阮元)의 『교감기(校勘記)』에서는 “포당(浦鏜)은 ‘존’자는 연문이라고 했는데, 포당의 의견에 따르는 것이 옳다. 그 주장에 따르지 않는다면, 『예기』「심의(深衣)」편의 문장과 일치되지 않는다.”라고 했다.

안 계신 경우라면, 순백색의 '관'과 의복을 착용한다고 했다.[40] 그렇기 때문에 부모가 생존해 계실 때에는 순백색으로 된 '관'과 의복을 착용할 수 없는 것이다.

孔疏 ◎注"爲其"至"以靑". ○正義曰: 引玉藻"縞冠玄武, 子姓之冠", 證冠純有吉凶之別也. 縞冠者, 薄絹爲之. 玄武者, 以黑繒爲冠卷也. 子姓者, 姓, 生也, 孫是子所生, 故謂孫爲子姓. 父有服未畢, 子雖已除, 猶未全吉也, 故縞冠玄武. 玄武是吉, 縞冠爲凶, 明吉凶兼服也. 何胤云: "繒裏卷武也." 云"縞冠素紕, 旣祥之冠也", 又證有素爲凶也. 當祥之日, 朝服縞冠; 祥祭之後, 則縞冠素紕. 何胤云: "素紕謂緣冠兩邊." 云"深衣曰: 具父母衣純以靑"者, 引證不純以素之事.

번역 ◎鄭注: "爲其"~"以靑". ○정현은 『예기』「옥조(玉藻)」편에 기록된 "호관(縞冠)에 검은색 띠를 두른 것은 자손이 태어났을 때 쓰는 관(冠)이다."라는 문장을 인용하고 있는데, 그 이유는 '관'을 순색으로 하는 것에는 길흉(吉凶)에 따른 구별이 있다는 점을 증명하기 위해서이다. '호관'이라는 것은 가는 명주를 사용해서 만든다. '현무(玄武)'라는 것은 검은 색의 명주실로 '관'의 띠를 만드는 것이다. '자성(子姓)'이라고 할 때의 '성(姓)'자는 "태어난다[生]."는 뜻이며, 손자는 자식이 낳은 아들이기 때문에, 손자를 '자성'이라고 부른다. 상사(喪事)가 발생하여, 부모가 아직 상복(喪服)을 벗은 상태가 아니라면, 그의 아들이 비록 상복을 이미 벗은 상태라고 하더라도, 아직 완전하게 길(吉)한 시기로 넘어간 것이 아니다. 그렇기 때문에 손자가 태어난 경사스러운 일임에도, '호관'에 검은색 띠를 두른 '관'을 쓰는 것이다. 검은색 띠를 두른 것은 '길'하다는 뜻이며, '호관'은 흉사(凶事)를 당했을 때 쓰는 것이다. 따라서 '호관'에 검은색 띠를 두른 '관'을 씀으로써, 길흉(吉凶)에 대한 일을 복장에 함께 나타내는 것이다. 하윤은 이러한 복장

---

40) 『예기』「심의(深衣)」【674d】: 具父母大父母, 衣純以繢. 具父母, 衣純以靑. 如孤子, 衣純以素. 純袂緣純邊, 廣各寸半.

에 대해서, "명주로 된 안감에 검은색 띠를 두른다."라고 설명했다. 정현이 "'호관'에 백색의 띠를 두른 것은 상제(祥祭)를 치르고 난 뒤에 쓰는 관이다."라고 하였는데, 이러한 설명 또한 흰색으로 된 의관(衣冠)을 착용하는 것이 흉사(凶事) 때 사용하는 것임을 증명하고 있다. '상제'를 치르는 당일에는 조복(朝服)41)에 '호관'을 착용하며, '상제'를 치른 뒤라면, '호관'에 백색 띠를 두른다. 하윤은 "백색 띠를 두른다는 말은 '관'의 양쪽 변에 끝단을 댄다는 뜻이다."라고 했다. 정현이 "부모가 생존해 계시면, 옷은 순색으로 하되 청색으로 단을 댄다."라고 하였는데, 정현은 『예기』「심의(深衣)」편의 문장을 인용하여, 순백색으로 '의관'을 착용하지 않는 사안에 대해서 증명하고 있는 것이다.

---

41) 조복(朝服)은 군주와 신하가 조회를 열 때 착용하는 복장을 뜻한다. 중요한 의식을 치를 때 착용하는 예복(禮服)을 가리키기도 한다.

● 그림 9-5 제후의 조복(朝服)

▶ 출처: 『삼례도집주(三禮圖集注)』 1권

集解 愚謂: 吉冠之純未聞, 以大祥縞冠素紕推之, 則冠純之色當與冠同, 而其物則精與? 此冠謂燕居之冠也, 衣謂深衣也. 以其用於燕私, 故或純采, 或純素. 若禮服之冠與其中衣, 飾有一定, 不因父母之存没而異也.

번역 내가 생각하기에, 길(吉)한 시기에 쓰는 관(冠)을 순색으로 한다는 규정은 들어보지 못했다. 대상(大祥) 때 호관(縞冠)에 백색 띠를 두른다는 사실을 통해 추측해보면, '관'을 치장하는 색깔은 '관'의 바탕색과 동일한 것인데, 해당하는 기물(器物) 및 그 제도들이 정교한 것이었겠는가? 따라서 여기에서 말하는 '관'은 평상시 거처할 때 쓰는 '관'을 뜻하고, '의(衣)'는 심의(深衣)를 뜻한다. 이것들은 평상시 거처할 때 개인적인 용도로 사용하는 것이기 때문에, 어떤 것은 순색에 채색을 더하고, 또 어떤 것은 순백색으로 했던 것이다. 만약 위에서 언급하는 규정들이 예복(禮服)을 착용할 때 쓰는 '관'과 그것에 해당하는 중의(中衣)[42]에 대한 내용이라고 한다면, 이것들과 관련해서는 이미 그 치장하는 방식에 일정한 규정이 있으므로, 부모가 생존해 계시거나, 혹은 돌아가셨다는 상황에 따라서 달라지는 것이 아니다.

---

42) 중의(中衣)는 조복(朝服)이나 제복(祭服) 등의 예복(禮服) 안에 착용하는 옷이다. '중의' 안에는 속옷 등을 착용하고, '중의' 겉에는 예복 등을 착용하므로, 중간이라는 뜻에서 '중의'라고 부르는 것이다. 『예기』「교특생(郊特牲)」편에는 "繡黼丹朱中衣."라는 기록이 있고, 이에 대한 공영달(孔穎達)의 소(疏)에서는 "中衣, 謂以素爲冕服之裏衣."라고 풀이하였다.

● 그림 9-6 중단(中單) : 중의(中衣)의 일종

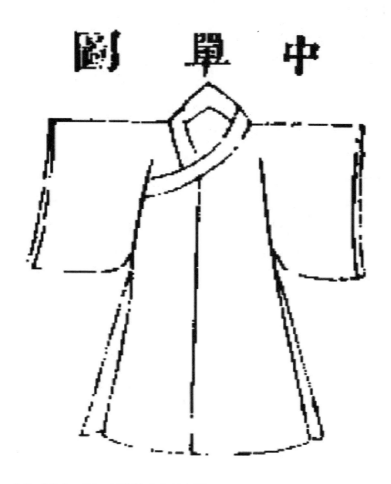

‣ 출처: 『삼재도회(三才圖會)』 「의복(衣服)」 1권

【16b】

> 孤子當室, 冠衣, 不純采.

직역 孤子 중 當室은 冠衣는 不純采한다.

의역 부모가 돌아가셔서 고아가 된 자들 중에 부친의 뒤를 이은 적장자는 순색에 채색이 들어간 관(冠)과 의복을 착용하지 않는다.

集說 呂氏曰: 當室, 謂爲父後者. 問喪曰, "童子不緦, 唯當室緦", 亦指爲父後者. 所謂不純采者, 雖除喪猶純素也. 惟當室者行之, 非當室者不然也.

번역 여씨가 말하길, '당실(當室)'은 부친의 후계자가 된 자를 가리킨다. 『예기』「문상(問喪)」편에서는 "동자(童子)들은 시마복(緦麻服)을 착용하지 않지만, 오직 부친의 뒤를 잇는 자의 경우에 한해서, 시마복을 착용한다."[43] 라고 하였는데, 이 문장에 나타난 '당실'이라는 말 또한 부친의 후계자가 된 자를 가리킨다. 이른바 "순색에 채색이 들어간 것으로 하지 않는다[不純采]."라고 한 이유는 비록 상(喪)을 끝냈다고 하더라도, 여전히 순백색의 옷을 착용하기 때문이다. 그러나 이러한 규정은 오직 후계자가 된 자만이 따르는 것으로, 후계자가 아닌 자들은 이처럼 하지 않는다.

大全 馬氏曰: 孟子曰, "父母俱存, 兄弟無故, 一樂也." 樂於中者, 文必稱於外, 冠衣不純素, 所以文之也. 孤子當室者, 謂嫡室也. 冠衣不純采者, 異於諸子也. 蓋父之於長子, 冠於阼以著代也. 服之三年, 以稱情也, 則嫡之於父, 其可以不加隆乎.

---

43) 『예기』「문상(問喪)」 【659c】: 禮曰, "<u>童子不緦, 唯當室緦.</u>" 緦者其免也, 當室則免而杖矣."

번역 마씨가 말하길, 『맹자』에서는 "부모가 모두 생존해 계시고, 형제들에게 변고가 없는 것이 첫 번째 즐거움이다."[44]라고 하였다. 이러한 상황에 속해 즐거움을 누리는 자들은 의관(衣冠)을 꾸밀 때에도 반드시 외적인 요인에 걸맞게끔 해야 한다. 따라서 '의관'을 순백색으로 꾸미지 않는 것이 바로 걸맞게끔 꾸미는 방법이다. '고자당실(孤子當室)'이라는 말은 곧 고아가 된 자들 중 적장자를 가리킨다. 그들의 '의관'을 순색에 채색한 것으로 하지 않는 이유는 다른 아들들과 차별을 두기 위해서이다. 무릇 부모는 적장자에 대해서, 동쪽 계단에서 관례(冠禮)를 치러줌으로써, 그가 대(代)를 계승하는 자임을 나타낸다.[45] 또한 부모에 대해서 삼년상을 치르도록 하여, 자식이 부모를 잃은 마음에 비례하도록 한 것인데,[46] 모든 아들들이 삼년상을 치르도록 되어 있으니, 적장자가 돌아가신 부모에 대해서 더 융성하게 하지 않을 수 있겠는가? 그래서 적장자는 상(喪)을 끝낸 후에도, 순백색의 옷을 입는 것이다.

鄭注 早喪親, 雖除喪, 不忘哀也. 謂年未三十[47]者. 三十壯, 有室, 有代親之端, 不爲孤也. 當室, 適子也. 深衣曰: "孤子衣純以素."

번역 어린 나이에 부모의 상(喪)을 당하게 되면, 비록 상이 끝났다고 하더라도, 애달픈 마음을 잊을 수가 없기 때문이다. 따라서 이 문장의 내용은 아직 30세가 되지 못한 자에게 해당하는 규정이다. 30세가 되면, 장성하게 되어, 혼인을 하게 되고,[48] 또한 자식을 낳게 되므로, 부친의 대(代)를

---

44) 『맹자』「진심상(盡心上)」: <u>父母俱存, 兄弟無故, 一樂也</u>, 仰不愧於天, 俯不怍於人, 二樂也, 得天下英才而敎育之, 三樂也.

45) 『예기』「교특생(郊特牲)」【335c】: 適子冠於阼, 以著代也. / 『예기』「관의(冠義)」【689c】: 故冠於阼, 以著代也.

46) 『예기』「삼년문(三年問)」【669d】: 三年之喪何也? 曰, "<u>稱情</u>而立文, 因以飾群, 別親疏貴賤之節, 而弗可損益也. 故曰無易之道也."

47) '삼십(三十)'에 대하여. 손이양(孫詒讓)의 『교기(校記)』에서는 "'년미삼십(年未三十)'이라는 구문에서 '삼십'을 『무주본(撫州本)』에서는 '이십(二十)'이라고 기록하고 있는데, 아마도 잘못 기록한 것 같다."라고 했다.

잇는 단서를 갖추게 되니, 이러한 자들은 부모를 여의게 되더라도, 그들을 고아[孤]라고 부르지 않는 것이다. '당실(當室)'은 적장자를 뜻한다. 『예기』「심의(深衣)」편에서는 "고아[孤子]인 경우, 옷은 순백색으로 입는다."[49]라고 했다.

釋文 早喪, 息浪反. 適, 下歷反.

번역 '早喪'의 '喪'자는 '息(식)'자와 '浪(랑)'자의 반절음이다. '適'자는 '丁(정)'자와 '歷(력)'자의 반절음이다.

孔疏 ●"孤子"至"純采". ○正義曰: 上言有親而不素, 此言無親而素者也. 孤子謂二十九以下而無父者, 當室謂適子也. 旣少孤, 故雖除服, 猶自素也. 然深衣云: "孤子衣純以素." 則嫡庶悉然. 今云"當室", 則似庶子不同, 所以爾者, 通者有二, 云凡子皆然, 豈唯當室, 但嫡子內理烝嘗, 外交宗族, 代親旣備, 嫌或不同, 故特明之, 所以鄭引深衣爲注, 會證凡孤子悉同也. 崔靈恩云: "指謂當室, 不當室則純采, 所以然者, 當室之孤, 內理烝嘗, 外交宗族, 所履之事, 莫不傷心, 故特純素示哀也. 深衣不云當室者, 文略耳."

번역 ●經文: "孤子"~"純采". ○앞의 경문에서는 "부모가 생존해 계시다면, 순백색의 '의관(衣冠)'을 착용하지 않는다."라고 하였고, 이곳 경문에서는 "부친이 돌아가셔서 없는 경우에는 '의관'을 순백색으로 착용한다."라고 하였다. 고아[孤子]는 나이가 29세 이하인 자들 중에서 부모가 없는 자를 가리키고, '당실(當室)'은 적장자를 뜻한다. 어린 나이에 부모를 여의었기 때문에, 비록 상복(喪服)을 벗게 되었다고 하더라도, 여전히 제 스스로 순백색의 옷을 착용하는 것이다. 한편 『예기』「심의(深衣)」편에서는 "고자(孤子)인 경우, 옷은 순백색으로 입는다."라고 하였으니, 적장자나 '그 외의

---

48) 『예기』「곡례상」【12b】: 人生十年曰幼, 學. 二十曰弱, 冠. <u>三十曰壯, 有室</u>.

49) 『예기』「심의(深衣)」【674d】: 具父母大父母, 衣純以繢. 具父母, 衣純以靑. <u>如孤子, 衣純以素</u>. 純袂緣純邊, 廣各寸半.

아들들[庶子]'도 모두 그렇게 입는다는 뜻이 된다. 그런데 이곳 문장에서는 '당실'이라는 말을 명시하였으니, 적장자에 대한 규정은 서자(庶子)들과는 달랐다는 뜻처럼 보인다. 이처럼 차이점을 보이는 이유에 대해서는 두 종류의 해석이 있는데, 첫 번째는 적장자나 서자의 구분 없이 모든 아들들이 이처럼 착용하는 것으로, 어찌 적장자만이 이러한 규정을 따르겠느냐는 주장이다. 다만 적장자는 내적으로는 증상(烝嘗)50)과 같은 제사를 지내야 하고, 외적으로는 종족(宗族)들과 교류를 하게 되어, 부친의 임무를 대신하는 일들을 모두 따르게 된다. 따라서 혹여 나머지 아들들과 복장방식을 다르게 하지는 않을까 염려가 되었기 때문에, 특별히 적장자라고 명시를 했던 것이니, 정현이 「심의」편의 문장을 인용하여, 주(注)를 작성한 것 또한 모든 아들들이 이러한 복장방식을 동일하게 지킨다는 사실을 증명하기 위함이라는 해석이다. 한편 최영은은 "이 문장은 적장자에 대한 내용으로, 적장자가 아닌 자들은 순색에 채색을 입힌 옷을 입는다. 그러한 까닭은 고아가 된 자들 중 적장자는 내적으로 '증상'과 같은 제사를 지내야 하고, 외적으로는 종족들과 교류를 하게 되어, 내외적으로 실행하는 모든 일들이 부모가 생전에 하던 일들이었으므로, 그의 마음을 아프게 하지 않는 것들이 없게 된다. 그렇기 때문에 적장자만이 특별히 순색의 '의관'을 착용하여, 애도의 뜻을 표시하는 것이다. 「심의」편에서 '당실'이라고 언급하지 않은 것은 단순히 문장을 생략한 것일 뿐이다."라고 주장한다.

---

50) 증상(烝嘗)은 종묘(宗廟)에서 지내는 가을 제사와 겨울 제사를 가리킨다. 또한 '증상'은 종묘에 대한 제사를 총칭하는 용어로도 사용된다. 사계절마다 큰 제사를 지내게 되는데, 계절별 제사 명칭이 다르며, 문헌마다 조금씩 차이를 보인다. 예를 들어『춘추번로(春秋繁露)』「사제(四祭)」편에는 "四祭者, 因四時之所生孰而祭其先祖父母也. 故春曰祠, 夏曰礿, 秋曰嘗, 冬曰烝."이라고 하여, 봄 제사를 사(祠), 여름 제사를 약(礿), 가을 제사를 상(嘗), 겨울 제사를 증(烝)이라고 설명했다. 한편『예기』「왕제(王制)」편에는 "天子諸侯宗廟之祭, 春曰礿, 夏曰禘, 秋曰嘗, 冬曰烝."이라고 하여, 봄 제사를 약(礿), 여름 제사를 체(禘), 가을 제사를 상(嘗), 겨울 제사를 증(烝)이라고 설명했다.

孔疏 ◎注"早喪"至"以素". ○正義曰: 三十以外遭喪者, 除服後卽得純采.
今所言雖是除喪, 未三十不得純采. 若至三十, 則亦采也, 故云"當室, 適子也.
深衣曰: '孤子衣純以素也.'" 然注前解適子, 後引深衣, 似崔解也. 深衣不言冠
者, 從可知也.

번역 ◎鄭注: "早喪"~"以素". ○30세가 넘어서 부친상을 당하게 된 경
우, 상복(喪服)을 벗은 이후에는 순색에 채색이 가미된 옷을 입을 수 있다.
이곳 문장에서 언급하는 상황은 비록 상복을 벗었다고 하더라도, 아직 30
세가 안 된 상태이므로, 순색에 채색이 가미된 옷을 입을 수 없는 것이다.
만약 이곳 문장에서 설명하는 경우에 해당한다고 하더라도, 그 아들이 30
세에 이르게 된다면, 또한 채색이 된 옷을 입게 된다. 그래서 정현은 "'당실
(當室)'은 적장자를 뜻한다. 『예기』「심의(深衣)」편에서 '고자(孤子)인 경우,
옷은 순백색으로 입는다.'"라고 말한 것이다. 그런데 정현의 주에서는 먼저
적장자에 대한 풀이를 하고, 그 이후에 「심의」편을 인용하고 있으니, 최영
은의 해석과 일치하는 것 같다. 따라서 「심의」편에서 의복에 대한 언급만
하고, 관(冠)에 대해서 언급하지 않은 것도 '당실'에 대한 경우처럼 문장을
생략해서 기록한 것임을 알 수 있다.

集解 呂氏大臨曰: 少而無父者, 雖人之窮, 然旣除喪矣, 冠衣猶不改素, 則
無窮也. 先王制禮, 豈可獨遂其無窮之情哉? 故惟當室者行之, 非當室者則不
然也. 深衣之言略矣.

번역 여대림이 말하길, 어린 나이에 부모를 잃은 자는 비록 세상에서
가장 불쌍한 자가 된다고 하더라도,[51] 이미 상(喪)을 끝낸 상황인데, 그 의
관(衣冠)을 여전히 순백색에서 고치지 않는다면, 애도함을 표하는 일에 끝
이 없게 된다.[52] 선왕(先王)이 예법을 제정함에, 어찌 유독 끝이 없는 애달

---

51) 『맹자』「양혜왕하(梁惠王下)」: 老而無妻曰鰥, 老而無夫曰寡, 老而無子曰獨,
<u>幼而無父曰孤</u>. 此四者, 天下之窮民而無告者.
52) 『예기』「삼년문(三年問)」【670d】: 將由夫修飾之君子與? 則三年之喪, 二十五

픈 감정에만 따랐겠는가? 그러므로 오직 적장자만이 이러한 규정을 시행했을 뿐이며, 적장자가 아닌 나머지 아들들은 그렇게 하지 않았다. 『예기』「심의(深衣)」편의 문장은 적장자라는 문구를 생략한 것이다.

集解 愚謂: 深衣云, "具父母, 衣純以靑; 孤子, 衣純以素", 是非具父母卽爲孤子矣. 鄭云未三十無父者乃爲孤, 非也. 孔氏謂凡孤皆不純采, 崔氏謂惟當室者不純采, 呂氏說與崔氏同, 朱子則存孔氏之說. 然考問喪云, "童子不緦, 唯當室緦. 緦者其免也, 當室則免而杖矣." 是童子當室者之服皆重於其不當室者. 若此冠衣不純采, 凡孤皆然, 則不必嫌當室者之不然而特明之矣. 今特言"孤子當室", 則是惟當室者有此禮, 而餘孤不然也. 蓋以適子傳重, 所感彌深故也. 深衣不言當室, 乃文略爾.

번역 내가 생각하기에, 『예기』「심의(深衣)」편에서는 "부모가 생존해 계시면, 의복을 순색으로 하되 청색으로 단을 대고, 고아가 된 자들은 순백색으로 한다."라고 했으니, 이 말은 곧 부모가 생존해 계시지 않다면, 곧 '고아[孤子]'에 해당된다는 뜻이다. 따라서 정현이 30세가 되지 않은 자들 중에서 부모가 없는 자가 '고자(孤子)'가 된다고 설명한 것은 잘못된 주장이다. 공영달(孔穎達)은 무릇 고아들은 모두 채색된 옷을 입지 않는다고 하였고, 최영은(崔靈恩)은 오직 적장자만이 채색된 옷을 입지 않는다고 하였으며, 여대림(呂大臨)의 주장도 최영은의 주장과 같고, 주자(朱子)는 공영달의 주장에 동의하였다. 그러나 『예기』「문상(問喪)」편을 살펴보면, "동자(童子)들은 시마복(緦麻服)을 입지 않지만, 오직 적장자에 해당하는 경우에만 시마복을 입는다. 시마복을 입는 자들은 면복(免服)[53]을 하고, 적장자인 경우에는 '면복'에 지팡이까지 든다."[54]라고 했다. 즉 이 내용은 동자(童

月而畢, 若駟之過隙, 然而遂之, 則是<u>無窮</u>也. 故先王焉爲之立中制節, 壹使足以成文理, 則釋之矣.

53) 면복(免服)은 상복(喪服)의 한 종류이다. 면(免)과 최질(衰絰)을 하는 것이며, 친상(親喪)을 처음 당했을 때 착용하는 복장이다.

54) 『예기』「문상(問喪)」【659c】: 禮曰, "童子不緦, 唯當室緦." 緦者其免也, 當室

子)들 중에서도 적장자가 착용하는 상복(喪服)은 모든 경우에 있어서 적장자가 아닌 자들이 착용하는 상복보다 그 수위가 더 무겁다는 뜻을 나타낸다. 만약 이곳 문장에서 언급한 "의관(衣冠)에 채색을 입힌 것을 착용하지 않는다."는 규정을 모든 아들들이 다 따랐다고 한다면, 적장자만이 이 규정을 따르지 않을까를 염려하여, 특별히 명시할 필요가 없게 된다. 따라서 이곳 문장에서 특별히 '고아이면서 적장자인 자[孤子當室]'라고 언급하였다면, 이 말은 곧 오직 적장자에게만 이러한 규정들이 적용되었고, 나머지 아들들은 그렇게 하지 않았다는 사실을 뜻한다. 아마도 이러한 규정을 정했던 이유는 적장자는 부모로부터 중대한 임무를 전수받았으므로, 그가 느끼는 애달픈 감정은 더욱 깊었기 때문일 것이다. 『예기』「심의(深衣)」편에서 '당실(當室)'이라는 말을 언급하지 않은 것은 단지 문장을 생략해서 기록했기 때문이다.

則免而杖矣."

• 제 10 절 •

아동교육

【16c】

幼子, 常視母誑.

직역 幼子에는 常히 母誑을 視한다.

의역 어린아이에게는 항상 거짓되지 않고 속임이 없는 것만을 보여주어야 한다.

集說 視, 與示同. 常示之以不可欺誑, 所以習其誠.

번역 '시(視)'자는 "보여준다[示]."는 뜻과 같다. 거짓말을 하거나 속임수를 부려서는 안 된다는 것을 항상 보여주는 것은 진실됨[誠]을 익히게 하는 방법이다.

大全 長樂劉氏曰: 幼子之性, 純明自天, 未有外物生其好惡者, 無所學而不可成也. 如金之在鎔, 惟人所範, 如泥之在鈞, 惟人所模, 故視之以誠信, 則誠信篤於其心矣; 視之以詐僞, 則詐僞篤於其志矣. 模範之初, 貴得其正, 則五事之用, 靡不出於誠而適於道也. 故曰, 幼子, 常視母誑.

번역 장락유씨가 말하길, 어린아이의 본성은 순수하여 하늘로부터 부여받은 그 모습 그대로여서, 아직 외물(外物)에 대한 좋고 싫음이 생기지 않은 상태이다. 따라서 가르치는 방향대로 이루지 못할 것이 없다. 즉 쇠가 용광로에 담겨 있으면, 사람이 형틀을 어떻게 만드느냐에 따라 그 모습이 결정되고, 또 진흙이 녹로 위에 올라와 있으면, 사람이 어떤 모양으로 빚어 내느냐에 따라 그 모습이 결정되는 것과 같다. 그렇기 때문에 어린아이에게 진실됨[誠]과 신의[信]를 보여준다면, 그의 마음속에서 진실됨과 신의가 돈독해지고, 거짓과 속임수를 보여준다면, 그의 의지 속에 거짓과 속임수가 자라나게 된다. 형틀을 만드는 초기에 올바름을 얻는데 주안점을 둔다면, 오사(五事)[1]의 작용이 진실된 마음에서 발생하여, 도리에 합당하게 되지 않는 경우가 없게 된다. 그렇기 때문에 어린아이에게는 항상 거짓되지 않은 것만을 보여주어야 한다고 말한 것이다.

鄭注 視, 今之示字. 小未有所知, 常示以正物, 以正教之無訑欺.

번역 '시(視)'자는 오늘날의 '시(示: 보여주다.)'자와 같다. 어린아이들은 배움을 통해 깨달은 것들을 아직 갖추지 못하고 있으므로, 항상 바른 것들을 보여주어야 하며, 이러한 올바름을 통해서 거짓됨이 없도록 훈도해야 하는 것이다.

釋文 視音示. 訑, 本或作迆, 注同, 九況反, 欺也.

번역 '視'자의 음은 '示(시)'이다. '訑'자는 판본에 따라서 간혹 '迆'자로 기록하기도 하는데, 정현의 주에 나오는 글자도 마찬가지이며, 이 글자의 음은 '九(구)'자와 '況(황)'자의 반절음으로, 속인다는 뜻이다.

---

1) 오사(五事)는 본래 모(貌), 언(言), 시(視), 청(聽), 사(思)를 뜻한다. 즉 언행, 보고 듣는 것, 사려함을 가리킨다. 또 단순히 이러한 행위만을 뜻하는 것이 아니라 수신(修身)이라는 측면에서 각각의 항목에 규범이 첨가된다. 즉 '오사'가 실질적으로 가리키는 것은 행동을 공손하게 하고, 말은 순리에 따라 하며, 보는 것은 밝게 하고, 듣는 것은 밝게 하며, 생각은 깊게 하는 것이다. 『서』「주서(周書)·홍범(洪範)」편에는 "五事, 一曰貌, 二曰言, 三曰視, 四曰聽, 五曰思. 貌曰恭, 言曰從, 視曰明, 聽曰聰, 思曰睿."라는 기록이 있다.

孔疏 ●"幼子"至"裘裳". ○正義曰: 此一節明父母敎子及衣裘裳之法也, 各隨文解之.

번역 ●經文: "幼子"~"裘裳". ○이 문장은 부모가 자식을 교육하는 법도 및 자식에게 가죽옷과 치마를 입히는 등의 법도를 언급하고 있으니, 각각의 문장에 따라서 해석하겠다.

孔疏 ○小兒恒習效長者, 長者常示以正事, 不宜示以欺誑, 恐卽學之, 故曾子兒啼, 妻云: "兒莫啼, 吾當與汝殺豕." 兒聞輒止, 妻後向曾子說之, 曾子曰: "勿敎兒欺." 卽殺豕食兒. 是不誑也.

번역 ○어린아이들은 항상 어른들을 본받아서 따라하니, 어른들은 항상 올바른 모습을 보여주어야 하지, 속이고 거짓된 것들을 보여주어서는 안 된다. 그 이유는 아마도 어린아이가 그것을 보고 배우게 될까를 염려하기 때문이다. 증자(曾子)의 어린 아들이 울부짖은 적이 있었는데, 증자의 처는 "아이야 울지 말거라. 울지 않는다면, 내가 너에게 돼지고기를 잡아다 주겠다."라고 하였다. 아이가 그 말을 듣고서 곧장 울음을 그쳤는데, 약속대로 돼지고기를 주지는 않았다. 이후 증자의 처는 이 사실을 증자에게 얘기했는데, 증자는 "아이에게 거짓말을 가르쳐서는 안 되오."라고 했다. 그리고는 곧장 돼지를 잡아다가 아이에게 그 고기를 먹였다. 이 일화가 바로 거짓말을 해서는 안 된다는 뜻을 가리킨다.

孔疏 ◎注"視, 今之示字". ○正義曰: 古者觀視於物, 及以物視人, 則皆作示傍著見, 後世已來, 觀視於物, 作示傍著見, 以物示人單作示字, 故鄭注經中視字者, 是今之以物示人之示也. 是擧今以辨古. 昏禮"視諸衿鞶", 注云: "視乃正字, 今文視作示, 俗誤行之." 言視正字也, 言古之以物示人作視字爲正, 故云"視乃正字". 今文儀禮應爲古視字, 乃作今示字, 故言俗誤也.

번역 ◎鄭注: "視, 今之示字". ○고대에는 사물에 대해서 관찰하거나, 남에게 사물을 보여주는 경우에 모두 '시(示)'자 옆에 '견(見)'자를 붙여서 글자를 기록했다. 후대에도 그대로 전수되어, 사물을 관찰할 때에는 '시'자 옆에 '견'자를 붙여서, '시(視)'자로 기록을 하였지만, 남에게 사물을 보여줄 경우에는 '시(示)'자만 기록하여 구분을 하였다. 그렇기 때문에 정현은 경문(經文)에 기록된 '시(視)'자를 풀이하며, 오늘날 사물을 남에게 보여줄 때 쓰는 '시(示)'자에 해당한다고 설명한 것이다. 이러한 풀이는 현재의 지식을 토대로 고대의 기록을 변별한 방법이다. 『의례』「사혼례(士昏禮)」편에는 "옷에 달린 주머니를 보라[視諸衿鞶]."[2]라는 기록이 있는데, 이 문장에 대한 정현의 주에서는 "'시(視)'자가 곧 정자(正字)에 해당하고, 금문(今文)에서 '시(視)'자를 '시(示)'자로 기록하였는데, 세속에서는 잘못하여 그것을 답습하였다."라고 했다. 따라서 이 말은 곧 '시(視)'자가 정자에 해당한다는 사실을 나타내며, 또한 고대에는 사물을 남에게 보여줄 때에도 '시(視)'자로 기록하는 것을 올바른 필법으로 여겼다는 사실을 뜻한다. 그렇기 때문에 "'시(視)'자가 정자이다."라고 한 것이다. '금문' 『의례』 기록의 '시(示)'자는 고문(古文)의 '시(視)'자에 해당하는 것이니, 곧 금문본(今文本)에 와서야, '시(示)'자로 기록하게 된 것이다. 그렇기 때문에 세속에서 잘못 답습하였다고 말한 것이다.

【16c】

童子, 不衣裘裳, 立必正方, 不傾聽.

직역 童子는 裘裳을 不衣하고, 立에는 必히 正方하며, 不傾聽한다.

의역 어린아이들에게는 가죽으로 된 옷과 치마를 입히지 않고, 서 있을 때에는

---

2) 『의례』「사혼례(士昏禮)」: 敬恭聽宗爾父母之言, 夙夜無愆, 視諸衿鞶.

반드시 바른 방향을 바라보게 하며, 어른이 말씀을 하면, 삐딱하게 몸을 기울여서 듣지 않게 한다.

【集說】 呂氏曰: 裘之溫, 非童子所宜; 裳之飾, 非童子所便. 立必正所向之方, 或東或西, 或南或北, 不偏有所向. 士相見禮云, "凡燕見於君, 必辨君之南面, 若不得, 則正方, 不疑君." 疑謂邪向之也.

【번역】 여씨가 말하길, 가죽옷[裘]처럼 따뜻한 옷은 어린아이에게 맞지 않으며, 치마[裳]처럼 예식(禮式)을 차리는 복장은 어린아이가 입기에는 편리하지 못하다. 서 있을 때에는 반드시 바라보는 방향을 바르게 해야 하니, 때에 따라 동쪽, 서쪽, 남쪽, 북쪽을 바라보게 되더라도, 정방향을 바라보게 하며, 비스듬하게 바라보지 않게 해야 한다. 『의례』「사상견례(士相見禮)」편에서는 "무릇 연회에서 군주를 뵐 때에는 반드시 군주가 남면(南面)하여 바라보게 되는 남쪽에 서야 하며, 만약 그렇게 할 수 없는 경우라면, 정방향을 보고 서 있어야 하지, 사선으로 서서 군주를 바라보아서는 안 된다."[3]라고 했다. 이 문장의 '의(疑)'자는 정방향이 아닌 곳에서 바라본다는 뜻이다.

【大全】 永嘉戴氏曰: 常視毋誑, 所以養其心也. 不衣裘裳, 所以養其體也. 蓋不開其情僞之端, 以育其正性, 不傷其陰陽之和, 以長其壽命. 此古之成人所以多有德也. 夫內外交相養也, 防其外, 所以養其中也. 立必正方, 不傾聽, 則敬以直內, 無傾邪之患矣.

【번역】 영가대씨가 말하길, 항상 속임이 없는 것을 보여주는 일은 아이의 마음을 올바르게 기르는 방법이다. 가죽옷과 치마를 입히지 않는 것은 아이의 몸을 튼튼하게 기르는 방법이다. 무릇 정욕과 거짓됨의 실마리를 열지 않음으로써, 올바른 심성을 기르는 것이며, 음양(陰陽)의 조화를 해치지

---

3) 『의례』「사상견례(士相見禮)」: <u>凡燕見于君, 必辯君之南面. 若不得則正方, 不疑君.</u> 君在堂, 升見無方階, 辯君所在.

않음으로써, 그의 생명력을 배양하는 것이다. 이것이 바로 고대에는 장성한 자들 중에 덕(德)을 갖춘 자가 많았던 이유이다. 무릇 내면과 외면은 교차하며 서로를 배양해주는 것이니,4) 어린아이의 외면을 바르게 만드는 것은 곧 내면을 배양하는 방법이기도 하다. 서 있을 때 반드시 바른 방향으로 서게 하고, 삐딱하게 서서 듣지 못하게 한다면, 공경함으로써 내면을 바르게 하여, 삐뚤어지거나 사특하게 성장하는 우환이 없게 된다.

鄭注 裘大溫, 消陰氣, 使不堪苦. 不衣裘裳5), 便易. 習其自端正.

번역 가죽옷은 매우 따뜻한 것으로, 음기(陰氣)를 약화시켜서, 아이들로 하여금 고통을 견뎌내지 못하게 만든다. 가죽옷과 치마를 입히지 않는 것은 편리를 위한 것이기도 하다. 바르게 서 있도록 가르치는 것은 제 스스로 단정하게 행동할 수 있게끔 익히게 하는 것이다.

釋文 衣, 於旣反, 下同. 大音泰, 徐他佐反. 便, 婢面反. 易, 以豉反.

번역 '衣'자는 '於(어)'자와 '旣(기)'자의 반절음이며, 아래문장에 나온 글자도 그 음이 이와 같다. '大'자의 음은 '泰(태)'이며, 서음(徐音)은 '他(타)'자와 '佐(좌)'자의 반절음이 된다. '便'자는 '婢(비)'자와 '面(면)'자의 반절음이다. '易'자는 '以(이)'자와 '豉(시)'자의 반절음이다.

孔疏 ●"童子不衣裘裳"者, 童子, 未成人之名也. 衣猶著也. 童子體熱, 不宜著裘, 裘大溫, 傷陰氣也. 又應給役, 若著裳則不便, 故並不著也. 故童子並緇布襦袴也.

---

4) 『예기』「문왕세자(文王世子)」【253b】: 凡三王敎世子, 必以禮樂. 樂, 所以修內也, 禮, 所以修外也. 禮樂交錯於中, 發形於外, 是故其成也懌, 恭敬而溫文.

5) '불의구상(不衣裘裳)'에 대하여. 손이양(孫詒讓)의 『교기(校記)』에서는 "'불의구상'이라는 구문은 공영달(孔穎達)의 소(疏)에 따르면, '구(裘)'자는 연문(衍文)인 것 같다. 『무주본(撫州本)』에도 '구'자가 기록되어 있다."라고 했다.

번역 ●經文: "童子不衣裘裳". ○'동자(童子)'는 아직 성인(成人)이 되지 못한 자를 가리키는 단어이다. '의(衣)'자는 "입힌다[著]."는 뜻이다. 어린아이는 몸에 열기가 많아서, 가죽옷을 입히지 말아야 하니, 가죽옷은 매우 따뜻한 옷이므로, 어린아이의 음기(陰氣)를 손상시키게 된다. 또한 어린아이는 심부름을 해야 하는데, 만약 치마를 입게 된다면, 움직이기에 불편하다. 그렇기 때문에 가죽옷과 함께 치마 또한 입히지 않는 것이다. 따라서 어린아이에게는 검은색 베로 만든 길지 않은 바지를 입히는 것이다.

孔疏 ◎注"裘大"至"便易". ○正義曰: "使不堪苦"者, 熱消陰氣, 則不堪苦使也. 此"童子不衣裘裳", 二十則可, 故內則云, 二十"可以衣裘帛". 國君十二冠, 則裘裳早矣. 女子十五許嫁者則亦衣帛. 詩云: "乃生男子, 載衣之裳." 是初生暫行此禮.

번역 ◎鄭注: "裘大"~"便易". ○정현이 "아이들로 하여금 고통을 견뎌내지 못하게 만든다."라고 하였는데, 열기가 음기(陰氣)를 약화시키게 되면, 고통을 견뎌낼 수 없게 되는 것이다. 이곳 경문에서는 "어린아이에게는 가죽옷과 치마를 입히지 않는다."라고 하였는데, 20세가 되면 입어도 괜찮다. 그렇기 때문에 『예기』「내칙(內則)」편에서, 20세에 대한 규정을 설명하며, "가죽옷과 비단옷을 입을 수 있다."[6]라고 말한 것이다. 군주의 아들인 경우에는 12세가 되면 관례(冠禮)를 치르게 되니, 이른 나이에 가죽옷과 치마를 입게 된다. 여자의 경우에 있어서도 15세 때 혼약이 성사되면, 또한 비단옷을 입게 된다. 그런데 『시』에서는 "남자 아이를 낳아서, 치마를 입힌다."[7]라고 하였다. 이 말은 처음 태어났을 때, 잠시 이러한 예법을 시행한다는 뜻이다.

---

6) 『예기』「내칙(內則)」【368d】: 二十而冠, 始學禮, 可以衣裘帛, 舞大夏, 惇行孝弟, 博學不教, 內而不出.

7) 『시』「소아(小雅)·사간(斯干)」: 乃生男子, 載寢之牀, 載衣之裳, 載弄之璋. 其泣喤喤, 朱芾斯皇, 室家君王.

孔疏 ●"立必"至"而對". ○"立必正方", 立宜正嚮一方, 不得傾頭屬聽左右也. 張逸云: "此說其威儀常然[8]."

번역 ●經文: "立必"~"而對". ○경문에서 "서 있을 때에는 반드시 바른 방향으로 한다[立必正方]."라고 하였는데, 서 있을 때에는 마땅히 바르게 서서 한 방향만을 바라보아야 하니, 머리를 기울여서 주변의 소리를 들으려고 기웃거려서는 안 된다. 장일(張逸)[9]은 "이 문장은 어린아이의 행동거지가 항상 이렇게 되어야 한다는 뜻이다."라고 했다.

訓纂 呂與叔曰: 疑君者, 斜向之, 不正方也. 不傾聽者, 頭容直.

번역 여여숙이 말하길, 『의례』「사상견례(士相見禮)」편에 나온 '의군(疑君)'이라는 말은 비스듬하게 바라본다는 뜻으로, 바른 방향이 아니다. 삐딱하게 서서 듣지 않는다는 말은 머리를 곧게 세운다는 뜻이다.

集解 愚謂: 不衣裘, 謂褻服也. 成人褻服, 冬有裘, 夏有葛, 春秋有繭・袍・絅・褶之屬. 童子雖冬不衣裘, 服繭袍而已. 不衣裳, 謂外服也. 下文云, "兩手摳衣去齊尺." 玉藻云, "童子緇布衣, 錦緣." 弟子職云, "振衽埽席." 童子之衣, 有齊・有緣・有衽, 則深衣之制也. 成人燕居服深衣, 其禮服則有玄端・朝服之屬. 童子惟服深衣, 衣裳相連, 無殊衣裳之服也. 蓋玄端・朝服之屬, 衣冠相配, 冠乃服之; 童子未冠, 自無服裳之法, 非徒欲其便易也.

번역 내가 생각하기에, "가죽옷을 입히지 않는다."는 말은 평상시 입히는 복장[10]에 대한 내용이다. 성인(成人)이 평상시에 입는 복장의 경우, 겨

---

8) "장일운차설기위의상연(張逸云此說其威儀常然)"에 대하여. 손이양(孫詒讓)의 『교기(校記)』에서는 "이 문장에서는 장일(張逸)이 말한 네 가지 조목을 인용하고 있는데, 아마도 이것은 정현(鄭玄)과 관련된 기록 중 일실된 문장인 것 같다."라고 했다.

9) 장일(張逸, ? ~ ?) : 정현(鄭玄)의 문도로 알려져 있지만, 자세한 이력은 전해지지 않는다.

울에는 가죽옷[裘]을 착용하고, 여름에는 '베로 만든 옷[葛]'을 착용하며, 봄
과 가을에 착용하는 옷에는 비단옷[繭], 솜옷[袍], 홑옷[絅], 겹옷[褶] 등이
있었다. 그러나 어린아이의 경우 비록 겨울이라고 하더라도, 가죽옷을 입히
지 않고, 솜을 두툼하게 넣은 옷을 대신 입힐 뿐이다. "어린아이에게 치마를
입히지 않는다."고 하였는데, 여기에서 말하는 치마는 예식(禮式)을 차릴
때 입게 되는 겉옷을 뜻한다. 아래문장에서 "양 손으로 바지자락을 움켜잡
아서, 땅으로부터 1척(尺) 정도 떨어지게 올린다."[11]라고 하였고,『예기』
「옥조(玉藻)」편에서는 "어린아이에게는 검은색으로 된 옷을 입히는데, 비
단으로 가장자리를 마감한다."[12]라고 하였으며,『관자(管子)』「제자직(弟
子職)」편에서는 "옷깃을 잡고 자리를 청소한다."[13]라고 하였다. 따라서 어
린아이들에게 입히는 옷은 끝부분이 봉합되어 있고, 끝단을 덧대며, 옷깃을
달게 되어 있으니, 심의(深衣)를 만드는 방법에 해당한다. 성인(成人)이 집
안에서 한가롭게 지낼 때에는 '심의'를 착용하였으며, 성인의 예복(禮服)에
는 현단(玄端)[14]이나 조복(朝服) 등이 있었다. 어린아이들은 오직 '심의'만

---

10) 설복(褻服)은 평상시 집안에 거처할 때 입었던 편안 복장을 뜻한다.『논어』
「향당(鄕黨)」편에는 "君子不以紺緅飾, 紅紫不以爲褻服."이라는 기록이 있는
데, 이에 대한 하안(何晏)의 주에서는 왕숙(王肅)의 주장을 인용하여, "褻服,
私居服, 非公會之服."이라고 풀이했다.

11) 『예기』「곡례상」【20c】: 將卽席, 容毋怍. 兩手摳衣, 去齊尺. 衣毋撥, 足毋蹶.

12) 『예기』「옥조(玉藻)」【389c】: 童子之節也, 緇布衣, 錦緣, 錦紳, 幷紐, 錦束髮,
皆朱錦也.

13) 『관자(管子)』「제자직(弟子職)」: 振衽掃席, 已食者作.

14) 현단(玄端)은 고대의 예복(禮服) 중 하나이다. 흑색으로 만든 옷이다. 주로 제
사 때 사용했으며, 천자 및 제후로부터 대부(大夫)와 사(士) 계급에 이르기까
지 모두 이 복장을 착용할 수 있었다. '현단'은 상의와 하의 및 관(冠)까지 포함
하는 용어이다. 한편 손이양(孫詒讓)의 주장에 따르면, '현단'은 의복에만 해당
하는 용어이며, 관(冠)은 포함하지 않는다고 주장한다. 그리고 천자로부터 사
계급에 이르기까지 이 복장을 제복(齊服)으로 사용했다고 설명한다.『주례』
「춘관(春官)・사복(司服)」편에는 "其齊服有玄端素端."이라는 기록이 있는데,
손이양의『정의(正義)』에서는 "玄端素端是服名, 非冠名, 蓋自天子下達至於士
通用爲齊服, 而冠則尊卑所用互異."라고 풀이하였다. 그리고 '현단'은 천자가
평소 거처할 때 착용했던 복장을 가리키기도 한다.『예기』「옥조(玉藻)」편에는
"卒食, 玄端而居."라는 기록이 있고, 이에 대한 정현의 주에서는 "天子服玄端

을 입었었는데, 상의[衣]와 하의[裳]가 서로 연결되어 있었으며, 상의와 하의가 별도로 분리되는 복장이 없었다. 무릇 '현단'이나 '조복' 같은 예복들은 의복에 따른 관(冠)이 따라오므로, 관례(冠禮)를 치러야만 입을 수 있었다. 따라서 어린아이들은 아직 관례를 치르지 못했으므로, 자연히 치마를 입게 되는 법도가 없게 되는 것이지, 단순히 편리를 추구하기 위해서 그렇게 하는 것은 아니다.

【16d】

> 長者, 與之提攜, 則兩手奉長者之手, 負劍辟咡詔之, 則掩口而對.

직역 長者가 與之하여 提攜하면, 兩手로 長者의 手를 奉하고, 負劍辟咡하여 詔하면, 口를 掩하고 對한다.

의역 어른이 어린아이에게 손을 내밀어 이끌고 가려 하면, 어린아이는 두 손으로 어른의 손을 잡고, 어른이 등 뒤에서 어린아이에게 몸을 굽혀 입가에 대고 말을 건네면, 어린아이는 입을 가리고 대답을 한다.

燕居也."라고 풀이하였다.

● 그림 10-1 부검(負劍)과 벽이(辟咡)의 모습

圖 之 咡 辟 劍 負

▶ 출처: 『가산도서(家山圖書)』 「부검벽이지도(負劍辟咡之圖)」

集說 劉氏曰: 長者或從童子背後而俯首與之語, 則童子如負長者然; 長者以手挾童子於脇下, 則如帶劍然. 蓋長者俯與童子語, 有負劍之狀, 非眞負劍也. 辟, 偏也. 咡, 口旁. 詔, 告語也. 掩口而對, 謂童子當以手障口氣而應對, 不敢使氣觸長者也.

번역 유씨가 말하길, 어른이 간혹 어린아이의 등 뒤에서 머리를 숙여 그에게 말을 건네게 된다면, 그 모습은 어린아이가 마치 등 뒤로 어른을 업고 있는 형상이 된다. 또한 어른이 아이를 안기 위해 손을 어린아이의 옆구리에 끼우게 된다면, 그 모습은 마치 어린아이가 허리춤에 칼을 차고 있는 형상이 된다. 따라서 어른이 몸을 굽혀서 어린아이에게 말을 건네게 되면, 마치 어린아이가 어른을 업고, 허리춤에는 칼을 차고 있는 것 같은 모습이 나타나게 된다는 말이지, 실제로 어른을 업고, 칼을 차고 있다는 뜻이 아니다. '벽(辟)'자은 "기울인다[偏]."는 뜻이다. '이(咡)'자는 '입가[口旁]'이다. '조(詔)'자는 "말을 건넨다[告語]."는 뜻이다. "입을 가리고 대답한다."는 말은 어린아이는 마땅히 손으로 입 냄새를 막고서 대답을 해야 한다는 뜻으로, 감히 입 냄새를 어른에게 풍길 수 없기 때문이다.

大全 馬氏曰: 就而攜之, 則捧其手, 近而詔之, 則掩口而對者, 皆事長之禮也. 古之成人有德, 小子有造者, 豈一朝一夕之習哉? 蓋自幼稚而已知禮讓矣. 少而習之, 壯而行之, 老而安之, 古人年彌高而德彌卲者, 蓋出於此也.

번역 마씨가 말하길, 어른이 다가와서 이끌면, 그 손을 받들어 잡고, 어른이 가까이 와서 말을 건네면, 입을 가리고 대답을 한다. 이러한 행동들은 모두 어른을 섬기는 예법이다. 고대에 성인(成人)들에게 덕성이 있었고, 어린아이들에게 바른 됨됨이가 있었던 것이 어찌 하루아침에 익혀서 그렇게 된 것이었겠는가? 무릇 매우 어렸을 때부터 이미 이러한 예절을 지켜야 하고, 또한 겸손하게 행동해야 함을 알고 있었기 때문이다. 즉 어렸을 때에는 이러한 예법들을 익혔던 것이며, 장성해서는 그것들을 적극적으로 실천하였던 것이고, 나이가 들어서는 그것들을 편안하게 여겼던 것이니, 고대인들이 나이가 들면 들수록 덕성이 높아졌던 까닭도 아마 이러한 예법들에서 비롯되었을 것이다.

鄭注 習其扶持尊者. 提攜, 謂牽將行. 負謂置之於背, 劍謂挾之於旁. 辟咡詔之, 謂傾頭與語, 口旁曰咡. 習其鄕尊者屛氣也.

번역 어른을 부축하는 방법을 익히는 것이다. '제휴(提攜)'라는 말은 이끌고서 장차 길을 가려고 한다는 뜻이다. '부(負)'자는 등 뒤로 업는다는 뜻이며, '검(劍)'자는 옆구리에 낀다는 뜻이다. '벽이조지(辟咡詔之)'는 머리를 기울여서 말을 한다는 뜻으로, 입가를 '이(咡)'라고 부른다. 입을 막고 대답하는 것은 어른을 향해서 호흡을 가다듬는 법을 익히는 것이다.

釋文 提, 大兮反. 攜, 戶圭反. 奉, 芳勇反, 又扶恭反, 下及注"奉扃"·"奉席"·"奉箕" 皆同. 辟, 匹亦反, 側也, 徐芳益反, 沈扶赤反, 注同. 咡, 徐如志反, 何云: "口耳之間曰咡." 挾音協. 掩, 於檢反. 鄕, 許亮反, 本又作嚮, 後文注皆同. 屛, 必領反.

번역 '提'자는 '大(대)'자와 '兮(혜)'자의 반절음이다. '攜'자는 '戶(호)'자와 '圭(규)'자의 반절음이다. '奉'자는 '芳(방)'자와 '勇(용)'자의 반절음이며, 또한 '扶(부)'자와 '恭(공)'자의 반절음도 되고, 아래문장 및 정현의 주에 나오는 '奉扃'·'奉席'·'奉箕'에서의 '奉'자도 모두 그 음이 이와 같다. '辟'자는 '匹(필)'자와 '亦(역)'자의 반절음이니, 측면이라는 뜻으로, 서음(徐音)은 '芳(방)'자와 '益(익)'자의 반절음이 되고, 심음(沈音)은 '扶(부)'자와 '赤(적)'자의 반절음이 되며, 정현의 주에 나온 글자도 그 음이 이와 같다. '咡'자의 서음은 '如(여)'자와 '志(지)'자의 반절음이며, 하윤은 "입과 귀 사이를 '咡'라고 부른다."라고 했다. '挾'자의 음은 '協(협)'이다. '掩'자는 '於(어)'자와 '檢(검)'자의 반절음이다. '鄕'자는 '許(허)'자와 '亮(량)'자의 반절음이며, 판본에 따라서는 '嚮'자로도 기록하고, 아래문장의 정현 주에 나오는 글자도 그 음이 모두 이와 같다. '犀'자는 '必(필)'자와 '領(령)'자의 반절음이다.

孔疏 ●"長者與之提攜, 則兩手奉長者之手"者, 非唯敎之聽立, 至於行步, 亦宜敎之. 提攜謂牽將行時, 因牽行之, 又敎之爲節也. 奉長者之手, 爲兒長大, 方當供養扶持長者, 故先使學之, 令習便也. 張逸云: "說其見與行之法也."

번역 ●經文: "長者與之提攜, 則兩手奉長者之手". ○듣는 법도와 서는 법도에 대해서만 가르치는 것이 아니라, 일상적으로 길을 걸어가는 경우에 대해서도 마땅히 가르쳐야 한다. '제휴(提攜)'는 이끌고서 장차 길을 가려고 할 때를 뜻하니, 데리고 길을 가는 것을 기회로 삼아서, 또한 어린아이에게 그것에 대한 예절을 가르치는 것이다. 어른의 손을 받들 듯이 잡게 되는데, 어린아이가 장성하게 되면, 마땅히 어른을 봉양하고 부축하게 된다. 그러므로 먼저 그것들에 대해서 익히게 하여, 몸에 배도록 하는 것이다. 장일은 "아이가 어른을 뵐 때와 함께 길을 갈 때의 법도에 대해서 설명하는 것이다."라고 했다.

孔疏 ●"負劍辟咡詔之"者, 豈但在行須敎, 正在抱時亦令習也. 負謂致兒背上也, 劍謂挾於脅下, 如帶劍也. 辟, 傾也. 咡, 口旁也, 詔, 告也. 長者, 或若負兒之時而與之語, 當傾頭以告之也. 不正嚮之, 令氣不觸兒也, 亦令見長者所爲而復習之也. 張逸云: "辟咡詔之, 傾頭以告敎之也." 此長者之爲也. 此負謂兒在人背上曰負, 兒在懷中亦稱負, 謂兒負之, 故內則云: "三日始負子." 注云: "負之謂抱之."

번역 ●經文: "負劍辟咡詔之". ○어찌 다만 길을 가는 경우에 대해서만 가르칠 필요가 있겠는가? 마땅히 어린아이를 안고 있을 때에도 또한 예절을 익히도록 하는 것이다. '부(負)'자는 어린아이를 등 뒤로 업는다는 뜻이며, '검(劍)'자는 옆구리에 팔을 끼운다는 뜻으로, 그 모습이 마치 허리춤에 검을 차고 있는 것과 같다. '벽(辟)'자는 "기울인다[傾]."는 뜻이다. '이(咡)'

자는 '입가[口旁]'이다. '조(詔)'자는 "알려준다[告]."는 뜻이다. 어른이 간혹 어린아이를 업고 있을 때, 아이에게 말을 건네게 되는데, 이러한 경우에는 마땅히 머리를 기울여서 아이에게 일러주게 된다. 한편 이러한 경우에는 아이의 얼굴을 정면으로 마주하는 것이 아니므로, 자신의 입 냄새가 아이에게 닿지 않지만, 또한 아이에게 어른이 이처럼 행동하는 모습을 살펴보게 해서, 이러한 예법들을 재차 익히게 만드는 것이다. 장일은 "'벽이조지(辟咡詔之)'라는 말은 머리를 기울여서 일러주며, 아이를 교육시킨다는 뜻이다."라고 했다. 따라서 이러한 행위는 어른들이 해야 할 행동이다. 이곳 문장에서는 '부(負)'라고 하였는데, 어린아이를 등 뒤에 두고 업을 때, 그것을 '부(負)'라고 부른다. 한편 어린아이가 품안에 있을 때에도 또한 '부(負)'라고 부르는데, 이러한 때에는 아이에 대해서, "~를 안는다[負之]."라고 한다. 그렇기 때문에 『예기』「내칙(內則)」편에서 "태어난 이후 3일이 지나면 처음으로 아들을 안는다."라고 했는데, 이 문장에 대한 정현의 주에서 "'부지(負之)'는 곧 '~를 안는다[抱之].'는 뜻이다."[15]라고 풀이한 것이다.

孔疏 ◎注"口旁曰咡". ○正義曰: 按管子書·弟子職云: "食已循咡覆手." 謂弟子食訖, 以手循覆於咡, 故知是口旁也.

번역 ◎鄭注: "口旁曰咡". ○『관자(管子)』「제자직(弟子職)」편을 살펴보면, "식사가 끝나면, 손을 뒤집어서 입가를 닦는다."[16]라고 하였는데, 이 말은 제자(弟子)들이 식사를 다 끝내면, 손으로 입가를 닦는다는 뜻이다. 그렇기 때문에 '이(咡)'자가 '입가[口旁]'를 뜻한다는 사실을 알 수 있다.

孔疏 ●"則掩口而對"者, 嚮長者告語之, 此是童子答長者. 童子雖未能掩口而對, 長者亦敎其爲之其禮, 以爲後法. 掩口, 恐氣觸人. 張逸云: "謂令小者

---

15) 『예기』「내칙(內則)」【363d】: 子生, 男子設弧於門左, 女子設帨於門右. 三日始負子, 男射, 女否.
16) 『관자(管子)』「제자직(弟子職)」: 旣食乃飽, 循咡覆手.

如是, 所習嚮尊者屏氣也."

번역 ●經文: "則掩口而對". ○이 문장에서 언급하는 상황은 어른을 마주보며 대답을 하는 경우를 뜻하는데, 이 문장은 그 중에서도 어린아이가 어른에게 대답하는 경우를 가리킨다. 어린아이가 아직 입을 가리고 대답할 능력이 안 된다고 하더라도, 어른은 또한 어린아이에게 이처럼 행동하는 것이 해당하는 예법이라고 가르쳐서, 이후에도 따르도록 만드는 것이다. 입을 가리는 이유는 입 냄새가 타인에게 풍기는 것을 꺼려해서이다. 장일은 "어린아이들에게 이처럼 행동하도록 만드는 것은 존장자(尊長者)를 대할 때 호흡을 조절하는 방법을 익히도록 하는 것이다."라고 했다.

訓纂 說文: 詔, 告也.

번역 『설문해자(說文解字)』에서 말하길, '조(詔)'자는 "알려준다[告]."는 뜻이다.

訓纂 江氏永曰: 古人常帶劍於脅, 亦或帶之於背, 拔劍則俯身而出之, 如荊軻傳秦王劍長, 不能拔, 左右呼曰, "王負劍." 謂長者俯身與之語, 如負劍之狀, 則負劍與辟咡相對. 負劍俯其身, 辟咡偏其口. 或亦可通.

번역 강영이 말하길, 고대 사람들은 항상 칼을 옆구리에 차거나, 혹은 등 뒤에 찼다. 그래서 검을 뽑게 되면, 몸을 숙여서 빼냈다. 예를 들어 『사기(史記)』「형가전(荊軻傳)」편에서 진시황(秦始皇)은 검이 너무 길어서 빼내지 못했는데, 측근들이 다급하게 소리치기를 "왕께서는 검을 등 뒤로 매소서."라고 했던 것[17]이 바로 그 용례가 된다. 따라서 위의 문장은 어른들이 몸을 굽혀서 어린아이에게 말을 건네는 모습이 마치 어린아이가 검을 등

---

17) 『사기(史記)』「자객열전(刺客列傳)」: 方急時, 不及召下兵, 以故荊軻乃逐秦王. …… 秦王方環柱走, 卒惶急, 不知所爲, 左右乃曰, "王負劍!" 負劍, 遂拔以擊荊軻, 斷其左股.

뒤로 매고 있는 모습과 같다는 뜻이다. 그러므로 '부검(負劍)'과 '벽이(辟咡)'라는 말은 서로 상대적인 의미이다. '부검'은 자신의 몸을 굽힌다는 뜻이고, '벽이'는 자신의 입을 기울인다는 뜻이다. 따라서 두 말은 통용되기도 한다.

集解 張子曰: 古之小兒, 便能敬事長者, 與之提攜, 則兩手奉長者之手, 問之, 則掩口而對. 蓋稍不敬事, 便不忠信, 故敎小兒且先敎安詳恭敬.

번역 장자가 말하길, 고대의 어린아이들은 어른을 공경스럽게 잘 섬겼던 것이다. 따라서 어른이 아이에게 손을 내밀게 되면, 두 손으로 어른의 손을 받들 듯이 잡았고, 어른이 말을 물으면, 입을 가리고 대답을 하였다. 아마도 어려서부터 어른을 공경스럽게 섬기지 못하면, 곧 충(忠)과 신(信)을 이루지 못하기 때문일 것이다. 그러므로 어린아이를 가르칠 때에는 우선적으로 공경에 대해서 자세히 가르쳐야 하는 것이다.

【17a】

從於先生, 不越路而與人言. 遭先生於道, 趨而進, 正立拱手. 先生與之言則對, 不與之言, 則趨而退.

직역 先生을 從함에는 路를 越하여 與人과 言하지 않는다. 先生을 道에서 遭하면, 趨하여 進해서, 正立하여 拱手한다. 先生이 與之하여 言하면, 對하고, 與之하여 言하지 않으면, 趨하여 退한다.

의역 부친이나 형을 따라서 길을 갈 때에는 길을 건너서 다른 사람과 대화를 하지 않는다. 부친이나 형을 길에서 만나게 되면, 빠른 걸음으로 걸어가서, 그 앞에 나아가 바른 자세로 서서 두 손을 가지런하게 모은다. 만약 부친이나 형이 본인에게 말을 건네게 되면 대답을 하고, 말을 건네지 않으면, 빠른 걸음으로 물러난다.

集說 呂氏曰: 先生者, 父兄之稱, 有德齒可爲人師者, 猶父兄也, 故亦稱先生. 以師爲父兄, 則學者自比於子弟, 故稱弟子.

번역 여씨가 말하길, '선생(先生)'은 부친이나 형을 가리키니, 덕(德)을 갖추고 있으며, 나이를 어느 정도 먹은 사람은 스승이 될 수 있으므로, 바로 부친이나 형과 같은 자들이다. 그렇기 때문에 부친이나 형을 또한 '선생'이라고 부르는 것이다. 반대로 스승을 부친이나 형으로 여기게 되면, 학자들은 자연히 스승의 자제(子弟)에 비견된다. 그렇기 때문에 그들을 '제자(弟子)'라고 부르는 것이다.

大全 永嘉戴氏曰: 禮無二敬, 從先生而越路與人言, 則敬有所分矣. 趨進者, 懼先生之有敎令也. 趨退者, 不敢與先生並行也. 道遇長者, 而引避, 雖足以致敬而非所以承命也. 長者不與之言而隨行不置, 亦非所謂承意也. 進退之際, 其難如此, 可不謹哉?

번역 영가대씨가 말하길, 예법에 따르면, 동시에 두 사람에게 공경을 표하는 법도가 없으니, '선생(先生)'을 따라가면서, 길을 넘어가 다른 사람과 대화를 하게 된다면, 공경함을 분산시키는 것이다. "앞으로 빠른 걸음으로 나아간다[趨進]."라고 한 이유는 '선생'으로부터 가르침이나 지시를 받게 될까봐 미리 염려해서이다. "빠른 걸음으로 물러난다[趨退]."라고 한 이유는 감히 '선생'과 함께 나란히 걸어갈 수 없기 때문이다. 길에서 우연히 어른을 만나게 되어, 물러나서 길을 피해드리는 행동은 비록 매우 공경스러운 태도라고 할 수 있지만, 어른의 지시나 말씀을 받들 수 있는 방법이 아니다. 그렇다고 해서 어른이 말을 건네지도 않았는데, 어른을 뒤따라가는 것을 멈추지 않는 행동 또한 어른의 뜻을 받드는 것이 아니다. 나아가고 물러나는 것이 이처럼 어려운데, 조심스럽지 않을 수 있겠는가?

鄭注 尊不二也. 先生, 老人敎學者. 爲有敎使. 爲其不欲與己並行.

번역 길을 건너서 다른 사람과 말을 하지 않는 이유는 존귀하게 받드는 대상은 동시에 두 명일 수 없기 때문이다. '선생(先生)'은 나이가 많고 학문을 가르치는 자들을 말한다. 빠른 걸음으로 앞에 나아가 공수(拱手)를 하는 이유는 가르침이나 지시가 있을 수 있기 때문이다. 빠른 걸음으로 물러나는 이유는 '선생'은 자신과 나란히 걷게 되는 것을 바라지 않기 때문이다.

釋文 從, 才用反, 下皆同. 拱, 俱勇反.

번역 '從'자는 '才(재)'자와 '用(용)'자의 반절음으로, 아래문장에 나오는 '從'자들은 그 음이 모두 이와 같다. '拱'자는 '俱(구)'자와 '勇(용)'자의 반절음이다.

孔疏 ●"從於"至"所視". ○正義曰: 此一節明事師長之禮, 幷自恭謹之法, 今各隨文解之.

번역 ●經文: "從於"~"所視". ○이 문장은 스승과 어른을 섬기는 예법 및 스스로 공손하고 조심스럽게 행동하는 예법에 대해서 언급하고 있으니, 이제 각각의 문장에 따라서 해석하겠다.

孔疏 ●"從於先生"者, 謂從行時. 先生, 師也. 謂師爲先生者, 言彼先己而生, 其德多厚也. 自稱爲弟子者, 言己自處如弟子, 則尊師如父兄也. 故公西華・子夏之徒答孔子, 皆自稱弟子也. 雷次宗以爲師如父兄, 故自稱弟子也. 今明若從師行, 不得輒往路傍與他人言也. 而論語云: "有酒食, 先生饌." 則先生之號亦通父兄. 崔靈恩云: "凡言先生, 謂年德俱高, 又敎道於物者. 凡云長者, 直以年爲稱也. 凡言君子者, 皆爲有德尊之, 不據年之長幼. 故所稱不同也."

번역 ●經文: "從於先生". ○이 문장은 '선생(先生)'을 따라 길을 갈 경우에 대한 내용이다. '선생'은 스승[師]을 뜻한다. 한편 스승을 '선생'이라고 부르는 이유는 그 사람이 자신보다 앞서서 태어났고, 또한 그의 덕성이 자신보다 더 높기 때문이라는 사실을 나타낸다. 또한 자신을 '제자(弟子)'라고 부르는 이유는 자신을 스승의 자제(子弟)로 자처한다는 뜻이니, 스승을 존엄하게 받드는 것을 마치 부친이나 형을 대하듯 하는 것이다. 그렇기 때문에 공서화(公西華) 및 자하(子夏) 등의 문도(門徒)들이 공자(孔子)에게 대답을 할 때, 모두들 자기 자신을 '제자'라고 불렀던 것이다. 뇌차종[18]도 스승을 부형(父兄)처럼 여겼기 때문에, 스스로를 '제자'라고 부른 것이다. 오늘날에도 만약 스승을 따라서 길을 가게 된다면, 갑작스럽게 길을 건너가서 다른 사람과 대화를 할 수 없다. 그런데 『논어』에서는 효(孝)에 대한 언급을 하며, "술과 음식이 생기면, '선생'에게 먼저 차려서 올린다."[19]라고 하였으니, '선생'이라는 호칭은 또한 '부형(父兄)'이라는 단어와도 통용된다. 최영은은 "'선생'이라고 말을 한다면, 나이가 많고, 덕도 높은 자를 의미하며, 또한 타인에 대해서 올바른 도리를 잘 교육시킬 수 있는 자를 뜻한다. '어른[長者]'이라고 말을 한다면, 단지 나이가 많은 자를 지칭하는 용어로 사용하는 것이다. 그리고 '군자(君子)'라고 말을 한다면, 모든 경우에 있어서 그 자가 덕을 갖추고 있어서 존경할 만한 대상이 되기 때문이지, 단순히 나이의 많고 적음을 따지는 것이 아니다. 그렇기 때문에 이처럼 세 가지 칭호의 의미가 서로 다른 것이다."라고 했다.

孔疏 ●"遭先生"至"拱手[20]", 此明道路與師長相逢之法. 遭, 逢也. 趨, 疾

18) 뇌차종(雷次宗, A.D.386 ~ A.D.448): 남북조(南北朝) 때의 승려이다. 자(字)는 중륜(仲倫)이고, 혜원대사(慧遠大師)라고 호칭되었다. 승려이지만, 삼례(三禮) 및 『모시(毛詩)』에도 능통하였다.

19) 『논어』「위정(爲政)」: 子夏問孝. 子曰, "色難. 有事, 弟子服其勞, 有酒食, 先生饌, 曾是以爲孝乎?"

20) '수(手)'자에 대하여. '수'자 뒤에는 본래 '자(者)'자가 기록되어 있었는데, 완원(阮元)의 『교감기(校勘記)』에서는 "혜동(惠棟)의 『교송본(校宋本)』에는 '자'자

也. 拱手, 見師而起敬, 故疾趨而進就之也. 又不敢斥問先生所爲, 故正立拱手而聽先生之敎.

번역 ●經文: "遭先生"~"拱手". ○이 문장은 도로에서 스승이나 연장자를 만났을 때 시행하는 법도를 언급하고 있다. '조(遭)'자는 "만난다[逢]."는 뜻이다. '추(趨)'자는 "빨리 걷는다[疾]."는 뜻이다. '공수(拱手)'를 하는 것은 스승을 보고서 공경스러운 태도를 보이는 것이다. 그러므로 빠른 걸음으로 걸어가서, 그 앞에 나아가는 것이다. 또한 선생(先生) 앞에 나아가서는 '선생'이 무엇을 하려고 하시는지 감히 대놓고 물어보아서는 안 된다. 그러므로 '선생' 앞에서는 바른 자세로 서서 '공수'를 하고, '선생'의 가르침을 듣는 것이다.

孔疏 ◎注"先生, 老人敎學者". ○正義曰: 按書傳略說云: "大夫士七十而致仕, 大夫爲父師, 士爲少師, 敎於州里." 儀禮・鄕飮酒注21)云: "先生, 鄕大夫致仕者." 此云"老人敎學者", 則通凡老而敎學者是, 未必皆致仕者.

번역 ◎鄭注: "先生, 老人敎學者". ○『서전약설(書傳略說)』을 살펴보면, "대부(大夫)와 사(士)는 70세가 되면 관직에서 물러나며,22) 퇴임 이후 대부

가 기록되어 있지 않다."라고 했다.

21) "교어주리의례향음주주(敎於州里儀禮鄕飮酒注)"에 대하여. 『십삼경주소(十三經注疏)』북경대 출판본에서는 "이 구문은 본래 '교어주례향사주(敎於周禮鄕射注)'라고 잘못 기록되어 있었다. 완원(阮元)의 『교감기(校勘記)』를 살펴보면, '이곳 판본에는 교어주례향사주운(敎於周禮鄕射注云)이라고 기록되어 있는데, 이 문장에는 누락된 글자가 있다. 『민본(閩本)』도 이와 마찬가지이다. 『고문(考文)』에서는 송(宋)나라 때 판본을 인용하고 있는데, 의례(儀禮)라는 두 글자가 없다. 노문초(盧文弨)의 교정본에서는 『의례』「향사(鄕射)」편에는 이러한 주석이 없고, 다만 「향음주(鄕飮酒)」편에 대한 주(注)에 선생향대부치사자(先生鄕大夫致仕者)라는 문장이 기록되어 있다고 했다.'라고 했다. 또한 완원은 '주례(周禮)'라고 인용된 글자를 '주리(州里)'라는 말로 교정하였는데, 문맥에 따르면 '주리(州里)'라고 기록하는 것이 옳다."라고 했다.

22) 『예기』「곡례상」【13a】: 大夫, 七十而致事. / 『예기』「왕제(王制)」【178c】: 五十而爵, 六十不親學, 七十致政, 唯衰麻爲喪. / 『예기』「내칙(內則)」【359c~

는 부사(父師)가 되고, 사는 소사(少師)가 되어, 주(州)와 리(里)에서 각각 가르친다."라고 하였고, 『의례』「향음주례(鄕飮酒禮)」편에 대한 정현의 주에서는 "'선생(先生)'은 향대부(鄕大夫)²³⁾ 중 관직에서 물러난 자를 뜻한다."²⁴⁾라고 하였으며, 이곳 경문에 대해서 정현은 "나이가 많고 학문을 가르치는 자들을 말한다."라고 하였다. 따라서 이들의 공통점은 나이가 많고 학문을 가르치는 자라는 점이며, 반드시 관직에서 물러난 자일 필요는 없다.

孔疏 ●"與之言則對"者, 此謂問時事之言則對, 若問己大事, 則辭讓然後對, 故前文云"長者問, 不辭讓而對, 非禮也".

번역 ●經文: "與之言則對". ○이 구문은 시간이나 어떤 일에 대해 물어와야만 대답을 한다는 뜻으로, 만약 자신에게 중대사에 대해 의견을 물어온다면, 먼저 사양을 하고, 그 이후에 대답을 하게 된다. 그렇기 때문에 앞 문장에서 "어른이 본인의 생각이 어떠하냐고 물어보았는데, 먼저 사양을 하지 않고 곧바로 대답을 하는 것은 예(禮)가 아니다."²⁵⁾라고 말한 것이다.

集解 愚謂: 不與言則退者, 不敢以無事稽先生之行也. 註說非是. 蓋此童子旣知禮, 自能隨行後長, 先生不必以與己並行爲慮也.

번역 내가 생각하기에, '선생(先生)'이 나에게 말을 건네지 않아서 물러난다는 것은 감히 아무런 이유도 없이 '선생'의 행차에 계속 따라갈 수가

360a】: 凡養老, 有虞氏以燕禮, …… 五十而爵, 六十不親學, <u>七十致政</u>. / 『예기』「내칙」【369b】: 四十始仕, 方物出謀發慮, 道合則服從, 不可則去, 五十命爲大夫, 服官政. <u>七十致事</u>.
23) 향대부(鄕大夫)는 주대(周代)의 행정단위였던 향(鄕)을 담당하는 관리이다.
24) 이 문장은 『의례』「향음주례(鄕飮酒禮)」편의 "以告於先生·君子可也."라는 기록에 대한 정현의 주이다.
25) 『예기』「곡례상」【13c】: 謀於長者, 必操几杖以從之. <u>長者問, 不辭讓而對, 非禮也</u>.

없기 때문이다. 따라서 정현(鄭玄)이 나란히 걷게 되는 것을 바라지 않기 때문이라고 설명한 말은 잘못된 주장이다. 무릇 이 문장에서 말하고 있는 '동자(童子)'들은 이미 어느 정도 예법(禮法)을 알고 있는 자들이다. 따라서 연장자를 뒤따라갈 때에도 제 스스로 뒤로 물러나서 따라가야 할 줄 아는 자들이니, '선생'이 자신과 '동자'가 나란히 걷게 되는 것 자체를 염려할 필요가 없다.

【17b】

從長者, 而上丘陵, 則必鄕26) 長者所視, 登城不指, 城上不呼.

직역 長者를 從하여, 丘陵에 上하면, 必히 長者가 所視함을 鄕하고, 城에 登하여서는 不指하며, 城上에서는 不呼한다.

의역 연장자를 따라서 구릉(丘陵)에 오르게 되면, 반드시 연장자가 바라보는 곳을 바라보고, 성벽[城]에 올라서는 여기저기 손가락으로 가리키지 않으며, 성벽 위에서는 소리를 지르지 않는다.

集說 高而有向背者爲丘, 平而人可陵者爲陵. 鄕長者所視, 恐有問, 則卽所見以對也. 城, 人所恃以爲安固者, 有所指, 則惑見者; 有所呼, 則駭聞者.

---

26) '향(鄕)'자에 대하여. 『십삼경주소(十三經注疏)』 북경대 출판본에서는 "『민본(閩本)』・『감본(監本)』・『모본(毛本)』・『석경(石經)』・『악본(岳本)』・『가정본(嘉靖本)』・위씨(衛氏)의 『집설(集說)』에서는 동일하게 '향(鄕)'자로 기록하고 있다. 『고문(考文)』에서는 『고본(古本)』을 인용하여, '향(嚮)'자로 기록하고 있으며, 『통전(通典)』에서는 '향(向)'자로 기록하고 있다. 완원(阮元)의 『교감기(校勘記)』에서는 '살펴보니, 향(嚮)자와 향(向)자는 고문(古文)과 금문(今文)의 차이이며, 향(嚮)자를 속자(俗字)로 쓸 때 향(鄕)자로 쓴다.'"라고 했다.

번역 지대가 높아서 앞쪽과 뒤쪽이 확연히 구분되는 곳을 '구(丘)'라고 부르고, 지대가 평탄하여 사람들이 쉽게 오를 수 있는 곳을 '능(陵)'이라고 부른다. 연장자가 바라보는 곳을 함께 바라보는 이유는 아마도 질문이 있게 되면, 즉시 본 것대로 대답을 하기 위해서이다. 성(城)은 사람들이 믿고 의지하는 건축물이며, 이것을 통해 환란과 외적의 침입으로부터 안심하고 살아가게 된다. 그런데 성벽에 올라서 손가락으로 여기저기를 가리키게 되면, 그 모습을 본 자들로 하여금 불안하게 만들고, 소리를 지르게 되면, 그 소리를 들은 자들로 하여금 놀라게 만든다.

集說 石梁王氏曰: 先生, 年德俱高, 又能敎道人者. 長者, 則直以年爲稱也.

번역 석량왕씨[27]가 말하길, '선생(先生)'은 나이와 덕성이 모두 높고, 또한 사람을 가르쳐서 잘 인도할 수 있는 자들이다. '장자(長者)'는 단지 나이가 많은 자들을 가리키는 말일 뿐이다.

大全 永嘉戴氏曰: 從長者升高, 非以遠覽也, 所以承敎也. 違長者所視, 則志在覽物, 敬長之意失矣. 況長者欲有所問乎? 登高而望遠, 則衆所駭觀, 自上而闚下, 則人所疑忌, 居十目所視十手所指之地, 而指畫疾呼, 其不驚人而惑衆者幾希. 此固君子之所戒也. 論語曰, "車中, 不內顧, 不疾言, 不親指." 在車上, 猶不可, 況於登城乎?

번역 영가대씨가 말하길, 연장자를 따라서 높은 곳에 오르는 일은 유람하기 위해서가 아니라, 가르침을 받들기 위해서이다. 시각이 연장자가 바라보는 것을 따르지 않는다면, 그의 뜻이 풍경을 감상하는데 있게 되어, 연장자를 공경해야 한다는 뜻을 잃어버리게 된다. 하물며 연장자가 자신이 본 것에 대해 질문을 하려고 한다면 어떠하겠는가? 높은 곳에 올라가서 먼 곳을 바라보게 되면, 그 모습을 지켜보는 많은 사람들이 의아하게 바라보

---

27) 석량왕씨(石梁王氏, ? ~ ?) : 자세한 이력이 남아 있지 않다.

게 된다. 또한 높은 곳에서 아래를 내려다보게 되면, 사람들이 의혹스러워하며 꺼려하게 된다. 따라서 많은 사람들이 바라볼 수 있고, 많은 사람들이 가리킬 수 있는 장소에 가서, 손가락질을 하거나 소리를 지르는 행동을 하게 되면, 대부분 사람들을 놀래게 하고 의혹스럽게 만들게 될 것이다. 이러한 것들이 바로 군자(君子)가 주의하는 사항이다.[28] 『논어』에서는 "수레 위에서는 두리번거리지 않고, 소리를 치지 않으며, 손가락질을 하지 않는다."[29]라고 하였다. 수레 위에서도 오히려 그러한 행동을 하지 않는데, 하물며 성벽에 올라서 그처럼 하겠는가?

鄭注 爲遠視不察有所問. 爲惑人.

번역 연장자와 같은 방향을 바라보는 것은 연장자가 멀리 바라보다가 잘 보이지 않는 것에 대해 물어볼 수 있기 때문이다. 손가락질을 하거나 소리를 지르게 되면, 사람들에게 의혹을 사기 때문이다.

釋文 上, 時掌反, 下同. 呼, 火故反, 號叫也.

번역 '上'자는 '時(시)'자와 '掌(장)'자의 반절음이며, 아래문장에 나오는 '上'자도 그 음이 이와 같다. '呼'자는 '火(화)'자와 '故(고)'자의 반절음이며, 소리를 질러서 부른다는 뜻이다.

孔疏 ●"則必鄕長者所視"者, 長者東視則東視, 長者西視則西視, 從先生君子亦然.

번역 ●經文: "則必鄕長者所視". ○연장자[長者]가 동쪽을 바라보게 되면, 자신도 동쪽을 바라보며, 연장자가 서쪽을 바라보게 되면, 자신도 서쪽

---

28) 『대학』「전(傳) 6장」 : 曾子曰: 十目所視, 十手所指, 其嚴乎!
29) 『논어』「향당(鄕黨)」 : 升車, 必正立, 執綏. <u>車中, 不內顧, 不疾言, 不親指.</u>

을 바라보는 것이니, 선생(先生)이나 군자(君子)를 뒤따르게 될 때에도 또한 이처럼 행동하는 것이다.

訓纂 王氏懋竑曰: 廣雅, "小陵曰丘."

번역 왕무횡이 말하길, 『광아(廣雅)』에서는 "작은 언덕을 구(丘)라고 부른다."라고 했다.

訓纂 說文: 陵, 大阜也.

번역 『설문해자(說文解字)』에서 말하길, '능(陵)'은 '큰 언덕[大阜]'이다.

• 제 11 절 •

방문예절

【17c】

將適舍, 求毋固.

직역 장차 舍에 適해서는 求함에 毋固한다.

의역 여행을 떠나게 되어 '남의 집 별관[舍]'에 머물게 되면, 요구사항이 있으면 말은 할 수 있지만, 요구사항을 관철시키려고 고집을 부려서는 안 된다.

集說 戴氏曰: 就館者, 誠不能無求於主人, 然執平日之所欲而必求於人, 則非爲客之義.

번역 대씨가 말하길, '남의 집 별관[館]에 머무는 경우, 실제로는 주인(主人)에게 요구사항이 없을 수가 없지만, 평소처럼 하고 싶은 것을 고집해서 주인에게 끝까지 요구를 한다면, 손님[客]으로써의 도리에 맞지 않는다.

그림 11-1 후대의 관(館)

舘

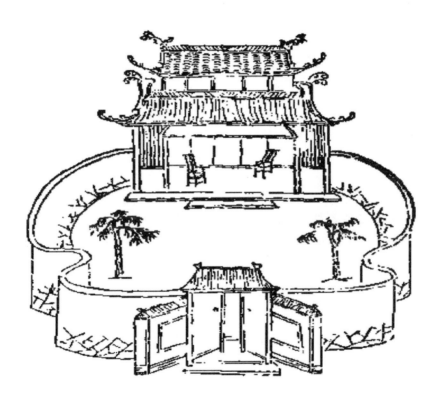

▸ 출처:『삼재도회(三才圖會)』「궁실(宮室)」1권

鄭注 謂行而就人館. 固猶常也. 求主人物, 不可以舊常致, 時乏無, 周禮・土訓, "辨地物, 原其生, 以詔地求", 其類.

번역 이 문장은 여행을 떠나서, 남의 집 별관에 머무는 경우에 대한 내용이다. '고(固)'자는 '일상[常]'을 뜻한다. 주인(主人)에게 어떤 것을 요구할 수는 있지만, 이전의 습관대로 일상적으로 쓰던 것들을 요구해서는 안 되니, 때에 따라 요구하는 것들이 부족하거나 없을 수도 있기 때문이다. 『주례』「토훈(土訓)」편에서는 "그 지역에서 생산되는 것 중 현재 없는 것과 있는 것을 따져보고, 생산되는 시기를 헤아려서, 그 지역에서 요구되는 것들을 알려준다."[1]라고 하였는데, 이것도 위에서 말하는 상황과 비슷한 경우이다.

孔疏 ●"將適舍, 求毋固". ○正義曰: 自此以下, 雖從師長, 兼明爲賓客禮也. 適猶往也. 舍, 主人家也. 固猶常也. 凡往人家, 不可責求於主人, 覓常舊有之物, 故曰"求毋固"也.

번역 ●經文: "將適舍, 求毋固". ○이곳 문장으로부터 그 이하의 내용들은 비록 스승이나 연장자를 뒤따라 길을 떠나게 되어도, 빈객(賓客)으로써의 예법 또한 지켜야 한다는 내용을 나타내고 있다. '적(適)'자는 "~에 간다[往]."는 뜻이다. '사(舍)'자는 '찾아가게 된 자의 집[主人家]'을 뜻한다. '고(固)'자는 '일상[常]'을 뜻한다. 무릇 남의 집에 찾아갈 때에는 주인(主人)에게 추궁하듯이 따지며, 평상시 쓰던 것들을 요구해서는 안 된다. 그렇기 때문에 "요구함을 고집해서는 안 된다[求毋固]."라고 말한 것이다.

孔疏 ◎注"周禮"至"其類". ○正義曰: 按地官・土訓職云: "辨地物." 鄭注云: "別其所有所無, 原其生者, 生有時以告王之求也. 若地所無及物未生, 則不求." 與此相類也. 故引之證"求毋固"也.

---

1) 『주례』「지관(地官)・토훈(土訓)」 : 道地慝, 以辨地物而原其生, 以詔地求.

번역 ◎鄭注: "周禮"~"其類". ○『주례』「지관(地官)·토훈(土訓)」편의 직책 내용을 살펴보면, "그 지역에서 생산되는 것을 변별한다."라고 하였는데, 이 문장에 대한 정현의 주에서는 "있는 것과 없는 것을 구별한다는 뜻이며, '원기생(原其生)'이라는 말은 생산되는 것들에는 각각 정해진 시기가 있으니, 이러한 것들에 맞춰서 천자의 요구사항을 그 지역에 알리는 것이다. 만약 그 지역에서 생산되지 않는 것이거나, 그 물건이 아직 생산되지 않았다면, 요구하지 않는다."라고 하였으니, 이곳 문장에서 언급하는 내용과 유사한 것이다. 그렇기 때문에 정현이 이 문장을 인용하여, "요구함을 고집해서는 안 된다."라는 뜻을 증명하고 있는 것이다.

集解 黃氏幹曰: 註義或迂. 求毋固者, 謂凡求物於主人, 毋固毋必, 隨其有無.

번역 황간이 말하길, 정현(鄭玄)의 주(注)에는 그 뜻이 간혹 우원한 것들이 있다. '구무고(求毋固)'라는 말은 무릇 주인(主人)에게 어떤 것을 요구할 때, 고집을 부리지 않고, 또 반드시 그것이어야 한다고 요구하지 않는 것이니, 때에 따라 있을 수도 있고 없을 수도 있기 때문이다.

集解 愚謂: 自此以下至"必愼唯諾", 皆言適舍之法, 蓋燕見之禮也. 故下文言"將上堂, 聲必揚", "將入戶, 視必下", 皆爲燕見不將命故也. 毋固之義, 鄭氏與黃氏雖異, 而皆以爲有求於主人之法. 然下文方言上堂入戶, 此發端, 乃遽言求主人之物, 非其序也. 固, 謂鄙野而不達於禮. 下篇云, "輟朝而顧, 君子謂之固." 哀公問曰, "寡人固." 左傳, "我僞固而授之末." 此言將適人之所居, 凡事當求合禮, 而不可失之鄙野. 下文所言, 皆毋固之事也.

번역 내가 생각하기에, 이곳 문장부터 그 아래로 "대답을 할 때에는 반드시 신중하게 한다[必愼唯諾]."2)라는 문장까지는 모두 남의 집 별관에 머

---

2) 『예기』「곡례상」【18a】: 毋踐屨, 毋踏席, 摳衣趨隅. <u>必愼唯諾</u>.

물 때의 예법에 대한 것이다. 아마도 이 내용은 '특별한 일이 없을 때 상대방을 접견[燕見]'하는 예법에 해당하는 것 같다. 그렇기 때문에 다음 문장에서 "당(堂)에 오르게 되면, 소리는 반드시 크게 낸다."라고 했고, "문으로 들어가게 되면, 시선은 밑으로 향한다."라고 했던 것이니, 이처럼 행동하는 것은 모두 특별한 일이 없이 상대방을 찾아뵙게 되었기 때문으로, 즉 주군(主君)이나 윗사람의 명령을 받들고서 찾아가는 것이 아니기 때문이다. '무고(毋固)'의 뜻에 대해서 정현(鄭玄)과 황간(黃幹)의 설명이 비록 차이를 보이지만, 이 둘 모두는 주인(主人)에게 요구를 할 때에는 일정한 법도가 있었다고 여기고 있다. 그런데 문장의 흐름상 다음 문장에서 '당'에 오르는 내용과 문으로 들어가는 내용을 기술하려고 하고, 이곳 문장은 이 내용의 첫 부분이 된다. 따라서 이곳 문장에서 급작스럽게 주인에게 무언가를 요구한다는 내용을 언급했다면, 방문하는 예절 순서에 맞지 않는다. 그러므로 '고(固)'자는 비루하고 야만스러워서 예법에 맞지 않는다는 뜻이다. 다음 편에서는 "조회를 멈추고 두리번거리는 행동을 군자(君子)는 '고'라고 부른다."³⁾라고 했고, 또한 『예기』「애공문(哀公問)」편에서는 "과인은 고루[固]합니다."⁴⁾라고 했으며, 『좌전』에서는 "내가 거짓되고 고루[固]하여, 칼끝을 그에게 준다."⁵⁾라고 하였으니, 이 기록들이 바로 '고'자의 용례가 된다. 따라서 이곳 문장은 장차 남의 집에 찾아갈 경우에는 모든 일에 대해서 마땅히 예법에 합치되도록 힘써야 하지, 실수를 범해 비루하고 야만스럽게 행동해서는 안 된다는 내용이다. 그리고 아래문장에서 언급하는 내용들은 모두 '비루하게 행동하지 않는[毋固]' 일들에 해당한다.

---

3) 『예기』「곡례하(曲禮下)」【66a】: 輟朝而顧, 不有異事, 必有異慮. 故輟朝而顧, 君子謂之固.

4) 『예기』「애공문(哀公問)」【594c】: 公曰, "寡人固, 不固, 焉得聞此言也? 寡人欲問不得其辭. 請少進."

5) 『춘추좌씨전』「정공(定公) 10년」: 其圉人曰, "吾以劍過朝, 公若必曰, '誰之劍也?' 吾稱子以告, 必觀之. 吾僞固而授之末, 則可殺也."

【17d】

將上堂, 聲必揚, 戶外有二屨, 言聞則入, 言不聞則不入.

직역 장차 堂에 上함에는 聲은 必히 揚하고, 戶外에 二屨가 有어든, 言이 聞하면 入하고, 言이 不聞하면 不入한다.

의역 손님으로 찾아가서 장차 그 집의 당(堂)에 오르고자 할 때, 목소리는 방안에 있는 사람들이 들을 수 있도록 반드시 큰 소리로 낸다. 그리고 문밖에 두 짝의 신발이 놓여 있다면, 방안에는 세 사람 이상이 모여 있는 것인데, 그들의 대화 내용이 밖에까지 들리면 들어가고, 들리지 않으면 신중히 의논 중이므로 들어가지 않는다.

그림 11-2 정(庭), 당(堂), 실(室)

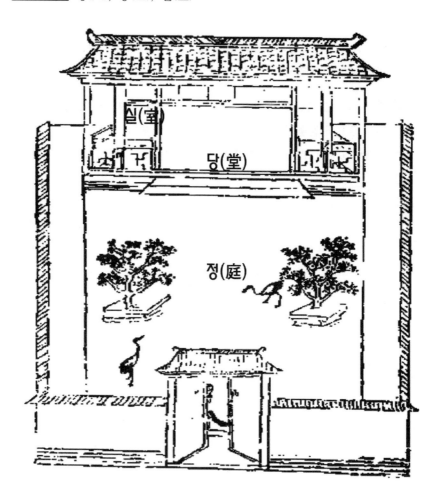

▸ 출처: 『삼재도회(三才圖會)』「궁실(宮室)」1권

集說 上堂, 升主人之堂也. 揚其聲者, 使內人知之也. 古人脫屨在戶外, 客
雖衆, 脫屨於戶內者惟長者一人. 言有二屨, 則幷戶內一屨爲三人矣. 三人而
所言不聞於外, 必是密謀, 故不入也.

번역 당(堂)에 오른다는 말은 주인(主人)집의 '당'에 오른다는 뜻이다.
목소리를 크게 내는 이유는 방안에 있는 사람들로 하여금 자신이 찾아왔다
는 사실을 알리기 위해서이다. 고대인들은 신발을 방문 밖에 벗어두었는데,
찾아온 손님이 아무리 많더라도, 문 안쪽에 신발을 벗어둘 수 있는 자는
오직 가장 연장자 한 사람뿐이었다. 그런데 이곳 문장에서는 두 짝의 신발
이 문밖에 놓여 있다고 했으니, 문 안쪽에 있는 신발 한 짝까지 합치면,
총 세 사람이 된다. 세 사람의 대화내용이 문밖으로 들리지 않는다면, 반드
시 비밀스러운 논의를 하고 있는 것이기 때문에, 들어가지 않는 것이다.

鄭注 警內人也.

번역 목소리를 크게 내는 이유는 방안에 있는 사람들에게 알리기 위함
이다.

釋文 警, 京領反.

번역 '警'자는 '京(경)'자와 '領(령)'자의 반절음이다.

孔疏 ●"戶外"至"唯諾". ○正義曰: 此一節明謂室有兩人, 故戶外有二屨,
此謂兩人體敵, 故二屨在外, 知者以鄕飮酒無筭[6]爵, 賓主皆降, 脫屨於堂下,

---

6) '산(筭)'자에 대하여. 『십삼경주소(十三經注疏)』 북경대 출판본에서는 "『민본
(閩本)』에서는 동일하게 '산(筭)'자로 기록하고 있다. 『감본(監本)』・『모본(毛
本)』에서는 '산(算)'자로 기록하고 있다. 완원(阮元)의 『교감기(校勘記)』에서
는 '살펴보니, 단옥재(段玉裁)는 『설문해자(說文解字)』에서 산(算)자는 숫자
를 뜻하고, 산(筭)자은 셈하는 도구를 뜻하니, 산(算)은 곧 산(筭)을 이용해서

以體敵故也. 若尊卑不同, 則長者一人脫屨於戶內, 故少儀云"排闔脫屨於戶
內者, 一人而已矣", 是也. 按屨人注云: "複下曰舃, 禪7)下曰屨. 古人言屨以通
於複, 今世言屨以通於禪." 如鄭此言, 古人之言無問禪之與複, 皆名爲屨. 今
人言屨, 正謂禪者也.

번역 ●經文: "戶外"~"唯諾". ○이 문장에서 언급하는 상황은 방 안에
두 사람이 있는 경우이다. 그렇기 때문에 방문 밖에 두 짝의 신발이 있다고
한 것이다. 또한 이 말은 다시 말해 방안에 있는 두 사람의 신분이 대등하다
는 사실을 뜻한다. 그러므로 두 짝의 신발이 문밖에 있는 것이다. 이러한
사실을 알 수 있는 이유는 『의례』「향음주례(鄕飮酒禮)」편에서 술잔의 수
를 셈하지 않고,8) 빈객(賓客)과 주인(主人)은 모두 내려와서, 당(堂) 아래에
신발을 벗어둔다고 했는데, '당' 아래에 신발을 벗어두는 이유는 두 사람의
신분이 서로 대등하기 때문이다. 만약 서로간의 신분이 차이가 난다면, 신
분이 높은 자 한 사람만 방문 안쪽에 신발을 벗어두게 된다. 그렇기 때문에
『예기』「소의(少儀)」편에서 "방문을 열어서 문 안에 신발을 벗어두는 자는
오직 한 사람뿐이다."9)라고 한 말이 바로 이러한 사실을 나타낸다. 『주례』
「구인(屨人)」편에 대한 정현의 주를 살펴보면, "여러 겹으로 된 신발을 '석
(舃)'이라고 부르고, 홑겹으로 된 신발을 '구(屨)'라고 부른다. 고대인들이
'구'라고 말하면, 여러 겹으로 된 신발까지도 뜻하는 용어로 사용한 것이며,

계산함을 가리킨다고 했다. 그러므로 『감본(監本)』·『모본(毛本)』의 기록은
잘못된 것이 아니다.'"라고 했다.

7) '단(禪)'자에 대하여. 『십삼경주소(十三經注疏)』 북경대 출판본에서는 "혜동
(惠棟)의 『교송본(校宋本)』에서는 동일하게 '단(禪)'자로 기록하고 있다. 『민
본(閩本)』·『감본(監本)』·『모본(毛本)』에서는 '단(單)'자로 기록하고 있는데,
아래에 나오는 '단(禪)'자에 대해서도 모두 이처럼 기록하고 있다."라고 했다.

8) 무산작(無筭爵)은 술잔의 수를 헤아리지 않는다는 뜻이다. 여수(旅酬)를 한
이후에, 빈객들의 제자들과 형제들의 자제들은 각각 그들의 수장에게 술을 따
르고, 잔을 들어 올리는 것도 각각 그들의 수장에게 한다. 그리고 빈객들이
잔을 가져다가, 형제들 집단에 술을 권하고, 장형제(長兄弟)들은 잔을 가져다
가 빈객의 무리들에게 술을 권하게 된다. 이처럼 여러 차례 술을 따르고 권하
기 때문에, 이러한 절차를 '무산작'이라고 부르는 것이다.

9) 『예기』「소의(少儀)」【432d】: <u>排闔說屨於戶內者, 一人而已矣</u>. 有尊長在, 則否.

오늘날 사람들이 '구'라고 말하면, 홑겹으로 된 신발만을 뜻하는 용어로 사용한 것이다."10)라고 했다. 정현의 이러한 설명에 따른다면, 고대인들은 홑겹이나 여러 겹의 구분 없이, 두 신발을 모두 '구'라고 불렀던 것이며, 정현 시대의 사람들이 '구'라고 한다면, 이것은 곧 홑겹으로 된 신발만을 가리켰던 것이다.

10) 이 문장은 『주례』「천관(天官)‧구인(屨人)」편의 "屨人, 掌王及后之服屨. 爲赤舃‧黑舃‧赤繶‧黃繶, 靑句‧素屨‧葛屨."라는 문장에 대한 정현의 주이다.

● 그림 11-3   석(潟)과 구(屨)

▶ 출처: 석-『삼례도집주(三禮圖集注)』8권
　　　　구-『삼재도회(三才圖會)』「의복(衣服)」3권

孔疏 ●"言聞則入, 言不聞則不入"者, 若一屨有一人, 一人無非法之私事, 則外人可卽人. 若有二屨, 二屨是有二人, 或淸問[11]密事, 若內人語聞於戶外, 則[12]外人乃可入也. 熊氏以爲一人之屨在戶內, 其戶外有二屨, 則三人也, 下文云: "離坐離立, 無往參焉." 則知戶內二人不得參之, 故知戶外有二屨者, 當有三人, 義亦通也.

번역 ●經文: "言聞則入, 言不聞則不入". ○만약 한 짝의 신발만 있다면, 방안에는 한 사람만 있다는 뜻인데, 혼자서 법에 위배되거나 하는 등의 개인적인 일을 도모하는 경우가 없으므로, 방밖에 있던 사람은 곧바로 들어갈 수 있는 것이다. 만약 두 짝의 신발이 있다면, 두 짝의 신발은 방안에 두 사람이 있다는 사실을 가리키니, 혹여 비밀스러운 일들을 의논하고 있을 수도 있으므로, 방안에 있는 사람들의 대화가 문밖으로 들리는 경우에만 방밖에 있던 사람이 즉시 들어갈 수 있는 것이다. 웅안생은 한 사람의 신발이 방문 안쪽에 있는 것으로 여겨서, 방문 밖에 두 짝의 신발이 있다면, 이러한 경우는 곧 방안에 세 사람이 있는 것으로 여겼다. 그런데 아래문장에서 "둘씩 앉아 있고, 둘씩 서 있는 경우에는 그 자리에 껴서 세 명이 되도록 만들지 않는다."[13]라고 하였으니, 방안에 두 사람이 있는 것이라면, 방안으로 들어가서 세 명이 되게 할 수 없으니, 애초에 방으로 들어갈 수가 없다는 사실을 알 수 있다. 그러므로 웅안생의 말처럼 방문 밖에 두 짝의

---

11) '문(問)'자에 대하여. '문'자는 본래 '개(開)'자로 기록되어 있었는데, 『십삼경주소(十三經注疏)』 북경대 출판본에서는 "완원(阮元)의 『교감기(校勘記)』에서는 '혜동(惠棟)의 『교송본(校宋本)』에서는 한(閑)자로 기록하고 있고, 이곳 판본에서는 한(閑)자를 개(開)자로 고쳤으며, 『민본(閩本)』·『감본(監本)』에는 문(問)자로 기록되어 있고, 『모본(毛本)』에는 청한(淸閑)을 청문(請問)으로 기록하고 있다.'라고 했다. 살펴보니, 문맥에 따르면 문(問)자로 기록하는 것이 옳다. 그래서 글자를 수정하였다."라고 했다.
12) '즉(則)'자에 대하여. 『십삼경주소(十三經注疏)』 북경대 출판본에서는 "『민본(閩本)』·『감본(監本)』·『모본(毛本)』에서는 동일하게 '즉'자로 기록하고 있다. 위씨(衛氏)의 『집설(集說)』에서는 이 글자 아래에 '비사사(非私事)'라는 세 글자가 더 기록되어 있는데, 아마도 문의(文意)에 따라 글자를 첨가한 것 같다."라고 했다.
13) 『예기』「곡례상」【23c】: <u>離坐離立, 毋往參焉</u>. 離立者, 不出中間.

신발이 있는 것은 방안에 세 명이 있는 상황에 해당한다는 사실을 알 수 있는데, 그 의미가 또한 통용이 된다.

訓纂 彬案: 列女傳鄒孟母曰, "夫禮, 將入門, 問孰存, 所以致敬也. 將上堂, 聲必揚, 所以戒人也. 將入戶, 視必下, 恐見人過也."

번역 내가 살펴보니, 『열녀전(列女傳)』「추맹모(鄒孟母)」편에서 말하길, "무릇 예법에 따르면, 장차 문으로 들어서려고 할 때, 누가 계시냐고 물어보는 행위는 공경스러운 태도를 지극히 발휘하는 방법이다. 그리고 장차 당(堂)에 오르려고 할 때, 목소리를 반드시 크게 내는 행위는 다른 사람들에게 자신의 기척을 알리는 방법이다. 또한 장차 방으로 들어가려고 할 때, 시선을 반드시 아래로 두는 이유는 다른 사람의 과실을 보게 될까 염려되기 때문이다."14)라고 했다.

訓纂 屨人注曰: 複下曰舄, 禪下曰屨.

번역 『주례』「천관(天官)·구인(屨人)」편에 대한 정현의 주에서 말하길, 여러 겹으로 된 신발을 '석(舄)'이라고 부르고, 홑겹으로 된 신발을 '구(屨)'라고 부른다.

集解 愚謂: 二屨, 謂二兩也, 凡席於堂者, 賓主體敵, 則屨皆解於堂下; 有尊者, 則尊者之屨在堂上. 鄉飲酒, "無算爵, 賓主皆降, 脫屨升堂", 體敵故也. 燕禮, "賓及卿大夫皆脫屨升, 就席", 不言"公降脫屨", 公尊, 屨在堂上也. 席於室者, 賓主體敵, 則屨皆解於戶外; 有尊者, 則尊者之屨在戶內. 少儀, "排闔脫屨於戶內者, 一人而已矣", 是也. 戶外有二屨, 無尊者則二人也, 有尊者則

---

14) 『열녀전(列女傳)』「추맹가모(鄒孟軻母)」: 於是孟母召孟子而謂之曰, "夫禮, 將入門, 問孰存, 所以致敬也. 將上堂, 聲必揚, 所以戒人也. 將入戶, 視必下, 恐見人過也. 今子不察於禮, 而責禮於人, 不亦遠乎!"

三人也, 而其言不聞於外, 或密謀私事, 故不可入而干之.

[번역] 내가 생각하기에, '이구(二屨)'라는 말은 두 짝의 산발을 뜻한다. 그런데 무릇 당상(堂上)에 자리를 잡을 경우, 빈객(賓客)과 주인(主人)의 신분이 대등하다면, 신발은 모두 당하(堂下)에 끌러놓게 되고, 그 중 존귀한 자가 있다면, 존귀한 자의 신발은 '당상'에 놓아두게 된다. 『의례』「향음주례(鄕飮酒禮)」편에서는 "술잔의 수를 셈하지 않고, 빈객과 주인은 모두 내려와서, 신발을 벗고 '당'에 오른다."라고 하였는데, 이처럼 행동하는 이유는 빈객과 주인의 신분이 서로 대등하기 때문이다. 또한 『의례』「연례(燕禮)」편에서는 "빈객 및 경(卿)과 대부(大夫)들은 모두 신발을 벗고 '당'에 올라가서, 자신의 자리에 가서 앉는다."라고 하였고, "군주가 내려와서 신발을 벗는다."고는 하지 않았는데, 그 이유는 군주는 존귀한 신분이므로, 그의 신발은 '당상'에 놓아두기 때문이다. 한편 방안에 자리를 마련하는 경우, 빈객과 주인의 신분이 대등하다면, 신발들은 모두 방문 밖에 벗어놓게 되고, 그 중 존귀한 자가 있다면, 존귀한 자의 신발은 방문 안쪽에 놓아두게 된다. 『예기』「소의(少儀)」편에서 "방문을 열고서 문 안쪽에서 신발을 벗어두는 자는 오직 한 사람뿐이다."라고 말한 것이 바로 이러한 사실을 나타낸다. 이곳 문장에서는 방문 밖에 두 짝의 신발이 있다고 하였으니, 만약 존귀한 자가 포함되지 않은 자리라면, 방안에는 두 사람만 있는 것이고, 존귀한 자가 포함된 자리라면, 방안에는 세 사람이 있는 것이다. 그리고 그들이 나누는 대화가 밖으로 들리지 않는다면, 간혹 비밀스럽게 사적인 일들을 논의할 수도 있기 때문에, 방으로 들어가서 그들을 방해해서는 안 되는 것이다.

【17d】

將入戶, 視必下, 入戶奉扃, 視瞻毋回, 戶開亦開, 戶闔亦闔, 有後入者, 闔而勿遂.

직역 장차 戶에 入함에는 視는 必히 下하고, 戶에 入하면 奉扃하며, 視瞻하되 毋回하고, 戶開에는 또한 開하며, 戶闔에는 또한 闔하되, 後入者가 有하면, 闔하되 勿遂한다.

의역 장차 방문으로 들어가려고 할 때에는 시선은 반드시 밑으로 향하고, 문에 들어서면 문빗장을 받치듯 심장 높이까지 손을 높여 경의를 나타내며, 자세를 숙여서 굽어보되, 두리번거리지 않고, 방문이 열려 있었다면, 또한 열어놓으며, 방문이 닫혀 있었다면, 또한 닫아두되, 뒤에 들어올 자가 있다면, 완전히 닫지는 않는다.

集說 入戶, 入主人之戶也. 視下, 不擧目也. 扃, 門關木也. 入戶之時, 兩手當心, 如奉扃然, 雖視瞻而不爲迴轉, 嫌於干人之私也. 開闔皆如前, 不違主人之意也. 遂, 闔之盡也. 嫌於拒後來者, 故勿遂.

번역 "호(戶)로 들어간다."는 말은 주인(主人)이 거처하는 방문으로 들어서는 것이다. "시선을 밑으로 둔다."는 말은 눈을 치켜뜨지 않는 것이다. '경(扃)'자는 문빗장을 뜻한다. 방문으로 들어갈 때에는 두 손을 심장 높이까지 올리며 인사를 하는데, 그 모습이 마치 문빗장을 받치고 있는 모습처럼 되며, 비록 방안을 살피긴 하지만 두리번거리지 않으니, 남의 사생활까지도 간여하는 것처럼 보이게 될까 염려해서이다. 방문을 열어두거나 닫는 것은 모두 이전의 방문 상태에 따르니, 주인이 방문을 열어두려고 했다거나 닫아두려고 하는 의도에 위배하지 않기 위해서이다. '수(遂)'자는 문을 완전히 닫는다는 뜻이다. 뒤에 올 사람을 거부하는 것처럼 보이게 될까 염려되기 때문에, 완전히 닫아두지 않는 것이다.

鄭注 不于掩人之私也. 奉扃, 敬也. 不以後來變先. 示不拒人.

번역 두리번거리지 않는 것은 남의 사생활을 간섭하지 않는 것이다. '봉경(奉扃)'은 경의를 표한다는 뜻이다. 방문의 여닫은 상태를 바꾸지 않는 것은 뒤에 온 자가 앞서 온 자들이 해둔 것을 바꾸지 않는 것이다. 문을

완전히 닫지 않는 것은 남이 찾아오는 것을 거부하지 않는다는 뜻을 나타
낸다.

釋文 屨, 紀具反, 單下曰屨. 聞音問, 又如字, 下同. 視, 常止反, 下同, 徐音
示, 沈又市志反. 扃, 古螢反, 何云: "關也." 一云門扇上鐶鈕. 瞻毋, 徐音如字.
闔, 胡臘反. 拒, 其許反.

번역 '屨'자는 '紀(기)'자와 '具(구)'자의 반절음으로, 홑겹으로 된 신발을
'屨'라고 부른다. '聞'자의 음은 '問(문)'이며, 또한 글자대로 읽고, 아래문장
에 나온 '聞'자도 그 음이 동일하다. '視'자는 '常(상)'자와 '止(지)'자의 반절
음이며, 아래문장에 나오는 '視'자도 그 음이 동일하고, 서음(徐音)은 '示
(시)'이고, 심음(沈音)은 또한 '市(시)'자와 '志(지)'자의 반절음이 된다. '扃'
자는 '古(고)'자와 '螢(형)'자의 반절음이며, 하윤은 "문빗장이다."라고 하였
다. 일설에는 문에 달려 있는 고리라고도 한다. '瞻'자와 '毋'자의 서음은
글자대로 읽는다. '闔'자는 '胡(호)'자와 '臘(랍)'자의 반절음이다. '拒'자는
'其(기)'자와 '許(허)'자의 반절음이다.

孔疏 ●"將入戶, 視必下"者, 雖聞言而入, 亦不得擧目而視, 恐覬人私, 故
必下.

번역 ●經文: "將入戶, 視必下". ○비록 방안에 있는 사람들의 대화 소
리가 들려서, 방으로 들어가게 되었더라도, 또한 눈을 치켜뜨고 응시할 수
없는 것이니, 아마도 남의 사생활을 엿보는 것처럼 보이게 될까 걱정해서
이다. 그렇기 때문에 반드시 시선을 밑으로 향하는 것이다.

孔疏 ●"入戶奉扃"者, 奉扃之說, 事有多家, 今謂禮有鼎扃, 所以關鼎. 今
關戶之木, 與關鼎相似, 亦得稱扃. 凡常奉扃之時, 必兩手向心而奉之. 今入戶
雖不奉扃木, 其手若奉扃然, 以其手對戶若奉扃, 言恭敬, 故言奉扃也. 是以注

云: "奉扃, 敬也."

번역 ●經文: "入戶奉扃". ○'봉경(奉扃)'에 대한 설명에는 여러 학설이 있는데, 오늘날의 예제(禮制)로 따진다면 '정경(鼎扃)'이란 것을 가리키며, '정경'이라는 것은 바로 정(鼎)을 닫는 도구이다. 즉 오늘날 방문을 잠글 때 쓰는 빗장이 '정'을 닫는 '정경'이란 것과 서로 유사하므로, 또한 이 문빗장에 대해서 '경(扃)'이라고 부를 수 있는 것이다. 무릇 일상적으로 문빗장을 들 때에는 반드시 두 손을 가슴 쪽으로 붙이고서 받아들게 된다. 현재 이 문장에서 방문으로 들어간다고 했을 때, 비록 이 문빗장을 실제로 드는 것은 아니지만, 공수(拱手)를 하여 조심스럽게 가슴 쪽으로 끌어 모은 모습이 마치 문빗장을 받들고 있는 모습과 흡사하다. 그리고 이 모습은 공손한 자세를 뜻한다. 그렇기 때문에 "문빗장을 받들다[奉扃]."라고 말한 것이다. 그리고 이러한 이유 때문에 정현의 주에서는 "'봉경'은 경의를 표하는 것이다."라고 말한 것이다.

孔疏 ●"視瞻毋回"者, 初將入時視必下, 而竟不得迴轉, 廣有瞻視也.

번역 ●經文: "視瞻毋回". ○애초에 방문으로 들어가려고 할 때에 이미 시선을 반드시 아래로 두게 되니, 결국 두리번거릴 수 없게 된다. 그리고 그 모습에는 넓은 의미에서 굽어본다는 뜻이 포함되어 있는 것이다.

孔疏 ●"戶開亦開"者, 既入戶, 不以後來變先, 若戶本開, 則今入者不須闔也.

번역 ●經文: "戶開亦開". ○이미 방문으로 들어서게 되면, 뒤에 온 자가 앞서 와 있던 사람이 해두었던 것을 바꿔서는 안 되니, 만약 방문이 본래부터 열려 있었다면, 이제 막 들어선 자가 방문을 닫아서는 안 되는 것이다.

孔疏 ●"戶闔亦闔"者, 戶若本闔, 則今入者不須開也.

번역 ●經文: "戶闔亦闔". ○방문이 만약 본래부터 닫혀 있었다면, 이제 막 들어선 자가 열어두어서는 안 되는 것이다.

孔疏 ●"有後入者, 闔而勿遂"者, 有後入者, 謂己於先入後, 猶有人又應 入者也, 雖己應還闔, 當徐徐欲作闔勢, 以待後入, 不得遂闔以成拒後人, 故注 云: "示不拒人."

번역 ●經文: "有後入者, 闔而勿遂". ○"뒤에 들어올 자가 있다."는 말은 본인은 먼저 방안에 들어선 자들에 비하면 뒤늦게 들어온 자에 해당하지만, 아직도 들어올 사람이 있다는 뜻이니, 비록 본인이 뒤늦게 온 자에 해당하 므로, 방으로 들어서게 되면 뒤돌아서서 방문을 닫아야 하는 것이지만, 천 천히 닫아서 뒤에 올 사람을 기다리는 것으로, 완전히 닫아버려서 뒤에 들 어올 사람을 거부하는 것처럼 보여서는 안 된다. 그렇기 때문에 정현의 주 에서 "남이 찾아오는 것을 거부하지 않는다는 뜻을 나타낸다."라고 말한 것이다.

集解 愚謂: 奉扃, 言其拱手高正之狀. 視必下, 謂在戶外將入時. 視瞻毋回, 謂甫入時也.

번역 내가 생각하기에, '봉경(奉扃)'은 공수(拱手)를 하고 있는 손을 높 이 올린 모습을 뜻한다. "시선을 반드시 아래에 둔다."는 말은 방문 밖에서 안으로 들어가려고 할 때에 해당하는 내용이다. "방안을 살피되 두리번거 리지 않는다."는 말은 방안으로 막 들어갔을 때에 해당하는 내용이다.

【18a】

母踐屨, 母踖席, 摳衣趨隅, 必愼唯諾.

직역 屨를 母踐하고, 席을 母踖하며, 衣를 摳하여 隅에 趨하고, 必히 唯諾을 愼한다.

의역 방안에 들어갈 때에는 남의 신발을 밟아서는 안 되고, 남의 자리를 밟아서는 안 되며, 옷자락을 걷어 올려서 구석자리를 따라 신속하게 걸어가고, 대답을 할 때에는 반드시 신중하게 해야만 한다.

集說 複下曰潟, 單下曰屨. 母踐屨, 謂後來者不可蹋先入者所脫之屨也. 踖, 猶躐也. 玉藻曰, "登席不由前爲躐席", 是登席當由前也. 摳, 提也. 摳衣, 與論語"攝齊"同. 欲便於坐, 故摳之. 趨隅, 由席角而升坐也. 唯諾, 皆應辭. 既坐定, 又當謹於應對也.

번역 여러 겹으로 된 신발을 '석(潟)'이라고 부르고, 홑겹으로 된 신발을 '구(屨)'라고 부른다. "신발을 밟아서는 안 된다."는 말은 뒤에 온 자가 앞서 들어간 자들이 벗어둔 신발을 밟아서는 안 된다는 뜻이다. '적(踖)'자는 "밟는다[躐]."는 뜻이다. 『예기』「옥조(玉藻)」편에서 "자리에 올라가서 앉을 때 앞으로 올라가지 않으면, 남의 자리를 밟게 된다."[15]라고 하였으니, 자리에

---

15) 『예기』「옥조(玉藻)」【376a】: 登席不由前爲躐席. / 이 문장에 대한 해석법은 두 가지가 있다. 첫 번째는 『정의(正義)』의 해석법에 따른 것으로, "登席不由前爲躐席."처럼 이 문장 전체를 하나의 구문으로 끊어서, "자리에 오를 때에는 앞으로 오르지 않으니, 앞으로 오르게 되면 남의 자리를 밟게 되기 때문이다." 라고 해석한다. 그리고 다른 해석은 위의 해석과 같은 것이다. 진호(陳澔)는 「옥조」편에 대한 『집설(集說)』에서 "蓋行禮之時, 人各一席, 而相離稍遠, 固可從下而升. 若布席稍密, 或數人共一席, 則必須由前乃得己之坐. 若不由前, 則是躐席矣."라고 설명한다. 즉 의례를 시행할 때, 각각의 사람들이 별개의 자리를 차지하는 경우라면, 서로의 자리가 떨어져 있어서, 『정의』에서의 주장처럼 아래쪽으로부터 올라갈 수 있게 된다. 그런데 만약 자리가 조밀하게 붙어 있

앞을 때에는 앞쪽으로 올라가야 한다는 뜻이다. '구(摳)'자는 "끌어 올린다 [提]."는 뜻이다. '구의(摳衣)'라는 말은 『논어』에 나온 '섭제(攝齊)'16)라는 말과 같다. 앉을 때 편하도록 하기 위해서, 옷자락을 걷어 올리는 것이다. '추우(趨隅)'는 자리의 모퉁이를 통해서 자리에 올라가 앉는다는 말이다. '유(唯)'자와 '낙(諾)'자는 모두 응답하는 말들이다. 이미 자리를 잡고 앉았다면, 또한 대답하는 것에 대해서도 신중을 기해야만 하는 것이다.

大全 吳郡范氏曰: 將上堂, 則揚吾聲炊之聲, 戶外有二屨, 則聲聞於外而後敢入, 入戶, 則不擧目以遠視, 拱手當心, 以向戶扃, 不回環而四顧, 皆是不欲揜人之私. 其事雖小, 最曲禮之要, 推而廣之, 有正心誠意之道焉. 使心術不正者處之, 必將潛聲以升堂, 直前而入戶, 遠瞻四顧, 爲睢盱覘伺之態, 則其人之薄德可知矣. 大抵禮以制形爲用, 而以制心爲本, 一念不正, 發於方寸者甚微, 而形於擧措者弗可掩, 流於放僻邪侈而不自知, 故升堂入戶日用之常而君子致嚴如此, 以心術之邪正繫焉.

번역 오군범씨17)가 말하길, 당(堂) 위에 오르려고 할 때에는 자신의 인기척을 크게 내며, 방문 밖에 두 짝의 신발이 놓여 있으면, 그들의 대화 소리가 밖으로 들린 이후에야, 감히 들어갈 수 있는 것이고, 방문으로 들어서게 되면, 눈을 치켜떠서 먼 곳을 응시하듯 바라보지 않으며, 공수(拱手)를 한 두 손을 가슴까지 끌어올려서, 마치 문빗장을 들어 올리듯 하며, 두리번거리며 사방을 둘러보지 않는 것 등은 모두 남의 사생활에 대해 참견하

고, 간혹 여러 사람이 하나의 자리에 앉게 되는 경우라면, 반드시 앞쪽으로 자리에 올라야만 자신의 자리에 앉을 수 있게 된다. 따라서 이러한 경우에는 『정의』의 해석과 반대가 되어, "자리에 오를 때 앞으로 오르지 않는다면, 남의 자리를 밟게 된다."라고 해석한다.

16) 『논어』「향당(鄕黨)」: 過位, 色勃如也, 足躩如也, 其言似不足者. 攝齊升堂, 鞠躬如也, 屛氣似不息者.

17) 오군범씨(吳郡范氏, A.D.1126 ~ A.D.1193): =석호거사(石湖居士)·오성대(吳成大). 남송(南宋) 때의 학자이자 시인(詩人)이다. 자(字)는 치능(致能)이다. 이름은 성대(成大)이다.

지 않으려고 하는 행동이다. 이러한 일들은 비록 매우 사소한 것들이지만, 곡례(曲禮) 중 가장 중요한 요점에 해당하니, 이것을 확대시켜 실천해 나간 다면, 마음을 바르게 하고 뜻을 진실하게 만드는 도리를 얻게 된다. 마음을 부리는 것이 바르지 못한 자로 하여금 이러한 상황 속에서 행동하게 한다 면, 반드시 기척을 숨기고서 당에 오르려고 할 것이며, 곧바로 방문 앞에 다가가서 문으로 들어갈 것이며, 눈을 치켜뜨고 사방을 두리번거리며 볼 것이니, 이처럼 눈을 부릅뜨고 엿보는 태도를 취한다면, 그 사람의 덕(德) 이 옅다는 사실을 알 수 있다. 대개 예(禮)라는 것은 행동을 절제하는 것을 그 쓰임으로 삼고, 마음을 절제하는 것을 근본으로 삼으니, 잠시 부정한 마음을 품어서, 순식간에 행동으로 나타난 것이 비록 매우 미미한 것이라 고 하더라도, 행동거지로 드러난 것은 가릴 수가 없으니, 부지불식간에 방 탕하고, 치우치며, 사악하고, 사치스러운 데[18]로 빠지게 된다. 그렇기 때문 에 당에 오르거나 방문으로 들어서는 등 일상생활 속에서도 군자(君子)는 이처럼 매우 엄숙하게 행동하였던 것이니, 마음을 부리는 것이 사벽하게 되느냐, 아니면 올바르게 되느냐는 여기에 달려 있기 때문이다.

鄭注 趨隅, 升席必由下也. 愼唯諾者, 不先擧, 見問乃應.

번역 '추우(趨隅)'는 자리에 올라갈 때에는 반드시 아래쪽에서부터 올라가야 한다는 뜻이다. '신유낙(愼唯諾)'이라는 말은 먼저 질문을 던지지 않고, 상대방이 질문을 하게 되면, 그제야 대답을 한다는 뜻이다.

釋文 躇, 在亦反, 一音席, 躤也. 摳, 苦侯反, 提也, 下及注同. 趨, 七俱反, 向也, 注同, 本又作走, 徐音奏, 又如字. 唯, 于癸反, 應辭也, 注同, 徐于比反, 沈以水反. 諾, 乃各反. 應, 應對之應.

---

18) 『맹자』「양혜왕상(梁惠王上)」 : 若民, 則無恒産, 因無恒心. 苟無恒心, 放辟邪侈, 無不爲已.

번역 '踖'자는 '在(재)'자와 '亦(역)'자의 반절음으로, 다른 음은 '席(석)' 이며, 밟는다는 뜻이다. '摳'자는 '苦(고)'자와 '侯(후)'자의 반절음이며, 걷어 올린다는 뜻으로, 아래문장 및 정현의 주에 나오는 '摳'자도 그 음이 이와 같다. '趨'자는 '七(칠)'자와 '俱(구)'자의 발절음으로, 향한다는 뜻이며, 정현 의 주에 나오는 글자도 그 음이 이와 같고, 판본에 따라서는 '走'자로도 적 는데, 이 글자의 서음(徐音)은 '奏(주)'이고, 또한 글자대로 읽기도 한다. '唯' 자는 '于(우)'자와 '癸(계)'자의 반절음으로, 응답하는 말이며, 정현의 주에 나오는 글자도 그 음이 이와 같고, 서음은 '于(우)'자와 '比(비)'자의 반절음 이 되고, 심음(沈音)은 '以(이)'자와 '水(수)'자의 반절음이 된다. '諾'자는 '乃 (내)'자와 '各(각)'자의 반절음이다. '應'자는 '응대(應對)'라고 할 때의 '應'자 이다.

孔疏 ●"*毋踐屨*"者, 踐, 躡也. 旣並脫屨戶外, 其人或多, 若後進者, 不得 躡先入者屨.

번역 ●經文: "*毋踐屨*". ○'천(踐)'자는 "밟는다[躡]."는 뜻이다. 방안에 있는 사람들이 신발을 이미 방문 밖에 벗어둔 상태인데, 혹여 방안에 많은 사람들이 있어서, 벗어둔 신발이 많다고 하더라도, 뒤에 온 자는 앞서 방으 로 들어간 자가 벗어둔 신발을 밟을 수 없는 것이다.

孔疏 ●"*毋踖席*"者, 踖猶躐也. 席旣地鋪, 當有上下, 將就坐, 當從下而升, 當己位上, 不發初從上, 從上爲躐[19]席也. 玉藻云升席, "升席不由前爲躐席" 也. 熊氏以爲踖席猶逆席. 逆席謂從上升, 故鄭云: "必由下." 玉藻所云者, 自 是不由席前升, 與此別.

---

19) '렵(躐)'자에 대하여. '렵'자는 본래 '렵(▼(足+葛))'자로 기록되어 있었는데, 완 원(阮元)의 『교감기(校勘記)』에서는 "혜동(惠棟)의 『교송본(校宋本)』에서는 '렵(▼(足+葛))'자를 '렵(躐)'자로 기록하고 있고, 그 아래에 '렵석(▼(足+葛) 席)'이라는 단어도 또한 동일하게 '렵석(躐席)'이라고 기록하고 있는데, 이 기 록이 옳다. '렵(▼(足+葛))'자는 '렵(躐)'자의 이체자이다."라고 했다.

번역 ●經文: "毋踖席". ○'적(踖)'자는 "밟는다[躐]."는 뜻이다. 자리가 바닥에 이미 깔려 있다면, 마땅히 위아래의 구분이 정해져 있으니, 장차 그 자리에 나아가 앉을 때에는 마땅히 아래쪽에서 올라가야 하는 것으로, 이렇게 올라가면 자신의 자리 위쪽에 해당하게 되는데, 처음부터 위쪽에서 올라가서는 안 되는 것으로, 위쪽으로 올라가게 되면, 남의 자리를 밟게 되기 때문이다. 『예기』「옥조(玉藻)」편에서는 자리에 올라가 앉는 경우에 대해서, "자리에 올라가서 앉을 때, 앞으로 올라가지 않으니, 앞으로 올라가면 남의 자리를 밟게 되기 때문이다."라고 하였다. 웅안생은 '적석(踖席)'이라는 말을 '역석(逆席)'과 같은 것으로 여겼다. '역석'이라는 것은 위쪽에서 올라가는 것을 뜻한다. 그렇기 때문에 정현이 "반드시 아래쪽에서부터 올라가야 한다."라고 말한 것이고, 『예기』「옥조(玉藻)」편에서 말한 내용은 자리의 앞에서부터 올라가서는 안 된다는 말이니, 이곳에서 말한 내용과는 별개의 내용이라고 하였다.

孔疏 ●"攝衣趨隅"者, 攝, 提也. 衣, 裳也. 趨猶向也. 隅猶角也. 旣不踖席, 當兩手提裳之前, 徐徐向席之下角, 從下而升, 當己位而就坐也.

번역 ●經文: "攝衣趨隅". ○'구(攝)'자는 "걷어 올린다[提]."는 뜻이다. '의(衣)'자는 치마[裳]를 뜻한다. '추(趨)'자는 "향한다[向]."는 뜻이다. '우(隅)'자는 모퉁이[角]라는 뜻이다. 경문에서는 이미 "남의 자리를 밟지 않는다."고 하였는데, 이 내용은 두 손으로 치마를 걷어 올리기 이전에 해당하는 내용이며, 그런 뒤에는 여유로운 태도로 자리의 아래쪽 모퉁이로 가서, 아래쪽으로부터 자리에 올라가고, 자신이 앉아야 할 위치에 당도하면 앉게 된다.

孔疏 ●"必愼唯諾"者, 唯, 唅也. 唅諾, 應對也. 旣坐定, 又愼於應對.

번역 ●經文: "必愼唯諾". ○'유(唯)'자는 '도(唅)'자와 같고, '도낙(唅諾)'

이라는 것은 응답하는 소리이다. 이미 자리를 정하고 앉았다면, 또한 응답하는 말에는 신중을 기해야 하는 것이다.

孔疏 ◎注"趨隅"至"乃應". ○正義曰: 按鄕飮酒云: "賓升席自西方." 注云: "升由下也. 升必中席, 彼謂近主人爲上, 故以主西爲之下. 凡席皆升由下, 降由前." 云"愼唯諾者, 不先擧, 見問乃應"者, 擧猶問也, 謂不先問也.

번역 ◎鄭注: "趨隅"~"乃應". ○『의례』「향음주례(鄕飮酒禮)」편에서는 "빈객(賓客)은 자리에 오를 때 서쪽으로부터 오른다."[20]라고 하였는데, 이 문장에 대한 정현의 주에서는 "올라갈 때에는 아래쪽을 통해 올라간다. 올라가서는 반드시 자리의 중앙에 앉으니, 그 이유는 주인(主人) 쪽에 가까운 곳이 자리의 위쪽이 되기 때문인데, 그러므로 주인의 서쪽이 자리의 아래쪽이 된다. 무릇 자리에 앉을 때에는 모든 경우에 있어서, 아래쪽을 통해 올라가고, 내려올 때에는 앞쪽으로 내려온다."라고 하였다. 정현이 "'신유낙(愼唯諾)'이라는 말은 먼저 질문을 던지지 않고, 상대방이 질문을 하게 되면, 그 이후에야 대답을 해야 한다는 뜻이다."라고 하였는데, '거(擧)'자는 "묻는다[問]."는 뜻이니, 이 구문은 먼저 질문을 던져지지 않는다는 뜻이다.

訓纂 說文: 唯, 諾也.

번역 『설문해자(說文解字)』에서 말하길, '유(唯)'는 응답하는 말이다.

集解 愚謂: 此言毋踐屨於入戶之後, 則非踐戶外之屨矣. 所毋踐者, 謂長者之屨解於戶內者也. 毋踖席者, 升席必由下, 此是數人連坐之席, 以後爲下, 當由後而升, 若升從席前, 則爲踖席也. 深衣衣裳相連, 故言摳衣, 其實是摳深衣之裳也. 鄕射禮註云, "脫屨則摳衣, 爲其被地." 蓋衣被地則汚, 且或傾跌也.

---

20) 『의례』「향음주례(鄕飮酒禮)」: 主人阼階上拜送爵, 賓少退. 薦脯醢. 賓升席自西方.

趨隅者, 升席由後, 故必趨向室隅, 乃得轉向席後而升也.

번역 내가 생각하기에, 이 문장은 방문에 들어선 이후에 신발을 밟아서
는 안 된다는 내용이니, 방문 밖에 있는 신발을 밟지 말라는 내용이 아니다.
밟아서는 안 되는 것은 연장자의 신발로, 방문 안에 벗어둔 것을 뜻한다.
"자리를 밟아서는 안 된다."는 말은 자리에 오를 때에는 반드시 아래쪽에서
부터 올라가야 한다는 뜻으로, 이 문장에서 말하고 있는 상황은 여러 사람
의 좌석이 연이어 있는 경우인데, 이런 경우에는 좌석의 뒤쪽을 아래쪽으
로 삼게 되므로, 마땅히 뒤쪽을 통해 올라가게 된다. 만약 좌석의 앞쪽을
통해 올라가게 된다면, 자리를 밟게 되는 것이다. '심의(深衣)'는 상의[衣]와
하의[裳]가 서로 연결되어 있기 때문에, "옷자락을 걷어 올린다."고 할 때,
'치마[裳]'라고 표현하지 않고, '의(衣)'를 걷어 올린다고 말한 것이니, 실제
적으로는 '심의'의 치맛자락을 걷어 올린다는 뜻이다. 『의례』「향사례(鄕射
禮)」편에 대한 정현의 주에서는 "신발을 벗으면, 옷자락을 걷어 올리니, 옷
자락이 땅에 끌리기 때문이다."[21]라고 하였다. 따라서 이 문장에서 옷자락
을 걷어 올린다고 한 것은 아마도 옷이 땅에 닿게 되면, 더럽혀지기 때문이
며, 또는 옷에 밟혀 넘어지게 될지도 몰라서이다. "모퉁이로 빠른 걸음으로
걸어간다."는 말은 자리에 오를 때 뒤쪽에서 올라가야 하기 때문이다. 그러
므로 반드시 방의 모퉁이로 빠른 걸음으로 걸어가야만, 자리의 뒤쪽을 통
해서 올라갈 수 있게 된다.

集解 朱子曰: 此是衆人共坐一席, 旣云"當己位上", 卽須立於席後, 乃得
當己位上, 蓋以前爲上, 後爲下也, 正與玉藻義同. 鄕飮乃是特設賓席一人之
坐, 故以西爲下, 而自席下之中, 升而卽席, 與此異也.

번역 주자가 말하길, 이 문장은 여러 사람이 함께 하나의 자리에 앉는
경우를 뜻하는 것으로, 공영달(孔穎達)은 "자신의 자리 위쪽에 해당한다."

21) 이 문장은 『의례』「향사례(鄕射禮)」편의 "主人以賓揖讓, 說屨, 乃升. 大夫及衆
賓皆說屨, 升, 坐."라는 문장에 대한 정현의 주이다.

라고 하였으니, 모름지기 자리에 앉을 때에는 자신의 자리 뒤편에 서야만, 곧 자기 자리의 위쪽에 해당하게 되는 것으로, 아마도 전(前)자를 상(上)자로 여기고, 후(後)자를 하(下)자로 여긴다면, 이 문장은 『예기』「옥조(玉藻)」편에서 말한 내용과 같아지게 된다. 『의례』「향음주례(鄕飮酒禮)」편의 내용은 곧 특별히 빈객의 1인용 좌석을 설치한 경우를 뜻한다. 그렇기 때문에 서쪽을 하(下)로 여긴 것으로, 자리의 아래쪽 중앙으로부터 올라가서 자리에 앉게 되니, 이곳에서 말하는 경우와는 다른 것이다.

集解 愚謂: 凡燕坐之席, 衆人連坐者, 以席之前後爲上下, 蓋以人之所向爲上, 所背爲下, 此與玉藻所言者是也. 玉藻云, "升席不由前", 註云, "升必由下." 下卽後, 前卽上也. 行禮之席, 一人專坐者, 以席之首尾爲上下. 鄕飮酒禮賓席於戶外, 以西頭爲下, 主人席於阼階, 介席於西階, 皆以南頭爲下, 是也. 人之升降, 皆由下而不由上, 禮席與燕席一也. 孔疏謂此與玉藻異, 而反以鄕飮酒禮爲證, 誤矣.

번역 내가 생각하기에, 무릇 연회를 시행할 때의 좌석 배치는 여러 사람들의 자리를 연이어 설치하게 되어, 자리의 전후(前後)를 상하(上下)로 삼게 되는데, 아마도 사람이 앉았을 때 바라보는 방향이 상(上)쪽이 되고, 등진 쪽이 하(下)쪽이 되므로, 이곳 문장과 『예기』「옥조(玉藻)」편에서 언급한 내용은 모두 맞는 것이다. 『예기』「옥조(玉藻)」편에서 "자리에 오를 때에는 전(前)쪽으로 올라가지 않는다."라고 하였고, 이 문장에 대한 정현의 주에서는 "올라갈 때에는 반드시 하(下)쪽으로 올라간다."라고 하였으니, 하(下)는 곧 후(後)를 뜻하고, 전(前)은 곧 상(上)을 뜻하게 된다. 의식을 치를 때의 자리 배치에서 한 사람만 앉는 좌석은 자리의 머리쪽[首]과 꼬리쪽[尾]을 상하(上下)의 방향으로 삼는다. 『의례』「향음주례(鄕飮酒禮)」편에서는 빈객(賓客)들의 자리를 호(戶) 밖에 설치하니, 서쪽을 하(下)쪽으로 삼는 것이고, 주인(主人)의 자리는 동쪽 계단에 설치하고, 개(介)의 자리는 서쪽 계단에 설치하니, 이 둘 모두 남쪽을 하(下)쪽으로 삼는 것이 옳다.

사람이 자리에 올라가고 내려올 때에는 모두 하(下)쪽을 경유하는 것이지, 상(上)쪽을 경유하지 않는데, 의식을 치를 때의 좌석에서나 아니면 연회를 시행할 때의 자리에서나 이 방법은 동일하다. 공영달(孔穎達)의 소(疏)에서는 이곳의 내용과『예기』「옥조(玉藻)」편의 내용이 다른 것이라고 여기고, 반대로『의례』「향음주례(鄕飮酒禮)」편의 내용으로 증명을 하였는데, 이것은 잘못된 주장이다.

【18b】

大夫士出入君門, 由闑右, 不踐閾.

직역 大夫士가 君門을 出入함에는 闑右를 由하며, 閾을 不踐한다.

의역 대부(大夫)와 사(士)가 군주가 사는 궁성(宮城)의 문을 출입하는 경우에는 문에 설치한 말뚝의 오른편을 경유하며, 문턱을 밟지 않는다.

集說 闑, 門橜也. 當門之中, 闑東爲右. 主人入門而右, 客入門而左. 大夫士由右者, 以臣從君, 不敢以賓敵主也.

번역 '얼(闑)'자는 문에 설치한 말뚝[橜]을 뜻한다. 이 말뚝의 위치는 문의 정중앙에 해당하니, 말뚝의 동쪽이 오른쪽이 된다. 그 집의 주인(主人)이 문으로 들어갈 때에는 오른쪽으로 들어가고, 빈객(賓客)이 문으로 들어갈 때에는 왼쪽으로 들어간다. 대부(大夫)와 사(士)가 오른쪽을 경유해서 들어가는 것은 신하된 입장에서 군주를 따를 때에는 감히 손님의 신분을 자처하여 주인과 마주대하듯 군주를 대할 수 없기 때문이다.

大全 永嘉戴氏曰: 君門雖遠, 有君在焉, 臣子烏得而不敬? 出入君門, 如見其君然, 鞠躬屏息, 不敢中立, 不敢履閾, 所以習其恭敬卑下之意也. 推此意也, 其敢喧譁於殿陛之間乎? 見君之乘車與君之路馬, 猶不敢慢也, 況入君門者乎? 以此教天下, 朝廷之儀, 猶有不肅者, 況於君門乎? 雖然此大夫士自事其君之禮也. 若適他國, 爲聘享之禮, 則不然. 少儀曰, "公事, 自闑西, 私事, 自闑東."

번역 영가대씨가 말하길, 궁성(宮城)의 문이 비록 군주가 있는 곳과 멀리 떨어진 곳에 설치되어 있더라도, 그곳에는 군주가 서는 위치도 있으니, 신하된 자가 어찌 공경스러운 태도를 취하지 않을 수 있겠는가? 궁성의 문을 출입함에도 마치 군주를 직접 뵙는 것처럼 하여, 몸을 굽히고 숨죽여서 조심스럽게 들어가는 것이니, 감히 문 중앙에 서 있을 수 없고,[22] 문턱을 밟아서도 안 되는 것으로, 이것을 통해 공손한 태도와 자신을 겸손하게 낮춘다는 뜻을 익히는 것이다. 이러한 뜻을 확장시켜보면, 조정에서 감히 소란을 피울 수 있겠는가? 군주가 타는 수레나 그 수레에 매는 말을 보게 되더라도 오히려 감히 경솔하게 행동할 수 없는데,[23] 하물며 궁성의 문에 들어가는 일에 있어서는 어찌하겠는가? 이러한 내용을 가지고 천하의 모든 백성들을 교화시킨다고 하더라도, 조정에서의 예식(禮式) 때에는 여전히 엄숙하지 못한 자들이 발생하는데, 하물며 궁성의 문에 대해서는 어떠하겠는가? 비록 그렇다고 하더라도, 이 문장의 내용은 대부(大夫)와 사(士)가 자신들의 군주를 섬기는 예법에 해당한다. 만약 다른 나라에 가서, 빙향(聘享)[24]의 의례를 시행하게 된 경우라면, 이처럼 행동하지 않는다.『예기』

---

22)『예기』「곡례상」【15c】: 爲人子者, 居不主奧, 坐不中席, 行不中道, 立不中門.
23)『예기』「곡례상」【46a】: 國君下齊牛, 式宗廟. 大夫士下公門, 式路馬. /『예기』「곡례상」【46b】乘路馬, 必朝服, 載鞭策, 不敢授綏, 左必式. /『예기』「곡례상」【46b】: 步路馬, 必中道. 以足蹙路馬芻有誅, 齒路馬有誅.
24) 빙향(聘享)은 빙문(聘問)의 의례를 시행하며 선물로 가지고 간 폐백을 바치는 의식이다. '빙문'을 하게 되면, 폐백을 받은 자는 상대방에게 반드시 연회를 베풀어주게 된다. 따라서 빙문(聘問)에서의 빙(聘)자와 연회를 뜻하는 향(享)자를 합쳐서, 이러한 의식을 '빙향'이라고 부르게 되었다.『의례』「빙례(聘禮)」

「소의(少儀)」편에서는 "공적인 일에서는 문 말뚝의 서쪽을 경유해서 들어가고, 사적인 일에서는 말뚝의 동쪽을 경유해서 들어간다."[25]라고 했다.

鄭注 臣統於君. 闑, 門橛. 閾, 門限也.

번역 신하는 군주에게 통솔을 받는 자이다. '얼(闑)'자는 문에 설치된 말뚝을 뜻한다. '역(閾)'자는 문턱을 뜻한다.

釋文 闑, 魚列反, 橛也. 橛, 求月反, 門中木. 閾, 于逼反, 一音況域反.

번역 '闑'자는 '魚(어)'자와 '列(렬)'자의 반절음으로, 문에 설치된 말뚝을 뜻한다. '橛'자는 '求(구)'자와 '月(월)'자의 반절음으로, 문 중앙에 튀어나온 나무이다. '閾'자는 '于(우)'자와 '逼(핍)'자의 반절음이며, 다른 음은 '況(황)'자와 '域(역)'자의 반절음이 된다.

孔疏 ●"大夫"至"踐閾". ○正義曰: 此一節明大夫士出入君門之法. 門以向堂爲正, 右在東, 故盧注檀弓下云: "門以向堂爲正, 主人位在門東, 客位在門西." 今此大夫士是臣, 臣皆統於君, 不敢自由賓, 故出入君門恒從闑東也. 其士之朝位, 雖在西方東面, 入時仍依闑東. 其大射注云: "左則由闑西者, 汎解賓客入門之法也."

번역 ●經文: "大夫"~"踐閾". ○이 문장은 대부(大夫) 및 사(士)가 궁성(宮城)의 문을 출입하는 예법에 대해서 언급하고 있다. 문에 있어서는 당

편에는 "受夫人之聘璋, 享玄纁."이라는 기록이 있고, 이에 대한 정현의 주에서는 "享, 獻也. 旣聘又享, 所以厚恩惠也."라고 풀이했다.

25) 『예기』「옥조(玉藻)」【393b】: 賓入不中門, 不履閾, <u>公事自闑西, 私事自闑東</u>. / 위에서는 『예기』「소의(少儀)」편의 기록이라고 했지만, 「소의(少儀)」편에는 이러한 기록이 없다. 아마도 「옥조(玉藻)」편을 「소의(少儀)」편으로 잘못 기록한 것 같다.

(堂)을 바라보는 쪽이 정면이 되므로, 오른쪽이 동쪽이 된다. 그렇기 때문에 『예기』「단궁하(檀弓下)」편에 대한 노식의 주에서는 "문은 당(堂)을 바라보는 쪽이 정면이 되니, 주인(主人)의 위치는 문의 동쪽이 되고, 빈객(賓客)의 위치는 문의 서쪽이 된다."라고 한 것이다. 지금 이곳 문장에서 말하는 대부와 사는 신하를 뜻하는데, 신하들은 모두 군주에게 통솔을 받는 자들이므로, 감히 제 스스로 빈객의 길을 경유하여 출입할 수 없는 것이다. 그렇기 때문에 궁성의 문을 출입할 때에는 항상 말뚝의 동쪽을 경유하게 된다. 그리고 사(士)가 조정에서 위치하는 곳이 비록 서쪽에 서서 동쪽을 바라보는 장소가 되지만, 들어설 때에는 곧 말뚝의 동쪽을 경유하게 된다. 그래서 『의례』「대사례(大射禮)」편에 대한 노식의 주에서는 "좌측이라는 말은 말뚝의 서쪽을 경유한다는 뜻이라고 했는데, 이 내용은 빈객이 문으로 들어갈 때의 예법을 해설한 것이다."라고 한 것이다.

孔疏 ●"不踐閾"者, 踐, 履也. 閾, 門限也. 出入不得踐履門限, 所以爾者, 一則自高, 二則不淨, 並爲不敬.

번역 ●經文: "不踐閾". ○'천(踐)'자는 "밟는다[履]."는 뜻이다. '역(閾)'자는 문턱을 뜻한다. 출입할 때에는 문턱을 밟을 수 없는 것이니, 그렇게 하는 이유는 첫 번째 이러한 행동은 제 스스로를 높이는 꼴이 되고, 두 번째 그곳을 밝게 되면 더럽혀지기 때문이니, 이 둘 모두는 불경(不敬)스러운 태도에 해당한다.

訓纂 劉氏台拱曰: 朱子謂古人常掩左扉, 君出入常由右邊門中. 由闑右者, 傍闑之右而行, 不敢當尊也. 不由闑西, 所不待言.

번역 유태공이 말하길, 주자(朱子)는 고대인들은 항상 좌측 문짝을 닫아두었으므로, 군주가 출입할 때에는 항상 우측 문짝의 중앙을 경유하게 된다고 했다. 따라서 "말뚝의 우측을 경유한다."는 말은 말뚝의 우측 끝으로 다닌다는 뜻이니, 감히 군주가 다니는 길을 밟을 수 없기 때문이다. 좌측

문짝이 닫혀 있으므로, "말뚝의 서쪽을 경유하지 않는다."는 말은 할 필요
조차 없는 것이다.

集解　愚謂: 疏謂, "門以向堂爲正", 以明此出入由闑右之皆爲闑東, 是也.
然門之左右, 所指不定. 據向堂言之, 則以東爲右, 此記由闑右, 是也. 據南向
言之, 則以西爲右, 士虞禮, "側亨於廟門外之右", 是也. 若人之出入於門, 則
入以東爲右, 下文云, "主人入門而右, 客入門而左", 是也. 出以東爲左, 士冠
禮, "主人宿賓, 賓出門左, 主人迎賓出門左", 是也.

번역　내가 생각하기에, 공영달(孔穎達)의 소(疏)에서 "문은 당(堂)을 향
하는 쪽이 정면이다."라고 말하고, 이것을 통해서, 출입할 때 말뚝의 우측을
경유하는 것이 모두 말뚝의 동쪽이 된다는 사실을 밝히고 있는데, 이 말은
옳다. 그러나 문의 좌우측을 가리키는 것은 고정되어 있지 않다. 당을 향하
는 쪽을 기준으로 말한다면, 동쪽이 우측이 되니, 이곳 기록에서 말뚝의
오른쪽을 경유한다는 말이 여기에 해당한다. 남쪽을 바라보는 것을 기준으
로 말한다면, 서쪽이 우측이 되니, 『의례』「사우례(士虞禮)」편에서 "종묘
(宗廟) 문밖의 우측에서 희생물의 반 토막을 바친다."[26]라고 한 말이 여기
에 해당한다. 만약 사람이 문을 출입하는 경우라면, 들어갈 때에는 동쪽이
우측이 되니, 아래 경문에서 "주인(主人)은 문에 들어갈 때 오른쪽으로 들
어가고, 빈객(賓客)은 문에 들어갈 때 왼쪽으로 들어간다."[27]라고 한 말이
여기에 해당한다. 문을 나갈 때에는 동쪽이 좌측이 되니, 『의례』「사관례(士
冠禮)」편에서 "주인은 빈객을 초청하고, 빈객은 문을 나설 때 좌측을 경유
하며, 주인이 빈객을 맞이하기 위해 문을 나설 때에는 좌측을 경유한다."[28]
라고 한 말이 여기에 해당한다.

---

26) 『의례』「사우례(士虞禮)」: 士虞禮. 特豕饋食, 側亨于廟門外之右, 東面.
27) 『예기』「곡례상」【18d】: 主人入門而右, 客入門而左. 主人就東階, 客就西階,
　　客若降等, 則就主人之階. 主人固辭, 然後客復就西階.
28) 『의례』「사관례(士冠禮)」: 乃宿賓. 賓如主人服, 出門左, 西面再拜. …… 主人迎
　　出門左, 西面再拜.

【18c】

凡與客入者, 每門讓於客. 客至於寢門, 則主人請入爲席, 然後出迎客. 客固辭, 主人肅客而入.

직역 무릇 與客에 入者는 每門에 客에 讓한다. 客이 寢門에 至하면, 主人은 請하고, 入하여 爲席하며, 然後에 出하여 迎客한다. 客이 固辭하면 主人은 客에 肅하고 入한다.

의역 무릇 빈객(賓客)과 함께 집으로 들어갈 경우에는 매 문마다 잠시 멈춰서, 빈객에게 먼저 들어가도록 권유를 한다. 이러한 절차를 반복하여, 빈객이 침문(寢門)[29]에 도달하게 되면, 주인(主人)은 빈객에게 양해를 구하며, 자신이 먼저 들어가서 자리를 마련하겠다고 청한다. 주인이 먼저 들어가서 자리를 편 이후에야, 주인은 밖으로 다시 나와서 빈객을 맞이한다. 이때에도 주인은 빈객에게 먼저 들어갈 것을 권유하는데, 빈객이 고사(固辭)하면, 주인은 빈객에게 숙배(肅拜)를 하고 먼저 들어간다.

集說 讓於客, 欲客先入也. 爲, 猶布也.

번역 빈객(賓客)에게 양보하는 이유는 빈객이 먼저 들어가도록 하기 위함이다. '위(爲)'자는 "자리를 편다[布]."는 뜻이다.

集說 疏曰: 天子五門, 諸侯三門, 大夫二門. 禮有三辭, 初曰禮辭, 再曰固辭, 三曰終辭.

번역 공영달(孔穎達)의 소(疏)에서 말하길, 천자의 궁성(宮城)에는 5개

---

29) 침문(寢門)은 노문(路門)과 같은 뜻이다. 문 중에서 가장 안쪽에 있는 정문을 뜻한다.

의 문을 세우고, 제후는 3개의 문을 세우며, 대부(大夫)는 집에 2개의 문을 세운다. 예법에 따르면, 세 번 사양을 하게 되는데, 처음 사양하는 것을 '예사(禮辭)'라고 부르며, 두 번째 사양하는 것을 '고사(固辭)'라고 부르고, 세 번째 사양하는 것을 '종사(終辭)'라고 부른다.

● 그림 11-4 천자오문삼조도(天子五門三朝圖)

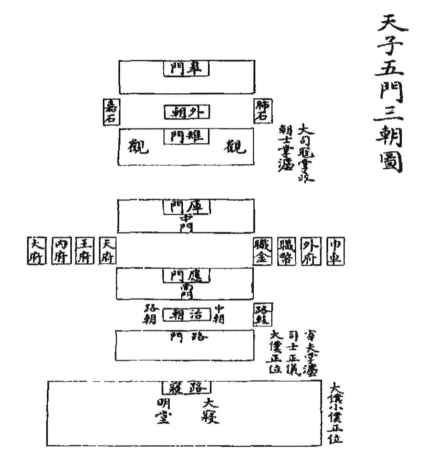

◎ 노침(路寢)의 앞마당＝연조(燕朝)
▶ 출처: 『주례도설(周禮圖說)』 상권

集說 呂氏曰: 肅客者, 俯手以揖之, 所謂肅拜也.

번역 여씨가 말하길, "빈객(賓客)에게 숙(肅)한다."는 말은 손을 굽혀서 공수(拱手)를 취한 뒤, 손을 들어 올리며 읍(揖)을 하는 것이니, 이른바 '숙배(肅拜)'라는 것이다.

大全 永嘉戴氏曰: 盛哉, 先王之禮也. 洋洋乎宰制萬物, 役使群動, 其端則起於辭遜之心而已. 觀大賓大客之禮, 周旋揖遜於其間, 使之起敬起慕, 何其盛哉. 送迎之際, 登降之節, 一先一後, 一左一右, 爲主人者, 極其恭敬, 不敢慢之心, 爲客者, 不勝其愧縮不敢當之意, 交相辭遜, 退辟不皇, 於此乎可以觀禮矣.

번역 영가대씨가 말하길, 성대하구나! 선왕(先王)이 제정한 예법(禮法)이여! 위대하게도 만물(萬物)을 주재하고, 모든 행실을 주관하고 있는데도,[30] 그 단서는 자신을 낮춰서 사양하는 마음에서 비롯될 따름이다. 큰 손님들을 맞이하여 대접하는 예법들을 살펴보면, '나아가고 물러나며[周旋]', 자신을 낮추고 상대방에게 읍(揖)을 하는 사이에, 그로 하여금 공경하고 사모하는 마음을 불러일으키니, 어찌도 그리 성대하단 말인가! 빈객을 전송하고 맞이할 때, 그리고 당상(堂上)에 오르고 내려갈 때에도, 한번은 앞섰다가 또 한번은 뒤서고, 한번은 좌로 하고 또 한번은 우로 하게 만들어서, 주인(主人)인 자는 공경하는 마음을 지극히 나타내게 되어, 감히 태만한 마음을 먹지 못한다. 그리고 빈객(賓客)인 자는 주인의 태도와 마음 씀씀이를 보고 송구스러움을 느껴, 더더욱 조심하게 된다. 그래서 상호간에 사양하며 겸손하게 자신을 낮추게 되어, 분주히 서로에게 사양을 하게 되니, 여기에서 바로 예법의 진면목을 볼 수 있는 것이다.

---

30) 『중용』「27장」: <u>大哉, 聖人之道! 洋洋乎發育萬物</u>, 峻極于天.

鄭注 下賓也. 敵者迎於大門外. 聘禮曰: “君迎賓於大門內.” 爲猶敷也, 雖
君亦然. 又讓先入. 肅, 進也. 進客謂道之.

번역 빈객(賓客)보다 자신을 낮추기 때문이다. 신분이 대등한 빈객에
대해서는 주인(主人)이 대문(大門) 밖에서 맞이한다. 『의례』「빙례(聘禮)」
편에서는 “군주는 ‘대문’ 안에서 빈객을 맞이한다.”31)라고 하였다. ‘위(爲)’
자는 “자리를 편다[敷].”는 뜻으로, 비록 군주의 신분이라고 하더라도, 또한
이처럼 하는 것이다. 그리고 ‘고사(固辭)’한다는 말은 재차 사양하여, 먼저
들어가도록 권유한다는 뜻이다. ‘숙(肅)’자는 “나아간다[進].”는 뜻이다. “빈
객을 나아가게 한다[進客].”는 말은 그를 인도한다는 뜻이다.

釋文 下, 遐嫁反. 敷, 芳夫反. 道音導.

번역 ‘下’자는 ‘遐(하)’자와 ‘嫁(가)’자의 반절음이다. ‘敷(부)’자는 ‘芳
(방)’자와 ‘夫(부)’자의 반절음이다. ‘道’자의 음은 ‘導(도)’이다.

孔疏 ●“凡與”至“左足”. ○正義曰: 此一節明賓與主人送迎相讓, 及升堂
行步之法, 各隨文解之.

번역 ●經文: “凡與”~“左足”. ○이 문장은 빈객(賓客)과 주인(主人)이
전송하고 영접하면서 서로 사양하는 예법, 빈객과 주인이 당(堂)에 오르게
될 때의 걸음걸이 등에 대한 예법을 언급하고 있다. 각각의 문장에 따라서
해석하겠다.

孔疏 ○言“凡”者, 通貴賤也. “每門”者, 天子五門, 諸侯三門, 大夫二門.
客敵者, 主人出門外迎客, 主人輒先讓不先入, 故曰“每門讓於客”也. 貴賤禮
不並存. 且諸侯自相爲賓之禮, 凡賓主各有副, 賓副曰介, 主副曰擯及行人. 若

---
31) 『의례』「빙례(聘禮)」: 公皮弁, 迎賓于大門內.

諸侯自行, 則介各從其命數, 至主國大門外, 主人及擯出門相接. 若主君是公,
則擯者五人, 侯伯則擯者四人, 子男則擯者三人. 所以不隨命32)者, 謙也, 故並
用强半之數也. 賓若是公, 來至門外, 直當闃西, 去門九十步而下車, 當軹北嚮
而立. 鄭注考工記云: "軹, 轂末也." 其侯伯立當前疾33), 胡下此34). 子男立當
衡. 注: 衡謂車軛. 其君當軾, 而九介立在公之北, 邐迤西北, 並東嚮而列. 主公
出, 直闃東南西嚮立, 擯在主人之南, 邐迤東南立, 並西嚮也. 使末擯與末介相
對, 中間傍相去三丈六尺. 列擯介旣竟, 則主君就賓求辭35). 所以須求辭者, 不
敢自許人來詣己, 恐爲他事而至, 故就求辭, 自謙之道也. 求辭之法, 主人先傳
求辭之言與上擯, 上擯傳以至次擯, 次擯繼傳以至末擯, 末擯傳與賓末介, 末
介以次繼傳上至於賓. 賓答辭隨其來意, 又從上介而傳下至末介, 末介又傳與
末擯, 末擯傳相次而上至於主人. 傳辭旣竟, 而後進迎賓于門. 知擯介朝位如
此者, 大行人職文. 又知傳辭拜迎賓前至門者, 司儀職文. 其傳辭司儀之交擯
也, 其列擯介傳辭委曲, 約聘禮文, 若諸侯使卿大夫相聘, 其介與主位, 則大行
人云: "卿大夫之禮, 各下其君二等." 鄭注云"介與朝位"是也. 主君待之擯數,

---

32) '명(命)'자에 대하여.『십삼경주소(十三經注疏)』북경대 출판본에서는 "『민본
(閩本)』・『감본(監本)』・『모본(毛本)』에서는 동일하게 '명'자로 기록하고 있다.
포당(浦鏜)은 '명'자 뒤에 '수(數)'자를 보충해서 교정하였다."라고 했다.

33) '전질(前疾)'에 대하여. 혜동(惠棟)은 "『시』의 소(疏) 및『논어』에 대한 형병
(邢昺)의 소(疏)에서는 모두 '전후(前侯)'로 기록하고 있는데, 유독 이곳에서만
'전질'이라고 기록하고 있으니, 이 기록이 잘못된 것이다."라고 했다.

34) '차(此)'자에 대하여.『십삼경주소(十三經注疏)』북경대 출판본에서는 "『민본
(閩本)』・혜동(惠棟)의『교송본(校宋本)』에서는 모두 '차'자로 기록하고 있다.
『감본(監本)』・『모본(毛本)』에서는 '지(地)'자로 기록하고 있는데, 이것은 잘
못된 기록이다. 손이양(孫詒讓)의『교기(校記)』에서는 '차(此)'자는 아마도 북
(北)자로 기록해야 할 것 같다.'"라고 했다.

35) '사(辭)'자에 대하여.『십삼경주소(十三經注疏)』북경대 출판본에서는 "『민본
(閩本)』・『감본(監本)』・『모본(毛本)』에서는 동일하게 '사(辭)'자로 기록하고
있다. 혜동(惠棟)의『교송본(校宋本)』에서는 '사(辤)'자로 기록하고 있고, 아래
에 나온 '사(辭)'자에 대해서도 동일하게 '사(辤)'자로 기록하고 있다.『오경문
자(五經文字)』에서는 '사(辭)・사(辤)・사(辤)'자에 대해, 사(辭)자는『설문해
자(說文解字)』에 나온 글자이고, 사(辤)자는 고문(古文)이며, 사(辤)자는 주자
(籀字)이다. 경전의 기록에서는 사(辭)자로 통용해서 기록한다.'"라고 했다.

如待其君. 其有異者, 主君至大門而不出限, 南面而立也. 若公之使亦直闐西北嚮, 七介, 而去門七十步. 侯伯使列五介, 而去門五十步. 子男使三介, 而去門三十步. 上擯出閾外, 闐東南西嚮, 陳介西北東面邐迤, 如君自相見也, 而末介末擯相對, 亦相去三丈六尺. 陳擯介竟, 則不傳命, 而上擯進至末擯間, 南揖賓, 賓亦進至末介間, 上擯與賓相去亦三丈六尺. 而上擯揖而請事, 入告君, 君在限內, 後乃相與入也. 知者, 約聘禮文, 不傳辭, 司儀及聘禮謂之旅擯. 君自來所以必傳命者, 聘義云: "君子於其所尊, 弗敢質, 敬之至也." 又若天子春夏受朝宗則無迎法, 受享則有之, 故大行人云: "廟中將幣三享." 鄭云: "朝先享, 不言朝者, 朝正禮, 不嫌有等也." 若秋冬覲遇, 一受之於廟, 則亦無迎法, 故郊特牲云"覲禮, 天子不下堂而見諸侯", 明冬遇依秋也. 此云"凡與客入者", 謂燕也. 故下文云"至寢門", 謂燕在寢也. 若相朝, 饗食皆在廟.

[번역] ○경문에서는 '모두[凡]'라는 말을 덧붙여서 기록하고 있다. 그 이유는 이곳 문장에서 언급하는 예법은 신분의 귀천(貴賤)에 상관없이, 모두에게 적용되는 내용이기 때문이다. 또한 '매 문마다[每門]'라고 하였는데, 예법에 따르면 천자의 궁성(宮城)에는 다섯 개의 문이 있고, 제후의 궁성에는 세 개의 문이 있으며, 대부(大夫)의 집에는 두 개의 문이 있다. 빈객(賓客)과 주인(主人)의 신분이 대등한 경우라면, 주인은 문밖으로 나와서 빈객을 맞이하고, 또한 주인은 매 문마다 빈객에게 먼저 들어가라고 양보하고, 자신이 먼저 들어가지 않는다. 그렇기 때문에 "매 문마다 빈객에게 사양을 한다."라고 말한 것이다. 신분이 존귀한 자와 낮은 자가 있을 경우, 예법에 따르면 두 사람은 함께 서 있지 못한다. 또한 제후들끼리 빈객을 접대하는 예법을 시행할 때에는 빈객과 주인 모두에게 각각의 부관을 두게 되는데, 빈객의 부관을 '개(介)'라고 부르고, 주인의 부관을 '빈(擯)' 또는 '행인(行人)'이라고 부른다. 만약 제후가 직접 찾아간 경우라면, 제후와 함께 따라오는 개(介)들은 제후의 등급에 따라서 각각 그 수가 달라진다. 그리고 찾아가게 된 상대 제후국의 궁성 대문(大門) 밖에 도달하게 되면, 주인이 되는 제후와 빈(擯)들은 모두 문밖으로 나와서 상호 접견을 하게 된다. 만약 주인인 제후가 공작[公]의 등급이라면, 빈(擯)은 총 다섯 명을 두고, 후작[侯]

이나 백작[伯]이라면, 빈(擯)은 총 네 명을 두며, 자작[子]이나 남작[男]이라면, 빈(擯)은 총 세 명을 두게 된다. 그런데 주인인 입장에서 빈(擯)의 수를 본래의 등급에 따른 수치대로 하지 않은 것은 자신을 낮추기 위함이다. 그렇기 때문에 제후들은 모두 본래의 수에서 절반 정도의 빈(擯)을 대동하는 것이다.36) 빈객으로 찾아온 제후가 공작의 신분인 경우, 공작이 찾아와서 문밖에 도달하게 되면, 문 중앙 말뚝의 서쪽 방향으로 당도하게 되는데, 문으로부터 90보(步) 떨어진 곳에서 수레에서 내리고, 수레의 지(軹) 부분에서 북쪽을 바라보며 서 있게 된다.『주례』「동관고공기(冬官考工記)」편에 대한 정현의 주에서는 "지(軹)는 바퀴축의 끝 부분이다."라고 하였다. 그리고 빈객이 후작이나 백작인 경우라면, 서 있는 장소는 수레에 마소를 매다는 끌채의 앞쪽에 해당하니, 이곳에서 내리게 된다. 마지막으로 빈객이 자작과 남작인 경우라면, 서 있는 장소는 수레의 형(衡)에 해당한다. 정현의 주에서 형(衡)은 수레 끌채 전단에 있는 마소를 매는 멍에라고 하였다. 빈객으로 찾아온 제후가 수레의 '뒤턱 횡목[軫]'에 서게 되면, 함께 데려온 9명의 개(介)는 제후의 북쪽에 서 있게 되고, 그곳에서 서북쪽 방향으로 대각으로 줄지어 서 있게 되는데, 모두 동쪽을 바라보며 정렬하게 된다. 주인인 제후가 문밖으로 나와서, 말뚝의 동쪽에 당도하면, 남서쪽을 바라보며 서 있게 되고, 대동하게 되는 빈(擯)들은 주인의 남쪽에 있게 되고, 동북쪽 방향으로 대각으로 줄지어 서 있게 되는데, 모두 서쪽을 바라보게 된다. 이처럼 서 있도록 함으로써, 맨 끝에 있는 빈(擯)과 개(介)가 서로 대면하도록 만들고, 그 사이마다 옆으로 3장(丈) 6척(尺) 정도의 거리를 벌린다. 빈(擯)과 개(介)의 도열이 모두 끝나게 되면, 주인인 제후는 빈객으로 찾아온 제후에게 다가가서, 겸손하게 자신을 낮추며, 찾아온 연유를 묻게 된다. '겸손한 태도로 찾아온 연유를 물어보아[求辭]'만 하는 이유는 감히 제 스스

---

36) 『주례』「추관(秋官)・대행인(大行人)」편에는 "上公之禮, 執桓圭九寸, 繅藉九寸, 冕服九章, 建常九斿, 樊纓九就, 貳車九乘, 介九人, 禮九牢, …… 諸男執蒲璧, 其他皆如諸子之禮."라는 기록이 있다. 제후들이 두게 되는 개(介)와 빈(擯)의 수는 등급에 따르게 되어 있는데, 공작[公]은 9명씩, 후작[侯]과 백작[伯]은 7명씩, 자작[子]과 남작[男]은 5명씩이다.

로 상대방이 찾아온 이유는 자신을 보기 위해서라고 판단하지 않고, 아마도 다른 일 때문에 이곳까지 당도하게 된 것은 아닐까라는 짐작을 하기 때문이다. 그래서 빈객으로 찾아온 제후에게 나아가 '구사(求辭)'를 하는 것이니, 이것은 곧 스스로를 겸손하게 낮추는 도리이다. '구사'의 법도는 다음과 같다. 먼저 주인은 자신과 가장 가까이에 있는 '상빈(上擯)'[37]에게 '구사'하는 말을 전달하고, '상빈'은 이 말을 자신의 옆에 있는 다음 빈(擯)에게 전달을 하며, 말을 전달받은 빈(擯)은 재차 전달을 하여, 가장 끝에 서 있는 빈(擯)에게 전달을 한다. 이러한 절차가 끝나면, 가장 끝에 서 있는 빈(擯)은 전달받은 말을 상대방 빈객이 데려온 개(介)들 중 자신과 연접해 있는 가장 끝에 있는 개(介)에게 전달을 하고, 말을 전달받은 개(介)는 그 옆의 개(介)에게 재차 전달을 하여, 최종적으로는 빈객인 제후에게 도달하게 된다. 이후 빈객인 제후는 겸손한 자세로 자신이 찾아온 의도를 대답하게 되는데, 이 말 또한 빈객과 가장 가까이 있는 '상개(上介)'를 통해 전달하게 되어, 순차대로 전달되어 가장 마지막에 있는 개(介)에게 도달하게 된다. 그러면 가장 끝에 있던 개(介)는 또한 빈(擯)들 중 가장 끝에 있는 빈(擯)에게 이 말을 전달하고, 가장 끝에 있던 빈(擯)은 재차 순차적으로 전달하여, 최종적으로 주인인 제후에게 전달하게 된다. 이처럼 말을 전달해서 주고받는 일이 다 끝나게 되면, 그 이후에 주인인 제후가 앞으로 나아가서, 빈객으로 찾아온 제후를 맞이하여, 그를 문으로 인도하게 된다. 빈(擯)과 개(介)가 이처럼 도열하게 된다는 사실을 알 수 있는 이유는 『주례』「추관(秋官)·대행인(大行人)」편의 직무 기록에 이러한 내용이 기술되어 있기 때문이다. 또 말이 전달되고 나서, 주인인 제후가 빈객 앞으로 나아가 절을 하며, 그를 맞이하여 문으로 인도한다는 사실을 알 수 있는 이유는 『주례』「추관(秋官)·사의(司儀)」편의 직무 기록에 이러한 내용이 기술되어 있기 때문이다.[38] 전달하는 말은 곧 「사의」편에 기록된 '교빈(交擯)'[39]이라는 것이며,

---

37) 상빈(上擯)은 빈(擯)들 중에서도 가장 직위가 높았던 자를 뜻한다. 빈객(賓客)이 방문했을 때, 주인(主人)의 부관이 되어, 빈객과의 사이에서 시행해야 할 일들을 도왔던 부관들을 '빈'이라고 부른다.

38) 『주례』「추관(秋官)·대행인(大行人)」편과 『주례』「추관(秋官)·사의(司儀)」

빈(擯)과 개(介)가 나열되어 말을 전달하는 자세한 과정은『의례』「빙례(聘禮)」편의 문장을 요약한 것이다. 만약 제후가 경(卿)이나 대부(大夫)를 시켜서 상대방 제후에게 빙문(聘問)40)을 시켰다면, 이러한 경우의 빈(擯)과 '주인' 등의 위치에 대해서 「대행인」편에서는 "경·대부의 예법에서는 그들의 군주보다 각각 2단계씩 낮춘다."41)라고 했고, 이 문장에 대한 정현의 주에서는 "개(介)의 숫자 및 조견할 때의 위치를 뜻한다."라고 했는데, 이 말이 그 예법에 대한 설명이다. 그리고 주인인 제후가 상대방 제후의 명령을 받고 찾아온 경과 대부를 접견할 때, 대동하게 되는 빈(擯)의 숫자는 상대방 제후를 접견할 때와 동일하게 한다. 다른 점은 주인인 제후가 대문까지는 오지만, 문턱을 넘지 않으며, 남쪽을 바라보고 서 있다는 점이다. 만약 상대방이 공작이 보낸 사신이라면, 주인인 제후는 또한 말뚝의 서쪽에 가서, 북쪽을 향해서 서 있게 되고, 대동하는 개(介)의 수는 7명이며, 문과 떨어져 있는 거리는 70보가 된다. 또 후작과 백작이 보낸 사신이라면, 5명의 개(介)를 대동하고, 문과 떨어져 있는 거리는 50보가 된다. 마지막으로 자작과 남작이 보낸 사신이라면, 3명의 개(介)를 대동하고, 문과 떨어져 있는 거리는 30보가 된다. 이러한 경우 주인인 제후와 가장 가까이에 있는 '상빈'은 문턱 밖으로 나와서, 말뚝의 동쪽에서 서남쪽을 향해 서며, 나머지 개(介)들은 서북쪽으로 도열을 하며, 동쪽을 바라보며 대각선으로 서게 되니, 제후들끼리 서로 접견할 때와 동일하게 한다. 그래서 가장 끝에 있는 개(介)와 빈(擯)이 서로 마주하게 되는데, 또한 서로간의 거리는 3장 6척이 된다. 빈(擯)과 개(介)의 도열이 다 끝나게 되면, 주인인 제후는 명령을 전달하지 않고, '상빈'이 대신 앞으로 나아가, 가장 끝에 서 있던 빈(擯)의 위

편의 경문(經文)에 이러한 내용이 자세히 기술된 것은 아니며, 정현(鄭玄)의 주(注) 및 가공언(賈公彦)의 소(疏)에 자세히 기술되어 있다.
39) 『주례』「추관(秋官)·사의(司儀)」: 主君郊勞, 交擯, 三辭, 車逆, 拜辱, 三揖三辭, 拜受, 車送, 三還, 再拜.
40) 빙문(聘問)은 국가 간이나 개인 간에 사람을 보내서 상대방을 찾아가 안부를 여쭙는 의식 절차를 통칭하는 말이다.
41) 『주례』「추관(秋官)·대행인(大行人)」: 凡諸侯之卿, 其禮各下其君二等以下, 及其大夫士皆如之.

치까지 가서, 남쪽을 향해 서서, 빈객으로 찾아온 사신에게 읍(揖)을 한다.
그러면 빈객으로 찾아온 사신 또한 앞으로 나아가, 가장 끝에 있던 개(介)
의 위치까지 가게 되며, 그곳에서 '상빈'과 빈객으로 찾아온 사신은 서로
3장 6척의 거리를 두고 마주하게 된다. 그렇게 되면, '상빈'은 읍을 하고,
상대방 사신에게 찾아온 연유에 대해서 공손하게 묻고, 다시 문으로 들어
가서 주인인 제후에게 그 연유를 아뢴다. 군주는 문턱 안쪽에 있다가, 그
이후에 사신으로 찾아온 자와 함께 궁성으로 들어서게 된다. 이러한 절차
를 알 수 있는 이유는 이것이 『의례』「빙례(聘禮)」편의 문장을 요약한 것이
기 때문이다. 그리고 주인인 제후가 찾아온 연유를 묻는 말을 직접 전달하
지 않는 것은 곧 「사의」편과 「빙례」편에서 말하는 '여빈(旅擯)'에 해당한
다.42) 앞서 진술했듯이 제후가 직접 찾아온 경우에는 반드시 주인인 제후
와 빈객인 제후가 서로 말을 전달해서 주고받는다. 그 이유에 대해서『예기』
「빙의(聘義)」편에서는 "군자(君子)는 존귀한 신분을 갖춘 자에 대해서, 감
히 질박하게 하지 못하며, 공경함을 지극하게 나타낸다."43)라고 하였다. 또
한 천자가 봄과 여름에 제후들의 조회44)를 받는 경우라면, 천자가 문밖으
로 나가서 제후를 맞이하는 예법이 없고, 그들이 가져온 예물(禮物)을 받아
서 종묘(宗廟)에 바치는 경우에는 맞이하는 예법이 있게 된다. 그렇기 때문
에 「대행인」편에서 "종묘(宗廟)에서 폐백을 사용하여, 세 차례 폐백을 바친
다."45)라고 했고, 이 문장에 대한 정현의 주에서는 "조회는 폐백을 바치는
일보다 앞서서 시행하는데, '조회[朝]'에 대해서 언급하지 않은 이유는 조회

---

42) 『주례』「추관(秋官)·사의(司儀)」: 凡諸公相爲賓, 主國五積, 三問, 皆三辭拜受, 皆旅擯.
43) 『예기』「빙의(聘義)」【715b】: 介紹而傳命, 君子於其所尊, 弗敢質, 敬之至也.
44) 조종(朝宗)은 제후가 봄과 여름에 천자를 조회하는 것을 뜻한다. '조종'의 '조(朝)'자는 제후가 봄에 천자를 찾아가 뵙는 것을 뜻하고, '종(宗)'자는 제후가 여름에 천자를 찾아가 뵙는 것을 뜻한다. 『주례』「춘관(春官)·대종백(大宗伯)」편에는 "春見曰朝, 夏見曰宗, 秋見曰覲, 冬見曰遇."라는 기록이 있다. 후대에는 신하가 군주를 찾아가 뵙는 것을 두루 지칭하는 용어로도 사용되었다.
45) 『주례』「추관(秋官)·대행인(大行人)」: 上公之禮, 執桓圭九寸, …… 廟中將幣三享, 王禮再祼而酢, 饗禮九獻, 食禮九擧, 出入五積, 三問三勞.

는 정식 예법에 해당하여, 등급의 차이를 두는 것을 괴이치 않기 때문이다."
라고 한 것이다. 만약 천자가 가을이나 겨울에 제후들의 조회46)를 받는 경
우, 일괄적으로 종묘에서 예물을 받게 되어, 이러한 경우에도 또한 천자가
제후를 맞이하는 예법이 없게 된다. 그렇기 때문에『예기』「교특생(郊特牲)
」편에서 "'근례(覲禮)'에서, 천자는 당(堂) 아래로 내려가지 않고 제후를 접
견한다."47)라고 한 것이니, 이 말은 곧 겨울에 시행하는 우(遇)의 예법도
가을에 시행하는 근(覲)의 예법에 따른다는 사실을 나타낸다. 이곳 경문에
서는 "모든 경우에 있어서, 빈객과 함께 들어간다[凡與客入者]."라고 하였
는데, 이 말은 연회[燕] 때 이처럼 한다는 뜻이다. 그렇기 때문에 다음 문장
에서 "침문(寢門)에 도달한다[至寢門]."라고 말한 것이니, 이 말은 곧 연회
를 정침(正寢)48)에서 시행한다는 뜻을 나타낸다. 만약 제후들끼리 서로 회
동49)을 갖는 경우라면, 향례(饗禮)나 사례(食禮) 모두 종묘에서 실시한다.

孔疏 ●"每門讓於客者", 每門讓於客, 自謙下, 敬於賓也.

번역 ●經文: "每門讓於客者". ○매 문마다 빈객(賓客)에게 먼저 들어가

---

46) 근우(覲遇)는 제후가 가을과 여름에 천자를 조회하는 것을 뜻한다. '근우'의 '근(覲)'자는 제후가 가을에 천자를 찾아가 뵙는 것을 뜻하고, '우(遇)'자는 제후가 겨울에 천자를 찾아가 뵙는 것을 뜻한다. 『주례』「춘관(春官)・대종백(大宗伯)」편에는 "春見曰朝, 夏見曰宗, 秋見曰覲, 冬見曰遇."라는 기록이 있다.
47) 『예기』「교특생(郊特牲)」【321c】: 覲禮, 天子不下堂而見諸侯.
48) 정침(正寢)은 노침(路寢)과 같은 말이다. 또한 정전(正殿)이라고도 불렸다. 군주가 정무를 처리하던 장소이다. 천자에게는 6개의 침(寢)이 있었는데, 가장 앞쪽에 있는 1개의 침이 바로 정침(正寢)이 되고, 나머지는 5개의 침은 연침(燕寢)이 된다.
49) 상조(相朝)는 제후들끼리 회동을 갖는다는 뜻이다. '상(相)'자는 '서로'라는 뜻이고, '조(朝)'자는 회동을 갖는다는 뜻이다. 또한 고대에는 제후들이 주기적으로 천자에게 조회를 갔는데, 천자에게 조회를 가기에 앞서, 제후들끼리 서로 만나서 의논을 하였다. 이러한 회동을 '상조'라고 부른다. 『국어(國語)』「노어상(魯語上)」편에는 "是故先王制諸侯, 使五年四王一相朝."라는 기록이 있는데, 이에 대한 위소(韋昭)의 주에서는 "五年之間四聘於王, 而一相朝. 相朝者, 將朝天子先相朝也."라고 풀이했다.

라고 권유를 하는데, 그 이유는 스스로를 겸손하게 낮춰서, 빈객을 공경하게 대우하기 위해서이다.

孔疏 ◎注"迎於"至"門內". ○正義曰: "迎於大門外", 證敵者則主人自出. "聘禮云: 君迎賓於大門內"者, 證不敵者主人不出門也. 使者是彼臣, 故主君迎至門內而不出也.

번역 ◎鄭注: "迎於"~"門內". ○정현이 "대문(大門) 밖에서 맞이한다."라고 하였는데, 이 말은 빈객(賓客)과 주인(主人)의 신분이 대등한 경우라면, 주인이 직접 문밖으로 나온다는 사실을 증명한 것이다. 정현이 "『의례』「빙례(聘禮)」편에서는 '군주는 대문 안에서 빈객을 맞이한다.'"라고 하였는데, 이 말은 빈객과 주인의 신분이 대등하지 않을 경우, 주인은 빈객을 맞이하기 위해 대문 밖으로 나오지 않는다는 사실을 증명한 것이다. 사신으로 찾아온 빈객은 상대편 제후의 신하이다. 그렇기 때문에 주인의 역할인 제후가 그를 맞이하기 위해 나오게 되지만, 문안까지만 나오고, 대문 밖으로는 나가지 않는 것이다.

孔疏 ●"客至於寢門, 則主人請入爲席", 寢門, 最內門也, 謂客與主人入至主人內門也. "主人請入爲席"者, 爲猶敷也. 客至於內門, 而主人請先獨入敷席也. 然主人嚮已應正席, 今客至門, 方請先入敷席者, 其意有二: 一則自謙, 示不敢逆設席以招賢也; 二則重愼, 更宜視之.

번역 ●經文: "客至於寢門, 則主人請入爲席". ○여기에서 말하는 '침문(寢門)'은 건물들의 문 중 가장 안쪽에 있는 문을 뜻하니, 이 구문은 곧 빈객(賓客)과 주인(主人)이 대문(大門) 안으로 들어와서, 주인의 집 건물에 있는 가장 안쪽의 문까지 도달하게 된 상황을 뜻한다. 경문의 "主人請入爲席"에 대하여. 주인이 빈객에게 먼저 들어가겠다고 양해를 구하는 이유는 자리를 펴기 위해서이다. 즉 이 문장은 빈객과 주인이 가장 안쪽에 있는 문까지 도달하게 되면, 주인은 자신이 먼저 들어가서 자리를 펴겠다고 양해를 구한다는 뜻이다. 그러나 주인은 그 이전에 이미 자리를 마련해둔 상태이다. 그런데도 빈객과 함께 침문에 도달하여, 자신이 먼저 들어가서 자리를 펴겠다고 양해를 구하게 된다. 그 이유에는 두 가지 의미가 있다. 첫 번째는 스스로를 겸손하게 낮추는 것으로, 자리를 펴서 현자(賢者)를 초빙하는 예법을 감히 거스를 수 없다는 뜻을 보이는 것이다. 두 번째는 더욱 신중하게 행동하는 것으로, 이미 자리를 펼쳐두었더라도, 다시금 그 상태를 점검해야 하는 것이다.

孔疏 ◎注"雖君亦然". ○正義曰: 知君迎臣, 君亦先入者, 按聘禮云"及廟門, 公揖入, 立50)于中庭", 是也. 若敵者則更出迎, 其不敵則不出迎, 故聘禮云"立於中庭", 注"不復出, 如此得君行一, 臣行二", 是也. 聘禮君使卿歸饔餼於賓, 賓迎於門外, 及廟門, 賓揖俱入. 是敵禮不重出迎者, 尊主君之命, 不敢當也. 聘禮賓見主國大夫, 及廟門, 大夫揖入, 不出迎者, 尊聘君之命, 不敢當也.

번역 ◎鄭注: "雖君亦然". ○군주가 신하를 맞이할 때, 군주 또한 먼저 들어가서 자리를 살핀다. 이러한 사실을 알 수 있는 이유는 『의례』「빙례(聘禮)」편을 살펴보면, "종묘(宗廟)의 문에 도착하면, 군주[公]는 읍(揖)을 하고 먼저 들어가서, 중정(中庭)51)에 선다."52)라고 하였는데, 이 기록이 바로 이러한 사실을 나타낸다. 만약 빈객(賓客)의 신분이 주인(主人)과 대등한 경우라면, 종묘의 문 안으로 들어갔다가 다시금 밖으로 나와서 빈객을 맞이하고, 빈객의 신분이 주인보다 낮으면, 문밖으로 나가서 재차 맞이하는 행동을 하지 않는다. 그렇기 때문에 「빙례」편에서는 "중정에 선다."라고 말한 것이며, 이 문장에 대한 정현의 주에서는 "다시금 밖으로 나가지 않으니,

---

50) '입(立)'자에 대하여. 『십삼경주소(十三經注疏)』 북경대 출판본에서는 "'입'자는 본래 없던 글자인데, 『의례』「빙례(聘禮)」편의 기록에 근거해서 보충해 넣었다."라고 했다.

51) 중정(中庭)은 묘(廟)의 당(堂) 앞에 있는 앞뜰이다.

52) 『의례』「빙례(聘禮)」: 公揖入. 每門·每曲揖. 及廟門, 公揖入, 立于中庭.

이처럼 해야만 군주가 한 차례 움직일 때, 신하가 두 차례 움직일 수 있게 되는 것이다."라고 하였는데, 이 말이 바로 이러한 사실을 나타낸다. 한편 「빙례」편에서는 군주가 경(卿)을 보내서 빈객에게 옹희(饔餼)[53]를 시키게 되면, '경'은 빈객을 문밖에서 맞이하며, 묘문(廟門)에 도달하면, 빈객이 읍을 하고 함께 들어간다고 하였다. 이 상황은 사신으로 온 자와 군주의 명령을 받드는 자의 신분이 대등하여, 앞서의 예법을 적용한다면, '경'이 재차 문밖으로 나가서 빈객을 맞이해야 한다. 그런데도 '경'이 재차 문밖으로 나가서 빈객을 맞이하지 않는데, 그 이유는 '경'이 자신의 주인인 군주의 명령을 존귀하게 여겨서, 감히 자신의 신분에 따른 예법으로 진행할 수 없기 때문이다. 또한 「빙례(聘禮)」편에서는 빈객이 상대방 제후국의 대부(大夫)를 접견하게 되면, 함께 묘문으로 걸어가게 되는데, 묘문에 도달하게 되면, 대부는 읍을 하고 먼저 들어가고, 재차 밖으로 나와서 빈객을 맞이하지 않는다고 하였다. 그 이유는 자신의 군주에게 빙문(聘問)을 보낸 상대방 제후의 명령을 존귀하게 받들어서, 감히 자신의 미천한 신분으로 상대방 제후의 사신과 대등한 예법을 적용할 수 없기 때문이다.

孔疏 ●"然後出迎客"者, 入鋪席竟, 後更出迎客也.

번역 ●經文: "然後出迎客". ○주인(主人)이 먼저 들어가서 자리 펴는 일이 다 끝나면, 그 이후에 재차 밖으로 나와서, 빈객(賓客)을 맞이한다는 뜻이다.

---

53) 옹희(饔餼)는 빈객(賓客)과 상견례(相見禮)를 하고 나서 성대하게 음식을 마련해 접대하는 것을 뜻한다. 『주례』「추관(秋官)·사의(司儀)」편에는 "致飧如致積之禮."라는 기록이 있는데, 이에 대한 정현의 주에서는 "小禮曰飧, 大禮曰饔餼."라고 풀이하였다. 즉 '옹희'와 '손'은 모두 빈객 등을 접대하는 예법들인데, '옹희'는 성대한 예법에 해당하여, '손'보다도 융숭하게 대접하는 것이다.

孔疏 ●“客固辭”者, 固, 如故也. 禮有三[54]辭, 初曰禮辭, 再曰固辭, 三曰終辭. 主人入鋪席竟, 出而迎客, 再辭不先入也.

번역 ●經文: “客固辭”. ○‘고(固)’자는 ‘일부러[故]’라는 뜻이다. 예법에 따르면, 세 차례 사양을 하게 되는데, 첫 번째 사양하는 것을 ‘예사(禮辭)’라고 부르며, 두 번째 사양하는 것을 ‘고사(固辭)’라고 부르며, 세 번째 사양하는 것을 ‘종사(終辭)’라고 부른다. 주인(主人)이 먼저 들어가서 자리 펴는 일이 다 끝나면, 밖으로 나와서 빈객(賓客)을 맞이하는데, 이때 빈객은 재차 사양을 하며 주인보다 먼저 들어가지 않는 것이다.

孔疏 ●“主人肅客而入”者, 肅, 進也, 謂先導之也. 客以再辭, 故主人進道客也. 故公食大夫禮云, “公揖入, 賓從” 是也.

번역 ●經文: “主人肅客而入”. ○‘숙(肅)’자는 “나아간다[進].”는 뜻이니, 이 말은 곧 주인(主人)이 먼저 들어가며, 빈객(賓客)을 인도한다는 뜻이다. 빈객이 재차 사양을 하였기 때문에, 주인은 먼저 들어가며, 빈객을 인도하는 것이다. 그렇기 때문에 『의례』「공사대부례(公食大夫禮)」편에서는 “군주[公]가 읍(揖)을 하고 들어가면, 빈객이 뒤따른다.”[55]라고 한 것이다.

訓纂 江氏永曰: 主人復出迎客, 不言與客讓入, 客何爲固辭? 且主人道客亦宜也, 何必待客固辭而後入? 士相見禮主人出迎客, 一揖卽入, 無讓入固辭之文. 竊疑主人請入爲席, 主人道其意於客也. 若曰某當先入爲席, 敬逆吾子. 客固辭者, 辭其請入爲席也. 主人因客固辭而止, 遂肅客入, 實未嘗入爲席也. 先儒以固辭爲又讓先入者誤矣. 然則士相見何以無請入爲席之禮? 曰: 彼是初見之客, 授摯卽出, 堂上不坐, 故不爲席. 此是飮食或講說之客, 故有請入爲席之儀. 下"主人跪正席", 正爲先時未入爲席, 故又有此儀節也.

번역 강영이 말하길, 주인(主人)이 재차 밖으로 나와 빈객(賓客)을 맞이하면서, 빈객에게 먼저 들어가라고 권유한다는 말을 하지 않았는데, 빈객은 어찌하여 고사(固辭)를 하게 되는가? 또 주인이 빈객을 인도하는 것 또한 마땅한 일인데, 어찌하여 굳이 빈객이 '고사'하길 기다린 이후에야 인도해서 들어가는가? 『의례』「사상견례(士相見禮)」편에서는 주인이 밖으로 나와서 빈객을 맞이하며, 한번 읍(揖)을 하고, 곧바로 들어간다고 하였지, 들어가길 권유하거나 또는 빈객이 '고사'한다는 기록이 없다. 내가 생각해보니, 주인이 '청입위석(請入爲席)'한다는 말은 주인이 빈객에게 자신이 먼저 들어가려는 의도를 설명한다는 뜻인 것 같다. 마치 "아무개인 제가 마땅히 먼저 들어가서 자리를 마련하여, 그대를 공경스럽게 맞이하려고 합니다."라고 말하는 것과 같다. 그리고 빈객이 '고사'하다는 말은 주인이 먼저 들어가서 자리를 마련하겠다고 한 말에 대해서 괜찮다고 사양하는 뜻인 것 같다. 따라서 주인은 빈객이 '고사'를 하게 되면, 먼저 들어가서 자리를 펴겠다는 말을 그만두고, 마침내 빈객을 조심스럽게 인도하여 들어가게 되니, 실제로 주인이 빈객보다 먼저 들어가서 자리를 마련하는 것이 아니다. 선대 유학자들은 '고사'라는 말을 또한 먼저 들어가라는 말에 대해 사양하는 것으로 여겼는데, 이것은 잘못된 해석이다. 그런데 『의례』「사상견례(士相見禮)」편에는 어찌하여 자신이 먼저 들어가서 자리를 마련한다는 예법이 기록되어 있지 않은가? 내가 생각하기에, 「사상견례」편에 나온 문장들은 빈객을 처음 대할 때의 내용으로, 빈객이 준비해온 예물(禮物)을 주인에게 건네게 되면, 곧바로 밖으로 나오며, 당(堂) 위에 올라가서 앉지 않는다. 그렇기 때문에 자리를 마련하지 않는 것이다. 그리고 이곳 문장의 내용은 빈객과 함께 식사를 하거나 혹은 대화를 나누게 된 경우이다. 그렇기 때문에 먼저 들어가서 자리를 마련한다는 등의 의례절차가 포함되는 것이다. 아래 경문에서 "주인이 꿇어앉아 자리를 정돈한다."[56]라고 한 말도, 이전에 먼저 들어와서 자리를 살피지 못했기 때문이다. 그렇기 때문에 이러한 의례절차들이 포함되는 것이다.

訓纂　趙氏良澍曰: 禮相見於堂, 而燕於寢. 客至寢門, 而布席肅入, 則非始之拜迎於門, 受摯堂下, 而客遂出之時矣. 意儀禮所謂主人請見, 賓反見. 鄭注云, "反見, 則燕"者, 是與. 考司儀諸侯相爲賓・交擯, 無請入爲席之文, 聘禮・公食大夫禮無降就東階之事. 此所云, 其士相見之禮與.

번역　조량주[57]가 말하길, 예법에 따르면, 서로 접견할 때에는 당(堂)에서 하고, 연회를 할 때에는 침(寢)에서 한다. 이곳 문장에서는 빈객(賓客)이 침문(寢門)에 이르게 되어, 자리를 펴고 공손하게 인도하다고 하였다. 접견의 예법 중 처음에는 문에서 절을 하며 빈객을 맞이하고, 당 아래에서 빈객이 가져온 예물(禮物)을 받고, 빈객은 그 일이 끝나면 곧 밖으로 나가게 되는데, 이 문장의 내용은 이러한 경우를 가리키는 것이 아니다. 아마도 내 생각에는 이곳 문장에서 말하는 상황은 곧『의례』에서 주인(主人)이 다시 만나 뵙기를 청원하게 되어, 빈객이 재차 들어와서 만나게 되는 상황인 것 같다.『의례』기록에 대한 정현의 주에서 "'반현(反見)'하면 연회를 하게 된다."라고 말한 것도 아마 이러한 이유 때문일 것이다.『주례』「사의(司儀)」편을 살펴봐도, 제후들끼리 빈객이 되어, 서로 접대하며 사양을 하는 경우에 있어서도, 먼저 들어가서 자리를 마련하길 청원한다는 기록이 없고,『의례』「빙례(聘禮)」편과「공사대부례(公食大夫禮)」편에서도 당(堂)에서 내려와서 동쪽 계단으로 간다는 일 등이 기록되어 있지 않다. 그러므로 이곳 경문에서 말하는 내용들은 아마도 '사(士)' 계급이 서로 접견할 때의 예법인 것 같다.

---

56)　『예기』「곡례상」【20b】: <u>主人跪正席</u>, 客跪撫席而辭, 客徹重席, 主人固辭. 客踐席, 乃坐.

57)　조량주(趙良澍, ? ~ ?): 청(淸)나라 때의 학자이다. 저서로는『독예기(讀禮記)』가 있다.

集解　愚謂: 與客入者, 客在大門外, 主人出迎之而與之入也. 士相見禮, "賓奉贄入門左, 主人再拜受, 賓再拜送贄出. 主人請見, 賓反見." 此所言乃賓反見而主人與之入之禮也. 蓋執贄相見者, 主人受贄於門內, 而賓遂出, 禮雖已成, 而情尙未洽, 故主人復迎之而入, 與之揖讓升堂, 以盡賓主之歡也. 凡者, 凡大夫士也. 迎於大門外者, 敵者之禮也. 每門者, 自大門至寢門也. 案儀禮, 凡主人與客入, 皆主人先入, 而客從, 所以道之也. 此乃云, "每門讓於客"者, 蓋主人雖當道客, 必先以讓客, 而客辭, 然後主人先入而客從之也. 寢門, 正寢之門也. 禮先設席而後迎賓, 此客至於寢門, 主人乃請爲席者, 欲更正之, 示謹重也. 客固辭者, 辭主人之先入爲席. 事同曰讓, 事異曰辭. 固辭, 再辭也. 肅客而入者, 客旣辭主人遂道客以入也.

번역　내가 생각하기에, "빈객(賓客)과 함께 들어간다[與客入]."는 말은 빈객이 대문(大門) 밖에 있으면, 주인(主人)이 대문 밖으로 나와서, 빈객을 맞이하여, 그와 함께 대문 안으로 들어간다는 뜻이다. 『의례』「사상견례(士相見禮)」편에서는 "빈객은 가져온 예물(禮物)을 들고서 문의 좌측으로 들어가며, 주인은 재배(再拜)를 하며 보내온 예물을 받게 되는데, 빈객은 거기에 맞춰서 재배를 하며 가져온 예물을 전달하고 다시 밖으로 나온다. 주인이 그와 다시 대면하기를 청원하게 되면, 빈객은 다시 되돌아와서 주인과 접견을 하게 된다."[58]라고 하였다. 따라서 이곳 문장에서 언급하는 상황도 빈객이 다시 되돌아와서 접견을 하게 되어, 주인이 그와 함께 들어가는 예법에 대한 것이다. 무릇 빈객이 예물을 가져와서 서로 접견하게 되는 경우, 주인은 대문 안쪽에서 그 예물을 받고, 빈객은 그 일이 끝나면 다시 문밖으로 나가게 되는데, 예법 절차가 비록 이 상황에서 다 끝난 것이라고 하더라도, 사람의 정감상 아직 흡족하지 못하게 된다. 그렇기 때문에 주인이 다시 빈객을 맞이하여 대문 안으로 들어오고, 빈객과 함께 읍(揖)을 하며 서로에게 양보해서 당(堂)에 올라가게 된다. 바로 이러한 후반부의 절차를 통해서 빈객과 주인의 회포를 풀게 되는 것이다. '범(凡)'자는 모든 대부

---

58) 『의례』「사상견례(士相見禮)」: 主人揖, 入門右. <u>賓奉摯入門左. 主人再拜, 受.</u> <u>賓再拜送摯, 出. 主人請見. 賓反見</u>, 退. 主人送于門外, 再拜.

(大夫)들과 사(士)들을 가리키니, 즉 이 내용들은 모든 대부들과 사들에게
공통적으로 적용된다는 뜻이다. 대문 밖에서 빈객을 맞이하는 것은 빈객과
주인의 신분이 대등한 경우에 적용되는 예법이다. '매번의 문마다[每門]'라
고 한 말은 '대문'으로부터 '침문(寢門)'까지를 가리킨다.『의례』를 살펴보
면, 모든 경우에 있어서 주인과 빈객이 들어설 때, 모두 주인이 먼저 들어가
고, 빈객이 그 뒤를 따른다고 하였는데, 그 이유는 주인이 빈객을 인도하기
때문이다. 이곳 문장에서는 "매번의 문마다 빈객에게 사양을 한다[每門讓
於客]."라고 하였는데, 무릇 주인은 비록 빈객을 인도해야 하지만, 반드시
빈객에게 먼저 들어가라고 양보를 해야 하고, 빈객이 사양을 한 연후에야,
주인이 먼저 들어가고, 빈객이 뒤따르게 되는 것이다. '침문'은 정침(正寢)
의 문을 뜻한다. 예법에 따르면, 먼저 자리를 마련하고, 그 이후에 빈객을
맞이하는 것이다. 그런데 이곳 문장에서는 빈객이 침문에 도달하고 난 이
후, 주인은 곧 자리를 마련하기 위해 먼저 들어가겠다고 양해를 구한다고
했다. 이 말은 곧 빈객이 침문에 도달한 이후에야 자리를 마련한다는 뜻이
아니라, 다시금 자리를 정돈하고자 해서이니, 매우 신중하게 행동함을 나타
낸다. "빈객이 고사를 한다[客固辭]."고 하였는데, 이 말은 곧 주인이 먼저
들어가서 자리를 마련하겠다고 한 말에 대해서, 그렇게 하지 않아도 된다
고 사양한다는 뜻이다. 사양을 할 때, 동일한 사안에 대해 사양하면 그것을
'양(讓)'이라고 부르며, 사안이 달라졌을 때에는 '사(辭)'라고 부른다. '고사'
라는 것은 "재차 사양한다[再辭]."는 뜻이다. '숙객이입(肅客而入)'이라는
말은 빈객이 이미 두 차례 사양을 하였으므로, 주인이 결국 빈객을 인도하
여 들어간다는 뜻이다.

集解 孔疏以朝・聘之禮解此經. 然朝・聘皆在廟, 聘禮"歸饔餼"・"問
卿", 及公食大夫・冠禮・昏禮"納采", 亦皆在廟, 與此言"客至寢門"者, 不合.
燕禮雖在寢, 然君燕己之臣子, 君不迎, 燕聘賓, 迎於大門內, 與此言"每門讓
於客"者, 不合. 若以爲兩君相見, 又與下文言"客若降等"者, 不合. 故知此爲
士相見禮反見之禮無疑也. 鄭氏云, "請入爲席, 雖君亦然", 非也. 此反見乃大

夫士之禮, 若臣見於君, 奠贄則退, 無反見之禮也. 又鄭氏云, "客固辭, 又讓先入", 孔疏云, "主人鋪席竟, 出而迎客, 再辭不先入也", 亦非也. 客固辭, 辭主人之先入爲席, 非辭先入也. 主人請入爲席, 然後出迎客, 客固辭, 主人肅客而入, 與下文"客若降等, 則就主人之階, 主人固辭, 然後客復就西階", 文勢正同. 所謂"請入爲席"者, 特請而未嘗入也, 客辭之則止矣.

번역 공영달(孔穎達)의 소(疏)에서는 조례(朝禮)와 빙례(聘禮)의 예법으로 이곳 경문 내용을 해석하고 있다. 그러나 조례나 빙례들은 모두 종묘(宗廟)에서 시행되는 것이다. 따라서 『의례』「빙례(聘禮)」편에서 "옹희(饔餼)로 대접한다."[59]라고 한 말, "경(卿)에게 빙문(聘問)을 한다."[60]라고 한 말, 그리고 『의례』의 「공사대부례(公食大夫禮)」, 「사관례(士冠禮)」편의 기록, 「사혼례(士昏禮)」편에 나오는 납채(納采)[61]라는 것 또한 모두 종묘에서 이루어지는 절차들이니, 이곳 문장에서 말한 "빈객이 침문(寢門)에 도달한다."라고 한 상황과 부합되지 않는다. 또한 연례(燕禮)를 시행할 때 비록 침(寢)에서 하게 되지만, 군주가 자신의 신하들에게 연회를 베푸는 경우에는 군주가 직접 그들을 맞이하지 않으며, 연회나 빙문 때문에 찾아온 빈객(賓客)에 대해서는 대문 안에서 그들을 맞이하니, 이곳 문장에서 말한 "매번의 문마다 빈객에게 양보를 한다."라고 한 상황과 부합되지 않는다. 만약 이곳 문장에서 언급하는 내용을 양국의 군주가 서로 접견하게 되는 상황으로 여긴다면, 또한 다음 문장에서 '빈객이 만약 주인보다 신분이 낮다면'이라고 기록한 말과 부합되지 않는다. 그러므로 이곳 문장에서 말하는 내용은 『의례』「사상견례(士相見禮)」편에 나오는 '반현(反見)'의 예법에 해당한다는 사실을 의심할 수 없다. 정현은 "먼저 들어가서 자리를 마련하기를 청원한다는 내용은 비록 군주의 신분이라고 하더라도, 또한 동일하게 행동한다."라고 하였는데, 이 말은 잘못된 주장이다. 이곳 문장의 내용은 '반현'

---

59) 『의례』「빙례(聘禮)」: 君使卿韋弁歸饔餼五牢.

60) 『의례』「빙례(聘禮)」: 賓朝服問卿.

61) 납채(納采)는 혼인과 관련된 육례(六禮) 중 하나이다. 청원을 하며 여자 집안에 예물을 보내는 일을 뜻한다.

의 예법으로, 이것은 곧 대부(大夫)나 사(士) 계급에 적용되는 예법이다. 만약 신하가 군주를 알현하게 되는 경우라면, 가져간 예물(禮物)을 군주 앞에 놓아두고는 곧 물러나는 것이니, '반현'의 예법 자체가 없다. 또한 정현은 "빈객이 고사(固辭)한다는 말은 또한 먼저 들어가는 것을 사양한다는 뜻이다."라고 하였고, 공영달의 소에서는 "주인이 자리 마련하는 것이 다 끝나면, 밖으로 나와서 빈객을 맞이하게 되며, 재차 사양하며 먼저 들어가지 않는다."라고 하였는데, 이 또한 잘못된 주장이다. '객고사(客固辭)'라는 말은 주인이 먼저 들어가서 자리를 마련하겠다는 것에 대해 사양한다는 뜻이지, 먼저 들어가라는 말에 대해서 사양하는 것이 아니다. 경문의 "주인이 먼저 들어가서 자리를 정돈하겠다고 양해를 구하고, 그런 뒤에야 나와서 빈객을 맞이하며, 빈객이 '고사'를 하게 되면, 주인은 빈객을 조심스럽게 인도하여 들어간다."라고 한 말은 아래문장에서 "빈객이 만약 주인보다 신분이 낮다면, 주인이 오르게 되는 동쪽 계단으로 나아가고, 주인이 '고사'를 한 연후에, 빈객은 재차 서쪽 계단으로 나아가는 것이다."라고 한 말과 그 문맥이 완전히 일치한다. 그러므로 이른바 "들어가서 자리를 마련하겠다고 양해를 구한다."라는 것은 단지 양해만 구하는 것이지, 실제로 들어가는 것이 아니다. 빈객이 괜찮다고 사양을 하게 되면, 자리를 정돈하겠다는 청을 그만두는 것이다.

【18d】

主人入門而右, 客入門而左. 主人就東階, 客就西階, 客若降等, 則就主人之階. 主人固辭, 然後客復就西階.

직역 主人은 入門하여 右하고, 客은 入門하여 左한다. 主人은 東階로 就하고, 客은 西階로 就하되, 客이 만약 降等하다면, 主人의 階로 就한다. 主人이 固辭하면,

然後에 客은 다시 西階로 就한다.

의역   주인(主人)은 문으로 들어서면 오른쪽으로 가고, 빈객(賓客)은 문으로 들어서면 왼쪽으로 간다. 주인은 동쪽 계단으로 가고, 빈객은 서쪽 계단으로 가는데, 만약 빈객의 신분이 주인보다 낮다면, 서쪽 계단으로 가지 않고, 주인이 오르는 동쪽 계단으로 간다. 주인이 고사(固辭)를 하며 빈객의 행동을 만류하면, 그런 뒤에야 빈객은 다시 서쪽 계단으로 나아간다.

集說   入右, 所以趨東階. 入左, 所以趨西階. 降等者, 其等列卑於主人也. 主人固辭者, 不敢當客之尊己也.

번역   주인(主人)이 문으로 들어와서 오른쪽으로 가는 이유는 동쪽 계단으로 가기 위해서이다. 빈객(賓客)이 문으로 들어와서 왼쪽으로 가는 이유는 서쪽 계단으로 가기 위해서이다. '강등(降等)'은 빈객이 주인보다 신분 등급이 낮다는 뜻이다. 주인이 고사(固辭)를 하는 이유는 빈객이 주인을 높이는 행동을 감당할 수 없기 때문이다.

鄭注   右就其右, 左就其左. 降, 下也. 謂大夫於君, 士於大夫也, 不敢輒由其階, 卑統於尊, 不敢自專. 復其正.

번역   '우(右)'자는 오른쪽으로 간다는 뜻이고, '좌(左)'자는 왼쪽으로 간다는 뜻이다. '강(降)'자는 낮다는 뜻이다. 빈객(賓客)의 신분이 낮은 경우는 대부(大夫)가 군주를 대하게 될 때, 또는 사(士)가 대부를 대하게 될 때 등을 뜻하니, 이러한 경우에는 감히 곧바로 손님이 오르는 계단으로 가지 못하는 것으로, 신분이 낮은 자는 신분이 높은 자에게 종속되므로, 감히 자기 마음대로 할 수 없기 때문이다. 다시 서쪽 계단으로 간다는 말은 본래 손님이 오르게 되는 계단으로 다시 간다는 뜻이다.

釋文　復音服, 後此音更不重出.

번역　'復'자의 음은 '服(복)'인데, 뒤에 이 음으로 읽는 '復'자가 나올 경우 다시 설명하지 않는다.

孔疏　●"客若降等, 則就主人之階"者, 降等, 卑下之客也. 不敢亢禮, 故就主人階, 是繼屬於主人.

번역　●經文: "客若降等, 則就主人之階". ○'강등(降等)'은 주인(主人)보다 신분이 낮은 빈객(賓客)을 뜻한다. 신분이 대등할 때 적용하는 예법대로 감히 따를 수 없기 때문에, 주인이 오르는 동쪽 계단으로 가게 되는 것이니, 이 말은 곧 주인을 뒤따라서 올라간다는 뜻이다.

孔疏　◎注"降下"至"自專". ○正義曰: "謂大夫於君, 士於大夫"者, 此"大夫於君", 大夫謂他國大夫也. 按聘禮云: "公迎賓, 賓不就主人階." 公食大夫禮: "公迎賓, 賓入門左." 注云: "左, 西方." 此皆是降等不就主人階者, 以聘禮及公食大夫禮並奉己君之命, 不可苟下主人, 故從客禮也. 若君燕於臣, 命宰夫爲主人, 則主人與賓皆從西階升, 與此異也. 按聘禮賓面主國大夫, 他國大夫是敵禮, 賓亦入門右. 鄭注: "見, 私事, 雖敵賓, 猶謙, 入門右, 爲若降等然."

번역　◎鄭注: "降下"~"自專". ○정현이 "이러한 경우는 대부(大夫)가 군주를 대하게 될 때, 또는 사(士)가 대부를 대하게 될 때 등을 뜻한다."라고 하였는데, 정현의 주에서 "대부가 군주를 대한다."라고 할 때의 '대부'는 다른 나라에서 찾아온 '대부'를 뜻한다. 『의례』「빙례(聘禮)」편을 살펴보면, "군주[公]가 빈객을 맞이하고, 빈객은 주인이 오르는 계단으로 나아가지 않는다."라고 하였으며, 『의례』「공사대부례(公食大夫禮)」편에서는 "군주가 빈객을 맞이하고, 빈객은 문에 들어서서 좌측으로 간다."[62]라고 하였는

---

62) 『의례』「공사대부례(公食大夫禮)」: 公如賓服, <u>迎賓于大門內</u>. 大夫納賓. <u>賓入門左</u>. 公再拜. 賓辟, 再拜稽首.

데, 이 문장에 대한 정현의 주에서는 "'좌(左)'자는 서쪽으로 간다는 뜻이
다."라고 하였다. 이 기록들은 모두 빈객이 주인보다 신분이 낮은 경우인데
도, 주인이 오르는 동쪽 계단으로 가지 않는다고 하였다. 그 이유는 「빙례
(聘禮)」 및 「공사대부례(公食大夫禮)」편의 기록에 나타난 '빈객'들은 모두
사신으로 온 자들로, 자신의 군주가 내린 명령을 받들고 있는 자들이다.
따라서 구차하게 상대편 제후국의 군주보다 자신을 낮출 수 없는 것이다.
그러므로 군주와 신분이 대등한 빈객의 예법에 따르게 되는 것이다. 만약
군주가 신하들에게 연회를 베풀게 되어, 군주가 재부(宰夫)에게 명령하여,
자기 대신 '주인'의 임무를 수행하게 만들면,[63] '주인'은 빈객과 함께 모두
서쪽 계단을 통해서 당(堂)에 오르게 되니, 이곳에서 말하는 상황과는 다른
것이다. 「빙례(聘禮)」편을 살펴보면, 빈객이 방문하게 된 나라의 대부를 대
면하게 되면, 빈객으로 온 대부는 대등한 신분이므로, 빈객과 주인이 대등
할 때의 예법을 따르게 되는데, 이러한 경우에 있어서도 빈객으로 찾아온
대부는 또한 문으로 들어서게 되면 우측으로 가게 된다. 이 문제에 대해서
정현의 주에서는 "접견하는 것은 사적인 일 때문이니, 이러한 경우에는 비
록 빈객의 신분이 대등하다고 하더라도, 여전히 겸손하게 행동하게 되므로,
문으로 들어서서 우측으로 가는 것은 마치 신분이 낮은 자처럼 행동하는
것이다."[64]라고 했다.

集解 愚謂: 客就主人之階, 謂入門而右也. 主人固辭, 然後客復就西階, 謂
轉而向左也. 主人與客之辭讓, 皆在門內, 乃以階言之者, 指其將就是階之道
也.

번역 내가 생각하기에, 빈객(賓客)이 주인(主人)이 오르게 되는 동쪽 계
단으로 간다는 말은 문으로 들어서자마자 오른쪽으로 간다는 뜻이 된다.

---

63) 『예기』「문왕세자(文王世子)」【258b】: 若公與族燕, 則異姓爲賓, <u>膳宰爲主人</u>,
    公與父兄齒. 族食世降一等. / 선재(膳宰)는 곧 재부(宰夫)를 뜻한다.
64) 이 문장은 『의례』「빙례(聘禮)」편의 "入門右, 大夫辭. 賓遂左."라는 기록에 대
    한 정현의 주이다.

주인이 고사(固辭)를 한 연후에야, 빈객이 다시 서쪽 계단으로 간다는 말은 방향을 바꿔서 좌측으로 간다는 뜻이 된다. 따라서 주인과 빈객이 사양하는 일들은 모두 문의 안쪽에서 이루어지는 것이다. 그런데 이곳 문장에서 '계단[階]'을 기준으로 언급한 이유는 계단에 오르게 되는 도리를 가리키기 위해서이다.

【18d~19a】

主人與客讓登, 主人先登, 客從之, 拾級聚足, 連步以上. 上於東階, 則先右足; 上於西階, 則先左足.

직역   主人은 客에게 讓登하다가 主人이 先登하면, 客이 從之하되, 拾級함에 聚足하니, 連步여 上한다. 東階에 上하면, 右足을 先하고, 西階에 上하면, 左足을 先한다.

의역   계단에 오를 경우, 주인(主人)은 빈객(賓客)에게 먼저 올라가라고 사양을 하는데, 빈객이 다시 사양을 하여, 끝내 주인이 먼저 오르게 되면, 빈객이 뒤따라 올라간다. 다만 한 계단을 오를 때마다 양발을 모으니, 이런 방식으로 걸음을 이어가서 계단을 오르게 된다. 동쪽 계단으로 오르는 경우에는 오른쪽 발을 먼저 떼고, 서쪽 계단으로 오르는 경우에는 왼쪽 발을 먼저 뗀다.

集說   讓登, 欲客先升也. 客不敢當, 故主人先而客繼之. 拾級, 涉階之級也. 聚足, 後足與前足相合也. 連步, 步相繼也. 先右先左, 各順入門之左右也.

번역   주인(主人)이 빈객(賓客)에게 먼저 올라가라고 권유하는 이유는 빈객이 먼저 올라가게 하고자 해서이다. 그러나 빈객은 주인보다 먼저 계단에 오를 수 없기 때문에, 주인이 결국 먼저 올라가게 되고, 빈객이 뒤이어

오르게 된다. '습급(拾級)'은 계단의 한 칸을 올라간다는 뜻이다. '취족(聚足)'은 뒷발을 끌어다가 앞발과 나란히 되도록 모은다는 뜻이다. '연보(連步)'는 걸음을 계속 이어간다는 뜻이다. 오른발을 먼저 떼거나 왼발을 먼저 떼는 것은 각각 문에 들어서서 왼쪽으로 가느냐 아니면 오른쪽으로 가느냐에 따른 것이다.

大全 張子曰: 拾級聚足此等事, 但敬事自至如此, 非著心安排而到.

번역 장자가 말하길, 계단을 한 칸씩 오르며, 두 발을 모으는 등등의 일들은 단지 공경스러운 태도로 해당 일을 치르게 되면, 저절로 이러한 자세가 나오는 것이지, 마음으로 하나하나 계획해서 그렇게 되는 것이 아니다.

鄭注 拾當爲涉, 聲之誤也. 級, 等也. 涉等聚足, 謂前足躡一等, 後足從之倂. 重蹉跌也. 連步謂足相隨不相過也. 近於相鄉敬.

번역 '습(拾)'자는 마땅히 '섭(涉: 건너다)'자가 되어야 하니, 소리가 비슷한 데에서 비롯된 잘못이다. '급(級)'자는 '계단의 칸[等]'을 뜻한다. "계단의 한 칸을 오를 때마다 발을 모은다[涉等聚足]."는 말은 앞발이 한 칸을 오르게 되면, 뒷발이 앞발을 따라 올라와서, 두 발을 나란히 모은다는 뜻이다. 이처럼 계단을 오르는 이유는 실수로 넘어지게 될까 염려해서이다. '연보(連步)'는 양발을 서로 모으는 것으로, 양발을 교차시키며 성큼성큼 올라가는 것이 아니다. 주인(主人)과 빈객(賓客)이 계단에 오를 때, 서로 내딛는 발이 다른 이유는 이처럼 오르게 되면, 서로 경의를 표하는 모습에 가깝게 되기 때문이다.

釋文 拾, 依注音涉. 級音急, 階等. 躡, 女攝反. 倂, 步頂反. 上, 時掌反, 下皆同. 重, 直勇反, 徐治恭反. 蹉本亦作差, 同, 七何反. 跌, 大結反. 過, 古臥反,後不音者放此.

번역 '拾'자는 정현의 주에 따르면, 그 음은 '涉(섭)'이 된다. '級'자의 음은 '急(급)'으로, 계단의 칸을 뜻한다. '躡'자는 '女(여)'자와 '攝(섭)'자의 반절음이다. '倂'자는 '步(보)'자와 '頂(정)'자의 반절음이다. '上'자는 '時(시)'자와 '掌(장)'자의 반절음으로, 아래문장에 나오는 '上'자도 모두 그 음이 이와 같다. '重'자는 '直(직)'자와 '勇(용)'자의 반절음인데, 서음(徐音)은 '治(치)'자와 '恭(공)'자의 반절음이 된다. '蹉'자는 판본에 따라 또한 '差'자로도 기록하는데, 두 글자의 음은 모두 '七(칠)'자와 '何(하)'자의 반절음이 된다. '跌'자는 '大(대)'자와 '結(결)'자의 반절음이다. '過'자는 '古(고)'자와 '臥(와)'자의 반절음이며, 이후 이 글자에 대해서 별도로 설명하지 않는다면, 그 음은 모두 이와 같다.

孔疏 ●"主人與客讓登"者, 客主至其階, 又各讓, 不先升也.

번역 ●經文: "主人與客讓登". ○빈객(賓客)과 주인(主人)이 당(堂)에 설치된 계단에 도달하게 되면, 또한 각자 상대방에게 양보를 하며, 먼저 올라가지 않는 것이다.

孔疏 ●"主人先登"者, 讓必以三, 三竟而客不從, 故主人先登, 亦肅客之義. 不言三者, 略可知也.

번역 ●經文: "主人先登". ○사양을 할 때에는 반드시 세 차례 하게 되는데, 주인(主人)이 세 차례 사양을 했는데도 빈객(賓客)이 주인의 권유에 따르지 않기 때문에, 주인이 먼저 계단에 오르게 되는 것이니, 이러한 행위에도 또한 먼저 오름으로써 빈객을 인도하는 뜻이 있는 것이다. 그런데 경문에서는 '세 차례[三]'라는 말을 기록하지 않았다. 여기에는 특별한 의미가 있는 것이 아니라, 단순히 문장을 간략하게 기록했기 때문이라는 사실을 앞뒤의 문맥을 통해서 확인할 수 있다.

孔疏　●"客從之"者, 言主人前升至第二級, 客乃升, 中較一級, 故云從之也. 公食禮云"公升二等, 賓升", 是也. 按燕禮·大射賓先升者, 公以宰夫爲主人, 賓尊也. 故下注云: "賓每先升, 尊也." 按聘禮君使卿歸饔餼於賓館, 卿升一等, 賓從. 於時賓爲主人不先升者, 卿銜主君之命, 尊, 故先升也. 至於賓設禮擯卿, 賓升一等, 大夫從升者, 以賓作主人故也.

번역　●經文: "客從之". ○이 구문의 뜻은 주인(主人)이 앞서서 계단을 오르게 되어, 계단의 두 번째 칸에 오르게 되면, 빈객(賓客)도 곧 뒤따라 오르게 되는데, 주인이 계단을 오르는 것과 비교해보면, 항상 한 칸씩 늦게 되므로, "주인을 뒤따른다[從之]."라고 기록한 것이다. 『의례』「공사대부례(公食大夫禮)」편에서 "군주[公]가 두 칸을 오르면, 빈객이 계단에 오른다."65)라고 한 말이 바로 이러한 사실을 가리킨다. 『의례』「연례(燕禮)」편과 「대사례(大射禮)」편을 살펴보면, 빈객이 주인보다도 먼저 계단에 올라가는 경우가 있는데, 이것은 군주[公]가 재부(宰夫)에게 명령을 내려, 자신을 대신해서 '주인'의 역할을 수행하도록 만든 경우로, 빈객의 신분이 더 높기 때문에, 빈객이 먼저 계단에 오르는 것이다. 그렇기 때문에 「연례」편의 기록에 대한 정현의 주에서, "빈객이 매번 먼저 오르는 것은 신분이 존귀하기 때문이다."66)라고 한 것이다. 『의례』「빙례(聘禮)」편을 살펴보면, 군주는 경(卿)을 빈관(賓館)67)에 보내서 빈객에게 옹희(饔餼)를 베풀어주는데, 이러한 경우에는 '경'이 계단의 한 칸을 오르게 되면, 빈객이 뒤따라 오르게 된다. 이때

---

65) 『의례』「공사대부례(公食大夫禮)」: 三揖至于階, 三讓, <u>公升二等, 賓升</u>.

66) 이 문장은 『의례』「연례(燕禮)」편의 "主人卒洗, 賓揖乃升."이라는 기록에 대한 정현의 주이다.

67) 빈관(賓館)은 빈객을 접대하거나 또는 빈객이 머물게 되는 장소를 뜻한다. 『예기』「잡기하(雜記下)」편에는 "夫大饗旣饗, 卷三牲之俎, 歸于賓館."이라는 기록이 있다. 공식적인 임무 때문에 찾아온 빈객에게는 공관(公館)에서 머물도록 해주는데, '공관'이 곧 '빈관'의 한 종류에 해당한다. '공관'은 군주가 빈객(賓客)들을 머물게 하기 위해 만든 숙소이다. 한편 군주의 신하들이 가지고 있는 건물은 사관(私館)에 해당하는데, 빈객이 사관에 머물 때, 군주가 명령을 내리게 되면, 그 장소는 '공관'이 되어, 빈객이 필요로 하는 것들을 지급하게 된다.

빈객이 주인에 해당하는 '경'보다 앞서서 계단에 오르지 않는 이유는 빈객을 접대하는 '경'은 자신의 주인인 군주의 명령을 받들고 있는 상태이므로, 존귀한 신분이 되기 때문이다. 그러므로 '경'이 계단에 먼저 올라가는 것이다. 만약 빈객에게 예우를 하여, '경'의 신분에 맞는 예법으로 대접을 하는 경우라면, 빈객이 먼저 한 칸을 오르고, 그 이후에 대부(大夫)가 뒤따라 오르게 되는데, 그 이유는 빈객을 '주인' 역할로 삼아서, 의식을 시행하기 때문이다.

孔疏 ●"拾級聚足"者, 此上階法也. 拾, 涉也. 級, 等也. 聚足, 謂每階先擧一足, 而後足倂之, 不得後過前也. 涉等聚足, 謂前足躡一等, 後足從而倂之也.

번역 ●經文: "拾級聚足". ○이 구문은 계단에 오를 때의 법도를 뜻한다. '습(拾)'자는 "건넌다[涉]."는 뜻이다. '급(級)'자는 '계단의 칸[等]'을 뜻한다. '취족(聚足)'은 계단의 칸들을 오를 때마다, 먼저 한쪽 발을 들어서 상단 칸에 올리고, 그 이후에 다른 쪽 발을 들어서, 앞발이 올라간 칸에 붙이고, 두 발을 나란히 하는 것이니, 뒷발이 앞발을 넘어서, 그 위의 칸으로 올라갈 수 없다는 뜻이다. 따라서 '섭등취족(涉等聚足)'이라는 말은 곧 계단에 오를 때 앞발이 한 칸을 오르게 되면, 뒷발이 뒤따라 올라서, 앞발 옆에 붙인다는 뜻이다.

孔疏 ●"連步以上"者, 上, 上堂也. 在級未在堂, 後足不相過, 故云"連步"也. 涉而升堂, 故云"以上".

번역 ●經文: "連步以上". ○'상(上)'자는 당(堂)에 오른다는 뜻이다. 이 구문에서 언급하는 상황은 아직 계단에 있는 것이며, 당에 오른 상태는 아니다. 또한 뒷발은 앞발을 넘어서 그보다 상단의 칸에 발을 올릴 수 없으므로, "걸음을 이어간다[連步]."라고 말한 것이다. 계단을 다 올라가면, 당에 오르게 되기 때문에, "이러한 방식으로 당에 오른다[以上]."라고 말한 것이다.

集解 今按: 拾字當音其劫反

번역 내가 살펴보니, '拾'자의 음은 '其(기)'자와 '劫(겁)'자의 반절음에 해당한다.

集解 愚謂: 主人先登者, 亦所以道客也. 拾, 更也, 如投壺"拾投", 射者"拾發"之拾. 級, 等也. 拾級, 謂主人旣升第一級, 客乃發足升第一級, 客旣升第一級, 主人乃發足升第二級, 主人與客更拾而升也. 鄕射禮云, "上射先升三等, 下射從之中等." 中等, 中間一級也. 先升三等, 而中僅間一級, 則升階拾級之法可見矣. 聚足, 後足從前足而幷, 不栗階也. 足聚則步連矣.

번역 내가 생각하기에, 주인(主人)이 먼저 계단에 오르는 이유는 앞의 경우와 마찬가지로 빈객(賓客)을 인도하기 위해서이다. '습(拾)'자는 '다시[更]'라는 뜻이니, 마치 『예기』「투호(投壺)」편에서 "다시 던진다[拾投]."[68]라고 할 때의 '습'자와 활 쏘는 자가 "다시 쏜다[拾發]."라고 할 때의 '습'자와 같은 뜻이다. '급(級)'자는 '계단의 칸[等]'을 뜻한다. 따라서 '습급(拾級)'은 주인이 먼저 첫 번째 칸에 오르면, 빈객이 곧 발을 떼어서, 첫 번째 칸에 오르고, 빈객이 첫 번째 칸에 다 오르면, 주인이 곧 발을 떼어서 두 번째 칸에 오르게 되니, 주인과 빈객이 이러한 절차를 반복하여 계단을 오른다는 뜻이다. 『의례』「향사례(鄕射禮)」편에서는 "활 쏘는 자들 중 신분이 높은 자는 먼저 세 칸을 오르고, 신분이 낮은 자는 뒤따라 중등(中等)에 오른다."[69]라고 하였는데, 여기에서 말하는 '중등'은 곧 중간의 한 칸을 뜻한다. 앞서 올라간 자가 세 칸을 올랐으므로, 중간의 한 칸에 오른다는 것은 곧 두 칸을

---

68) 『예기』「투호(投壺)」【677a】: 左右告矢具, 請拾投. 有入者則司射坐而釋一算焉. 賓黨於右, 主黨於左.

69) 『의례』「향사례(鄕射禮)」: 上射先升三等, 下射從之中等.

올라간 것이니, 둘 간의 차이는 한 칸에 해당한다. 따라서 여기에서도 계단에 오를 때 칸을 올라가게 되는 법도를 확인할 수 있는 것이다. '취족(聚足)'은 뒷발을 앞발에 뒤따라 움직여서, 앞발과 나란히 붙인다는 뜻으로, 율계(栗階)70)를 하지 않는다는 뜻이다. 따라서 두 발을 모으면서, 계속해서 올라가는 것이다.

集解 凡升階之法, 賓尊於主, 則賓升一等而主從之. 聘禮"歸饔餼", "大夫先升一等, 賓從", 大夫衛主君之命, 尊也. "賓問卿", "賓先升一等, 大夫從", 賓衛聘君之命, 尊也. 主尊於賓, 則主升二等, 而賓從之. 聘禮及公食禮皆"公升二等而賓升", 是也. 賓主敵者, 則主升一等, 而賓從之. 聘禮賓儐大夫, "賓升一等, 大夫從"; 賓面大夫, "大夫先升一等, 賓從", 是也. 然主升二等而賓從, 亦惟臣與君升則然, 若主人爲大夫, 賓爲士, 亦不過主升一等而賓升耳. 鄉飲酒禮鄉大夫尊於賓, 但言"主人升, 賓升", 不言主人升二等, 可見矣. 此云"主人先登, 客從之", 謂主人升一等而客從之, 雖降等之客亦然. 疏謂"主人前升至第二級, 客乃升中較一級", 非是.

번역 무릇 계단을 오르는 법도에 있어서, 빈객(賓客)이 주인(主人)보다 존귀한 신분이라면, 빈객이 먼저 한 칸을 오르고, 주인이 뒤따라서 한 칸을 오르게 된다. 그런데 『예기』「빙례(聘禮)」편에서는 "옹희(饔餼)를 하게 한다."71)라고 기록하고, 뒤이어서 "대부(大夫)가 먼저 한 칸을 오르면, 빈객이 뒤따른다."72)라고 하였다. 이처럼 빈객의 신분이 더 높은 경우임에도, 대부가 먼저 계단에 오르는 이유는 여기에서 말하는 '대부'는 주군의 명령을

---

70) 율계(栗階)는 계단을 오르는 방법 중 하나이다. 두 발을 모으지 않고, 좌우의 발을 교차하며 한 칸씩 성큼 성큼 올라가는 것이다. 『의례』「연례(燕禮)」편에는 "凡公所辭皆栗階. 凡栗階, 不過二等"이라는 기록이 있는데, 이에 대해 정현의 주에서는 "其始升, 猶聚足連步; 越二等, 左右足各一發而升堂."이라고 풀이했다.

71) 『의례』「빙례(聘禮)」: 君使卿韋弁歸饔餼五牢.

72) 『의례』「빙례(聘禮)」: 三揖皆行, 至于階, 讓, 大夫先升一等. 賓從升堂, 北面聽命.

받들고 있으므로, 존귀한 입장이 되기 때문이다. 그리고 「빙례」편에서는 "빈객이 경(卿)을 빙문(聘問)한다."73)라고 기록하고, 뒤이어서 "빈객이 먼저 한 칸을 오르면, 대부가 뒤따른다."74)라고 하였다. 이처럼 반대의 상황이 되는 이유는 여기에서 말하는 빈객은 빙문(聘問)을 보낸 상대방 제후의 명령을 받들고 있으므로, 존귀한 입장이 되기 때문이다. 한편 주인이 빈객보다 존귀한 신분이라면, 주인이 앞서 두 칸을 오르고, 그 이후 빈객이 뒤따라 오르게 된다. 「빙례」편75) 및 『의례』 「공사대부례(公食大夫禮)」76)편에서는 모두 "군주[公]가 두 칸을 오르면, 빈객이 뒤따라 오른다."라고 하였으니, 이 말이 바로 이러한 사실을 가리킨다. 또한 빈객과 주인의 신분이 대등한 경우라면, 주인이 한 칸을 오르면, 빈객이 뒤따라 오르게 된다. 「빙례」편에서는 빈객과 빈(擯)으로 나온 대부에 대해서, "빈객이 한 칸을 오르면, 대부가 뒤따라 오른다."라고 하였지만, 빈객과 빈으로 나온 대부가 대등한 경우에 대해서는 "대부가 먼저 한 칸을 오르면, 빈객이 뒤따라 오른다."라고 하였으니, 이 말이 바로 이러한 사실을 가리킨다. 그러나 주인이 두 칸을 오르고 난 뒤 빈객이 뒤따라 한 칸을 오르는 경우는 오직 신하와 군주의 관계에서 계단을 오를 때 이처럼 한다는 뜻이다. 만약 주인이 '대부'의 신분이고, 빈객이 '사(士)'의 신분인 경우라면, 이러한 경우의 예법은 주인이 한 칸을 오르면, 빈객이 뒤따라 오르는 것에 불과할 따름이다. 『의례』 「향음주례(鄕飮酒禮)」편에서 향대부(鄕大夫)가 빈객보다 존귀할 경우에, 단지 "주인이 오르고, 빈객이 뒤따라 오른다."77)라고만 언급하였지, 주인이 두 칸을 오른다는 말은 하지 않았다. 따라서 이러한 기록을 통해서 앞서의 예법을 확인할 수 있는 것이다. 이곳 문장에서는 "주인이 먼저 오르고, 빈객이 뒤따른다."라고 하였는데, 이 말은 주인이 먼저 한 칸을 오르면, 빈객이 뒤따라

---

73) 『의례』 「빙례(聘禮)」 : <u>賓朝服問卿</u>. 卿受于祖廟, 下大夫擯. 擯者出請事.

74) 『의례』 「빙례(聘禮)」 : 賓奉束帛入, 三揖皆行, 至于階, 讓, <u>賓升一等</u>. <u>大夫從升堂</u>, 北面聽命.

75) 『의례』 「빙례(聘禮)」 : <u>公升二等, 賓升</u>, 西楹西, 東面.

76) 『의례』 「공사대부례(公食大夫禮)」 : 三揖至于階, 三讓, <u>公升二等, 賓升</u>.

77) 『의례』 「향음주례(鄕飮酒禮)」 : 主人與賓三揖, 至於階. 三讓, <u>主人升, 賓升</u>.

오른다는 뜻으로, 비록 주인보다 신분이 낮은 빈객이라고 하더라도, 또한
이처럼 행동하는 것이다. 공영달(孔穎達)의 소(疏)에서는 "주인이 앞서 계
단을 올라서, 두 번째 칸에 이르면, 빈객이 곧 계단을 오르게 되는데, 주인
이 오르는 계단의 칸수에 비해서 한 칸씩 낮게 한다."라고 하였는데, 이
말은 잘못된 설명이다.

【19a】

帷薄之外不趨,　堂上不趨,　執玉不趨.　堂上接武,　堂下布武,
室中不翔.

직역 帷薄의 外에서는 不趨하며, 堂上에서는 不趨하고, 執玉해서는 不趨한다.
堂上에서는 接武하고, 堂下에서는 布武하며, 室中에서는 不翔한다.

의역 장막과 주렴 밖에 사람이 없다면, 공경스러운 태도를 보이기 위해 굳이
종종걸음으로 걷지 않는다. 또한 당(堂) 위에서는 공간이 좁으므로 종종걸음으로
걷지 않고, 옥(玉)을 들고 있을 때에는 실수로 떨어트릴 수도 있으니, 종종걸음으로
걷지 않는다. 한편 당 위에서는 보폭을 적게 하여 발자국이 이어지도록 걷고, 당
아래에서는 보폭을 넓게 해서 성큼 성큼 걸으며, 방안에서는 공간이 협소하므로
양팔을 벌려서 걷지 않는다.

集說 疏曰: 帷, 幔也. 薄, 簾也. 接武, 足迹相接也.

번역 공영달(孔穎達)의 소(疏)에서 말하길, '유(帷)'자는 장막[幔]을 뜻
한다. '박(薄)'자는 주렴[簾]을 뜻한다. '접무(接武)'는 발자국이 서로 이어지
도록 작은 보폭으로 걷는다는 뜻이다.

● 그림 11-5 주렴[簾]

▶ **출처**: 『삼재도회(三才圖會)』「기용(器用)」 12권

集說　陳氏曰: 文者上之道, 武者下之道, 故足在體之下曰武, 卷在冠之下亦曰武. 執玉不趨, 不敢趨也; 室中不翔, 不可翔也. 行而張拱曰翔.

번역　진씨가 말하길, '문(文)'이라는 말은 상위의 도를 뜻하고, '무(武)'라는 말은 하위의 도를 뜻한다. 그렇기 때문에 발은 신체부위 중 아래에 있으므로, '무'라고 표현한 것이고, '관(冠)의 테두리[卷]'도 관의 아래에 달려 있기 때문에, 이 또한 '무'라고 표현한 것이다. 옥(玉)을 차고서 종종걸음으로 걷지 않는 이유는 경박하게 보이므로 감히 종종걸음으로 걸을 수 없기 때문이며, 방 안에서 팔을 벌리고 걷지 않는 이유는 공간이 협소하여 팔을 벌릴 수 없기 때문이다. 걸으면서 두 팔을 길게 벌리는 것을 '상(翔)'이라고 부른다.

集說　朱氏曰: 帷薄之外無人, 不必趨以示敬. 堂上地迫, 室中地尤迫, 故不趨不翔也.

번역　주씨가 말하길, 장막과 주렴이 쳐진 곳 밖에 사람이 없다면, 굳이 종종걸음으로 걸으며 공경스러운 태도를 보일 필요는 없다. 당(堂) 위는 공간이 협소하고, 방안은 더욱 협소하기 때문에, 종종걸음으로 걷지 않고, 팔을 벌리며 걷지 않는 것이다.

大全　藍田呂氏曰: 凡見尊者以疾行爲敬, 然有不必趨, 帷薄之外非尊者所見, 可以紓其敬也. 有不可趨者, 堂上地迫, 不足以容步, 執玉之重, 或虞於失墜也.

번역　남전여씨가 말하길, 무릇 존귀한 자를 보게 되면, 종종걸음으로 빨리 걸어가는 것이 공손한 태도인데, 굳이 종종걸음으로 걸을 필요가 없는 이유는 장막이나 주렴이 쳐진 곳 밖에 존귀한 자가 보이지 않으므로, 공손한 태도를 조금 이완시킬 수 있기 때문이다. 종종걸음으로 걸을 수 없는 경우가 생기는 이유는 당(堂) 위는 공간이 협소하여, 종종걸음으로 걸어갈 정도의 공간이 확보되지 않기 때문이고, 옥(玉)을 들고 있을 때에는 더욱 신중하게 행동하게 되니, 종종걸음으로 걷게 되면, 혹시라도 옥을 떨어트리게 될까 염려되기 때문이다.

鄭注 不見尊者, 行自由, 不爲容也. 入則容. 行而張足曰趨. 爲其迫也. 堂下則趨. 志重玉也. 聘禮曰: "上介授賓玉於廟門外." 武, 迹也. 迹相接, 謂每移足半躐之, 中人之迹尺二寸. 布[78]武謂每移足, 各自成迹, 不相躐. 又爲其迫也. 行而張拱曰翔.

번역 존귀한 자가 보이지 않는다면, 자연스럽게 걸으며, 굳이 공손한 태도를 취하지 않는다. 존귀한 자가 있는 곳에 들어서게 되면, 공손한 태도를 취한다. 걸을 때 발을 크게 떼는 것을 '추(趨)'라고 부른다. 당(堂) 위에서 발걸음을 크게 떼지 않는 이유는 공간이 협소하기 때문이다. 그러나 당 아래에서 걷는 경우라면, 공간이 충분하므로 발걸음을 크게 뗀다. 옥(玉)을 들고 있을 때 종종걸음으로 걷지 않는 이유는 '옥'이 귀중한 물건이라는 사실을 염두에 두고 있기 때문이다. 『의례』 「빙례(聘禮)」 편에서는 "상개(上介)는 종묘(宗廟)의 문밖에서 빈객(賓客)에게 '옥'을 건넨다."[79]라고 하였다. '무(武)'자는 발자취[迹]를 뜻한다. "발자취가 서로 연접한다[迹相接]."는 말은 매 걸음마다 반보씩 뗀다는 뜻으로, 일반 사람들의 한 걸음은 1척(尺) 2촌(寸)의 보폭이 된다. '포무(布武)'는 발걸음을 뗄 때마다 각각 본래

---

78) '포(布)'자에 대하여. 이 글자는 본래 없던 글자인데, 완원(阮元)의 『교감기(校勘記)』에서는 "『악본(岳本)』에는 '무(武)'자 앞에 '포'자가 기록되어 있다. 모거정(毛居正)은 '정현(鄭玄)의 주(注)에 있는 무(武)자는 포(布)자가 되어야 하는데, 그 이유는 바로 앞의 문장에서 이미 무적야(武, 迹也)라고 풀이했기 때문이다. 이 주석은 포(布)자에 대한 뜻이므로, 무(武)라고 기록하는 것은 합당하지 못하다.'라고 했다. 살펴보니, '무'자 앞에 '포'자가 누락된 것 같으므로, 『악본(岳本)』의 기록에 따라야 한다. 위씨(衛氏)의 『집설(集說)』에도 또한 '포무(布武)'라고 기록되어 있다."라고 했다.

79) 『의례』 「빙례(聘禮)」 : 賈人東面坐, 啓櫝, 取圭, 垂繅, 不起而授上介. <u>上介不襲, 執圭屈繅授賓</u>. 賓襲執圭.

의 발걸음대로 걷는다는 뜻으로, 발걸음이 겹치도록 반보씩 떼지 않는다는 뜻이다. 방안에서 양팔을 벌리지 않는 이유는 방안은 공간이 더욱 협소하기 때문이다. 걸으면서 두 팔을 길게 벌리는 것을 '상(翔)'이라고 부른다.

釋文 帷, 位悲反. 帷, 幔也. 薄, 平博反, 簾也. 爲, 于僞反, 下並同. 迫音伯. 介音界.

번역 '帷'자는 '位(위)'자와 '悲(비)'자의 반절음이다. '帷'는 장막을 뜻한다. '薄'자는 '平(평)'자와 '博(박)'자의 반절음으로, 주렴을 뜻한다. '爲'자는 '于(우)'자와 '僞(위)'자의 반절음으로, 아래문장에 나오는 '爲'자도 모두 그 음이 이와 같다. '迫'자의 음은 '伯(백)'이다. '介'자의 음은 '界(계)'이다.

孔疏 ●"帷薄"至"不立". ○正義曰: 此一節言趨步授受之儀. 帷, 幔也. 薄, 簾也. 趨謂行而張足, 疾趨而行, 敬也. 貴賤各有臣吏, 故其敬處亦各有遠近也. 禮: 天子外屛, 諸侯內屛, 卿大夫以簾, 士以帷. 外屛, 門外爲之. 內屛, 門內爲之. "邦君樹塞門", 是也. 臣來朝君, 至屛而加肅敬, 屛外不敬, 故不趨也. 今言"帷薄", 謂大夫士也. 其外不趨, 則內可趨, 爲敬也. 此帷薄外不趨, 謂平常法也. 若祭祀之禮, 爾雅云: "室中謂之時, 堂上謂之行, 堂下謂之步, 門外謂之趨, 中庭謂之走, 大路謂之奔." 知爾雅是祭祀者, 以召誥云: "王朝步自周, 則至于豐." 注云: "告文主廟. 告文王則告武王可知." 出廟入廟, 不以遠爲文是也. 若迎賓, 則樂師云: "行以肆夏, 趨以采齊80)." 行謂大寢之庭至路門, 趨謂

---

80) '제(齊)'자에 대하여. 『십삼경주소(十三經注疏)』 북경대 출판본에서는 "『민본(閩本)』・『감본(監本)』・『모본(毛本)』에서는 동일하게 '제'자로 기록하고 있는데, 혜동(惠棟)의 『교송본(校宋本)』에서는 '제(薺)'자로 기록하고 있다. 완원(阮元)의 『교감기(校勘記)』에서는 '살펴보니, 이 문장은 『주례』 「악사(樂師)」편의 문장을 인용한 것이니, 마땅히 제(薺)자로 기록해야 한다.'라고 했고, 손이양(孫詒讓)의 『교기(校記)』에서는 '『주례』 「악사」편에 대한 『경전석문(經典釋文)』의 기록에서는 제(齊)자로 기록하고 있고, 이와 같은 경우는 육덕명(陸德明)의 『경전석문』에 몇 차례 나타나고 있다. 따라서 굳이 제(薺)자로 고칠 필요는 없다."라고 했다.

路門至應門.

번역 ●經文: “帷薄”~“不立”. ○이 문장은 종종걸음으로 걷거나, 물건을 주고받을 때의 행동예절에 대해서 언급하고 있다. ‘유(帷)’자는 장막[幔]을 뜻한다. ‘박(薄)’자는 주렴[簾]을 뜻한다. ‘추(趨)’자는 걸을 때 보폭을 길게 떼는 걸음이니, 걸음을 빠르게 하면서도 보폭을 길게 하며 걷는 것은 공손한 태도에 해당한다. 신분의 귀천(貴賤)에 따라 각자 소속된 신하들을 가지고 있기 때문에, 그 신하들이 공경하게 행동해야 할 장소 또한 각각의 등급에 따라 범위의 차이가 있다. 예법에 따르면, 천자는 외병(外屛)[81]을 설치하고, 제후는 내병(內屛)[82]을 설치한다.[83] 또한 경(卿)과 대부(大夫)는 주렴[簾]을 치고, 사(士)는 휘장[帷]을 친다. ‘외병’은 문밖에 설치한다. 반면 ‘내병’은 문안에 설치한다. “제후만이 ‘나무로 문 가림[樹塞門]’을 한다.”[84]라고 하였는데, 이때의 ‘수색문’이 바로 ‘내병’을 가리킨다. 신하가 찾아와 군주를 알현하는 경우, 신하가 ‘병(屛)’이 설치된 곳에 도달하게 되면, 더욱 엄숙하고 공손한 태도를 취하게 된다. 따라서 ‘병’ 밖에서는 굳이 공손한 태도를 취하지 않기 때문에, 종종걸음으로 걷지 않는 것이다. 그런데 이곳 문장에서는 ‘장막과 주렴[帷薄]’이라고 하였으니, 위에서 언급하는 내용은 ‘대부’와 ‘사’ 계급에게 적용되는 예법이다. 그리고 장막이나 주렴 밖에서는 종종걸음으로 걷지 않는다고 하였으니, 그 안에서는 종종걸음으로 걸어야 하며, 이처럼 행동하는 이유는 더욱 공손하게 행동하기 위해서이다. 그리고 이곳 문장에서 장막이나 주렴 밖에서 종종걸음으로 걷지 않는다고 한 말은

---

81) 외병(外屛)은 천자가 문 밖에 설치했던 담장이다. 문 안에 있는 작은 담장을 내병(內屛)이라고 부르는데, 이것과 상대되는 말이다. 문 밖에 설치했기 때문에 ‘외(外)’자를 붙인 것이고, 병풍과도 같은 역할을 했기 때문에 ‘병(屛)’자를 붙여서 ‘외병’이라고 부른 것이다. 후대에는 조벽(照壁)으로 부르기도 했다.
82) 내병(內屛)은 제후가 문 안에 설치했던 담장을 뜻한다. 문 안쪽에 위치하여 ‘내(內)’자를 붙인 것이며, 병풍처럼 가려주는 역할을 하므로, ‘병(屛)’자를 붙여서 ‘내병’이라고 부른 것이다.
83) 『순자(荀子)』「대략(大略)」: <u>天子外屛, 諸侯內屛</u>, 禮也. 外屛, 不欲見外也, 內屛, 不欲見內也.
84) 『논어』「팔일(八佾)」: <u>邦君樹塞門</u>, 管氏亦樹塞門.

평상시 때의 예법을 뜻한다. 만약 제사를 지낼 때의 예법에 따른다면, 『이아』에서는 "묘실(廟室) 안에 있을 때에는 그 시간을 '시(時)'라고 부르고, 당(堂) 위에서 걸을 때에는 그 걸음걸이를 '행(行)'이라고 부르며, 당 아래에서 걸을 때에는 그 걸음걸이를 '보(步)'라고 부르고, 문밖에서 걸을 때에는 그 걸음걸이를 '추(趨)'라고 부르며, 마당에서 걸을 때에는 그 걸음걸이를 '주(走)'라고 부르며, 대로(大路)에서 걸을 때에는 그 걸음걸이를 '분(奔)'이라고 부른다."[85]라고 했다. 『이아』의 내용이 제사를 지내는 예법에 해당한다는 사실을 알 수 있는 이유는『서』「소고(召誥)」편에서 "왕(王)이 아침에 주(周) 땅으로부터 와서[步], 풍(豐) 땅에 이르렀다."[86]라고 하였는데, 이 문장에 대한 공안국(孔安國)의 주(注)에서는 "문왕(文王)의 묘(廟)에 아뢰는 것이다. 문왕에게 아뢰었다면, 무왕(武王)에게도 아뢰었음을 알 수 있다."라고 했다. 종묘(宗廟)를 출입함에 있어서도, "멀리 간다[遠]."라고 기록하지 않은 것도 바로 이러한 이유 때문이다. 만약 제사를 지내며 빈객(賓客)을 맞이하는 경우라면, 『주례』「악사(樂師)」편에서 "'행(行)'할 때에는 사하(肆夏)라는 악장을 연주하고, '추(趨)'할 때에는 '채제(采薺)'라는 악장을 연주한다."[87]라고 했는데, '행'이라는 것은 태침(太寢)[88]의 마당에서 노문(路門)까지 걷는 것을 뜻하며, '추'라는 것은 노문(路門)에서 응문(應門)까지 걷는 것을 뜻한다.

---

85) 『이아』「석궁(釋宮)」: 室中謂之時, 堂上謂之行, 堂下謂之步, 門外謂之趨, 中庭謂之走, 大路謂之奔.

86) 『서』「주서(周書)·소고(召誥)」: 惟二月旣望越六日乙未, 王朝步自周, 則至于豐.

87) 『주례』「춘관(春官)·악사(樂師)」: 敎樂儀, 行以肆夏, 趨以采薺, 車亦如之, 環拜以鍾鼓爲節.

88) 대침(太寢)은 노침(路寢)을 뜻한다. 천자나 제후가 정무(政務)를 처리하던 곳이다. 『주례』「하관(夏官)·태복(太僕)」편에는 "建路鼓于大寢之門外, 而掌其政."이라는 기록이 있고, 이에 대한 정현의 주에서는 "大寢, 路寢也."라고 풀이했다.

孔疏 ●“堂上不趨”者, 亦謂不疾趨, 堂上迫狹故也. 下階則趨, 故論語云: “沒階, 趨進, 翼如也.” 然論語云是孔子見於君也.

번역 ●經文: “堂上不趨”. ○이 구문 또한 종종걸음으로 빨리 걷지 않는다는 뜻으로, 당(堂) 위의 공간은 매우 협소하기 때문이다. ‘당’과 연결된 계단을 내려가게 되면, 종종걸음으로 걷는다. 그렇기 때문에 『논어』에서 “계단을 내려와서, 종종걸음으로 걸어갈 때에는 새가 나래를 편 것처럼 우아하였다.”[89]라고 했던 것이다. 다만 『논어』에서 말하고 있는 상황은 공자(孔子)가 군주를 알현하는 경우이다.

孔疏 ●“執玉不趨”者, 執玉須愼, 不論堂之上下, 皆不疾趨也. 若張足疾趨, 則或蹉跌失玉, 故不趨. 注云“聘禮曰: ‘上介授賓玉於廟門外’”者, 引證賓有執玉於堂下時也. 賓當進聘, 故上介授賓玉於主人廟門外, 賓執玉進入門內, 不疾趨而爲徐趨. 徐趨者, 則玉藻云: “圈豚行, 不擧足, 齊如流.” 注云: “孔子執圭則然也.” 又云: “執龜玉, 擧前曳踵, 蹜蹜如也.” 注云: “著徐趨之事.” 疾趨者, 則玉藻云: “疾趨則欲發[90], 而手足毋移.” 注云: “疾趨謂直行也. 疏數自若, 毋移欲其直且正也.”

번역 ●經文: “執玉不趨”. ○‘옥(玉)’을 지니게 되면 신중해야 한다. 따라서 당(堂)의 위나 아래에 상관없이 모든 경우에 있어서 종종걸음으로 빨리 걸어서는 안 된다. 만약 발걸음을 크게 떼며, 종종걸음으로 빨리 걷게 된다면, 혹여 넘어지게 되어, ‘옥’을 떨어트리게 될 수도 있다. 그렇기 때문에 종종걸음으로 걷지 않는 것이다. 정현의 주에서 “『의례』「빙례(聘禮)」편에

---

89) 『논어』「향당(鄕黨)」: <u>沒階, 趨進, 翼如也.</u> 復其位, 踧踖如也.

90) ‘발(發)’자에 대하여. ‘발’자는 본래 ‘수(授)’자로 기록되어 있었는데, 완원(阮元)의 『교감기(校勘記)』에서는 “『민본(閩本)』·『감본(監本)』에는 ‘수’자를 ‘발’자로 기록하고 있고, 『고문(考文)』에서 송(宋)나라 때 판본을 인용한 것도 이와 동일하다. 살펴보니, 『예기』「옥조(玉藻)」편에서도 ‘발’자로 기록하고 있고, 정현(鄭玄)의 주(注)에서도 ‘발위기구(發謂起屨)’라고 기록되어 있다.”라고 했다.

서는 '상개(上介)는 종묘(宗廟)의 문밖에서 빈객(賓客)에게 옥을 건넨다.'"
라고 하였는데, 정현은 이 문장을 인용하여, 빈객이 당(堂) 아래에 있을 때
옥을 지니고 있는 경우가 있다는 사실을 증명하고 있는 것이다.「빙례」편
에서 언급하는 상황은 빈객이 빙문(聘問)을 하기 위해 찾아온 경우에 해당
하므로, '상개'가 주인(主人)의 종묘 문밖에서 빈객에게 '옥'을 건네게 되어,
빈객이 '옥'을 지니고 묘문의 안으로 들어가게 된 상황이니, 빠른 속도로
종종걸음으로 걷지 않고, '느린 속도로 문밖에서의 걸음걸이인 추(趨)로 걷
게 되는 것[徐趨]'이다. '서추(徐趨)'에 대해서는『예기』「옥조(玉藻)」편에서
"천천히 걸어갈 때에는 발을 높이 들지 않으니, 그 가지런히 걷는 모습이
마치 물이 흐르는 것과 같았다."[91]라고 했고, 이 문장에 대한 정현의 주에
서는 "공자(孔子)가 규(圭)를 들게 되면, 이처럼 하였다."라고 했다. 또「옥
조」편에서는 "거북 껍질이나 '옥(玉)'을 들었을 때에는 앞발을 뗄 때 뒤꿈치
가 땅에 끌리도록 걸어서, 작은 보폭으로 느릿하게 걷는다."[92]라고 하였고,
이 문장에 대한 정현의 주에서는 "'서추(徐趨)'로 해야 하는 일들에 대해서
나타낸 것이다."라고 했다. 한편 '빠른 속도로 종종걸음을 걷는 것[疾趨]'에
대해서는「옥조」편에서 "'질추(疾趨)'를 할 때에는 신발 바닥을 들어 올리
도록 걷되, 팔과 다리를 휘젓지는 않는다."[93]라고 하였고, 이 문장에 대한
정현의 주에서는 "'질추'는 똑바로 걸어간다는 뜻이다. 걸음을 떼는 폭과
빈번한 정도는 평상시처럼 하되, 팔을 휘젓지 않는 것은 똑바로 걸어가기
위해서이다."라고 했다.

孔疏 ●"堂上接武"者, 武, 跡也. 旣不欲疾趨, 故跡相接也. 鄭云: "每移足
半蹠之." 王云: "足相接也." 庾云: "謂接則足連, 非半也." 武跡相接, 謂每移
足半蹠之也. 中人跡一尺二寸, 半蹠之, 是每進六寸也.

---

91)『예기』「옥조(玉藻)」【393d】: 圈豚行, 不擧足, 齊如流. 席上亦然. 端行, 頤霤如
矢.
92)『예기』「옥조(玉藻)」【394a】: 執龜玉, 擧前曳踵, 踖踖如也.
93)『예기』「옥조(玉藻)」【393c~d】: 徐趨皆用是, 疾趨則欲發, 而手足毋移.

번역 ●經文: "堂上接武". ○'무(武)'자는 발자국[跡]을 뜻한다. 이미 빠른 걸음으로 걷고자 하지 않기 때문에, 발자국이 서로 이어지도록 보폭을 작게 하는 것이다. 정현은 "매 발걸음마다 반보씩 뗀다."라고 하였고, 왕숙은 "발이 서로 붙는 것이다."라고 하였으며, 유울지는 "'접(接)'이라고 한다면, 발이 연이어지게 보폭을 적게 한다는 뜻으로, 반보씩 떼는 것이 아니다."라고 했다. 그러나 발자국이 서로 붙는다는 말은 곧 매 걸음마다 반보씩 뗀다는 뜻이 된다. 일반 사람들의 보폭은 1척(尺) 2촌(寸)이 되니, 반보씩 떼게 되면, 매 걸음마다 6촌씩 앞으로 나아가게 된다.

孔疏 ●"堂下布武"者, 鄭謂每移足各自成跡, 不半[94]相躡, 王云: "謂跡間容足." 若間容足, 則中武, 王說非也.

번역 ●經文: "堂下布武". ○정현은 이 구문에 대해서, 매 걸음을 뗄 때에는 각자 본래의 걸음걸이로 걷는다는 뜻으로, 발자국이 겹치도록 반보씩 떼지 않는다고 하였다. 왕숙은 "발자국 사이마다 발 하나가 들어갈 만큼 떼는 것이다."라고 하였다. 만약 발자국 사이마다 발 하나가 들어갈 만큼 떼는 것이라면, 일반 사람들이 평상시에 걷는 보폭이 되니, 왕숙의 설명은 잘못되었다.

訓纂 說文: 趨, 疾也.

번역 『설문해자(說文解字)』에서 말하길, '취(趨)'자는 "빨리 걷는다[疾]."는 뜻이다.

---

94) '반(半)'자에 대하여. 『십삼경주소(十三經注疏)』 북경대 출판본에서는 "정현(鄭玄)의 주(注)에 따르면, 이 문장에서의 '반'자는 연문(衍文)이 된다."라고 했다.

集解 愚謂: 玉藻趨有疾趨・徐趨二法. 疾趨, 起屨離地, 徐趨, 舉前曳踵. 惟薄之外不趨, 此以不爲容而不趨, 非惟不疾趨, 並不必徐趨矣. 堂上地迫, 不能趨也; 執玉重愼, 不敢趨也. 此二者但不疾趨耳, 當徐趨也. 故聘禮記"將授志趨", 是執玉徐趨也. 堂上接武, 卽徐趨; 堂下布武, 卽疾趨也. 疾趨張足, 則布武矣. 此云"堂上接武, 堂下布武"者, 常法也. 玉藻"君與尸行接武, 大夫繼武, 士中武", 以疏數爲尊卑之差, 乃君與臣相與行禮之法, 所謂"君行一, 臣行二"也.

번역 내가 생각하기에, 『예기』「옥조(玉藻)」편에서는 종종걸음[趨]에 질추(疾趨)와 서추(徐趨)라는 두 가지 방법이 있다고 했다.[95) '질추'라는 것은 신발을 지면에서 높게 떼어서 걷는 빠른 걸음이고, '서추'라는 것은 앞발을 뗄 때 뒤꿈치가 땅에 끌리도록 느리게 걷는 걸음이다. 장막과 주렴 밖에서 종종걸음으로 걷지 않는 이유는 이러한 장소에서는 애써 공손한 태도를 갖추지 않게 되어, 종종걸음으로 걷지 않는 것이니, '질추'를 하지 않을 뿐만 아니라, '서추'를 할 필요도 없는 것이다. 당(堂) 위의 공간은 협소하므로, 종종걸음으로 걸을 수가 없고, 옥(玉)을 가지고 있을 때에는 더욱 신중하게 되므로, 감히 종종걸음으로 걸을 수가 없는 것이다. 이러한 두 가지 경우에서는 단지 '질추'를 하지 않을 따름이니, '서추'를 해야 하는 상황에 해당한다. 그렇기 때문에 『의례』「빙례(聘禮)」편의 기문(記文)에서는 "장차 주려고 한다면, 추(趨)하게 걸을 것을 염두에 둔다."[96)라고 하였는데, 이것이 바로 '옥'을 가지고서 '서추'한다는 사실을 가리킨다. "당 위에서는 발자국이 붙게 걷는다."라고 하였는데, 이 말은 곧 '서추'를 해야 한다는 뜻이고, "당 아래에서는 발자국이 넓게 떨어지도록 걷는다."라고 하였는데, 이 말은 곧 '질추'를 해야 한다는 뜻이다. '질추'를 할 때에는 보폭을 길게 떼므로, "발자국을 넓게 펴다[布武]."에 해당한다. 이곳 경문에서 "당 위에서는 발자국이 붙도록 걷고, 당 아래에서는 발자국이 떨어지도록 성큼성큼 걷는다."라고 하였는데, 이것은 일상적인 예법에 해당한다. 「옥조」편에서는 "군

95) 『예기』「옥조(玉藻)」【393c~d】: 徐趨皆用是, 疾趨則欲發, 而手足毋移.
96) 『의례』「빙례(聘禮)」: 賓入門皇, 升堂讓, 將授志趨.

주와 시동이 걸을 때에는 '접무(接武)'를 하고, 대부(大夫)는 '계무(繼武)'를 하며, 사(士)는 '중무(中武)'를 한다."97)라고 했는데, 이것은 곧 발걸음을 떼는 폭과 빈번한 정도를 신분의 차등으로 삼은 것이다. 따라서 군주와 신하가 함께 참여하여, 의례를 시행할 때의 법도는 이른바 "군주가 한 걸음을 떼면, 신하는 두 걸음을 뗀다."라는 것에 해당한다.

【19b】

並坐不橫肱, 授立不跪, 授坐不立.

직역 並坐에는 不橫肱하고, 立에 授함에는 不跪하며, 坐에 授함에는 不立한다.

의역 다른 사람과 나란히 앉아 있을 때에는 팔뚝을 옆으로 벌리지 않고, 서 있는 자에게 물건을 건넬 때에는 무릎을 꿇고서 주지 않으며, 앉아 있는 자에게 물건을 건넬 때에는 서서 주지 않는다.

集說 橫肱, 則妨並坐者. 不跪・不立, 皆謂不便於受者.

번역 팔뚝을 옆으로 벌리면, 나란히 앉아 있는 자에게 방해가 된다. 무릎을 꿇고서 주지 않고, 서서 주지 않는 행동들은 모두 받는 자의 입장에서 불편하기 때문이다.

大全 嚴陵方氏曰: 授立不跪者, 爲煩尊者之俯也. 授坐不立者, 爲煩尊者之仰也. 少儀言"受立授立不坐", 則不特授尊者, 而然雖受卑者, 亦然矣.

---

97) 『예기』「옥조(玉藻)」 【393c】 : 君與尸行, 接武, 大夫繼武, 士中武.

번역 엄릉방씨가 말하길, 서 있는 자에게 물건을 건넬 때 무릎을 꿇지 않는 이유는 존귀한 신분을 가진 상대방에게 몸을 굽혀야 하는 번거로움을 주기 때문이다. 앉아 있는 자에게 물건을 건넬 때 서서 주지 않는 이유는 존귀한 신분을 가진 상대방에게 몸을 일으켜야 하는 번거로움을 주기 때문이다. 『예기』「소의(少儀)」편에서는 "서 있는 자에게 물건을 받고, 서 있는 자에게 물건을 건넬 때에는 앉지 않는다."[98]라고 하였으니, 단지 존귀한 자에게 물건을 건넬 때에만 이렇게 하는 것이 아니라, 비록 신분이 낮은 자에게 물건을 받는 경우라고 하더라도, 또한 이렇게 해야 하는 것이다.

鄭注 爲害旁人. 爲煩尊者俛仰受之.

번역 팔뚝을 옆으로 벌리면, 옆에 있는 사람을 방해하기 때문이다. 무릎을 꿇거나 서서 주게 되면, 존귀한 자를 번거롭게 하여, 굽히거나 일어나서 그 물건을 받도록 만들기 때문이다.

釋文 並如字, 又步頂反, 後放此. 肱, 古弘反. 跪, 求委反, 本又作危. 授坐, 本又作"俛仰".

번역 '並'자는 글자대로 읽는데, 또한 그 음은 '步(보)'자와 '頂(정)'자의 반절음도 되고, 이후에 나오는 글자들도 모두 그 음이 이와 같다. '肱'자는 '古(고)'자와 '弘(홍)'자의 반절음이다. '跪'자는 '求(구)'자와 '委(위)'자의 반절음이며, 판본에 따라서는 '危'자로 기록하기도 한다. '授坐'는 판본에 따라서 또한 '俛仰'으로 기록하기도 한다.

孔疏 ●"授立不跪"者, 謂尊者立之時, 卑者以物授尊者, 不得跪, 煩尊者俯俛. 若尊者形短, 雖卑者得跪以授之, 故少儀云: "受立, 授立不坐, 性之直者

98) 『예기』「소의(少儀)」【432c】: 受立, 授立, 不坐. 性之直者, 則有之矣.

則有之也." 注云"尊者短則跪, 不敢以長臨之." 是也.

번역 ●經文: "授立不跪". ○존귀한 자가 서 있을 때, 신분이 낮은 자가 존귀한 자에게 물건을 건네는 경우를 뜻하는데, 무릎을 꿇을 수 없는 이유는 존귀한 자를 번거롭게 해서, 몸을 숙이도록 만들기 때문이다. 만약 존귀한 자의 신장이 매우 작을 때에는 비록 위에서 언급한 상황과 어긋난다고 하더라도, 신분이 낮은 자가 무릎을 꿇고서 물건을 건넬 수도 있다. 그렇기 때문에 『예기』「소의(少儀)」편에서 "서 있는 자에게 물건을 받고, 서 있는 자에게 물건을 건넬 때에는 앉지 않지만, 태생적으로 키가 작은 경우라면, 그렇게 할 때도 있다."[99]라고 하였는데, 이 문장에 대한 정현의 주에서 "존귀한 자의 키가 작다면, 무릎을 꿇고서 물건을 건네게 되니, 감히 자신의 큰 키로 존귀한 자를 대면할 수 없기 때문이다."라고 했다. 이 말이 바로 이러한 경우를 가리킨다.

集解 愚謂: 坐與跪皆以兩膝著地. 直身而股不著於蹠則爲跪, 以股就蹠則爲坐. 坐所以爲安, 跪所以爲敬. 授立不跪, 爲煩人之坐而受也. 授坐不立, 爲煩人之起而受也.

번역 내가 생각하기에, '앉을 때[坐]'에나 '무릎을 꿇을 때[跪]'에는 모두 양쪽 무릎을 땅에 닿도록 한다. 상체를 곧추 세우고, 허벅지가 정강이에 닿지 않도록 굽히는 것이 '궤(跪)'가 되고, 허벅지를 정강이에 닿도록 하는 것이 '좌(坐)'가 된다. 앉는 것은 편안한 자세를 취하기 위해서이고, 무릎을 꿇는 것은 공손한 태도를 취하기 위해서이다. 서 있는 사람에게 물건을 건넬 때, 무릎을 꿇지 않는 이유는 상대방을 번거롭게 하여, 앉아서 물건을 받도록 만들기 때문이다. 앉아 있는 사람에게 물건을 건넬 때 서서 주지 않는 이유는 상대방을 번거롭게 하여, 일어나서 물건을 받도록 만들기 때문이다.

---

99) 『예기』「소의(少儀)」【432c】: 受立, 授立, 不坐. 性之直者, 則有之矣.

集解 朱子曰: 古人之坐者, 兩膝著地, 因反其蹠而坐於其上. 故儀禮曰"坐取爵", 曰"坐奠爵", 禮記曰"坐而遷之", 曰"一坐再至", 曰"武坐致右軒左", 老子曰"坐進此道"之類, 凡言坐者, 皆謂跪也. 然記又云"授立不跪, 授坐不立", 莊子亦云"跪坐而進之", 則跪與坐又似有小異. 疑跪有危義, 故兩膝著地, 伸腰及股而勢危者爲跪; 兩膝著地, 以尻著蹠而稍安者爲坐也. 又詩云"不遑啓居", 而其傳以啓爲跪, 爾雅以妥爲安坐. 夫以'啓'對'居', 而訓啓爲跪, 則居之爲坐可見; 以妥爲安定之坐, 則跪之爲危坐亦可知. 蓋兩事相似, 但一危一安爲小異耳.

번역 주자가 말하길, 고대인들은 앉을 때 양쪽 무릎이 땅에 닿도록 하였으며, 발을 교차하고 그 위에 엉덩이를 올려서 앉았다. 그렇기 때문에『의례』에서는 "앉아서 잔을 가져온다."라고 했고, "앉아서 술잔을 바친다."라고 했던 것이며,[100] 또『예기』에서는 "앉은 자세로 옮긴다."[101]라고 했고, "한쪽 다리만 꿇고서, 두 번 머리가 땅에 닿도록 조아린다."[102]라고 했으며, "무(武) 악무(樂舞)에 맞춰 춤을 출 때에는 앉은 채로 오른쪽 무릎은 땅에 대고, 왼쪽 발을 들어올린다."[103]라고 했던 것이며, 또『노자(老子)』에서는 "앉아서 이 도(道)를 닦는다."[104]라고 했던 것이니, 이러한 기록들에서 말하는 '좌(坐)'라는 것은 곧 일반적으로 "무릎을 꿇는다."라고 할 때의 '궤(跪)'자의 뜻이다. 그런데『예기』에서는 또한 "서 있는 자에게 물건을 건넬 때에는 무릎을 꿇지 않고, 앉아 있는 자에게 물건을 건넬 때에는 서서 주지 않는다."라고 하였으며,『장자(莊子)』에서도 또한 "무릎을 꿇고 앉아서, 그것들을 전한다."[105]라고 했으니, '궤(跪)'와 '좌(坐)'는 유사하면서도 작은 차이점이 있다. 아마도 내 생각에는 '궤'라는 것은 좀 더 엄격한 의미가 포

---

100) 『의례』「향음주례(鄕飮酒禮)」: 賓降, 洗. 主人降. 賓坐奠爵, 興辭. 主人對. 賓坐取爵, 適洗南, 北面.
101) 『예기』「곡례상」【20d】: 先生書策琴瑟在前, 坐而遷之, 戒勿越.
102) 『예기』「왕제(王制)」【176d】: 八十拜君命, 一坐再至. 瞽亦如之. 九十使人受.
103) 『예기』「악기(樂記)」【482b】: "武坐, 致右憲左, 何也?" 對曰, "非武坐也."
104) 『노자(老子)』「62장」: 故立天下, 置三公, 雖有拱璧以先駟馬, 不如坐進此道.
105) 『장자(莊子)』「재유(在宥)」: 乃齊戒以言之, 跪坐以進之, 鼓歌以舞之.

함되어 있는 것이다. 그렇기 때문에 양쪽 무릎을 땅에 대고, 허리와 허벅지를 곧게 펴서 단정한 자세를 취하는 것을 '궤'라고 하는 것이며, 양쪽 무릎을 땅에 대고, 엉덩이를 정강이에 대서, 편안한 자세를 취하는 것을 '좌'라고 하는 것이다. 또『시』에서는 "앉아서 지낼 겨를이 없다."106)라고 하였는데, 이 문장에 대한 전문(傳文)에서는 '계(啓)'자를 '궤(跪)'자로 풀이하였으며,107) 『이아』에서는 '타(妥)'자를 "편안히 앉다[安坐]."라고 풀이하였다.108) 무릇 '계(啓)'자를 '거(居)'자에 대비시키고, '계'자를 '궤(跪)'자의 뜻으로 풀이하였으니, '거처할 때[居之]'의 앉는 방법에 대해서도 확인할 수 있으며, '타(妥)'자를 "편안한 자세로 앉는다."고 할 때의 '좌(坐)'자로 풀이하였으니, '궤(跪)'자는 "위엄을 갖춰서 단정하게 앉는다[危坐]."는 뜻임을 또한 알 수 있다. 무릇 '궤'와 '좌'는 서로 유사하지만, 다만 '궤'는 위엄을 갖춰서 단정하게 앉는 것을 뜻하고, '좌'는 편안하게 앉는 것을 뜻하는 등 작은 차이점을 보일 따름이다.

集解 愚謂: 跪卽大祝九拜之"振動"也. 跪或謂之長跪, 亦曰長跽. 史記"秦王跽而請", 索隱曰, "跽者, 長跪." 古詩, "長跪問故夫." 蓋坐以尻就蹠而稍短, 跪則竦身直股而稍長矣. 弟子職云, "亦有據膝, 毋有隱肘." 此坐之節也. 坐必先脫屨, 蓋坐以尻就蹠, 著屨則妨於坐故也; 跪則不必脫屨, 故拜不脫屨也. 然跪亦或謂之坐, 而坐不可謂之跪. 故孔疏云, "坐名通跪, 跪名不通坐."

번역 내가 생각하기에, '궤(跪)'라는 것은 곧『주례』「대축(大祝)」편에서 언급하고 있는 구배(九拜)109)중의 '진동(振動)'에 해당한다.110) 한편 '궤'는

---

106)『시』「소아(小雅)·채미(采薇)」: 采薇采薇, 薇亦作止. 曰歸曰歸, 歲亦莫止. 靡室靡家, 玁狁之故. 不遑啓居, 玁狁之故.

107)『시』「소아(小雅)·채미(采薇)」편의 "靡室靡家, 玁狁之故. 不遑啓居, 玁狁之故."에 대한 정현(鄭玄)의 전(箋): 北狄, 今匈奴也. 靡, 無. 遑, 暇. 啓, 跪也.

108)『이아』「석고(釋詁)」: 妥, 安坐也.

109) 구배(九拜)는 제사를 지낼 때 사용하게 되는 아홉 종류의 절하는 형식을 뜻한다. 계수(稽首), 돈수(頓首), 공수(空首), 진동(振動), 길배(吉拜), 흉배(凶拜), 기배(奇拜), 포배(襃拜), 숙배(肅拜)에 해당한다. '계수'는 절을 하며 머리

간혹 '장궤(長跪)'라고도 부르고, 또한 '장기(長跽)'라고도 부른다.『사기(史記)』에는 "진왕(秦王)이 기(跽)를 하고서 청(請)하였다."[111]라는 기록이 있는데, 이 문장에 대해『사기색은(史記索隱)』에서는 "'기(跽)'는 '장기(長跽)'이다."라고 풀이하였다. 그리고 고시(古詩)에서는 "'장궤(長跪)하고서 죽은 남편에 대해 물었다."[112]라고 하였다. 무릇 '좌(坐)'라는 것은 엉덩이를 종아리에 닿게 한 것으로, 앉은키가 작게 되며, '궤(跪)'라는 것은 몸가짐을 조심스럽게 하며, 허벅지를 곧추세우는 것으로, 앉은키가 좀 더 크게 된다.

가 지면에 닿도록 하는 것이며, '돈수'는 절을 하며 머리가 땅을 두드리듯이 찧는 것이고, '공수'는 절을 하며 머리가 손을 포갠 곳에 닿도록 하는 것이니, '배수(拜手)'라고 부르는 것에 해당한다. '길배'는 절을 한 이후에 이마를 땅에 닿게 하는 것이며, '흉배'는 이마를 땅에 닿게 한 이후에 절을 하는 것이다. '진동'의 경우 애통하게 울면서 절을 하는 것을 뜻하기도 하고, 양손을 서로 부딪치는 것을 뜻하기도 하며, 위엄을 갖추고 절을 하는 것을 뜻하기도 한다. '기배'는 절하는 횟수를 홀수로 하는 것을 뜻하기도 하며, 한쪽 무릎만 굽히고 하는 절이나 손에 쥐고 있는 물건 등에 의지해서 절하는 것을 뜻하기도 하고, 한번 절하는 것을 뜻하기도 한다. '포배'는 답배를 뜻하기도 하니, 재배(再拜)에 해당하고, 또 손에 물건을 쥐고 절하는 것을 뜻하기도 한다. '숙배'는 단지 손을 아래로 내려서 몸에 붙이는 것에 해당한다.『주례』「춘관(春官)・대축(大祝)」편에는 "辨九拜, 一曰稽首, 二曰頓首, 三曰空首, 四曰振動, 五曰吉拜, 六曰凶拜, 七曰奇拜, 八曰褒拜, 九曰肅拜, 以享右祭祀."라는 기록이 있고, 이에 대한 정현의 주에서는 "稽首, 拜頭至地也. 頓首, 拜頭叩地也. 空首, 拜頭至手, 所謂拜手也. 吉拜, 拜而后稽顙, 謂齊衰不杖以下者. 言吉者, 此殷之凶拜, 周以其拜與頓首相通, 故謂之吉拜云. 凶拜, 稽顙而后拜, 謂三年服者. 杜子春云, '振讀爲振鐸之振, 動讀爲哀慟之慟, 奇讀爲奇偶之奇, 謂先屈一膝, 今雅拜是也. 或云, 奇讀曰倚, 倚拜謂持節・持戟拜, 身倚之以拜.' 鄭大夫云, '動讀爲董, 書亦或爲董. 振董, 以兩手相擊也. 奇拜, 謂一拜也. 褒讀爲報, 報拜, 再拜是也.' 鄭司農云, '褒拜, 今時持節拜是也. 肅拜, 但俯下手, 今時撎是也. 介者不拜, 故曰爲事故, 敢肅使者.' 玄謂振動戰栗變動之拜. 書曰王動色變. 一拜, 答臣下拜. 再拜, 拜神與尸. 享, 獻也, 謂朝獻饋獻也. 右讀爲侑. 侑勸尸食而拜."라고 풀이했다.

110)『주례』「춘관(春官)・대축(大祝)」: 辨九拜, 一曰稽首, 二曰頓首, 三曰空首, 四曰振動, 五曰吉拜, 六曰凶拜, 七曰奇拜, 八曰褒拜, 九曰肅拜, 以享右祭祀.

111)『사기(史記)』「범휴채택열전(范雎蔡澤列傳)」: 秦王跽而請曰, "先生何以幸敎寡人?" 范雎曰, "唯唯."

112)『옥태신영(玉台新咏)』「고시(古詩)・상산채미무(上山采蘼蕪)」: 長跪問故夫, 新人復何如?

『관자(管子)』「제자직(弟子職)」편에서는 "또한 무릎에 손을 얹으며, 팔꿈치로 기대지 않는다."[113]라고 하였으니, 이것이 바로 '좌'할 때의 예절이다. '좌'할 때에는 반드시 앉기에 앞서 신발을 벗어야만 하는데, 무릇 '좌'를 할 때에는 엉덩이를 종아리 위에 올려두게 되므로, 신발을 신고 있으면, '좌'를 할 때 불편하기 때문이다. 한편 '궤'를 할 때에는 신발을 반드시 벗어야만 하는 것은 아니다. 그렇기 때문에 절[拜]을 할 때에도 신발을 벗지 않는 것이다. 그런데 '궤'를 간혹 '좌'라고도 부르지만, '좌'를 '궤'라고 부를 수는 없다. 이러한 까닭으로 공영달(孔穎達)의 소(疏)에서는 "'좌'라는 명칭은 '궤'와 통용되지만, '궤'라는 명칭은 '좌'와 통용되지 않는다."라고 말한 것이다.

---

113) 『관자(管子)』「제자직(弟子職)」 : 亦有據膝, 毋有隱肘.

청소예절

【19b~c】

凡爲長者糞¹⁾之禮, 必加帚於箕上, 以袂拘而退. 其塵不及長者, 以箕自鄕²⁾而扱之.

직역 무릇 長者를 爲하여 糞하는 禮에서는 必히 箕上에 帚를 加하고, 袂로 拘하여 退한다. 塵이 長者에게 不及하기 위해, 箕를 自鄕하여 扱한다.

---

1) '분(糞)'자에 대하여.『십삼경주소(十三經注疏)』북경대 출판본에서는 "『민본(閩本)』·『감본(監本)』·『모본(毛本)』·『석경(石經)』·『악본(岳本)』·『가정본(嘉靖本)』에서는 동일하게 '분'자로 기록하고 있다.『경전석문(經典釋文)』에서는 '분(▼(扌+糞))자는 판본에 따라서 분(糞)자로도 기록한다.'라고 했다.『정의본(正義本)』에도 '분(糞)'자로 기록되어 있는데,『고문(考文)』에서는『고본(古本)』을 인용하며, '분(▼(扌+糞))'자로 기록하고 있다."라고 했다.

2) '향(鄕)'자에 대하여.『십삼경주소(十三經注疏)』북경대 출판본에서는 "『민본(閩本)』·『감본(監本)』·『모본(毛本)』·『석경(石經)』·『악본(岳本)』·『가정본(嘉靖本)』·위씨(衛氏)의『집설(集說)』에서는 모두 '향'자로 기록하고 있다.『고문(考文)』에서는『고본(古本)』을 인용하며, '향(嚮)'자로 기록하고 있다. 완원(阮元)의『교감기(校勘記)』에서는 '『경전석문(經典釋文)』을 살펴보면, 이 글자 앞에 향존(鄕尊)이라는 단어가 나오는데, 이 단어에 기록된 향(鄕)자에 대해서, 판본에 따라서는 또한 향(嚮)자로도 기록하며, 뒷문장과 정현(정현)의 주(注)에 나오는 글자들도 동일하다고 했다. 이것을 통해서 향(鄕)자를『경전석문』에서는 또한 향(嚮)자로도 기록한다는 사실을 알 수 있다.『정의본(正義本)』에서 향(鄕)자로 기록한 부분은『경전석문』에서도 동일하게 향(鄕)자로 기록하고 있다.『고문(考文)』에서『고본(古本)』을 인용하며 향(嚮)자로 기록한 부분은『경전석문』에서도 동일하게 향(嚮)자로 기록하고 있다. 따라서 이곳의 글자를 향(嚮)자로 기록한 것은 잘못된 기록이다.'"라고 했다.

의역 무릇 어른을 위해 청소하는 예법(禮法)은 다음과 같다. 청소를 하기 위해 이동할 때에는 반드시 쓰레받기 위에 빗자루를 얹어서 이동한다. 그리고 자신의 소매로 빗자루를 가리고, 빗자루로 쓸면서 어른이 계신 곳 반대방향으로 물러나며 청소한다. 청소할 때 발생하는 먼지가 어른에게 가지 않게 하기 위해서, 청소를 할 때는 빗자루를 자신의 방향으로 쓸어서 쓰레받기에 담는다.

集說 糞, 除穢也. 少儀云, "埽席前曰拚", 義與糞同. 呂氏讀扱爲揷音, 然凡氣之出入, 噓則散, 吸則聚, 今以收斂爲義, 則吸音爲是.

번역 '분(糞)'자는 더러운 것들을 청소한다는 뜻이다. 『예기』「소의(少儀)」편에서는 "자리 주변을 청소하는 것을 '변(拚)'이라고 부른다."[3]라고 하였는데, '변'자의 의미는 '분'자와 동일하다. 여씨(呂氏)는 '급(扱)'자를 '삽(揷)'자로 해석하였다. 그러나 무릇 기(氣)가 출입할 때에는 내불면 흩어지고, 들이마시면 모아진다. 지금 이곳 문장에서 언급하는 '급'자는 "수렴한다[收斂]."는 뜻이 되므로, '흡(吸)'자로 해석하는 것이 옳다.

集說 疏曰: 初持箕往時, 帚置箕上, 兩手擧箕. 當掃時, 一手捉帚, 擧一手衣袂以拘障於帚前, 且掃且遷, 故云拘而退. 扱, 斂取也. 以箕自向斂取糞穢, 不以箕向尊者.

번역 공영달(孔穎達)의 소(疏)에서 말하길, 최초 쓰레받기를 가지고 청소할 장소로 갈 때에는 빗자루를 쓰레받기 위에 얹어서, 양손으로 쓰레받기를 들고 간다. 청소할 때에는 한쪽 손으로는 빗자루를 들고, 나머지 한쪽 손으로는 옷소매를 잡아서 빗자루 앞을 가리며, 빗자루로 쓸면서 옮겨가는 것이다. 그렇기 때문에 "가리고 물러난다."라고 말한 것이다. '급(扱)'자는 "쓸어 담는다[斂取]."는 뜻이다. 빗자루 질을 자기 방향으로 해서 쓰레기들을 쓸어 담는 것이지, 빗자루 질을 어른 방향으로 해서는 안 되는 것이다.

---

3) 『예기』「소의(少儀)」【433b】: 氾埽曰埽, 埽席前曰拚. 拚席不以鬣, 執箕膺擖.

그림 12-1 청소하는 모습

▶ 출처: 『가산도서(家山圖書)』「제자수업지도(弟子受業之圖)」

大全 王氏蘋曰: 學者, 須是下學而上達, 洒掃應對, 卽是道德性命之理. 此章所言糞之理, 試體究, 此時此心如何? 其理微矣. 樊遲問仁, 子曰居處恭, 執事敬, 與人忠, 雖之夷狄, 不可棄也. 學者, 只是說過試以此言踐履之體究之, 斯知上達之理矣. 聖人之道, 無本末無精粗, 徹上徹下, 卽是一理.

번역 왕빈4)이 말하길, 학자(學者)는 모름지기 '실무적인 공부[下學]'를 통해서 '고차원적인 공부[上達]'를 해야 하는데,5) 물 뿌리고 청소하고 응답하는 것처럼 사소한 것들은 곧 도덕(道德)과 성명(性命)의 이치를 탐구하는 기초에 해당한다. 이곳 문장에서 언급하고 있는 청소하는 일의 이치를 직접 자신의 몸으로 터득한다면, 이때의 마음가짐은 어떠하겠는가? 따라서 사소한 일들에 내포된 이치는 매우 은미한 것이다. 번지(樊遲)가 인(仁)에 대해서 묻자, 공자(孔子)는 거처할 때 공손하게 행동하고, 일을 처리할 때 공경스럽게 행동하며, 남에게는 진심을 다하는 것이니, 비록 이적(夷狄)의 나라에 가더라도 이것들은 버릴 수 없는 것이라고 했다.6) 따라서 학자들은 단지 이 말들을 직접 실천하고 몸으로 체득해야만 하는 것이니, 이것이 바로 '상달(上達)'의 이치를 터득하는 방법이다. 성인(聖人)의 도리는 본말(本末)의 구분이 없고, 정밀하고 거친 차이가 없어서, 상하를 모두 꿰뚫고 있으니, 이것이 바로 '모든 것을 관통하는 하나의 이치[一理]'인 것이다.

鄭注 如是得兩手奉箕, 恭也. 謂初執而往時也. 弟子職曰: "執箕膺擖7), 厥

---

4) 왕빈(王蘋, A.D.1082 ~ A.D.1153): =왕신백(王信伯). 송(宋)나라 때의 학자이다. 자(字)는 신백(信伯)이고, 호(號)는 진택(震澤)이다. 저서로는 『논어집해(論語集解)』, 『신백집(信伯集)』 등이 있다.

5) 『논어』 「헌문(憲問)」: 子曰, "不怨天, 不尤人, 下學而上達. 知我者其天乎!"

6) 『논어』 「자로(子路)」: 樊遲問仁. 子曰, "居處恭, 執事敬, 與人忠. 雖之夷狄, 不可棄也."

7) '갈(擖)'자에 대하여. 『십삼경주소(十三經注疏)』 북경대 출판본에서는 "『민본(閩本)』・『감본(監本)』・『모본(毛本)』・『악본(岳本)』・『가정본(嘉靖本)』・위씨(衛氏)의 『집설(集說)』에서는 동일하게 '갈'자로 기록하고 있다. 『경전석문(經典釋文)』에는 '엽(葉)'자로 기록하고, 『고문(考文)』에서는 『고본(古本)』을 인용하며 또한 '엽'자로 기록하고 있다. 야마노이 카나에[山井鼎]는 "『고본

中有帚." 謂埽時也. 以袂擁帚之前, 埽而却行之. 扱讀曰吸, 謂收糞時也. 箕去
弃物, 以郷尊者則不恭.

번역 이처럼 쓰레받기 위에 빗자루를 얹어서 잡으면, 양 손으로 빗자루
를 바치고 있는 모습처럼 되니, 자연스럽게 공손한 자세가 된다. 그리고
이러한 행동은 최초 청소도구들을 가지고서 청소해야 할 장소로 갈 때의
내용이다. 『관자(管子)』「제자직(弟子職)」편에서는 "쓰레받기를 잡을 때에
는 앞면이 자신의 가슴 쪽으로 향하게 하며, 그 사이에 빗자루를 올려 둔
다."8)라고 하였는데, 이 말은 직접 청소할 때를 뜻한다. 소매로 빗자루의
앞쪽을 가리고, 빗자루 질을 하며 뒤로 이동을 한다. '급(扱)'자는 '흡(吸)'자
로 읽어야 하며, 이 내용은 쓰레기를 담을 때에 해당한다. 쓰레받기에 쓰레
기를 담을 때 어른을 향해서 한다면, 공손하지 못한 행동이다.

釋文 爲, 于僞反, ▼(扌+糞), 本又作糞, 徐音奮, 掃席前曰▼(扌+糞). 帚,
之手反. 箕音基. 膺, 於陵反. 葉如字, 箕舌. 袂, 武世反, 衣袖末. 拘, 古侯反,
徐音俱. 謂埽, 先報反, 又先早反. 擁, 於勇反. 扱依注音吸, 許急反, 斂也. 去,
丘呂反, 下注同.

(古本)』에는 엽(葉)자로 기록되어 있고, 『관자(管子)』에는 설(揲)자로 기록되
어 있으며, 현재 판본의 주(注)에서는 갈(摜)자로 기록되어 있는데, 「소의(少
儀)」편에서 잘못 기록하여 그렇게 된 것일 뿐이다. 마땅히 『고본(古本)』과 『경
전석문』에 따라서 바로잡아야 한다.'라고 했다. 완원(阮元)의 『교감기(校勘記)
』에서는 '야마노이 카나에의 주장을 살펴보니, 잘못된 주장이다. 『정의본(正
義本)』에는 본래부터 갈(摜)자로 기록되어 있었다. 그렇기 때문에 공영달(孔
穎達)의 소(疏)에서도 모두 갈(摜)자로 기록하고 있는 것이다. 단옥재(段玉裁)
는 수저에 밥을 뜬 것과 키의 자루부분을 모두 엽(葉)이라고 부르고, 혹은 접
(楪)자로도 쓰는데, 잘못하여 설(揲)자로 기록하게 된 것이며, 또한 그것을 렵
(擸)자로도 기록하는데, 「소의(少儀)」편에서 갈(摜)자로 기록한 것은 렵(擸)자
의 오자이며, 고음(古音)에는 렵(巤)자와 갈(葛)자의 소리가 비슷하여, 렵(巤)
자를 구성요소로 삼는 글자에서는 간혹 갈(葛)자로 대신 기록하기도 하였다.'"
라고 했다.
8) 『관자(管子)』「제자직(弟子職)」: 執箕膺揲, 厥中有帚.

번역 '爲'자는 '于(우)'자와 '僞(위)'자의 반절음이며, '▼(扌+糞)'자는 판본에 따라서 또한 '糞'자로도 쓰고, 서음(徐音)은 '奮(분)'이 되며, 자리 주변을 청소할 때 '▼(扌+糞)'이라고 쓴다. '帚'자는 '之(지)'자와 '手(수)'자의 반절음이다. '箕'자의 음은 '基(기)'이다. '膺'자는 '於(어)'자와 '陵(릉)'자의 반절음이다. '葉'자는 글자대로 읽으니, 쓰레받기의 앞쪽을 뜻한다. '袂'자는 '武(무)'자와 '世(세)'자의 반절음으로, 옷소매의 끝단을 뜻한다. '拘'자는 '古(고)'자와 '侯(후)'자의 반절음이며, 서음은 '俱(구)'가 된다. '謂堁'라고 할 때의 '堁'자는 '先(선)'자와 '報(보)'자의 반절음이며, 또한 '先(선)'자와 '부(조)'자의 반절음도 된다. '擁'자는 '於(어)'자와 '勇(용)'자의 반절음이다. '扱'자는 정현의 주에 따르면, 그 음은 '吸'이 되니, '許(허)'자와 '急(급)'자의 반절음으로, 담는다는 뜻이다. '去'자는 '丘(구)'자와 '呂(여)'자의 반절음으로, 아래 정현의 주에 나오는 '去'자도 그 음이 동일하다.

孔疏 ●"凡爲"至"爲上". ○正義曰: 此一節明爲尊者堁除布席之儀, 各隨文解之.

번역 ●經文: "凡爲"~"爲上". ○이 문장은 어른을 위해서 청소를 하고, 자리를 펴는 등의 예절을 언급하고 있으니, 각각의 문장에 따라서 해석하겠다.

孔疏 ●"必加帚於箕上"者, 謂初持箕往時也, 以帚加置箕上, 兩手擧箕也.

번역 ●經文: "必加帚於箕上". ○이 문장은 처음에 쓰레받기를 가지고 청소할 곳으로 갈 때에 대한 내용이다. 즉 빗자루를 쓰레받기 위에 올려서, 양손으로 쓰레받기를 드는 것이다.

孔疏 ◎注"弟子職曰: 執箕膺揲, 厥中有帚". ○正義曰: 證加帚箕上. 弟子職者, 管子之書篇名也, 其書述爲弟子職也. 膺, 胸前也. 揲, 箕舌也. 厥, 其也.

言執箕之禮, 以箕舌嚮胸而帚置於箕中, 箕是棄物之器, 故不持嚮尊也.

번역 ◎鄭注: “弟子職曰: 執箕膺擖, 厥中有帚”. ○이 문장은 쓰레받기 위에 빗자루를 올려둔다는 내용을 증명한 것이다. 「제자직(弟子職)」이라는 것은 『관자(管子)』라는 책의 편명인데, 「제자직」편의 내용들은 제자로써 해야 할 임무들을 기술하고 있다. ‘응(膺)’자는 ‘가슴 앞쪽[胸前]’을 뜻한다. ‘갈(擖)’자는 ‘쓰레받기의 앞면[箕舌]’을 뜻한다. ‘궐(厥)’자는 ‘그것[其]’이라는 뜻이다. 이 문장은 곧 쓰레받기를 들 때의 예절을 뜻하는 것으로, 쓰레받기의 앞부분이 자신의 가슴 쪽으로 향하게 하며, 빗자루를 쓰레받기 위에 올려둔다는 의미이다. 쓰레받기[箕]는 쓰레기를 담는 물건이다. 그렇기 때문에 쓰레받기의 앞쪽이 연장자를 향하도록 잡지 않는 것이다.

孔疏 ●“以袂拘而退”者, 謂埽時也. 袂, 衣袂也9). 退, 遷也. 當埽時, 却遷 以一手捉帚, 又擧一手衣袂以拘障於帚前, 且埽且遷, 故云“拘而退”.

번역 ●經文: “以袂拘而退”. ○이 문장은 청소할 때에 해당하는 내용이다. ‘메(袂)’자는 옷소매[衣袂]를 뜻한다. ‘퇴(退)’자는 “이동한다[遷].”는 뜻이다. 청소를 할 때에는 한쪽 손으로 빗자루를 잡고서 이동을 하고, 또 다른 쪽 손으로는 옷소매를 잡고서 빗자루의 앞쪽을 가리며, 이러한 자세로 쓸면서 이동을 한다. 그렇기 때문에 경문에서 “가리고서 이동한다.”라고 말한 것이다.

孔疏 ●“以箕自鄉而扱之”者, 扱, 斂取也. 謂以箕自鄉斂取糞穢, 亦不以 箕鄉尊也.

---

9) ‘의메야(衣袂也)’에 대하여. 『십삼경주소(十三經注疏)』 북경대 출판본에서는 “『민본(閩本)』・『감본(監本)』・『모본(毛本)』에서는 동일하게 기록하고 있다. 『통해(通解)』에서는 이 글자 뒤에 ‘구장야(拘障也)’라는 세 글자를 더 기록하고 있다. 완원(阮元)의 『교감기(校勘記)』에서는 ‘위씨(衛氏)의 『집설(集說)』을 살펴보면. 구장야(拘障也)라는 세 글자는 기록되어 있지 않다.’”라고 했다.

번역 ●經文: "以箕自鄕而扱之". ○'급(扱)'자는 "쓸어 담는다[斂取]."는 뜻이다. 이 문장의 뜻은 쓰레받기를 자신 쪽으로 향해서 쓰레기를 담아야 한다는 것으로, 이 말은 또한 쓰레받기를 연장자 쪽으로 해서는 안 된다는 뜻이 된다.

孔疏 ◎注"扱讀曰吸". ○正義曰: 必讀扱爲吸者, 以其穢物少, 吸然則盡, 不得爲一扱再扱, 故讀從吸也.

번역 ◎鄭注: "扱讀曰吸". ○'급(扱)'자를 반드시 '흡(吸)'자로 해석해야만 하는 이유는 쓸어 담아야 할 것들이 적으므로, '신속하게 쓸어 담으면[吸然]', 말끔하게 치워진다. 따라서 '쓸고 또 쓸어서[一扱再扱]' 계속해서 빗질만 해서는 안 되는 것이다. 그러므로 '급'자는 '흡'자로 해석해야 하는 것이다.

訓纂 江氏永曰: 壻前有灑壻, 固無塵. 以袂拘而退者, 敬也, 非眞以袂障塵也. 加箒於箕上, 自是初往時. 若壻時, 箕倚於戶側, 俟壻訖, 然後以箕收之, 非執箕以壻也.

번역 강영이 말하길, 쓸기에 앞서서 먼저 쓸 곳에 물을 뿌리게 되는데, 이처럼 하면 먼지가 날리지 않게 된다. 소매로 가리고 물러난다는 것은 곧 공손한 태도를 뜻하는 것으로, 소매로 먼지 날리는 것을 막는다는 의미가 절대 아니다. 쓰레받기 위에 빗자루를 얹는다는 말은 곧 처음 청소할 장소로 갈 때에 해당하는 내용이다. 만약 청소를 하는 때라면, 쓰레받기는 문 옆에 기대어 놓고, 빗자루 질을 모두 끝낸 이후에야, 쓰레받기로 쓰레기들을 담는 것이니, 쓰레받기를 들고서 청소를 하는 것이 아니다.

集解 今按: 扱當如字, 側洽反.

번역 내가 살펴보니, '扱'자는 마땅히 글자대로 읽어야 하니, '側(측)'자와 '洽(흡)'자의 반절음이 된다.

集解 呂氏大臨曰: 扱讀如"尸扱以柶祭羊鉶"之扱, 謂箕扱於糞, 如柶扱於鉶也. 糞除布席, 役之至賤者也, 古之童子爲長者役, 而其心安焉. 蓋古者教養之道, 必本諸孝弟, 孝弟之心雖生於惻隱恭敬之端, 而其行常在於洒埽·應對·執事·趨走之際. 蓋人之有血氣者, 未有安於事人者也. 今使知長者之可敬, 甘爲僕御而不辭, 是所以存其良心, 折其傲慢之氣, 然後可與進於道.

번역 여대림이 말하길, '급(扱)'자는 "시동은 음식을 뜰 때, 뿔이나 나무로 만든 수저를 쓰며, 양 고깃국을 담은 형(鉶)으로 제사를 지낸다."[10]라고 할 때, "~을 뜨다"라는 뜻의 '급(扱)'자와 같다. 따라서 이곳 문장의 '급'자는 쓰레받기에 쓰레기를 담는 것을 뜻하니, 마치 수저로 국그릇에서 건더기를 건져 내는 것과 비슷한 모습이다. 펼쳐진 자리 주변을 청소하는 일은 잡일 중에서도 매우 사소한 것들인데, 고대에는 동자(童子)들이 어른들을 위해서 이러한 잡일들을 하였고, 그들의 마음은 이러한 와중에서도 안정되어 있었다. 무릇 고대에 아이들을 교육하고 양육했던 도리는 반드시 효제(孝弟)에 근본을 두고 있었다.[11] '효제'라는 마음은 비록 측은(惻隱)하고 공경(恭敬)하는 마음의 단서에서 비롯되는 것이지만,[12] 그것을 실천하는 일은 물 뿌리고 청소하며, 응답하고, 일을 처리하며, 걸어 다니는 사소한 행동에 있게 된다. 무릇 사람은 혈기(血氣)를 가지고 있는 존재이므로, 남을 섬기는 일에 대해서 항상 마음이 편안한 것만은 아니다. 그런데 동자들로 하

---

10) 『의례』「소뢰궤식례(少牢饋食禮)」: 尸扱以柶祭羊鉶, 遂以祭豕鉶, 嘗羊鉶, 食擧, 三飯.
11) 『맹자』「진심상(盡心上)」: 孟子曰, "是猶或紾其兄之臂, 子謂之姑徐徐云爾, 亦教之孝弟而已矣."
12) 『논어』「학이(學而)」: 有子曰, "其爲人也孝弟, 而好犯上者, 鮮矣, 不好犯上, 而好作亂者, 未之有也. 君子務本, 本立而道生. 孝弟也者, 其爲仁之本與!" /『맹자』「고자상(告子上)」: 惻隱之心, 仁也, 羞惡之心, 義也, 恭敬之心, 禮也, 是非之心, 智也.

여금 어른들을 공경해야만 함을 알게 하여, 힘든 일을 달게 감수하고, 그런 일을 마다하지 않도록 하고 있으니, 이것이 바로 동자들의 양심(良心)을 보존시키는 방법이며, 또한 마음에 도사리고 있는 거만하고 오만한 기운을 꺾은 이후에야, 도(道)로 나아가는 대열에 동참할 수 있는 것이다.

集解 愚謂: 扱當如字. 說文, "扱, 收也." 謂以帚收斂所糞於箕也.

번역 내가 생각하기에, '급(扱)'자는 마땅히 글자대로 해석해야 한다. 『설문해자(說文解字)』에서는 "'급'자는 '수렴한다[收].'는 뜻이다."라고 했으니, 이 말은 곧 빗자루로 쓸어 모았던 것들을 쓰레받기에 담는다는 뜻이 된다.

자리[席]와 관련된 예절

【19d】

奉席如橋衡.

직역 奉席에는 橋衡에 如한다.

의역 어른을 위해 자리[席]를 들고 갈 때에는 마치 교량처럼 높게 들고, 저울처럼 수평이 되도록 든다.

集說 如橋之高, 如衡之平, 乃奉席之儀也.

번역 '여교형(如橋衡)'이라는 말은 교량이 높게 서 있는 것처럼 하고, 저울처럼 평형이 되도록 한다는 뜻이니, 곧 자리를 들고 갈 때의 예절에 해당한다.

鄭注 橫奉之, 令左昂[1]右低, 如有首尾然. 橋, 井上桔槹, 衡上低昂.

---

1) '앙(昂)'자에 대하여. 『십삼경주소(十三經注疏)』 북경대 출판본에서는 "『민본(閩本)』·『감본(監本)』·『모본(毛本)』·『악본(岳本)』·『가정본(嘉靖本)』· 위씨(衛氏)의 『집설(集說)』에서는 동일하게 '앙'자로 기록하고 있다. 『경전석문(經典釋文)』에서는 '앙(卬)자는 판본에 따라 앙(昂)자로도 기록하고, 또한 앙(仰)자로도 기록한다.'라고 했다. 『정의본(正義本)』에서는 '앙(昂)'자로 기록하고 있고, 『고문(考文)』에서는 『고본(古本)』을 인용하여 '앙(仰)'자로 기록하

번역 횡으로 자리를 들어서, 좌측면을 위로 가도록 하고, 우측면을 밑으로 가도록 하여, 마치 앞쪽과 뒤쪽이 있는 것처럼 한다. '교(橋)'자는 우물 위에 있는 두레박틀이고, 두레박틀에는 윗면과 아랫면이 있다.

釋文 橋, 居廟反. 令, 力呈反. 卬, 本又作昂, 又作仰, 同, 五剛反, 又魚丈反, 下同. 挈, 本又作契, 又作絜, 同音結. 槹, 古毫反. 絜皐, 依字作桔槹, 見莊子.

번역 '橋'자는 '居(거)'자와 '廟(묘)'자의 반절음이다. '令'자는 '力(력)'자와 '呈(정)'자의 반절음이다. '卬'자는 판본에 따라서 또한 '昂'자로 쓰기도 하며, '仰'자로 쓰기도 하는데, 세 글자의 음은 모두 '五(오)'자와 '剛(강)'자의 반절음이고, 또는 '魚(어)'자와 '丈(장)'자의 반절음도 되며, 아래문장에 나온 글자들도 모두 그 음이 이와 같다. '挈'자는 판본에 따라 또한 '契'자로도 쓰고, 또한 '絜'자로도 쓰는데, 그 음은 모두 '結(결)'이 된다. '槹'자는 '古(고)'자와 '毫(호)'자의 반절음이다. '絜皐'는 '桔槹'로도 기록하는데, 『장자(莊子)』에 그 용례가 나타난다.[2]

孔疏 ●"奉席如橋衡"者, 所奉席席頭令左昂右低, 如橋之衡. 衡, 橫也. 左尊故昂, 右卑故垂也. 但席舒則有首尾, 卷則無首尾, 此謂卷席奉之法, 故注云"如有首尾然". 言如有, 則實無首尾, 至於舒席之時, 則有首尾, 故公食禮云: "莞席尋, 卷自末." 注云: "末, 終也." 終則尾也.

번역 ●經文: "奉席如橋衡". ○자리를 들 때에는 자리의 머리 부분 중 좌측을 위로 하고 우측을 밑으로 해서 드니, 그 모습이 마치 두레박틀의 가로대처럼 된다. '형(衡)'은 두레박틀의 가로대[橫]이다. 좌측은 항상 존귀한 위치가 되기 때문에, 위로 가게 하는 것이고, 우측은 좌측에 비해 상대적

고 있다."라고 했다.
2) 『장자(莊子)』「천운(天運)」: 且子獨不見夫桔槹者乎?

으로 낮은 위치가 되기 때문에, 밑으로 가게 하는 것이다. 다만 자리를 펼친 상태에서는 앞쪽[首]과 뒤쪽[尾]이 있게 되는데, 둘둘 말게 되면, 앞쪽과 뒤쪽의 구분이 없어지게 된다. 따라서 이 문장은 둘둘 말아버린 자리를 들어 올릴 때의 예법에 해당한다. 그렇기 때문에 정현의 주에서 "마치 앞쪽과 뒤쪽이 있는 것처럼 한다."라고 말한 것이다. 정현이 '마치 ~이 있는 것[如有]'이라고 하였으니, 실제로는 펼쳤을 때처럼 앞쪽과 뒤쪽이 없는 것이며, 자리를 펼쳤을 때에만 앞쪽과 뒤쪽의 구분이 생긴다. 그러므로 『의례』「공사대부례(公食大夫禮)」편에서 "반상(半常)[3] 크기의 왕골로 짠 자리를 말 때에는 끝에서부터 한다."[4]라고 하였는데, 이 문장에 대한 정현의 주에서는 "'말(末)'자는 끝부분을 뜻한다."라고 했다. 정현의 주에 기록된 '종(終)'자는 곧 이곳 문장에서 말하는 '미(尾)'를 가리킨다.

訓纂 劉氏台拱曰: 鄭注"桔橰"之解, 本莊子竊以橋梁之橋擬席, 已爲不倫. 且橋梁高下, 亦無定質. 士昏記"筮, 緇被·纁裏, 加于橋", 注"橋, 所以庋筮, 其制未聞." 據經云"奠於席", 則橋蓋設於席上者, 取譬於近也. 橋以木爲之, 奉席欲其平正, 故謂若橋之橫. 鄭注謂是"井上桔橰", 遠而不切.

번역 유태공이 말하길, 정현의 주에서 '길고(桔橰)'라고 해석한 부분은 본래 『장자(莊子)』에서 교량(橋梁)의 '교(橋)'자를 '석(席)'에 비교한 데에서 유래한 것이다. 따라서 정현의 해석은 이미 이치에 맞지 않는다. 또 '교량'은 그 높이에 상관없이, 특별히 정해진 재질이 없다. 그리고 『의례』「사혼례(士昏禮)」편의 기문(記文)에서는 "폐백을 담는 상자는 검은 비단으로 겉을 씌우고, 분홍 비단으로 속을 꾸미며, 시렁[橋]을 댄다."[5]라고 하였는데, 이 문장에 대한 정현의 주에서는 "'교(橋)'는 폐백 상자에 시렁을 댄다는 것으

---

3) 반상(半常)은 상(常)의 반절 크기를 뜻한다. '상'은 1장(丈) 6척(尺)의 길이를 뜻한다.

4) 『의례』「공사대부례(公食大夫禮)」: 司宮具几與蒲筵常, 緇布純. 加萑席尋, 玄帛純. 皆卷自末.

5) 『의례』「사혼례(士昏禮)」: 筮, 緇被纁裏加于橋.

로, 그것의 제작 방법에 대해서는 전해지는 기록이 없다."라고 했다. 경전에
서 "자리[席]에 차린다."⁶⁾라고 한 말에 근거해보면, '교(橋)'는 아마도 자리
[席] 위에 설치하는 것으로, 관련이 있는 것에서 비유를 든 것이다. 또한
'교'는 나무를 이용해서 만드는데, 자리를 들 때, 그것이 평평하고 바르게
되도록 하기 위해서, 마치 '교'가 횡으로 된 것처럼 든다고 한 것이다. 따라
서 정현의 주에서 이것을 가리켜서 '우물 위에 있는 두레박틀'이라고 풀이
한 것은 거리가 멀며, 적절하지 못한 비유이다.

【19d】

請席何鄉, 請衽何趾.

직역 席의 何鄕을 請하고, 衽의 何趾를 請한다.

의역 자리를 들고 간 다음, 어른이 앉고자 한다면, 어느 방향으로 자리를 펼
것인지 여쭙고, 어른이 눕고자 한다면, 어느 방향으로 발을 둘 것인지 여쭙는다.

集說 設坐席, 則問面向何方. 設臥席, 則問足向何方.

번역 앉을 자리를 펴는 경우라면, 정면을 어느 방향으로 둘 것인지를
묻는다. 누울 자리를 펴는 경우라면, 발의 방향을 어느 쪽으로 둘 것인지를
묻는다.

集說 疏曰: 坐爲陽, 面亦陽也; 臥爲陰, 足亦陰也. 故所請不同.

---

6) 『의례』「사혼례(士昏禮)」: 婦執笲棗·栗, 自門入, 升自西階, 進拜, 奠于席. 舅
坐撫之, 興, 答拜. 婦還, 又拜. 降階, 受笲腵脩, 升, 進, 北面拜, 奠于席.

[번역] 공영달(孔穎達)의 소(疏)에서 말하길, 앉는다는 행위는 음양(陰陽)으로 따지자면 양(陽)에 해당하고, 신체 부위 중 얼굴 또한 '양'에 해당한다. 그리고 눕는다는 행위는 음(陰)에 해당하고, 발 또한 '음'에 해당한다. 그렇기 때문에 묻는 내용이 서로 다른 것이다.

[鄭注] 順尊者所安也. 衽, 臥席也. 坐問鄉, 臥問趾, 因於陰陽.

[번역] 어른이 편안해 하는 방향에 따른다. '임(衽)'자는 눕는 자리를 뜻한다. 앉을 자리에 대해서 방향을 묻고, 누울 자리에 대해서 발의 방향을 묻는 것은 음양(陰陽)의 구분에 따른 것이다.

[釋文] 衽, 而審反. 趾音止.

[번역] '衽'자는 '而(이)'자와 '審(심)'자의 반절음이다. '趾'자의 음은 '止(지)'이다.

[孔疏] ●"請席何鄉, 請衽何趾"者, 旣奉席來, 當隨尊者所欲眠坐也. 席, 坐席也. 鄉, 面也. 衽, 臥席也. 趾, 足也. 坐爲陽, 面亦陽也, 坐故問面欲何所鄉也. 臥是陰, 足亦陰也, 臥故問足欲何所趾也. 皆從尊者所安也.

[번역] ●經文: "請席何鄉, 請衽何趾". ○자리를 가지고 왔다면, 연장자가 눕고자 하거나 혹은 앉고자 하는 방향에 따라서 펴야 하는 것이다. '석(席)'자는 앉는 자리를 뜻한다. '향(鄉)'자는 얼굴이 바라보는 방향을 뜻한다. '임(衽)'자는 눕는 자리를 뜻한다. '지(趾)'자는 사람의 발을 뜻한다. 앉는 행위는 음양(陰陽)으로 따지자면 양(陽)에 해당하고, 신체 부위 중 얼굴 또한 '양'에 해당한다. 따라서 앉는 자리에 대해서는 굳이 얼굴이 어느 방향으로 향하고 싶은지를 묻는 것이다. 눕는 행위는 음(陰)에 해당하고, 발 또한 '음'에 해당한다. 따라서 눕는 자리에 대해서는 굳이 발을 어느 쪽으로 두고

싶은지를 묻는 것이다. 이러한 것들은 모두 연장자가 편안히 여기는 방향
에 따르는 것이다.

孔疏 ◎注"衽, 臥席也". ○正義曰: 按昏禮同牢禮畢, 將臥, 云"御衽於奧,
媵衽良席, 有枕北趾", 此是衽爲臥席也.

번역 ◎鄭注: "衽, 臥席也". ○『의례』「사혼례(士昏禮)」편을 살펴보면,
동뢰(同牢)7)라는 의식이 모두 끝나게 되면, 눕게 되는데, 이러한 대목에
대해서 "'남편 측의 종[御]'은 아랫목에 부인의 이부자리를 펴고, '부인 측의
종[媵]'은 남편의 자리를 펴는데, 베개를 두고, 발이 북쪽으로 가도록 한다
."8)라고 하였는데, 이 문장에 나온 '임(衽)'자는 바로 누울 자리를 뜻한다.

集解 愚謂: 此謂始布衽席之法也. 弟子職曰, "先生將息, 弟子皆起, 敬奉
枕席, 問何所趾. 俶衽則請, 有常則否." 君子之居, 恆當戶, 寢必東首, 然又或
順乎一時之宜, 故爲長者設衽席, 必先請其所欲也.

번역 내가 생각하기에, 이 문장은 특정 시공간에서 최초 누울 자리와
앉을 자리를 펼 때의 법도를 언급하고 있다. 『관자(管子)』「제자직(弟子職)」
편에서는 "선생(先生)이 휴식을 취하려고 하면, 제자들은 모두 일어나며,
공손한 태도로 베개와 이부자리를 들고서, 발을 어느 쪽으로 둘 것인지를
묻는다. 자리를 정돈하고 나면, 자리가 편안한가를 묻고, 평상시와 같다면
묻지 않는다."9)라고 하였다. 군자(君子)가 거처할 때에는 항상 동북쪽 모퉁
이에 앉으며, 침소에서는 반드시 머리를 동쪽으로 둔다고 하였다.10) 그러

---

7) 동뢰(同牢)는 고대의 혼례(婚禮) 때 시행된 의식 중 하나이다. 부부가 함께 음
식을 먹는 의식이다.
8) 『의례』「사혼례(士昏禮)」: 御衽于奧, 媵衽良席在東, 皆有枕, 北止.
9) 『관자(管子)』「제자직(弟子職)」: 先生將息, 弟子皆起. 敬奉枕席, 問所何趾. 俶
衽則請, 有常有否.
10) 『예기』「옥조(玉藻)」【374c】: 君子之居恒當戶, 寢恒東首.

나 간혹 특정한 때에 처해서, 그 당시의 합당한 방향에 따를 수도 있기 때문에, 어른을 위해 누울 자리와 앉을 자리를 펼 때에는 가장 먼저 자리를 어느 방향으로 두고 싶어 하는지를 물어보아야만 하는 것이다.

【19d】

席南鄕北鄕, 以西方爲上; 東鄕西鄕, 以南方爲上.

직역 席의 南鄕과 北鄕에는 西方을 爲上하고, 東鄕과 西鄕에는 南方을 爲上한다.

의역 자리가 남향이나 북향으로 되어 있을 때에는 서쪽을 상석으로 삼고, 동향이나 서향으로 되어 있을 때에는 남쪽을 상석으로 삼는다.

集說 朱子曰: 東向南向之席皆尙右, 西向北向之席皆尙左也.

번역 주자가 말하길, 동향이나 남향으로 되어 있는 자리에서는 모두 오른쪽을 높이며, 서향이나 북향으로 되어 있는 자리에서는 모두 왼쪽을 높인다.

大全 金華邵氏曰: 自此至足毋蹶, 大率有四, 始奉席, 次請席, 三布席, 四就席. 奉席, 則欲順席之理, 次請席, 問其欲坐臥之地, 次布席, 則平常之席講問之席, 各有其儀, 至就席, 又有就席之儀, 賓主之間, 安得不敬乎?

번역 금화소씨가 말하길, 이곳 문장부터 "앉은 이후에는 발을 움직여서는 안 된다[足毋蹶]."[11]라는 내용까지는 대체적으로 네 가지 내용으로 구성되어 있다. 첫 번째는 자리를 들 때의 예법이고, 두 번째는 자리를 펼 때

방향을 묻게 되는 예법이며, 세 번째는 자리를 펼 때의 예법이고, 네 번째는
자리로 가서 앉을 때의 예법이다. 자리를 들 때에는 곧 자리 자체에 내포된
이치에 따르고자 하는 것이고, 그 다음으로 자리의 방향을 묻는 것은 어른
이 앉거나 또는 눕고자 하는 장소를 묻는 것이며, 그 다음으로 자리를 펼
때에는 곧 평상시 거처할 때 쓰는 자리와 강학할 때 쓰는 자리에는 각각
해당하는 의미가 내포되어 있기 때문에, 해당하는 예법들이 있는 것이고,
마지막으로 자리에 나아가 앉을 때에도 또한 자리에 앉는 예법이 있는 것
이니, 빈객(賓客)과 주인(主人)의 관계에서 어찌 불경하게 행동할 수 있겠
는가?

鄭注 布席無常, 此其順之也. 上, 謂席端也. 坐在陽則上左, 坐在陰則上右.

번역 자리를 펼 때에는 항상 똑같을 수가 없다. 따라서 이러한 경우에는
자리가 펴진 방향에 따르는 것이다. '상(上)'자는 자리의 끝단을 뜻한다. 앉
는 자리가 양(陽)에 해당하는 방위에 놓여 있다면, 좌측을 '상'으로 삼고,
앉는 자리가 음(陰)에 해당하는 방위에 놓여 있다면, 우측을 '상'으로 삼는
다.

釋文 坐, 才臥反, 又如字.

번역 '坐'자는 '才(재)'자와 '臥(와)'자의 반절음이며, 또한 글자대로 읽기
도 한다.

孔疏 ●"席南向北向, 以西方爲上"者, 謂東西設席, 南向北向, 則以西方
爲上頭也. 所以然者, 凡坐隨於陰陽, 若坐在陽則貴左, 坐在陰則貴右, 南坐是
陽, 其左在西, 北坐是陰, 其右亦在西也, 俱以西方爲上.

---

11) 『예기』「곡례상」【20c】: 將卽席, 容毋怍. 兩手摳衣, 去齊尺. 衣毋撥, 足毋蹶.

번역　●經文: "席南向北向, 以西方爲上". ○이 문장은 자리를 동쪽이나 서쪽에 펴서, 방향이 남향이나 북향이 된다면, 서쪽을 상석[上頭]으로 삼는다는 뜻이다. 이처럼 하는 이유는 무릇 앉을 때에는 음양(陰陽)에 따른 방위에 따르게 되는데, 만약 앉는 자리가 양(陽)의 방위에 놓이게 된다면, 좌측을 존귀하게 높이게 되며, 앉는 자리가 음(陰)의 방위에 놓이게 된다면, 우측을 존귀하게 높이게 된다. 따라서 남쪽에 자리를 펴는 것은 곧 '양'의 방위에 자리를 편 것으로, 이때의 좌측은 곧 서쪽이 되고, 북쪽에 자리를 펴는 것은 곧 '음'의 방위에 자리를 편 것으로, 이때의 우측 또한 서쪽이 된다. 그러므로 두 경우에 있어서 모두 서쪽을 상석으로 삼는 것이다.

孔疏　●"東向西向, 以南方爲上"者, 謂南北設席, 皆以南方爲上者[12]. 坐在東方西向, 是在陽, 以南方爲上. 坐若在西方東向, 是在陰, 亦以南方爲上, 亦是坐在陽則上左, 坐在陰則上右. 此據平常布席如此, 若禮席則不然. 按鄕飮酒禮注云: "賓席牖前南面, 主人席阼階上西面, 介席西階上東面." 與此不同是也.

번역　●經文: "東向西向, 以南方爲上". ○이 문장은 자리를 남쪽이나 북쪽에 펼 경우에는 모두 남쪽을 상석으로 삼는다는 뜻이다. 앉는 자리가 동쪽에 펴져서, 그 방향이 서향이 된다면, 이것은 양(陽)의 방위에 자리를 편 것이니, 남쪽을 상석으로 삼게 된다. 앉는 자리가 만약 서쪽에 펴져서, 그 방향이 동향이 된다면, 이것은 음(陰)의 방위에 자리를 편 것이니, 우측에 해당하는 남쪽이 또한 상석이 된다. 따라서 이러한 경우에도 또한 앉는 자리가 '양'의 방위에 놓이게 되면, 좌측을 높이는 것이고, 반대로 앉는 자리가 '음'의 방위에 놓이게 되면, 우측을 높이는 것이다. 이 내용들은 평상시 거처할 때를 기준으로, 자리 펴는 법도가 이와 같다는 뜻이니, 만약 의례를

---

12) '자(者)'자에 대하여. 『십삼경주소(十三經注疏)』 북경대 출판본에서는 "『민본(閩本)』・『감본(監本)』・『모본(毛本)』에서는 동일하게 '자'자로 기록하고 있다. 포당(浦鏜)은 '자(者)자는 아마도 약(若)자의 오자인 것 같다.'"라고 했다.

시행할 때 깔게 되는 자리라면, 이처럼 하지 않는다. 『의례』「향음주례(鄕飮酒禮)」편에 대한 정현의 주를 살펴보면, "빈객(賓客)의 자리는 들창 앞에 펴서, 남쪽을 바라보게 하며, 주인(主人)의 자리는 동쪽 계단 위에 펴서, 서쪽을 바라보게 하고, 개(介)의 자리는 서쪽 계단 위에 펴서, 동쪽을 바라보게 한다."[13]라고 하였으니, 이곳 경문의 기록과 동일하지 않다. 바로 이러한 점이 의례 시행 때의 자리배치가 평상시와는 다르다는 것을 나타낸다.

訓纂 江氏永曰: 古人常坐在室中, 此文大約就室中之席言之. 南北鄕以西方爲上者, 統於奧也. 東西鄕以南方爲上者, 統於戶牖與堂也. 若堂上南鄕之席, 皆以東爲上. 飮·燕·食·射皆然, 唯神席尙右, 以西爲上, 故昏禮醴賓徹几改筵, 明不以西爲上也. 鄕飮·鄕射賓若有遵者, 席於賓東, 此則以西爲上, 蓋統於戶牖間之酒尊, 明不與賓同東上, 取義又異也.

번역 강영이 말하길, 고대인들은 평상시 앉는 자리를 방안에 펴두었다. 따라서 이곳 문장은 대체적으로 방안에서 자리를 펼 때에 대해서 언급하고 있는 것이다. 남향이나 북향으로 된 자리에서 서쪽을 상석으로 삼는 이유는 그곳이 아랫목[奧]에 해당하기 때문이다. 한편 동향이나 서향으로 된 자리에서 남쪽을 상석으로 삼는 이유는 그곳이 방문[戶]이나 들창[牖] 또는 당(堂)과 연접한 자리에 해당하기 때문이다. 만약 당(堂) 위에 남향으로 펴둔 자리라면, 모든 경우에 있어서 동쪽을 상석으로 삼게 된다. 술을 마시거나 연회를 하거나 또는 음식을 먹거나 활쏘기를 할 때에는 모두 이처럼 자리를 배치하였고, 오직 신령(神靈)들이 앉는 자리에서만 우측을 상석으로 높이게 되므로, 서쪽을 상석으로 삼았던 것이다. 그렇기 때문에 『의례』「사혼례(士昏禮)」편에서는 빈객(賓客)들에게 단술[醴]을 따라주고 나서, 안석[几]을 치우고 대자리[筵]를 다시 펼 때, 서쪽을 상석으로 삼지 않는다고 분명히 밝히고 있는 것이다. 또한 『의례』「향음주례(鄕飮酒禮)」편과 「향

---

13) 이 문장은 『의례』「향음주례(鄕飮酒禮)」편의 "乃席賓·主人·介."라는 문장에 대한 정현의 주이다.

사례(鄕射禮)」편에서는 빈객들 중에 공(公)이나 대부(大夫)가 있는 경우라면, 일반 빈객들이 앉는 자리의 동쪽에 별도의 자리를 편다고 하였는데, 이러한 경우에는 서쪽을 상석으로 삼는다. 무릇 이러한 차이점이 생기는 이유는 이 자리가 방문과 들창 사이에 두는 술동이와 연접한 곳이 되기 때문일 것이니, 일반 빈객들과 함께 동쪽 자리 끝에 앉히지 않는다고 명시한 것으로, 방향을 따르는 의미가 또한 다른 것이다.

集解 愚謂: 此室中布席之法也. 室中之席, 尊者在西南隅, 東鄕南上, 故東鄕西鄕, 以南方爲上, 南鄕北鄕, 以西方爲上, 皆統於尊者故也. 故士昏禮婦盥饋, 舅姑並席於奧, 南上, 婦餕席於北墉下, 西上.

번역 내가 생각하기에, 이곳 문장의 내용은 방안에서 자리를 펼 때의 예법에 대한 것이다. 방안에 펴둔 자리에서는 존귀한 자가 서남쪽 모퉁이에 있게 되므로, 동향을 하게 되는 남쪽이 상석이 된다. 그렇기 때문에 동향과 서향으로 설치된 자리에서는 남쪽을 상석으로 삼는다고 한 것이다. 한편 남향과 북향으로 설치된 자리에서도 동일한 이유로 서쪽을 상석으로 삼게 되니, 이 모두는 그 장소가 존귀한 자가 앉는 자리가 되기 때문이다. 그러므로『의례』「사혼례(士昏禮)」편에서는 부인이 세숫물을 뜨고 음식을 바칠 때, 시부모는 모두 아랫목[奧]에 자리를 잡게 되니, 이때에는 남쪽이 상석이 된 것이며, 부인이 남은 밥을 먹는 자리는 북쪽 들창 아래에 놓이게 되니, 이때에는 서쪽이 상석이 된 것이다.

【20a】

若非飮食之客, 則布席, 席間函丈.

직역 만약 飮食의 客이 아니라면, 布席에 席間을 函丈한다.

의역 만약 음식을 대접하기 위해 초대한 빈객(賓客)이 아니라면, 자리를 펼때, 자리 간격을 함장(函丈)14)으로 한다.

集說 非飮食之客, 則是講說之客也.

번역 음식을 대접하기 위해 초대한 빈객(賓客)이 아니라면, 곧 강설(講說)을 하기 위해 초대한 빈객에 해당한다.

集說 疏曰: 古者飮食燕享, 則賓位在室外牖前, 列席南向, 不相對. 相對者, 惟講說之客. 席之制, 三尺三寸三分寸之一, 則兩席並中間空地共一丈也.

번역 공영달(孔穎達)의 소(疏)에서 말하길, 고대에는 음식을 마련하여 향연을 베푸는 경우라면, 빈객(賓客)의 자리는 방밖의 들창 앞에 마련하였고, 자리를 차례대로 나열하여, 모두 남쪽을 바라보도록 하였지, 서로 마주보도록 설치하지 않았다. 자리를 서로 마주보도록 설치하는 경우는 오직 강설(講說)을 하기 위해 초대한 빈객에 한해서이다. 자리를 제작할 때에는 그 너비를 3척(尺) 3과 3분의 1촌(寸)의 길이로 하였으니, 두 개의 자리와 중간의 공간을 합치면 그 너비는 모두 1장(丈)의 길이가 된다.

大全 金華應氏曰: 席間函丈, 其地寬, 則足以揖遜回旋, 而不至於迫, 其分嚴, 則足以致敬盡禮, 而不至於褻, 非若飮食之客, 徒欲便於勸酬以爲歡也.

번역 금화응씨가 말하길, 자리의 간격을 1장(丈) 정도 벌리게 되면, 그

---

14) 함장(函丈)의 '함(函)'자는 수용한다는 뜻이고, '장(丈)'자는 1장(丈)을 뜻하는 거리이다. 따라서 '함장'은 강학하는 자와 강학을 받는 자는 1장(丈)의 거리만큼 떨어져서 앉는다는 뜻이다. 후대에는 이 뜻에서 파생되어, 강학하는 좌석 및 스승을 뜻하는 용어로도 사용되었다. 『예기』「곡례상(曲禮上)」편에는 "若非飮食之客, 則布席, 席間函丈."이라는 용례가 있다.

공간이 넓어서, 충분히 읍(揖)과 사양을 하고, 주위를 둘러볼 수도 있게 되어, 공간이 좁아서 발생하는 옹색한 지경에는 빠지지 않게 된다. 한편 주인(主人)과 빈객(賓客)의 사이가 엄격하게 분리가 된다면, 충분히 공경함을 다하고, 예법을 모두 따를 수 있게 되어서, 실수를 범해 상대방을 욕보이는 지경에는 빠지지 않게 된다. 따라서 이처럼 자리를 배치하는 것은 음식을 대접하기 위해 초대한 빈객들에 대해서, 단순히 술잔을 권하며, 즐거움을 나누기에 편리하도록 자리를 배치하는 경우와는 다른 것이다.

鄭注 謂講問之客也. 函猶容也. 講問宜相對. 容丈, 足以指畫也. 飮食之客, 布席於牖前. 丈或爲杖.

번역 여기에서 말하는 '빈객(賓客)'은 강의와 질의를 하기 위해 찾아온 빈객을 뜻한다. '함(函)'자는 "수용한다[容]."는 뜻이다. 강의와 질의를 하기 위해서는 마땅히 서로 마주보고 있어야 한다. 1장(丈) 정도의 거리를 두면, 자기 의사를 충분히 표현할 수 있게 된다. 음식을 접대하기 위해 초대한 빈객의 경우, 그들이 앉게 되는 자리는 들창 앞쪽에 펴두게 된다. '장(丈)'자를 다른 판본에서는 '장(杖)'자로 기록하기도 한다.

釋文 函, 胡南反. 丈如字, 丈尺之丈, 王肅作杖. 畫, 胡麥反. 牖, 羊九反.

번역 '函'자는 '胡(호)'자와 '南(남)'자의 반절음이다. '丈'자는 글자대로 읽으니, '장척(丈尺)'이라고 할 때의 '丈'자이고, 왕숙(王肅)은 이 글자를 '杖'자로 기록하였다. '畫'자는 '胡(호)'자와 '麥(맥)'자의 반절음이다. '牖'자는 '羊(양)'자와 '九(구)'자의 반절음이다.

孔疏 ●"若非"至"毋踐". ○正義曰: 此一節明客主之禮儀. 云"若非飮食之客"者, 飮食之客, 謂來共飮食者. 非飮客, 謂來講問者. 布席, 謂舒之令相對. 若飮食之客, 不須相對. 若講問之客, 布席相對, 須講說指畫, 使相見也.

번역 ●經文: "若非"~"毋蹶". ○이 단락은 빈객(賓客)과 주인(主人) 사이에서 지켜야 하는 예절에 대해서 언급하고 있다. 경문의 "若非飮食之客"에 대하여. '음식지객(飮食之客)'은 함께 음식을 먹기 위해 찾아온 자들을 뜻한다. 따라서 음식을 함께 먹기 위해 찾아온 빈객이 아니라는 말은 곧 강의와 질의를 하기 위해 찾아온 자들을 뜻한다. "자리를 편다[布席]."는 말은 자리를 펴서, 서로 마주보도록 한다는 뜻이다. 만약 음식을 함께 먹기 위해 초대한 빈객인 경우라면, 굳이 서로 마주보도록 자리를 펼 필요가 없다. 그러나 만약 강의와 질의를 하기 위해 초대한 빈객이라면, 자리를 펼 때 서로 마주보도록 해야 하니, 강설을 하며 의사전달을 해야 하므로, 서로 마주보도록 하는 것이다.

孔疏 ●"席間函丈"者, 函, 容也. 旣來講說, 則所布兩席, 中間相去使容一丈之地, 足以指畫也. 文王世子云: "侍坐於大司成, 遠近間三席." 席之制15), 三尺三寸三分寸之一, 則三席是一丈, 故鄭云容丈也.

번역 ●經文: "席間函丈". ○'함(函)'자는 "수용한다[容]."는 뜻이다. 강설(講說)을 하기 위해 찾아온 빈객이므로, 두 개의 자리를 펼 때, 중간에 서로 1장(丈) 정도 떨어지도록 공간을 두어서, 충분히 의사 표현을 할 수 있도록 하는 것이다. 『예기』「문왕세자(文王世子)」편에서는 "대사성(大司成)을 모시고 앉을 때에는 거리를 세 개의 자리를 펼 정도로 벌린다."16)라

---

15) '제(制)'자에 대하여. 『십삼경주소(十三經注疏)』 북경대 출판본에서는 "『민본(閩本)』·『감본(監本)』·『모본(毛本)』·위씨(衛氏)의 『집설(集說)』에서는 동일하게 '제'자로 기록하고 있다. 포당(浦鏜)은 '제'자 뒤에 '광(廣)'자를 보충해서 교정하였다. 엄걸(嚴杰)은 '광(廣)'자를 보충하는 것은 『금본(今本)』인 「문왕세자(文王世子)」편의 주(注) 기록과 동일하다. 『경전석문(經典釋文)』에서는 다른 판본에 광삼척삼촌삼분(廣三尺三寸三分)으로 기록되어 있다고 했으니, 육덕명(陸德明)이 근거로 삼고 있는 『정주본(鄭注本)』에는 광(廣)자가 없었다. 『정의(正義)』도 이 기록과 합치된다.'"라고 했다.

16) 『예기』「문왕세자(文王世子)」【251a】: <u>凡侍坐於大司成者, 遠近間三席</u>, 可以問. 終則負牆, 列事未盡, 不問.

고 하였다. 자리를 제작할 때에는 그 너비를 3척(尺) 3과 3분의 1촌(寸)으로
만드니, 세 개의 자리가 차지하는 너비는 1장의 길이가 된다. 그렇기 때문
에 정현이 1장의 크기를 수용한다고 말한 것이다.

孔疏　◎注"講問"至"爲杖". ○正義曰: 凡飮食燕饗, 則賓位在室外牖前, 列
筵南嚮, 不得布席相對. 相對者, 唯講說之客耳. 不在牖前, 或在於室. 云"丈或
爲杖"者, 王肅以爲杖, 言古人講說, 用杖指畫, 故使¹⁷⁾容杖也. 然二家可會.

번역　◎鄭注: "講問"~"爲杖". ○무릇 음식을 먹게 되는 연회의 경우라
면, 빈객의 자리는 방밖의 들창 앞에 놓이게 되며, 자리를 줄지어 깔고 모두
남쪽을 바라보게 하니, 자리를 깔 때 서로 마주보도록 할 수 없다. 자리를
깔 때 서로 마주보도록 까는 경우는 오직 강설(講說)을 위해 찾아온 빈객
(賓客)에 대해서일 뿐이다. 이러한 경우에는 들창 앞에 자리를 두지 않고,
방안에 두게 된다. 정현이 "'장(丈)'자를 다른 판본에서는 '장(杖)'자로도 기
록한다."라고 하였는데, 왕숙은 이 글자를 '장(杖)'자로 여겼다. 즉 고대인들
은 강설을 할 때, 지팡이[杖]를 이용해서 의사를 표명하였기 때문에, 지팡이
가 들어갈 만큼의 거리를 두게 된다는 뜻이다. 그런데 정현과 왕숙의 두
주장은 모두 통용이 된다.

集解　愚謂: 此亦謂室中布席之法也. 饗食, 燕之正禮. 賓席於牖間. 若尋常
燕食, 則有席於室者, 其席蓋賓在西南隅東向, 而主人在北墉下南向也. 非飮
食之客, 謂凡以事相詣者. 其席蓋賓在西南隅東向, 而主人在戶內之西, 西向
對之也. 鄭氏以此爲講問之客, 蓋據文王世子言之. 然以下文"主人跪正席"及
"客徹重席"觀之, 則此乃敵體之客, 而與主人非有敎學之分者. 非飮食之客,

17) '사(使)'자에 대하여. 『십삼경주소(十三經注疏)』 북경대 출판본에서는 "『민본
(閩本)』・혜동(惠棟)의 『교송본(校宋本)』에서는 동일하게 '사'자로 기록하고
있다. 『감본(監本)』・『모본(毛本)』에서는 '혹(或)'자로 기록하고 있다. 위씨(衛
氏)의 『집설(集說)』에서도 '혹'자로 기록하고 있다."라고 했다.

其布席皆函丈, 不但講問爲然也.

번역   내가 생각하기에, 이 문장 또한 방안에서 자리를 펼 때의 법도에 대해서 언급하고 있다. 향례(饗禮)와 사례(食禮)[18]는 연회 중에서도 정식 의례에 해당한다. 그리고 이러한 경우에는 들창 사이에 빈객(賓客)의 자리가 설치된다. 그런데 만약 일상적으로 시행하는 연회라고 한다면, 방안에 자리를 마련하는 경우도 있으니, 이때의 자리배치는 아마도 빈객이 서남쪽 모퉁이에서 동쪽을 바라보는 곳에 위치했을 것이고, 주인(主人)은 북쪽 벽 아래에서 남쪽을 바라보는 곳에 위치했을 것이다. 음식을 대접하기 위해 초대한 빈객이 아니라는 말은 일반적으로 일 때문에 찾아온 자들을 모두 가리킨다. 이러한 경우의 자리배치는 아마도 빈객이 서남쪽 모퉁이에서 동쪽을 바라보는 곳에 위치했을 것이고, 주인은 방문의 서쪽에 위치했을 것이며, 주인이 서쪽을 바라보게 되어, 서로 마주보게 되었을 것이다. 정현은 이러한 빈객들을 강의와 질의를 위해 찾아온 빈객이라고 풀이하였는데, 아마도 『예기』「문왕세자(文王世子)」편의 기록에 근거해서 그렇게 말한 것 같다. 그러나 바로 다음 문장에서 "주인이 무릎을 꿇고서 자리를 바로잡는다."라고 하였고, "빈객이 포개져 있는 자리를 걷으려고 한다."라고 하였으니, 이러한 말들을 살펴보면, 여기에서 말하는 빈객은 주인과 신분이 대등한 자이며, 주인에 대해서, 가르치거나 배우는 등의 입장차이가 존재하지 않는 자이다. 그러므로 음식을 대접하기 위해 초대한 빈객이 아닌 경우에는 자리를 깔 때 모두 1장(丈) 정도의 거리를 둔다는 뜻이지, 단지 강의와 질의를 위해 찾아온 빈객에게만 그렇게 한다는 뜻이 아니다.

---

18) 사례(食禮)는 연회의 한 종류이다. '사례'는 그 행사에 밥이 있고 반찬이 있는 것이니, 비록 술도 두었지만 마시지는 않았다. 그 예법에서는 밥을 위주로 한 것이기 때문에, '사례'라고 부른 것이다. 『예기』「왕제(王制)」편에는 "殷人以食禮."라는 기록이 있고, 이에 대한 진호(陳澔)의 주에서는 "食禮者, 有飯有殽, 雖設酒而不飮, 其禮以飯爲主, 故曰食也."라고 풀이했다.

【20b】

> 主人跪正席, 客跪撫席而辭. 客徹重席, 主人固辭. 客踐席,
> 乃坐.[19]

직역 主人이 跪하여 席을 正하면, 客은 跪하여 席을 撫하고 辭한다. 客이 重席을 徹하면, 主人은 固辭한다. 客이 席에 踐하면, 곧 坐한다.

의역 주인(主人)이 빈객(賓客)을 방안으로 인도하고 나서, 무릎을 꿇고서 빈객이 앉을 자리를 바로잡으면, 빈객은 무릎을 꿇고 자리를 만지면서 사양을 하여, 주인이 수고롭게 자리를 바로잡는 행위를 멈추게 한다. 주인은 미리 빈객이 앉을 자리를 겹으로 포개 두는데, 빈객이 감히 그 자리에 앉을 수가 없어서, 포개둔 자리를 치우려고 하면, 주인은 재차 만류를 한다. 빈객이 자리에 오르면, 주인은 곧 자신의 자리에 앉는다.

集說 跪而正席, 敬客也. 撫, 以手按止之也. 客不敢居重席, 故欲徹之, 主人固辭則止. 客踐席將坐, 主人乃坐也.

번역 주인(主人)이 무릎을 꿇고서 자리를 바로잡는 것은 빈객(賓客)을 공경하게 대하는 행동이다. '무(撫)'자는 손으로 누르며 제지한다는 뜻이다. 빈객은 감히 포개져 있는 자리에 앉을 수가 없기 때문에, 그것을 걷어내려

---

19) '객천석내좌(客踐席乃坐)'에 대하여. 『십삼경주소(十三經注疏)』 북경대 출판본에서는 "『민본(閩本)』·『감본(監本)』·『모본(毛本)』·『석경(石經)』·『악본(岳本)』에서는 동일하게 기록하고 있다. 『고문(考文)』에서는 『고본(古本)』을 인용하여, '객천석주인내좌(客踐席主人乃坐)'로 기록하고 있다. 완원(阮元)의 『교감기(校勘記)』에서는 '공영달(孔穎達)의 소(疏)를 살펴보면, 내좌자주인대객좌내좌야(乃坐者, 主人待客坐乃坐也)'라고 기록하고 있으며, 경문에는 주인(主人)이라는 글자가 없다. 따라서 『정의(正義)』에서는 주인(主人)이라는 두 글자를 보태어 설명한 것이다. 『고문(考文)』에 의거해서 글자를 삽입하는 것은 잘못된 것이다.'"라고 했다.

고 하는 것인데, 주인이 재차 사양을 하게 되면, 걷어내려는 행동을 멈추게 된다. 빈객이 자리에 올라가서 장차 앉으려고 하면, 이때 주인은 곧 자신의 자리에 앉게 된다.

大全 藍田呂氏曰: 主人敬客, 故跪正席. 客敬主人, 則徹重席. 主敬客, 則客辭, 客敬主, 則主辭, 賓主之禮, 所以答也. 一辭而許, 曰禮辭, 禮云"賓禮辭許", 是也. 再辭曰固辭, 此賓主辭讓之節也.

번역 남전여씨가 말하길, 주인(主人)은 빈객(賓客)을 공경하기 때문에, 무릎을 꿇고서 자리를 바로잡는 것이다. 빈객 또한 주인을 공경하므로, 포개져 있는 자리를 걷어내려는 것이다. 이와 마찬가지로 주인이 빈객을 공경하므로, 빈객이 그 뜻을 존중하여 사양을 하는 것이고, 빈객이 주인을 공경하므로, 주인 또한 그 뜻을 존중하여 사양을 하는 것이니, 빈객과 주인 사이에서 지켜야 하는 예법이라는 것은 곧 서로에 대해 답례(答禮)를 하는 것이다. 한 차례 사양을 하고 허락하는 것을 '예사(禮辭)'라고 부르니,『의례』에서 "빈객이 '예사'를 하여, 허락한다."[20]라고 한 말이 바로 그 용례에 해당한다. 재차 사양하는 것을 '고사(固辭)'라고 부르는데, 이것은 곧 빈객과 주인 사이에서 시행되는 사양의 예절에 해당한다.

鄭注 雖來講問, 猶以客禮待之, 異於弟子. 撫之者, 答主人之親正[21]. 徹, 去也. 去重席, 謙也. 再辭曰固[22]. 客安, 主人乃敢安也, 講問宜坐.

---

20) 『의례』「사관례(士冠禮)」: 主人戒賓, <u>賓禮辭許</u>. 主人再拜, 賓答拜. 主人退, 賓拜送.

21) '정(正)'자에 대하여. 『십삼경주소(十三經注疏)』 북경대 출판본에서는 "『민본(閩本)』・『감본(監本)』・『모본(毛本)』・『악본(岳本)』・『가정본(嘉靖本)』・위씨(衛氏)의『집설(集說)』에서는 모두 동일하게 '정'자로 기록하고 있다. 『통해(通解)』에는 이 글자 뒤에 '석(席)'자가 더 기록되어 있다."라고 했다.

22) '재사왈고(再辭曰固)'에 대하여. 『십삼경주소(十三經注疏)』 북경대 출판본에서는 "『민본(閩本)』・『감본(監本)』・『모본(毛本)』・『악본(岳本)』・『가정본(嘉靖本)』・위씨(衛氏)의『집설(集說)』에서는 동일하게 '재사왈고'로 기록하

번역   상대방이 비록 자신에게 찾아와서 강의를 듣고 질의를 한다고 하더라도, 여전히 빈객(賓客)을 대접하는 예법으로 그를 대우해야 하니, 자신의 제자들을 대하는 방식과는 다른 것이다. 빈객이 손으로 누르며 사양하는 행동은 주인(主人)이 직접 자신의 자리를 바로잡아주는 행동에 대해서 답례(答禮)를 하는 것이다. '철(徹)'자는 "걷어낸다[去]."는 뜻이다. 겹쳐진 자리를 걷어내는 행위는 겸손한 태도이다. 재차 사양하는 것을 '고(固)'라고 부른다. 빈객이 편안한 상태가 되어야, 주인도 그제야 편안하게 자리를 잡을 수 있게 되니, 강의를 하고 질의를 하기 위해서는 마땅히 앉아야 하기 때문이다.

釋文   重, 直龍反, 注同. 再辭曰固, 一本作"曰固辭".

번역   '重'자는 '直(직)'자와 '龍(룡)'자의 반절음으로, 정현의 주에 나오는 글자도 그 음이 이와 같다. '再辭曰固'에서, '曰固'라는 두 글자를 다른 판본에서는 '曰固辭'라고도 기록한다.

孔疏   ●"主人跪正席"者, 客雖來講問, 而主人宜敬, 故跪而正席, 示親客之來也. 雖來講問, 猶以客禮待之, 異於弟子也.

번역   ●經文: "主人跪正席". ○빈객(賓客)이 비록 강의를 받고 질의를 하기 위해 찾아왔다고 하더라도, 주인(主人)은 마땅히 그를 공경스러운 태도로 대해야 한다. 그렇기 때문에 주인이 직접 무릎을 꿇고서 빈객이 앉을 자리를 바로잡는 것이니, 이것은 빈객이 찾아온 일에 대해서 친근하게 대한다는 뜻을 표시하는 행위이다. 따라서 빈객이 찾아와서 강의를 받고 질의를 한다고 하더라도, 여전히 빈객을 대접하는 예법에 따라서 그를 대우

고 있다. 『경전석문(經典釋文)』에서는 '다른 판본에서는 왈고사(曰固辭)라고도 기록한다.'라고 했다. 『고문(考文)』에서는 『고본(古本)』을 인용하며, '고(固)'자 뒤에 '사야(辭也)'라는 두 글자를 더 기록해 두고 있다."라고 했다.

해야 하는 것이니, 자신의 제자들을 대하는 방식과는 다른 것이다.

孔疏 ●"客跪撫席而辭"者, 撫謂以手按止之也. 客跪以手按止於席而辭, 不聽主人之正席也. 撫之者, 答主人之親正席也.

번역 ●經文: "客跪撫席而辭". ○'무(撫)자'는 손으로 눌러서 제지한다는 뜻이다. 즉 빈객(賓客)이 무릎을 꿇고서, 손으로 자신의 자리를 눌러서 주인(主人)의 행동을 멈추게 하며 사양을 하는 것이니, 주인이 자신의 자리를 바로잡는 일을 받아들이지 못하는 것이다. 따라서 빈객이 자리를 눌러서 사양하는 행위는 주인이 직접 자신의 자리를 바로잡아주는 행위에 대한 답례(答禮)가 된다.

孔疏 ●"客徹重席"者, 禮器云: "諸侯三重, 大夫再重." 又鄕飮酒之禮: "公三重, 大夫再重." 是尊者多, 卑者少, 故主人爲客設多重席, 客謙而自徹也.

번역 ●經文: "客徹重席". ○『예기』「예기(禮器)」편에서는 "제후의 자리는 세 겹으로 하고, 대부(大夫)의 자리는 두 겹으로 한다."23)라고 했고, 『의례』「향음주례(鄕飮酒禮)」편에서는 "군주[公]의 자리는 세 겹으로 하고, 대부는 두 겹으로 한다."24)라고 하였으니, 이 말은 곧 존귀한 자의 자리는 여러 겹으로 하고, 신분이 낮은 자의 자리에 대해서는 겹치는 수를 적게 한다는 뜻이다. 그러므로 주인(主人)이 빈객(賓客)을 위해 자리를 마련할 때에는 대부분 자리를 여러 겹으로 깔기 마련인 것이며, 빈객은 또한 겸손하게 행동하며, 제 스스로 그것들을 걷어내는 것이다.

孔疏 ●"主人固辭"者, 固辭, 再辭, 止客之徹也. 然尊卑有數, 而客必徹之者, 旣言講說, 本以德義相接, 不以尊卑爲用, 故雖尊猶自徹也.

---

23) 『예기』「예기(禮器)」【297d】: 天子之席五重, <u>諸侯之席三重, 大夫再重</u>.

24) 『의례』「향음주례(鄕飮酒禮)」: 席于賓東, <u>公三重, 大夫再重</u>.

번역 ●經文: “主人固辭”. ○‘고사(固辭)’는 재차 사양하는 것으로, 빈객(賓客)이 겹쳐진 자리를 걷어내려고 하는 행동을 제지한다는 뜻이다. 그런데 신분의 격차에 따라 자리를 겹으로 하는 것에 다소 차이가 있다고 하더라도, 빈객(賓客)은 반드시 그것들을 걷어내려고 행동한다. 그 이유는 이미 강설(講說)을 위해 찾아온 손님이라고 하였으니, 주인(主人)과 빈객 사이에 덕성과 도의가 서로 엇비슷하다는 점에 기준을 둔 것으로, 신분의 차이에 따른 것이 아니다. 그렇기 때문에 비록 신분이 존귀하다고 하더라도, 제 스스로 걷어내려고 행동하게 되는 것이다.

孔疏 ●“客踐席”者, 踐猶履也. 客起徹重席, 主人止之, 故客還履席將坐.

번역 ●經文: “客踐席”. ○‘천(踐)’자는 “밟는다[履].”는 뜻이다. 빈객(賓客)이 일어나서, 겹으로 된 자리를 치우려고 하자, 주인(主人)이 그 행동을 제지한 것이다. 그렇기 때문에 빈객은 행동을 돌려서, 자신의 자리에 앉기 위해 자리에 오르게 되는 것이다.

孔疏 ●“乃坐”者, 主人待客坐乃坐也.

번역 ●經文: “乃坐”. ○주인(主人)은 빈객(賓客)이 앉기를 기다렸다가 곧 자신도 앉는 것이다.

集解 愚謂: 重席蓋一種席而重之者也. 大夫席再重, 士不重. 此客有重席, 不辨大夫士者, 禮器謂行禮之席, 此尋常待客之法也. 然大夫之重席, 以二種席重之. 公食禮“蒲筵常, 加萑席尋”, 是也. 此一種席而重之, 則亦異乎大夫之再重矣. 客徹重席者, 不敢自異於主人也. 禮有三辭: 一辭曰禮辭, 再辭曰固辭, 三辭曰終辭. 凡禮辭者, 其辭皆不行. 冠禮“戒賓; 賓禮辭, 許”, 鄕飮酒・鄕射“宿賓, 賓禮辭, 許”, 士相見禮“若嘗爲臣者, 則禮辭其贄”, 是也. 凡終辭, 其辭皆行. 士相見禮“士見於大夫, 終辭其贄”, 是也. 若固辭, 則有行者, 有不行者. 士相見禮主人對曰, "某也固辭, 不得命, 將走見." 又曰, "某也固辭, 不得命, 敢不敬從." 此皆固辭而不行者也. 客固辭, 主人肅客而入; 主人固辭, 然後客復就西階; 客徹重席, 主人固辭, 客踐席乃坐. 此皆固辭而行者也. 主人跪正席, 客跪撫席而辭, 客徹重席, 主人固辭, 此皆敵者之禮, 鄭氏以爲講問之客, 非矣.

번역 내가 생각하기에, '겹쳐진 자리[重席]'는 아마도 한 종류의 자리를 포개두는 것을 뜻하는 것 같다. 본래 대부(大夫)가 앉는 자리는 두 겹으로 했고, 사(士)가 앉는 자리는 포개지 않았다. 그런데 이곳 문장에서는 빈객(賓客)에 대해서 '중석(重席)'으로 설치한다고 하면서도, 대부나 사에 대한 구별을 두지 않고 있다. 그 이유는 『예기』「예기(禮器)」편에 기록된 내용은 정식 의례를 시행할 때의 자리를 뜻하고, 이곳 문장의 내용은 평상시 빈객들을 대접할 때의 예법이기 때문이다. 그런데 대부에게 깔아주는 '중석'은 두 종류의 자리를 이용해서 포갠다는 뜻이다. 『의례』「공사대부례(公食大夫禮)」편에서 "부들[蒲]로 짠 자리를 '상(常)'[25]의 크기로 깔고, 그 위에 '상'의 반절 크기의 왕골[萑]로 짠 자리를 깐다."[26]라고 한 말이 바로 이러한 사실을 나타낸다. 그러나 이곳 문장에서 말하는 '중석'은 한 종류의 자리를 포개는 것이니, 이것은 또한 대부에게 두 종류의 자리를 포개서 자리를 깔아준다고 했던 것과는 다른 것이다. 빈객이 자신의 자리가 '중석'으로 되어 있는 것을 보고, 하나를 걷어내려고 하는 이유는 감히 제 스스로 주인(主人)이 앉는 자리와 다르게 할 수 없기 때문이다. 예법에 따르면, 세 차례 사양을 하게 되는데, 첫 번째 사양하는 것을 '예사(禮辭)'라고 부르며, 두 번째 사양하는 것을 '고사(固辭)'라고 부르고, 세 번째 사양하는 것을 '종사(終辭)'라고 부른다. 무릇 '예사'의 경우, 사양하는 주체가 사양한 것에 대해서는 모두 시행하지 않는 것이다. 『의례』「사관례(士冠禮)」편에서는 "주인이 빈객에게 알렸는데, 빈객이 '예사'를 하면, 수용한다."[27]라고 했고, 『의례』

---

25) 상(常)은 1장(丈) 6척(尺)의 길이를 뜻한다.

26) 『의례』「공사대부례(公食大夫禮)」: 司宮具几與蒲筵常, 緇布純. <u>加萑席尋</u>, 玄帛純.

「향음주례(鄕飮酒禮)」편[28)]과 「향사례(鄕射禮)」편[29)]에서는 "빈객을 초대
하였는데, 빈객이 '예사'를 하면, 수용한다."라고 했으며, 『의례』「사상견례
(士相見禮)」편에서 "만약 일찍이 신하였던 자라면, 그 예물(禮物)에 대해서
는 '예사'를 한다."[30)]라고 했는데, 이 기록들이 바로 이러한 뜻을 나타낸다.
반면 '종사'의 경우에는 사양하는 주체가 사양한 것에 대해서는 모두 시행
하게 된다. 「사상견례」편에서 "사가 대부를 찾아뵙는 경우, 그가 가져온
예물에 대해서는 '종사'를 한다."[31)]라고 했는데, 이 기록이 바로 이러한 뜻
을 나타낸다. 한편 '고사'와 같은 경우라면, 사양한 것에 대해서 그대로 시
행할 때도 있고, 시행하지 않을 때도 있다. 「사상견례」편에서 주인이 빈객
에게 대답하길, "저는 '고사'합니다. 감히 명(命)대로 따를 수 없습니다. 장
차 찾아가서 뵙겠습니다."[32)]라고 했고, 또 "저는 '고사'합니다. 감히 명대로
따를 수 없습니다. 제가 어찌 감히 불경(不敬)함을 따르겠습니까!"[33)]라고
했는데, 이 기록들은 모두 '고사'를 하여 시행하지 않는 경우를 가리킨다.
그리고 이곳 「곡례」편에서는 빈객이 '고사'를 하면, 주인은 빈객을 조심스
럽게 인도한다고 했고,[34)] 또 주인이 '고사'를 한 이후에 빈객이 재차 서쪽
계단으로 나아간다고 했으며,[35)] 이곳 문장에서는 주인이 '고사'를 하면, 빈

---

27) 『의례』「사관례(士冠禮)」: 主人戒賓, 賓禮辭許. 主人再拜, 賓答拜. 主人退, 賓
拜送.

28) 『의례』「향음주례(鄕飮酒禮)」: 主人戒賓, 賓拜辱. 主人答拜, 乃請賓, 賓禮辭,
許.

29) 『의례』「향사례(鄕射禮)」: 鄕射之禮. 主人戒賓. 賓出迎, 再拜. 主人答再拜, 乃
請. 賓禮辭許. 主人再拜, 賓答再拜. 主人退, 賓送再拜.

30) 『의례』「사상견례(士相見禮)」: 若嘗爲臣者, 則禮辭其摯, 曰, "某也辭不得命,
不敢固辭."

31) 『의례』「사상견례(士相見禮)」: 士見於大夫, 終辭其摯. 於其入也, 一拜其辱也.
賓退, 送再拜.

32) 『의례』「사상견례(士相見禮)」: 主人對曰, "某也固辭不得命, 將走見. 聞吾子稱
摯, 敢辭摯."

33) 『의례』「사상견례(士相見禮)」: 主人對曰, "某也固辭不得命, 敢不敬從!"

34) 『예기』「곡례상」【18c】: 凡與客入者, 每門讓於客. 客至於寢門, 則主人請入爲
席, 然後出迎客. 客固辭, 主人肅客而入.

35) 『예기』「곡례상」【18d】: 主人入門而右, 客入門而左. 主人就東階, 客就西階,

객은 자리에 오르고, 주인은 곧 앉게 된다고 했다. 이 기록들은 모두 '고사'
를 하였는데도 그대로 시행하는 경우를 가리킨다. 한편 주인이 무릎을 꿇
고 빈객의 자리를 바로잡는다고 하였고, 빈객 또한 무릎을 꿇고서, 자리를
누르며 주인의 행동을 만류한다고 하였으며, 빈객이 겹쳐진 자리를 거둬내
려고 하면, 주인이 '고사'를 한다고 하였으니, 이 내용들은 모두 주인과 빈
객의 신분이 대등했을 때 적용되는 예법들이다. 따라서 정현이 이 내용을
강의를 받고 질문을 하기 위해 찾아온 빈객에 대한 경우로 여긴 것은 잘못
된 생각이다.

【20b】

主人不問, 客不先擧.

직역   主人이 不問하면, 客은 不先擧한다.

의역   주인(主人)이 먼저 질문을 하지 않으면, 빈객(賓客)은 먼저 말을 꺼내지
않는다.

集說   席坐旣定, 主人以客自外至, 當先有所問, 客乃答之, 客不當先擧言
也.

번역   빈객(賓客)과 주인(主人)이 자리를 정해서 앉게 되면, 빈객은 외부
에서 찾아왔으므로, 주인은 마땅히 그 연유에 대해서 먼저 질문을 던져야
하며, 그런 뒤에야 빈객은 그 질문에 대답을 하는 것이다. 따라서 빈객이
먼저 말을 꺼내서는 안 된다.

客若降等, 則就主人之階. 主人固辭, 然後客復就西階.

鄭注 客自外來, 宜問其安否無恙, 及所爲來故.

번역 빈객(賓客)은 외부에서 찾아왔으므로, 주인(主人)은 마땅히 빈객의 안부나 근심꺼리, 그리고 찾아온 연유에 대해서 물어보아야 하는 것이다.

釋文 恙, 羊尙反, 爾雅云: "憂也." 爲, 于僞反, 下同.

번역 '恙'자는 '羊(양)'자와 '尙(상)'자의 반절음으로, 『이아』에서는 "근심한다는 뜻이다."[36]라고 했다. '爲'자는 '于(우)'자와 '僞(위)'자의 반절음으로, 아래문장에 나오는 글자도 그 음이 이와 같다.

孔疏 ●"主人不問, 客不先擧"者, 擧亦問也. 客從外來, 宜問路中寒熱無恙. 若主人未問, 則客不可先問也. 爾雅·釋詁云: "恙, 憂也".

번역 ●經文: "主人不問, 客不先擧". ○'거(擧)'자 또한 "묻는다[問]."는 뜻이다. 빈객(賓客)은 외부로부터 찾아왔으므로, 마땅히 오는 도중에 추위나 더위 때문에 겪었던 고생은 없었는지, 또는 근심거리는 없는지를 물어보아야만 한다. 만약 주인(主人)이 아직 질문을 하지 않은 상태라면, 빈객은 먼저 질문을 던질 수가 없다. 『이아』「석고(釋詁)」편에서는 "'양(恙)'자는 근심한다는 뜻이다."라고 했다.

集解 愚謂: 客來詣己, 則主人宜問其所爲來, 然後客擧其所欲言者告之. 若客先擧, 則近於卒遽.

번역 내가 생각하기에, 빈객(賓客)이 찾아와서 자신을 방문한 경우라면, 주인(主人)은 마땅히 그가 찾아온 이유에 대해서 물어보아야 하는 것이

---

36) 『이아』「석고(釋詁)」: 恙·寫·悝·盰·繇·慘·恤·罹, <u>憂也</u>.

니, 그런 뒤에야 빈객은 자신이 하고 싶은 말들을 꺼낼 수 있는 것이다.
만약 빈객이 먼저 말을 꺼내게 되면, 너무 급작스러운 것처럼 보이게 된다.

【20c】

> 將卽席, 容毋怍. 兩手摳衣去齊尺. 衣毋撥, 足毋蹶.

직역 장차 席에 卽함에는 容에 毋怍한다. 兩手로 衣를 摳하여 去齊를 尺한다. 衣는 毋撥하고, 足은 毋蹶한다.

의역 장차 자리에 나아가 앉을 때에는 행동거지를 신중하고 조심스럽게 하여, 부끄러운 일이 생기게 해서는 안 된다. 양쪽 손으로는 치마를 걷어 올려서, 치마의 밑단이 지면과 1척(尺) 정도 떨어지도록 한다. 앉은 이후에는 옷을 펄럭거리게 해서는 안 되며, 발을 움직여서는 안 된다.

集說 劉氏曰: 將就席, 須詳緩而謹容儀, 毋使有失而可愧怍也. 仍以兩手摳揭衣之兩旁, 使下齊離地一尺而坐, 以便起居, 免有躓蹶失容也. 坐後更須整疊前面衣衽, 毋使撥開. 又古人以膝坐, 久則膝不安, 而易以蹶動, 坐而足動, 亦爲失容, 故戒以毋動也. 管寧坐席歲久, 惟兩膝著處穿, 是足不動故然耳.

번역 유씨가 말하길, 자신의 자리로 나아갈 때에는 매우 천천히 움직여서 용모와 행동거지를 신중하게 해야만 하니, 실수를 유발하여, 부끄러운 일을 발생시켜서는 안 되기 때문이다. 그러므로 양손으로는 치마의 양쪽 옆면을 살짝 걷어 올려서, 치맛자락이 지면으로부터 1척(尺) 정도 떨어지게 해서 자리에 앉으니, 이처럼 하는 이유는 일어서거나 앉을 때 편리하며, 또한 넘어져서 창피를 당하는 일을 없게끔 해주기 때문이다. 자리에 앉은 이후에는 다시금 전면에 놓이는 옷자락과 소매를 가지런하게 포개어, 펄럭거리게 해서는 안 된다. 또한 고대인들은 무릎을 꿇고 앉았었는데, 장시간 앉아 있게 되면, 무릎이 불편하게 되어, 발을 움직이기 쉽다. 그러나 앉아 있을 때 발을 움직이는 것 또한 단정치 못한 행동이다. 그렇기 때문에 움직여서는 안 된다고 주의를 주고 있는 것이다. 관녕(管寧)은 앉은 자세로 오랜 기간을 보내서, 옷 중에서 땅에 닿게 되는 양쪽 무릎 부분만 뚫어졌다고 하는데,37) 발을 움직이지 않았기 때문에 이렇게 된 것이다.

鄭注 怍, 顔色變也. 齊謂裳下緝也. 撥, 發揚貌. 蹶, 行遽38)貌.

번역 '작(怍)'자는 부끄러워서 안색이 변한다는 뜻이다. '제(齊)'자는 치마의 밑단을 뜻한다. '발(撥)'자는 펄럭거리는 모양을 뜻한다. '궐(蹶)'자는 급작스럽게 행동하는 모양을 뜻한다.

釋文 怍, 才洛反, 慙也. 齊音咨, 注同, 本又作齋. 緝, 七立反. 撥, 半末反, 發揚. 蹶, 本又作蹷, 居衛反, 又求月反, 行急遽貌. 遽, 其據反.

번역 '怍'자는 '才(재)'자와 '洛(낙)'자의 반절음이며, "부끄럽다[慙]."는 뜻이다. '齊'자의 음은 '咨(자)'이며, 정현의 주에 나오는 글자도 그 음이 이와 같고, 판본에 따라서는 또한 '齋'자로도 기록한다. '緝'자는 '七(칠)'자와 '立(립)'자의 반절음이다. '撥'자는 '半(반)'자와 '末(말)'자의 반절음으로,

---

37) 이 고사는 황보밀(皇甫謐)이 지은 『고사전(高士傳)』에 나온다.
38) '거(遽)'자에 대하여. 『십삼경주소(十三經注疏)』 북경대 출판본에서는 "『민본(閩本)』·『감본(監本)』·『모본(毛本)』·『악본(岳本)』·『가정본(嘉靖本)』·위씨(衛氏)의 『집설(集說)』에서는 동일하게 '거'자로 기록하고 있다. 혜동(惠棟)의 『교송본(校宋本)』에서는 '수(遂)'자로 기록하고 있다. 완원(阮元)의 『교감기(校勘記)』에서는 '『경전석문(經典釋文)』을 살펴보면, 행거(行遽)라는 기록이 있으며, 그 음은 기(其)자와 거(據)자의 반절음이라고 했고, 『정의(正義)』에서는 또한 행급거모야(行急遽貌也)라고 하였으니, 수(遂)자로 기록된 것은 오자(誤字)이다.'"라고 했다.

"펄럭거린다[發揚]."는 뜻이다. '蹶'자는 판본에 따라서는 또한 '蹷'자로도
기록하며, 그 음은 '居(거)'자와 '衛(위)'자의 반절음이고, 또한 '求(구)'자와
'月(월)'자의 반절음도 되며, 행동이 급작스러운 모양을 가리킨다. '遽'자는
'其(기)'자와 '據(거)'자의 반절음이다.

孔疏 ●"將卽席, 容無怍"者, 此明弟子講問初來之法. 卽, 就也. 怍, 顏色
變也. 初將來就席, 顏色宜莊, 不得變動顏色.

번역 ●經文: "將卽席, 容無怍". ○이 문장은 제자가 강연을 듣고 질문
을 하기 위해 처음 찾아왔을 때의 예법에 대해 언급하고 있다. '즉(卽)'자는
자리에 나아간다는 뜻이다. '작(怍)'자는 얼굴색이 변한다는 뜻이다. 처음
찾아와서 자리에 나아가려고 할 때, 얼굴빛은 마땅히 엄숙해야 하니, 얼굴
색을 바꿔서는 안 되는 것이다.

孔疏 ●"兩手摳衣, 去齊尺"者, 摳, 提挈也. 衣謂裳也. 齊是裳下緝也. 亦
謂將就席之時, 以兩手當裳前提挈裳使起, 令裳下緝去地一尺, 恐衣長轉足躡
履之.

번역 ●經文: "兩手摳衣, 去齊尺". ○'구(摳)'자는 "걷어 올린다[提挈]."
는 뜻이다. '의(衣)'자는 치마[裳]를 뜻한다. '제(齊)'자는 치마의 밑단을 가
리킨다. 그러므로 이 문장의 내용 또한 자신의 자리로 나아가려고 할 때의
예법으로, 양손으로는 마땅히 치마의 앞쪽을 걷어 올려서, 치마가 올라가도
록 하여, 치마의 밑단이 지면으로부터 1척(尺) 정도 떨어지게 만든다는 뜻
이니, 아마도 치마의 길이가 길어서, 그것이 다리를 감아서 밟고 넘어지게
될까를 염려했기 때문일 것이다.

孔疏 ●"足毋蹶"者, 蹶, 行急遽貌也, 亦謂客初至之時, 勿得以爲行遽, 恐
有蹶躓之貌也.

번역 ●經文: "足毋蹶". ○'궐(蹶)'자는 급작스럽게 행동하는 모습을 뜻하니, 이 문장의 내용 또한 빈객(賓客)이 처음 찾아왔을 때의 예법에 대한 것으로, 행동을 급작스럽게 해서는 안 된다는 뜻이니, 아마도 걸려서 넘어지게 되는 상황이 발생하게 될까를 염려했기 때문일 것이다.

集解 愚謂: 怍者, 色慙變也. 幼者之色易於慙變, 故戒之. 言去齊尺, 則所摳者裳也, 而曰"摳衣"者, 深衣衣裳相連也. 趨走則衣易撥開, 行易卒遽, 毋撥毋蹶, 皆爲其失容也.

번역 내가 생각하기에, '작(怍)'자는 부끄러워서 안색이 빨갛게 변한다는 뜻이다. 나이가 어린 자는 부끄러움 때문에 안색이 변하기 쉽다. 그렇기 때문에 주의를 주고 있는 것이다. 치마 밑단을 지면으로부터 1척(尺) 정도 떨어트린다고 하였으니, 걷어 올리게 되는 대상은 '하의[裳]'가 되는데, 경문에서는 "상의[衣]를 걷어 올린다."라고 하였다. 그 이유는 심의(深衣)는 상의와 하의가 서로 연결되어 있기 때문이다. 종종걸음으로 걷게 되면, 옷자락이 펄럭거리기 쉬우니, 행동이 경박스럽게 보이기 쉬우므로, 펄럭거리지도 말고, 넘어지지도 말라고 한 것이다. 이러한 행동들은 단정한 용모를 잃어버리도록 만들기 때문에, 주의를 주는 것이다.

• 제 14 절 •

스승에 대한 예절 Ⅰ

【20d】

先生書策1) 琴瑟在前, 坐而遷之, 戒勿越.

직역 先生의 書策과 琴瑟이 在前하면, 坐하여 遷하며, 戒하여 勿越한다.

의역 선생(先生)의 서책이나 금슬(琴瑟) 등의 악기가 자신 앞에 놓여 있으면, 무릎을 꿇고서 그것들을 한쪽으로 옮겨놓으며, 그 물건을 발로 넘지 않도록 주의한다.

---

1) '책(策)'자에 대하여. 『십삼경주소(十三經注疏)』 북경대 출판본에서는 "『민본(閩本)』·『감본(監本)』·『모본(毛本)』·『석경(石經)』·『악본(岳本)』·『가정본(嘉靖本)』·위씨(衛氏)의 『집설(集說)』에서는 동일하게 '책'자로 기록하고 있다. 『경전석문(經典釋文)』에서는 '협(筴)'자는 판본에 따라서 또한 책(策)자로도 기록한다.'라고 하였다. 『정의본(正義本)』에서도 '책(策)'자로 기록하고 있는데, 『고문(考文)』에서는 『고본(古本)』을 인용하며, '협(筴)'자로 기록하고 있다. 완원(阮元)의 『교감기(校勘記)』에서는 '『설문해자(說文解字)』에 의거하면, 마땅히 책(冊)자로 기록해야 한다. 책(策)자는 책(冊)자의 가차자(假借字)이며, 협(筴)자는 책(策)자의 속자(俗字)이다.'"라고 했다.

● 그림 14-1 금(琴)과 슬(瑟)

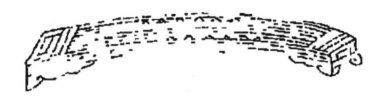

▶ 출처: 『삼례도집주(三禮圖集注)』 5권

集說 疏曰: 坐, 亦跪也. 弟子將行, 若遇師諸物或當己前, 則跪而遷移之, 戒愼不得踰越.

번역 공영달(孔穎達)의 소(疏)에서 말하길, '좌(坐)'자 또한 "무릎을 꿇는다."는 '궤(跪)'자의 의미이다. 제자들이 이동하려고 할 때, 만약 스승의 물건이 자기 앞에 놓여 있는 경우라면, 무릎을 꿇고서 그 물건들을 옮겨두고, 주의하여 그 물건을 발로 넘지 않도록 해야 한다.

鄭注 廣敬也. 在前, 謂當行之前.

번역 이처럼 행동하는 이유는 선생(先生)에 대한 공경함을 확장하여, 선생이 쓰는 물건들에 대해서도 주의하는 것이다. '재전(在前)'이라는 말은 자신이 움직이는 길 앞에 놓여 있다는 뜻이다.

釋文 筴, 本又作策, 初革反, 編簡也.

번역 '筴'자는 판본에 따라서 또한 '策'자로도 기록하는데, 그 음은 '初(초)'자와 '革(혁)'자의 반절음이며, '서책[編簡]'을 뜻한다.

孔疏 ●"先生"至"不唾". ○正義曰: 此一節明弟子事師·子事父之禮, 各隨文解之.

번역 ●經文: "先生"~"不唾". ○이 단락은 제자(弟子)가 스승을 섬기고, 자식이 부모를 섬길 때의 예법에 대해 언급하고 있으니, 각각의 문장에 따라서 해석하겠다.

孔疏 ●"先生書策"者, 策, 篇簡也. 坐亦跪也, 坐通名跪, 跪名不通坐也. 越, 踰也. 弟子將行, 若遇師諸物或當己前, 則跪而遷移之, 戒愼勿得踰越. 廣敬也.

번역   ●經文: "先生書策". ○'책(策)'자는 서책[篇簡]을 뜻한다. '좌(坐)'자 또한 "무릎을 꿇는다."는 '궤(跪)'의 뜻인데, '좌'자는 '궤'라고 부르는 행위까지도 통칭해서 쓸 수 있지만, '궤'자는 '좌'라고 부르는 행위까지 통칭해서 쓸 수 없다. '월(越)'자는 "뛰어넘는다[踰].'는 뜻이다. 제자(弟子)가 걸어가려고 하는데, 만약 스승이 사용하던 물건이 자기 앞에 놓여 있는 상황을 접하게 된다면, 무릎을 꿇고서 그것들을 옮겨두고, 주의를 하여 그것을 뛰어넘는 행동을 해서는 안 되는 것이다. 이러한 행동들은 스승에 대한 공경함을 사물에까지 확장하여 시행하는 것이다.

【20d】

> 虛坐盡後, 食坐盡前. 坐必安, 執爾顔. 長者不及, 毋儳言.

직역   虛坐에는 後를 盡하고, 食坐에는 前을 盡한다. 坐에는 必히 安하고, 爾顔을 執한다. 長者가 不及하면, 言을 儳함을 毋한다.

의역   아직 음식이 차려지지 않은 자리에 앉을 때에는 멀찌감치 뒤로 물러나서 앉고, 음식이 차려진 자리에 앉을 때에는 바짝 당겨서 앉는다. 앉을 때에는 반드시 안정된 자세로 앉아야 하고, 자신의 얼굴색을 단정하게 가다듬는다. 어른이 말을 끝내지 않았다면, 어른의 말에 끼어들어서는 안 된다.

集說   古者席地, 而俎豆在其前, 盡後, 謙也; 盡前, 恐汗席也. 儳, 暫也, 亦參錯不齊之貌. 長者言事未竟, 未及其他, 少者不可擧他事爲言, 暫然錯雜長者之說.

번역 고대에는 자리를 펴고, 음식을 담는 그릇들을 자리의 앞쪽에 두었다. 따라서 음식이 없을 때 멀찌감치 물러나 앉는 이유는 그것이 겸손한 태도이기 때문이며, 음식이 있을 때 바짝 당겨서 앉는 이유는 음식을 떨어트려서 자리를 더럽히게 될까 염려되기 때문이다. '참(儳)'자는 '갑자기[暫]'라는 뜻으로, 또한 갑작스럽게 끼어들어서, 가지런하지 못한 모양을 뜻한다. 어른이 어떤 사안에 대해서 언급을 하게 되어, 그 말이 아직 다 끝나지도 않았고, 또한 다른 사안에 대해서 언급하지도 않았는데, 나이 어린 사람이 다른 일을 가지고 불쑥 말을 꺼내게 된다면, 이것은 곧 갑작스럽게 어른의 말을 뒤섞어버리는 꼴이 된다.

鄭注 謙也. 爲汙席. 執猶守也. 儳猶暫也, 非類雜.

번역 음식이 없을 때 물러나 앉는 것은 겸손한 행동이다. 음식이 있을 때 물러나 앉으면, 음식을 떨어트려 자리를 더럽히기 때문이다. '집(執)'자는 "지킨다[守]."는 뜻이다. '참(儳)'자는 '잠(暫)'자와 같으며, 종류가 다른 것들이 뒤섞여 있다는 뜻이다.

釋文 盡, 津忍反, 後放此. 汙, 汙辱之汙, 又一故反, 後放此. 儳, 徐仕鑒反, 又蒼鑒反, 又蒼陷反.

번역 '盡'자는 '津(진)'자와 '忍(인)'자의 반절음이며, 뒤에 나오는 글자들도 모두 그 음이 이와 같다. '汙'자는 '오욕(汙辱)'이라고 할 때의 '汙'자이며, 또한 '一(일)'자와 '故(고)'자의 반절음도 되고, 뒤에 나오는 글자들도 모두 그 음이 이와 같다. '儳'자의 서음(徐音)은 '仕(사)'자와 '鑒(감)'자의 반절음이며, 또한 '蒼(창)'자와 '鑒(감)'자의 반절음도 되고, '蒼(창)'자와 '陷(함)'자의 반절음도 된다.

孔疏 ●"虛坐盡後"者, 凡坐各有其法. 虛, 空也. 空謂非飮食坐也. 盡後,不敢近前, 以爲謙也. 玉藻云“徒坐不盡席尺”, 是也. “食坐盡前”者, 謂飮食坐也. 古者地鋪席, 而俎豆皆陳於席前之地, 若坐近後則濺汗席, 故盡前也. 玉藻云“讀書·食則齊豆去席尺”, 是也.

번역 ●經文: “虛坐盡後”. ○무릇 앉아 있을 경우에는 각각의 상황에 따라 지켜야 하는 예법들이 있다. ‘허(虛)’자는 “비어 있다[空].”는 뜻이다. 비어 있다는 말은 곧 음식을 먹기 위해 앉는 자리가 아닌 경우를 뜻한다. ‘최대한 뒤로[盡後]’라는 말은 감히 앞쪽으로 가까이 다가가지 않는다는 뜻이니, 이러한 행동을 겸손한 것으로 여겼기 때문이다. 『예기』「옥조(玉藻)」편에서는 “특별한 일 없이 한가롭게 앉아 있을 때에는 자리 사이를 1척(尺) 이상 벌리지 않는다.”[2]라고 하였는데, 이 기록이 바로 위의 내용을 가리킨다. 경문의 “食坐盡前”에 대하여. 이 구문은 곧 음식을 먹는 자리에 앉는 경우를 뜻한다. 고대에는 바닥에 자리[席]를 깔고, 음식을 담는 그릇들은 모두 자리의 앞쪽 바닥에 놓아두었다. 따라서 만약 자신이 앉은 자리가 뒤쪽에 치우쳐 있으면, 음식을 떨어트려서 자리를 더럽힐 수가 있다. 그렇기 때문에 앞으로 바짝 당겨서 앉는 것이다. 「옥조」편에서 “독서를 하거나 음식을 먹을 때에는 가지런히 정돈하고, 음식이 담겨진 그릇은 자리와 1척 정도 떨어트린다.”[3]라고 하였는데, 이 기록이 바로 위의 내용을 가리킨다.

孔疏 ●“坐必安”者, 凡坐好自搖動, 故戒之令必安坐.

번역 ●經文: “坐必安”. ○무릇 앉아 있을 때에는 발이 저려서 움직이기 쉽기 때문에, 주의를 주어서 반드시 안정된 자세로 앉도록 한 것이다.

孔疏 ●“執爾顔”者, 執, 守也. 久坐好異, 故必戒之宜如嚮者無作顔容也. 故注云“執猶守也”.

---

2) 『예기』「옥조(玉藻)」【376c】: 徒坐不盡席尺.
3) 『예기』「옥조(玉藻)」【376c】: 讀書食則齊. 豆去席尺.

번역 ●經文: "執爾顔". ○'집(執)'자는 "지킨다[守]."는 뜻이다. 오래도록 앉아 있으면, 얼굴빛이 변하기 쉽다. 그렇기 때문에, 반드시 주의를 주어서, 바라보고 있는 상대에게 얼굴빛의 변화를 보이지 않아야 하는 것이다. 그렇기 때문에 정현의 주에서 "'집'자는 '수(守)'자의 뜻과 같다."라고 말한 것이다.

孔疏 ●"長者不及, 毋儳言"者, 長者猶先生也, 互言耳. 及謂所及之事也. 儳, 暫也. 長者正論甲事, 未及乙事, 少者不得輒以乙事雜甲事, 暫然雜錯師長之說.

번역 ●經文: "長者不及, 毋儳言". ○'어른[長者]'이라는 말은 '선생(先生)'이라는 말과 같으니, 어른이나 선생에 대한 경우를 모두 포함하고자 하여, 그 범위 대상이 더 넓은 '장자(長者)'라고 표현했을 뿐이다. '급(及)'자는 언급하는 사안을 뜻한다. '참(儳)'자은 '갑자기[暫]'라는 뜻이다. 만약 어른이 '갑(甲)'에 대한 사안을 논정하고 있고, 아직 '을(乙)'에 대한 사안을 언급하지 않은 상황이라면, 나이 어린 자가 '을'에 대한 사안을 가지고 갑자기 끼어들어서, '갑'에 대한 논지를 흐려서, 갑작스럽게 어른의 말을 뒤죽박죽으로 만들어서는 안 되는 것이다.

訓纂 說文: "儳, 儳互, 不齊也." 段氏玉裁曰, "周語'戎翟冒沒輕儳', 注'儳, 進退上下無列也.'"

번역 『설문해자(說文解字)』에서는 "'참(儳)'자는 '참호(儳互)'라는 뜻으로, '단정하지 못하다[不齊].'는 의미이다."라고 했다. 단옥재는 "『국어(國語)』「주어(周語)」편에는 '융(戎)이나 적(狄)과 같은 오랑캐들은 경솔하며, 무질서하게 뒤섞여 있다.'[4]라고 하였는데, 이 문장에 대한 위소의 주(注)에서는 '참(儳)자는 나아가고 물러남, 또는 상하의 질서가 없다는 뜻이다.'"라

---

4) 『국어(國語)』「주어중(周語中)」: 夫戎·狄, 冒沒輕儳, 貪而不讓.

고 했다.

集解 朱子曰: 說文云, “儳, 儳互, 不齊也.” 儳言, 儳長者之先而言也.

번역 주자가 말하길, 『설문해자(說文解字)』에서는 “‘참(儳)’자는 ‘참호(儳互)’라는 뜻으로, ‘단정하지 못하다[不齊].’는 의미이다.”라고 하였으니, 이곳 경문의 ‘참언(儳言)’은 어른이 먼저 말한 것에 끼어들어서 말한다는 뜻이다.

集解 愚謂: 上言將卽席之法, 此又言旣卽席之法也. 毋儳言, 謂長者方與甲言, 未與乙言, 則乙不得以己言儳雜之. 論語曰, “言未及之而言謂之躁”, 是也.

번역 내가 생각하기에, 앞 문장은 장차 자리에 나아가려고 할 때의 예법에 대해서 언급한 것이며, 이곳 문장은 또한 이미 자리에 다가갔을 때의 예법에 대해서 언급한 것이다. ‘무참언(毋儳言)’은 연장자가 ‘갑(甲)’이라는 사람에게 이제 막 말을 건넸고, 아직 ‘을(乙)’이라는 사람에게는 말을 건네지 않았다면, ‘을’이라는 사람은 자신의 말을 꺼내서 어른의 말을 뒤죽박죽으로 만들어서는 안 된다는 뜻이다. 『논어』에서 “말이 아직 거기에 이르지도 않았는데, 말을 하는 것을 ‘조(躁)’라고 한다.”[5]라고 한 말이 바로 이것을 가리킨다.

---

5) 『논어』「계씨(季氏)」 : 孔子曰, “侍於君子有三愆, <u>言未及之而言謂之躁</u>, 言及之而不言謂之隱, 未見顏色而言謂之瞽.”

【20d~21a】

正爾容, 聽必恭. 毋勦6)說, 毋雷同. 必則古昔, 稱先王.

직역 爾容을 正하고, 聽에 必히 恭한다. 勦說을 毋하고, 雷同을 毋한다. 必히 古昔을 則하고, 先王을 稱한다.

의역 앉아 있을 때에는 용모와 행동거지를 단정하게 하고, 어른의 말을 들을 때에는 반드시 공손한 태도를 유지한다. 남의 말을 자신의 말처럼 해서는 안 되고, 남의 말에 부화뇌동해서는 안 된다. 말을 할 때에는 반드시 옛날의 교훈을 법도로 삼아서 하고, 선왕(先王)의 도리에 빗대어야 한다.

集說 上言執爾顏, 謂顏色無或變異; 此言正爾容, 則正其一身之容貌也. 聽必恭, 亦謂聽長者之言也. 挐取他人之說以爲己說, 謂之勦說; 聞人之言而

---

6) '초(勦)'자에 대하여. 『십삼경주소(十三經注疏)』 북경대 출판본에서는 "『민본 (閩本)』·『감본(監本)』·『모본(毛本)』·『석경(石經)』·『가정본(嘉靖本)』· 위씨(衛氏)의 『집설(集說)』에서는 동일하게 '초'자로 기록하고 있다. 『악본(岳 本)』에서는 '▼(巢+刀)'자로 기록하고 있다. 완원(阮元)의 『교감기(校勘記)』에 서는 '살펴보니, 초설(勦說)에서의 초(勦)자에 대해서, 조헌(曹憲)은 마땅히 인 (刃)자를 부수로 해야 한다고 했고, 『좌전(左傳)』에 나온 초민(勦民)이라는 단 어는 력(力)자를 부수로 따르고 있는데, 이 글자와는 다른 것이라고 했다. 전 대흔(錢大昕)은 『설문해자(說文解字)』에서 초(勦)의 뜻을 노(勞)자로 풀이했 고, 정현(鄭玄)은 람(擥)자로 풀이하였으니, 노(勞)자의 전성(轉聲)을 따라서, 그 의미를 빌려온 것으로, 이문(異文)이 있는 것은 아니라고 했다. 그리고 『설 문해자』의 도부(刀部)에는 초(剿)라는 글자가 없으니, 조헌은 속유(俗儒)이기 때문에, 육서(六書)의 진의를 깨우치지 못하여, 그가 한 말은 대부분 틀린 말 들이라고 했다. 『오경문자(五經文字)』의 역부(力部)를 살펴보니, 초(勦)자에 대해, 초(楚)자와 교(交)자의 반절음으로, 『예기』에 나온다고 했다. 이 말은 곧 여기에 나온 글자를 가리키는 것이다. 장참(張參) 또한 조헌의 주장에 따르지 않고 있다. 『악본(岳本)』에는 전부 도(刀)자를 부수로 해서 글자를 고쳤는데, 잘못된 기록이다.'라고 했다. 살펴보니, 초(勦)자는 초(剿)자의 이체자가 된 다."라고 했다.

附和之, 謂之雷同, 如雷之發聲而物同應之也. 惟法則古昔, 稱述先王, 乃爲善
耳.

번역 앞 문장의 '집이안(執爾顔)'이라는 말은 안색이 변하거나 바뀌는
일이 있어서는 안 된다는 뜻이며, 이곳 문장에서 '정이용(正爾容)'이라고
한 말은 자신의 용모 및 행동거지 전반에 대해서 바르게 해야 한다는 뜻이
다. '청필공(聽必恭)'은 또한 연장자의 말을 경청한다는 뜻이다. 남이 한 말
을 가져다가 자신의 주장처럼 하는 것을 '초설(勦說)'이라고 부른다. 한편
남의 말만 듣고, 자기 주관도 없이 그 말에 동화되는 것을 '뇌동(雷同)'이라
고 부르니, 마치 천둥이 치자, 만물이 모두 그 소리에 반응하는 모습과 같은
것이다. 오직 옛날의 교훈을 법도로 삼고, 선왕(先王)의 도리에 빗대어 언
급해야만, 옳은 말이 될 따름이다.

大全 藍田呂氏曰: 書策琴瑟之爲物, 先生之所常御也. 物猶加敬, 人可知
也. 虛坐盡前, 則若欲食然, 故盡後以示之. 坐必安, 執爾顔, 侍食於先生, 不敢
解也. 儳言者, 乘人之所未及而言之也. 事長者, 必思所以下之, 乘其不及而儳
言, 是欲勝, 故不爲也. 正爾容, 聽必恭, 敬長者之敎, 而不敢慢也. 竊人之財,
猶謂之盜, 勦取他人之說, 以爲己有, 私也, 不以心之然不然, 志在隨人而雷同
之, 亦私也. 上焉者, 雖善無徵, 無徵弗信, 弗信民弗從, 必則古昔, 稱先王, 則
求其有徵而使民信也. 民未信也, 吾雖自信, 亦不可行也.

번역 남전여씨가 말하길, 서책(書策)이나 금슬(琴瑟) 등의 물건은 선생
(先生)이 항상 사용하는 것들이다. 물건에 대해서도 오히려 이처럼 공경을
더하게 되니, 사람에 대해서는 더욱 공경해야 한다는 사실을 알 수 있다.
음식이 차려지지 않은 자리에 앉을 때, 앞으로 바짝 당겨서 앉게 된다면,
마치 음식을 바라는 것처럼 된다. 그렇기 때문에 멀찌감치 뒤로 물러나 앉
아서, 그런 의사가 없다는 것을 나타내는 것이다. 앉을 때 반드시 안정된
자세를 유지하고, 얼굴색을 단정하게 유지하는 이유는 선생을 모시고 식사
를 할 경우라고 하더라도, 감히 풀어진 자세를 취할 수가 없기 때문이다.

‘참언(儳言)’이라는 것은 상대방이 아직 언급하지 않는 것에 틈타서, 끼어들며 말하는 것이다. 어른을 섬길 때에는 반드시 자신을 겸손하게 낮추는 것을 염두에 두어야 하니, 아직 언급하지 않은 것에 틈타서, 끼어들며 말을 한다는 것은 곧 상대방을 누르고자 하는 행위가 되므로, 이러한 행동을 하지 않는 것이다. 용모와 행동거지를 바르게 하고, 들을 때 반드시 공손한 태도를 유지하는 이유는 연장자의 가르침을 공경하여, 감히 태만하게 행동할 수 없기 때문이다. 남의 재물을 절취하는 것을 ‘도적[盜]’이라고 부르니, 남의 말을 가져다가 자신의 주장처럼 삼는 것은 사욕[私]이 있기 때문이고, 자신의 마음에 그렇거나 또는 그렇지 않다는 등의 주관도 없으면서, 남의 말에만 따르는 것에 관심을 두고, 부화뇌동하는 것 또한 잘 보이고자 하는 ‘사욕’ 때문이다. 상고(上古) 시대 때의 일들은 비록 옳은 것이지만, 증거를 댈 수 없고, 증거를 댈 수 없으면, 믿음이 가지 않으며, 믿음이 가지 않으면, 백성들이 따르지 않게 되니,7) 반드시 옛날의 교훈을 법도로 삼고, 선왕(先王)의 도리에 빗대어 언급한다면, 그 말의 증거를 찾으면서도, 백성들을 믿게끔 만드는 것이다. 백성들이 믿지 않는다면, 비록 제 자신이 믿는다고 하더라도, 또한 시행될 수가 없는 것이다.

鄭注 聽先生之言, 旣說又敬. 勦猶擥也, 謂取人之說以爲己說. 雷之發聲, 物無不同時應者. 人之言, 當各由己, 不當然也. 孟子曰: “人無是非之心, 非人也.” 言必有依據.

번역 선왕(先生)이 했던 말들을 경청할 때에는 기뻐하면서도 또한 공경해야 한다. ‘초(勦)’자는 “뽑아낸다[擥].”는 뜻이니, 즉 남의 주장을 가져다가 자신의 주장으로 삼는다는 의미이다. ‘뇌동(雷同)’은 천둥이 치면, 일시에 반응하지 않는 사물이 없다는 뜻이다. 사람의 주장은 각자가 가지고 있는 소견을 통해 나타나는 것이니, 이처럼 부화뇌동해서는 안 된다.『맹자』

---

7) 『중용』「29장」: <u>上焉者, 雖善, 無徵. 無徵, 不信. 不信, 民弗從. 下焉者, 雖善, 不尊. 不尊, 不信. 不信, 民弗從.</u>

에서는 "사람에게 시비지심(是非之心)이 없다면, 사람답다고 할 수 없다."[8]
라고 하였으니, 이 말은 곧 반드시 자신의 소견에 근거함이 있어야 한다는
뜻이다.

釋文 說音悅. 勦, 初交反, 一音初敎反, 攬取. 說如字, 注同, 徐舒鋭反. 攬,
徐力敢反. 應, 應對之應, 下同.

번역 '說'자의 음은 '悅(열)'이다. '勦'자는 '初(초)'자와 '交(교)'자의 반절
음이며, 다른 음은 '初(초)'자와 '敎(교)'자의 반절음이 되며, 가려서 뽑아낸
다는 뜻이다. '說'자는 글자대로 읽으며, 정현의 주에 나오는 글자도 같은
음인데, 서음(徐音)은 '舒(서)'자와 '鋭(예)'자의 반절음이 된다. '攬'자의 서
음은 '力(력)'자와 '敢(감)'자의 반절음이다. '應'자는 '응대(應對)'라고 할 때
의 '應'자이며, 아래문장에 나오는 글자도 그 음이 모두 이와 같다.

孔疏 ●"正爾容"者, 正謂矜莊也. 方受先生之道, 當正己矜莊也. 顔·容
通語耳.

번역 ●經文: "正爾容". ○'정(正)'자는 "공손하며 엄숙하다[矜莊]."라는
뜻이다. 선생의 가르침을 받을 때에는 자기 자신을 마땅히 공손하고 엄숙
한 태도로 바로잡아야 한다. 얼굴빛을 뜻하는 '안(顔)'자와 용모를 뜻하는
'용(容)'자는 서로 통용되는 말일 따름이다.

孔疏 ●"聽必恭"者, 聽師長之說, 宜恭敬也.

번역 ●經文: "聽必恭". ○스승이나 연장자의 말을 경청할 때에는 마땅
히 공경하는 태도를 취해야 한다.

---

8) 『맹자』「공손추상(公孫丑上)」: 由是觀之, 無惻隱之心, 非人也, 無羞惡之心, 非
人也, 無辭讓之心, 非人也, 無是非之心, 非人也.

孔疏 ●"毋勦說"者, 語當稱師友而言, 無得攬取人之說以爲己語.

번역 ●經文: "毋勦說". ○남의 말을 할 때에는 마땅히 그 말을 한 스승이나 벗들의 이름을 대고서 해야 하니, 남의 주장을 가져다가 자신의 말처럼 해서는 안 된다.

孔疏 ●"毋雷同"者, 凡爲人之法, 當自立己心, 斷其是非, 不得聞他人之語, 輒附而同之. 若聞而輒同, 則似萬物之生, 聞雷聲而應, 故云"毋雷同". 但雷之發聲, 物無不同時而應者, 人之言當各由己, 不當然也.

번역 ●經文: "毋雷同". ○무릇 사람으로서 지켜야 하는 법도는 마땅히 제 스스로 자신의 마음을 확립하여, 시비(是非)를 판정해야 하는 것이다. 따라서 남의 말만 듣고는 갑작스럽게 생각이 기울어서, 그 말에 찬동해서는 안 된다. 만약 남의 말을 듣자마자 그 말에 곧바로 찬동한다면, 이것은 마치 생명을 가지고 있는 만물들이 천둥소리를 듣고서 곧바로 반응하는 모습과 같은 것이다. 그렇기 때문에 "뇌동(雷同)해서는 안 된다."라고 한 것이다. 다만 천둥이 치게 되면, 일시에 반응하지 않는 사물이 없지만, 사람의 말은 마땅히 각자가 가지고 있는 소신에 따르는 것이므로, 그렇게 해서는 안 되는 것이다.

孔疏 ●"必則古昔"者, 則, 法也. 雖不雷同, 又不得專輒, 故當必法於古昔之正.

번역 ●經文: "必則古昔". ○'칙(則)'자는 "본받는다[法]."는 뜻이다. 비록 부회뇌동을 하지 않는다고 하더라도, 또한 자기 마음대로 주장할 수는 없다. 그렇기 때문에 마땅히 옛날부터 전해져온 바른 도리들을 본받아야만 하는 것이다.

孔疏 ●"稱先王"者, 旣法古昔, 而所言之事, 必稱先王. 先王, 聖人爲天子者也. 如孔子說孝經, 稱"先王有至德"也, 言必有所依據.

번역 ●經文: "稱先王". ○이미 옛날의 가르침을 본받고 있다고 하더라도, 언급하는 사안에 대해서는 반드시 해당하는 선왕(先王)의 도리에 걸맞도록 해야 하는 것이다. '선왕'은 성인(聖人)이면서 천자(天子)가 된 자들을 뜻한다. 즉 선왕의 도리에 빗대어야 한다는 말은 마치 공자(孔子)가 『효경』에 대해 언급하며, "'선왕'들은 지극한 덕(德)을 가지고 있었다."[9]라고 말한 것과 같은 것이니, 이 말은 반드시 논거로 삼고 있는 것이 있어야 한다는 의미이다.

孔疏 ◎注"人之"至"人也". ○正義曰: 人之言評議是非, 須自出己情, "不當然"者, "然" 謂如此也, 謂不當如此, 隨附他意. 孟子云: "人無惻隱之心, 非人也. 人無是非之心, 非人也." 引之者, 明是非由己, 不可一同餘人.

번역 ◎鄭注: "人之"~"人也". ○사람의 말 중에, 시비(是非)를 논의한 것들은 기본적으로 자신의 감정에서 비롯된 것들이다. 경문의 "不當然"에 대하여. '연(然)'이라는 말은 "이와 같다[如此]."라는 뜻이다. 따라서 이 말은 이처럼 남의 의견에 따라서 부화뇌동해서는 안 된다는 의미이다. 『맹자』에서는 "사람에게 측은지심(惻隱之心)이 없다면, 사람답다고 할 수 없다. 사람에게 시비지심(是非之心)이 없다면, 사람답다고 할 수 없다."라고 하였는데, 정현은 이 말을 인용하여, 시비(是非)에 대한 판결은 자신의 소견에 따라야 하는 것이지, 다른 사람의 의견에 무조건 찬동해서는 안 된다는 사실을 밝힌 것이다.

集解 愚謂: 此謂長者旣言及之, 則其容貌應對當如此也. 卽席之時, 旣執爾顏, 先生言及之, 則當益正其容, 而恭敬以聽也. 勸說則掠美, 雷同則無識,

---

9) 『효경』「개종명의장(開宗明義章)」: 子曰, <u>先王有至德要道</u>

旣戒是二者, 而或游談不根, 妄自立說, 又不可也. 故又當則古昔, 稱先王. 古昔言其時, 先王言其人, 稱先王正所以則古昔也. 自"將卽席"至此, 皆弟子見師卽席講問之法也.

번역 내가 생각하기에, 이 문장의 내용은 연장자가 말을 하고 있을 때, 용모와 행동거지 및 대답함이 마땅히 위의 내용과 같아야 한다는 뜻이다. 자신의 자리로 나아갈 때에는 얼굴색을 바르게 해야 한다고 이미 언급하였는데, 선생(先生)이 말을 꺼내게 되면, 마땅히 더욱 그 용모와 행동거지를 조심해서, 공손한 태도로 경청을 해야 하는 것이다. '초설(勦說)'은 남의 좋은 말을 훔치는 것이고, '뇌동(雷同)'은 자신의 소견이 없는 것이다. 경문에서는 이미 이 두 가지에 대해서 경계를 하였으니, 근거도 없는 세간의 말에 따르거나, 이상한 말로 제 스스로 억설을 내세우는 짓도 해서는 안 되는 것이다. 그렇기 때문에 또한 옛날의 교훈을 법도로 삼고, 선왕(先王)의 도리에 빗대어야 하는 것이다. '고석(古昔)'은 선왕들이 통치하던 시기를 뜻하며, '선왕(先王)'은 그 당시의 통치자들을 가리키는 말이다. 따라서 '선왕'의 도리에 빗대는 것은 곧 옛날의 교훈을 본받는 방법이다. "장차 자리로 나아간다[將卽席]."[10]라는 문장부터 이곳의 문장까지는 모두 제자(弟子)가 스승을 찾아뵙고, 자리에 나아가 강연을 듣고 질문하는 법도에 대한 내용이다.

【21b】

侍坐於先生, 先生問焉, 終則對.

직역 先生을 侍坐함에 先生이 問하면, 終하면 對한다.

---

10) 『예기』「곡례상」【20c】: 將卽席, 容毋怍. 兩手摳衣去齊尺. 衣毋撥, 足毋蹶.

의역 선생(先生)을 모시고 앉아 있을 때, 선생이 자신에게 질문을 하게 되면, 그 말이 다 끝나고 나서 대답을 한다.

集說 問終而後對, 欲盡聞所問之旨, 且不敢雜亂尊者之言也.

번역 질문이 끝난 이후에 대답을 하는 이유는 묻는 요지를 다 듣고자 하기 때문이며, 또한 어른의 말에 끼어들어서, 말을 뒤섞을 수 없기 때문이다.

鄭注 不敢錯亂尊者之言.

번역 감히 어른의 말에 끼어들어서, 그 말을 뒤섞을 수 없기 때문이다.

釋文 坐, 才臥反, 後放此.

번역 '坐'자는 '才(재)'자와 '臥(와)'자의 반절음이며, 뒤에 나오는 글자들도 그 음이 모두 이와 같다.

【21b】

請業則起, 請益則起.

직역 業을 請하면 起하고, 益을 請해도 起한다.

의역 배움을 구하고자 질문을 할 때라면, 자리에서 일어나서 말하고, 대답해준 말에 깨닫지 못한 것이 있어서, 다시 질문하고자 할 때에도, 또한 자리에서 일어나서 말한다.

集說 請業者, 求當習之事; 請益者, 再問未盡之蘊. 起, 所以致敬也.

번역 '청업(請業)'이라는 말은 마땅히 익혀야 하는 일들에 대해서 묻는다는 뜻이며, '청익(請益)'이라는 말은 아직 깨닫지 못한 것에 대해 재차 질문한다는 뜻이다. 일어나는 것은 공경함을 나타내는 행동이다.

大全 藍田呂氏曰: 問未終而對, 不敬其所問也. 業, 謂所學於先生者, 如詩書禮樂之類, 是也. 益, 謂所問未明, 或欲卒學, 或欲少進也. 有所請, 必起, 敬業也. 敬業, 所以敬師, 敬師, 所以敬道也. 故請業請益, 皆不可不起也.

번역 남전여씨가 말하길, 선생이 자신에게 하문(下問)하는 말이 다 끝나지도 않았는데, 대답을 하는 것은 선생의 하문에 대해서 불경(不敬)하게 대하는 행동이다. '업(業)'자는 선생에게 배운 것들을 뜻하니, 마치 시(詩)·서(書)·예(禮)·악(樂)과 같은 부류들이 여기에 해당한다. '익(益)'자는 질문한 내용 중에서 선생의 대답을 듣고도 아직 깨우치지 못한 부분이거나, 혹은 그것에 대해서 끝까지 파헤치려고 하는 것이거나, 또는 그 보다 좀 더 상위의 단계로 나아가고자 하는 것들을 뜻한다. 질문을 해야 할 내용이 있다면, 반드시 일어나서 해야 하는 것이니, 학업에 대해서 공경을 표하기 때문이다. 학업에 대해서 공경하는 것은 곧 스승을 공경하는 방법이며, 스승을 공경하는 것은 또한 도(道)를 공경하는 방법이다. 그렇기 때문에 배움을 구하기 위해 질문을 하고, 또 미진한 부분에 대해서 재차 질문을 하는 등 모든 경우에 있어서, 일어나서 질문을 하지 않을 수가 없는 것이다.

大全 嚴陵方氏曰: 有所請必起者, 所以重道也. 孔子與曾參言, "復坐, 吾語女", 則弟子之於先生, 有所請, 必起, 可知矣.

번역 엄릉방씨가 말하길, 질문할 내용이 있을 때 반드시 일어나서 한다는 것은 곧 도(道)를 중시하는 방법이다. 공자(孔子)가 증자(曾子)에게 말을 해 줄 때, "다시 앉아라. 내가 너에게 말해주겠다."[11]라고 하였으니, 이 기록을 통해서도 제자(弟子)가 선생(先生)을 대할 때, 질문한 내용이 있으면, 반드시 일어나야 한다는 사실을 알 수 있는 것이다.

鄭注 尊師重道也. 起, 若今摳衣前請也. 業謂篇卷也. 益謂受說不了, 欲師更明說之. 子路問政, 子曰: "先之, 勞之." 請益, 曰: "無倦."

번역 이러한 행동은 스승을 존경하고, 도(道)를 중시하는 것이다. "일어난다[起]."는 행동은 마치 오늘날 치마 밑단을 걷어 올리고, 스승 앞으로 나아가서 질문을 하는 행동과 같은 것이다. '업(業)'자는 '책들[篇卷]'을 뜻한다. '익(益)'자는 가르침을 받은 것 중 아직 이해하지 못한 부분들을 뜻하니, 질문을 통해서 스승이 재차 깨우쳐주기를 바라는 것이다. 자로(子路)가 정치에 대해서 묻자, 공자(孔子)는 "자신이 먼저 솔선수범하고, 열심히 노력하는 것이다."라고 하였는데, 자로가 다시 '청익(請益)'하자, 공자는 "게을리 함이 없는 것이다."라고 한 용례가 있다.[12]

釋文 卷音眷, 徐久戀反.

번역 '卷'자의 음은 '眷(권)'이며, 서음(徐音)은 '久(구)'자와 '戀(련)'자의 반절음이 된다.

孔疏 ●"請益則起"者, 益謂已受說而不解了, 更諮問審之也, 尊師重道也. "起, 若今摳衣前請也", 漢時受學, 有摳衣前請之法, 故鄭引證之也.

번역 ●經文: "請益則起". ○'익(益)'자는 이미 설명을 들었는데도, 아직 이해하지 못하여, 재차 소상하게 질문을 한다는 뜻이니, 이것은 스승을 존경하고 도(道)를 중시하는 행동이다. 정현이 "'일어난다[起].'는 행동은 마

---

11) 『효경』「개종명의장(開宗明義章)」: 復坐, 吾語汝. 身體髮膚, 受之父母, 不敢毀傷, 孝之始也.
12) 『논어』「자로(子路)」: 子路問政. 子曰, "先之勞之." 請益. 曰, "無倦."

치 오늘날 치마 밑단을 걷어 올리고, 스승 앞으로 나아가서 질문을 하는 행동과 같은 것이다."라고 하였는데, 한(漢)나라 때에는 수업을 받을 때, 치맛자락을 걷어 올리고, 스승 앞으로 나아가서 질문을 하는 예법이 있었다. 그러므로 정현은 이러한 당시의 예법을 인용하여, 위 내용에 대해서 증명을 했던 것이다.

孔疏 ◎注"子路"至"無倦". ○正義曰: 子路受師說不了, 故就孔子請益也. 按論語云, 子路問爲政之道, 孔子答云: "爲政先行恩惠, 後乃可使人爲勞役." 子路嫌少, 就孔子更請益. 孔子答云: "但勤行前恩惠之事, 無倦怠則自足爲政." 引之者, 證請益也.

번역 ◎鄭注: "子路"~"無倦". ○자로(子路)는 공자(孔子)의 설명을 들었지만, 이해하지 못하였다. 그렇기 때문에 공자에게 다가가서 재차 질문을 했던 것이다. 『논어』를 살펴보면, 자로는 정치를 시행하는 도리에 대해서 질문을 한 내용이 있는데, 당시 공자는 "정치를 할 때에는 먼저 은혜를 베풀고, 그 이후에 사람들을 부려서 일을 시킨다."라고 대답을 해주었다. 그러나 자로는 그 내용들이 너무 보잘것없는 일들이라고 여겨서, 재차 공자에게 다가가 질문을 했던 것이다. 그러자 공자는 "다만 앞서서 은혜로운 일들을 힘써 시행하고, 게으름을 피움이 없다면, 충분히 정치를 시행할 수 있게 된다."라고 대답을 해주었다. 정현은 이러한 말들을 인용하여, '청익(請益)'의 뜻을 증명하고 있는 것이다.

【21c】

父召無諾, 先生召無諾, 唯而起.

직역 父가 召어든 無諾하고, 先生이 召어든 無諾하니, 唯하고 起한다.

의역 부친이 부르거든 대답만 해서는 안 되고, 선생(先生)이 부르거든 대답만 해서는 안 되니, 대답을 하고 얼른 일어나서 그 앞으로 나아가야 하는 것이다.

集說 父以恩, 師以道, 故所敬同.

번역 부친은 은혜를 베풀어주었고, 스승은 도리를 가르쳐주었기 때문에, 둘에 대해 공경하는 자세가 동일한 것이다.

集說 呂氏曰: 諾者, 許而未行也.

번역 여씨가 말하길, '낙(諾)'이라는 것은 대답만 하고 움직이지 않는다는 뜻이다.

大全 長樂陳氏曰: 諾者, 應之緩, 唯者, 應之速, 以道則唯諾無以殊, 以禮則緩速有所辨, 故曰父召無諾, 先生召無諾, 唯而起. 蓋子之於父, 弟子之於師, 其敬畏之篤, 常聽於無聲, 視於無形, 於其所未召也, 常若有所召, 則於其召也, 敢諾而不唯乎? 內則, "應唯敬對", 事父之禮也. 論語, "曾子曰唯", 事師之禮也. 爲人臣者, 君命召, 在內不俟屨, 在外不俟車, 亦唯而起之意也.

번역 장락진씨가 말하길, '낙(諾)'이라는 것은 느긋하게 대답한다는 뜻이며, '유(唯)'라는 것은 신속하게 대답한다는 뜻이다. 그런데 일상적인 대화를 기준으로 본다면, '유'와 '낙'의 구별이 없지만, 예법에 기준을 둔다면, 느긋하게 대답하고, 신속하게 대답하는 것 사이에는 구별되는 점이 있다. 그렇기 때문에 부친이 부르면, '낙'을 하지 않고, 선생이 부르면, '낙'을 하지 않으며, '유'를 하고서, 자리에서 일어나는 것이다. 무릇 자식이 부친을 대하고, 제자가 스승을 대할 때, 그들이 각각 상대방에 대해서 경외하는 정도는 매우 돈독하므로, 항상 소리가 없는 곳에서도 듣고, 모습이 보이지 않는 곳에서도 보는 것이니,13) 아직 부르지 않았을 때에도 항상 부름이 있을 것

처럼 여기게 된다면, 실제로 그들이 불렀을 때, 감히 느긋하게 대답하기만
하고, 신속하게 대답하지 않을 수 있겠는가? 『예기』「내칙(內則)」편에서
"'유'라고 응답하고 공손하게 대답한다."14)라고 한 말은 부친을 섬기는 예법
이다. 『논어』에서 "증자(曾子)가 대답하길, '유'.15)라고 한 말은 스승을
섬기는 예법이다. 신하의 경우도 군주가 명령을 내려서 그를 부르게 되면,
집안에 있을 때에는 신발을 신지 않고 달려가듯 신속하게 나아가고, 외부에
있을 때에는 수레가 오기를 기다리지 않고 신속하게 간다고 했으니,16) 이
또한 '유'라고 대답하고 자리에서 일어선다고 한 뜻과 같은 것이다.

鄭注 應辭, 唯恭於諾.

번역 응답하는 말 중에서 '유(唯)'는 '낙(諾)'보다 공손한 것이다.

釋文 唯, 于癸反, 徐于比反, 注同.

번역 '唯'자는 '于(우)'자와 '癸(계)'자의 반절음으로, 서음(徐音)은 '于
(우)'자와 '比(비)'자의 반절음이 되며, 정현의 주에 나오는 글자도 그 음이
이와 같다.

孔疏 ◎注"唯恭於諾". ○正義曰: 父與先生呼召稱唯, 唯, 唉也, 不得稱諾.
其稱諾, 則似寬緩驕慢. 但今人稱諾, 猶古之稱唯, 則其意急也. 今之稱唉, 猶
古之稱諾, 其意緩也, 是今古異也.

번역 ◎鄭注: "唯恭於諾". ○부친과 선생이 부르는 경우, '유(唯)'라고 대

---

13) 『예기』「곡례상」【15d】: 聽於無聲, 視於無形.
14) 『예기』「내칙(內則)」【349b】: 在父母舅姑之所, 有命之, 應唯敬對.
15) 『논어』「이인(里仁)」: 子曰, "參乎! 吾道一以貫之." 曾子曰, "唯."
16) 『예기』「옥조(玉藻)」【387b】: 凡君召以三節, 二節以走, 一節以趨. 在官不俟屨,
在外不俟車.

답한다고 하였는데, '유'라는 말은 신속하게 대답한다는 뜻으로, '낙(諾)'을
할 수 없기 때문이다. 대답하길 '낙'이라고 한다면, 마치 너무나 느긋하여
오만한 것처럼 보이게 된다. 다만 오늘날에는 사람들이 '낙'이라고 하면,
고대인들이 '유'라고 했던 것과 같으니, 그 말의 뜻은 신속하게 대답한다는
의미이다. 그리고 오늘날에는 사람들이 '도(咷)'라고 하면, 고대인들이 '낙'
이라고 했던 것과 같으니, 그 말의 뜻은 느긋하게 대답한다는 의미이다.
이것이 바로 오늘날과 고대의 차이이다.

【21c】

侍坐於所尊敬, 無餘席. 見同等不起.

직역 所尊敬을 侍坐함에는 餘席을 無한다. 同等을 見하더라도 不起한다.

의역 존경하는 분을 모시고 앉을 경우에는 자신의 자리와 상대방의 자리에 공
간이 없도록 가까이에 앉는다. 앉아 있을 때 자신과 신분이나 학업 정도가 대등한
자를 보게 되면, 자리에서 일어나지 않는다.

集說 所尊敬, 謂先生·長者及有德·有位之人也. 毋餘席, 謂己之席與尊
者之席相近, 則坐於其端, 不使有空餘處, 近則應對審也. 同等之人, 與己無尊
卑, 故不爲之起.

번역 '소존경(所尊敬)'은 선생(先生) 및 연장자[長者] 또는 덕(德)이나
높은 지위를 가지고 있는 자들을 뜻한다. '무여석(毋餘席)'은 자신의 자리를
존경하는 자가 앉은 자리에 가까이 붙인다는 뜻이니, 그 자리의 끝단에 앉
되, 공간이 생기지 않게끔 하는 것으로, 가까이 앉는 이유는 소상히 응답하
기 위해서이다. 동등한 자는 자신과 신분의 차이가 없는 자이다. 그러므로

그 때문에 일어나지 않는 것이다.

鄭注 必盡其所近尊者之端, 爲有後來者. 不爲私敬.

번역 존경하는 자가 앉은 자리의 끝단에 자신의 자리를 최대한 밀착시켜야만 하는 이유는 이후에 올 사람이 자리를 잡고 앉을 수 있도록 공간을 비워두기 위해서이다. 자리에서 일어나지 않는 것은 개인적인 존경을 표하지 않기 때문이다.

釋文 爲, 于僞反, 下"爲饌" 同.

번역 '爲'자는 '于(우)'자와 '僞(위)'자의 반절음으로, 아래문장에 나오는 '爲饌'의 '爲'자도 그 음이 이와 같다.

孔疏 ●"侍坐於所尊敬, 毋餘席"者, 謂先生坐一席, 己坐一席, 己必坐於近尊者之端, 勿得使近尊者之端更有空餘之席. 所以然者, 欲得親近先生, 似若扶持然, 備擬先生顧問, 不可過遠, 且擬後人之來, 故闕其在下空處以待之.

번역 ●經文: "侍坐於所尊敬, 毋餘席". ○이 문장의 뜻은 선생(先生)이 별도의 자리에 앉고, 자신 또한 별도의 자리에 앉게 되는데, 본인의 자리는 반드시 선생이 앉게 되는 자리의 끝단에 가까이 붙여야만 한다는 뜻으로, 선생이 앉는 자리의 끝단과 자신의 자리 사이에 다른 자리가 놓일만한 공간을 두게 해서는 안 된다는 의미이다. 이처럼 하는 이유는 선생을 친근하게 대하고자 하여, 마치 부축할 때처럼 곁에 바짝 붙어 있는 것이며, 선생이 자신에게 하문할 것을 대비하기 위해, 멀리 떨어져 있을 수 없는 것이며, 또한 뒤에 올 사람의 자리를 비워두기 위해서이다. 그렇기 때문에 자신의 자리 밑으로 공간을 비워두어서, 뒤에 올 사람들이 앉을 자리를 남겨두는 것이다.

孔疏 ●"見同等不起"者, 雖見己之同等後來, 不爲之起, 任其坐在下空處. 所以然者, 尊敬先生, 不敢曲爲私敬也.

번역 ●經文: "見同等不起". ○비록 자신과 동등한 신분을 가진 사람이 뒤늦게 찾아온 것을 보게 되더라도, 그를 위해서 자리에서 일어나지 않는 것이니, 그가 앉을 자리는 자신의 자리 밑의 공간에 해당하기 때문이다. 그래서 일어나서 자리를 비켜줄 필요가 없는 것이다. 그리고 이처럼 하는 이유는 선생을 존경한다면, 감히 개인적으로 공경하는 마음을 그에게까지 쏟을 수가 없기 때문이다.

集解 愚謂: 弟子職曰, "後至就席, 狹坐則起." 是非狹坐, 則不爲之起也.

번역 내가 생각하기에, 『관자(管子)』「제자직(弟子職)」편에서는 "이후에 찾아온 자가 자리로 나아감에, 앉는 자리가 협소하면, 자신이 일어난다."[17]라고 하였으니, 이 문장의 내용은 자리가 협소하지 않다면, 그를 위해서 굳이 일어나지 않는다는 뜻이다.

【21d】

燭至起, 食至起, 上客起.

직역 燭이 至하면 起하고, 食가 至하면 起하며, 上客이면 起한다.

의역 등불이 방안으로 들어오면 자리에서 일어나고, 음식이 방안으로 들어오면 자리에서 일어나며, 신분이 높은 빈객(賓客)이 들어오면 자리에서 일어난다.

---

17) 『관자(管子)』「제자직(弟子職)」: <u>後至就席, 狹坐則起</u>. 若有賓客, 弟子駿作.

集說 燭至而起, 以時之變也; 食至而起, 以禮之行也; 上客至而起, 以其非同等也.

번역 등불이 들어와서 일어나는 이유는 밤낮이 바뀌었기 때문이며, 음식이 들어와서 일어나는 이유는 예법에 따라 행동해야 하기 때문이고, 신분이 높은 빈객(賓客)이 들어와서 일어나는 이유는 상대가 자신과 동등한 자가 아니기 때문이다.

鄭注 異晝夜. 爲饌變. 敬尊者.

번역 등불이 들어왔다는 것은 밤낮이 달라졌다는 뜻이다. 밥상이 들어왔기 때문에, 자세를 바꾸는 것이다. 상객(上客)이 들어와서 일어나는 것은 존귀한 자를 공경하는 태도이다.

孔疏 ●"上客起"者, 上客謂尊者之上客也. 尊者見之則起, 故侍者宜從之而起. 然食與燭至起, 則尊者不起.

번역 ●經文: "上客起". ○'상객(上客)'은 '자신이 모시고 있는 존장자[尊者]'보다 지위가 높은 빈객(賓客)을 뜻한다. 존장자(尊長者)도 '상객'을 보면 일어나게 되기 때문에, 존장자를 모시고 있는 본인 또한 마땅히 존장자를 따라서 함께 일어나야 하는 것이다. 그러나 음식이나 등불이 방안으로 들어오는 경우라면, 존장자는 일어나지 않는다.

集解 愚謂: 燭至起者, 當起而執燭也. 弟子職曰, "昏將擧火, 執燭隅坐", 是也. 食至起者, 當起而饋饌也. 弟子職曰, "先生將食, 弟子饌饋, 攝衽盥漱, 跪坐而饋", 是也. 上客起者, 旣隨長者而起, 且爲當給使令也. 弟子職曰, "若有賓客, 弟子駿作, 對客無讓, 應且遂行, 趨進受命, 所求雖不得, 必以反命", 是也.

번역 내가 생각하기에, 등불이 방안으로 들어와서 일어나는 이유는 마땅히 자리에서 일어나서 그 등불을 받아야 하기 때문이다.『관자(管子)』「제자직(弟子職)」편에서는 "어두워지면 불을 켜고, 등불을 들고서 모퉁이에 가서 앉는다."[18]라고 했는데, 이 기록이 바로 위에서 말하는 상황을 가리킨다. 음식이 방안으로 들어와서 일어나는 이유는 마땅히 자리에서 일어나서 선생에게 밥상을 바쳐야 하기 때문이다.「제자직」편에서는 "선생이 장차 식사를 하려고 하면, 제자는 밥상을 바치니, 옷소매를 걷고 손을 씻으며, 무릎을 꿇고 앉아서, 음식을 떠서 선생께 바친다."[19]라고 했는데, 이 기록이 바로 위에서 말하는 상황을 가리킨다. 상객(上客) 때문에 일어나는 이유는 연장자를 따라서 일어나야 하기 때문이며, 또한 자신에게 심부름을 시킬 수도 있기 때문이다.「제자직」편에서는 "만약 빈객(賓客)이 찾아온다면, 제자는 신속하게 일어나서, 빈객을 접대하며 자신은 사양을 하지 않고, 응대하며 또한 분부한 일을 수행하니, 빠른 걸음으로 앞으로 나아가서 분부를 받고, 요구한 것을 비록 얻지 못하더라도, 반드시 그 결과를 보고한다."[20]라고 했는데, 이 기록이 바로 위에서 말하는 상황을 가리킨다.

【21d】

燭不見跋.

직역 燭은 跋을 不見한다.

의역 등불의 경우, 타고 남은 심지가 보이지 않도록 한다.

---

18)『관자(管子)』「제자직(弟子職)」: <u>昏將擧火, 執燭隅坐</u>. 錯總之法, 橫于坐所.

19)『관자(管子)』「제자직(弟子職)」: 至於食時, 先生將食, 弟子饌饋. 攝衽盥漱, 跪坐而饋.

20)『관자(管子)』「제자직(弟子職)」: 若有賓客, 弟子駿作. 對客無讓, 應且遂行. 趨進受命, 所求雖不在, 必以命反.

集說 跋, 本也. 古者未有蠟燭, 以火炬照夜, 將盡則藏其所餘之殘本, 恐客見之, 以夜久欲辭退也.

번역 '발(跋)'자는 심지[本]를 뜻한다. 고대에는 밀랍으로 만든 초가 아직 없었기 때문에, 등불로 밤을 밝혔다. 그런데 그것이 다 타들어가게 될 때, 타다 남은 심지를 감추게 되는데, 그 이유는 아마도 빈객(賓客)이 그것을 보게 되면, 밤이 깊었다고 생각하여, 사양하고 물러가려고 할까 염려되기 때문일 것이다.

鄭注 跋, 本也. 燭盡則去之, 嫌若燼多有厭倦.

번역 '발(跋)'자는 심지[本]를 뜻한다. 등불이 다 타게 되면, 심지를 감추는 것이니, 만약 타다 남은 심지가 그대로 있다면, 이야기를 계속 이어나가고 싶지 않다는 뜻을 나타내게 될까 염려되기 때문이다.

釋文 見, 賢遍反. 跋, 半末反. 去, 起呂反. 下"風去"・"免去" 同. 燼, 才信反. 厭, 於豔反, 下同.

번역 '見'자는 '賢(현)'자와 '遍(편)'자의 반절음이다. '跋'자는 '半(반)'자와 '末(말)'자의 반절음이다. '去'자는 '起(기)'자와 '呂(려)'자의 반절음이다. 아래문장에 나오는 '風去'・'免去'에서의 '去'자도 그 음이 모두 이와 같다. '燼'자는 '才(재)'자와 '信(신)'자의 반절음이다. '厭'자는 '於(어)'자와 '豔(염)'자의 반절음으로, 아래문장에 나오는 글자도 그 음이 이와 같다.

孔疏 ●"燭不見跋"者, 小爾雅云: "跋, 本也." 本, 把處也. 古者未有蠟燭, 唯呼火炬爲燭也. 火炬照夜易盡, 盡則藏所然殘本. 所以爾者, 若積聚殘本, 客見之, 則知夜深, 慮主人厭倦, 或欲辭退也. 故不見殘本, 恒如然未盡也.

번역 ●經文: "燭不見跋". ○『소이야(小爾雅)』에서 말하길, "'발(跋)'자

는 '본(本)'자의 뜻이다."라고 하였다. '본'은 '자루 부분[把處]'을 뜻한다. 고대에는 아직 촛불이 없었기 때문에, 횃불을 '촉(燭)'이라고 불렀다. 횃불은 밤새 비추다보면, 쉽게 소진이 되는데, 소진이 되면, 남아 있는 잔여 자루는 감추게 된다. 이처럼 하는 이유는 만약 잔여 자루들이 쌓여 있어서, 빈객(賓客)이 그것들을 보게 된다면, 밤이 깊었다는 사실을 깨닫게 되고, 주인(主人)이 피곤해할 것을 염려하여, 혹여 사양하고 물러나고자 할 수도 있기 때문이다. 그러므로 잔여 자루들을 보이지 않는 것은 항상 심지가 아직도 다 닳지 않은 것처럼 하는 것이다.

集解 愚謂: 不見跋, 謂出而棄之. 弟子職曰, "有墮代燭, 交坐毋倍尊者, 乃取厥櫛, 遂出是去", 是也. 蓋燭本不淨, 故不置於席旁而使之露見, 恐先生見之而生憎惡, 亦所以爲敬也. 註疏專以待賓客言之, 非是.

번역 내가 생각하기에, 타다 남은 심지를 보여주지 않는다는 말은 가지고 나가서 버려야 한다는 뜻이다. 『관자(管子)』「제자직(弟子職)」편에서 "심지가 타들어가게 되면 등불을 바꾸며, 교대로 앉되 연장자를 등져서는 안 되니, 곧 다 타들어 간 것을 긁어내고, 그것을 가지고 밖으로 나가서 버린다."라고 한 말이 바로 이러한 상황을 뜻한다. 무릇 등불의 심지는 본래 깨끗하지 못하기 때문에, 자리 곁에다 두어서, 그것을 훤하게 노출시키지 않으니, 아마도 선생이 그것을 보게 되면, 안 좋은 감정이 생기게 될까 염려되기 때문이다. 따라서 이러한 행동 또한 공경스럽게 행동하는 방법이다. 정현(鄭玄)의 주(注)와 공영달(孔穎達)의 소(疏)에서 빈객(賓客)을 접대할 때의 상황으로 이 문장을 풀이한 것은 잘못된 해석이다.

• 제 15 절 •

각종 생활예절 Ⅰ

【22a】

尊客之前, 不叱狗.

직역 尊客의 前에서는 狗를 不叱한다.

의역 존귀한 신분을 가진 빈객(賓客) 앞에서는 개를 혼내서 짖도록 하지 않는다.

集說 方氏曰: 不以至賤駭尊者之聽.

번역 방씨가 말하길, 지극히 천한 미물 때문에, 존장자(尊長者)의 말을 경청하는 것에 방해가 되어서는 안 되기 때문이다.

鄭注 主人於尊客之前不敢倦, 嫌若風[1]去之.

---

1) '권혐약풍(倦嫌若風)'에 대하여. 『십삼경주소(十三經注疏)』 북경대 출판본에서는 "『민본(閩本)』・『감본(監本)』・『모본(毛本)』・『악본(岳本)』・『가정본(嘉靖本)』에서는 동일하게 기록하고 있다. 『고문(考文)』에서는 『고본(古本)』을 인용하여, 이 문장 앞에 '염(厭)'자를 첨가하였고, 또한 '풍(風)'자를 '풍(諷)'자로 기록하고 있다. 완원(阮元)의 『교감기(校勘記)』에서는 "『경전석문(經典釋文)』을 살펴보니, 이 문장 앞의 정현의 주에는 유염(有厭)이라는 단어가 나오는데, 이 글자에 대해서 於(어)자와 豔(염)자의 반절음이며, 아래에 나온 글

번역　주인(主人)은 존귀한 신분을 가진 빈객(賓客) 앞에서 감히 딴 짓을 할 수 없다. 따라서 주인이 개를 꾸짖게 된다면, 마치 빈객보고 그만 가라고 하는 것처럼 보이게 될까 염려되기 때문이다.

釋文　叱, 尺質反. 狗, 古口反. 風音芳鳳反.

번역　'叱'자는 '尺(척)'자와 '質(질)'자의 반절음이다. '狗'자는 '古(고)'자와 '口(구)'자의 반절음이다. '風'자의 음은 '芳(방)'자와 '鳳(봉)'자의 반절음이다.

孔疏　●"尊客之前不叱狗"者, 若有尊客至, 而主人叱罵於狗, 則似厭倦其客欲去之也. 卑客亦當然, 擧尊爲甚.

번역　●經文: "尊客之前不叱狗". ○만약 존귀한 신분의 빈객(賓客)이 찾아왔는데, 주인(主人)이 개를 꾸짖게 된다면, 이것은 마치 빈객이 찾아온 것을 피곤하게 여겨서, 그만 가라고 하는 것처럼 보이게 된다. 신분이 낮은 빈객이 찾아왔을 때에도 또한 마땅히 이처럼 해야 하는 것인데, 존귀한 신분의 빈객에 대해서는 더욱 조심해야 하는 것이다.

訓纂　蒼頡篇: 叱, 呵也.

자도 그 음이 이와 같다고 했다. 그러므로 『경전석문(經典釋文)』이 저본으로 삼은 문헌에서는 이곳 구문에 대해서도 또한 염(厭)자를 기록하고 있었음을 알 수 있다. 『정의(正義)』에서는 칙사염권기객욕거지야(則似厭倦其客欲去之也)라고 기록하고 있으니, 『정의본(正義本)』에도 이 구문에 대해서 또한 염(厭)자를 기록하고 있었음을 알 수 있다. 고대에는 풍(諷)자를 대부분 풍(風)자로 기록하였고, 『경전석문(經典釋文)』에도 또한 풍(風)자로 기록되어 있으며, 『통전(通典)』에는 혐약풍거지(嫌若諷去之)라고 기록되어 있으니, 이것을 통해서 고대에는 풍(諷)자와 풍(風)자가 통용되었다는 것을 알 수 있다.'"라고 했다.

제15절 각종 생활예절 Ⅰ 567

번역 『창힐편(蒼頡篇)』2)에서 말하길, '질(叱)'자는 "꾸짖는다[呵]."는 뜻이다.

【22a】

讓食不唾.

직역 食를 讓함에는 不唾한다.

의역 주인(主人)이 대접한 음식을 사양할 때에는 침을 뱉지 않는다.

集說 嫌於似鄙惡主人之饌也,

번역 마치 주인(主人)이 차려내온 음식이 형편없다고 여기는 것처럼 보이게 될까 염려해서이다.

大全 藍田呂氏曰: 所尊敬, 謂天下達尊, 有爵有德有齒者也. 侍坐無餘席, 欲近尊者以聽敎也. 燭者, 童子之所執, 燭盡, 則更之, 不以所殘之本以示人, 使客不敢安也. 狗, 於尊客之前, 不敢叱者, 嫌駭客也. 二者, 皆弟子之職, 故於侍坐者及之. 讓食之際, 不敢唾者, 嫌若訾主人食, 亦不敬也.

---

2) 『창힐(倉頡)』은 또한 『창힐(蒼頡)』·『창힐편(倉頡篇)』·『창힐편(蒼頡篇)』 등으로 부른다. 『창힐』편은 본래 진(秦)나라 때의 이사(李斯)가 만들었다고 전해지는 자서(字書)이다. 본래 어린아이들에게 글자를 가르치기 위해서 작성된 자서(字書)이다. 진시황(秦始皇)이 문자(文字)를 통일한 이후 글자를 익히게 하기 위해서, 소전체(小篆體)로 작성되었다. 한(漢)나라 때에는 『창힐(倉頡)』, 『원력(爰歷)』, 『박학(博學)』을 합쳐서 한 권을 책으로 만들었고, 이것을 통칭하여 『창힐편』 또는 『삼창(三倉)』 등으로 불렀다.

번역 남전여씨가 말하길, '소존경(所尊敬)'은 세상 사람들 중 '매우 존경받는 자들[達尊]'로, 작위[爵]를 갖추고 있거나, 덕(德)을 갖추고 있거나, '나이를 많이 먹은[齒]' 자들을 가리킨다.3) 모시고 앉을 때에 공간을 두지 않는 이유는 존장자에게 가까이 다가가서, 가르침을 경청하고 싶어서이다. 등불에 대한 것은 동자(童子)들이 담당하는 것으로, 등불이 타 들어가면 그것을 교체하고, 타고 남은 심지를 상대방에게 보이지 않는 이유는 빈객(賓客)으로 하여금 불안감을 느끼지 않게끔 하기 위해서이다. 개[狗]에 대해서는 존귀한 빈객 앞에서는 감히 꾸짖지 못하니, 빈객을 놀라게 할까 염려되기 때문이다. 이 두 가지 지침은 모두 제자들이 수행해야 할 직무이기 때문에, "모시고 앉는다[侍坐]."라는 말을 언급한 것이다. 음식을 사양할 때 감히 침을 뱉지 않는 이유는 주인(主人)이 차려내온 음식을 헐뜯는 것처럼 보일까 염려되기 때문이며, 또한 이러한 행동은 불경(不敬)스러운 태도에 해당되기 때문이다.

大全 嚴陵方氏曰: 侍坐於所尊敬, 無餘席, 欲其近而應對之審也. 尊者之坐, 宜不得近, 以欲對之審, 雖於所尊, 亦不嫌近, 乃所以敬也. 同等不起, 與己無上下之間故也. 燭至起, 以未卜夜故也. 食至起, 爲盛饌變故也. 經有曰, 侍先生・侍所尊・侍君子・侍長者, 何也? 曰先生, 以敎稱之也; 曰所尊, 以道稱之也; 曰君子, 以德稱之也; 曰長者, 以年稱之也.

번역 엄릉방씨가 말하길, 존경하는 자를 모시고 앉을 때, 자리 사이에 공간을 두지 않는 것은 가까이 다가가서 자세히 응답하기 위해서이다. 본래 존귀한 자가 앉는 자리에는 가까이 갈 수가 없지만, 대답을 자세히 하고자 하기 때문에, 비록 존귀한 자가 앉는 자리라고 할지라도, 또한 가까이 가는 것을 꺼려하지 않는 것이니, 이것은 곧 상대방에 대해서 공경을 표시하는 방법이다. 자신과 동등한 자를 봐도 자리에서 일어나지 않는 이유는

3) 『맹자』「공손추하(公孫丑下)」: 天下有達尊三, 爵一, 齒一, 德一. 朝廷莫如爵, 鄉黨莫如齒, 輔世長民莫如德. 惡得有其一以慢其二哉?

자신과 신분의 차이가 없기 때문이다. 등불이 방안으로 들어와서, 자리에서 일어나는 이유는 대화가 밤까지 지속되리라고는 미처 예상하지 못했기 때문이다. 음식이 방안으로 들어와서, 자리에서 일어나는 이유는 음식을 융성하게 대접하는 상황으로 바뀌었기 때문이다. 그런데 경문에는 "선생을 모신다[侍先生]."·"존경하는 자를 모신다[侍所尊]."·"군자를 모신다[侍君子]."·"연장자를 모신다[侍長者]."라고 하여, 기록들 간에 차이를 보이는 것은 어째서인가? '선생(先生)'이라는 말은 교육을 기준으로 말한 것이며, '소존(所尊)'이라는 말은 도리를 기준으로 말한 것이고, '군자(君子)'라는 말은 덕(德)을 기준으로 말한 것이며, '장자(長者)'라는 말은 나이를 기준으로 말한 것이다.

鄭注 嫌有穢惡.

번역 음식을 더럽히는 일이 생길까 염려되기 때문이다.

釋文 唾, 吐臥反. 穢, 紆廢反, 徐烏外反. 惡, 烏路反.

번역 '唾'자는 '吐(토)'자와 '臥(와)'자의 반절음이다. '穢'자는 '紆(우)'자와 '廢(폐)'자의 반절음이며, 서음(徐音)은 '烏(오)'자와 '外(외)'자의 반절음이다. '惡'자는 '烏(오)'자와 '路(로)'자의 반절음이다.

• 제 16 절 •

스승에 대한 예절 II

【22b】

侍坐於君子, 君子欠伸, 撰杖屨, 視日蚤莫, 侍坐者請出矣.

직역 君子를 侍坐함에, 君子가 欠伸하고, 杖屨를 撰하며, 日의 蚤莫를 視하면, 侍坐者는 出을 請한다.

의역 군자(君子)를 모시고 앉아 있을 때, 시간이 오래되어 군자가 하품을 하거나 기지개를 펴거나, 또는 지팡이나 신발을 잡으며, 해가 아직 떠 있는지 아니면 저물었는지를 살핀다면, 군자가 피로해하는 것이므로, 모시고 앉아 있던 자들은 본인들은 이제 그만 물러나도 되겠는지를 여쭙는다.

集說 氣乏則欠, 體疲則伸. 撰, 猶持也. 此四者皆厭倦之容, 恐妨君子就安, 故請退.

번역 '기(氣)'가 부족해지면, 하품을 하게 되고, 몸이 피로해지면, 기지개를 펴게 된다. '찬(撰)'자는 "잡는다[持].''는 뜻이다. 이 네 가지 행동들은 모두 피로해하는 모습들을 뜻하니, 아마도 군자(君子)가 쉬려고 하는 것을 방해하게 될까 염려되기 때문에, 물러나도 되는지를 여쭙는 것이다.

鄭注 以君子有倦意也. 撰猶持也.

번역 군자(君子)에게 피곤해하는 기색이 있기 때문이다. '찬(撰)'자는 "잡는다[持]."는 뜻이다.

釋文 欠, 丘劍反. 伸音身. 撰, 仕轉反. 屨, 紀具反, 下同. 蚤音早, 莫音暮.

번역 '欠'자는 '丘(구)'자와 '劍(검)'자의 반절음이다. '伸'자의 음은 '身(신)'이다. '撰'자는 '仕(사)'자와 '轉(전)'자의 반절음이다. '屨'자는 '紀(기)'자와 '具(구)'자의 반절음이며, 아래문장에 나오는 글자들도 모두 그 음이 이와 같다. '蚤'자의 음은 '早(조)'이며, '莫'자의 음은 '暮(모)'이다.

孔疏 ●"侍坐"至"襃裳". ○正義曰: 此一節明卑者事君子之禮.

번역 ●經文: "侍坐"~"襃裳". ○이 문장은 신분이 낮은 자가 군자(君子)를 섬기는 예법에 대해서 언급하고 있다.

孔疏 ●"君子欠伸"者, 君子志疲則欠, 體疲則伸.

번역 ●經文: "君子欠伸". ○군자(君子)가 정신적으로 피로하면 하품을 하게 되고, 신체적으로 피로하면 기지개를 펴게 된다.

孔疏 ●"撰杖屨"者, 則君子自執杖在坐, 著屨升堂, 脫之在側, 若倦則自撰持之也.

번역 ●經文: "撰杖屨". ○이 구문은 곧 군자(君子)가 직접 앉은 자리에서 지팡이를 잡는다는 뜻이다. 군자는 신발을 신은 채로 당(堂)에 오르고, 자신의 옆에 신발을 벗어두게 되는데, 만약 피로를 느끼게 된다면, 직접 신발을 잡아서 가슴팍으로 들어 올리게 된다.

孔疏 ●"視日蚤莫"者, 君子或瞻視其庭影, 望日蚤晚也.

번역 ●經文: "視日蚤莫". ○군자(君子)가 간혹 마당에 드리워진 그림자를 보게 되면, 해가 아직 중천에 떠 있는지, 아니면 저물고 있는지를 확인하게 된다.

孔疏 ●"侍坐者請出矣"者, 禮, 卑者賤者請進不請退, 退由尊者, 是以論語云: "杖者出, 斯出矣." 不敢自專. 今若見尊者爲上諸事, 皆是欲起之漸, 故侍坐者得請出矣.

번역 ●經文: "侍坐者請出矣". ○예법에 따르면, 신분이 낮거나 미천한 자들은 나아가도 되는지는 여쭤보아도, 물러나도 되겠냐는 말은 여쭙지 않는다. 즉 물러나는 행위는 존장자(尊長者)가 나가게 되면, 그제야 물러나는 것이다. 이러한 까닭으로 『논어』에서는 "노인이 나가면, 그제야 나간다."[1]라고 한 것이니, 이 말은 곧 감히 자기마음대로 물러날 수 없다는 뜻이다. 지금 이곳 문장에서 말하는 내용은 다음과 같다. 만약 존장자가 위에서 언급했던 피로했을 때의 반응들을 보이게 된다면, 이것은 곧 존장자가 이제 그만 자리에서 일어나고 싶다는 것을 뜻한다. 그렇기 때문에 모시고 앉아 있던 자들이 그만 물러나겠다고 여쭐 수가 있게 되는 것이다.

集解 愚謂: 諸事皆君子厭倦之容, 故侍坐者得請出, 體尊者之意也.

번역 내가 생각하기에, 위에서 언급하는 행동들은 모두 군자(君子)가 피곤해할 때 나타나는 모습들이다. 그렇기 때문에 모시고 앉아 있던 자들은 물러나도 되겠냐고 여쭤볼 수 있게 되는 것이니, 존장자의 의중을 파악해서 거기에 따르는 행위이다.

---

1) 『논어』「향당(鄕黨)」: 席不正, 不坐. 鄕人飮酒, 杖者出, 斯出矣.

【22b】

侍坐於君子, 君子問更端, 則起而對.

직역 君子를 侍坐함에, 君子가 端을 更하여 問하면, 起하여 對한다.

의역 군자(君子)를 모시고 앉아 있을 때, 군자가 하던 이야기를 끝내고, 화제를 바꿔서 질문을 하면, 모시고 앉아 있던 자는 자리에서 일어나서 대답을 한다.

集說 呂氏曰: 問更端則起而對者, 因事有所變而起敬也.

번역 여씨가 말하길, 화제를 바꿔서 질문을 하면, 일어나서 대답을 한다. 이처럼 행동하는 이유는 사안에 바뀐 점이 있기 때문에, 일어나서 공경하는 태도를 보이기 위함이다.

鄭注 離席對, 敬異事也, 君子必令復坐.

번역 일어나서 대답한다는 말은 자리에서 일어나서, 조금 뒤로 물러나서 대답을 한다는 뜻이니, 이것은 사안이 바뀐 것에 대해서 공경하는 태도를 보이는 행동이다. 이러한 경우 군자(君子)는 반드시 그로 하여금 다시 자리에 앉도록 명령을 해야 한다.

釋文 離, 力智反. 令, 力呈反.

번역 '離'는 '力(력)'자와 '智(지)'자의 반절음이다. '令'자는 '力(력)'자와 '呈(정)'자의 반절음이다.

孔疏 ●"侍坐於君子"者, 此又明卑侍尊, 事異於上, 故又言侍坐也.

번역 ●經文: "侍坐於君子". ○이 문장 또한 신분이 낮은 자가 존장자(尊長者)를 모실 때에 대해서 언급한 내용이다. 그런데 앞의 내용과 그 사안이 다르기 때문에, 재차 "모시고 앉는다[侍坐]."라는 말을 언급한 것이다.

孔疏 ●"君子問更端"者, 更端, 別事也, 謂嚮語已畢, 更問他事.

번역 ●經文: "君子問更端". ○'갱단(更端)'은 별개의 사안을 뜻하니, 즉 이전의 말들을 다 끝내고, 재차 다른 일에 대해서 질문한다는 의미이다.

孔疏 ●"則起而對"者, 事異宜新更敬, 又起對也.

번역 ●經文: "則起而對". ○사안이 달라졌기 때문에, 마땅히 새롭게 공경함을 표시해야 하다. 그래서 다시 일어나서 대답하는 것이다.

【22b】

侍坐於君子, 若有告者曰 "少間,2) 願有復也", 則左右屏而待.

---

2) '간(間)'자에 대하여.『십삼경주소(十三經注疏)』북경대 출판본에서는 "『민본(閩本)』・『감본(監本)』・『모본(毛本)』・『가정본(嘉靖本)』에서는 동일하게 '간'자로 기록하고 있다.『석경(石經)』에서는 '한(閒)'자로 기록하고 있고,『악본(岳本)』・위씨(衛氏)의『집설(集說)』에도 '한'자로 기록되어 있다. 완원(阮元)의『교감기(校勘記)』에서는 '『경전석문(經典釋文)』에 소한(少閒)이라고 기록되어 있고, 그 음은 閑(한)이며, 정현(鄭玄)의 주(注)에 나온 글자도 그 음이 동일하다고 했다.『오경문자(五經文字)』에서는 한(閒)자는 월(月)자를 구성요소로 삼고, 경전에서는 한(閑)자를 가차해서 사용한다고 했으니, 이 글자는 마땅히 한(閒)자로 기록하는 것이 옳다. 그러나 이곳 기록에서의 한(閒)자는 모두 일(日)자를 구성요소로 삼는 간(間)자로 기록되어 있는데, 뒤에 나온 글자들도 한(閒)자로 기록하는 것이 옳다.'"라고 했다.

직역 君子를 侍坐함에, 만약 告者가 曰, "少間하면, 願컨대 復이 有합니다."이 有하면, 左右로 屛하여 待한다.

의역 군자(君子)를 모시고 앉아 있을 때, 만약 어떤 자가 군자에게 "잠시 시간이 있으시면, 원컨대 말씀드릴 것이 있습니다."라고 말을 하게 된다면, 나머지 사람들은 좌우로 물러나서 대화가 다 끝날 때까지 기다린다.

集說 居左則屛於左, 居右則屛於右.

번역 좌측에 있던 사람은 좌측으로 물러나고, 우측에 있던 사람은 우측으로 물러난다.

集說 鄭氏曰: 復, 白也. 言欲須少空閒, 有所白也. 屛, 猶退也.

번역 정현(鄭玄)이 말하길, '복(復)'자는 "아뢴다[白]."는 뜻이다. 즉 잠시 시간이 있으면, 아뢰고 싶은 것이 있다는 뜻이다. '병(屛)'자는 "물러난다[退]."는 뜻이다.

集說 呂氏曰: 屛而待, 不敢干其私也.

번역 여씨가 말하길, 물러나서 기다리는 이유는 감히 타인의 개인적인 일에 간여할 수 없기 때문이다.

大全 嚴陵方氏曰: 少間, 願有復, 則機事之欲密者也. 故左右屛而待焉. 屛者, 退而自隱之謂. 旣屛而又待者, 且防君子之有所召故也.

번역 엄릉방씨가 말하길, 잠시 시간이 있으면 아뢸 것이 있다고 한다면, 이것은 곧 중대한 사안에 대해서 비밀스럽게 의논하고자 한다는 뜻이 된다. 그렇기 때문에 나머지 사람들은 좌우로 물러나서 기다리는 것이다. '병(屛)'

이라는 것은 물러나서 보이지 않도록 멀찌감치 떨어진다는 뜻이다. 이미 물러나 있는 상황인데도, 또한 "기다린다[待]."라고 말한 이유는 군자(君子)가 물러난 자들을 다시 부르는 경우가 생길 것을 대비하기 때문이다.

鄭注 復, 白也. 言欲須少空間, 有所白也. 屛猶退也, 隱也.

번역 '복(復)'자는 "아뢴다[白]."는 뜻이다. 이 구문은 잠시 시간이 있으면 아뢰고 싶은 것이 있다는 뜻이다. '병(屛)'자는 "물러난다[退]."는 뜻이니, 보이지 않도록 멀찌감치 떨어진다는 의미이다.

釋文 間音閑, 注同.

번역 '間'자의 음은 '閑(한)'이며, 정현의 주에 나오는 글자도 그 음이 이와 같다.

孔疏 ●"侍坐於君子"者, 此亦卑事於尊, 所明旣異, 故更言侍坐.

번역 ●經文: "侍坐於君子". ○이 문장 또한 신분이 낮은 자가 존장자(尊長者)를 섬기는 내용인데, 언급하는 사안이 다르기 때문에, 재차 "모시고 앉는다[侍坐]."라고 말한 것이다.

孔疏 ●"若有告者曰: 少間, 願有復也"者, 間謂淸閑也. 復, 白也. 卑者正侍坐於君子, 而忽有一人來告君子云: "欲得君子少時無事淸閑, 己願有所白也."

번역 ●經文: "若有告者曰: 少間, 願有復也". ○'간(間)'자는 "한가하다[淸閑]."는 뜻이다. '복(復)'자는 "아뢴다[白]."는 뜻이다. 신분이 낮은 자가 군자(君子)를 모시고 앉아 있는데, 갑작스럽게 어떤 자가 찾아와서, 군자에게 아뢰길, "군자께서 특별한 일이 없이 한가하신 때라고 한다면, 제가 여쭐 것이 있습니다."라고 말하는 상황이다.

孔疏 ●"則左右屛而待"者, 屛, 退也. 侍者聞告欲有所白, 則當各自屛退, 左右避之, 不得遠也.

번역 ●經文: "則左右屛而待". ○'병(屛)'자는 "물러난다[退]."는 뜻이다. 모시고 앉아 있던 자들은 어떤 자가 찾아와서 여쭐 것이 있다고 하는 얘기를 듣게 된다면, 마땅히 각자 물러 나와서, 좌우로 피해주어야 한다. 그러나 군자가 재차 부르는 목소리가 들리지 않을 정도로 너무 멀리 갈 수는 없다.

• 제 17 절 •

기본자세에 대한 예절

【22c】

毋側聽, 毋噭應, 毋淫視, 毋怠荒.

직역 側聽을 毋하고, 噭應을 毋하며, 淫視를 毋하고, 怠荒을 毋한다.

의역 한쪽 귀를 기울여서 어른의 말씀을 들어서는 안 되고, 격양된 목소리로 대답해서는 안 되며, 눈을 굴리며 곁눈질을 해서는 안 되고, 용모와 행동거지는 방만하게 해서는 안 된다.

集說 上言聽必恭, 側耳以聽, 非恭也. 應答之聲宜和平, 高急者, 悖戾之所發也. 淫視, 流動邪眄也. 怠荒, 謂容止縱慢.

번역 앞에서는 "어른의 말씀을 들을 때에는 반드시 공손한 태도를 유지한다."[1]라고 하였으니, 한쪽 귀를 기울여서 듣는 것은 공손한 태도가 아니다. 어른의 말씀에 대답하는 목소리는 마땅히 온화하고 평온해야하니, 격양되고 다급한 목소리는 자신의 어그러진 마음을 나타내는 것이다. '음시(淫視)'는 눈을 굴리며 곁눈질을 한다는 뜻이다. '태황(怠荒)'은 용모와 행동거지가 방만하다는 뜻이다.

---

1) 『예기』「곡례상」【20d~21a】: 正爾容, 聽必恭. 毋勦說, 毋雷同. 必則古昔, 稱先王.

鄭注 嫌探人之私也. 側聽, 耳屬於垣. 噭, 號呼之聲也. 淫視, 睇眄也. 怠荒, 放散身體也.

번역 남의 사생활을 염탐하는 것처럼 보이는 것을 염려하기 때문이다. '측청(側聽)'은 한쪽 귀를 담벼락에 대고 엿듣는다는 뜻이다. '교(噭)'자는 소리칠 때의 음성을 뜻한다. '음시(淫視)'는 곁눈질을 한다는 뜻이다. '태황(怠荒)'은 몸가짐을 방만하게 하여 행동한다는 뜻이다.

釋文 探音貪. 屬, 之玉反. 垣音袁. 噭, 古弔反. 視如字, 徐市志反. 號, 戶高反, 本又作嘃字. 呼, 火故反, 又如字. 睇, 大計反. 眄, 莫遍反.

번역 '探'자의 음은 '貪(탐)'이다. '屬'자는 '之(지)'자와 '玉(옥)'자의 반절음이다. '垣'자의 음은 '袁(원)'이다. '噭'자는 '古(고)'자와 '弔(조)'자의 반절음이다. '視'자는 글자대로 읽으며, 서음(徐音)은 '市(시)'자와 '志(지)'자의 반절음이 된다. '號'자는 '戶(호)'자와 '高(고)'자의 반절음이며, 판본에 따라서는 또한 '嘃'자로 기록하기도 한다. '呼'자는 '火(화)'자와 '故(고)'자의 반절음이며, 또한 글자대로 읽기도 한다. '睇'자는 '大(대)'자와 '計(계)'자의 반절음이다. '眄'자는 '莫(막)'자와 '遍(편)'자의 반절음이다.

孔疏 ●"毋側聽"者, 此已下亦是侍君子之法. 凡人宜當正立, 不得傾欹側聽人之語, 嫌探人之私, 故注云: "側聽, 耳屬於垣." 若側聽, 則耳屬於垣壁, 聽旁人私言也.

번역 ●經文: "毋側聽". ○이 구문부터 그 이하의 내용들은 또한 군자(君子)를 모시고 있을 때의 예법에 해당한다. 무릇 사람은 마땅히 바른 자세로 서 있어야 하니, 한쪽 귀를 기울여서, 다른 사람의 말을 엿들을 수가 없다. 이러한 행동은 남의 사생활을 염탐하는 행위에 해당하기 때문이다. 그렇기 때문에 정현의 주에서는 "'측청(側聽)'은 한쪽 귀를 담벼락에 대고 엿듣는다는 뜻이다.”라고 말한 것이니, ‘측청’의 경우는 귀를 벽에 대고서, 남의 사적인 이야기까지 엿듣는 것이다.

孔疏 ●“毋噭應”者, 噭謂聲響高急, 如叫之號呼也. 應答宜徐徐而和, 不得高急也.

번역 ●經文: “毋噭應”. ○‘교(噭)’자는 목소리가 높고 다급한 것을 뜻하니, 큰소리로 부르짖는 것과 같다. 응답을 할 때에는 마땅히 천천히 대답하며, 온화한 목소리로 해야 하는 것이지, 높고 다급한 목소리로 응답해서는 안 된다.

孔疏 ●“毋淫視”者, 淫謂流移也. 目當直瞻視, 不得流動邪盻也.

번역 ●經文: “毋淫視”. ○‘음(淫)’자는 “이리저리 움직인다[流移].”는 뜻이다. 눈동자는 마땅히 고정시켜서 한곳을 응시해야만 하는 것이지, 이리저리 움직이며 곁눈질을 해서는 안 된다.

孔疏 ●“毋怠荒”者, 謂身體放縱, 不自拘斂也.

번역 ●經文: “毋怠荒”. ○‘태황(怠荒)’은 몸가짐을 방만하게 하여, 제 스스로 가다듬지 못한다는 뜻이다.

【22c】

遊毋倨, 立毋跛, 坐毋箕, 寢毋伏.

직역 遊에는 毋倨하고, 立에는 毋跛하며, 坐에는 毋箕하고, 寢에는 毋伏한다.

의역 걸어 다닐 때에는 오만한 자세로 걸어서는 안 되고, 서 있을 때에는 삐딱하게 서 있어서는 안 되며, 앉아 있을 때에는 다리를 앞으로 쭉 펴고 앉아서는 안 되고, 잠을 잘 때에는 엎드려서 자면 안 된다.

集說 遊, 行也. 倨, 傲慢也. 立當兩足整齊, 不可偏任一足. 箕, 謂兩展其足, 狀如箕舌也. 伏, 覆也.

번역 '유(遊)'자는 "걸어 다닌다[行]."는 뜻이다. '거(倨)'자는 "오만하다[傲慢]."는 뜻이다. 서 있을 때에는 마땅히 양쪽 발로 지탱을 하며 단정하게 서 있어야 하지, 한쪽 다리에 중심을 두고 삐딱하게 서 있어서는 안 된다. '기(箕)'자는 발을 양쪽으로 쫙 펼친다는 뜻으로, 그 모양이 마치 쓰레받기의 입구와 같기 때문에 '기'라고 부르는 것이다. '복(伏)'자는 "엎드린다[覆]."는 뜻이다.

鄭注 跛, 偏任也. 伏, 覆也.

번역 '파(跛)'자는 한쪽 다리에 힘을 주고 삐딱하게 서 있는 것이다. '복(伏)'자는 "엎드린다[覆]."는 뜻이다.

釋文 倨音據. 跛, 彼義反, 又波我反, 徐方寄反. 覆, 芳伏反.

번역 '倨'자의 음은 '據(거)'이다. '跛'자는 '彼(피)'자와 '義(의)'자의 반절음이며, 또는 '波(파)'자와 '我(아)'자의 반절음도 되고, 서음(徐音)은 '方(방)'자와 '寄(기)'자의 반절음이다. '覆'자는 '芳(방)'자와 '伏(복)'자의 반절음이다.

孔疏 ●"遊毋倨"者, 遊, 行也. 倨, 慢也. 身當恭謹, 不得倨慢也.

번역 ●經文: "遊毋倨". ○'우(遊)'자는 "걸어 다닌다[行]."는 뜻이다. '거(倨)'자는 "오만하다[慢.]"는 뜻이다. 몸가짐은 마땅히 공손하고 삼가야 하는 것이지, 거만하게 해서는 안 된다.

孔疏 ●"立毋跛"者, 跛, 偏也, 謂挈擧一足, 一足蹋地立. 宜如齊, 雙足並立, 不得偏也.

번역 ●經文: "立毋跛". ○'파(跛)'자는 "한쪽으로 치우친다[偏]."는 뜻이니, 한쪽 다리는 들어 올리고, 다른 쪽 다리로 땅을 디디고 서 있는 모습을 의미한다. 서 있을 때에는 마땅히 재계(齋戒)를 한 듯이 정숙하게 서 있어야 하니,2) 두 다리는 모두 땅에 붙이고 있어야 하지, 한쪽으로 삐딱하게 서 있어서는 안 된다.

孔疏 ●"坐毋箕"者, 箕謂舒展兩足, 狀如箕舌也.

번역 ●經文: "坐毋箕". ○'기(箕)'자는 두 다리를 쭉 편 모습을 뜻하는데, 그 모양이 마치 쓰레받기의 입구 부위와 같기 때문에, '기'라고 부르는 것이다.

孔疏 ●"寢毋伏"者, 寢, 臥也. 伏, 覆也. 臥當或側或仰而不覆也.

번역 ●經文: "寢毋伏". ○'침(寢)'자는 "눕는다[臥]."는 뜻이다. '복(伏)'자는 "엎드린다[覆]."는 뜻이다. 누울 때에는 마땅히 옆으로 눕거나 똑바로 누워야지, 엎드린 자세로 누워서는 안 된다.

---

2) 『예기』「곡례상」【8c】: 若夫坐如尸, <u>立如齊</u>.

【22d】

斂髮毋髢.

직역 髮은 斂하며, 毋髢한다.

의역 머리카락은 머리싸개로 단정하게 싸매며, 늘어트리지 않는다.

集說 疏曰: 髢, 髮也, 垂如髮也. 古人重髮, 以纚韜之, 不使垂.

번역 공영달(孔穎達)의 소(疏)에서 말하길, '체(髢)'자는 가발[髮]을 뜻하니, 머리카락을 늘어트린 모습이 마치 가발과 같다는 의미이다. 고대인들은 머리카락을 중요하게 여겨서, 머리싸개로 싸매었지, 늘어트리지 않았다.

● 그림 17-1 머리싸개[纚]

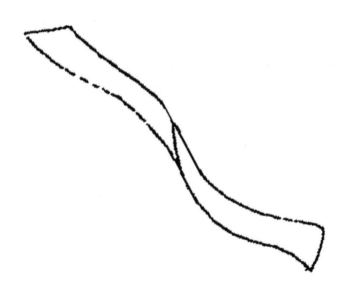

▸ 출처:『삼례도집주(三禮圖集注)』3권

鄭注 髢, 髮也, 毋垂餘如髢也. 髢或爲髲.

번역 '체(髢)'자는 가발[髮]이니, 머리카락을 마치 가발처럼 늘어트리지 말라는 뜻이다. '체'자를 다른 판본에서는 '이(髲)'자로도 기록한다.

釋文 髢, 徒細反, 髮垂如髮. 髮, 皮義反. 髲, 以二反, 餘也.

번역 '髢'자는 '徒(도)'자와 '細(세)'자의 반절음이며, 머리카락이 늘어져서 마치 가발처럼 보인다는 뜻이다. '髮'자는 '皮(피)'자와 '義(의)'자의 반절음이다. '髲'자는 '以(이)'자와 '二(이)'자의 반절음으로, 남은 것들을 뜻한다.

孔疏 ●"斂髮毋髢"者, 髢, 髮也, 垂如髮也. 古人重髮, 以纚韜之, 不使垂也.

번역 ●經文: "斂髮毋髢". ○'체(髢)'자는 가발[髮]을 뜻하니, 머리카락을 늘어트린 모습이 마치 가발과 같다는 의미이다. 고대인들은 머리카락을 중요하게 여겨서, 머리싸개로 싸매었지, 늘어트리지 않았다.

【22d】

冠毋免, 勞毋袒, 暑毋褰3) 裳.

---

3) '건(褰)'자에 대하여. 『십삼경주소(十三經注疏)』 북경대 출판본에서는 "『민본(閩本)』·『감본(監本)』·『석경(石經)』·『악본(岳本)』·『가정본(嘉靖本)』·위씨(衛氏)의 『집설(集說)』에서는 동일하게 '건'자로 기록하고 있다. 『고문(考文)』에서는 송(宋)나라 때 판본과 『고본(古本)』·『족리본(足利本)』을 인용하며, 또한 '건'자로 기록하고 있다. 『모본(毛本)』에서는 '건(褰)'자로 기록하고 있는데, 이것은 잘못된 기록이다. 한편 『경전석문(經典釋文)』에서는 '건(褰)'자로 기록하고 있다. 완원(阮元)의 『교감기(校勘記)』에서는 '건(褰)자는 정자(正字)이고, 건(褰)자는 가차자(假借字)이다.'"라고 했다.

직역 冠은 毋免하고, 勞에도 毋袒하며, 暑에도 裳은 毋褰한다.

의역 관(冠)은 벗지 않고, 힘들 때에도 상의를 걷어붙이지 않으며, 더울 때에도 하의를 걷어 올리지 않는다.

集說 喪有喪冠, 吉有吉冠, 非當免之時不可免. 有袒而露其裼衣者, 有袒而割牲者, 因勞事而袒, 則爲褻. 褰, 揭也. 涉淺而揭則可, 暑而揭其裳亦爲褻.

번역 상(喪)을 치를 때에는 상관(喪冠)[4]을 쓰게 되고, 길(吉)한 시기에는 길관(吉冠)[5]을 쓰는데, 관(冠)을 벗어도 될 때가 아니라면, 벗을 수가 없다. 상의를 걷어붙여서 안에 입고 있는 석의(裼衣)[6]를 드러내는 경우도 있고,[7] 상의를 걷어붙이고 희생물을 손질할 경우도 있지만,[8] 힘든 일을 했다고 해서 상의를 걷어붙인다면, 이것은 무례한 행동이 된다. '건(褰)'자는 "걷어 올린다[揭]."는 뜻이다. 하천을 건너게 되어, 하의를 걷어 올리는 것은 괜찮지만, 덥다고 하여 하의를 걷어 올린다면, 이 또한 무례한 행동이 된다.

---

4) 상관(喪冠)은 상복(喪服)을 착용할 때 쓰는 관(冠)이다. 상복은 수위에 따라 일반적으로 오복(五服)으로 나뉘게 되는데, '상관' 또한 각 상복의 종류에 따라 달라진다.

5) 길관(吉冠)은 길복(吉服)을 착용할 때 쓰는 관(冠)이다. '길복'은 제례(祭禮)나 의례(儀禮)를 시행할 때 착용하는 제복(祭服)과 예복(禮服)을 가리킨다. 신분의 등급 및 제사의 종류의 따라서 '길복'이 변화되는데, '길관' 또한 각 길복에 따라 변화된다. 한편 일상적으로 쓰는 '관' 또한 '길관'이라고 부른다. 길흉(吉凶)에 의해 각 시기를 구분하게 되면, 상사(喪事)나 재앙 등을 당했을 때에는 흉(凶)에 해당하고, 그 나머지 시기는 길(吉)한 시기에 해당하기 때문이다.

6) 석의(裼衣)는 고대에 의례를 시행할 때 입는 옷이다. 가죽옷이나 갈옷 위에 걸쳤던 외투 중 하나이다. '석의' 위에는 습의(襲衣)를 걸쳤기 때문에, 중간에 입는 옷이라는 뜻에서 '중의(中衣)'라고도 부른다.

7) 『예기』「곡례하(曲禮下)」【47d】: 執玉, 其有藉者則裼, 無藉者則襲.

8) 『예기』「악기(樂記)」【485a~b】: 食三老五更於大學, 天子袒而割牲, 執醬而饋, 執爵而酳, 冕而摠干, 所以敎諸侯之弟也.

大全 藍田呂氏曰: 侍於君子, 視聽言動, 無所不在於敬. 頭容欲直, 故毋側聽, 聲容欲靜, 故毋噭應, 目容欲端, 故毋淫視, 氣容欲肅, 故毋怠荒, 足容欲重, 故遊毋倨, 立如齊, 故毋跛, 坐如尸, 故毋箕, 正其衣冠, 故斂髮毋髢, 冠毋免, 勞毋袒, 暑毋褰裳.

번역 남전여씨가 말하길, 군자(君子)를 모시고 있을 때에는 보고, 듣고, 말하고, 행동하는 모든 것들을 공경함에 따라서 행하지 않는 것들이 없다.[9] 머리모양은 똑바르게 하고자 하여, 한쪽 귀를 기울여서 듣지 말라고 한 것이며, 목소리는 조용하게 내고자 하여, 격양된 목소리로 대답하지 말라고 한 것이고,[10] 눈매는 단정하게 하고자 하여,[11] 눈을 굴리며 곁눈질하지 말라고 한 것이며, 기상과 용모는 엄숙하게 유지하고자 하여,[12] 용모와 행동거지는 방만하게 하지 말라고 한 것이고, 발걸음은 장중하게 하고자 하여,[13] 걸어 다닐 때에는 오만한 자세로 걷지 말라고 한 것이며, 서 있을 때에는 재계(齋戒)를 한 듯 정숙하게 있어야 하기 때문에, 한쪽 다리로 삐딱하게 서 있지 말라고 한 것이고, 앉을 때에는 시동(尸童)처럼 정숙하게 있어야 하기 때문에, 다리를 앞으로 쭉 펴서 앉지 말라고 한 것이며,[14] 의관(衣冠)은 단정하게 하고자 하여,[15] 머리카락은 머리싸개로 단정하게 싸매고 늘어트리지 말라고 한 것이고, 또 관(冠)을 벗지 말라고 한 것이며, 힘들 때에도 상의를 걷어붙이지 말라고 한 것이고, 또 더울 때에도 하의를 걷어 올리지 말라고 한 것이다.

大全 廣安游氏曰: 大率人之所患, 在乎徇其意之所安, 而不由於正, 人之

---

9) 『논어』「안연(顏淵)」: 子曰, "非禮勿視, 非禮勿聽, 非禮勿言, 非禮勿動."
10) 『예기』「옥조(玉藻)」【394d】: 聲容靜, 頭容直.
11) 『예기』「옥조(玉藻)」【394d】: 目容端, 口容止.
12) 『예기』「옥조(玉藻)」【394d】: 氣容肅.
13) 『예기』「옥조(玉藻)」【394c】: 足容重, 手容恭.
14) 『예기』「곡례상」【8c】: 若夫坐如尸, 立如齊.
15) 『논어』「요왈(堯曰)」: 君子正其衣冠, 尊其瞻視, 儼然人望而畏之, 斯不亦威而不猛乎?

所安, 其病有五, 曰傾邪, 曰放縱, 曰惰偸, 曰倨慢, 曰輕易. 此五者, 人之常患
也. 曰側聽, 曰淫視, 此傾邪者也. 曰怠荒, 曰立而跛, 曰冠而免, 曰勞而袒, 曰
暑而褰裳, 此惰偸者也. 曰嗷應, 曰斂髮而髽, 此輕易者也. 曰游而倨, 曰坐而
箕, 曰寢而伏, 此放縱·倨傲者也. 此五者, 禮之所禁也. 君子持身, 未論其他,
獨於此數者而自克焉, 斯過半矣. 世之妄者, 其言則曰, 君子學以致其道, 吾惟
道之知, 其他皆末節也, 不知此乃古昔聖人之所甚急, 視聽游行坐立臥起衣冠
之際, 有不防焉, 而五者之病乘之, 故夫禮者, 內以正人之心, 而外以正其游行
視聽坐立臥起衣冠之際, 此所以止邪於未形而求以弭亂之道也.

번역   광안유씨[16]가 말하길, 대체로 사람들이 병폐로 여기는 것들은 자
신의 마음이 편안하게 여기는 것에만 따르는 데에서 생겨나니, 올바른 도
리에서 비롯되지 않는다면, 사람의 안주하는 마음에는 다섯 가지 병폐가
발생한다. '사벽하고 부정하게 되는 것[傾邪]', '방종하게 되는 것[放縱]', '게
을러지고 구차하게 되는 것[惰偸]', '거만해지는 것[倨慢]', '경솔해지는 것
[輕易]'이 그것이다. 이 다섯 가지는 사람들에게 일상적으로 나타나는 병폐
들이다. '한쪽 귀를 기울여서 듣고[側聽]', '곁눈질하며 보는 것[淫視]'은 곧
'사벽하고 부정한 것'에 해당한다. '방만하게 행동하고[怠荒]', '서 있을 때
한쪽 다리로 삐딱하게 서 있고[立而跛]', '관을 쓰고도 아무렇게나 벗어버리
고[冠而免]', '힘들다고 해서 상의를 걷어붙이고[勞而袒]', '덥다고 해서 하
의를 걷어 올리는 것[暑而褰裳]'들은 '게을러지고 구차한 것'에 해당한다.
'격양된 목소리로 대답하고[嗷應]', '머리카락을 묶었는데도 단정하지 못하
게 늘어트리는 것[斂髮而髽]'은 '경솔한 것'에 해당한다. '걸어 다닐 때 오만
한 태도를 취하고[游而倨]', '앉았을 때 발을 앞으로 쭉 펴고[坐而箕]', '누우
면서 엎어져 있는 것[寢而伏]'은 '방종한 것'과 '거만한 것'에 해당한다. 이
다섯 가지는 예법에서 금기시하는 것들이다. 군자(君子)가 자신의 몸가짐
을 바르게 하고, 다른 것들에 대해서 논의치 않는다고 하더라도, 오직 이러

---

16) 광안유씨(廣安游氏, ? ~ ?) : =유계(游桂)·유원발(游元發). 자세한 행적은 남
     아 있지 않다. 남송(南宋) 때의 학자이다. 이름은 계(桂)이고, 자(字)는 원발(元
     發)이며, 호(號)는 사재(思齋)이다.

한 몇 가지 행동들에 대해서 제 스스로 그 병폐들을 극복해낸다면, 이것은 곧 수신(修身)의 목표를 거의 다 이룬 것이다. 세상에 존재하는 거짓된 자들은 입만 열면 헛소리를 해대며, 군자는 배움을 통해서 도(道)를 이루는 것이니, 나는 오직 그 '도'에 대해서만 알면 그만이지, 나머지 것들은 모두 지엽적인 것들이니, 신경 쓸 필요가 없다고 한다. 그러나 이러한 자들은 이러한 사소한 예절들이 바로 고대의 성인(聖人)들이 가장 중요시했던 것임을 깨닫지 못한 것이다. 즉 보고, 듣고, 걸어 다니고, 앉고, 서고, 눕고, 일어나고, 의관(衣冠)을 차려 입는 등 이러한 모든 행위들에 대해서, 제대로 시행하지 못하게 되면, 앞서 언급한 다섯 가지 병폐들이 잘못된 행동들을 통해서 나타나게 되는 것이다. 그렇기 때문에 '예(禮)'라는 것은 곧 내적으로는 사람의 마음을 바르게 하고, 또 외적으로는 보고, 듣고, 걸어 다니고, 앉고, 서고, 눕고, 일어나고, 의관을 차려 입는 등 이러한 모든 행위들에 대해서, 그 몸가짐을 바르게 하는 것이다. 그리고 이것이야말로 아직 구체화되지 않은 상태에서 사벽(邪辟)함을 그치게 하여, 혼란을 조기에 막아내는 도리인 것이다.

鄭注 皆爲其不敬. 免, 去也. 褰, 袪也.

번역 이러한 잘못된 행위들은 모두 불경(不敬)함이 되기 때문이다. '면(免)'자는 "제거한다[去]."는 뜻이다. '건(褰)'자는 "걷어 올린다[袪]."는 뜻이다.

釋文 袒, 徒旱反, 露也. 褰, 起連反. 爲, 于僞反, 下"爲妨"·"爲于"·"皆爲"·"爲其"·"爲後" 同. 袪, 丘魚反.

번역 '袒'자는 '徒(도)'자와 '旱(한)'자의 반절음으로, 노출시켜서 드러낸다는 뜻이다. '褰'자는 '起(기)'자와 '連(련)'자의 반절음이다. '爲'자는 '于(우)'자와 '僞(위)'자의 반절음으로, 아래문장에 나오는 '爲妨'·'爲于'·'皆

爲’・‘爲其’・‘爲後’에서의 ‘爲’자도 모두 그 음이 이와 같다. ‘袪’자는 ‘丘 (구)’자와 ‘魚(어)’자의 반절음이다.

孔疏 ●“冠毋免”者, 免, 脫也. 常著在首, 不可脫也.

번역 ●經文: “冠毋免”. ○‘면(免)’자는 “벗는다[脫].”는 뜻이다. 관(冠) 은 항상 머리에 착용하고 있어야 하니, 벗어서는 안 된다.

孔疏 ●“勞毋袒”者, 袒, 露也. 雖有疲勞之事, 厭患其衣, 而不得袒露身體.

번역 ●經文: “勞毋袒”. ○‘단(袒)’자는 “노출시킨다[露].”는 뜻이다. 비 록 힘든 일을 했다고 하더라도, 그 옷차림에 대해서는 더욱 신경을 써야 하는 것이니, 상의를 걷어붙여서, 신체를 노출시켜서는 안 된다.

孔疏 ●“暑毋褰裳”者, 暑雖炎熱, 而不得褰袪取涼也. 然上諸事條目, 誠 侍者左右屛隱之人也. 旣屛隱, 好生上事, 或私覘淸閑, 或隔尊自恣, 故宜兼 戒[17], 亦可通戒爲人之法也.

번역 ●經文: “暑毋褰裳”. ○더위로 인해 비록 매우 덥다고 하더라도, 하의를 걷어 올려서, 바람이 통하게 해서는 안 된다. 그런데 위에서 언급하 고 있는 여러 가지 행동지침들은 존장자(尊長者)를 모시고 있다가, 좌우로 물러나게 되어, 대기하는 사람들에게 주위를 주는 내용이다. 존장자를 모시 고 있다가 물러나서 멀찌감치 떨어져 있게 되면, 위에서 언급한 잘못된 행

---

17) ‘계(戒)’자에 대하여. 『십삼경주소(十三經注疏)』 북경대 출판본에서는 “『민본 (閩本)』・『감본(監本)』・『모본(毛本)』에서는 ‘계(誡)’자로 기록하고 있고, 위 씨(衛氏)의 『집설(集說)』에서도 또한 ‘계(誡)’자로 기록하고 있다. 아래에 나오 는 ‘통계(通誡)’에 대해서도 각 판본에서는 ‘계(誡)’자로 기록하고 있다. 완원 (阮元)의 『교감기(校勘記)』에서는 ‘이 문장에서 계(戒)자로 기록한 것은 글자 의 획수를 생략하여, 계(誡)자를 계(戒)자로 기록한 것일 뿐이다.’”라고 했다.

동들을 하기 쉬우니, 어떤 자들은 존장자가 한가한 때 어떤 행동을 하게 되는지를 알아보기 위해 엿보려고 하고, 또 어떤 자들은 존장자가 자기 앞에 없다고 해서, 제멋대로 행동할 수도 있다. 그렇기 때문에 마땅히 이러한 행동들을 주의해야 하는 것이다. 한편 위의 내용들은 일반적으로 사람들이 지켜야 하는 법도에 대해서 주의를 주는 내용으로 해석할 수도 있다.

集解　愚謂: 此節通戒容儀之法, 孔疏蒙上侍君子爲義, 非是.

번역　내가 생각하기에, 이곳 문장에서 언급하고 있는 여러 행동지침들은 일상적인 행동거지와 용모에 대해 주의를 주고 있는 예법들이다. 따라서 공영달(孔穎達)의 소(疏)에서, 이 내용을 군자(君子)를 모시고 있는 자에게 주의를 준 내용으로 국한시킨 해석은 잘못된 주장이다.

• 제 18 절 •

연장자에 대한 예절 Ⅲ

【23b】

> 侍坐於長者, 屨不上於堂, 解屨不敢當階.

직역 長者를 侍坐함에, 屨하여서는 堂에 不上하고, 屨를 解함에는 감히 階에 當하지 않는다.

의역 어른을 모시고 앉아 있을 때에는 신발을 신은 채로 당(堂) 위에 오르지 않고, 신발을 벗어둘 때에도 감히 계단에 벗어두지 않는다.

集說 侍長者之坐於堂, 故不敢以屨升. 若長者在室, 則屨得上堂而不得入室, "戶外有二屨", 是也. 解, 脫也. 屨有綦繫, 解而脫之, 不敢當階, 爲妨後升者.

번역 이 내용은 당(堂)에서 어른을 모시고 앉아 있을 경우에 해당한다. 그렇기 때문에 감히 신발을 신은 채로 올라가지 않는 것이다. 만약 어른이 방안에 있는 경우라면, 신발을 신은 채로 당에 오를 수도 있지만, 신발을 신은 채로 방으로 들어갈 수는 없다. "방문 밖에 두 짝의 신발이 있다."[1]라고 한 말이 바로 이러한 뜻을 나타낸다. '해(解)'자는 "벗는다[脫]."는 뜻이

---

1) 『예기』「곡례상」【17d】: 將上堂, 聲必揚, <u>戶外有二屨</u>, 言聞則入, 言不聞則不入.

다. 신발에는 들메끈이 달려 있으므로, 그것을 풀어서 신발을 벗게 되는데, 감히 계단에 벗어두지 않는 이유는 뒤이어 당에 오르는 자에게 방해가 되기 때문이다.

鄭注 屨賤, 空則不陳於尊者之側. 爲妨後升者.

번역 신발은 천한 물건이므로, 어른이 앉은 자리 주변에 공간이 있다고 해도, 그곳에 벗어둘 수는 없는 것이다. 계단에 신발을 벗어두지 않는 이유는 뒤이어 당(堂)에 오르는 자에게 방해가 되기 때문이다.

釋文 上, 時掌反. 妨音芳.

번역 '上'자는 '時(시)'자와 '掌(장)'자의 반절음이다. '妨'자의 음은 '芳(방)'이다.

孔疏 ●"侍坐"至"納屨". ○正義曰: 此一節明解屨著屨之法, 事異於上, 故別言侍坐也.

번역 ●經文: "侍坐"~"納屨". ○이 문장은 신발을 벗거나 신을 때의 예법에 대해서 언급하고 있는데, 앞의 사안과 내용이 달라졌기 때문에, 별도로 "모시고 앉는다[侍坐]."라고 언급한 것이다.

孔疏 ●"屨不上於堂"者, 長者在堂, 而侍者屨賤, 故脫於階下, 不著上堂. 若長者在室, 則侍者得著屨上堂, 而不得入室, 戶外有二屨是也. 或云悉不得上也. 戶外有二屨, 是狎客, 非須擯通也.

번역 ●經文: "屨不上於堂". ○연장자가 당(堂) 위에 있고, 또 연장자를 모시는 자들이 신는 신발은 매우 미천한 물건이기 때문에, 계단 아래에 벗어두는 것이니, 신발을 신고서 당에 오르지 않는다. 만약 연장자가 방안에

있는 경우라면, 연장자를 모시는 자들은 신발을 착용하고서 당에 올라갈
수가 있다. 그러나 신발을 신고서 방안에 들어갈 수는 없다. "방문 밖에
두 짝의 신발이 있다."라고 한 말이 바로 이러한 뜻을 나타낸다. 어떤 자들
은 모든 경우에 있어서, 신발을 신고서 당 위에 올라갈 수 없다고 해석한다.
그래서 방문 밖에 두 짝의 신발이 있다는 말 또한 신분이 매우 높은 빈객
(賓客)의 신발로 풀이하니, 존장자를 모시는 자들에게까지 통용되는 뜻이
아니라고 한다.

孔疏 ●"解屨不敢當階"者, 解, 脫也. 屨既不上於堂, 故解之於階下也. 謂
脫爲解者, 按內則云: "屨著綦." 鄭云: "綦, 履繫也." 又冠禮云: "黑屨靑絇."
鄭云: "絇之言拘也. 以爲行戒, 狀如刀衣鼻, 在屨頭." 按內則注有履繫之文,
冠禮有絇如刀衣鼻, 在屨頭及行戒之間, 故師說云: "用物穿屨頭爲絇, 相連爲
行戒也." 今云"解屨"是解繫也. 故隱義云: "古者屨頭鼻綦繩相連結之, 將升
堂解之也." "不敢當階"者, 謂人與屨並不當階, 側就階邊而解. 若留屨置階道,
爲妨後升也.

번역 ●經文: "解屨不敢當階". ○'해(解)'자는 "벗는다[脫]."는 뜻이다.
경문에서는 신발을 신고서 당(堂)에 오를 수가 없다고 하였기 때문에, 계단
아래에 벗어두게 되는 것이다. 이곳 문장에서는 "벗는다[脫]."는 뜻을 '해
(解)'자로 기록하고 있는데, 『예기』「내칙(內則)」편을 살펴보면, "신을 신고
서 끈을 맨다."[2]라고 하였고, 이 문장에 대한 정현의 주에서는 "'기(綦)'는
신발을 묶는 끈이다."라고 하였다. 또『의례』「사관례(士冠禮)」편에서는 '흑
색의 신발에 청색의 끈'[3]이라고 하였는데, 이 문장에 대한 정현의 주에서는
"'구(絇)'자는 '묶는다.'는 뜻의 '구(拘)'자와 같다. 이것을 통해 걸어 다닐 때
주의를 하게 되는데, 그 모양은 마치 칼집에 튀어나온 뾰족 코처럼 되어
있고, 신발 앞코에 놓여 있다."라고 했다. 「내칙」편에 대한 정현의 주를 살

---

2) 『예기』「내칙(內則)」【346b】: 屨著綦.
3) 『의례』「사관례(士冠禮)」: 玄端黑屨, 靑絇·繶·純, 純博寸.

펴보면, 신발을 묶는다는 기록이 있고, 「사관례」편에 대한 주에서도 '구 (絢)'는 마치 칼집에 튀어나온 뾰족 코와 같으며, 신발 앞코에 있고, 걸어 다닐 때 주의를 주는 것이라고 하였다. 그렇기 때문에 사씨(師氏)는 "끈을 이용해 신발의 앞부분을 뚫고서 매듭을 묶은 것으로, 서로 연결되어 있어 서, 걸어 다닐 때 주의를 하게 만든 것이다."라고 주장한 것이다. 따라서 이곳 문장에서 "신발을 벗는다[解屨]."라고 한 말은 바로 이 매듭을 묶는 끈을 푼다는 뜻이다. 이러한 까닭으로 『예기은의(禮記隱義)』에서는 "고대 에는 신발의 앞코에 끈을 연결하여, 양쪽 신발을 묶었으니, 당(堂)에 오르 게 되면, 그것을 푼다."라고 했던 것이다. 경문의 "不敢當階"에 대하여. 이 말은 사람 및 그 사람이 신고 있는 신발 모두 계단에 멈춰 있거나 그곳에 두어서는 안 된다는 뜻이니, 계단의 옆으로 가서, 끈을 푸는 것이다. 만약 신발을 계단에 놓아두게 된다면, 뒤이어 당에 오르는 자에게 방해가 된다.

集解 愚謂: 安坐必先脫屨, 侍者統於長者, 當就主人之階. 解屨不敢當階, 則當解於東階之東也.

번역 내가 생각하기에, 안정된 자세로 앉기 위해서는 반드시 먼저 신발 을 벗어두어야만 하며, 모시고 앉아 있는 자들은 어른에게 종속된 자들이 므로, 마땅히 주인(主人)이 오르는 동쪽 계단을 통해서 당(堂) 위로 올라가 게 된다. 그런데 신발을 벗어둘 때, 감히 계단에 벗어두지 않는다고 하였으 니, 마땅히 동쪽 계단의 동쪽 장소에 신발을 벗어두어야 하는 것이다.

【23b】

就屨, 跪而擧之, 屛於側.

직역 屨를 就함에는 跪하여 擧하고서, 側에 屛한다.

의역 어른을 모시고 있다가 용무가 있어 자기 혼자 물러날 때가 있는데, 그런 경우 신발을 신을 때에는 무릎을 꿇고서 신발을 들며, 신발을 들고서 섬돌 곁으로 물러나서 신는다.

集說 疏曰: 此侍者或獨暫退時取屨法也. 就, 猶著也. 初升時解置階側, 今下著之, 先往階側跪擧取之, 故云就屨跪而擧之也. 屛於側者, 屛退不當階也.

번역 공영달(孔穎達)의 소(疏)에서 말하길, 이 문장은 어른을 모시고 앉아있던 자가 간혹 혼자서 잠시 어른의 곁에서 물러나는 일이 생길 때, 신발을 신는 방법에 대해 언급한 내용이다. '취(就)'자는 "착용한다[著]."는 뜻이다. 애초부터 당(堂)에 오를 때 신발을 벗어서 계단의 옆에 놓아두었으니, 이러한 상황에서는 계단으로 내려와서 신발을 신게 되는 것이다. 따라서 우선 계단 옆의 신발을 벗어둔 장소로 가서, 무릎을 꿇고 신발을 들어서 가져오게 된다. 그렇기 때문에 "신발을 신을 때에는 무릎을 꿇고서 신발을 든다."라고 말한 것이다. "곁으로 물러난다."라고 한 말은 곁으로 물러서서 계단에 서 있지 않는다는 뜻이다.

鄭注 謂獨退也. 就猶著也. 屛亦不當階.

번역 이 상황은 자기 혼자 물러나는 경우를 뜻한다. '취(就)'자는 "착용한다[著]."는 뜻이다. 물러나서 또한 계단에 있지 않는 것이다.

釋文 著, 丁略反.

번역 '著'자는 '丁(정)'자와 '略(략)'자의 반절음이다.

孔疏 ●"就屨, 跪而擧之"者, 此侍者或獨暫退時取屨法也. 就猶著也. 初升時解置階側, 今下著之, 先往階側, 跪擧取之, 故云"就屨, 跪而擧之".

번역 ●經文: "就屨, 跪而擧之". ○이 문장은 어른을 모시고 앉아있던 자가 간혹 혼자서 잠시 어른의 곁에서 물러나는 일이 생길 때, 신발을 신는 방법에 대해 언급한 내용이다. '취(就)'자는 "착용한다[著]."는 뜻이다. 애초부터 당(堂)에 오를 때 신발을 벗어서 계단의 옆에 놓아두었으니, 이러한 상황에서는 계단으로 내려와서 신발을 신게 되는 것이다. 따라서 우선 계단 옆의 신발을 벗어둔 장소로 가서, 무릎을 꿇고 신발을 들어서 가져오게 된다. 그렇기 때문에 "신발을 신을 때에는 무릎을 꿇고서 신발을 든다."라고 말한 것이다.

孔疏 ●"屛於側"者, 屛, 退也, 退不當階也.

번역 ●經文: "屛於側". ○'병(屛)'자는 "물러난다[退]."는 뜻이다. 즉 그 자리에서 물러나서 계단에 서 있지 않는다는 뜻이다.

集解 愚謂: 此侍者退而長者不送之者也. 解屨固不當階矣, 又必跪而擧之, 屛於側者, 長者在堂, 不敢對尊者著屨, 故必跪而擧之, 而轉就旁側乃著屨也. 側, 謂堂下東序之東, 長者所不見之處. 玉藻, "隱辟而後屨", 是也.

번역 내가 생각하기에, 이 문장의 내용은 어른을 모시고 있던 자가 물러나게 되었는데, 어른이 그를 전송하지 않는 경우에 대한 예법이다. 신발을 벗을 때에는 진실로 계단에 벗어두어서는 안되며, 또한 그것을 신을 때에는 반드시 무릎을 꿇고서 신발을 들게 되는 것이다. 곁으로 물러난다고 하였는데, 어른이 당(堂) 위에 앉아 있다면, 어른을 마주보는 자리에서 감히 신발을 착용할 수가 없다. 그렇기 때문에 반드시 무릎을 꿇고서 신발을 들게 되고, 또한 방향을 바꿔서, 곁으로 가서 어른이 보지 못하는 자리에서 신발을 착용하는 것이다. '측(側)'자는 당(堂) 아래 '동쪽 측면에 있는 행랑[東序]'의 동쪽에 해당하니, 당 위에 앉아 있는 어른이 보지 못하는 장소이다. 『예기』「옥조(玉藻)」편에서 "멀찌감치 떨어져서 안보이게 된 이후에 신발을 신는다."[4]라고 한 말이 바로 이러한 뜻을 가리킨다.

【23c】

鄕長者而屨, 跪而遷屨, 俯而納屨.

직역 長者를 鄕하여 屨하되, 跪하여 屨를 遷하고, 俯하여 屨를 納한다.

의역 자리에서 물러나는데, 연장자의 전송을 받게 된다면, 연장자를 바라보는 방향에 서서, 신발을 착용하되, 무릎을 꿇고 자신의 신발을 찾아서 들고, 조금 이동을 하여, 몸을 숙이고서 신발을 착용하게 된다.

集說 疏曰: 此明少者禮畢退去, 爲長者所送, 則於階側跪取屨稍移之, 面向長者而著之. 遷, 徙也, 就階側跪取稍移近前也. 俯而納者, 旣取因俯身向長者而納足著之. 不跪者, 跪則足向後不便, 故俯也. 雖不並跪, 亦坐左納右, 坐右納左.

번역 공영달(孔穎達)의 소(疏)에서 말하길, 이 문장의 내용은 나이가 어린 자가 의례에 참가했다가, 그 의례가 모두 끝나서 물러나는 경우의 예법을 뜻하는데, 연장자로부터 전송을 받는 경우라면, 계단 곁에서 무릎을 꿇고서 신발을 들며, 조금 이동을 하여, 연장자를 바라보는 방향으로 서서, 착용을 하게 된다. '천(遷)'자는 "이동한다[徙]."는 뜻이니, 계단 곁으로 가서 무릎을 꿇고, 자기 신발을 든 다음 그 앞으로 조금 이동한다는 뜻이다. '부이납(俯而納)'이라는 말은 이미 신발을 들고 왔으므로, 그에 따라 연장자

4) 『예기』「옥조(玉藻)」【378a】: 退則坐取屨, 隱辟而后屨, 坐左納右, 坐右納左.

를 바라보는 방향에서 몸을 숙이고서, 발을 신발에 넣어서 신는다는 뜻이다. 이러한 경우 무릎을 꿇지 않는 이유는 무릎을 꿇게 된다면, 발이 뒤로 향하게 되어, 신발을 신기에 불편하게 되기 때문이다. 그래서 단지 몸을 숙이기만 하는 것이다. 비록 양쪽 무릎을 모두 꿇지는 않는다고 하지만, 신발을 신을 때에는 왼쪽 무릎을 꿇고서 오른쪽 신발을 신고, 그 다음으로는 오른쪽 무릎을 꿇고서 왼쪽 신발을 신는 것이다.

大全 嚴陵方氏曰: 出而就屨, 屛於側, 則又不特不當階而已. 若長者送出, 則跪而遷屨, 不特屛之於側而已. 納之時, 又俯焉.

번역 엄릉방씨가 말하길, 밖으로 나가서 신발을 들고, 곁으로 물러나게 되는데, 이러한 경우에도 또한 계단에 서 있지 않을 뿐만이 아니라, 앞서 언급했던 행동절차대로 따라야 하는 것이다. 만약 어른이 전송을 해주는 경우라면, 무릎을 꿇고서 신발을 들고 이동하게 되는데, 이러한 경우에는 다만 곁으로 물러날 뿐만이 아니다. 신발을 신을 때에도 또한 몸을 숙이는 것이다.

鄭注 謂長者送之也. 不得屛, 遷之而已. 俯, 俛也. 納, 內也. 遷或爲還.

번역 이 문장은 연장자가 전송하는 경우에 대한 내용이다. 물러날 수 없으므로, 신발을 들고서 조금 이동할 따름이다. '부(俯)'자는 "몸을 숙인다[俛]."는 뜻이다. '납(納)'자는 "안으로 들인다[內]."는 뜻이다. '천(遷)'자를 판본에 따라서 또한 '환(還)'자로도 기록한다.

孔疏 ●"鄕長者而屨"者, 此明少者禮畢退去, 爲長者所送之法也. 旣爲長者所送, 則於階側跪取屨, 稍移之, 面鄕長者而著之, 故云"鄕長者而屨".

번역 ●經文: "鄕長者而屨". ○이 문장의 내용은 나이가 어린 자가 의례에 참가했다가, 그 의례가 모두 끝나서 물러나게 되었는데, 연장자로부터 전송을 받는 경우의 예법에 대한 것이다. 연장자로부터 전송을 받게 된 상황이라면, 계단 곁에서 무릎을 꿇고서 신발을 들며, 조금 이동을 하여, 연장자를 바라보는 방향으로 서서, 신발을 착용을 하게 된다. 그렇기 때문에 "연장자를 향해서 신발을 신는다."라고 말한 것이다.

孔疏 ●"跪而遷屨"者, 遷, 徙也. 就階側跪取, 稍移近前.

번역 ●經文: "跪而遷屨". ○'천(遷)'자는 "이동한다[徙]."는 뜻이다. 계단 곁으로 가서 무릎을 꿇고, 자기 신발을 든 다음, 그 앞으로 조금 이동한다는 의미이다.

孔疏 ●"俯而納屨"者, 納, 內也. 旣取, 因俯身向長者而內足著之. 不跪者, 若跪則足向後不便, 故俯也. 雖不並跪, 亦坐左納右, 坐右納左耳.

번역 ●經文: "俯而納屨". ○'부(俯)'자는 "안으로 들인다[內]."는 뜻이다. 이미 신발을 들고 왔으므로, 그에 따라 연장자를 바라보는 방향에서 몸을 숙이고, 발을 신발에 넣어서 신는다는 의미이다. 이러한 경우 무릎을 꿇지 않는데, 만약 무릎을 꿇게 된다면, 발이 뒤로 향하게 되어, 신발을 신기에 불편하게 되기 때문이다. 그렇기 때문에 몸을 숙이기만 하는 것이다. 비록 양쪽 무릎을 모두 꿇지는 않는다고 하지만, 신발을 신을 때에는 또한 왼쪽 무릎을 꿇고서 오른쪽 신발을 신고, 그 다음으로는 오른쪽 무릎을 꿇고서 왼쪽 신발을 신을 따름이다.

集解 愚謂: 侍者退而長者送之, 則當鄕長者著屨. 屨不當階, 必遷之轉就階側, 乃得鄕長者而屨也.

번역 내가 생각하기에, 연장자를 모시고 있던 자가 물러나게 되었는데,

연장자가 그를 전송하게 된다면, 마땅히 연장자를 바라보는 방향에서 신발을 착용해야만 한다. 신발을 신을 때에는 계단에서 신을 수가 없으니, 반드시 그것을 들고 조금 이동하여, 계단 옆으로 가게 되는데, 이렇게 하면 연장자를 바라보는 방향에서 신발을 신을 수 있게 된다.

• 제 19 절 •

각종 생활예절 Ⅱ

【23c】

離坐離立, 毋往參焉. 離立者, 不出中間.

직역 離坐와 離立에는 往하여 參하지 않는다. 離立에는 中間으로 不出한다.

의역 두 명이 서로 짝을 이루어 앉아 있고, 또 두 명이 서로 짝을 이루어 서 있는 경우에는 그곳에 끼어들지 않는다. 두 명이 서로 짝을 이루어 서 있다면, 그 사이로 지나가지 않는다.

集說 方氏曰: 兩相麗之謂離, 三相成之謂參.

번역 방씨가 말하길, 둘이 서로 짝을 이루고 있는 것을 '리(離)'라고 부르며, 셋이 서로 어울려 있는 것을 '삼(參)'이라고 부른다.

集說 應氏曰: 出其中間, 則立者必散而不成列矣, 故君子謹之.

번역 응씨가 말하길, 그 사이로 지나가게 된다면, 서 있던 자들은 반드시 대오가 흐트러지게 되어, 나란히 있을 수가 없다. 그렇기 때문에 군자(君子)는 그러한 행동에 주의하는 것이다.

鄭注 爲干人私也. 離, 兩也.

번역 끼어드는 것은 남의 사적인 이야기에 간섭하는 행동이 되기 때문이다. '리(離)'자는 짝[兩]이라는 뜻이다.

孔疏 ●"離坐"至"爲友". ○正義曰: 此一節總明不干人私幷遠嫌之法, 今各隨文解之.

번역 ●經文: "離坐"~"爲友". ○이 문장은 남의 사생활에 간섭하지 않고, 아울러 혐의를 멀리하는 예법들에 대해서 총괄적으로 언급하고 있으니, 각각의 문장에 따라서 풀이하겠다.

孔疏 ●"離坐離立", 離, 兩也. 若見彼或二人幷坐, 或兩人幷立, 旣唯二人, 恐密有所論, 則己不得輒往參預也.

번역 ●經文: "離坐離立". ○'리(離)'자는 짝[兩]이라는 뜻이다. 만약 저쪽에 두 사람이 나란히 앉아 있거나, 혹은 두 사람이 나란히 서 있는 것을 보게 된다면, 이미 두 사람이 가까이 있는 것인데, 비밀리에 논의하는 것이 있다고 생각된다면, 본인이 갑작스럽게 그곳에 가서 끼어들어서는 안 되는 것이다.

孔疏 ●"離立者不出中間"者, 又若見有二人幷立當己行路, 則避之, 不得輒當其中間出也. 不云離坐者, 道路中非安坐之地, 故不云坐也. 識與不識, 通如此也.

번역 ●經文: "離立者不出中間". ○또 만약 자신이 가는 길에 두 사람이 나란히 서 있는 것을 보게 된다면, 그들을 피해서 길을 가야 하지, 갑작스럽게 그 사이로 지나가서는 안 되는 것이다. 그런데 경문에서는 '나란히 앉아 있는 경우[離坐]'에 대해서 언급하지 않고 있는데, 도로는 편안하게 앉을 수 있는 땅이 아니기 때문에, 도로에서 앉아 있는 일이 없다. 그렇기 때문에 앉아 있는 경우를 언급하지 않은 것이다. 그들을 알고 있거나 혹은 모르는 경우에 있어서도 모두 이처럼 해야 하는 것이다.

孔疏 ◎注"離, 兩也". ○正義曰: 按易·象云: "明兩作離." 是離爲兩也.

번역 ◎鄭注: "離, 兩也". ○『역』「상전(象傳)」을 살펴보면, "밝음 두 개가 리괘(離卦)를 이룬다."[1]라고 하였으니, 이것이 바로 '리(離)'자가 '짝[兩]'을 뜻하는 용례가 된다.

訓纂 方言·廣雅云: 參, 分也.

번역 『방언(方言)』[2]과 『광아(廣雅)』에서 말하길, '참(參)'자는 "갈라놓는다[分]."는 뜻이다.

訓纂 王氏念孫曰: 參者, 間厠之名, 故爲分也. 毋往參焉, 是其義也.

번역 왕념손이 말하길, '참(參)'이라는 말은 "끼어들어 뒤섞인다[間厠]."는 뜻이다. 그렇기 때문에 "갈라놓는다[分]."는 뜻이 된다. 즉 "그 자리에 가서 끼어들어서는 안 된다."라고 할 때의 '참'자도 바로 이러한 뜻에서 사용된 것이다.

---

1) 『역』「리괘(離卦)·상전(象傳)」: 象曰, <u>明兩作, 離,</u> 大人以繼明照于四方.
2) 『방언(方言)』은 『유헌사자절대어석별국방언(輶軒使者絶代語釋別國方言)』·『별국방언(別國方言)』이라고도 부른다. 한(漢)나라 때의 학자인 양웅(揚雄)이 편찬했다고 전해지는 서적이다. 총 13권으로 구성되어 있었으며, 각 지방에서 온 사신들의 방언을 모았다는 뜻에서, 『유헌사자절대어석별국방언』이라는 제목으로 출간되었고, 또 이 말을 줄여서 『별국방언』·『방언』이라고 부르게 되었다. 현존하는 『방언』은 곽박(郭璞)의 주(注)가 붙어 있는 판본이다. 그러나 『한서(漢書)』 등의 기록에는 양웅의 저술 목록에 『방언』이 포함되어 있지 않으므로, 편찬자에 대한 의혹이 끊임없이 제기되었다.

남녀 간의 예절 Ⅰ

【23d】

男女不雜坐, 不同椸枷¹⁾, 不同巾櫛, 不親授.

직역 男女는 雜坐를 不하고, 椸枷를 不同하며, 巾櫛을 不同하고, 親授를 不한다.

---

1) '이가(椸枷)'에 대하여. 『십삼경주소(十三經注疏)』 북경대 출판본에서는 "『민본(閩本)』·『감본(監本)』·『모본(毛本)』·『석경(石經)』·『악본(岳本)』·『가정본(嘉靖本)』·위씨(衛氏)의 『집설(集說)』에서는 동일하게 기록하고 있다. 『경전석문(經典釋文)』에는 '동이(同杝)'라는 기록이 나오고, 또 '가(杝)'라는 글자도 나오는데, 이 기록에 대해서 '판본에 따라서 또한 가(架)라고도 쓰며, 서음(徐音)은 稼(가)이다. 『고본(古本)』에는 이 글자가 없다.'라고 했다. 『정의(正義)』에는 이 구문에 대한 소(疏) 기록이 없으므로, 고증할 방도가 없다. 장림(臧琳)의 『경의잡기(經義雜記)』에서는 '정현(鄭玄)의 주(注)를 살펴보니, 이 가이가의자(椸, 可以枷衣者)라고 하였다. 그러므로 경문에는 가(枷)라는 글자가 본래 없었다는 것을 나타낸다. 지금 『예기』 「내칙(內則)」편에는 가(枷)자가 기록되어 있는데, 아마도 연문(衍文)으로 잘못 기록된 것 같다. 『시』 「작소(鵲巢)」편에 대한 정현의 전(箋)에서는 까치가 둥지를 지을 때, 겨울이 찾아오면 가(架)를 하여, 봄이 되면 완성한다고 하였는데, 정현의 『예기』에 대한 주에 나오는 가(枷)라는 글자와 『시』의 전(箋)에 나오는 이 가(架)라는 글자는 그 뜻이 같으니, 글자 형태가 달라진 것일 뿐이며, 기물(器物)의 이름을 뜻하는 말이 아니다. 『이아』 「석기(釋器)」편에서는 간(竿)을 이(箷)라고도 부른다고 했으니, 또한 단독으로 쓸 때에는 이(箷)라고도 부르는 것이다. 곽박(郭璞)의 주(注)에서는 의가(衣架)라고 풀이하였는데, 정현의 주장과 부합된다. 서음(徐音)에 따르면, 이 글자는 진(晉)나라 이후로는 이미 연문으로 여기고 있었음을 알 수 있고, 『고본(古本)』에는 이 글자가 없으므로, 육덕명(陸德明)도 서음에 근거해서 그렇게 말했던 것이다.'"라고 했다.

의역 남자와 여자는 자리를 섞어서 함께 앉지 않고, 옷걸이를 함께 쓰지 않으며, 수건과 빗을 함께 쓰지 않고, 물건을 건넬 때에는 직접 주지 않는다.

集說 內則註云, 植者曰楎, 橫者曰椸. 枷, 與架同, 置衣服之具也. 巾以帨潔, 櫛以理髮. 此四者皆所以遠私褻之嫌.

번역 『예기』「내칙(內則)」편에 대한 정현의 주에서는 수직으로 세워둔 옷걸이를 '휘(楎)'라고 부르고, 가로로 걸어둔 옷걸이를 '이(椸)'라고 부른다고 했다.[2] '가(枷)'자와 '시렁'을 뜻하는 '가(架)'자는 같은 글자로, 옷을 걸어두는 도구이다. 수건으로 물기를 닦고, 빗으로는 머리를 단정하게 만든다. 이러한 네 가지 지침들은 모두 남녀가 사적으로 친하게 지낸다는 의심을 멀리하는 방법이다.

---

2) 이 문장은 『예기』「내칙(內則)」편의 "不敢縣於夫之楎椸"라는 문장에 대한 정현의 주이며, 본문은 "竿謂之椸. 楎, 杙也."라고 되어 있다. 위의 문장은 공영달(孔穎達)의 소(疏)에 나오는 문장으로, 본문은 "郭景純引禮云, 不敢縣於夫之楎・椸. 植曰楎, 橫曰椸."라고 되어 있다.

▶그림 20-1 휘(楎)와 이(梱)

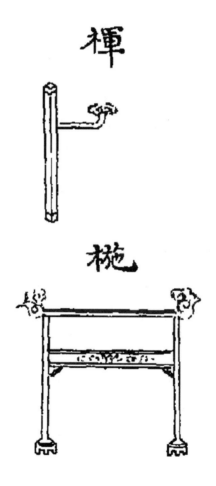

▶ **출처**: 『가산도서(家山圖書)』「금반협사휘이도(衿鞶篋笥楎梱圖)」

鄭注 不雜坐, 謂男子在堂, 女子在房也. 椸, 可以枷衣者.

번역 "자리를 섞어 앉지 않는다."는 말은 예를 들어 남자가 당(堂)에 있으면, 여자는 방(房)에 있다는 뜻이다. '이(椸)'는 옷을 걸어둘 수 있는 도구이다.

釋文 椸, 羊支反, 衣架也. 枷, 本又作架, 徐音稼, 古本無此字. 櫛, 側乙反.

번역 '椸'자는 '羊(양)'자와 '支(지)'자의 반절음으로, 옷걸이를 뜻한다. '枷자'는 판본에 따라서 또한 '架'자로도 기록하며, 서음(徐音)은 '稼(가)'인데, 『고본(古本)』에는 이 글자가 없다. '櫛'자는 '側(측)'자와 '乙(을)'자의 반절음이다.

孔疏 ●"男女"至"而食". ○"不親授"者, 男女有物, 不親相授也. 內則云: "非祭非喪, 不相授器. 其相授, 則女授以篚. 無篚, 則皆坐奠之而後取之."

번역 ●經文: "男女"~"而食". ○경문의 "不親授"에 대하여. 남녀 간에 물건을 건넬 일이 있어도, 직접 서로 주고받지 않는다. 『예기』 「내칙(內則)」 편에서는 "제사나 상사(喪事)의 일이 아니라면, 서로 물건을 주고받지 않는데, 제사나 상사 때 물건을 서로 주고받는 경우라면, 여자는 대광주리를 이용하여 받고, 대광주리가 없는 경우라면, 모든 경우에 있어서 무릎을 꿇고서 물건을 그 앞에 내려두면, 그 이후에 그것을 들어올린다."[3]라고 했다.

訓纂 爾雅: "竿謂之箷." 郭注, "衣架也."

번역 『이아』에서는 "'간(竿)'을 '이(箷)'라고 부른다."[4]라고 했는데, 곽

---

3) 『예기』 「내칙(內則)」 【350b】: 男不言內, 女不言外, 非祭非喪, 不相授器. 其相授, 則女受以篚. 其無篚則皆坐, 奠之而后取之.

4) 『이아』 「석기(釋器)」: 竿謂之箷.

박의 주에서는 "'이(椸)'는 옷걸이[衣架]를 뜻한다."라고 했다.

訓纂 說文: 椸, 衣架也.

번역 『설문해자(說文解字)』에서 말하길, '이(椸)'자는 옷걸이[衣架]를 뜻한다.

訓纂 蒼頡篇: 椸, 格也, 亦衣桁也.

번역 『창힐편(蒼頡篇)』에서 말하길, '이(椸)'자는 "바로잡는다[格]."는 뜻이며, 또한 옷걸이[衣桁]를 뜻하기도 한다.

訓纂 邵氏晉涵曰: 椸, 蓋衣架之在牆者, 釋宮"謂之楎". 其以竹木橫列者謂之椸.

번역 소진함[5]이 말하길, '이(椸)'는 옷걸이 중에서도 벽에 걸려 있는 것을 뜻하니, 『이아』「석궁(釋宮)」편에서는 "그것을 '휘(楎)'라고 부른다."[6]라고 했다. 옷걸이의 구성품 중에서 대나무를 가로로 눕혀서 걸어둔 시렁을 '이(椸)'라고 부른다.

集解 呂氏大臨曰: 男女不雜坐, 經雖無文, 然喪祭之禮, 男女之位異矣. 男子在堂, 則女子在房; 男子在堂下, 則女子在堂上; 男子在東方, 則女子在西方, 坐亦宜然.

---

5) 소진함(邵晉涵, A.D.1743 ~ A.D.1796) : 청(淸)나라 때의 학자이다. 자(字)는 여동(與桐)이고, 호(號)는 이운(二雲)·남강(南江)이다. 사학(史學)과 경학 분야에 명성이 높았다.

6) 『이아』「석궁(釋宮)」 : 機謂之枎, 在牆者謂之楎, 在地者謂之臬, 大者謂之栱, 長者謂之閣.

[번역] 여대림이 말하길, "남녀가 자리를 섞어 앉지 않는다."고 하였는데, 경문(經文)에는 비록 구체적인 언급이 없지만, 상례(喪禮)나 제례(祭禮)를 치를 때에도 남자와 여자의 위치가 달랐다. 남자가 당(堂) 위에 있게 되면, 여자는 방(房)에 있었고, 남자가 당 아래에 있게 되면, 여자는 당 위에 있었으며, 남자가 동쪽에 있으면, 여자는 서쪽에 있었으니, 앉을 때에도 또한 이처럼 해야만 하는 것이다.

【23d】

嫂叔不通問, 諸母不漱裳.

[직역] 嫂叔은 通問을 不하고, 諸母에게는 漱裳을 不한다.

[의역] 형수와 시동생은 안부를 묻거나 선물을 건네지 않고, 부친의 첩들 중 아들을 낳은 여자에게는 하의를 세탁시키지 않는다.

[集說] 不通問, 無問遺之往來也. 諸母, 父妾之有子者. 漱, 浣也. 裳, 賤服. 不使漱裳, 亦敬父之道也.

[번역] "통문(通問)하지 않는다."는 말은 안부를 묻고 또 선물 등을 보내며 교류를 하지 않는다는 뜻이다. '제모(諸母)'는 부친의 첩들 중에서 아들을 낳은 여자들을 가리킨다. '수(漱)'자는 "세탁한다[浣]."는 뜻이다. 하의[裳]는 천한 의복이다. 그녀들로 하여금 하의를 세탁시키지 않는 것은 또한 부친을 공경하게 섬기는 도리이다.

[鄭注] 通問謂相稱謝也. 諸母, 庶母也. 漱, 澣也. 庶母賤, 可使漱衣, 不可使

漱裳. 裳賤. 尊之者, 亦所以遠別.

번역 '통문(通問)'은 서로 문안인사를 한다는 뜻이다. '제모(諸母)'는 '서모(庶母)'[7]들을 뜻한다. '수(漱)'자는 "빨래한다[澣]."는 뜻이다. '서모'는 신분이 낮으므로, 그녀들을 시켜서 옷을 세탁할 수 있다. 그러나 하의[裳]를 세탁시킬 수는 없다. 하의는 천한 물건이기 때문이다. 따라서 하의를 세탁시키지 않는 것은 그녀들을 존중하는 행위이며, 또한 남녀 사이의 구별을 두어 멀리 대하는 방법이다.

釋文 嫂, 字又作嫂, 素早反. 漱, 悉侯反. 別, 彼列反, 下及注同. 澣, 戶管反.

번역 '嫂'자는 또한 '嫂'자로도 기록하며, 그 음은 '素(소)'자와 '早(조)'자의 반절음이다. '漱'자는 '悉(실)'자와 '侯(후)'자의 반절음이다. '別'자는 '彼(피)'자와 '列(렬)'자의 반절음으로, 아래문장 및 정현의 주에 나오는 글자도 그 음이 이와 같다. '澣'자는 '戶(호)'자와 '管(관)'자의 반절음이다.

孔疏 ●"諸母不漱裳"者, 諸母謂父之諸妾有子者. 漱, 浣也. 諸母賤, 乃可使漱浣盛服, 而不可使漱裳. 裳, 卑褻也, 欲尊崇於兄弟之母, 故不可使漱裳耳, 又欲遠別也.

번역 ●經文: "諸母不漱裳". ○'제모(諸母)'는 부친의 여러 첩들 중에서 아들을 낳은 여자들을 뜻한다. '수(漱)'자는 "세탁한다[浣]."는 뜻이다. '제모'는 신분이 미천하므로, 그녀들을 시켜서 성복(盛服)[8]을 세탁하게 할 수

---

7) 서모(庶母)는 부친의 첩(妾)들을 뜻한다. 『의례』「사혼례(士昏禮)」편에는 "庶母及門內施鞶, 申之以父母之命."이라는 기록이 있는데, 이에 대한 정현의 주에서는 "庶母, 父之妾也."라고 풀이했다. 한편 '서모'는 부친의 첩들 중에서도 아들을 낳은 여자를 뜻하기도 한다. 『주자전서(朱子全書)』「예이(禮二)」편에는 "庶母, 自謂父妾生子者."라는 기록이 있다.
8) 성복(盛服)은 격식에 맞게 갖춰 입는 옷들을 가리킨다. 주로 제례(祭禮) 및 정

는 있지만, 하의[裳]를 세탁하게 할 수는 없다. 하의는 천하고 더러운 물건이기 때문이다. 그리고 자기 형제들의 모친이 되는 그녀들을 존중하고자하기 때문에, 하의를 세탁시키지 않을 따름이며, 또한 이러한 규정을 통해남녀 사이의 구별을 두어 멀리 대하려고 하는 것이다.

訓纂 朱氏軾曰: 謂不親相問答也.

번역 주식이 말하길, 이 문장의 내용은 형수와 시동생은 직접 대화를나누지 않는다는 뜻이다.

訓纂 江氏永曰: 有當問者, 使人傳之.

번역 강영이 말하길, 안부를 물어야 하는 경우가 생기면, 다른 사람을시켜서 말을 전하게 한다.

訓纂 說文: 常, 下裙也, 或從衣.

번역 『설문해자(說文解字)』에서 말하길, '상(常)'자는 속옷을 뜻하는데,혹은 '의(衣)'자를 구성요소로 삼아서, '상(裳)'자로 쓰기도 한다.

식 의례(儀禮)에 참여할 때 착용하는 복장들을 가리킨다. 참가자들은 이 복장을 갖춤으로써, 엄숙함과 단정함을 나타내게 된다. 『중용』「16장」에는 "使天下之人齊明盛服, 以承祭祀."라는 기록이 있고, 이에 대한 공영달(孔穎達)의 소(疏)에서는 "盛飾衣服, 以承祭祀."라고 풀이했다. 한편 '성복'은 치장을 화려하게 한 옷을 가리키기도 한다. 『순자(荀子)』「자도(子道)」편에는 "子路盛服見孔子. 孔子曰: 由! 是裾裾何也?"라는 기록이 있다.

【23d】

外言不入於梱, 內言不出於梱.

직역 外言은 梱으로 不入하고, 內言은 梱으로 不出한다.

의역 집밖의 말들이 집안으로 들어와서는 안 되고, 집안의 말들이 집밖으로 나가서는 안 된다.

集說 梱, 門限也. 內外有限, 故男不言內, 女不言外.

번역 '곤(梱)'자는 문턱[門限]을 뜻한다. 내외에는 경계가 있다. 그렇기 때문에 남자는 집밖에 나가서 집안의 일들을 말하지 않는 것이며, 여자는 집안에서 집밖의 얘기들을 하지 않는 것이다.

鄭注 外言·內言, 男女之職也. 不出入者, 不以相問也. 梱, 門限也.

번역 집밖의 말들과 집안의 말들은 남녀의 구별된 영역이다. 그것들을 출입하지 않게 한다는 말은 곧 남녀가 서로에게 집안과 집밖의 일들에 대해서 물어보지 않는다는 뜻이다. '곤(梱)'자는 문턱[門限]을 뜻한다.

釋文 梱, 本又作閫, 苦本反.

번역 '梱'자는 판본에 따라서 또한 '閫'자로도 기록하며, '苦(고)'자와 '本(본)'자의 반절음이다.

孔疏 ●"外言不入於梱"者, 外言, 男職也. 梱, 門限也. 男職在於官政, 各有其限域, 不得令婦人預之, 故云"外言不入於梱"也.

번역 ●經文: "外言不入於梱". ○집밖의 말들은 남자가 담당하는 영역이다. '곤(梱)'자는 문턱[門限]을 뜻한다. 남자가 하는 일은 주로 관청의 정무에 대한 것이며, 또한 각자 그들만이 담당하는 고유의 영역들을 가지고 있으니, 부인들로 하여금 그 일에 관여하게 할 수는 없다. 그렇기 때문에 "집밖의 말들이 집 문턱으로 들어오지 않게 한다."라고 말한 것이다.

孔疏 ●"內言不出於梱"者, 內言, 女職也. 女職謂織紝, 男子不得濫預, 故云"不出於9)梱"也.

번역 ●經文: "內言不出於梱". ○집안의 말들은 여자가 담당하는 영역이다. 여자가 하는 일은 주로 베 짜는 일 등에 해당하니, 남자는 그 일들에 참견할 수가 없다. 그렇기 때문에 "문턱 밖으로 나가지 않게 한다."라고 말한 것이다.

訓纂 說文: 梱, 門橜也.

번역 『설문해자(說文解字)』에서 말하길, '곤(梱)'자는 문턱[門橜]을 뜻한다.

【24a】

女子許嫁, 纓, 非有大故, 不入其門.

---

9) '어(於)'자에 대하여. 『십삼경주소(十三經注疏)』 북경대 출판본에서는 "'어'자는 본래 없던 글자인데, 경문을 살펴보면, '어'자가 있어서, 글자를 보충해 넣었다."라고 했다.

직역 女子는 嫁를 許하면, 纓하니, 大故가 有함이 非이면, 그 門을 不入한다.

의역 여자는 혼인이 결정되면, 영(纓)이라는 것을 차게 되니, 중요한 일이 아니라면, 그 여자가 있는 장소에는 함부로 들어가지 않는다.

集說 許嫁則繫以纓, 示有所繫屬也. 此與幼所佩香纓不同. 大故, 大事也.

번역 혼인이 결정되면, ‘영(纓)’을 차게 되니, 다른 남자에게 종속되어 있음을 나타내는 것이다. 여기에서 말하는 ‘영’과 어린아이들이 차는 ‘향기 나는 영[香纓]’은 다른 것이다. ‘대고(大故)’는 ‘중요한 일[大事]’을 뜻한다.

●그림 20-2 여자들의 영(纓)과 아이들의 영(纓)

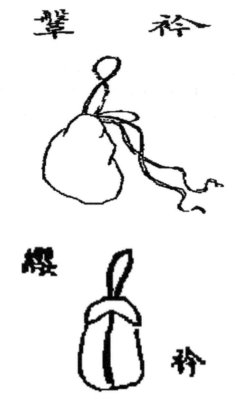

◎ 금반(衿鞶)-여자들이 차는 영(纓)의 일종; 금(衿)-아이들이 차는 영(纓)의
　다른 명칭
▶ 출처: 금반-『가산도서(家山圖書)』「금반협사휘이도(衿鞶篋笥楎桃圖)」
　　　 금-『가산도서(家山圖書)』「동자복용도상(童子服用圖上)」

大全 長樂劉氏曰: 家人內政, 不嚴以防之於細微之初, 不剛以正之於未然之始, 則其悔咎不可逭矣. 易曰, "閑有家, 志未變也", 男女之志, 旣爲情邪之所變, 閑禁雖嚴, 求其無咎, 而咎可無哉? 故夫婦未七十, 雖同藏, 未有可嫌也. 聖人制禮, 必爾者, 以無嫌正有嫌也. 用有情之難, 正無情之易也, 而況於男女未有室家哉? 女子許嫁纓, 所以繫屬, 其心以著誠於夫氏, 起其孝義也. 旣許嫁, 則有姆敎之, 處于閫內之別室, 男子非有疾憂之故, 不入其門也.

번역 장락유씨가 말하길, 가정 내의 일들에 있어서, 사소한 잘못들이 생겨나는 초기에 엄격하게 규제하지 않고, 또 아직 확실한 폐단으로 나타나지 않은 초기에 강직하게 바로잡지 않는다면, 후회와 잘못은 피할 수가 없게 된다. 『역』에서는 "집안을 다스릴 때 예법에 따라 미리 방비한다는 말은 뜻이 아직 변화되기 이전에 해야 한다는 뜻이다."[10]라고 하였는데, 남녀 사이의 생각들이 이미 사특한 정분에 의해 변화되었다면, 막고 금지하는 것을 비록 엄격하게 하여, 잘못이 없게끔 다스린다고 하여도, 허물이 없을 수 있겠는가? 그러므로 부부가 아직 70세에 이르지 않아서, 본래는 같은 방에서 지내지 않아야 하지만, 비록 같은 방에서 지낸다고 하더라도, 혐의로 여길 것은 없다.[11] 그런데도 성인(聖人)이 예법을 제정함에, 70세 이전에는 부부가 같은 방에서 지내지 않는다는 것처럼 분명하게 규정한 이유는 의심할 바 없는 엄격한 기준으로, 혐의의 소지가 있는 것들을 바로잡기 위해서이다. 이처럼 남녀 사이에 서로에 대한 정감이 생기게 되면, 다스리기가 어렵게 되므로, 아직 서로에 대한 정감이 생기지 않아서 다스리기 쉬울 때 바로잡는 것인데, 하물며 남녀가 아직 혼인하지 않은 상태에서는 어떠하겠는가? 여자는 혼인이 약속되면, '영(纓)'을 차게 되는데, 이것은 그 마음을 결속하는 방법이니, 그녀의 마음은 '영'을 통해서 남편에 대한 성심(誠心)을 만들어내고, 또한 시부모에 대한 효성(孝誠)을 일으키게 된다. 또한 여자는 혼인이 약속되면, 부인의 법도를 가르치는 '모(姆)'를 두어

---

10) 『역』「가인괘(家人卦)·상전(象傳)」: 象曰, "閑有家", 志未變也.

11) 『예기』「내칙(內則)」【363b】: 夫婦之禮, 唯及七十, 同藏無間. 故妾雖老, 年未滿五十, 必與五日之御.

서 교육을 받게 되며, 집 안쪽에 마련된 별실에 거처하게 되니, 질병이나 상(喪) 등의 변고가 생긴 경우가 아니라면, 남자는 별실의 문으로 들어갈 수가 없다.

鄭注 女子許嫁系纓, 有從人之端也. 大故, 宮中有災變, 若疾病, 乃後入也. 女子有宮者, 亦謂由命士以上也. 春秋傳曰: "群公子之舍, 則已卑矣."

번역 여자가 혼인이 약속되어, '영(纓)'을 차는 것은 부인이 되는 징표를 받게 되는 것이다. '대고(大故)'는 집안에 재앙이나 변고가 발생한 경우이니, 만약 질병이 발생하였다면, 남자도 뒤따라 들어갈 수 있는 것이다. 여자가 별도로 거처하는 독채가 있는 경우는 또한 명사(命士) 이상의 신분을 가진 집안을 뜻한다. 『춘추전』에서는 "딸들의 집처럼 '사(舍)'라고 한다면, 너무 폄하하여 부른 것이다."[12]라고 하였다.

孔疏 ●"女子許嫁, 纓"者, 女子, 婦人通稱也. 不要對文, 故不重云子也. 婦人質弱, 不能自固, 必有繫屬, 故恒繫纓. 纓有二時, 一是少時常佩香纓, 二是許嫁時繫纓, 此則爲許嫁時繫纓. 何以知然者? 內則云: "男女未冠笄, 紟纓." 鄭以爲佩香纓, 不云纓之形制. 此云許嫁"有從人之端也". 又婚禮: "主人入, 親說婦纓." 鄭注云: "婦人十五許嫁, 笄而禮之, 因著纓, 明有繫也. 蓋以五采爲之, 其制未聞." 又內則云: "婦事舅姑, 紟纓." 鄭云: "婦人有纓, 示繫屬也." 以此而言, 故知有二纓也. 但婦人之紟纓卽是五采者, 故鄭云: "示繫屬也." 今此"許嫁"謂十五時.

번역 ●經文: "女子許嫁, 纓". ○'여자(女子)'라는 말은 '부인(婦人)'들까지도 통칭하여 부르는 말이다. 다른 대상과 대비시킬 필요가 없기 때문에, '여자자(女子子)'[13]라고 하여, '자(子)'자를 겹쳐서 기록하지 않은 것이다.

---

12) 『춘추공양전』「장공(莊公) 1년」: 群公子之舍, 則以卑矣.

13) 여자자(女子子)는 여자 아이를 뜻한다. '남자 아이[男子]'라는 말과 대비시키기 위해서, '자(子)'자를 한 글자 더 덧붙이는 것이다. 『의례』「상복(喪服)」편에

'부인'은 본바탕이 연약하여, 제 스스로 확고하게 지킬 수가 없다. 따라서 반드시 결속시켜주는 기재가 있어야 한다. 그렇기 때문에 항상 '영(纓)'을 매다는 것이다. '영'을 차는 경우에는 두 시기가 있는데, 첫 번째는 어렸을 때 항상 향기가 나는 '영'을 차게 되며, 두 번째는 혼인이 성사되었을 때 '영'을 매다는 것이다. 이곳 문장의 경우는 혼인이 성사되어 '영'을 차는 때를 가리킨다. 어떻게 이러한 사실을 알 수 있는가? 『예기』「내칙(內則)」편에서는 "남자와 여자 중 아직 관례(冠禮)나 계례(笄禮)를 치르지 않은 자들은 '영'을 찬다."[14]라고 하였는데, 정현은 이 문장의 뜻을 '영'을 향기가 나는 '영'을 찬다는 의미로 여겼다. 그러나 '영'의 형태 및 제작 방법에 대해서는 언급하지 않았다. 그리고 이곳 문장에 기록된 혼인이 성사된 자가 차는 '영'에 대해서, "부인이 되는 징표를 받게 되는 것이다."라고 하였다. 또 『의례』「사혼례(士昏禮)」편에서는 "남편이 들어와서, 부인이 차고 있는 '영'을 직접 푼다."[15]라고 하였고, 정현의 주에서는 "부인은 15세 때 혼인이 성사되면, 비녀를 꼽게 하여, 성인(成人)으로써 대우하고, 또한 혼인이 성사되었으므로 '영'을 차게 하여, 결속됨이 있음을 나타낸다. 무릇 다섯 가지 색으로 된 비단으로 그것을 만든다고 하는데, 그것의 제작방법에 대해서는 들어보지 못하였다."라고 했다. 또 「내칙」편에서는 "며느리가 시부모를 섬길 때에, '영'을 찬다."[16]라고 하였는데, 정현은 "며느리가 '영'을 차는 것은 결속되어 있음을 나타내기 위해서이다."라고 하였다. 이러한 기록들을 통해서 언급해보자면, '영'에는 두 종류가 있었다는 사실을 알 수 있다. 다만 부인들이 차는 '영'은 곧 다섯 가지 색깔의 비단을 엮어서 만든다. 그렇기 때문에 정현은 "결속되어 있음을 나타내기 위해서이다."라고 한 것이다. 또

는 "女子子在室爲父."라는 기록이 있는데, 이에 대한 정현의 주에서는 "女子子者, 女子也, 別於男子也."라고 풀이했다.

14) 『예기』「내칙(內則)」【347d】: <u>男女未冠笄</u>者, 鷄初鳴, 咸盥, 漱, 櫛, 縰, 拂髦, 總角, <u>衿纓</u>, 皆佩容臭.

15) 『의례』「사혼례(士昏禮)」: 主人入, 親說婦之纓. 燭出.

16) 『예기』「내칙(內則)」【346c~d】: <u>婦事舅姑</u>, 如事父母.…… <u>衿纓</u>, 綦屨. 以適父母舅姑之所.

이곳 경문에서 "혼인이 성사된다[許嫁]."라고 한 말은 곧 여자 나이 15세 때를 가리킨다.

孔疏 ●"非有大故, 不入其門"者, 大故謂喪病之屬也. 女子已許嫁, 則有宮門, 列爲成人. 唯有喪病等, 乃可入其門, 非大故, 則不入門也.

번역 ●經文: "非有大故, 不入其門". ○'대고(大故)'는 상(喪)이나 질병 등의 부류를 뜻한다. 여자의 경우 이미 혼인이 성사되었다면, 안채에 머물며, 아직 나이가 차지 않았다고 하더라도, 성인(成人)으로 분류된다. 따라서 상이나 질병 등이 발생했을 경우에만, 곧 그녀가 있는 건물의 문으로 들어갈 수 있는 것이니, 이러한 중대한 일이 아닌 경우라면, 그 문으로 들어갈 수 없다.

孔疏 ◎注"春秋傳曰: 群公子之舍, 則已卑矣." 引公羊傳證女子有別宮也. 莊元年"秋, 築王姬之館於外", 公羊傳曰: "路寢則不可, 小寢則嫌. 群公子之舍, 則以卑矣." 何休云: "路寢是君聽事之處, 不可嫁他女. 小寢是夫人所居, 天王女宜遠別, 不可住也." "群公子之舍, 則以卑矣"者, 群公子是魯侯之諸女也. 魯侯女宮爲卑, 不可處王女也. 何休又云: "當築夫人宮下, 群公子宮上[17]." 公羊以爲築宮於外, 非禮也. 左氏以爲築宮於外, 禮也. 鄭康成亦以爲築宮當於宮外是也.

번역 ◎鄭注: "春秋傳曰: 群公子之舍, 則已卑矣.". ○정현은 『공양전』의 문장을 인용하여, 여자가 지내는 건물 중에 별궁(別宮)이 있었음을 증명한 것이다. 『춘추』의 장공(莊公) 원년(元年) 기록에서는 "가을에, 왕희(王姬)의 숙소를 궁성(宮城) 외부에 지었다."라고 하였는데, 이 기록에 대해서 『공양전』에서는 "왜 '개축(改築)'하였다고 하는가? 노침(路寢)이라고 부를 수

---

17) '당축부인궁하군공자궁상(當築夫人宮下群公子宮上)'에 대하여. 완원(阮元)의 『교감기(校勘記)』에서는 "살펴보니, 현행본 『공양전』의 주(注)에는 이 문장의 기록 중 두 개의 '궁(宮)'자가 없다."라고 했다.

가 없고, 소침(小寢)[18]이라고 한다면 혐의를 두게 된다. 딸들의 집처럼 사(舍)라고 한다면, 너무 폄하하여 부른 것이다."라고 하였다. 그리고 이 문장에 대한 하휴의 주에서는 "'노침'은 군주가 정무를 처리하던 장소이니, 다른 사람에게 시집간 여자를 거처하게 할 수 없다. '소침'은 부인(夫人)들이 거처하는 곳이니, 천자의 딸이라면 마땅히 거리를 두어야 하며, 그곳에 머물 수 없다."라고 했다. 그리고 '군공자지사즉이비의(群公子之舍, 則以卑矣)'에서 '군공자(群公子)'는 노(魯)나라 후작[侯]의 여러 딸들을 뜻한다. 따라서 노나라 제후의 여식이 사는 거처는 상대적으로 미천한 장소가 되므로, 천자의 딸을 거처하게 할 수 없다. 이 문제에 대해 하휴는 또한 "마땅히 '부인'이 사는 궁(宮)의 아래쪽과 여러 딸들이 사는 궁(宮)의 위쪽 장소에 건물을 지어야 한다."라고 하였다. 그러므로 『공양전』에서는 외부에 궁(宮)을 지은 것을 비례(非禮)라고 여긴 것이다.[19] 그런데 같은 기록에 대해서 『좌전』에서는 외부에 궁(宮)을 지은 것은 예법(禮法)에 맞는 행위라고 여겼다.[20] 정현 또한 궁(宮)을 지을 때에는 궁성 밖에 지어야 하는 것이 옳다고 여긴 것이다.

【24a~b】

姑姉妹·女子子, 已嫁而反, 兄弟弗與同席而坐, 弗與同器而食.

---

18) 소침(小寢)은 '연침(燕寢)'을 뜻한다. '연침'은 천자 및 제후들이 휴식을 취하던 장소를 가리킨다. 천자에게는 6개의 침(寢)이 있었는데, 앞쪽에 있는 1개의 침은 정전(正寢)으로 노침(路寢)이라고 부르며, 뒤쪽에 있는 다섯 개의 침을 통칭하여 '연침'이라고 부른다.

19) 『춘추공양전』「장공(莊公) 1년」: 秋, 築王姬之館於外, 何以書, 譏, 何譏爾, 築之, 禮也, 于外, 非禮也. 于外, 何以非禮. 築于外, 非禮也. 其築之何以禮. 主王姬者必爲之改築, 主王姬者, 則曷爲必爲之改築. 於路寢則不可, 小寢則嫌, 群公子之舍, 則以卑矣. 其道必爲之改築者也.

20) 『춘추좌씨전』「장공(莊公) 1년」: 秋, 築王姬之館于外. 爲外, 禮也.

직역 姑姊妹女子子가 已嫁나 反하면, 兄弟는 同席하여 坐함에 弗與하고, 同器하여 食함에 弗與한다.

의역 고모 및 자매, 딸자식 등이 이미 시집을 갔다가 문제가 생겨 되돌아왔다면, 그들의 형제들은 같은 자리에 앉지 않고, 같은 밥상에서 식사를 하지 않는다.

集說 女子子, 重言子者, 別於男子也. 專言兄弟者, 遠同等之嫌.

번역 딸자식을 '여자자(女子子)'라고 하여, '자(子)'자를 두 번 기록하는 것은 '남자(男子)'라는 단어와 구별하기 위해서이다. '형제(兄弟)'라고만 언급한 이유는 동등한 부류의 남녀 사이에서 혐의가 생기는 것을 멀리하기 위해서이다.

鄭注 皆爲重別, 防淫亂. 女子十年而不出, 嫁及成人可以出矣. 猶不與男子共席而坐, 亦遠別也.

번역 이러한 모든 금기사항들을 제정한 이유는 남녀 간의 구별을 엄격하게 해서, 바르지 못한 일이 생기는 것을 방지하기 위해서이다. 여자는 10세가 되면, 집밖으로 나갈 수 없고, 혼인을 하거나 성인(成人)이 되어서야 나갈 수 있게 된다. 그런데도 남자와 함께 같은 자리에 앉지 못하게 한 이유는 또한 남녀가 유별하다는 사실을 강조하기 위해서이다.

孔疏 ●"女子子"者, 謂已嫁女子子, 是己之女, 不直云"女子", 而云"女子子"者, 凡男子女子皆是父生, 同爲父之子, 男子則單稱子, 女子則重言子者, 按鄭注喪服云: "重言女子子, 是別於男子", 故云女子子.

번역 ●經文: "女子子". ○이 문장의 '여자자(女子子)'라는 말은 이미 시집을 간 딸자식을 뜻하는데, 자신의 딸임에도 '여자(女子)'라고 부르지 않고, '여자자'라고 부른 이유는 무릇 아들과 딸은 모두 같은 부모에게서 태어난 존재이므로, 모두 같은 부모의 자식[子]이 된다. 아들의 경우에는 '자(子)'자를 한 개만 붙여서 부르고, 딸의 경우에는 '자'자를 두 번 기록하는데, 『의례』「상복(喪服)」편에 대한 정현의 주를 살펴보면, "'여자자'라고 하여 '자'자를 중복시킨 것은 아들[男子]과 구별하기 위함이다."[21]라고 하였다. 그렇기 때문에 경문에서 '여자자'라고 말한 것이다.

孔疏 ●"兄弟弗與同席而坐"者, 雖已嫁, 及成人, 猶宜別席, 不云姪及父, 唯云兄弟者, 姪父尊卑, 禮殊不嫌也.

번역 ●經文: "兄弟弗與同席而坐". ○딸자식이 이미 결혼을 하여, 성인(成人)이 되었다고 하더라도, 여전히 자리를 달리 해서 앉아야 하는 것이 마땅하다. 그런데 이곳 문장에서는 조카[姪] 및 부친에 대한 언급을 하지 않고, 단지 '형제(兄弟)'라고만 하였는데, 조카 및 부친은 딸자식과 신분차이가 명백하므로, 예법상 별다른 혐의를 두지 않기 때문이다.

孔疏 ●"弗與同器而食"者, 熊氏以爲不得傳同器, 未嫁亦然. 今嫌嫁或有異於未出, 故明之, 皆爲重別, 防淫亂也.

번역 ●經文: "弗與同器而食". ○웅안생은 이 문장의 내용을 "같은 그릇을 사용할 수 없다."는 점은 아직 시집을 가지 않은 여자에게도 마찬가지라는 뜻으로 여겼다. 그런데 이곳 문장의 뜻은 이미 시집을 간 여자가 혹여 아직 출가하지 않은 여자가 지키는 예법과 다르게 하는 점이 생길까를 염려하였기 때문에, 시집을 간 여자들을 문장의 첫머리에 명시를 해둔 것으로, 이 모두는 남녀 사이에 유별함을 신중하게 실천하여, 음란한 일이 발생하는 것을 방지하고자 하는 것이다.

---

21) 이 문장은 『의례』「상복(喪服)」편의 "女子子在室爲父."라는 문장에 대한 정현의 주이다.

孔疏 ◎注"不雜"至"別也". ○正義曰: 謂男子在堂, 女子在房也. 熊氏云: "謂若大宗收族, 宗子燕食族人於堂, 宗子之婦燕食族婦於房也."

번역 ◎鄭注: "不雜"~"別也". ○남자가 당(堂)에 있으면, 여자는 방(房)에 있게 된다. 웅안생은 "이 문장의 뜻은 예를 들어 대종(大宗)[22]이 친족들을 불러 모아서 연회를 한다면, 종자(宗子)[23]는 족인들과 함께 당에서 연회를 열고, 종자의 부인은 족인의 부인들과 함께 방에서 연회를 연다는 뜻이다."라고 하였다.

訓纂 劉氏台拱曰: 言兄弟, 則兄弟之子可知. 若父子, 本不同席, 不待言也. 故下文類及之.

번역 유태공이 말하길, '형제(兄弟)'라고 언급하였으니, 형제의 자식들에 대한 경우도 이 기록을 토대로 알 수 있다. 부친과 아들의 경우, 본래부터 같은 자리에 앉지 않으므로, 이 문장에서는 굳이 언급할 필요가 없다. 그렇기 때문에 아래 문장에서 이러한 동류의 규범들을 언급하고 있는 것이다.

集解 愚謂: 謂女子子, 亦子也, 但曰女子, 則無以著其爲子, 但曰子, 則無以別其爲女, 故兼而稱之. 內則, "七年, 男女不同席, 不共食." 此云旣嫁而反者, 明雖嫁猶然也. 上云"姑・姊妹・女子子", 而下言"兄弟", 惟據姊妹者, 擧

---

22) 대종(大宗)은 소종(小宗)과 상대되는 말이다. 소종과 '대종'은 고대 종법제(宗法制)에 따른 구분이다. 적장자(嫡長子)의 한 계통만이 '대종'이 되고, 나머지 아들들은 소종이 된다. 예를 들어 천자의 적장자는 '대종'이 되고, 나머지 아들들은 소종이 된다. 만약 소종인 천자의 나머지 아들들이 제후가 되었다면, 본인의 나라에서는 '대종'이 되지만, 천자에 대해서는 역시 소종이 된다. 제후가 된 자의 적장자는 본인의 나라에서 '대종'이 되고, 나머지 아들들은 소종이 된다.

23) 종자(宗子)는 종법제(宗法制)와 관련된 용어이다. 대종(大宗) 집안의 적장자(嫡長子)를 가리키는 용어이다.

其中以該上下, 避文繁也. 孔氏謂"姪·父尊卑殊, 不嫌", 非也.

번역 내가 생각하기에, 경문에서 '여자자(女子子)'라고 하였는데, 이 말은 또한 딸자식[子]을 가리킨다. 그런데 단지 '여자(女子)'라고만 언급하면, 자신의 자식임을 나타낼 수 없게 되고, 또 단지 '자(子)'라고만 언급하면, 딸자식임을 구별할 수 없게 되므로, '여자'라는 말과 '자'라는 말을 합쳐서, '여자자'라고 부른 것이다. 『예기』「내칙(內則)」편에서는 "7세가 되면 남자아이와 여자아이는 자리를 함께 해서 앉지 않으며, 함께 식사를 하지 않는다."[24]라고 하였고, 이곳 문장에서는 시집을 갔다가 돌아온 자들에 대해서 언급하였으니, 이 말은 곧 비록 시집을 갔다고 하더라도, 여전히 7세 때부터 지켜왔던 예법에 따른다는 사실을 나타낸다. 그런데 앞 구문에서는 고모[姑], 자매(姊妹), 딸자식[女子子]에 대해서 언급하고, 그 다음 구문에서는 '형제(兄弟)'라고만 언급하였는데, 이것은 곧 세 부류 중에서 '자매'에 기준을 두고서, 그 중간에 해당하는 '형제'만을 제시하여, 고모와 딸자식에 대한 내용까지도 포괄시킨 것으로, 문장이 길어지는 것을 피하기 위해서 이처럼 간략히 기록한 것이다. 따라서 공영달(孔穎達)이 "조카 및 부친은 딸자식과 신분차이가 명백하므로, 예법상 별다른 혐의를 두지 않기 때문이다."라고 말한 것은 잘못된 주장이다.

---

24) 『예기』「내칙(內則)」【368a】: 七年, 男女不同席, 不共食.

• 제 21 절 •

부모에 대한 예절 Ⅲ

【24b】

父子不同席.

직역 父子는 席을 不同한다.

의역 부자관계에서는 자리를 함께 해서 앉지 않는다.

集說 尊卑之等異也.

번역 부친과 자식은 신분의 등급이 다르기 때문이다.

大全 臨川吳氏曰: 古者一席坐四人, 言父子偶共一處而坐, 雖止一人, 必各坐一席, 蓋以父昭子穆, 父穆子昭, 尊卑不同故也.

번역 임천오씨가 말하길, 고대에는 하나의 자리[席]에 네 명이 앉았다. 따라서 이 문장의 내용은 부친과 자식이 우연히 한 장소에서 함께 앉게 된 상황으로, 비록 네 명이 앉을 수 있는 자리에 단지 한 사람만 앉게 된다고 하더라도, 반드시 부친과 자식은 각각의 자리에 앉아야 한다는 뜻이다. 그 이유는 부친과 자식을 항렬로 따지자면, 만약 부친이 소(昭)항렬이 되면, 자식은 목(穆)항렬이 되고, 반대로 부친이 목항렬이 되면, 자식은 소항렬이 되어, 신분의 차이가 생기기 때문이다.

鄭注 異尊卑也.

번역 부친과 자식은 신분의 차이가 있기 때문이다.

集解 愚謂: 註說非也. 此子亦謂女子子也. 但言子者, 蒙上可知也. 上言 "兄弟弗與同席而坐, 弗與同器而食", 旣據姊妹以見姑與女子子矣, 又言此者 嫌父之與女尊親兼極, 或無事乎遠別, 故又明之. 父子不同席, 則亦不同器而 食可知也.

번역 내가 생각하기에, 정현(鄭玄)의 주(注)에서 설명하는 내용은 잘못 된 주장이다. 이 문장에서 '자(子)'라고 하였는데, 이 말 또한 딸자식[女子 子]을 가리킨다. 다만 '자'라고만 언급한 이유는 앞 문장을 통해서, '자'라고 만 기록해도, 딸자식을 뜻하는 말임을 알 수 있기 때문이다. 앞 문장에서는 "'형제(兄弟)'들은 같은 자리에 앉지 않고, 같은 밥상에서 식사를 하지 않는 다."라고 하였는데, 이 말은 '형제'와 대비되는 자매(姊妹)에 대한 경우만을 제시하여, 고모[姑]와 딸자식에 대한 경우까지도 포괄적으로 나타내고 있 는 것이다. 그런데도 이곳 문장에서 재차 부친과 딸자식은 자리를 함께 해 서 앉지 않는다고 언급하고 있는데, 그 이유는 부친은 딸자식에 대해서 존 숭을 받아야 함이 매우 지극하지만, 혹여 서로 간에 거리를 두지 않게 될까 를 염려하였기 때문에, 재차 명시를 해둔 것이다. 그리고 이곳 문장에서 "부친과 딸자식이 자리를 함께 해서 앉지 않는다."고 하였다면, 또한 부친 과 딸자식은 같은 밥상에서 식사를 하지 않는다는 사실도 앞 문장을 통해 서 알 수 있는 것이다.

• 제 22 절 •

혼례 관련 규정 I

【24b】

男女非有行媒, 不相知名[1], 非受幣, 不交不親.

직역 男女는 行媒가 非有하면, 서로 知名을 不하며, 受幣가 非하면, 不交하고 不親한다.

의역 남자와 여자 집안 사이에 중매가 오고가는 일이 없다면, 서로 이름을 알지 못하며, 혼인이 약속되어 예물(禮物)을 받은 관계가 아니라면, 교제를 하지 않고, 친하게 지내지도 않는다.

---

1) '명(名)'자에 대하여. 『십삼경주소(十三經注疏)』 북경대 출판본에서는 "『민본(閩本)』·『감본(監本)』·『모본(毛本)』·『석경(石經)』·『악본(岳本)』·『가정본(嘉靖本)』·위씨(衛氏)의 『집설(集說)』에서는 동일하게 '명'자로 기록하고 있다. 『경전석문(經典釋文)』에서는 '불상지(不相知)라는 기록을 판본에 따라서는 불상지명(不相知名)이라고도 기록하는데, 명(名)자는 연문(衍文)일 뿐이다.'라고 하였다. 『정의본(正義本)』에는 '불상지명(不相知名)'으로 기록되어 있다. 『경의잡기(經義雜記)』에서는 '정현(鄭玄)의 주(注)를 살펴보니, 견매왕래전혼인지언내상지성명(見媒往來傳昏姻之言, 乃相知姓名)이라고 기록하고 있다. 그러므로 만일 경문에 본래부터 명(名)자가 기록되어 있었다면, 정현이 굳이 사족을 달아서 설명을 하지 않을 수도 있었을 것이다.'라고 했다. 완원(阮元)의 『교감기(校勘記)』에서는 '『경의잡기』의 설명은 잘못된 것이니, 정현의 주는 경문에 나온 명(名)자를 성명(姓名)으로 풀이를 한 것일 따름이다. 따라서 마땅히 『정의본(正義本)』의 기록처럼 명(名)자가 기록된 것이 옳다.'"라고 했다.

集說 行媒, 謂媒氏之往來也. 名, 謂男女之名也. 受幣, 然後親交之禮分定.

번역 '행매(行媒)'는 매씨(媒氏)[2]가 혼인을 성사시키기 위해 양측 집안을 왕래한다는 뜻이다. '명(名)'자는 혼례를 치를 남자와 여자의 이름을 뜻한다. 예물(禮物)을 받은 연후에야, 친하게 지내며 교제를 할 수 있는 예법상의 권한이 확정된다.

鄭注 見媒往來傳昏姻之言, 乃相知姓名. 重別, 有禮乃相纏固.

번역 이 문장은 중매를 주선하는 사람이 양측 집안을 왕래하며 혼인과 관련된 언약을 전달해야만, 곧 서로의 성명(姓名)을 알 수 있게 된다는 사실을 나타낸다. 예물(禮物)이 교환되어야만 교제를 할 수 있다고 한 이유는 남녀 간의 유별함을 중시하기 때문이니, 예물이 교환되면, 곧 서로가 혼인관계로 결속되는 것이다.

釋文 媒音梅. 不相知, 本或作"不相知名", 名, 衍字耳. 傳, 直專反.

번역 '媒'자의 음은 '梅(매)'이다. '不相知'이라는 기록은 판본에 따라서 혹은 '不相知名'으로도 기록하는데, 이때의 '名'자는 연문(衍文)일 따름이다. '傳'자는 '直(직)'자와 '專(전)'자의 반절음이다.

孔疏 ●"男女非有行媒, 不相知名"者, 相知男女名者, 先須媒氏行傳昏姻之意, 後乃知名, 見媒往來, 傳婚姻之言, 乃相知姓名也. 故婚禮有六禮, 二曰

---

2) 매씨(媒氏)는 남녀의 혼인을 주관했던 관리이다. 고대에는 남자의 나이가 30세가 되도록 장가를 들지 않았으면, 매씨가 주관하여 혼인을 시켰다. 여자의 경우에는 20세를 기준으로 혼인을 치르게 시켰다. 『주례』「지관(地官)·매씨(媒氏)」편에는 "媒氏掌萬民之判, 凡男女自成名以上, 皆書年月日名焉. 令男三十而娶, 女二十而嫁."라는 기록이 있다. 이러한 뜻에서 파생하여, 후대에는 중매를 주선했던 자를 부르는 용어로도 사용되었다.

問名.

번역 ●經文: "男女非有行媒, 不相知名". ○남녀가 서로의 이름을 알 수 있다는 말은 그보다 앞서 중매를 주선하는 자가 양측 집안에 혼인의 의사를 전달해야만, 그 이후에야 서로의 이름을 알 수 있게 된다는 뜻이니, 이 말은 곧 중매를 주선하는 자가 왕래를 하며, 혼인의 의사가 전달되는 절차가 있어야만 곧 서로의 이름을 알 수 있다는 뜻을 나타낸다. 그러므로『의례』「사혼례(士昏禮)」편에는 육례(六禮) 중 두 번째로 문명(問名)3)을 언급하고 있는 것이다.4)

---

3) 문명(問名)은 혼례와 관련된 육례(六禮) 중 하나이다. 여자의 이름 및 출생일 등에 대해서 묻는 절차를 뜻한다.

4)『의례』「사혼례(士昏禮)」: 擯者出請. 賓執鴈, 請問名. 主人許. 賓入, 授, 如初禮.

● 그림 22-1 문명(問名)의 의례도

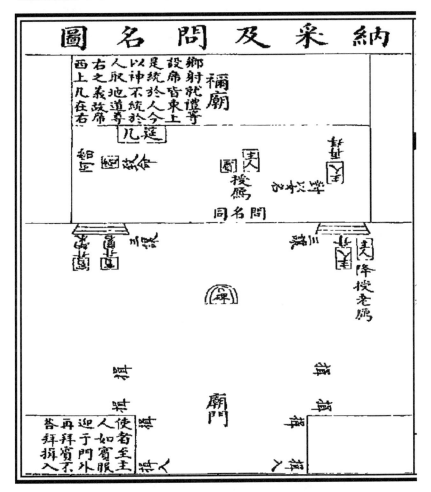

▶ 출처: 『의례도(儀禮圖)』「납채급문명도(納采及問名圖)」

孔疏 ●"非受幣, 不交不親"者, 幣謂聘之玄纁束帛也. 先須禮幣, 然後可交親也.

번역 ●經文: "非受幣, 不交不親". ○'폐(幣)'라는 것은 방문을 할 때 가져가는 현훈(玄纁)5)과 같은 한 묶음의 비단6)을 뜻한다. 먼저 예물(禮法)인 폐백이 전달되어야만, 그런 뒤에야 서로 교제할 수 있는 것이다.

---

5) 현훈(玄纁)은 흑색이나 옅은 홍색의 비단을 뜻한다.
6) 속백(束帛)은 한 묶음의 비단으로, 그 수량은 다섯 필(匹)이 된다. 빙문(聘問)을 하거나 증여를 할 때 가져가는 예물(禮物) 등으로 사용되었다. '속(束)'은 10단(端)을 뜻하는데, 1단의 길이는 1장(丈) 8척(尺)이 되며, 2단이 합쳐서 1권(卷)이 되므로, 10단은 총 5필이 된다. 『주례』「춘관(春官)·대종백(大宗伯)」편에는 "孤執皮帛."이라는 기록이 있고, 이에 대한 가공언(賈公彦)의 소(疏)에서는 "束者十端, 每端丈八尺, 皆兩端合卷, 總爲五匹, 故云束帛也."라고 풀이했다.

그림 22-2 각종 예물: 훈(纁)·현(玄)·황(黃), 고(羔)·안(鴈)·치(雉)

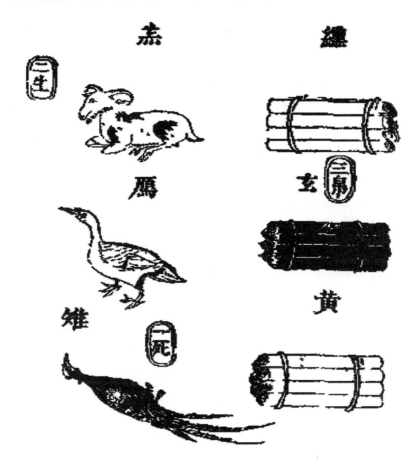

▶ 출처: 『삼재도회(三才圖會)』「문사(文史)」 2권

集解 愚謂: 行媒, 謂媒妁之往來也. 士昏記, "昏辭曰, '吾子有惠, 貺室某
也.'" 鄭云, "某, 壻名." 此以男之名達之於女家也. 昏禮"問名", 問女之名也.
此以女之名達之於男家也. 幣, 納徵之幣也. 庶人緇幣五兩, 大夫士玄纁束帛,
諸侯加以大璋, 天子加以穀圭. 旣納吉而後納幣, 納幣而昏姻之禮定. 交, 謂交
際往來, 若"執贄以相見", 是也. 親, 謂相親近, 若"親御授綏, 親之也", 是也.

번역 내가 생각하기에, '행매(行媒)'라는 말은 중매를 주선하는 사람이
양측 집안을 왕래한다는 뜻이다. 『의례』「사혼례(士昏禮)」편의 기문(記文)
에서는 "혼사(昏辭)에서 말하길, '당신[吾子: 여자의 부친]의 은혜에 힘입
어, 내 아들 아무개가 아내를 맞게 되었습니다.'"7)라고 하였는데, 이 문장에
대한 정현의 주에서는 "아무개[某]는 사위될 사람의 이름이다."라고 하였
다. 따라서 이 내용은 아들의 이름을 여자 집안에 전달한다는 뜻이다. 그런
데 「사혼례」편에 기록된 '문명(問名)'이라는 것은 여자의 이름을 묻는 것이
다. 즉 이 말은 딸의 이름을 남자 집안에 전달하는 과정이 된다. '폐(幣)'라
는 것은 납징(納徵)8)할 때 보내는 폐백을 뜻한다. 폐백의 경우, 서인(庶人)
들은 '검은 비단[緇幣]' 다섯 필을 사용했고, 대부(大夫)와 사(士)는 현훈(玄
纁) 1속(束)을 사용했으며, 제후는 거기에 대장(大璋)이라는 옥(玉)을 더
보탰고, 천자는 거기에 곡규(穀圭)라는 옥을 더 보탰다. 납길(納吉)9)을 했
다면, 그 이후에 납폐(納幣)를 하는데, '납폐'를 한 이후에야, 혼인의 예법이
거의 확정된다. '교(交)'자는 교제하며 왕래한다는 뜻으로, 마치 "폐물을 가
지고 서로 찾아가 만나본다."10)라고 하는 말들이 바로 이 말의 뜻을 나타낸

---

7) 『의례』「사혼례(士昏禮)」: 昏辭曰, "吾子有惠, 貺室某也, 某有先人之禮, 使某
   也, 請納采." 對曰, "某之子蠢愚, 又弗能敎. 吾子命之, 某不敢辭." 致命曰, "敢納
   采."
8) 납징(納徵)은 납폐(納幣)라고도 부른다. 혼인과 관련된 육례(六禮) 중 하나이
   다. 혼인 약속을 증명하기 위해, 여자 집안에 폐백을 보내는 일을 뜻한다.
9) 납길(納吉)은 혼인과 관련된 육례(六禮)중 하나이다. 납징(納徵)을 하기 이전
   에 남자집안에서는 이번 혼인이 어떠한가를 종묘에서 점을 치게 되고, 길(吉)
   한 징조를 얻게 되면, 혼인을 최종적으로 결정하여, 여자집안에 알리게 된다.
   혼인은 이 시기부터 확정이 된다.
10) 『예기』「교특생(郊特牲)」 【337d】: 執摯以相見, 敬章別也.

다. '친(親)'자는 서로 친근하게 대한다는 뜻으로, 마치 "남편이 아내를 맞이
할 때, 직접 찾아가서 아내를 태운 수레를 몰게 되어, 수레를 탈 때 잡는
줄을 아내에게 건네며, 친근하게 대한다."[11]라고 하는 말들이 바로 이 말의
뜻을 나타낸다.

---

11) 『예기』「교특생(郊特牲)」【338b】: 壻親御授綏, 親之也.

●그림 22-3 대장(大璋)과 곡규(穀圭)

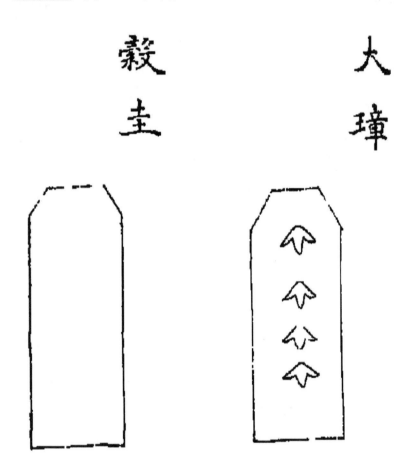

▸출처:『육경도(六經圖)』5권

【24b~c】

故日月以告君, 齊戒以告鬼神, 爲酒食以召鄕黨僚友, 以厚其
別也.

직역 故로, 日月로써 君에게 告하고, 齊戒하여 鬼神에게 告하며, 酒食를 爲하
여 鄕黨僚友을 召하니, 이로써 그 別을 厚함이다.

의역 이처럼 남녀 사이에서는 유별(有別)함이 중요하기 때문에, 혼인 날짜를
정하여 군주에게 아뢰고, 재계(齋戒)를 하고서 조상에게 아뢰며, 음식과 술을 차려
서 향당의 친구들을 초청하여 연회를 베푸니, 이렇게 함으로써 남녀 사이의 유별함
을 더욱 신중하게 지키는 것이다.

集說 日月, 娶婦之期也, 媒氏書之以告于君. 厚其別者, 重愼男女之倫也.

번역 '일월(日月)'은 부인을 맞이하는 날짜를 뜻하니, 매씨(媒氏)가 그
날짜를 기록하여, 군주에게 아뢰는 것이다. '후기별(厚其別)'이라는 말은 남
녀 간의 유별함을 더욱 신중하게 지킨다는 뜻이다.

大全 馬氏曰: 坐則異席, 居不同宮者, 著父子之位也. 禮者, 以爲民坊也.
非行媒, 不相知名, 所以遠嫌也. 非受幣, 不交不親, 所以致敬也. 遠嫌致敬, 則
安有桑中之奔溱洧之亂乎? 明而尊者, 莫如君, 書日月以詔之, 幽而嚴者, 莫
如鬼神, 致齊戒以告之, 近而親者, 莫如鄕黨僚友, 爲飮食以命之, 所以備禮而
厚其別也.

번역 마씨가 말하길, "앉을 때 자리를 달리한다."는 말은 부모와 자식이
서로 다른 건물에 거처하는 경우, 부친과 아들의 자리를 나타내는 말이다.
예(禮)라는 것은 백성들이 잘못을 저지르지 못하도록 방패막이가 되어주는

것이다.12) 중매를 주선하는 자가 양측 집안을 왕래하지 않으면, 서로의 이름을 알 수 없게 한 이유는 의심을 살만한 일들을 멀리하기 위해서이다. 폐물을 받지 않으면, 서로 교제를 하거나 친하게 지내지 못하게 한 이유는 양측 집안에 대해 공경함을 다하기 위해서이다. 의심 살만한 일을 멀리하고, 공경함을 다한다면, 「상중(桑中)」이라는 시(詩)에 나온 분망함13)과 「진유(溱洧)」라는 시에 나온 문란한 일14)이 어찌 있을 수 있겠는가? 현 세상에 존재하면서도 존귀한 자로는 군주만한 자가 없기 때문에, 혼인 날짜를 기록하여 아뢰는 것이며, 저 세상에 존재하면서도 엄중한 존재로는 귀신(鬼神)만한 대상이 없기 때문에, 재계(齋戒)를 하고서 아뢰는 것이고, 가까우면서도 친근한 자로는 향당에 사는 친구만한 자들이 없기 때문에, 음식을 차려서 그들을 초청하는 것이니, 이러한 규정들은 예법을 갖추면서도 남녀 사이의 유별(有別)함을 더욱 신중하게 지키는 방법들이다.

鄭注 周禮凡取判妻入子者, 媒氏書之以告君, 謂此也. 昏禮凡受女之禮, 皆於廟爲神席以告鬼神, 謂此也. 會賓客也. 厚, 重愼也.

번역 『주례』에서는 여자들 중 혼인을 한 자와 혼인할 때 뒤따라 온 자들을 가려내서, 매씨(媒氏)가 그들을 기록하여, 군주에게 아뢴다고 했으니,15) 이것이 곧 군주에게 아뢰는 일들에 해당한다. 『의례』「사혼례(士昏禮)」편에 기록된 며느리를 맞이하는 모든 경우의 예법에 있어서, 모두들 종묘(宗廟)에서 조상신을 위해 음식을 마련하여, 신령에게 아뢴다고 하였으니, 이것이 곧 귀신에게 아뢰는 일들에 해당한다. 친구들을 초청한다는 말은 빈객(賓客)들을 초대한다는 뜻이다. '후(厚)'자는 "신중함을 거듭한다

---

12) 『예기』「방기(坊記)」【610c】: 禮者, 因人之情而爲之節文, 以爲民坊者也.

13) 『시』「용풍(鄘風)·상중(桑中)」 毛序: 桑中, 刺奔也. 衛之公室淫亂, 男女相奔, 至于世族在位相竊妻妾, 期於幽遠, 政散民流而不可止.

14) 『시』「정풍(鄭風)·진유(溱洧)」 毛序: 溱洧, 刺亂也. 兵革不息, 男女相棄, 淫風大行, 莫之能救焉.

15) 『주례』「지관(地官)·매씨(媒氏)」: 凡娶判妻入子者, 皆書之.

[重愼]."는 뜻이다.

釋文 判, 普叛反. 齊, 側皆反.

번역 '判'자는 '普(보)'자와 '叛(판)'자의 반절음이다. '齊'자는 '側(측)'자와 '皆(개)'자의 반절음이다.

孔疏 ●"故日月以告君"者, 旣男女須辨, 故婦來, 則書取婦之年月日時, 以告國君也. 注"周禮凡取判妻入子者, 媒氏書之以告君, 謂此也". 引媒氏職, 證必書告君也. 妻是判合, 故云判也. "入子"者, 鄭康成注云: "入子者, 謂容媵及経娣不聘者也." 妾旣非判合, 但廣其子胤而已, 故云"入子".

번역 ●經文: "故日月以告君". ○남녀 사이에는 구분이 있어야 하기 때문에, 부인이 시집을 오게 되면, 부인의 태어난 해와 달 및 일시를 기록하여, 군주에게 보고하는 것이다. 정현의 주에서 "『주례』에서는 여자들 중에 혼인을 한 자와 혼인할 때 뒤따라 온 자들을 가려내서, 매씨(媒氏)가 그들을 기록하여 군주에게 아뢴다고 했으니, 바로 여기에서 말하는 군주에게 아뢰는 일들에 해당한다."라고 하였다. 이것은 『주례』「매씨(媒氏)」편의 직무 내용을 인용하여, 부인에 대해 기록해서 군주에게 보고해야만 하는 일들을 증명한 것이다. 부인은 이미 결혼을 한 자이기 때문에, "가려낸다 [判]."고 말한 것이다. 『주례』의 "入子"에 대하여. 정현의 주에서는 "'입자(入子)'라는 것은 부인이 시집올 때 데려오는 몸종 및 질제(経娣) 등처럼 혼인을 하지 않았는데도 오게 된 자들을 뜻한다."라고 하였다. 몸종 및 질제 등과 같은 첩(妾)들은 혼인을 한 것이 아니며, 단지 그의 자손들을 번창시킬 따름이므로, '입자(入子)'라고 부른 것이다.

孔疏 ●"齊戒以告鬼神"者, 並厚重遠別也. 齊戒謂嫁女之家受於六禮, 並在於廟布席告先祖也. 明女是先祖之遺體, 不可專輒許人. 而取婦之家, 父命

子親迎, 乃並自齊潔, 但在己寢, 不在廟也. 所以爾者, 白虎通云: "娶妻不告16)
廟者, 示不必人女17)也." 然夫家若無父母, 則三月廟見, 亦是告鬼神, 故云"齊
戒以告鬼神".

번역 ●經文: "齊戒以告鬼神". ○이러한 모든 행위들은 남녀 사이의 유
별함을 신중하게 실천하는 것이다. '재계(齊戒)'라는 것은 곧 시집을 보낸
여자 집안에서 육례(六禮)의 혼례 절차를 받아들이는 시기에 해당하고, 아
울러 종묘(宗廟)에 자리를 마련하여, 조상신에게 이러한 사실을 아뢸 때에
해당한다. 이처럼 하는 이유는 딸자식은 선조(先祖)가 대물림해준 생명체
이므로, 자기 마음대로 갑작스럽게 타인에게 시집보낼 수 없다는 뜻을 나
타내기 위해서이다. 그리고 며느리를 받아들이는 집안에서는 부친이 아들
에게 명령을 하여, 친영(親迎)18)을 하게 시키면, 곧 본인 또한 재계를 하고
기다리게 된다. 다만 아직 며느리가 도착하여 시부모와 대면하지 않은 상
태이므로, 본인의 침소에서 머물게 되고, 종묘에는 나아가지 않는 것이다.
이처럼 행동하는 이유에 대해서, 『백호통(白虎通)』에서는 "아내를 맞이하
며 그보다 앞서 종묘에 아뢰지 않는 이유는 아직 확정이 되었다고 기필할
수 없음을 보이기 위해서이다."라고 했다. 그런데 남편 집안의 시부모가
만약 생존해 있지 않은 경우라면, 3개월이 지난 후에 종묘에서 선조들을
알현하게 되니,19) 이 또한 신령에게 아뢰는 행위에 해당한다. 그렇기 때문

---

16) '고(告)'자에 대하여. 『십삼경주소(十三經注疏)』 북경대 출판본에서는 "『민본
(閩本)』과 『고문(考文)』에서 송(宋)나라 판본을 인용한 부분에서는 동일하게
'고'자로 기록하고 있다. 『감본(監本)』・『모본(毛本)』에는 이 글자 앞에 '선
(先)'자가 더 기록되어 있는데, 현행본 『백호통(白虎通)』의 기록도 이와 같다."
라고 했다.

17) '인안(人女)'에 대하여. 『십삼경주소(十三經注疏)』 북경대 출판본에서는 "『민
본(閩本)』과 『고문(考文)』에서 인용한 송(宋)나라 때 판본에서는 동일하게 기
록하고 있다. 『감본(監本)』・『모본(毛本)』에는 모두 '안(安)'자로 기록하고 있
는데, 현행본 『백호통(白虎通)』의 기록도 이와 같다."라고 했다.

18) 친영(親迎)은 혼례(婚禮)에서 시행하는 여섯 가지 예식(禮式) 중 하나이다. 사
위될 자가 여자 집에 가서 혼례를 치르고, 자신의 집으로 데려오는 예식을 뜻
한다.

19) 『예기』「증자문(曾子問)」【232c~d】: 孔子曰: 嫁女之家, 三夜不息燭, 思相離

에 경문에서 "재계를 하고서 귀신에게 아뢴다."라고 말한 것이다.

孔疏 ◎注"昏禮"至"此也". ○正義曰: 昏禮: "納采, 主人筵於戶西, 西上右几." 注: "爲神布席, 將以先祖之遺體許人, 不敢不告." 昏禮又云: "受諸禮於廟而設几筵也."

번역 ◎鄭注: "昏禮"~"此也". ○『의례』「사혼례(士昏禮)」편에서는 "납채(納采)를 하면, 장인은 호(戶)의 서쪽에 대자리를 까는데, 서쪽이 상석이 되며, 오른쪽에 안석을 설치한다."[20]라고 하였다. 그리고 이 문장에 대한 정현의 주에서는 "조상신을 위해 자리를 펴는 것으로, 선조가 대물림해서 낳아주신 딸자식을 다른 가문에 시집을 보내게 되어, 감히 아뢰지 않을 수가 없기 때문이다."라고 했다. 「사혼례」편에는 또한 "혼례와 관련된 모든 예식 절차는 종묘에서 받게 되고, 그 때마다 안석과 대자리를 설치한다."라고 했다.

集解 愚謂: 日月以告君者, 內則, "子生, 書曰某年某月某日, 某生", 以告閭史, 閭史獻諸州史, 州史獻諸州伯. 意娶妻者其禮亦若此. 小司徒・鄕師等皆云"稽其夫家", 蓋卽據諸此也. 鬼神, 謂祖・禰也. 士昏禮不告廟, 然左傳鄭公子忽娶於陳, 先配而後祖, 陳鍼子譏之; 楚公子圍娶於鄭, 亦言"布几筵, 告於莊・共之廟". 自大夫以上, 有告廟之禮也. 同官爲僚, 同志爲友, 爲酒食以召鄕黨僚友者, 昏禮有饗送者之禮, 鄕黨僚友蓋亦有與於斯禮者與? 男女有別, 故其合也, 不可以苟. 昏禮愼重如此, 所以厚男女之別也.

번역 내가 생각하기에, "날짜를 정해서 군주에게 아뢴다."고 하였는데, 『예기』「내칙(內則)」편에서는 "아들이 태어나면, 문서를 기록하며, '어느 해 어느 월 어느 날에, 아무개가 태어났다.'"라고 했고, 또 이것을 려(閭)라는 행정

也. 取婦之家, 三日不擧樂, 思嗣親也. <u>三月而廟見</u>, 稱來婦也. 擇日而祭於禰, 成婦之義也.
20) 『의례』「사혼례(士昏禮)」: 納采用鴈. 主人筵于戶西, 西上, 右几.

구역에 속한 관료 '려사(閭史)'에게 보내며, '려사'는 다시 주(州)라는 행정구
역에 속한 관료 '주사(州史)'에게 보내고, '주사'는 주(州)의 담당관료인 '주백
(州伯)'에게 보낸다고 했다.21) 내 생각에는 부인을 맞이할 때에도 알리는 예
법이 또한 이와 같았을 것이다. 『주례』「소사도(小司徒)」편과 「향사(鄕師)」편
등에서는 모두 "부가(夫家)22)의 수치 등에 대해서 따져본다."23)라고 하였는
데, 아마도 따져본다는 것들이 위의 경문에서 말하는 행위들을 뜻하는 것
같다. '귀신(鬼神)'은 조녜(祖禰)24)를 뜻한다. 『의례』「사혼례(士昏禮)」편에
는 종묘(宗廟)에 아뢰는 절차가 기록되어 있지 않지만, 『좌전(左傳)』에는
정(鄭)나라 공자(公子) 홀(忽)이 진(陳)나라에서 가서, 규씨(嬀氏)를 아내
로 맞이하여 데려왔는데, 먼저 아뢰지도 않고 아내를 맞이하였고, 데려온
이후에야 조묘(祖廟)에 고(告)하여, 진나라 침자(鍼子)가 그를 비난하였던
기록이 있고,25) 초(楚)나라 공자(公子) 위(圍)가 정(鄭)나라에 가서 공손단
씨(公孫段氏)에게 장가를 들었는데, 또한 "안석과 자리를 펴고, 장공(莊公)
과 공공(共公)의 묘(廟)에 아뢰었다."라고 하였다.26) 따라서 대부(大夫) 이

---

21) 『예기』「내칙(內則)」【365d~366a】: 夫告宰名. 宰辯告諸男名, 書曰 "某年某月
某日某生." 而藏之. 宰告閭史. 閭史書爲二. 其一藏諸閭府, 其一獻諸州史. 州史
獻諸州伯, 州伯命藏諸州府. 夫入食, 如養禮.

22) 부가(夫家)는 일반적인 남녀(男女)를 뜻하는 용어이다. 장정 중에 아내가 없
는 사람을 부(夫)라고 불렀고, 아내가 있는 장정에 대해서는 아내와 함께 가
(家)라고 불렀다. 이러한 의미에서 남녀를 '부가'라고 부르게 된 것이다. 『주례』
「지관(地官)・재사(載師)」편에는 "凡民無職事者, 出夫家之征."이란 기록이 있
는데, 손이양(孫詒讓)의 정의(正義)에서는 "江永云, 諸經凡言夫家者, 猶云男
女. 無妻者爲夫, 有妻者爲家. 案此夫家之義, 當從江爲正. 「小司徒」注云, 夫家
猶男女也. 全經言夫家者甚多, 其義竝同."이라고 풀이했다.

23) 『주례』「지관(地官)・소사도(小司徒)」: 小司徒之職, 掌建邦之敎法, 以稽國中
及四郊都鄙之夫家九比之數, 以辨其貴賤・老幼・廢疾, 凡征役之施舍, 與其祭
祀・飲食・喪紀之禁令. /『주례』「지관(地官)・향사(鄕師)」: 以國比之法, 以時
稽其夫家衆寡.

24) 조녜(祖禰)는 선조(先祖)와 선친(先親)을 말하며, 포괄적 의미로는 이들의 사
당을 뜻한다.

25) 『춘추좌씨전』「은공(隱公) 8년」: 四月甲辰, 鄭公子忽如陳逆婦嬀. 辛亥, 以嬀氏
歸. 甲寅, 入于鄭. 陳鍼子送女. 先配而後祖. 鍼子曰, "是不爲夫婦, 誣其祖矣, 非
禮也, 何以能育?"

상의 신분을 가진 자들에게만 종묘에 아뢰는 예법절차가 적용되었던 것이
다. 동료 관리를 '료(僚)'라고 하며, 뜻을 같이 하는 친우를 '우(友)'라고 한
다. 그런데 경문에서는 음식을 차려서 향당의 '료우(僚友)'들을 초청한다고
하였다. 『의례』「사혼례(士昏禮)」편의 기록 중에는 여자 집안에서 여자를
보낼 때 함께 보내온 유사(有司)들을 대접하는 예법이 기록되어 있으니,27)
신랑측 향당의 '료우'들도 아마도 이러한 의식에 참여하는 것이 아니겠는
가? 남녀는 유별하기 때문에, 그들의 혼인에 대해서는 구차하게 치를 수
없는 것이다. 혼례를 신중하게 지냄이 이와 같았던 것은 남녀 간의 유별함
을 더욱 두텁게 하기 위해서이다.

【24c】

取妻, 不取同姓.

직역 妻를 取함에는 同姓을 不取한다.

의역 아내를 맞이할 때 동성(同姓)인 사람들 중에서는 선택하지 않는다.

集說 鄭氏曰: 爲其近禽獸.

번역 정현(鄭玄)이 말하길, 동성(同姓)인 신부를 맞이하는 행동은 금수
(禽獸)에 가까운 행동이기 때문이다.

---

26) 『춘추좌씨전』「소공(昭公) 1년」: 元年春, 楚公子圍聘于鄭, 且娶於公孫段氏.
…… 圍布几筵, 告於莊·共之廟而來.
27) 『의례』「사혼례(士昏禮)」: 舅饗送者以一獻之禮, 酬以束錦. 姑饗婦人送者, 酬
以束錦.

鄭注 爲其近禽獸也.

번역 동성(同姓)인 신부를 맞이하는 행동은 금수(禽獸)에 가까운 행동이기 때문이다.

釋文 取, 七住反, 本亦作娶, 下"賀取妻", 同.

번역 '取'자는 '七(칠)'자와 '住(주)'자의 반절음이며, 판본에 따라서는 또한 '娶'자로도 기록하는데, 아래문장에 나온 '賀取妻'의 '取'자도 마찬가지이다.

【24c】

> 故買妾, 不知其姓, 則卜之.

직역 故로 妾을 買함에, 그 姓을 不知하면, 卜한다.

의역 동성(同姓)인 자를 맞이할 수 없으므로, 부인의 몸종을 들일 때에도, 만약 그녀의 성(姓)을 알 수 없는 상황이라면, 점을 쳐서 길흉(吉凶)을 판단한다.

集說 卜其吉凶.

번역 길흉(吉凶)을 점치는 것이다.

鄭注 妾賤, 或時非勝, 取之於賤者, 世無本繫.

번역 몸종[妾]은 본래부터 신분이 천한 자들인데, 간혹 부인이 시집올

때 함께 데려온 여자[媵]가 아닌 경우에, 신분이 미천한 자들 중에서 대신
할 자를 뽑게 된다. 따라서 그녀들은 대대로 가계도가 없어서 성(姓)을 확
인할 수 없는 것이다.

釋文 媵, 羊證反, 又繩證反. 繫音計, 又音戶計反.

번역 '媵'자는 '羊(양)'자와 '證(증)'자의 반절음이며, 또는 '繩(승)'자와
'證(증)'자의 반절음도 된다. '繫'자의 음은 '計(계)'이며, 또는 그 음이 '戶
(호)'자와 '計(계)'자의 반절음도 된다.

孔疏 ●"故買妾不知, 其姓則卜之". 熊氏云: "卜者卜吉凶. 旣不知其姓,
但卜吉, 則取之." 義或然也.

번역 ●經文: "故買妾不知, 其姓則卜之". ○웅안생이 말하길, "점을 친
다는 말은 곧 길흉(吉凶)을 점친다는 뜻이다. 그녀의 성(姓)을 알 수 없는
상황이므로, 다만 점친 결과가 길(吉)하다고 나온 경우라면, 그녀를 채택하
는 것이다."라고 했다. 살펴보니, 그 의미가 맞는 것 같기도 하다.

孔疏 ◎注"爲其"至"本繫". ○正義曰: 郊特牲云: "無別無義, 禽獸之道."
此不取同姓, 爲其近禽獸故也. 云"妾賤, 或時非媵, 取之於賤者", 如諸侯取一
國之女, 則二國同姓以姪娣媵. 媵, 送也. 妾送嫡行, 則明知姓氏, 大夫士取亦
各有妾媵. 或時非此媵類, 取於賤者, 不知何姓之後, 則世無本繫, 但卜得吉者
取之.

번역 ◎鄭注: "爲其"~"本繫". ○『예기』「교특생(郊特牲)」편에서는 "유
별함도 없고 도리도 없는 것은 금수(禽獸)가 따르는 도리이다."[28]라고 했
다. 따라서 이곳 경문에서 동성(同姓)인 여자를 아내로 맞이하지 않는다고

---

28) 『예기』「교특생(郊特牲)」【338a】: 禮作然後萬物安, <u>無別無義, 禽獸之道也</u>.

한 이유는 그 행위가 금수(禽獸)에 가깝기 때문이다. 정현이 "몸종[妾]은 본래부터 신분이 천한 자들인데, 간혹 부인이 시집올 때 함께 데려온 여자[媵]가 아닌 경우에, 신분이 미천한 자들 중에서 대신할 자를 뽑게 된다."라고 하였는데, 예를 들어 제후의 경우에는 다른 제후국의 여자를 아내로 맞이하게 되므로, 제후국끼리 상대방 국가에 여자를 시집보낼 때에는 딸아이와 같은 성(姓)을 가진 '조카딸 및 딸의 여동생 등[姪娣]'을 함께 딸려서 보낸다.29) '잉(媵)'자의 뜻은 "딸려 보낸다[送]."는 의미이다. 따라서 시집을 올 때 부인의 시중을 들기 위해, 부인이 직접 데려온 자들인 경우라면, 그녀들의 성씨(姓氏)를 분명히 알 수 있게 된다. 대부(大夫)나 사(士)가 부인을 맞이할 때에도 또한 그들의 부인들은 각각 몸종을 데려오게 된다. 그런데 간혹 부인이 질제(姪娣) 등을 데려오지 않은 경우가 있다면, 미천한 자들 중에서 대신할 자들을 뽑게 되는데, 이러한 경우 그녀가 어느 성씨(姓氏)의 후손인지 알 수 없다면, 대대로 전수되는 가계도가 본래부터 없는 것이므로, 단지 점을 쳐서 길(吉)한 점괘가 나온 자들을 채택하는 것이다.

訓纂 彬案: 春秋昭元年, 左傳, "故志曰, '買妾不知其姓, 則卜之.'" 蓋古有是言, 而記人述之.

번역 내가 생각하기에, 『춘추』 소공(昭公) 원년(元年)에 대한 기록을 살펴보면, 『좌전』에서는 "옛 기록에 '첩(妾)을 들일 때, 그녀의 성(姓)을 알 수 없다면, 점을 친다.'"30)라고 하였다. 아마도 고대에는 이러한 관습에 대해 기록한 말들이 있었을 것이고, 또 『예기』를 기술한 자가 그 기록들을 그대로 기술하였던 것 같다.

集解 顧氏炎武曰: 天地之化, 專則不生, 兩則生. 故叔詹言"男女同姓, 其

---

29) 『춘추공양전』 「장공(莊公) 19년」: 諸侯娶一國, 則二國往媵之, 以姪娣從. 姪者何? 兄之子也. 娣者何? 弟也.

30) 『춘추좌씨전』 「소공(昭公) 1년」: 故志曰, 買妾不知其姓, 則卜之.

生不蕃". 而子産之告叔向云, "內官不及同姓, 美先盡矣, 則相生疾." 晉司空
季子之告公子曰, "異德合姓." 鄭史伯之對桓公曰, "先王聘后於異姓, 務和同
也. 聲一無聽, 物一無文." 是知禮不娶同姓者, 非但防嫌, 亦以戒獨也.

번역 고염무[31]가 말하길, 천지자연의 조화에 있어서는 홀로 있는 경우
라면, 생성 작용이 일어나지 않고, 둘이 짝을 이룬 경우여야만, 생성 작용이
일어나게 된다. 그렇기 때문에 숙첨(叔詹)이 간언을 올리며, "남녀가 같은
성(姓)이라면, 자식을 낳는 것이 번창할 수 없다."[32]라고 한 것이다. 그리고
자산(子産)도 숙향(叔向)에게 일러주길, "궁녀들도 동성(同姓)인 자들을 쓰
지 않으니, 동성인 자들을 쓰게 된다면, 우선 서로 친하게 지내겠지만, 그
친해짐이 극에 달하게 된다면, 서로 미워하게 된다."[33]라고 한 것이다. 또
한 진(晉)나라 사공(司空)인 계자(季子)도 공자(公子)에게 아뢰며, "성(姓)
이 다른 자들끼리 혼인을 합니다."[34]라고 하였고, 정사백(鄭史伯)도 환공
(桓公)에게 대답하며, "선왕(先王)은 다른 성(姓)을 가진 자들 중에서 부인
을 맞이하였고, 화합하는데 주력하였습니다. 소리가 한 가지만 나면, 들을
것이 없고, 사물이 한 가지 모양이라면, 화려함이 없게 됩니다."[35]라고 하
였다. 이러한 기록들을 통해서, 예법에서 동성(同姓)인 자를 부인으로 맞이
하지 않도록 금지하는 이유는 단지 혐의를 멀리하기 위해서만이 아니라,
또한 자손이 이어지지 않을 것까지 주의를 주기 위해서임을 알 수 있다.

---

31) 고염무(顧炎武, A.D.1613 ~ A.D.1682): 명말(明末) 때의 학자이다. 자(字)는
    영인(寧人)이고, 호(號)는 정림(亭林)이다. 경학과 사학(史學) 분야에 뛰어났
    다. 『일지록(日知錄)』 등의 저서가 있다.
32) 『춘추좌씨전』「희공(僖公) 23년」: 叔詹諫曰, "臣聞天之所啓, 人弗及也. 晉公子
    有三焉, 天其或者將建諸, 君其禮焉! 男女同姓, 其生不蕃."
33) 『춘추좌씨전』「소공(昭公) 1년」: 僑又聞之, 內官不及同姓, 其生不殖. 美先盡
    矣, 則相生疾, 君子是以惡之.
34) 『국어(國語)』「진어사(晉語四)」: 是故娶妻避其同姓, 畏亂災也. 故異德合姓, 同
    德合義.
35) 『국어(國語)』「정어(鄭語)」: 於是乎先王聘后於異姓, 求財於有方, 擇臣取諫工
    而講以多物, 務和同也.

集解 愚謂: 娶妻不娶同姓, 固兼有遠嫌戒獨之義, 而此節所言, 則主於遠嫌厚別之義而已. 然男女同姓, 其生不蕃, 卜之而吉, 則其非同姓, 可知矣.

번역 내가 생각하기에, 부인을 맞이할 때, 동성(同姓)인 자들 중에서 선택하지 않는 이유는 혐의를 멀리하기 위해서이고, 또 자손이 이어지지 않는 것까지 주위를 주기 위해서이기도 한다. 다만 이곳 문장에서 언급하는 내용들은 혐의를 멀리하고, 남녀가 유별하다는 도의에 중점을 두고 있을 따름이다. 그러나 남녀가 동성(同姓)인 경우라면, 그 둘 사이에서는 자손이 번성할 수 없게 되므로, 점을 쳐서 길(吉)하다고 나온 여자라면, 그녀가 동성이 아니라는 사실을 알 수 있는 것이다.

각종 생활예절 Ⅲ

【24d】

寡婦之子, 非有見焉, 弗與爲友.

직역 寡婦의 子에 대해서는 有見함이 非하면, 與하여 爲友함을 弗한다.

의역 과부의 아들에 대해서는 함부로 친교를 맺지 않으니, 그의 재능과 학덕이 남다르다는 것이 나타나지 않는다면, 그와 함께 친교를 맺지 않아야 한다.

集說 有見, 才能卓異也. 若非有好德之實, 則難以避好色之嫌, 故取友者 謹之.

번역 "나타남이 있다[有見]."는 말은 재능이 탁월하여 남다르다는 뜻이 다. 만약 덕(德)을 추구하는 본성을 가지고 있지 않다면, 호색한이라는 혐 의를 피하기 어렵게 된다. 그렇기 때문에 친구를 선택하는 일에 대해서 신 중하게 행동했던 것이다.

大全 藍田呂氏曰: 人之所以異於禽獸者, 以有別也. 有別者, 先於男女, 天 地之義, 人倫之始. 內則曰, "禮始於謹夫婦, 爲宮室, 辨內外, 男子居外, 婦人 居內. 深宮固門, 閽寺守之, 男不入, 女不出", 所以別於居處者至矣. "非祭非 喪, 不相授器, 其相受, 則女受以篚, 其無篚, 則皆坐奠之, 而后取之. 不雜坐,

不通乞假, 內言不出, 外言不入", 所以別於往來者至矣. "道路男子由右, 婦人
由左, 女子出門, 必擁蔽其面, 夜行以燭, 無燭則止", "御婦人, 則進左手", 所
以別於出入者至矣. "外內不共井, 不共湢浴, 不通寢席, 不通衣裳", "不同椸
枷, 不同巾櫛", "不敢縣於夫之楎椸, 不敢藏於夫之篋笥", 所以別於服御器用
者至矣. 姑·姊妹·女子子, 天屬也, "許嫁則非有大故, 不入其門, 已嫁而反,
則不與同席而坐同器而食." 嫂與諸母同宮之親也, "嫂叔則不通問, 諸母則不
漱裳." 妻之母婚姻之近屬也, "壻見主婦, 闔扉立于其內, 壻立于門外, 東面,
主婦一拜, 壻答再拜, 主婦又拜, 壻出", 所以別於宗族婚姻者至矣. "男女非有
行媒, 不相知名, 非受幣, 不交不親, 必日月以告君, 齊戒以告鬼神, 爲酒食以
召鄉黨僚友, 取妻不取同姓, 故買妾不知其姓, 則卜之, 寡婦之子, 非有見焉,
則弗與爲友", 所以厚別於交際者至矣. 男女不雜坐, 經雖無文, 然喪祭之禮,
男女之位異矣, 男子在堂, 則女子在房, 男子在堂下, 則女子在堂上, 男子在東
方, 則女子在西方, 坐亦當然.

번역 남전여씨가 말하길, 사람이 금수(禽獸)와 다른 이유는 유별(有別)
함이 있기 때문이다. '유별'함이라는 것은 남녀 사이에 우선적으로 적용되
니, 남녀 사이에서 지켜야 하는 도리는 천지자연의 도리이자 인륜(人倫)의
시작이 된다. 『예기』「내칙(內則)」편에서는 "예(禮)라는 것은 부부 사이의
도리를 조심스럽게 지키는 데에서 시작하니, 집을 짓게 되면, 안채와 바깥
채를 구별하여, 남자는 바깥채에 기거하고, 부인은 안채에 기거한다. 안채
는 집안의 깊숙한 장소에 짓고 문을 굳건하게 잠그며, 문지기인 혼(閽)과
통제를 담당하는 사(寺)가 그곳을 지키며, 남자는 그곳으로 들어가지 않고,
여자는 바깥으로 나오지 않는다."[1]라고 하였으니, 남녀가 거처하는 곳에도
구별을 둠이 이처럼 철저하였던 것이다. 「내칙」편에서는 "제사나 상사(喪
事)가 아니라면, 본래부터 남녀는 서로 물건을 주고받지 않는데, 제사나 상
사 때 물건을 서로 주고받는 경우가 생기면, 여자는 대광주리를 이용하여
받고, 대광주리가 없는 경우라면, 둘 모두 무릎을 꿇고서 그 앞에 물건을

---

1) 『예기』「내칙(內則)」【362d】: 禮始於謹夫婦, 爲宮室, 辨外內, 男子居外, 女子
   居內. 深宮固門, 閽寺守之, 男不入, 女不出.

내려두고, 또 그 이후에 그것을 들어올린다. 남자와 여자는 섞어 앉지 않으며, 서로 물건을 빌리거나 빌려주지 않으며, 집안의 말이 집밖으로 나가지 않고, 집밖의 말이 집안으로 들어오지 않는다."[2]라고 하였으니, 남녀 사이에 왕래하는 경우에도 구별을 둠이 이처럼 철저하였던 것이다. 「내칙」편에서는 "도로를 지나갈 때, 남자는 오른쪽 길로 가고, 부인은 왼쪽 길로 지나가며, 여자가 문밖으로 나갈 때에는 반드시 얼굴을 가리고, 밤에 길을 갈때에는 등불을 비춰서 가며, 등불이 없다면 그만둔다."[3]라고 하였고, 또 『예기』「방기(坊記)」편에서는 "부인을 위해 수레를 몰게 되면, 수레를 모는자는 부인의 우측에 있게 되므로, 왼쪽 손을 앞으로 내밀어, 부인을 등지도록 한다."[4]라고 하였으니, 남녀가 출입을 하는 경우에도 구별을 둠이 이처럼 철저하였던 것이다. 「내칙」편에서는 "남편과 부인은 같은 우물을 쓰지 않고, 같은 욕실에서 목욕을 하지 않으며, 침구류를 공용으로 사용하지 않고, 의복류를 공용으로 사용하지 않는다."[5]라고 하였고, 또 이곳 경문에서는 "옷걸이를 함께 쓰지 않으며, 수건과 빗을 함께 쓰지 않는다."라고 하였으며, 또 「내칙」편에서는 "부인은 감히 남편의 옷걸이에 옷을 걸어두지 않고, 남편의 옷을 보관하는 상자에 감히 자신의 옷을 넣지 않는다."[6]라고 하였으니, 남녀가 사용하는 의복·수레·각종 기물(器物) 들에 있어서도, 구별을 둠이 이처럼 철저하였던 것이다. 고모, 자매, 딸자식 등은 혈연관계인데도, 이곳 경문에서는 "혼인이 결정되면, 큰 사유가 있지 않은 이상 그들이 사는 건물의 문으로 들어가지 않고, 이미 결혼을 하였는데 되돌아온 경

---

2) 『예기』「내칙(內則)」【350b~c】: 男不言內, 女不言外, 非祭非喪, 不相授器. 其相授, 則女受以篚. 其無篚則皆坐, 奠之而后取之. 外內不共井, 不共湢浴, 不通寢席, 不通乞假. 男女不通衣裳, 內言不出, 外言不入.

3) 『예기』「내칙(內則)」【350c】: 男子入內, 不嘯不指, 夜行以燭, 無燭則止. 女子出門, 必擁蔽其面, 夜行以燭, 無燭則止. 道路男子由右, 女子由左. / 『예기』「왕제(王制)」【181a】: 道路, 男子由右, 婦人由左, 車從中央.

4) 『예기』「방기(坊記)」【620c】: 故男女授受不親, 御婦人, 則進左手.

5) 『예기』「내칙(內則)」【350c】: 外內不共井, 不共湢浴, 不通寢席, 不通乞假. 男女不通衣裳.

6) 『예기』「내칙(內則)」【363a】: 男女不同椸枷, 不敢縣於夫之楎椸, 不敢藏於夫之篋笥, 不敢共湢浴.

우에도, 같은 자리에 앉지 않고, 같은 밥상에서 밥을 먹지 않는다."라고 하였고, 형수와 제모(諸母)는 같은 집에 사는 가족인데도, 이곳 경문에서는 "형수와 시동생의 관계가 된다면, 서로 문안인사를 하지 않고, 제모에 대해서는 하의를 세탁하지 않게 한다."라고 하였으며, 처의 모친은 혼인으로 맺어진 가까운 인척인데도, "사위가 장모를 뵐 때, 장모는 왼쪽 문짝을 닫고서, 그 안쪽에 서 있고, 사위는 문밖에 서 있으면서, 동쪽을 바라보게 되고, 장모가 일배(一拜)를 하면, 사위는 답배로 재배(再拜)를 하며, 장모가 다시 배(拜)를 하면, 사위는 밖으로 나간다."[7]라고 하였으니, 종족이나 혼인으로 맺어진 관계 속에서도 남녀 사이에 구별을 둠이 이처럼 철저하였던 것이다. 이곳 경문에서 "남녀 사이에 중매를 성사시키는 자가 왕래하지 않았다면, 서로의 이름을 알 수 없고, 폐백을 받지 않았다면, 교제를 하거나 가깝게 지내지 않으며, 반드시 혼인 날짜를 정해서 군주에게 아뢰고, 재계(齋戒)를 하고서 조상신에게 아뢰며, 음식과 술을 차려서 향당의 친우들을 초청하고, 아내를 들일 때에는 동성(同姓)에서 취하지 않으며, 그러한 까닭에 몸종을 둘 때에도, 그녀의 성(姓)을 알 수 없다면 점을 치고, 과부의 아들에 대해서 그가 남다른 재능을 발휘함이 없다면, 그와 교분을 맺지 않는다."라고 하였으니, 교제를 함에 있어서도 구별을 둠이 이처럼 철저하였던 것이다. "남녀가 자리를 섞어 앉지 않는다."라는 내용에 대해서, 경문에서는 비록 구체적인 언급이 없지만, 상례(喪禮)나 제례(祭禮)를 치를 때에도 남자와 여자의 위치가 달랐으니, 남자가 당(堂)에 있게 되면, 여자는 방(房)에 있었고, 남자가 당하(堂下)에 있게 되면, 여자는 당상(堂上)에 있었으며, 남자가 동쪽에 있게 되면, 여자는 서쪽에 있었으니, 앉을 때에도 또한 마땅히 이처럼 해야 하는 것이다.

鄭注 辟[8]嫌也. 有見, 謂有奇才卓然, 衆人所知.

---

7) 『의례』「사혼례(士昏禮)」: 見主婦. 主婦闔扉立于其內. 壻立于門外, 東面. 主婦一拜. 壻答再拜. 主婦又拜. 壻出, 主人請醴
8) '피(辟)'자에 대하여. 『십삼경주소(十三經注疏)』 북경대 출판본에서는 "『민본

번역 혐의를 피하기 위해서이다. "나타남이 있다."는 말은 재주에 탁월한 면이 있는 것을 여러 사람이 알아본다는 뜻이다.

釋文 見, 賢遍反. 辟音避, 本亦作避, 下同, 餘皆放此.

번역 '見'자는 '賢(현)'자와 '遍(편)'자의 반절음이다. '辟'자의 음은 '避(피)'이며, 판본에 따라서는 또한 '避'자로도 쓰며, 아래문장의 글자들도 그 음이 이와 같고, 이후에 나오는 글자들 또한 그 음이 모두 이와 같다.

孔疏 ●"寡婦之子, 非有見焉, 弗與爲友"者, 明避嫌也. 見謂奇才卓異可見也. 寡婦無夫, 若其子有奇才異行者, 則己可與之爲友. 若此子凡庸, 而己與其往來, 則於寡婦有嫌也. 是以鄭注: "有見, 謂奇才卓然, 衆人所知也."

번역 ●經文: "寡婦之子, 非有見焉, 弗與爲友". ○이 문장은 혐의를 피해야 함을 나타내고 있다. "나타난다[見]."는 말은 재주가 탁월하여, 남들이 알아 볼 수 있다는 뜻이다. 과부는 남편이 없으므로, 그 아들은 아버지의 훈계를 받지 못해, 대부분 불손하다. 그런데 만약 그 아들이 남다른 재주와 학행을 갖추고 있다면, 그와 함께 교분을 맺을 수 있는 것이다. 만약 과부의 아들에게 특별한 재주도 없는데, 본인이 그와 교분을 맺어 왕래를 한다면, 과부에게 흑심을 품었다는 혐의를 사게 된다. 이러한 까닭으로 정현의 주에서는 "나타남이 있다는 것은 재주에 탁월한 면이 있는 것을 여러 사람들이 알아본다는 뜻이다."라고 한 것이다.

(閩本)』・『감본(監本)』・『모본(毛本)』・『악본(岳本)』・『가정본(嘉靖本)』・위씨(衛氏)의『집설(集說)』에서는 동일하게 '피(辟)'자로 기록하고 있다.『고문(考文)』에서는『고본(古本)』을 인용하며 '피(避)'자로 기록하고 있다.『경전석문(經典釋文)』에서는 '피(辟)자를 판본에 따라서는 피(避)자로도 기록하고 있다.'라고 했다.『정의(正義)』에서는 '명피혐야(明避嫌也)'라고 기록하고 있는데, 이 문장에서도 '피(避)'자로 기록하고 있다. 완원(阮元)의『교감기(校勘記)』에서는 '살펴보면 피(避)자는 정자(正字)이고, 피(辟)자는 가차자(假借字)이다.'"라고 했다.

集解   自"男女不雜坐"至此, 明男女遠嫌厚別之禮.

번역   경문 중 "남자와 여자는 자리를 섞어서 함께 앉지 않는다[男女不雜坐]."9)라는 기록부터 이곳 문장까지는 남녀 사이에 혐의를 멀리하며, 유별(有別)함을 신중하게 실천하는 예법(禮法)에 대해서 언급하고 있다.

---

9) 『예기』「곡례상」【23d】: 男女不雜坐, 不同椸枷, 不同巾櫛, 不親授.

혼례 관련 규정 Ⅱ

【25a】

賀取[1]妻者曰, "某子使某, 聞子有客, 使某羞."

직역 妻를 取하는 者에게 賀하여 曰, "某子가 某를 使하니, 子에게 客이 有함을 聞하고, 某를 使하여 羞라."

의역 아내를 맞이한 자에게 축하의 말을 전할 때에는 "아무개께서 아무개인 저를 시켜서 대신 보내니, 당신에게 아내를 맞이하는 경사가 있다는 소식을 듣고서, 저 아무개를 시켜서 부조를 보냈습니다."라고 한다.

集說 呂氏曰: 賀者, 以物遺人而有所慶也. 著代以爲先祖後, 人子之所不得已, 故不用樂, 且不賀也. 然爲酒食以召鄕黨僚友, 則遺問不可廢也, 故其辭

---

1) '취(取)'자에 대하여. 『십삼경주소(十三經注疏)』 북경대 출판본에서는 "『민본(閩本)』·『감본(監本)』·『석경(石經)』·『악본(岳本)』·『가정본(嘉靖本)』·위씨(衛氏)의 『집설(集說)』에서는 동일하게 '취(取)'자로 기록하고 있다. 『모본(毛本)』에서는 '취(娶)'자로 기록하고 있다. 『경전석문(經典釋文)』에서는 이 기록 앞에 나오는 '취처(取妻)'에 대해서, '판본에 따라서는 또한 취(娶)자로도 기록하고, 아래문장에 나오는 하취처(賀取妻)라는 기록에 대해서도 동일하게 취(娶)자로도 기록한다.'라고 했으니, '취(娶)'자로 기록하는 것은 『경전석문(經典釋文)』이 참고했던 판본이다. 『정의본(正義本)』에서는 '취(取)'자로 기록하고 있다."라고 했다.

曰, 聞子有客, 使某羞. 舍曰昏禮而謂之有客, 則所以羞者, 佐其供具之費而
已, 非賀也, 作記者, 因俗之名稱賀.

번역 여씨가 말하길, '하(賀)'라는 것은 물건을 남에게 보내는 것으로,
경축할 만한 일이 생겼을 때 쓰는 말이다. 결혼을 하여 부친의 지위를 계승
해서, 가문의 대(代)를 잇는 것은 선조(先祖)의 뒤를 잇기 위함이니, 자식된
자에게는 부득이한 일이다. 그렇기 때문에 음악을 사용하지 않고,[2] 또 축하
도 하지 않는 것이다.[3] 그러나 술과 음식을 차려서 향당의 친우들을 초청
하게 되면, 답례로 예물(禮物)을 보내는 일까지 폐지할 수는 없게 된다. 그
렇기 때문에 이러한 경우 축하하는 말에서, "그대에게 아내를 맞이한 일이
있다는 소식을 듣고서, 아무개를 시켜서 부조를 보낸다."고 말하는 것이다.
해당 집안에서는 혼례(婚禮)라고 부르기는 하지만, 본래 하례(賀禮)를 하지
않기 때문에, 아내를 맞이하였다고 직접적으로 말하지 않는다. 그 대신 빈
객(賓客)들이 혼례 때문에 찾아왔으므로, "손님이 드는 일이 있다[有客]."
라고 부르게 되니, 부조[羞]를 하는 이유 또한 행사를 치르는데 소용되는
물건의 비용을 돕기 위해서일 뿐이며, '정식으로 축하[賀]'를 하는 것은 아
니다. 다만 『예기』를 기록한 자는 세속에서 쓰는 용어에 따라서, '하(賀)'라
고 기록한 것이다.

鄭注 謂不在賓客之中, 使人往者. 羞, 進也, 言進於客. 古者謂候爲進, 其
禮蓋壺酒・束脩若犬也. 不斥主人, 昏禮不賀.

번역 이 문장의 내용은 초대를 받았지만, 빈객(賓客)으로 참석을 못하
는 자가 다른 사람을 시켜서 대신 보내는 경우에 해당한다. '수(羞)'자는

---

2) 『예기』「증자문(曾子問)」【232c~d】: 孔子曰 嫁女之家, 三夜不息燭, 思相離
   也. 取婦之家, 三日不擧樂, 思嗣親也. 三月而廟見, 稱來婦也. 擇日而祭於禰, 成
   婦之義也.
3) 『예기』「교특생(郊特牲)」【339a】: 昏禮不用樂, 幽陰之義也. 樂, 陽氣也. 昏禮
   不賀, 人之序也.

"~를 영접한다[進]."는 뜻이니, 이 말은 곧 "빈객(賓客)을 영접한다."는 의미이다. 고대에는 '후(候)'자를 '진(進)'자로 사용하였으며, 영접하는 예법에서는 무릇 한 단지의 술 및 '열 가닥의 마른 고기[束脩]'를 사용하였고, 속수(束脩)가 없으면 한 마리의 개를 대신 사용하기도 하였다. 주인(主人)을 직접 가리키지 않은 이유는 혼례(婚禮)에서는 축하[賀]를 하지 않기 때문이다.

孔疏 ●"賀取"至"羞". ○正義曰: 謂親朋友有昏, 己有事礙不得自往, 而遣人往也. 按郊特牲云: "昏禮不賀, 人之序也." 此云賀者, 聞彼昏而送筐篚, 將表厚[4]意, 身實不在爲賀, 故云賀, 而其辭則不稱賀. "曰某子使某"者, 此使者辭也. "某子"者, 賀者名. "使某"者, 使自稱名也. 言彼使我來也.

번역 ●經文: "賀取"~"羞". ○이 문장의 내용은 본인의 친한 친구 중에 혼례를 치르는 자가 있는데, 만약 본인에게 사정이 생겨서 직접 가지 못하여, 다른 사람을 대신 보내는 경우에 해당한다. 『예기』「교특생(郊特牲)」편을 살펴보면, "혼례에서 축하[賀]를 하지 않는 이유는 사람에게 있어서 혼례는 신구(新舊) 세대의 교체를 뜻하기 때문이다."[5]라고 하였다. 그런데 이곳 문장에서는 '하(賀)'라고 기록하고 있다. 그 이유는 친구의 집안에 혼사가 있다는 소식을 듣고서, 예물(禮物)을 보내어, 두터운 온정을 표시하기 위함이니, 그 자신은 실재로 경축[賀]하는데 의미를 두고 있는 것이 아니다. 그렇기 때문에 '하'라고 기록한 것이지만, 실제로 그 축하의 말속에서는 '하'라는 말을 쓰지 않는 것이다. 경문의 "曰某子使某"에 대하여. 이 말은 심부름을 간 자가 하는 말에 해당한다. '모자(某子)'라는 말은 축하의 말을 보낸

---

4) '표후(表厚)'에 대하여. 이 글자들은 본래 '봉순(奉淳)'으로 기록되어 있었는데, 완원(阮元)의 『교감기(校勘記)』에서는 "『민본(閩本)』·『감본(監本)』·『모본(毛本)』에는 '봉순'을 '표후'로 기록하고 있는데, 이 기록이 옳다. 위씨(衛氏)의 『집설(集說)』에서도 이와 동일하게 기록하고 있다."라고 했다.

5) 『예기』「교특생(郊特牲)」【339a】: 昏禮不用樂, 幽陰之義也. 樂, 陽氣也. <u>昏禮不賀, 人之序也.</u>

자의 이름을 뜻한다. '사모(使某)'라는 말은 심부름을 간 자가 제 자신의 이름을 부르는 것이다. 즉 이 말은 "그 사람이 나를 시켜서 심부름을 보냈다[彼使我來]."라는 의미이다.

孔疏 ●"聞子有客"者, "聞子", 呼娶妻者爲子也. 昏禮旣不稱賀, 故云"聞子有客"也. 客者, 鄕黨僚友之屬也.

번역 ●經文: "聞子有客". ○'문자(聞子)'라고 하였는데, 신부를 맞이하는 자를 '그대[子]'라고 부른 것이다. 혼례에 있어서는 축하[賀]라는 말을 쓰지 않는다고 하였기 때문에, "그대에게 '손님이 드는 일[有客]'이 있다는 소식을 들었다."라고 말한 것이다. 이때의 '객(客)'은 결혼하는 자가 초대하게 되는 같은 향당의 친구들을 뜻한다.

孔疏 ●"使某羞"者, "某", 是使者名也. 羞, 進也. 子旣召賓客, 或須飮食, 故使我將此酒食以與子進賓客.

번역 ●經文: "使某羞". ○'아무개[某]'는 심부름을 간 자의 이름을 뜻한다. '수(羞)'자는 "~를 영접한다[進]."는 뜻이다. 혼사를 치르는 당사자가 빈객(賓客)들을 초대한 상태이므로, 혹여 음식이 필요할 수도 있기 때문에, 심부름을 간 나를 시켜서 이러한 술과 음식들을 보내, 결혼을 하는 그대가 빈객들을 대접하는데 도우라고 했다는 의미이다.

孔疏 ◎注"謂不"至"不賀". ○正義曰: 羞, 進也, 言進於客也. "古者謂候爲進"者, 證呼送禮爲進, 候猶進也. 古時謂迎客爲進, 漢時謂迎客爲候, 此記是古法, 故飮食與彼迎接呼爲進也. 鄭注周禮・候人云"候, 候迎賓客之來", 是也. 云"其禮蓋壺酒・束脩若犬也"者, 言於禮物用壺酒及束脩. 束脩, 十脡脯也. 若無脯, 則壺酒及一犬, 故云"若犬"也. 少儀云: "其以乘壺酒・束脩・一犬賜人. 若獻人, 則陳酒執脩以將命." 是酒脩獻人之法也. 此賀用酒, 或亦四

壺也. 云"不斥主人, 昏禮不賀"者, 解所以不云賀主人昏, 而云有客之義, 主人
有嗣代之序, 故不斥云賀也.

번역 ◎鄭注: "謂不"~"不賀". ○'수(羞)'자는 "~를 영접한다[進]."는 뜻
이니, 즉 "빈객(賓客)들을 영접한다."는 의미이다. 정현이 "고대에는 '후
(候)'자를 '진(進)'자로 사용하였다."라고 하였는데, 이 말은 예물(禮物)을
보내는 일을 '진'으로 불렀다는 사실을 증명한 것으로, '후'자는 곧 '진'자와
같은 뜻이다. 고대에는 빈객을 맞이하는 일을 '진'이라고 불렀는데, 한(漢)
나라 때에는 빈객을 맞이하는 일에 대해서 '후'라고 불렀다. 따라서 이곳
『예기』의 기록은 고대의 예법에 해당한다. 그렇기 때문에 음식들을 보내서
상대방이 빈객들을 영접하는 일을 돕는 것을 '진'이라고 부르고 있는 것이
다. 『주례』후인(候人)에 대한 정현의 주에서 "'후'는 빈객이 찾아옴을 영접
하는 자이다."6)라고 한 말이 바로 이러한 사실을 나타낸다. 정현이 "영접하
는 예법에서는 무릇 한 단지의 술 및 '열 가닥의 마른 고기[束脩]'를 사용하
였고, 속수(束脩)가 없으면 한 마리의 개를 대신 사용하기도 하였다."라고
하였는데, 이 말은 찾아갈 때 들고 가는 예물로는 한 단지의 술 및 '속수'를
사용했다는 뜻이다. '속수'라는 것은 10정(脡)7) 만큼의 마른 고기를 뜻한다.
그런데 만약 '속수'가 없다면, 한 단지의 술과 한 마리의 개를 사용하였다.
그렇기 때문에 '개고기 같은 것[若犬]'이라고 말한 것이다. 『예기』「소의(少
儀)」편에서는 "네 단지의 술, '속수', 한 마리의 개를 낮은 자에게 하사한다.
만약 높은 자에게 바치는 경우라면, 술 단지를 늘어놓고, '속수'를 손에 들
고서 명령을 따른다."8)라고 하였으니, 이 기록이 바로 술과 속수 등을 남에

---

6) 이 기록은 『주례』「하관사마(夏官司馬)」편의 "候人, 上士六人, 下士十有二人,
史六人, 徒百有二十人."에 대한 정현의 주이다.

7) 정(脡)은 기다란 육포(肉脯)를 세는 단위이다. 접혀 있는 것을 셀 때에는 구
(胊)자를 사용하였다. 『춘추공양전』「소공(昭公) 25년」편에는 "高子執簞食與
四脡脯."라는 기록이 있는데, 이에 대한 하휴(何休)의 주에서는 "屈曰胊, 申曰
脡."이라고 풀이했다.

8) 『예기』「소의(少儀)」【438c】: 其以乘壺酒束脩一犬賜人. 若獻人, 則陳酒執脩
以將命, 亦曰乘壺酒束脩一犬.

게 바치는 예법에 해당한다. 이곳에서 '하(賀)'를 하면서 술을 사용한다고 하였으니, 어떤 경우에는 또한 네 단지의 술을 사용하는 때도 있었을 것이다. 정현이 "주인(主人)을 직접 가리키지 않은 이유는 혼례(婚禮)에서는 축하[賀]를 하지 않기 때문이다."라고 하였는데, 이 말은 주인에게 혼례를 축하한다는 말을 직접적으로 하지 않고, 대신 손님이 드는 일이 생겼다고 언급하는 이유를 설명한 말로, 혼례를 치르는 주인에게는 부친의 지위를 계승하여, 가장이 교체되는 일이 생긴 것이므로, 직접적으로 축하한다는 말을 하지 않는 것이다.

• 제 25 절 •

각종 생활예절 Ⅳ

【25b】

貧者, 不以貨財爲禮, 老者, 不以筋力爲禮.

직역 貧者는 貨財로써 爲禮를 不하며, 老者는 筋力으로써 爲禮를 不한다.

의역 가난한 자는 재물에 중점을 두고 예법(禮法)을 시행하지 않고, 노인은 힘을 써야 하는 일에 중점을 두고 예법을 시행하지 않는다.

集說 應氏曰: 無財不可以爲悅, 而財非貧者之所能辦; 非强有力者不足以行禮, 而强有力非老者之所能勉.

번역 응씨가 말하길, 재물이 없는 것은 기뻐해야 할 일은 아니지만, 재물은 가난한 자가 쉽게 갖출 수 있는 것이 아니며, 힘이 강성하지 못한 자가 예(禮)를 시행하지 못하는 것은 아니지만, 힘이 강성해야만 할 수 있는 일은 노인들이 힘쓸 수 있는 대상이 아니다.

大全 藍田呂氏曰: 君子之於禮, 不責人之所不能備, 貧者, 不以貨財爲禮, 是也. 不責人之所不能行, 老者, 不以筋力爲禮, 是也. 禮者, 敬而已矣. 心苟在敬, 財力之不足, 非禮之訾也. 潢汙行潦, 可薦於鬼神, 瓠葉兎首, 不以微薄廢禮, 此不以貨財者也. 五十杖於家, 至一坐再至, 此不以筋力者也. 又有法之所不得爲者, 有疾而不能行者, 臨難而不得已者, 土地之所不有者, 君子亦不責也. 王子爲其母請數月之喪, 雖加一日愈乎已也. 季子儲子皆以幣交, 他日孟子見季子而不見儲子, 以季子不得之鄒, 儲子得之平陸故也. 如季子王子者, 法之所不得爲也. 喪禮, 禿者不髽, 傴者不袒, 跛者不踊, 此有疾而不能行者也. 男女不授受, 嫂溺則援之以手, 君子正其衣冠, 同室有鬪, 則被髮纓冠而救之, 此臨難而不得已也. 居山者不以魚鼈爲禮, 居川者不以鹿豕爲禮, 此土地之所不有也. 凡此皆禮之變也.

번역 남전여씨가 말하길, 군자(君子)는 예(禮)에 대해서, 남들이 온전히 갖추지 못한 점을 탓하지 않는다고 하였으니, "가난한 자가 재물에 중점을 두고 예법을 시행하지 않는다."고 한 말이 바로 이러한 경우에 해당한다. 또한 군자는 남들이 제대로 시행하지 못하는 점을 탓하지 않는다고 하였으니, "노인들이 힘을 써야 하는 일에 중점을 두고 예법을 시행하지 않는다."고 한 말이 바로 이러한 경우에 해당한다. '예'의 핵심은 공경[敬]일 따름이다.[1] 마음속에 진실로 공경함이 자리 잡고 있다면, 재물이나 힘이 모자란다고 하더라도, '예'를 시행하는 데에는 허물이 되지 않는다. '웅덩이에 고인 누런 물[潢汙]'과 '길가에 흐르는 물[行潦]'로도 귀신에게 바칠 수 있는 것이고,[2] 박잎[瓠葉]과 '토끼 한 마리[兎首]'로도 예를 시행할 수 있으므로,[3] 그것들이 미미하고 보잘것없는 것들이라고 하여, '예'를 폐지할 수는 없는 것이니, 이것이 바로 '예'의 시행을 재물로 하지 않는다는 뜻을 나타낸다. "50세가 되면 집안에서 지팡이를 짚을 수 있다."[4]는 조항으로부터, "80세가

---

1) 『효경』「광요도장(廣要道章)」: 安上治民, 莫善於禮. 禮者, 敬而已矣.
2) 『춘추좌씨전』「은공(隱公) 3년」: 苟有明信, 澗溪沼沚之毛, 蘋蘩蘊藻之菜, 筐筥錡釜之器, 潢汙行潦之水, 可薦於鬼神, 可羞於王公, 而況君子結二國之信, 行之以禮, 又焉用質?
3) 『시』「소아(小雅)·호엽(瓠葉)」: 幡幡瓠葉, 采之亨之. 君子有酒, 酌言嘗之. 有兎斯首, 炮之燔之. 君子有酒, 酌言獻之.
4) 『예기』「왕제(王制)」【177d】: 五十始衰, 六十非肉不飽, 七十非帛不煖, 八十非人不煖, 九十雖得人不煖矣. 五十杖於家, 六十杖於鄉, 七十杖於國, 八十杖於朝, 九十者, 天子欲有問焉, 則就其室, 以珍從.

되면 군주의 명(命)을 받을 때에도 한쪽 무릎만 꿇고서 머리만 두 번 조아
린다.”5)는 조항까지는 바로 ‘예’의 시행을 힘으로써 하지 않는다는 뜻을 나
타낸다. 또한 이러한 경우 외에도 법도에 따라 할 수 없는 경우도 있고,
질병에 걸려서 따를 수 없는 경우도 있으며, 재난을 당해서 부득이하게 못
하는 경우도 있고, 그 지역에서 생산되지 않는 것이어서 사용할 수 없는
경우도 있으니, 군자는 또한 이러한 모든 경우에 대해서 그 책임을 묻지
않는 것이다. 제선왕(齊宣王)의 아들이 죽은 어머니를 위해 수개월의 상
(喪)을 치르고자 청하였는데, 맹자(孟子)는 비록 하루를 더하더라도 그만두
는 것보다는 낫다고 하였다.6) 한편 계자(季子)와 저자(儲子)는 모두 폐백을
보내어 맹자와 교류를 하고자 했었는데, 훗날 맹자는 계자만 만나보고 저
자는 만나보지 않았다. 그 이유는 계자가 교류를 청할 때, 형편상 맹자가
머물던 추(鄒) 땅으로 올 수 없었기 때문이며, 저자는 올 수 있었음에도
맹자가 머물던 평륙(平陸) 땅으로 오지 않았기 때문이다.7) 계자나 제선왕
의 아들과 같은 경우는 법도에 따라 할 수 없는 경우에 해당한다. 상례(喪
禮)에서 대머리는 북상투[髽]8)를 틀지 않고, 곱사등이는 ‘상의의 한쪽 어깨
를 드러내는 복식[袒]’9)을 하지 않으며, 절름발이는 ‘발 구르기[踊]’10)를 하
지 않으니,11) 이러한 경우들이 바로 질병에 걸려서 따를 수 없는 경우에

5) 『예기』「왕제(王制)」【176d】: 八十拜君命, 一坐再至. 瞽亦如之. 九十使人受.
6) 『맹자』「진심상(盡心上)」: 王子有其母死者, 其傅爲之請數月之喪. 公孫丑曰,
   “若此者何如也?”曰, “是欲終之而不可得也. 雖加一日愈於已, 謂夫莫之禁而弗
   爲者也.”
7) 『맹자』「고자하(告子下)」: 孟子居鄒, 季任爲任處守, 以幣交, 受之而不報, 處於
   平陸, 儲子爲相, 以幣交, 受之而不報. 他日, 由鄒之任, 見季子, 由平陸之齊, 不
   見儲子.
8) 좌(髽)는 상중(喪中)에 부녀자들의 머리모양으로, 북상투를 뜻한다. 머리를 묶
   을 때에는 마(麻)로 된 천을 사용했으며, 남자들의 괄발(括髮)과 같은 것이다.
9) 단(袒)은 상중(喪中)에 남자들이 취하는 복장 방식이다. 상의 중 좌측 어깨 쪽
   을 드러내는 방법이다.
10) 용(踊)은 상중(喪中)에 취하는 행동으로, 곡(哭)에 맞춰서 발을 구르는 행위이
    다.
11) 『예기』「상복사제(喪服四制)」【721d】: 禿者不髽, 傴者不袒, 跛者不踊, 老病不
    止酒肉.

해당한다. 남녀는 물건을 건넬 때에도 집적 손으로 주고받지 않지만, 형수가 물에 빠지게 되면, 직접 손을 잡고서 건져 올리며,12) 군자는 본래 의관(衣冠)을 바르게 하는데, 같은 방에 있던 자들 사이에 다툼이 발생한다면, 머리가 풀어져있고 갓끈만 맨 상태라고 하더라도, 달려가서 그들을 말리니,13) 이러한 경우들이 바로 재난을 당하여 부득이하게 따르지 못하는 경우에 해당한다. 산악 지형에 거주하는 자들은 물고기나 자라 등을 제물(祭物)로 쓰는 것을 예법으로 여기지 않고, 하천 지형에 거주하는 자들은 사슴이나 돼지 등을 제물로 쓰는 것을 예법으로 여기지 않으니,14) 이러한 경우들이 바로 그 지역에서 생산되지 않는 것이어서 사용할 수 없는 경우에 해당한다. 무릇 이러한 경우들은 모두 정상적인 예법에 대한 변례(變禮)에 해당한다.

鄭注 禮許儉, 不非無也. 年五十始杖, 八十拜君命, 一坐再至.

번역 예(禮)에서는 검소함을 인정하며, 없는 것을 탓하지 않는다. 사람의 나이가 50세가 되면, 비로소 지팡이를 잡게 되고,15) 80세가 되면, 군주의 명(命)을 받으며 절을 할 때에도, 한쪽 무릎만 꿇고, 머리만 두 번 땅에 닿게 절을 한다.16)

釋文 筋音斤.

---

12) 『맹자』「이루상(離婁上)」: 曰, 嫂溺不援, 是豺狼也. <u>男女授受不親</u>, 禮也, <u>嫂溺,</u> <u>援之以手</u>者, 權也.

13) 『맹자』「이루하(離婁下)」: 今有<u>同室之人鬪</u>者, 救之, 雖<u>被髮纓冠而救之</u>, 可也.

14) 『예기』「예기(禮器)」【295a】: 居山以魚鼈爲禮, 居澤以鹿豕爲禮, 君子謂之不知禮.

15) 『예기』「왕제(王制)」【177d】: 五十始衰, 六十非肉不飽, 七十非帛不煖, 八十非人不煖, 九十雖得人不煖矣. <u>五十杖於家</u>, 六十杖於鄉, 七十杖於國, 八十杖於朝, 九十者, 天子欲有問焉, 則就其室, 以珍從.

16) 『예기』「왕제(王制)」【176d】: <u>八十拜君命, 一坐再至</u>. 瞽亦如之. 九十使人受.

번역 '筋'자의 음은 '斤(근)'이다.

集解 愚謂: 貨財·筋力, 所以行禮也. 然人之所無而不可强者, 君子有所不責焉, 所以通禮之窮也.

번역 내가 생각하기에, 재화와 근력은 예(禮)를 따르는 방법들이다. 그러나 남들에게 없는 것을 강요할 수는 없으며, 군자(君子) 또한 그러한 점들을 탓하지 않았으니, 이것은 곧 예법대로 따를 수 없는 점을 변통해준 것이다.

이름[名]과 자(字)에 대한 규정

【25c】

> 名子者, 不以國, 不以日月, 不以隱疾, 不以山川.

직역 子를 名하는 경우, 國으로써 不하고, 日月로써 不하며, 隱疾로써 不하고, 山川으로써 不한다.

의역 자식의 이름을 지을 경우에는 국명(國名)으로 짓지 않고, 해나 달 등의 고유명사로 짓지 않으며, 그에게 있는 은질(隱疾)[1]로써 짓지 않고, 산천(山川) 등의 지명(地名)으로 짓지 않는다.[2]

集說 常語易及, 則避諱爲難, 故名子者不之用.

번역 일상적으로 사용하는 용어들은 자주 언급되므로, 피휘(避諱)하기가 어렵게 된다. 그렇기 때문에 자식의 이름을 지을 때에는 이러한 용어들을 사용하지 않는 것이다.

大全 王氏子墨曰: 名子, 父之責也. 命之名, 所以示之敎也. 以國非, 所以

---

1) 은질(隱疾)은 겉으로 잘 드러나지 않는 질병들을 뜻한다.
2) 『춘추좌씨전』「환공(桓公) 6년」: <u>不以國</u>, 不以官, <u>不以山川, 不以隱疾</u>, 不以畜牲, 不以器幣.

敎謙也, 以日月非, 所以敎敬也, 以隱疾非, 所以敎之進乎德也, 以山川非, 所以敎之求諸己也. 命名而必示之敎, 申繻所謂以德命爲義者也. 雖古人之名其子, 或有所因, 不盡若是, 而曲禮之意, 蓋主乎以德命也. 又況以諱事神, 周道也. 名終而將諱之, 得不擇夫可諱者以名之乎? 子生三月而父名之, 既有以敎其終身, 而又慮其子若孫之難避也, 不亦太早計乎? 非早計也, 君子之所以示其子孫無非爲其遠之慮也. 於名而慮其遠如是, 則將無所不慮乎遠也. 以爲鬼神而諱之, 多且百年, 少亦數十載之後矣, 而其諱之難易, 基於一日命名之初. 是以君子之於子孫, 無非於其始而謹之也. 於名而謹其始如是, 則將無所不謹其始也. 是曲禮之意也.

번역 왕자묵[3]이 말하길, 자식의 이름을 짓는 일은 부친의 책무이다. 자식에게 이름을 지어준다는 행위는 그에게 일종의 가르침을 주는 방법이 된다. 국명(國名)으로 이름을 짓지 않는 이유는 겸양(謙讓)을 가르치기 위해서이며, 해나 달 등의 명칭으로 이름을 짓지 않은 이유는 공손함을 가르치기 위해서이고, 질병 등의 명칭으로 이름을 짓지 않는 이유는 자식에게 수양에 정진하여 덕(德)으로 나아가게끔 가르치기 위해서이며, 산천(山川)의 지명(地名)으로 이름을 짓지 않는 이유는 원인과 문제를 자기 자신에게서 찾도록 가르치기 위해서이다.[4] 따라서 자식에게 이름을 지어줄 때에는 반드시 그것을 통해 교훈을 부여해야 하니, 이것은 곧 신수(申繻)가 언급했던 다섯 가지 작명(作名)하는 방법 중, "덕의 뜻으로써 이름을 짓는 것은 '의(義)'에 해당한다."[5]라는 말에 해당한다. 비록 고대인들이 자식의 이름을 지을 때, 간혹 경문에서 금지하는 것들을 그대로 준수했던 자들도 있었겠지만, 모두가 이처럼 따르지는 않았을 것이다. 따라서 「곡례」편에서 말하고자 하는 내용은 아마도 덕(德)과 관련된 뜻으로써 자식의 이름을 지어주어야 한다는데 주안점이 있는 것 같다. 하물며 피휘(避諱)를 하여 귀신을

---

3) 왕자묵(王子墨, ? ~ ?) : =왕씨(王氏). 자세한 이력이 남아 있지 않다.
4) 『논어』「위령공(衛靈公)」: 子曰, 君子<u>求諸己</u>, 小人求諸人.
5) 『춘추좌씨전』「환공(桓公) 6년」: 公問名於申繻. 對曰, "名有五, 有信, 有義, 有象, 有假, 有類. 以名生爲信, <u>以德命爲義</u>, 以類命爲象, 取於物爲假, 取於父爲類.

섬겼던 방법은 주(周)나라에서 보편적으로 따랐던 도리였다.6) 사람의 이름은 그 자가 죽게 되면, 피휘를 하게 되는데, 피휘를 할 수 있는 글자들을 가려내지 않고서, 자식의 이름을 지어줄 수 있었겠는가? 자식이 태어나면 3개월이 지나고 나서야, 부친이 그에게 이름을 지어주는데,7) 이름을 지어줄 때에는 그 이름에 자식이 종신토록 가르침으로 삼을만한 뜻이 담겨 있어야 하며, 더군다나 그 자식이 죽게 되면, 훗날 자손들이 피휘를 하게 되는데, 피휘를 할 때 곤란함이 있게 될 것까지 고려해야 하니, 또한 이처럼 하는 것은 너무 지나친 것은 아닌가? 그렇지 않다. 군자(君子)가 자손에게 물려주는 것들 중에는 원대하고 심사숙고하지 않은 것들이 없다. 이름을 짓는 것처럼 단순한 일에 대해서도, 이처럼 먼 훗날까지 고려를 한다면, 후세에 남겨주게 될 유산 중에는 먼 훗날까지 고려하지 않은 것들이 없게 될 것이다. 그리고 어떤 사람이 죽어서 귀신이 되었고, 이에 따라 그의 이름을 피휘하게 된다면, 피휘를 한 글자는 족히 수백 년 이후까지 지속될 것이고, 아무리 적어도 또한 수십 년 이후까지 영향을 끼칠 것인데, 자손들이 피휘를 할 때 어렵게 되느냐 또는 손쉽게 되느냐는 그 자의 이름을 짓는 그 날에 결정이 된다. 이러한 까닭으로, 군자가 자손들에게 물려주는 것들에 있어서는 그 시초부터 신중을 기하지 않은 것들이 없는 것이다. 이름을 짓는 것처럼 단순한 일에 대해서도, 이처럼 그 시초부터 신중하게 처리한다면, 후세에 남겨주게 될 유산 중에는 그 시초부터 신중하게 처리하지 않은 것들이 없게 될 것이다. 이것이 바로 「곡례」편에서 말하고 있는 본의(本意)이다.

鄭注 此在常語之中, 爲後難諱也. 春秋傳曰: "名, 終將諱之." 隱疾, 衣中之疾也, 謂若"黑臀"・"黑肱"矣. 疾在外者, 雖不得言, 尚可指摘. 此則無時可辟, 俗語云: "隱疾難爲醫."

---

6) 『춘추좌씨전』「환공(桓公) 6년」: 周人以諱事神, 名, 終將諱之. 故以國則廢名, 以官則廢職, 以山川則廢主, 以畜牲則廢祀, 以器幣則廢禮.

7) 『의례』「상복(喪服)」: 故子生三月則父名之, 死則哭之, 未名則不哭也.

번역 이름으로 사용되는 글자가 일상적으로 사용되는 글자 중에 포함되어 있다면, 훗날 피휘(避諱)를 하기 어렵게 된다. 『춘추전(春秋傳)』에서는 "이름은 그가 죽게 되면 피휘를 하게 된다."[8]라고 하였다. '은질(隱疾)'은 잘 드러나지 않는 질병이니, 마치 춘추시대(春秋時代) 때 '흑둔(黑臀)'이나 '흑굉(黑肱)' 등으로 이름을 짓는 경우를 뜻한다. 겉으로 드러나는 질병이 있는 경우에, 비록 그것을 직접적으로 말할 수 없다고 하더라도, 오히려 사람들이 지적을 할 수 있다. 따라서 이러한 이름을 짓게 된다면, 시도 때도 없이 허물로 지적될 수 있으므로, 속언(俗言)에서는 "'은질'은 치료하기조차 힘들다."라고 말한 것이다.

釋文 臀, 徒孫反. 摘, 徐吐歷反, 或音的. 醫, 於其反.

번역 '臀'자는 '徒(도)'자와 '孫(손)'자의 반절음이다. '摘'자의 서음(徐音)은 '吐(토)'자와 '歷(력)'자의 반절음이고, 혹은 그 음이 '的(적)'이 되기도 한다. '醫'자는 '於(어)'자와 '其(기)'자의 반절음이다.

孔疏 ●"名子"至"山川". ○正義曰: 此一節明與子造名字之法, 各依文解之.

번역 ●經文: "名子"~"山川". ○이 문장은 자식에게 이름을 지어줄 때의 법칙에 대해서 밝히고 있으니, 각각의 문장에 따라서 해석하겠다.

孔疏 ●"名子者不以國"者, 不以本國爲名, 故杜氏注春秋桓六年傳云: "不以本國爲名." 如是他國, 卽得爲名, 故桓十二年衛侯晉卒, 襄十五年晉侯周卒是也.

---

8) 『춘추좌씨전』「환공(桓公) 6년」: 周人以諱事神, <u>名, 終將諱之</u>. 故以國則廢名, 以官則廢職, 以山川則廢主, 以畜牲則廢祀, 以器幣則廢禮.

번역　●經文: "名子者不以國". ○"국명(國名)으로 자식의 이름을 짓지 않는다."는 말은 본인 나라의 국명으로 이름을 짓지 않는다는 뜻이다. 그렇기 때문에『춘추(春秋)』환공(桓公) 6년의 전문(傳文)에 대해서, 두예(杜預)9)의 주에서는 "본인 나라의 국명으로 이름을 짓지 않는다는 뜻이다."10)라고 말한 것이다. 만약 같은 '국명'이라고 하더라도, 본인의 나라가 아닌 다른 나라의 '국명'이라면, 그 글자들로 이름을 지을 수 있다. 그렇기 때문에 환공 12년에는 위(衛)나라 후작[侯] 진(晉)이 죽었다는 기록11)이 있는 것이고, 또 양공(襄公) 15년에는 진(晉)나라 후작 주(周)가 죽었다는 기록12)이 있는 것이니, 이 기록들이 바로 그 증거가 된다.

孔疏　●"不以日月"者, 不以甲乙丙丁爲名. 殷家得以爲名者, 殷質, 不諱名故也. 然按春秋魯僖公名申, 蔡莊公名甲午者, 周末亂世, 不能如禮, 或以爲不以日月二字爲名也.

번역　●經文: "不以日月". ○"'일월(日月)'로 이름을 짓지 않는다."는 말은 갑(甲)・을(乙)・병(丙)・정(丁)과도 같은 날짜에 쓰이는 간지(干支)들로 이름을 짓지 않는다는 뜻이다. 그러나 은(殷)나라 때에는 이러한 '간지'로써 이름을 지을 수 있었는데, 그 이유는 은나라 때의 예법(禮法)은 질박하였으므로, 이름을 피휘(避諱)하지 않았기 때문이다. 그런데『춘추』의 기록들을 살펴보면, 노(魯)나라 희공(僖公)의 이름은 '신(申)'이었고, 채(蔡)나라 장공(莊公)의 이름은 '갑오(甲午)'였다. 이러한 사례들이 발생했던 이유는 주(周)나라 말기는 난세였으므로, 예법대로 따를 만한 능력이 안 되었거

---

9) 두예(杜預, A.D.222 ~ A.D.284) : 서진(西晉) 때의 유학자이다. 자(字)는 원개(元凱)이다.『춘추경전집해(春秋經典集解)』를 저술하였는데, 이 책은 현존하는『춘추(春秋)』의 주석서 중 가장 오래된 것이며,『십삼경주소(十三經注疏)』의『춘추좌씨전정의(春秋左氏傳正義)』에도 채택되어 수록되었다.

10) 이 문장은『춘추좌씨전』「환공(桓公) 6년」의 "取於父爲類. 不以國."에 기록된 두예(杜預)의 주이다.

11)『춘추』「환공(桓公) 12년」: 丙戌, 衛侯晉卒.

12)『춘추』「양공(襄公) 15년」: 冬, 十有一月, 癸亥, 晉侯周卒.

나, 혹은 경문의 '불이일월(不以日月)'이라는 문장을 "해[日]와 달[月]을 뜻하는 이 두 글자로 이름을 지어서는 안 된다."는 뜻으로 여겼기 때문이다.

孔疏 ●"不以隱疾"者, 謂不以體上幽隱之處疾病爲名.

번역 ●經文: "不以隱疾". ○이 문장은 신체의 은밀한 곳에 생긴 질병으로 이름을 지어서는 안 된다는 뜻이다.

孔疏 ◎注"謂若黑臀·黑肱矣". ○正義曰: 按宣二年, 晉"使趙穿迎[13]公子黑臀於周而立之". 周語單子云: "吾聞晉成公之生, 夢神規其臀以黑, 使有晉國, 此天所命也." 有由而得爲名. 昭元年楚公子黑肱, 昭三十一年邾黑肱, 得爲名, 或亦有由, 或亂世而不能如禮. 云"名, 終將諱之"者, 按桓六年"九月丁卯, 子同生, 公問名於申繻, 申繻對曰: '名有五, 有信, 有義, 有象, 有假, 有類. 以名生爲信.'" 杜注云: "若唐叔虞·魯公子友"; "以德命爲義", "若文王名昌, 武王名發"; "以類命爲象", "若仲尼首象尼丘"; "取於物爲假", "若伯魚生, 人有饋之魚, 因名之曰鯉"; "取於父爲類", 若魯莊公與桓公同日生, 名之曰同也. 按傳文云: "不以官, 不以畜牲, 不以器幣." 此記文略耳. 傳云: "以官則廢職, 以山川則廢主, 以畜牲則廢祀, 以器幣則廢禮. 晉以僖侯廢司徒, 宋以武公廢司空, 先君獻武廢二山." 杜注云, 司徒改爲中軍, 司空改爲司城. 魯獻公名具, 武公名敖. 按國語: "范獻子聘魯, 問具敖之山, 魯人以鄕名對. 獻子云: '何不云具敖乎?' 對曰: '先君獻武之所諱也.'" 此等所以皆爲名者, 以其不能如禮, 故申繻言之. 周人以諱事神者, 謂周人諱神之名而事神, 其名終沒, 爲神之後, 將須諱之, 故不可以爲名也.

---

13) '영(迎)'자에 대하여. 『십삼경주소(十三經注疏)』 북경대 출판본에서는 "『민본(閩本)』·『감본(監本)』·『모본(毛本)』에서는 동일하게 '영'자로 기록하고 있고, 혜동(惠棟)의 『교송본(校宋本)』에서는 '역(逆)'자로 기록하고 있다. 완원(阮元)의 『교감기(校勘記)』에서는 '살펴보니, 영(迎)자로 기록하는 것이 선공(宣公) 2년의 전문(傳文)과 부합된다.'"라고 했다.

번역　◎鄭注: "謂若黑臀·黑肱矣". ○선공(宣公) 2년에 대한 기록을 살펴보면, 진(晉)나라에서는 "조천(趙穿)을 시켜서, 주(周)나라에서 공자(公子) 흑둔(黑臀)을 맞아오게 하여, 그를 군주로 세웠다."[14]라고 하였다. 『국어(國語)』「주어(周語)」의 기록에서는 단자(單子)가 말하길, "내가 진(晉)나라 성공(成公)의 출생에 대해서 들은 적이 있었는데, 꿈에 신(神)이 나타나 그의 엉덩이[臀]에 검은색을 칠해주었고, 그로 하여금 진나라를 소유하라고 하였으니, 이것은 하늘이 분부를 내려준 것이다."[15]라고 하였으니, 그는 이러한 연유 때문에 '흑둔(黑臀)'이라는 이름을 얻게 되었다. 그리고 소공(昭公) 1년에는 초(楚)나라 공자(公子) 위(圍)가 공자 흑굉(黑肱)을 시켜서 성을 쌓았다는 기록[16]이 있고, 소공 31년에는 주(邾)나라 흑굉(黑肱)이 노(魯)나라로 망명했다는 기록[17]이 있는데,[18] 이처럼 은질(隱疾)로 이름을 지을 수 있었던 이유는 그럴만한 사연이 있었거나, 그것이 아니라면 당시가 난세여서 예법(禮法)대로 따를 만한 능력이 안 되었기 때문이다. 정현이 『춘추좌씨전』의 기록을 인용하며, "이름은 그가 죽게 되면 피휘를 하게 된다."라고 하였는데, 환공(桓公) 6년에 대한 기록을 살펴보면, "9월 정묘(丁卯)일에, 환공의 아들 동(同)이 태어났다. 그래서 환공은 신수(申繻)에게 이름을 짓는 방법에 대해서 물어보았다. 신수가 대답하길, '이름을 짓는 방법에는 다섯 가지가 있습니다. 신(信)이라는 방법이 있고, 의(義)라는 방법이 있으며, 상(象)이라는 방법이 있고, 가(假)라는 방법이 있으며, 유(類)라는 방법이 있습니다. 태어날 때 특정 징표를 가지고 태어나서, 그것으로 이름을 짓는 방법을 신(信)이라고 합니다.'"라고 하였다. 이 문장에 대한 두예(杜預)의 주에서는 "마치 당숙우(唐叔虞)[19]나 노(魯)나라 공자 우

---

14) 『춘추좌씨전』「선공(宣公) 2년」: 宣子使趙穿逆公子黑臀于周而立之. 壬申, 朝于武宮.
15) 『국어(國語)』「주어하(周語下)」: 一旣往矣, 後之不知, 其次必此. 且吾聞成公之生也, 其母夢神規其臀以墨, 曰, "使有晉國, 三而畀驩之孫." 故名之曰, "黑臀."
16) 『춘추좌씨전』「소공(昭公) 1년」: 楚公子圍使公子黑肱·伯州犂城犨·櫟·郟.
17) 『춘추좌씨전』「소공(昭公) 31년」: 冬, 邾黑肱以濫來奔. 賤而書名, 重地故也.
18) 흑굉(黑肱)은 팔뚝에 검은 점이 있다는 뜻이다.
19) 당숙우(唐叔虞, ? ~ ?) : 무왕(武王)의 아들이자, 성왕(成王)의 동생이다. 진

(友)20)와 같은 경우이다."라고 하였다. 또『춘추좌씨전』에서는 "덕(德)의
뜻으로 이름을 지어주는 방법을 의(義)라고 합니다."라고 하였는데, 이 문
장에 대한 두예의 주에서는 "마치 문왕(文王)의 이름을 창(昌)이라고 짓고,
무왕(武王)의 이름을 발(發)이라고 지은 뜻과 같다."라고 하였다.21) 또『춘
추좌씨전』에서는 "태어날 때의 용모에 착안하여 이름을 지어주는 방법을
상(象)이라고 합니다."라고 하였는데, 이 문장에 대한 두예의 주에서는 "마
치 중니(仲尼: =孔子)의 머리 모양이 니구(尼丘)산처럼 생겨서, 이름을 '구
(丘)'라고 지은 것과 같다."라고 하였다. 또『춘추좌씨전』에서는 "태어났을
때의 물건과 관련해서, 그 뜻을 취해 이름을 짓는 방법을 가(假)라고 합니
다."라고 하였는데, 이 문장에 대한 두예의 주에서는 "마치 공자(孔子)의
아들 백어(伯魚)가 태어났을 때, 사람들이 보내온 물건 중에 물고기[魚]가
있어서, 그의 이름을 '리(鯉)'라고 지은 것과 같다."라고 하였다. 또『춘추좌
씨전』에서 말하길, "태어났을 때 부친과의 관계성에서 그 의미를 취하여,
이름을 짓는 방법을 유(類)라고 합니다."라고 하였는데,22) 이러한 경우는

(晉)나라의 시조(始祖)가 되는 인물이다.『사기(史記)』「진세가(晉世家)」에는
"晉唐叔虞者, 周武王子而成王弟. 初, 武王與叔虞母會時, 夢天謂武王曰, '余命
女生子, 名虞, 余與之唐.' 及生子, 文在其手曰'虞', 故遂因命之曰虞."라는 기록
이 있다. 즉 무왕이 꿈을 꾸었는데, 하늘이 무왕에게 "내가 너에게 자식을 내
려줄 터이니, 이름은 우(虞)이며, 그에게 당(唐)나라를 주겠노라."라고 하였다.
이후 아들을 낳았는데, 그의 손에 '우'자가 문신처럼 새겨 있어서, 그의 이름을
'우'라고 짓게 되었다.

20) 계우(季友, ? ~ B.C.644) : =성계(成季). 노(魯)나라 환공(桓公)의 아들이자,
장공(莊公)의 동생이다.『사기(史記)』「노주공세가(魯周公世家)」에는 "季友之
將生也, 父魯桓公使人卜之, 曰, '男也, 其名曰友, 間于兩社, 爲公室輔. 季友亡,
則魯不昌.' 及生, 有文在掌曰友, 遂以名之, 號爲成季. 其後爲季氏."라는 기록이
있다. 즉 환공이 '계우'를 낳기 전에 점을 쳤는데, 남자 아이가 태어날 것이며
이름을 '우(友)'라는 점괘가 나왔다. '계우'가 태어나자 그의 손바닥에 '우(友)'
자가 새겨져 있었다고 전해진다. 그래서 그의 이름을 '우'라고 지었으며, 성계
(成季)라고 불렀다. 그 후손들은 계씨(季氏)가 되었다.

21) 문왕(文王)의 이름은 창(昌)인데, 주(周)나라가 창성(昌盛)하게 될 것이라는
뜻에서, '창'이라고 지은 것이다. 무왕(武王)의 이름은 발(發)인데, 하늘이 내려
준 덕(德)을 펼친다는 뜻도 있으며, 무왕 때에 폭도들을 진압하고 천하를 통일
하기 위해 군대를 일으킨다는 뜻도 있다.

마치 노나라 장공(莊公)이 태어났을 때, 태어난 날이 그의 부친 환공(桓公)이 태어난 날과 같아서, 장공의 이름을 '동(同)'이라고 지은 경우와 같다. 또한『춘추좌씨전』을 살펴보면, "이름을 지을 때에는 관직명[官]으로 짓지 않고, '희생물로 사용되는 가축의 이름[畜牲]'으로 짓지 않으며, 각종 기물[器]이나 폐백[幣]으로 사용되는 것의 명칭으로 짓지 않는다."23)라고 하였다. 그런데 이곳『예기』의 기록에서는 세 가지 경우만 기록하고 있다. 그러나 여기에는 특별한 의미가 있는 것이 아니라, 단순히 문장을 생략해서 기록했기 때문이다. 또『춘추좌씨전』에서는 "따라서 관직명으로 이름을 짓게 되면, 그 관직을 폐지하고 다른 관직을 만들어야 하며, 산천(山川)의 명칭으로 이름을 짓게 되면, 산천의 이름을 없애고 다른 이름으로 고쳐야 하고, 희생물로 사용될 가축의 명칭으로 이름을 짓게 되면, 그 가축은 제사에 올리지 못하며, 기물이나 폐물의 명칭으로 이름을 짓게 되면, 그것들은 예물(禮物)로 사용하지 못하게 됩니다. 진(晉)나라에서는 희공(僖公) 때문에 사도(司徒)라는 관직명을 없앴고,24) 송(宋)나라에서는 무공(武公) 때문에 사공(司空)이라는 관직명을 없앴으며,25) 선군(先君)이신 헌공(獻公)과 무공(武公) 때문에 두 산의 이름을 없애게 되었습니다.26)"27)라고 했는데, 이 문

---

22)『춘추좌씨전』「환공(桓公) 6년」: 九月丁卯, 子同生. 以大子生之禮擧之, 接以大牢, 卜士負之, 士妻食之, 公與文姜·宗婦命之. 公問名於申繻. 對曰, "名有五, 有信, 有義, 有象, 有假, 有類. 以名生爲信, 以德命爲義, 以類命爲象, 取於物爲假, 取於父爲類.

23)『춘추좌씨전』「환공(桓公) 6년」: 不以國, 不以官, 不以山川, 不以隱疾, 不以畜牲, 不以器幣.

24) 진(晉)나라 희공(僖公)의 이름은 '사도(司徒)'였다. 그래서 '사도(司徒)'라는 관직명을 없애고, '중군(中軍)'이라는 명칭으로 관직명을 고치게 되었다는 뜻이다.

25) 송(宋)나라 무공(武公)의 이름은 '사공(司空)'이었다. 그래서 '사공(司空)'이라는 관직명을 없애고, '사성(司城)'이라는 명칭으로 관직명을 고치게 되었다는 뜻이다.

26) 두 산은 '구(具)'와 '오(敖)'를 뜻한다. 노(魯)나라 헌공(獻公)의 이름이 '구(具)'였고, 무공(武公)의 이름이 '오(敖)'였기 때문에, 두 산의 이름을 고치게 되었다는 뜻이다.

27)『춘추좌씨전』「환공(桓公) 6년」: 故以國則廢名, 以官則廢職, 以山川則廢主, 以

장에 대한 두예의 주에서는 '사도(司徒)'라는 관직명을 '중군(中軍)'으로 고쳤고, '사공(司空)'이라는 관직명을 '사성(司城)'으로 고쳤으며, 노나라 헌공(獻公)의 이름은 '구(具)'이고, 무공(武公)의 이름은 '오(敖)'라고 했다.[28] 『국어』를 살펴보면, "범헌자(范獻子)가 노나라에 빙문(聘問)을 와서, 구(具)산과 오(敖)산에 대해서 물었는데, 노나라 사람들은 그 산이 속한 향(鄕)의 명칭으로 대답을 하였다. 그래서 범헌자가 묻기를, '어찌하여 구(具)산과 오(敖)산이라고 부르지 않는 것입니까?'라고 하자, 대답하길, '선군이신 헌공과 무공의 이름 때문에, 피휘(避諱)를 하는 것입니다.'"[29]라고 했다. 이러한 경우들은 모두 이름을 지었던 방법들이 예법대로 따를 수 없었기 때문에, 이처럼 번잡스러운 일이 발생하게 된 것이다. 그러므로 신수가 그 부분에 대해서 충고를 해준 것이다. "주(周)나라 사람들은 피휘하여, 신(神)을 섬겼다."[30]는 말은 주나라 사람들은 신의 이름을 피휘하여, 신을 섬겼다는 뜻으로, 즉 그가 죽게 되면 그의 이름은 신의 반열에 오르게 되므로, 장차 그 이름을 피휘하게 된다. 그렇기 때문에 일상적으로 사용되는 글자들로 이름을 지어서는 안 된다는 의미이다.

集解 杜氏預曰: 隱, 痛, 疾, 病, 避不祥也.

번역 두예가 말하길, '은질(隱疾)'의 '은(隱)'자는 병통[痛]을 뜻하고, '질(疾)'자는 질병[病]을 뜻한다. 이러한 명칭으로 이름을 짓지 않는 이유는 상서롭지 못한 것을 피하기 위해서이다.

畜牲則廢祀, 以器幣則廢禮. 晉以僖侯廢司徒, 宋以武公廢司空, 先君獻·武廢二山, 是以大物不可以命.

28) 두예(杜預)의 주(注) 본문은 "僖侯名司徒, 廢爲中軍. 武公名司空, 廢爲司城. 二山, 具·敖也. 魯獻公名具, 武公名敖, 更以其鄕名山."으로 기록되어 있다.

29) 『국어(國語)』「진어구(晉語九)」: 范獻子聘於魯, 問具山·敖山, 魯人以其鄕對. 獻子曰, "不爲具·敖乎?" 對曰, "先君獻·武之諱也."

30) 『춘추좌씨전』「환공(桓公) 6년」: 周人以諱事神, 名, 終將諱之.

集解 愚謂: 日, 謂支干也, 日以支干相配爲名. 月, 謂晦・朔・弦・望, 或曰謂十二月之名, 爾雅"正月曰陬, 二月曰如"之屬, 是也.

번역 내가 생각하기에, '일(日)'자는 간지(干支)를 뜻한다. 날짜에 대해서는 간지를 배합하여 날짜에 대한 명칭으로 삼는다. '월(月)'자는 그믐[晦], 초하루[朔], 초승[弦], 보름[望] 등을 뜻한다. 혹은 12개월의 명칭이라고도 하는데, 『이아』에서 "정월을 '추(陬)'라고 부르고, 2월을 '여(如)'라고 부른다."[31]는 부류가 바로 이러한 명칭에 해당한다.

集解 愚謂: 周人以諱事神, 謂不正稱其名耳, 非謂他處皆避之也. 書言"惟有歷年", 詩言"克昌厥後", "駿發爾私", 此卽王季・文・武之名也. 則諱名之法可見矣. 周末文勝而諱避繁, 故有如此記與申繻之所言者. 雖然, 臣子尊其君父, 聞名心瞿, 有忠敬之心焉, 固非禮之訾也.

번역 내가 생각하기에, "주(周)나라 사람들은 피휘(避諱)를 하여 신(神)을 섬긴다."는 말은 직접적으로 그의 이름을 부르지 않는다는 뜻일 뿐이지, 다른 분야에 대해서도 모두 그 이름을 피휘한다는 뜻이 아니다. 『서』에서는 "긴 세월을 보내게 될 것인가."[32]라고 하였고, 『시』에서는 "그 후손들을 크게 번창하게 하였다."[33]라고 하였으며, 또 "너의 사전(私田)을 크게 경작하다."[34]라고 하였는데, 이 문장에 기록된 '력(歷)'・'창(昌)'・'발(發)'자는 왕계(王季), 문왕(文王), 무왕(武王)의 이름에 해당한다. 따라서 이러한 기록들을 통해서, 이름을 피휘하는 방법이 다른 분야에는 적용되지 않는다는 사실을 알 수 있다. 다만 주나라 말기에는 문식을 꾸미는 일이 득세하여,

---

31) 『이아』「석천(釋天)」: <u>正月爲陬, 二月爲如</u>, 三月爲寎, 四月爲余, 五月爲皋, 六月爲且, 七月爲相, 八月爲壯, 九月爲玄, 十月爲陽, 十一月爲辜, 十二月爲涂.

32) 『서』「주서(周書)・소고(召誥)」: 我不敢知曰, 有夏服天命, <u>惟有歷年</u>. 我不敢知.

33) 『시』「주송(周頌)・옹(雝)」: 宣哲維人, 文武維后. 燕及皇天, <u>克昌厥後</u>.

34) 『시』「주송(周頌)・희희(噫嘻)」: 噫嘻成王, 旣昭假爾. 率時農夫, 播厥百穀. <u>駿發爾私</u>, 終三十里. 亦服爾耕, 十千維耦.

피휘를 하는 방법이 매우 번잡해졌다. 그렇기 때문에 이와 같은『예기』의 기록들과『춘추좌씨전』에서 신수(申繻)가 언급한 내용들이 발생하게 된 것이다. 그러나 비록 그렇다고는 하지만, 신하와 자식된 자는 그의 군주와 부친을 존숭하게 되어, 그들의 이름을 듣게 된다면, 놀란 마음이 생기게 되니,35) 이것은 충심과 공경스러운 마음이 존재하기 때문이다. 따라서 이처럼 번잡한 방법에 따라 피휘를 한다고 하더라도, 진실로 예(禮)의 허물이 되는 것은 아니다.

【25d】

> 男女異長.

직역 男女는 長을 異한다.

의역 남자와 여자는 장유(長幼)의 관계를 정할 때, 각각 별도로 정한다.

集說 各爲伯仲, 示不相干雜之義也.

번역 남자와 여자가 각자 첫째나 둘째의 순서를 정한다는 뜻으로, 즉 장유(長幼)의 순서가 서로 뒤섞여서는 안 된다는 의미를 나타내고 있다.

鄭注 各自爲伯·季也.

번역 남자와 여자가 각자 첫째나 막내의 순서를 정한다는 뜻이다.

---

35)『예기』「잡기하(雜記下)」【510d】: 免喪之外行於道路, 見似目瞿, 聞名心瞿, 弔死而問疾, 顔色戚容必有以異於人也.

孔疏 ●"男女"至"而字". ○正義曰: 此一節明男女冠笄名字之法, 各依文解之.

번역 ●經文: "男女"~"而字". ○이 문장은 남녀가 관례(冠禮)나 계례(笄禮)를 치르고, 이름을 쓰거나 자(字)를 쓰는 예법(禮法)에 대해서 나타내고 있으니, 각각의 문장에 따라서 해석하겠다.

孔疏 ●"男女異長"者, 按冠禮加字之時, "伯某甫, 仲叔季, 唯其所當". 又檀弓云: "幼名冠字, 五十以伯仲." 知女子亦各自爲叔季者, 春秋隱公二年"伯姬歸于紀", 隱七年"叔姬歸于紀", 是也. 禮緯·含文嘉云: "文家稱叔, 質家稱仲." 以此言之, 則周有管叔·蔡叔之屬是文家, 故稱叔也. 禮緯又云: "嫡長稱伯, 庶長稱孟."

번역 ●經文: "男女異長". ○『의례』「사관례(士冠禮)」편을 살펴보면, 자식에게 자(字)를 지어줄 때, "큰아들 아무개 보(甫)[36]라고 하고, 둘째, 셋째, 막내의 순서에 있어서도 각각 합당하게 하였다."[37]라고 하였다. 또『예기』「단궁(檀弓)」편에서는 "어린아이는 이름을 부르고, 관례(冠禮)를 치르게 되면 자(字)를 부르며, 50세가 되면 첫째[伯]나 둘째[仲] 등의 글자를 붙여서 부른다."[38]라고 하였다. 여자에 대해서도 또한 여자들끼리 나이에 따른 서열을 매긴다는 사실을 알 수 있는데, 그 이유는『춘추(春秋)』은공(隱公) 2년에 대한 경문(經文) 기록에서, "백희(伯姬)가 기(紀)나라로 시집을 갔다."[39]라고 하였고, 또 은공 7년에는 "숙희(叔姬)가 기나라로 시집을 갔다."[40]라고 하였는데, 이 기록이 바로 여자에게도 첫째나 둘째 등으로 서열을

---

36) 보(甫)자는 남자에 대한 미칭(美稱)이다. 보(父)자와 통용된다. 이름 뒤에 붙이는 글자이다. 예를 들어 공자(孔子)의 경우, 이름 뒤에 '보'자를 붙여서 '니보(尼甫)'라고 부른다.

37) 『의례』「사관례(士冠禮)」: 字辭曰, "禮儀旣備, 令月吉日, 昭告爾字. 爰字孔嘉, 髦士攸宜. 宜之于假, 永受保之, 旦伯某甫." 仲叔季, 唯其所當.

38) 『예기』「단궁상(檀弓上)」【90b】: 幼名, 冠字, 五十以伯仲, 死謚, 周道也.

39) 『춘추』「은공(隱公) 2년」: 冬, 十月, 伯姬歸于紀.

매겼다는 증거가 된다. 예(禮)의 위서(緯書) 중 하나인『함문가(含文嘉)』에
서는 "문식을 중시한 나라[41]에서는 둘째에 대해서 '숙(叔)'이라고 부르고,
질박함을 중시한 나라[42]에서는 '중(仲)'이라고 부른다."라고 했다. 이 주장
에 근거해서 말해본다면, 주(周)나라에는 관숙(管叔)이나 채숙(蔡叔) 등이
있었으므로, 문가(文家)에 해당한다. 그렇기 때문에 '숙(叔)'자를 붙여서 부
른 것이다. 또『함문가』에서는 "첫째에 대해서 적장자의 경우에는 '백(伯)'
이라고 부르고, 서자(庶子)[43]의 경우에는 '맹(孟)'이라고 부른다."라고 했다.

【26a】

男子二十, 冠而字.

직역 男子는 二十이면, 冠하고 字한다.

의역 남자들은 20세가 되면, 관례(冠禮)를 치러주며, 자(字)를 지어준다.

集說 冠而字之, 敬其名也.

번역 관례(冠禮)를 치르고서 아들에게 자(字)를 지어주어, 앞으로는 이
름을 부르지 않고 자를 부르게 되니, 이처럼 하는 이유는 자식의 이름을
존중하기 때문이다.[44]

---

40) 『춘추』「은공(隱公) 7년」: 七年, 春, 王三月, 叔姬歸于紀.
41) 문가(文家)는 문화와 예(禮)를 숭상한 나라를 뜻한다.
42) 질가(質家)는 문화나 예(禮)와 같은 문식(文飾)보다는 질박함을 숭상한 나라
    를 뜻한다.
43) 이 문장에서 말하는 '서자(庶子)'는 후대에서 일반적으로 말하는 '서자'라는 뜻
    이 아니다. 종가(宗家)를 제외한 나머지 가문의 아들 중 장자들을 뜻한다.
44) 『의례』「사관례(士冠禮)」: 三加彌尊, 諭其志也. 冠而字之, 敬其名也. /『예기』

鄭注 成人矣, 敬其名.

번역 성인(成人)이 되면, 그의 이름을 존중해주기 때문에, 이름을 부르지 않고, 자(字)를 부르는 것이다.

釋文 冠, 古亂反.

번역 '冠'자는 '古(고)'자와 '亂(란)'자의 반절음이다.

【26a】

父前子名, 君前臣名.

직역 父前에는 子名하며, 君前에는 臣名한다.

의역 남자가 성인(成人)이 되어, 자(字)를 받았다고 하더라도, 자식은 부친 앞에서 자신의 자를 쓰지 않고, 이름을 일컫게 되며, 군주 앞에서도 신하들은 자신의 이름을 일컫게 된다.

集說 呂氏曰: 事父者, 家無二尊, 雖母不敢以抗之, 故無長幼皆名, 不敢致私敬於其長也. 事君者, 國無二尊, 雖父不可以抗之, 故無貴賤尊卑皆名, 不敢致私敬於其所尊貴也. 春秋鄢陵之戰, 欒書欲載晉侯, 其子鍼曰書退, 此君前臣名, 雖父亦不敢抗也.

번역 여씨가 말하길, 부친을 섬기는 경우, 집안에는 부친보다 존엄한

「교특생(郊特牲)」【335c】: 適子冠於阼, 以著代也. 醮於客位, 加有成也. 三加彌尊, 喩其志也. <u>冠而字之, 敬其名也</u>.

자가 없으니,45) 비록 모친이라고 하더라도, 감히 부친의 존엄함에는 견줄 수가 없다. 그렇기 때문에 부친 앞에서는 나이에 상관없이 모두 이름을 대게 되는데, 이름을 부르지 않고 자(字)로 부르는 것은 상대방을 공경하는 행위가 되어, 부친 앞에서는 자신보다 연장자에게 감히 사사로운 공경을 표할 수가 없기 때문이다. 군주를 섬기는 경우, 국가에는 군주보다 존엄한 자가 없으니,46) 비록 자신의 부친이라고 하더라도, 군주의 존엄함에는 견줄 수가 없다. 그렇기 때문에 군주 앞에서는 신분이나 관직에 상관없이 모두 이름을 대게 되는데, 이름을 부르지 않고 다른 명칭으로 부르는 것은 상대방을 공경하는 행위가 되어, 군주 앞에서는 자신보다 존귀한 자에게 감히 사사로운 공경을 표할 수가 없기 때문이다. 『춘추(春秋)』에 기록된 언릉(鄢陵) 땅의 전투에서, 난서(欒書)가 진(晉)나라 후작을 수레에 태우려고 하였는데, 난서의 아들 난침(欒鍼)은 군주의 앞에서 자신의 부친에게, "'난서'는 물러나시오."라고 한 기록47)이 바로 군주 앞에서는 신하의 이름을 일컫는다는 용례에 해당하니, 비록 자신의 부친이 된다고 하더라도, 또한 부친의 존엄함을 감히 군주에게 견줄 수가 없기 때문이다.

大全 長樂陳氏曰: 家無二長, 故父前無伯仲之稱. 國無二上, 故君前無爵位之稱.

번역 장락진씨가 말하길, 집안에는 부친보다 높은 자가 없기 때문에, 부친 앞에서는 상대방을 첫째[伯]나 둘째[仲] 등으로 부르는 일이 없다. 나라에는 군주보다 존귀한 자가 없기 때문에, 군주 앞에서는 상대방을 작위로 부르는 일이 없다.

---

45) 『예기』「상복사제(喪服四制)」【721c】: 資於事父以事母而愛同. 天無二日, 土無二王, 國無二君, <u>家無二尊</u>, 以一治之也, 故父在爲母齊衰期者, 見無二尊也.

46) 『예기』「상복사제(喪服四制)」【721c】: 資於事父以事母而愛同. 天無二日, 土無二王, <u>國無二君</u>, 家無二尊, 以一治之也, 故父在爲母齊衰期者, 見無二尊也.

47) 『춘추좌씨전』「성공(成公) 16년」: 六月, 晉‧楚遇於<u>鄢陵</u>. …… <u>欒書將載晉侯. 鍼曰, "書退! 國有大任, 焉得專之?</u> 且侵官, 冒也; 失官, 慢也; 離局, 姦也. 有三罪焉, 不可犯也."

鄭注 對至尊, 無大小皆相名.

번역 지극히 존엄한 자를 대할 때, 그 앞에서는 대소(大小)의 구분 없이 모두 서로의 이름을 부르게 된다.

孔疏 ●"君前臣名"者, 成十六年鄢陵之戰, 公陷于淖, 欒書欲載晉侯, 鍼曰: "書退." 鍼是書之子, 對晉侯而稱書, 是於君前臣名其父也.

번역 ●經文: "君前臣名". ○성공(成公) 16년에 일어난 언릉(鄢陵) 땅에서의 전투 기록을 살펴보면, 진(晉)나라 군주의 수레가 진흙수렁에 빠지자, 난서(欒書)는 군주를 다른 수레에 태우려고 하였다. 그때 난침(欒鍼)은 "난서는 물러나시오."라고 하였다. 난침은 난서의 아들인데, 진나라 군주의 앞이었기 때문에, 부친을 부를 때, '난서'라고 말한 것이다. 이것이 바로 군주 앞인 경우라면, 신하들은 자신의 부친에 대해서도 이름을 부른다는 용례에 해당한다.

集解 賈氏公彦曰: 名受於父母爲質, 字受於賓爲文. 故君父之前稱名, 至於他人則稱字.

번역 가공언48)이 말하길, 이름의 경우 부모에게서 받은 것이므로, 상대적으로 질박한 것에 해당하며, 자(字)의 경우 빈객(賓客)에게서 받은 것이므로, 상대적으로 화려한 것에 해당한다. 그렇기 때문에 군주나 부친 앞에서는 이름을 대는 것이고, 다른 사람들과 대화를 할 때라면, 자(字)를 대는 것이다.49)

---

48) 가공언(賈公彦, ? ~ ?): 당대(唐代)의 유학자이다. 정현(鄭玄)을 존숭하였다. 예학(禮學)에 조예가 깊었다. 『주례소(周禮疏)』, 『의례소(儀禮疏)』 등의 저서를 남겼으며, 이 저서들은 『십삼경주소(十三經注疏)』에 포함되었다.
49) 이 문장은 『의례』「사관례(士冠禮)」편의 "冠而字之, 敬其名也."에 대한 가공언(賈公彦)의 소(疏)이다.

集解 胡氏銓曰: 宣十五年申犀謂楚王曰, "毋畏知死而不敢廢王命", 襄二十一年欒盈謂王行人曰, "陪臣書", 皆名其父於君前也. 於他國君亦然. 成三年荀罃謂楚王曰, "以賜君之外臣首."

번역 호전이 말하길, 선공(宣公) 15년에 대한 기록에서, 신서(申犀)가 초왕(楚王)에게 "저의 부친 무외(毋畏)는 죽을 줄 알면서도 감히 왕께서 내리신 명령을 어길 수가 없었습니다."50)라고 하였고, 양공(襄公) 21년에는 난영(欒盈)이 주(周)나라 천자에게 행인(行人)을 통해 호소하며, 자신의 조부 난서(欒書)를 가리켜, '신하인 서(書)'51)라고 하였다. 이러한 기록들에서는 모두 군주 앞에서 자신의 부친을 부를 때 그 이름을 대고 있다. 한편 다른 나라의 군주 앞이라고 하더라도, 자신의 부친을 부를 때에는 마찬가지로 그 이름을 대는 것이다. 성공(成公) 3년에 진(晉)나라 순앵(荀罃)은 초왕에게 자신의 부친 순수(荀首)를 가리켜, '군주님의 외국 신하인 수(首)에게 은혜를 베푸시면'52)이라고 하였다.

集解 愚謂: 成人雖爲之字, 然對君而言臣, 對父而言子, 則皆稱其名. 謂卿大夫於君前名其僚友, 子於父前名其兄弟, 蓋至尊之前無私敬也. 統以父則皆子, 統以君則皆臣, 故對父, 雖弟亦名其兄; 對君, 雖子亦名其父也.

번역 내가 생각하기에, 성인(成人)이 된 자에게 비록 자(字)를 지어준다고 하지만, 군주[君]에 대해서는 여전히 신하[臣]라고 부르고, 부친[父]에 대해서는 여전히 자식[子]이라고 부르게 되니, 그들 앞에서는 모두 이름을 대는 것이다. 즉 경(卿)이나 대부(大夫)들은 그들의 군주 앞에서 동료 관료들을 부를 때 이름을 부르게 되고, 자식은 부친 앞에서 그들의 형제들을

50) 『춘추좌씨전』「선공(宣公) 15년」: 夏五月, 楚師將去宋, 申犀稽首於王之馬前曰, "毋畏知死而不敢廢王命, 王棄言焉."

51) 『춘추좌씨전』「양공(襄公) 21년」: 欒盈過於周, 周西鄙掠之. 辭於行人曰, "天子陪臣盈, 得罪於王之守臣, 將逃罪. 罪重於郊甸, 無所伏竄, 敢布其死, 昔陪臣書能輸力於王室, 王施惠焉."

52) 『춘추좌씨전』「성공(成公) 3년」: 若從君之惠而免之, 以賜君之外臣首.

부를 때 이름을 부르게 된다는 뜻이니, 아마도 존엄한 자 앞에서는 다른 사람에 대하여 개인적인 공경함을 나타낼 수 없기 때문일 것이다. 자식들은 부친에게 종속되므로, 모두 자식[子]의 신분이 되고, 신하들은 군주에게 종속되므로, 모두 신하[臣]의 신분이 된다. 그렇기 때문에 부친 앞에서는 본인이 비록 동생의 입장이라고 하더라도, 그의 형을 부를 때 이름으로 부르는 것이고, 군주 앞에서는 본인이 비록 자식의 입장이라고 하더라도, 그의 부친을 부를 때 이름으로 부르는 것이다.

【26b】

女子許嫁, 笄而字.

직역 女子는 許嫁을 하고서, 笄를 하고 字를 한다.

의역 여자의 경우에는 혼인이 결정된 이후에야, 비녀를 꼽고 자(字)를 지어준다.

集說 許嫁, 則十五而笄; 未許嫁, 則二十而笄. 亦成人之道也, 故字之.

번역 혼인이 결정된 이후라면, 15세 때 비녀를 꼽게 되고, 아직 혼인이 결정되지 않은 경우라면, 20세가 되어서야 비녀를 꼽게 된다. 비녀를 꼽는 행위 또한 성인(成人)으로 대우하는 도리이다. 그렇기 때문에 비녀를 꼽은 다음에는 자(字)로 부르는 것이다.

大全 王氏子墨曰: 長者, 伯·仲·叔·季之序也. 男子伯仲叔季之序, 達於四方, 女子之長少, 則不出閨闥而已. 其各爲長, 宜也. 冠, 成人之服也. 自成童, 至於成人矣, 其可不敬其名乎? 於是從而字之, 亦宜也. 夫成人, 則人以字稱我矣, 則人之名, 非我所當名也. 又況有長幼之序・貴賤之別, 其可名之哉? 而有時乎名之者, 君父之前, 尊有所伸, 則私有所屈也. 一家之尊, 無有加於父也. 父之前無長幼, 皆名之, 不敢致私敬於其長也. 天下之尊, 無以加於君也. 君之前無貴賤, 皆名之, 不敢致私敬於其所貴也. 女子之笄, 猶男子之冠. 閨門之內, 亦當敬其名. 不言許嫁之年, 不可以預定也. 聖人之制禮, 未嘗不謹其微也. 男女之別, 居有堂室之分, 衣有桃枊之異, 所以爲內外之辨, 亦至矣. 而必異其長, 以明其無所不當別異也, 聖人之慮, 蓋微也. 冠禮, 醮而三加, 猶懼其幼志之未棄, 名字之間, 若未容遽, 示以所敬也. 而必敬其名者, 以爲少長之禮, 於是乎分也. 字之以別少長, 聖人之慮, 蓋微也. 晨昏之禮, 行於家, 朝覲之禮, 行於國, 登降・拜俯・趨進・應對之節, 截乎其嚴矣. 父子家庭之言, 君臣燕閒之際, 或不名其兄弟同列之名, 若未害也, 而聖人之意, 以爲君父之前而不名其兄弟同列, 則於臣子之敬, 有所未足也, 聖人之慮, 蓋微也. 男女雖異, 而伯仲之序, 可以同者, 必吾同氣之兄弟也. 以吾同氣之兄弟而猶不與之同其長, 則男女之別, 可不致其嚴哉? 冠而見字, 所以責成人之禮備也. 夫人且將敬我矣, 我可不思所以自敬乎, 可不懼不足以得人之敬乎? 侍父侍君, 語之及乎他人者, 猶必謹而名之而畏乎語之誤也, 則兢兢慄慄之念, 豈容不加乎, 起敬起孝之誠, 豈容不至乎? 然則聖人之謹其微, 所以愛天下後世者, 深矣.

번역 왕자묵이 말하길, '장(長)'이라는 것은 백(伯)・중(仲)・숙(叔)・계(季) 등으로 형제들의 서열을 나누는 것을 뜻한다. 남자의 경우, 형제의 서열을 백・중・숙・계로 정하는데, 이 서열은 어느 곳에서나 두루 통용이 된다. 한편 여자들 사이에서 나뉘는 서열의 경우, 집안에서는 통용되지만, 집밖에서는 통용되지 않을 따름이다. 따라서 남자와 여자가 각각 그들 사이에서 위계질서를 정하는 것이 마땅한 것이다. '관(冠)'을 쓴다는 것은 성인(成人)의 복식에 해당한다. 성동(成童)[53]의 상태에서 성인(成人)이 되었

---

53) 성동(成童)은 아동들 중에서도 나이가 찬 자들을 뜻한다. 8세 이상이 된 아동을 뜻한다고 풀이하기도 하며, 15세 이상이 된 아동을 뜻한다고 풀이하기도 한다. 이 문장에서는 후자의 뜻이다. 『춘추곡량전』「소공(召公) 19년」의 "羈貫

으므로, 그 자의 이름을 존중하지 않을 수가 있겠는가? 그러므로 이 시기부
터 이러한 이유에 따라서 그를 자(字)로 부르는 것이 또한 마땅한 것이다.
무릇 성인이 되었다면, 남들도 나를 자(字)로 부르게 되니, 남의 이름에 대
해서, 내가 그 자를 부를 때 이름으로 부르는 것은 잘못된 것이다. 하물며
남자들 사이에는 장유(長幼)의 서열이 있고, 귀천(貴賤)의 구별이 있는데,
상대방을 부를 때 이름으로 불러서야 되겠는가? 그러나 때에 따라서는 이
름으로 부르는 경우도 있으니, 군주나 부친의 앞인 경우라면, 상대방을 부
를 때 이름으로 불러야 한다. 그 이유는 존귀한 자에게는 그에 대한 존귀함
을 펼쳐야 하는 점이 있으니, 개인적으로 굽혀야 하는 점이 생기기 때문이
다. 한 가정 내에서는 부친보다 존귀한 자가 없다. 따라서 부친 앞에서는
나이에 상관없이, 모두들 이름으로 부르게 되니, 상대방이 자신보다 연장자
라고 하더라도, 부친 앞에서는 감히 개인적인 공경함을 나타낼 수가 없기
때문이다. 한편 천하에는 군주보다 존귀한 자가 없다. 따라서 군주 앞에서
는 신분에 상관없이, 모두들 이름으로 부르게 되니, 상대방이 자신보다 존
귀한 신분이라고 하더라도, 군주 앞에서는 감히 개인적인 공경함을 나타낼
수 없기 때문이다. 여자가 비녀[笄]를 꼽는 것은 마치 남자들이 관(冠)을
쓰는 것과 같다. 집안에서라면 또한 여자에 대해서도 마땅히 그녀의 이름
을 존중하여, 비녀를 꼽은 여자에 대해서는 자(字)로 불러야 한다. 그런데
경문에서는 혼인이 결정된 나이에 대해서 언급하지 않고 있다. 그 이유는
혼인이 결정되는 나이는 불규칙적이어서 미리 단정할 수 없기 때문이다.
성인(聖人)이 예법(禮法)을 제정했을 때, 일찍이 아주 세세한 부분까지 신
중을 기하지 않은 것이 없었다. 따라서 남녀의 유별(有別)함에 대해서도,
거주지에는 남자가 머무는 당(堂)과 여자가 머무는 실(室)의 구분을 두었
고,54) 의복에 대해서도 남녀가 옷걸이를 별도로 사용하도록 규정을 두었으
니,55) 이처럼 내외(內外)를 구분 짓는 방법들이 또한 지극히 세밀하였던

　　成童, 不就師傅, 父之罪也."라는 기록에 대해, 범녕(范甯)의 주에서는 "成童,
　　八歲以上."이라고 풀이했고, 『예기』「내칙(內則)」편의 "成童, 舞象, 學射御."라
　　는 기록에 대해, 정현의 주에서는 "成童, 十五以上."이라고 풀이했다.
54) 『예기』「중니연거(仲尼燕居)」【604d】: 室而無奧阼, 則亂於堂室也.

것이다. 그리고 남녀의 서열을 반드시 각각 다르게 정했던 것도, 이를 통해 마땅히 구별을 두고 차이를 두지 않았던 점이 없다는 사실을 나타낸 것이니, 성인의 사려가 매우 세밀하였던 것이다. 관례(冠禮)를 치르면서, 초(醮)[56]를 하고 삼가(三加)를 하는 것[57]은 그가 어렸을 때 가지고 있었던 마음가짐을 아직까지도 버리지 못했을까 염려해서이며, 그를 부를 때 이름[名]으로 부르는 시기와 자(字)로 부르는 시기가 이처럼 긴 차이를 보이는 것도 이를 통해 성인으로서 그를 존중해주는 점이 있음을 보이기 위해서이다. 그리고 반드시 그의 이름을 존중해주는 이유는 어린아이와 어른의 예법이 이 시기에 나뉘게 된다고 여겼기 때문이다. 즉 그를 부를 때 자(字)로 부름으로써, 어린아이와 어른을 구별하였으니, 성인의 사려가 매우 세밀하였던 것이다. 새벽에 문안인사를 드리고 저녁에 잠자리를 살피는 예법[58]은 집안에서 시행하며, 조근(朝覲)의 예법[59]은 나라 안에서 시행하는데, 이러한 예법들을 시행할 때 따르게 되는 '계단에 오르거나 내리고, 절을 하거나 숙이고, 종종걸음으로 나아가거나, 응대하는 법도'들은 매우 엄격하게 규정

---

55) 『예기』「곡례상(曲禮上)」【23d】: 男女不雜坐, <u>不同椸枷</u>, 不同巾櫛, 不親授.

56) 초(醮)는 관례(冠禮)나 혼례(婚禮)에서 술과 관련된 의식 절차를 뜻하며, 례(醴)와 상대된다. 존귀한 자가 신분이 낮은 자에게 술을 따라주게 되는데, 술 잔을 받은 자는 그 술을 다 마시게 되지만, 서로 술을 권하지는 않는 것을 '초'라고 부른다. 『의례』「사관례(士冠禮)」에는 "若不醴, 則醮, 用酒."라는 기록이 있고, 이에 대한 정현의 주에서는 "酌而無酬酢曰醮."라고 풀이했다.

57) 『예기』「관의(冠義)」【689c】: 故冠於阼, 以著代也. 醮於客位, <u>三加彌尊</u>, 加有成也.

58) 『예기』「곡례상(曲禮上)」【13d】: 凡爲人子之禮, 冬溫而夏凊, <u>昏定而晨省</u>, 在醜夷不爭.

59) 군주가 신하를 만나보는 예법(禮法)에는 조(朝), 근(覲), 종(宗), 우(遇), 회(會), 동(同) 등이 있고, 신하가 군주를 찾아뵙는 예법에는 존(存), 부(頫), 성(省), 빙(聘), 문(問) 등이 있다. 한편 신하가 군주를 찾아뵙는 예법을 조근(朝覲)이라고도 하며, 조, 근, 회, 동을 제후가 천자를 찾아뵙는 예법으로 설명하기도 한다. 또한 제후가 천자를 찾아뵐 때, 각 계절별로 그 명칭을 다르게 부르기도 하는데, 봄에 찾아뵙는 것은 '조'에 해당하고, 여름은 '종'에 해당하며, 가을은 '근'에 해당하고, 겨울은 '우'에 해당한다. 정무 보고와 우호 증진 등에 따라 조, 근, 회, 동의 명칭을 다르게 부르기도 한다. 이 문장에서는 천자가 제후와 만나는 예법의 총칭으로 사용되었다.

되었다. 부친과 자식들이 가정에서 대화를 하거나, 군주와 신하들이 연회를 열 때, 간혹 그들의 형제나 동렬에 속한 관원들을 이름으로 부르지 않아도 큰 해가 될 것 같지는 않다. 그러나 성인이 이러한 예법을 제정한 의도는 다음과 같다. 만약 군주나 부친 앞에서 그들의 형제나 동렬에 속한 관원들을 부를 때, 이름으로 부르지 않는다면, 신하나 자식된 자가 그들의 군주나 부친에 대해, 공경하는 마음을 충분히 발휘하지 못하는 점이 생길 수 있게 된다. 따라서 이러한 규범을 제정한 것이니, 성인의 사려가 매우 세밀하였던 것이다. 남자와 여자가 비록 각각 서열을 매긴다고 하더라도, 그들 사이의 서열을 동일하게 적용할 수 있는 이유는 그들은 자신과 같은 피를 나눈 틀림없는 형제들이기 때문이다. 그런데 자신과 같은 피를 나눈 형제들이라고 하더라도, 오히려 남녀 사이의 서열을 함께 매기지 않았으니, 남녀 사이의 유별(有別)함에 대해서, 엄격하게 지키지 않아서야 되겠는가? 관례를 치른 뒤에 자(字)를 부르는 것은 그에게 성인(成人)으로서의 예법을 갖추도록 책무를 주는 방법이다. 무릇 남들도 또한 자신을 존중하게 되는데, 자기 자신이 스스로를 존중하는 방법들을 생각하지 않을 수가 있겠는가? 그리고 자신이 남들로부터 존중함을 받기에 충분치 못함을 걱정하지 않을 수가 있겠는가? 부친이나 군주를 모시면서, 이름을 부르게 되는 대상은 자신의 형제나 동료에게만 한정되지 않고, 모든 사람들에게까지 적용되니, 반드시 신중하게 생각하여 상대방의 이름을 불러야 하고, 호칭의 잘못이 생길 것을 걱정해야 한다. 따라서 전전긍긍하며 조심하는 마음에 어찌 노력을 더하지 않을 수 있겠는가? 그리고 공경과 효성을 나타내려는 정성스러운 마음을 어찌 극진히 하지 않을 수가 있겠는가? 그러므로 성인(聖人)은 세세한 것에 대해서 신중을 거듭해서 예법을 제정했던 것이니, 천하와 후세사람들을 사랑했던 마음이 매우 깊었던 것이다.

鄭注 以許嫁爲成人.

번역 혼인이 결정된 여자는 성인(成人)으로 여기는 것이다.

釋文 笄, 古兮反.

번역 '笄'자는 '古(고)'자와 '兮(혜)'자의 반절음이다.

訓纂 春秋僖九年公羊傳, "婦人許嫁, 字而笄之." 何休注, "字者, 尊而不泄, 所以遠別也. 笄者, 簪也, 所以繫持髮, 象男子飾也. 服此者, 明繫屬於人, 所以養貞一也. 婚禮曰, '女子許嫁, 笄而醴之, 稱字.'"

번역 『춘추(春秋)』희공(僖公) 9년 기록에 대해, 『공양전(公羊傳)』에서는 "부인의 경우에는 혼인이 결정되어야, 자(字)를 지어주고 비녀를 꼽게 한다."60)라고 하였고, 이 문장에 대한 하휴61)의 주에서는 "'자(字)'라는 것은 대상을 존귀하게 높여서, 함부로 그의 이름을 부르지 않기 위한 것이니, 큰 거리를 두기 위한 것이다. '계(笄)'라는 것은 비녀를 꼽는다는 뜻으로, 머리를 묶기 위한 것이며, 남자가 의관을 꾸미는 것과 대비된다. 이러한 머리장식을 하는 이유는 혼인을 하여 다른 사람에게 소속되어 있음을 밝히기 위한 것이니, 정조와 순일한 마음을 배양시키는 방법이다. 『의례』「사혼례(士昏禮)」편에서는 '여자는 혼인이 약속되면 비녀를 꼽게 하고, 그녀에게 단술을 따라주며, 자(字)를 부르게 된다.'62)고 하였다."라고 하였다.

集解 愚謂: 男子冠而婦人笄, 然冠之年有一定, 而笄之年無定. 內則曰, "女子十五而笄." 蓋自十五以前未可許嫁也. 至十五始可許嫁, 許嫁則笄矣. 然許嫁不必皆十五, 卽笄亦不必皆十五也. 故於男子言二十而冠, 而女子之笄不著言其年也.

---

60) 『춘추공양전』「희공(僖公) 9년」: 秋, 七月, 乙酉, 伯姬卒, 此未適人, 何以卒. 許嫁矣, 婦人許嫁, 字而笄之. 死則以成人之喪治之.

61) 하휴(何休, A.D.129 ~ A.D.182): 전한(前漢) 때의 금문경학자(今文經學者)이다. 자(字)는 소공(邵公)이다. 『춘추공양전해고(春秋公羊傳解詁)』를 지었으며, 『효경(孝經)』,『논어(論語)』 등에 대해서도 주를 달았고, 『춘추한의(春秋漢議)』를 짓기도 하였다.

62) 『의례』「사혼례(士昏禮)」: 女子許嫁, 笄而醴之稱字.

번역 　내가 생각하기에, 성인(成人)이 되면, 남자는 관례(冠禮)를 치르고, 여자는 계례(笄禮)를 치르게 된다. 그러나 '관례'를 치르는 나이는 일정하지만, '계례'를 치르는 나이는 고정되어 있지 않다. 『예기』「내칙(內則)」편에서는 "여자는 15세가 되면 계례를 한다."[63]라고 하였는데, 아마도 15세 이전에는 아직 혼인을 약속할 수 없는 나이이기 때문일 것이다. 따라서 15세가 되면, 비로소 혼인을 약속할 수 있게 되는데, 혼인이 약속되면, 계례를 치르게 되는 것이다. 그러나 혼인을 약속하는 시기는 반드시 여자의 나이가 모두 15세일 때 하는 것이 아니므로, '계례' 또한 반드시 모든 여자가 15세일 때 치르는 것이 아니다. 그러므로 경문에서는 남자에 대해서 20세에 관례를 치른다고 명시하였지만, 여자의 '계례'에 대해서는 그 나이를 언급하지 않은 것이다.

集解 　自"名子者"至此, 記男女名字之法.

번역 　'자식에게 이름을 지어주는 경우[名子者]'[64]라는 기록부터, 이곳 문장까지는 남녀의 이름을 짓고 자(字)를 짓는 예법(禮法)에 대해서 기록하고 있다.

---

63) 『예기』「내칙(內則)」【369d】: 十有五年而笄, 二十而嫁. 有故二十三年而嫁. 聘則爲妻, 奔則爲妾. 凡女拜, 尙右手.

64) 『예기』「곡례상」【25c】: 名子者, 不以國, 不以日月, 不以隱疾, 不以山川.

ㄱ

◎ 가공언(賈公彦, ? ~ ?) : 당대(唐代)의 유학자이다. 정현(鄭玄)을 존숭하였
다. 예학(禮學)에 조예가 깊었다. 『주례소(周禮疏)』, 『의례소(儀禮疏)』
등의 저서를 남겼으며, 이 저서들은 『십삼경주소(十三經注疏)』에 포함
되었다.

◎ 가규(賈逵, A.D.30 ~ A.D.101) : 후한(後漢) 때의 경학자이다. 자(字)는 경
백(景伯)이다. 『춘추좌씨전해고(春秋左氏傳解詁)』를 지었지만, 현재 일
실되어 존재하지 않는다. 청대(淸代) 마국한(馬國翰)의 『옥함산방집일
서(玉函山房輯佚書)』와 황석(黃奭)의 『한학당총서(漢學堂叢書)』에 일
집본(佚輯本)이 남아 있다.

◎ 가례(嘉禮) : '가례'는 오례(五禮) 중 하나로, 결혼식을 치르거나, 잔치 등
을 베풀 때의 예제(禮制)를 뜻한다. 경사스러운 일이라는 뜻에서 가(嘉)
자를 붙여서 '가례'라고 부르는 것이다.

◎ 가의(賈誼, B.C.200 ~ B.C.168) : =가생(賈生) · 가장사(賈長沙) · 가태부(賈
太傅). 전한(前漢) 때의 유학자이다. 23세 때 박사(博士)가 되었고, 이후
태중대부(太中大夫)에 올랐다. 오행설(五行說)을 유학에 가미하여, 국
가 및 예악(禮樂) 등에 대한 제도를 제정하였다. 저서로는 『신서(新書)』
등이 있다.

◎ 가정본(嘉靖本) : 『가정본(嘉靖本)』에는 간행한 자의 정보가 기록되어 있
지 않다. 『십삼경주소(十三經注疏)』의 판본이다. 20권으로 구성되어 있
으며, 각 권의 뒤편에는 경문(經文)과 그에 따른 주(注)를 간략히 기록
하고 있다. 단옥재(段玉裁)는 이 판본이 가정(嘉靖) 연간에 송본(宋本)

을 모방하여 간행된 것이라고 여겼다.

◎ 간보(干寶, ? ~ A.D.336) : 동진(東晉) 때의 문인(文人)이다. 저서로는『춘추좌씨의외전(春秋左氏義外傳)』이 있고,『주역(周易)』 및 『주례(周禮)』에 대한 주를 달기도 하였다.

◎ 갈천씨(葛天氏) : '갈천씨'는 전설시대에 존재했다고 전해지는 고대 제왕(帝王)의 이름이다. 한편 '갈천씨'는 고대에 존재했었던 부락의 명칭으로도 사용되었다.

◎ 감본(監本) :『감본(監本)』은 명(明)나라 국자감(國子監)에서 간행한『십삼경주소(十三經注疏)』의 판본이다.

◎ 강영(江永, A.D.1681 ~ A.D.1762) : 청대(淸代)의 경학자이다. 자(字)는 신수(愼修)이다.『십삼경주소(十三經注疏)』에 대한 연구를 했으며, 특히 삼례(三禮)에 대해 해박했다.

◎ 개(介) : '개'는 부관을 뜻한다. 빈객(賓客)이 방문했을 때 주인(主人)과 빈객 사이에서 진행되는 절차들을 보좌했던 자들이다. 계급에 따라서 '개'를 두는 숫자에도 차이가 났다. 가령 상공(上公)은 7명의 '개'를 두었고, 후작이나 백작은 5명을 두었으며, 자작과 남작은 3명의 개를 두었다.『예기』「빙의(聘義)」편에는 "上公七介, 侯伯五介, 子男三介."라는 기록이 있다.

◎ 개성석경(開成石經) :『개성석경(開成石經)』은 당(唐)나라 만들어진 석경(石經)을 뜻한다. 돌에 경문(經文)을 새겼기 때문에, '석경'이라고 부른다. 당나라 때 만들어진 '석경'은 대화(大和) 7년(A.D.833)에 만들기 시작하여, 개성(開成) 2년(A.D.837)에 완성되었기 때문에, '개성석경'이라고도 부르는 것이다.

◎ 거국(去國) : '거국'은 국가 및 고향을 떠난다는 뜻이다.

◎ 거우(車右) : '거우'는 수레에 함께 타는 호위무사를 뜻한다. 수레의 우측에 위치하였기 때문에 '거우'라고 부르는 것이다.

◎ 건안진씨(建安眞氏) : =서산진씨(西山眞氏)

◎ 건요(乾曜) : '건요'는 태양(太陽)이라는 뜻이다. 건(乾)자는 하늘[天]을 뜻하고, 요(曜)자는 빛난다는 뜻이다. 따라서 '건요'는 하늘에서 빛나고 있는 '태양'을 뜻하는 것이다.『원사(元史)』「후비전일(后妃傳一)·순제후답납실리(順帝后答納失里)」편에는 "月之道循右行, 明同貞於乾曜."라는 기록이 있다.

◎ 견갱(犬羹) : '견갱'은 개고기로 만든 국이다.

◎ 견인(犬人) : '견인'은 개 사육을 담당하는 관리이다. 개를 사육하여 제사 등의 의식 행사 때 공급하는 일을 담당하였다. 『주례』「추관사구(秋官司寇)」편에는 "犬人, 下士二人, 府一人, 史二人, 賈四人, 徒十六人."이라는 기록이 있다. 즉 '견인'은 『주례』의 체제에 따르면 추관(秋官)에 속해 있었고, 담당관리는 하사(下士) 2명이었다. 그리고 그 휘하에는 잡무를 담당하는 부(府) 1명, 사(史) 2명, 가(賈) 4명, 도(徒) 16명이 배속되어 있다.

◎ 경전석문(經典釋文) : 『경전석문(經典釋文)』은 석문(釋文)이라고도 부른다. 당(唐)나라 때의 학자인 육덕명(陸德明)이 지은 책이다. 문자(文字)의 동이(同異) 및 음과 뜻에 대해서 풀이한 서적이다. 전체 30권으로 구성되어 있으며, 『역(易)』, 『서(書)』, 『시(詩)』, 『주례(周禮)』, 『의례(儀禮)』, 『예기(禮記)』 등 주요 유가경전(儒家經典)들에 대해 풀이하고 있다. 한편 노장사상(老莊思想)이 유행했던 당시의 영향으로, 『노자(老子)』와 『장자(莊子)』에 대한 내용 또한 수록되어 있다.

◎ 계우(季友, ? ~ B.C.644) : =성계(成季). 노(魯)나라 환공(桓公)의 아들이자, 장공(莊公)의 동생이다. 『사기(史記)』「노주공세가(魯周公世家)」에는 "季友之將生也, 父魯桓公使人卜之, 曰, '男也, 其名曰友, 閒于兩社, 爲公室輔. 季友亡, 則魯不昌.' 及生, 有文在掌曰友, 遂以名之, 號爲成季. 其後爲季氏."라는 기록이 있다. 즉 환공이 '계우'를 낳기 전에 점을 쳤는데, 남자 아이가 태어날 것이며 이름을 '우(友)'라는 점괘가 나왔다. '계우'가 태어나자 그의 손바닥에 '우(友)'자가 새겨져 있었다고 전해진다. 그래서 그의 이름을 '우'라고 지었으며, 성계(成季)라고 불렀다. 그 후손들은 계씨(季氏)가 되었다.

◎ 고공기(考工記) : 『고공기(考工記)』는 『동관고공기(冬官考工記)』라고도 부른다. 공인(工人)들에 대한 공예기술(工藝技術) 서적이다. 작자는 미상이다. 강영(江永)은 『고공기』의 작자를 제(齊)나라 사람으로 추정하였고, 곽말약(郭沫若)은 춘추시대(春秋時代) 말기에 제나라에서 제작된 관서(官書)와 관련이 깊다고 추정하였다. 『주례(周禮)』는 천관(天官), 지관(地官), 춘관(春官), 하관(夏官), 추관(秋官), 동관(冬官) 등 육관(六官)의 체제로 구성되어 있는데, 그 중 '동관'에 대한 기록이 누락되어 있어서, 한(漢)나라 무제(武帝) 때, 『고공기』를 가지고 누락된 부분을

보충하게 되었다. 그렇기 때문에 『고공기』를 또한 『동관고공기』라고도 부르는 것이다. 각종 공인들의 직책과 직무들이 기록되어 있다.

◎ 고당생(高堂生, ?~?) : 전한(前漢) 때의 학자이다. 춘추시대(春秋時代) 제(齊)나라의 경(卿)이었던 고혜(高傒)의 후손으로 알려져 있으며, 고혜가 채읍으로 받은 지명을 따서, 후손들의 성(姓)을 고당(高堂)으로 삼게 되었다고 전해진다. 진시황의 분서갱유 이후, 예학(禮學)의 최초 전수자로 알려져 있다. 『사기(史記)』「유림열전(儒林列傳)」의 기록에 따르면, '고당생'이 『사례(士禮)』 17편을 소분(蕭奮)에게 전수하였고, 소분은 맹경(孟卿)에게 전수하였으며, 맹경은 다시 후창(后蒼)에게 전수하여, 이후 대덕(戴德)과 대성(戴聖)에게 전수되었다.

◎ 고림(顧臨) : =신정고씨(新定顧氏)

◎ 고문(考文) : =고문송판(考文宋板)

◎ 고문송판(考文宋板) : 『고문송판(考文宋板)』은 일본 학자 산정정(山井鼎) 등이 출간한 『칠경맹자고문보유(七經孟子考文補遺)』에 수록된 『예기정의(禮記正義)』를 뜻한다. 산정정은 『예기정의』를 수록할 때, 송(宋)나라 때의 판본을 저본으로 삼았다.

◎ 고사고(古史考) : 『고사고(古史考)』는 초주(譙周)가 편찬한 서적이다. 본래 이 책은 25권으로 구성되어 있었으나, 송(宋)나라와 원(元)나라 시기에 산일되어 없어진 것으로 추정된다. 현재는 청(淸)나라 때의 학자인 장종원(章宗源)이 일부 남아있던 기록을 보존해둔 것이 전해질 뿐이다. 이 책은 주로 주(周)나라와 진(秦)나라 이전의 역사인 상고사(上古史)를 기록하고 있으며, 사마천(司馬遷)의 『사기(史記)』 기록에 대한 오류를 지적하고 있다. 그렇기 때문에 책 제목을 『고사고』로 지은 것이다.

◎ 고신씨(高辛氏) : '고신씨'는 곧 제곡(帝嚳)을 가리킨다. 제곡은 최초 신(辛)이라는 땅을 분봉 받았다가, 이후에 제(帝)가 되었으므로, 제곡을 '고신씨'라고도 부르는 것이다.

◎ 고양씨(高陽氏) : '고양씨'는 전욱(顓頊)을 가리킨다. '고양(高陽)'은 '전욱'이 천하를 통치할 당시의 칭호이다. '전욱'은 고대 오제(五帝) 중 하나이다. 『산해경(山海經)』「해내경(海內經)」편에는 "黃帝妻雷祖, 生昌意, 昌意降處若水, 生韓流. 韓流, …… 取淖子曰阿女, 生帝顓頊."이라는 기록이 있다. 즉 황제(黃帝)의 처인 뇌조(雷祖)가 창의(昌意)를 낳았는데, 창의가 약수(若水)에 강림하여 거처하다가, 한류(韓流)를 낳았다. 다시 한

류는 아녀(阿女)를 부인으로 맞이하여 '전욱'을 낳았다. 또한 『회남자 (淮南子)』「천문훈(天文訓)」편에는 "北方, 水也, 其帝顓頊, 其佐玄冥, 執 權而治冬."이라는 기록이 있다. 즉 북방(北方)은 오행(五行)으로 배열하 면 수(水)에 속하는데, 이곳의 상제(上帝)는 '전욱'이고, 상제를 보좌하 는 신(神)은 현명(玄冥)이다. 이들은 겨울을 다스린다. 또한 '전욱'과 관 련하여 『수경주(水經注)』「호자하(瓠子河)」편에는 "河水舊東決, 逕濮陽 城東北, 故衛也, 帝顓頊之墟. 昔顓頊自窮桑徙此, 號曰商丘, 或謂之帝 丘."라는 기록이 있다. 즉 황하의 물길은 옛날에 동쪽으로 흘러서, 복양 성(濮陽城)의 동북쪽을 경유하였는데, 이곳은 옛 위(衛) 지역으로, '전 욱'이 거처하던 터이며, 예전에 '전욱'이 궁상(窮桑) 땅으로부터 이곳으 로 옮겨왔기 때문에, 이곳을 상구(商丘) 또는 제구(帝丘)라고도 부른다.

◎ 고염무(顧炎武, A.D.1613 ~ A.D.1682) : 명말(明末) 때의 학자이다. 자(字) 는 영인(寧人)이고, 호(號)는 정림(亭林)이다. 경학과 사학(史學) 분야에 뛰어났다. 『일지록(日知錄)』 등의 저서가 있다.

◎ 곡(斛) : '곡'은 곡식의 양을 재는 기구이자, 그 수량을 표시하는 단위였 다. 지역 및 각 시대마다 다소 차이를 보이는데, 고대에는 10두(斗)가 1곡이었다. 『의례』「빙례(聘禮)」편에는 "十斗曰斛."이라는 기록이 있다.

◎ 곤령도(坤靈圖) : 『곤령도(坤靈圖)』는 『역(易)』에 대한 위서(緯書) 중 하 나이다. '위서'는 경서(經書)의 부족한 내용을 보충하기 위해 위작된 것 으로, 서한(西漢) 말기에 유행하기 시작하여, 동한(東漢) 시기에 크게 성행하였으며, 남조(南朝) 송나라 때가 되어서야 비로소 금지되기 시작 하였다.

◎ 곤형(髡刑) : '곤형'은 오형(五刑) 중에는 포함되지 않으며, 죄인의 머 리를 깎아서 치욕을 주는 형벌이다.

◎ 공가(公家) : '공가'는 일반적으로 제후의 공실(公室)을 뜻한다. 즉 군주의 집안이라는 뜻이다. 또한 '공가'는 조정(朝廷), 국가(國家) 또는 관부(官 府)를 가리키기도 하며, 공경(公卿)들의 집을 뜻하기도 한다. 뿐만 아니 라 개인과 구별되는 말로 사용되어, 국가 및 정부라는 의미로 사용되기 도 한다.

◎ 공관(公館) : '공관'은 군주가 빈객(賓客)들을 머물게 하기 위해 만든 숙소 이다. 군주의 신하들이 가지고 있는 건물은 사관(私館)에 해당하는데, 빈객이 사관에 머물 때, 군주가 명령을 내리게 되면, 그 장소는 '공관'이

되어, 빈객이 필요로 하는 것들을 지급하게 된다.

◎ 공문(公門) : '공문'은 군주가 사는 궁(宮)의 대문(大門)을 뜻한다. '공(公)' 자는 군주를 뜻하는 글자이다.

◎ 공손니자(公孫尼子, ? ~ ?) : 전국시대(戰國時代) 때의 학자이다. 공자(孔 子)의 재전제자(再傳弟子)라고 알려져 있다. 남조(南朝)의 양(梁)나라 때 학자인 심약(沈約)은 『예기(禮記)』「악기(樂記)」편이 '공손니자'의 저 작이라고 주장하였다. 한편 『한서(漢書)』「예문지(藝文志)」편에는 『공 손니자(公孫尼子)』28편과 『공손니(公孫尼)』1편이 기록되어 있는데, 전자는 유가(儒家) 계열에 포함시키고, 후자는 잡가(雜家) 계열에 포함 시키고 있지만, 해당 편들에 대한 자세한 설명이 없어서, 이 서적들이 공자의 재전제자인 '공손니자'의 저작인지는 확인할 수가 없다.

◎ 공시선생(公是先生) : =유창(劉敞)

◎ 공안국(孔安國, ? ~ ?) : 전한(前漢) 때의 학자이다. 자(字)는 자국(子國)이 다. 고문상서학(古文尙書學)의 개조(開祖)로 알려져 있다. 『십삼경주소 (十三經注疏)』의 『상서정의(尙書正義)』에는 공안국의 전(傳)이 수록되 어 있는데, 통상적으로 이 주석은 후대인들이 공안국의 이름에 가탁하 여 붙인 문장으로 인식되고 있다.

◎ 공영달(孔穎達, A.D.574 ~ A.D.648) : 당대(唐代)의 경학자이다. 자(字)는 중달(仲達)이고, 시호(諡號)는 헌공(憲公)이다. 『오경정의(五經正義)』 를 찬정(撰定)하는데 중심적인 역할을 했다.

◎ 공유사(公有司) : '공유사'는 사(士)가 맡았던 직책으로, 군주에게 특명을 받은 유사(有司)이다. '유사'는 실무 담당자를 뜻한다.

◎ 孔晁(공조, ? ~ ?) : 생몰년에 대해서는 자세히 알려져 있지 않다. 秦나라 때 五經博士가 되었다고 전해지며, 『逸周書注』를 저술하였다고 전해진 다.

◎ 곽박(郭璞, A.D.276 ~ A.D.324) : 진(晉)나라 때의 학자이다. 자(字)는 경순 (景純)이다. 저서로는 『이아주(爾雅注)』, 『방언주(方言注)』, 『산해경주 (山海經注)』 등이 있다.

◎ 관(爟) : '관'은 가장 먼저 불을 사용했던 사람이다. 후대에는 불을 담당 하는 관리를 '관' 또는 '사관(司爟)'으로 부르기도 했다. 그리고 가장 먼 저 불을 사용했던 사람에게 지내는 제사를 제관(祭爟)이라고 부른다. 『주례』「하관(夏官)・사관(司爟)」편에는 "凡祭祀, 則祭爟."이라는 기록

이 있고, 이에 대한 가공언(賈公彦)의 소(疏)에서는 "祭爟, 謂祭先出火 之人."이라고 풀이했다.

◎ **광아(廣雅)** : 『광아(廣雅)』는 위(後)나라 때 장읍(張揖)이 지은 자전(字 典)이다. 『박아(博雅)』라고도 부른다. 『이아(爾雅)』의 체제를 계승하고, 새로운 내용을 보충하여, 경전(經典)에 기록된 글자들을 해석한 서적이 다. 본래 상・중・하 3권으로 구성되어 있었지만, 수(隋)나라 조헌(曹 憲)이 재차 10권으로 편집하였다. 한편 '광(廣)'자가 수나라 양제(煬帝) 의 시호였기 때문에, 피휘를 하여, 『박아』라고 부르게 되었다.

◎ **광안유씨(廣安游氏, ? ~ ?)** : =유계(游桂)・유원발(游元發). 자세한 행적은 남아 있지 않다. 남송(南宋) 때의 학자이다. 이름은 계(桂)이고, 자(字) 는 원발(元發)이며, 호(號)는 사재(思齋)이다.

◎ **광운(廣韻)** : 『광운(廣韻)』은 수(隋)나라 때의 학자인 육법언(陸法言, ? ~ ?)이 찬(撰)한 음운학 서적이다. 여러 학자들과 논의하여 『절운(切 韻)』을 만들었는데, 당(唐)나라 때 그의 후손인 육눌언(陸訥言) 등이 주 를 달았고, 손면(孫愐)이 증보(增補)를 하여 『광운(廣韻)』으로 제목을 고쳤다. 송(宋)나라 때에는 칙명으로 다시 증보를 하여, 『대송중수광운 (大宋重修廣韻)』으로 제목을 고쳤다. 『대송중수광운』으로 개명되면서, 최초 육법언 및 손면이 편찬한 원본의 체제가 없어지게 되었다.

◎ **교감기(校勘記)** : 『교감기(校勘記)』는 완원(阮元)이 학자들을 모아서 편 차했던 『십삼경주소교감기(十三經註疏校勘記)』를 뜻한다.

◎ **교기(校記)** : 『교기(校記)』는 손이양(孫詒讓)이 지은 『십삼경주소교기(十 三經注疏校記)』를 뜻한다.

◎ **교사(郊祀)** : =교사(郊社)

◎ **교사(郊社)** : '교사'는 천지(天地)에 대한 제사를 뜻한다. 교(郊)는 천(天) 에 대한 제사를 뜻하고, 사(社)는 지(地)에 대한 제사를 뜻한다. '교사 (郊祀)'라고도 부르고, '교제(郊祭)'라고도 부른다.

◎ **교송본(校宋本)** : =혜동교송본(惠棟校宋本)

◎ **교제(郊祭)** : '교제'는 '교사(郊祀)'라고도 부른다. 교외(郊外)에서 천지(天 地)에 제사를 지냈기 때문에 붙여진 명칭이다. 음양설(陰陽說)이 성행 했던 한(漢)나라 때에는 하늘에 대한 제사는 양(陽)의 뜻을 따라 남교 (南郊)에서 지냈고, 땅에 대한 제사는 음(陰)의 뜻을 따라 북교(北郊)에 서 지냈다. 『한서』「교사지하(郊祀志下)」편에는 "帝王之事莫大乎承天之

序, 承天之序莫重於郊祀. …… 祭天於南郊, 就陽之義也. 地於北郊, 卽陰之象也."라는 기록이 있다. 한편 '교사'는 후대에 제사를 범칭하는 용어로도 사용되었다. '교사' 중의 '교(郊)'자는 규모가 큰 제사를 뜻하며, '사(祀)'는 비교적 규모가 작은 제사들을 뜻한다.

◎ 구기(九旗) : '구기'는 고대에 사용하던 9종류의 깃발을 뜻한다. 무늬가 각각 달랐으며, 사용하는 용도 또한 달랐다. 해[日]와 달[月]을 수놓은 깃발을 상(常)이라고 부르며, 교룡(交龍)을 수놓은 깃발을 기(旂)라고 부르며, 순색의 비단을 이용하여 만든 깃발을 전(旜)이라고 부르며, 색이 섞여 있는 깃발을 물(物)이라고 부르며, 곰[熊]과 호랑이[虎]를 수놓은 깃발을 기(旗)라고 부르며, 새매를 수놓은 깃발을 여(旟)라고 부르며, 거북이[龜]와 뱀[蛇]을 수놓은 깃발을 조(旐)라고 부르며, 새의 온전한 날개를 오색(五色)으로 채색하여, 깃술처럼 장식한 깃발을 수(旞)라고 부르며, 가느다란 새의 깃털을 오색으로 채색하여, 깃술처럼 장식한 깃발을 정(旌)이라고 부른다. 『주례』「춘관(春官)·사상(司常)」편에는 "掌九旗之物名, 各有屬以待國事. 日月爲常, 交龍爲旂, 通帛爲旜, 雜帛爲物, 熊虎爲旗, 鳥隼爲旟, 龜蛇爲旐, 全羽爲旞, 析羽爲旌."이라는 기록이 있다.

◎ 구두기(九頭紀) : '구두기'는 인황씨(人皇氏)를 비롯한 그의 형제 9명이 함께 통치했던 시기를 뜻한다. 구두(九頭)는 인황씨를 포함한 9명의 형제들을 가리킨다. 그 기간에 대해서 일설에는 151세대의 기간으로, 총 45,600년이었다고 설명한다. 『춘추명력서(春秋命歷序)』에는 "人皇九頭乘雲車, 駕六羽, 山谷口, 分長九州, 各立域邑, 凡一百五十一世, 合四萬五千六百年."이라는 기록이 있고, 이에 대한 송균(宋均)의 주에서는 "九頭, 兄弟九人."이라고 풀이했다.

◎ 구목(九牧) : '구목'은 구주(九州)의 목(牧)들을 뜻한다. 고대 중국은 천하를 '구주'로 구분하였는데, 각각의 주(州)에는 여러 제후들이 속해 있었다. 그 중에서 가장 뛰어난 자를 그 '주'에 속해있었던 제후들의 수장으로 삼았는데, 그를 '목'이라고 부르는 것이다. 『예기』「곡례하(曲禮下)」편에는 "九州之長, 入天子之國曰牧"이라는 기록이 있는데, 이에 대한 정현의 주에서는 "每一州之中, 天子選諸侯之賢者以爲之牧也."라고 풀이했다.

◎ 구배(九拜) : '구배'는 제사를 지낼 때 사용하게 되는 아홉 종류의 절하는

형식을 뜻한다. 계수(稽首), 돈수(頓首), 공수(空首), 진동(振動), 길배
(吉拜), 흉배(凶拜), 기배(奇拜), 포배(褒拜), 숙배(肅拜)에 해당한다. '계
수'는 절을 하며 머리가 지면에 닿도록 하는 것이며, '돈수'는 절을 하며
머리가 땅을 두드리듯이 찧는 것이고, '공수'는 절을 하며 머리가 손을
포갠 곳에 닿도록 하는 것이니, '배수(拜手)'라고 부르는 것에 해당한다.
'길배'는 절을 한 이후에 이마를 땅에 닿게 하는 것이며, '흉배'는 이마를
땅에 닿게 한 이후에 절을 하는 것이다. '진동'의 경우 애통하게 울면서
절을 하는 것을 뜻하기도 하고, 양손을 서로 부딪치는 것을 뜻하기도
하며, 위엄을 갖추고 절을 하는 것을 뜻하기도 한다. '기배'는 절하는 횟
수를 홀수로 하는 것을 뜻하기도 하며, 한쪽 무릎만 굽히고 하는 절이나
손에 쥐고 있는 물건 등에 의지해서 절하는 것을 뜻하기도 하고, 한번
절하는 것을 뜻하기도 한다. '포배'는 답배를 뜻하기도 하니, 재배(再拜)
에 해당하고, 또 손에 물건을 쥐고 절하는 것을 뜻하기도 한다. '숙배'는
단지 손을 아래로 내려서 몸에 붙이는 것에 해당한다. 『주례』「춘관(春
官)·대축(大祝)」편에는 "辨九拜, 一曰稽首, 二曰頓首, 三曰空首, 四曰
振動, 五曰吉拜, 六曰凶拜, 七曰奇拜, 八曰褒拜, 九曰肅拜, 以享右祭祀."
라는 기록이 있고, 이에 대한 정현의 주에서는 "稽首, 拜頭至地也. 頓首,
拜頭叩地也. 空首, 拜頭至手, 所謂拜手也. 吉拜, 拜而后稽顙, 謂齊衰不杖
以下者. 言吉者, 此殷之凶拜, 周以其拜與頓首相通, 故謂之吉拜云. 凶拜,
稽顙而后拜, 謂三年服者. 杜子春云, '振讀爲振鐸之振, 動讀爲哀慟之慟,
奇讀爲奇偶之奇, 謂先屈一膝, 今雅拜是也. 或云, 奇讀曰倚, 倚拜謂持
節·持戟拜, 身倚之以拜.' 鄭大夫云, '動讀爲董, 書亦或爲董. 振董, 以兩
手相擊也. 奇拜, 謂一拜也. 褒讀爲報, 報拜, 再拜是也.' 鄭司農云, '褒拜,
今時持節拜是也. 肅拜, 但俯下手, 今時揖是也. 介者不拜, 故曰爲事故, 敢
肅使者.' 玄謂振動戰栗變動之拜. 書曰王動色變. 一拜, 答臣下拜. 再拜,
拜神與尸. 享, 獻也, 謂朝獻饋獻也. 右讀爲侑. 侑勸尸食而拜."라고 풀이
했다.

◎ 구수(九數) : '구수'는 고대의 아홉 가지 계산 방법이다. 방전(方田), 속미
(粟米), 차분(差分), 소광(少廣), 상공(商功), 균수(均輸), 방정(方程), 영
부족(贏不足), 방요(旁要)를 뜻한다. 『주례』「지관(地官)·보씨(保氏)」
편에는 "六曰九數."라는 기록이 있는데, 이에 대한 정현의 주에서는 정
중(鄭衆)의 주장을 인용하여, "九數, 方田·粟米·差分·少廣·商功·

均輸·方程·贏不足·旁要."라고 풀이했다.

◎ 구유(九斿) : '구유'는 '구유(九旒)'라고도 부르며, 깃발 위에 다는 아홉 종
류의 깃발 장식을 뜻한다. 『예기』「악기(樂記)」편에는 "龍旂九旒, 天子
之旌也."라는 기록이 있다.

◎ 구이(九夷) : '구이'는 고대 중국의 동쪽 지역에 거주하던 아홉 종류의 소
수 민족을 뜻한다. 또한 그들이 거주하는 지역 전체를 가리키는 용어로
도 사용되었다. 아홉 종류의 소수 민족을 견이(畎夷)·우이(于夷)·방
이(方夷)·황이(黃夷)·백이(白夷)·적이(赤夷)·현이(玄夷)·풍이(風
夷)·양이(陽夷)라고 정의하기도 한다. 『논어』「자한(子罕)」편에는 "子
欲居九夷."라는 기록이 있고, 이에 대한 하안(何晏)의 『집해(集解)』에서
는 마융(馬融)의 주장을 인용하여, "東方之夷有九種."이라고 풀이했으
며, 『후한서(後漢書)』「동이전(東夷傳)」에는 "夷有九種. 曰, 畎夷·于
夷·方夷·黃夷·白夷·赤夷·玄夷·風夷·陽夷."라는 기록이 있다.

◎ 구주(九州) : '구주'는 9개의 주(州)를 뜻한다. 고대 중국에서는 중원 지역
을 9개의 주로 구분하여, 다스렸다. 따라서 '구주'는 오랑캐 지역과 대비
되는 중국 땅을 지칭하는 용어로 사용되었다. '구주'의 포함되는 '주'의
이름들은 각 기록마다 차이를 보인다. 『서』「우서(虞書)·우공(禹貢)」편
에는 "禹敷土, 隨山刊木, 奠高山大川. 冀州旣載. …… 濟河惟兗州. 九河
旣道. …… 海岱惟靑州. 嵎夷旣略, 濰淄其道. …… 海岱及淮惟徐州, 淮沂
其乂, 蒙羽其藝. …… 淮海惟揚州, 彭蠡其豬, 陽鳥攸居. …… 荊及衡陽惟
荊州. 江漢朝宗于海. …… 荊河惟豫州, 伊洛瀍澗, 旣入于河. …… 華陽黑
水惟梁州. 岷嶓旣藝, 沱潛旣道. …… 黑水西河惟雍州. 弱水旣西."라는
기록이 있다. 즉 『서』에 기록된 '구주'는 기주(冀州)·연주(兗州)·청주
(靑州)·서주(徐州)·양주(揚州)·형주(荊州)·예주(豫州)·양주(梁
州)·옹주(雍州)이다. 한편 『이아(爾雅)』「석지(釋地)」편에는 " 兩河間
曰冀州. 河南曰豫州. 河西曰雝州. 漢南曰荊州. 江南曰揚州. 濟河間曰兗
州. 濟東曰徐州. 燕曰幽州. 齊曰營州."라는 기록이 있다. 즉 『이아』에 기
록된 '구주'는 『서』의 기록과 달리, '서주'와 '양'주에 대한 기록이 없고,
대신 유주(幽州)와 영주(營州)가 기록되어 있다. 또 『주례』「하관(夏
官)·직방씨(職方氏)」편에는 "乃辨九州之國使同貫利. 東南曰揚州.
…… 正南曰荊州. …… 河南曰豫州. …… 正東曰靑州. …… 河東曰兗州.
…… 正西曰雍州. …… 東北曰幽州. …… 河內曰冀州. …… 正北曰幷

州."라는 기록이 있다. 즉『주례』에 기록된 '구주'는『서』의 기록과 달리, '서주'와 '양주'에 대한 기록이 없고, 대신 '유주'와 병주(幷州)에 대한 기록이 있다. 이외에도 일부 차이를 보이는 기록들이 있다.

◎ **국용(國容)** : '국용'은 국가 내에서 일반적으로 지켜야 하는 예의범절 등을 총칭하는 말이다.

◎ **국자(國子)** : '국자'는 천자 및 공(公), 경(卿), 대부(大夫)의 자제들을 말한다. 때론 상황에 따라 천자의 태자(太子) 및 왕자(王子)를 포함시키지 않는 경우도 있다. 『주례』「지관(地官)・사씨(師氏)」편에는 "以三德教國子"라는 기록이 있고, 이에 대한 정현의 주에서 "國子, 公卿大夫之子弟."라고 풀이한 용례와『한서(漢書)』「예악지(禮樂志)」편에서 "朝夕習業, 以教國子. 國子者, 卿大夫之子弟也."라고 풀이한 용례가 바로 여기에 해당한다. 그러나 이것은 천자에 대한 언급을 가급적 회피했기 때문에, 생략하여 기술하지 않은 것이다. 청대(淸代) 유서년(劉書年)의『유귀양설경잔고(劉貴陽說經殘稿)』「국자증오(國子證誤)」편에서 "國子者, 王大子, 王子, 諸侯公卿大夫士之子弟, 皆是, 亦曰國子弟."라고 풀이하고 있는 것처럼, '국자'에는 천자의 태자와 왕자들까지도 포함된다.

◎ **군례(軍禮)** : '군례'는 오례(五禮) 중 하나로, 군대와 관련된 예제(禮制)를 뜻한다. 참고적으로 고대 중국에서는 각 계절마다 군대와 관련된 의식을 시행하였는데, 봄에 하는 것을 진려(振旅)라고 불렀고, 여름에 하는 것을 발사(拔舍)라고 불렀으며, 가을에 하는 것을 치병(治兵)이라고 불렀고, 겨울에 하는 것을 대열(大閱)이라고 불렀다. 이러한 의식들이 모두 '군례'에 포함된다.

◎ **군용(軍容)** : '군용'은 군대 및 군인들이 지녀야 하는 위엄 및 그들이 지켜야 하는 예의범절 등을 총칭하는 말이다.

◎ **궤식(饋食)** : '궤식'은 음식을 바친다는 뜻이다. 고대에는 천자 및 제후들이 매월 초하루마다 종묘(宗廟)에서 음식을 바치는 의식을 치렀는데, 이것을 '궤식'이라고도 부른다. 『주례』「춘관(春官)・대종백(大宗伯)」편에는 "以饋食享先王."이라는 기록이 있다. 한편 조사(朝事)를 시행할 때, 조천(朝踐)을 끝낸 뒤, 생고기를 삶아서 재차 바치는 의식을 가리키기도 한다.

◎ **궤유(跪乳)** : '궤유'는 무릎을 꿇고 어미의 젖을 먹는다는 뜻이다. 새끼 양이 어미의 젖을 먹는 모습을 설명하는 단어인데, 후대에는 이러한 뜻

에서 착안하여 효의(孝義)를 뜻하는 용어로 사용하였다. 『춘추공양전』 「장공(莊公) 24년」편에는 "殷脩云乎?"라는 기록이 있는데, 이에 대한 하휴(何休)의 주에서는 "羔取其執之不鳴, 殺之不號, 乳必跪而受之, 類 死義知禮者也."라고 풀이했다. 또한 『백호통(白虎通)』「의상(衣裳)」편에 도 또한 "羔者, 取跪乳遜順也."라는 기록이 있다.

◎ 귀사(龜蛇) : '귀사'는 거북이와 뱀을 뜻하는데, 고대인들은 현무(玄武)에 대해서 거북이라고 여기기도 하고, 거북이와 뱀이 합쳐진 모습으로도 여겼기 때문에, '현무'를 '귀사'라고도 부르는 것이다.

◎ 근우(覲遇) : '근우'는 제후가 가을과 여름에 천자를 조회하는 것을 뜻한 다. '근우'의 '근(覲)'자는 제후가 가을에 천자를 찾아가 뵙는 것을 뜻하 고, '우(遇)'자는 제후가 겨울에 천자를 찾아가 뵙는 것을 뜻한다. 『주례』 「춘관(春官)·대종백(大宗伯)」편에는 "春見曰朝, 夏見曰宗, 秋見曰覲, 冬見曰遇."라는 기록이 있다.

◎ 근조(肵俎) : '근조'는 제사 때 사용하는 '도마[俎]'로, 시동을 공경하는 뜻 에서 설치하였다. '근조'의 '근(肵)'자는 공경한다는 뜻이다. 본래 이 도 마는 희생물의 심장과 혀를 올려두는 용도로 사용되었다. 『의례』「소뢰 궤식례(少牢饋食禮)」편에는 "佐食升肵俎, 鼏之, 設于阼階西."라는 기록 이 있고, 이에 대한 정현의 주에서는 "肵, 謂心·舌之俎也. 郊特牲曰, '肵 之爲言敬也.' 言主人之所以敬尸之俎."라고 풀이했다.

◎ 금경(禽經) : 『금경(禽經)』은 전체 삼천 여자로 기록된 문헌으로, 조류들 에 대한 명칭, 형태, 종류, 습성 등을 기록한 문헌이다. 옛 판본에는 사광 (師曠)이 찬술했다고 기록되어 있으며, 진(晉)나라 때의 장화(張華)가 주(注)를 달았다.

◎ 금로(金路) : '금로'는 '금로(金輅)'라고도 부른다. 천자가 사용하는 다섯 가지 수레 중 하나이다. 금(金)으로 수레를 치장했기 때문에, '금로'라고 부르게 되었다. 대기(大旂)라는 깃발을 세웠고, 빈객(賓客)을 접대하거 나, 동성(同姓)인 자를 분봉할 때 사용하였다. 『주례』「춘관(春官)·건거 (巾車)」편에는 "金路, 鉤樊纓九就, 鉤, 樊纓九就, 建大旂, 以賓, 同姓以 封."라는 기록이 있고, 이에 대한 정현의 주에서는 "金路, 以金飾諸末." 이라고 풀이했다.

◎ 금릉왕씨(金陵王氏) : =왕안석(王安石)

◎ 금방(金榜, A.D.1735 ~ A.D.1801) : 청(淸)나라 때의 학자이다. 자(字)는

예중(蕊中)·보지(輔之)이다. 한림원수찬(翰林院修撰) 등을 지냈으며, 외조부(外祖父)가 죽자 복상(服喪)을 하고, 이후 두문불출하며 오로지 독서와 저술에만 전념하였다. 대진(戴震)과 동학(同學)했으며, 『예전(禮箋)』 등을 저술하였다.

◎ 금천씨(金天氏) : '금천씨'는 소호(少皞: =少昊)의 별칭이다. 『춘추좌씨전』 「소공(昭公) 1년」편에는 "昔金天氏有裔子曰昧, 爲玄冥師."라는 기록이 있는데, 이에 대한 두예(杜預)의 주에서는 "金天氏, 帝少昊."라고 풀이했다. '소호'는 오행(五行) 중 금덕(金德)을 통해 제왕에 올랐기 때문에, '금천(金天)'이라는 칭호가 붙게 되었다. 『한서(漢書)』 「고금인표(古今人表)」편에는 "上上聖人, 少昊帝, 金天氏."라는 기록이 있는데, 이에 대한 안사고(顏師古)의 주에서는 장안(張晏)의 주장을 인용하여, "以金德王, 故號曰金天."이라고 풀이했다. '소호'는 고대 동이족의 제왕으로, 황제(黃帝)의 아들이었다고도 전해진다. 이름은 지(摯)인데, 질(質)이었다고도 한다. 새의 이름으로 관직명을 지었다고 전해지며, 사후에는 서방(西方)의 신(神)이 되었다고 전해진다. 『춘추좌씨전』 「소공(昭公) 17년」편에는 "郯子曰 我高祖少皞摯之立也, 鳳鳥適至, 故紀於鳥, 爲鳥師而鳥名."이라는 기록이 있는데, 이에 대한 두예(杜預)의 주에서는 "少皞, 金天氏, 黃帝之子, 己姓之祖也."라고 풀이했다.

◎ 금화소씨(金華邵氏, ? ~ ?) : =소연(邵淵)·소만종(邵萬宗). 남송(南宋) 때의 유학자이다. 이름은 연(淵)이고, 자(字)는 만종(萬宗)이다. 『주자문집(朱子文集)』에는 장사박사(長沙博士)로 기록되어 있다. 『예기』의 「곡례(曲禮)」, 「왕제(王制)」, 「악기(樂記)」, 「대학(大學)」, 「중용(中庸)」에 대해 해설하였다.

◎ 금화응씨(金華應氏, ? ~ ?) : =응용(應鏞)·응씨(應氏)·응자화(應子和). 이름은 용(鏞)이다. 자(字)는 자화(子和)이다. 『예기찬의(禮記纂義)』를 지었다.

◎ 기(紀) : '기'는 시간의 단위이다. 267,000년을 뜻한다. 『광아(廣雅)』에서는 "一紀二十六萬七千年."이라고 기록하였다.

◎ 기(旂) : '기'는 본래 제후가 세우는 깃발을 뜻한다. 제후는 그 깃발에 두 마리의 용(龍)이 한 쌍을 이루고 있는 교룡(交龍)을 수놓는다. 이때 '머리를 하늘로 하고 있는 1마리 용[升龍]'은 승천하여 천자에게 조회를 하는 모습을 형상화한 것이고, '머리를 땅으로 하고 있는 다른 1마리 용

[降龍]'은 천자의 명령을 받아서 복종하는 것을 형상화한 것이다. 천자의 깃발에는 해[日]・달[月]・별[星辰] 등을 수놓았는데, 제후는 천자와 동일하게 할 수 없기 때문에, 대신 승용(升龍)과 강용(降龍)을 수놓았던 것이다. 『주례』「춘관(春官)・사상(司常)」편에 기록된 '기'에 대해서, 정현의 주에서는 "諸侯畫交龍, 一象其升朝, 一象其下復也."라고 풀이했고, 가공언(賈公彦)의 소(疏)에서는 "至於天子旌旗有日月星辰, 故諸侯旌旗無日月星, 故龍有升降也. 象升朝天子, 象下復還國也."라고 풀이했다. 한편 깃발 자체를 뜻하는 용어로 사용되기도 했다.

◎ 기(旗) : 곰과 호랑이를 수 놓은 깃발이다. 『주례』「춘관(春官)・사상(司常)」편에는 "雜帛爲物, 熊虎爲旗."라는 기록이 있다.

◎ 기거(奇車) : '기거'는 정식 규격대로 만들어지지 않은 수레를 뜻한다.

◎ 기년복(期年服) : '기년복'은 1년 동안 상복(喪服)을 입는다는 뜻이다. 또는 그 기간 동안 입게 되는 상복을 뜻하기도 하는데, 일반적으로 자최복(齊衰服)을 가리키는 용어로 사용된다. '기년복'이라고 할 때의 '기년(期年)'은 1년을 뜻하는데, '자최복'은 일반적으로 1년 동안 입게 되는 상복이 되기 때문이다.

◎ 길관(吉冠) : '길관'은 길복(吉服)을 착용할 때 쓰는 관(冠)이다. '길복'은 제례(祭禮)나 의례(儀禮)를 시행할 때 착용하는 제복(祭服)과 예복(禮服)을 가리킨다. 신분의 등급 및 제사의 종류의 따라서 '길복'이 변화되는데, '길관' 또한 각 길복에 따라 변화된다. 한편 일상적으로 쓰는 '관' 또한 '길관'이라고 부른다. 길흉(吉凶)에 의해 각 시기를 구분하게 되면, 상사(喪事)나 재앙 등을 당했을 때에는 흉(凶)에 해당하고, 그 나머지 시기는 길(吉)한 시기에 해당하기 때문이다.

◎ 길례(吉禮) : '길례'는 오례(五禮) 중 하나로, 제사에 대한 예제(禮制)를 뜻한다. 고대에는 제사 자체를 길(吉)한 일로 여겼기 때문에, 제례(祭禮)를 '길례'로 여겼다.

◎ 길복(吉服) : '길복'에는 두 가지 뜻이 있다. 첫 번째는 제사 때 입는 복장인 제복(祭服)을 뜻한다. 제사(祭祀)는 길례(吉禮)에 해당하므로, 그때 착용하는 복장을 '길복'이라고 부르는 것이다. 두 번째는 예의를 갖출 때 입는 예복(禮服)을 범칭하는 말이다.

◎ 길식(吉食) : '길식'은 길례(吉禮)에 따라 연회를 한다는 뜻이다.

◎ 길제(吉祭) : '길제'는 상례(喪禮)의 단계를 뜻한다. 우제(虞祭)를 지낸 뒤,

졸곡(卒哭)을 하며 제사를 지내게 되는데, 이 단계부터 지내는 제사를 '길제'라고 부른다. 상(喪)은 흉사(凶事)에 해당하는데, 그 이전까지는 슬픔에서 벗어나기 힘들기 때문에 흉제(凶祭) 또는 상제(喪祭)라고 부르며, 이 단계부터는 평상시처럼 길(吉)한 때로 접어들기 때문에 '길제'라고 부른다. 『예기』「단궁하(檀弓下)」편에는 "是月也, 以虞易奠, 卒哭曰成事. 是日也, 以吉祭易喪祭."라는 기록이 있다.

ㄴ

◎ 남면(南面) : '남면'은 특정 공간에서 북쪽에 위치하여 남쪽을 바라보며 있다는 뜻이다. 특정 모임에서 가장 존귀한 자가 '남면'을 하게 된다.

◎ 남송석경(南宋石經) : 『남송석경(南宋石經)』은 송(宋)나라 고종(高宗) 때 돌에 새긴 『십삼경주소(十三經注疏)』의 판본이다. 그러나 『예기(禮記)』에 대해서는 「중용(中庸)」 1편만을 기록하고 있다.

◎ 남전여씨(藍田呂氏, A.D.1040 ~ A.D.1092) : =여대림(呂大臨)·여씨(呂氏)·여여숙(呂與叔). 북송(北宋) 때의 학자이다. 이름은 대림(大臨)이고, 자(字)는 여숙(與叔)이며, 호(號)는 남전(藍田)이다. 장재(張載) 및 이정(二程)형제에게서 수학하였다. 저서로는 『남전문집(藍田文集)』 등이 있다.

◎ 납길(納吉) : '납길'은 혼인과 관련된 육례(六禮) 중 하나이다. 납징(納徵)을 하기 이전에 남자집안에서는 이번 혼인이 어떠한가를 종묘에서 점을 치게 되고, 길(吉)한 징조를 얻게 되면, 혼인을 최종적으로 결정하여, 여자집안에 알리게 된다. 혼인은 이 시기부터 확정이 된다.

◎ 납녀(納女) : '납녀'는 천자 및 제후 등에게 여자를 바치는 것을 뜻한다.

◎ 납징(納徵) : '납징'은 납폐(納幣)라고도 부른다. 혼인과 관련된 육례(六禮) 중 하나이다. 혼인 약속을 증명하기 위해, 여자 집안에 폐백을 보내는 일을 뜻한다.

◎ 납채(納采) : '납채'는 혼인과 관련된 육례(六禮) 중 하나이다. 청원을 하며 여자 집안에 예물을 보내는 일을 뜻한다.

◎ 납폐(納幣) : =납징(納徵)

◎ 내병(內屛) : '내병'은 제후가 문 안에 설치했던 담장을 뜻한다. 문 안쪽에 위치하여 '내(內)'자를 붙인 것이며, 병풍처럼 가려주는 역할을 하므로,

'병(屛)'자를 붙여서 '내병'이라고 부른 것이다.

◎ 내사(內事) : '내사'는 외사(外事)와 상대되는 말이다. 본래 교내(郊內)에서 시행하는 모든 일들을 총칭하는 말이지만, 주로 제사를 가리키며, 특히 종묘(宗廟)에서 지내는 제사를 뜻한다. 『예기』「곡례상(曲禮上)」편에는 "外事以剛日, 內事以柔日."이라는 기록이 있는데, 이에 대한 공영달(孔穎達)의 소(疏)에서는 "內事, 郊內之事也. 乙丁己辛癸五偶爲柔也."라고 풀이했고, 손희단(孫希旦)의 『집해(集解)』에서는 "內事, 謂祭內神."이라고 풀이했다.

◎ 내사(內史) : '내사'는 천자가 신하들의 작위, 녹봉, 등용 등에 대해 관리할 때, 그 일을 도왔던 관리이다.

◎ 내신(內神) : '내신'은 외신(外神)과 상대되는 말이다. 종묘(宗廟) 등에서 지내는 제사 대상을 '내신'이라고 부른다. 『예기』「곡례하(曲禮下)」편에 대한 손희단(孫希旦)의 『집해(集解)』에서는 오징(吳澄)의 주장을 인용하여, "宗廟所祭者, 一家之神, 內神也, 故曰內事. 郊·社·山川之屬, 天下一國之神, 皆外神也, 故曰外事."라고 설명하였다. 즉 종묘에서 제사를 지내는 대상은 한 집안의 신(神)으로 '내신'이라고 부르며, 그 제사들을 내사(內事)라고 부른다. 또 교(郊), 사(社) 및 산천(山川) 등에 지내는 제사는 그 대상이 천하 및 한 국가의 신들이기 때문에, 그들을 '외신'이라고 부르며, 그 제사를 외사(外事)라고 부른다.

◎ 노거(路車) : '노거'는 천자 및 제후 등이 타는 수레이다. 후대에는 귀족들이 타는 수레까지도 지칭하는 용어로 사용되었다. '노거'의 '노(路)'자는 그 뜻이 크다[大]는 의미이다. 따라서 군주가 이용하거나 머무는 장소에 '노'자를 붙여서 부르게 된 것이다. 『춘추좌씨전』「환공(桓公) 2년」편에는 "大路越席."이라는 기록이 있는데, 이에 대한 공영달(孔穎達)의 소(疏)에서는 "路, 訓大也. 君之所在以大爲號, 門曰路門, 寢曰路寢, 車曰路車, 故人君之車, 通以路爲名也."라고 풀이했다.

◎ 노마(路馬) : '노마'는 군주의 수레에 메는 말이다. 군주가 타던 수레를 노거(路車)라고 불렀기 때문에, '노마'라는 용어가 생긴 것이다.

◎ 노문(路門) : '노문'은 고대 궁실(宮室) 건축물 중에서도 가장 안쪽에 있었던 정문이다. 여러 문들 중에서 노침(路寢)에 가장 가까운 위치에 있었기 때문에, '노문'이라는 명칭이 붙게 되었다. 『주례』「동관고공기(冬官考工記)·장인(匠人)」편에는 "路門不容乘車之五个."라는 기록이 있는

데, 이에 대한 정현의 주에서는 "路門者, 大寢之門."라고 풀이하였고, 가
공언(賈公彦)의 소(疏)에서는 "路門以近路寢, 故特小爲之."라고 풀이하
였다.

◎ 노문초(盧文弨, A.D.1717 ~ A.D.1784) : 청(淸)나라 때의 학자이다. 자(字)
는 소궁(召弓)이고, 호는 경재(檠齋)·기어(磯漁)·포경(抱經)이다. 포
경선생(抱經先生)으로 일컬어지기도 하였다. 단옥재(段玉裁), 대진(戴
震) 등과 교우하였다. 고증학(考證學)에 뛰어났다. 또한 각 서적들에 대
해서 교감을 하였다. 저서로는『의례주소상교(儀禮注疏詳校)』,『광아주
(廣雅注)』,『포경당집(抱經堂集)』등이 있다.

◎ 노변(盧辯, ? ~ ?) : 서위(西魏) 때의 학자이다. 자(字)는 경선(景宣)이다.
저서로는『대대례기해고(大戴禮記解詁)』,『분전(墳典)』등이 있다.

◎ 노식(盧植, A.D.159? ~ A.D.192) : =노씨(盧氏). 후한(後漢) 때의 유학자이
다. 자(字)는 자간(子幹)이다. 어려서 마융(馬融)을 스승으로 섬겼다. 영
제(靈帝)의 건녕(建寧) 연간(A.D.168 ~ A.D.172)에 박사(博士)가 되었
다. 채옹(蔡邕) 등과 함께 동관(東觀)에서 오경(五經)을 교정했다. 후
에 동탁(董卓)이 소제(少帝)를 폐위시키자, 은거하며『상서장구(尙書
章句)』,『삼례해고(三禮解詁)』를 저술했지만, 남아 있지 않다.

◎ 노씨(盧氏) : =노식(盧植)

◎ 노침(路寢) : '노침'은 천자(天子)나 제후(諸侯)가 정무를 처리하던 정전
(正殿)이다.『시(詩)』「노송(魯頌)·민궁(閟宮)」에는 "松桷有舃, 路寢孔
碩."이라는 기록이 있는데, 이에 대한 모전(毛傳)에서는 "路寢, 正寢也."
라고 풀이했고,『문선(文選)』에 수록된 장형(張衡)의 서경부(西京賦)에
는 "正殿路寢, 用朝群辟."이라는 기록이 있는데, 이에 대한 설종(薛綜)
의 주(注)에서는 "周曰路寢, 漢曰正殿."이라고 하여, 주(周)나라에서는
정전(正殿)을 노침(路寢)으로 불렀다고 풀이했다.

◎ 뇌육(牢肉) : '뇌육'은 특생(特牲)을 잡은 희생물의 고기를 뜻한다.『예기』
「옥조(玉藻)」편에는 "又朝服以食, 特牲三俎祭肺, 夕深衣, 祭牢肉."이라
는 기록이 있는데, 이에 대한 진호(陳澔)의『집설(集說)』에서는 "牢肉,
卽特牲之餘也."라고 풀이했다.

◎ 뇌차종(雷次宗, A.D.386 ~ A.D.448) : 남북조(南北朝) 때의 승려이다. 자
(字)는 중륜(仲倫)이고, 혜원대사(慧遠大師)라고 호칭되었다. 승려이지
만, 삼례(三禮) 및『모시(毛詩)』에도 능통하였다.

◎ 늠인(廩人) : '늠인'은 식자재 창고를 담당하던 관리이다.

ㄷ

◎ 단(袒) : '단'은 상중(喪中)에 남자들이 취하는 복장 방식이다. 상의 중 좌측 어깨 쪽을 드러내는 방법이다.

◎ 단옥재(段玉裁, A.D.1735 ~ A.D.1815) : 청대(淸代)의 학자이다. 자(字)는 약응(若膺)이고, 호(號)는 무당(懋堂)이다. 저서로는『설문해자주(說文解字注)』, 『육서음균표(六書音均表)』, 『고문상서찬이(古文尙書撰異)』 등이 있다.

◎ 단주(丹朱, ? ~ ?) : 요(堯)의 아들이다. 요임금은 '단주'의 불초함을 알아 보고, 천하를 물려줄 수 없다고 판단하여, 정권을 순(舜)에게 물려주었 다고 한다.『사기(史記)』「오제본기(五帝本紀)」편에는 "堯知子丹朱之不 肖, 不足授天下, 於是乃權授 舜."이라는 기록이 있다.

◎ 담제(禫祭) : '담제'는 상복(喪服)을 벗을 때 지내는 제사이다.

◎ 당숙우(唐叔虞, ? ~ ?) : 무왕(武王)의 아들이자, 성왕(成王)의 동생이다. 진(晉)나라의 시조(始祖)가 되는 인물이다. 『사기(史記)』「진세가(晉世 家)」에는 "晉唐叔虞者, 周武王子而成王弟. 初, 武王與叔虞母會時, 夢天 謂武王曰, '余命女生子, 名虞, 余與之唐.' 及生子, 文在其手曰'虞', 故遂因 命之曰虞."라는 기록이 있다. 즉 무왕이 꿈을 꾸었는데, 하늘이 무왕에 게 "내가 너에게 자식을 내려줄 터이니, 이름은 우(虞)이며, 그에게 당 (唐)나라를 주겠노라."라고 하였다. 이후 아들을 낳았는데, 그의 손에 '우'자가 문신처럼 새겨 있어서, 그의 이름을 '우'라고 짓게 되었다.

◎ 당요(唐堯) : '당요'는 도당씨(陶唐氏)라고도 부른다. 고대 제왕의 이름이 다. 요(堯)임금은 제곡(帝嚳)의 아들이었다고 전해지며, 성(姓)은 이기 (伊祁)・이기(伊耆)이고, 이름은 방훈(放勛)이다. 최초 봉지를 세운 곳 은 도(陶)이고, 재차 당(唐)에 봉지를 정했기 때문에, '도당씨'라고도 부 르는 것이다.

◎ 당우(唐虞) : '당우'는 당요(唐堯)와 우순(虞舜)을 병칭하는 용어이다. 요 순(堯舜)시대를 가리키며, 의미상으로는 태평성세(太平盛世)를 뜻한다. 『논어』「태백(泰伯)」편에는 "唐虞之際, 於斯爲盛."이라는 용례가 있다.

◎ 대갱(大羹) : '대갱'은 조미료를 첨가하지 않은 고깃국이다.『예기』「악기

(樂記)」편에는 大饗之禮, 尙玄酒而俎腥魚, <u>大羹</u>不和, 有遺味者矣."라는 기록이 있고, 이에 대한 정현의 주에서는 "大羹, 肉湇, 不調以鹽菜."라고 풀이했다.

◎ 대계(戴溪) : =영가대씨(永嘉戴氏)

◎ 대공복(大功服) : '대공복'은 상복(喪服) 중 하나로, 오복(五服)에 속한다. 조밀한 삼베를 사용해서 만들지만, 소공복(小功服)에 비해서는 삼베의 재질이 거칠기 때문에, '대공복'이라고 부른다. 이 복장을 입게 되는 기간은 상황에 따라 차이가 생기지만, 일반적으로 9개월이다. 당형제(堂兄弟) 및 미혼인 당자매(堂姊妹), 또는 혼인을 한 자매(姊妹) 등을 위해서 입는다.

◎ 대대기(大戴記) : =대대례기(大戴禮記)

◎ 대대례(大戴禮) : =대대례기(大戴禮記)

◎ 대대례기(大戴禮記) : 『대대례기(大戴禮記)』는 『대대례(大戴禮)』・『대대기(大戴記)』라고도 부른다. 대덕(戴德)이 편찬한 예(禮)에 대한 서적이다. 당시 사람들은 그를 대대(大戴)라고 불렀고, 그의 조카 대성(戴聖)을 소대(小戴)라고 불렀기 때문에, 이러한 명칭이 생겨났다. '대성'이 편찬한 『소대례기(小戴禮記)』는 성행을 하였지만, 『대대례기』는 성행하지 못하여, 많은 편들이 없어졌다. 현재는 단지 삼십여 편만이 남아 있다. 정현(鄭玄)의 『육예론(六藝論)』에서는 그가 85편을 전수하였다고 기록하고 있는데, 현재 남아 있는 기록 중에는 1편부터 38편까지의 내용이 모두 없어져서 남아 있지 않다. 남아 있는 편들은 39번 째 「주언(主言)」편부터 81번 째 「역본명(易本命)」편까지인데, 그 중에서도 43~35편, 61편이 없어졌으며, 73편은 특이하게도 2편으로 구성되어 있다.

◎ 대덕(戴德, ? ~ ?) : 전한(前漢) 때의 학자이다. 자(字)는 연군(延君)이다. 금문예학(今文禮學)인 대대학(大戴學)의 창시자로 일컬어진다. 조카 대성(戴聖), 경보(慶普) 등과 후창(后蒼)에게서 수학하여, 예(禮)를 익혔다. 선제(宣帝) 때에는 박사(博士)에 임명되기도 하였다. 그의 학문은 서량(徐良)과 유경(斿卿) 등에게 전수되었다. 『대대례기(大戴禮記)』를 편찬하였지만, 『소대례기(小戴禮記)』에 비해 성행되지 못하였으며, 현재는 많은 부분이 없어지고, 단지 삼십여 편만이 남아 있다.

◎ 대렴(大斂) : '대렴'은 상례(喪禮) 절차 중 하나이다. 소렴(小斂)을 끝낸 뒤에, 시신을 관에 안치하는 절차이다.

◎ 대로(大路) : '대로'는 대로(大輅)라고도 부른다. 천자가 타던 옥로(玉路: =玉輅)를 가리킨다. '대로'라는 말은 수레들 중에 가장 크다는 뜻에서 붙여진 명칭이다. 고대에는 천자가 타던 수레에 5종류가 있었다. 옥로(玉輅)・금로(金輅)・상로(象輅)・혁로(革輅)・목로(木輅)가 바로 천자가 타던 5종류의 수레인데, '옥로'가 수레들 중 가장 컸기 때문에, '대로'라고도 불렀던 것이다. 『서』「주서(周書)・고명(顧命)」편에는 "<u>大輅</u>在賓階面."이라는 기록이 있는데, 이에 대한 공안국(孔安國)의 전(傳)에서는 "大輅, 玉."이라고 풀이했고, 공영달(孔穎達)의 소(疏)에서는 "周禮巾車掌王之五輅, 玉輅・金輅・象輅・革輅・木輅, 是爲五輅也. …… 大輅, 輅之最大, 故知大輅玉輅也."라고 풀이했다. 한편 '옥로'는 옥(玉)으로 치장을 했기 때문에, '옥로'라는 명칭이 생기게 된 것인데, '옥로'에는 대상(大常)이라는 깃발을 세웠고, 깃발에는 12개의 치술을 달았으며, 주로 제사 때 사용하였다. 『주례』「춘관(春官)・건거(巾車)」편에는 "王之五路, 一曰<u>玉路</u>, 錫, 樊纓, 十有再就, 建大常, 十有二斿, 以祀."라는 기록이 있고, 이에 대한 정현의 주에서는 "玉路, 以玉飾諸末."이라고 풀이했다.

◎ 대민은(戴岷隱) : =영가대씨(永嘉戴氏)

◎ 대사(大史) : '대사'는 국가의 법전(法典)이나, 예전(禮典) 등을 담당하는 관리를 가리킨다. 그가 담당했던 일에는 예전에 따라 제사의 진행을 돕는 것 또한 포함되어 있었다.

◎ 대사정(大射正) : '대사정'은 대사례(大射禮)의 의식 절차를 진행하며, 해당 예법이 올바로 시행되는지를 감독하는 자이다.

◎ 대상(大祥) : '대상'은 부모의 상(喪)에서, 부모가 죽은 지 만 2년 만에 탈상을 하며 지내는 제사이다.

◎ 대상(大常) : '대상'은 상(常) 또는 태상(太常)이라고도 부른다. 군주가 사용하는 깃발 중 하나이다. 해[日]와 달[月]을 수 놓았으며, 정폭으로 깃발을 만들고, 깃술을 달았다. 『주례』「춘관(春官)・건거(巾車)」편에는 "建<u>大常</u>, 十有二斿."라는 기록이 있고, 이에 대한 정현의 주에서는 "大常, 九旗之畫日月者, 正幅爲縿, 斿則屬焉."이라는 기록이 있다.

◎ 대성(戴聖, ? ~ ?) : 전한(前漢) 때의 학자이다. 자(字)는 차군(次君)이다. 금문예학(今文禮學)인 소대학(小戴學)의 창시자로 일컬어진다. 대덕(戴德)의 조카이다. '대덕', 경보(慶普) 등과 후창(后蒼)에게서 수학하여, 예(禮)를 익혔다. 그의 학문은 교인(橋仁)과 양영(楊榮) 등에게 전수되었

다. 『소대례기(小戴禮記)』를 편찬하였는데, 이 서적은 현재 통행되고 있는 『예기(禮記)』의 전신이다.

◎ 대소(大韶) : '대소'는 순(舜)임금 때의 악무(樂舞)이다. 주(周)나라에 와서 육무(六舞) 중 하나로 정착하였다. 『장자(莊子)』「천하(天下)」편에는 "舜有大韶."라는 기록이 있다.

◎ 대소망(戴少望) : =영가대씨(永嘉戴氏)

◎ 대씨(戴氏) : =영가대씨(永嘉戴氏)

◎ 대정씨(大廷氏) : =대정씨(大庭氏)

◎ 대정씨(大庭氏) : '대정씨'는 대정씨(大廷氏)라고도 부른다. 전설시대에 존재했다고 전해지는 고대 제왕(帝王)의 이름이다. '대정씨'는 염제(炎帝)인 신농씨(神農氏)를 뜻하기도 한다. 혹은 고대 국가의 명칭을 뜻하는 용어로도 사용된다. 고국(故國) '대정씨'의 터는 노(魯)나라의 국성(國城) 안에 위치했었다고 전해지며, 노나라는 그 터에 창고를 지었다고 전해진다. 『춘추좌씨전』「소공(昭公) 18년」편에는 "宋·衛·陳·鄭皆火, 梓愼登大庭氏之庫以望之."라는 기록이 있는데, 이에 대한 두예(杜預)의 주에서는 "大庭氏, 古國名, 在魯城內, 魯於其處作庫."라고 풀이했고, 공영달(孔穎達)의 소(疏)에서는 "先儒舊說皆云炎帝號神農氏, 一曰大庭氏."라고 풀이했다. 또 『장자(莊子)』「외편(外篇)·거협(胠篋)」편에는 "昔者, 容成氏·大庭氏·伯皇氏·中央氏·栗陸氏·驪畜氏·軒轅氏·赫胥氏·尊盧氏·祝融氏·伏羲氏·神農氏, 當是時也, 民結繩而用之."라는 기록이 있는데, 이에 대한 성현영(成玄英)의 소(疏)에서는 "已上十二氏, 並上古帝王也."라고 풀이했다. 『한서(漢書)』「고금인표(古今人表)」편에는 대정씨(大廷氏)로 기록되어 있는데, 이에 대한 안사고(顏師古)의 주에서는 "廷, 讀曰庭."이라고 풀이했다.

◎ 대제(大祭) : '대제'는 큰 제사라는 뜻이며, 천지(天地)에 대한 제사 및 체협(禘祫) 등을 일컫는다. 『주례』「천관(天官)·주정(酒正)」에 "凡祭祀, 以法共五齊三酒, 以實八尊. 大祭三貳, 中祭再貳, 小祭壹貳, 皆有酌數."라는 기록이 있다. 이에 대한 정현의 주에서는 "大祭, 天地. 中祭, 宗廟. 小祭, 五祀."라고 풀이하여, '대제'는 천지에 대한 제사를 뜻한다고 설명한다. 그리고 『주례』「춘관(春官)·천부(天府)」편에는 "凡國之玉鎮大寶器藏焉, 若有大祭大喪, 則出而陳之, 既事藏之."라는 기록이 있다. 이에 대한 정현의 주에서는 "禘祫及大喪陳之, 以華國也."라고 풀이하여, '대

제'를 '체협'으로 설명한다. 그리고 '체(禘)'제사와 '대제'의 직접적 관계에 대해서는 『이아(爾雅)』「석천(釋天)」편에서 "禘, 大祭也."라고 풀이하고, 이에 대한 곽박(郭璞)의 주에서는 "五年一大祭."라고 풀이하여, '대제'로써의 '체'제사는 5년마다 지내는 제사로 설명한다.

◎ 대종(大宗) : '대종'은 소종(小宗)과 상대되는 말이다. 소종과 '대종'은 고대 종법제(宗法制)에 따른 구분이다. 적장자(嫡長子)의 한 계통만이 '대종'이 되고, 나머지 아들들은 소종이 된다. 예를 들어 천자의 적장자는 '대종'이 되고, 나머지 아들들은 소종이 된다. 만약 소종인 천자의 나머지 아들들이 제후가 되었다면, 본인의 나라에서는 '대종'이 되지만, 천자에 대해서는 역시 소종이 된다. 제후가 된 자의 적장자는 본인의 나라에서 '대종'이 되고, 나머지 아들들은 소종이 된다.

◎ 대진(戴震, A.D.1724 ~ A.D.1778) : 청(淸)나라 때의 학자이다. 자(字)는 동원(東原)이다. 훈고학에 조예가 깊었다. 저서로는 『이아문자고(爾雅文字考)』, 『맹자자의소증(孟子字意疏證)』, 『원선(原善)』 등이 있다.

◎ 대초망(戴肖望) : =영가대씨(永嘉戴氏)

◎ 대침(大寢) : '대침'은 노침(路寢)을 뜻한다. 천자나 제후가 정무(政務)를 처리하던 곳이다. 『주례』「하관(夏官)・태복(太僕)」편에는 "建路鼓于大寢之門外, 而掌其政."이라는 기록이 있고, 이에 대한 정현의 주에서는 "大寢, 路寢也."라고 풀이했다.

◎ 대호(大濩) : '대호'는 탕(湯)임금 때의 악무(樂舞)이다. 주(周)나라의 육무(六舞) 중 하나로 정착하였다.

◎ 대화(大火) : '대화'는 본래 동방에 속하는 7개의 별자리 중 저수(氐宿), 방수(房宿), 심수(心宿)를 가리킨다. 또한 '대화'는 동방에 속하는 7개의 별자리 중 '심수'를 가리키는 용어로도 사용되며, 7개의 별자리를 모두 가리키는 '청룡(靑龍)'이라는 뜻으로도 사용된다.

◎ 도거(道車) : '도거'는 천자가 타던 수레의 일종이다. 상로(象路)를 뜻하는데, 도덕(道德)과 관련된 일을 시행할 때 탔기 때문에, '도거'라고 부르는 것이다. 『주례』「하관(夏官)・도우(道右)」편에는 "道右掌前道車, 王出入, 則持馬陪乘, 如齊車之儀."라는 기록이 있고, 이에 대한 정현의 주에서는 "道車, 象路也, 王行道德之車."라고 풀이했다.

◎ 도당씨(陶唐氏) : =당요(唐堯)

◎ 동관고공기(冬官考工記) : =고공기(考工記)

◎ 동래여씨(東萊呂氏) : =여조겸(呂祖謙)

◎ 동뢰(同牢) : '동뢰'는 고대의 혼례(婚禮) 때 시행된 의식 중 하나이다. 부부가 함께 음식을 먹는 의식이다.

◎ 동방삭(東方朔, B.C.161? ~ B.C.93) : 전한(前漢) 때의 문장가이다. 자(字)는 만천(曼倩)이다. 재치 있는 문장으로 명성이 높았으며, 한무제(漢武帝)의 총애를 받았다. 기이한 문장을 많이 썼기 때문에, 『신이경(神異經)』처럼 기이한 내용을 기록한 문헌들은 그의 이름을 가탁한 것이 많다.

◎ 두(斗) : '두'는 곡식의 양을 재는 기구이자, 그 수량을 표시하는 단위였다. 지역 및 각 시대마다 다소 차이를 보이는데, 고대에는 10승(升)이 1두였다.

◎ 두기(斗機) : '두기'는 본래 북두칠성(北斗七星)의 세 번째 별을 뜻하는 말이다. 이 별은 천기(天璣)라고도 부르는데, 기(璣)자를 또한 기(機)자로 기록하기도 한다. 한편 '두기'는 북두칠성 전체를 가리키는 용어로도 사용된다. 채옹(蔡邕)의 「청의부(青衣賦)」편에는 "南瞻井柳, 仰察斗機, 非彼牛女, 隔於河維."라는 기록이 있다.

◎ 두예(杜預, A.D.222 ~ A.D.284) : 서진(西晉) 때의 유학자이다. 자(字)는 원개(元凱)이다. 『춘추경전집해(春秋經典集解)』를 저술하였는데, 이 책은 현존하는 『춘추(春秋)』의 주석서 중 가장 오래된 것이며, 『십삼경주소(十三經注疏)』의 『춘추좌씨전정의(春秋左氏傳正義)』에도 채택되어 수록되었다.

◎ 두우(杜佑, A.D.735 ~ A.D.812) : 당(唐)나라 때의 정치가이자 역사학자였다. 저서로는 『통전(通典)』이 있다.

◎ 두위의(斗威儀) : 『두위의(斗威儀)』는 『예기(禮記)』에 대한 위서(緯書) 중 하나이다. 『예기』에 대한 위서는 '두위의' 외에도 『함문가(含文嘉)』, 『계명징(稽命徵)』 등이 있다. '위서'는 경서(經書)의 부족한 내용을 보충하기 위해 위작된 것으로, 서한(西漢) 말기에 유행하기 시작하여, 동한(東漢) 시기에 크게 성행하였으며, 남조(南朝) 송나라 때가 되어서야 비로소 금지되기 시작하였다.

◎ 두자춘(杜子春, B.C.30? ~ A.D.58?) : 후한(後漢) 때의 학자이다. 유흠(劉歆)에게서 수학하였다. 정중(鄭衆)과 가규(賈逵)에게 학문을 전수하였다.

ㄹ

◎ 린(鄰) : '린'은 본래 주대(周代)의 행정단위이다. 원교(遠郊)에 설치된 수(遂)의 하위 행정 단위이다. '수' 밑에는 현(縣), 비(鄙), 찬(酇), 리(里), 린(鄰)의 행정단위가 있었다. '린'은 5개의 가(家)를 묶은 행정 단위이다. 일반적으로 이웃이라는 뜻으로 사용된다.

ㅁ

◎ 마계장(馬季長) : =마융(馬融)

◎ 마사(馬社) : '마사'는 처음으로 말 모는 법을 창안했던 자이다. 또는 그에게 제사지내는 장소를 가리키기도 한다. 『주례』「하관(夏官)·교인(校人)」편에는 "秋祭馬社臧僕."이라는 기록이 있고, 이에 대한 정현의 주에서는 "馬社, 始乘馬者."라고 풀이했다. 한편 손이양(孫詒讓)의 『정의(正義)』에서는 "牧地及十二閑之中, 蓋皆爲置社, 以祭后土, 而以始制乘馬之人配食焉, 謂之馬社也."라고 풀이했다. 즉 목초지와 휴거지에는 모두 사(社)를 설치하여, 후토(后土)에게 제사를 지냈는데, 이때 처음으로 말 모는 법을 창안했던 자를 함께 배향하여 제사를 지냈다. 그래서 그곳을 '마사'라고 불렀다.

◎ 마씨(馬氏) : =마희맹(馬晞孟)

◎ 마언순(馬彦醇) : =마희맹(馬晞孟)

◎ 마융(馬融, A.D.79 ~ A.D.166) : =마계장(馬季長). 후한대(後漢代)의 경학자(經學者)이다. 자(字)는 계장(季長)이며, 마속(馬續)의 동생이다. 고문경학(古文經學)을 연구하였으며, 『주역(周易)』, 『상서(尙書)』, 『모시(毛詩)』, 『논어(論語)』, 『효경(孝經)』 등을 두루 주석하고, 『노자(老子)』, 『회남자(淮南子)』 등도 주석하였지만 현재 전해지지 않는다.

◎ 마조(馬祖) : '마조'는 별자리 이름으로, 방성(房星: =天駟星)을 가리킨다. 방성을 전설상의 동물인 용마(龍馬)를 뜻하는데, 용마는 용의 머리에 말의 몸통을 하고 있었다. 말은 사람과 다르게 시조를 찾을 수가 없기 때문에, 용마를 말의 시조로 여겼다. 그렇기 때문에 '마조'로 불리게 되었다. 『주례』「하관(夏官)·교인(校人)」편에는 "春祭馬祖執駒."라는 기

록이 있고, 이에 대한 정현의 주에서는 "馬祖, 天駟也. 孝經說曰, '房爲龍馬.'"라고 풀이했으며, 가공언(賈公彦)의 소(疏)에서는 "馬與人異, 無先祖可尋, 而言祭祖者, 則天駟也, 故取孝經說房爲龍馬, 是馬之祖."라고 풀이했다.

◎ 마희맹(馬睎孟, ? ~ ?) : =마씨(馬氏) · 마언순(馬彦醇). 자(字)는 언순(彦醇)이다. 『예기해(禮記解)』를 찬술했다.

◎ 매씨(媒氏) : '매씨'는 남녀의 혼인을 주관했던 관리이다. 고대에는 남자의 나이가 30세가 되도록 장가를 들지 않았으면, 매씨가 주관하여 혼인을 시켰다. 여자의 경우에는 20세를 기준으로 혼인을 치르게 시켰다. 『주례』「지관(地官) · 매씨(媒氏)」편에는 "媒氏掌萬民之判, 凡男女自成名以上, 皆書年月日名焉. 令男三十而娶, 女二十而嫁."라는 기록이 있다. 이러한 뜻에서 파생하여, 후대에는 중매를 주선했던 자를 부르는 용어로도 사용되었다.

◎ 맹회(盟會) : '맹회'는 회맹(會盟)을 뜻하며, 제후들끼리 모여서 서로 조약을 체결하는 것이다.

◎ 면(免) : '면'은 면포(免布)나 면복(免服)과 같은 뜻이다.

◎ 면복(免服) : '면복'은 상복(喪服)의 한 종류이다. 면(免)과 최질(衰絰)을 하는 것이며, 친상(親喪)을 처음 당했을 때 착용하는 복장이다.

◎ 면재황씨(勉齋黃氏) : =황간(黃幹)

◎ 면포(免布) : '면포'는 상(喪)을 당한 사람이 관(冠)을 벗고 흰 천 등으로 '머리를 묶는 것[括髮]'을 뜻한다.

◎ 명당(明堂) : '명당'은 일반적으로 고대 제왕이 정교(政敎)를 베풀던 장소를 지칭하는 용어로 사용되었다. 이곳에서는 조회(朝會) · 제사(祭祀) · 경상(慶賞) · 선사(選士) · 양로(養老) · 교학(敎學) 등의 국가 주요 업무가 시행되었다. 『맹자』「양혜왕하(梁惠王下)」편에는 "夫明堂者, 王者之堂也."라는 용례가 있고, 『옥태신영(玉台新詠)』「목난사(木蘭辭)」에도 "歸來見天子, 天子坐明堂."이라는 용례가 있다. '명당'의 규모나 제도는 시대마다 다르다. 또한 '명당'은 '명당'이라는 건물군 중에서도 남쪽의 실(室)을 가리키는 용어로도 사용되었다.

◎ 명사(命士) : '명사'는 사(士) 중에서도 작명(爵命)을 받은 자를 뜻한다. 『예기』「내칙(內則)」편에는 "由命士以上, 父子皆異官, 昧爽而朝, 慈以旨甘."이라는 용례가 나온다.

◎ 모거정(毛居正, ? ~ ?) : 남송(南宋) 때의 학자이다. 자(字)는 의보(誼父)·
의보(義甫)이고, 호(號)는 가산(柯山)이다. 부친은 모황(毛晃)이다. 국자
감(國子監)에 초빙되어 경전에 대한 교정을 맡아서, 『육경정오(六經正
誤)』를 지었다. 『자치통감(資治通鑑)』의 주해를 달기도 하였다.

◎ 모본(毛本) : 『모본(毛本)』은 명(明)나라 말기 급고각(汲古閣)에서 간행
된 『십삼경주소(十三經注疏)』의 판본이다. 급고각은 모진(毛晋)이 지은
장서각이었으므로, 이러한 명칭이 생겼다.

◎ 목량(沐粱) : '목량'은 기장의 한 종류인 량(粱)을 씻고서, 그 물로 시신의
머리를 감기는 것을 뜻한다.

◎ 목로(木路) : '목로'는 '목로(木輅)'라고도 부른다. 천자가 사용하는 다섯
가지 수레 중 하나이다. 단지 옻칠만 하고, 가죽으로 덮지 않았으며, 다
른 치장을 하지 않았기 때문에, '목로'라고 부르게 되었다. 대휘(大麾)라
는 깃발을 세웠고, 사냥을 하거나, 구주(九州) 지역 이외의 나라를 분봉
해줄 때 사용하였다. 『주례』「춘관(春官)·건거(巾車)」편에는 "木路, 前
樊鵠纓, 建大麾, 以田, 以封蕃國."이라는 기록이 있고, 이에 대한 정현의
주에서는 "木路, 不鞔以革, 漆之而已."라고 풀이했다.

◎ 목록(目錄) : 『목록(目錄)』은 정현이 찬술했다고 전해지는 『삼례목록(三
禮目錄)』을 가리킨다. 『십삼경주소(十三經注疏)』에서 인용되고 있지만,
이 책은 『수서(隋書)』가 편찬될 당시에 이미 일실되어 존재하지 않았
다. 『수서』「경적지(經籍志)」편에는 "三禮目錄一卷, 鄭玄撰, 梁有陶弘景
注一卷, 亡."이라는 기록이 있다.

◎ 목직(沐稷) : '목직'은 기장의 한 종류인 직(稷)을 씻고서, 그 물로 시신의
머리를 감기는 것을 뜻한다.

◎ 묘제(墓祭) : '묘제'는 묘 앞에서 지내는 제사를 뜻한다.

◎ 무복(無服) : '무복'은 상복(喪服)을 입는 관계가 없다는 뜻이다. 고대에는
친족 사이에서 친소(親疎) 관계에 따라 상복의 수위를 정하여, 다섯 가
지 상복을 제정하였다. 이 다섯 가지 상복에 해당하지 않을 때, '무복'이
라고 부르며, 죽은 자에 대해서 상례(喪禮)를 치르지 않는다. '무복' 관
계에 해당하는 경우는 친족 사이가 아닌 경우, 친족 사이이긴 하지만
촌수가 너무 멀어진 경우, 친족 관계였지만 관계가 끊어진 경우, 가까운
친척이지만 상대가 7살이 되기도 전에 요절한 경우 등이다. 『예기』「상
복소기(喪服小記)」편에는 "爲父後者, 爲出母無服. 無服也者, 喪者不祭

故也."라는 기록이 있다.

◎ 무산작(無筭爵) : '무산작'은 술잔의 수를 헤아리지 않는다는 뜻이다. 여수(旅酬)를 한 이후에, 빈객들의 제자들과 형제들의 자제들은 각각 그들의 수장에게 술을 따르고, 잔을 들어 올리는 것도 각각 그들의 수장에게 한다. 그리고 빈객들이 잔을 가져다가, 형제들 집단에 술을 권하고, 장형제(長兄弟)들은 잔을 가져다가 빈객의 무리들에게 술을 권하게 된다. 이처럼 여러 차례 술을 따르고 권하기 때문에, 이러한 절차를 '무산작'이라고 부르는 것이다.

◎ 무회씨(無懷氏) : '무회씨'는 전설시대에 존재했다고 전해지는 고대 제왕(帝王)의 이름이다.

◎ 묵거(墨車) : '묵거'는 별다른 장식을 하지 않고, 흑색으로 칠하기만 한 수레를 뜻한다. 주(周)나라 때에는 주로 대부(大夫)들이 탔다. 『주례』「춘관(春官)·건거(巾車)」편에는 "大夫乘墨車."라는 기록이 있고, 이에 대한 정현의 주에서는 "墨車, 不畫也."라고 풀이했다.

◎ 묵벽(墨辟) : =묵형(墨刑)

◎ 묵형(墨刑) : '묵형'은 묵벽(墨辟)이라고도 부르며, 오형(五刑) 중의 하나이다. 범죄자의 얼굴 및 이마에 상처를 내고, 먹물로 새겨 넣어서 죄인의 신분임을 표시하는 형벌이다. 『서』「주서(周書)·여형(呂刑)」편에는 "墨辟疑赦."라는 기록이 있고, 이에 대한 공안국(孔安國)의 전(傳)에서는 "刻其顙而涅之, 曰墨刑."이라고 풀이했다.

◎ 문가(文家) : '문가'는 문화와 예(禮)를 숭상한 나라를 뜻한다.

◎ 문명(問名) : '문명'은 혼례와 관련된 육례(六禮) 중 하나이다. 여자의 이름 및 출생일 등에 대해서 묻는 절차를 뜻한다.

◎ 문병(門屛) : '문병'은 문(門)과 병(屛)을 부르는 말인데, 일반적으로 문과 병 사이의 공간을 지칭한다. 또한 문과 병 사이의 공간을 저(宁)라고도 부른다. 이곳은 군주가 조회에 참여할 때 위치하던 장소이다. 『이아』「석궁(釋宮)」편에는 "門屛之間謂之宁."라는 기록이 있는데, 이에 대한 곽박(郭璞)의 주에서는 "人君視朝所宁立處."라고 풀이했다.

◎ 문요구(文耀鉤) : 『문요구(文耀鉤)』는 『춘추(春秋)』에 대한 위서(緯書) 중 하나이다. '위서'는 경서(經書)의 부족한 내용을 보충하기 위해 위작된 것으로, 서한(西漢) 말기에 유행하기 시작하여, 동한(東漢) 시기에 크게 성행하였으며, 남조(南朝) 송나라 때가 되어서야 비로소 금지되기 시작

하였다.

◎ 민본(閩本) : 『민본(閩本)』은 명(明)나라 가정(嘉靖) 연간 때 이원양(李元
陽)이 간행한 『십삼경주소(十三經注疏)』 판본이다. 한편 『칠경맹자고
문보유(七經孟子考文補遺)』에서는 이 판본을 『가정본(嘉靖本)』으로 지
칭하고 있다.

◎ 민은선생(岷隱先生) : =영가대씨(永嘉戴氏)

ㅂ

◎ 박아(博雅) : =광아(廣雅)

◎ 방각(方慤) : =엄릉방씨(嚴陵方氏)

◎ 방성부(方性夫) : =엄릉방씨(嚴陵方氏)

◎ 방씨(方氏) : =엄릉방씨(嚴陵方氏)

◎ 방언(方言) : 『방언(方言)』은 『유헌사자절대어석별국방언(輶軒使者絶代
語釋別國方言)』·『별국방언(別國方言)』이라고도 부른다. 한(漢)나라
때의 학자인 양웅(揚雄)이 편찬했다고 전해지는 서적이다. 총 13권으로
구성되어 있었으며, 각 지방에서 온 사신들의 방언을 모았다는 뜻에서,
『유헌사자절대어석별국방언』이라는 제목으로 출간되었고, 또 이 말을
줄여서 『별국방언』·『방언』이라고 부르게 되었다. 현존하는 『방언』은
곽박(郭璞)의 주(注)가 붙어 있는 판본이다. 그러나 『한서(漢書)』 등의
기록에는 양웅의 저술 목록에 『방언』이 포함되어 있지 않으므로, 편찬
자에 대한 의혹이 끊임없이 제기되었다.

◎ 배승(陪乘) : '배승'은 거우(車右)와 같은 말이며 삼승(參乘)이라고도 부
른다. 고대에는 수레를 몰 때, 존귀한 자가 수레의 좌측에 타고, 수레를
모는 자가 중앙에 탔으며, 호위무사가 우측에 탔는데, 호위무사를 '배승'
이라고 부른다. 『주례』「하관(夏官)·제우(齊右)」편에는 "齊右, 掌祭祀
會同賓客. 前齊車, 王乘則持馬, 行則陪乘."이라는 기록이 있고, 이에 대
한 정현의 주에서는 "陪乘, 參乘, 謂車右也."라고 풀이했다.

◎ 백물(百物) : '백물'은 사방의 백신(百神)들을 지칭한다. 백신은 온갖 신들
을 총칭하는 말인데, 주요 신들은 제외되고, 주로 하위 신들을 가리킨
다. 또한 고대에는 백신들에게 지내는 제사를 사(蜡)라고 부르기도 했
다.

◎ 백이(伯夷, ? ~ ?) : 요순(堯舜) 때의 인물로, 성(姓)은 강(姜)이며, 공공(共工)의 종손(從孫)으로 알려져 있다. 우(禹)임금을 도와 치수 사업에 참여했다고 하며, 『서』「우서(虞書)‧순전(舜典)」편에는 "帝曰, 咨四岳, 有能典朕三禮. 僉曰, 伯夷. 帝曰, 兪. 咨伯, 汝作秩宗. 夙夜惟寅, 直哉惟清. 伯拜稽首, 讓于夔龍."이라고 하여, 삼례(三禮)에 뛰어난 자를 찾자, 모두들 '백이'를 추천하였다고 전해진다.

◎ 백호(白虎) : '백호'는 서쪽 하늘의 별자리들을 총칭하는 용어이다. 하늘의 주요 별자리인 28수(宿) 중 서쪽 방위에 해당하는 규수(奎宿)‧루수(婁宿)‧위수(胃宿)‧묘수(昴宿)‧필수(畢宿)‧자수(觜宿)‧삼수(參宿) 등 7개의 별자리를 총칭한다. 이 일곱 별자리를 서로 연결하면, 호랑이의 형상이 되며, 흰색[白]은 쇠[金]의 색깔에 해당하는데, 방위와 오행(五行)을 연관시키면, 쇠는 서쪽에 해당하기 때문에, '백호'라고 부르는 것이다.

◎ 백호통(白虎通) : 『백호통(白虎通)』은 후한(後漢) 때 편찬된 서적이다. 『백호통의(白虎通義)』라고도 부른다. 후한의 장제(章帝)가 학자들을 불러 모아서, 백호관(白虎觀)에서 토론을 시키고, 각 경전 해석의 차이점을 기록한 서적이다.

◎ 백황(柏黃) : =백황씨(柏皇氏)

◎ 백황(栢篁) : =백황씨(柏皇氏)

◎ 백황씨(柏皇氏) : '백황씨'는 백황(柏黃), 백황(栢篁)이라고도 부른다. 전설 시대에 존재했다고 전해지는 고대 제왕(帝王)의 이름이다.

◎ 번조(膰俎) : '번조'는 제사 때 희생물의 고기를 담은 제기를 뜻한다. 또한 그 고기 자체를 뜻하기도 한다. 제사가 끝나게 되면, 제사를 도왔던 자들에게 그 고기들을 나눠주게 된다.

◎ 벌(伐) : '벌'은 삼수(參宿) 근처에 있는 별자리로, 벌성(伐星)을 뜻한다. '삼수'의 중앙 부분 근처에 있으며, 작은 세 개의 별로 이루어져 있다.

◎ 범씨(范氏) : =범조우(范祖禹)

◎ 범조우(范祖禹, A.D.1041 ~ A.D.1098) : =범씨(范氏)‧성도범씨(成都范氏)‧화양범씨(華陽范氏). 북송(北宋) 때의 학자이다. 자(字)는 순보(淳甫)‧몽득(夢得)이다. 이정(二程) 형제에게서 수학하였다. 『중용(中庸)』을 중시하였으며, 저서로는 『논어설(論語說)』, 『중용론(中庸論)』 등이 있다.

◎ 별록(別錄) : 『별록(別錄)』은 후한(後漢) 때 유향(劉向)이 찬(撰)했다고 전해지는 책이다. 현재는 일실되어 존재하지 않으며, 『한서(漢書)』「예문지(藝文志)」편을 통해서 대략적인 내용만을 추측해볼 수 있다.

◎ 보(甫) : '보'자는 남자에 대한 미칭(美稱)이다. 보(父)자와 통용된다. 이름 뒤에 붙이는 글자이다. 예를 들어 공자(孔子)의 경우, 이름 뒤에 '보'자를 붙여서 '니보(尼甫)'라고 부른다.

◎ 보도(步道) : '보도'는 사람만 걸어 다닐 수 있고, 수레나 말이 오갈 수 없는 작은 길을 뜻한다.

◎ 보씨(保氏) : '보씨'는 예의(禮義)의 뜻에 따라 군주를 올바른 방향으로 이끌고, 왕족 및 귀족의 자제들을 교육하였던 관리이다.

◎ 복건(服虔, ? ~ ?) : 후한대(後漢代)의 유학자이다. 자(字)는 자신(子愼)이다. 초명은 중(重)이었으며, 기(祇)라고도 불렸다. 후에 이름을 건(虔)으로 고쳤다. 『춘추좌씨전(春秋左氏傳)』에 주석을 남겼지만, 산일되어 전해지지 않는다. 현재는 『좌전가복주집술(左傳賈服注輯述)』로 일집본이 편찬되었다.

◎ 복귀(伏龜) : '복귀'는 천년 된 소나무 아래에 산다는 신령스러운 거북이를 뜻한다. 소나무의 정기로 변화된 생물이라고 전해진다.

◎ 복부(僕夫) : '복부'는 말들을 관리하고 수레에 멍에를 메게 할 때, 그 일을 담당했던 자이다. 『주례』에 기록된 취마(趣馬)나 어부(馭夫)와 비슷한 관직으로, 상사(上士)가 담당을 하였다. 『시』「소아(小雅)・출거(出車)」편에는 "召彼僕夫, 謂之載矣."라는 기록이 있고, 이에 대한 모전(毛傳)에서는 "僕夫, 御夫也."라고 풀이했다. 또 『주례』「하관(夏官)・교인(校人)」편에는 "三乘爲皁, 皁一趣馬. 三皁爲繫, 繫一馭夫. 六繫爲廐, 廐一僕夫."라는 기록이 있고, 이에 대한 정현의 주에서는 "趣馬下士, 馭夫中士, 則僕夫上士也."라고 풀이했다.

◎ 복희(伏羲) : '복희'는 곧 복희씨(宓戲氏)・복희씨(伏羲氏)를 가리킨다. 전설시대에 존재했다고 전해지는 고대 제왕 중 한 명이다. 복(伏)자와 복(宓)자, 그리고 희(羲)자와 희(戲)자는 음이 같아서 통용되었다. 『한서(漢書)』「고금인표(古今人表)」편에는 "太昊帝宓羲氏."라는 기록이 있는데, 이에 대한 안사고(顔師古)의 주에서는 "宓, 音伏, 字本作戲, 其音同."이라고 풀이했다.

◎ 봉(賵) : '봉'은 부의를 보낸다는 뜻이며, 또한 부의로 보내는 특정 물건

을 가리키기도 하다. '봉'은 상사(喪事)에 사용될 수레나 말을 부의로 보내는 것이다. 『예기』「문왕세자(文王世子)」편에는 "族之相爲也, 宜弔不弔, 宜免不免, 有司罰之. 至于賵賻承含, 皆有正焉."이라는 기록이 있는데, 이에 대한 진호(陳澔)의 『집설(集說)』에서는 "賵以車馬."라고 풀이했다.

◎ 부(府) : '부'는 각 관부에 소속된 하급 관리 중 하나이다. 각 관부의 창고에 부관된 재화나 물건 등을 담당했던 관리이다. 『주례』「천관총재(天官冢宰)」편에는 "府, 六人; 史, 十有二人."이라는 기록이 있는데, 이에 대한 정현의 주에서는 "府, 治藏."이라고 풀이했고, 손이양(孫詒讓)의 『정의(正義)』에서는 "凡治藏之吏亦通謂之府也."라고 풀이했다.

◎ 부가(夫家) : '부가'는 일반적인 남녀(男女)를 뜻하는 용어이다. 장정 중에 아내가 없는 사람을 부(夫)라고 불렀고, 아내가 있는 장정에 대해서는 아내와 함께 가(家)라고 불렀다. 이러한 의미에서 남녀를 '부가'라고 부르게 된 것이다. 『주례』「지관(地官)·재사(載師)」편에는 "凡民無職事者, 出夫家之征."이란 기록이 있는데, 손이양(孫詒讓)의 정의(正義)에서는 "江永云, 諸經凡言夫家者, 猶云男女. 無妻者爲夫, 有妻者爲家. 案此夫家之義, 當從江爲正.「小司徒」注云, 夫家猶男女也. 全經言夫家者甚多, 其義竝同."이라고 풀이했다.

◎ 부사(府史) : '부사'는 재물에 대한 회계와 문서의 출납 등을 담당했던 하급 관리를 뜻한다. '부사'의 '부(府)'는 본래 창고를 관리하는 자이고, '사(史)'는 문서 기록을 담당했던 자이다. 이 둘을 합쳐서 하급 관리들을 범칭하는 용어로도 사용한다.

◎ 부인(夫人) : '부인'은 제후의 부인을 뜻한다. 『예기』「곡례하(曲禮下)」편에는 "公侯有夫人, 有世婦, 有妻, 有妾."이라는 기록이 있다. 즉 공작과 후작은 정부인인 부인(夫人)을 두고, 그 외에 세부(世婦), 처(妻), 첩(妾)을 둔다. 또한 『논어』「계씨(季氏)」에는 "邦君之妻, 君稱之曰夫人. 夫人自稱曰小童."이라는 기록이 있다. 즉 군주의 처를 군주가 직접 부를 때에는 부인(夫人)이라고 부르며, 부인(夫人)이 자신을 지칭할 때에는 소동(小童)이라고 부른다. 참고적으로 天子의 부인은 후(后)라고 부르고, 대부(大夫)의 부인은 유인(孺人)이라고 부르고, 사(士)의 부인은 부인(婦人)이라고 부르며, 서인(庶人)의 부인은 처(妻)라고 부른다. 그러나 이러한 구분은 일률적으로 적용되는 것은 아니다.

◎ 부제(祔祭) : '부제'는 '부(祔)'라고도 한다. 새로이 죽은 자가 있으면, 선조 (先祖)에게 '부제'를 올리면서, 신주(神主)를 합사(合祀)하는 것을 말한 다. 『주례』「춘관(春官)・대축(大祝)」편에는 "付練祥, 掌國事."라는 기록 이 있고, 이에 대한 정현의 주에서는 "付當爲祔. 祭於先王以祔後死者." 라고 풀이하였다.

◎ 부지선생(浮沚先生) : =영가주씨(永嘉周氏)

◎ 북면(北面) : '북면'은 특정 공간에서 남쪽에 위치하여 북쪽을 바라보며 있다는 뜻이다. 일반적으로 군주 및 주인 등은 남면(南面)을 하게 되므 로, '북면'은 신하가 군주를 알현할 때나, 낮은 자가 높은 자를 찾아뵐 때를 가리킨다.

◎ 불곡(不穀) : '불곡'은 고대에 제왕들이 자신을 겸손하게 지칭할 때 쓰는 용어로, "착하지 못하다."는 뜻의 '불선(不善)'과 같은 말이다.

◎ 비부(秘府) : '비부'는 고대 왕실의 도서관이다. 일종의 금서(禁書)로 분류 되었던 책들을 보관해둔 곳이다. 그러나 금서만 보관되었던 것은 아니 다.

◎ 비형(剕刑) : =월형(刖刑)

◎ 빈관(賓館) : '빈관'은 빈객을 접대하거나 또는 빈객이 머물게 되는 장소 를 뜻한다. 『예기』「잡기하(雜記下)」편에는 "夫大饗旣饗, 卷三牲之俎, 歸于賓館."이라는 기록이 있다. 공식적인 임무 때문에 찾아온 빈객에게 는 공관(公館)에서 머물도록 해주는데, '공관'이 곧 '빈관'의 한 종류에 해당한다. '공관'은 군주가 빈객(賓客)들을 머물게 하기 위해 만든 숙소 이다. 한편 군주의 신하들이 가지고 있는 건물은 사관(私館)에 해당하 는데, 빈객이 사관에 머물 때, 군주가 명령을 내리게 되면, 그 장소는 '공관'이 되어, 빈객이 필요로 하는 것들을 지급하게 된다.

◎ 빈례(賓禮) : '빈례'는 오례(五禮) 중 하나로, 천자를 찾아뵙거나 천자가 제후들을 만나보거나, 아니면 제후들끼리 회동하는 조빙(朝聘)의 예법 (禮法)을 뜻한다. 또한 '빈례'는 손님을 접대하는 예제(禮制)를 뜻하기도 한다. 참고적으로 봄에 천자를 찾아뵙는 것을 조(朝)라고 하였으며, 여 름에 찾아뵙는 것을 종(宗)이라고 하였고, 가을에 찾아뵙는 것을 근(覲) 이라고 하였으며, 겨울에 찾아뵙는 것을 우(遇)라고 하였다. 또한 제후 들이 천자를 찾아뵐 때에는 본래 각각의 제후들마다 정해진 기간이 있 었는데, 정해진 기간 외에 찾아뵙는 것을 회(會)라고 하였고, 정해진 기

간에 찾아뵙는 것을 동(同)이라고 하였다. 또 천자가 순수(巡守)를 할
때에도 정해진 기간이 있었는데, 정해진 기간이 아닌 때에 제후를 찾아
가 보는 것을 문(問)이라고 하였고, 정해진 기간에 찾아가 보는 것을 시
(視)라고 하였다.

◎ 빈시(賓尸) : '빈시'는 두 가지 뜻이 있다. 첫 번째는 제사를 지낸 다음날
다시 지내는 제사를 뜻한다. 두 번째는 제사를 지낸 다음 날 시행하는
일종의 잔치이다. 제사 때 시동의 역할을 했던 자의 노고를 위로하기
위해 시행한다.

◎ 빙례(聘禮) : '빙례'는 제후들이 서로 찾아가서 만나보는 예법을 뜻한다.
또한 제후 이외에도 각 계층에서 상대방에게 찾아가서 안부를 여쭙는
예법을 빙문(聘問)이라고 부르는데, '빙례'는 이러한 '빙문' 등의 예법을
총칭하는 용어이다.

◎ 빙문(聘問) : '빙문'은 국가 간이나 개인 간에 사람을 보내서 상대방을 찾
아가 안부를 여쭙는 의식 절차를 통칭하는 말이다.

◎ 빙향(聘享) : '빙향'은 빙문(聘問)의 의례를 시행하며 선물로 가지고 간
폐백을 바치는 의식이다. '빙문'을 하게 되면, 폐백을 받은 자는 상대방
에게 반드시 연회를 베풀어주게 된다. 따라서 빙문(聘問)에서의 빙(聘)
자와 연회를 뜻하는 향(享)자를 합쳐서, 이러한 의식을 '빙향'이라고 부
르게 되었다. 『의례』「빙례(聘禮)」편에는 "受夫人之聘璋, 享玄纁."이라
는 기록이 있고, 이에 대한 정현의 주에서는 "享, 獻也. 旣聘又享, 所以
厚恩惠也."라고 풀이했다.

ㅅ

◎ 사(蜡) : '사'는 연말에 지내는 큰 제사를 뜻한다. 제사 대상은 천제(天帝)
등의 주요 신들을 제외한 나머지 하위 신들에 해당한다. 하위 신들은
그 수가 많아서, 일일이 제사를 지낼 수 없기 때문에, 연말에 합당으로
제사를 지냈던 것이다. 『예기』「잡기하(雜記下)」편에는 "子貢觀於蜡."
라는 기록이 있는데, 이에 대한 정현의 주에서는 "蜡也者, 索也. 歲十二
月, 合聚萬物而索饗之祭也."라고 풀이했다. 또 『예기』「교특생(郊特牲)」
편에는 "蜡之祭也, 主先嗇而祭司嗇也, 祭百種, 以報嗇也."라는 기록이
있다.

◎ 사(史) : '사'는 각 관부에 소속된 하급 관리 중 하나이다. 각 관부의 문서기록 및 보관, 그리고 문서기록과 관련된 각종 부수자재 등을 담당했던 관리이다. 『주례』「천관(天官)·재부(宰夫)」편에는 "六曰史, 掌官書以贊治."라는 기록이 있는데, 이에 대한 정현의 주에서는 "贊治, 若今起文書草也."라고 풀이했다.

◎ 사과(四科) : '사과'는 공자(孔子)의 제자들 중 가장 뛰어났던 10명의 제자들을 분류하였던 네 가지 과목을 뜻한다. 즉 덕행(德行), 언어(言語), 정사(政事), 문학(文學)이라는 네 분야를 가리킨다. 『논어』「선진(先進)」편에는 "德行, 顏淵·閔子騫·冉伯牛·仲弓. 言語, 宰我·子貢. 政事, 冉有·季路. 文學, 子游·子夏."라는 기록이 있다. 즉 공자의 제자들 중에서 '덕행'에 뛰어났던 인물은 안연(顏淵), 민자건(閔子騫), 염백우(冉伯牛), 중궁(仲弓) 등 네 사람이며, '언어'에 뛰어났던 인물은 재아(宰我), 자공(子貢) 등 두 사람이고, '정사'에 뛰어났던 인물은 염유(冉有), 계로(季路) 등 두 사람이며, '문학'에 뛰어났던 인물은 자유(子游), 자하(子夏) 등 두 사람이었다.

◎ 사관(司爟) : '사관'은 주(周)나라 때의 관직으로, 불과 관련된 업무를 담당하였다. 『주례』「하관사마(夏官司馬)」편에는 "司爟, 下士二人, 徒六人."이라는 기록이 있다. 즉 '사관'은 『주례』의 체제에서는 하관(夏官)에 속해 있었으며, 하사(下士) 2명이 담당을 하였고, 그 휘하에는 잡무를 맡아보던 도(徒) 6명이 속해 있었다.

◎ 사광(師曠, B.C.572? ~ B.C.532?) : 춘추시대(春秋時代) 때의 유명한 악사(樂師)이다. 이름은 광(曠)이며, 자(字)는 자야(子野)이다.

◎ 사구(司寇) : '사구'는 주(周)나라 때 설치되었던 관직이다. 하(夏)나라와 은(殷)나라 때에도 이미 존재했었다고 주장하기도 한다. 주나라 때에는 육경(六卿) 중 하나였으며, 대사구(大司寇)라고도 불렀다. 형벌이나 옥사에 관련된 일을 담당하였고, 감찰 임무를 맡기도 하였다. 춘추시대(春秋時代)에는 여러 제후국들에 이 관직이 설치되었으며, 공자(孔子) 또한 노(魯)나라에서 '사구'를 지냈다고 전해지기도 한다. 청(淸)나라 때에는 형부상서(刑部尚書)를 '대사구'로 불렀으며, 시랑(侍郎)을 소사구(少司寇)로 불렀다.

◎ 사례(食禮) : '사례'는 연회의 한 종류이다. '사례'는 그 행사에 밥이 있고 반찬이 있는 것이니, 비록 술도 두었지만 마시지는 않았다. 그 예법에서

는 밥을 위주로 한 것이기 때문에, '사례'라고 부른 것이다. 『예기』「왕제
(王制)」편에는 "殷人以食禮."라는 기록이 있고, 이에 대한 진호(陳澔)의
주에서는 "食禮者, 有飯有殽, 雖設酒而不飲, 其禮以飯爲主, 故曰食也."
라고 풀이했다.

◎ 사례(射禮) : '사례'는 활 쏘는 예법을 가리킨다. 고대에는 활쏘기가 문무
(文武)에 두루 관련이 있다고 생각하여서 중시하였다. 따라서 행사를
거행할 때에는 이러한 '사례'를 실시하였다. '사례'에는 대략 4종류가 있
다. 즉 대사례(大射禮), 빈사례(賓射禮), 연사례(燕射禮), 향사례(鄕射
禮)를 가리키는데, '대사례'는 제사를 지내고자 할 때, 제사에 참가하는
사(士)들을 선발하기 위해 실시하는 '사례'이다. '빈사례'는 제후들이 천
자를 찾아뵙거나, 또는 제후들끼리 서로 회동을 할 때에, 활쏘기를 하며
연회를 베푸는 것이다. '연사례'는 연회를 즐기며 실시하는 '사례'를 뜻
한다. '향사례'는 향(鄕)을 담당하는 향대부(鄕大夫)가 자신의 행정구역
에서 관리로 등용될 사(士)들을 선발한 뒤에, 그들에게 연회를 베풀며
시행하는 '사례'이다.

◎ 사마(司馬) : '사마'라는 관직은 전설상으로는 소호(少昊) 시대부터 설치
되었다고 전해진다. 주(周)나라 때에는 육경(六卿) 중 하나였으며, 하관
(夏官)의 수장이며 대사마(大司馬)라고도 불렀다. 군대와 관련된 일을
담당했다. 한(漢)나라 무제(武帝) 때에는 태위(太尉)라는 관직명을 고쳐
서 대사마(大司馬)라고 불렀고, 후한(後漢) 때에는 다시 태위(太尉)로
고쳐 불렀다. 남북조시대(南北朝時代)에는 대장군(大將軍)과 함께 이대
(二大)로 칭해지기도 했으나, 청(淸)나라 때 폐지되었다. 후세에서는 병
부상서(兵部尙書)의 별칭으로 사용하기도 했고, 시랑(侍郎)을 소사마
(少司馬)로 칭하기도 하였다.

◎ 사맹(司盟) : '사맹'은 맹약을 맺을 때 필요한 문서와 관련 의례를 담당했
던 관리이다. 『주례』「추관사구(秋官司寇)」편에는 "司盟, 下士二人, 府
一人, 史二人, 徒四人."이라는 기록이 있다. 즉 '사맹'이라는 관직은 하사
(下士) 2명이 담당을 하였으며, 그 휘하에는 잡무를 맡아보던 부(府) 1
명, 사(史) 2명, 도(徒) 4명이 배송되어 있었다.

◎ 사방(四方) : '사방'은 사방의 신(神)들을 가리킨다. 경우에 따라서 가리키
는 신들이 다르다. 『예기』「곡례하(曲禮下)」편에는 "天子祭天地, 祭四
方, 祭山川, 祭五祀, 歲徧."이라는 기록이 있는데, 이에 대한 정현의 주

에서는 "祭四方, 謂祭五官之神於四郊也. 句芒在東, 祝融・后土在南, 蓐
收在西, 玄冥在北."이라고 풀이했다. 즉 '사방'에 해당하는 신은 오관(五
官)을 주관하는 신들로, 사방의 교외에서 제사를 지냈기 때문에 '사방'
이라고 표현한 것이다. 동쪽 교외에서는 구망(句芒)에 대한 제사를 지
냈고, 남쪽 교외에서는 축융(祝融)과 후토(后土)에 대한 제사를 지냈으
며, 서쪽 교외에서는 욕수(蓐收)에 대한 제사를 지냈고, 북쪽 교외에서
는 현명(玄冥)에 대한 제사를 지냈다. 한편『예기』「제법(祭法)」편에는
"四坎壇, 祭四方也."라는 기록이 있는데, 이에 대한 정현의 주에서는
"四方, 卽謂山林・川谷・丘陵之神也. 祭山林・丘陵於壇, 川谷於坎."이
라고 풀이했다. 즉 '사방'에 해당하는 신은 산림이나 하천 등에 있는 신
들로, 특정 대상이 없다. 산림이나 구릉의 신들에게 제사를 지낼 때에는
제단을 쌓아서 지냈고, 하천이나 계곡의 신들에게 제사를 지낼 때에는
구덩이를 파서 지냈다.

◎ 사병(祠兵) : '사병'은 전쟁을 위해 군대를 출병할 때, 근교(近郊)에 머물
며, 희생물을 잡아서 제사를 지내고, 병사들을 배불리 먹게 하는 것이
다.

◎ 사사(士師) : '사사'는 사사(士史)라고도 부르며, 고대에 금령(禁令)이나 형
별 및 옥사 등을 담당하던 관리이다.『주례』「추관(秋官)・사사(士師)」편
에는 "士師之職, 掌國之五禁之法, 以左右刑罰. 一曰宮禁, 二曰官禁, 三
曰國禁, 四曰野禁, 五曰軍禁."이란 기록이 있다.

◎ 사사(司士) : '사사'는 주대(周代) 때의 관직명이다.『주례』의 체제에 따르
면, 하대부(下大夫) 2명이 담당을 하였고, 그 휘하에는 중사(中士) 6명
과 하사(下士) 12명이 배속되어 있었으며, 잡무를 맡아보던 말단 관리
로는 부(府) 2명, 사(史) 4명, 서(胥) 4명, 도(徒) 40명이 있었다.『주례』
「하관사마(夏官司馬)」편에는 "司士, 下大夫二人, 中士六人, 下士十有二
人, 府二人, 史四人, 胥四人, 徒四十人."이라는 기록이 있다. 한편 '사사'
가 담당했던 일들은 그 종류가 다양한데, 주로 관리들의 호적 장부 및
작록 등을 기록한 문서를 관리하였으며, 그들에 대한 공적과 품성을 판
단하여 천자에게 작위와 봉록을 내려주도록 보고를 하였고, 조정에서
서열에 따른 자리 배치 등을 담당하였다.『주례』「하관(夏官)・사사(司
士)」편에는 "以德詔爵, 以功詔祿, 以能詔事, 以久奠食. 惟賜無常. 正朝儀
之位, 辨其貴賤之等."이라는 기록이 있다.

◎ 사색(司嗇) : '사색'은 농업을 주관하였던 자를 뜻하는 말이며, 농업 분야의 신(神)으로 모셔지던 대상이다. 후직(后稷)을 가리키기도 한다. 『예기』「교특생(郊特牲)」편에는 "蜡之祭也, 主先嗇而祭司嗇也."라는 기록이 있는데, 이에 대한 정현의 주에서는 "司嗇, 后稷是也."라고 풀이했다.

◎ 사왕(嗣王) : '사왕'은 '효왕(孝王)'과 마찬가지로 군주가 제사 때 자신을 지칭하는 용어이다. 다만 제사 대상이 천지(天地) 등의 외신(外神)일 때 사용한다. '왕위를 계승한 자'라는 의미이다.

◎ 사인(事人) : '사인'은 하위관료에 임명된 사람들을 뜻한다.

◎ 사직(社稷) : '사직'은 토지신과 곡식신을 뜻한다. 천자와 제후가 지냈던 제사이다. '사직'에서의 '사(社)'자는 토지신을 가리키고, '곡(稷)'자는 곡식신을 뜻한다.

◎ 사하(肆夏) : '사하'는 고대의 악곡 이름이다. 구하(九夏) 중 하나이다. '구하'에는 왕하(王夏), 사하(肆夏), 소하(昭夏), 납하(納夏), 장하(章夏), 제하(齊夏), 족하(族夏), 극하(祴夏), 오하(驁夏)이다. 종묘(宗廟) 제사 때에는 시동이 출입할 때 이 악곡을 연주하기도 하였다. 『시』의 송(頌)과 같은 것으로, 노래 중에서도 비중이 컸던 것이다. 『악(樂)』이 없어지면서, 이에 대한 음악도 함께 사라지게 되었다. 『주례』「춘관(春官)·대사악(大司樂)」편에는 "王出入則令奏王夏, 尸出入則令奏肆夏, 牲出入則令奏昭夏."라는 기록이 있고, 이에 대한 정현의 주에서는 "三夏, 皆樂章名."이라고 풀이했다. 또 『주례』「춘관(春官)·종사(鍾師)」편에는 "鍾師掌金奏. 凡樂事以鍾鼓奏九夏, 王夏·肆夏·昭夏·納夏·章夏·齊夏·族夏·祴夏·驁夏."라는 기록이 있고, 이에 대한 정현의 주에서는 "九夏皆詩篇名, 頌之族類也. 此歌之大者, 載在樂章, 樂崩亦從而亡."이라고 풀이했다.

◎ 사호(四皓) : '사호'는 상산사호(商山四皓)라고도 부른다. 진(秦)나라 말기에 상산(商山)에 은거했던 네 명의 은자(隱者)들을 뜻한다. 네 명의 은자는 동원공(東園公), 기리계(綺里季), 하황공(夏黃公), 각리선생(角里先生: =角里先生)이다. 네 명은 모두 눈썹이 흰색이었기 때문에, '사호'라는 용어가 생겼다. 일설에는 머리가 백발이었기 때문에, '사호'라는 용어가 생겼다고 설명한다.

◎ 산음육씨(山陰陸氏, A.D.1042 ~ A.D.1102) : =육농사(陸農師)·육전(陸佃). 북송(北宋) 때의 유학자이다. 자(字)는 농사(農師)이며, 호(號)는 도산

(陶山)이다. 어려서 집안이 매우 가난했다고 전해지며, 왕안석(王安石)에게 수학하였으나 왕안석의 신법에 대해서는 반대하였다. 저서로는 『비아(埤雅)』, 『춘추후전(春秋後傳)』, 『도산집(陶山集)』 등이 있다.

◎ 산재(散齋) : '산재'는 제사를 지내기 이전 7일 동안, 수레도 몰지 않고, 음악도 듣지 않으며, 조문도 하지 않는 것을 말한다. 『예기』「제의(祭義)」편에는 "致齊於內, 散齊於外."라는 기록이 있고, 이에 대한 정현의 주에서는 "散齊, 七日不御不樂不弔耳."라고 풀이했다.

◎ 산정정(山井鼎, 야마노이 카나에, A.D.1690 ~ A.D.1726) : 일본 에도 시대 때의 학자이다. 오규 소라이의 제자이다.

◎ 산제(散齊) : =산재(散齋)

◎ 산천(山川) : '산천'은 오악(五嶽)과 사독(四瀆)의 신들을 가리키기도 하며, 산과 하천의 신들을 두루 지칭하기도 한다. 오악은 대표적인 다섯 가지 산으로, 중앙의 숭산(嵩山), 동쪽의 태산(泰山), 남쪽의 형산(衡山), 서쪽의 화산(華山), 북쪽의 항산(恒山)을 가리킨다. 사독은 장강(長江), 황하(黃河), 회하(淮河), 제수(濟水)를 가리킨다.

◎ 산해경(山海經) : 『산해경(山海經)』은 중국 고대의 지리서(地理書) 중 하나이다. 작자는 미상이다. 총 18권으로 구성되어 있다. 본래는 32권으로 구성되어 있었는데, 유흠(劉歆)이 정리를 하며, 재차 18권으로 편집했다고 전해지기도 한다. 각 지역의 지형을 설명하고, 그곳의 풍속 및 전설 등의 내용들까지도 수록하고 있다.

◎ 삼가(三加) : '삼가'는 세 개의 관(冠)을 준다는 뜻이다. 관례(冠禮)를 시행할 때, 처음에 치포관(緇布冠)을 주고, 그 다음에 피변(皮弁)을 주며, 마지막으로 작변(爵弁)을 주기 때문에, '삼가'라고 부른다.

◎ 삼각이대(三恪二代) : '삼각이대'는 삼각(三恪)과 이대(二代)를 합친 말이며, 둘 모두 주(周)나라가 왕조를 건립하고 나서, 전대 왕조의 후손들을 분봉해준 나라들을 뜻한다. '삼각'은 황제(黃帝), 요(堯), 순(舜)의 후손들을 분봉해준 나라를 뜻하니, 계(薊), 축(祝), 진(陳)이 그 나라에 해당한다. '이대'는 하(夏)나라와 은(殷)나라의 후손들을 분봉해준 나라를 뜻하니, 기(杞), 송(宋)이 그 나라에 해당한다. 『예기』「악기(樂記)」편에는 "武王克殷反商, 未及下車而封黃帝之後於薊, 封帝堯之後於祝, 封帝舜之後於陳, 下車而封夏后氏之後於杞, 投殷之後於宋."이라는 기록이 있다.

◎ 삼공(三公) : '삼공'은 중앙정부의 가장 높은 관직자 3명을 합쳐서 부르는

말이다. '삼공'에 속한 관직명에 대해서는 각 시대별로 차이가 있다.『사기(史記)』「은본기(殷本紀)」편에는 "以西伯昌, 九侯, 鄂侯, 爲三公."이라는 기록이 있다. 즉 은나라 때에는 서백(西伯)인 창(昌), 구후(九侯), 악후(鄂侯)들이 '삼공'으로 삼았다. 또한 주(周)나라 때에는 태사(太師), 태부(太傅), 태보(太保)를 '삼공'으로 삼았다.『서』「주서(周書)·주관(周官)」편에는 "立太師·太傅·太保, 玆惟三公, 論道經邦, 爕理陰陽."이라는 기록이 있다. 한편『한서(漢書)』「백관공경표서(百官公卿表序)」에 따르면 사마(司馬), 사도(司徒), 사공(司空)을 '삼공'으로 삼았다는 기록이 있다.

◎ 삼대(三代) : '삼대'는 하(夏), 은(殷), 주(周)의 세 왕조를 말한다.『논어』「위령공(衛靈公)」편에는 "斯民也, 三代 之所以直道而行也."라는 기록이 있고, 이에 대한 형병(邢昺)의 소(疏)에서는 "三代, 夏殷周也."로 풀이했다.

◎ 삼례(三禮) : '삼례'는 천(天), 지(地), 종묘(宗廟)에서 지내는 제례(祭禮)를 뜻한다.『서』「우서(虞書)·순전(舜典)」편에는 "帝曰, 咨! 四岳, 有能典朕三禮."라는 기록이 있는데, 이에 대한 공안국(孔安國)의 전(傳)에서는 "三禮, 天·地·人之禮."라고 풀이했다.

◎ 삼례목록(三禮目錄) : =목록(目錄)

◎ 삼로(三老) : 삼로오경(三老五更) 참조.

◎ 삼로오경(三老五更) : '삼로오경'은 삼로(三老)와 오경(五更)을 뜻한다. 이들은 국가의 요직에 있다가 나이가 들어 퇴직한 자들이다. 정현은 '삼로'와 '오경'은 3명과 5명이 아닌 각각 1명씩이라고 풀이했다. 그리고 1명씩인데도 '삼(三)'자와 '오(五)'자를 붙여서 부르는 이유에 대해서, '삼진(三辰)'과 '오성(五星)'에서 명칭을 빌려왔기 때문이라고 해석하였고, 또한 '삼덕(三德)'과 '오사(五事)'를 알고 있는 자들이기 때문에, 이러한 명칭이 붙었다고 풀이하기도 한다.『예기』「문왕세자」에는 "適東序, 釋奠於先老, 遂設三老, 五更, 群老之席位焉."이란 기록이 있는데, 이에 대한 정현의 주에서는 "三老五更各一人也, 皆年老更事致仕者也. 天子以父兄養之, 示天下之孝悌也. 名以三五者, 取象三辰五星, 天所因以照明天下者."라고 풀이했고, 또한『예기』「악기(樂記)」에는 "食三老五更於大學."이란 기록이 있는데, 이에 대한 정현의 주에서는 "三老五更, 互言之耳, 皆老人更知三德五事者也."라고 풀이했다. 그리고 참고적으로 공영

달(孔穎達)의 소(疏)에서는 "三德謂正直, 剛, 柔. 五事謂貌, 言, 視, 聽, 思也."라고 해석하여, '삼덕'은 정직(正直), 강직함[剛], 부드러움[柔]이라고 풀이했고, 오사(五事)는 '올바른 용모[貌]', '올바른 말[言]', '올바르게 봄[視]', '올바르게 들음[聽]', '올바르게 생각함[思]'이라고 풀이했다.

◎ 삼명(三名) : '삼명'은 군주를 보필하는 세 부류의 신하들을 뜻한다. 공(公), 경(卿), 대부(大夫)를 가리킨다. 위서(緯書) 중 하나인 『통괘험(通卦驗)』에는 "天皇之先, 與乾曜合元, 君有五期, 輔有三名."이라는 기록이 있고, 이에 대한 정현의 주에서는 "君之用事五行, 王亦有五期. 輔有三名, 公·卿·大夫也."라고 풀이했다.

◎ 삼산황씨(三山黃氏) : =황간(黃幹)

◎ 삼생(三牲) : '삼생'은 희생물로 사용되는 세 종류의 가축을 뜻한다. 소[牛], 양(羊), 돼지[豕]가 여기에 해당한다. 『효경』「기효행장(紀孝行章)」에는 "雖日用三牲之養, 猶不爲孝也."라는 기록이 있고, 이에 대한 형병(邢昺)의 소(疏)에서는 "三牲, 牛·羊·豕也."라고 풀이했다. 한편 후대에는 소, 양, 돼지를 '대삼생(大三牲)'으로 부르고, 새끼돼지[豬], 물고기[魚], 닭[鷄]을 '소삼생(小三牲)'으로 부르기도 했다.

◎ 삼왕(三王) : '삼왕'은 하(夏), 은(殷), 주(周) 삼대(三代)의 왕을 뜻한다. 『춘추곡량전』「은공(隱公) 8年」편에는 "盟詛不及三王."이라는 기록이 있고, 이에 대한 범녕(範寧)의 주에서는 '삼왕'을 하나라의 우(禹), 은나라의 탕(湯), 주나라의 무왕(武王)을 지칭한다고 풀이했다. 그리고 『맹자』「고자하(告子下)」편에는 "五覇者, 三王之罪人也."라는 기록이 있고, 이에 대한 조기(趙岐)의 주에서는 '삼왕'을 범녕의 주장과 달리, 주나라의 무왕 대신 문왕(文王)을 지칭한다고 풀이했다.

◎ 삼우(三虞) : '삼우'는 장례(葬禮)를 끝내고 나서, 세 차례 지내게 되는 우제(虞祭)를 뜻한다. 신령을 안심시키고, 잘 안주하도록 지내는 제사이며, 계급에 따라서 그 횟수가 달랐다. 천자의 경우에는 구우(九虞)를 지냈고, 제후는 칠우(七虞)를 지냈으며, 대부(大夫)는 오우(五虞)를 지냈고, 사(士)의 경우에 '삼우'를 지냈다.

◎ 삼재(三才) : '삼재'는 하늘[天], 땅[地], 사람[人]을 뜻한다. 한편 『역』에서는 '삼재'를 거론하며, 하늘의 도(道)를 세운 것은 음(陰)과 양(陽)이고, 땅의 도를 세운 것은 유(柔)와 강(剛)이며, 사람의 도를 세운 것은 인(仁)과 의(義)라고 설명한다. 『역』「설괘전(說卦傳)」편에는 "是以立天之

道曰陰與陽, 立地之道曰柔與剛, 立人之道曰仁與義. 兼三才而兩之, 故易六畫而成卦."라는 기록이 있다. 또한 하늘은 양기(陽氣)에 근본을 두고 있고, 땅은 음기(陰氣)에 근본을 두고 있으며, 사람은 중화(中和)의 기운에 근본을 두고 있다는 설명도 있다. 왕부(王符)의 『잠부론(潛夫論)』「본훈(本訓)」편에는 "是故天本諸陽, 地本諸陰, 人本中和. 三才異務, 相待而成."이라는 기록이 있다.

◎ 삼전(三傳) : '삼전'은 춘추삼전(春秋三傳)을 뜻한다. '춘추삼전'은 『춘추』 경문(經文)에 대한 세 가지 주석서를 가리킨다. 『춘추좌씨전(春秋左氏傳)』, 『춘추공양전(春秋公羊傳)』, 『춘추곡량전(春秋穀梁傳)』을 뜻한다.

◎ 삼정(三正) : '삼정'은 하(夏)·은(殷)·주(周) 세 나라의 정월(正月)을 뜻한다. 또한 세 나라의 역법(曆法)을 가리키기도 한다. 북두칠성은 회전을 하는데, 각 왕조에서는 천상을 12지(支)로 구분하여, 북두칠성의 자루 부분이 어느 방향을 지시하느냐에 따라 정월을 달리하였다. 하나라 때에는 북두칠성의 자루가 인(寅)을 가리킬 때를 정월로 여겼고, 은나라 때에는 축(丑)을 가리킬 때를 정월로 여겼으며, 주나라 때에는 자(子)를 가리킬 때를 정월로 여겼다.

◎ 삼조(三俎) : '삼조'는 세 가지 도마에 올리는 음식들을 뜻한다. 세 가지 음식들은 돼지고기, 물고기, 말린 고기이다. 『예기』「옥조(玉藻)」편에는 "朝服以食, 特牲三俎."라는 기록이 있고, 이에 대한 정현의 주에서는 "三俎, 豕·魚·腊."이라고 풀이했다.

◎ 삼황(三皇) : '삼황'은 전설시대에 존재했다고 전해지는 세 명의 제왕을 뜻한다. 그러나 세 명이 누구였는지에 대해서는 이설(異說)이 많다. 첫 번째 주장은 복희(伏羲), 신농(神農), 황제(黃帝)를 '삼황'으로 보는 견해이다. 『장자(莊子)』「천운(天運)」편에는 "余語汝三皇五帝之治天下."라는 기록이 있는데, 이에 대한 성현영(成玄英)의 주에서는 "三皇者, 伏羲·神農·黃帝也."라고 풀이했다. 두 번째 주장은 복희(伏羲), 신농(神農), 여왜(女媧)로 보는 견해이다. 『여씨춘추(呂氏春秋)』「용중(用衆)」편에는 "此三皇五帝之所以大立功名也."라는 기록이 있는데, 이에 대한 고유(高誘)의 주에서는 "三皇, 伏羲·神農·女媧也."라고 풀이했다. 세 번째 주장은 복희(伏羲), 신농(神農), 수인(燧人)으로 보는 견해이다. 『백호통(白虎通)』「호(號)」편에는 "三皇者, 何謂也? 謂伏羲·神農·燧人也."라는 기록이 있다. 네 번째 주장은 복희(伏羲), 신농(神農), 축융(祝

融)으로 보는 견해이다.『백호통』「호」편에는 "禮曰, 伏羲·神農·祝融, 三皇也."라는 기록이 있다. 다섯 번째 주장은 천황(天皇), 지황(地皇), 태황(泰皇)으로 보는 견해이다.『사기(史記)』「진시황본기(秦始皇本紀)」편에는 "古有天皇, 有地皇, 有泰皇. 泰皇最貴."라는 기록이 있다. 여섯 번째 주장은 천황(天皇), 지황(地皇), 인황(人皇)으로 보는 견해이다.『예문유취(藝文類聚)』에서는『춘추위(春秋緯)』를 인용하며, "天皇, 地皇, 人皇, 兄弟九人, 分九州, 長天下也."라고 기록하였다.

◎ 상(常) : =대상(大常)

◎ 상개(上介) : '상개'는 개(介) 중에서도 가장 직위가 높았던 자를 뜻한다. 빈객(賓客)이 방문했을 때, 빈객의 부관이 되어, 주인(主人)과의 사이에서 시행해야 할 일들을 도왔던 부관들을 '개'이라고 부른다.

◎ 상공(上公) : '상공'은 주(周)나라 제도에 있었던 관직 등급이다. 본래 신하의 관직 등급은 8명(命)까지이다. 주나라 때에는 태사(太師), 태부(太傅), 태보(太保)와 같은 삼공(三公)들이 8명의 등급에 해당했다. 그런데 여기에 1명을 더하게 되면 9명이 되어, 특별직인 '상공'이 된다.『주례』「춘관(春官)·전명(典命)」편에는 "上公九命爲伯, 其國家宮室車旗衣服禮儀, 皆以九爲節."이라는 기록이 있고, 이에 대한 鄭玄의 注에서는 "上公, 謂王之三公有德者, 加命爲二伯. 二王之後亦爲上公."이라고 풀이하였다. 즉 '상공'은 삼공 중에서도 유덕(有德)한 자에게 1명을 더해주어, 제후들을 통솔하는 '두 명의 백(伯)[二伯]'으로 삼았다.

◎ 상관(喪冠) : '상관'은 상복(喪服)을 착용할 때 쓰는 관(冠)이다. 상복은 수위에 따라 일반적으로 오복(五服)으로 나뉘게 되는데, '상관' 또한 각 상복의 종류에 따라 달라진다.

◎ 상대부(上大夫) : '상대부'는 대부(大夫)의 등급 중 하나이다. 대부는 상(上)·중(中)·하(下)로 재차 분류되는데, '상대부'는 대부들 중에서도 가장 높은 작위이다. 한편 제후국에 있어서 '상대부'는 경(卿)으로 분류되기도 하였다.

◎ 상로(象路) : '상로'는 '상로(象輅)'라고도 부른다. 천자가 사용하는 다섯 가지 수레 중 하나이다. 상아로 수레를 치장했기 때문에, '상로'라고 부르게 되었다. 대적(大赤)이라는 깃발을 세웠으며, 조회를 보거나, 이성(異姓)인 자를 분봉할 때 사용하였다.『주례』「춘관(春官)·건거(巾車)」편에는 "象路, 朱樊纓, 七就, 建大赤, 以朝, 異姓以封."이라는 기록이 있

고, 이에 대한 정현의 주에서는 "象路, 以象飾諸末."이라고 풀이했다.

◎ 상빈(上擯) : '상빈'은 빈(擯)들 중에서도 가장 직위가 높았던 자를 뜻한다. 빈객(賓客)이 방문했을 때, 주인(主人)의 부관이 되어, 빈객과의 사이에서 시행해야 할 일들을 도왔던 부관들을 '빈'이라고 부른다.

◎ 상사(常祀) : '상사'는 정해진 시기마다 지내게 되는 정규 제사들을 뜻한다.

◎ 상산사호(商山四皓) : =사호(四皓)

◎ 상서중후(尙書中候) : 『상서중후(尙書中候)』는 위서(緯書) 중 하나이다. '위서'는 경서(經書)의 부족한 내용을 보충하기 위해 위작된 것으로, 서한(西漢) 말기에 유행하기 시작하여, 동한(東漢) 시기에 크게 성행하였으며, 남조(南朝) 송나라 때가 되어서야 비로소 금지되기 시작하였다.

◎ 상제(祥祭) : '상제'는 대상(大祥)과 소상(小祥) 때의 제사를 뜻한다. '소상'에서의 제사는 부모가 죽은 지 만 1년 만에 지내는 제사이고, 대상(大祥)에서의 제사는 만 2년 만에 지내는 제사이다.

◎ 상조(相朝) : '상조'는 제후들끼리 회동을 갖는다는 뜻이다. '상(相)'자는 '서로'라는 뜻이고, '조(朝)'자는 회동을 갖는다는 뜻이다. 또한 고대에는 제후들이 주기적으로 천자에게 조회를 갔는데, 천자에게 조회를 가기에 앞서, 제후들끼리 서로 만나서 의논을 하였다. 이러한 회동을 '상조'라고 부른다. 『국어(國語)』「노어상(魯語上)」편에는 "是故先王制諸侯, 使五年四王一相朝."라는 기록이 있는데, 이에 대한 위소(韋昭)의 주에서는 "五年之間四聘於王, 而一相朝. 相朝者, 將朝天子先相朝也."라고 풀이했다.

◎ 상존(上尊) : '상존'은 제사나 연회 때 진설해두는 술잔 중에서도 가장 위쪽에 있는 술동이를 뜻한다. 여러 술동이들 중에서도 가장 위에 있기 때문에 '상(上)'자를 붙여서 부른 것이다. 『예기』「교특생(郊特牲)」편에는 "黃目, 鬱氣之上尊也."라는 기록이 있는데, 이에 대한 공영달(孔穎達)의 소(疏)에서는 "祭祀時列之最在諸尊之上, 故云上也."라고 풀이했다.

◎ 상좌식(上佐食) : '상좌식'은 좌식(佐食) 중에서도 직위가 가장 높은 자를 뜻한다.

◎ 상황(喪荒) : '상황'은 신하에게 발생한 상사(喪事)와 관련된 일들과 흉년과 관련된 일들을 뜻한다. 『주례』「천관(天官)·대재(大宰)」편에는 "三曰喪荒之式."이라는 기록이 있는데, 이에 대한 정현의 주에서는 "荒, 凶

年也."라고 풀이했으며, 가공언(賈公彦)의 소(疏)에서는 "喪謂若諸侯諸臣之喪, 含襚, 贈奠, 賻賵之類."라고 풀이했다.

◎ 서명기(序命紀) : '서명기'는 서명기(敍命紀)라고도 부른다. 상고시대(上古時代) 때 4개의 각기 다른 성(姓)을 가진 부족장들이 통치하던 시기를 뜻한다.

◎ 서모(庶母) : '서모'는 부친의 첩(妾)들을 뜻한다. 『의례』「사혼례(士昏禮)」편에는 "庶母及門內施鞶, 申之以父母之命."이라는 기록이 있는데, 이에 대한 정현의 주에서는 "庶母, 父之妾也."라고 풀이했다. 한편 '서모'는 부친의 첩들 중에서도 아들을 낳은 여자를 뜻하기도 한다. 『주자전서(朱子全書)』「예이(禮二)」편에는 "庶母, 自謂父妾生子者."라는 기록이 있다.

◎ 서산진씨(西山眞氏, A.D.1178 ~ A.D.1235) : =건안진씨(建安眞氏)·진덕수(眞德秀). 남송(南宋) 때의 성리학자이다. 자(字)는 경원(景元)이고, 호(號)는 서산(西山)이다. 저서로는 『독서기(讀書記)』, 『사서집론(四書集論)』, 『경연강의(經筵講義)』 등이 있다.

◎ 석경(石經) : 『석경(石經)』은 당(唐)나라 개성(開成) 2년(A.D.714)에 돌에 새긴 『십삼경주소(十三經注疏)』의 판본이다. 당나라 국자학(國子學)의 비석에 새겨졌다는 판본이 바로 이것을 가리킨다.

◎ 석구(裼裘) : '석구'는 예식(禮式)을 치를 때, 복장을 착용하는 방식 중 하나이다. 겉옷의 소매를 걷어 올려서, 안에 입고 있는 갓옷을 겉으로 드러내되, 다 드러내는 것은 아니다. 성대한 예식을 치를 때가 아니라면, 이러한 복식으로 복장을 착용하는 것이 공손함을 나타내는 방법이 된다.

◎ 석량왕씨(石梁王氏, ? ~ ?) : 자세한 이력이 남아 있지 않다.

◎ 석림섭씨(石林葉氏, ? ~ A.D.1148) : =섭몽득(葉夢得)·섭소온(葉少蘊). 남송(南宋) 때의 유학자이다. 자(字)는 소온(少蘊)이고, 호(號)는 몽득(夢得)이다. 박학다식했다고 전해지며, 『춘추(春秋)』에 대한 조예가 깊었다.

◎ 석의(裼衣) : '석의'는 고대에 의례를 시행할 때 입는 옷이다. 가죽옷이나 갈옷 위에 걸쳤던 외투 중 하나이다. '석의' 위에는 습의(襲衣)를 걸쳤기 때문에, 중간에 입는 옷이라는 뜻에서 '중의(中衣)'라고도 부른다.

◎ 석폐(釋幣) : '석폐'는 비단 등의 폐백을 차려서 종묘(宗廟) 및 신령에게

아뢰는 의식이다. 중요한 임무를 맡게 되어, 국경 밖으로 나갈 경우에
이러한 의식을 시행하였다.

◎ 석호거사(石湖居士) : =오군범씨(吳郡范氏)

◎ 선로(先老) : '선로'는 이전 세대의 삼로(三老)와 오경(五更)이었던 자들
이다. 『예기』「문왕세자(文王世子)」편에는 "釋奠於先老, 遂設三老・五
更・群老之席位焉."이라는 기록이 있고, 이에 대한 진호(陳澔)의 『집설
(集說)』에서는 "先老, 先世之爲三老・五更者也."라고 풀이했다.

◎ 선복(先卜) : '선복'은 처음으로 점대[筮]를 사용하여 점을 쳤던 사람이다.
『주례』「춘관(春官)・귀인(龜人)」편에는 "上春釁龜, 祭祀先卜."이라는
기록이 있고, 이에 대한 정현의 주에서는 "玄謂先卜, 始用卜筮者."라고
풀이했다.

◎ 선사(先師) : '선사'는 전 세대에 태학(太學)에서 교육을 담당하였던 자들
로, 도덕(道德)을 갖춘 자들을 뜻한다. 『예기』「문왕세자(文王世子)」편
에는 "凡學, 春官釋奠于其先師, 秋冬亦如之."라는 기록이 있고, 이에 대
한 정현의 주에서는 "周禮曰: '凡有道者有德者, 使敎焉. 死則以爲樂祖,
祭於瞽宗.' 此之謂先師之類也."라고 풀이했다. 즉 『주례』에는 "무릇 도
(道)를 가지고 있고 덕(德)을 가지고 있는 자들로 하여금 교육을 담당하
게 한다. 그들이 죽게 되면, 그들을 악(樂)의 시조로 삼아서, 고종(瞽宗)
에서 제사를 지낸다."라고 하였는데, 이러한 자들이 바로 '선사'들이다.

◎ 선색(先嗇) : '선색'은 가장 먼저 농사를 지었던 자를 뜻하는 말이며, 농업
분야의 신(神)으로 모셔지는 대상이다. 신농(神農)을 가리키기도 한다.
『예기』「교특생(郊特牲)」편에는 "蜡之祭也, 主先嗇而祭司嗇也."라는 기
록이 있는데, 이에 대한 정현의 주에서는 "先嗇, 若神農者."라고 풀이했
다.

◎ 선성(先聖) : '선성'은 전 세대에 생존했던 성인(聖人)들을 뜻한다. 주공
(周公)이나 공자(孔子)와 같은 인물들이 '선성'에 해당한다. 후대에는 공
자를 가리키는 용어로 사용되었다. 『예기』「문왕세자(文王世子)」편에는
"凡始立學者, 必釋奠于先聖先師, 及行事, 必以幣."라는 기록이 있고, 이
에 대한 정현의 주에서는 "先聖, 周公若孔子."라고 풀이했다. 한편 손희
단(孫希旦)의 『집해(集解)』에서는 "制作禮樂以敎後世者, 先聖也, 若
堯・舜・禹・湯・文・武・周公, 是也."라고 풀이했다. 즉 예악(禮樂)을
제작하여, 후세까지도 교육시키도록 만든 자를 '선성(先聖)'이라고 부르

니,　요(堯)・순(舜)・우(禹)・탕(湯)・문왕(文王)・무왕(武王)・주공
(周公)과 같은 인물들이 바로 여기에 해당한다.

◎ 선취(先炊) : '선취'는 처음으로 불을 때서 밥 짓는 방법을 만들어낸 사람
이다. 신격화되어 여성 신(神)으로 모셔졌으며, 노부(老婦)라고도 부른
다. 『예기』「예기(禮器)」편에는 "奧者, 老婦之祭也."라는 기록이 있고,
이에 대한 정현의 주에서는 "老婦, 先炊者也."라고 풀이했다. 또『사기
(史記)』「봉선서(封禪書)」편에는 '선취'가 기록되어 있는데, 장수절(張守
節)의『정의(正義)』에서는 "先炊, 古炊母神也."라고 풀이했다.

◎ 설문(說文) : =설문해자(說文解字)

◎ 설문해자(說文解字) :『설문해자(說文解字)』는 후한(後漢) 때의 학자인 허
신(許愼, ? ~ ?)이 찬(撰)했다고 전해지는 자서(字書)이다.『설문(說文)』
이라고도 칭해진다. A.D.100년경에 완성되었다고 전해진다. 글자의 형
태, 뜻, 음운(音韻)을 수록하고 있다.

◎ 설복(褻服) : '설복'은 평상시 집안에 거처할 때 입었던 편안 복장을 뜻한
다.『논어』「향당(鄕黨)」편에는 "君子不以紺緅飾, 紅紫不以爲褻服."이라
는 기록이 있는데, 이에 대한 하안(何晏)의 주에서는 왕숙(王肅)의 주장
을 인용하여, "褻服, 私居服, 非公會之服."이라고 풀이했다.

◎ 섭몽득(葉夢得) : =석림섭씨(石林葉氏)

◎ 섭소온(葉少薀) : =석림섭씨(石林葉氏)

◎ 섭제기(攝提紀) : '섭제기'는 상고시대(上古時代) 때 59개의 각기 다른 성
(姓)을 가진 부족장들이 통치하던 시기를 뜻한다.

◎ 섭주(攝主) : '섭주'는 제주(祭主) 및 상주(喪主)의 일을 대신 맡아보는 자
이다. 정식 제주 및 상주는 종법제(宗法制)에 따라서, 종주(宗主)가 담
당을 하였는데, 그에게 사정이 생겨서, 그 일을 주관하지 못할 때, '섭주'
가 대신 그 일을 담당했다. 군주의 경우에는 재상이 담당하기도 하였으
며, 나머지의 경우에는 제주 및 상주와 항렬이 같은 자들 중에서 담당을
하기도 했다.

◎ 성계(成季) : =계우(季友)

◎ 성도범씨(成都范氏) : =범조우(范祖禹)

◎ 성동(成童) : '성동'은 아동들 중에서도 나이가 찬 자들을 뜻한다. 8세 이
상이 된 아동을 뜻한다고 풀이하기도 하며, 15세 이상이 된 아동을 뜻한
다고 풀이하기도 한다. 이 문장에서는 후자의 뜻이다.『춘추곡량전』「소

공(召公) 19년」의 "羈貫成童, 不就師傅, 父之罪也."라는 기록에 대해, 범녕(范甯)의 주에서는 "成童, 八歲以上."이라고 풀이했고, 『예기』「내칙(內則)」편의 "成童, 舞象, 學射御."라는 기록에 대해, 정현의 주에서는 "成童, 十五以上."이라고 풀이했다.

◎ 성복(成服) : '성복'은 상례(喪禮)에서 대렴(大斂) 이후, 죽은 자와의 관계에 따라, 각각 규정에 맞는 상복(喪服)을 갖춰 입는다는 뜻이다.

◎ 성복(盛服) : '성복'은 격식에 맞게 갖춰 입는 옷들을 가리킨다. 주로 제례(祭禮) 및 정식 의례(儀禮)에 참여할 때 착용하는 복장들을 가리킨다. 참가자들은 이 복장을 갖춤으로써, 엄숙함과 단정함을 나타내게 된다. 『중용』「16장」에는 "使天下之人齊明盛服, 以承祭祀."라는 기록이 있고, 이에 대한 공영달(孔穎達)의 소(疏)에서는 "盛飾衣服, 以承祭祀."라고 풀이했다. 한편 '성복'은 치장을 화려하게 한 옷을 가리키기도 한다. 『순자(荀子)』「자도(子道)」편에는 "子路盛服見孔子. 孔子曰, 由! 是裾裾何也?"라는 기록이 있다.

◎ 성주(成周) : '성주'는 서주(西周)의 동쪽 도읍인 낙읍(洛邑)을 뜻하는 말이다. 『서』「주서(周書)・낙고(洛誥)」편에는 "召公旣相宅, 周公往營成周."라는 기록이 있다. 한편 '성주'는 주공(周公)이 성왕(成王)을 보필하여, 태평성세를 이룬 시기를 뜻하기도 한다.

◎ 성호사서(城狐社鼠) : '성호사서'는 성곽에 살고 있는 이리와 사당에 사는 쥐라는 뜻으로, 군주의 곁에 붙어있는 간신배들을 뜻한다. 이 용어는 『안자춘추(晏子春秋)』「문상구(問上九)」편의 "夫社, 束木而塗之, 鼠因往託焉, 熏之則恐燒其木, 灌之則恐敗其塗, 此鼠所以不可得殺者, 以社故也."라는 말에서 비롯된 용어이다.

◎ 소공복(小功服) : '소공복'은 상복(喪服) 중 하나로, 오복(五服)에 속한다. 조밀한 삼베를 사용해서 만들며, 대공복(大功服)에 비해서 삼베의 재질이 조밀하기 때문에, '소공복'이라고 부른다. 이 복장을 입게 되는 기간은 상황에 따라 차이가 생기지만, 일반적으로 5개월이 된다. 백숙(伯叔)의 조부모나 당백숙(堂伯叔)의 조부모, 혼인하지 않은 당(堂)의 자매(姊妹), 형제(兄弟)의 처 등을 위해서 입는다.

◎ 소렴(小斂) : '소렴'은 상례(喪禮) 절차 중 하나이다. 죽은 자의 시신을 목욕시키고, 의복을 착용시키며, 그 위에 이불 등으로 감싸는 절차를 뜻한다.

◎ 소만종(邵萬宗) : =금화소씨(金華邵氏)

◎ 소빙(小聘) : '소빙'은 본래 제후가 대부(大夫)를 시켜서 매해 천자를 찾아 뵙는 것을 뜻한다. 제후는 천자에 대해서, 매년 '소빙'을 하고, 3년에 1번 대빙(大聘)을 하며, 5년에 1번 조(朝)를 한다. 대빙을 할 때에는 경(卿) 을 시키고, 조를 할 때에는 제후가 직접 찾아간다. 『예기』「왕제(王制)」 편에는 "諸侯之於天子也, 比年一小聘, 三年一大聘, 五年一朝."라는 기록 이 있고, 이에 대한 정현의 주에서는 "比年, 每歲也. 小聘使大夫, 大聘使 卿, 朝則君自行."이라고 했다.

◎ 소사(小史) : '소사'는 국가의 기록문서와 주요 귀족들의 세계(世系) 및 예의(禮儀) 등에 대해서 담당했던 관리이다.

◎ 소연(邵淵) : =금화소씨(金華邵氏)

◎ 소이아(小爾雅) : 『소이아(小爾雅)』는 고대에 편찬되었던 자전 중 하나이 다. 찬자(撰者)에 대해서는 알려진 것이 없다. 『한서(漢書)』「예문지(藝 文志)」편에는 "小爾雅一篇, 古今字一卷."이라고 하여, 찬자 미상의 『소 이아』 1권이 존재했었다고 기록되어 있다. 또한 『수서(隋書)』「경적지 (經籍志)」 및 『당서(唐書)』「예문지(藝文志)」편에도 이궤(李軌)의 주가 달린 『소이아』 1권이 있었다고 기록되어 있지만, 현재는 모두 전해지지 않는다. 다만 현재 전해지는 『소이아』는 『공총자(孔叢子)』에 기록된 일 부 내용들을 편집하여, 편찬한 것이다.

◎ 소진함(邵晉涵, A.D.1743 ~ A.D.1796) : 청(淸)나라 때의 학자이다. 자(字) 는 여동(與桐)이고, 호(號)는 이운(二雲)・남강(南江)이다. 사학(史學) 과 경학 분야에 명성이 높았다.

◎ 소침(小寢) : =연침(燕寢)

◎ 소최복(疏衰服) : '소최복'은 자최복(齊衰服)을 가리킨다.

◎ 속백(束帛) : '속백'은 한 묶음의 비단으로, 그 수량은 다섯 필(匹)이 된다. 빙문(聘問)을 하거나 증여를 할 때 가져가는 예물(禮物) 등으로 사용되 었다. '속(束)'은 10단(端)을 뜻하는데, 1단의 길이는 1장(丈) 8척(尺)이 되며, 2단이 합쳐서 1권(卷)이 되므로, 10단은 총 5필이 된다. 『주례』「춘 관(春官)・대종백(大宗伯)」편에는 "孤執皮帛."이라는 기록이 있고, 이 에 대한 가공언(賈公彦)의 소(疏)에서는 "束者十端, 每端丈八尺, 皆兩端 合卷, 總爲五匹, 故云束帛也."라고 풀이했다.

◎ 손염(孫炎, ? ~ ?) : 삼국시대(三國時代) 때의 학자이다. 자(字)는 숙연(叔

然)이다. 정현의 문도였으며, 『이아음의(爾雅音義)』를 저술하여 반절음
을 유행시켰다.

◎ 손이양(孫詒讓, A.D.1848 ~ A.D.1908) : 청(靑)나라 때의 경학자이다. 자
(字)는 중용(仲容)·중송(仲頌)이고, 호(號)는 주경(籒廎)이다. 어렸을
때의 이름은 효수(效洙)이고, 이명(異名)은 덕함(德涵)이다. 절강성(浙
江省) 서안(瑞安) 출신이다. 경학(經學) 뿐만 아니라 제자학(諸子學)에
도 해박하였고, 문자학(文字學)에도 조예가 깊었다. 저소로는 『주례정
의(周禮正義)』, 『묵자간고(墨子簡詁)』, 『대대례기각보(大戴禮記斠補)』
등이 있다.

◎ 손장명(孫鏘鳴, A.D.1817 ~ A.D.1901) : 청(淸)나라 때의 학자이다. 자(字)
는 소보(紹甫)이고, 호(號)는 거전(蘧田)·지암(止庵)이다. 손희단(孫希
旦)의 『예기집해(禮記集解)』를 편찬하였다.

◎ 손지조(孫志祖, A.D.1737 ~ A.D.1891) : 청(淸)나라 때의 학자이다. 자(字)
는 이곡(貽穀)·이곡(頤谷)이고, 호(號)는 약재(約齋)이다. 고증학(考證
學)에 뛰어났다. 『공자가어(孔子家語)』 및 『공총자(孔叢子)』가 왕숙(王
肅)이 만들어낸 위작(僞作)임을 증명하였다. 저서로는 『독서좌록(讀書
脞錄)』, 『가어소증(家語疏證)』 등이 있다.

◎ 송균(宋均, ? ~ ?) : 후한(後漢) 초기 때의 학자이다. 자(字)는 숙양(叔庠)
이다. 부친은 송백(宋伯)이다. 『시(詩)』와 『예(禮)』에 조예가 깊었다고
전해진다.

◎ 수(旞) : '수'는 온전한 새의 날개인 전우(全羽)를 오색(五色)으로 채색하
여, 깃술처럼 장식한 깃발이다. 『주례』「춘관(春官)·사상(司常)」편에는
"全羽爲旞, 析羽爲旌."이라는 기록이 있고, 이에 대한 정현의 주에서는
"全羽·析羽, 皆五采, 繫之於旞旌之上, 所謂注旄於干首也."라고 풀이했
다.

◎ 수(襚) : '수'는 부의를 보낸다는 뜻이며, 또한 부의로 보내는 특정 물건
을 가리키기도 하다. '수'는 시신과 함께 매장하게 될 의복이나 이불 등
을 부의로 보내는 것이다. 『의례』「사상례(士喪禮)」편에는 "君使人襚,
徹帷, 主人如初, 襚者左執領, 右執要, 入升致命."이라는 기록이 있는데,
이에 대한 정현의 주에서는 "襚之言遺也, 衣被曰襚."라고 풀이했다.

◎ 수료(水潦) : '수료'는 일반적으로 폭우를 뜻한다. 한편 폭우와 그것으로
인해 발생된 홍수를 모두 지칭한다. '수료'가 폭우 및 홍수를 모두 지칭

하는 용례로 사용된 기록은『순자(荀子)』「왕제(王制)」편의 “修隄梁, 通
溝澮, 行水潦, 安水藏.”이라는 기록과『회남자(淮南子)』「천문훈(天文
訓)」의 “天受日月星辰, 地受水潦塵埃.”라는 기록이 있다.

◎ 수인(遂人) : =수황(遂皇)

◎ 수인씨(燧人氏) : =수황(遂皇)

◎ 수황(遂皇) : ‘수황’은 곧 삼황(三皇) 중 하나인 수인씨(燧人氏)를 뜻한다.
수(遂)자는 수(燧)자와 통용된다. 참고적으로 ‘삼황’은 수인(遂人), 복희
(伏羲), 신농(神農)을 가리킨다. ‘복희’는 희황(戲皇)이라고 부르며, ‘신
농’은 농황(農皇)이라고 부른다.

◎ 숙배(肅拜) : ‘숙배’는 구배(九拜) 중의 하나이다. 절을 하는 방법 중 하나
로, 무릎을 가지런히 모으고, 단지 손을 아래로만 내리며, 머리는 숙이
지 않는 방법이다.

◎ 순(鶉) : ‘순’은 하늘의 주요 별자리인 28수(宿) 중 남방에 해당하는 7개
의 별자리를 가리킨다. 남방에 해당하는 7개의 별자리는 정수(井宿)・
귀수(鬼宿)・류수(柳宿)・성수(星宿)・장수(張宿)・익수(翼宿)・진수
(軫宿)인데, 이 별자리들을 연결하면 새의 형상이 된다. 그렇기 때문에
‘순’이라고도 부르는 것이며, ‘주조(朱鳥)’라고도 부르는 것인데, 이들 중
앞부분에 있는 정수(井宿)・귀수(鬼宿)는 새의 형상 중 머리 부분에 해
당하므로, 순수(鶉首)라고 부르고, 중간에 있는 류수(柳宿)・성수(星
宿)・장수(張宿)는 새의 몸통에 해당하므로, 순화(鶉火) 또는 순심(鶉
心)이라고 부르며, 끝에 있는 익수(翼宿)・진수(軫宿)는 새의 꼬리에 해
당하므로, 순미(鶉尾)라고 부른다. 또한 ‘순’은 7개의 별자리들 중에서
‘순심’을 가리키는 용어로도 사용된다.

◎ 순수(巡守) : ‘순수’는 ‘순수(巡狩)’라고도 부른다. 천자가 수도를 벗어나
제후의 나라를 시찰하는 것을 뜻한다. ‘순수’의 ‘순(巡)’자는 그곳으로 행
차를 한다는 뜻이고, ‘수(守)’자는 제후가 지키는 영토를 뜻한다. 제후는
천자가 하사해준 영토를 대신 맡아서 수호하는 것이기 때문에, 천자가
그곳에 방문하여, 자신의 영토를 어떻게 관리하고 있는지를 시찰하게
된다.『서』「우서(虞書)・순전(舜典)」편에는 “歲二月, 東巡守, 至于岱宗,
柴.”라는 기록이 있고, 이에 대한 공안국(孔安國)의 전(傳)에서는 “諸侯
爲天子守土, 故稱守. 巡, 行之.”라고 풀이했으며,『맹자』「양혜왕하(梁惠
王下)」편에서는 “天子適諸侯曰巡狩. 巡狩者, 巡所守也.”라고 기록하였

다. 한편 『예기』「왕제(王制)」편에는 "天子, 五年, 一巡守."라는 기록이 있고, 『주례』「추관(秋官)・대행인(大行人)」편에는 "十有二歲王巡守殷國."이라는 기록이 있다. 즉 「왕제」편에서는 천자가 5년에 1번 순수를 시행하고, 「대행인」편에서는 12년에 1번 순수를 시행한다고 기록하고 있는데, 이러한 차이점에 대해서 정현은 「왕제」편의 주에서 "五年者, 虞夏之制也. 周則十二歲一巡守."라고 풀이했다. 즉 5년에 1번 순수를 하는 제도는 우(虞)와 하(夏)나라 때의 제도이며, 주(周)나라에서는 12년에 1번 순수를 했다.

◎ 순화(鶉火) : '순화'는 본래 남방에 속하는 7개의 별자리 중 류수(柳宿), 성수(星宿), 장수(張宿)를 가리킨다. 또한 '순화'는 순심(鶉心)이라고도 부르며, 남방에 해당하는 7개의 별자리 중 '류수'를 가리키는 용어로도 사용되며, 7개의 별자리를 모두 가리키는 '주조(朱鳥)' 또는 '순(鶉)'을 뜻하는 용어로도 사용된다.

◎ 습(襲) : '습'은 시신에 옷을 입히는 의식 절차이다. 한편 시신에 입히는 옷 자체도 '습'이라고 불렀다.

◎ 습구(襲裘) : '습구'는 성대한 예식(禮式)을 치를 때, 복장을 착용하는 방식을 뜻한다. 겉옷으로 안에 입고 있던 갓옷을 완전하게 가리기 때문에, '습구'라고 부른다.

◎ 승국(勝國) : '승국'은 이전 왕조를 뜻한다. 망국(亡國)과 같은 용어이다. 현 왕제에게 패망한 나라인데, 현 왕제의 입장에서 보면 전 왕조는 승리의 대상이었으므로, '승국'이라고 부른 것이다. 『주례』「지관(地官)・매씨(媒氏)」편에는 "凡男女之陰訟, 聽之于勝國之社."라는 기록이 있고, 이에 대한 정현의 주에서는 "勝國, 亡國也."라고 풀이했다.

◎ 시록소찬(尸祿素餐) : '시록소찬'은 또한 시록소손(尸祿素飱)・시위소찬(尸位素餐) 등으로도 쓴다. 맡아서 하는 일도 없이 녹봉만 받는 벼슬아치들을 풍자하는 말이다. 『설원(說苑)』「지공(至公)」편에는 "久踐高位, 妨群賢路, 尸祿素飱, 貪欲無猒."이라는 기록이 있다.

◎ 시마복(緦麻服) : '시마복'은 상복(喪服) 중 하나로, 오복(五服)에 속한다. 가장 조밀한 삼베를 사용해서 만든다. 이 복장을 입게 되는 기간은 상황에 따라서 차이가 있지만, 일반적으로 3개월이 된다. 친족의 백숙부모(伯叔父母)나 친족의 형제(兄弟)들 및 혼인하지 않은 친족의 자매(姊妹) 등을 위해서 입는다.

◎ 식간(食間) : '식간'은 식사를 하는데 걸리는 시간을 뜻한다. 구체적으로 말하자면, 제사 때 시동이 한 차례 식사를 하면서 수저를 뜨는 횟수를 뜻하는데, 수저를 뜨는 횟수는 각 계급에 따라 차이가 있었다. 그 중 사(士) 계급에 해당하는 예법에서는 시동이 한 차례 식사를 하면서 아홉 번 수저를 뜨게 되는데, '사' 계급에 대한 내용을 대표적인 기준으로 삼아서, 이러한 예법을 진행하면서 걸리는 시간을 '식간'이라고 부르게 되었다.

◎ 신귀(神龜) : '신귀'는 전설상에 등장하는 신령스러운 거북이이다.『장자(莊子)』「추수(秋水)」편에는 "楚有神龜, 死已三千歲矣, 王巾笥而藏之廟堂之上."이라는 기록이 있다.

◎ 신농씨(神農氏) : '신농씨'는 신농(神農)이라고도 부른다. 전설시대에 존재했다고 전해지는 고대 제왕(帝王)의 이름이다. 처음으로 백성들에게 농사짓는 방법을 가르쳤다는 뜻에서, '신농'이라고 부르게 되었다. 또한 약초를 발견하고 재배하여 사람들의 병을 치료했었다고 전해진다. 또한 '신농'은 염제(炎帝)라고도 부르는데, 그 이유는 오행(五行) 중 하나인 화(火)의 덕(德)을 통해서 제왕이 되었다고 믿었기 때문이다.『회남자(淮南子)』「주술훈(主述訓)」편에는 "昔者, 神農之治天下也, 神不馳於胸中, 智不出於四域, 懷其仁誠之心, 甘雨時降, 五穀蕃植."이라는 기록이 있다. 한편 '신농'은 토신(土神)을 뜻하는 용어로도 사용되었다. 이것은 농사와 땅과의 관계가 밀접하기 때문이며, 이러한 뜻에서 농사를 주관했던 관리를 또한 '신농'으로 칭하기도 하였다.

◎ 신로(臣虜) : '신로'는 민로(民虜)와 같은 말이며, 포로를 뜻한다.『한비자(韓非子)』「오두(五蠹)」편에는 "禹之王天下也, 身執耒臿, 以爲民先, 股無胈, 脛不生毛, 雖臣虜之勞, 不苦於此矣."라는 용례가 나온다.

◎ 신부(信符) : '신부'는 부절(符節)과 같은 말이며, 권한의 위임 등을 증명하기 위한 증표이다.

◎ 신정고씨(新定顧氏, A.D.1028 ~ A.D.1099) : =고림(顧臨). 북송(北宋) 때의 학자이다. 자(字)는 자돈(子敦)이며, 회계(會稽) 지역 출신이다. 경학에 능통했으며, 특히 훈고학(訓詁學)에 뛰어났다.

◎ 신찬(臣瓚, ? ~ ?) : 서진(西晉) 때의 학자이다. 성씨(姓氏) 및 행적에 대해서는 자세히 전해지지 않는다.『집해음의(集解音義)』를 저술하였다고 전해지며, 책은 이미 소실되었지만, 안사고(顔師古) 등이『한서(漢書)』

의 주석을 달 때 이 책에 근거했다고 전해진다.

◎ 심의(深衣) : '심의'는 일반적으로 상의와 하의가 서로 연결된 옷을 뜻한다. 제후, 대부(大夫), 사(士)들이 평상시 집안에 거처할 때 착용하던 복장이기도 하며, 서인(庶人)에게는 길복(吉服)에 해당하기도 한다. 순색에 채색을 가미하기도 했다.

◎ 악공(樂工) : '악공'은 춤을 추는 무용수나 악기를 연주하는 자들을 뜻한다. 악관(樂官)들 중에서도 하위 관리에 속한 자들이다.

◎ 악본(岳本) : 『악본(岳本)』은 송(頌)나라 악가(岳珂)가 간행한 『십삼경주소(十三經注疏)』의 판본이다.

◎ 악조(樂祖) : '악조'는 예악(禮樂)을 가르쳤던 선사(先師)들이다. 예전에는 도덕(道德)을 갖춘 인물로 태학(太學)에 들여보내서, 국자(國子)들을 가르치도록 하였다. 그리고 그들이 죽게 되면 '악조'로 삼아서, 고종(瞽宗)에서 제사를 지냈다. 『주례』「춘관(春官)・대사악(大司樂)」편에는 "凡有道者有德者, 使敎焉. 死則以爲樂祖, 祭於瞽宗."이라는 기록이 있다.

◎ 안거(安車) : '안거'는 앉아서 탈 수 있었던 작은 수레를 뜻한다. 일반적으로 수레를 탈 때에는 서서 탔는데, 이 수레는 연로한 고위 관료 및 부인들이 앉아서 탈 수 있도록 설계가 되어, 편안하다는 뜻에서 '안(安)'자가 붙은 것이다. 『주례』「춘관(春官)・건거(巾車)」편에는 "安車, 彫面鷖總, 皆有容蓋."라는 기록이 있고, 이에 대한 정현의 주에서는 "安車, 坐乘車. 凡婦人車皆坐乘."이라고 풀이했다.

◎ 안사고(顔師古, A.D.581 ~ A.D.645) : 당(唐)나라 때의 학자이다. 자(字)는 주(籒)이다. 안지추(顔之推)의 손자이다. 훈고학(訓詁學)에 뛰어났다. 오경(五經)의 문자를 교정하여, 『오경정본(五經定本)』을 찬술하기도 하였다.

◎ 애자(哀子) : '애자'는 부모상을 치르는 자를 가리키는 용어이다. 후대에는 부모상을 치르는 것 자체를 가리키는 용어로도 사용되었다. 손자의 경우에는 '애손(哀孫)'이라고 부르게 된다. 상례 때에는 비통하고 슬픈 마음이 가득하기 때문에 '애(哀)'자를 붙여서 부르는 것이다. 또한 상례(喪禮)가 아닌 일반적인 제사의 경우에는 아들을 '효자(孝子)'라고 부르

며, 손자를 '효손(孝孫)'이라고 부른다. 그리고 상례를 치르는 경우에는
졸곡(卒哭) 이전에는 '애자'라고 부르며, '졸곡'을 지내게 되면, '효자'라
고 부르게 된다. 『예기』「잡기상(雜記上)」편에는 "祭稱孝子孝孫, 喪稱哀
子哀孫."이라는 기록이 있고 이에 대한 공영달(孔穎達)의 소(疏)에서는
"喪則痛慕未申, 故稱哀也. 故士虞禮稱哀子, 而卒哭乃稱孝子也."라고 풀
이했다.

◎ 양경(楊倞, ? ~ ?) : 당(唐)나라 때의 학자이다. 백거이(白居易) 및 원진(元
稹)과 동시대 인물이지만, 생몰년에 대해서는 알려져 있지 않다. 형부상
서(刑部尙書) 등의 관직을 역임하였으며,『순자주(荀子注)』를 저술하였
다. 이 서적은『순자』에 대한 가장 오래된 주석서로 평가받고 있다.

◎ 양웅(楊雄, B.C.53 ~ A.D.18) : 전한(前漢) 때의 학자이다. 자(字)는 자운
(子雲)이다. 사부작가(辭賦作家)로도 명성이 높았다. 왕망(王莽)에게 동
조했다는 이유로 송(宋)나라 이후부터는 배척을 당하였다. 만년에는 경
학(經學)에 전념하여, 자신을 성현(聖賢)이라고 자처하였다. 참위설(讖
緯說) 등을 배척하고, 유가(儒家)와 도가(道家)의 사상을 절충하였다.
저서로는『법언(法言)』,『태현경(太玄經)』등이 있다.

◎ 어부(馭夫) : '어부'는 수레의 운행과 관련된 관직으로, 각 수레들에 사용
될 말들을 배분하여, 말을 길들이며 멍에를 멜 수 있도록 만드는 일들을
담당하였다.『주례』의 체제에 따르면, 하관(夏官)에 속해 있었고, 중사
(中士) 20명이 담당을 하였고, 그 밑에는 하사(下士) 40명이 배속되어
그 일을 보좌하였다.『주례』「하관사마(夏官司馬)」편에는 "馭夫, 中士二
十人, 下士四十人."이라는 기록이 있고,『주례』「하관(夏官)・어부(馭夫)
」편에는 "馭夫, 嘗馭貳車從車使車. 分公馬而駕治之."라는 기록이 있다.

◎ 어인(圉人) : '어인'은 말 사육을 담당했던 관리이다.『주례』「하관(夏
官)・어인(圉人)」편에는 "掌養馬芻牧之事, 以役圉師."라는 기록이 있다.

◎ 엄릉방씨(嚴陵方氏, ? ~ ?) : =방각(方慤)・방씨(方氏)・방성부(方性夫). 송
대(宋代)의 유학자이다. 이름은 각(慤)이다. 자(字)는 성부(性夫)이다.『
예기집해(禮記集解)』를 지었고,『예기집설대전(禮記集說大全)』에는 그
의 주장이 많이 인용되고 있다.

◎ 여(旟) : '여'는 새매의 무늬를 그린 깃발이다.『주례』「춘관(春官)・사상
(司常)」편에는 "鳥隼爲旟, 龜蛇爲旐."라는 기록이 있다.

◎ 여대림(呂大臨) : =남전여씨(藍田呂氏)

◎ 여련씨(驪連氏) : '여련씨'는 전설시대에 존재했다고 전해지는 고대 제왕 (帝王)의 이름이다.

◎ 여릉호씨(盧陵胡氏) : =호전(胡銓)

◎ 여씨(呂氏) : =남전여씨(藍田呂氏)

◎ 여여숙(呂與叔) : =남전여씨(藍田呂氏)

◎ 여왜씨(女媧氏) : '여왜씨'는 전설시대에 존재했다고 전해지는 고대 제왕 (帝王)의 이름이다. 인류의 시조(始祖)라고도 전해진다. 복희(伏犧)와 혼인하여 인류를 낳았다고 하며, 또한 흙으로 인간을 빚어서 인류를 만 들었다고도 전해진다. 또한 '여왜씨'는 하(夏)나라 우(禹)임금의 부인이 자, 도산씨(塗山氏)의 딸을 가리킨다. '여왜씨'를 우임금의 부인을 뜻하 는 용어로 사용할 때에는 '여왜'를 또한 여교(女嬌), 여교(女趫)라고도 지칭한다.

◎ 여자자(女子子) : '여자자'는 여자 아이를 뜻한다. '남자 아이[男子]'라는 말과 대비시키기 위해서, '자(子)'자를 한 글자 더 덧붙이는 것이다. 『의 례』「상복(喪服)」편에는 "女子子在室爲父."라는 기록이 있는데, 이에 대 한 정현의 주에서는 "女子子者, 女子也, 別於男子也."라고 풀이했다.

◎ 여조겸(呂祖謙, A.D.1137 ~ A.D.1181) : =동래여씨(東萊呂氏). 남송(南宋) 때의 학자이다. 자(字)는 백공(伯恭)이고, 호(號)는 동래(東萊)이다. 주 자(朱子)와 함께 『근사록(近思錄)』을 편찬하였다.

◎ 연례(宴禮) : '연례'는 초대한 손님을 접대하는 잔치의 일종이다. 향례(享 禮)와 대비되는 것으로, '향례'보다 규모가 낮은 의식을 '연례'라고 하였 다. 만약 천자가 제후를 초대하게 되면 '향례'를 베풀었고, 제후의 신하 인 경(卿)을 초대하면 '연례'를 베풀었다. 그리고 '향례'에서는 희생물을 통째로 올렸지만, '연례'에서는 잘게 썰어서 올렸다.

◎ 연례(燕禮) : '연례'는 본래 빈객(賓客)을 접대하는 연회의 한 종류를 뜻한 다. 각종 연회들을 두루 지칭하기도 하며, 연회에서 사용되는 의례절차 들을 두루 지칭하기도 한다. 본래의 '연례'는 연회를 시작할 때, 첫잔을 따라 바치는 절차 끝나면, 모두 자리에 앉아서 술을 마시는데, 취할 때 까지 마시는 연회의 한 종류를 뜻한다. '연례' 때에는 희생물로 개[狗]를 사용했으며, 유우씨(有虞氏) 때 시행되었던 제도라고 설명되기도 한다. 『예기』「왕제(王制)」편에는 "有虞氏以燕禮."라는 기록이 있고, 이에 대 한 진호(陳澔)의 『집설(集說)』에서는 "燕禮者, 一獻之禮旣畢, 皆坐而飮

酒, 以至於醉, 其牲用狗."라고 풀이했다.

◎ 연사(燕食) : '연사'는 군주를 포함한 모든 계층들이 일상적으로 먹는 오찬이나 만찬을 뜻한다. 『주례』「천관(天官)・선부(膳夫)」에는 "王燕食, 則奉膳贊祭."라는 기록이 있고, 이에 대한 정현의 주에서는 "燕食, 謂日中與夕食."라고 풀이했다. 한편 손이양(孫詒讓)의 『주례정의(周禮正義)』에서는 "王日三食, 日中與夕食, 饌具減殺, 別於禮食及朝食盛饌, 故謂之燕食."라고 풀이했다. 즉 군주는 하루에 세 차례 식사를 하는데, 오찬 및 만찬에는 반찬의 가짓수가 적기 때문에, 예사(禮食)나 조찬 때 차려내는 성찬(盛饌)과는 구별이 된다. 그렇기 때문에 '연사'라고 부른다.

◎ 연상(練祥) : '연상'은 소상(小祥)과 대상(大祥)을 뜻한다. '연상'에서의 '연(練)'자는 연제(練祭)를 뜻하며, '연제'는 곧 '소상'을 가리킨다. '연상'에서의 '상(祥)'자는 '대상'을 뜻한다. 소상은 죽은 지 13개월만에 지내는 제사이며, 대상은 25개월만에 지내는 제사이고, 대상을 지내게 되면 상복과 지팡이를 제거하게 된다. 『주례』「춘관(春官)・대축(大祝)」편에는 "言甸人讀禱, 付練祥, 掌國事."라는 기록이 있고, 이에 대해 가공언(賈公彦)의 소(疏)에서는 "練, 謂十三月小祥, 練祭. 祥, 謂二十五月大祥, 除衰杖."이라고 풀이했다.

◎ 연조(燕朝) : '연조'는 천자 및 제후에게 있었던 내조(內朝) 중 하나를 뜻한다. 천자 및 제후는 3개의 조(朝)를 두는데, 1개는 외조(外朝)이며, 나머지 2개는 내조가 된다. 내조 중에서도 노문(路門) 안쪽에 있던 것을 '연조'라고 부른다. 『주례』「춘관(秋官)・조사(朝士)」편에 대한 정현의 주에서는 "周天子諸侯皆有三朝. 外朝一, 內朝二. 內朝之在路門內者, 或謂之燕朝."라고 풀이하고 있다.

◎ 연침(燕寢) : '연침'은 천자 및 제후들이 휴식을 취하던 장소를 가리킨다. 천자에게는 6개의 침(寢)이 있었는데, 앞쪽에 있는 1개의 침은 정전(正寢)으로, 이것을 노침(路寢)이라고 부르며, 뒤쪽에 있는 다섯 개의 침을 통칭하여, '연침'이라고 부른다. 『예기』「곡례하(曲禮下)」편에는 "天子有后, 有夫人"이라는 기록이 있는데, 이에 대한 공영달(孔穎達)의 소(疏)에서는 "周禮王有六寢, 一是正寢, 餘五寢在後, 通名燕寢."이라고 풀이하였다.

◎ 연통기(連通紀) : '연통기'는 육성기(六姓紀)라고도 부른다. 상고시대(上古時代) 때 6개의 각기 다른 성(姓)을 가진 부족장들이 통치하던 시기

를 뜻한다. 이들은 사람들에게 짐승들을 다루는 방법을 가르쳤다고 전해진다. 『노사(路史)』「전기이(前記二)·서십기(敍十紀)」편에는 "連通五, 是謂六姓紀, 乘蜚麟以理."라는 기록이 있다.

◎ 염제(炎帝) : '염제'는 신농(神農)이다. 소전(少典)의 아들이고, 오행(五行)으로 구분했을 때 화(火)를 주관하며, 계절로 따지면 여름을 주관하고, 방위로 따지면 남쪽을 주관하는 자이다. 『여씨춘추(呂氏春秋)』「맹하기(孟夏紀)」편에는 "其日丙丁, 其帝炎帝."이라는 기록이 있고, 이에 대한 고유(高誘)의 주에서는 "炎帝, 少典之子, 姓姜氏, 以火德王天下, 是爲炎帝, 號曰神農, 死託祀於南方, 爲火德之帝."라고 풀이했다.

◎ 영가대씨(永嘉戴氏, A.D.1141 ~ A.D.1215) : =대계(戴溪)·대씨(戴氏)·대초망(戴肖望)·대소망(戴少望)·대민은(戴岷隱)·민은선생(岷隱先生). 남송(南宋) 때의 학자이다. 자(字)는 초망(肖望)·소망(少望)이고, 호(號)는 민은(岷隱)이다. 저서로는 『춘추강의(春秋講義)』, 『예기구의(禮記口義)』 등이 있다.

◎ 영가주씨(永嘉周氏, A.D.1067 ~ A.D.1129) : =부지선생(浮沚先生)·주행기(周行己). 북송(北宋) 때의 학자이다. 자(字)는 공숙(恭叔)이고, 세간에서는 부지선생(浮沚先生)으로 칭해졌다. 정이(程頤)의 문인이었으며, 저서로는 『부지문집(浮沚文集)』 등이 있다.

◎ 영실(營室) : '영실'은 북방에 속해있는 별자리인 실수(室宿)를 가리킨다.

◎ 영평(永平) : '영평'은 후한(後漢) 명제(明帝)가 사용했던 연호(年號)이다. 기간은 A.D.58년부터 A.D.75년까지이다.

◎ 예경(禮經) : '예경'은 일반적으로 『의례(儀禮)』를 가리키는 용어인데, 고대부터 전해져온 예(禮)와 관련된 기록들을 총칭하는 말로도 사용된다.

◎ 예사(禮食) : '예사'는 군주가 신하들에게 음식을 베풀며 예(禮)로 대접을 해주는 것으로, 일종의 연회이다. 『의례』「공사대부례(公食大夫禮)」에 기록된 의례 절차들이 '예사'에 해당한다.

◎ 예설(禮說) : 『예설(禮說)』은 『예(禮)』에 대한 위서(緯書) 중 하나이다. '위서'는 경서(經書)의 부족한 내용을 보충하기 위해 위작된 것으로, 서한(西漢) 말기에 유행하기 시작하여, 동한(東漢) 시기에 크게 성행하였으며, 남조(南朝) 송나라 때가 되어서야 비로소 금지되기 시작하였다.

◎ 오경(五更) : 삼로오경(三老五更) 참조.

◎ 오경이의(五經異義) : 『오경이의(五經異義)』는 후한(後漢) 때의 학자인 허

신(許愼)이 지은 책이다. 유실되었는데, 송대(宋代) 때 학자들이 다시 모아서 엮었다. 오경(五經)에 관한 고금(古今)의 유설(遺說)과 이의(異義)를 싣고, 그에 대한 시비(是非)를 판별한 내용들이다.

◎ 오관(五官) : '오관'의 의미에 대해서는 여러 가지 설명들이 있다. 그 중 은대(殷代)와 주대(周代)에 있었던 다섯 개의 고위 관직을 뜻하는 용어로도 사용되었다. 다섯 개의 고위 관직은 사도(司徒), 사마(司馬), 사공(司空), 사사(司士), 사구(司寇)를 뜻한다. 『예기』「곡례하(曲禮下)」편에는 "天子之五官, 曰司徒·司馬·司空·司士·司寇, 典司五衆."이라는 기록이 있다. 또한 하늘[天], 땅[地], 귀신[神], 백성[民], 기물(器物)에 대해 담당하였던 다섯 개의 관직을 뜻하기도 하는데, 구체적 관직명에 대해서는 확인할 수 없다. 『국어(國語)』「초어하(楚語下)」편에는 "於是乎有天·地·神·民·類物之官, 是謂五官, 各司其序, 不相亂也."라는 기록이 있다.

◎ 오기(五期) : '오기'는 군왕이 세상을 다스릴 때 자연의 운행 원리에 근본을 둔 다섯 가지 근간을 뜻한다. 자연의 운행 원리는 오행(五行)을 뜻한다. 위서(緯書) 중 하나인 『통괘험(通卦驗)』에는 "天皇之先, 與乾曜合元, 君有五期, 輔有三名."이라는 기록이 있고, 이에 대한 정현의 주에서는 "君之用事五行, 王亦有五期. 輔有三名, 公·卿·大夫也."라고 풀이했다.

◎ 오군범씨(吳郡范氏, A.D.1126 ~ A.D.1193) : =석호거사(石湖居士)·오성대(吳成大). 남송(南宋) 때의 학자이자 시인(詩人)이다. 자(字)는 치능(致能)이다. 이름은 성대(成大)이다.

◎ 오례(五禮) : '오례'에 대해서는 대체로 두 가지 뜻이 있다. 첫 번째 뜻은 공작[公]·후작[侯]·백작[伯]·자작[子]·남작[男] 등 다섯 등급에 속한 제후들이 천자를 조빙(朝聘)하는 예법(禮法)을 뜻한다. 『서』「우서(虞書)·고요모(皐陶謨)」편에는 "天秩有禮, 自我五禮, 有庸哉."라는 기록이 있는데, 이에 대한 공안국(孔安國)의 전(傳)에서는 "天次秩有禮, 當用我公·侯·伯·子·男五等之禮以接之, 使有常."이라고 풀이하였다. 두 번째 뜻은 고대부터 전해져 온 다섯 종류의 예제(禮制)를 뜻한다. 즉 길례(吉禮), 흉례(凶禮), 군례(軍禮), 빈례(賓禮), 가례(嘉禮)를 가리킨다. 『주례』「춘관(春官)·소종백(小宗伯)」편에는 "掌五禮之禁令與其用等."이라는 기록이 있는데, 이에 대한 정현의 주에서는 정사농(鄭司農)의 주장을 인용하여, "五禮, 吉·凶·軍·賓·嘉."라고 풀이했다.

◎ 오룡기(五龍紀) : '오룡기'는 상고시대(上古時代) 때 오룡(五龍)이 통치했던 시기를 뜻한다. '오룡'은 고대에 존재했다고 전해지는 다섯 명의 통치자를 뜻한다. 즉 황백(皇伯), 황중(皇仲), 황숙(皇叔), 황계(皇季), 황소(皇少)를 가리키는데, 용(龍)자를 붙인 이유는 이들이 모두 용을 타고 다녔기 때문이다. 『춘추명력서(春秋命曆序)』에는 "皇伯, 皇仲, 皇叔, 皇季, 皇少, 五姓同期, 俱駕龍, 號曰五龍."이라는 기록이 있다.

◎ 오백(五伯) : =오패(五覇)

◎ 오복(五服) : '오복'은 죽은 자와 친하고 소원한 관계에 따라 입게 되는 다섯 가지 상복(喪服)을 뜻한다. 참최복(斬衰服), 자최복(齊衰服), 대공복(大功服), 소공복(小功服), 시마복(緦麻服)을 가리킨다. 『예기』「학기(學記)」편에는 "師無當於五服, 五服弗得不親."이라는 기록이 있는데, 이에 대한 공영달(孔穎達)의 소(疏)에서는 "五服, 斬衰也, 齊衰也, 大功也, 小功也, 緦麻也."라고 풀이했다. 또한 '오복'에 있어서는 죽은 자와 가까운 관계일수록 중대한 상복을 입고, 복상(服喪) 기간도 늘어난다. 위의 '오복' 중 참최복이 가장 중대한 상복에 속하며, 그 다음은 자최복이고, 대공복, 소공복, 시마복 순으로 내려간다.

◎ 오사(五事) : '오사'는 본래 모(貌), 언(言), 시(視), 청(聽), 사(思)를 뜻한다. 즉 언행, 보고 듣는 것, 사려함을 가리킨다. 또 단순히 이러한 행위만을 뜻하는 것이 아니라 수신(修身)이라는 측면에서 각각의 항목에 규범이 첨가된다. 즉 '오사'가 실질적으로 가리키는 것은 행동을 공손하게 하고, 말은 순리에 따라 하며, 보는 것은 밝게 하고, 듣는 것은 밝게 하며, 생각은 깊게 하는 것이다. 『서』「주서(周書)·홍범(洪範)」편에는 "五事, 一曰貌, 二曰言, 三曰視, 四曰聽, 五曰思. 貌曰恭, 言曰從, 視曰明, 聽曰聰, 思曰睿."라는 기록이 있다.

◎ 오사(五祀) : '오사'는 본래 주택 내외에 있는 문(門), 호(戶), 중류(中霤), 조(竈), 행(行)을 주관하는 다섯 신(神)들을 가리키기도 하며, 이들에게 지내는 제사를 지칭하기도 한다. 한편 계층별로 봤을 때, 통치자 계급은 통치 범위를 자신의 집으로 생각하여, 각각 다섯 대상에 대해서 대표적인 장소에서 제사를 지내기도 한다. 『예기』「월령(月令)」편에는 "天子乃祈來年于天宗, 大割祠于公社及門閭, 臘先祖五祀. 勞農以休息之."라는 기록이 있고, 이에 대한 정현의 주에서는 "五祀, 門, 戶, 中霤, 竈, 行也."라고 풀이했다.

◎ 오상(五常) : '오상'은 인(仁), 의(義), 예(禮), 지(智), 신(信) 등의 다섯 가지 덕목을 뜻한다. 항상된 도리로써 어느 시대이건 변함없이 시행할만한 것들이므로, '상(常)'자를 붙여서 '오상'이라고 부르는 것이다. 당(唐)나라 유종원(柳宗元)의 「시령논하(時令論下)」에는 "聖人之爲教, 立中道以示于後, 曰仁・曰義・曰禮・曰智・曰信, 謂之五常, 言可以常行之也."라는 기록이 있다.

◎ 오성대(吳成大) : =오군범씨(吳郡范氏)

◎ 오옥(五玉) : '오옥'은 고대에 제후들이 분봉을 받을 때 신표로 지급받았던 다섯 가지 옥들을 뜻한다. 구체적으로 황(璜), 벽(璧), 장(璋), 규(珪), 종(琮)을 가리킨다.

◎ 오유청(吳幼淸) : =오징(吳澄)

◎ 오적(五狄) : '오적'은 고대 중국의 북쪽 지역에 거주하던 다섯 종류의 소수 민족을 뜻한다. 또한 그들이 거주하는 지역 전체를 가리키는 용어로도 사용되었다. 다섯 종류의 소수 민족을 월지(月支)・예맥(穢貊)・흉노(匈奴)・단우(單于)・백옥(白屋)이라고 정의하기도 한다. 『예기』「왕제(王制)」편에는 "北方曰狄, 衣羽毛穴居, 有不粒食者矣."라는 기록이 있고, 이에 대한 공영달(孔穎達)의 소(疏)에서는 『이아(爾雅)』에 대한 이순(李巡)의 주장을 인용하며, "一曰月支, 二曰穢貊, 三曰匈奴, 四曰單于, 五曰白屋."이라고 풀이했다.

◎ 오제(五帝) : '오제'는 전설시대에 존재했다고 전해지는 다섯 명의 제왕(帝王)을 뜻한다. 그러나 다섯 명이 누구였는지에 대해서는 이설(異說)이 많다. 첫 번째 주장은 황제(黃帝: =軒轅), 전욱(顓頊: =高陽), 제곡(帝嚳: =高辛), 당요(唐堯), 우순(虞舜)으로 보는 견해이다. 『사기정의(史記正義)』「오제본기(五帝本紀)」편에는 "太史公依世本・大戴禮, 以黃帝・顓頊・帝嚳・唐堯・虞舜爲五帝. 譙周・應劭・宋均皆同."이라는 기록이 있고, 『백호통(白虎通)』「호(號)」편에도 "五帝者, 何謂也? 禮曰, 黃帝・顓頊・帝嚳・帝堯・帝舜也."라는 기록이 있다. 두 번째 주장은 태호(太昊: =伏羲), 염제(炎帝: =神農), 황제(黃帝), 소호(少昊: =摯), 전욱(顓頊)으로 보는 견해이다. 이 주장은 『예기』「월령(月令)」편에 나타난 각 계절별 수호신들의 내용을 종합한 것이다. 세 번째 주장은 소호(少昊), 전욱(顓頊), 고신(高辛), 당요(唐堯), 우순(虞舜)으로 보는 견해이다. 『서서(書序)』에는 "少昊・顓頊・高辛・唐・虞之書, 謂之五典, 言常

道也."라는 기록이 있다. 또 『제왕세기(帝王世紀)』에는 "伏羲·神農·黃帝爲三皇, 少昊·高陽·高辛·唐·虞爲五帝."라는 기록이 있다. 네 번째 주장은 복희(伏羲), 신농(神農), 황제(黃帝), 당요(唐堯), 우순(虞舜)으로 보는 견해이다. 이 주장은 『역』「계사하(繫辭下)」편의 내용에 근거한 주장이다.

◎ 오종(五宗) : '오종'은 종법제(宗法制)와 관련된 용어이다. 시조(始祖)의 적통을 이어 받은 자는 대종(大宗)이 되며, 고조부, 증조부, 조부, 부친의 대(代)에서 각각 파생된 집안을 소종(小宗)이라고 부른다. 따라서 대종은 적통을 이은 한 사람 내지는 그 사람의 집만이 해당하며, 고조부가 같은 삼종형제, 증조부가 같은 재종형제, 조부가 같은 종형제, 그리고 부친이 같은 친형제 등은 4개의 소종 집단을 형성하게 된다. 따라서 '오종'은 대종인 1개의 집안과 소종인 4개의 집단을 포함하여 부르는 명칭이다.

◎ 오징(吳澄, A.D.1249 ～ A.D.1333) : =임천오씨(臨川吳氏)·오유청(吳幼淸). 송원대(宋元代)의 유학자이다. 이름은 징(澄)이다. 자(字)는 유청(幼淸)이다. 저서로 『예기해(禮記解)』가 있다.

◎ 오패(五霸) : '오패'는 오백(五伯)이라고도 부른다. 다섯 명의 패주(霸主)를 뜻한다. 주로 춘추시대(春秋時代)의 패주들을 뜻하는 용어로도 사용되지만, 다섯 명이 누구였는지에 대해서는 이견이 있고, 또한 주(周)나라 이전의 패주들까지도 포함시키는 용례들이 있다. 첫 번째 주장은 하(夏)나라의 곤오(昆吾), 은(殷)나라의 대팽(大彭)과 시위(豕韋), 춘추시대 때의 제환공(齊桓公)과 진문공(晉文公)을 뜻한다고 보는 견해이다. 『장자(莊子)』「대종사(大宗師)」편에는 彭祖得之, 上及有虞, 下及五伯." 이라는 기록이 있는데, 이에 대한 성현영(成玄英)의 소(疏)에서는 "五伯者, 昆吾爲夏伯, 大彭·豕韋爲殷伯, 齊桓·晉文爲周伯, 合爲五伯."이라고 풀이했다. 두 번째 주장은 춘추시대의 군주들만을 지칭하는 견해로, 제환공(齊桓公), 진문공(晉文公), 송양공(宋襄公), 초장공(楚莊公), 진무공(秦繆公)을 가리킨다. 『여씨춘추(呂氏春秋)』「당무(當務)」편에는 "備說非六王五伯."이라는 기록이 있는데, 이에 대한 고유(高誘)의 주에서는 "五伯, 齊桓·晉文·宋襄·楚莊·秦繆也."라고 풀이했다. 세 번째 주장 또한 춘추시대의 군주들만을 지칭하는 견해로, 제환공(齊桓公), 진문공(晉文公), 초장왕(楚莊王), 오왕(吳王) 합려(闔閭), 월왕(越王) 구천

(句踐)을 가리킨다. 『순자(荀子)』「왕패(王霸)」편에는 "雖在僻陋之國, 威動天下, 五伯是也. …… 故齊桓·晉文·楚莊·吳闔閭·越句踐, 是皆 僻陋之國也, 威動天下, 彊殆中國."이라는 기록이 있다. 네 번째 주장 또 한 춘추시대의 군주들만을 지칭하는 견해로, 제환공(齊桓公), 송양공 (宋襄公), 진문공(晉文公), 진목공(秦穆公), 오왕(吳王) 부차(夫差)를 가 리킨다. 『한서(漢書)』「제후왕표(諸侯王表)」편에는 "故盛則周·邵相其 治, 致刑錯; 衰則五伯扶其弱, 與其守."라는 기록이 있는데, 이에 대한 안 사고(顏師古)의 주에서는 "伯讀曰霸. 此五霸謂齊桓·宋襄·晉文·秦 穆·吳夫差也."라고 풀이했다.

◎ 오형(五刑) : '오형'은 다섯 가지 형벌을 뜻한다. '오형'의 구체적 항목에 대해서는 각 시대별 차이가 있지만, 『주례』의 기록에 근거하면, 묵형(墨 刑), 의형(劓刑), 궁형(宮刑), 비형(剕刑: =刖刑), 대벽(大辟: =殺刑)이 된 다. 『주례』「추관(秋官)·사형(司刑)」편에는 "掌五刑之灋, 以麗萬民之 罪, 墨罪五百, 劓罪五百, 宮罪五百, 刖罪五百, 殺罪五百."이라는 기록이 있다.

◎ 옥로(玉路) : '옥로'는 '옥로(玉輅)'라고도 부른다. 천자가 사용하는 다섯 가지 수레 중 하나이다. 옥(玉)으로 수레를 치장했기 때문에, '옥로'라고 부르게 되었다. 대상(大常)이라는 깃발을 세웠고, 깃발에는 12개의 치술 을 달았으며, 주로 제사 때 사용하였다. 『주례』「춘관(春官)·건거(巾車)」 편에는 "王之五路, 一曰玉路, 錫, 樊纓, 十有再就, 建大常, 十有二斿, 以 祀."라는 기록이 있고, 이에 대한 정현의 주에서는 "玉路, 以玉飾諸末." 이라고 풀이했다.

◎ 옥편(玉篇) : 『옥편(玉篇)』은 남북조시대(南北朝時代) 때 양(梁)나라 고 야왕(顧野王, A.D.519 ~ 581)이 편찬한 자서(字書)이다. 이후 송(宋)나 라 때 증보가 되어, 『대광익회옥편(大廣益會玉篇)』으로 간행되었다.

◎ 옹보(雍父) : =옹보(雝父)

◎ 옹보(雝父, ? ~ ?) : =옹보(雍父). 황제(黃帝)의 아들이었다고 전해지기도 하며, 신하였다고 전해지기도 한다. 처음으로 절구를 이용해 곡식 찧는 방법을 발명한 자로 전해진다. 『세본(世本)』에는 "雝父作臼杵, 舂也."라 는 기록이 있다.

◎ 옹희(饔餼) : '옹희'는 빈객(賓客)과 상견례(相見禮)를 하고 나서 성대하 게 음식을 마련해 접대하는 것을 뜻한다. 『주례』「추관(秋官)·사의(司

儀)」편에는 "致飧如致積之禮."라는 기록이 있는데, 이에 대한 정현의 주에서는 "小禮曰飧, 大禮曰饔餼."라고 풀이하였다. 즉 '옹희'와 '손'은 모두 빈객 등을 접대하는 예법들인데, '옹희'는 성대한 예법에 해당하여, '손'보다도 융숭하게 대접하는 것이다.

◎ **완원(阮元, A.D.1764 ~ A.D.1849)** : 청(淸)나라 때의 학자이다. 자(字)는 백원(伯元)이고, 호(號)는 운대(芸臺)이다. 시호(諡號)는 문달(文達)이다. 강소성(江蘇省) 의징현(儀徵縣) 출신이다. 학자와 인재를 양성하는 일에 힘썼다. 항주(杭州)의 고경정사(詁經精舍)와 광동(廣東)의 학해당(學海堂) 등을 설립하였고, 학자들을 모아서 『경적찬고(經籍纂詁)』, 『십삼경주소교감기(十三經註疏校勘記)』, 『황청경해(皇淸經解)』 등을 편찬하였다.

◎ **왕개보(王介甫)** : =왕안석(王安石)

◎ **왕모(王母)** : '왕모'는 부친의 어머니, 즉 조모(祖母)를 지칭하는 말이다. 『이아(爾雅)』 「석친(釋親)」에는 "父之妣爲王母."라는 기록이 있다.

◎ **왕무횡(王懋竑, A.D.1668 ~ A.D.1741)** : 청(淸) 나라 때의 경학자이다. 자(字)는 여중(予中)·여중(與中)이며, 호(號)는 백전(白田)이다.

◎ **왕부(王父)** : '왕부'는 부친의 아버지, 즉 조부(祖父)를 지칭하는 말이다. 『이아(爾雅)』 「석친(釋親)」편에는 "父之考爲王父."라는 기록이 있다.

◎ **왕부(王符, ? ~ ?)** : 후한(後漢) 때의 학자이다. 자(字)는 절신(節信)이다. 미천한 가문에서 태어났으므로, 일찍이 출세에 대한 뜻을 접고, 학문 연구에만 전념하였다. 마융(馬融) 등과 교우하였다. 저서로는 『잠부론(潛夫論)』 등이 있다.

◎ **왕빈(王蘋, A.D.1082 ~ A.D.1153)** : =왕신백(王信伯). 송(宋)나라 때의 학자이다. 자(字)는 신백(信伯)이고, 호(號)는 진택(震澤)이다. 저서로는 『논어집해(論語集解)』, 『신백집(信伯集)』 등이 있다.

◎ **왕숙(王肅, A.D.195 ~ A.D.256)** : 위진남북조(魏晉南北朝) 때의 위(魏)나라 경학자이다. 자(字)는 자옹(子雍)이다. 출신지는 동해(東海)이다. 부친 왕랑(王朗)으로부터 금문학(今文學)을 공부했으나, 고문학(古文學)의 고증적인 해석을 따랐다. 『상서(尙書)』, 『시경(詩經)』, 『좌전(左傳)』, 『논어(論語)』 및 삼례(三禮)에 대한 주석을 남겼다.

◎ **왕신백(王信伯)** : =왕빈(王蘋)

◎ **왕씨(王氏)** : =왕자묵(王子墨)

◎ 왕안석(王安石, A.D.1021 ~ A.D.1086) : =왕개보(王介甫)·임천왕씨(臨川王氏)·금릉왕씨(金陵王氏). 북송(北宋) 때의 정치가이자 학자이다. 자(字)는 개보(介甫)이고, 호는 반산(半山)이다. 저서로는『주관신의(周官新義)』등이 있다.

◎ 왕념손(王念孫, A.D.1744 ~ A.D.1832) : 청(淸)나라 때의 학자이다. 자(字)는 회조(懷租)이고, 호(號)는 석구(石臞)이다. 부친은 왕안국(王安國)이고, 아들은 왕인지(王引之)이다. 대진(戴震)에게 학문을 배웠다. 저서로는『독서잡지(讀書雜志)』등이 있다.

◎ 왕인지(王引之, 1766 ~ 1834) : 청대(淸代)의 훈고학자이다. 자(字)는 백신(伯申)이고, 호(號)는 만경(曼卿)이며, 시호(諡號)는 문간(文簡)이다. 왕념손(王念孫)의 아들이다. 대진(戴震), 단옥재(段玉裁), 부친과 함께 대단이왕(戴段二王)이라고 일컬어졌다.『경전석사(經傳釋詞)』『경의술문(經義述聞)』등의 저술이 있다.

◎ 왕자묵(王子墨, ? ~ ?) : =왕씨(王氏). 자세한 이력이 남아 있지 않다.

◎ 외문(外門) : '외문'은 대문(大門)을 뜻한다. 대문이 그 건물의 가장 바깥쪽에 있기 때문에, 대문을 또한 '외문'이라고도 부르는 것이다.

◎ 외병(外屛) : '외병'은 천자가 문 밖에 설치했던 담장이다. 문 안에 있는 작은 담장을 내병(內屛)이라고 부르는데, 이것과 상대되는 말이다. 문밖에 설치했기 때문에 '외(外)'자를 붙인 것이고, 병풍과도 같은 역할을 했기 때문에 '병(屛)'자를 붙여서 '외병'이라고 부른 것이다. 후대에는 조벽(照壁)으로 부르기도 했다.

◎ 외사(外事) : '외사'는 내사(內事)와 상대되는 말이다. 교외(郊外)에서 제사를 지내거나, 사냥하는 일 등을 총칭하는 말이다. 또는 외국과의 외교관계에서 연합을 하거나, 군대를 출동시키는 일 등도 가리킨다.『예기』「곡례상(曲禮上)」편에는 "外事以剛日, 內事以柔日."이라는 기록이 있는데, 이에 대한 정현의 주에서는 "出郊爲外事."라고 풀이했고, 공영달(孔穎達)의 소에(疏)서는 "外事, 郊外之事也. …… 崔靈恩云, 外事, 指用兵之事."라고 풀이했다. 또한 손희단(孫希旦)의 집해(集解)에서는 "愚謂外事, 謂祭外神. 田獵出兵, 亦爲外事."라고 풀이했다.

◎ 외신(外神) : '외신'은 내신(內神)과 상대되는 말이다. 교(郊)나 사(社) 등에서 지내는 제사 대상을 '외신'이라고 부른다.『예기』「곡례하(曲禮下)」편에 대한 손희단(孫希旦)의『집해(集解)』에서는 오징(吳澄)의 주장을

인용하여, "宗廟所祭者, 一家之神, 內神也, 故曰內事. 郊·社·山川之屬, 天下一國之神, 皆外神也, 故曰外事."라고 설명하였다. 즉 종묘(宗廟)에서 제사를 지내는 대상은 한 집안의 신(神)으로 '내신'이라고 부르며, 그 제사들을 내사(內事)라고 부른다. 또 교, 사 및 산천(山川) 등에 지내는 제사는 그 대상이 천하 및 한 국가의 신들이기 때문에, 그들을 '외신'이라고 부르며, 그 제사를 외사(外事)라고 부른다.

◎ 용(踊) : '용'은 상중(喪中)에 취하는 행동으로, 곡(哭)에 맞춰서 발을 구르는 행위이다.

◎ 용기(龍旂) : '용기'는 기(旂)를 뜻한다. '기'에는 교룡(交龍)을 수놓았기 때문에, '기'를 또한 '용기'라고도 부르는 것이다. '기'는 본래 제후가 세우는 깃발을 뜻한다. 제후는 그 깃발에 두 마리의 용(龍)이 한 쌍을 이루고 있는 교룡(交龍)을 수놓는다. 이때 '머리를 하늘로 하고 있는 1마리 용[升龍]'은 승천하여 천자에게 조회를 하는 모습을 형상화한 것이고, '머리를 땅으로 하고 있는 다른 1마리 용[降龍]'은 천자의 명령을 받아서 복종하는 것을 형상화한 것이다. 천자의 깃발에는 해[日]·달[月]·별[星辰] 등을 수놓았는데, 제후는 천자와 동일하게 할 수 없기 때문에, 대신 승용(升龍)과 강용(降龍)을 수놓았던 것이다. 『주례』「춘관(春官)·사상(司常)」편에 기록된 '기'에 대해서, 정현의 주에서는 "諸侯畫交龍, 一象其升朝, 一象其下復也."라고 풀이했고, 가공언(賈公彦)의 소(疏)에서는 "至於天子旌旗有日月星辰, 故諸侯旌旗無日月星, 故龍有升降也. 象升朝天子, 象下復還國也."라고 풀이했다. 한편 깃발 자체를 뜻하는 용어로 사용되기도 했다.

◎ 우제(虞祭) : '우제'는 장례(葬禮)를 치르고 난 뒤에 지내는 제사를 뜻한다.

◎ 운두추(運斗樞) : 『운두추(運斗樞)』는 『춘추(春秋)』에 대한 위서(緯書) 중 하나이다. '위서'는 경서(經書)의 부족한 내용을 보충하기 위해 위작된 것으로, 서한(西漢) 말기에 유행하기 시작하여, 동한(東漢) 시기에 크게 성행하였으며, 남조(南朝) 송나라 때가 되어서야 비로소 금지되기 시작하였다.

◎ 웅기(熊旗) : '웅기'는 기(旗)를 뜻한다. '기'에는 곰과 호랑이를 수 놓았기 때문에, '기'를 '웅기'라고도 부르는 것이다.

◎ 웅씨(熊氏) : =웅안생(熊安生)

◎ 웅안생(熊安生, ? ~ A.D.578) : =웅씨(熊氏). 북조(北朝) 때의 경학자이다. 자(字)는 식지(植之)이다. 『주례(周禮)』, 『예기(禮記)』, 『효경(孝經)』 등 많은 전적에 의소(義疏)를 남겼지만, 모두 산일되어 남아 있지 않다. 현재 마국한(馬國翰)의 『옥함산방집일서(玉函山房輯佚書)』에 『예기웅씨의소(禮記熊氏義疏)』 4권이 남아 있다.

◎ 원기(元氣) : =태일(太一)

◎ 원신계(援神契) : 『원신계(援神契)』는 『효경(孝經)』에 대한 위서(緯書) 중 하나이다. '위서'는 경서(經書)의 부족한 내용을 보충하기 위해 위작된 것으로, 서한(西漢) 말기에 유행하기 시작하여, 동한(東漢) 시기에 크게 성행하였으며, 남조(南朝) 송나라 때가 되어서야 비로소 금지되기 시작하였다.

◎ 월형(刖刑) : '월형'은 비형(剕刑)이라고도 부르며, 오형(五刑) 중의 하나이다. 범죄자의 다리를 자르는 형벌이다. 『춘추좌씨전』「장공(莊公) 16년」편에는 "九月, 殺公子閼, 刖强鉏."라는 용례가 있다.

◎ 위씨집설(衛氏集說) : 위씨(衛氏)의 『집설(集說)』은 송(宋)나라 때의 학자인 위식(衛湜)이 간행한 『예기집설(禮記集說)』을 뜻한다.

◎ 위적(委積) : '위적'은 곡식과 가축을 사육하는데 필요한 건초 등을 보관하는 창고이다.

◎ 위후(緯候) : '위후'는 본래 칠경(七經)에 대한 위서(緯書)와 『상서중후(尙書中候)』를 합쳐 부르는 말인데, '위서'를 통칭하는 용어로 사용된다. 『후한서(後漢書)』「방술전서(方述傳序)」편에는 "至乃河洛之文, 龜龍之圖, 箕子之術, 師曠之書, 緯候之部, 鈐決之符, 皆所以探抽冥賾, 參驗人區, 時有可聞者焉."이라는 기록이 있는데, 이에 대한 이현(李賢)의 주에서는 "緯, 七經緯也. 候, 尙書中候也."라고 풀이했다. 또한 '위후'는 참위(讖緯)에 대한 학문을 가리키는 용어로도 사용된다.

◎ 유(類) : '유'는 천신(天神)에게 지내는 제사의 일종이다. 『서』「우서(虞書)·순전(舜典)」편에는 "肆類于上帝."라는 기록이 있다. '유'제사와 관련된 예법들은 망실되어 전해지지 않지만, 군대를 출병하게 될 때 상제(上帝)에게 '유'제사를 지냈다는 기록이 있다. 『예기』「왕제(王制)」편에는 "天子將出, 類乎上帝, 宜乎社, 造乎禰."라는 기록이 있고, 이 문장에 대한 정현의 주에서는 "類·宜·造, 皆祭名, 其禮亡."이라고 풀이했다.

◎ 유거(斿車) : '유거'는 군주가 사용하던 수레의 한 종류이다. '목로(木路)'

를 뜻한다. 사냥이나 외곽 지역으로 나갈 때 사용하였다. 『주례』「춘관 (春官)·사상(司常)」편에는 "道車載旞, <u>斿車載旌</u>."이라는 기록이 있고, 이에 대한 정현의 주에서는 "斿車, 木路也. 王以田以鄙."라고 풀이했다.

◎ 유계(游桂) : =광안유씨(廣安游氏)

◎ 유맹야(劉孟冶) : =유씨(劉氏)

◎ 유사(有司) : '유사'는 관리를 뜻하는 용어이다. '사(司)'자는 담당한다는 뜻이다. 관리들은 각자 담당하고 있는 업무가 있었으므로, 관리를 '유사' 라고 불렀던 것이다. 일반적으로 하위관료들을 지칭하여, 실무자를 뜻 하는 용어로 많이 사용된다. 그러나 때로는 고위관료까지도 지칭하는 용어로 사용되기도 한다.

◎ 유소씨(有巢氏) : '유소씨'는 전설시대에 존재했다고 전해지는 고대 제왕 (帝王)의 이름이다. 상고시대(上古時代) 때에는 백성들의 수가 적고, 짐 승들의 수가 많았기 때문에, 백성들은 짐승들을 당해낼 수가 없었다. '유소씨'는 새의 둥지에서 착안하여, 나무를 얽어서, '새의 둥지[巢]'와 같은 사람들의 보금자리를 만들었다. 백성들은 이러한 주거지 때문에 피해를 줄였다. 그렇기 때문에, 그를 제왕(帝王)으로 추대했고, 그를 '유 소씨'라고 불렀다고 설명하기도 한다. 『한비자(韓非子)』「오두(五蠹)」편 에는 "上古之世, 人民少而禽獸衆, 人民不勝禽獸蟲蛇, 有聖人作, 構木爲 巢以避群害, 而民悅之, 使王天下, 號曰<u>有巢氏</u>."라는 기록이 있다.

◎ 유씨(庾氏) : =유울지(庾蔚之)

◎ 유씨(劉氏 ? ~ ?) : =유맹야(劉孟冶). 자세한 이력이 남아 있지 않다.

◎ 유씨맹야(劉氏孟冶) : =유씨(劉氏)

◎ 유울지(庾蔚之, ? ~ ?) : =유씨(庾氏). 남조(南朝) 때 송(宋)나라 학자이다. 저서로는 『예기약해(禮記略解)』, 『예론초(禮論鈔)』, 『상복(喪服)』, 『상 복세요(喪服世要)』, 『상복요기주(喪服要記注)』 등을 남겼다.

◎ 유웅씨(有熊氏) : =황제(黃帝)

◎ 유원발(游元發) : =광안유씨(廣安游氏)

◎ 유원보(劉原父) : =유창(劉敞)

◎ 유이(劉彛) : =장락유씨(長樂劉氏)

◎ 유태공(劉台拱, A.D.1751 ~ A.D.1805) : 청(淸)나라 때의 경학자이다. 천문 학(天文學), 율려학(律呂學), 문자학(文字學) 등에 조예가 깊었다.

◎ 유창(劉敞, A.D.1019 ~ A.D.1068) : =공시선생(公是先生)·유원보(劉原

父)·청강유씨(淸江劉氏). 북송(北宋) 때의 경학자이다. 자(字)는 원보
(原父)이다. 유학 뿐만 아니라 불교와 도교에 대해서도 연구하였고, 천
문(天文), 지리(地理) 등의 방면에도 조예가 깊었다.

◎ 유향(劉向, B.C77 ~ A.D.6) : 전한(前漢) 때의 학자이다. 자(字)는 자정(子
政)이다. 유흠(劉歆)의 부친이다. 비서성(秘書省)에서 고서들을 정리하
였다. 저서로는 『설원(說苑)』·『신서(新序)』·『열녀전(列女傳)』·『별
록(別錄)』 등이 있다.

◎ 유흠(劉歆, B.C.53 ~ A.D.23) : 전한(前漢) 때의 경학자이다. 자(字)는 자준
(子駿)이다. 후에 이름을 수(秀), 자(字)를 영숙(穎叔)으로 고쳤다. 유향
(劉向)의 아들이다. 저서에는 『삼통력보(三統曆譜)』 등이 있다.

◎ 유희(劉熙, A.D.160? ~ ?) : =유희(劉喜). 후한(後漢) 때의 학자이다. 경학
과 훈고학(訓詁學) 분야에 뛰어났다. 저서로는 『석명(釋名)』, 『맹자주
(孟子注)』 등이 있는데, 『맹자주』는 소실되어 전해지지 않는다. 『석명』
은 오래된 훈고학 저작으로, 높은 평가를 받고 있다.

◎ 유희(劉喜) : =유희(劉熙)

◎ 육곡(六穀) : '육곡'은 여섯 가지 곡식이다. 쌀[稌], 메기장[黍], 차기장[稷],
조[粱], 보리[麥], 줄[苽]을 뜻한다. 『주례』「천관(天官)·선부(膳夫)」편
에는 "凡王之饋, 食用六穀."이라는 기록이 있고, 이에 대한 정현의 주에
서는 정사농(鄭司農)의 주장을 인용하여, "六穀, 稌·黍·稷·粱·麥·
苽. 苽, 彫胡也."라고 풀이했다.

◎ 육기(六紀) : '육기'는 수인씨(遂人氏)로부터 복희씨(伏羲氏)에 이르는 기
간을 뜻한다. 기(紀)자는 본래 기간을 뜻하는 단위인데, 그 기간의 길이
에 대해서는 이설(異說)이 많다.

◎ 육농사(陸農師) : =산음육씨(山陰陸氏)

◎ 육덕명(陸德明, A.D.550 ~ A.D.630) : =육원랑(陸元朗). 당대(唐代)의 경학
자이다. 이름은 원랑(元朗)이고, 자(字)는 덕명(德明)이다. 훈고학에 뛰
어났으며, 『경전석문(經典釋文)』 등을 남겼다.

◎ 육도(六韜) : 『육도(六韜)』는 고대 병법서 중 하나이다. 주(周)나라 때의
태공망(太公望)이 저술했다고 전해지지만, 현존하는 『육도』는 후한(後
漢) 때 지어진 것이다. '도(韜)'자는 일반적으로 주머니를 뜻하는 글자인
데, 무언가를 감싸서 감춘다는 의미에서 병법(兵法)의 비기를 뜻하게
되었다. 「문도(文韜)」, 「무도(武韜)」, 「용도(龍韜)」, 「호도(虎韜)」, 「표도

(豹韜)」,「견도(犬韜)」편으로 구성되어 있다.

◎ 육례(六禮) : '육례'는 혼인 과정 중에 시행되는 여섯 종류의 의례 절차를 뜻한다. 청원을 하며 여자 집안에 예물을 보내는 납채(納采), 여자의 이름 및 출생일 등에 대해서 묻는 문명(問名), 혼인이 어떠한가를 종묘에서 점을 치고, 길한 징조를 얻게 되면, 여자집안에 알리는 납길(納吉), 혼인 약속을 증명하기 위해 여자 집안에 폐백을 보내는 납징(納徵: =納幣), 결혼날짜를 정하여 여자 집안에 가부(可否)를 묻는 청기(請期), 남자가 여자 집안에 가서 아내를 맞이하는 친영(親迎)을 가리킨다.

◎ 육미(六米) : '육미'는 양식으로 사용되는 아홉 가지 작물 중 알곡이 있는 여섯 가지 작물을 뜻한다. 메기장[黍], 차기장[稷], 쌀[稻], 조[粱], 보리[麥], 줄[苽], 대두(大豆)를 가리킨다. 『주례』「지관(地官)·사인(舍人)」편에는 "掌米粟之出入"이라는 기록이 있는데, 이에 대한 정현의 주에서는 "九穀六米別爲書."라고 풀이했고, 가공언(賈公彦)의 소(疏)에서는 "六米者, 九穀之中黍·稷·稻·粱·苽·大豆, 六者皆有米, 麻與小豆·小麥三者無米. 故云九穀六米."라고 풀이했다.

◎ 육생(六牲) : '육생'은 여섯 가지 가축이다. 말[馬], 소[牛], 양(羊), 돼지[豕], 개[犬], 닭[雞]을 뜻한다. 『주례』「천관(天官)·선부(膳夫)」편에는 "凡王之饋, 食用六穀, 膳用六牲."이라는 기록이 있고, 이에 대한 정현의 주에서는 "六牲, 馬牛羊豕犬雞也."라고 풀이했다.

◎ 육서(六書) : '육서'는 한자의 구성과 형성에 대한 여섯 가지 이론으로, 상형(象形), 지사(指事: =處事), 회의(會意), 형성(形聲: =諧聲), 전주(轉注), 가차(假借)를 뜻한다. 『주례』「지관(地官)·보씨(保氏)」편에는 "五曰六書."라는 기록이 있는데, 이에 대한 정현의 주에서는 정사농(鄭司農)의 주장을 인용하여, "六書, 象形·會意·轉注·處事·假借·諧聲也."라고 풀이했다.

◎ 육성기(六姓紀) : =연통기(連通紀)

◎ 육예(六藝) : '육예'는 기본적으로 갖춰야 하는 여섯 가지 과목을 뜻한다. 여섯 가지 과목은 예(禮), 음악[樂], 활쏘기[射], 수레몰기[御], 글쓰기[書], 셈하기[數]이며, 구체적으로 말하자면 오례(五禮), 육악(六樂), 오사(五射), 오어(五馭: =五御), 육서(六書), 구수(九數)를 가리킨다.

◎ 육예론(六藝論) : 『육예론(六藝論)』은 정현(鄭玄)이 찬(撰)한 서적이다. 1권으로 되어 있다. 육예(六藝)에 대한 기원 및 변천 등을 설명하고, 공자

(孔子)가 '육예'를 집대성한 의미에 대해서도 기술하고 있다. 그러나 이 서적은 이미 망실되어, 현재는 전해지지 않는다. 다만 공영달(孔穎達) 등이 주석한 소(疏) 부분에 일부 기록이 남아 있을 뿐이다.

◎ 육원랑(陸元朗) : =육덕명(陸德明)

◎ 육융(六戎) : '육융'은 고대 중국의 서쪽 지역에 거주하던 여섯 종류의 소수 민족을 뜻한다. 또한 그들이 거주하는 지역 전체를 가리키는 용어로도 사용되었다. 여섯 종류의 소수 민족을 요이(僥夷)·융앙(戎央)노백(老白)·기강(耆羌)·비식(鼻息)·천강(天剛)이라고 정의하기도 한다. 『예기』「왕제(王制)」편에는 "西方曰戎, 被髮衣皮, 有不粒食者矣."라는 기록이 있고, 이에 대한 공영달(孔穎達)의 소(疏)에서는 『이아(爾雅)』에 대한 이순(李巡)의 주장을 인용하며, "一曰僥夷, 二曰戎央, 三曰老白, 四曰耆羌, 五曰鼻息, 六曰天剛."이라고 풀이했다.

◎ 육전(陸佃) : =산음육씨(山陰陸氏)

◎ 육정(六情) : '육정'은 인간이 가지고 있는 기본적인 여섯 가지 감정을 뜻한다. 즉 기쁘고, 화나고, 슬퍼하고, 즐거워하고, 사랑하고, 싫어하는 희(喜), 노(怒), 애(哀), 낙(樂), 애(愛), 오(惡)를 뜻한다. 『백호통(白虎通)』「성정(性情)」편에는 "六情者, 何謂也? 喜·怒·哀·樂·愛·惡, 謂六情."이라는 기록이 있다.

◎ 윤지장(尹知章, ? ~ ?) : 당(唐)나라 때의 학자이자 대신(大臣)이다. 성품이 온화하였고, 학문 연구에 종사하여, 육경(六經)에 통달하였다. 이러한 이유로 당대 학자들의 존경을 받았다.

◎ 율계(栗階) : '율계'는 계단을 오르는 방법 중 하나이다. 두 발을 모으지 않고, 좌우의 발을 교차하며 한 칸씩 성큼 성큼 올라가는 것이다. 『의례』「연례(燕禮)」편에는 "凡公所辭皆栗階. 凡栗階, 不過二等"이라는 기록이 있는데, 이에 대해 정현의 주에서는 "其始升, 猶聚足連步; 越二等, 左右足各一發而升堂."이라고 풀이했다.

◎ 율륙씨(栗陸氏) : '율륙씨'는 전설시대에 존재했다고 전해지는 고대 제왕(帝王)의 이름이다.

◎ 융로(戎路) : '융로'는 군주가 군중(軍中)에 있을 때 타던 수레이다. 전쟁용 수레를 범칭하는 용어로도 사용된다. 『주례』「춘관(春官)·거복(車僕)」편에는 "車僕, 掌戎路之萃."라는 기록이 있는데, 이에 대한 정현의 주에서는 "戎路, 王在軍所乘也."라고 풀이했다. 한편 고대의 천자가 사

용하던 5종류의 수레 중에는 혁로(革輅)라는 것이 있었다. '혁로'는 전쟁용으로 사용했던 수레인데, 간혹 제후의 나라에 순수(巡守)를 갈 때 사용하기도 하였다. 가죽으로 겉을 단단하게 동여매서 고정시키고, 옷칠만 하고, 다른 장식을 하지 않았기 때문에, '혁로'라고 부르는 것이다. 『주례』「춘관(春官)·건거(巾車)」편에는 "革路, 龍勒, 條纓五就, 建大白, 以卽戎, 以封四衛."라는 기록이 있고, 이에 대한 정현의 주에서는 "革路, 鞔之以革而漆之, 無他飾."이라고 풀이했다.

◎ 은질(隱疾) : '은질'은 겉으로 잘 드러나지 않는 질병들을 뜻한다.

◎ 음강씨(陰康氏) : '음강씨'는 전설시대에 존재했다고 전해지는 고대 제왕(帝王)의 이름이다.

◎ 응립(凝立) : =의립(疑立)

◎ 응문(應門) : '응문'은 궁(宮)의 정문을 가리킨다. 『시』「대아(大雅)·면(緜)」편에는 "迺立應門, 應門將將."이라는 기록이 있는데, 이에 대한 모전(毛傳)에서는 "王之正門曰應門."이라고 풀이하였다.

◎ 응씨(應氏) : =금화응씨(金華應氏)

◎ 응용(應鏞) : =금화응씨(金華應氏)

◎ 응자화(應子和) : =금화응씨(金華應氏)

◎ 의려(倚盧) : '의려'는 상중(喪中)에 머물게 되는 임시 거처지이다. '의려'는 '의(倚)', '려(盧)', '악실(堊室)' 등으로 부르기도 한다.

◎ 의립(疑立) : '의립'은 본래 응립(凝立)을 뜻한다. '의(疑)'자와 '응(凝)'자가 통용되기 때문에, '응립'을 '의립'이라고도 부르는 것이다. 똑바로 서서 움직이지 않는 모습을 뜻한다. 『의례』「사혼례(士昏禮)」편에는 側尊甒醴于房中, 婦疑立于席西."라는 기록이 있는데, 이에 대한 정현의 주에서는 "疑, 正立自定之貌."라고 풀이했다.

◎ 이기씨(伊耆氏) : '이기씨'는 신농(神農)을 가리킨다. 일설에는 요(堯)임금을 뜻한다고 주장하기도 한다.

◎ 이례(二禮) : '이례'는 『주례(周禮)』와 『의례(儀禮)』를 가리킨다.

◎ 이상(二祥) : '이상'은 대상(大祥)과 소상(小祥)을 뜻한다. '연상(練祥)'이라고도 부른다. '소상'은 죽은 지 13개월 만에 지내는 제사이며, '대상'은 25개월 만에 지내는 제사이다.

◎ 이씨(李氏, ? ~ ?) : 자세한 이력이 남아 있지 않다.

◎ 이폐(離肺) : '이폐'는 희생물의 폐(肺)를 제사용으로 잘라낸다는 뜻이다.

'이(離)'자는 "잘라낸다[割]."는 뜻이다. 제사용으로 사용되지 않을 때에는 폐를 잘게 자르게 된다. 『의례』「사관례(士冠禮)」편에는 "若殺, 則特豚, 載合升, 離肺, 實于鼎."이라는 기록이 있고, 이에 대한 정현의 주에서는 "離, 猶割也. 割肺者, 使可祭也, 可嚌也."라고 풀이했다.

◎ 인황(人皇) : '인황'은 태황(泰皇)이라고도 부른다. 삼황(三皇) 중 하나이다. '삼황'은 천황(天皇), 지황(地皇), '인황'을 가리킨다.

◎ 임천오씨(臨川吳氏) : =오징(吳澄)

◎ 임천왕씨(臨川王氏) : =왕안석(王安石)

◎ 입서(立筮) : '입서'는 시초점을 칠 때, 그 길이가 5척(尺)으로 된 시초를 뜻하며, 또한 이 시초를 사용하여 점을 치는 것을 뜻하기도 한다.

ㅈ

◎ 자림(字林) : 『자림(字林)』은 고대의 자서(字書)이다. 진(晉)나라 때 학자인 여침(呂忱)이 지었다. 원본은 일실되어 전해지지 않고, 다른 문헌들 속에 일부 기록들만 남아 있다.

◎ 자최복(齊衰服) : '자최복'은 상복(喪服) 중 하나로, 오복(五服)에 속한다. 거친 삼베를 사용해서 만들며, 자른 부위를 꿰매어 가지런하게 정리하기 때문에, '자최복'이라고 부른다. 이 복장을 입게 되는 기간에도 여러 종류가 있는데, 3년 동안 입는 경우는 죽은 계모(繼母)나 자모(慈母)를 위한 경우이고, 1년 동안 입는 경우는 손자가 죽은 조부모를 위해 입는 경우와 남편이 죽은 아내를 입는 경우 등이다. 그리고 1년 동안 '자최복'을 입는 경우, 그 기간을 자최기(齊衰期)라고도 부른다. 또 5개월 동안 입는 경우는 죽은 증조부나 증조모를 위한 경우이며, 3개월 동안 입는 경우는 죽은 고조부나 고조모를 위한 경우 등이다.

◎ 잠부론(潛夫論) : 『잠부론(潛夫論)』은 후한(後漢) 때의 학자인 왕부(王符)가 지은 서적이다. 당시의 정치에 대해서 기록하며, 그 폐단들을 비판하고 있다. 왕부는 은둔하며 학문 연구에만 전념하였는데, 세상에 나아가길 꺼려한다는 의미에서, 자신을 '잠부(潛夫)'라고 불렀다. 이 책 또한 이러한 의미에서 명칭이 지어진 것이다.

◎ 잡패(雜佩) : '잡패'는 허리에 차고 있는 일련의 패옥(佩玉)들을 총칭하는

말이다. 형(珩)·황(璜)·거(琚)·우(瑀)·충아(衝牙)가 여기에 해당한다.

◎ 장락유씨(長樂劉氏, A.D.1017 ~ A.D.1086) : =유이(劉彝). 북송(北宋) 때의
성리학자이다. 자(字)는 집중(執中)이다. 복주(福州) 출신이며, 어려서
호원(胡瑗)에게서 학문을 배웠다.『정속방(正俗方)』,『주역주(周易注)』
를 지었으나 현존하지 않는다.『칠경중의(七經中議)』,『명선집(明善集)』,
『거이집(居易集)』 등이 남아 있다.

◎ 장락진씨(長樂陳氏) : =진상도(陳祥道)

◎ 장림(臧琳, ? ~ ?) : 청(淸)나라 때의 학자이다. 자(字)는 옥림(玉林)이다.
경학(經學)에 뛰어났으며, 한당대(漢唐代)의 학문을 존숭하였다.『상서
집해(尚書集解)』,『경의잡기(經義雜記)』 등을 지었다.

◎ 장상(長殤) : '장상'은 16~19세 사이에 요절한 자를 뜻한다.『의례』「상복
(喪服)」편에 "年十九至十六爲長殤."이라는 기록이 있다.

◎ 장인(長人) : '장인'은 어떤 집단의 수장이 된다는 뜻으로, 고위관료에 임
명된 사람을 뜻한다.

◎ 장일(張逸, ? ~ ?) : 정현(鄭玄)의 문도로 알려져 있지만, 자세한 이력은
전해지지 않는다.

◎ 장자(張子) : =장재(張載)

◎ 장재(張載, A.D.1020 ~ A.D.1077) : =장자(張子)·장횡거(張橫渠). 북송(北
宋) 때의 유학자이다. 북송오자(北宋五子) 중 한 사람으로 칭해진다. 자
(字)는 자후(子厚)이다. 횡거진(橫渠鎭) 출신으로, 이곳에서 장기간 강
학을 했기 때문에 횡거선생(橫渠先生)으로 일컬어지기도 한다.

◎ 장횡거(張橫渠) : =장재(張載)

◎ 재부(宰夫) : '재부'는 음식을 담당하거나, 제사 때 희생물의 도살을 담당
했던 하위 관리이다.

◎ 적(積) : '적'에 대해서는 정확한 기록이 없으나, 창고의 일종으로 추정된
다. 또한 공족(公族) 중 형벌을 받은 자로 그곳을 지키게 했으므로, 사람
들 눈에 띄지 않는 은밀한 장소에 있었음을 추정할 수 있다.

◎ 적사(適士) : '적사'는 상사(上士)를 말한다. 사(士)라는 계급은 3단계로
세분되는데, 상사, 중사(中士), 하사(下士)가 그것이다.『예기』「제법(祭
法)」편의 경문에는 "適士二廟, 一壇, 曰考廟, 曰王考廟, 享嘗乃止."라는
기록이 있다. 이에 대한 정현의 주에서는 "適士, 上士也."라고 풀이했다.

◎ 적침(適寢) : '적침'은 정침(正寢)을 뜻한다. 가택에 있는 정옥(正屋)에 해

당하며, 집무를 처리하던 곳이다. 군주의 경우에는 노침(路寢)이라고 불렀고, 대부(大夫)의 경우는 '적침'이라고 불렀으며, 사(士)에 대해서는 간혹 적실(適室)로 부르기도 했다. 『예기』「상대기(喪大記)」편에는 "君夫人卒於路寢, 大夫世婦卒於適寢."이라는 기록이 있는데, 이에 대한 정현의 주에서는 "君謂之路寢, 大夫謂之適寢, 士或謂之適室."이라고 풀이했다.

◎ 전견(田犬) : '전견'은 사냥할 때 함께 데려갔던, 사냥개이다. 『예기』「소의(少儀)」편에는 "犬則執緤, 守犬田犬則授擯者, 既受乃問犬名."이라는 기록이 있는데, 이에 대한 공영달(孔穎達)의 소(疏)에서는 "田犬, 田獵所用也."라고 풀이했다.

◎ 전대흔(錢大昕, A.D.1728 ~ A.D.1804) : 청(淸)나라 때의 학자이다. 자(字)는 신미(辛楣)·효징(曉徵)이고, 호(號)는 죽정(竹汀)이다. 사학(史學)에 정통하였고, 음운학(音韻學), 지리학(地理學) 등에도 조예가 깊었다.

◎ 전사씨(甸師氏) : '전사씨'는 『주례』에 기록된 전사(甸師)이며, 전인(甸人)이라고도 부른다. 교외(郊外)에 있는 천자의 경작지를 담당하여, 예하의 인원들을 동원하여 그곳을 경작하였고, 교외에서 생산되는 곡식, 과실, 초목 등을 공급하였다. 또한 천자와 동성(同姓)인 친족들에 대해서 형벌을 집행하기도 했다. 『주례』「천관(天官)·전사(甸師)」편에는 "甸師, 掌帥其屬而耕耨王藉, 以時入之, 以共齍盛. 祭祀共蕭茅, 共野果蓏之薦. 喪事代王受眚災. 王之同姓有罪, 則死刑焉."라는 기록이 있다.

◎ 전인(甸人) : '전인'은 교외(郊外)에 대한 일과 공족(公族)들에 대한 형벌 집행을 담당하던 관리이다. 『주례』의 체제에 따르면, 전사(甸師)가 된다.

◎ 전제(田祭) : '전제'는 연말에 지내는 큰 제사를 뜻하며, 내년 곡식의 풍년을 기원하고, 올해 작황에 대해 보답하는 제사이다.

◎ 정(脡) : '정'은 기다란 육포(肉脯)를 세는 단위이다. 접혀 있는 것을 셀 때에는 구(朐)자를 사용하였다. 『춘추공양전』「소공(昭公) 25년」편에는 "高子執簞食與四脡脯."라는 기록이 있는데, 이에 대한 하휴(何休)의 주에서는 "屈曰朐, 申曰脡."이라고 풀이했다.

◎ 정(旌) : '정'은 가느다란 새의 깃털인 석우(析羽)을 오색(五色)으로 채색하여, 깃술처럼 장식한 깃발이다. 『주례』「춘관(春官)·사상(司常)」편에는 "全羽爲旞, 析羽爲旌."이라는 기록이 있다. 한편 '정'은 깃발들을 범칭하는 용어로도 사용된다.

◎ 정강성(鄭康成) : =정현(鄭玄)

◎ 정기(旌旗) : '정기'는 깃발들을 범칭하는 말이다.

◎ 정사농(鄭司農) : =정중(鄭衆)

◎ 정요전(程瑤田, A.D.1725 ~ A.D.1814) : 청(淸)나라 때의 학자이다. 자(字)
는 역전(易田)·역주(易疇)이며, 호(號)는 양당(讓堂)이다. 대진(戴震)
과 함께 강영(江永)을 스승으로 섬겼다. 훈고학에 조예가 깊었으며, 각
종 기물에 대한 연구를 하였다. 저서로는『통예록(通藝錄)』등이 있다.

◎ 정중(鄭衆, ? ~ A.D.83) : =정사농(鄭司農). 후한(後漢) 때의 경학자이다.
자(字)는 중사(仲師)이다. 부친은 정흥(鄭興)이다. 부친에게『춘추좌씨
전(春秋左氏傳)』의 학문을 전수받았다. 또한 그는 대사농(大司農) 등의
관직을 역임하였기 때문에, '정사농'이라고도 불렀다. 한편 정흥과 그의
학문은 정현(鄭玄)에게 많은 영향을 주었기 때문에, 후대에서는 정현을
후정(後鄭)이라고 불렀고, 정흥과 그를 선정(先鄭)이라고도 불렀다. 저
서로는『춘추조례(春秋條例)』,『주례해고(周禮解詁)』등을 지었다고 하
지만, 현재는 전해지지 않았다.

◎ 정지(鄭志) :『정지(鄭志)』는 정현(鄭玄)과 그의 제자들이 오경(五經)에
대해서 문답을 주고받은 내용을 기록한 문헌이다.『논어』의 형식에 의
거하여, 정현의 제자들이 편찬하였다.『후한서(後漢書)』「장조정열전(張
曹鄭列傳)」편에는 "門人相與撰玄荅諸弟子問五經, 依論語作鄭志八篇."
라는 기록이 있다.

◎ 정침(正寢) : '정침'은 노침(路寢)과 같은 말이다. 또한 정전(正殿)이라고
도 불렀다. 군주가 정무를 처리하던 장소이다. 천자에게는 6개의 침(寢)
이 있었는데, 가장 앞쪽에 있는 1개의 침이 바로 정침(正寢)이 되고, 나
머지는 5개의 침은 연침(燕寢)이 된다.

◎ 정현(鄭玄, A.D.127 ~ A.D.200) : =정강성(鄭康成)·정씨(鄭氏). 한대(漢代)
의 유학자이다. 자(字)는 강성(康成)이다.『주역(周易)』,『상서(尙書)』,
『모시(毛詩)』,『주례(周禮)』,『의례(儀禮)』,『예기(禮記)』,『논어(論語)』,
『효경(孝經)』등에 주석을 하였다.

◎ 정홍(旌鴻) : '정홍'은 기러기가 그려진 깃발을 뜻한다.

◎ 제갈각(諸葛恪, A.D.203 ~ A.D.253) : 삼국시대(三國時代) 때의 인물이다.
자(字)는 원손(元遜)이다.

◎ 제상(除喪) : '제상'은 상(喪)을 끝낸다는 뜻이다. 상을 치르는 일정한 기

간을 끝내게 되면, 상중에 입고 있었던 상복(喪服)을 벗고, 평소에 입던 길복(吉服)으로 복장을 바꾸게 된다. 따라서 상복을 제거한다는 뜻에서, 상을 끝내는 것을 '제상'이라고 부르는 것이다. 또한 '제상'은 상복의 수위가 변화되는 것을 가리키는 용어로도 사용된다. 상복은 일정한 기간마다 그 수위가 낮아지게 되는데, 그 수위를 덜어낸다는 뜻에서 이러한 일련의 변화를 '제상'이라고 부르는 것이다.

◎ 제왕세기(帝王世紀) : 『제왕세기(帝王世紀)』는 서진(西晉) 때의 학자인 황보밀(皇甫謐)이 지은 서적이다. 이 서적은 역대 제왕(帝王)들의 가계도와 연대에 따른 사적들을 기록하고 있다. 삼황(三皇)들이 통치했다고 전해지는 시대로부터 한(漢)나라 및 위(魏)나라의 역사를 기록하고 있는데, 현재 남아있는 『제왕세기』는 10권으로 구성되어 있다.

◎ 제우(齊牛) : '제우'는 제사의 희생물로 사용되는 소를 뜻한다. 재계(齋戒)를 뜻하는 '재(齋)'자는 '제(齊)'자와 통용이 되는데, 제사에 사용되므로, 재계를 시켰다는 뜻에서 '제(齊)'자를 붙인 것이다.

◎ 제주(祭主) : '제주'는 제사를 주관하는 자이다. 본래 '제주'는 종법제(宗法制)에 따라서, 종주(宗主)가 담당을 하였다. 그런데 만약 '제주'에게 사정이 생겨서, 제사를 주관할 수 없을 때에는 섭주(攝主)가 그 일을 대신하였다. 군주의 경우에는 재상이 '섭주'를 맡았으며, 나머지 경우에는 본래의 '제주'와 항렬이 같은 자들 중에서 선발을 하였다.

◎ 제후(祭侯) : '제후'는 과녁에 지내는 제사를 뜻한다. 대사례(大射禮)를 시행하게 되면, 복불씨(服不氏)라는 관리를 시켜서, 과녁을 짊어지게 하고, 과녁이 설치한 서북쪽에 먼저 자리를 마련한 후 과녁에게 제사를 지내게 된다. 『주례』「하관(夏官)·사인(射人)」편에는 "祭侯, 則爲位."라는 기록이 있고, 이에 대한 가공언(賈公彦)의 소(疏)에서는 "按大射禮, 使服不氏負侯, 將祭侯之時, 先設位於侯西北, 北面, 服不氏於位受得獻訖, 乃於侯所北面祭侯."라고 풀이했다.

◎ 조(旐) : '조'는 거북이와 뱀의 무늬를 그린 깃발이다. 『주례』「춘관(春官)·사상(司常)」편에는 "鳥隼爲旟, 龜蛇爲旐."라는 기록이 있다.

◎ 조근(朝覲) : '조근'은 군주가 신하를 만나보는 예법(禮法)을 뜻한다. 군주가 신하를 만나보는 예법에는 조(朝), 근(覲), 종(宗), 우(遇), 회(會), 동(同) 등이 있었는데, 이것을 총칭하여 '조근'으로 부르기도 한다. 한편 '조근'은 신하가 군주를 찾아뵙는 예법을 뜻하기도 한다. 고대에는 제후

가 천자를 찾아뵐 때, 각 계절별로 그 명칭을 다르게 불렀다. 봄에 찾아 뵙는 것을 조(朝)라고 부르며, 여름에 찾아뵙는 것을 종(宗)이라고 부르고, 가을에 찾아뵙는 것을 근(覲)이라고 부르며, 겨울에 찾아뵙는 것을 우(遇)라고 부른다. '조근'은 이러한 예법들을 총칭하는 말이다.

◎ 조녜(祖禰) : '조녜'는 선조(先祖)와 선친(先親)을 말하며, 포괄적 의미로 는 이들의 사당을 뜻한다.

◎ 조량주(趙良澍, ? ~ ?) : 청(淸)나라 때의 학자이다. 저서로는 『독예기(讀禮 記)』가 있다.

◎ 조례(朝禮) : '조례'는 조근(朝覲) 및 회동(會同) 등의 예법을 뜻한다.

◎ 조복(朝服) : '조복'은 군주와 신하가 조회를 열 때 착용하는 복장을 뜻한 다. 중요한 의식을 치를 때 착용하는 예복(禮服)을 가리키기도 한다.

◎ 조빙(朝聘) : '조빙'은 본래 제후가 주기적으로 천자를 찾아뵙는 것을 뜻 한다. 고대에는 제후가 천자에 대해서 매년 1번씩 소빙(小聘)을 했고, 3년에 1번씩 대빙(大聘)을 했으며, 5년에 1번씩 조(朝)를 했다. '소빙'은 제후가 직접 찾아가지 않았고, 대부(大夫)를 대신 파견하였으며, '대빙' 때에는 경(卿)을 파견하였다. '조'에서만 제후가 직접 찾아갔는데, 이것 을 합쳐서 '조빙'이라고 부른다. 춘추시대(春秋時代) 때에는 진(晉)나라 문공(文公)과 같은 패주(霸主)에게 '조빙'을 하기도 하였다. 『예기』「왕 제(王制)」편에는 "諸侯之於天子也, 比年一小聘, 三年一大聘, 五年一朝." 라는 기록이 있고, 이에 대한 정현의 주에서는 "比年, 每歲也. 小聘, 使 大夫, 大聘, 使卿, 朝, 則君自行. 然此大聘與朝, 晉文霸時所制也."라고 풀 이했다.

◎ 조사(朝事) : '조사'는 새벽에 종묘에서 제사지내는 일을 뜻한다. 『예기』 「제의(祭義)」편에는 "建設朝事, 燔燎羶薌."이라는 기록이 있고, 이에 대 한 진호(陳澔)의 『집설(集說)』에서는 "朝事, 謂祭之日, 早朝而行之事 也."라고 풀이했다.

◎ 조상(趙商, ? ~ ?) : 조상(趙商)은 정현(鄭玄)의 제자이다. 자(字)는 자성 (子聲)이다. 하내(河內) 지역 출신이다.

◎ 조식(曹植) : =진사왕(陳思王)

◎ 조여(鳥旟) : '조여'는 여(旟)를 뜻한다. '여'에는 새매[鳥隼]를 수 놓았기 때문에, '여'를 또한 '조여'라고도 부르는 것이다.

◎ 조인(調人) : '조인'은 백성들 사이에서 일어난 분쟁을 해결해주는 일을

담당한 관리이다. 『주례』「지관사도(地官司徒)」편에는 "調人下士二人, 史二人, 徒十人."이라는 기록이 있다. 즉 '조인'은 『주례』의 체제에 따르면 지관(地官)에 소속되어 있었으며, 하사(下士) 2명이 담당을 하였고, 그 휘하에는 잡무를 담당하는 사(史) 2명, 도(徒) 10명이 배속되어 있었다. 又 『주례』「지관(地官)·조인(調人)」편에는 "調人, 掌司萬民之難而諧和之."라는 기록이 있고, 이에 대한 정현의 주에서는 "難, 相與爲仇讎. 諧猶調也."라고 풀이했다.

◎ 조종(朝宗) : '조종'은 제후가 봄과 여름에 천자를 조회하는 것을 뜻한다. '조종'의 '조(朝)'자는 제후가 봄에 천자를 찾아가 뵙는 것을 뜻하고, '종(宗)'자는 제후가 여름에 천자를 찾아가 뵙는 것을 뜻한다. 『주례』「춘관(春官)·대종백(大宗伯)」편에는 "春見曰朝, 夏見曰宗, 秋見曰覲, 冬見曰遇."라는 기록이 있다. 후대에는 신하가 군주를 찾아가 뵙는 것을 두루 지칭하는 용어로도 사용되었다.

◎ 조회(朝會) : '조회'는 제후 및 신하들이 천자를 찾아가 알현하는 것을 뜻한다.

◎ 존로씨(尊盧氏) : '존로씨'는 전설시대에 존재했다고 전해지는 고대 제왕(帝王)의 이름이다.

◎ 졸곡(卒哭) : '졸곡'은 우제(虞祭)를 지낸 뒤에 지내는 제사이다. 이 제사를 지내게 되면, 수시로 곡(哭)하던 것을 멈추고, 아침과 저녁때에만 한 번씩 곡을 하게 된다. 그렇기 때문에 '졸곡'이라고 부르게 된 것이다.

◎ 졸오(卒伍) : '졸오'는 본래 군대의 편제를 뜻하는 용어이다. 5명이 '오(伍)'가 되며, 100명이 '졸(卒)'이 된다. 『주례』「지관(地官)·소사도(小司徒)」편에는 "乃會萬民之卒伍而用之. 五人爲伍, 五伍爲兩, 四兩爲卒, 五卒爲旅, 五旅爲師, 五師爲軍."이라는 기록이 있다. 한편 '졸오'는 군대, 또는 군대의 대오, 병사들을 지칭하는 용어로도 사용되었다.

◎ 종(鐘) : '종'은 부피를 잴 때 사용하는 단위이다. 1'종'은 10곡(斛) 만큼이었는데, 1'곡'은 10두(斗)가 된다. 한편 1'종'을 한(漢)나라 때에는 6'곡' 4'두' 만큼의 단위로 사용하기도 했다. 『회남자(淮南子)』「요략(要略)」편에는 "一朝用三千鐘贛."이라는 기록이 있는데, 이에 대한 고유(高誘)의 주에서는 "鐘, 十斛也."라고 풀이했다. 또한 『후한서(後漢書)』「낭의전(郎顗傳)」편에는 "今之在位, 競託高虛, 納累鐘之奉, 忘天下之憂."라는 기록이 있는데, 이에 대한 이현(李賢)의 주에서는 "六斛四斗曰鐘."이라

고 풀이했다.

◎ 종자(宗子) : '종자'는 종법제(宗法制)와 관련된 용어이다. 대종(大宗) 집
안의 적장자(嫡長子)를 가리키는 용어이다.

◎ 좌(髽) : '좌'는 상중(喪中)에 부녀자들의 머리모양으로, 북상투를 뜻한
다. 머리를 묶을 때에는 마(麻)로 된 천을 사용했으며, 남자들의 괄발
(括髮)과 같은 것이다.

◎ 좌식(佐食) : '좌식'은 제사를 지낼 때, 시동의 옆에서 시동이 제사 음식을
흠향할 수 있도록 시중을 드는 사람이다. 『의례』「특생궤식례(特牲饋食
禮)」편에는 "佐食北面, 立於中庭."이라는 기록이 있는데, 이에 대한 정
현의 주에서는 "佐食, 賓佐尸食者."라고 풀이했다.

◎ 주식(朱軾, A.D.1665 ~ A.D.1735) : 청(淸)나라 때의 명신(名臣)이다. 자
(字)는 약섬(若贍)·백소(伯蘇)이고, 호(號)는 가정(可亭)이다.

◎ 주씨(朱氏, ? ~ ?) : 『예기』의 주석에 표시된 '주씨'는 자세히 알려진 사실
이 없지만, 주주한(朱周翰)을 가리키는 것 같으며, 그의 저서인 『주주한
절해(朱周翰節解)』의 기록인 듯하다.

◎ 주양씨(朱襄氏) : '주양씨'는 전설시대에 존재했다고 전해지는 고대 제왕
(帝王)의 이름이다. 또한 염제(炎帝)의 별호(別號)로도 사용된다. '주양
씨'가 통치를 할 때에는 바람이 많이 풀었고, 양기(陽氣)가 축적되어, 만
물(萬物)이 흩어지게 되었고, 과실들이 익지 않게 되었다. 그렇기 때문
에 '주양씨'는 사달(士達)을 시켜서 오현슬(五弦瑟)을 만들고, 이것을 연
주하여 음기(陰氣)를 머금은 바람이 불어오도록 했고, 이를 통해 만물
의 성장을 안정시켜다고 전해지기도 한다. 『여씨춘추(呂氏春秋)』「고악
(古樂)」편에는 "昔古朱襄氏之治天下也, 多風而陽氣畜積, 萬物散解, 果
實不成, 故士達作爲五弦瑟, 以來陰風, 以定群生."이라는 기록이 있는데,
이에 대한 고유(高誘)의 주에서는 "朱襄氏, 古天子炎帝之別號."라고 풀
이했다.

◎ 주우(主友) : '주우'는 다른 나라에 살고 있는 친구이다. 비록 다른 나라에
거처하고 있지만, 서로 교류를 하여 친분을 맺은 사이를 뜻한다.

◎ 주조(朱鳥) : '주조'는 남쪽 하늘의 별자리들을 총칭하는 용어이다. 하늘
의 주요 별자리인 28수(宿) 중 남쪽 방위에 해당하는 정수(井宿)·귀수
(鬼宿)·류수(柳宿)·성수(星宿)·장수(張宿)·익수(翼宿)·진수(軫
宿) 등 7개의 별자리를 총칭한다. 이 일곱 별자리를 서로 연결하면, 새

의 형상이 되며, 붉은색[朱]은 불[火]의 색깔에 해당하는데, 방위와 오행 (五行)을 연관시키면, 불은 남쪽에 해당하기 때문에, '주조'라고 부르는 것이다.

◎ 주행기(周行己) : =영가주씨(永嘉周氏)

◎ 중앙씨(中央氏) : '중앙씨'는 전설시대에 존재했다고 전해지는 고대 제왕 (帝王)의 이름이다.

◎ 중의(中衣) : '중의'는 조복(朝服)이나 제복(祭服) 등의 예복(禮服) 안에 착용하는 옷이다. '중의' 안에는 속옷 등을 착용하고, '중의' 겉에는 예복 등을 착용하므로, 중간이라는 뜻에서 '중의'라고 부르는 것이다. 『예기』 「교특생(郊特牲)」편에는 "繡黼丹朱中衣."라는 기록이 있고, 이에 대한 공영달(孔穎達)의 소(疏)에서는 "中衣, 謂以素爲冕服之裏衣."라고 풀이 하였다.

◎ 중정(中庭) : '중정'은 묘(廟)의 당(堂) 앞에 있는 앞뜰이다.

◎ 증상(烝嘗) : '증상'은 종묘(宗廟)에서 지내는 가을 제사와 겨울 제사를 가리킨다. 또한 '증상'은 종묘에 대한 제사를 총칭하는 용어로도 사용된 다. 사계절마다 큰 제사를 지내게 되는데, 계절별 제사 명칭이 다르며, 문헌마다 조금씩 차이를 보인다. 예를 들어 『춘추번로(春秋繁露)』「사제 (四祭)」편에는 "四祭者, 因四時之所生孰而祭其先祖父母也. 故春曰祠, 夏曰礿, 秋曰嘗, 冬曰蒸."이라고 하여, 봄 제사를 사(祠), 여름 제사를 약(礿), 가을 제사를 상(嘗), 겨울 제사를 증(蒸)이라고 설명했다. 한편 『예기』「왕제(王制)」편에는 "天子諸侯宗廟之祭, 春曰礿, 夏曰禘, 秋曰嘗, 冬曰烝."이라고 하여, 봄 제사를 약(礿), 여름 제사를 체(禘), 가을 제사 를 상(嘗), 겨울 제사를 증(烝)이라고 설명했다.

◎ 진가대(陳可大) : =진호(陳澔)

◎ 진덕수(眞德秀) : =서산진씨(西山眞氏)

◎ 진사왕(陳思王, A.D.192 ~ A.D.232) : =조식(曹植). 위(魏)나라 때의 시인이 다. 자(字)는 자건(子建)이다. 조조(曹操)의 아들이다. '진사왕'은 '조식' 을 부르는 별칭이다. 진군(陳郡)에 분봉되었고, 시호(諡號)가 '사(思)'였 기 때문에, 후대인들이 '진사왕' 또는 '진왕(陳王)'이라고 부르게 되었다.

◎ 진상도(陳祥道, A.D.1159 ~ A.D.1223) : =장락진씨(長樂陳氏)・진씨(陳 氏)・진용지(陳用之). 북송대(北宋代)의 유학자이다. 자(字)는 용지(用 之)이다. 장락(長樂) 지역 출신으로, 1067년에 과거에 급제하여 태상박

사(太常博士) 등을 지냈다. 왕안석(王安石)의 제자로, 그의 학문을 전파하는데 공헌하였다. 저서에는 『예서(禮書)』, 『논어전해(論語全解)』 등이 있다.

◎ 진씨(陳氏) : =진상도(陳祥道)

◎ 진용지(陳用之) : =진상도(陳祥道)

◎ 진작(晉灼, ? ~ ?) : 진(晉)나라 때의 학자이다. 상서랑(尙書郎)을 역임하였으며, 저서로는 『한서음의(漢書音義)』 등이 있다.

◎ 진호(陳澔, A.D.1260 ~ A.D.1341) : =진가대(陳可大). 남송(南宋) 말기 원(元)나라 초기 때의 학자이다. 자(字)는 가대(可大)이다. 사람들에게 경귀선생(經歸先生)으로 칭송을 받았다. 저서로는 『예기집설(禮記集說)』 등이 있다.

◎ 질가(質家) : '질가'는 문화나 예(禮)와 같은 문식(文飾)보다는 질박함을 숭상한 나라를 뜻한다.

◎ 질제(質劑) : '질제'는 질(質)과 제(劑)를 합쳐 부른 말이다. 둘 모두 거래 등에 사용하는 어음 등을 뜻한다. 곡식이나 가축에 대해서 기록하는 것을 '질'이라고 불렀으며, 문서의 길이가 길었고, 병장기나 귀중품에 대해서 기록하는 것을 '제'라고 불렀으며, 문서의 길이가 '질'에 비해 짧았다. 『주례』「천관(天官)・소재(小宰)」편에는 "七日聽賣買以質劑."라는 기록이 있고, 이에 대한 정현의 주에서는 "質劑, 兩書一札, 同而別之, 長曰質, 短曰劑, 傳別・質劑, 皆今之券書也."라고 풀이했다.

◎ 집지(執贄) : '집지'는 예물(禮物)을 가지고 찾아가서 경의를 표한다는 뜻이다.

ㅊ

◎ 참최복(斬衰服) : '참최복'은 상복(喪服) 중 하나로, 오복(五服)에 속한다. 상복 중에서도 가장 수위가 높은 상복이다. 거친 삼베를 사용해서 만들며, 자른 부위를 꿰매지 않기 때문에 참최(斬衰)라고 부른다. 이 복장을 입게 되는 기간은 일반적으로 3년에 해당하며, 죽은 부모를 위해 입거나, 처 또는 첩이 죽은 남편을 위해 입는다.

◎ 창힐(倉頡) : 『창힐(倉頡)』은 또한 『창힐(蒼頡)』・『창힐편(倉頡篇)』・『창힐편(蒼頡篇)』 등으로 부른다. 『창힐』편은 본래 진(秦)나라 때의 이

사(李斯)가 만들었다고 전해지는 자서(字書)이다. 본래 어린아이들에게 글자를 가르치기 위해서 작성된 자서(字書)이다. 진시황(秦始皇)이 문자(文字)를 통일한 이후 글자를 익히게 하기 위해서, 소전체(小篆體)로 작성되었다. 한(漢)나라 때에는『창힐(倉頡)』,『원력(爰歷)』,『박학(博學)』을 합쳐서 한 권을 책으로 만들었고, 이것을 통칭하여『창힐편』또는『삼창(三倉)』등으로 불렀다.

◎ 채제(采齊) : '채제'는 채제(采薺)라고도 하며, 고대의 악곡 이름이다. 일설에는 없어진『시』중의 한 편이라고 주장하기도 한다.『주례』「춘관(春官)・악사(樂師)」편에는 "行以肆夏, 趨以采薺."라는 기록이 있고, 이에 대한 정현의 주에서는 정사농(鄭司農)의 주를 인용하여, "肆夏・采薺, 皆樂名. 或曰, 皆逸詩."라고 풀이했다.

◎ 척방(陟方) : '척방'은 천자의 순수(巡守)를 뜻한다. '척방'에서의 척(陟)자는 여정을 떠난다는 뜻이고, 방(方)자는 길을 뜻한다.『서』「우서(虞書)・순전(舜典)」편에는 "舜生三十徵庸, 三十在位. 五十載, 陟方乃死."라는 기록이 있는데, 이에 대한 공안국(孔安國)의 전(傳)에서는 "方, 道也. 舜卽位五十年, 升道南方巡守, 死于蒼梧之野而葬焉."이라고 풀이했다.

◎ 천지(天地) : '천지'는 천신(天神)과 지신(地神)을 뜻한다. 지신은 지기(地祇)라고 부르기도 한다. 천지에 대한 제사는 교(郊)에서 지냈기 때문에, 이 제사를 교제(郊祭) 또는 교사(郊祀)라고 부르기도 했다. 음양오행설(陰陽五行說)이 성행했던 시기에는 음양(陰陽)의 구분에 따라서 하늘에 대한 제사는 양(陽)에 해당하는 남쪽 교외에서 지냈고, 땅에 대한 제사는 음(陰)에 해당하는 북쪽 교외에서 지냈다.『한서(漢書)』「교사지하(郊祀志下)」편에는 "帝王之事莫大乎承天之序, 承天之序莫重於郊祀. …… 祭天於南郊, 就陽之義也. 地於北郊, 卽陰之象也."라는 기록이 있다.

◎ 천황(天皇) : '천황'은 하늘을 주관하는 신(神)인 천제(天帝)를 뜻한다. 상제(上帝)라고도 부른다.『후한서(後漢書)』「장형전(張衡傳)」편에는 "叫帝閽使闢扉兮, 覿天皇於瓊宮."이라는 기록이 있는데, 이에 대한 이현(李賢)의 주에서는 "天皇, 天帝也."라고 풀이했다. 또한 '천황'은 상고시대(上古時代) 때 존재했던 고대의 제왕(帝王)을 뜻하기도 한다. 고대에는 삼황(三皇)이라는 통치자들이 존재했다고 전해지는데, 그 중 가장 오래된 제왕을 '천황'이라고 부른다. 참고적으로 '삼황'은 '천황', 지황(地皇), 인황(人皇)을 가리킨다. 또한 '인황'은 태황(泰皇)이라고도 부른

다. 『사기(史記)』「진시황본기(秦始皇本紀)」편에는 "古有天皇, 有地皇, 有泰皇."이라는 기록이 있다.

◎ 청강유씨(淸江劉氏) : =유창(劉敞)

◎ 청룡(靑龍) : '청룡'은 동쪽 하늘의 별자리들을 총칭하는 용어이다. 하늘의 주요 별자리인 28수(宿) 중 동쪽 방위에 해당하는 각수(角宿)·항수(亢宿)·저수(氐宿)·방수(房宿)·심수(心宿)·미수(尾宿)·기수(箕宿) 등 7개의 별자리를 총칭한다. 이 일곱 별자리를 서로 연결하면, 용의 형상이 되며, 파란색[靑]은 나무[木]의 색깔에 해당하는데, 방위와 오행(五行)을 연관시키면, 나무는 동쪽에 해당하기 때문에, '청룡'이라고 부르는 것이다.

◎ 청작정(靑雀旌) : =청정(靑旌)

◎ 청정(靑旌) : '청정'은 청작정(靑雀旌)이라고도 부른다. 청색의 참새를 그린 군대용 깃발이다. 청색 참새는 물가에 사는 조류이기 때문에, 군대를 이동시킬 때 전방에 물이 있게 되면, 이 깃발을 내걸어서 전방에 물이 있다는 표시를 하였다. 『예기』「곡례상(曲禮上)」편에는 "前有水, 則載靑旌."이라는 기록이 있는데, 이에 대한 공영달(孔穎達)의 소(疏)에서는 "靑旌者, 靑雀旌, 謂旌旗. 軍行若前値水, 則畫爲靑雀旌旗幡, 上擧示之. 所以然者, 靑雀是水鳥, 軍士望見則咸知前必値水而各防也."라고 풀이했다.

◎ 초(醮) : '초'는 관례(冠禮)나 혼례(婚禮)에서 술과 관련된 의식 절차를 뜻하며, 례(醴)와 상대된다. 존귀한 자가 신분이 낮은 자에게 술을 따라주게 되는데, 술잔을 받은 자는 그 술을 다 마시게 되지만, 서로 술을 권하지는 않는 것을 '초'라고 부른다. 『의례』「사관례(士冠禮)」에는 "若不醴, 則醮, 用酒."라는 기록이 있고, 이에 대한 정현의 주에서는 "酌而無酬酢曰醮."라고 풀이했다.

◎ 초요(招搖) : '초요'는 북두칠성의 자루부분을 뜻하며, 북두칠성의 끝부분에 있는 별 이름이기도 하다. 한편 북두칠성 자체를 뜻하는 용어로도 사용된다.

◎ 초주(譙周, A.D.201? ~ A.D.270) : 삼국시대(三國時代) 때의 학자이다. 자(字)는 윤남(允南)이다. 『논어주(論語注)』, 『삼파기(三巴記)』, 『초자법훈(譙子法訓)』, 『고사고(古史考)』, 『오경연부론(五更然否論)』 등의 저술을 남겼다.

◎ 초학기(初學記) : 『초학기(初學記)』는 당(唐)나라 때 서견(徐堅, A.D.659

~ A.D.729)이 편찬한 책이다. 총 30권으로 되어 있으며, 23개의 분야로 나눠져 있다. 여러 시문 및 작품들을 모아둔 것으로, 본래 제왕(諸王)들을 교육하기 위한 목적으로 편찬된 책이다.

◎ 최마(衰痲) : '최마'는 상복(喪服)을 두루 지칭하는 말이다.

◎ 최씨(崔氏) : =최영은(崔靈恩)

◎ 최영은(崔靈恩, ? ~ ?) : =최씨(崔氏). 남북조(南北朝) 때의 학자이다. 오경(五經)에 능통하였고, 다른 경전에도 두루 해박하였다고 전해진다. 『모시(毛詩)』, 『주례(周禮)』 등에 주석을 달았고, 『삼례의종(三禮義宗)』, 『좌씨경전의(左氏經傳義)』 등을 지었다.

◎ 축(祝) : '축'은 축관(祝官)을 뜻한다. 제사에서의 축도(祝禱) 등을 담당했던 관리이다.

◎ 축융(祝融) : '축융'은 전설시대에 존재했다고 전해지는 고대 제왕 중 한 명이다. 삼황(三皇) 중 한 명이다. '삼황'에 속한 인물들에 대해서 대부분 복희(伏羲)와 신농(神農)이 포함된다고 주장한다. 그러나 나머지 1명에 대해서는 이견(異見)이 많은데, 어떤 자들은 수인(燧人)을 포함시키기도 하고, 또 어떤 자들은 여왜(女媧)를 포함시키기도 하며, 또 어떤 자들은 '축융'을 포함시키기도 한다. 『잠부론(潛夫論)』「오덕지(五德志)」편에는 "世傳三皇五帝, 多以爲伏羲·神農爲二皇, 其一者或曰燧人, 或曰祝融, 或曰女媧, 其是與非未可知也."라는 기록이 있다. 한편 '축융'은 신(神)을 뜻하기도 한다. 고대인들은 '축융'을 전욱씨(顓頊氏)의 후손이며, 노동(老童)의 아들인 오회(吳回)로 여겼다. 또한 생전에는 고신씨(高辛氏)의 화정(火正)이 되었으며, 죽어서는 화관(火官)의 신이 되었다고 생각했다. 즉 고대에는 오행설(五行說)이 유행하여, 오행마다 주관하는 신들이 있었다고 여겨졌다. 그중 신농(神農)은 화(火)를 주관한다고 여겨졌고, '축융'은 신농의 휘하에서 '화'의 운행을 돕는 신으로 여겨졌다. 『예기』「월령(月令)」편에는 "其日丙丁, 其帝炎帝, 其神祝融."이라는 기록이 있고, 『여씨춘추(呂氏春秋)』「맹하기(孟夏紀)」편에는 "其神祝融."이라는 기록이 있는데, 이에 대한 고유(高誘)의 주에서는 "祝融, 顓頊氏後, 老童之子吳回也, 爲高辛氏火正, 死爲火官之神."이라고 풀이했다. 또한 '축융'은 오방(五方) 중 남쪽을 다스리는 신으로 여겨졌다. 이러한 사유 또한 오행설에 근거한 것으로, 고대인들은 '오방'마다 각각의 방위를 주관하는 신들이 있었다고 여겼다. 그러나 해당하는 신들에 대해서는

이견(異見)이 존재한다. 이러한 기록들 중『관자(管子)』「오행(五行)」편
에는 “得奢龍而辯於東方, 得祝融而辯於南方.”이라는 기록이 있고,『한
서(漢書)』「양웅전상(揚雄傳上)」편에는 “麗鉤芒與驂蓐收兮, 服玄冥及祝
融.”이라는 기록이 있는데, 이에 대한 안사고(顔師古)의 주에서는 “祝
融, 南方神.”이라고 풀이했다.

◎ 춘추설(春秋說) :『춘추설(春秋說)』은『춘추(春秋)』에 대한 위서(緯書) 중
하나이다. ‘위서’는 경서(經書)의 부족한 내용을 보충하기 위해 위작된
것으로, 서한(西漢) 말기에 유행하기 시작하여, 동한(東漢) 시기에 크게
성행하였으며, 남조(南朝) 송나라 때가 되어서야 비로소 금지되기 시작
하였다.

◎ 취(取) : ‘취’는 아내를 맞이한다는 뜻으로, 혼례(婚禮)를 가리킨다.

◎ 취마(趣馬) : ‘취마’는 말 사육과 관련된 관직이다. 교인(校人)을 보좌하여
좋은 품종의 말을 선정하고, 말먹이를 관리했다. 그리고 각 관부에서 말
을 사용하게 될 경우, 말의 상태를 확인하여 사용되는 말과 휴식시켜야
되는 말의 순서를 정하는 일을 담당한다.『주례』「하관(夏官)·취마(趣
馬)」편에는 “趣馬, 掌贊正良馬, 而齊其飲食, 簡其六節. 掌駕說之頒.”이
라는 기록이 있다.

◎ 치공(致貢) : ‘치공’은 한 해 동안 이룬 공적(功績)을 보고하거나, 그 결과
물을 바친다는 뜻이다.

◎ 치문(雉門) : ‘치문’에 대해서는 크게 두 가지 해설이 있다. 첫 번째는 제
후의 궁(宮)에 있는 문으로 해석하는 주장이다. 즉 천자의 궁에 있는 응
문(應門)에 해당한다는 뜻이며, 두 번째는 천자의 궁 안에 있는 다섯 개
의 문 중 하나로 해석하는 주장이다. 천자의 궁에는 다섯 개의 문이 있
는데, 그 중 네 번째로 바깥에 위치한 문을 가리킨다. 첫 번째 주장은
『예기』「명당위(明堂位)」편의 “大廟, 天子明堂. 庫門, 天子皐門. 雉門,
天子應門.”이라는 기록에 근거한 해설이다. 이 기록에 대한 손희단(孫
希旦)의『집해(集解)』에서는 유창(劉敞)의 말을 인용하여 “此經有五門
之名, 而無五門之實. 以詩書禮春秋考之, 天子有皐, 應, 畢, 無庫, 雉, 路.
諸侯有庫, 雉, 路, 無皐, 應, 畢. 天子三門, 諸侯三門, 門同而名不同.”이라
고 풀이했다. 즉 천자의 궁에는 5개의 문이 있다고 하지만, 실제적으로
는 천자나 제후가 모두 3개의 문을 설치해두었는데,『시』,『서』,『예기』,
『춘추』에 나타난 기록들을 고증해보면, 천자는 고(皐), 응(應), 필(畢)이

라는 3개의 문을 설치하고, 고(庫), 치(雉), 노(路)라는 문은 없다. 그리고 제후는 고(庫), 치(雉), 노(路)라는 3개의 문을 설치하고, 고(皐), 응(應), 필(畢)이라는 문은 없다고 풀이한다. 두 번째 설명은 『주례』「천관(天官)·혼인(閽人)」편의 "閽人掌守王宮之中門之禁."이라는 기록에 대해서, 정현이 정사농(鄭司農)의 말을 인용하여 "王有五門, 外曰皐門, 二曰雉門, 三曰庫門, 四曰應門, 五曰路門."이라고 풀이한 것에 근거한 주장이다. 즉 정현은 천자에게는 5개의 문을 두었는데, 가장 안쪽에 있는 노문(路門)으로부터 응문(應門), 고문(庫門), 치문(雉門), 고문(皐門) 순으로 설치해 두었다는 해설이다.

◎ 치우(蚩尤) : '치우'는 전설시대에 존재했다고 전해지는 구려족(九黎族)의 수장을 뜻한다. 청동기로 병장기를 만들었으며, 황제(黃帝)와 탁록(涿鹿) 땅에서 전쟁을 벌였지만, 패전하여 피살되었다고 전해진다. 다만 각 문헌들에서 설명하는 '치우'의 신분에 대해서는 이견이 많다. 염제(炎帝)의 신하였다고도 전해지고, '황제'의 신하라고도 설명한다. 한편 '구려족'의 군주라고도 설명하고, 천하를 통치했던 자라고도 설명한다. 또한 '황제'에게 반기를 들었기 때문에, 악인(惡人)을 대표하는 명칭으로도 사용된다.

◎ 치재(致齋) : =치제(致齊)

◎ 치제(致齊) : '치제'는 제사를 지내기 이전 3일 동안 몸과 마음을 정숙하게 재계하는 의식이다. '치제' 이전에는 '산제(散齊)'를 하여 7일 동안 정숙하게 한다. '치제'는 그 이후 3일 동안 몸과 마음을 더욱 정숙하게 재계하여, 신과 소통할 수 있도록 준비하는 것이다. 『예기』「제통(祭統)」편에는 "故散齊七日以定之, 致齊三日以齊之. 定之之謂齊, 齊者精明之至也, 然後可以交于神明也."라는 기록이 있다.

◎ 치조(治朝) : '치조'는 천자 및 제후에게 있었던 내조(內朝) 중 하나를 뜻한다. 천자 및 제후는 3개의 조(朝)를 두는데, 1개는 외조(外朝)이며, 나머지 2개는 내조가 된다. 내조 중에서도 노문(路門) 밖에 있던 것을 '치조'라고 부르며, 천자 및 제후가 정사를 처리하던 장소이다.

◎ 친영(親迎) : '친영'은 혼례(婚禮)에서 시행하는 여섯 가지 예식(禮式) 중 하나이다. 사위될 자가 여자 집에 가서 혼례를 치르고, 자신의 집으로 데려오는 예식을 뜻한다.

◎ 칠략(七略) : 『칠략(七略)』은 유흠(劉歆)이 저술한 서적이다. 유흠은 그의

부친 유향(劉向)의 영향으로, 부친의 서적인 『목록(目錄)』을 본떠서,
『칠략』을 저술하였다. 『칠략』은 『목록』과 마찬가지로, 각 서적들을 7개
의 분야로 구분한 서지학 서적이라고 할 수 있다. 7개의 분야는 집략(輯
略), 육예략(六藝略), 시부략(詩賦略), 병서략(兵書略), 제자략(諸子略),
술수략(術數略), 방기략(方技略) 등으로 분류된다.

◎ 칠사(七祀) : '칠사'는 주(周)나라 때 제정된 일곱 종류의 제사이다. 천자
가 지내는 제사를 뜻하며, 제사 대상은 사명(司命), 중류(中霤), 국문(國
門), 국행(國行), 태려(泰厲), 호(戶), 조(竈)이다. 『예기』「제법(祭法)」편
에는 "王爲群姓立七祀. 曰司命, 曰中霤, 曰國門, 曰國行, 曰泰厲, 曰戶,
曰竈."라는 기록이 있다. 참고로 제후가 지내는 제사를 오사(五祀)라고
했으며, 그 대상은 사명(司命), 중류(中霤), 국문(國門), 국행(國行), 공
려(公厲)이고, 대부(大夫)가 지내는 제사를 삼사(三祀)라고 했으며, 그
대상은 족려(族厲), 문(門), 행(行)이고, 적사(適士)가 지내는 제사를 이
사(二祀)라고 했으며, 그 대상은 문(門), 행(行)이고, 서사(庶士)나 서인
(庶人)들이 지내는 제사를 일사(一祀)라고 했으며, 그 대상은 호(戶)이
기도 했고, 또는 조(竈)이기도 했다.

◎ 칠정(七政) : '칠정'은 천문(天文)과 관련된 용어이다. 그러나 '칠정'이 가
리키는 것에 대해서는 그 해석이 다양하다. 첫 번째는 해[日], 달[月]과
금(金), 목(木), 수(水), 화(火), 토(土)의 오성(五星)을 가리킨다. 『서』
「우서(虞書)·순전(舜典)」편에는 "在璿璣玉衡, 以齊七政."이란 기록이
있는데, 이에 대한 공안국(孔安國)의 전(傳)에서는 "七政, 日月五星各異
政."이라고 풀이하였으며, 공영달(孔穎達)의 소(疏)에서도 "七政, 謂日
月與五星也."라고 풀이했다. 두 번째는 천(天), 지(地), 인(人)과 춘(春),
하(夏), 추(秋), 동(冬)을 가리킨다. 『상서대전(尙書大傳)』에는 "七政者,
謂春, 秋, 冬, 夏, 天文, 地理, 人道, 所以爲政也."라는 기록이 있다. 세
번째는 북두칠성(北斗七星)을 가리킨다. 북두칠성은 일곱 개의 별들로
구성되어 있는데, 이 별들이 해[日], 달[月], 오성(五星)을 각각 주관한다
고 여겨졌기 때문에, 북두칠성을 '칠정'으로 불렀다. 『사기(史記)』「천관서
(天官書)」편에는 "北斗七星, 所謂'旋璣玉衡以齊七政."이라는 기록이 있
는데, 이에 대한 배인(裴駰)의 집해(集解)에서는 마융(馬融)의 『상서(尙
書)』에 대한 주를 인용하여, "七政者, 北斗七星, 各有所主. 第一曰正日.
第二曰主月. 第三曰命火, 謂熒惑也, 第四曰煞土, 謂塡星也. 第五曰伐水,

謂辰星也. 第六曰危木, 謂歲星也. 第七曰剽金, 謂太白也. 日月五星各異,
故曰七政也."라고 풀이한다.
◎ 침문(寢門) : =노문(路門)

◎ 태상(太常) : =대상(大常)
◎ 태일(太一) : '태일'은 원기(元氣)라고도 부른다. 천지가 분화되기 이전의
혼돈 또는 그 기운을 가리킨다.『공자가어(孔子家語)』「예운(禮運)」편에
는 "夫禮必本於太一."이라는 기록이 있는데, 이 문장에 대한 왕숙(王肅)
의 주에서는 "太一者, 元氣也."라고 풀이하였다.
◎ 태침(太寢) : '태침'은 제왕의 조묘(祖廟)를 뜻한다.『여씨춘추(呂氏春秋)』
「맹춘기(孟春紀)」에는 "執爵于太寢."라는 기록이 있고, 이에 대한 고유
(高誘)의 주에서는 "太寢, 祖廟也."라고 풀이하였다.
◎ 태호(太皥) : '태호'는 태호(太昊)라고도 부른다. '태호'는 복희(伏犧)를 가
리킨다. 오행(五行)으로 구분했을 때 목(木)을 주관하며, 계절로 따지면
봄을 주관하고, 방위로 따지면 동쪽을 주관하는 자이다.『여씨춘추(呂
氏春秋)』「맹춘기(孟春紀)」편에는 "其帝, 太皥, 其神, 句芒."이라는 기록
이 있고, 이에 대한 고유(高誘)의 주에서는 "太皥, 伏羲氏, 以木德王天下
之號, 死祀於東方, 爲木德之帝."라고 풀이했다.
◎ 토갱(兔羹) : '토갱'은 토끼 고기로 만든 국이다.
◎ 통괘험(通卦驗) : 『통괘험(通卦驗)』은『역(易)』에 대한 위서(緯書)의 한
종류이다. '위서'는 경서(經書)의 부족한 내용을 보충하기 위해 위작된
것으로, 서한(西漢) 말기에 유행하기 시작하여, 동한(東漢) 시기에 크게
성행하였으며, 남조(南朝) 송나라 때가 되어서야 비로소 금지되기 시작
하였다.
◎ 통속문(通俗文) : 『통속문(通俗文)』은 후한(後漢) 말기에 복건(服虔)이 찬
(撰)한 서적이다. 일종의 속어사전에 해당한다.
◎ 특생(特牲) : '특생'은 한 종류의 가축을 희생물로 사용한다는 뜻이다. '특
(特)'자는 동일 종류의 희생물을 한 마리 사용한다는 뜻이며, 특히 소를
사용할 때 사용하는 용어이기도 하다.『춘추좌씨전』「양공(襄公) 9년」편
에는 "祈以幣更, 賓以特牲."이라는 기록이 있고, 이에 대한 양백준(楊伯

峻)의 주에서는 “款待貴賓, 只用一種牲畜. 一牲曰特.”이라고 풀이했다. 그런데 어떠한 가축을 사용했는가에 대해서는 주석들마다 차이가 있다. 『국어(國語)』「초어하(楚語下)」에는 “大夫舉以特牲, 祀以少牢.”라는 기록이 있고, 이에 대한 위소(韋昭)의 주에서는 “特牲, 豕也.”라고 풀이했다. 또한 『예기』「교특생(郊特牲)」편에 대한 육덕명(陸德明)의 제해(題解)에서는 “郊者, 祭天之名, 用一牛, 故曰特牲.”이라고 풀이했다. 즉 ‘특생’으로 사용되는 가축은 ‘시(豕: 돼지)’도 될 수 있으며, 소도 될 수 있다.

ㅍ

◎ **팔만(八蠻)** : ‘팔만’은 고대 중국의 남쪽 지역에 거주하던 여덟 종류의 소수 민족을 뜻한다. 또한 그들이 거주하는 지역 전체를 가리키는 용어로도 사용되었다. 여덟 종류의 소수 민족을 천축(天竺)·해수(咳首)·초요(僬僥)·파종(跛踵)·천흉(穿胸)·담이(儋耳)·구지(狗軹)·방춘(旁春)이라고 정의하기도 한다. 『예기』「왕제(王制)」편에는 “南方曰蠻. 雕題交趾, 有不火食者矣”이라는 기록이 있고, 이에 대한 공영달(孔穎達)의 소(疏)에서는 『이아(爾雅)』에 대한 이순(李巡)의 주장을 인용하며, “一曰天竺, 二曰咳首, 三曰僬僥, 四曰跛踵, 五曰穿胸, 六曰儋耳, 七曰狗軹, 八曰旁春.”이라고 풀이했다.

◎ **팔벽(八辟)** : =팔의(八議)

◎ **팔의(八議)** : ‘팔의’는 여덟 가지 심의를 뜻한다. 팔벽(八辟)이라고도 부른다. 이러한 심의를 거쳐 죄를 경감하거나 사면하게 된다. 심의 내용은 첫 번째 군주와 친족인지의 여부, 두 번째 군주와 오래전부터 친분이 있었는지의 여부, 세 번째 그 자가 현명한 자인가의 여부, 네 번째 그 자에게 뛰어난 재능이 있는지의 여부, 다섯 번째 그 자가 공적을 세운 적이 있었는지의 여부, 여섯 번째 그 자가 존귀한 신분인지의 여부, 일곱 번째 그 자가 국가의 정무에 대해서 근면하게 일해 왔는지의 여부, 여덟 번째 그 자가 선대 왕조의 후예들이라면, 신하로 대할 수 없으므로, 빈객(賓客)으로 대해야 하는지의 여부이다. 『주례』「추관(秋官)·소사구(小司寇)」편에는 “以八辟麗邦法附刑罰. 一曰議親之辟. 二曰議故之辟. 三曰議賢之辟. 四曰議能之辟. 五曰議功之辟. 六曰議貴之辟. 七曰議勤之辟. 八曰議賓之辟.”이라는 기록이 있다.

◎ 패(旆) : '패'는 깃발에 다는 장식으로, 마치 제비의 꼬리처럼 깃발 끝에 늘어트리는 것이다. 한편 깃발을 두루 범칭하는 용어로도 사용되었다.

◎ 편가(偏駕) : '편가'는 제후가 타는 수레를 뜻하는 용어이다.

◎ 포희씨(包犧氏) : =복희씨(宓戲氏)

◎ 풍식(馮式) : '풍식'은 풍식(馮軾)이라고도 한다. 수레에 탔을 때 잡게 되는 수레 위쪽 전면에 놓여 있는 가로대를 뜻한다.

◎ 풍식(馮軾) : =풍식(馮式)

◎ 하(嘏) : '하'자는 축복을 받는다는 뜻이다. 제사를 지내게 되면, 시동이 입가심 하는 술을 받은 다음, 술잔이 오가게 되는데, 그 일이 끝나게 되면 축관(祝官)에게 명령하여, 제주(祭主)에게 축복을 내려주도록 한다. 이 의식을 '하'라고 부른다. 시동의 명령을 받은 축관은 '하'를 하게 되는데, 그 말에서는 "황시(皇尸)가 나 축관에게 명하여, 효손인 그대에게 많은 복을 영원토록 내리게 하였다. 그대 효손으로 하여금, 하늘로부터 녹봉[祿]을 받게 하고, 많은 농토를 경작하게 할 것이며, 장수하여 천년 만년 향유하도록 할 것이니, 폐망하는 일 없이 잘 이끌어가야 한다."라고 한다. 이것이 바로 '하'에 사용되는 말이다. 『의례』「소뢰궤식례(少牢饋食禮)」편에는 "卒命祝, 祝受以東, 北面于戶西, 以嘏于主人曰, "皇尸命工祝, 承致多福無疆于女孝孫. 來女孝孫, 使女受祿于天, 宜稼于田, 眉壽萬年, 勿替引之."라는 기록이 있다.

◎ 하간헌왕(河間獻王, ? ~ B.C. 130) : =유덕(劉德). 전한(前漢) 때의 인물이다. 성(姓)은 유(劉)이고, 이름은 덕(德)이다. 경제(景帝)의 아들이다. B.C.155년에 하간(河間) 지역의 왕으로 분봉을 받았기 때문에, '하간헌왕'이라고 부르는 것이다. 학문을 좋아하였고, 유학(儒學) 뿐만 아니라, 다른 학문에 대해서도 박학하였다. 민간으로부터 많은 서적들을 수집하였고, 학자들을 불러 모아서 많은 서적들을 편찬하였다.

◎ 하상공(河上公, ? ~ ?) : 전한(前漢) 때의 도가(道家) 인물이라고 전해진다. 성(姓)과 이름에 대해서는 알려진 것이 없다. 문제(文帝) 때 하수(河水)가에서 은거하며 살았기 때문에, '하상공'이라는 명칭이 생겼다. 문제는 『노자(老子)』를 좋아하여 자주 애독하였는데, 그 가운데 해석이 어려운

몇 구절들이 있었다. 그래서 여러 학자 및 대신들에게 그 뜻을 물어보았
으나, 아무도 해석할 수 없어서, 결국 '하상공'에게 그 뜻을 물어보았다
는 일화가 전해진다. '하상공'은 『노자주(老子注)』를 저술하였는데, 이
서적은 『한서(漢書)』「예문지(藝文志)」에 나타나지 않는다. 따라서 『노
자주』는 육조(六朝)시대 때 '하상공'이라는 인물에 위탁하여 지어진 저
술로 여겨지기도 한다.

◎ 하술(賀述, ?～?) : 남북조시대(南北朝時代) 때 양(梁)나라 출신의 학자이
다. 저서로는 『예통(禮統)』이 있다. 자세한 행적이 남아 있지 않다.

◎ 하씨(何氏) : =하윤(何胤)

◎ 하윤(何胤, A.D.446～A.D.531) : =하평숙(何平叔)·하씨(何氏). 양(梁)나
라 때의 학자이다. 자(字)는 자계(子季)이다. 유환(劉瓛)에게 수학하였
다. 저서에는 『예기은의(禮記隱義)』, 『예문답(禮問答)』 등이 있다.

◎ 하창(賀瑒, A.D.452～A.D.510) : 남조(南朝) 때의 학자이다. 남조의 제(齊)
나라와 양(梁)나라에서 각각 활동하였다. 자(字)는 덕연(德璉)이다. 『예
기신의소(禮記新義疏)』 등을 찬술하였다.

◎ 하평숙(何平叔) : =하윤(何胤)

◎ 하휴(何休, A.D.129～A.D.182) : 전한(前漢) 때의 금문경학자(今文經學
者)이다. 자(字)는 소공(邵公)이다. 『춘추공양전해고(春秋公羊傳解詁)』
를 지었으며, 『효경(孝經)』, 『논어(論語)』 등에 대해서도 주를 달았고,
『춘추한의(春秋漢議)』를 짓기도 하였다.

◎ 학경(郝敬, A.D.1558～A.D.1639) : =학중여(郝仲輿). 명(明)나라 때의 학
자이다. 자(字)는 중여(仲輿)이고, 호(號)는 초망(楚望)이다. 경학에 능
통하여, 수많은 저서를 남겼다.

◎ 학중여(郝仲輿) : =학경(郝敬)

◎ 함(含) : '함'은 부의를 보낸다는 뜻이며, 또한 부의로 보내는 특정 물건을
가리키기도 하다. '함'은 시신과 함께 매장하게 될 주옥(珠玉)을 부의로
보내는 것이다. 『예기』「문왕세자(文王世子)」편에는 "族之相爲也, 宜弔
不弔, 宜免不免, 有司罰之. 至于賵賻承含, 皆有正焉."이라는 기록이 있
는데, 이에 대한 진호(陳澔)의 『집설(集說)』에서는 "含以珠玉."이라고
풀이했다.

◎ 함매(銜枚) : '함매'는 병사들이 입에 물리던 나무판이다. 이것을 입에 물
림으로써 큰 소리를 내거나 잡답을 하지 못하도록 하였다. 『주례』「하관

(夏官)・대사마(大司馬)」편에는 "群司馬振鐸, 車徒皆作, 遂鼓行, 徒銜枚而進."이라는 기록이 있다.

◎ 함문가(含文嘉) : 『함문가(含文嘉)』는 『예기(禮記)』에 대한 위서(緯書) 중 하나이다. 『예기』에 대한 위서는 '함문가' 외에도 『계명징(稽命徵)』, 『두위의(斗威儀)』 등이 있다. '위서'는 경서(經書)의 부족한 내용을 보충하기 위해 위작된 것으로, 서한(西漢) 말기에 유행하기 시작하여, 동한(東漢) 시기에 크게 성행하였으며, 남조(南朝) 송나라 때가 되어서야 비로소 금지되기 시작하였다.

◎ 함장(函丈) : '함장'의 '함(函)'자는 수용한다는 뜻이고, '장(丈)'자는 1장(丈)을 뜻하는 거리이다. 따라서 '함장'은 강학하는 자와 강학을 받는 자는 1장(丈)의 거리만큼 떨어져서 앉는다는 뜻이다. 후대에는 이 뜻에서 파생되어, 강학하는 좌석 및 스승을 뜻하는 용어로도 사용되었다. 『예기』「곡례상(曲禮上)」편에는 "若非飮食之客, 則布席, 席間函丈."이라는 용례가 있다.

◎ 합근(合卺) : '합근'은 혼례(婚禮)의 의식 중 하나이다. 부부가 합환주(合歡酒)를 마시는 의식이다.

◎ 합락기(合洛紀) : '합락기'는 합락기(合雒紀)라고도 부르며, 삼성기(三姓紀)라고도 부른다. 상고시대(上古時代) 때 3개의 각기 다른 성(姓)을 가진 부족장들이 통치하던 시기를 뜻한다. 이들은 사람들에게 혈거(穴居)하는 방법과 짐승들을 다루는 방법을 가르쳤다고 전해진다. 『노사(路史)』「전기이(前記二)・태황씨(泰皇氏)」편에는 "合雒四, 是謂三姓紀, 教人穴居, 乘蜚鹿以理."라는 기록이 있다.

◎ 합락기(合雒紀) : =합락기(合洛紀)

◎ 향(鄕) : '향'은 주대(周代)의 행정단위이다. '향' 밑에는 주(州), 당(黨), 족(族), 여(閭), 비(比), 가(家)가 순차적으로 있었다. '향'을 기준으로 봤을 때, 1향은 5주=25당=125족=500여=2500비=12500가의 규모와 같다. 『주례』「지관(地官)・대사도(大司徒)」에는 "令五家爲比, 使之相保. 五比爲閭, 使之相受. 四閭爲族, 使之相葬. 五族爲黨, 使之相救. 五黨爲州, 使之相賙. 五州爲鄕, 使之相賓."이라는 기록이 있고, 이에 대한 정현의 주에서는 "鄕萬二千五百家."라고 풀이했다. 일반적으로 고을이라는 뜻으로 사용된다.

◎ 향대부(鄕大夫) : '향대부'는 주대(周代)의 행정단위였던 향(鄕)을 담당하

는 관리이다.

◎ 향례(享禮) : '향례'는 조빙(朝聘)을 하기 위해 사신을 간 신하가 그 나라의 군주에게 예물(禮物)을 바치는 의식을 뜻한다. 또한 향례(享禮)는 연례(宴禮)보다 높은 의식으로, 초대한 손님을 접대하는 잔치를 뜻하기도 한다. 만약 천자가 제후를 초대하게 되면 '향례'를 베풀었고, 제후의 신하인 경(卿)을 초대하면 '연례'를 베풀었다. 그리고 '향례'에서는 희생물을 통째로 올렸지만, '연례'에서는 잘게 썰어서 올렸다.

◎ 향례(饗禮) : '향례'는 연회의 한 종류이다. 또한 연회를 범칭하는 용어로도 사용된다. 본래 '향례'를 시행할 때에는 희생물을 통째로 바치지만, 그것을 먹지는 않는다. 또 술잔을 가득 채우지만, 마시지는 않으며, 자리에 서 있기만 하고, 앉지는 않는다. 또한 신분의 존비(尊卑)에 의거해서 술잔을 바치게 되는데, 정해진 술잔 바치는 회수가 끝나면, 의식을 끝낸다. 다만 숙위(宿衛)들과 기로(耆老) 및 고아들에게 향례를 할 때에는 술을 취할 때까지 마시게 하는 것을 법도로 삼았다.

◎ 해후(解后) : '해후'는 해후(邂逅) 또는 해후(解逅)라고도 부른다. 뜻하지 않게 조우한다는 의미로, 즉 우연이라는 뜻이다.

◎ 허신(許愼, A.D.30 ~ A.D.124) : 후한(後漢) 때의 학자이다. 자(字)는 숙중(叔重)이다. 『설문해자(說文解字)』의 저자로 널리 알려져 있으며, 다른 저서로는 『오경이의(五經異義)』가 있으나 산일되었다. 『오경이의』는 송대(宋代) 때 다시 편찬되었으나 진위를 따지기 힘들다.

◎ 헌주(獻主) : '헌주'는 연회 자리에서 사람들에게 술을 따라주는 자이다. 일반적으로 연회를 마련한 주인(主人)이 담당하였다. 그러나 군주가 주인인 경우, 그 예법을 낮출 필요가 있을 때, 재부(宰夫)를 시켜서 '헌주'로 삼고, 그를 시켜서 빈객(賓客)들에게 술을 따르게 했다.

◎ 혁로(革路) : '혁로'는 혁로(革輅)라고도 부른다. 천자가 사용하는 다섯 가지 수레 중 하나이다. 전쟁용으로 사용했던 수레인데, 간혹 제후의 나라에 순수(巡守)를 갈 때 사용하기도 하였다. 가죽으로 겉을 단단하게 동여매서 고정시키고, 옻칠만 하고, 다른 장식을 하지 않았기 때문에, '혁로'라고 부르는 것이다. 『주례』「춘관(春官)·건거(巾車)」편에는 "革路, 龍勒, 條纓五就, 建大白, 以卽戎, 以封四衛."라는 기록이 있고, 이에 대한 정현의 주에서는 "革路, 鞔之以革而漆之, 無他飾."이라고 풀이했다.

◎ 혁서씨(赫胥氏) : '혁서씨'는 혁소씨(赫蘇氏)라고도 부른다. 전설시대에 존

재했다고 전해지는 고대 제왕(帝王)의 이름이다. '성대하고 혁혁한[赫然]' 덕(德)을 가지고 있어서, 백성들로 하여금 '친근하고 친애하도록[胥附]' 하였기 때문에, '혁서'라는 명칭이 생겼다고 설명하기도 한다. 또한 고대에는 서(胥)자와 소(蘇)자가 통용되었기 때문에, '혁서씨'를 '혁소씨'라고도 부르는 것이다. 『장자(莊子)』「마제(馬蹄)」편에는 "夫赫胥氏之時, 民居不知所爲, 行不知所之, 含哺而熙, 鼓腹而遊."라는 기록이 있는데, 이에 대한 성현영(成玄英)의 소(疏)에서는 "赫胥, 上古帝王也. 亦言有赫然之德, 使民胥附, 故曰赫胥. 蓋炎帝也."라고 풀이했다. 한편 『노사(路史)』「전기칠(前紀七)·혁소씨(赫蘇氏)」편에서는 "赫蘇氏, 是爲赫胥."라는 기록이 있고, 장훤(張萱)의 『의요(疑耀)』에서는 "古有赫胥氏, 一曰赫蘇氏, 古蘇·胥通."이라고 풀이했다.

◎ 혁소씨(赫蘇氏) : =혁서씨(赫胥氏)

◎ 현단(玄端) : '현단'은 고대의 예복(禮服) 중 하나이다. 흑색으로 만든 옷이다. 주로 제사 때 사용했으며, 천자 및 제후로부터 대부(大夫)와 사(士) 계급에 이르기까지 모두 이 복장을 착용할 수 있었다. '현단'은 상의와 하의 및 관(冠)까지 포함하는 용어이다. 한편 손이양(孫詒讓)의 주장에 따르면, '현단'은 의복에만 해당하는 용어이며, 관(冠)은 포함하지 않는다고 주장한다. 그리고 천자로부터 사 계급에 이르기까지 이 복장을 제복(齊服)으로 사용했다고 설명한다. 『주례』「춘관(春官)·사복(司服)」편에는 "其齊服有玄端素端."이라는 기록이 있는데, 손이양의 『정의(正義)』에서는 "玄端素端是服名, 非冠名, 蓋自天子下達至於士通用爲齊服, 而冠則尊卑所用互異."라고 풀이하였다. 그리고 '현단'은 천자가 평소 거처할 때 착용했던 복장을 가리키기도 한다. 『예기』「옥조(玉藻)」편에는 "卒食, 玄端而居."라는 기록이 있고, 이에 대한 정현의 주에서는 "天子服玄端燕居也."라고 풀이하였다.

◎ 현무(玄武) : '현무'는 북쪽 하늘의 별자리들을 총칭하는 용어이다. 하늘의 주요 별자리인 28수(宿) 중 북쪽 방위에 해당하는 두수(斗宿)·우수(牛宿)·여수(女宿)·허수(虛宿)·위수(危宿)·실수(室宿)·벽수(壁宿) 등 7개의 별자리를 총칭한다. 이 일곱 별자리를 서로 연결하면, 거북이[武]의 형상이 되며, 검은색[玄]은 물[水]의 색깔에 해당하는데, 방위와 오행(五行)을 연관시키면, 물은 북쪽에 해당하기 때문에, '현무'라고 부르는 것이다.

◎ 현훈(玄纁) : '현훈'은 흑색이나 옅은 홍색의 비단을 뜻한다.

◎ 형갱(鉶羹) : '형갱'은 형(鉶)이라는 그릇에 담는 국으로, 조미료나 야채 등을 가미하여 맛을 풍부하게 낸 국이다. 소고기 국에는 콩잎을 가미하였고, 양고기 국에는 씀바귀를 가미하였으며, 돼지고기 국에는 고비를 가미하기도 하였다. 『주례』「천관(天官)·형인(亨人)」편에는 "祭祀, 共大羹·鉶羹. 賓客亦如之."라는 기록이 있고, 이에 대한 가공언(賈公彦)의 소(疏)에서는 "云鉶羹者, 皆是陪鼎膷臐膮, 牛用藿, 羊用苦, 豕用薇, 調以五味, 盛之於鉶器, 卽謂之鉶羹."이라고 풀이했다.

◎ 혜동(惠棟, A.D.1697 ~ A.D.1758) : 청(淸)나라 때의 학자이다. 자(字)는 송애(松崖)·정우(定宇)이다. 조부는 혜주척(惠周惕)이고, 부친은 혜사기(惠士奇)이다. 가학(家學)을 전승하여, 한대(漢代) 경학(經學)을 부흥시키는 데 주력하였다. 역학(易學)에도 조예가 깊었다. 『구경고의(九經古義)』 등의 저서가 있다.

◎ 혜동교송본(惠棟校宋本) : 송(宋)나라 때 간행된 『예기정의(禮記正義)』이다. 혜동(惠棟)은 이 판본을 가지고 급고각(汲古閣) 판본을 비교하여 교열하였다.

◎ 호관(縞冠) : '호관'은 백색의 명주로 만든 관(冠)이다. 상제(祥祭)나 흉사(凶事) 때 착용했다.

◎ 호방형(胡邦衡) : =호전(胡銓)

◎ 호영씨(昊英氏) : '호영씨'는 전설시대에 존재했다고 전해지는 고대 제왕(帝王)의 이름이다.

◎ 호전(胡銓, A.D.1102 ~ A.D.1180) : =여릉호씨(廬陵胡氏)·호방형(胡邦衡). 남송(南宋) 때의 정치가이자 문학가이다. 자(字)는 방형(邦衡)이고, 호(號)는 담암(澹庵)이다. 충신으로 명성이 높았다.

◎ 혼돈씨(渾沌氏) : '혼돈씨'는 혼돈씨(渾敦氏)라고도 부른다. 전설시대에 존재했다고 전해지는 고대 제왕(帝王)의 이름이다.

◎ 혼돈씨(渾敦氏) : =혼돈씨(渾沌氏)

◎ 화덕(火德) : '화덕'은 오덕(五德) 중 하나인 화(火)의 덕(德)을 뜻한다. '오덕'은 고대 음양가(陰陽家)들이 만들어낸 개념으로, 오행(五行)에 착안하여, 각각에 덕성을 부여했고, 역대 왕조들은 자신에게 해당하는 덕성을 부여받아서 천하를 통치하였다고 여겼다. 또한 오행이 상극(相克)과 상생(相生)을 하듯이, 각 왕조의 교체 역시 '오덕'의 상극 및 상생으로

이루어진다고 여겼다. ‘화덕’은 바로 이러한 ‘오덕’의 하나로써, 피상적
개념이기는 하지만, 각 왕조의 정통성을 뒷받침하는 주요 관념으로 작
용하였다.

◎ 화양범씨(華陽范氏)：=범조우(范祖禹)

◎ 환구(圜丘)：‘환구’는 원구(圓丘)라고도 부른다. 고대에 제왕이 동지(冬
至)에 제천(祭天) 의식을 집행하던 곳이다. 자연적으로 형성된 언덕의
형상을 본떠서, 흙을 높이 쌓아올려 만들었기 때문에, ‘구(丘)’자를 붙여
서 부른 것이며, 하늘의 둥근 형상을 본떴다는 뜻에서 ‘환(圜)’ 또는 ‘원
(圓)’자를 붙여서 부른 것이다. 『주례』「춘관(春官)·대사악(大司樂)」편
에는 “冬日至, 於地上之圜丘奏之.”라는 기록이 있고, 이에 대한 가공언
(賈公彦)의 소(疏)에서는 “土之高者曰丘, 取自然之丘. 圜者, 象天圜也.”
라고 풀이했다.

◎ 황간(皇侃, A.D.488 ~ A.D.545)：=황씨(皇氏). 남조(南朝) 때 양(梁)나라의
경학자이다. 『주례(周禮)』, 『의례(儀禮)』, 『예기(禮記)』 등에 해박하여,
『상복문구의소(喪服文句義疏)』, 『예기의소(禮記義疏)』, 『예기강소(禮
記講疏)』 등을 지었지만, 현재는 전해지지 않는다. 그 일부가 마국한(馬
國翰)의 『옥함산방집일서(玉函山房輯佚書)』에 수록되어 있다.

◎ 황간(黃幹, A.D.1152~A.D.1221)：=면재황씨(勉齋黃氏)·삼산황씨(三山黃氏).
황직경(黃直卿). 남송(南宋) 때의 학자이다. 자(字)는 직경(直卿)이고, 호
(號)는 면재(勉齋)이다. 주자(朱子)에게서 수학하였으며, 주자의 사위였
다. 저서로는 『오경통의(五經通義)』 등이 있다.

◎ 황씨(皇氏)：=황간(皇侃)

◎ 황염(黃炎, A.D.1044 ~ ?)：북송(北宋) 때의 학자이다. 자(字)는 회지(晦
之)이다. 저서로는 『안방론(安邦論)』 등이 있다.

◎ 황제(黃帝)：‘황제’는 헌원씨(軒轅氏), 유웅씨(有熊氏)라고도 부른다.
전설시대에 존재했다고 전해지는 고대 제왕(帝王)이다. 소전(少典)의
아들이고, 성(姓)은 공손(公孫)이다. 헌원(軒轅)이라는 땅의 구릉 지역
에 거주하였기 때문에, 그를 ‘헌원씨’라고도 부르는 것이다. 또한 ‘황제’
는 희수(姬水) 지역에도 거주를 하였기 때문에, 이 지역의 이름을 따서
성(姓)을 희(姬)로 고치기도 하였다. 그리고 수도를 유웅(有熊) 땅에 마
련하였기 때문에, 그를 ‘유웅씨’라고도 부르는 것이다. 한편 오행(五行)
관념에 따라서, 그는 토덕(土德)을 바탕으로 제왕이 되었다고 여겼는데,

흙[土]이 상징하는 색깔은 황(黃)이므로, 그를 '황제'라고 부르는 것이다. 『역』「계사하(繫辭下)」편에는 "神農氏沒, 黃帝·堯·舜氏作, 通其變, 使民不倦."이라는 기록이 있는데, 이에 대한 공영달(孔穎達)의 소(疏)에서는 "黃帝, 有熊氏少典之子, 姬姓也."라고 풀이했다. 한편 '황제'는 오제(五帝) 중 하나를 뜻한다. 오행(五行)으로 구분했을 때 토(土)를 주관하며, 계절로 따지면 중앙 계절을 주관하고, 방위로 따지면 중앙을 주관하는 신(神)이다. 『여씨춘추(呂氏春秋)』「계하기(季夏紀)」편에는 "其帝黃帝, 其神后土."라는 기록이 있고, 이에 대한 고유(高誘)의 주에서는 "黃帝, 少典之子, 以土德王天下, 號軒轅氏, 死託祀爲中央之帝."라고 풀이했다.

◎ 황직경(黃直卿) : =황간(黃幹)

◎ 황천(皇天) : '황천'은 천신(天神)을 높여 부르는 말로, 황천상제(皇天上帝)를 뜻한다. '황천상제'는 또한 상제(上帝), 천제(天帝) 등으로 지칭되기도 한다. 한편 '황천'과 '상제'를 별개의 대상으로 풀이하기도 한다.

◎ 회동(會同) : '회동'은 제후들이 천자를 찾아뵙는 예법을 통칭하는 용어이다. 또한 각 계절마다 정기적으로 찾아뵙는 것을 회(會)라고 부르고, 제후들이 대규모로 찾아뵙는 것을 동(同)이라고 불러서, 구분을 짓기도 한다. 각종 회견 등을 가리키는 용어로도 사용된다. 『시』「소아(小雅)·거공(車攻)」편에는 "赤芾金潟, 會同有繹."이라는 기록이 있는데, 이에 대한 모전(毛傳)에서는 "時見曰會, 殷見曰同. 繹, 陳也."라고 풀이했다.

◎ 회맹(會盟) : =맹회(盟會)

◎ 회반(會飯) : '회반'은 기장[黍稷]으로 지은 밥이다.

◎ 효경설(孝經說) : 『효경설(孝經說)』은 『효경(孝經)』에 대한 위서(緯書) 중 하나이다. '위서'는 경서(經書)의 부족한 내용을 보충하기 위해 위작된 것으로, 서한(西漢) 말기에 유행하기 시작하여, 동한(東漢) 시기에 크게 성행하였으며, 남조(南朝) 송나라 때가 되어서야 비로소 금지되기 시작하였다.

◎ 효손(孝孫) : '효손'은 제주(祭主)가 제사를 지내며, 선조에 대해 자신을 지칭할 때 쓰는 말이다. 제주가 제사지내는 대상에게 아들의 신분이 된다면, '효자(孝子)'라고 부른다.

◎ 효승(殽烝) : =효증(殽烝)

◎ 효왕(孝王) : '효왕'은 군주가 제사를 지낼 때, 선조에 대해서 자신을 지칭

할 때 쓰는 용어이다. 선조 앞에서는 자신을 가리키며 '효(孝)'자를 붙여
야 하고, 군주를 뜻하는 '왕'자를 붙여서, '효왕'이라고 부르게 되었다.

◎ 효증(殽烝) : '효증'은 또한 효승(殽脀)이라고도 부른다. 효(殽)자는 뼈에
살점이 붙어 있는 고기를 뜻하고, 증(烝)자는 도마에 올려서 바친다는
뜻이다. 즉 '효증'은 희생물을 삶은 후, 몸체를 가르게 되는데, 뼈에 살점
이 붙은 것을 도마[俎]에 올려서, 빈객(賓客)들에게 베푸는 것을 뜻한다.
『의례』「특생궤식례(特牲饋食禮)」편에는 "衆賓及衆兄弟・內賓宗婦・
若有公有司私臣, 皆殽脀."이라는 기록이 있다. 또한 『춘추(春秋)』「선공
(宣公) 16년」편에는 "晉侯使士會平王室, 定王享之, 原襄公相禮, 殽烝."
이라는 기록이 있는데, 이에 대한 두예(杜預)의 주에서는 "烝, 升也, 升
殽於俎."라고 풀이했다.

◎ 후관(候館) : '후관'은 그곳 일대를 조망할 수 있는 작은 망루에 해당한다.
『주례』「지관(地官)・유인(遺人)」편의 "五十里有市, 市有候館, 候館有
積."이라는 기록에 대해서, 정현의 주에서는 "候館, 樓可以觀望者也."라
고 풀이했다.

◎ 흉례(凶禮) : '흉례'는 재앙 등의 일에 봉착했을 때, 애도를 표시하거나
구휼하는 예제(禮制)를 뜻한다. 또한 '흉례'는 상례(喪禮)를 지칭하는 용
어로도 사용되었다.

◎ 흉복(凶服) : '흉복'은 상복(喪服)과 같은 말이다. 상(喪)을 당한 것은 흉사
(凶事)에 해당하므로, 상을 치르며 입는 복장을 '흉복'이라고도 부르는
것이다. 『논어』「향당(鄕黨)」편에는 "凶服者式之."라는 기록이 있고, 이
에 대한 하안(何晏)의 『집해(集解)』에서는 공안국(孔安國)의 주장을 인
용하여, "凶服, 送死之衣物."이라고 풀이했다.

◎ 흉사(凶事) : '흉사'는 불길한 일을 가리킨다. 재난이나 재해를 뜻하기도 하
며, 전쟁을 뜻하기도 한다. 한편 상사(喪事)의 일들을 가리키기도 한다.

번역 참고문헌

* 『禮記』, 서울 : 保景文化社, 초판 1984 (5판 1995) / 저본으로 삼은 책이다.

* 『禮記正義』 1~4(전4권, 『十三經注疏 整理本』 12~15), 北京 : 北京大學出版社, 초판 2000 / 저본으로 삼은 책이다.

* 朱彬 撰, 『禮記訓纂』 上·下(전2권), 北京 : 中華書局, 초판 1996 (2쇄 1998) / 저본으로 삼은 책이다.

* 孫希旦 撰, 『禮記集解』 上·中·下(전3권), 北京 : 中華書局, 초판 1989 (4쇄 2007) / 저본으로 삼은 책이다.

* 服部宇之吉 評點, 『禮記』, 東京 : 富山房, 초판 1913 (증보판 1984) / 鄭玄 注 번역에 대해 참고했던 서적이다.

* 竹內照夫 著, 『禮記』 上·中·下(전3권), 東京 : 明治書院, 초판 1975 (3판 1979) / 經文에 대한 이해에 참고했던 서적이다.

* 市原亨吉 외 2명 著, 『禮記』 上·中·下(전3권), 東京 : 集英社, 초판 1976 (3쇄 1982) / 經文에 대한 이해에 참고했던 서적이다.

* 陳澔 注, 『禮記集說』, 北京 : 中國書店, 초판 1994 / 『集說』에 대한 번역에 참고했던 서적이다.

* 王文錦 譯解, 『禮記譯解』 上·下(전2권), 北京 : 中華書局, 초판 2001 (4쇄 2007) / 經文 및 주석 번역에 참고했던 서적이다.

* 錢玄·錢興奇 編著, 『三禮辭典』, 南京 : 江蘇古籍出版社, 초판 1998 / 용어 및 器物 등에 대해 참고했던 서적이다.

* 張撝之 外 主編, 『中國歷代人名大辭典』 上·下권(전2권), 上海 : 上海古籍出版社, 초판 1999 / 인명에 대해 참고했던 서적이다.

* 呂宗力 主編, 『中國歷代官制大辭典』, 北京 : 北京出版社, 초판 1994 (2쇄 1995) / 관직명에 대해 참고했던 서적이다.

* 中國歷史大辭典編纂委員會 編纂, 『中國歷史大辭典』 上·下(전2권), 上海 : 上海辭書出版社, 초판 2000 / 용어 및 인명에 대해 참고했던 서적이다.

* 羅竹風 主編, 『漢語大詞典』 1~12(전12권), 上海 : 漢語大詞典出版社,

초판 1988 (4쇄 1995) / 용어에 대해 참고했던 서적이다.

- 王思義 編集, 『三才圖會』 上·中·下(전3권), 上海 : 上海古籍出版社, 초판 1988 (4쇄 2005) / 器物 등에 대해 참고했던 서적이다.
- 聶崇義 撰, 『三禮圖集注』 (四庫全書 129책) / 器物 등에 대해 참고했던 서적이다.
- 劉績 撰, 『三禮圖』 (四庫全書 129책) / 器物 등에 대해 참고했던 서적이다.

역자 **정병섭(鄭秉燮)**

- 1979년 출생
- 2002년 성균관대학교 유교철학과 졸업
- 2004년 성균관대학교 대학원 유학과 석사 졸업
- 2010년 성균관대학교 대학원 유학과 박사 수료
- 역서『譯註 禮記集說大全 - 王制, 附 鄭玄注』(학고방, 2009)
  역서『譯註 禮記集說大全 - 月令, 附 鄭玄注』(학고방, 2010)
  역서『譯註 禮記集說大全 - 曾子問, 附 正義・訓纂・集解』(학고방, 2011)
  역서『譯註 禮記集說大全 - 文王世子, 附 正義・訓纂・集解』(학고방, 2012)
  역서(공역)『효경주소』(문사철, 2011)

譯註
禮記集說大全 曲禮上 ❶
編 陳澔(元)
附 正義・訓纂・集解

초판 인쇄 2012년 08월 01일
초판 발행 2012년 08월 15일

역   자 | 정병섭
펴 낸 이 | 하운근
펴 낸 곳 | 學古房

주   소 | 서울시 은평구 대조동 213-5 우편번호 122-843
전   화 | (02)353-9907 편집부(02)353-9908
팩   스 | (02)386-8308
전자우편 | hakgobang@chol.com
등록번호 | 제311-1994-000001호

ISBN   978-89-6071-264-5 94150
          978-89-6071-267-6 (세트)

값 : 45,000원

※ 파본은 교환해 드립니다.